"十三五"国家重点出版物出版规划项目

经济科学译丛

发展经济学

（第七版）

【美】德怀特·H. 波金斯（Dwight H. Perkins）
斯蒂芬·拉德勒（Steven Radelet）
戴维·L. 林道尔（David L. Lindauer）
斯蒂芬·A. 布洛克（Steven A. Block） 著

彭忆欧 等 译

彭 刚 校

Economics of Development

(Seventh Edition)

中国人民大学出版社
·北京·

《经济科学译丛》总序

中国是一个文明古国，有着几千年的辉煌历史。近百年来，中国由盛而衰，一度成为世界上最贫穷、落后的国家之一。1949 年中国共产党领导的革命，把中国从饥饿、贫困、被欺侮、被奴役的境地中解放出来。1978 年以来的改革开放，使中国真正走上了通向繁荣富强的道路。

中国改革开放的目标是建立一个有效的社会主义市场经济体制，加速发展经济，提高人民生活水平。但是，要完成这一历史使命绝非易事，我们不仅需要从自己的实践中总结教训，也要从别人的实践中获取经验，还要用理论来指导我们的改革。市场经济虽然对我们这个共和国来说是全新的，但市场经济的运行在发达国家已有几百年的历史，市场经济的理论亦在不断发展完善，并形成了一个现代经济学理论体系。虽然许多经济学名著出自西方学者之手，研究的是西方国家的经济问题，但他们归纳出来的许多经济学理论反映的是人类社会的普遍行为，这些理论是全人类的共同财富。要想迅速稳定地改革和发展我国的经济，我们必须学习和借鉴世界各国包括西方国家在内的先进经济学的理论与知识。

本着这一目的，我们组织翻译了这套经济学教科书系列。这套译丛的特点是：第一，全面系统。除了经济学、宏观经济学、微观经济学等基本原理之外，这套译丛还包括了产业组织理论、国际经济学、发展经济学、货币金融学、公共财政、劳动经济学、计量经济学等重要领域。第二，简明通俗。与经济学的经典名著不同，这套丛书都是国外大学通用的经济学教科书，大部分都已发行了几版或十几版。作者尽可能地用简明通俗的语言来阐述深奥的经济学原理，并附有案例与习题，对于初学者来说，更容易理解与掌握。

经济学是一门社会科学，许多基本原理的应用受各种不同的社会、政治或经济体制的影响，许多经济学理论是建立在一定的假设条件上的，假设条件不同，结论也就不一定成立。因此，正确理解掌握经济分析的方法而不是生搬硬套某些不同条件下产生的结论，才是我们学习当代经济学的正确方法。

本套译丛于 1995 年春由中国人民大学出版社发起筹备并成立了由许多经济学专家学者组织的编辑委员会。中国留美经济学会的许多学者参与了原著的推荐工作。中国人民大学出版社向所有原著的出版社购买了翻译版权。北京大学、中国人民大学、复旦大学以及中国社会科学院的许多专家教授参与了翻译工作。前任策划编辑梁晶女士为本套译丛的出版做出了重要贡献，在此表示衷心的感谢。在中国经济体制转轨的历史时期，我们把这套译丛献给读者，希望为中国经济的深入改革与发展做出贡献。

《经济科学译丛》编辑委员会

前　言

1983 年，当这本教科书的第一版出版的时候，一半的世界人口生活在被世界银行列为低收入国家的国家。在 2010 年以前，这个数字下降到 12%。其中很大一部分变化要归功于中国和印度高速的经济增长。今天，中国和印度都已进入了中等收入国家的行列。但是，经济的增长与发展并不局限于这两个亚洲“巨人”。“崛起的非洲”曾经是 2011 年一期《经济学家》（*The Economist*）杂志的封面故事，它反映的是曾被《经济学家》杂志在十年之前称为“无望的大陆”的非洲在近几十年中经济的飞速增长。在非洲、东南亚、拉丁美洲等地区，教育、健康和几十亿人口的生活质量正在经历着戏剧性的变化。

发展经济学的研究与这些历史性的变化相伴同行。与此同时，我们也尝试着在这本教科书中充分地反映这种变化。在这一版和上一版，我们吸纳了新的观点、新的数据，并且提供了对于组成发展中世界的这些国家发展历程的新思考。尽管第七版增添了许多新的元素，但是本书的中心理念以及显著特征仍然相同：

- 本书主要基于发展中国家在现实世界中的经验。它探寻大的趋势和模式，并运用大量典型国家的案例与实证去诠释主要观点。其中很多观点都源于作者们的亲身经验。
- 本书运用大量经济学家所做出的实证分析。经济学家们相信，研究数据不仅能够揭示发展过程的原因与结局，还允许我们对自己理解并确信的经济发展的运行过程进行验证。
- 本书以新古典经济学作为理论工具，对现实经济活动的经验进行调查和总结。我们认为这些理论工具非常有助于我们对于经济发展的理解。
- 本书强调发展经验的多样性，并且认可理论和历史的经验只有在特定的体制和国家背景下才能得到有效的应用。

与之前的版本相比，《发展经济学（第七版）》希望可以做到既通俗易懂又全面深入。书中的讨论对于学生来讲是通俗易懂的。这些学生不仅包括本科生，还包括具有初级经济学知识背景的其他专业学生，比如国际关系、公共政策以及其他相关专业。同时，本书为所有正在学习他们人生中第一门发展经济学课程的学生提供了全面的介绍，包括那些接受过系统经济学理论训练的学生们。

第七版的主要变化

《发展经济学（第七版）》延续和拓展了本书前几版所做的重要修订。大量的变化反映出三位新的合作者同原作者德怀特·H. 波金斯共事的同时对于最近三版的贡献——斯蒂芬·拉德勒对第五版、戴维·L. 林道尔对第六版和斯蒂芬·A. 布洛克对第七版。第七版对许多章节做了根本修订。修订过的章节充分吸收了过去十年来发展经济学的研究成果。除此之外，第七版还运用了更多的图表以及其他直观的可以展示经验和至今仍存在争论的观点。在第七版中，作者对本章小结进行了完善和修正，并且运用了全新的标注篇章的星号标记。

第 1 章（发展的模式）变得更加简洁精辟。该章保持和更新了前一版所介绍的三个国家——马来西亚、埃塞俄比亚和乌克兰。此外，该章引入了一个新的、以收入水平为依据的对于世界经济和人口进行分类的表格。该章还添加了一个关于学习发展经济学是如何不同于学习在发达国家运用经济学知识的小章节。

第 2 章（经济增长与经济发展的衡量）反映了众多机构和作者对于测量当今世界经济增长与发展这一课题的重大更新，包括：2005 年国际比较项目（International Comparison Program，ICP）对于购买力平价的评估；安格斯·麦迪逊（Angus Maddison）对于世界经济增长的最新预测和联合国开发计划署（UNDP）2010 年对于人类发展指数（human development index，HDI）的修订。该章全面修订和拓展了对于经济增长和幸福指数的分析，并修订更改了一些第一次被收录在第六版中的结论。此外，受到贾里德·戴蒙德（Jared Diamond）《枪炮、病菌与钢铁》（*Guns*，*Germs*，*and Steel*）的影响，作者在决定长期经济增长因素时添加了一个新的“案例”。还有一个关于对数应用的“案例”。这是理解 HDI 及其他发展水平测度指标的关键。

第 3 章（经济增长：概念与模式）被重新整合更新了。它包括了最新的数据与典型国家的案例。第七版添加了一个关于计算增长率、未来价值和倍增的“案例”。第六版中有关生产函数的特征和增长趋同的内容被整合到了第七版的第 4 章。而第六版中对于产业结构变化的讨论在做了全面改写以后，被重新放置到第七版的第 16 章，这一章节在第六版中原本是在讨论经济学二重性的问题。

第 4 章（经济增长理论）也被重新整合了。新的版本深入讨论了第六版第 3 章关于增长理论、生产函数和增长趋同等的内容。第六版中对于双重发展模式的讨论被重新整合到第 16 章，其在第六版中的作用是要证明部门间的相互影响是讨论经济发展中农业问题的根本。此外，第 4 章还更新了相关的数据和图表。

*第 5 章（国家与市场）的中心问题是“经济发展的原因是什么?”在第七版中，第一作者德怀特·H. 波金斯对此作了一个全新的解读。他从当今的产业化调整和华盛顿共识追溯到保罗·罗森斯坦-罗丹在 20 世纪 40 年代对于大推进理论认知的深化以及亚当·斯密对于经济发展问题的思考。

第 6 章（不平等与贫困）对于全球贫困线从 1 美元到 1.25 美元的重新界定更新了

相关联的分析和研究。与最新的购买力平价（purchasing power parity，PPP）和最新的对于贫困和不平等程度的估算相结合。添加了一个新的“在贫困中生活”的章节。这个章节介绍了经济学家阿巴吉特·班纳吉（Abhijit Banerjee）、埃斯特·迪弗洛（Esther Duflo）等关于贫困人口经济生活的研究。并在这一章中加强了对于有条件性现金转移支付的讨论。

第 7 章（人口）结合联合国在 2010 年关于世界人口的报告，添加了有关人口红利的讨论，以及关于 21 世纪所面临的新的人口问题的章节。

第 8 章（教育）得益于巴罗-李（Barro-Lee）有关学校出勤率的最新数据，以及经济合作与发展组织（OECD）有关国际学生评估项目（Programme for International Student Assessment，PISA）的统计数据。这一章综合运用了包括自然实验与控制实验等多种经济学的测量方法来决定学校的教育收益率以及政府政策的有效性。本章还添加了一个关于教师缺勤率的新案例。

第 9 章（健康）包含了一个对于收入和健康二者间关系的深入讨论。普雷斯顿曲线展示了预期寿命和人均收入之间的关系，同时对于这二者关系的讨论也更加完善。这一章还添加了一个关于在低收入国家中疫苗市场影响人口的案例。

*第 10 章（投资和储蓄）从第六版的两章中提取素材。该章假设学生们对宏观经济学有一定的了解，专注于对于发展中国家的讨论，包括公共和私人投资的障碍、利用储蓄中的替代资源为生产性投资提供资金。该章还着重介绍了外国直接投资和它在促进经济发展中的重要性。

第 11 章（财政政策）继续着重讨论政府支出及收益的主要构成。本章对相关数据进行了更新，并且增添了在巴西和中国财政去中心化所面临的挑战的案例。

第 12 章（金融发展与通货膨胀）重新梳理了与货币政策和价格稳定有关的数据，提供了一个更加直观的结构和内容，拓展了对于小额信贷的讨论并增加了一个关于印度随机对照试验（RCTs）的案例。

第 13 章（外债与金融危机）提供了有关外债的最新数据以及当前金融危机的相关案例。

第 14 章（对外援助）作为对阿富汗、伊拉克和巴基斯坦地区所发生事件的部分回应，政府的发展援助政策也发生了相应的变化，本章基于这些新的变化在内容上进行了相应的变更。本章添加了致力于发展指数以及中国对外援助的新“案例”。

第 15 章（开放经济下的短期危机管理）原本是第 21 章的内容，在第七版中总结了发展中国家的宏观经济政策，详细讨论了短期宏观经济管理的澳大利亚模型以及相关案例，添加了实际汇率和名义汇率以及 2010—2011 年希腊债务危机（运用澳大利亚模型）的案例。本章还新加了一个附录并提供了有关国民收入和收支平衡的统计。

第 16 章（农业及其发展）是一个全新的关于农业发展的章节。该章把农业放置于一个全面的经济发展背景下，强调了农业发展对于促进经济增长和消除贫困的潜力。具体主题包括结构转型、双重发展模式、农业与增长以及农业发展对于消除贫困的影响。

*第 17 章（农业发展：技术、政策与体制）以前一章为基础展开了对于农业发展问题的广泛讨论，着重强调政策以及制度如何促进农业发展。具体主题包括发展中国家的农业体系，利用广泛的框架来分析对于农业生产增长的限制，技术发展和绿色革命、

制度以及土地改革在农业发展中所扮演的角色，以及对于 2005—2008 年全球粮食价格危机的回顾。

* 第 18 章（贸易与发展）介绍了世界贸易的趋势和模型。本章回顾了比较优势理论并评估了该理论的优势、劣势以及其分布式结果，着重讨论了初级产品的贸易，包括在贸易方面的出口许可、“荷兰病”、实际汇率、资源诅咒及其相关影响。

* 第 19 章（贸易政策）建立在上一章关于贸易与发展的广泛讨论的基础上。它将进口替代作为一个重要的贸易策略和贸易保护的结果。在对出口导向进行分析之后，接下来的讨论包括与出口加工区有关的经验。关于贸易、发展与减贫的证据被展示出来。这一章结尾讨论了与全球贸易议程有关的关键问题，比如中国和印度对全球贸易竞争产生的影响、劳工标准、多哈回合贸易谈判、作为消减世界贫困的策略之一的短期移民等。

* 第 20 章（可持续发展）对这一主题进行了彻底的更新，其唯一延续了前几版的地方是关于市场失灵和政策失灵的讨论。这一版中提出的新主题包括：提出了环境库兹涅茨假说；对可持续发展的定义和衡量方法进行了扩充并提出了分析性的视角；对外部性进行了制度视角的分析（取自埃莉诺·奥斯特罗姆）；对环境服务付费，作为对外部性作出的回应；大量关于贫困—环境链接的扩充的分析；还包括新的一节关于气候变化对经济的影响的分析。这一章的新案例包括在加纳调整后的净储蓄对人口增长的马尔萨斯效应、哥伦比亚的水污染税、政策失灵以及印度尼西亚的过度砍伐。

作者简介

在《发展经济学》的四个原创作者中，只有德怀特·H. 波金斯持续作为本书的作者对第七版的编写作出了积极贡献。迈克尔·罗默于1996年去世，他是发展经济学领域最善于思考和多产的作家之一。从许多方面看，迈克尔都是前几版最重要的作者，他的遗风在第七版仍有体现。马尔科姆·吉利斯是公共财政和经济发展领域的专家，他在20世纪80年代早期开始编写本书的时候就起着核心作用。他随后成为赖斯大学的校长，直到退休。唐纳德·斯诺德格拉斯负责前五版第三篇"人力资源"部分的编写。马尔科姆·吉利斯和唐纳德·斯诺德格拉斯对于该版的贡献同样是显著的。新作者们在这一版中的贡献也很突出，感谢前几版作者的高超的学术水平，他们帮助界定了发展经济学的研究领域。

德怀特·H. 波金斯（Dwight H. Perkins） 哈佛大学政治经济学 H. H. Burbank 教授，哈佛国际发展学院前任院长。波金斯教授是东亚和东南亚研究方面的顶尖学者。波金斯教授不仅对《发展经济学》许多章节的编写作出了巨大贡献，而且在这一领域出版了多本著作，发表了多篇学术文章，还在其杰出的职业生涯中培养了成千上万名学生（包括本书第七版的三位合作者）。

斯蒂芬·拉德勒（Steven Radelet） 参与了《发展经济学（第五版）》的编写，那时他是哈佛大学国际发展学院的研究员并在哈佛大学肯尼迪政府学院和经济学系授课。他曾是美国对非洲、中东与南亚财政部长的代表助理秘书，是国际发展中心的高级研究员，希拉里·克林顿政府发展秘书处的高级顾问。他是国际援助、发展中国家债务与金融危机以及经济增长方面的专家，并在西非与东南亚有丰富的实地经验。他目前是美国国际开发署（USAID）的首席经济学家。在那个职位上，他应该没有办法为第七版的编写作出贡献，但是，他为之前版本所做的工作对形成这一新的版本也至关重要。

戴维·L. 林道尔（David L. Lindauer） 韦斯利学院的斯坦福·考尔德伍德教授，从1981年开始就在那里执教。他是世界银行的顾问、哈佛国际发展研究所的教员。他的专长是劳动经济学领域。他的研究领域和提出的政策建议包括工业关系、劳动成本和出口潜力、最低工资、贫困和失业、公共部门支付和就业以及种族差别性优惠待遇等。他从事东南亚、撒哈拉以南非洲地区以及其他地区的劳动力市场研究。林道尔教授是一个屡获殊荣的经济学教师，将他教授本科生的大量经验融入第七版的编写中。

斯蒂芬·A. 布洛克（Steven A. Block） 国际经济学的教授和塔夫茨大学弗莱彻法律与外交学院的国际发展项目的带头人。他是从第七版开始加入《发展经济学》的写作的，自 1995 年以来，一直在弗莱彻学院教授发展经济学课程。布洛克教授也是塔夫茨大学弗里德曼营养科学与政策学院的教员，是哈佛大学国际发展中心和哈佛大学魏德海国际事务中心的访问学者。他在农业发展和政治经济学领域发表了大量学术论文，并在撒哈拉以南非洲地区和东南亚政策建议团队做了大量工作。

致　谢

在本书第七版的编写过程中，我们深感得到了乐于助人的同事们的大力帮助，他们或者阅读了本书的一些章节，或者审阅了全书，或者在课堂上使用了本书的初稿，或者在其他方面对我们给予了鼓励。

德怀特·H. 波金斯感谢他在哈佛大学的同事和学生，感谢在过去五年中在发展经济学领域帮助过他的人。感谢他的妻子朱莉，朱莉曾多次陪同他前往发展中国家。

戴维·L. 林道尔教授感谢他的研究助理 Guan Yue 和 Teju Velayudhan。他们完成了本书中大量图表和数据的整理以及绘制。Dana Lindauduer、Pasinee Panitnantanakul 和 Anisha Vachani 提供了额外的帮助。感谢 David Johnson 和 Joseph Stern 为本书草拟案例。他还得到了以下学者们的帮助：Akila Weerapana（卫斯理学院），Jere Behrman（宾夕法尼亚大学），Lant Pritchett（哈佛大学），Martin Ravallion（世界银行），以及 Paul Glewwe（明尼苏达大学）。他感激卫斯理学院为他提供离职研究的机会，使他有时间和精力完成此版教材的编著。最后他感激他的家人为他提供的所有支持。

斯蒂芬·A. 布洛克感谢他的研究助理 Bapu Vaitla。他特别感谢 Peter Timmer（哈佛大学）和 Jeffrey Vincent（杜克大学）所提出的至关重要且极具建设性的意见，方使他得以完成第 16、17、20 章内容的撰写。此外，他还要衷心感谢他的家人对他的爱与耐心：Avi、Ruthie 以及他的妻子 Maria。

感谢 W. W. Norton 公司的继续支持，感谢我们的编辑 Jack Repcheck 对第七版的继续指导和所付出的努力。

剑桥大学　德怀特·H. 波金斯
华盛顿大学　斯蒂芬·拉德勒
卫斯理学院　戴维·L. 林道尔
塔夫茨大学　史蒂芬·A. 布洛克

互联网上关于国际发展的资料来源

国际组织

1. 世界银行（www. worldbank. org），包括提供国家信息的网址（www. worldbank. org/htm/extdr/regions. htm）、一系列发展指标的数据（www. worldbank. org/data）、特殊发展主题（www. worldbank. org/htm/extdr/thematic. htm）、消减贫困（www. worldbank. org/poverty）、政府治理与反腐败（www. worldbank. org/wbi/governance）.

2. 国际货币基金组织（www. imf. org），包括不同国家的信息（www. imf. org/external/country/index. htm）和超过 100 个经济、商品以及发展组织的指南（www. imf. org/np/sec/decdo/contens. htm）。

3. 非洲开发银行（www. afdb. org），亚洲开发银行（www. adb. org），泛美开发银行（www. iadb. org）.

4. 联合国发展组织，包括联合国发展项目（www. undp. org）、世界粮农组织（www. fao. org）、世界卫生组织（www. who. org）、联合国儿童基金会（www. unicef. org）、联合国艾滋病毒/艾滋病规划署（www. unaids. org）、联合国千年发展目标（www. unmillenniumproject. org）。

独立研究机构

5. 全球发展中心（www. cgdev. org）

6. 哈佛大学国际发展中心（www. cid. harvard. edu）

7. 哥伦比亚大学地球研究所（www. earthinstitute，columbia. edu）

8. 海外发展研究所（www. odi. org. uk）

9. 世界发展经济学研究所（www. wider. unu. edu）

10. 世界资源研究所（www. wri. org）

信息网

11. 发展网（www. developmentgateway. org）
12. 发展研究中心（www. ids. ac. uk）
13. 国际发展研究中心（www. idrc. ca）
14. 援助网（www. netaid. org）
15. 同一世界网（www. oneworld. org）
16. 国际经济学网络，发展资源（www. internationaleconomics. net/development. html）

数据来源

17. 国际比较中心（www. pwt. econ. upenn. edu）
18. 经济合作与发展组织发展援助委员会（www. oecd. org/dac）
19. 衡量生活水平的家庭调查研究（www. worldbank. org/LSMS）
20. 鲁比尼全球经济监测（www. rgemonitor. com）
21. 世界概况（www. cia. gov/cia/publications/factbook）

基金会

22. 比尔及梅林达·盖茨基金会（www. gatesfoundation. org）
23. 福特基金会（www. fordfound. org）
24. 开放社会研究所（www. soros. org）
25. 洛克菲勒基金会（www. rockfound. org）
26. 威廉和弗洛拉·休利特基金会（www. hewlett. org）

目　录

第一篇

发展与增长

第 1 章

发展的模式

1.1 三个片段①

□ 马来西亚

20 世纪 80 年代初期，当拉赫米拉·阿卜杜拉 17 岁时，她做了一件村子里其他姑娘从未做过的事情。她离开了位于马来西亚吉打州美丽但贫穷的家乡。家乡的人们在山谷中种植水稻，在附近的小山上割胶，而她却去了 75 英里之外喧闹的槟城的一家电子装配厂打工。即使是以乡村不高的水平来衡量，拉赫米拉的家境也是贫寒的。他的父母欢迎能够使女儿自食其力的机会，甚至认为这种机会有可能使女儿寄钱回家补贴家用，帮助家里应付层出不穷的困难和抚养五个弟妹。怀着这样的憧憬，他们对尚未出嫁的女儿打破常规的想法给予了宽容，让她独自一人到城里打工。

拉赫米拉在一家日本公司所属的工厂里找到了一份组装集成电路的工作。她每天耐心地把成百上千的细小导线焊接在小小的硅片上。这是一种枯燥的、重复性的劳动，动作必须飞快，而且管理层希望工人做到绝对准确。每天当如此长时间的工作结束时，拉赫米拉能挣到相当于几美元的收入。由于小时工资低，工人们愿意获得经常加班的机

① 这三段故事都是虚构的。马来西亚的片段仅仅基于 Fatimah Duad, *Minah Karan: The Truth about Malaysian Factory Girls* (Kuala Lumpur: Berita Publishing, 1985), and Kamal Salih and Mei Ling Young, "Changing Conditions of Labour in the Semiconductor Industry in Malaysia," *Labour and Society* 14 (1989), 59-80。埃塞俄比亚和乌克兰的片段基于与那些曾在这两个国家生活过和进行过研究的专家的讨论。这些片段里所描述的主人公均是杜撰的。在这三个片段中运用的数据来自 *World Development Indicators Online*。

会。一般每天多干 2～3 小时，一周最多干到 7 天。她们特别喜欢在周日或节假日加班，因为这时会发双薪。拉赫米拉和其他 7 个女工合租一所小房子，房子只有一间卧室，所以一些人只能在起居室里睡觉。由于生活简朴、开支不大，大多数年轻女子都设法每个月省出一些钱寄回农村的家中并享受这种离开家人、新鲜的自由生活。

五年后拉赫米拉有了一定的积蓄，她回到家乡，不久就与当地一个男人结婚了。随后她生了两个孩子——少于那些留在家乡并提早结婚的朋友。她的积蓄足以帮助她的家庭和供养两个孩子上学。

拉赫米拉有机会去电子装配厂工作，是由于 20 世纪 70 年代马来西亚政府在该国的一些地方建立了出口加工区（export processing zones，EPZs），一些美、日电子制造商搬迁到那里并建立了工厂。由于全国失业率高，政府尤其急于为本地原住居民寻找更多的城市非农业的工作岗位。到了 20 世纪 70 年代中期，对于集成电路和其他电子设备的需求突飞猛进，厂商开始在海外寻找能够以更低廉的成本承担部分生产环节的地方。电子和其他工业转移的最初受益者是东亚的新兴工业化国家和地区，即中国香港、新加坡、韩国和中国台湾。马来西亚拥有良好的基础设施和会讲英文的劳动力，仍然对外国投资者具有吸引力。尽管工资低于日本和美国，但比在当地从事农业劳动高，所以大家都希望有机会得到这份工作。

马来西亚过去以出口橡胶、锡和棕榈油著称，现在已经变成了世界上最大的电子元件和劳动密集型产品的出口国之一。部分由于出口，马来西亚变成了世界上经济增长最快的国家之一，可以作为一个成功发展的典型。从 1970 年到 2010 年，马来人的平均收入以实际值计算翻了四番，人们的预期寿命从 61 岁增长到 75 岁，婴儿死亡率从 46‰下降到 6‰，成人识字率从 58%跃升至 92%。男童与女童入学人数之比从 83%增长到 103%。（换言之，在今天的社会背景下，拉赫米拉的孙女比起她的孙子，享受学校教育的可能性会稍稍高一点点。）

马来西亚的经济也发生了变化。在 1970 年，农业占据了国民产出的三分之一；而今天农业所占比重低于 10%。吉打州的家庭仍然种植水稻，年轻妇女们仍然在槟城的电子装配工厂工作，就像她们在 20 世纪 70 年代一样。（如果你有一台戴尔笔记本电脑，它很有可能就是在吉打州的电子装配厂装配完成的。）然而吉打必须展望未来。来自越南和其他亚洲国家的低工资竞争正在侵蚀着马来西亚市场。吉打州希望发展知识型经济，可能包括生物工程、商业外包和医疗旅游。[1] 拉赫米拉的孙子孙女们将会在一个与她所了解的完全不一样的马来西亚成长和生活。

□ 埃塞俄比亚

拉赫米拉在槟城开始工作的同时，格塔丘在另一个洲的埃塞俄比亚出生。格塔丘的家人和他的许多亲戚都住在德塞的郊外，德塞是阿姆哈拉地区受干旱影响比较严重的地区，距首都亚的斯亚贝巴只有一天的车程。他们一家人住在茅草屋里，没有什么财产，只有炊具、毛毯、衣服、录音机和自行车。他的姐姐每天花费两个小时从村外的一条小

---

① Homi Kharas, Albert Zeufack, and Hamdan Majeed, *Cities, People & the Economy: A Study on Positioning Penang*, Khazanah Nasional Berhad and the World Bank (Kuala Lumpur, 2010).

河里打水。村子里没有铺好的路，也不通电。除了种植一种与小米类似的谷物，他家里还种植蔬菜，过着自给自足的生活。家里还养殖了牲畜。他的父亲养牛并贩牛，这构成了他家主要的收入来源。

格塔丘在他家的八个孩子里排行第五，其他的孩子中，有一个刚出生就夭折了，另一个在他3岁时也去世了。格塔丘断断续续地接受了五年的学校教育。不上学的时候，他就同父亲和兄弟们一起种植庄稼、养殖牲畜。有些年份家里没有足够的钱支付学费、买校服，只能供一两个孩子上学。家里总是先把上学的机会给他的哥哥们。格塔丘16岁的时候可以进行一些简单的读写。

格塔丘的家境十分艰难。他的母亲在生完最后一个孩子后不久就离开了人间。这是因为她的身体状况不佳，她经历了1984年的干旱和饥荒，而且生产次数太多，又缺乏紧急产后护理。尽管全世界在那一年都关注埃塞俄比亚的困境，然而救济对于他们来说为时太晚。这个地区长期为干旱和粮食匮乏所困扰，但自那时以来情形已有所好转。1991年的政治转型给这个国家甚至农村都带来了许多不确定性。那年村里的学校由于教师都回到首都去生活而关闭了。物价飞涨，格塔丘的父亲靠养牛已经挣不到什么钱了。1998年，埃塞俄比亚与它的邻国厄立特里亚之间爆发了战争，格塔丘与他的哥哥在这个时候都待在亚的斯亚贝巴，很幸运地躲过了这场战争。但是，他的好几个朋友都被征去服役。其中的一个人在战争中失去了一条腿后回到了家，但是失去了帮助照料牲畜的能力。另一个人染上了艾滋病，但是得不到治疗，可能活不了多久了。

格塔丘的二哥是个卡车司机，偶尔会给家里带来些食物和现金。格塔丘和他的哥哥一起去了亚的斯亚贝巴，找到了一份偶尔休息一次的工作。在城市里生存下去甚至比在村里都难。如果在农村，大家生活水平都差不多。在亚的斯亚贝巴，格塔丘十分贫穷，而比他有钱的人却有许多。自从他爸爸患上了肺结核，格塔丘就回到家里照顾他爸爸。他想要结婚，但是土地变得越来越稀缺，他不能肯定养得起他的家庭。

格塔丘的生活同他父亲的生活很相似，与大多数埃塞俄比亚人和非洲人是平行的。2004年的人均收入与1981年的水平相当。在其中的一年，有时收入会增加，有时会下降，但总体来讲，这个国家的经济处于停滞状态。然而从2004年开始，经济持续快速增长，每年平均增长6.6%，比之前十年的增长都要快。尽管在2008年和2009年发生了全球性经济衰退，但埃塞俄比亚的经济在此期间持续飞速增长，即使很难预料这样的增长是否会是持续性的。

再考察其他的生活指标，婴儿死亡率从1970年的136‰下降到2009年的67‰，反映了在收入没有增长的情况下健康状况潜在的改进。人口预期寿命从1930年的43岁增长到53岁，但仍然低于马来西亚和其他富裕经济体。成人识字率虽然低于三分之一，但这样的状况在未来会得到改善。每五个学龄儿童中的四个如今都会入学——是十年前的两倍。埃塞俄比亚的经济也在逐渐发生着变化。在1970年，农业占据国内产出的61%，如今为51%。对于格塔丘和其他三分之一的埃塞俄比亚人来说，种植庄稼和饲养牲畜仍然是他们的主要经济活动。

拥有8亿人口的埃塞俄比亚是世界上人口最多的贫困国家之一。然而，它同时也是非洲的新兴经济体之一。出口初级产品（包括咖啡）、埃塞俄比亚人民的境外汇款和国外直接投资都在给这个国家近期的经济增长添加了动力。这些趋势与良好的经济政策和管理，科学技术的传播与普及，以及中国、印度和中东地区逐渐增进的经济关系有着密不可分的联系。

□ 乌克兰

与拉赫米拉和格塔丘不一样，维克特与尤利娅受过相对良好的教育。他们都出生在乌克兰西部的利沃夫，大约距首都基辅 300 英里。1980 年他们就中学毕业了，然后去本地理工学院又学习了几年，他们就是在那里认识的。维克特学习工程，尤利娅学习建筑制图。完成学业后，他们结婚了，维克特在当地的一个玻璃工厂找到了一份工作。尤利娅被市政机构雇佣了。如同在苏联时代的其他夫妻一样，这对夫妻搬进了尤利娅父母居住的只有一间卧室的公寓。他们拥有一台冰箱、一些厨房用具、一台电视、一些家具、一些乐器、许多书籍和一部电话。他们去度假，经常去位于乌克兰西南的喀尔巴阡山脉的国家补贴的疗养院。他们的女儿泰提亚娜出生于 1986 年，尤利娅可以休带薪产假。

20 世纪 80 年代，维克特与尤利娅的生活方式与美国和西欧的标准相当。他们生活得并不奢侈，但是每天的生活需要都能够得到满足。通常他们需要在政府的商店前排队，购买主食，比如面包、食用油、牛奶和糖。他们拥有自己的园圃，可以种植鲜花、水果、蔬菜。偶尔他们也会在地下市场采购来自波兰的商品（这些市场在技术上是非法的，但是并没有受到严格的监管）。卫生保健和日常护理则由政府来提供。

同许多居住在利沃夫的乌克兰人一样，维克特与尤利娅同她的父母都渴望民族独立。尽管苏联的官方语言是俄语，但是他们仍然坚持说母语。超出其民族主义倾向，他们认为生活在一个不那么集中的经济体会变得更好，但是他们没有意识到苏联解体的严重后果。

乌克兰是在 1991 年 12 月开始独立的，这是因为在全民投票中有 90%的选民支持独立。街头庆祝活动与有关自由的激情澎湃的演讲成为这个活动的标志。然而独立还是带来了负面的影响。维克特工作的玻璃工厂中断了与苏联的贸易合同。维克特挣得越来越少。一个在前苏联地区流行的说法是："他们假装付钱给我们，而我们假装工作"。乌克兰依靠苏联提供能源，但是支付不起外汇，苏联的能源出口减少了，许多乌克兰人必须忍受家里和办公室都没有供暖的寒冷冬季。国内经济的管理不善导致了 1993—1994 年的恶性通货膨胀，物价疯涨了将近 5 000%。恶性通货膨胀摧毁了像尤利娅父母这样依靠养老金的人以及固定收入者的购买能力。医疗保障体系土崩瓦解。药品有时只能在黑市上才能买到，而且疗效得不到保证。生活更加困难，因为未来充满了焦虑、压力和不确定性。乌克兰男人的预期寿命从 1989 年的 66 岁下降到 1995 年之前的 62 岁。在 2009 年，人口预期寿命虽然回升到 64 岁，但仍旧比前 20 年低。

乌克兰希望独立后能够有外资涌入，但现实情况并非如此。外国人发现乌克兰的技术落后，产品质量差，腐败盛行。公司官员侵吞了自己工厂的财产，并且保持现状，而不是由外国人来收购工厂。1998 年的人均收入仅仅是解体前 1989 年峰值的 40%。这些变化都发生在一个有着良好成人识字率，并且男童和女童均能够受到良好教育的国度。

在过渡时期，维克特同其他乌克兰男子一样过着艰难的生活。他适应不了变化的环境而且没能找到新的工作。大部分时间，他都在家里做木匠活儿，其他时间则出去打零工。由于吸烟太多，他的身体并不好，尤利娅还认为是玻璃工厂对环境带来污染所造成的。维克特在玻璃工厂的许多朋友都面临同样的健康问题；有些人过早地死去了。尤利娅和维克特一起支撑着家庭。她在改变着自己。尽管很少发工资，但她还是在市政机构里工作。她除了上班，晚上还为要建筑夏季别墅和更新公寓的富裕的乌克兰人画图纸。她不想知道这些支付别墅的钱是从哪里来的，更不愿承认她是靠为别人提供这些服务来挣钱的。

21 世纪初，乌克兰的经济有了一定的起色。维克特和尤利娅开始对于他们孩子的前途感到些许乐观。在 2008 年以前人均收入增长了四分之三，与 1989 年持平。然而全球经济衰退带给乌克兰非常沉重的打击，表现为对于钢铁的需求锐减，而钢铁是乌克兰最主要的出口产品之一。面对世界金融危机，乌克兰国内的银行部门也暴露出它的薄弱性。2009 年整个经济体系萎缩了 15%。(相比之下，在大萧条期间，美国经济仅仅萎缩了 2.5%。）尽管在 2010 年乌克兰的经济有了小幅度的增长，但整个国家经受了政治混乱和薄弱政府的磨难。腐败、任人唯亲、效率低下的政府机构这些问题仍然没有得到解决。

□ 发展与全球化

马来西亚、埃塞俄比亚和乌克兰这三个“发展片段”展现了一系列不同国家在过去 20～30 年间的经验。有些国家，比如马来西亚，经历了历史上前所未有的经济增长率，改变了人民的生活。在世界其他地区，包括埃塞俄比亚和撒哈拉以南非洲地区，至少到今天为止，经济增长并没有什么明显的变化，一代又一代的人们生活水平依然如故。转型国家则经历了经济体制变革的阵痛。在某些情况下，比如乌克兰，经济体制的转变导致了生活水平急剧下降。21 世纪初，一些地区的经济才缓慢地开始复苏；2008—2009 年的全球经济危机对一些地区造成了不同程度的打击。了解不同的经济发展模式的原因和后果是这本教科书的核心目标。

经济增长、停滞和转型对于拉赫米拉、格塔丘、维克特与尤利娅的生活具有深刻的影响，但相对于超过 56 亿来自发展中国家的人口来说，所影响到的这些个体只是代表了他们自己。如同不同的国家所得的结果并不相同，所有的国家都受它们自身和其他国家剧烈变化的影响。

● 政治制度经历了深刻变化，特别是在冷战结束以后。从 20 世纪 90 年代初开始，许多低收入国家都采取了民主政治体制。政治变化、经济发展进程以及消减贫困之间的关系仍然是一个值得思考的问题。

● 伴随着人口中工人所占份额的增加和受抚养子女数量的下降，实际人口的变化导致了许多国家人口增长率的下降。可以预见，许多低收入国家不久就会有越来越多的人口进入退休年龄，这将对储蓄、税收、养老金和社会规划等问题都产生影响。

● 地方性疾病的传播，特别是艾滋病毒/艾滋病流行，威胁着许多国家的发展进步。在超过半打的非洲国家中，超过四分之一的成人艾滋病毒呈阳性，疟疾、肺结核及其他疾病带来了重大的人员伤亡和经济损失。

● 随着运输和通信成本的下降，全球贸易量在迅速增加，产生了更加复杂的全球生产网络。产品并不是自始至终都在一个地方进行生产，而是某个公司专门负责部分零部件的生产，在其他国家的公司则发挥着不同的作用。从在政府保护下的本地产品生产到更大的全球市场一体化，这是一个引人瞩目的转变。①

- 资本的跨境流动较几十年前更加迅速。更多的高级金融工具出现了，强调为私人资本进入低收入国家提供机会，使得国外资本能够进入低收入国家进行地方投资。但是，在一些国家，金融自由化的迅速发展导致了严重的金融危机的爆发，这是由于地方金融机构的不成熟和外国资本的抽逃。另外，2008—2009 年源于美国和其他先进经济体的金融危机对于发展中国家的影响实际上远远小于所预想的情况。
- 信息和理念在全球的传播速度比以前加快了。手机、互联网和其他通信技术为低收入国家创造就业提供了新机会。农民们可以通过互联网获取关于产品定价的信息，家庭成员汇款给对方的同时不需要任何传统银行的支持。新兴技术创造了很多通过卫星和网络提供服务的就业机会，比如会计、数据录入、电话求助热线等。

在这些变化的背后，许多因素在发挥着作用。其中最重要的一个因素是全球化的进程。**全球化**（globalization）对于不同的人来说具有不同的含义。哥伦比亚大学的经济学教授贾格迪什·巴格沃蒂（Jagdish Bhagwati）将经济全球化定义为“通过商品和服务贸易（如旅游业）、外国直接投资、短期资本流动、人员的国际流动、技术的流动等将国民经济一体化转变为国际经济的过程。”全球化也有其非经济方面，包括文化、通信和政治一体化。全球化并非一个新的现象：麦哲伦、克里斯托弗·哥伦布、郑和、马可波罗等人的早期航程开辟了一个早期的全球化时代，19 世纪晚期和 20 世纪初期全球一体化加速，直到第一次世界大战爆发，一体化进程突然结束。当今时代的全球化影响了世界上更广阔的地区和更为众多的人口。

这些广泛的全球化趋势与拉赫米拉、格塔丘、维克特和尤利娅的故事集中体现了经济发展进程中的许多问题：政府如何增加投资、实现工业化和促进出口？国家能够怎样教育它们的国民、保障他们的健康，使他们成为能够适应更先进的全球范围内相互关联产业的劳动者？谁从外商投资和全球贸易网络一体化中获得好处？谁又蒙受损失？贫穷落后的发展中国家从农业国转变为工业国将使大多数人的生活发生怎样的转变？气候变化会对那些已经生活在极度贫困中的人们产生怎样的影响？本教科书将探讨这些方面的经济学，并试图解释为什么一些国家发展迅速，而另一些国家似乎没有任何发展。记住，在每个国家都有像拉赫米拉、格塔丘、维克特与尤利娅那样的人，他们所在国家的经济发展进程必将深深地影响着他们的生活。

1.2 富国与穷国

本书所谈及的国家被冠以许多不同的名称。20 世纪 80 年代，在国际论坛上有一个

① 通过这一进程，马来西亚获得了最明显的帮助。然而，至少在短期内，乌克兰受到了伤害。甚至那些从事温饱型农业的埃塞俄比亚农民也不能与全球经济事件隔离开来。20 世纪 90 年代末的亚洲金融危机就是一个很好的例子。这场危机明显地降低了全球范围内对鞋子、手包和其他皮制商品的需求，从而间接地降低了对兽皮的需求。兽皮是埃塞俄比亚传统的出口商品，对于兽皮需求的降低减少了埃塞俄比亚乡村地区的现金收入。而这些农民们对于为什么他们所贩卖的兽皮价格降低却无从知晓。

时尚的词汇，即**第三世界**（third world）。也许定义它的最好方法是淘汰这一词汇。西欧、北美和太平洋的工业化国家（即第一世界，尽管这一名称很少被用到）以及东欧的前中央计划经济国家（即第二世界）除外，其余所有国家都属于第三世界。今天我们实际上已经很少用到这个词汇了。这一类国家在地理形态上构成了纬度上**北方**（North）（第一和第二世界）与**南方**（South）的区别。这样的区别在今天仍具有一定的时代感。

另一个运用得更为广泛的分类方式是将所有国家按照发展程度进行分类。这样，我们便可以区分发达与不发达国家、较为发达与欠发达国家，或者考虑到持续变化过程，区分为**发达国家**（developed countries）与**发展中国家**（developing countries）。发展中国家的称谓的确蕴涵某种乐观的成分，采用缩写字母 LDCs（less-developed countries）表示欠发达国家又有其方便之处，这就使得这两个名称成了使用最为广泛的两个术语。联合国运用的分类体系是把最贫困的国家归为**最不发达国家**（least-developed countries）。一些亚洲、东欧和拉丁美洲的经济体，它们的工业产出快速增长，被称为**新兴经济体**（emerging economies）。富国通常又被称为**工业化国家**（industrialized countries），以表明它们重视发展与工业化之间的密切联系。最高收入国家有时也被称为后工业化国家或者服务型经济体，因为是服务（金融、研究与开发、医疗服务等等）而非制造业在这些国家经济中占有最大的比重，同时增长速度也最快。这种基于收入水平区分穷国和富国的简单两分法，已由世界银行①进行了改进，区分为四种类型。

- **低收入经济体**（low-income economies），按 2010 年汇率折算成美元的人均收入低于 1 005 美元。
- **中低收入经济体**（lower-middle-income economies），人均收入介于 1 006 美元至 3 975 美元之间。
- **中高收入经济体**（upper-middle-income economies），人均收入介于 3 976 美元至 12 275 美元之间。
- **高收入经济体**（high-income economies），人均收入高于 12 275 美元。

世界银行的分类方法是从 20 世纪 70 年代开始实行的。世界银行希望贫困的国家能够得到更好的贷款发放条件。这样的措施需要一些可以区分偿还债务的经济能力的方法。于是人均国民生产总值（GNP per capita）以及人均国民总收入（GNI per capita）等指标便被采用了。实际上，用来区分低等、中等和高收入经济体的不同界线是基于国家间的自然差距。收入水平的界值每年都会根据国际通货膨胀的价格进行更新。②

表 1－1 根据世界银行的标准对世界各个国家进行了分类。你可能会对自己看到的分类结果感到惊讶：全世界有 70 个国家都已经被列入了高收入国家行列。这是因为除了我们耳熟能详的发达国家，例如法国、日本、美国之外，还有一些我们可能并不熟悉的小国，例如阿鲁巴岛、文莱、马恩岛、列支敦士登和卡塔尔。除此之外，高收入经济体只占

① 世界银行（World Bank）的正式称谓是国际复兴与开发银行（International Bank for Reconstruction and Development，IBRD），它从发达国家的私人资本市场借款并借贷给发展中国家。通过联系国际开发协会（International Development Association，IDA）得到发达国家政府的帮助，并以非常低的利率及较长的还款期限转贷给低收入国家。正如人们通常所说的，世界银行可能是世界上最为重要、影响力最大的发展机构，它的角色我们将会在第 14 章对外援助中作更为详尽的探讨。

② 我们今天所使用的通货膨胀率是欧元区、日本、英国和美国通货膨胀率的平均值。

世界人口的16%。中高收入经济体占了72%。仅仅中国和印度就占了中等收入国家人口的一半。在35个低收入国家中，世界最贫困的国家占了12%。这些国家大部分分布在撒哈拉以南非洲地区。海地是西半球中唯一的低收入国家。除此之外的低收入国家则分布于亚洲。其中孟加拉国人口最多。作为一个整体，低收入国家在2010年的人均国民总收入刚刚超过1 200美元。这个数字是以**购买力平价**（purchasing power parity，PPP）来计算的。购买力平价是一种根据各国不同的价格水平计算出来的货币之间的等值系数，以对各国的国内生产总值进行合理比较。（我们将在第2章对PPP进行更深入的讨论。）2010年高收入国家人均国民总收入为37 183美元。低收入国家的人均国民总收入仅仅是这个数字的3.4%。我们将在第6章对全球收入不平等进行详细讲解。

表1-1提供了全球经济状态在2010年的一个缩影图。它告诉我们，全世界每两个人中就有一个人生活在低收入或者中低收入国家。他们的生活水平远远低于中高收入和高收入经济体。但它并不能告诉我们这些国家的经济状况是如何随着时间的推移而发展变更的。当1983年本教科书第一版发行的时候，16%的世界人口生活在高收入国家。这个数字与今天一样。然而50%的世界人口在1983年生活在低收入国家，如今降低至12%。这是一个巨大的、戏剧性的变化，并且是中国、印度和那些曾经非常贫穷的国家实现了飞速经济增长的结果。①

表1-1　　世界经济划分，2010年

国家划分	人均国民总收入*（美元）	国家数量	人口†（以百万计算，占世界总人口的%）	平均人均国民总收入‡（PPP，美元）	典型国家
低收入	小于等于1 005	35	817（12%）	1 247	埃塞俄比亚，孟加拉国，柬埔寨，海地，塔吉克斯坦
中低收入	1 006～3 975	57	2 466（36%）	3 701	塞内加尔，斯里兰卡，菲律宾，厄瓜多尔，约旦，乌克兰
中高收入	3 976～12 275	54	2 449（36%）	9 904	加蓬，马来西亚，巴西，伊朗，罗马尼亚
高收入	大于12 275	70	1 123（16%）	37 183	澳大利亚，法国，日本，挪威，沙特阿拉伯，美国
世界**	9 097	216	6 885（100%）	11 058	

注：人均国民总收入以当前市场汇率为基础。

*包括人口多于30 000的国家。

†平均人均国民总收入以当前购买力平价作为收入水平划分的标准。

‡对于中低收入国家群体，世界银行依据地理划分把国家排列如下：撒哈拉以南非洲地区，南亚，东亚和太平洋，拉丁美洲和加勒比地区，中东和北非，欧洲和中亚。

**世界人均国民总收入的价值基于216个国家的人口加权平均。

资料来源：World Bank, "World Development Indicators," http://databank.worldbank.org.

① 据世界银行估测，印度在2009年就已经从低收入国家进入中低收入国家的行列。中国在20世纪90年代末进入了中低收入国家后又于2010年进入了中高收入国家的行列。由于对于汇率的系统性低估，中国实际上在2010年以前就应当被认为迈入了中高收入国家的行列。当中国于2010年被世界银行正式列入中高收入国家的行列时，中低收入国家和中高收入国家群体的人均国民总收入都降低了。你知道这其中的原因是什么吗？

1.3 增长与发展

由于可以运用多种方法来对不同类型的国家进行分类，因此对于描述发展过程的术语的运用便要格外谨慎。**经济增长**（economic growth）与**经济发展**（economic development）两个术语在一些场合是可以相互替代使用的，但它们各自的含义有着根本的区别。经济增长意指一个国家总体或人均收入的增长。如果一国的商品生产和服务提供增加了，不管在什么意义上，都可以把这一增长视为经济增长。经济增长只是解释了依据人均国民总收入，为什么世界上那些生活在低收入国家的人口百分比在过去 30 年间迅速下降了。而经济发展的含义则更加广泛，囊括了尤其是在健康、教育和人类福利等诸多方面的改善。那些只注重收入增长而不关心国民在健康、教育方面的境况，以及为个人提供更多机会的国家就会丧失许多经济发展的重要方面。一旦我们将经济发展的范围进一步拓展，自然便会涉及国内**收入分配**（income distribution）这个概念。之前所呈现的平均收入图表并不能准确地告诉我们对一个国家来说，增长所带来的收益是在一个怎样的程度上实现共享的。如果所有的收入增长全部聚集在少数人手里，或是花费在纪念碑修建或军队的器械建设上，那么从现实的经济发展角度而言，我们并不能说在这个国家里实实在在地实现了我们对于"发展"的定义。

经济发展同样伴随着经济结构的转变，越来越多的人从农业生产活动中转移出来，在城市里谋得收入更高的工作，通常是在制造业或服务业。没有结构转变的经济增长的表现是新增收入只集中在少数人手中。尽管有增长而无发展只是例外而不是常态，但这种情形的确发生了。例如坐落于非洲西岸的赤道几内亚是一个人口不到 70 万的小国。其沿岸石油资源的发现与开采使赤道几内亚的人均国民总收入从 1990 年的大约 330 美元迅猛增长到 2009 年的 12 420 美元。21 世纪初，赤道几内亚曾经是世界经济增长最快的经济体，年均增长率为 25%，超过了中国、印度和其他所有成功的经济体。基于这样的增长率，赤道几内亚在十年之内从低收入经济体成为高收入经济体。

然而这就说明赤道几内亚成为发达国家了吗？2009 年之前，赤道几内亚的人均收入与匈牙利的相当。然而赤道几内亚的人均寿命仅仅是 50 岁，匈牙利则是 74 岁。大约 90%的匈牙利学龄儿童都可以进入初等学校学习，而赤道几内亚的学龄儿童入学率还不到 50%。尽管赤道几内亚的人均收入在短短的时间里有了明显的提高，但是其国内对于基础教育的政策、国民糟糕的医疗保健状况以及它的经济活动并没有什么改变。飞速的经济增长并没有把相应的经济发展带给赤道几内亚的大多数国民。根据经济增长和经济发展的定义，这只是一个特殊的案例。就大多数情况而言，人均收入的增长与经济发展是相辅相成的。

现代经济增长（modern economic growth）是诺贝尔经济学奖得主西蒙·库兹涅茨所使用的术语，其含义是将当今的经济时代与商业资本主义时代或封建主义时代相对照。现代经济增长的进程依然在持续，因此，它的全部特征尚不十分清晰，关键在于要运用科学的方法来解决经济活动中的问题，而这反过来又导致了工业化、城市化甚至人口爆炸性的增长。最后，应该时刻记住的是，尽管经济发展和现代经济增长涉及的要比人均收入或产值的增长广泛得多，但没有经济增长也就不可能有什么发展。

□ 发展成果的多样性

在过去的 40 年间，很大一部分欠发达国家经历了收入增长，并享受着持续性增长。其中增长最为迅速的经济体在亚洲，包括中国、印度、印度尼西亚、韩国、马来西亚和泰国。除此之外，一些非亚洲国家例如博茨瓦纳、智利、爱沙尼亚和毛里求斯等同样被认为是增长最为迅速的经济体之一。1970 年以来，位于非洲南部的内陆国家博茨瓦纳成为世界上增长最为迅速的经济体之一，并且有效地利用它的收入增长提高了国民的生活水平。博茨瓦纳的经验挑战了那些认为非洲国家只有很少增长和发展的模式化观念。与此同时，一些亚洲国家则在经历非常缓慢甚至是完全静止的增长，例如缅甸、朝鲜和巴布亚新几内亚。

在过去的 40 年间，许多典型国家经历了超过年均 2%的收入增长。在年经济增长率为 2%时，平均收入每 35 年增长一倍；在年增长率为 4%时，则 18 年增长一倍。在绝大多数发展中国家，制造业的增长快于国内生产总值的增长，其结果是使这些国家不可避免地产生了结构方面的变化，这种变化导致了农业收入和农业就业所占的比重下降。许多其他国家经历了较为缓慢的增长和发展，年收入增长为 1%或 2%。甚至在一些国家收入是停滞或下降的，这些国家大多数在非洲，还包括东欧和中亚的转型经济体。

最近几十年低收入国家的情形发生了显著的变化，或许是因为健康条件的普遍改善和教育的普及。从 1970 年到 2009 年，这些低收入国家中的婴儿死亡率从 147‰剧烈地下降到 76‰。这就意味着在这些国家中，每一千个出生的孩子中，和过去相比较，会多出 71 个孩子能够生存下来并度过自己的第一个生日。对于今天那些曾在 1970 年被认为是低收入和中等收入的国家而言，结果也是相当显著的。基础教育在中等收入国家几近普及，并可持续性地在大多数低收入国家中保持上升的状态。除去很少的“例外”，超过四分之三的适龄儿童上了小学。尽管如此，超过 10 亿生活在发展中世界的人们仍然处于极端贫困之中。

然而，经济发展研究的主题并不是要去回顾哪些国家的经济发展得到了实现，哪些国家还尚未得到实现。它是一个关心未来的研究领域，尤其是关心世界上最不发达国家的未来的领域。为了理解未来，人们必须首先清楚我们是如何达到我们目前所处的水平的，但未来不是过去的重演或根据过去的趋势所做的预测。新的力量正在发挥作用，这些力量将塑造未来。这些力量的某些部分今天已经能够清楚地为人们所认识，而另外一些塑造各国经济进步的力量，如果没有被很好地察觉，也能隐约地被人们所感觉到。

环境的任何变化都将导致经济发展的未来与过去有所不同，而这些变化应该讲可能是从信息革命开始的。以互联网为代表的世界沟通的极大加强，加速了各种思路、理念越洋跨海、超越国界的流动，这种流动程度超出了人们的想象，可以使许多种服务的提供与最终使用相隔千山万水。较为低廉的交通成本以及良好的信息条件促成了全球生产网络的建立并促进了全球贸易与投资的发展，信息的迅速传递对政治也发生着影响，它使得行政当局更加难以控制公众的知情权。部分由于这一原因，在发展中国家，民主体制已非例外，而成为一种准则，而且这一趋势有望继续下去。

并非所有可预见的未来都是积极的。除了高科技与信息革命带给我们的各种便利和效益，它们使得某些受过良好教育的群体受益，而其他多数群体却落在了后面。对于艾滋病病毒/艾滋病的经验让我们对新的传染疾病时刻保持警惕。自然灾害——干旱、地震、飓风和海啸——对于人类的威胁不会因为是穷国或是富国就会有所减少或者增多，这些灾害对于贫穷国家来讲有着更为巨大的破坏性。当今的环境恶化比前一个世纪，即欧洲、北美经济增长的早期阶段要严重得多。作为环境恶化的结果，全球范围的气候变暖将对我们的未来造成巨大的影响，而在过去这种影响却不存在。在环境方面，虽然限制环境变化对于国际组织来讲仍然是一个挑战，但一个积极的变化是世界各地的人们正在意识到问题的严重性，并且认识的进程在不断加快。

我们可能并没有意识到影响未来经济发展的许多力量。在19世纪末，恐怕没有人听说过核能、DNA、集成电路。在20世纪70年代，也没有人听说过移动电话、笔记本电脑或是用于医治艾滋病病毒/艾滋病的抗逆转录病毒（ARV）。在新千年的世界中，这样的变化节奏将使同样可能是更加伟大的发现给我们的经济发展带来巨大的影响。也就是说，我们不能依赖未来的发现去解决经济发展和贫困的问题，我们必须试着理解，世界各国是怎样发展到今天的，这样我们才能承诺所有的人在未来生活水平提高并有更大的作为。

1.4 发展的途径

本书不是为那些寻找一些国家为什么依然贫困，或者如何才能摆脱贫困的读者而写的。图书馆的书架上摆满了研究报告，这些报告解释了一些国家或许只有在增加储蓄和投资，或强化其出口时才能发展。在20世纪中期的20多年中，通过进口替代工业化，即用国内生产的商品替代进口品，被许多人认为是经济发展的捷径。在20世纪70年代，劳动密集型技术、收入分配以及向贫困者提供人类的基本需要，作为发展的关键得到了普遍认同。目前，大多数经济学家劝告政府要大量依靠市场来确定价格和配置资源，避免过高的贸易壁垒。但有些人反对自由贸易和全球化，因为他们认为这是以失业为代价的。另一种不同的说法是，只有以外援或投资的形式使得资源从最富有的国家向最贫困的国家大规模转移，发展才是可能的。还有人呼吁对于那些偿还早先贷款有困难的贫困国家进行债务减免。

单一的因素解释不了欠发达，单一的政策与战略也无法启动复杂的经济发展进程。对于发展问题的各种各样的解释和方案，如果在适宜的环境中是有道理的，在另外的环境中便会失去其全部意义。在大多数情况下，动员储蓄是加速增长的基本条件，但如果极度贫困威胁了政治稳定，或者阻碍了人力资源流动，相对于收入再分配，有时它却可能是次要的。进口替代使得一些国家取得了很好的经济发展，但促进出口在进口替代陷入困境时帮助了另外一些国家。与自由市场价值相比，若价格严重扭曲，便会窒息首创精神并阻碍增长，只有在其他条件同时得到满足时，人们才能消除扭曲，促进经济发展。最后，对于那些由反对经济发展的势力支持的领导人统治下的国家，必须将这些领导人和他们的支持者赶下台，经济才能发展。值得庆幸的是，大多数发展中国家的政府都真诚地希望推动经济的发展。

本书也不以中庸的态度来看待所有的发展问题，我们会指出何处存在争议。事实上在发展政策的某些问题上，本书作者之间也意见相左，但我们在基本观点上都达成了共识。

本书大量使用了主流经济学的理论工具，因为我们确信这些工具实际上对理解发展问题和问题的解决有很大帮助。但教科书并不仅仅或并不主要依赖于理论。50 多年来，发展经济学家和经济史学家们已经建立了经验性的记录，利用这些记录，理论能得以验证。本书大量引用了这方面的许多经验性研究。我们力图以真实国家的案例来说明本书所讨论的所有主要观点。部分案例取自单个国家以及其他跨国家的比较研究，但也有大量案例取自我们个人在全球发展问题上所作的研究。本书几个版本的作者有幸对玻利维亚、智利、中国、哥伦比亚、斐济、冈比亚、加纳、印度尼西亚、肯尼亚、韩国、马来西亚、尼泊尔、秘鲁、萨摩亚、斯里兰卡、坦桑尼亚、越南、赞比亚等国家进行了长时期的研究。在这一时期，上述这些国家中至少有一个能够被用作实例，来对现存发展问题的全部解决途径进行探讨。

□ 发展经济学研究

如果你像大多数学生一样选择学习经济学的课程，这将不会是你的第一门经济学课程。或许你已经上过微观经济学和宏观经济学的基础课程。你们中的一些学生甚至也已经学习过中级的经济学理论、统计学、计量经济学和其他经济学分支学科。对于这些科目的学习会给你发展经济学的学习提供莫大的帮助。在基础微观经济学课程中，你学到了激励的重要性，以及在供给和需求相等的情况下，市场是如何趋于出清的。在基础宏观经济学课程中，你学到了扩大货币供应量将会如何导致通货膨胀的发生。无论是对于穷国还是富国，这些理论都同样适用。然而，要特别注意学习发展经济学与学习之前的学科的不同。对于发展经济学来讲，环境背景尤为重要。

如果你是在美国的大学或是其他高收入国家的大学学习的微观理论课程，你所学到的案例以及问题反映了那些富裕国家的经济情况。租金控制是一个比较常见的被纳入理论教科书的案例，来解释价格上限及其影响，包括住房短缺和黑市价格。在一个发展中国家，价格上限会产生相似的影响，但是不太会被用来控制住房的租金。一个更好的例子是政府如何企图运用价格上限来为城市消费者降低城市食品价格（通常是以牺牲那些比城市消费者贫穷很多的农民的利益）。而富国则更加倾向于用价格上限来提高食品的价格，并给予农民更多的支持。

在讨论到税收的时候，美国那些撰写原理教科书的作家通常把重点放在边际税率如何影响劳动力供给上——税收越高，愿意工作的工人就越少。在穷国，此种税收形式的存在通常是用来鼓励非正式部门的增长的，尽管这些部门的工人也不愿意用他们的工资来付税。虽然这样的情况在富国也会发生，但结果完全不一样。在低收入国家，财产权无法得到保障，这就解释了为什么在这样的国家里会有很多违章建筑和城市贫民区存在。而在富国，这样的问题就不会是讨论的重点。

在学习宏观经济学的过程中，你也许学到了扩大货币供应量可能会导致国家的汇率贬值。你可能没有学到一个国家是如何有意地通过调整它的汇率来使得它的货币贬值的。这样的实践通常在发展中国家（包括中国）比发达国家更为常见。你也许读到了美国中央银行体系保持其独立性的重要性，从而使得货币政策独立于国内政治。然而在发展中国家，中央银行是不太独立于其国家的政治系统的。

在高收入经济体中，比起经济增长，宏观经济学通常会把重点放在经济稳定政策上——如何运用货币政策以及财政政策来保证低失业率以及低通货膨胀率。部分因为成功的高收入经济体已经实现了增长，经济增长不再是关注的重点。在你所学习到的经济增长中，很多重点都被放在科技变化是让增长成为可能的重要原因上。然而在发展中经济体的背景下，经济增长和结构转型是两个非常重要的问题。增长率不仅仅依靠于科技发展，还会基于动员储蓄的能力以及具有生产性的投资。我们会在后面的章节对这些问题进行讨论。

最后一个在发达国家学习发展经济学与在发展中国家学习发展经济学的区别是**制度**（institutions）的设立。经济理论倾向于将制度环境看成是给定的（如市场、银行体系、私人产权的存在等），但发展所做的是努力创造并加强在初始阶段推进发展的制度。例如，一个国家如何才能有一个乐于并有能力推动经济增长的政府？在当前缺乏有效运作市场的国家中，能否建立起这样的市场？或者，在正常情况下，由市场执行的功能是否应该由国家来代替？增长是否要以一个完全发达的金融体系作为必要前提？或者，一个国家在不具备这样一个体系的某些部分时，能否发展经济？土地改革对于发展经济是否必不可少？如果是这样的话，需要什么样的土地改革？以市场为基础的经济增长需要什么样的法制体系？这些制度性的问题和其他许多类似的问题在发展过程中居于中心地位，并且会以不同的形式反复出现在下面的章节中。

你前面所学的关于发展经济的知识为你学习发展经济奠定了重要的基础。请为此做好准备。

1.5 本书的结构

本书共分四篇。第一篇考察了导致经济增长率差异的主要因素，包括经济理论所建议的和实证调查所支持的。讨论涉及政府的选择，包括关于怎样引导经济发展或管理经济的争论。

第二篇超越了经济增长问题，直接关注不平等和贫困问题。因为经济发展首先涉及人，人既是发展的先行者又是发展的受益者。第二篇考察了在经济发展过程中人力资源的转化，转化的过程对发展过程本身有何影响。各章分别讨论了人口、教育、健康问题。

资本是增长过程中的主要物质投入。第三篇关注的是为了发展的目的资本是怎样筹集和配置的。例如，储蓄来自何方，又是怎样转化为投资的？政府是怎样动员资源为发展筹措资金的？何种金融体制能够适应资本的快速积累？通货膨胀是促进还是阻碍了发展过程？外援和外国投资在发展中的作用是什么？

尤其是在发展的早期阶段，各国主要依赖农业以及食品、燃料和原料出口。第四篇讨论了在初期提高第一产业生产力的战略，以及促进经济发展的任务。但是发展最终仍然依赖于工业化。第四篇还进一步探讨了工业的发展，提出了推动制成品出口的贸易政策和环境的可持续性问题，并且分析了向世界市场开放的发展中国家如何进行宏观经济管理的问题。第四篇还探讨了初级产品的贸易情况、工业产品的贸易情况和不断增长的服务业的贸易情况。在一个更加全球化的世界经济体系中，贸易在低收入和中等收入国家的经济中有着前所未有的重要性。最后，第四篇以环境可持续性以及发展中国家所面临的气候问题结尾。

1.6 本章小结

● 近40年来世界各国的发展经验呈现出广泛的多样性。有些国家，包括像中国、印度、印度尼西亚这些大国，经历了巨大的增长和发展。其他国家，特别是许多非洲国家，经历了经济停滞甚至收入下降。本教科书的核心目的是让我们理解这些经历的差异性和将来要吸取的教训。

● 有许多不同的术语用来区分贫穷和富裕国家，但是本教科书采用了发展中经济体、低收入经济体、中等收入经济体等名词去描述那些比发达国家和高收入国家收入低的国家。

● 当今只有12%的世界人口生活在低收入国家，人均国民总收入低于1 005美元（在2010年）。25年前，一半的世界人口居住在低收入国家。经济增长在中国、印度以及其他很多之前被认为是贫困国家的经济体中主导着这样的改变。尽管如今仍然有很多非常贫困的人口居住在这些经济体内，但是他们的数量明显地降低了。

● 经济增长涉及人均收入的增长，而经济发展还包括健康的改善、教育水平的提高和主要的结构转变，例如工业化和城市化。有些国家经历了经济增长是由于发现了大量的矿产资源，但是并没有发展，因为其仍然具有传统社会的结构特征。

● 单一的因素解释不了欠发达，单一的政策与战略也无法启动复杂的经济发展进程。我们能够从其他国家，特别是那些在近几年中经济飞速增长的国家的发展经历中学习到很多东西。

● 同时我们也要认识到那些新生的力量——从新的疾病到新的科学技术——都会影响当今发展中国家的发展途径。全球气候变化同样也会对相应国家的政治以及经济产生影响。

● 发展经济学与你曾经在其他经济学课程中所学习到的知识有很多都是相似的。然而，也要注意到发展经济学与其他经济学课程不同的地方，例如不同国家的社会环境背景，对长期经济增长和结构转型的强调，以及制度在经济体中所发挥的作用和影响。

第 2 章

经济增长与经济发展的衡量

有一句美国谚语说得好："在猎熊之前先要认清熊的模样。"这是一条给猎人的绝好建议，它同样也适用于我们。在理解如何实现经济发展之前，我们首先得明白什么是经济发展。在前一章中，我们已经就经济增长和经济发展之间的区别作了阐述。经济增长是指人均实际国民收入的增长，即经过通胀指数调整的、按人均计算的、一个经济体所生产的产品和服务的增长。这是一个对经济体生产力的相对客观的衡量。它被广泛接受，并被大多数国家在不同程度的准确度上计算出来。但对于经济发展，大家还没有形成广泛一致的定义。大多数人把基本健康、教育和个体福利的增长纳入经济发展的定义中；还有一些人则把生产结构的变化（包括制造业、农业和服务业的比例）、环境的改善、经济公平甚至政治自由囊括到经济发展的定义中。经济发展是一个规范经济学的概念，它无法被纳入任何单一标准当中。

如果想要了解发展所面临的全球性的挑战，就有必要对经济体进行长期考察，看看在这些国家究竟发生了什么事情，并对它们进行比较。如果我们想了解一些国家之所以比另外一些国家增长和成长得更快的原因，一些相对准确和可比较的经济绩效衡量方法就是必需的。在贫困的国家，通常经济数据很匮乏，且可靠性存在问题。因此，我们必须设法确保数据——尽管并不完善——足够可靠，以帮助我们理解观测结果。对经济发展的研究要求我们把经济运行的理论和检验理论是否与实践一致的证据相结合。衡量方法是这一过程的核心，也是贯穿全书的主题。

本章将介绍国民收入的衡量方法，并探讨各国间在国民收入以不同货币表示时的比较问题。借助于能够比较国民收入水平的衡量方法，我们对国家间和跨时期的情况进行检验。这些数据揭示出在过去500年和近代，世界不同地区的经济增长的巨大区别。本书剩下的大幅章节将会阐述是什么导致了这些区别。

经济增长是经济发展的核心，但经济发展绝不仅限于此。不仅有人均收入水平，它还涉及收入如何被生产、消费和分配，这会决定发展的结果。对于如何定义和衡量经济发展，还存在着大量的争论。在此，我们引入两个被广泛引用的经济发展指标：人类发展指数和千年发展目标，来考量它们各自的长处与不足。本章的内容也许不能使你成为一个好猎手，但它将有助于你今后对发展经济学的学习。

2.1 经济增长的衡量

经济增长研究的核心是国民收入的变化。有两个基本指标经常被用来衡量国民收入。**国民生产总值**（gross national product，GNP）是指在既定年份中一个社会所生产的最终产品和服务的价值的总和，但不包括中间产品（即用于生产其他产品的产品，如生产汽车的钢或装配计算机的芯片）。国民生产总值只计入该国公民创造的收入，包括在海外居住的公民生产的商品与服务的价值。国民生产总值是国民收入核算中最常用的概念之一。世界银行和其他多边机构常常把它等同于国民总收入（GNI）。**国内生产总值**（gross domestic product，GDP）类似于国民生产总值，只是它计入的是一国国界内生产出来的全部产出，包括外国居民生产的产出，但要去掉本国居住在海外的公民生产的价值。GNP 或 GDP 除以总人口即是对人均收入的衡量。经济增长指的是在既定时期内人均收入的变化。

GNP 和 GDP 的区别可以用两个不同的国家——安哥拉和孟加拉国——的案例来加以说明。安哥拉超过四分之三的国民收入来源于它的石油产业。很多石油业的跨国公司会把它们的利润从别的国家汇回安哥拉。这些利润构成安哥拉 GDP 的一部分，但不是安哥拉 GNP 的组成部分。由此，在 2009 年，安哥拉的 GDP 比它的 GNP 高出 12%。相反，孟加拉国的自然资源没有安哥拉丰富，海外投资也相对较少。大批孟加拉国人在海外工作，特别是在波斯湾地区工作：男人通常在建筑工地工作，女人通常为家佣。这些工人的产出值能够构成孟加拉国的 GNP（因为这些工人是孟加拉国人），但不是孟加拉国 GDP 的组成部分（因为生产活动是在该国之外进行的）。2009 年，孟加拉国的 GNP 比它的 GDP 高出 9%。在大多数国家，这一差别通常较小。部分原因是在一国范围内考察经济活动较为容易，GDP 越来越广泛地被国际货币基金组织（IMF）、联合国发展基金、世界银行和其他多边机构以及从事国家间数据和趋势分析的研究者所采用，以衡量国民收入。在此，我们也沿袭这一传统，把 GDP 和人均 GDP 当作衡量国民收入的指标。除非特别提及，当讨论跨时期趋势时，书中均指实际 GDP 和人均实际 GDP，即经国内物价指数调整的人均国内生产总值。[①]

① 实际 GDP 通过用物价指数对名义 GDP（以当前价格衡量的 GDP）进行调整得来。国际统计机构常常计算多个价格指数，包括消费者价格指数（CPI）、GDP 平减指数，等等。这些指标的共同之处在于，它们试图排除所有商品的物价影响。

某部门或者 GDP 的某组成部分——例如制造业或农业——的贡献可以用增加值来衡量。增加值是指产品在特定生产阶段附加的价值。因此，棉纺织业的增加值就是纺织品的出厂价值减去它们在加工时所使用的原棉和其他材料的价值。同时，增加值等于纺织业各项生产要素的开支：支付的劳动工资加上利润、利息、资本折旧以及建筑物和土地的租金。由于各阶段总的增加值等于总产出，因此 GDP 是对总收入和总产出的度量。

□ 计算 GDP：还有哪些遗漏项？

计算 GDP 的正确方法是，将一国生产并在市场上销售的所有商品和服务的价值加总。但这一“在市场上销售”就引发了一个问题，因为许多对社会有价值的贡献未能包括在国内生产总值之中。例如，当一个农场主花钱雇佣其他人来修整他的屋顶时，这类经济活动就被计入国内生产总值，因为这些服务是“在市场上销售”的，但当这些工作是由不支付工资的家庭成员来完成时，就不计入国内生产总值了。一个国家的收入水平越低，这一问题也就越明显，尤其是在像柬埔寨这样的穷国，问题就更为严重。在柬埔寨，几乎 50%的劳动者是不支付工资的家庭劳动者，他们中的大多数在家庭农场生产食品、其他商品和服务，以供其自身消费。

在大多数发展中国家，有大量的经济活动并不进入市场。大部分农业部门生产的产品被农民自己消费掉而从未进入市场。不包括这种生产将严重低估一个国家的 GDP。通常的惯例是对农民消费的农产品，以市场价格来计算它们的价值。例如摩尔多瓦在计算其 GDP 的过程中甚至包括了家庭花园的面积。在印度，GDP 的统计则倾向于将那些由泥土和稻草等材料建成的传统家庭住宅计算在内。而在阿富汗，非法的经济活动也可能被列入 GDP 的计算当中，比如罂粟生产。尽管做了这些调整，也并非全部的家庭生产活动都能被计算在内。随着经济的增长，越来越多的产出在市场上被交易，从而计入 GDP。因此，GDP 的计算很可能会高估了经济活动的增长，因为其中一些经济活动被计入 GDP 仅仅是因为从家庭内转移到市场中而已。

一个附加的、GDP 衡量中的问题出现在当需要比较苹果与橙子来计算国民产出的时候。一个典型的经济体也许会生产上千种不同的商品以及服务。将这些在市场上销售的商品和服务的总价值加起来需要这些商品和服务的市场价格。然而在国家层面上，精确的价格信息很有可能无法被有效地代表和使用。贫困国家的政府机关也许无法通过问卷调查的形式得到准确的价格信息，或是过多地依赖于其国内主要城市中心的价格采样（这些价格信息虽然容易收集，但极度缺乏对于乡村市场的代表性）。

另一个对于 GDP 的批评是，尽管 GDP 是对经济体所生产的商品和服务的衡量，但是它未能处理好其中负面的那部分产出。如果一个钢厂污染了一条河或者空气，那么所生产的钢的价值被计入 GDP，而污染的代价却没有从中减去。由此我们不由得质疑，犯罪、拥堵或是其他社会危害是否应该在 GDP 的统计中减去？国内生产总值的计算同样忽略了物品贬值（例如机器以及货车的报废），或是自然资源的失价（森林破坏、渔业枯竭或是矿山枯竭）。学者们提出了一些修正 GDP 的提案，但尚未被广泛采用。作为一种国民收入的衡量方法，尽管 GDP 存在着明显的缺陷——不包括未进入市场的家庭生产和不良经济活动，但它还是有许多优点的。[①] 作为被广泛接受的计算方法，GDP 有助于人们对跨时期经济活动和国家间经济活动的比较。这两种比较对于了解经济发展的过程都是非常必要的。

□ 汇率换算问题

由于不同国家都有各自不同的货币体系，另一个在衡量过程中需要考虑的问题是如何将几个不同国家的 GDP 转换成为用单一货币来表示：例如突尼斯的第纳尔、巴拉圭的瓜拉尼、摩尔多瓦的列伊等等。经济增长率可以基于一个国家自身的货币来计算。为了比较各国经济结构由于人均收入提高而不断发生变化的情况，人们必须用一种共同的货币来衡量人均收入。达到这一目标的捷径即使用美元与每个国家货币之间的官方汇率。例如，要将印度（2009 年）的人均 GDP 大约 57 000 卢比换算成美元，就可以用卢比与美元之间的官方汇率（2009 年 1 美元约合 49 卢比），于是得到 2009 年印度人均 GDP 约为 1 160 美元。

对任何居住或者到过印度的人来说，对这个较低数字的共同反应是，1 美元在印度的作用要远比在美国大得多。举例来说，在孟买的非富人区，一次简易的女性理发需要花费 200 卢比（按官方汇率，相当于 4 美元），而在波士顿郊区则要花费 40 美元。如果一个人在印度用 1 美元可以买到比在美国更多的东西——就像在此例中，孟买的 10 次理发相当于波士顿的 1 次理发，那么印度的真实人均收入水平肯定会高于用官方汇率折算的结果。

上述讨论具有重要意义。在把人均收入水平从一种货币换算成另一货币的过程中存在的一个问题就是，汇率可能是被扭曲的，这一点在发展中国家尤为明显。贸易管制或对汇率的直接干预，使得官方汇率显著地不同于在竞争性市场中形成的汇率。

但即使是竞争性市场决定的汇率也未必能完全消除这一问题。孟买和波士顿之间理发价格的巨大差别并不是印度有管理的汇率体制和贸易限制的结果。国民收入的一个重要组成部分是**不可贸易产品和服务**（nontraded goods and services）。这类商品并不进入或常常不能进入国际贸易领域。理发就是其中一例。内陆运输，无论是巴士、出租车还是火车，也是不能进入国际贸易的，当然汽车、轨道车等可以进口。批发、零售以及基础教育也是不可贸易的。土地、房屋则是其他不能跨国贸易的明显例子。一般而言，可贸易品的价格在国与国之间大体趋于一致（因为如果关税等贸易壁垒不存在，国际贸易会利用任何价差获利），而不可贸易品的价格在国与国之间却可能存在极大的差异。这是因为不可贸易品的市场在空间上被分隔开，其供求曲线在不同的区域分别相交，产生了不同的价格。

汇率在很大程度上是被可贸易品和国际资本流动决定的，而并不反映不可贸易品的价格。作为其结果，如果不可贸易品对可贸易品的价格比率在各国之间不同，那么以市场汇率换算出的美元 GDP 也将会误导比较结果。解决这一问题的方法是，在这些国家

---

① 2008 年，法国总统尼古拉斯·萨科奇建立了经济表现和社会进步国际委员会，对作为有用的经济发展衡量指标的 GDP 进行探讨。作为委员会主席的约瑟夫·斯蒂格利茨同时对作为经济生产、生活质量以及可持续性衡量指标的 GDP 提出了很多问题。更多详情见 www.stiglitz-sen-fitoussi.fr/documents/rapport_anglais.pdf。

中的某一个国家里选择一组典型的价格，然后用这一组价格来衡量所有参加比较国家的商品和服务的价值。事实上，人们所做的这项工作是在计算购买力平价（PPP）汇率。这样，水泥构件或理发不管是在新德里还是在纽约生产或提供，它们体现的价值都将是一样的。

这一过程的基本含义可以用表 2-1 中的简单数字例子予以说明。表中两国是美国和印度，都生产一种可贸易品（钢材）和一种不可贸易品（个人零售服务）。两个经济体各自生产不同数量的两种商品。以本国货币表示的 GDP 等于钢的总产值加上个人零售服务的总产值。一吨轧制的钢铁在美国的售价大约为 1 000 美元，在印度的售价为 50 000 卢比。个人零售服务的价值可以用通常方法估算出来，即假设服务的价值等于提供服务的工人的工资。（我们假设在美国每个工人每小时可以挣得 10 美元，每周工作 40 个小时，工作 50 周，这样每个工人一年可以挣得 20 000 美元的收入。在印度我们假设每个工人的年收入为 60 000 卢比。）工资在不同国家显著不同，它们几乎完全是由国内劳动力供求情况决定的。这是因为工人们不能轻易地在国与国之间转移，从而利用工资差别（部分是由于移民政策，部分是由于移民成本过高）。从表 2-1 的数据中，我们得出美国的 GDP 为 2 400 亿美元，印度的 GDP 为 14 900 亿卢比。

表 2-1　　将 GDP 转换成单一货币的汇率与购买力平价

	美国			印度		
	数量	价格（美元）	出产价值（亿美元）	数量	价格（卢比）	出产价值（亿卢比）
钢铁（百万吨）	200	1 000	200	25	50 000	1 250
个人零售服务（百万）	2	20 000	40	4	60 000	240
总 GDP（当地货币，十亿）			240			1 490

基于钢铁价格的市场汇率=50 000 卢比/1 000 美元或者 50 卢比=1 美元。

1. 运用官方汇率以美元来计算的印度的国内生产总值：14 900 亿卢比/50 卢比=298 亿美元。
2. 使用每一种商品或服务的美元价格并将这一价格用于印度的商品或服务（即使用购买力平价），以此来计算用美元表示的印度的国内生产总值：
钢铁：25 百万吨×1 000 美元/吨=250 亿美元
个人零售服务：4 百万人口×20 000 美元/人=800 亿美元
总 GDP：250 亿美元+800 亿美元=1 050 亿美元
3. 用 PPP 计算的印度 GDP 与用官方汇率计算的印度 GDP 的比例：1 050 亿美元/298 亿美元=3.5。

比较两国 GDP 水平的办法是将它们转换成单一货币，比如美元。在这个两个国家、两种商品的简单模型中，汇率被钢铁贸易唯一地决定。如果钢铁在两国之间自由贸易，那么汇率将确定在两国每吨钢铁价格相等的位置上，即在美国每吨 1 000 美元和在印度每吨 50 000 卢比的价位上，换言之，在 1 美元=50 卢比的位置上。① 以此市场决定的汇率来衡量，印度的 14 900 亿卢比 GDP 相当于 298 亿美元，大约相当于美国 GDP 的 12%。

此处的问题在于，尽管用 50 卢比和 1 美元能够在两国购买相同数量的钢铁，但买不

---

① 在任何其他汇率位置，都可以有在两国间通过买卖钢铁获利的机会，从而导致市场汇率的变动，直到两国钢价相等，即 1 美元=45 卢比。这一现象有时被称为一价定律（the law of one price），它反映出可贸易品的套利如何会导致这些商品的价格趋同。

到相同数量的不可贸易品。要在考虑各自货币购买力的前提下，比较两国的 GDP 水平，我们就不能依赖于市场汇率。一个替代方案是，用各种商品和服务在美国的价格和印度的数量来计算印度的美元 GDP（同样也可以用各种商品和服务在印度的价格，但是我们习惯于用美元来表示 PPP）。这一 PPP 计算法导致印度的钢铁产值为 250 亿美元，个人零售服务的产值为 800 亿美元，合计印度的 GDP 约为 1 050 亿美元。在此例中，PPP 计算法的结果是市场汇率计算结果的 3 倍。以 PPP 计算，印度的 GDP 相当于美国 GDP 的 40%以上。

表 2-1 通过一个两个国家、两种商品的模型显示了一个假设的 PPP 转换。这一工作对于有着近 200 个国家和数以万计商品的现实世界来说变得十分复杂。最初由联合国于 1968 年创立，后来转由世界银行主持的**国际比较项目**（International Comparison Program，ICP），通过引入一组以同一货币表示的**国际价格**（international price）来解决这一问题。它为日益增加的世界各参与国定期搜集一揽子特定商品的详细价格数据。国际价格由各个国家的价格数据汇总产生，并且被用于计算在这一特定价格标准上的各国总产出。最近由 ICP 发布的一组对于国际价格的比较是基于 2005 年的数据。相对于 1993 年的数据而言，这组比较分析在质量上取得了显著的提高。例如它所运用的数据遍及 146 个国家（1993 年仅有 118 个国家），并且提供了更加具体的对于不同国家商品和服务业的对比（下一轮 ICP 将会基于 2011 年的数据，并在 2013 年发布）。以 PPP 方法计算的国民收入登载于 IMF、世界银行和其他多边机构的刊物上。这些数据已经为众多的研究者所广泛使用。①

2009 年基于国际价格所计算的人均 GDP（GDP per capita）以及运用官方汇率转换所计算的人均 GDP 之间的比率区间从挪威的 0.7 到冈比亚的 3.3（见表 2-2）。对于高收入国家，例如德国、日本和英国，这个比率接近 1.0。这个结果意味着当我们运用 PPP 法把德国、日本或者英国的 GDP 转换成国际美元价格时，与市场决定的汇率相当接近。这样的结果在预料之中，因为对于一个相似的收入水平，不可贸易品的价格趋于相同。对于低收入或是中等收入经济体，这两种计算结果的比率大于 1，这样的结果与前面的结果相同，即汇率折算法低估了与之相联系的 GNP。例如对于中国，两种计算结果的比率为 1.8，玻利维亚是 2.5，越南和埃塞俄比亚为 2.7，而印度则是 2.8。

表 2-2　对比用市场汇率以及购买力平价计算的 2009 年的人均国内生产总值（以美元计）

	以市场汇率计算	以购买力平价计算	后者与前者的比率
挪威	79 089	56 214	0.7
日本	39 738	32 417	0.8
德国	40 670	36 378	0.9
英国	35 165	35 155	1.0
美国*	45 989	45 989	1.0

① 如果你是《经济学家》杂志的读者，你可能会对 PPP 的另一种测量——巨无霸指数（Big Mac index）并不陌生。巨无霸指数的概念第一次于 1986 年被引入，并且在之后的每一年都会有相应的报道。把共同市场想象为一个由生菜、洋葱、酸黄瓜和芝麻面包做成的芝士汉堡。对于巨无霸指数作为衡量 PPP 的讨论，详见 M. Pakko and P. Pollard，"Burger Survey Provides Taste for International Economics，" Federal Reserve Bank of St. Louis，*The Regional Economist*（January 2004），12-13。

续前表

	以市场汇率计算	以购买力平价计算	后者与前者的比率
匈牙利	12 868	20 312	1.6
黎巴嫩	8 175	13 070	1.6
中国	3 744	6 828	1.8
博茨瓦纳	6 064	13 384	2.2
玻利维亚	1 751	4 419	2.5
越南	1 113	2 953	2.7
埃塞俄比亚	344	934	2.7
印度	1 192	3 296	2.8
冈比亚	430	1 415	3.3

*当运用 PPP 来计算的时候美国的人均 GDP 没有变化，是因为国际比较项目是以美国为基准来测量的。
资料来源：World Bank，"World Development Indicators Online，" http://databank.worldbank.org.

由于存在着上述程度的差异，在运用汇率折算法对人均收入水平进行比较时便很容易发生偏颇。市场汇率显示，2009 年，美国的人均收入为印度的 40 倍。PPP 计算法则把这一差别缩小到 14 倍——尽管差别仍很大，但它可能是更为合理的描述相对收入水平的指标。另一种缩小市场汇率折算法与 PPP 折算法之间差异的方法是把整个世界的 GDP 视为一个整体。当根据市场汇率把世界各国的货币折算成统一汇率从而得出世界 GDP 时，低收入和中等收入国家仅仅占世界总产出的 29%。而当运用 PPP 法来计算世界 GDP 时，这个比率则上升到总额的 44%。

PPP 法提供了一个对于不同经济体中实际收入的更为有效的比较。然而 PPP 法也同样存在着局限性。贸易和资本流动是在市场汇率下进行交易并且应该在市场汇率下进行转换。国际比较项目统一用 PPP 法提供了一个关于各国国民收入的估算。但这仅仅是估算，批评者指出，其在数据收集和方法方面均存在问题。① 当人们在研究经济体跨时期的表现或者比较不同国家的经济行为时，这些问题均普遍存在。而且 ICP 建立的对于具体商品的价格指数更加侧重于那些在富裕国家被消费的商品。对于消费不同商品的穷国来讲，ICP 所制定的商品价格指数则偏向于提高其 GDP。这种不精确总是出现在当这些数字被用于比较收入水平、增长率、跨国或跨期发展模式时。尽管如此，PPP 法统计人均 GDP 依然是理解经济增长与发展的中心所在。我们仍然可以从这些数据中获取很多信息。

2.2 世界经济增长：一个简略的回顾

现在，让我们从对于 GDP 的衡量转向运用经济增长、经济发展和人均 GDP 的概念

① 安格斯·迪顿（Angus Deaton）在他的文章中提供了一个重要的关于 ICP 的介绍："Reshaping the World: The 2005 Round of the International Comparison Program，" in Prasada Rao and Fred Vogel，eds.，*Measuring the Size of the World Economy: The Frameworks，Methodology，and Results from the International Comparison Program* (Washington，DC，World Bank，in press). 更多对于 ICP 的讨论见 "Understanding PPPs and PPP-Based National Accounts，" *American Economic Journal: Macroeconomics* 2，no.4 (2010)，36-45。

来考察世界各国的实际经济状况。① 经济史学家安格斯·麦迪逊（Angus Maddison）曾经对公元1年以来的收入水平和相应的世界经济增长率进行了测算。这一测算过程运用了大量的推算，历史越悠久就越是如此。在分析过程中，麦迪逊考察了预期人口、GDP和一个决定PPP的价格指数。②

根据麦迪逊的计算，公元1000年的平均世界收入实际上和从那时倒推1 000年的水平是一样的。换言之，公元1—1000年的人均收入增长为零。此后的820年（从1000年到1820年）情况略有改善，世界人均收入平均每年增长0.05%（注意：这里的增长率不是5%，而是0.05%）。在这820年间，世界GDP增长率仅略微高于世界人口增长率。这个增长率持续了八个多世纪，总共增长了50%。把它与中国做一对比。中国是当今世界上增长最快的经济体之一。中国有10亿人口（大约四倍于公元1 000年的世界人口），经济增长率在过去10年平均接近9.5%，这将中国的人均收入在5年内就提高了50%，而不是用了820年。

麦迪逊的估算显示，人均收入在第一个千年相当稳定。随后800年的点滴经济增长主要集中在西欧国家以及麦迪逊所谓的西方“分支国家”（澳大利亚、加拿大、新西兰和美国）。到1820年，这些地区对世界其他地方而言，已经具有决定性的优势。例如，在1500年，中国和印度可能只是稍微落后于西方国家，但到1820年，西欧和它们的分支国家的人均收入已经是中国和印度的两倍了。案例2—1提供了一些我们今天所生活的这个世界在早期存在的不同趋势及其后果。

▶ 案例2—1　贾雷德·戴蒙德：《枪炮、细菌和钢铁》

很多教科书都尝试用大量篇幅去阐述和理解为什么在过去的50多年中，一些国家经历了迅速的经济增长和发展而另一些国家则不然。贾雷德·戴蒙德作为一个生理学家、地质学家和普利策奖获奖作家，提出了一个相关却又不同的问题。我们所熟悉的这个世界是一个在历史上被欧亚人所统治的结果，尤其是在欧洲和东亚的人。戴蒙德问，为什么历史变成了这个样子？为什么我们没有一个被印第安人、非洲人、澳洲原始人占领欧洲大陆的历史呢？我们知道，荷南·科尔特斯推翻阿兹特克帝国，开始了西班牙对美洲的殖民统治，然而戴蒙德希望去理解为什么与之相反的情况没有发生。为什么蒙特苏马帝国没有横跨亚特兰大去占领欧罗巴？如果他这样做了，我们将会有一个完全不同的世界历史。

对于戴蒙德，在过去的两个世纪内发生的历史是一个在之前10 000年内所发生的结果，是既得利益的欧洲与亚洲所决定的历史。戴蒙德对于早期地区收入的分化很感兴趣。他定义了欧亚人统治其他地区的“直接原因”：枪炮、细菌和钢铁。欧亚人拥有枪

① 在这一部分我们从用PPP计算的真实人均GDP来得出年增长率：$Y_t=Y_0(1+r)^t$。Y代表由PPP计算的真实人均GDP；t代表计算的年数；r为人均真实GDP增长率；Y_0为基年的真实人均GDP；Y_t为最后一年。另一种算法见案例3—2。

② 安格斯·麦迪逊于2010年去世。他的研究随后被他的同事继承。这里所报道的数据来自麦迪逊的官方网站，名为“Statistics on World Population，GDP and Per Capita GDP，1—2008 AD.”见www.ggdc.net/MADDISON/oriindex.htm，accessed February 2012。

炮和钢铁做成的武器，从而获得了军事上的优势；他们同时还带来了疾病，例如麻疹和天花，这些疾病很大程度上削弱了其他种族；他们同时还拥有先进的政治系统来从经济上支持舰炮和花销，帮助他们占领其他土地。

然而这些仅仅是“直接原因”。戴蒙德开始思考为什么欧亚人在500年以前就拥有了这样的优势。戴蒙德的解释是因为“地理”。欧亚人拥有的土地是呈东西向结构的，而非洲和印第安人所拥有的土地是呈南北向结构的。呈东西向结构的土地和所属的自然环境有利于发展畜牧业和农业。家禽和农业在这些土地上的发展使得欧亚人拥有了发展手工业和科学技术的基础。这样的基础最终使得这些国家拥有发展军队、军火的实力。而在呈南北向结构的土地上，由于相对恶劣的自然环境，鸡禽家畜以及所播种的农作物需要经历很长时间适应自然环境。这就在很大程度上限制了这些地区的发展。

由细菌侵入所导致的大量的人口死亡使得国内农业发展更加滞后。在非洲和拉美地区，传染病从动物传染到人类。对于欧亚人来讲，他们体内已经建立了抵抗这些细菌的免疫系统。这同样也是他们早期农业发展稳定的结果。在一个人口密集且与牲畜频繁接触的集体内，病菌的传播反而帮助建立了人们体内的免疫系统。欧亚人同时也拥有更多不同品种可以被看作是家畜的动物。戴蒙德写道：“想象一下如果非洲犀牛与河马可以被驯化成家畜，世界历史会变成什么样！如果那成为可能的话，非洲骑在犀牛与河马上的装甲骑兵一定会把那些欧亚大陆骑在马上的装甲骑兵撕个粉碎！”

资料来源：Jared Diamond，*Guns*，*Germs and Steel*：*The Fates of Human Societies*（New York，W. W. Norton，1998）。总结见贾雷德·戴蒙德1997年的演讲，“Why Did Human History Unfold Differently on Different Continents for the Last 13，000 Years?” April 22，1997，transcript available at http：//edge.org/conversation/why-dud-human-unfold-differently-on-different-continents-for-the-last-13000-years，accessed February 2012。

麦迪逊的研究表明，我们所知道的高速增长是在1820年左右发生的。他的估算是，在此后的180年，世界平均收入每年增长大约1.2%。注意，年增长率0.05%和1.2%之间的差距是巨大的。如果世界经济以年均0.05%增长，将需要1 400年实现平均收入翻番。如果年均增长1.2%，则只需58年。这样，世界从第一个千年的毫无增长转变为第二个几近千年的慢速增长，再到过去的两个世纪，在不到三代人的时间内实际的平均收入翻了一番。

麦迪逊对世界主要地区自1820以来的平均收入的估算值可参见图2-1。[①] 图中的一些特征是很明显的。首先，在此期间世界经济增长率明显呈现加速度，尤其是在1880年之后。其次，也可能是最重要的，至少到1950年，最富裕的国家取得了最快的经济增长率，而最贫困的国家则保持了最低的增长率。从1820年到1950年，西方“分支国家”的人均收入的年增长率为1.6%，而同期亚洲的增长率却仅有区区0.16%。结果，世界最富裕国家与最贫困国家的平均收入之比，从1820年的大约2∶1上升到1950年的大约13∶1。

① 图2-1中的y轴表示由PPP计算的人均GDP，单位为吉尔里—哈米斯元。图2-1也把人均收入用对数表示。之后我们会对于对数进行更为深入的讨论。现在需要注意的是，当我们运用对数时，每一条线所代表地区的斜率为人均GDP增长率。

在 1950—2008 年间，经济增长的模式至少在一些地区发生了变化。西方“分支国家”与西欧的差距曾经在 1950 年期间拉大过，但在这一时期也明显缩小了。1950 年最贫穷的地区（亚洲），在此期间取得了最快的增长率（3.6%），极大地缩小了与世界富裕地区的收入差距。相反，在 20 世纪 80 年代到 90 年代，拉丁美洲的经济增长停滞了，东欧在 1989 年柏林墙拆除后，经济处于崩溃状态。进入 2000 年以后，这两个地区都重新迈开了经济增长的步伐。

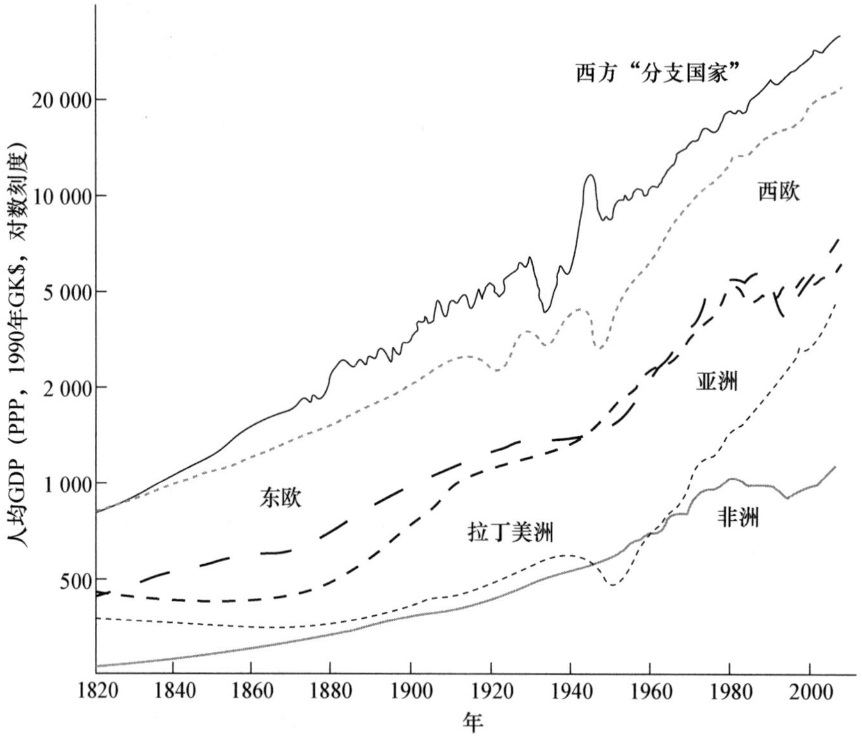

图 2-1　不同地区的人均 GDP 水平：1820—2008 年

注：西方“分支国家”包括澳大利亚、加拿大、新西兰和美国。GDP，国内生产总值；GK $，吉尔里—哈米斯元；PPP，购买力平价。

资料来源：Angus Maddison, “Statistics on World Population, GDP, and Per Capita GDP, 1—2008 AD,” www.ggdc.net/MADDISON.Historical_Statistics/vertical-file_02-2010.xls.

和其他地方一样，在非洲，平均增长率最初的加速增长是在 1820 年以后，1950 年后又再次出现了经济的加速增长，这一时期的增长与殖民时代的结束相关。但是和拉丁美洲一样，非洲的经济增长在 1980 年后陷入停滞，整个 20 世纪 90 年代历尽萧条，只是到了近期才初见复苏。作为结果，世界最富裕地区（西方“分支国家”）与最贫困地区（非洲）之间的收入之比在 2000 年达到了 19∶1 之巨。根据麦迪逊的研究，这是世界上迄今为止贫富地区之间最为悬殊的收入差距。① 由于 2000 年以来非洲经济增长的复苏，这一差距有所收窄，但依然保持在历史最高水平。

① 兰特·普里切特（Lant Pritchett）使用不同的方法也得到了类似于麦迪逊的结论。参见“Divergence, Big Time,” *Journal of Economic Perspectives* 11, no.3 (1997), 3-17。

麦迪逊给我们提供了一幅世界经济历史发展的简略画卷，展现了经济增长率的显著差异，尤其是在过去的两个世纪里，收入差异构成了当今世界经济的一个显著特征。

□ 经济增长，1970—2010 年

表 2－3 展现了过去 40 年的增长率模式。这段观察时期的选择稍显随意。20 世纪 70 年代与两次石油价格冲击和其他商品价格的大幅波动相关；20 世纪 80 年代与第一次国际债务危机相关；到了 20 世纪 90 年代，则是向市场经济的过渡，尤其是东欧和前苏联地区国家。进入 21 世纪，从 2001 年的“9・11”事件，到 2007—2008 年的金融危机，都造成了全球性的后果。表 2－3 中的地域分类不同于麦迪逊的分类方法，而是与世界银行的传统分类方法相一致，成为经济发展数据的主要来源。大多数地域概念都很简单直白，但对于所有的高收入经济体，不管其地理位置位如何，都被归属于其他的类别中。因此，这里的东亚并不包括日本、韩国、新加坡、中国台湾和一些比较小却很富裕的岛国。同样，欧洲和中亚主要是指东欧和中亚，其中也不包括所有（大多数西欧国家）那些属于高收入的欧洲国家。

表 2－3　人均国内生产总值增长率（%/年）

	20 世纪 70 年代	20 世纪 80 年代	20 世纪 90 年代	21 世纪头十年
东亚和太平洋	5.0	6.4	6.1	8.6
欧洲和中亚	4.4	1.5	−2.9	5.7
拉美和加勒比地区	3.0	−0.3	1.7	2.5
中东和北非	3.0	−1.1	0.8	2.9
南亚	1.2	3.5	3.8	5.7
撒哈拉以南非洲地区	1.1	−1.2	−0.2	2.6
高收入国家	2.4	2.5	1.8	1.3

资料来源：World Bank，*World Development Report 1995*（New York：Oxford University Press，1995）. World Bank，*World Development Report 2000/2001*（New York：Oxford University Press，2001）. World Bank，*World Development Report 2011*（Washington，DC：World Bank，2011）.

表 2－3 中的人均 GDP 增长率显示出在不同地区和不同时期经济增长的主要差别。① 20 世纪 70 年代是最后一次出现所有地区均呈现正增长的时期。20 世纪 80 年代则被称为拉丁美洲“失去的十年”，因为这一地区的经济增长率从 20 世纪 70 年代的＋3.0％，在随后而至的 10 年中急转直下，变为－0.3％。经济负增长和人均收入的下降也构成了 20 世纪 80 年代中东、北非和撒哈拉以南非洲地区的经济特征，在整个 20 世纪 90 年代，这一颓势依然如旧。在经历了从计划向以市场为基础的经济体制转型之后，欧洲与中亚的经济在 20 世纪 90 年代也是糟糕得一塌糊涂。然而，进入 2000 年以后，部分是由于商品价格，尤其是石油价格的大幅度反弹，再加上在全球经济背景下这些国家的经济整

① 表 2－3 中的增长率是以 1995 年的美元价格指数为基础计算的。尽管用 PPP 法和市场汇率换算法得出的人均 GDP 水平差异很大，但这一点在我们比较国民收入增长率时并不重要。表格中所报道的增长率为世界银行每十年在不同地区测量的 GDP 增长和人口增长的差异。

合，这些地区的经济开始复苏。东南亚在20世纪80—90年代一些地区中经济的惨淡表现与飞速的经济增长率，以及与此相关的生活水平的提高形成了极大的反差。“经济奇迹”这个词就是用来描述东南亚的一些地区所取得的飞速的经济增长现象的。

表2-3中的经济增长率同样也揭示了对于那些中低收入的国家，进入2000年以后是继20世纪70年代以来最好的一个10年。政治和经济活动对于高收入经济体的影响是十分显著的，尤其是对于美国和欧盟而言。根据20世纪80年代和90年代的经验，这样的弹性作用对于中低收入国家的影响实在是出乎意料。撒哈拉以南非洲地区的经济增长势态尤其值得关注。其中一个原因就是过高的商品价格。与此同时，经济也受到好的经济政策和管理、民主、可信任的政府、科技发展以及新一代以发展为主导的非洲领袖以及青年企业家们的影响。①

从表2-3中，我们还可以捕捉到一些关于经济增长率的解读。第一，记住经济增长率中非常微小的不同于实际上说明了的经济发展潜力中的巨大差异。在20世纪70年代，南亚的经济增长率曾经是每年1.2%。以这个速度为基础，这个地区的人均GDP在10年内仅仅提高了12.5%。在20世纪80年代，南亚经济增长率达到了每年3.5%，相比以前看似仅仅提升了几个百分点，但在20世纪80年代末人均GDP达到了41%的增长率。在2000年以后的10年中，增长率也是增长了几个百分点，5.7%，但在这个10年结束之际，人均收入比开始时高75%。第二，表2-3中的地区平均值是经人口加权之后的平均值，所以这些平均值受到地区人口状况的影响，特别是在东亚的中国和南亚的印度。例如在东亚，菲律宾从1979年到2009年的年经济增长率只有0.7%，这仅仅是这个区域下一个从属地区的情形；博茨瓦纳连续30余年的年增长率为4.4%。这个数字不仅远远超过撒哈拉以南非洲地区，也超越了世界上其他众多国家。

亚洲与其他地区几个国家的优异增长绩效验证了经济史学家亚历山大·格申克龙(Alexander Gerschenkron)的观察。当格申克龙提及**“后发优势”**(the advantages of backwardness)时，他并非说贫困是件好事。相反，他的意思是，相对贫困有可能会使这些国家发展得更为迅速。第一批经历现代经济增长的西欧及其分支国家，其增长率都曾受限于技术进步的速度。如今也一样。表2-3中的增长率区间从1.3%到2.5%，远远低于发展中世界里的一些经济发展成功地区的增长率。贫困国家可以借用并引入已存在的技术，从而有能力更快地发展并赶上先进国家。从前30年的经历来看，正是后发优势使得亚洲的增长率超过了高收入国家的增长率。对发展经济学家而言，其中的挑战就在于了解为什么有的国家能够实现后发优势，而有的国家则是越落越远。

2.3 经济发展对于我们意味着什么?

正如第1章所述，在那些人均GDP处于低水平的国家，对于改善广大居民的生活水平而言，经济增长只是一个必要条件，但不是充分条件。说它必要，是因为如果没有

① Steven Radelet, *Emerging Africa: How 17 Countries Are Leading the Way* (Washington, DC, Center for Global Development, 2010).

增长，个体福利的改善只能通过收入和财富的转移来实现。在贫困国家，尽管有一小部分人口非常富裕，但这种再分配的可能性也受到了严重的限制。比较而言，通过经济增长的途径则可以使所有人的境况都得到改善，而不必使任何人的福利水平下降。在博茨瓦纳、智利、爱沙尼亚、韩国和许多其他国家，经济增长都带来了国民生活水准的明显改善。

然而经济增长并不成为一个改善大众生活水平的充分条件。其原因主要有：首先，政府促进经济增长不仅仅是为了提高百姓福祉，有时他们也是为了加强政府及其统治者的权力或者是为了改善其形象。发展中国家的政府将国民收入用来扩充军备，或者在沙漠和丛林中建造复杂的首都建筑群。政治领袖可能对个人收入进行贪污和剥削，这些个人收入包括家庭消费和海外银行账户与财产的积累。当增长的收益被分流到这些昂贵的项目上时，它们就只能给百姓带来较小的收益。其次，资源有可能被大规模地投入未来的生产中，从而导致消费被延迟。在极端的情况下，例如 20 世纪 30 年代初苏联的大跃进时期，消费在长时期内处于下降状态。当苏联于 1991 年解体时，人们仍然在日益增长的渴望中期待大众消费时代的来临。通常情况下，只有集权国家才有这种力量，以经济增长的名义把消费压缩到这种程度。最后，收入和消费可能会同时增长，但那些相对富有的人可能会获得其中全部或绝大部分利益。就像老话所讲的：富者愈富，穷者愈穷（换句话说，也叫作穷者生娃）。这也是那些穷人时常认为他们是幸福的原因所在。有时，他们是对的。

如果经济增长并不能保证生活水平的改善，人均 GDP 也就难以成为经济发展有意义的度量。此外，与之相联系的问题还有收入的支出和分配，任何有关经济发展的定义都必须涵盖比单纯的收入水平丰富得多的内容。总而言之，收入毕竟只是一个衡量目的的手段，而非目的本身。正如在 2 000 多年以前，亚里士多德曾经写道的："尽管赚钱谋生是人们不得不做出的共同抉择，然而，财富显然不是我们追求的终极目标，人们只是要通过财富去寻求更为丰富的人生。"

如果经济增长与经济发展并非同一件事情，我们究竟应该如何来界定经济发展呢？经济学家、哲学家和诺贝尔经济学奖获得者阿马蒂亚·森（Amartya Sen）强调说，发展的目标是提高人们选择生活的能力。收入仅仅是决定这种能力和结果的因素之一，但绝不是唯一的因素。为了引导一个人的生命按照自己的意愿发展，不仅要求满足森所倡导的"基本需求"，例如能够摆脱疾病和死亡的威胁，满足温饱并至少能够接受基础教育等，同时还要进一步满足更为高层次的需求，诸如得到别人的尊重并能够融入社会生活当中。

1998 年，森在他的诺贝尔经济学奖获奖感言中，强调人们应该超越收入贫困的局限，依据收入如何能够转变成"选择最低可接受生活方式的能力"，来确定四个影响广泛的因素：

- 人员异质性：包括年龄、患病可能性、伤残程度。
- 环境多样性：例如在特定的气候环境中，人们会依据不同的冷暖条件来选择不同的房屋、衣物、燃油消耗等各项支出。
- 社会环境的变化：犯罪影响、国内动乱和暴力等。
- 相对贫困的区别：富裕社会中的相对贫困也会导致其参与社会生活能力的下降。

根据森的意见，所谓“能力贫困”就是使人们丧失了对自己所中意的生活的选择能力，而经济发展就是要使这种“能力贫困”得以减轻。

森的杰出贡献的核心内容就在于他能够从人类发展的角度来诠释经济发展的作用。他的观点同样也与联合国开发计划署（UNDP），以及巴基斯坦经济学家马赫布卜·哈克（Mahbubul Haq）的理论不谋而合。哈克与森的部分动机是对其他发展经济学家关于经济增长重心的担忧。与亚里士多德的哲学理念相似，他们想要去探索“赚钱”曾是如何“对其他事物有用的”。他们想要看到经济增长的重心是如何从商品生产转移到人们的现实生活上的，包括每一个人个人能力的提高以及人们选择范围的扩大。

□ 经济发展的衡量

联合国开发计划署于1990年以《把人们置于发展进程的中心作为单一目标》为题，出版了它的第一本人类发展报告。尽管概念表述不尽相同，但人类发展与经济发展的含义都是一样的。其本质在于扩展发展的概念，而不仅仅是人均收入的增长（见案例2—2）。

▶ 案例2—2 **人类发展的概念**

人类发展是一个人们选择范围不断扩大的过程。原则上来讲，选择是无限的，变化是永恒的。在发展的所有阶段都有三个基本的要素：首先是要活得更长久、更健康；其次是知识的获取；最后是能够获得维持适宜生活的资源。如果这些基本选择都得不到满足，那么其他机会就更难以获得。

但人类发展并不仅限于此。还有很多选择也被人们高度重视，范围涵盖政治、经济、社会自由、实现创造性和生产性的机会、被人尊重，以及人权等等。

人类发展有两方面：人类能力的形成——例如改善的健康、知识和技能水平；对能力的使用——如休闲、生产目的、参与社会文化和政治活动。如果人类发展的外延不能很好地平衡这两方面，那么挫折就会出现。

根据人类发展的概念，收入显然只是人们希望拥有的其中一个选项，虽然是很重要的一项，但绝不是生活的全部。因此，发展的内涵必须比收入和财富大，它的重心必须还是人。

资料来源：United Nations Development Programme，*Human Development Report 1990*（Oxford：Oxford University Press，1990），p. 10.

UNDP试图量化人类发展的三个基本要素：追求长久健康的生活、知识的获取、能够获取维持适宜生活的资源。对每一个要素而言，都需要构建一个清晰的计算方法并汇总成指数——**人类发展指数**（Human Development Index，HDI）。自1990年以来，只要能够获得相应的数据，UNDP每年都会计算世界各国HDI的值，并评估各国在提高人类发展水平方面的进步。因为HDI包括大量不同衡量单位的结果——如预期寿命、受教育年限、以美元计量的收入水平等，每项结果都必须转换成指数，以允许汇总成复合指标。作为对于此项指数的讨论的回应，随着时间的推移，HDI自身也在变化和发

展，包括不同的变量以及如何运用这些变量进行计算。在 2010 年的人类发展报告中，这一年同时也是运用 HDI 评估人类发展的第 20 年，很多用于评估的变量以及方法都做了显著的调整和改善。

HDI 运用一个国家预期寿命的指标来衡量一个人更为长久和健康的生命，并与其他国家的数据进行比较。在近期的 HDI 中，预期寿命的范围是从 20 岁到 83.2 岁。20 岁表示可以保障一个社会能够维持自身持续发展的最低年限。低于 20 岁则说明低于基本生产年龄区间，这个社会最终便会消亡。这一点已为历史所证实。日本的预期寿命于 2010 年达到了 83.2 岁，是 HDI 诞生 20 年来在各个国家内进行统计所达到的最高年龄。一个国家最终所得到的分数就是其预期寿命在此区间内的比较。例如，2010 年萨尔瓦多的预期寿命为 72 岁，萨尔瓦多的 HDI 寿命预期指数为（72－20)/(83.2－20)＝0.82；换言之，萨尔瓦多在预期寿命的柱状图上可以达到 82%的高度。

HDI 通过两个变量来衡量“知识获取”，第一个变量是 25 岁以上成人平均受教育年限，第二个变量则是适龄儿童在校预计年限。注册数据表明，成人平均受教育年限柱状图的最高观察值是美国的 0～13.2，而适龄儿童在校预计年限柱状图的最高值则是澳大利亚的 0～20.6。在萨尔瓦多，成人平均受教育年限为 7.7 年（处于柱状图 58%的位置），在校预计年限的数值为 12.1 年（59%）。上述标准最终综合成为一个衡量教育状况的综合指数。

“能够获取维持适宜生活的资源”则是通过一个经过调整的人均国民总收入（以美元为单位的购买力平价法）来计算的。① 人均国民总收入的范围是从 163 美元到 108 211 美元。最小值是津巴布韦 2008 年的数值，最大值是阿拉伯联合酋长国 1980 年的数值。其他各国在柱状图上的位置则是由美元值的对数来决定。对数化可以降低收入的重要性。这反映出“人类发展报告”的意图，即作为一种获取维持适宜生活的资源的手段，报告认为收入的效用呈递减态势（或者说，随着收入的提高，每一美元额外收入的边际效用递减）。由于 2010 年人均国民总收入为 6 498 美元，萨尔瓦多在进行对数化调整后的国民收入柱状图上的位置降低到 57%的水平（见案例 2—3）。

▶ 案例 2—3　为什么要运用对数?

对数在本章中已经用过好几次了，同时在本节中会一直涉及它。有必要回顾一下关于对数的一些特性。最简单的理解对数的方法就是记住：任何关于对数的问题的答案其实是一个指数问题。如果我们想要知道关于以 10 为底的对数，答案是 2，因为 10 的 2 次幂等于 100。用数学符号表示如下：

$$\log_{10}(100)=2，因为\ 10^2=100$$

对数的底决定了应该用哪个数字作为该底的幂，以等于我们所寻求的计算对数的数

① 在 2010 以前，HDI 以 GDP 的价值为基础。转换为以 GNI 为基础的时候，包括了汇款和外国援助，且排除了那些在国外被调回的国内收入。特别是对于低收入国家来讲，这三个要素都很重要。见我们之前对于 GDP、GNP、GNI 三者区别的讨论。

值。如果将对数的底由10替换为2，那么16的对数将是4，因为2的4次幂等于16：

$\log_2(16)=4$，因为 $2^4=16$

人类发展指数用收入—资本比的对数而不是收入—资本比的绝对值来衡量一个国家人力资本发展的重要性。为了看清其中的含义，我们举例子说明。假设两个国家的收入值分别为10和100。用10来表示更高收入的重要性，因为100是10的10倍。如果用对数值来代替呢？如果我们用以10为底的对数，我们可以很容易地看到更高收入的相对重要性是如何降低的。正如我们已经决定的，以10为底，100的对数是2。以10为底的10的对数是多少呢？答案是1，因为10的1次幂正好等于10。在这个例子中，使用对数的方法将更高收入值的相对重要性从10降低到只有2。

这种降低的相对重要性在收入增长的差距越大时会越明显。如果两个收入分别为10和1 000，用以10为底的对数衡量的高收入者的相对重要性将从100减少到只有3。对数与联合国开发计划署关于收入在促进人类发展方面表现出递减收益的观点是一致的。

经济学家，包括人类发展指数的创造者，经常使用数学常数e为底的对数；这些被称作自然对数。自然对数的底e与连续复合的概念关系紧密，并且是考察一个经济变量随着时间的推移增长时的有用的工具。案例3—2中会进一步讨论。

对数的另一个特征也值得注意。如果我们用对数而不是用绝对值来监测一个变量，对数值的差别代表了相等百分比的变化。例如，用以2为底的对数，

$\log_2(2)=1$，因为 $2^1=2$

$\log_2(4)=2$，因为 $2^2=4$

$\log_2(8)=3$，因为 $2^3=8$

$\log_2(16)=4$，因为 $2^4=16$

当我们移动对数值从1到2到3到4时，绝对值的变化从2增大到4再到8，但是变化的百分比始终保持在100%。

对数的这个特性可以从图2-1和图2-2中所用的对数刻度尺上观察到。在图2-2中，500美元和1 000美元在横轴上的差距与20 000美元和40 000美元在横轴上的差距是一样的。我们知道这两个区间在绝对值上的变化是不同的（很明显500美元的变化小于20 000美元的变化），但这两个区间都是代表变量翻了一倍（即增长100%）。用对数形式表示的单位资本的国民净收入同样遵循这种变化方式。

HDI由上面三个指标经过简单平均得出，以解决三种不同测量单位所带来的问题。接下来的挑战则是如何来对这三个不同的测量纬度进行综合。直到2010年，经济学家们普遍采取的方式是分别取三个指数的三分之一，然后计算它们的算术平均值。在2010年，这三个指数仍然具有相同的重要性。今天我们则运用几何平均值来计算这三个百分比。① 根据UNDP，采取此项变化的原因如下：使用算术平均值意味着HDI的

① 这个计算需要取平均寿命、教育以及收入这三者乘积的立方根。

三个指数之间为“完全替代”的关系。例如，如果一个国家在教育衡量指数上丢失的10%可以被国民收入上所提高的10%来弥补，HDI则保持不变。几何平均值则没有这样的属性。在一个指数上的增减并不能被其他指数的变化所弥补或影响。每一个指数都代表了HDI的不同特性并且它们之间是无法“完全替代”的。UNDP认为几何平均值比算术平均值更全面地反映了各个指数之间内在固有的不同。

在运用几何平均值的方法计算HDI之后，萨尔瓦多在2010年的HDI为0.659，在人类发展区间内处于中等位置，在所计算的169个国家中排名第90位。萨尔瓦多的HDI从1980年的0.456提升到1995年的0.562，再到2010年的0.659。这样的趋势表明在过去的30年间，萨尔瓦多在人类发展上取得了显著提高。

□ 我们能从人类发展指数当中学习到什么?

基于人类发展活动而得出的基本概念被人们普遍认同。然而一旦我们从基本的概念转到对人类发展的衡量，问题便产生了。当HDI第一次被提出时便受到了许多人的批评。一些人认为仅通过三个指标来衡量人类发展过于狭窄了。作为对这些质疑的回应，人类发展报告目前增加了一些辅助指标，诸如贫困、性别发展等。在2010年又补充了对不平等进行调整的人类发展指数。

另外一些批评者则认为，指标对于假设收益递减仅仅与收入有关而忽略了其与预期寿命以及受教育年限之间的关系是欠妥的。倘若一个人收入的边际效用随着其收入的增高而减少，难道我们就可以简单地把同样的关系应用到预期寿命以及受教育年限上吗？更加具体的问题出现于运用几何平均数来加权这三个人类发展的指标。几何平均数对于低数值十分敏感。在极端的情况下，如果被衡量的三个指标中的其中一个等于零，HDI则为零。同样的原则也适用于当一个指标趋近于零时。就像经济学家威廉·伊斯特利（William Easterly）所指出的，新的HDI具有显著的短板效应，最差的指标恰恰发挥着决定性的作用。而在现实中，这个最差的指标往往指的是非常低的收入。① 这不仅仅是由于HDI本身的建构，也是源于和收入相比较，HDI对于各个国家预期寿命以及受教育年限具有更为广泛的集合性。对于那些有着最低HDI的国家包括津巴布韦、刚果共和国和尼日尔的意义通常注重经济增长多于健康或是教育。而这恰恰违背了整个人类发展途径的主旨。也许对于这些国家来讲，HDI所传达的是一个相对正确的信息，但由于如今HDI本身的构成体系，其所代表的信息同时也是一个无意识的人造信息。②

除了上述这些批评意见，一个核心问题就是这个经过改善的HDI作为一个经济或人类发展的指数能够在多大程度上超过人均国民收入指标。图2-2表现的是HDI价值

① William Easterly, “The First Law of Development Stats: Whatever Our Bizarre Methodology, We Make Africa Look Worse,” *AIDWATCH* (blog), December 2, 2010. http://aidwatchers.com/2010/12/the-first-law-of-development-stats-whatever-our-bizarre-methodology-we-make-africa-worse/.

② Allen Kelley, “The Human Development Index: ‘Handle with Care’,” *Population and Development Review* 17, no. 2 (June 1991), 315-324 提供了一个对于原始HDI的早期评论。对于2010年版本的讨论见 Martin Ravallion, “Troubling Tradeoffs in the Human Development Index,” Policy Research Working Paper 5484, World Bank, November 2010。

与人均 GNI 的比较。散点图上每一个代表独立国家的数值表明收入的提高与 HDI 之间存在着正相关关系。这样的关系是可以预计的，因为收入是 HDI 的一个重要部分。同样地，健康以及受教育水平也会随收入的提高而上升。根据回归线，收入解释了 HDI 百分之九十的变化。然而散点图同样指出了这样的趋势。安哥拉和格鲁吉亚有着相似程度的人均国民总收入（在 4 900 美元左右，PPP），然而相对于格鲁吉亚来讲，安哥拉有着较低的预期寿命（48 岁与 72 岁）。两个国家间的受教育年龄也存在着 8 年的差距。除了在人均国民总收入上的显著差异，安哥拉的人类发展指数与格鲁吉亚相比也是处于较低的位置，安哥拉为 0.403，格鲁吉亚为 0.698。莫桑比克和多哥之间的情况类似。两个国家的人均国民总收入相似，接近 850 美元。而多哥的预期寿命和受教育年龄却远远高于莫桑比克，从而提高了其 HDI 值。就 HDI 值而言，安哥拉与莫桑比克都远远低于回归线（见图 2－2），格鲁吉亚和多哥则位于回归线之上。

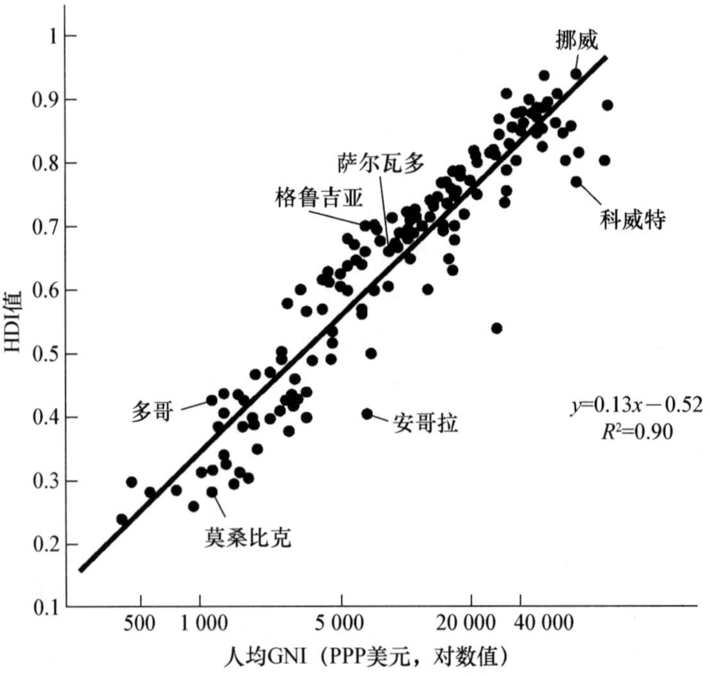

图 2－2　不同国家的 HDI 与人均 GNI（2010 年）

资料来源：UN Development Programme，*Human Development Report 2010*（New York：UN Development Programme，2010），http://hdr.undp.org/en/media/HDR_2010_EN_Contents_reprint.pdf.

由此我们可以得出结论：在一国人均收入和其人类发展水平之间并不存在自动关联。从其他对经济发展的衡量指标来看，以上数据证实了经济增长对发展进程的重要性；同时也证实了不断向好的健康情况和教育情况也依赖于一些收入以外的因素。我们会在第 9 章对健康与收入进行进一步的讨论。

从一个比较积极的角度来看，HDI 的应用让人们看到了在发展过程中的一些问题。例如它在媒体中得到广泛的应用，并且被政客们认为是一项非常重要的衡量经济发展的数值。但是 HDI 的组成比较模糊，对于 HDI 的计算方法也存在争议。对于 HDI 是否可以作为衡量经济发展的指标这个问题仍然值得讨论。

□ 千年发展目标

给经济发展下定义是很困难的。无论采用哪一个标准的概念，人们都会在概念所包含的内容和各方面的权重方面存在不同的意见。但无论是否存在普遍认同的概念，政策制定者都必须有明确的目标。**千年发展目标**（millennium development goals，MDGs）就是这样一组目标。

2000 年 9 月，189 个国家通过了《联合国千年宣言》，这份文件表达了一份承诺："落实人们的发展权和彻底消除贫困"。[①] 与承诺一致，这份宣言确定了八个目标：

- 目标 1：消除极端贫穷和饥饿。
- 目标 2：实现普遍的初等教育。
- 目标 3：推动男女平等，赋予妇女更大的权利。
- 目标 4：降低儿童死亡率。
- 目标 5：改善母亲健康水平。
- 目标 6：与 HIV/AIDS、疟疾以及其他疾病做斗争。
- 目标 7：确保环境可持续发展。
- 目标 8：建立发展的全球合作机制。

为了更为全面地阐明这八个目标，一个专家组为每个目标都设定了一组指标。这八个 MDGs 包括 21 项大指标（见案例 2—4），含 60 项小指标。这些目标和指标的组合获得了世界上绝大多数国家的认同，实现了它们也就能实现每个人的发展。千年宣言也对发展目标的资金支持提出了建议。如指标 8B 重点关注最不发达国家和低收入国家，建议富国免除债务并提供更多的官方发展援助。但所有这些都仅仅是建议，并没有强制约束力。

▶ 案例 2—4　千年发展目标的指标

指标 1A：1990—2015 年，将收入少于每天 1 美元的人口比例降低一半。

指标 1B：使所有人——包括妇女以及年轻人——都获得适宜的、有生产力的工作。

指标 1C：1990—2015 年，将遭受饥饿的人口比例降低一半。

指标 2A：到 2015 年，让所有的儿童——不分男女、不分地区——都能够完成初等教育。

指标 3A：在 2005 年以前，在初等和中等教育领域消除性别歧视；在 2025 年以前，消除全部教育领域的性别歧视。

指标 4A：1990—2015 年，将 5 岁以下儿童死亡率降低 2/3。

指标 5A：1990—2015 年，将母亲死亡率降低 3/4。

指标 5B：在 2015 年以前，获得全球性的生殖健康。

指标 6A：2015 年，实现对 HIV/AIDS 扩散的抑制。

① United Nations General Assembly，"United Nations Millennium Declaration，" Section Ⅲ，paragraph 11，September 18，2000.

指标 6B：在 2010 年以前，实现在全球范围内对 HIV/AIDS 患者提供相关医疗服务。

指标 6C：2015 年，实现对疟疾以及其他主要疾病的抑制。

指标 7A：把可持续发展纳入各国政策和计划当中，改变环境恶化的情况。

指标 7B：减少生物多样性的损失并在 2010 年以前达到损失率的显著降低。

指标 7C：2015 年，将使用非安全饮用水的人口比例降低一半。

指标 7D：2020 年以前，要使至少 1 亿贫民窟居民的生活得到改善。

指标 8A：进一步推动开放的、基于规则的、可预期的和非歧视的贸易与金融体系。

指标 8B：满足最不发达国家的特殊需求。

指标 8C：满足内陆国和小型岛国的特殊需求。

指标 8D：通过国家和国际的努力，全面处理发展中国家的债务问题，以使其债务压力长期可控。

指标 8E：与制药企业合作，为发展中国家提供买得起的必备药品。

指标 8F：与私营部门合作，推广新技术，尤其是信息通信技术。

资料来源：United Nations Statistics Division，"Official List of MDG Indicators，" January 2008，available at http://unstats. un. org/unsd/mdg/Host. aspx? Content＝Indicators/OfficialList. htm，accessed February 2012.

MDGs 草拟于 2000 年，如今距离它于 2000 年所制定的指标期限越来越近。迄今为止我们能够对其做一些评估。例如，在全球范围内降低贫困（这里的贫困为按照 PPP 计算，每天收入小于 1.25 美元）正在达到甚至超过 2015 年的全球目标（尽管并不是在每一个国家都得以实现）。公共卫生情况，尤其是降低非安全饮用水人口比例的目标，于 2015 年应该超过所预计的目标。但 5 岁以下儿童死亡率和男女入学平等方面进展较慢，未达目标，令人颇感失望。在 1990 年，发展中地区经历了每 1 000 个儿童中就会有 100 个儿童死亡的状况。这一情况在 2009 年之前从 100 个降低到了 66 个。想要在 2015 年之前达到把儿童死亡率降低三分之二，联合国提出需要"迅速并且实在的行动"，尤其是在撒哈拉以南非洲地区和南亚这些婴儿死亡率较高的地区。指标 6B，在全球范围内对 HIV/AIDS 患者提供相关医疗服务，已经取得了一些成就。然而，由于在 2009 年只有 35％～40％的患者得到了抗逆转录病毒的治疗，因此在 2010 年以前是无法实现在全球范围内提高治疗水平的。这的确是一个过于远大或者说不太现实的目标。

我们需要谨慎地评价实现 MDGs 的过程，尤其考虑到这些指标是基于对各个不同国家的整合。所有 MDGs 完成情况的优劣不仅在指标间表现出差异，在不同地区间亦是如此。一些专家将此差异归因于不同国家和地区之间经济增长率的不同。在实现将全球贫困减少到一半上取得的成功多半仅仅归功于中国近几年来在经济增长上取得的成果。中国的绝对贫困率从 1990 年的 60％降低到 2005 年之前的 16％。然而图 2－3 证明了这项全球性的结果并没有在具体的区域内描述所取得的进步。根据 2005 年的数据，撒哈拉以南非洲地区以及南亚并没有在"降低一半贫困"的轨道上。

快速的经济增长被广泛认为是因为中国在消除贫困上取得的成功，暗示着很大意义

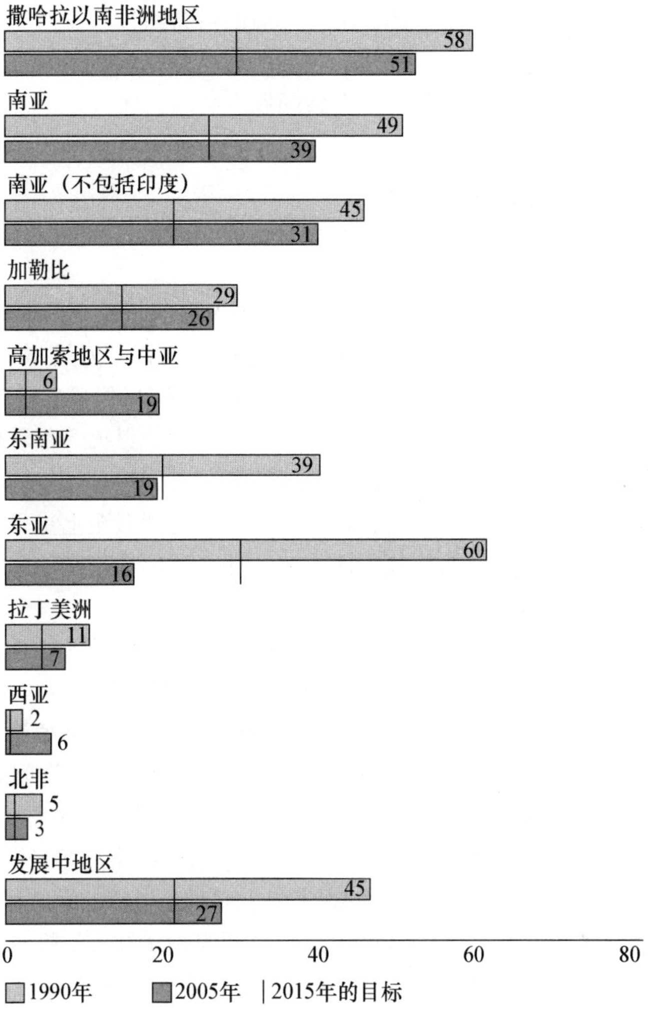

图 2-3　每天生活水平低于 1.25 美元的人口比例，1990—2005 年（%）

资料来源：*Millennium Development Goals Report*，*2011*. The World Bank. Reprinted by permission of United Nations Publications.

上的全球性的成就。但这也同样说明，快速经济增长本身也不足以实现 MDGs。更好地使用和分配收入、为特定目标制定的专门策略（例如，通过疾病控制降低婴儿死亡率）和经济增长都是实现联合国"把全人类从贫困中解救出来"目标的必要举措。通过制定指标，MDGs 把重心放在贫困国家的政府部门，以及那些富裕国家中的捐赠者来实现具体的有助于经济发展的结果上。

MDGs 也面临着挑战，譬如它所包括的内容过于广泛。此外也有人提出批评，从历史经验来看，MDGs 的部分指标过高或过低。① MDGs 也没能指出公平交易的问题和各指标的优先次序。如果一个人不能同时实现 21 项指标，那么就会有一个先后顺序：母

① Michael Clemens, Charles Kenny, and Toddy Moss, "The Trouble with the MDGs: Confronting Expectations of Aid and Development Success," *World Development* 35, no. 5 (2007), 735-751; and William Easterly, "How the Millennium Development Goals Are Unfair to Africa," *World Development* 37, no. 1 (2009), 26-35.

亲死亡率、安全饮用水、减少饥饿，还是推进环境的可持续性？这对于那些致力于发展的国家来说不是什么大问题，因为经济发展包括所有这些目标。但是对于那些想实现伟大的发展计划的国家来说，这的确是一个实践问题。①

2.4 经济增长有用吗?

在探讨 MDGs 时，我们已经看到世界上有众多人口陷于绝对和相对贫困之中。知道了经济增长和人类发展之间的正相关关系，那么现在再以“经济增长有用吗?”的问句来结束本章似乎显得有些奇怪。其回答显然应该是“是”！但确实还有其他方面的考虑。一些人把拜金主义横行、世界文化西方化、传统社会的毁灭等都看作是经济增长的衍生物；有些人则为伴随人均收入增长而来的环境恶化所困扰，例如物种灭绝和全球变暖；还有一些高收入国家的人们也在疑惑，看上去贪婪的消费至上主义、家庭概念的消逝以及高度的压力和其他疾病都与现代生活相关，那么我们在鼓励他国采用我们的发展道路时，是否有些太操之过急了呢?

关于个人生活满意度的调查结果显示，上述这些意见并非杞人忧天。经济历史学家理查德·伊斯特林（Richard Easterlin）曾经观察到，尽管美国的人均收入在前半个世纪增长显著，但人们看上去并没有更加幸福。其结论——**伊斯特林悖论**（Easterlin paradox）——是以一组跨时期调查数据为基础的，在这个调查中，他询问人们对于自己生活的幸福感。伊斯特林发现在一些高收入国家存在着相似的情况。伊斯特林悖论，或者更宽泛地来讲，对于主观幸福感的分析在过去的十年间获得了越来越多经济学家以及社会学家的关注。此项研究专注于各个收入不同的国家内人们对于生活的满意程度以及幸福指数的调查。而研究背后的动力源于对于 GDP 或 GNI 是不是衡量经济健康的有效指标的讨论。

如何衡量幸福感呢？调查询问人们：“总体看来，你觉得自己：非常幸福、一般幸福、不是很幸福、一点都不幸福?”回答编为数字 1 到 4，4 代表“非常幸福”。伊斯特林的研究基于这样的问题。另外有关生活满意度的调查则选择询问一些相关但是不同的问题：

> 例如，“请想象一个有很多台阶的梯子。梯子上的台阶从底层至顶端分别标为从 0 至 10。假设梯子顶端的台阶代表着你所可能拥有的最好的生活，而底端则代表着最差的生活。越高的台阶就意味着越接近你所向往的生活。你觉得你现在站在哪一层台阶上呢?”

结果显示，幸福感以及生活的满意程度并不是完全相关的。由此我们可以得出结论：幸福感以及生活满意度不能等同。

基于关于生活满意度所收集的、包含了较大样本的数据，图 2-4（a）显示了生活满意度以及人均 GDP（美元，PPP）的关系。图 2-4（b）中的人均 GDP（美元，

① 联合国千年项目提供了一个实现 MDGs 的策略。*Investing in Development: A Practical Plan to Achieve the UN Millennium Development Goals* (New York: United Nations Development Programme, 2005).

PPP）显示为对数值。两张图都有否定伊斯特林悖论的趋势。生活满意度与人均 GDP 的增长呈正比。伊斯特林没有观察到这一关系的原因之一是因为他的样本非常小，而且仅仅局限于高收入国家。运用对数值的图标表明相对来说，生活满意度随着人均收入的百分比变化而增长。尽管经济增长与幸福指数是相关的，在收入（低收入、中等收入、高收入）范畴内经济增长与幸福指数的关系远远小于在不同收入区间内两者之间

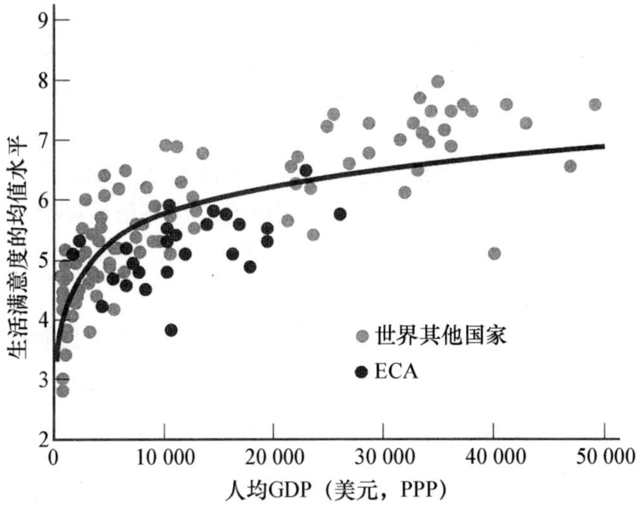

(a)

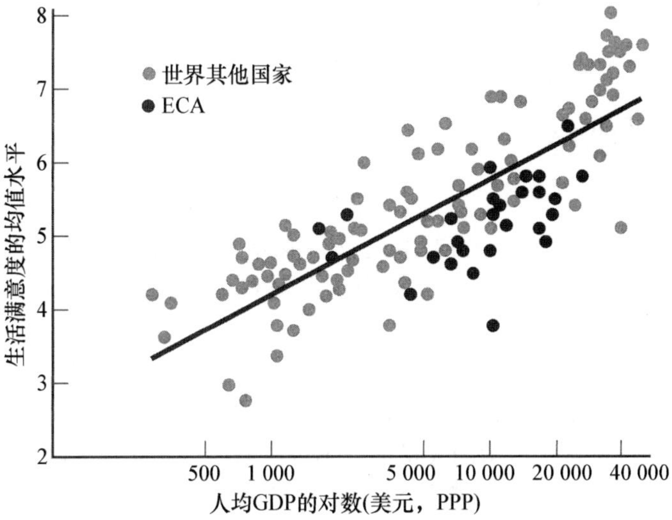

(b)

图 2-4　对于生活满意度的衡量（2008 年）

生活满意度衡量了一组随机的人们的生活满意度均值水平，主要向他们询问以下问题："请想象一个有很多台阶的梯子。梯子上的台阶从底层至顶端分别标为从 0 至 10。假设梯子顶端的台阶代表着你所可能拥有的最好的生活，而底端则代表着最差的生活。越高的台阶就意味着越接近你所向往的生活。你觉得你现在站在哪一层台阶上呢？"

资料来源：Gallup World Poll.

的关系。在所有制既定的收入范畴内，伊斯特林悖论是可以成立的。①

回归线周围的变化表明除收入水平之外，有许多因素都在影响一个人对生活的满意度。哥斯达黎加和美国的生活满意度都在 7.2 左右，但是哥斯达黎加的收入水平仅仅有美国的四分之一；韩国比泰国要富裕三倍，但两个国家的生活满意度指数都在 6.1 左右。除了收入水平之外，哥斯达黎加人和泰国人要比美国人和韩国人更加满足。根据收入水平来看，一些国家引起特别的关注是因为其生活满意度与所预测的恰恰相反。欧洲的一些国家以及中亚的国家几乎都在回归线以下。在计算收入水平之后，生活满意度的平均值在这些国家要普遍低于其他地区。导致此种现象的原因主要是这些地区所经历的从计划经济到市场经济的转变。从之前计划经济体系获得益处的人们曾经拥有体面的工作或是依靠政府或企业所提供的养老金，在市场经济体系内，他们失去了这些福利。公共产品的质量下降，不平等在增加，增长率变成负值。这些最后都会变成使生活满意度下降的因素。一些数据显示，这些转型经济体在进入 2000 年恢复增长的同时，幸福水平的上升和下降与其他国家持平。②

近期研究显示，幸福指数与收入水平是相关的，说明经济增长能提升幸福指数。但是，就算是在这两者关系不那么明显的案例中，经济增长的重要性始终是不可忽视的。50 多年前 W. 阿瑟 • 刘易斯（W. Arthur Lewis）（发展经济学领域的先驱之一，并因此获得诺贝尔奖）就回答了这个问题，他写在幸福感调查的段落之前，当时经济增长和经济发展的区别还不像现在这样明显。在刘易斯 1995 年的著作《经济增长理论》（*The Theory of Economic Growth*）的结束章节"经济增长有用吗?"部分，他是这么回答的："经济增长的意义在于它给予人更大的控制力，以控制其环境，并因此提高他的自由度。"③

2.5 本章小结

● 了解经济发展需要有对经济行为进行跨国跨时期衡量的方法。人均 GDP 是对国家产出总值的衡量。尽管存在着一些局限，人均 GDP 仍然是衡量经济增长最普遍的标准。

● 对国家间的比较，人均 GDP 最好以购买力平价法进行计算。PPP 法优于市场汇率法。市场汇率法倾向于低估穷国的 GDP 水平。这是因为市场汇率的计算以可贸易品和资本流动为基础，不包括穷国的大量低价不可贸易品。从联合国国际比较项目中获得的 PPP 估算纠正了以国际货币计算人均 GDP 导致的错误。

① Angus Deaton, "Income, Health, and Well-Being around the World: Evidence from the Gallup World Poll," *Journal of Economics Perspectives* 22, no. 2 (Spring 2008), 52-72; Betsey Stevenson and Justin Wolfers, "Economic Growth and Subjective Well-Being: Reassessing the Easterlin Paradox," *Brookings Papers on Economic Activity* 39, no. 1 (Spring 2008), 1-192.

② Sergei Guriev and Ekaterina Zhuravskaya, "(Un) Happiness in Transition," *Journal of Economic Perspectives* 23, no. 2 (Spring 2009), 143-168.

③ W. Arthur Lewis, *The Theory of Economic Growth* (Homewood, IL: Richard D. Irwin, Inc., 1995), 420-421.

● 安格斯·麦迪逊提供了一个过去 2 000 年经济增长的概览。这一时期的大多数时间和大多数地区的产出增长只能匹配人口增长，从而导致人均收入或多或少的停滞。根据麦迪逊的研究，伴随着西欧及其分支国家增长率的逐步上升，现代经济增长于 1820 年左右开始启动。到 1500 年，这些地区已经实现了较高的人均收入水平，但差距显著拉大是在最后的 180 年。20 世纪 50 年代之后，高速增长成为亚洲等其他地区的特征。经济增长的发散模式使得当今世界的收入不平等比以往更甚。

● 经济增长是一个相对客观的经济能力衡量手段，与之不同，经济发展则是一个规范性的概念。不同学者和组织为实现发展提供了不同的指标和目标。其中最著名的当属人类发展指数，它是一个复合指标，反映了追求长久的健康生活、获取知识、获得必要的福利。千年发展目标是指在下一个十年推进人类福利的多种目标和指标。

● 对 HDI 和 MDGs 的分析显示，经济增长的核心是二者都实现。HDI 排名与人均收入水平高度相关，不同的 MDGs 表现也常常与不同的增长表现密切相关。但是经济增长不是万灵药。经济发展还涉及分配问题和实现特定发展目标的政策。

● 富国的公民可以争论进一步的经济增长是否可以提高他们的福利，但这对穷国没有意义。尽管提高人均收入并不一定带来幸福感，但是作为丰富选择、推动自由的手段，经济增长和发展仍是穷国的核心工作。

第3章 经济增长：概念与模式

为什么一些国家富裕而另一些国家贫穷？为什么一些经济体增长迅速并伴随着居民人均收入的快速增长，而其他经济体却增长缓慢甚至根本没有增长？一些东亚国家是怎样在仅仅30年中从贫穷跻身于相对繁荣的国家行列中的？与此同时，为什么一些非洲国家仍然深陷穷困，丝毫没有可持续增长和发展的迹象？这些是经济学研究中最为重要的议题，也确实触及了人类社会所面临的最为深层次的问题。

正如我们在上一章所见，经济的高速增长，以及不同国家经济运行的广泛多样性，的确是世界历史中新近出现的现象。直到至今大约500年前——这在人类历史中是相对短暂的一个时段——大多数人仍然生活在今天人们认为是极度贫困的环境中。居住简陋，食物供给变化无常，种地靠天吃饭，人们营养不良，疾病泛滥，医疗刚刚起步，寿命很少超过40岁。即便是在距今125年之前，在当时最现代化的都市，包括纽约、伦敦以及巴黎的绝大多数人，由于非常微薄的收入，仍然生活在极端的困境之中。然而，到了21世纪初，世界的收入水平普遍要高得多，而且更为多元化。在过去的几十年里，世界人口中值得注意的少数人，取得了相对快速和持续的收入增长，如今享有更长的寿命、更健康的生活，拥有高水平的教育和得到极大改善的生活水平。其他一些国家取得了重要但并不太突出的发展成果，被认为属于中等收入国家。然而，世界上大多数的人口，尽管比老一辈人生活得要好得多，却仍然生活在贫困中，与世界上最富有国家的收入和福利水平相比，有着天壤之别。

我们在第2章已经指出，经济增长与经济发展具有不同的含义。但经济增长是发展过程中的关键，没有经济增长，就不可能有经济的可持续发展和贫穷的减少。下面两章将较为详细地揭示这些国家之间经济增长与收入差异之谜，我们的目的是要更好地理解各国增长和发展的过程以及搞清楚高经济增长与低经济增长国家的不同特征。本章将分析关于经济增长的基本实证数据，引入经济增长理论的基本概念，并探讨一些通常伴随着增长的正在变化的经济结构模式。第 4 章则通过引入一些规范的经济增长模型展开分析。后续几章接着阐述前面所介绍的其他发展指标，包括收入分配、贫穷，以及健康的改善和教育水平的提高。

3.1 1960 年以来经济增长的不同模式

我们首先来分析经济增长率的差异，以泰国和赞比亚为例。1960 年赞比亚的人均年收入几乎是泰国人均年收入的两倍。按 2005 年不变购买力平价美元计算，赞比亚约 1 800 美元，泰国约 960 美元。从那以后，泰国取得了每年人均收入大约 4.3%的飞速的经济增长，到今天人均收入已经超过了 7 800 美元。2009 年，泰国的实际人均收入是 50 年前他们祖父母的 8 倍多。因此，泰国能够消费更多的食物和衣服，拥有更宽敞的住房，能享受更高质量的医疗、教育以及其他消费品。泰国在其他方面也得到了改善：预期寿命从 54 岁上升到 69 岁，婴儿死亡率从每千人 103 下降到 12（意味着每 1 000 个婴儿中增加了 91 个孩子活过 1 周岁以上），成人识字率则从 1970 年的 80%上升到现在的 94%。相反，赞比亚的平均收入竟然下降到近 1 765 美元，比 1960 年降低了大约 2%。人均寿命大约保持在 45 岁，这在很大程度上是由于 20 世纪 90 年代艾滋病病毒的显著扩散。婴儿死亡率（从每千人 126 下降至 86）和成人识字率（从 48%上升到 71%）都有所改善，但事实表明，赞比亚人与他们的父辈和祖辈相比，总体上生活状况更加恶化。

表 3-1 表明，泰国和赞比亚的不同增长绩效同样反映在许多其他发展中国家身上。一些国家和赞比亚一样不幸地经历了收入的下降，包括马达加斯加、委内瑞拉和乍得。由于很多这类国家一开始就具有非常低的收入，负增长已经成为主要的灾难。第二组国家取得了正的但相对缓慢的增长率。这些国家的平均收入增加但不如世界上许多其他国家。例如，从 1960 年以来，委内瑞拉的人均年收入增长约 0.6%，足以使收入增加了 37%，但比很多委内瑞拉人所希望的要少。

表 3-1　不同国家的经济增长，1960—2009 年

国家	人均国内生产总值（2005 PPP）		2009 年与 1960 年人均国内生产总值之比	人均收入增长率（%）	收入占美国收入的比重*	
	1960 年	2009 年			1960 年	2009 年
负增长国家						
马达加斯加	842	753	0.89	−0.23	0.07	0.02
赞比亚	1 803	1 765	0.98	−0.04	0.14	0.04
缓慢增长国家						
塞内加尔	1 421	1 492	1.05	0.01	0.11	0.04
肯尼亚	1 020	1 206	1.18	0.34	0.08	0.03
卢旺达	860	1 031	1.2	0.37	0.07	0.03
尼日利亚	1 528	2 034	1.33	0.58	0.12	0.05

续前表

国家	人均国内生产总值（2005 PPP）		2009 年与 1960 年人均国内生产总值之比	人均收入增长率（%）	收入占美国收入的比重*	
	1960 年	2009 年			1960 年	2009 年
委内瑞拉	6 663	9 115	1.37	0.64	0.52	0.22
乍得湖	819	1 277	1.56	0.91	0.06	0.03
牙买加	5 609	8 795	1.57	0.92	0.44	0.21
厄瓜多尔	3 397	6 338	1.87	1.28	0.26	0.15
阿根廷	6 244	11 961	1.92	1.33	0.49	0.29
秘鲁	3 759	7 280	1.94	1.36	0.29	0.18
南非	3 850	7 589	1.97	1.4	0.3	0.18
加纳	603	1 239	2.05	1.48	0.05	0.03
菲律宾	1 314	2 838	2.16	1.58	0.1	0.07
适度增长国家						
土耳其	3 243	9 909	3.06	2.31	0.25	0.24
巴布亚新几内亚	887	2 746	3.1	2.34	0.07	0.07
巴西	2 581	8 160	3.16	2.38	0.2	0.2
智利	3 780	11 999	3.17	2.39	0.29	0.29
巴基斯坦	728	2 353	3.23	2.43	0.06	0.06
莱索托	401	1 311	3.27	2.45	0.03	0.03
多米尼亚共和国	2 355	9 911	4.21	3.06	0.18	0.24
毛里求斯	2 208	9 484	4.29	3.01	0.17	0.23
快速增长国家						
印度	711	3 239	4.55	3.14	0.06	0.08
埃及	1 036	4 956	4.78	3.24	0.08	0.12
斯里兰卡	765	4 035	5.27	3.45	0.06	0.1
印度尼西亚	693	4 075	5.88	3.69	0.05	0.1
马来西亚	1 470	11 296	7.68	4.25	0.11	0.27
泰国	961	7 794	8.11	4.36	0.07	0.19
新加坡	4 300	47 373	11.02	5.02	0.33	1.15
韩国	1 782	25 034	14.05	5.54	0.14	0.61
博茨瓦纳	578	8 872	15.35	5.73	0.05	0.22
中国	403	7 634	18.94	6.18	0.03	0.19
工业化国家						
英国	12 841	33 383	2.6	1.97	1	0.81
美国	15 438	41 099	2.66	2.02	1.2	1
加拿大	12 988	36 209	2.79	2.11	1.01	0.88
法国	10 101	30 822	3.05	2.31	0.79	0.75
日本	5 850	30 008	5.13	3.4	0.46	0.73

*增长率为趋势增长率，以普通最小二乘计算。不一定与终点对终点的增长率相符。以上列出的增长率依照数量值列出，但是第三和第四列中的顺序有些不同。

PPP：购买力平价，GDP：国内生产总值。

资料来源：Penn World Tables 7.0，http://pwt.econ.upenn.edu/php_site/pwt_index.php，accessed May 2011.

第三组国家更为成功并取得了适度的增长，从表中可以看出，这些国家每年的人均收入增长率在2%～3%之间。根据世界历史标准（由安格斯·麦迪逊计算，见上一章的图2-1），这些国家的增长率相对较高，并保证了平均收入的稳定增长。例如，埃及每年保持3.2%的增长纪录，足够在每22年内使平均收入翻一番，并在1960—2009年间取得了近四倍的增长，这是非常大的成就。印度国内人口已经超过10亿，也经历了类似的增长。

第四组国家甚至做得更好，创造了每年人均收入超过3%的快速增长纪录。新加坡、韩国、博茨瓦纳和中国等少数国家甚至取得了超过5%的显著增长。这些国家是世界史上50年间保持最快速增长率的经济体，而且发生了巨大的变化。韩国取得了令人难以置信的14倍的收入扩张，而博茨瓦纳（见案例3—1）的平均收入是50年前的近15倍。（很不幸，正如我们随后在本书中所讨论的那样，博茨瓦纳巨大的成功现在正面临着艾滋病病毒的威胁。）平均每年具有6%增长率的中国（在1980年后的几乎所有年份，都具有快得多的增长率），各方面可能经历了最明显的转变：拥有世界上五分之一的人口，其中包括大量生活在贫困中或接近贫困的人口，平均收入在1960—2009年间增加了将近19倍。中国的快速增长是上个世纪的头等大事，它的持续增长将在下个世纪甚至更长时间具有深远意义。

表3-1和第2章中的表2-3的数据都显示了经济增长率存在着某些明显的地区差异。大多数快速增长的国家位于东亚，而很多缓慢增长的国家位于非洲。但只注意到这些一般性的结论是远远不够的，因为还存在重要的例外。在东亚，缅甸、老挝和巴布亚新几内亚都是缓慢增长国家，菲律宾是这类缓慢增长国家中绩效最好的。在非洲，博茨瓦纳和毛里求斯属于世界上快速增长的国家之列，小国莱索托和斯威士兰也取得了稳定增长的业绩。

应该记住的是，在经济增长率方面的微弱差异能够产生巨大的差距，尤其是随着时间的推移，这一点会表现得尤为明显。1%与2%的增长率之间的差异是巨大的：不是1%的差距，而是100%的差距。如果每年增长1%，50年后平均收入将增加约65%，70年左右收入将翻番。而如果每年保持2%的增长率，50年后平均收入将增加270%，收入翻番只需要35年时间。

▶ 案例3—1　博茨瓦纳显著的经济发展[a]

在过去的50多年里，在大多数撒哈拉以南非洲地区国家取得很少或没有经济增长的情况下，博茨瓦纳成绩卓著，成为一个明显的例外。在1970—1990年的20年间，博茨瓦纳确实是世界上增长最快的经济体，年均增长率达到了惊人的7.9%，轻而易举地超过当时更多被普遍关注的快速增长体，如新加坡（6.3%）、韩国（6.9%）和世界其他国家。表3-1显示了1960—2002年较长时期的增长状况，博茨瓦纳是世界上增长速度仅次于中国的国家。经过50年时间，平均实际收入在仅仅两代人之内就增加了15倍。一系列广泛的其他发展指标也得到了明显提高。预期寿命从46岁增长到1987年的61岁（在由于艾滋病病毒而再次下降之前），婴儿死亡率从每千人118下降到43，识字率从46%（1970年）上升到2008年之前的83%。

1965年博茨瓦纳从英国获得独立时似乎不具有良好的前景。那时，全国仅有12千米长的公路，仅有22个博茨瓦纳人毕业于大学和100人毕业于中学。这个国家是内陆国，超过80%的土地面积位于喀拉哈里沙漠，只有少量可耕种的土地。但是，博茨瓦纳在可能性很小的情况下却开创了繁荣。这一显著转变的深刻原因是什么呢？

钻石是繁荣的部分原因，博茨瓦纳排在世界上最丰富的钻石储藏国前列，如今钻石开采量占全国产出的约40%。但是答案并非如此简单：许多其他发展中国家拥有丰富的自然资源，但许多情况下，它们造成的麻烦比好处多（见第17章）。很多观察者从更为广泛的意义上指出，博茨瓦纳强有力的政策和制度是其发展成功的关键决定因素。

博茨瓦纳比其他国家管理资源明显要审慎得多。绝大多数支出是生产性的投资：博茨瓦纳建造了引人瞩目的基础设施，公路遍布全国绝大多数地区，拥有合理可靠的发配电系统、坚固结实的住房，以及大量学校和诊所。部分钻石收入作为储备被储蓄起来，有助于管理宏观经济的波动。与其他国家相比，其腐败问题要轻得多。整体宏观经济政策是强大的，绝大多数时候具有相对低的通货膨胀率，并具有有力的财政、货币和汇率政策。贸易政策相对开放，作为南非关税同盟的成员国，博茨瓦纳拥有共同对外税则。公共部门仍然很小，政府职员以价值为基础而不是以保护人的身份出现，而且国有企业相对不多。产权和其他法律保护基本上得到了重视。反过来，较强的经济管理可能部分由于博茨瓦纳是一个民主政治国，它也是自独立以来在非洲为数不多的民主国家之一。

然而，博茨瓦纳并非在各方面都是有利的。收入差距悬殊，而且一直没有得到改善，失业率居高不下，特别是那些从农村到城镇地区的移民。虽然民主传统强大，拥有公平的选举和活跃的言论自由，但自独立以来就一直是一党专政。然而，最大的担忧是艾滋病，根据世界卫生组织的数据，博茨瓦纳是世界上第二大艾滋病流行国，超过24%的成年人口呈艾滋病阳性。近几十年，人们已经意识到，艾滋病使进步的博茨瓦纳面临着倒退的威胁。尽管取得了以上所有成就，博茨瓦纳将面临的最大挑战可能是战胜疾病以及确保未来的可持续增长与发展。

a. 这篇专栏描述的内容主要来源于Daron Acemoglu，Simon Johnson，and James Robinson，"An African Success Story，" in Dani Rodrik，ed.，*In Search of Prosperity*：*Analytic Narratives on Economic Growth*（Princeton，NJ：Princeton University Press，2003）；and Clark Leith，"Why Botswana Prospered，" University of Western Ontario（2000），www. ssc. uwo. ca/economics/faculty/Leith/Botswana. pdf，accessed February 2012。

3.2 要素积累、生产率提高与经济增长

经济学家们一直试图理解经济增长的决定因素以及区分快速增长与缓慢增长国家之间的特征，这种寻求至少从1776年亚当·斯密的《国民财富的性质和原因的研究》（*An Inquiry into the Nature and Causes of the Wealth of Nations*）问世以来就开始了。200多年后，我们关于增长过程的知识扩展了，但还远远没有完善。可能对增长起重要作用的合理的广泛因素包括：投资的数量及类型、教育和医疗卫生体系、自然资源和地理禀赋、政治制度的性质，以及公共政策的选择。我们随后在本章中将会看到，所有这些都起了一些作用，但一些要素在增长过程中比其他要素更为关键。

▶ 案例 3—2　计算未来价值、增长率以及倍数

本书中对于增长计算的说明是基于简单但是非常实用的数学计算技巧。我们首先来看一下如何计算下列三个基本问题。

问题 1

假设某国人均收入的现有水平为 X_0，并在 t 年内持续以 r 的速度增长，问该国在 X_t 周期结束时的人均收入是多少？

要回答这个问题，我们应该采用计算离散周期（如年份）复合增长的基本公式：

$$X_t = X_0 \times (1+r)^t$$

例如，表 3－1 中，塞内加尔 2009 年的人均收入为 1 492 美元，其历史增长率为每年 1.05%（为计算方便起见，我们将其四舍五入为 1%）。假设其收入增长率保持在每年 1%，如果我们要预测塞内加尔 10 年后（2019 年）的人均收入，我们把 1 492 美元代入 X_0，0.01 代入 r，10 代入 t：

$$1\,492 \text{ 美元} \times 1.01^{10} = 1\,648 \text{ 美元}$$

本题的关键是明白未来价值不是简单的 1%×10 大于初始价值。按照复合增长的计算，经过第一年 1%的增长，塞内加尔的人均收入为 1 507 美元；第二年的增长基数相应地变为 1 507 美元，而不是 1 648 美元。因此，第一年的人均收入为 1 492 美元×1.01＝1 507 美元；第二年的人均收入为（1 492 美元×1.01）×1.01 或 1 492 美元×1.01^2＝1 522 美元；往后年份依此类推。

问题 2

假设已知某国人均收入的初始水平（X_0）和 t 年之后的水平（X_t），求该国的年均复合增长率。

我们可以采用问题 1 中的复合增长的基本公式来解答这个问题。通过简单的代数运算，我们可以得到求 r 的公式：

$$\left(\frac{X_t}{X_0}\right)^{\frac{1}{t}} - 1 = r$$

如果我们知道塞内加尔 2009 年的人均收入为 1 492 美元，10 年后的人均收入为 1 648 美元，我们就可以计算年均复合增长率：

$$\left(\frac{1\,648 \text{ 美元}}{1\,492 \text{ 美元}}\right)^{\frac{1}{10}} - 1 = 0.01 \text{ 或 } 1\%$$

运用周期起始点的数据计算增长率时，如果初始观察或年终观察与基本趋势相比异常偏高或偏低，可能使结果存在潜在误导。（例如，在第一年或最后一年出现某种震荡，使得当年的数据无法代表基本趋势。）我们可以通过回归分析的方法估算增长率，来回避这个潜在的问题。回归分析法采用给定时间序列里的所有观察数据，而不是仅仅依赖于首尾的两个观察。

用最小平方回归估算平均增长率，我们首先通过在等号两边同时取自然对数的方法

将复合增长的离散公式转化成线性公式：

$$\ln X_t = \ln X_0 + \ln(1+r) \times t$$

我们可以将上式作为最小平方回归式 $\ln X_t = a + bt$ 来估算，其中 $a = \ln X_0$，$b = \ln(1+r)$，t 为时间。也就是说，我们把一系列自然对数通过线性的时间趋势进行回归。然后，根据 $r = e^b - 1$，我们可以算出复合增长率 r 的直接估算。

问题 3

如果收入（就此而言，人口也一样）以 r 的速度在增长，它需要多长的时间才能够翻倍呢？

为了计算翻倍所需的时间（通常用于说明的用途），我们可以借助于 70 法则。70 法则是基于一个与其他问题上用到的复合增长率稍微不同的概念。在前面的例子中，我们按照每年度计算复合增长率。70 法则是基于连续复合增长率，基数每时每刻都在增长。连续复合增长率的基本方程式可以用指数函数 e 表示：

$$X_t = X_0 \times e^{rt}$$

一般来讲，用这个公式表示的连续复合增长率用于计算像人口等连续增长变量的增长时更加精确。（而当一个序列可以得到的数据是由年度观测值组成时，比如一个国家的国内生产总值，对于这些离散的时期，就像之前所描述的，或许使用年度复合增长率更加精确。）

通过设定，我们可以利用下面的方程式来计算收入（或人口）翻倍所需的时间：

$X_t = 2$ 和 $X_0 = 1$

如果我们在等式的两边同时取自然对数，可以得到：

$$\ln 2 = \ln 1 + (r \times t)$$

自然地，因为 $\ln 1 = 0$，所以可以消掉。因为 $\ln 2 \approx 0.70$，所以我们称这个计算方法为 70 法则。如果我们知道了 r，便可以求解出翻倍时间 t：

$$\text{翻倍时间}(t) = \frac{0.70}{r}$$

如果塞内加尔的经济增长率为每年 1%，它的经济水平会每隔 70 年翻倍（0.70/0.01=70）。然而，如果塞内加尔每年的经济增长率为 2%，那么它将每隔 35 年实现翻倍（0.70/0.02=35）。

大部分经济增长理论的核心是基本生产要素——资本和劳动——与经济总产出之间的联系。一些国家拥有特殊的自然资源，如石油储藏、黄金、橡胶、陆地、肥沃的农地、森林、湖泊以及海洋。这些资产通常被包括进广义的资本存量部分，但有时候也被单独处理。为了简化，我们将集中分析资本和劳动。根据生产的产品不同，将具有不同的投入组合要求。种植稻米需要大量的劳动（至少在播种和收获季节是这样），但除了犁以外不需要大量机械。服装生产也需要许多没有技能的劳动力，但需要许多缝纫机和

适当的基础设施将商品运往国外市场。钢铁厂和化工厂需要大量的机器和其他资本，包括可靠的能源和（相对）较少的劳动。

一个国家的总产出——和由此引起的总收入——是由可获得的资本和劳动的数量以及如何有效地使用这些资产所决定的。反过来，增加产量——也就是经济增长——依赖于可增加的资本和劳动的数量以及这些资产效率的提高。换句话说，经济增长依靠以下两个基本过程：

- **要素积累**（factor accumulation），是指资本存量规模或劳动力的增加。生产更多的商品和服务需要更多的机器、工厂、建筑、道路、港口、发电机、计算机、工具以及更多使资本设备工作的受到较好教育的工人。
- **生产率提高**（productivity growth），指每台机器或每个工人生产的产量增加。生产率可以通过两种主要的方式得到提高。第一种是利用现在使用的要素提高**效率**（efficiency）。一个小的家具制造商最初可能让工人从头到尾制造一把椅子。通过重新组织工人使每个人专门完成一项任务（如切割、组装、磨光），可能增加总产量。第二种方法是**技术变革**（technological change），通过新思想、新机器或新的方式组织生产以提高产量。那些通过发明新技术或迅速从别国引进发明技术（一种对多数发展中国家更适应的方式）的国家能够获得比其他国家更快的经济增长。生产率提高通常会使资源从一个生产部门转移到其他部门。低收入国家的经济增长过程几乎总是与产出构成的主要结构调整相适应，正如我们随后论述的情形，通常是生产要素从农业部门转移到工业部门。我们会在第 15 章进行相关讨论。

要理解要素积累和生产率提高是分析经济增长过程的核心，但同时两者也有着各自的局限性。要在更深层面上理解经济增长，我们必须首先讨论什么是推动要素积累以及生产率提高的原因。由此，我们先来看一下储蓄以及投资。

3.3 储蓄、投资和资本积累

麻省理工学院经济学家罗伯特·索洛（Robert Solow）于 1956 年建立的经济增长模型可能是最有影响力的。[①] **索洛模型**（Solow model）（我们将在第 4 章深入分析）和其他有影响力的增长模型的关键是资本积累过程。正如前面所提及的，这些模型的特点是较少关注劳动力的扩张过程（因为劳动不被认为是增长的限制条件），通常假定劳动力与人口增长过程一致。这些模型的主要观点相对简单明了：

- 新投资增加了资本存量。对新工厂或机器的投资直接增加了资本存量，并导致更高的产量。为了使资本存量增加，新投资的价值必须超过现有资本折旧量。工厂和机器将随时间而老化，需要一定数量的新投资去弥补和维持当前的资本存量规模。投资超过折旧量会直接增加资本存量。投资必须超过折旧以及劳动力增长所需要的人均资本

① Robert Solow, "A Contribution to the Theory of Economic Growth," *Quarterly Journal of Economics* 70 (February 1956), 65-94; and " Technical Change and the Aggregate Production Function," *Review of Economics and Statistics* 39 (August 1957), 312-320.

增量。

● 投资通过储蓄融资。从标准国民收入恒等式可以确定投资等于储蓄。[①] 因此，模型认为增加投资（及资本存量）的关键是增加储蓄。

● 储蓄来自当前的收入。家庭将收入中不消费的部分储蓄起来。企业将股息分配给股东后以余留收入的形式储蓄。当政府税收收入超过当前（非投资）支出时（也就是不包括投资支出的预算盈余），政府增加储蓄；当支出超过税收收入时（也就是不包括投资支出的预算赤字），政府减少储蓄。我们将在第 10 章和第 11 章中更为深入地分析这些概念。以上三种储蓄之和就是总的国民储蓄，为投资提供融资来源。[②]

家庭、企业和政府面临的关键决策是收入中多少用于消费以及多少用于储蓄。但是个人并不关心资本水平甚至产出水平，他们只关心自己所消费的商品和服务的数量。然而，消费与储蓄之间存在着明显的替代关系：现在消费越多，储蓄越少，投资、增长和未来可增加的消费就会越少。一方面，人们更喜欢即时消费而不是未来消费。给定现在和未来 5 年后较好住宅之间的选择，每个人都会选择现在消费。另一方面，人们也认识到，花掉所有当前收入是缺乏远见的，至少需要储蓄到足以弥补现有资产的折旧：当漏水时需要修补房顶，维修摩托车，或替换废弃的锄头。额外储蓄甚至能够为未来更高的收入提供基础。实际上，推迟当前消费能使将来消费更多。例如，为了存够最终能购买一头水牛的钱，一个农民可能不得不减少几年的消费。当（理想地）水牛增加了农场产量和比储蓄高得多的收入时，农民获得了报酬并允许将来有更多的消费。

但是，上一句话也隐含着：尽管储蓄和投资是经济增长的必要条件，但不是充分条件。实际上，投资不得不为将来更高的收入而支付，但不是所有投资都能做到。如果农田有太多岩石而不能耕种，或者因土地没有足够的营养维持农作物，购买水牛的农民将不能获得报酬。如果政府迫使农产品维持低价（比如，试图维持城镇消费者的食品低价），农民收入将下降，投资利润将少得多。如果产权得不到保护，农民可能失去水牛或土地。世界市场价格的波动（远在农民的控制范围之外）也可能影响农民的收入。这些问题强调了一个关键要点：可持续经济增长要求产生新投资并确保投资是有效的。这一观点是在后两章和整本书再现的主题。

3.4 增长源泉分析

迄今为止，我们把要素积累和生产率提高确定为影响增长的两个重要决定因素。但各种因素对解释增长的重要性如何呢？罗伯特·索洛开创了数量分析的早期研究，对增

① 在国民收入的生产方面（对一个没有贸易的封闭经济体），生产的所有物品（总产出，通常设为 Y）一定用作消费（C）或投资（I）。就收入方面而言，总收入（也设为 Y，因为总产出的价值必定等于总收入）用于购买消费品（C）或储蓄（S）。将这两个等式放在一起，由于 Y 和 C 都出现，储蓄一定等于投资。

② 在一个具有贸易和国际资本流动的开放经济体中，国外储蓄（比如，从海外银行的借款）可以添加到总的可利用储蓄池中。

加产出的合理因素——资本和劳动的积累、生产率的提高对经济增长的贡献进行了分析。这一方法更大程度上是一个置于实际数据基础上的会计分析框架，而非一个经济模型。它寻求解决如下问题：所记录的经济增长有多大部分可以归因于资本存量、劳动力的增长以及总体生产率的变化?①

一种分析要素积累和生产率提高如何影响产出和经济增长的方法就是通过考察**生产函数**（production function），生产函数体现了投入（资本和劳动）怎样组合并生产出各种产量水平。图 3－1 显示了一般生产函数的一个例子。横轴表示要素投入量（人均资本量），纵轴表示人均产量（在本例中，表示一双跑鞋）。将资本和劳动组合成人均资本的单一形式是一种简化分析的便利方式，但也反映了这些年资本在经济增长理论中所

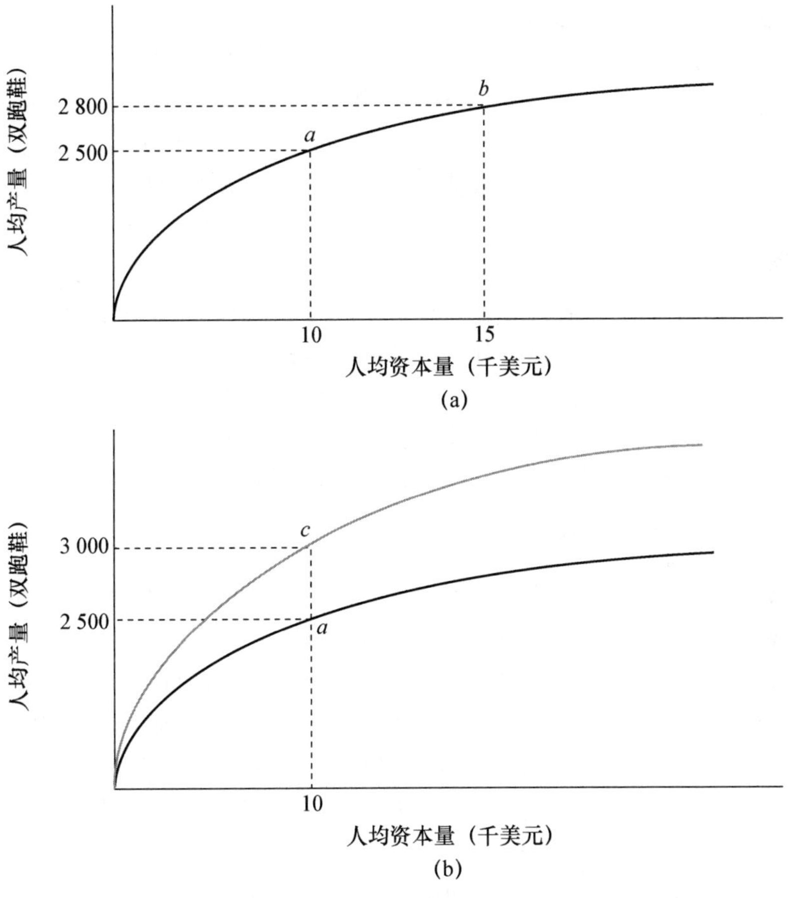

图 3－1　经济增长的基本源泉

（a）要素积累。随着人均资本的扩张，人均产量增加。

（b）生产率提高。当生产要素的使用效率提高或经济体获得了新技术时，在同样的资本水平下，每个工人能生产更多的产品。

① Solow，“Technical Change and Aggregate Production Function.”在索洛论文完成之前一年，摩西·阿布拉莫维茨使用一种非正式的方法发现了在 1870—1953 年间生产率提高对美国增长贡献的类似估计结果。见 Moses Abramovitz，“Resource and Output Trends in the United States since 1870，” *American Economic Review* 46，no. 2 (May 1956)，5–23。

发挥的主导作用。在多数模型中，资本匮乏被认为是增长的限制条件。建立在对失业或就业不足工人观察的基础上，劳动供给通常被认为是充分的。因此，在这种情况下，增加人均资本量被视为经济增长的关键。

图 3-1（a）中沿着横轴向右移动表示要素积累。向上倾斜的生产函数表明，随着经济体为每个工人积累更多的资本，产量得到了扩张。注意所绘制的这种特别的生产函数随人均资本的扩张开始变得平坦，这是我们随后会更详细地论述的一个特征。在这个例子中，当人均资本价值从 10 000 美元增加到 15 000 美元时，每个工人生产跑鞋的数量相应地从 2 500 双增加到 2 800 双。沿着生产函数从 a 点到 b 点的移动就是经济增长的过程。当然，这种程度（12%）的增长不可能立即发生，可能需要两年左右的时间，每年增长率将会是 5.8%的适度水平。

图 3-1（b）表明了生产率改变与经济增长之间的关系。随着生产要素使用效率的提高或新技术的采用，生产函数将向上移动。随着生产率的提高，每个工人在任一资本水平下将生产出比以前更多的产品。当人均资本价值为 10 000 美元时，生产函数向上移动，使得每个工人生产的跑鞋数量从以前的 2 500 双增加到现在的 3 000 双。这一20%的产出扩张可能需要 4 年时间，每年将会保持 4.7%的增长率。在这种情况下，从 a 点到 c 点的移动描述了通过生产率的提高实现经济增长的过程。

索洛的方法通常被称为**增长的会计分析**（growth accounting）或**增长的源泉分析**（sources of growth analysis）。这一分析始于将资本和劳动贡献与总产出之间相联系的标准生产函数，后来增加了一个变量即**全要素生产率**（total factor productivity, TFP）。全要素生产率用于衡量生产效率、技术和其他影响生产力的因素的贡献。该生产函数又被转化成能够度量每种要素变化的贡献程度的形式。最终方程为：

$$g_Y=(W_K\times g_K)+(W_L\times g_L)+a \tag{3—1}$$

在这个方程中，g_Y 代表总收入或国内生产总值的增加；类似地，g_K 和 g_L 分别代表资本（K）和劳动（L）的增长率。W_K 和 W_L 分别代表总收入中工资和资本报酬的比重。例如，如果总收入中的 60%来自工资，剩下的 40%来自资本报酬（如利息支付和租金），那么 $W_L=0.6$，$W_K=0.4$，这两部分比重加在一起为 100%，因为所有收入必定分配给工人或资本所有者。最后一项 a 是全要素生产率的变化。这个方程具有直观意义：表明产量增长是如何依赖于投入（K 和 L）的增长和这些投入生产率的提高（a）的。

认清方程（3—1）和图 3-1 之间的关系非常重要。方程（3—1）总结概括了图 3-1 描述的两种效应。图 3-1（a）显示了产出的要素累积效应；而图 3-1（b）展示了由生产函数垂直平移带来的生产率提高（例如，更高的单位投入产出比）。方程（3—1）用一种可以让我们区别这两种维度增长的方式将它们联结起来。等式右边的第一项描述了沿着生产函数的移动（也就是说，用更多的投入来使产出增加）。TFP 增长（方程（3—1）中用 a 表示）测度了图 3-1（b）中生产函数的向上移动。

基本方法就是用实际数据去替代方程（3—1）中 a 以外的所有变量，由于 a 无法直接度量，这样计算出来的残差就是 a 的值。这就是著名的索洛残差。使用这种方法，每个变量对增长的贡献都能够得到测算并确定下来。这一方程的使用可以用简单的数字范例子以说明。从发展中国家的统计手册中，我们找到了方程中的以下变量值：

$g_Y=0.05$（国内生产总值年增长率为5%）

$g_K=0.07$（资本存量年增长率为7%）

$g_L=0.02$（劳动力年增长率为2%）

$W_L=0.6$（劳动在国民收入中的比重为60%）

$W_K=0.4$（资本在国民收入中的比重为40%）

将以上数值代入方程（3—1），得到：

$$0.05=(0.4\times 0.07)+(0.6\times 0.02)+a$$

解得 $a=0.01$，意味着全要素生产率每年增长1%。这些数字告诉我们，资本积累、劳动积累及全要素生产率增长对总的5%增长率的贡献程度。全要素生产率1%的增长占全部增长的1/5（20%）。资本存量增长贡献了全部增长的一半以上（56%）；即（$0.4\times 0.07)/0.05$。最后，劳动力增长占整个增长中剩余的24%；也就是（$0.02\times 0.6)/0.05$。在这个特殊的例子中，资本积累是增长的主要驱动力，劳动积累和全要素增长的贡献程度相近。

这种会计分析方法已被许多国家广泛用来检验增长的源泉，尤其是用来计算全要素生产率的增长。但是，在对这些结果进行简要验证之前，认识到这一研究的局限性是很重要的，其至少存在两方面的问题：

● 首先，a 代表了一个本分析不能全部分解的综合影响。a 值的提高能被分解为贸易政策的改善、腐败的减少或官僚政治程序的简化所引起的效率改进吗？抑或是较快计算机的引入、农产品新品种的引进，或其他技术因素的结果？因为数据缺失而不能添加新的变量（尽管这不能阻止分析家对结果作出他们自己喜爱的解释），有局限性的增长会计分析模型无法确切地回答这些问题。

● 其次，a 总是不能被准确地计算，因为它只是方程中的残差。所有经济数据的计量都存在不可避免的错误，包括方程（3—1）中使用的所有数据。结果，除了全要素生产率，a 还包含了在其他数字中所有错误和遗漏的净效应。

所谓的全要素生产率，实际上是数据误差、应该被包含在增长方程中但被省略的其他因素，以及效率改进和技术改进的综合。因此，当分析家们将全要素生产率严格地解释为效率改进或新技术的影响时，从这些数据中得出过多言外之意是非常危险的。实际上，a 不是真正的全要素生产率增长，只不过是测量增长中不能用传统生产要素数据解释的部分。正因为如此，经济学家摩西·阿布拉莫维茨（Moses Abramovitz）恰当地指出，残差 a 是经济增长过程中“忽略因素的度量值”。[①]

增长源泉分析被很多国家采用。索洛最初对美国的研究把增长归因于惊人的很大比重的残差增长和比重相对较小的资本存量变化：88%的全要素生产率增长和仅仅12%的人均资本增长。阿布拉莫维茨、爱德华·丹尼森（Edward Denison）、戴尔·乔根森（Dale Jorgenson）以及其他学者随后的研究试图用一种更为精确的方法来度量各种投入对增长过程的贡献。他们把劳动力按接受正规教育的程度划分为不同的技能种类：一个

① Abramovitz, “Resource and Output Trends in the United States since 1870.”

受过高中教育、年薪 50 000 美元的工人可以被看成等于两个只受过小学教育且年薪 25 000 美元的工人。类似的方法也被用于衡量当工人从农村地区低生产率的行业转移到城镇地区高生产率行业时所引起的生产率的提高。其他方法则用于衡量资本质量的改善和规模经济的增加。

许多这类对美国经济的更详细的分析得出了与索洛最初的研究相似的结果：增长过程大部分归因于残差项，相对较小的部分归因于各种类型的劳动力、资本和其他投入。多年来，对工业化国家的研究越来越多。资本存量的增加通常不到产出增加的一半，尤其在快速增长的国家中。这些结果令许多经济学家稍感意外，因为大多数基本模型都把资本形成置于增长过程的核心地位。

类似的研究被大范围的发展中国家所采用。数据问题和价格扭曲在发展中国家比工业化国家更严重，得出的结论更难以解释。例如，只有少数发展中国家具有针对不同质量的可替代资本投入和劳动技能种类的可靠指标。

总而言之，增长源泉的分析结果表明，资本形成在发展中国家比在工业化国家起着更为重要的作用。这与发展中国家有比工业化国家更低的工人人均资本水平并通过投资过程赶上工业化国家（或收入趋同）的思路是一致的。此外，发展中国家通过进口大量的资本设备（记为投资）实现了技术进步。因此，资本流动仍是发展中国家政策制定者们的主要关注点之一。

经济学家巴里·博斯沃思（Barry Bosworth）和苏珊·柯林斯（Susan Collins）分析了在 1970—2000 年间世界上大量国家和地区物质资本、人力资本（以教育的形式）及全要素生产率对经济增长的相对贡献程度。一些结果显示在表 3-2 中。[①] 与其他研究结果一样，他们发现了相当一致的模式：资本积累是发展中国家增长的主要贡献力量，而对于工业化国家和地区来说，主要贡献力量较为平均地分配于资本积累和全要素生产率增长。例如，在东亚，资本积累约占全部增长的 2/3，全要素生产率增长占较小的比重。对不同国家和地区全要素生产率增长的对比发现，快速增长的东亚经济体通常（但并不总是）比世界上其他地区的发展中国家具有更快的全要素生产率增长。在 20 世纪 70 年代和 80 年代，东亚的全要素生产率增长高于工业化国家和地区，20 世纪 90 年代两者差不多相等。

表 3-2　　东亚和其他地区的增长源泉，1960—2000 年（年均增长率，%）

	贡献因素构成			
	工人人均产出增长	工人人均物质资本	工人人均教育水平	全要素生产率
巴西				
20 世纪 70 年代	4.86	2.02	0.12	2.72
20 世纪 80 年代	−1.63	0.16	0.68	−2.47
20 世纪 90 年代	0.71	0.07	0.38	0.25

① Susan M. Collins and Barry Bosworth, "The Empirics of Growth: An Update," *Brookings Papers on Economic Activity* 2 (2003), 113-179.

续前表

	贡献因素构成			
	工人人均产出增长	工人人均物质资本	工人人均教育水平	全要素生产率
厄瓜多尔				
20 世纪 70 年代	5.96	1.05	0.89	4.03
20 世纪 80 年代	−1.42	−0.28	0.16	−1.30
20 世纪 90 年代	−1.40	−0.46	0.31	−1.24
埃及				
20 世纪 70 年代	4.39	2.33	0.54	1.52
20 世纪 80 年代	2.91	1.98	0.89	0.03
20 世纪 90 年代	1.46	−0.12	0.64	0.94
埃塞俄比亚				
20 世纪 70 年代	0.55	0.22	0.13	0.20
20 世纪 80 年代	−1.74	1.11	0.27	−3.12
20 世纪 90 年代	1.84	0.81	0.29	0.74
加纳				
20 世纪 70 年代	−2.01	−0.24	0.24	−2.00
20 世纪 80 年代	−1.14	−1.23	0.15	−0.07
20 世纪 90 年代	1.62	0.80	0.16	0.65
印度				
20 世纪 70 年代	0.70	0.61	0.36	−0.27
20 世纪 80 年代	3.91	1.06	0.36	2.48
20 世纪 90 年代	3.13	1.35	0.49	1.29
新加坡				
20 世纪 70 年代	4.41	3.53	0.11	0.78
20 世纪 80 年代	3.79	2.01	0.39	1.38
20 世纪 90 年代	5.08	1.96	0.91	2.22
中国台湾				
20 世纪 70 年代	5.93	3.69	1.11	1.14
20 世纪 80 年代	5.36	2.19	0.24	2.94
20 世纪 90 年代	4.84	2.66	0.41	1.77
美国				
20 世纪 70 年代	0.83	0.11	0.71	0.01
20 世纪 80 年代	1.82	0.55	0.12	1.15
20 世纪 90 年代	1.84	0.74	0.11	0.98
非洲				
20 世纪 70 年代	1.03	1.28	0.08	−0.32
20 世纪 80 年代	−1.06	−0.07	0.42	−1.41
20 世纪 90 年代	−0.16	−0.09	0.40	−0.48
东亚				
20 世纪 70 年代	4.27	2.74	0.67	0.86
20 世纪 80 年代	4.36	2.45	0.66	1.25
20 世纪 90 年代	3.36	2.35	0.50	0.52

续前表

	贡献因素构成			
	工人人均产出增长	工人人均物质资本	工人人均教育水平	全要素生产率
工业化国家				
20 世纪 70 年代	1.75	0.95	0.52	0.28
20 世纪 80 年代	1.82	0.69	0.24	0.90
20 世纪 90 年代	1.52	0.75	0.22	0.54
拉丁美洲				
20 世纪 70 年代	2.69	1.25	0.34	1.10
20 世纪 80 年代	−1.77	0.04	0.47	−2.28
20 世纪 90 年代	0.91	0.16	0.34	0.41
中东				
20 世纪 70 年代	1.92	2.08	0.45	−0.61
20 世纪 80 年代	1.15	0.55	0.53	0.07
20 世纪 90 年代	0.84	0.34	0.52	−0.01
南亚				
20 世纪 70 年代	0.68	0.56	0.34	−0.23
20 世纪 80 年代	3.67	1.02	0.40	2.25
20 世纪 90 年代	2.78	1.19	0.42	1.17

资料来源：Susan M. Collins and Barry Bosworth，"The Empirics of Growth：An Update，" *Brookings Papers on Economic Activity* 2（2003），113−179.

在 20 世纪 70 年代、80 年代以及 90 年代的非洲，80 年代的拉丁美洲，70 年代的南亚，以及 70 年代和 90 年代的中东地区，平均全要素生产率的增长实际上是负的。这意味着什么呢？投入实际上变得低效率。这可能是由于资本和劳动处于闲置状态，就像战争、政治动乱和衰退期间通常发生的那样。在 20 世纪 80 年代的债务危机所导致的拉丁美洲深度衰退期间，在实际新投资为零的情况下，增长是负的，意味着现有资本的使用缺乏效率。负的全要素生产率增长也可能反映了非效率资产积累的增加，如总统官邸或所谓的白象工程。例如，埃塞俄比亚建造了一家世界上最大的皮革厂，但通常只利用了其生产能力的小部分；尼日利亚的 Ajaokuta 钢铁厂历时 25 年，建造成本近 50 亿美元，但至今未生产出任何钢铁。

在最近的研究中，博斯沃思和柯林斯提供了一个详尽的关于实际上人口最多的两个国家——中国和印度的增长源泉比较分析。① 自 1980 年以来，印度的人均 GDP 产生了高于两倍的增长。中国的人均 GDP 则有高于 7 倍的增长。中国的增长主要是被它的工业部门所主导，而印度则是以服务业为主。印度的非传统式的增长模式一直以来都是被服务业所推动的。比较这两个经济体 1978—2004 年的综合经济走势，博斯沃思和柯林斯估测了两个国家的全要素生产率增长仅仅是人均产出增长的一半。然而在中国，全要素生产率的绝对增长值为每年 3.6%，而印度是每年 1.6%。他们发现，在印度和中国全要素生产率对人均产出增长的贡献与其他东亚国家和地区大相径庭。其他东亚国家和地区的平均全要

① Barry Bosworth and Susan M. Collins，"Accounting for Growth：Comparing India and China，" *Journal of Economic Perspectives*，22，no.1（Winter 2008），45−66.

素生产率增长相对比较缓慢，为每年0.9%。而且仅仅占人均产出增长的25%以下。

表3-2所显示的全要素生产率在撒哈拉以南非洲地区国家可以说是一片萧索。然而，史蒂文·拉德勒特（Steven Radelet）的一个近期且更加详尽的分析表明，在20世纪90年代中期，在撒哈拉以南非洲地区的17个经济和政局稳定的国家，平均全要素生产率增长从负值和不稳定飞越到全要素生产率的正向增长。自1995年以来，这些地区的全要素生产率每年增长1.5%。[①] 总之，增长源泉分析表明，资本积累是发展中国家增长的主要源泉，这与索洛增长模型一致。全要素生产率在适宜的政策与结构中，对增长过程起着很重要的作用。在快速增长的经济体中，要素积累和全要素生产率增长都发挥着重要作用。当收入上升时，全要素生产率增长变得更为重要，并且是高收入工业国增长的主要贡献力量。

3.5 快速增长型国家的特征

我们确定了经济增长的重要相关因素：要素积累（积累额外的生产性资产）和生产率提高。反过来，生产率提高则来源于效率增进或新技术。可持续的经济增长要求既有新投资产生，又能确保新投资是有效率的。然而，这些基本观点产生了一系列新问题：什么是解释一个国家有能力吸引外资和积累资本、增进效率，以及获得新技术方面的更基本的特征？更广泛地说，什么是区分快速增长与缓慢增长经济体的明显特征呢？

过去10年，大量研究试图通过寻求快速增长经济体的广泛共同特征来回答这个问题。直到较近时期，研究者因为严重的数据不足很难对这些问题进行系统性检验。许多研究者检验了个别国家的趋势，但很难通过这些案例研究得出一般性的结论。一些前期的成果，例如爱尔玛·安德曼（Irma Adelman）和辛西亚·塔夫特·莫里斯（Cynthyia Taft Morris）的《社会、政治和经济发展——一个数量型研究》（*Society, Politics, and Economic Development—A Quantitative Approach*）[②]，为今天跨国间的实证增长研究铺平了道路。这一类型的研究进展很快，因为许多新的、丰富的、以购买力平价计算的收入、教育水平、保健特征、政府管制的质量及一些相关因素的数据资料出现了。[③]

大多数的近期研究都被经济学家罗伯特·巴罗（Robert Barro）在20世纪90年代早期模型化了。这些研究试图解释不同国家间增长率的差异。把国家增长率作为因变量，这种方法通过早期确定的一种方式（限定了每个国家的初始收入水平），检验了可能影响增长的几个变量。这些变量包括教育和健康水平、政策选择、资源禀赋、地理特

---

① Steven Radelet, *Emerging Africa: How 17 Countries Are Leading the Way*. Washington, DC: Center for Global Development, 2010. 拉德勒特所指的17个非洲国家为博茨瓦纳、布基纳法索、佛得角、埃塞俄比亚、加纳、莱索托、马里、毛里求斯、莫桑比克、纳米比亚、卢旺达、圣多美和普林西比、塞舌尔、南非、坦桑尼亚、乌干达和赞比亚。

② Irma Adelman and Cynthyia Taft Morris, *Society, Politics, and Economic Development—A Quantitative Approach* (Baltimore: Johns Hopkins University Press, 1967).

③ 这一系列研究的重要成果包括：Robert Barro, "Economic Growth in a Cross Section of Countries," *Quarterly Journal of Economics* 106, no.2 (May 1991), 407-443. 最新对于此项研究最全面的调查见S. Durlauf, P. Johnson, and J. Temple, "Growth Econometrics," in P. Aghion and S. Durlauf eds., *Handbook of Economic Growth* (Amsterdam: North Holland, 2005)。

征（如纬度、该国是否为内陆国家等等）、政治体制等。

这一类型的研究一直存在争议，而且，关于影响增长的确切变量还远未达成共识。① 一方面，虽然这一研究始于索洛模型，但许多在此检测的变量在理论上并未很好地建立起这些变量与经济增长或增长的相关因素（要素积累或生产率提高）之间的联系。现存的经济增长理论还不足以解释到底是什么决定了生产函数的形状、投资率、投资收益、效率以及技术进步率。结果，一些特征在一项包含一组特定变量的研究中在统计上显得很重要，但在另一项包含一组不同变量的研究中却不那么重要。②

第二个方面与结果的统计说明有关。例如，许多经济学家同意高储蓄率伴随着快速的经济增长。但谁导致了谁呢？索洛模型说明更高的储蓄能导致更快的增长，但是，更快的经济增长可以提供更多的可支配收入和更高的储蓄率（我们将在第 10 章更详细地讨论这个问题）。实际上，这是对精确估计这两个影响的数值的一个统计方面的主要挑战。

尽管存在这些问题，对增长的经验研究仍能帮助分析家们更好地理解伴随着快速经济增长的显著特征，虽然非常不完全。对多个国家研究所得出的主要结论与对单个国家的许多研究结论一致。虽然关于哪些变量影响长期增长、如何影响、影响程度的争论远未结束，这一研究还是帮助提供了很多关于为什么一些经济体的增长快于另一些经济体的线索。大多数快速增长的发展中国家趋向于具有 6 个显著的共同特征。③

□ 1. 宏观经济和政治上的稳定

稳定有利于增长。经济和政治的不稳定会破坏投资和增长，那些在动荡中最不能保护他们自身的穷人尤其艰难。以刚果民主共和国（前扎伊尔）为例，这个国家在 1990—2002 年间经历了惊人的年均 2 800%的通货膨胀率，并遭受到牵涉 5 个以上其他国家军队的战乱。毫不奇怪，它的增长和发展绩效几乎是全世界最差的：每年－7.2%的“增长”（意味着经过 12 年平均收入下降 60%），预期寿命从 52 岁下降到 45 岁，婴儿死亡率从每千人 128 上升到 139。

长期相对较低的预算赤字（具有相应的高政府储蓄率）、谨慎的货币政策（将通货膨胀保持在可控范围内）、恰当的汇率、匹配的金融市场（视发展阶段而不同）及可持续的适度外债水平是宏观经济稳定的关键因素。稳定降低了投资者的风险，无论他们是跨国公司还是正在考虑种植更多树的咖啡农场主。例如，高通货膨胀率使价格和利润的确定性大大降低，削弱了增长。④ 不稳定的短期资本流动可能导致汇率的大幅波动，影

---

① 对跨国研究的批评见 Temple, “The New Growth Evidence,” and David Lindauer and Lant Pritchett, “What's the Big Idea? The Third Generation of Policies for Economic Growth,” *Economia* 3, no. 1 (Fall 2002)。

② 一项关于不同研究中解释变量有效性的开创性研究是 Ross Levine and David Renelt, “A Sensitivity Analysis of Cross-Country Growth Regressions,” *American Economic Review* 82, no. 4 (September 1992), 942－963。

③ 经济学家夏威夷·莎拉伊马丁进行了广泛的研究，并列出了最常见的与经济增长密切相关的一些变量。见 Xavier Sala-i-Martin, “I Just Ran Two Million Regressions,” *American Economic Review* 87, no. 2 (May 1997), 178－183。这里列出的一些关键地区与下面研究中的类似，参见 Lawrence Summers and Vinod Thomas, “Recent Lessons of Development,” *World Bank Research Observer* 8, no. 2 (July 1993), 241－254。

④ 通货膨胀与增长间的负向联系被很多研究所证明，见 Robert Barro, “Inflation and Growth,” *Review* [Federal Reserve Bank of St. Louis] 78, no. 3, 153－169 (May-June 1996)。

响整个经济的价格，并减少投资。在极端情况下，正如我们将在第13章更深入探讨的那样，不稳定的资本流动可能导致金融危机的爆发。

毫无疑问，政治稳定对增长和发展也是有好处的。国内外战争、军事政变以及其他政治不稳定的事件会削弱投资和增长。穷人仍然是政治动乱中最易受伤害和最不能保护他们自身的人。在20世纪90年代末期，在撒哈拉以南非洲地区的42个国家中，近1/3的国家被卷入外战或内战，这使人们的生活、基础设施、制度以及经济活动和商业付出了巨大的代价。图3-2显示了这些国家收入的明显下降，陷入内战的7个发展中国家，平均收入下降了28%。相反，在过去几十年间，大多数相对成功的发展中国家在政治上长时期是稳定的。尽管也有一些成功的国家经历过不稳定时期，但基本上都是短暂的。经济学家保罗·柯利尔（Paul Collier）和其他人指出了内战使低收入国家陷入严重的恶性循环：贫困增加了冲突的风险，冲突破坏了增长并使贫穷扎根。① 当然，没有战争并不是经济增长的保证。肯尼亚、牙买加和古巴在政治上保持了几十年的稳定，但仍然经历了低增长。

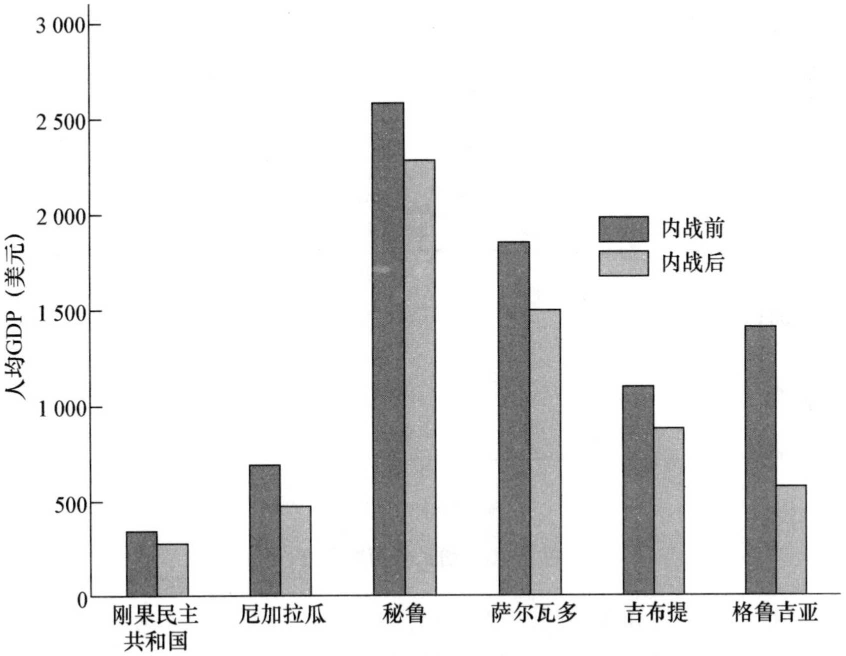

图3-2 内战前后人均国内生产总值

这六个国家内战后的平均收入比内战前低28%。

资料来源：内战数据来自Paul Collier，V. L. Elliot，Havard Hegre，Anke Hoeffler，Marta Reynal Querol，and Nicholas Sambanis，*Breaking the Conflict Trap：Civil War and Development Policy*（Washington，DC：World Bank and Oxford University Press，2003）；人均GDP数据来自*World Development Indicators 2004*。

---

① 见Paul Collier，"On the Economic Consequences of Civil War，" *Oxford Economic Papers* 51（1999），168-183；and Paul Collier，V. L. Elliot，Havard Hegre，Anke Hoeffler，Marta Reynal-Querol，and Nicholas Sambanis，*Breaking the Conflict Trap：Civil War and Development Policy*（Washington，DC：World Bank and Oxford University Press，2003），以及*The Bottom Billion：Why the Poorest Countries are Failing and What can Be Done About It*，（Oxford：Oxford University Press，2007）。

□ 2. 对健康和教育的投资

考虑了影响增长的其他因素后，具有更长预期寿命（因而有较好的健康）的国家倾向于增长得更快，如图 3-3 所示。① 更长的预期寿命是人口健康水平总体提高的表现，反过来又意味着更健康、更有生产力的劳动力。因此，影响生产率是预期寿命影响增长的一种方式。此外，更长的预期寿命可能促进储蓄和资本积累，因为商业可能更愿意投资到工人更健康和更具有生产力的地方。而且，如果人们预期活得更长久以获取更多利益，他们将更愿意投资于教育以深化技能。便利的基本医疗设施、清洁的水和良好的卫生条件、规范的疾病控制程序、强大的生育能力以及母亲和孩子的健康计划都有助于国家延长预期寿命和提高工人的生产率。

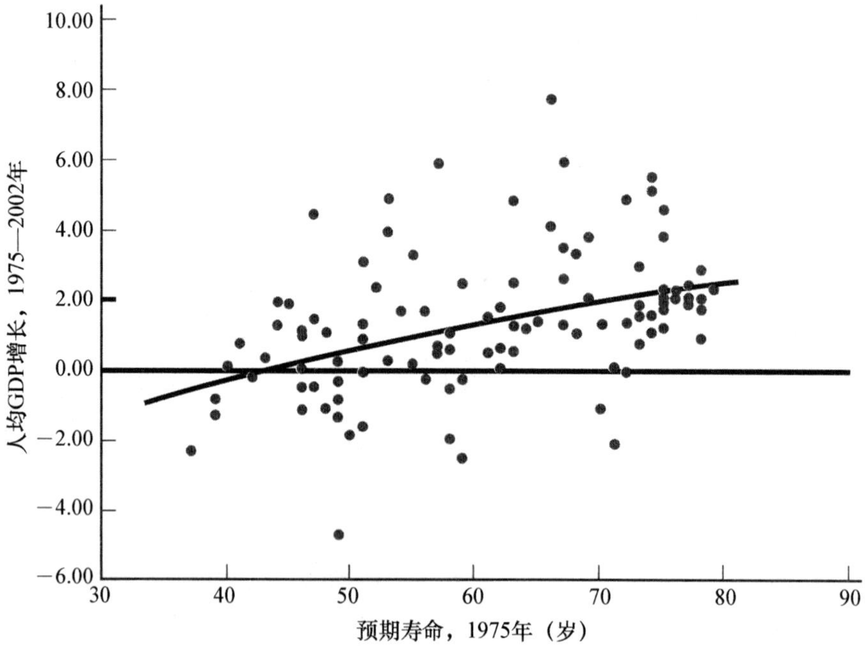

图 3-3 增长与预期寿命

马来西亚在减少疟疾和改善健康方面的努力是一个好的范例。为了寻找锡，当定居者们最初于 19 世纪 50 年代到达现在的吉隆坡时，近一半人死于疟疾。一个世纪后，情况得到了改善，但疟疾和其他疾病仍然是一个问题，1960 年的预期寿命仅为 54 岁。20 世纪 60 年代期间，保持了每年 3.4%的可观增长水平。一项积极的政府疟疾控制计划

① 例如见 World Health Organization, *Macroeconomics and Health: Investing in Health for Economic Development*, *Report of the Commission on Macroeconomics and Health* (Geneva: World Health Organization, 2001); David E. Bloom, David Canning, and J. Sevilla, "The Effect of Health on Economic Growth: A Production Function Approach," *World Development* 32 (January 2004), 1-13; and Steven Radelet, Jeffrey Sachs, and Jong-Wha Lee, "The Determinants and Prospects for Economic Growth in Asia," *International Economic Journal* 15, no. 3 (2001), 1-30。简要的非技术总结，见 David E. Bloom, David Canning, and Dean Jamison, "Health, Wealth, and Welfare," *Finance and Development* 41, no. 1 (March 2004), 10-15。

的开展起到了非常重要的作用，到 1975 年，疟疾病例数与 1960 年相比，已经降低了 2/3。结果，预期寿命延长到 64 岁。健康的改善（与其他几种因素一起）促进了增长的涌现，使得 1976—1996 年间增长率加速到每年近 5%。疟疾病例持续下降，到 2009 年仅有 7 000 个病例。①

注意预期寿命与增长之间的关系是两者的相互作用：正如我们将在第 9 章更详细地论述的那样，更好的健康有助于促进更快的增长，同时更快的增长（和更高的收入）有助于提高预期寿命。也就是说，良好的健康同时是增长过程的输入和结果。在第 1 章，我们注意到收入水平与预期寿命之间的广泛联系；在第 2 章，我们讨论了将增加预期寿命作为人类发展指数的一部分的重要发展目标。在这里，我们强调良好健康作为增长过程的输入的作用。这两方面的作用并不矛盾，且还远远不够。相反，它们之间意味着正反馈循环，更好的健康支撑了更快的经济增长，同时更高的收入来自增长对健康的进一步改善。

同样，教育水平的提高和教育质量的改进将转化成更高技能的劳动力和提高的生产率。一个有技能的劳动力应该具有更少错误的同时工作更快，能更有效地使用现有机器，也更容易发明和适应新技术。随着健康的改善，拥有更高教育水平的劳动力也可能有助于吸引新投资，也因此有助于资本积累。正如良好的健康一样，教育与增长之间也存在着正反馈效应，更好的教育有助于支持增长，同时，增长产生的资源能为更强大的教育系统提供资金。女童的教育对增长具有特别强大的影响，既直接影响了她们的技能，也通过对孩子健康和教育的作用间接影响了下一代。教育对增长的影响可能需要较长时间才起作用，因为今天对小学教育的投资可能在数年内都不会显示出工人生产率的提高。传递服务的质量和数量一样重要，只建设学校和提高入学率是不够的，需要涌现受到激励的教师，以及拥有完成教学工作的足够的基本供给（如教材）。②

正如将要在第 8 章论述的那样，大多数对单个发展中国家微观层面的研究显示了非常高的教育投资回报率，尤其是女童的教育。然而，在宏观层面的跨国研究中，这一关系的数据支持却通常相对不那么强。这可能源于用一致的方法确切地衡量许多国家的教育数量和质量存在困难。这也表明，受过良好教育的劳动力并不是更快经济增长的保证。就像物质资本一样，人力资本如果不能成为经济增长的支撑，也可能在一定环境下被浪费。

□ 3. 有效的监管和制度

监管和制度在经济增长与发展中的作用在 20 世纪 90 年代初开始受到真正关注（见案例 3—3）。这方面的工作受到诺贝尔经济学奖获得者、华盛顿大学的经济学家道格拉

---

① 疟疾病例数据来源：世界卫生组织，2011 年世界疟疾报告：www. who. int/malaria/world_malaria_report_2011/en，accessed February 2012. 马来西亚数据来源：www. who. int/entity. malaria/publications. country-profiles/profile_mys_en. pdf，accessed February 2012.

② 对这些问题更深入的论述见 the World Bank's world development report，*Making Service Work for Poor People*（Washington，DC：World Bank and Oxford University Press，2004）。

斯·C. 诺思（Douglass C. North）的研究和著作的深远影响。① 从那以后，许多研究都发现了经济增长与法律规则的强化、腐败程度的控制、产权、政府官僚机构的质量以及其他监管和制度的衡量指标之间存在正相关关系。②

▶ 案例 3—3 **制度、治理与增长**[a]

继诺贝尔经济学奖获得者、经济学家道格拉斯·诺思[b] 的开创性研究之后，制度和监管在支撑和维持经济增长中的作用在 20 世纪 90 年代才开始受到强烈的关注。制度的广义定义包括一个社会的正式规则（如宪法、法律和规章）、非正式约束（如习俗、规范、传统以及行为的自我约束规则）以及在这些规则和约束范围内起作用的组织。[c] 有许多影响增长和发展的不同种类的制度。丹尼·罗德里克（Dani Rodrik）和阿文德·萨默巴拉曼尼亚恩（Arvind Sumbramanian）提出了四种主要的经济制度，在这里我们增加了第五个制度即政治制度：

- **市场创造机制**保护产权，确保契约得到实施，使腐败最小化，并能全面支持法制。没有这些适当的制度，市场可能不存在或者运行极差；相反，强化这些制度有助于促进投资和创业。这方面的例子包括独立的司法部门、有效率的警察和可实施的契约。
- **市场调节机制**处理不完全信息、外部性和规模经济等市场失灵现象。这些制度能限制垄断权力，有助于提供公共产品建设与管理的基础，如公路和渔业部门。这方面的例子包括电信、运输、水和森林资源以及金融服务的管理机构。
- **市场稳定机制**确保低通货膨胀，最小化宏观经济波动，确保财政稳定并避免金融危机。中央银行、汇率制度、金融部门以及财政和预算准则都属于市场稳定制度。
- **市场立法机制**提供社会保障和保险，强调再分配和管理冲突。这些制度有助于保护个人和企业免受冲击、灾难或不利的市场结果。这方面的例子包括养老保险制度、失业保险机制、福利计划以及其他社会基金。
- **政治制度**决定了社会如何管理和政治的参与程度。在许多国家，支持民主的关键制度都获得了极大的关注，包括自由的言论、选举权、竞争的政党和参与政治。

如今已有大量的证据显示了强有力的制度、快速的经济增长及改善的发展结果之间具有密切的联系。这些证据部分建立在能够改善衡量监管和制度的主要进步上，比如由世界银行协会的丹尼尔·考夫曼（Daniel Kauffman）和阿尔特·克莱（Aart Kraay）汇编的数据。[d] 强有力的制度是管理金融体系、建立公共教育和健康制度、确保有效的贸易与商业以及监管立法系统的关键。大量有关功能良好的市场的新古典经济理论建立在基本制度适当（如契约有效、完全信息及法治）的假定基础上。但是，在许多低收入国

① 例如见 Douglass C. North，*Institutions*，*Institutional Change and Economic Performance*（New York：Cambridge University Press，1990）。

② 例如见 Stephen Knack and Philip Keefer，1995，“Institution and Economic Performance：Cross Country Tests Using Alternative Institutional Measures，” *Economics and Politics* 7，no. 3，207－227；Daniel Kaufmann，Aart Kraay，and Pablo Zoido-Lobaton，“Governance Matters，” World Bank Policy Research Paper No. 2196（October 1999）；and Daron Acemoglu，Simon Johnson，and James Robinson，“The Colonial Origins of Comparative Development：An Empirical Investigation，” *American Economic Review* 91，no. 5（December 2001），1369－1401。

家，这些关键制度是薄弱或不存在的。

然而，我们对制度对增长的重要性的理解就只有这么多。经济分析很少告诉我们关于最适合某一特殊环境（如，普通法与大陆法）的明确的制度形式。哪些制度对低收入国家是最重要的？它们的具体形式如何？制度相对于其他因素的重要性如何？对这些问题存在着相当多的争论。尽管有些分析家声称制度主导了增长过程中的所有其他因素，但大量的证据表明其他因素起着很重要的作用，如政策、地理特征和资源禀赋。事实上，大量研究表明，制度本身受地理、历史、资源禀赋以及全球经济融合程度的深入影响。

也许甚至更重要的是，理论和研究并没有告诉我们关于制度如何改变以及制度薄弱的国家怎样才能最好地强化它们的大量知识。制度只能缓慢地变化，但幸运的是，它们确实在改变。加深我们对制度如何影响增长和发展、不同环境下适当的制度形式以及制度如何随时间而改变的理解，是未来经济学家和发展专家所面临的主要挑战。

a. 这篇主要描述关于制度探讨的文章见 *Finance and Development* 40，no. 2（June 2003），particularly "The Primacy of Institutions（and What This Does and Does Not Mean）" by Dani Rodrik and Arvind Subramanian，and "Institutions Matter，but Not for Everything" by Jeffrey D. Sachs。

b. Douglass C. North，*Institutions*，*Institutional Change and Economic Performance*（New York：Cambridge University Press，1990）.

c. 诺思对正式规则、非正式约束（包括在他定义的制度内）和组织（不包括在他定义的制度内）进行了区分。他将制度比作博弈的规则，而将组织比作博弈的参与者。然而，在一般的使用中，许多人使用的制度术语同时包括规则和组织。

d. 数据来源：http://info.worldbank.org/governance/wgi/index.asp.

较强的监管和制度通过降低风险和增加利润而改善投资环境。例如，在投资者认为其产权能得到保障及工厂、机器和土地不会被没收的地方，他们更愿意进行长期投资。有效的法律制度有助于使用可裁决的、理性的方式解决贸易争端。低程度的腐败有助于减少投资成本、降低风险及提高生产力，因为经营者可以将注意力集中在生产而不是影响政治家或政府官员方面。强大的政府经济制度，如中央银行、财政部、港务局以及贸易部有助于建立影响要素积累和生产力的有效的政府政策。

建立在制度基础上的最有效的政府有助于促进（而不是阻碍）强大的经济管理、有效的社会规划以及有活力的私有部门。大多数快速增长国家普遍存在从非常有效（新加坡和博茨瓦纳）到适度有效（印度尼西亚和泰国）的监管程度上的差异，但总体上好于缓慢增长国家。

□ 4. 有利于私有企业的环境

持续的经济增长要求数百万私有个体每天对关于储蓄、投资、教育和工作机会的问题进行决策。小规模农场主、商业主、工厂工人和市场摊贩每天都在努力增加他们的收入，管制和政策环境对他们的成功与失败具有重要的影响。对许多国家来说，农业政策是增长过程的关键。那些为了维持食品价格低廉而推行低的生产价格或迫使农场主将他们的产品销售到国有销售部门的政府，农业生产（和农民收入）蒙受了损失。最显著的例子是中国对农民限制的减少：20 世纪 80 年代初期推行家庭联产承包责任制并允许农民将他们的产品销售到市场。在随后的10年里，中国农业产量迅速上升。农民需要合理地利用化肥、种子和杀虫剂；在许多国家，农村公路的建设对农民收入具有显著的影响，如印度尼西亚。绝对的自由市场并不是必要的解决办法——一些国家对肥料和其他投入进行补贴以鼓励它们的使用，而另外一些国家利用缓冲库存的方式平衡价格的大幅度波动——但是，持续的逆市场政策在长期几乎总是失败的。

小规模商业和制造业的适宜环境对长期增长也是重要的。虽然一些管制对市场的良好运行是必要的，但很多发展中国家政府通过执照、许可证和其他限制措施给商业造成了不必要的高成本。赫尔南多·德索托（Hernando de Soto）的《资本的秘密》（*The Mystery of Capital*）证明了过多的商业管制和薄弱的产权保护的破坏性影响。[①] 当管制加重了从事商业的负担时，没有多少企业家情愿费心去从事商业，即使是从事商业，他们也倾向于小规模经营和非正式部门。而且，政府对基础设施的投资在资本形成过程中发挥着关键作用。无论政策环境多么有利，如果每天都断电、水是褐色的、电话不通，商业也是不可能顺利进行的。

□ 5. 贸易、开放与增长

几乎所有的经济学家（但不是全部）都对国际贸易在经济增长中起重要作用持一致意见。然而在我们讨论贸易的时候，对于贸易额以及贸易政策的区分是十分重要的。经济学家杰弗里·弗兰克尔（Jeffrey Frankel）与戴维·罗默（David Romer）克服了统计上的巨大困难证明了贸易（作为GDP的一部分）引致增长。[②] 他们发现，一个国家贸易占GDP的份额一个百分点的增长会导致人均收入至少0.5%的提高。他们的结论是：贸易对于提高生产率从而促进国家对于物质资本和人力资本的积累有着非常重大的影响。这个发现与较早的研究是相似的。在较早的研究中，学者们假设贸易对于增长的促进作用主要体现于通过传输资本以及科学技术来刺激和提高市场竞争性。然而贸易是GDP的一部分从而促进了增长这一结论并没有直接对贸易政策与增长的之间的关系进行明确解释。

随机预测表明，外向型定位（为鼓励出口而制定的一系列政策）引致经济增长。例如，在东亚，外向型贸易政策引致经济飞速发展，而在拉丁美洲和撒哈拉以南非洲地区，内向型贸易政策抑制经济增长的理论得到了广泛的认可。然而经济学家们仍在为此结论进行论证。其中引起争议的一部分原因是基于对贸易政策开放性的测量指标。例如经济学家大卫·多勒（David Dollar）为外向型定位所构建的测量指标是以实际汇率失真和它的无偿性为标准的。[③] 他发现，在1976—1985年期间，对于贸易实行开放政策

① Hernando de Soto, *The Mystery of Capital: Why Capitalism Triumphs in the West and Fails Everywhere Else* (New York: Basic Books, 2000). 商业管制成本的数据见 the World Bank's Doing Business Project: www.doingbussiness.org, accessed February 2012。

② Jeffery Frankel and David Romer, "Does Trade Cause Growth?" *American Economic Review* 89. no.3 (June 1999), 379-399.

③ David Dollar, "Outward-Oriented Developing Economies Really Do Grow More Rapidly: Evidence from 95 LDCs, 1976—1985," *Economic Development and Cultural Change*, 40, no.3 (April 1992), 523-544.

的发展中国家每年的经济增长率为人均 2.9%，而实行封闭政策的样本国家的增长率则为−1.3%。

在另外一个具有深远意义的研究中，经济学家杰弗里·萨克斯（Jeffery Sachs）和安德鲁·沃纳（Andrew Warner）基于一些贸易政策的指标，建构了一个混合的贸易开放型的指标来探究哪些国家采取的是开放性贸易政策而哪些国家采取的是相对封闭的贸易政策。① 他们发现，国际贸易的开放性对于经济增长发挥着根本性的影响并且得出以下结论：在 1970—1989 年间，贸易开放的国家比那些不开放的国家至少实现了 2%以上的增长。把萨克斯-沃纳的理论应用到一个更长的时间段内，经济学家罗曼·瓦克奇亚格（Romain Wacziarg）和凯伦·霍恩·韦尔奇（Karen Horn Welch）发现，开放经济体在 1950—1998 年间人均收入的平均增长率为 2.7%，与此相比，封闭经济体的平均增长率则为 1.18%，两者间有着将近 1.5 个百分点的差距。② 然而作为这些研究的一个重要回应，经济学家弗朗西斯科·罗德里格斯（Francisco Rodriguez）和丹尼·罗德里克质疑了这些政策指标的有效性以及实用性。这两位经济学家认为证明支持贸易政策促进经济增长的证据还不够完善，并且是不确定的。③ 我们将会在第 17 章和第 18 章更为深入地讨论这些问题。

□ 6. 有利的地理环境

一个惊人的事实是，除了新加坡和少数几个富裕的石油小国，在北回归线与南回归线之间没有富裕经济体。世界上最穷的国家几乎都位于热带地区，而最富裕的国家通常都位于温带地区。即使在温带地区内，与热带更接近的地区通常也并不富裕：北欧比南欧更富裕，美国北部比南部拥有更多的财富，巴西南部比北部要好。在拉丁美洲和非洲，最富裕的国家都位于温带南部，例如智利、阿根廷和南非。

若干研究表明，位于热带地区、其他地理特征与增长之间有着极为密切的联系。④ 图 3-4 显示，在 1975—2009 年间，位于热带地区的国家平均增长率明显要低于在热带地区以外的国家。热带国家不得不面对更多的致命疾病、不稳定的气候，以及至少在某些地区存在的不适宜农业生产的贫瘠土地。世界上多数最致命的疾病都集中在热带地

① Jeffery Sachs and Andrew Warner, "Economic Reform and the Process of Global Integration," *Brookings Papers on Economic Activity* 26 (1995), 1-118.

② Romain Wacziarg and Karen Horn Welch, "Trade Liberalization and Growth: New Evidence," *World Bank Economic Review* 22, no. 2 (June 2008), 187-231.

③ Francísco Rodriguez and Dani Rodrik, "Trade Policy and Economic Growth: A Skeptic's Guide to the Cross-National Evidence" (pp. 261-338), in Ben S. Bernanke and Kenneth Rogoff, eds., *NBER Macroeconomics Annual 2000* (Cambridge, MIT Press: National Bureau of Economic Research, 2001).

④ 探讨地理因素对收入水平和增长率影响的近期研究包括：Robert Hall and Charles Jones, "Why Do Some Countries Produce So Much More Output per Worker Than Others?" *Quarterly Journal of Economics* 114 (February 1999), 83-116; and John Gallup and Jeffrey Sachs, "Geography and Economic Development," in Boris Pleskovic and Joseph Stiglitz, eds., *World Bank Annual Conference on Development Economics 1998* (Washington, DC: World Bank, 1998), 127-178.

区，如疟疾和艾滋病。这些疾病严重削弱了工人的生产力并增加了医疗成本。同样，虽然不稳定的气候可能发生在世界各地，但洪水、干旱和强风暴更容易集中在热带地区。当然，飓风和台风是热带现象。更热的气候使长时间的日间户外工作更加困难，降低了劳动生产率（新加坡弥补位于热带的一种方法是在这个国家大量的主体建筑内使用空调，这是一种在像新加坡这样的小城市国家比在多数其他国家容易得多的措施）。虽然一些热带地区拥有非常肥沃的土地（如土地富饶的爪哇，是印度尼西亚的主要岛屿之一），但地处热带的撒哈拉沙漠大部分地区的土地就像巴西北部的土地一样贫瘠。这些特征对降低要素生产率、减少投资动机和要素积累都发挥着影响。位于热带不一定就排除增长和发展，因为能够通过政策和制度发展减轻一些负担，但很明显，热带所产生的困难和障碍使增长和发展更加艰难。

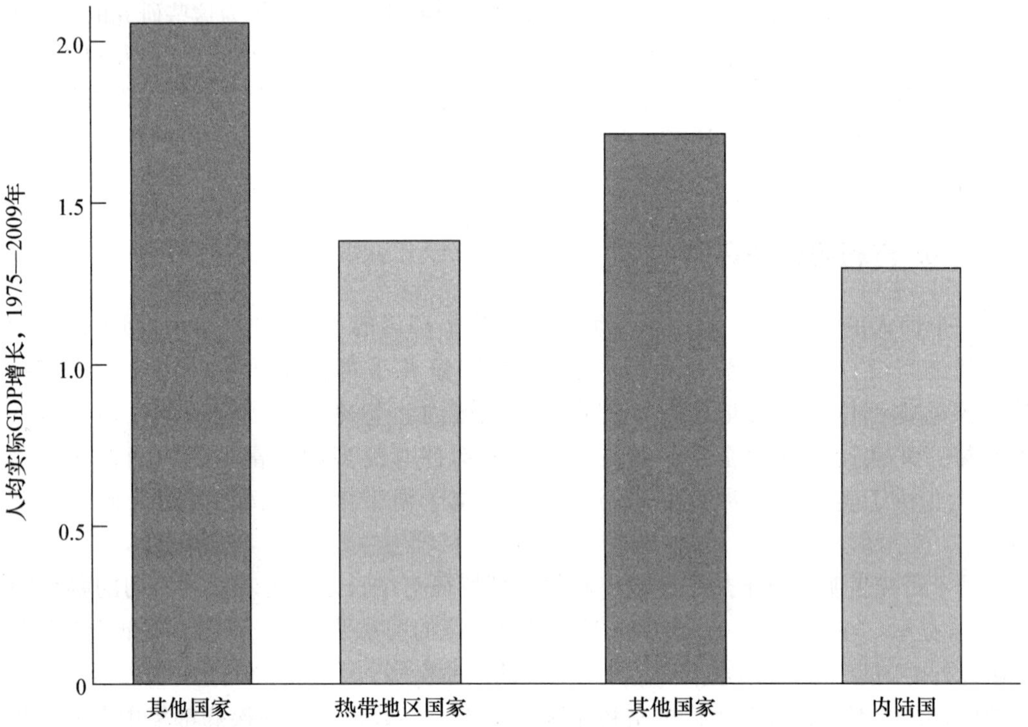

图 3-4　地理特征与增长

GDP，国内生产总值。

资料来源：Penn World Tables 7.0，http://pwt.econ.upenn.edu/php_site/pwt_index.php，accessed May 2011.

另一个可能影响增长的地理特征是远离主要的市场，如内陆国和一些位于太平洋上的小岛国。这些偏远国家比离主要市场更近的沿海经济体面临着更高的交通成本和更少的经济机会。内陆非洲国家的陆路运输成本可能是它们的沿海邻国的 3 倍以上。更高的交通成本使进口更昂贵，进而降低用于消费的收入并增加生产成本。它们也可能使产品出口到其他国家更昂贵并降低利润。

并非所有内陆国都具有比较差的经济表现。瑞士和奥地利在某些方面证明了这种规则的例外。尽管它们是内陆国，但并不偏远，因为它们位于欧洲的中心地带。也许最明显的例外是博茨瓦纳，这个国家妥善管理了它的大量钻石资源，出现了连续 40 年的持续增长。图 3－4 显示，自 1975 年以来，内陆国经济增长平均为 1.29%（不包括博茨瓦纳时，该值下降为 0.99%），而沿海经济体的平均增长为 1.71%，比内陆国高出近 1/3（除博茨瓦纳外，是内陆国的近 2 倍）。内陆国并不意味着增长是不可能的，但是的确限制了选择并增加了生产成本。地理上的偏远能够通过降低陆路交通成本的投资（如改善公路和卡车）或生产更多依赖空运而不是海运的产品来克服。例如，内陆国乌干达在国际机场附近种花出口到欧洲。卫星通信的进步为偏远国家开放了新的机会，如为处于其他国家的企业提供数据入口和会计服务。

注意到一些面临多方面地理障碍的国家的发展选择受到了严重的限制。也许面临最大挑战的是在撒哈拉沙漠中部地区的内陆国家，包括马里、布基纳法索、尼日尔、乍得、苏丹和埃塞俄比亚，它们都在世界最贫穷的国家之列。这些国家比一般的发展中国家拥有少得多的选择并面临更艰难的挑战。

这六大主要方面并不是影响要素积累、生产率和经济增长的全部特征，但它们是通过研究和经验确定的最显著的特征。认识到这里列出的特征并不绝对是非常重要的：不同国家间存在着相当大的差异，这些特征既不是成功的保证，也不是增长的一系列固有条件。有些国家在这些领域的许多方面做得相当不错，但仍然没有经历快速的经济增长。同时，虽然几乎增长最快速的国家在许多方面成绩卓著，但在有些方面则不然。我们对这些因素影响增长的精确路径的理解是远远不够的。然而，事实确实证明这些特征是支持要素积累、生产率和增长最重要的因素。

3.6 本章小结

● 自 1960 年以来，不同国家的经济增长情况不尽相同。在 1960—2009 年间，当诸如马达加斯加和赞比亚这样的经济体相对萎缩的时候，其他诸如博茨瓦纳和中国的经济体经历着人均收入 15～19 倍的增长。

● 经济学理论指出，对于经济增长过程非常重要的要素之一为要素积累——扩张国家的资本存量以及劳动力的增长。这些是国民产出最重要的投入。

● 长久地来看，资本积累本身无法保证人均收入的快速增长。长期增长依赖于生产率的提高——每单位的投入能够获得更多的产出。生产率的提高根本在于效率的改进或新兴科学技术的发展。

● 生产率的提高用一个残差来度量。即指那部分不能由投入的增加来解释的产出的增长。在对投入和产出进行测度时所发生的任何错误都会影响到我们对于生产率提高的测算。对增长来源进行分析的目的就是要对产出的变化做出分解，阐明生产率提高的哪一部分可以从投入的变化得到解释，而哪些部分是无法得到解释的。

● 有关增长源泉的分析表明，资本积累倾向于对低收入国家的增长有很大贡献，同时扩大劳动力的规模和提高劳动力的质量以及提高生产率也具有重要的贡献。

- 与快速增长联系最密切的一些关键的国家特征包括：经济与政治的稳定，对健康和教育的投资，强大的政府治理和制度，私有企业有利的环境（包括农业、管制和贸易政策），以及更有利的地理条件。但我们对于这些和其他因素如何影响增长过程的准确理解还远远不够。

第 4 章

经济增长理论

经济增长曾经是一个困扰了经济学家们很久的谜题。到底是什么使得一些国家富裕而另一些国家贫穷？对此问题的专门研究至少可以追溯到苏格兰的社会哲学家亚当·斯密于 18 世纪出版的那些著述。对于这个问题的探究一直都在经济学领域处于主导地位。在 1985 年的一次演讲中，诺贝尔经济学奖获得者、经济学家罗伯特·卢卡斯（Robert Lucas）在比较了印度尼西亚和埃及高速的经济增长与印度经济的缓慢增长后，提出了那个著名的问题：

> 印度政府是否可以采取某些措施来引领印度经济像印度尼西亚或者埃及的经济一样增长？如果可以，是怎么样的具体措施？如果不可以，是什么样的“印度特质”使得其经济无法得到快速增长？人类福利的问题包括诸如上述问题，一旦人们开始考虑这些，便很难考虑其他问题了。①

大约在超过四分之一世纪以后，经济学家丹尼·罗德里克、阿文德·萨默巴拉曼尼亚恩和弗兰西斯科·特雷比（Francesco Trebbi）更是进一步指出：

> 世界上最富裕的国家与最贫穷的国家之间平均收入水平的差距超过 100 倍。塞拉利昂共和国是至今为止我们所能统计到的国民收入最低的国家，GDP 为人均 490 美元。相比之下卢森堡的人均 GDP 则高达 50 061 美元。那么，到底是什么导致了人均收入如此悬殊呢？我们应该如何缩小这些差距呢？在经济学领域里，离开了这个意义深远而重大的问题，或者说，离开了这个与世界上最广大人口命运攸关的问

① Robert E. Lucas, “On the Mechanics of Economic Development,” *Journal of Monetary Economics* 22, no. 1 (July 1988), 3-42.

题，就难以思考任何问题。[1]

两个非常重要的发现是：(1) 长期经济增长也许是对于世界范围内的人类福利唯一的具有决定作用的因素。(2) 尽管在这 27 年间我们付出了巨大的和根本的努力来揭开经济增长神秘的面纱，但是，对于增长的决定因素，我们还远远没有一个完整的、和政策相关的理解。

本章探讨了推动经济增长的一些核心因素。我们从上一章开始对一些构成低收入国家经济增长特征的基本过程与方式进行了介绍，强调经济增长依赖于两个因素：资产的积累（例如资本、劳动力、土地等）和使这些资产生产效率更高。储蓄与投资是核心要素，但是投资必须有效率才可以实现加速增长。因为我们是通过大量的对各国经济增长关键因素的分析与研究以及观察大量的经济增长数据得出结论的，所以我们所进行的是实证研究。我们观察到政府政策、机构设置、政治与经济稳定性、地理环境、自然资源禀赋以及健康与医疗体系都在经济增长中扮演着重要的影响角色。同时，需要强调说明的是，增长不同于发展，但增长仍然是发展过程中非常核心的问题。

本章通过介绍影响当今增长理论的基本理论与重要的基本模型，将经济增长观点进一步发扬光大。这些模型在上一章所进行的实证分析的基础上，增加了对经济增长过程的进一步理解的系统框架。在本章中，我们对资本、劳动力数量与它们各自的生产效率以及它们各自的总产出之间进行了具体的数学关系定义。重要的是，这些模型同时也研究了资本增量与劳动力增量的积累以及生产效率提高的过程，这样便使得模型从原来的决定产量水平转变为决定产量增长率，也就是经济增长率的决定模型。

在学习这些模型之前，我们有必要认真思考一下现代增长理论之父——罗伯特·索洛曾经写下的一段话："所有的理论都建立在并不现实的假设之上，这是它成为理论的原因。构建一个成功的模型要做到使这些看似不切实际的简化假设并不影响最终得出结论的适用性。"[2] 最好的模型是最简单的模型，同时这些简单模型还可以洞悉现实世界是如何运行的。在这一指导精神下，我们所介绍的模型的假设均不是现实的，但是却可以简化模型，使我们更为容易地掌握核心概念与见解。举例来说，我们假设一个典型经济只有一种工人，一种资本品，将二者结合起来只生产一种标准化产品。世界上任何一种经济都与该假设不相符，但是这样的假设却可以使我们省略不必要的细节，让我们直接进入经济增长理论的核心概念。

4.1 基本增长模型

我们可以用几个方程式来构建最基本的经济产出和经济增长模型，这些公式将劳动力

① Dani Rodrik, Arvind Subramanian, and Francesco Trebbi, "Institutions Rule: The Primacy of Institutions over Geography and Integration in Economic Development," *Journal of Economic Growth* 9, no. 2 (2004), 131-165.

② Robert Solow, "A Contribution to the Theory of Economic Growth," *Quarterly Journal of Economics* 70 (February 1956), 65-94.

规模、资本存量以及总量生产与储蓄、投资和人口增长联系起来讨论。模型首先探讨投资量、劳动力、生产率以及产出水平，然后探讨上述变量的变化情况，最后引出要探讨的问题——产出变动的决定因素，即经济增长率的决定因素。这里分析的模型有5个方程：总量生产函数、决定储蓄规模的方程、储蓄—投资恒等式、关于资本存量变化与新投资的描述，以及劳动力增长率的表达式。① 对于这些方程式我们将一一进行分析。

标准的增长模型在其核心都有一个或一系列的生产函数。在个别企业或微观层面，生产函数讲的是工人数量、机器数量与工厂产出规模之间的关系。以纺织工厂为例，其生产函数揭示的是如果雇用的工人增加50名、纺锭及纺织机增加5台，该纺织厂的产量将增长多少。生产函数具有工程学的含义，经常是从既定数量的物质投入可以生产出多少产出物质而得出的。为方便起见，微观经济的生产函数常常用货币价值而非物质数量来表达。在一个国家或整个经济的层面上，生产函数是指一个国家劳动力数量、资本存量和该国国内生产总值水平之间的关系。这些总体经济的关系被称为**总量生产函数**（aggregate production functions）。

首先介绍总量生产函数。如果Y代表总产出（也即总收入），K是资本存量，L是劳动供给，在最一般的层面上，总量生产函数可以表述如下：

$$Y=F(K,L) \tag{4—1}$$

这一简单的表达式说明，产出是资本存量和劳动供给的函数（用F表示）。随着资本存量和劳动供给的增长，产出将扩大。经济增长可以通过资本存量的增长（通过对工厂、机器、设备、道路以及其他基础设施的新投资），或者劳动力规模的扩大，或者二者同时增长来取得。我们将从接下来的内容看出，函数F的这一表达方式——清楚地表明相对于K与L的变化，产出增长了多少——是它与其他许多增长模型不同的地方。模型的其他4个方程式描述的是K和L怎样才能得到增长。

方程式（4—2）到（4—4）密切相关，并且共同描述了资本存量（K）是如何随着时间的推移而不断变化的。这三个方程式首先计算总储蓄，然后将储蓄与新投资联系起来，最后描述新投资是怎样使得资本存量产生变化的。为了计算总储蓄，我们采用最简单易懂的方法，并且假设储蓄在收入中占有固定的比重：

$$S=s\times Y \tag{4—2}$$

在这一方程中，S表示总储蓄值，s代表平均储蓄率。例如，假设平均储蓄率是20%，总收入是100亿美元，则在任何年份储蓄值将是总收入的20%，或20亿美元。我们假设储蓄率为一个常数，尽管在某些国家会呈现出稍高或稍低的水平，但在大多数国家中，储蓄率在10%～40%之间（更具代表性的是，平均水平为20%～25%）。中国和新加坡的储蓄率均已超过了40%，而玻利维亚在20世纪90年代的平均储蓄率仅为10%左右。尽管实际的储蓄行为远比该模型所描述的复杂，但上述等式对于我们研究储蓄、投资以及增长之间的基本关系已经足够。

下一个方程式将储蓄（S）与投资（I）联系起来讨论。在本章所讨论的模型中，只有一种商品，不存在对外贸易（因为每个人都生产同一种商品，也就没有必要进行贸

---

① 这五个等式是根据世界银行经济学家Shantayanan Devarajan的教学笔记得到的，我们对他表示感谢！

易）。就一个封闭经济（不存在对外贸易或对外借贷）而言，投资—储蓄关系的最基本的情况是：储蓄必须等于投资。这是因为，没有贸易的话，该经济体生产的全部产品或服务将被用于当期的消费或投资，而家庭获得的全部收入也必然要么用于消费，要么用于储蓄。这种关系可以表述为：

$$S=I \tag{4—3}$$

我们现在来说明资本存量是怎样不断变化的。两个主要力量决定资本存量的变化：新投资（增加的资本存量）和折旧（对于现存资本存量慢慢不断地消耗）。用希腊字母 Δ 表示变量值的变化，资本存量的变化表述为 ΔK，它取决于：

$$\Delta K=I-(d\times K) \tag{4—4}$$

在这个表达式中，d 为折旧率。式中第一项（I）表明，因为新投资而产生的每年资本存量的增长。第二项 $-(d\times K)$ 则表明，由于折旧而使得现有资本存量每年发生的减少。我们在这里假设折旧率是不变的，一般在 2%～10%之间（即 d 值在 0.02～0.10 之间）。

为了弄清楚其过程，我们继续采用上面的例子来说明。在那个例子中总收入为 100 亿美元，储蓄（也即投资）为 20 亿美元，我们假设现有的资本存量为 300 亿美元，年折旧率为 3%，即 $d=0.03$，这样，在这个例子中，由于新投资而使得资本存量增加了 20 亿美元，但因为折旧也要减少 9 亿美元（=3%×300 亿美元）。方程式（4—4）将这两种效应放到一起，计算资本存量的变化为 $\Delta K=I-(d\times K)=20$ 亿美元$-(0.03\times$300 亿美元$)=11$ 亿美元。这样资本存量便从初始的 300 亿美元增加到现在的 311 亿美元。这个新的资本存量值被引入生产函数方程（4—1），从而计算出新的产出值 Y。

第五个模型，也是最后一个方程式，关注的是劳动供给。为了简化起见，我们假设劳动力与人口同速增长。在长期中，这一假设是准确的。但我们将在第 8 章分析，由于出生率与死亡率的不断变化，劳动力的增长在几代人的时间中可能会快于或慢于总人口的增长。如果 n 等于人口和劳动力的增长率，则劳动力变化（ΔL）可以表述为：

$$\Delta L=n\times L \tag{4—5}$$

这样，如果劳动力为 100 万人，且人口增长率（也即劳动力的增长率）为 2%（即 $n=0.02$），则劳动力增加 20 000 人（=100 万×0.02）。新的劳动力数量为 102 万人，可以将该数字作为 L 引入生产函数，计算出新的产出水平。

这 5 个方程式表述了完整的模型。① 将它们放到一起使用，可以考察人口、储蓄、投资发生变化将对资本存量、劳动力供给产生怎样的影响，从而最终对经济产出产生什么影响。新的储蓄产生增量的投资，而这又会增加资本存量，形成增量的产出。新工人可以提高经济体增加生产的能力。

这 5 个方程式可以通过合并式（4—2）、（4—3）和（4—4）而进一步简化。储蓄的总水平方程式（4—2）直接决定了方程（4—3）的投资水平，而这（加上折旧）又决定了方程（4—4）中的资本存量的变化。将它们合并在一起可以得到：

① 注意由于模型有 5 个等式和 5 个变量（Y，K，L，I，S），因此它总是有解。此外，模型还有 3 个固定参数（d，s，n），其值被假定为固定外生的，或是在系统之外的。

$$\Delta K = sY - dK \qquad (4—6)$$

方程简单地表明，资本存量的变化（ΔK）等于储蓄（sY）减去折旧（dK）。这一表达式能够使我们计算资本存量的变化，然后将新数值直接代入总量生产函数方程（4—1）。

4.2 哈罗德-多马增长模型

正如我们所强调的，总量生产函数（如前面的方程（4—1）所示）是每一个经济增长模型的实质。由于人们对于生产要素（K 与 L）与总产出之间真正关系的理解不同，这一函数可以有许多不同的形式。这一关系（在其他事务中）又依赖于每种要素的相对丰裕程度、每种要素使用的效率，以及各种经济活动如农业、重工业、轻型劳动密集加工业、高技术加工、服务和其他活动的结合。事实上，在有关经济增长的文献中，许多争论都集中在总量生产过程如何能够得到最好的表述上。

□ 固定系数的生产函数

图 4 - 1 表明了一种简单的生产函数。图中的产出由**等产量线**（isoquant）表示。它们是生产等量产出的各种投入（这里是劳动与资本）的组合。例如在第一条等产量线（最里面的曲线）上，每年生产 10 万个键盘，需要 1 000 万美元的资本（厂房与设备）和 100 个工人（如 a 点所示）。或者，在第二条等产量线上，生产 20 万个键盘，需要 2 000 万美元的资本（厂房与设备）和 200 个工人（如 b 点所示）。图中只显示出了两条等产量线，但对应于不同水平的资本和劳动投入，存在着无数可能的等产量线。

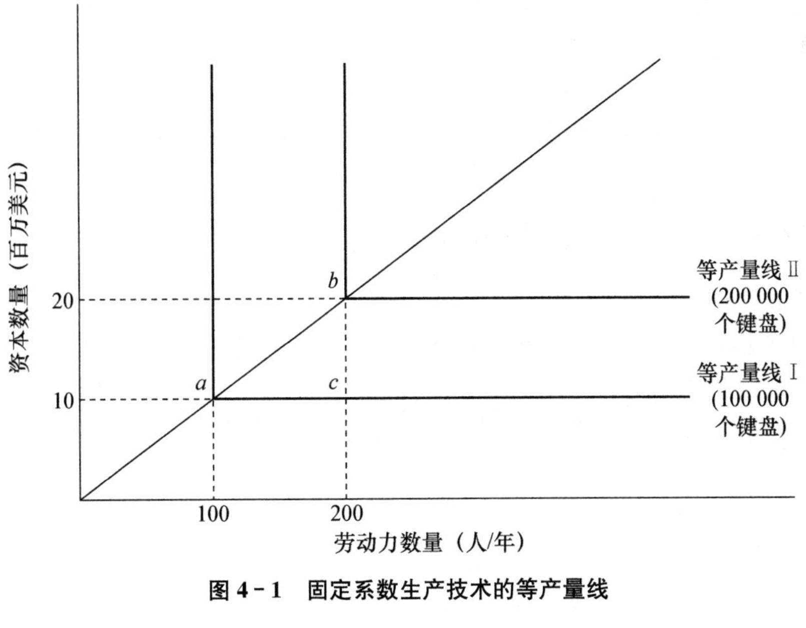

图 4 - 1 固定系数生产技术的等产量线

在规模报酬不变的情况下，等产量线呈 L 形。生产函数是穿过最小数量组合点的一条直线。

L形的等产量线表示**固定系数的生产函数**（fixed-coefficient production function）。术语固定系数反映的是这样一种假设：生产不同水平的产出，生产过程使用的是固定比例的资本和劳动。图4－1中的第一条等产量线，**资本—劳动比**（capital-labor ratio）为1 000万∶100，或为10万∶1。换言之，生产既定的产出，一个工人必须配用10万美元的资本。在第二条等产量线上，该比率不变，2 000万∶200，或10万∶1。图4－1中那条从原点出发、穿过等产量线拐点（a 和 b）的射线的斜率代表了这个持续不变的资本—劳动比。因此在一定数量的产出下，这些在拐点上的资本—劳动组合即是生产某一产量的最具效率的资本—劳动组合。在系数固定的情况下，对于每一单位的产出，这些组合是相同的。

需要注意的是，在这样的生产函数下，如果增加了工人而没有追加投入更多的资本，产量是不会增加的。我们再来看一看图4－1中的第一条等产量线，从拐点（100个工人和1 000万美元资本）开始，如果企业增加更多的工人（例如增加到200个工人），但不增加新资本，则产量水平只能沿着第一条等产量线向右方水平移动至 c 点。但在这一点或者这条等产量线上的任意一点，企业生产的仍然是10万个键盘。在这个生产函数中，新工人需要更多的机器来增加产出。增加工人而不追加机器，结果将是工人无所事事，产量无法增加。同理，如果只增加机器而不增加工人，结果将是机器闲置。对每一条等产量线而言，最佳效率的生产点应该是拐点，在该点使用的资本和劳动的量最小。两种要素中只增加其中一种要素的使用量而不增加另一种要素的使用量，都是生产的浪费。

图4－1描述的生产函数是**规模报酬不变**（constant returns to scale）的情况。如果资本增加一倍到2 000万美元，劳动也增加一倍至200个工人，产量实际上也会提高到每年20万个。① 我们进一步假设，在任何产出水平，实际上都存在两个不变的比率：资本与产出以及劳动与产出。如果键盘的价格是50美元/个，则10万个键盘价值500万美元。这种情况下，在第一条等产量线上，500万美元的产出需要1 000万美元的资本来生产，也即**资本—产出比**（capital-output ratio）为1 000万美元∶500万美元，即2∶1。第二条等产量线的情况也一样（2 000万美元∶1 000万美元，或2∶1）。类似地，对每一条等产量线，**劳动—产出比**（labor-output ratio）也是不变的，1∶50 000，意思是1个工人生产价值50 000美元的键盘（或1 000个键盘）。

□ 资本—产出比与哈罗德-多马分析框架

固定系数、规模报酬不变的生产函数是早期著名增长模型的核心，它于20世纪40年代分别由英国的罗伊·哈罗德（Roy Harrod）和麻省理工学院的埃弗塞·多马（Evsey Domar）提出来，这一模型最初用于解释发达资本主义国家增长与失业之间的关系②，最终将注意力集中在增长过程中资本积累的作用上。但**哈罗德-多马模型**

① 在更普遍的意义上，如果我们将规模报酬不变函数的资本和劳动与任意数字 w 相乘，产出将乘以相同的数字。也就是说，此生产函数具有以下性质：$wY=F(wK, wL)$。

② Roy F. Harrod, "An Easy in Dynamic Theory," *Economic Journal* (1939), 14－33; Evseu Domar, "Capital Expansion, Rate of Growth, and Employment," *Economica* (1946), 137－47; and Domar, "Expansion and Employment," *American Economic Review* 37 (1947), 34－55.

(Harrod-Domar model) 作为一种考察增长与资本需求关系的简便方法，已经广泛应用于发展中国家。在该模型中，生产函数非常清楚，产出被假设为资本的线性函数，模型如下：

$$Y=1/v\times K \quad 或 \quad Y=K/v \tag{4—7}$$

式中，v 为常数，在方程式中，简单地使用资本存量乘以固定的数字 $1/v$ 来计算总产出。如果 $v=3$，且某一工厂有 3 000 万美元的资本，则一年的产出量将会是 1 000 万美元。很难想象还有比这一生产函数更简单的函数了。常数 v 实际是资本—产出比，因为只要对方程式（4—7）进行整理，就会发现：

$$v=K/Y \tag{4—8}$$

资本—产出比在这一模型中是非常重要的参数，所以值得花些时间来讨论它的含义。这个比率基本上是用来衡量资本或投资的生产率的。在前面图 4-1 的例子中，用新厂房或新设备上 1 000 万美元的投资生产出价值 500 万美元的键盘，意味着资本—产出比为 2∶1（或者就是 2）。较大的 v 意味着生产等量产出需要更多的资本。因此，如果生产 500 万美元的键盘需要 2 000 万美元的投资，则 v 为 4。

资本—产出比反映了生产过程中的资本密集度。在最基本的增长模型中，资本密集度在各个国家中各不相同，主要原因有两个：各个国家使用不同的生产技术来生产同一种产品，或者是各个国家生产不同的产品。使用拖拉机生产玉米的农民与仅依靠锄头和手工劳作工具生产玉米的农民相比，前者的资本密集度大大高于后者。相应地，具有较大比重**资本密集型生产活动**（capital-intensive products）（如汽车、化工和机械制造）的国家，比具有更大比重**劳动密集型生产活动**（labor-intensive products）（如纺织、基础农业以及食品）的国家将会有更高的 v 值。在实际操作中，经济学家将分析角度从资本—产出比转移到现实经济因素中，发现资本—产出比同样可以因另外一个原因而改变：效率上的差异。当资本没有被有效利用时，较大的 v 可能意味着具有较差的生产效率、有着大量闲置机器和生产过程组织不善的工厂，会比管理卓越的工厂具有更大的资本—产出比。

经济学家常常使用**增量的资本—产出比**（incremental capital-output ratio，ICOR）来考察资本增加量（或增量）对产出的影响。增量的资本—产出比衡量增量资本的生产率，而（平均的）资本—产出比衡量的则是一个国家的全部资本存量和国民总产出之间的关系。在哈罗德-多马模型中，由于假设资本—产出比是常数，于是平均的资本—产出比就等于增量的资本—产出比，即 $\text{ICOR}=v$。

至此，我们已经讨论了总产出，而不是产出的增长。方程（4—7）中的生产函数能够很容易地转换成产出变化相对于资本存量变化的关系：

$$\Delta Y=\Delta K/v \tag{4—9}$$

产出增长率 g 是直接用产出的增量除以总产出量，即 $\Delta Y/Y$。如果我们在方程式（4—9）两端同时除以 Y，于是就有：

$$g=\Delta Y/Y=\Delta K/Yv \tag{4—10}$$

最后，由方程式（4—6）我们知道，资本存量的变化 ΔK 等于储蓄减去资本折旧

($\Delta K = sY - dK$)。将方程式（4—6）代入方程式（4—10）并化简[1]，就会得到一个经济体基本的哈罗德-多马关系式：

$$g = (s/v) - d \qquad (4-11)$$

这个方程式的基本观点是：厂房和设备投资所创造的资本是增长的主要决定因素，而个人与公司的储蓄使投资成为可能。[2] 它使得人们关注增长过程中的两个关键因素：储蓄（s）以及资本在生产使用中的效率（v）。模型的意思是清楚的：多储蓄并且进行富有成效的投资，那么经济将会增长。

经济政策制定者可以利用这一简单的模型来预测经济增长或者计算为了达到某一目标增长率所需要的储蓄率水平。第一步是设法估测出该国增量的资本—产出比（v）和折旧率（d）。已知储蓄率，预测经济增长率就轻而易举了。如果储蓄率（或者投资率）为 24%，增量的资本—产出比即为 3，折旧率为 5%，则预期经济可以增长 3%（因为 0.24/3－0.05＝0.03）。

这一模型在实践中如何应用？我们可以考察一下印度尼西亚。印度尼西亚从 2002 年到 2007 年间投资率为 30%，同时，取得了国内生产总值年均 5.5%的高速增长。如果假设折旧率为 5%，则意味着其增量资本—产出比（v）大约为 2.86。[3] 这些数字能够帮助马来西亚政府预测 2007—2008 年的增长率吗？在 2008 年，印度尼西亚的投资率是 29%，哈罗德-多马模型预计其增长率为 5.1%（g＝0.29/2.86－0.05）。2007—2008 年实际的增长率为 6.0%，与模型的预测相差无几。尽管如此，我们在之后的分析中可以看到，哈罗德-多马模型也并非总是预测如此精准。

□ 哈罗德-多马分析框架的长处与不足

哈罗德-多马模型最明显的长处在于简明扼要。数据要求少，并且方程易于使用和估测。正如我们在马来西亚的例子中所看到的，模型在不同年份可以说是准确的。一般而言，在短期（几年间）和没有剧烈的经济冲击（如大旱气候或进出口价格剧烈波动）的情况下，模型在预测大多数国家的增长率时，效果令人惊讶。另外，模型将分析重点放在储蓄的作用上。正如在第 3 章所讨论的，个人对于其收入在储蓄或消费间的分配决定着经济增长过程。相比推迟消费，人们更为偏好提早消费，但是人们消费得越多，进行投资所需要的资金就剩余得越少，哈罗德-多马模型很清晰地指出，储蓄是长期收入增长的关键因素。

该模型同样也存在一些较大的局限性。其中之一便是其过于强调储蓄所起的作用。虽然储蓄对于经济增长是必不可少的因素，但是实际经济并不像模型中所指出的那样，现实中储蓄并不是完全充足的。在第 3 章的分析中，通过储蓄为投资筹得的资金是要靠

---

① 将方程（4—6）代入方程（4—10）中，得到 $g=(sY-d\times K)/Y\times 1/v$，可以简化为 $g=(s-d\times K/Y)\times 1/v$。由于 $K/Y=v$，我们有 $g=(s-dv)\times 1/v$，得到 $g=s/v-d$。

② 关于资本积累对增长过程重要性的讨论的一个早期贡献，见 Joan Robinson，*The Accumulation of Capital* (London：Macmillan，1956)。

③ 由于 $g=s/v-d$，因此 $v=s/(g+d)$。对于 2002—2007 年间的印度尼西亚，v＝0.30×(0.055＋0.05)＝2.86。

未来更高的收入来补偿的，但事实上并非所有的投资都能做到这样。失败的投资决策、政府策略的改变、世界价格的波动或者仅仅是不好的运气都可能会改变一项投资对于经济增长与产出的影响。持续的经济增长取决于不断有新的投资以及确保这些投资能够在较长时间内保持较高收益。在这一方式下，资源在不同部门与机构之间的配置便成为决定产出与增长的重要因素。哈罗德-多马模型出于分析的简便，假设全社会只存在一个部门，于是忽略了资源配置的问题。

该模型最明显的一个不足便是其过于严格的假设前提，即模型假定资本—劳动比、劳动—产出比、资本—产出比都存在着固定的比率关系。该假定不符合经济在长期内的可变性特征。为了使这些比率保持固定，资本、劳动、产出都必须极为严格地按照统一比率增长，这在现实经济中是很难实现的。我们首先考虑资本的增长率，为了保持资本—产出比不变，资本存量必须与产出增长有着完全一样的增长率（产出增长率在模型中是 g）。如果资本增长快于或慢于 g，资本—产出比就会变化。我们再来探讨劳动力。在最初的 5 个方程的模型中，我们规定（在方程式（4—5）中）劳动力的增长率与人口增长率 n 必须保持同步。这样，只有当资本存量和劳动力具有完全相同的增长率时才行，即 n 必须恰巧等于 g。这种情况只有当 $n=g=s/v-d$ 时才可能出现。然而没有特别的理由让人们相信，人口将会按照那样的增长率增长。

在该模型中，只有当劳动力达到充分就业，资本存量得到充分利用并且劳动、资本、产出均以 g 为增长率时，经济体才能保持均衡。一方面，如果 n 大于 g，劳动力的增长快于资本存量的增长，实质上就是储蓄率不够高，不足以支撑投资于新的机器设备，从而也就无法雇用全部的新工人。越来越多的工人将没有工作，失业显著增加。另一方面，如果 g（或 $s/v-d$）比 n 大，资本存量的增长快于劳动力的增长，于是便没有足够的工人开动全部现有的机器，资本将闲置。实际经济增长率便不可能再保持 g 的速度，如同模型说明的那样，将会比 n 慢，产出将受制于现有的工人数量。

所以，除非 $s/v-d$（或 g）与 n 完全相等，劳动将不能充分就业，资本将不能得到有效利用，经济也不会处于稳定的均衡状态。哈罗德-多马模型的这一特性已经成为人所共知的“刀刃上的均衡”问题。只要 $g=n$，经济则保持均衡，但是一旦资本存量或劳动力增长速度不一样，一个比另一个快或慢，经济将从刀刃上掉下来，产生资本的闲置或劳动的失业。

模型中关于资本—产出比、劳动—产出比和资本—劳动比之间存在固定比率关系的严格假定，在短期内或者某些特殊情况下或许是正确的，但在长期中，当一个经济体不断变化和发展的时候，这一假设就是不正确的。上述三个比率在不同国家是不同的，就一个国家而言，随着时间的推移，它们也是不同的。资本使用的效率随着政策变化而变化，影响着 v。此外，生产过程中的资本密集度能够而且总是随着时间的推移而变化。一个贫困国家储蓄率低但有富余劳动力（工人失业或待业），能够通过使用尽可能多的劳动和较少的资本而获得较高的增长率。这样的经济体 v 的记录值将会较低。随着经济体经济的增长和人均收入的提高，富余劳动将消失，则该经济体将逐渐转向资本密集型的生产。其结果是，ICOR 提高了，这说明较高的 v 并不一定意味着低效或较慢的增长。当劳动和资本的成本因供给的变化而变化时，ICOR 也会通过市场机制产生变化。随着增长的发生，储蓄量变得相对丰富，因此资本的价格下降，就业和工资将提高。这样，所有的厂商将更加节约劳动力，使用更多的资本，于是ICOR将会上升。

我们再考虑一下印度尼西亚的例子。ICOR从20世纪80年代的约2.4变化为20世纪90年代的4.1，再到21世纪初期的3.6，反映了印度尼西亚的经济结构向更为资本密集型转变的过程。在2009年如果继续使用20世纪80年代的ICOR将会产生严重误导，并将造成不准确的增长预测。因为在那段时间内经济结构已经发生了根本的变化，ICOR也随之发生了根本的变化。在这一点上，泰国提供了很好的案例，详细内容参见案例4—1。

案例4—1

泰国的经济发展

在20世纪60年代，泰国的农耕经济极大地依赖于稻米、玉米、橡胶以及其他农产品的生产。大约四分之三的泰国人口是从农业活动中获取收入的。1960年的人均GDP（按照2005年购买力平价计算）大约为1 200美元——低于美国平均收入的十分之一。人均预期寿命为53岁，初生婴儿死亡率为103‰，几乎没有人预料泰国经济将会飞速发展。

然而，从20世纪60年代中期开始，得益于良好的经济管理以及相对有利的外部环境，泰国经济快速增长（尽管有时不太稳定）。政府从其预算的经常项目下不断获得剩余，并使用这些资金（加上流入的外部援助）在农村修建道路、灌溉设施、电站、通信以及其他基础设施。政府的财政、货币以及外汇政策使得宏观经济相对稳定，即便是在20世纪70年代和80年代世界石油价格冲击的混乱时期，仍然保持了较低的通货膨胀。自20世纪70年代起，政府便开始取消贸易限制，鼓励出口劳动密集型产品。这些产品在20世纪80年代高涨的日本经济中找到了销售的市场，并为泰国的劳动者提供了日益增加的就业机会。

泰国能够进行投资并深化资本存量，取决于它的储蓄能力。在20世纪60年代泰国的平均储蓄率达到了20%左右，这在发展中国家算是高的。到20世纪90年代泰国的平均储蓄率达到了35%。虽然在21世纪初下降到32%，但这样高的储蓄率以及良好的经济管理，加上日本经济的繁荣，支撑了泰国经济的高速增长和发展。

然而泰国的发展远算不上平稳。在1997年中期，金融危机爆发，大量短期海外借款以及固定汇率和脆弱的金融机构导致了房地产泡沫的破灭、大量资本外逃、泰铢贬值和经济大衰退（见第13章）。从某种意义上讲，泰国成了自己经济成功的受害者，在经济快速增长时吸引了大量投资者，在泡沫破灭时这些投资者则迅速逃离。在经历了两年的负增长后（GDP在1998年下降了10%），泰国的经济增长率在1999—2007年开始恢复到3.9%。

在1960—2007年这段更长的时间内，平均增长率为4.5%，因此泰国的平均收入现在已经比1960年增长了八倍多。在2009年以前，人均寿命已经提高到69岁，初生婴儿死亡率下降到12‰，成人识字率达到93%。在这期间，经济结构发生了巨大变化。到2009年，制造业在国内生产总值中所占的比重从1965年的14%增加到34%，而农业生产的比重则相应下降。出口结构从以稻米、玉米和其他农产品为主转向以劳动密集型制造业产品为主。根据哈罗德-多马模型预测，泰国的高储蓄率以及由此产生的资本积累，是与人均产出（以及人均收入）的巨大增长相伴而来的。但是与模型相反，ICOR并非一成不变。随着资本存量的增长以及经济更加转向资本密集型的生产技术，ICOR从20世纪70年代的2.6上升为21世纪初的5，上升的ICOR说明，随着经济的扩展和工人人均资本的增加，总产出的既定增长需要规模更大的新增资本。

由于这些刚性假设，在长期中，随着实际的ICOR和资本—劳动比的变化，哈罗德-多马体系架构会变得越来越不那么精确。在固定系数生产函数下，如果不通过为现有劳动力购买更多的机器或者同时新增劳动力和机器，工厂管理人员几乎不可能再提高产出。固定系数生产函数不允许资本与劳动力之间的相互替代。而在现实经济中，在大多数生产过程中，是可以有一定程度上的资本与劳动力之间的相互替代的。在下一部分我们将会看到，在加入这些特性之后，我们可以运用哈罗德-多马模型对经济增长的过程进行更为深入的讨论。

哈罗德-多马模型的另一个不足是该模型没有考虑技术进步的因素。技术进步在长期的经济增长和进步中发挥着极为关键的作用，因为技术进步可以极大地提高生产过程中所有要素的生产效率。在图4-1中，增长的要素生产率与技术进步可以用等产量线向原点内移来表示，意为生产同样的产出只需要较少的劳动力和资本。在哈罗德-多马模型中，达到上述状态最简单的方式便是引入较小的ICOR，但是这样便与固定的ICOR观点相矛盾了。

尽管哈罗德-多马模型存在上述缺陷，但其应用范围仍然十分广泛。经济学家威廉·伊斯特利记录了世界银行以及其他一些机构在计算可用储蓄与为了达到目标增长率所需投资之间的“资金缺口”时，均使用该模型进行计算。① 他指出人们过于简化或者误用该模型有时候会造成错误的分析与结论。就本质而言，分析人员因为该模型简单易用而对其过于追捧，在解释现实经济时容易忽视该模型的缺陷。

哈罗德-多马模型为我们提供了一些有用的视角，但是该模型对于深入分析经济还远远不够。固定系数假设使得该模型缺乏灵活性，没有反映现实生产过程中企业可以改变要素组合的特征。该模型在一定程度上可以合理解释经济从当年到下一年的运行特点（在没有经济危机的情况下），但对大多数国家的长期经济运行特点的解释就不那么准确了。并且该模型过于强调储蓄的重要性，暗含了储蓄是充足的这一假设，这也与现实经济不相符。事实上，在20世纪50年代末期，多马也曾表示过对其模型的强烈怀疑态度，他指出建立该模型的初衷是为了探究发达经济的就业问题，并不是探究经济增长问题，该模型的刚性特征在解释长期经济增长方面作用并不大。② 多马反而更加赞同罗伯特·索洛

① 见William Easterly，“Aid for Investment，” *The Elusive Quest for Growth* （Cambridge：MIT Press，2001），chap. 2；and Easterly，“The Ghost of the Financing Gap：Testing the Growth Model of the International Financial Institutions，” *Journal of Development Economics* 60，no. 2 (December 1999)，423-438。

② Evsey Domar，*Essays in the Theory of Economic Growth* (Oxford：Oxford University Press，1957).

的新增长模型，该模型也正是本章接下来要重点介绍的。

4.3 索洛（新古典）增长模型

□ 新古典生产函数

1956 年，麻省理工学院的经济学家罗伯特·索洛提出了一个新的经济增长模型，这一模型标志着人们从哈罗德-多马体系向前迈出了重要一步。① 索洛认识到了哈罗德-多马模型刚性生产函数引起的问题，即生产要素之间不能彼此替代。索洛的办法是去掉固定的生产函数，用**新古典生产函数**（neoclassical production function）取而代之，该生产函数更为灵活并且允许替代。事实上，在索洛模型中，资本—产出比和资本—劳动比不再是固定的，而是根据资本、劳动的相对禀赋，以及生产过程而变化。同哈罗德-多马模型一样，索洛模型最初也是为了研究工业国家的经济而建立的，但是现在该模型已经被广泛运用到世界各国的经济增长研究中，包括对发展中国家的经济增长研究。索洛模型具有极为广泛的影响力，并且始终都处于发展中国家经济理论研究的核心位置。

图 4－2 对新古典生产函数进行了说明。应该注意到的是，该图是用曲线表示的，而并非固定系数模型中的 L 形折线。在该图中，如果人们最初在 a 点。使用 1 000 万美元的资本和 100 个工人，生产 10 万个总价格达 500 万美元的键盘（如前所述，每个键盘售价 50 美元），该行业可以通过三种途径扩大生产。若该企业的管理者决定在要素比率不变的情况下扩大生产，便可以从 a 点移向等产量线Ⅱ上的 b 点，这与图 4－1 中要素比率不变的情况相同。资本—产出比在 a 点和 b 点与过去一样，都是 2∶1（在 a 点，1 000 万美元的资本投入生产 500 万美元的键盘；在 b 点，2 000 万美元的资本投入生产 1 000 万美元的键盘）。可以看出，索洛模型延续了哈罗德-多马模型关于规模报酬不变的假定，所以加倍的资本与劳动投入可以得到加倍的产量。然而如果我们去掉不变系数的假设，则可以使用不同的劳动与资本的组合来达到 20 万个键盘的产量。举例来说，工厂可以在等产量线Ⅱ上的 c 点，使用较多的劳动和较少的资本（一种劳动密集型的生产方式）来生产。在这种方式下，资本—产出比降低到了 1.8∶1（1 800 万美元的资本投入生产 1 000 万美元的键盘）。

或者，该工厂也可以选择较为资本密集型的生产方式，在等产量线Ⅱ上的 d 点进行生产，但此时资本—产出比则升到 2.2∶1（2 200 万美元的资本投入生产 1 000 万美元的键盘）。政策制定者通常用这样的工具来尝试降低或提高资本—产出比。在后面的几章我们会对这个问题进行深入讨论。

---

① 索洛的两篇经文献是“A Contribution to the Theory of Economic Growth”和“Technical Change and the Aggregate Production Function,” *Review of Economics and Statistics* 39（August，1957），312－320。在本科阶段，若有兴趣获得一个更加全面的关于索洛以及其他经济增长模型的博览及延展，可参见 Charles I. Jones，*Introduction to Economic Growth*（New York：W. W. Norton and Company，2001）。1987 年索洛因他对经济增长理论的贡献而被授予诺贝尔经济学奖。

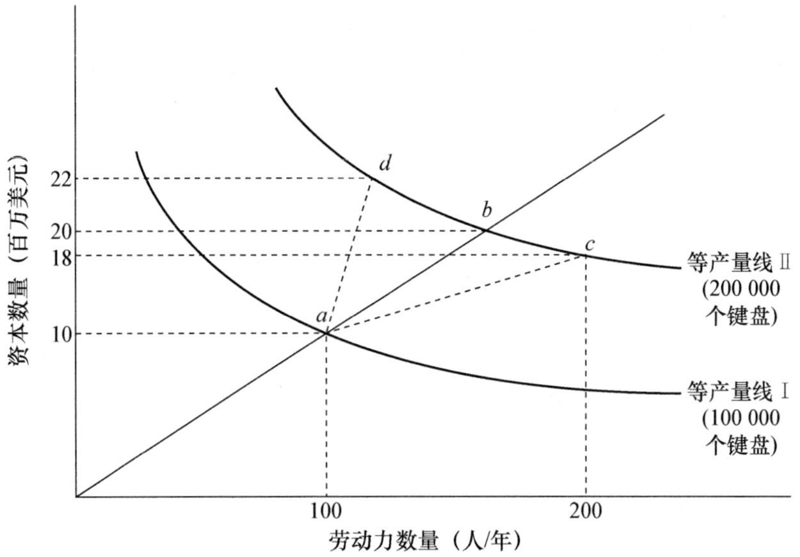

图 4 - 2　新古典生产技术的等产量线

如该图所示，产出可以用资本与劳动的各种不同的组合来实现，称为“新古典生产方程”。此时，等产量线为弧形。

□ 索洛模型的基本方程

理解索洛模型的最简单的方法是在单一工人条件下描述其他所有重要变量。为了达到这一目的，我们在生产函数方程（4—1）两边同时除以 L，于是有：

$$Y/L=F(K/L,1) \tag{4—12}$$

方程的含义是，每个工人的产出是单一工人资本的函数。[①] 如果我们用小写字母代表单一工人条件下的产出，则 y 为每个工人的产出（即 $y=Y/L$），k 为每个工人的资本量（$k=K/L$）。这样我们就得到了索洛模型的第一个方程，其中生产函数可以简单地表述为；

$$y=f(k) \tag{4—13}$$

索洛模型假设，生产函数具有熟悉的**资本收益递减**（diminishing returns to capital）的性质。当劳动供给不变时，给予工人最初的机器数量从事生产，将会在产出中获得较大的收益。但是，当这一数量的工人被给予越来越多的机器从事生产时，能够从每一台新增机器中得到的增量产出却越来越少。例如，一家面包公司购入它的第一台烤炉时，能够很快地增加产量，第二台烤炉能够进一步增加产量，但可能没有第一台增加得那样多了，当该公司购入它的第 100 台烤炉时（不增加任何新的人手），增产的面包将大大低于购入第一台烤炉时所产生的增产量。图 4 - 3 用图形描述了生产函数及其性质，横

① 我们可以在等式两边同时除以 L，因为索洛模型（与哈罗德-多马模型一样）假设生产函数具有规模报酬不变的性质，即 $wY=F(wK, wK)$。为表达每一个工人的索洛模型，我们令 $w=1/L$。

轴表示工人的人均资本（k），纵轴表示工人的人均产出（y）。曲线的斜率随着资本存量的增加而变小，反映出资本收益递减的假设（更准确地讲，资本的边际产量递减）。沿横轴方向呈现的右移，代表单一工人越来越少的增量产出（与此相比，固定系数的哈罗德-多马模型则是一条从原点出发的直线）。

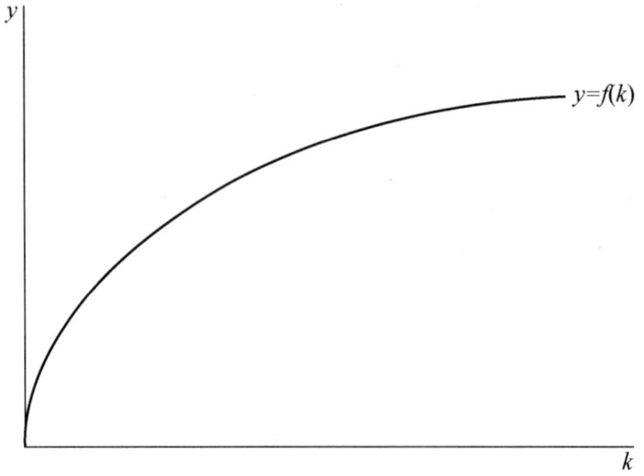

图 4－3　索洛增长模型中的生产函数

新古典生产方程在索洛模型中显示出资本收益递减的性质，因此每个工人的每一资本增量（k）只会生产出不断递减的增量产出（y）。

索洛模型的第一个方程告诉我们，工人的人均资本是增长过程的最基本的因素。模型的第二个重要的方程则集中于决定工人人均资本变化的因素。第二个方程可以从方程（4—6）[①] 中导出，并且表明资本积累取决于储蓄、劳动力增长率以及折旧：

$$\Delta k = sy - (n+d)k \qquad (4—14)$$

这是一个非常重要的方程，所以我们必须真正理解它的含义。它表明工人人均资本的变化（Δk）取决于三个方面。

- Δk 与工人人均储蓄（或投资）正相关。因为 s 是工人人均储蓄率，y 是工人人均收入（或人均产出），所以 sy 等于工人人均储蓄量。如果工人人均储蓄量增长了，人均投资也会增长，则工人人均资本存量（k）会增长。
- Δk 与人口增长负相关，这可以从 $-nk$ 得到说明。由于人口和劳动力的增长，每年可以获得 nL 的新工人。如果没有新的投资，则劳动力增长表明，工人的人均资本

---

① 为了得到等式（4—14），我们在等式（4—6）两边同时除以 K，可得：

$\Delta K/K = sY/K - d$

接下来我们集中关注人均资本量，$k = K/L$，k 的增长率等于 K 的增长率减去 L 的增长率：

$\Delta k/k = \Delta K/K - \Delta L/L$

对上式稍作变换，为 $\Delta K/K = \Delta k/k + \Delta L/L$。前面我们假设人口和劳动力均以速度 n 增长，因此 $\Delta L/L = n$。稍作替代，得出：

$\Delta K/K = \Delta k/k + n$

注意在该注释的第一个公式和上式中，左侧均为 $\Delta K/K$，表明这两个公式的右侧相等，即

$\Delta k/k + n = sY/K - d$

(k) 将会下降。方程（4—14）说明，工人人均资本的下降正好等于 nk。

- 折旧使资本存量降低，工人人均资本量由于折旧每年会下降 dk。

于是，储蓄（以及投资）增加工人的人均资本，而劳动力的增长和折旧却会降低工人的人均资本。当人均储蓄大于为了补偿劳动力增长和折旧而产生的新资本需求 $(n+d)k$ 时，Δk 为正值，这说明工人人均资本 k 增加了。

经济增加工人人均资本量 k 的过程被称为**资本深化**（capital deepening）。工人能够使用更多的机器、计算机、卡车以及其他设备的经济体，比那些机器设备少的经济体，有更为深化的资本基础，每个工人能够生产更多的产出。

但是在某些经济体中，储蓄量恰好只够提供新增工人的资本和补偿折旧。资本存量的增长与劳动力增长和折旧保持同步，被称为**资本广化**（capital widening）（“广化”意味着资本总量与劳动力总量共同扩大）。当 sy 恰好等于 $(n+d)k$，即 k 没有变化时，资本广化会发生。利用这一术语，方程（4—14）可以重新表述为：资本深化等于工人的人均储蓄（sy）减去资本广化所需要的资本量（$(n+d)k$）。

拥有高储蓄的国家可以很轻易地深化其资本基础，迅速扩大每个工人的平均资本量。例如在新加坡，有许多年平均储蓄率超过了40%，那么为增加的劳动力提供资本并弥补折旧就容易多了，而且还有很大的剩余为现在的工人提供多余的资本。相反，在肯尼亚，储蓄率为15%，在为新增工人提供机器设备并抵补折旧后，只有很少的储蓄剩余用来进行资本深化。因而，工人人均资本量增长缓慢，人均产出（或收入）也是如此。部分由于这一储蓄率的巨大差别，在1960—2009年间，新加坡的人均产出以年均4.9%的速度增长，而肯尼亚的年均增长率仅为0.34%。

我们可以把索洛模型的两个基本方程概括如下：第一个 $y=f(k)$ 意味着工人人均产出（或人均收入）依赖于工人人均资本的数量。第二个方程 $\Delta k=sy-(n+d)k$ 说明工人人均资本量的变化依赖于储蓄、人口增长率和折旧。因此，如同在哈罗德-多马模型中一样，储蓄在索洛模型中也居于中心地位。但是，由于在生产函数中，资本的边际收益递减，储蓄与增长的关系并非线性的。此外，在索洛模型中，引入了人口增长率并且允许资本与劳动力在增长过程中互相替代。

既然我们已经掌握了基本模型，那么我们就能继续分析储蓄率、人口增长率、折旧率的变化对经济产出和经济增长的影响。在图形中分析模型将使这一工作更为容易。

□ 索洛模型图示

索洛模型图包含三条曲线，如图4-4所示。第一条是生产函数 $y=f(k)$，即方程式（4—13）。第二条是储蓄函数，由生产函数直接导出。这条新的曲线代表了人均储蓄 sy，是在方程式（4—13）的两端同时乘以储蓄率来得到的，所以有 $sy=sf(k)$。因为储蓄被假定为收入的一个固定的部分（储蓄率在0～1之间），所以储蓄函数与生产函数具有相同的形状，但因 s 的存在而向下移动。第三条曲线是 $(n+d)k$，这是一条始于原点、斜率为 $(n+d)$ 的直线。这条线代表了为保证每个工人的资本（k）不变，因劳动力增长和折旧而导致的对新增资本的需要量。注意，第二条和第三条曲线是方程式（4—14）右边两项的图解形式。

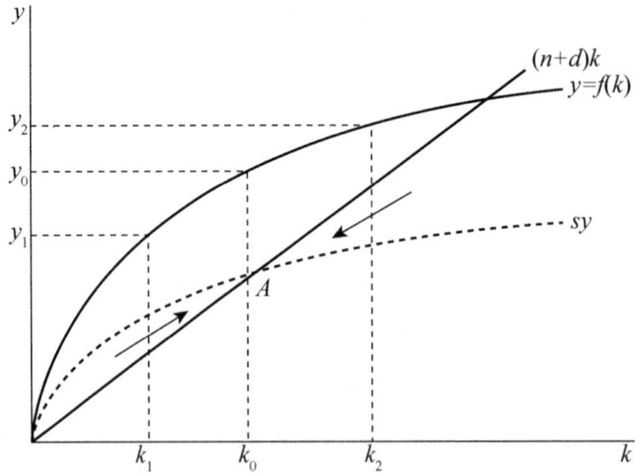

图 4-4　基本索洛增长模型图示

A 点是新增储蓄额 sy 正好等于新增工人和抵补折旧 $(n+d)$ 所需的新增资本的唯一点。A 点为索洛模型中的稳态。

第二条和第三条曲线相交于 A 点，在该点，$k=k_0$。（注意在生产函数 sy 曲线的上方，$k=k_0$ 所对应的点在 A 点上方，此时在纵轴上 $y=y_0$）。在 A 点的位置，sy 等于 $(n+d)k$，所以人均资本不变且 k 保持固定。对于横轴上的其他点，sy 曲线与 $(n+d)k$ 之间的垂直距离决定了每个工人资本的变化。在 A 点的左边（比如说，在 $k=k_1$，$y=y_1$），经济中的人均储蓄大于给新增工人装备资本及抵补折旧所需要的储蓄 $(n+d)k$。因此，人均资本量（k）增加了（资本深化），经济沿着横轴向右移动。只要 sy 曲线在 $(n+d)k$ 曲线之上，经济将继续保持这一态势，直到最终经济达到 A 点。在生产函数中，向右移动意味着每个工人产出（或人均收入）y 的增加，从 y_1 变动到 y_0。在 A 点的右边（比如说，在 $k=k_2$，$y=y_2$），人均储蓄小于给新增工人装备资本及抵补折旧所需的储蓄，因此，每个工人的资本量下降了，经济沿着横轴向左移动。再一次，这一移动直到经济达到 A 点才停止。向左移动意味着每个工人的产出由 y_2 降至 y_0。

A 点是新增储蓄额 sy 等于新增工人和抵补折旧所需新增资本的唯一点。因此在该点，每个工人的资本量保持不变。每个工人的储蓄（在纵轴上）和每个工人的产出（或人均收入）也保持不变，即 $y=y_0$。因此，A 点被称为索洛模型中的**稳态**（steady）。稳态的人均产出（y_0）也可以被称作每个工人的**稳态产出水平**（steady state）、**长期产出水平**（long run）或**潜在人均产出水平**（potential level per worker）。

但是，注意到所有保持不变的值都是用每个工人平均的形式来表示是很重要的。尽管每个工人平均的产出保持不变，总产出却以和人口及劳动力增长率相同的比率 n 增长。稳态的国内生产总值（Y）的增长率为 n，但人均国内生产总值（y）不变，类似地，在 A 点，人均资本和人均储蓄不变，总资本和总储蓄却在增加。

□ 索洛模型中储蓄率和人口增长率的变化

索洛模型和哈罗德-多马模型都把储蓄（和投资）置于增长过程的核心。在哈罗德-多马模型中，储蓄率的增加直接（线性地）导致了总产出的增加。那么在索洛模型中高储蓄率的影响是什么呢？

储蓄率从 s 增加到 s' 将使储蓄函数由 sy 上移至 $s'y'$，而生产函数与资本广化线 $(n+d)k$ 则不移动，如图 4－5 所示。储蓄率增加意味着现在每个工人的平均储蓄（和每个工人的平均新增投资）都大于 $(n+d)k$，所以 k 逐渐增加。经济移向一个新的长期均衡点 B。在这个过程中，每个工人的平均资本从 k_0 增至 k_3，每个工人的平均产出由 y_0 增加到 y_3。开始时，经济的总增长率要快于其稳态增长率 n，直到其达到 B 点为止，在 B 点，长期增长率回到 n。因此，较高的增长率引致了更多的投资、持久的较高水平的每个工人的平均资本存量和每个工人的平均收入（或产出）。（但是，人均收入的增加要小于哈罗德-多马模型中相同的 s 增加所导致的人均收入的增加，因为索洛模型有一个收益递减的生产函数。）这也导致了经济增长率在稳态从 A 点移至 B 点的过程中一个暂时的增加。但是，储蓄率的增加不会导致长期增长率永久的增加，它保持在 n 这一水平上。

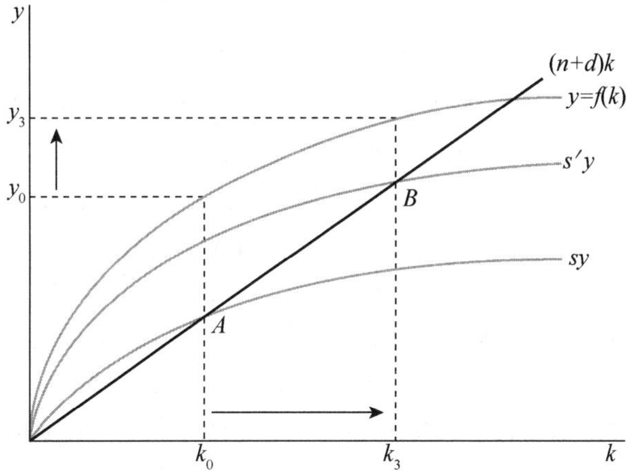

图 4－5　索洛模型中储蓄率的增加

储蓄率的增加（从 s 到 s'）会促使资本广化线向上移动，由此每个工人的人均资本从 k_0 增加到 k_3。

索洛模型图还可以用来评价人口（或劳动力）增长率变化的影响。人口增长率由 n 上升至 n' 使得资本广化线由 $(n+d)k$ 向左旋转到 $(n'+d)k$，如图 4－6 所示。生产函数和储蓄函数不变。因为现在有更多的工人，每个工人的平均储蓄（sy）变小了，并且不再保持工人人均资本不变。因此，k 开始下降，经济移至一个新的稳态水平 C 点。因为有更多的工人，工人人均资本由 k_0 降至 k_4，工人人均储蓄由 sy_0 降至 sy_4。工人人均产出（或人均收入）也从 y_0 降至 y_4。因此，在索洛模型中，人口增长率的提高导致了较低的平均收入。但是，应注意，全部经济的新的稳态增长率由 n 增至 C 点处的 n'。换言之，为了保持 y 不变，Y 需要增长得更快。① 反之，人口增长率下降导致了一个资本深化的过程，同时 k 和稳态水平的工人人均收入 y 增加了。但是人口增长率与经济增长之间的关系并不像案例 4—2 中描述的那么简单。

① 一个类似的例子可以被用来判断折旧率 d 的增长对生产的影响。这一增长导致 k 降低到较低的人均收入稳态。增长 n 与增长 d 之间的细小变化在于，后者并不会导致 Y 的长期增长率的改变，它仍然为 n。

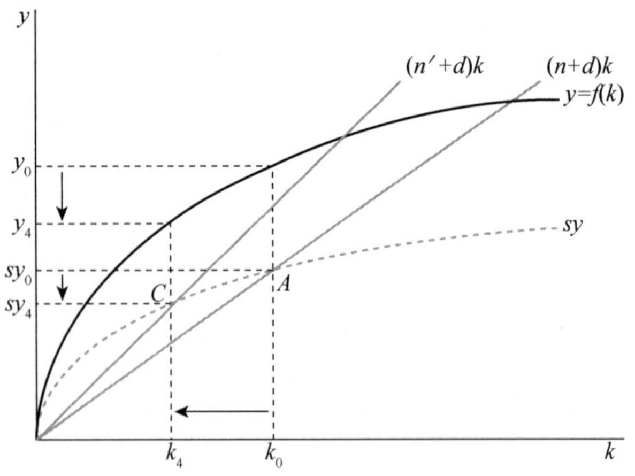

图 4-6　索洛模型中人口增长率的变化

人口的增长（从 n 到 n'）会促使资本广化线向左旋转，由此每个工人的稳态人均资本从 k_0 下降到 k_4。

索洛增长模型（在这一点）意味着国家间的增长率差异有两个主要原因：

● 如果一个国家比另一个国家具有更高的稳态收入水平，当前具有相同收入水平的两个国家可能会有不同的增长率。如果拥有相同当前收入水平的两个国家拥有不同的储蓄率、人口增长率、技术变化率和其他影响生产函数的因素，那么它们的稳态收入水平和它们各自过渡至稳态时的增长率将不同。

● 如果有相同长期稳态收入水平的两个国家处于向稳态水平过渡的不同点处，也会有不同的增长率。例如，考虑到两个国家在其他各个方面都相同，只是一国比另一国拥有更高的储蓄率，因此，在开始时拥有更高的稳态收入水平。稳态时，拥有较高储蓄率的国家将拥有较高水平的工人人均产出，但二者的增长率均为 n。如果有较低储蓄率的国家突然增加储蓄，赶上了另一个国家，其增长率将高于另一国，直到达到新的稳态水平。因此，尽管两国在所有方面都相同，但它们的增长率在转向稳态时可能会不同，这可能要花很多年的时间。

▶ 案例 4—2　人口增长与经济增长

从索洛模型得出的关于人口增长与经济增长之间的逆向关系是一个看起来非常可信的论断。例如伯利兹、布基纳法索、利比里亚、尼日尔和也门是世界上人口增长最快的国家，同时它们也在世界上最贫穷的国家之列。然而当我们更深入地去探索索洛模型时，我们会发现人口增长与经济增长之间存在着更为复杂的关系。

图 4-6 证明，在索洛模型中，人口增长率的增长会降低稳态收入水平 y。然而，y 指的是每个工人的人均产出，而更加普遍的总的经济福利的测量标准则是以个人为单位衡量每一个人的人均产出，y^*。这两个测量产出的方式是互相关联的：

$$y^* = y \times (N/Pop)$$

式中，N 为工人的数量，Pop 为总人口，因此人均产出的差异同时依赖于每个工人的平均产出和工人占总人口数的比例。同理，平均产出的增长也与人均产出的增长和工人占总人口数比例的增长有直接的关系。

索洛模型表明，快速的人口增长会减少资本深化，从而减少人均产出的增长。然而人口增长的影响相对于工人数量占总人口数量的比例则更加复杂。它取决于人口的年龄结构。由于人口飞速增长，很多发展中国家的人口年龄结构是非常年轻的。相对于发达国家人口老龄化的现象，发展中国家中的年轻人口占据了很高比例。作为高人口增长率的结果，很多发展中国家如今正在经历一个工人比例上升的过程。这个积极的、改变人均收入年龄结构的影响时常被称为人口红利，对经济增长率发挥着重要的和积极的作用。

人口增长对于经济增长的影响远远超越资本广化以及一个国家的年龄结构。在索洛模型中，储蓄以及技术变化被归纳为外生变量，但人口增长也是能够影响这些参数的。人口增长对于经济增长的净效应因此是一个实证检验的问题。计量经济学对于人口增长之于经济增长影响的探究经常展现了一个不规则的关系（见第 7 章）。除了索洛模型指出的影响以外，人口增长对经济增长和发展的其他很多方面都有非常重要的影响。

□ 索洛模型中的技术变化

至此，我们描述的索洛模型是一个强有力的分析储蓄、投资、人口增长、产出和经济增长的相互关系的工具。但是，这一基本模型还未解决的问题是：一旦经济达到其长期潜在收入水平，经济增长只是适应了人口的增长，而没有达到平均收入的可持续增长。模型怎样解释第 2 章所提到的实际情况：世界上许多国家自 1820 年以来平均收入都有稳定的增长？索洛的答案是技术变化。① 根据这一思想，英国、法国、德国、美国和其他高收入国家能够实现人均收入长期持续增长的主要原因是，技术进步使得每个工人人均产出持续增长。

虽然科技进步是一个非常关键的推动生产力增长的因素，但它不是唯一的因素。一直以来，科技创新源于当今的发达国家。它被广泛用于解释发达国家生产力的增长。科技进步对于今天的发展中国家来讲也是非常重要的。尽管在发展中国家中，大部分这样的进步是从发达国家借鉴而来的。在发展中国家，科技推动生产力增长的现象并不像发达国家中那么普遍和唯一。在发展中国家，生产力的增长也同样受益于国内基础设施建设的完善、劳动力教育水平的提高以及对于环境的管理和检测。排除这些因素，科学技术的采用在发展中国家是有它自己的局限性的，其对于生产力的提升也并非卓有贡献。在注意到上述情形的同时，我们接下来探讨索洛模型中技术变化对于生产力增长的影响。

为了加入一个经济以相同数量的资本和劳动生产出更多产出的能力，我们对原来的生产函数稍加变动，引入一个变量 T 来表示技术进步，如下所示：

$$Y=F(K,T\times L) \tag{4—15}$$

① 见 Solow，“Technical Change and the Aggregate Production Function.” 早期关于资本积累和技术进步之间关系的探讨，见 Joan Robinson，*Essays in the Theory of Economic Growth*（London：Macmillan，1962）。

在这个公式中，技术进步被以直接扩张劳动投入的形式引入公式。这种形式的技术变化被称为**劳动扩张型**（labor augmenting）。[1] 在技术提高（T 值上升）后，劳动效率和生产率提高了，因为现在同样数量的劳动可以生产出更多的产出。T 的增加源于技术进步，以机器改进（如应用新的计算机或机器）或以**人力资本**（human capital）的形式实现，如健康、教育水平或工人技能的提高。[2]

$T \times L$ 的结合形式有时被称作**劳动有效单位**（effective units of labor）的数量。$T \times L$ 既衡量了劳动的数量，也衡量了其在生产过程中的效率。T 或 L 的增加使有效劳动的数量上升，因而增加了总产量。例如，一个保险推销机构既可以通过增加新的工人，也可以通过给每个工人配备一台新的、更快的电脑来增加其有效劳动。然而，T 和 L 的增加并不同，因为应用新技术而增加的总收入不必被新增的工人分享，因此每个工人的实际产出（和收入）增加了。因此，技术变化和生产率提高更广泛地使人均收入和产出增加。

通常的假设是，技术进步率不变，我们令它等于希腊字母 θ，所以 $\Delta T/T=\theta$。例如，如果技术进步率为每年 1%，那么每年每个工人的生产率提高 1%。当劳动力增长率为 n 时，劳动的有效供给等于 $n+\theta$。换句话说，如果劳动力（和人口）每年增长 2%，技术进步率为每年 1%，劳动的有效供给则每年增长 3%。

为了在索洛模型图中表示技术变化，我们需要稍微改动一下标示符号。之前我们把 y 和 k 定义为每个工人的平均产出和资本，现在我们需要将这些变量表示为每个有效工人的产出和资本。以前我们用 L 除 Y 和 K（来获得 y 和 k），现在我们用 $T \times L$ 来除每一项。因此，**每个有效工人的平均产出**（output per effective，ye）被定义为 $y_e=Y/(T \times L)$。类似地，**每个有效工人的平均资本**（capital per effective，ke）被定义为 $k_e=K/(T \times L)$。[3]

有了这些变化，生产函数就可以写作 $y_e=f(k_e)$，并且每个有效工人的平均储蓄可表示为 sy_e。现在因为有效劳动的增长率为 $n+\theta$，资本积累方程（4—14）变为

$$\Delta k_e=sy_e-(n+d+\theta)k_e \tag{4—16}$$

新的一项 $(n+d+\theta)k_e$ 比原来的 $(n+d)k$ 大，表明因为 θ 是一个正数，保持每个有效工人的平均资本不变需要更多的资本。

这些变化显示在图 4-7 中，看上去与基本的索洛模型图很相似，只是一些符号稍有变化，这里仍然存在一个稳态点，在这一点上，每个有效工人的平均储蓄和装备新增

---

① 另外两种可能性是资本扩张型技术变化（$Y=F(T \times K, L)$），这将会扩大资本投入，以及“希克斯中性技术变化”（Hicks-neutral technological change）（$Y=F(T \times K, T \times L)$），这会扩大资本和劳动投入。对于我们的目的而言，引入技术的特殊方式不影响模型的基本结论。

② 记住这两类广义的技术进步在总模型中有相似的影响，但是在现实世界中它们真正的影响却有所不同。机器设备的技术变化和新思想传播带来的技术变化可以在工人之间广泛共享，并且可被视作对公众有益的行为。相反，人力资本的提高则专门针对工人自身，并不一定被广泛分享。但是这两类技术进步都会产生扩大劳动力供给和增加总产出的影响。

③ 注意这与先前的概念是一致的。如果没有技术变化（我们先前的假设），因此 $T=1$（且保持不变），那么 $y_e=y$，$k_e=k$。

工人、抵补折旧、适应技术变化以保证每个有效工人的平均资本不变所需的新增资本的数量恰好相等。

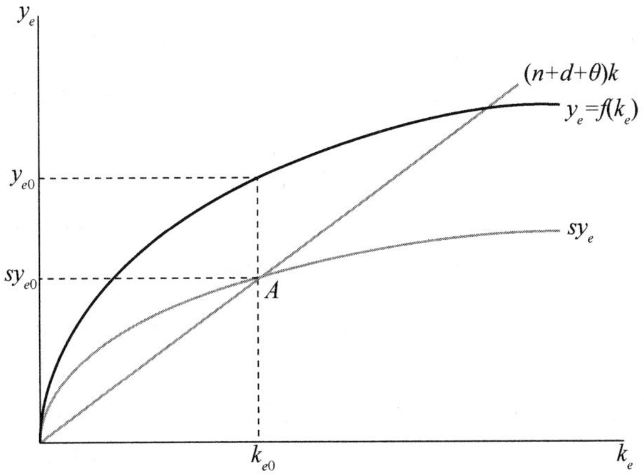

图 4－7　索洛模型中的技术变化

在有技术变化的索洛模型中，每个有效工人平均资本的稳态（K_{e0}）由 A 点来决定。A 点为有效资本广化线（$n+d+\theta$）与有效储蓄线（sy_e）的交点。

但是，有一个变化非常重要，在稳态时，每个有效工人的平均产出而不是工人人均产出保持不变。总产出增长率现在为 $n+\theta$，所以每个实际工人的平均产出（或人均收入）增长率为 θ。因此，由于引入了技术，模型现在使一个经济实现人均收入以比率 n 持续增长的可能性增加了。这一机制随之提供了一个明晰的解释，即为什么工业化国家看起来从来没有达到过工人人均产出不变的一种稳态，相反通常工人人均产出的增长率在每年 1%～2%之间。

□ 索洛模型的长处与不足

尽管索洛模型比哈德罗－多马模型要复杂得多，但它确实是我们理解经济增长过程的一个有效工具。通过以古典生产函数替代固定系数生产函数，索洛模型在生产过程中生产要素的比例问题上提供了更大的灵活性。与哈德罗－多马模型类似，索洛模型也强调积累与储蓄的重要性，但是它关于资本边际产量递减的假设比起哈德罗－多马模型来说更为现实和精确。它将工人的现时收入与长期稳态水平区别开来，并且格外关注达到稳态的路径，在这一点上使其从哈德罗－多马模型中跳出来。该模型对人均产量达到稳态时的储蓄、投资、人口增长与技术进步之间的关系有着深入的分析。正如在第 3 章中所讲的那样，该模型比起哈德罗－多马模型来说，对现实世界有着更为准确的描述。

这一模型特别重要的贡献在于其简单但是深远的洞察力，它将技术进步放入增长过程中。这一模型列举了新技术的获得对增长强有力的效果，新技术从本土创新或者从国外引进。这样对于政策制定者来说，关键的问题在于怎样获取新技术。在大多数低收入国家，即使一些国内创新可行，对于大多数工业来说，企业从外国获得新技术并将之使用到国内的成本也更加低廉（全球化的一个好处）。然而使得企业愿意作出这些投资决策的原因是依赖于政府对其的影响的。对于教育的投资（例如，提高劳动力的质量）也许会使得在发展中国家的工厂更好地采纳和利用进口技术。对于基础设施建设的投资同样也会推动科学技术的采用，以此来更好地把工厂与市场联系在一起。改善公共设施来保护私有财产权和开展法制也同样为工厂提高它们的生产力提供了有力的保障。然而，该模型认为，积累与生产效率（包括技术进步）是达到稳态的决定因素这一观点引发了更多的问题，而这些问题并没有在模型中得到解答。

索洛模型最明显的不足是它认为生产力增长是一个外因（不受模型内参数的影响）。索洛并没有解释生产力增长的过程是如何并在什么情况下发生的。于是，生产力增长在索洛模型中被喻为"天赐之物"。这是一个对用理论来解释技术变化的简化。在现实中，发展中国家的政策制定者需要知道"天赐之物"的来源到底是什么。

什么才是除了要素积累与生产效率之外影响稳态水平与经济增长率的最基本因素？第 3 章中的例子说明了增长速度较快的发展中国家都有着相似的特点：稳定的政治与经济环境、相对较为良好的医疗与教育体系、具有实力的政府和机构、更为开放的贸易政策，以及更为优越的地理环境等。案例 4—3 举例说明了东亚国家为何相对其他国家有着更快的增长速度，案例中将一一分析这些重要的因素。在索洛模型中，这些因素通过要素积累与生产效率的提高来影响生产函数的形状，同时也影响着人均产量的稳态水平。这些要素中的任何一个变化——比如鼓励更加开放的贸易——都会改变人均产量的稳态水平。由于经济会根据新的稳态水平适时作出调整，因而要素的任何一个变化也就改变了现有的经济增长率。正因为如此，该模型让我们将注意力更多地放在分析影响稳态水平与增长率的基本要素上面。但是它对精确的路径未提供完整的解释。通过这一路径，这些因素影响产出和增长。

在索洛模型中，新古典生产方程的一些特点同样也使得其成为最具争议的预测方式——最初贫困的国家会比最初富裕的国家增长得更加迅速并且两者最终持平。为了了解这个理论预测，我们来复习一下第 3 章中新古典生产函数的一些基本特性。

▶ **案例 4—3**　　**增长率差异的解释**

许多近期的研究都表明，初始的收入水平、贸易开放度、健康的人口、高水平的教育、优越的地理位置以及高储蓄率对快速经济增长都作出了贡献。但哪一个是最重要的呢？一项研究试图解释 1965—1990 年间三组国家的增长率差异。这三组国家是：10 个东南亚国家（人均增长率平均为 4.6%），17 个撒哈拉以南非洲地区国家（人均增长率平均为 0.6%）以及 21 个拉美国家（人均增长率平均为 0.7%）。[a]

政策变量解释了大部分的增长率差异，例如，东南亚国家具有较高的政府储蓄率、对贸易更加开放、有更高质量的政府体制。所有这些政策方面的差异占了东南亚国家与撒哈拉以南非洲地区国家 4 个百分点的增长率差异中的 1.7 个百分点，以及东南亚国家与拉美国家增长率差异中的 1.8 个百分点。贸易开放度作为影响增长率的最重要的政策选择表现得尤为突出。

正如索洛模型所预测的，初始收入水平也很重要。因为拉美国家在 1965 年相比东亚国家拥有更高的平均收入（因而拥有更高的工人人均产出），索洛模型预测拉美国家有较慢的增长。显而易见，这一模型估计与东南亚国家相比，拉美国家有较高的初始收入，使其增长率放慢了 1.2 个百分点。相反，撒哈拉以南非洲地区国家拥有较低的平均初始收入，意味着（在所有其他条件相同的情况下）这些国家的增长应该比东南亚国家快 1 个百分点，而非实际的结果慢 4 个百分点。这表明其他因素占了东南亚国家和撒哈拉以南非洲地区国家增长率差异中的 5 个百分点。

出生时的预期寿命所表明的初始健康水平是撒哈拉以南非洲地区国家经济增长率较低的主要原因。1965 年，在撒哈拉以南非洲地区国家，出生时的预期寿命平均为 41 岁，而东南亚国家为 55 岁。研究估计这使得撒哈拉以南非洲地区国家比东南亚国家的增长率降低了 1.3 个百分点。相反，因为 1965 年拉美国家的平均预期寿命和东南亚国家几乎相同，健康对这些地区的经济增长差异影响不大。

优越的地理位置帮助东南亚国家实现了更快的增长。内陆国家较少、海岸线平均较长、处于极热带地区的国家较少，以及较少依赖于自然资源出口等全都有利于亚洲发展。这些因素共同作用，使得东南亚国家的增长比撒哈拉以南非洲地区国家快 1 个百分点，比拉美国家快 0.6 个百分点。初始教育水平的差异以及变化着的人口结构构成了这些地区增长率的其他差异。

当然，这一简单的会计分析结构不能完全解释经济增长背后的复杂关系。研究中的每一个变量都引出了影响经济增长的一系列其他因素。例如：政府储蓄率的差异反映了财政政策、通货膨胀率、政治稳定性和其他因素的差异。因为缺乏足够的数据，这一分析忽略了一些可能很重要的因素（例如环境恶化）。而且它也没有解释国家间为什么会有不同的政策选择。因此，像这样的研究应该被视作对增长的初步理解，而不是对国家间许多复杂的差异的精确解释。

a. StevenRadelet, Jeffery Sachs, and Jong-Wha Lee, "The Determinants and Prospects for Economic Growth in Asia," *International Economic Journal* 15, no. 3 (Fall 2001), 1-30. 这些结果也被总结在亚洲开发银行的研究中：*Emerging Asia: Changes and Challenges* (Manila: Asian Development Bank, 1997), 79-82。

4.4 收益递减与生产函数

随着产出和收入的持续增长，一个国家必须不断地吸引投资和获得生产力进步。但随着资本存量的增加，新投资对增长的影响程度可能改变。事实上，多数增长模型建立在伴随着资本存量的增加投资收益下降的假定基础上。为了说明这个问题，图 4-8 中的生产函数以一种特殊的方式绘出，结合了资本收益递减（diminishing returns to capital），更确切地说，是**资本的边际产量递减**（diminishing marginal product of capital, MPK）这个重要但普遍的假设。这意味着生产函数具有伴随人均资本增加而逐渐平坦（或下降的斜率）的特性。然而，区分在其他要素保持不变的情况下每一种生产要素递减的收益和整个生产函数的规模收益之间的差别是非常重要的。在图 4-8 中所呈现的是，平均每个工人的资本收益递减但是（假设）仍然拥有不变的规模收益。这个特点说明了如果生产者用相比之前两倍的投入，则总产出也会是原来的两倍。

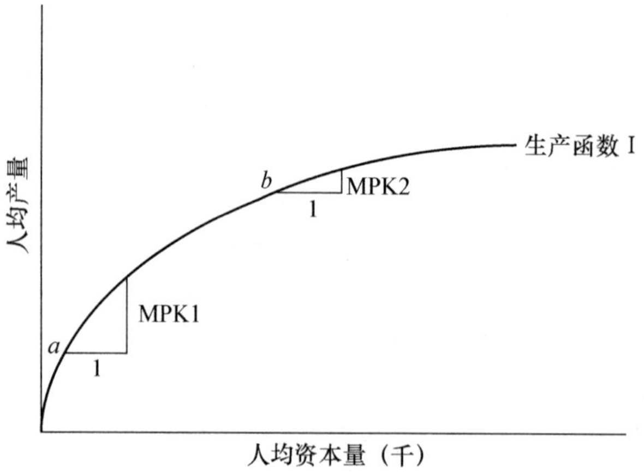

图 4-8　资本的边际产量递减

沿着生产函数 I，在同一投资水平下，增加 1 单位人均资本，每个工人在 a 点增加的产量比在 b 点多得多。增加 1 单位资本所得到的增加的产出，叫作资本的边际产量（MPK）。

从图 4-8 中的生产函数我们可以看出，在人均资本处于低水平时（如 a 点），新投资将导致每个工人相对多的产量增加。但在人均资本处于较高水平时（如 b 点），同样数量的新投资将导致更少的产量增加。人均资本每增加一单位（沿着横轴向右移动），人均产量增加会越来越少。更一般地说，在给定工人数量的情况下，越来越多的机器会导致产量的增加越来越少。

资本的边际产量递减具有多方面的含义，但有三个方面对发展中国家尤为重要。考虑图 4-8 中位于左边的国家，如在 a 点，这些国家同时具有相对少的人均资本和人均产出。根据定义，后者意味着这些国家是相对贫穷的。相反，位于右边的国家具有更多的人均资本和更高的人均产出水平，后者意味着它们相对富有。总之，低收入国家倾向于具有比富裕国家少得多的人均资本。因此，在其他条件相同的情况下，两个国家的关键变量——新投资——在同样的投资水平下在穷国将比在富国产生大得多的产量影响。有以下三方面的重要意义：

- 如果所有其他条件都相同，穷国具有比富国增长得更快的潜力。在图中，位于 a 点的国家比位于 b 点的国家增长潜力更大，因为同等的投资将导致更多的产量增加。
- 随着国家变得更富有（和资本存量更多），增长率趋于放缓。换言之，一个国家经过长时期后从生产函数的 a 点移动到 b 点时，生产率趋于降低。
- 既然穷国具有比富国增长得更快的潜力，它们可能赶上并缩小相对收入差距。这在一定程度上发生了（我们将在随后探讨），富国与穷国之间的收入水平将随着时间的推移而趋同。

上述结论意义重大。认识到这些结论是建立在两个国家所有其他条件都相同的情况下是很重要的，尤其是这两个国家有相同的储蓄率、人口增长率、折旧，因此有相同的稳态的人均资本和收入水平，因为对索洛模型的这一解释不是基于两国在这些关键系数上的不同，因此被称为**无条件趋同**（unconditional convergence）。所有其他条件都相同时，所有国家都沿着同一生产函数进行生产，具有同样的技术水平。否则，富国与穷国未必会有同样的预期结果。例如，一个给定的穷国在图 4-8 中的生产函数上进行生产。

这条曲线平坦得多，因此每单位新增投资（资本存量水平给定）导致比陡峭的生产函数更少的增长。在这条曲线上的国家可能不同于在陡峭的生产函数上进行生产的国家，例如，因为达不到同样的技术水平或面临地方病。对这种国家，即使具有低水平的人均资本，新增投资也不会使产量如此大幅度增加。因此，在这种情况下，穷国未必会增长更快并赶上富国。在经济学中大量使用并常常被忽视的“其他条件相同”的假设在趋同的争论中非常重要。

□ 关于趋同的争论

如果一个相对贫穷的国家能够比相对富裕的国家增长得更为迅速，而且相对贫穷的国家（至少在其他条件保持不变的情况下）能够最终达到一个收入水平与富国持平的状态的论断是正确的，那么这个经济增长的过程究竟是如何发生的呢？

一个简短的回答是，这样的情况的确在一些国家中发生了。例如日本经济就是这样的情况。在20世纪60年代，日本的人均收入仅仅是美国人均收入的35%，并且日本拥有比美国小很多的资本存量，来为其提供之后飞速增长的潜力。（我们以美国作为衡量标准，是因为美国是全世界拥有最高人均收入的国家之一并且为全球技术的佼佼者。）的确，日本的GDP增长率在20世纪60年代超过了9%。在20世纪70年代后期，当日本的人均GDP达到了美国的70%的时候，日本的经济增长率则下降到4%。在它的经济继续增长的同时，日本的增长率则持续缓慢下降。在20世纪90年代初期，日本的人均GDP达到美国的85%的时候，它的增长下降到更为缓慢的程度。日本的经验证明了以下三点：（1）当一个国家处于相对贫穷的状态时，这个国家会增长得非常迅速。（2）当这个国家的收入上升时，它的增长率会下降。（3）于是该国的收入水平明显向美国靠拢。很多预测日本在20世纪60—70年代每年会经历7%～9%增长的人们都忽略了资本收益递减在长期对于增长率的影响。

日本并非在20世纪60年代收入向世界佼佼者靠拢的唯一国家。表3-1给出了众多经济飞速增长的国家。这些国家在20世纪60年代的时候都很贫穷，在之后的50年里都经历了平均3%～6%的人均GDP的增长。富国在很多年中（特别是在缺乏新技术的持续流入的情况下）是无法达到这些国家这么迅速的增长的。穷国可以实现如此迅速的增长很大程度上是因为它们是从相对较低的资本水平开始发展的。

然而，贫困以及拥有较低人均资本水平的事实是无法保证经济快速增长的。表3-1上半部分的数据显示，很多低收入国家的经济增长是非常缓慢的。它们不仅仅没有达到与富国的发展持平，还远远被甩在后面。这就说明，低收入国家虽然拥有经济快速增长的潜力，但是增长发生的条件是它们要吸引新的投资来作为产出大规模增长的基础。

从一些单独国家的发展经验来看，穷国比富国发展速度快并最后与富国的经济水平持平是一个普遍的趋势吗？经过我们粗略的观察，对此问题的简短回答为不。图4-9描述的是20世纪60年代，在表3-1中的38个国家起始的人均收入水平，以及它们从1960年到2009年的经济增长率。如果穷国的经济发展比富国快的论断是正确的，图4-9会展现一个从左至右向下倾斜的趋势。穷国会呈现一个较高的增长趋势（并且会出现在图的左上方），而富国则会呈现一个缓慢的增长趋势（并出现在图的右下方）。然而图4-9并没有展现出一个非常清楚、明确的模式。例如博茨瓦纳、巴基斯坦以及马达加

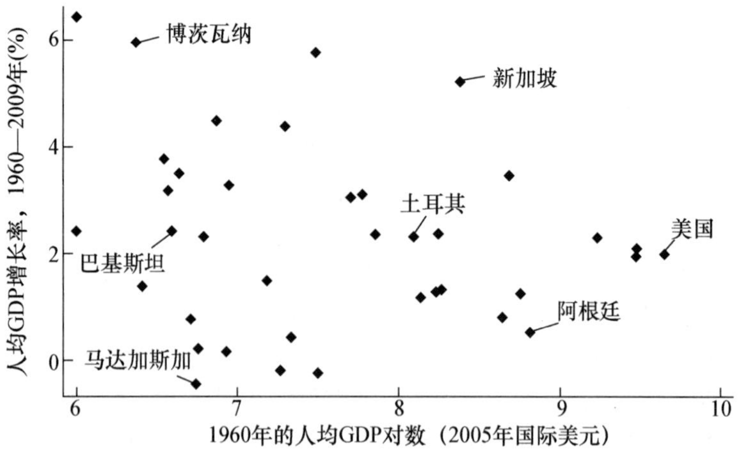

图 4-9　无条件的 GDP 增长

资料来源：Penn World Tables 7，http://pwt.econ.upenn.edu/php_site/pwt_index.php，accessed June 2011.

斯加在 20 世纪 60 年代的人均收入相差不多，博茨瓦纳后来的增长率为每年 6%，巴基斯坦仅有 2.3%，而马达加斯加的人均收入则呈现下降趋势。类似地，巴基斯坦、土耳其和美国在 1960—2009 年间有着相近的增长率，然而它们在此期间增长开始时的收入水平大相径庭。因此，在这一论断中唯一精确的部分是富国都有着相对缓慢的经济增长。这些结论被更多运用更加精确的统计数据和方法的研究都证实过。实验证明，穷国的经济水平与富国持平的趋势从没有经过证实。与此同时，穷国的经济水平无法与富国持平的结论事实上更为准确。就像我们从图 2-1 中所看到的，最近两百年来，最富裕的国家与最贫穷的国家之间的差距越来越大，表明这些国家在收入上是彼此背离的。

然而，图 4-9 并没有提供令人十分信服的对于趋同性的预测，特别是在假设每个国家其他条件均相同的情况下。这项假设并不适用于世界上所有的国家。相反，如果趋同会发生，我们则应该关注那些拥有相似特点的国家。例如拥有相似生产功能基础、相似储蓄率、相似人口增长率、相似贬值率以及相似技术增长率的国家。例如图 4-9 中的一些穷国与其他国家相比较具有较低的储蓄率和在技术上非常细微的增长，因此，它们拥有非常小的增长潜力。如果我们希望探究在索洛模型中对于趋同性的预测在这些更加严谨的情况下是否发生，我们则要对其进行更深层次的讨论。

图 4-9 并非对无条件趋同趋势的体现，在此，"无条件" 指的是它假设了所有的国家都共同拥有同样的关键性指标（贬值率、储蓄率和人口增长率）。然而在我们深入探讨索洛模型来进行预测的时候，我们允许每个国家对这些指标根据国情进行随意组合。于是问题就变成了是否初始贫困的国家在它们接近各自稳态的时候发展得更快。图 4-10 运用统计方法来解释前面对于所有国家都有相同人口增长率的假设。我们来看一下与图 4-9 中所显示的国家相同的国家的数据，但在图 4-10 中这些国家的人口增长率是有条件的，我们从而开始看到预测的在初始收入水平与之后的增长率之间的负向联系，我们称它为**有条件趋同**（conditional convergence）。

另一种方式是挑选一系列有着相似收入水平以及政策选择、地理特征或者有着其他相似条件的国家组合。比如经济学家杰弗里·萨克斯和安德鲁·沃纳考证了 1995 年以来

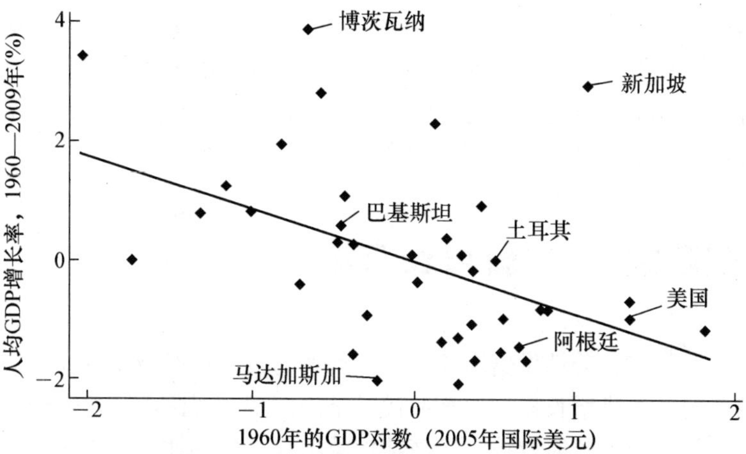

图 4 - 10　人口增长条件下的 GDP 增长

资料来源：Penn World Tables 7，http://pwt. econ. upenn. edu/php_site/pwt_index. php，accessed June 2011；World Bank，"World Development Indicators，" http://databank. worldbank. org.

所有持续对世界贸易采取开放政策的国家的趋同性。① 就像我们在第 3 章中所讨论过的，开放型经济体都是相似的，因为它们有着相似的（全球）市场来购买其对世界市场所销售的产品。与此同时，通过新进口的机械设备和与全球生产网络的联系，它们对于新技术的需求相对迅速。我们在这些条件性变量中加入对贸易的开放性会产生什么样的效果呢？图 4 - 11 是以 GDP 增长中国家的储蓄率和人口增长为条件，截取 1960—2009 年对于贸易开放的时间段的情况。我们可以非常清楚地观察到这些叠加的条件性变量削减了原始收入与随后的增长之间的负向联系。② 如果初始比较富裕的国家正在向它稳态

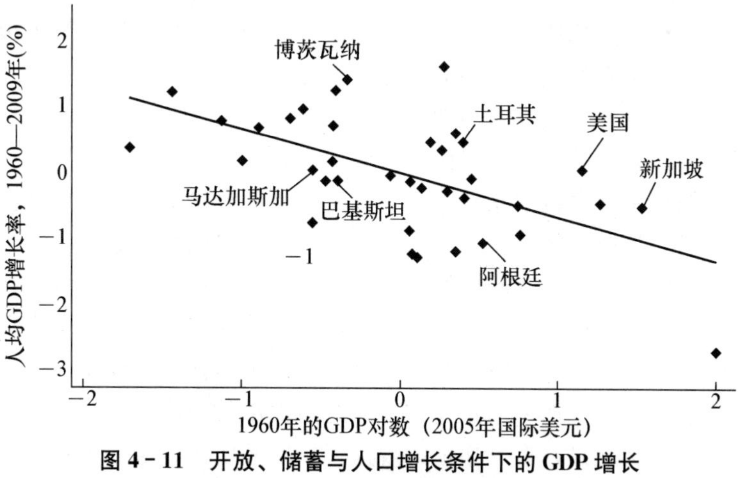

图 4 - 11　开放、储蓄与人口增长条件下的 GDP 增长

资料来源：Penn World Tables 7，http://pwt. econ. upenn. edu/php_site/pwt_index. php，accessed June 2011；World Bank，"World Development Indicators，" http://databank. worldbank. org.

① Jeffrey D. Sachs and Andrew Warner，"Economic Reform and the Process of Global Integration，" *Brookings Papers on Economic Activity* 26，no. 1 (1995)，1-118.

② 从图 4 - 10 和图 4 - 11 中追踪在图 4 - 9 中强调的国家，我们发现除了添加的条件变量，就其最初收入而言，博茨瓦纳和新加坡一直比所预测的发展得要快（在趋向线上有所标注）。而马达加斯加和阿根廷则相反。

的人均资本趋近，那么相比初始相对贫穷的国家来讲，富裕的国家仍是发展更为迅速的。这就是为什么我们不去观察穷国与富国对于收入水平的无条件趋同。从另一个角度来讲，如果每一个国家都被允许有它自己的稳态，我们的确可以看到初始贫穷的国家更加快速的增长，就像索洛模型对于有条件趋同所预测的一样。

4.5 超越索洛：新增长方法

通过摒弃对储蓄率、劳动供给增长率、劳动者的技能以及技术变化速度的外生固定假设，越来越多的新生代增长模型逐渐取代了索洛模型。实际上，这些模型的参数值不是给定的，而是部分地由政府政策、经济结构及增长本身的速度所决定。经济学家们开始探索更成熟的模型，使得一个或多个这样的变量可以在模型内决定（即这些变量成为模型的内生变量）。①

这些模型摆脱了索洛的分析框架，假设国民经济有**规模报酬递增**（increasing returns to scale）的特征，而非索洛模型中的规模报酬不变。即双倍的资本、劳动力及其他生产要素会导致多于双倍的产出。含义之一是，物质资本和人力资本的影响比索洛模型认为的要大。

双倍的资本、劳动力及其他生产要素如何能够导致多于双倍的产出？以投资于教育或者研发为例，这种投资不仅对厂商和个人投资具有正的效应，而且对经济中的其他主体有正的溢出效应。这种对他人的有利影响称为**正的外部性**（positive externality），导致了投资对整体经济更大的影响。例如，亨利·福特发明了生产线系统，这对福特汽车公司当然有很大的利益，但对经济总体而言利益更为巨大，因为这一新技术的知识很快地溢出到其他厂商那里，使得它们都能从福特的新方法中受益。

同样地，投资于研发导致了新的知识，这些知识不仅有益于投资者，也有益于最终获得这些知识的人。教育的收益不仅仅是由科学家或经理人投资于自身教育而提高了生产率来决定的。如果有许多科学家和经理人投资于他们自身的教育，那么会有更多受过教育的人彼此学习，从而增加了教育的收益。一个被隔离的科学家自身的工作不会和他与许多受过良好教育的人合作有同样的生产率。这种合作构成了外部性。在第 3 章所介绍的这种“增长源泉”分析中，这些外部性意味着，物质资本和人力资本在增长中的贡献值可能会比索洛模型中得到的值要更大。这可能占了索洛会计模型中残差的很大一部分，意味着实际的全要素生产率增长比许多研究所揭示的要小。

另一个重要的含义就是，有着递增的规模报酬的经济不一定必须达到索洛模型的稳态收入水平。当新的投资的外部性很大时，资本的收益递减不一定会发生，所以增长不会放缓，经济也不一定达到稳态。因此，这些模型可以解释在许多国家观测到的持续的

① 对新增长理论作出开创性贡献的有：Paul Romer，“Increasing Returns and Long-Run Growth，” *Journal of Political Economy* 94（October 1986），1002-1037；Robert Lucas，“On the Mechanics of Economic Development，” *Journal of Monetary Economics* 22（January 1988），3-42；and Paul Romer，“Endogenous Technological Change，” *Journal of Political Economy* 98（October 1990），S71-S102。

人均收入增长的事实，而不用依赖于索洛模型中外生的技术变化。此外，他们也不一定得出穷国增长快于富国的结论，因此没有对收入趋同的期望。如果富国进行外部性很大的投资，初始的收入差异可能保持甚至被扩大。

在这些模型中，增长可以不依赖于外生的技术变化而持续发生，因此它们通常被称作**内生增长模型**（endogenous growth model）。这些模型可以揭示发达国家，尤其是那些对创新观念进行大量研发的国家之所以一直没有达到经济稳态的原因。

对发展中国家而言，新的模型继承了索洛模型与哈德罗-多马模型中的主要观点。像它们的先行者一样，这些模型强调经济增长过程中积累与经济效率提高的重要性。实际上，上述增长的两个源泉由于存在正的外部性，其实际带给经济的潜在利益要远远高于模型中所计量出来的。所以，基于生产要素各尽其能的特点，关于储蓄、对健康与教育的投资等的核心要点贯穿了所有增长模型的始终。

但是，新模型对于发展中国家经济增长的适用性也一直存在争议。譬如很多发展中国家可以通过直接从发达国家引进先进的技术而不是自己投资于研发来获得经济的增长。对于大多数发展中国家而言，索洛模型中关于总生产函数中技术进步与规模报酬不变的假定更为适宜。

4.6 本章小结

● 基本增长模型提供了一个比较精确的机制来探讨要素积累和生产率提高对经济增长的贡献。这些模型使我们能够更好地理解储蓄率、人口增长率、技术以及其他相关因素的变动对产出和增长的隐含意义。

● 哈罗德-多马模型假定了固定系数的生产函数，这简化了模型，但是揭示了对任意水平产量上的劳动力和资本的混合需求。在这一模型中，增长与储蓄正相关，与增量资本—产出比负相关。

● 哈罗德-多马模型非常重视储蓄的作用，但是同时过分强调了它的重要性，它暗示了储蓄（和投资）足以使增长持续，而事实并非如此。再者，这一模型没有直接强调生产率的变动。此外，当产品结构包含进来和资本的边际产量变动时，模型的固定资本—产出比假设出现了错误。

● 索洛模型在哈罗德-多马模型框架上作出了一些改进，成为经济学中影响力最大的增长模型。它给了资本和劳动在生产过程中混合运用的更大自由度，并且提出了资本的边际产量递减这一观点。它可以研究储蓄率、人口增长率、技术变动对于增长变动的影响。索洛模型提供了一个比哈罗德-多马模型更为广阔的增长路径的范围，对此作出了更为深入的说明。然而，这一模型也没有对经济增长提供全面的解释，对要素积累和生产率提高的基本驱动要素，模型阐述缺乏远见性。而且作为一个单部门模型，不能解释资源配置的跨部门流动。

● 索洛模型有几个非常有利的含义，包括：(1) 穷国有相对较快增长的潜质；(2) 伴随着收入增长，增长率趋于减缓；(3) 在具有相同特征的国家间，穷国的收入与富国的收入具有潜在的一致性；(4) 获得新的技术对于加速和保持经济增长来说具有核心作用。

一些贫穷的国家在经济上取得了快速增长，并且它们的收入水平与那些较富裕的国家趋近，但这样的情况并不是在每一个贫穷的国家都会发生。很多穷国的收入水平仍然在很大程度上远远落后于富国。在现实生活中并没有对于各国无条件趋同的强有力的实证，然而对于有条件趋同，则有很多相关的例子。那些拥有一定相似特征的国家有能力取得快速增长并且能够追赶上那些更加富裕的国家。当我们考察那些拥有不同的关键参数因而拥有各自的稳态的国家时，在初始收入与之后的增长率之间的负向关系中找到了有条件趋同的证据。

● 在 20 世纪 90 年代，新的经济增长理论变得越来越受欢迎。这些理论试图去填补新古典模型中的重要空隙。具体说来，这些模型试图去解释技术进步的速率。索洛认为，技术进步是一个决定长期人均收入增长的外部因素。这些新的增长理论则认为科技进步是一个决定经济增长的重要的内部因素。因此这些理论被称作内生增长模型。

第 5 章

国家与市场

是谁在推动经济发展呢？是那些各自被不同目标所支配，依靠市场进行协调而使其多样的行动有意义的个体，还是政府在以一个重要的角色来实现人均收入和产出的可持续增长？这场关于政府实现经济进步的辩论已经延续了超过两个世纪。亚当·斯密在1776年所著的《国富论》就挑战了当时的主流思想。这种思想假设政府是引领经济发展的主要参与者。例如，西班牙王室对于哥伦布航行美洲的支持。又如，英国王室给予东印度公司在印度以及其他地区经营的垄断权。斯密提出，是个人通过在市场中对于单一产品的分工和付出的劳动成就了经济发展（他给出的例子是别针的生产），之后通过市场上商品的交易来实现各取所需。

至少在英国，由于当时社会的政策制定者极力推进自由贸易并且减少政府对经济的干预，斯密的观点几乎主导了整个19世纪的经济发展思潮。在其他地方，国家仍主导了新兴工业的发展。19世纪，如果我们从西到东一一审视欧洲国家——从英国到法国、德国，最后到俄国，政府在这些国家经济发展中的重要性是不断增加的。[①]

在大卫·李嘉图（David Ricardo）以及卡尔·马克思（Karl Marx）出现之后，大多数经济学家的注意力转向试图理解市场运作的方式。经济增长或多或少变成了一种理所当然的事实，至少在欧洲或北美是如此。[②] 然而，在几乎将欧洲和日本夷为平地的第二次世界大战结束以后，焦点又发生了戏剧性的变化。此刻的挑战演变成如何实现战后的经济复兴。因为战后这种毁灭性的萧条导致了新的极权主义政权的出现和进一步战争的发生。在我们当今所熟悉的发展中国家中，那些以前的殖民地迅速成为独立的国家。

① 这是 Alexander Gerschenkron 在 *Economic Backwardness in Historical Perspective*（Cambridge：Belknap Press of Harvard University Press，1962）中的基本命题。

② 在20世纪前半期最著名的例外是约瑟夫·熊彼特。

这些国家希望制定一些能够帮助它们摆脱贫困以及赶超工业化国家的经济发展计划。美国作为战后唯一没有被摧毁的工业化国家，为它们提供了帮助。

在第二次世界大战后的第一个十年中，我们看到了在世界范围内为促进经济发展的不懈努力。其中有一些是成功的案例。例如，西欧的经济复苏。然而同时也有很多失败的案例。因此，有关国家如何实现经济可持续发展的争论由此而生。这场争论的中心就是政府在经济发展中的作用的问题。在这一章中，我们会追溯第二次世界大战以后关于政府在经济发展中作用讨论的发展过程。在大部分时间中，对于政府角色的思考已经成为一种学习的过程。因为那些成功和失败的案例帮助我们形成了一种关于政府角色以及政府在经济发展中所创立的机构的更为复杂的理解。从 20 世纪 50 年代以来，尽管我们有各种各样关于经济发展的思想，然而在这个世界上仍有很多贫困的国家和穷苦的人民。在这一章中我们也会描述和分析关于政府角色的思考在这些辩论中是怎样不断演变的。在随后的几章中，我们会更加详细地不断回到有关政府在经济发展中作用的讨论，以期能够针对经济发展的一些具体问题给出全面的回答。

5.1 第二次世界大战之后关于经济发展的思潮

第二次世界大战之后诞生了很多有影响力的关于经济发展的思考。对经济学家来说，这些主要的思想来自一个世纪之前或更为久远的时代。亚当·斯密强调，市场与科技发展是其中的关键。然而大卫·李嘉图在 30 年后强调的是储蓄、投资以及资本积累的重要性。卡尔·马克思在 1867 年出版了《资本论》，并在其中强调了资本的积累是经济增长中的主要推动力。而后的哈罗德-多马模型与索洛模型（见第 4 章）则把投资和资本视为经济增长的核心。一本在 1960 年出版的具有重大影响力的著作宣称，经济增长的关键是提高投资率以及资本形成达到或超过国民生产总值的 15%以上。尽管同时期有许多不同的声音认为这个过程远比想象中的要复杂得多。①

如果说资本是经济增长的核心，似乎增长的关键就会是提高储蓄的比例从而提高投资率。但是对于贫困国家来说，有些人认为必须首先打破贫困的恶性循环。贫困国家由于过于贫困而无法拥有充足的储蓄，因此它们也没有足够的资源来进行投资，从而无法发展经济。一个显而易见的解决方法是让富裕国家贡献出它们储蓄的一部分来帮助贫困国家摆脱这个恶性循环。在 20 世纪 60 年代，这种想法随着霍利斯·钱纳里的“双缺口模型”的发展得到了进一步提炼。② 这种缺口不但存在于储蓄中，并且存在于外汇交易中。后者是制约大部分国家经济发展的主要障碍。这种对于外汇储备缺口的强调增强了一种观点，即经济发展的关键在于富裕国家向贫困国家提供援助从而填补储蓄以及外汇的双重缺口（用美元或其他可兑换货币的形式）。

---

① Walter W. Rostow, *The Stage of Economic Growth: A Non-Communist Manifesto* (Cambridge: Cambridge University Press, 1960).

② Hollis Chenery and Alan Strout, "Foreign Assistance and Economic Development," *American Economic Review* 56, no. 4 (1966).

这种观点在拯救西欧和日本经济（和民主）的马歇尔计划的执行中表现得淋漓尽致。马歇尔计划为欧洲重建提供了250亿美元，收到了显著且迅速的效果。[①] 欧洲经济迅速恢复，国内生产总值迅猛增长，其收入水平已经赶超了假设欧洲未受战争影响情况下的水平。同样的事情也发生在日本。在1945年，几乎所有的日本城市都是一片废墟。营养不良的状况在整个国家中十分普遍。然而从20世纪50年代起，日本连续20年成功实现了前所未有的GDP 10%的增长速度。在这个过程中，来自美国大量的资本投入发挥了作用，或者看上去是如此。

然而，这些成功案例及其分析所忽略的是支撑这些经济发展的体制建设。例如西欧为了现代工业经济所发展出的一套完善的法律体系，以及一个能够提供基本能力培养的教育体系，来填补因战争原因所导致的科技与管理人才的缺失。即使很多基础设施已经不复存在，但这个体制的核心仍存在于民众之中，只要给予一些帮助，他们便可以重建家园。在10年之后，当同样的方法被运用到发展中国家时，很多关键的体制因素却是缺失的。事实证明，发展一个贫穷且欠发达的国家完全不同于重建一个被战争摧毁的发达国家。

大部分发展中国家并没有以斯密关于功能良好的市场是成功发展的关键这一思想为起始。发展中国家的市场在发展的最初通常是与资本主义紧密结合的。而资本主义的概念往往通过殖民主义而使得被殖民国家一直处于贫困状态。很多发展中国家的领袖在寻求除资本主义之外的不同的发展途径，并且取得了很多其他地方人民的支持。

在工业化的西方，一个非常明显的事实是，在战争之前市场并没有发挥很好的功能。20世纪30年代的大萧条就是一个巨大范围内的市场失灵。然而经济学家们从很久以前就意识到所有的经济体都会在不同程度上经历市场失灵的状况（见案例5—1）。问题的关键不在于市场失灵的状况是否存在，而是在于它们发生的频率有多高，从而政府需要采取什么样的政策来应对。在英国劳工党内的费边社会主义者们看来，市场失灵的现象是十分普遍的并且呼吁政府对于经济活动进行积极调控。当时的英国劳工政府同样也支持政府对于一些主要的商务活动进行彻底的接管。这种情况对于曾为英国殖民地的发展中国家的直接影响就是，很多发展中国家的领袖都是在英国完成高等教育的，并且深受英国劳工党内费边社会主义思潮的影响。例如在1948年印度独立于英国之后，统治了印度几十年的总理尼赫鲁以及其他印度国大党的领袖们。

▶ 案例5—1　市场失灵

市场失灵（market failure）指的是那些市场无法达到有效产出的情况。这里的“有效”是基于**帕累托效率**（Pareto efficiency）的概念。帕累托效率指的是在商品的有效配置中，没有人能够在不使别人受损的情况下使自己得益（注意此定义与平等没有任何关系）。导致市场失灵的原因有很多，包括外部效应、垄断、公共产品和信息不对称。一个导致市场失灵的最基本的原因就是**社会边际成本**（marginal social costs）与**社会边际**

① 严格来说，马歇尔计划（Marshall Plan）本身仅提供了250亿美元的一半；另外一半则是由美国在第二次世界大战结束后到马歇尔计划启动前（1984年4月）这一时间段内提供的。总援助资金用今天的美元来表示则超过了2 000亿美元。

收益（marginal social benefits）之间均衡的状态被破坏。市场均衡发生在当消费者使得其边际成本等于边际收益的时候。在完全竞争、不存在外部效应和公共产品的情况下，每个消费者所面对的边际成本和边际收益等于整个社会所面对的边际成本和边际收益。然而，让我们尝试想象这样一种情况：一个坐落在河流上游的工厂，河流的下游是一个渔场，这个工厂通过使得其个人边际成本等同于个人边际收益来达到一个利润最大化的产出。与此同时，它在河里排放了同等数量的污水。如果治理此污染所花费的成本体现在渔场失去的收入上，这个被社会承担的花费并没有被工厂的所有者归入他个人的边际成本—收益的核算中，于是它就变成了一个导致个人边际成本与社会边际成本之间的分歧的外部效应。工厂所过度生产的产出以及污染就构成了市场失灵。从一个更大的层面上来讲，对于温室气体的过度排放所导致的全球变暖现象被誉为“世界上从未有过的最大的市场失灵”。[a]（我们会在第19章回到对这个问题的讨论。）

另一个导致个人边际成本与社会边际成本之间的分歧的原因是垄断。寻求利润最大化的垄断者们限定产出低于一个会在完全竞争中出现的水平。由此，垄断者得以使其个人边际成本等同于个人边际收益（利润最大的基本情况）。然而减少在垄断市场中可用产品的数量所产生的稳态使得多产生一单位产出的社会边际收益超过了生产最后一单位产出所具有的社会边际成本，这便是市场失灵的另一种体现。在这样的市场上，额外的产出会使社会受益。

与公共产品相关的市场失灵是由个人“搭便车”的动机和刺激而引起的。公共产品具有消费和使用上的非竞争性与收益上的非排他性的特征（例如国防）。由此产生的公共产品与私有产品间的区别是，对于私有产品来讲，个人必须显示他/她真正的意愿来支付此商品。然而对于公共产品来讲，它所具有的非竞争性和非排他性使得个人隐瞒了自己是否愿意支付此商品的意愿。于是便产生了市场失灵，表现在对于公共产品的供给不足（在这里，市场失灵同样体现在个人与社会边际成本及收益之间的分歧上）。

信息不对称指的是在市场经济活动中，各类人员对相关信息了解的差异。一些成员拥有其他成员无法拥有的信息，这就造成了信息不对称。这样的情况在保险市场中出现得比较普遍。例如投保人对于他/她自己的风险以及行为的了解多于承保人。因此，拥有较高风险的个体对较低风险的拥有者会偏向于提高保险的价格并将他们驱逐出市场（逆向选择问题），同样地，有些投保人可能会比那些没有保险的个体更倾向于参与有较高风险的行为活动，这就提升了保险的价格。而那些行为谨慎的投保人也同样要承担保险价格的增长（道德风险问题）。在这两种情形中，信息不对称均制造了外部效应，从而导致了市场失灵。

当面对这些潜在的导致市场失灵情形的时候，政府政策制定者们所面临的挑战是要去决定是否、什么时候、以何种方式对市场进行干预和调整。利用潜在的政策干预来调节市场失灵的过程是多样而复杂的。这些政策可能包括征收污染税（来内化外部效应所导致的相应成本）、打破或是控制垄断和直接提供公共产品。在实践中，诊断市场失灵并不是一项简单的任务，并且政府干预承担着使其境况恶化的风险。这样的现象被称为**政府失灵**（government failure）。市场失灵以及政府失灵之间紧张的关系是我们在这一章讨论的重点。

a. N. Stern，*Stern Review on the Economics of Climate Change* (London：HM Treasury，2006).

在这段时间内很多非常重要的发展经济学理论也同样认为发展中国家所面对的情况大多都需要充分的政府干预。保罗·罗森斯坦-罗丹（Paul Rosenstein-Roden）的**大推进**（big push）理论认为，在一个发展中国家是很难创办一个现代工业的（他以鞋子的生产为例），因为没有足够的消费者拥有足够的货币去购买整个鞋厂所生产出的鞋子。[①] 为了给工业产出创造市场，所有的工业必须同步增长，每个工业都雇用对其他工业的产出有需求的工人。而唯一能够促使这样的系统成立的途径则是通过政府规划来确保在工业设立以后会有足够的市场需求。经济学家艾伯特·赫希曼（Albert Hirschman）提出了反驳，他认为对于发展中国家可以从着重发展有强烈**联系**（linkages）的工业开始，创立起一个完整的工业体系，比如，机械制造业就可以产生对于钢材的需求，而要炼钢又引致了对于铁矿石和煤炭的需求（赫希曼称之为**后向联系**（backward linkages））。[②] 大推进理论的暗含假设为用出口新的产品来解决需求稀缺的问题是一个不现实的方法。如果从保罗·罗森斯坦-罗丹创立大推进理论的时代来看（从二战期间到二战之后不久），这样的假设是有根据的。一些分析者仍然在使用“大推进”这个术语，但大多数是用来形容相关机构为经济增长在做一个巨大努力的时候，例如通过一个史无前例的在国外援助上的增加来克服经济增长上的障碍。近期对于“大推进”的使用会在第 14 章进行更为详尽的讨论。

比以上提到的这些学术讨论影响更为深远的是苏联在其最先实践的增长模型上所取得的成功。[③] 这个模型有三个基本的组成部分：

1. 这个模型的拥护者们，例如马克思，强调了资本以及限制农民和他人消费从而取得高投资率的重要性。

2. 这个模型把重工业的发展作为最重要的核心来提供物质资本产品例如机械。这些物质资本被假设只能由国内生产取得。[④]

3. 除去一些次要的经济活动以外，主要的经济管理放弃对市场力量的运用。

对于商品的分配曾经是由大规模的政府官僚机构围绕着在莫斯科所制定的一个中心计划来主导的。苏联的经济途径使一个落后倒退的国家变成了一个工业强大的“发电厂”。这个“发电厂”打败了当时最先进的军事力量——纳粹德国。虽然在 30 年之后，这个经济模型变得并没有苏联那么令人生畏，然而在 20 世纪 50 年代的时候很多发展中国家都从这个模型中得到了很大的启发。例如第一个实现独立的非洲国家加纳，在克瓦米·恩克鲁玛（Kwame Nkrumah）的领导下在它最开始的发展阶段选择专注于重工业的发展。印度在其经济发展的一些决策上采用了很多苏联的经济发展模型。中国在 1949 年以后更是大量植入了苏联的模式。

最后，发展中国家不太相信依赖对外贸易而实现经济增长。多数国家认为依赖于对

---

① Paul Rosenstein-Rodan，“Problems of Industrialization of Eastern and South-Eastern Europe，” *Economic Journal* 53，nos. 210－11（1943），202－211.

② Albert O. Hirschman，*The Strategy of Economic Development*（New Haven，CT：Yale University Press，1958）.

③ 严格来讲，经济增长的苏联模型效仿德国在第二次世界大战期间（1914—1918 年）的经济结构。

④ 严格来讲，苏联模型假设经济体基本上对对外贸易是关闭的，因此它并不倾向于出口消费品或者自然资源来从国外购买资本品。

外贸易会强迫这些国家变成永远的资源供给国而无法成为工业大国。更重要的是，那些在第二次世界大战之前就开始发展工业的地区（拉丁美洲，特别是巴西、阿根廷、哥伦比亚和智利）曾试图把在建立高保护性壁垒之后发展工业叫作**进口替代工业化**（import substituting industrialization，会在第 18 章进行详细讨论）。在那时，没有人相信经济增长可以通过制造业的出口来获得。原因是在第一次世界大战和第二次世界大战期间，由于潜水艇战役阻止了最为基本的贸易关系，只有很少的几个国际市场对于拉丁美洲制造业开放。在两次世界大战之间发生了大萧条，工业化国家彼此竞争而提高关税壁垒来保护各自国内的工业。颁布于 1930 年的斯姆特-霍利关税就是美国对于这场贸易战的贡献。

到了 20 世纪 50 年代和 60 年代，对于进口替代工业化的强调在拉丁美洲得到了进一步的强化。在高贸易壁垒下所发展起来的工业曾是拉丁美洲经济非常重要的一个组成部分。这些工业发展同时也给予了这些拉美国家政治上的潜在影响来使其确保这些贸易壁垒的存在。进而，位于智利圣地亚哥的拉丁美洲经济委员会（Economic Commission for Latin America，ECLA）的经济学家劳尔·普雷维什（Raul Prebisch）和联合国工业发展组织（United Nations Industrial Development Organization，UNIDO）的欧洲经济学家汉斯·辛格（Hans Singer）给进口替代工业化提供了一个学术上的论断——收入与需求价格弹性低下以及这些发展中国家本身存在的不稳定性使得这些国家在与那些工业化国家竞争的时候，在对外贸易中所产生的利益总是趋向于流入那些已经完成国内工业化进程的大国。

这些因素的最终影响是在 20 世纪 50—60 年代，那些最为典型的发展中国家相信在实现经济增长的过程中，高水平的政府计划以及政府干预是重要并且必要的。从整个世界范围来看，政府对于经济的干预和调控被越来越多的国家认可并采纳。这些干预有时体现在国家计划中一项明确描述的战略；在其他的时候，则会有一个更加明确的重心，例如对于政府官员介绍措施的个人兴趣。然而这些都是在 1949 年的关税及贸易总协定（General Agreement on Tariffs and Trade，GATT）、当今的世界贸易组织（World Trade Organization，WTO）的主持下，工业化国家的政府拆除了它们的贸易壁垒的过程中发生的。那些在工业化国家生活并经历了 20 世纪 30 年代的贸易战的经济学们和政治领袖团体感到这些在贸易上的分歧是导致全球战争的原因之一，并且决心使得这个工业化的世界转变为在第一次世界大战以前的那个开放性的贸易体系。一些持有相同观点的经济学家还大力抨击在发展中国家中的贸易保护趋势，但这对发展中国家的政策制定者们并没有产生什么影响。

在 20 世纪 50—60 年代，发展中国家的经济学家们对于经济增长最主要的方式并不是尝试减轻政府在经济活动中的重要性，而是把政府干预变成一个理所当然的手段，从而实现良好的发展目标。其中一项措施是帮助国家建立计划委员会来讨论并制订经济发展计划，并为发展部门的官员提供经济发展建议。由福特基金建立的哈佛发展咨询处（后改为哈佛大学国际发展研究所），就提供了很多在经济学方面技术性的支持。例如经济分析，或是在 20 世纪 60—70 年代初期为诸如伊朗、巴基斯坦、印度尼西亚、马来西亚、加纳等这样的发展中国家进行有关计划委员会方面的培训。[①]

① Edward S. Mason, *The Harvard Institute for International Development and Its Antecedents* (Cambridge: Distributed by Harvard University Press, 1986).

于是就有了自20世纪70年代伊始，大多数发展中国家都采用了高水平的政府干预以及大规模的政府投资。而工业化国家则扮演着为发展中国家的政府提供双边或多边援助项目来帮助其制订发展计划（例如世界银行）的角色。而对于那些受到苏联经济模式影响的国家，政府控制和管理除农业以外的所有经济活动则是一个被广泛采用的发展政策。

5.2 在20世纪70年代和80年代的基本变化

在20世纪70年代以前，在双边和多边援助机构以及发达国家政府工作的经济学家和政策制定者们提出了一个反对之前十年经济发展路径的回应。回顾之前的20年，对比所提供的数额巨大的援助资金，所取得的收益逐渐变成了一个幻影。在非洲，很多在20世纪60年代相继独立的政府都经历了几近停滞的增长，并且整个非洲地区的全要素生产率是负值。由于很多国家国内市场狭窄以及经济增长极度缓慢，拉丁美洲的进口替代工业化很快就发展到了极限。在20世纪80年代以前（在中国是在20世纪70年代末），由于苏联式的经济体系在很多情况下开始停滞，从而导致了很多国家无法偿还国际债务，发展中国家对于苏联经济发展模式的热忱逐渐减退。

然而到底是哪里出了错呢？对此有很多不同的解释。但对于什么是导致经济衰弱表现的主要原因，分析家和政策制定者们的意见通常都无法统一。一个对于20世纪50—60年代政策的批评认为，人们在GDP增长率上投入了过多的精力，而没有思考如何去分配这些增长所带来的福利。

有评论认为，GDP增长所带来的很多福利都流入了非常狭小的一群富有的商人以及他们的政府和政策支持者们的口袋里。在那些GDP增长极为显著的地区，贫困人口比例没有得到相应的减少。实际上，在发展中国家，贫困人口并没有减少。不平等在很多地区仍然是一个非常严重的问题。① 从大多数国家的范围来看，经济增长看似集中于某一个国家的某个地区，通常是以首都为中心。而在其他地区，发展却是停滞的。例如1971年导致西巴基斯坦与东巴基斯坦分裂及由此随后成立的孟加拉国很大程度上就是由于大部分国际援助以及经济发展所带来的福利最终都流向了西巴基斯坦。

近几十年来，经济学家们都意识到拥有一个有效率的经济系统并不能代表这个经济系统是公正的，也不能代表经济系统由此产生的果实能够被平等地分配给国民。“效率”在经济学理论中通常被定义为一个在不使任何人境况变坏的情况下，而不可能再使某些人的境况变好的系统，这一概念被称为**帕累托最优**（Pareto optimality）。在帕累托最优的情况下，市场是有效率的（或者至少我们可以说完全竞争的市场是有效率的）。但这同时也有可能造成收入和财富分配不均而仅仅掌握在少数人手里。如果市场自身无法解决分配不平等的问题，很多经济学家都认为，此时政府就应该参与进来修正和调整这样

① 尤其是在世界银行，当时对于再分配非常有影响的一个研究是Hollis Chenery，Richard Jolly，Montek S. Ahluwalia，C. K. Bell和John H. Duloy所编写的*Redistribution with Growth：Policies to Improve Income Distribution in Developing Countries in the Context of Economic Growth*（World Bank，1974）。

的问题。他们认为政府应该并且最适合强调穷人们的基本需求且为其提供援助。虽然私有慈善机构和其他非政府组织在消除贫富差距的过程中扮演了非常重要的角色，但是它们并没有像政府机构那样拥有如此广泛且丰富的资源。

对于推崇在经济中加大政府干预的思想逐渐开始被人们所质疑，这是因为在现实中，在很多情况下政府的干预并没有像计划的那样推动经济发展，在很多场合下甚至成为经济增长的障碍。例如印度尼西亚的贸易限制政策强迫进口商在进口商品前要获取70个不同的许可证明。这项措施也许保护了很小的一批国内工业，但是它使得大多数在一定时间内需要投入资源的商家很难有效地开展自己的商业活动。其他的干预政策，例如克瓦米·恩克鲁玛在加纳所采取的那些基于有缺陷的、与普遍国情并不完全适合的发展战略的政策（见案例5—2）。很多政府在制定调控政策的时候不依靠任何经济学的理性，因此那些政策也无法有效地解决市场失灵的状态，特别是在这些政策背后的真正意图偏离了经济增长这个目标的时候。通常那些表明要帮助穷人的政策实际上是为那些政府官员提供更多工作机会和不合法的收入。其他的政府干预政策，无论其初衷如何，最后往往会演变成为政府官员提供贪污腐败的“便车”。

▶ 案例5—2　　独立之后的加纳

1957年3月6日，在热烈的庆典中，加纳成为撒哈拉以南非洲地区第一个获得独立的国家。到处洋溢着乐观主义的气氛：加纳是世界上最大的可可粉生产国，人均收入在撒哈拉以南非洲地区国家中仅次于南非，其外汇储备足以支付三年的进口。加纳的前景一片光明，许多评论家相信它有实力赶超包括亚洲发展中国家在内的大多数发展中国家。

但事实并非如此。以其卓越才智引领加纳走向独立的恩克鲁玛总统在经济和政治方面的领导却收效甚微。在激进的工业化改革中，恩克鲁玛在经济中广泛引入了国家干预（state intervention），对多种商品实行价格控制，限制贸易和投资，并对国有企业（state-owned enterprises）实行管控。基于其可可粉贸易的收益，加纳大举借债来建立其庞大的工业体系，以替代进口，并加工本国的诸多原材料。然而，可可粉的价格在20世纪60年代突然下跌，政府这只手的过度干预滋生了大量的腐败，造成了不当的投资决定、扭曲的价格和日益累积的不稳定性。1966年，一个军官团伙推翻了恩克鲁玛政府，此后的17年中发生了一系列的政变及反政变事件。在此期间，经济剧烈波动，1966年经济负增长6%，随着可可粉价格的回调，1970年又回升至7%，两年后又跌回至负增长5%，1975年一度跌至灾难性的负增长14%。1983年，经济彻底崩溃。可可粉产量萎缩至原来的一半，通货膨胀率超过12%，经济“增长”连续三年低于负增长6%，人均收入比26年前独立时低约1/3。

1983年，杰瑞·罗林斯总统（Jerry Rawlings）（两年前的他作为罗林斯空军上尉，在一次政变中掌权）在无计可施的情况下，向国际货币基金组织（IMF）和世界银行请求资金援助，并接受了它们转变经济政策的苛刻条件。罗林斯开创了加纳的经济恢复方案（Economic Recovery Program），这一方案在很大程度上就是20世纪80年代和90年代初期，许多接受IMF和世界银行赞助的发展中国家所引入的改革方案的原型。加纳的改革是广泛的：货币贬值，解除利率限制，大规模降低财政赤字。一系列的价格控制被解除或修正（包括提高向生产可可粉的农民收购可可粉的价格），许多进口产品的关税被降低，贸易体制的自由化逐步推进。几年内，许多企业，包括交通运输、可可粉营销、银行业及其他领域内的一批企业，被部分或全部私有化。IMF 和世界银行预料到了加纳改革所取得的进步，并预言这些改变将会为宏观经济更大的稳定性、可持续的经济增长及消除贫困奠定基础。

改革的结果显然是积极的，但仍令许多改革的倡导者失望。经济趋于稳定：通货膨胀降低了（尽管仍保持 20%的相对高位），贸易赤字缩小了，外汇储备增加了。1983 年以后的经济增长不再那么反复无常，均保持了正的增长率。从 20 世纪中期开始人均 GDP 的增长持续为 1.6%，并在 1996—2010 年期间超过了 2.9%。在 2004 年之后其经济增长更是得到了国际组织的援助——赦免了将近 60 亿美元的债务，尽管加纳在 2007 年另外借用了 7.5 亿美元。同样，2007 年在加纳发现的近海石油资源更是保证了其之后的经济发展。第一批石油采集发生在 2010 年，在 2011 年加纳的人均 GDP 增长就达到了 8%以上。这场通过石油获得的意外之财是否可以使加纳今后的经济增长得到保障，抑或是否会制造更多的麻烦，到目前为止还无法预测。

由此看来，对于越来越多持有此种观点的经济学家和政策制定者来说，一个比较清晰的结论是：发展中国家的政府需要从市场中撤退出来，且需要更好地调整和完善那些已经存在的对经济增长发挥作用的政策。进口替代工业化的弱点被进行了特别的记录。① 即使是诺贝尔经济学奖获得者冈纳·缪尔达尔，在早期也认为进口替代保护是一个调动和调整半失业工人的有效方式，然而他最终意识到这样的政府干预迟早会在经济发展中导致腐败。② 在 20 世纪 70 年代末 80 年代初，世界银行同样开始对这样的问题采取相应的措施。

在这些关于政策部门在经济发展中到底应该充当一个什么样角色的讨论进行的同时，随后发生的两个事件对这一讨论产生了重要的影响。第一个事件是在 1973 年和 1979 年石油输出国组织（Organization of the Petroleum Exporting Countries，OPEC）提高石油价格。石油价格的上涨引发了大规模资金流入石油出口国的财政部门，从而极大地拓展了这些国家政府投资的规模。同样，在整个长周期如果不是最显著的也相当有影响的是，那些获得大量外汇储备的最大的几个出口商通过与国际银行合作进行再投资。

这些巨额资金导致了整个世界贷款利率的降低，这就鼓励了发展中国家的政府借入大笔资金来支持自己的发展项目。特别是在拉丁美洲，它们在那些私有国际银行的债务逐日累积。到了 20 世纪 80 年代中期，这种情形发生了戏剧性的变化。由于不断上升的通货膨胀以及 OPEC 的石油危机，美联储在短时间内削减了美国的资金供给，于是利率在短时间

① 经济学家进行了一些颇具影响力的研究，历数了进口替代战略以及随之实施的政府干预手段的缺陷。见 John Sheahan，"Import Substitution and Economic Policy：A Second Review，" Research Memorandum No. 50（Williamstown：Williams College，Center for Development Economics，1972）。也可参见 John Sheahen，*Patterns of Development in Latin America：Poverty，Repression and Economic Strategy*（Princeton：Princeton University Press，1987）。

② 冈纳·缪尔达尔对于"软政府"（soft state）的介绍，见 Gunnar Myrdal，*Asian Drama：An Inquiry into the Poverty of Nations*，3 vols.（New York：Twentieth Century Fund，1968），将其定义为由于腐败而没有能力实现其发展目标的政府。

内急剧上升。这一情况对于发展中国家的国外借债产生了两个非常不利的影响。第一，很多贷款以浮动利率来计价；第二，这些贷款都是以美元而不是当地货币来计价的。当美元迅速升值作为市场对于美国财政政策的回报时，那些借贷了大量债务的国家便无力偿还高企的利息，特别是在自己国家货币贬值的情况下更是如此。于是，那些深陷债务危机的拉美国家便不得不考虑违约。关于债务危机的讨论，我们会在第13章进行。在第13章，我们注意到债务的积累从一开始便导致了政府对一系列发展项目的财政支持成为可能，但是在这个过程中所发生的偿付危机导致这些项目不得不在一个还未成熟的状态下便被迫终止。这在拉丁美洲称作20世纪80年代“失去的十年”。“失去的十年”的影响远远超过在此之前提到的债务问题。它使我们开始更加全面地思考政府在整个经济发展中到底应当扮演怎样的角色。

另一个至今都拥有深远意义的事件是20世纪60年代“亚洲四小虎”的崛起：韩国、中国台湾、中国香港和新加坡。在20世纪70年代末，这些经济体在长达十年的时间内保持了与日本旗鼓相当的经济增长率，并且一直被当作是成功的经济增长案例。这一重大的历史事件直到十年以后才对发展的思潮产生影响，并且直到今天人们依然对此争论不休。这些国家和地区的增长基础对于强调进口替代工业化推动经济发展这一论断提出了极大的挑战：这四个经济体都是以出口劳动密集型制造业为基础而实现快速经济增长的。诚然在这个过程中它们曾经历了以进口替代为主的时期，但这四个经济体快速把重心转移到出口，特别是制造业的出口。对于韩国和中国台湾来讲，它们主要是借鉴日本的经济发展模型，即在第二次世界大战以后，在其经济发展的最初阶段所创立的同样战略。而中国香港和新加坡长久以来就已经拥有了转口贸易及所有贸易经济所需要的体制和基础设施。以这些为基础，推动这两个经济体的贸易经济的是一个以制造业为主导的出口市场的出现。就中国香港的情形而言，表现为在1949年后，很多上海的制造业都把它们的基础经营转移到了香港。对“亚洲四小虎”开放的第一个国际市场以美国为主。与20世纪30年代不同，60—70年代的美国市场对进口是非常开放的。由此可见，这四个经济体的经济发展展现了以制造业为基础来推动经济发展不仅仅是一个可能性，更是一个比发展中国家所采用的进口替代战略更加优越的发展方式。

更具争议的是“亚洲四小虎”的当局在经济发展过程中采取的策略及其影响。实际上，真正争议的并非事实本身。韩国和中国台湾的当局都曾积极推动出口和工业发展。他们通过使自己的货币贬值，在不同的方面资助出口，推动教育和科技研究来支持自己的工业发展。当局的支持（包括提供临时保护来抵制进口）是由以韩国和中国台湾企业的出口能力来衡量的经济表现来实现预测的。无论从何种意义上来讲，这些当局都在扮演着干预者的角色，但是他们都拥有一个非常清楚和明确的战略，那就是坚决抑制官员们徇私的情况发生。这两个经济体也有腐败发生，这对工业化的出口政策产生了很大的影响。这也使得这两个经济体的经济发展得越来越复杂和成熟。于是在21世纪第一个十年，韩国和中国台湾便取消了大部分的干预（见案例5—3）。

▶ 案例5—3　政府在市场中的作用日益失效：韩国，从20世纪60年代至2010年

韩国在20世纪60年代和70年代执行了一种很强的政府介入推动整体出口，尤其

是促进特殊部门出口的产业政策。政府通过给予其支持的产业低于市场利率的银行贷款，使之获得由政府控制的外汇用于进口等特殊途径，帮助建立这些产业所需要的基础设施。国家总统甚至每个月都要会见主导产业的领导人，审查并帮助解决他们的问题。多数这些产业在扩张过程中都有政府干预措施的支持。政府的本意是纠正市场失灵，尽管许多这些市场失灵正是先前和正在实行的政府进口替代政策的产物。

20 世纪 60—70 年代的这些产业政策都显示出不错的效果，尽管在今天看来 70 年代的重化工业导向仍存在争议。执行这项政策的总统朴正熙（Park Chung Hee）使得这些产业政策决策远离了政治和腐败，因为他掌握了一个主要由现代化军队支持的独裁政权，他觉得没有必要运用产业政策来收买他的政治支持者。随后到了 20 世纪 80 年代早期，很多韩国经济学家和其他专家感到这种激进的政府产业政策正在导致过多的经济扭曲，他们认为国家应该向更加市场化的体系迈进。向市场体系的过渡被证明是困难的，因为政府向那些曾经按政府意愿行事的私人企业做出过承诺。这些企业感到获得了某种暗含着的保障，即如果它们因按照政府的命令行事而陷入困境，政府将会帮助它们解围。整个 20 世纪 80 年代，它们确实陷入了困境，政府在那十年中花费了许多时间来给这些企业提供补贴和其他形式的支持。

到了 20 世纪 90 年代，韩国建立了民主政府，1992 年以后，金泳三总统执政，他对激进的产业政策毫无兴趣。后来，像前几任总统一样，他看到了这些政策可以怎样被运用于聚集大量的资金，支持其政治运动。逐渐地，某一特定厂商或产业能否获得政府支持，关键在于它是否对政治运动做出了贡献。这样的贡献在 20 世纪 60—70 年代虽然同样存在，但不允许其影响重大的产业政策决策。相反，在 20 世纪 90 年代，产业政策的介入主要受政治驱动而非出于建立高效、有竞争力的产业的考虑。早期的产业政策产生了像浦项（POSCO）这样的企业，浦项是世界上最大也最有效率的钢铁企业，在 1997—1998 年的亚洲金融危机中，仍保持了高额的利润。而 20 世纪 90 年代的产业政策则产生了像韩宝钢铁公司（HANBO）这样的企业，这个企业的破产在很大程度上导致韩国卷入了亚洲金融危机。

最后，在 1998—2008 年，金大中和卢武铉两任总统领导下的韩国政府，开始努力使政府退出支持特定产业和企业的事务。其目标是建立一个对所有企业都公平的平台，同时又不会致使那些曾经对政府支持过分依赖的老企业倒闭，以免引发另一场金融危机。然而，从广泛的政府干预转向完全依赖市场力量，并不仅仅是让政府停止干预。在许多情况下，政府感到不得不引入新的干预来抵消先前干预的负面影响。2009 年的李明博政府（Lee Myung-Bak）继续了同样的在目标上的冲突。

中国香港特区政府在经济发展中的角色在很大程度上与新加坡政府没有什么区别。香港是一个接近纯自由放任的市场经济，就像世界上其他地方任何一个相似的经济体一样。香港特区政府管理着一个完全开放的自由贸易经济。就算是在那些特区政府参与干预的领域，例如土地政策，香港特区政府所制定的政策也与主要的经济发展没有直接的关系。在教育、健康政策以及国内安全系统的支持下，特区政府在经济发展中的角色是保持和调控一个稳定的宏观经济环境。新加坡政府在很多方面与香港特区政府都是相似的，然而它的政府角色并不是来支持任何具体的工业，因为主要的经济机构都是国有企业（例如新加坡航空公司）。于是从很大程度上来讲，新加坡的工业政策主要集中于为外国投资营造一个有利的环境（见第10章）。

部分研究曾经试图把“亚洲四小虎”颇为不同的经验整合成一个囊括所有的相似故事。① 然而，更为常见的选择则是挑选另外一个能够支持一个特定的先入为主的政府干预角色观点的经验（在中国香港，是支持自由放任的市场；② 而在韩国，则是在20世纪70年代为人们广为相信的由政府所驱动的重化工业）。随着这四个经济体的经验愈发为人们所理解，有两个结论也愈发清晰起来。我们可以看到两个非常明确的结论：第一个是在正确的政策的支持下，发展中国家的经济可以发展得十分迅速；第二个是一个国家的经济增长是可以基于出口的，尤其是制造业的出口。以自然资源为基础的出口（我们会在第17章进行讨论）未尝不可，但这并不在这四个经济体的经验之内。

“亚洲四小虎”的经验在相关地区内的影响是极为强大的，特别是在1978年以后的中国以及1986年以后的越南。它同时也改变了很多南美洲以及其他发展中国家的经济学家和政策制定者们对于经济发展的思路。

5.3 结构调整、华盛顿共识和苏联模式的终结

作为对于多边以及双边援助机构的回应，特别是对于类似于世界银行的机构，是通过实施它们的援助项目来支持那些经济不景气国家对于经济发展所采取的变化以及措施。在20世纪80年代末，很多曾经在贫困中挣扎的非洲、拉丁美洲以及南亚的国家最终都实现了飞速经济发展。世界银行把在这些国家中所发生的变化叫作结构调整。结构调整是一个较为宽泛的概念。它所涵盖的改革旨在通过改变经济结构，以促进经济体更加市场化，生产更多的可贸易品，并提高经济效率及灵活性。如果一个国家要想从世界银行或其他援助机构获取援助，其结果必然是会导致众多开始只是暂时的、长期则是有条件的改革措施的出现。

结构调整改革的一项重要目标，就是减少或消除这些由政府干预所引起的扭曲。在大多数发展中国家，可以列出一长串被扭曲了的价格单。简单举例来讲，比如很高且有差异性的关税、对贷款的低利率（这抑制了储蓄，并导致了错误的贷款决策）、较高的最低工资（这有助于某些工人却损害了另一些工人的利益）、得到补贴的汽油或食物、为了控制食品价格而限制支付给农民的农作物价格。对于每一个政府决定的价格，总有赢家（他们在产出方面会获得更多，或在投入方面会付出更少），也有输家。当改变价格的得益者极少并且很集中，而利益受损者为数众多并且很分散时，最容易发生价格扭曲。征收关税会增加那些彼此联系紧密的工厂主的利润。尽管那些支付更高价格的消费者会有成千上万，但他们不均匀地分散在全国的各个地方，不大可能组织起来反对价格

① World Bank, *The East Asian Miracle: Economic Growth and Public Policy* (New York: Oxford University Press, 1933). 该书给出了亚洲这四个经济体实现飞速经济增长的原因。然而依靠市场本身力量的经济模型仅仅能解释中国香港和新加坡的经济政策，并不适用于韩国与中国台湾。

② 例子见 Milton Friedman, “The Real Lesson of Hong Kong,” *National Review*, December 31, 1997。

上涨。由于关税被计入零售价格之内，这些消费者可能甚至不知道是政府的干预导致了更高的价格。然而，厂商是知道的，并且它们乐意让那些帮助它们的人分得一部分增加了的利润，从而导致了阻碍改革的政治矛盾。

纠正价格扭曲有时会带来更低的价格，比如说取消一项关税，有时会带来更高的消费者价格，比如说取消对食品或燃料的补贴。这些补贴经常是预算外开支，因而成为导致预算赤字和通货膨胀的重大因素，要么就是使用了稀缺的税收收入，而这些收入原本可以用在建立学校、铺设道路或开办医疗诊所等更好的用途上。然而，取消这些补贴会产生巨大的政治压力，因为消费者马上就会感觉到自身成本的上升，而并不总是所得利益的增长。取消食品或燃料补贴经常会引发能使政府垮台的暴乱。

因此，进行结构调整改革以纠正价格扭曲，常常会遭遇到强烈的抵制，要么是因为改革损害了彼此紧密联系的利益集团，要么是因为改革影响到许多消费者。在中东欧、俄罗斯和中国，大多数国有企业明白自己是国家价格控制的受益者，因为价格控制使它们可以在人为的低价格下获取关键性的投入。中国为了规避大型国有企业的阻碍，建立了双重价格体系。在这种体系下，年度计划之内进入大型国有企业的钢材，只收取较低的国家定价，而其他所有在市场上出售的钢材，其价格则由市场决定，大大高于国家定价。这种双重价格体系大大克服了价格改革的政治阻力，但也滋生了腐败，有些人利用其影响力以低的国家价格购入，然后迅速以高的市场价格售出，以牟取暴利。鉴于此，许多其他社会主义国家和前社会主义国家，从俄罗斯到越南，都选择了彻底地取消所有的国家定价，对大多数商品和服务只使用一个由市场决定的价格。到20世纪90年代后半期，中国基本上取消了双重价格体系，取而代之的是统一的市场价格体系。双重价格体系的逐步取消，部分是由于中国政府经过深思熟虑之后决定减少以低廉的国家定价售卖的产品的数量。但更主要的是，政府定价的消失是因为生产者越来越不愿意以低于市场价销售产品，而且，它们找到很多方法来规避政府要求它们这样做的指令。

结构调整还包括了很多其他的元素。国与国之间的具体国情彼此迥异，一个国家所采用的具体措施在另一个国家可能就是不可行的或是不妥当的。然而，随着时间的推移，每个国家内各个不相同的结构调整政策逐渐发展成一个全面的观点，特别是从成功的经济发展角度来讲。这个观点就是随后众所周知的“华盛顿共识”。然而在华盛顿共识被肯定之前，一个关于什么是错误的全面的观点则先开始受到关注。例如在1981年，世界银行发表了一个影响重大的报告，叫作《撒哈拉以南非洲地区的加速发展：一个行动纲领》，又叫做《伯格报告》(Berg Report)，以其作者经济学家艾略特·伯格的名字命名。《伯格报告》介绍了一系列关于非洲想要实现其潜在发展所需作出的政策变化。由于在这些国家中依靠农业生活和工作的人口占了绝大多数，这个报告因而也加大了对于农业的关注。《伯格报告》呼吁在非洲终结对于汇率的过高估价，并且淘汰对于农业的贸易限制。由此，州政府在经济管理中日益增长的重要性变成了经济学家们讨论的重要话题，尤其是对于在营销局变成私有化市场的替代品的这个过程中，政府应当扮演何种角色的讨论。这些市场营销局通常通过将产品价格制定得远远低于其实际出口价格，从而向农民课征高税负，例如加纳的可可粉营销局。《伯格报告》提倡通过教育和制定更为有效的健康措施来提高人力资源，由此来更好地进行债务以及相应的援助管理。相似的报告在随后的几年里相继出版，然而 20 世纪 80 年代期间非洲的经济发展仍然处于停滞状态。

然而，国际经济研究所的经济学家约翰·威廉姆森（John Williamson）在其一篇开创性的文章中明确地提出了这样的观点：什么是国际和双边援助机构曾经认为的那些想要加快发展的国家所需要面对的问题的中心？IMF、世界银行、美国政府及其他国际社会的关键角色对于拉丁美洲国家进行经济改革的必要步骤，已形成了日益强烈的共识。① 威廉姆森把这项达成广泛共识的改革议程称为**"华盛顿共识"**（Washington Consensus）。威廉姆森的意图是明确当时所广泛流行的政策建议的"最小公分母"。他在文章中强调了这些政策与 20 年前所流行的传统智慧的差异。威廉姆森所提出的共识强调了十大要点：

- 财政纪律。平衡的政府预算对于避免通货膨胀、国际收支赤字和资本外逃是十分重要的。超过 GDP 1%或 2%的政府财政赤字，就被认为是过分的，并且表明了政策的无效。
- 重新确定公共开支的优先顺序。应该削减对汽油、食品及许多其他种类产品及包括军事在内的政治敏感领域的补贴支出，并且应该将这些支出集中到教育、卫生、关键基础设施及维持必备的公共行政管理领域（但应削减臃肿的官僚机构）。
- 税收改革。为了降低预算赤字，改善激励机制以及实现公平，改革要求实行适中的低税率并扩大税基。
- 利率的自由化。市场力量应该决定利率及信贷分配。实际利率应该保持为正，亦即名义利率应该高于通货膨胀率。
- 有竞争性的汇率。汇率也应当由市场力量决定，并保持在一个能够维持国际收支平衡特别是促进出口增长的水平。
- 贸易自由化。消除数量限制（进口配额和进口许可），逐渐对进口商品征收统一的低关税。这些措施在某种程度上会鼓励国内厂商向国外市场销售产品，而不是只注重受保护的国内市场。
- 外国直接投资的自由化。对外国直接投资的限制应当废除，以便促进所需的资金、技能和专业技术的流入。
- 私有化。公有企业应当被私有化，一方面可以缓解政府预算的压力（因为节省了对亏损公有企业的补贴），另一方面也可以改善效率。这反映了一个盛行的观点，即私有企业一般比公有部门的企业更有效率。
- 放松管制。在一国经济内部促进竞争的主要手段就是大举削减或废除政府管制，尤其是那些限制企业进入和退出的管制措施。但那些保障安全、环保及对银行部门实施监督的管制措施仍应当保留。
- 夯实产权。私有产权事关重大，应当采取措施使之得到加强，这些措施应包括使小规模、非正式部门的企业能够以合理的成本获得私有产权。

---

① 原始文章为 John Williamson (1990), "What Washington Means by Policy Reform," in John Williamson, ed., *Latin American Adjustment: How Much Has Happened* (Washington, DC: Institute for International Economics, 1989)。

上述所有这些要点都是围绕扭曲压制增长来展开的。而扭曲通常是由于不正当的政府政策而导致的。消除这些扭曲是加速增长的关键。政府失灵，以及它所导致的市场失灵曾被认为是经济增长的核心阻碍。

威廉姆森的原文撰写于拉丁美洲经济增长和发展进程中曾经被称为所谓“失去的十年”之末。这篇论文既是对拉丁美洲经济体所推荐的政策改革的一份描述，也是该地区所需改革的一剂处方。这种一揽子的改革方案以及其他类似措施都提倡审慎的宏观经济政策、更大的外部导向性以及对自由市场的较强依赖，它们也被应用于拉丁美洲以外的国家。1989 年柏林墙倒塌以后，出现了一大批转轨经济体，它们也被鼓励采用相似的政策。自身陷入增长危机的撒哈拉以南非洲地区的经济体，也被鼓励遵循相同的方法。当金融危机卷土重来时，最先是 1994 年在墨西哥，尔后是 1997 年在东亚经济体，不久以后依次是俄罗斯、巴西、土耳其和阿根廷的危机，华盛顿共识的政策主张都被运用于这些经济体，尽管金融危机的深层次原因（见第 12 章和第 13 章）常常并不是未能获得持续性的经济增长。

20 世纪 80—90 年代期间，许多经济体都转向了华盛顿共识所提出的改革议程。经济体制的钟摆从国家计划转向了市场。财政约束越来越得到广泛的重视，预算也越来越趋于平衡；曾经像瘟疫一样折磨拉丁美洲的超级通货膨胀不太常见了；世界范围内的汇率不再那么被高估了，黑市外汇升水也趋于下降，如果尚未完全消失的话。金融抑制的做法（名义利率被压至价格通货膨胀率之下，政府则将稀缺的信贷资源分配给偏爱的企业）不太普遍了；农产品市场委员会被解散，其他形式的直接价格控制也被废除；贸易壁垒减少了，各大洲掀起国有企业私有化的浪潮。[①]

□ 从苏联命令模式到市场经济：一个伟大的变迁

当拉丁美洲的经济开始摆脱 20 世纪 80 年代的债务危机，并且向华盛顿共识所提倡的方向过渡的时候，在 20 世纪末的东欧发生了一件影响深远的事情。在米哈伊尔·戈尔巴乔夫所领导的苏维埃政权之下，东欧的很多国家都被给予了各自发展的充分自由。在 1989 年开始的快速演变过程中，从柏林墙的倒塌开始，在东欧的一系列国家内都发生了翻天覆地的变化。例如共产主义政权被其他系统所取代。很快，苏联自身也解体为 15 个独立的国家。

对于那些在第二次世界大战以前就已经获得独立的中东欧国家以及新独立的波罗的海诸国，新政府的经济发展目标是非常明确的——它们想要尽可能地发展成为像西欧那样的国家。这就包括迅速转换苏联曾经实施的中央计划经济以及高度集中管理和行政划拨的工业产品体制。尽管在俄罗斯存在着大量不同的意见，然而在鲍里斯·叶利钦的带领下，俄罗斯还是转变成了一个以市场经济为主体的民主政权。

---

① 在拉丁美洲，“财政约束将平均预算赤字从 GDP 的 5%降至约 2%，还将公共外债从 GDP 的 50%降至不到 20%。贸易自由化将平均关税从 40%以上降至约 10%……银行、电厂、电信系统，甚至是公路、水和卫生服务都被出售给了私有部门。在 1988—1997 年间，800 多家公有企业被私有化了。” Nancy Birdsall and Augusto de la Torre, *Washington Contentious: Economic Policies for Social Equity in Latin America* (Washington, DC: Carnegie Endowment for International Peace, 2001).

显然，所有这些处于转型之中的经济体所面临的最为关键的问题就是如何去实现这一转型。我们是否应该遵从国内外那些经济学家们的建议，是采取那种戏剧性的跨越，还是应该循序渐进地来完成这一转型过程？在向市场经济转型的过程中到底应该采取哪些措施？在向市场经济转型的过程中，一些经济体在以指令性经济为主导的同时，市场经济的成分也已经存在了。例如农业和消费者产品的分配。然而今天的挑战则是如何把市场力量植入经济发展。把市场经济的系统介绍到一个不是由政府主导的经济体中不同于在已经存在的市场系统中消除扭曲，然而在当时这二者间的不同并没有被很好地认识和理解。在一个扭曲的市场体系中，机制所需要的市场经济已经存在了，只不过在这一期间政府干预导致市场经济发生了扭曲——譬如，在制定价格方面，在一个产品由政府机关分配的指令性经济中，很多体制所需要的正常运作的市场体系是全然不存在的。

能够保证市场正常运作的五个必要条件是：

1. 宏观经济一定要在某个合理的程度上保持稳定。高通货膨胀、大规模的财政赤字以及高失业率通常无法使得市场保持正常运作。

2. 大部分的商品以及服务必须由市场进行分配。这一点看起来是理所当然的。然而不应忘记的是，在苏联模式的经济体系中，大部分的商品和服务都是通过政府机关来进行分配的。战场上的指挥官不会从市场上购买武器。他们的武器通常是由国家分配的，譬如国防部。对于那些本应由市场来分配的商品，其前提是存在这一市场。就那些初级市场而言（例如，一个农民向消费者兜售鸡蛋），可以在一夜之间产生。然而，那些通常需要制度保障的更为复杂的市场却并不存在。譬如股票市场和期货市场，这类市场根据一套复杂的规则在运作。这套规则决定了哪些行为是被允许的，哪些是不被允许的。汽车销售也是如此。汽车销售需要一个经销商的分销网络。这些经销商不仅仅买卖汽车，而且提供相应的服务。由于相比较一个普通消费者的收入，机动车的价格较为昂贵，因此需要建立一套机制来资助汽车的购买。

3. 如果商品要实现它们的最大价值，价格就必须是自由浮动的，从而来反映其在此经济体中的相对稀缺。对于生产者来讲，价格是反映消费者需求的最好信号。不正确的价格信号会误导生产者对于产品生产的决策，从而导致效率降低。

4. 市场需要竞争，垄断造成价格扭曲，从而使得生产者以及消费者接收到错误的信号。一个健全的经济机制应该能够预防垄断所带来的一系列不良影响。

5. 然而，通过竞争来得到正确的价格只是市场正常运作的一部分。如果想要使得商品和服务达到最有效的利用，生产者必须对这些价格做出正当的回应——他们必须遵从市场规则。换言之，就是生产者应当尝试使利润最大化。与此同时，他们需要通过增加产品销量或是降低成本来提高利润，而不是通过他们与政府的关系而向政府索取更大的财政支持。

这些由经济学家们提出、在东欧和俄罗斯经济转型中得到运用的标准建议，在很大程度上与华盛顿共识有相似之处。这些经济顾问通常会建议政府应该消除高通货膨胀和长期国际收支差额所导致的国际债务。假设在这样的大背景下，或者在宏观经济并没有在控制之内的情况下，接下来要做的事情就是让价格自由浮动来自发地找到它们在市场中所处的合适位置。最后一步就是进行经济的私有化，从而使生产者们关注利润最大化。以上所提到的这些步骤最好可以尽快在一两年内落实到经济体系中。

尽管并不是所有经历转型的国家都按部就班地遵循上述建议，但大部分国家还是都采取了相应的回应。结果就是 GDP 的大幅度下跌以及高失业率的发生。转型经济从而进入了一个持续很多年的大萧条过程。到底在哪里出错了呢？是经济学家们的建议不合时宜？还是有很多具体的经济问题在经济转型期间被掩盖了？答案是二者都有。

无论是苏联还是那些东欧国家，都拥有大量其产品已不再像过去那样拥有广泛需求的产业。譬如，在冷战结束的时候，对于军工产品的需求在东欧和苏联的那些前加盟共和国陡然下降。而许多其他产品则依赖于苏联阵营所建立的贸易垄断市场。这些产品的质量与西欧和其他市场经济国家生产的相似的产品相比相去甚远，从而，它们需要相当长的时间去学习如何提高它们的竞争水平。然而，许多企业根本无法完成必要的升级，当前苏联阵营的那些消费者有可能支付外汇从世界各地去购买那些高档的商品时，这些企业便失去了原有的市场。

但是，如何转型为市场经济的模型本身也存在着两个明显的缺陷。其中的一个观点就是主张所有的改革措施都要毕其功于一役，也就是要通过运用所谓的“大震荡”，或是“休克疗法”来实施改革：迅速地实现众多商品价格的自由浮动似乎是一件非常简单的事情，与此同时，将通货膨胀迅速置于控制之下也似乎是理所当然的。例如计划将通货膨胀从第一年的 1 000%降低到第二年的 500%，再到第三年为 200%等等都是合理的。如果货币供给在数周或数月内能够大幅度下降到一个与价格稳定相互兼容的水准，那么这种为了平抑通货膨胀所做的努力在相当程度上就是稳定和持久的。

那种简单地认为仅仅通过私有化就可以在一夜之间改变一个大型工业部门的管理行为的观点是毫无意义的。苏联和东欧的很多企业都是被信奉指令性经济的管理层人员所掌管。他们并不了解市场经济是如何运作的，更不知道如何组织一个企业来满足市场需求。他们按照国家计划来制造产品，也同样依靠其他的官僚机构来将这些产品分配和传递给消费者。私有化是改变这些管理层人员的第一步，但仍有其他很多需要改变的措施以及知识需要这些人学习和理解。这并不是一件在短时间内可以一蹴而就的事情。①

那些不曾存在的市场是不可能在短时间内产生的，金融市场就更是如此。例如股票市场的运作就需要复杂的规则来指导和控制。实际上，这对于那些相对不那么复杂的市场也是适用的。在东欧改革初期，那些要在瞬间改变市场现状的心态导致对于已经存在的国家机构运作的购买以及分配系统的废除，并且往往在可以替代这样的系统出现之前，原来的体制就被废除了。

对于为确保市场正常运作的五个条件，它们反映出了与华盛顿共识相似的理念。尤其注重第一个（宏观经济一定要在某个合理的程度上保持稳定）、第三个（价格必须是自由浮动的，从而反映其在此经济体中的相对稀缺）以及第四个条件（推动市场需要竞争），但对于第二个条件（创造有效的机制来保证市场运作）和第五个条件（改变管理层人员的管理理念）的实现还远远不够。

当拉丁美洲从“失去的十年”中慢慢复苏，东欧国家以及苏联正在经历对于它们至关重要的体制转型时，在欧亚大陆的另一端，一个相似且同样重要的经济转型正在发

① 政治和经济原因促使国家进行企业私有化。很多改革者们认为私有化是一个打破现有政治以及经济极权的途径。

生，且是唯一被认为成功的案例。中国在 1978 年末开始进行改革，坚持以对外开放的贸易政策来鼓励对外贸易以及外商在中国的直接投资。与此同时，中国还把农产品的管理权下放到了每一个农户手中，而不再像以前那样以 20～30 个家庭为单位进行集体管理。中国在改革初期并没有一个健全、完整的理论支持。那时中国的领导人唯一清楚的状况就是中国曾经拥有的经济体系无法有效地运作，他们从而想要在最短的时间内建立起一个适合中国发展的经济体制来使国家富强。农业改革开始于 1984 年，随之市场替代政府来进行产品分配的政策实施，并且放开对工业部门投入和价格的限制。这为中小企业和乡镇工业的蓬勃发展创造了条件。到 20 世纪初，中国对于经济的开放政策使得外国在中国实现了每年超过 50 亿美元的投资额——这个数字在 2010 年以前还会再翻一番。随着这些改革的进行，中国的 GDP 以年均 9%的速度增长，并且持续了 30 年。中国由此从一个穷困的乡村经济转变成为一个中等收入的城市和工业经济体。

在中国所发生的一切向我们证明，如果一个国家实行对外开放，促进制造业的出口，并且在大部分交易中引入竞争性市场力量，一个可持续性的高增长率并不是遥不可及的。对于一个比较简单的市场和产业，中国快速地做出了很多改变。但是当较大型企业经历必须从中央计划的模式向以国际化市场竞争为主的市场模式转变的时候，这些改变则是循序渐进的。进一步讲，中国仍然缺乏很多机制所需要的西方式的市场经济以及一个合理的法制体系来确保市场正常运行不受到政府机制的干扰。越是复杂的机制体系，就需要越长时间来实现。

越南的改革始于 1986 年初，并在 1989 年之后加快，越南实行了一个与中国相似的政策。这就表明，中国采用循序渐进的改革政策所取得的成功并不是侥幸。

另一个实行全面广泛的改革来增强市场动力以及给予科技和企业更多自由发展的典型的国家就是印度。就像我们在上述章节所提及的，印度在经济管理方面曾受到苏联经济模式以及英国费边社会主义思潮的非常大的影响。这样几十年下来的结果是一个非常缓慢的 GDP 增长率，每年小于 2%的增长，在 1952—1980 年期间的增长率与那时的中国差不多。适中的改革减少了中央调控，同时也给予了市场更多的自由，从而在 20 世纪 80 年代期间加快了人均 GDP 的增长，平均每年增长率为 3%以上。尔后开始于 1991 年的改革使得东亚模式的增长率达到每年将近 5%，一直持续到 2010 年（改革期间的总 GDP 增长率为每年 8%）。与中国蓬勃的工业发展不同，印度带动经济发展的主导行业是服务业。这是因为印度对于工业依然保持着比较集中的中央调控，且政府还没有做到对于贸易的绝对开放。因此虽然印度在服务业上的出口显著，其制造业出口仍然远远低于“亚洲四小虎”和中国。值得注意的是，印度对于出口的低依赖性在另一个方面也帮助减小了 2008—2010 年世界经济衰退对它的影响。

中国和印度的这种由国家参与来推动大型经济发展的混合模式给我们提供了非常重要的案例，这是两个采用选择性维度的重要案例。然而，这两个国家都采取了选择性的视野，也都没有完全去照搬华盛顿共识。印度和中国的人口加在一起占到了世界总人口的 37%，相比之下，欧洲、北美的高收入国家和日本占世界人口的比例仅有 16%。可以说，它们从赤贫到中等收入地位的崛起是过去半个世纪中最为重要的事件。

□ 华盛顿共识是成功的还是失败的?

在21世纪的第一个十年，逆全球化的浪潮日趋高涨，进而发展到对于华盛顿共识的许多基本原则的反对。频繁爆发的示威游行甚至暴力行动扰乱了那些讨论和开展自由化国际贸易的国际会议，例如1999年在西雅图、2003年在坎昆举行的WTO年会。2008—2010年的全球化经济衰退同样也使得很多经济学家们开始质疑在过去的十年内大规模地减少政府调控是否正确。很多高收入国家开始把新的调控政策引进它们的金融市场。发展中国家也开始酌情放缓市场的自由化进程。于是人们开始质疑在经济发展中减少政府部门的调控是否正确？抑或这样的措施对所有的国家都是不正确的还是仅仅对于一部分国家有益？

对于广大发展中国家，在2010年所面临的问题是华盛顿共识是否有利于它们的经济发展。在分析这个问题之前我们注意到很多发展中国家的确尝试把华盛顿共识所推荐的政策植入自己国家的经济体系中。特别是在拉丁美洲，在经历了高企不下的通货膨胀率之后，很多国家的确都成功了。很多地方的利率不再被高估，贸易壁垒也明显减少了。财政纪律在很大程度上得到了维护，尽管这些状况还远不普遍。例如，在1991—2002年期间，阿根廷政府就曾尝试通过盯住美元来确保其金融稳定，这相当于通过货币发行局制度来确保稳定性（即意味着允许比索与美元以固定的汇率完全可兑换），然而，中央政府既不能有效地控制地方政府的支出，也不能保持盯住美元汇率机制的持续运行。

表5-1中的数据比较了拉丁美洲若干国家对于通货膨胀的控制和这些国家从20世纪80年代“失去的十年”开始到全球金融危机伊始再到2008年这些阶段人均GDP的增长率与通货膨胀率。这些数据涵盖了整个拉丁美洲地区（也包括加勒比地区诸国）以及在此地区内几个最为重要的国家。选择通货膨胀率不仅仅是因为对于政府掌握经济发展管理它是一个重要的衡量指标，也更是因为高通货膨胀率与不受控制的政府开支以及其他不适当的干扰有着密切的联系，尽管很多这样的干扰原本就是为改良通货膨胀所造成的影响而设计的。

表5-1的数据清晰地反映出拉丁美洲在20世纪80年代“失去的十年”中人均GDP的增长状况。从整个地区来考察，大部分主要城市的人均GDP水平都偏低甚至为负值。从人均GDP来看，整个地区都经历了收入的下降。20世纪80年代是一个通货膨胀极度高企的年代。这样的极度通货膨胀使得价格每天都在发生变化。在20世纪90年代，特别是在90年代末，拉丁美洲开始平抑通货膨胀，并且在21世纪的第一个十年之前，整个地区的年价格上涨率仅为个位数。

表5-1　　拉丁美洲的经济增长与通货膨胀（%）

地区/国家平均	GDP增长			通货膨胀率		
	1980—1990年	1991—2000年	2001—2008年	1980—1990年	1991—2000年	2001—2008年
拉丁美洲和加勒比地区	−0.4	1.6	2.3	14.6	17.5	6.1
巴西	0.1	1.0	2.3	396.4	308.9	8.1
墨西哥	0.3	1.8	1.3	60.7	16.3	7.8

续前表

地区/国家平均	GDP 增长			通货膨胀率		
	1980—1990 年	1991—2000 年	2001—2008 年	1980—1990 年	1991—2000 年	2001—2008 年
哥伦比亚	1.5	0.7	3.0	24.7	22.5	6.7
阿根廷	−2.4	2.2	3.2	490.7	10.3	12.7
委内瑞拉	−2.4	0.0	2.7	22.1	40.1	25.0
智利	2.5	4.8	3.1	20.9	8.5	5.7

资料来源：World Bank，“World Development Indicators，” http://databank.worldbank.org.

对通货膨胀的控制和所有其他的改革措施在 20 世纪 90 年代被介绍到这些地区以后，是否促进了整个经济的发展水平呢？尽管在大多数地区经济开始复苏，但是其经济增长的速度还是非常缓慢，特别是对比在东亚以及印度发生的经济增长来讲就更是如此。对于此种情况最合理的解释就是在能够实现更高的增长率的条件下为提高市场功能而设计的改革措施对于拉丁美洲来讲是必要的，而拉丁美洲自身是无法有足够的能力来像亚洲那样在近几年中实现如此高速的增长的。除了通过消除由不恰当的政府干预所导致的扭曲来纠正市场价格，对于快速 GDP 增长的目标，还有更多需要去实现的。譬如对于不同的国家以及每个国家的特殊状况，对于新的适宜发展的科学技术的需求。同时拥有高质量的人力资源也是非常重要的，譬如健康的以及受到良好教育的国民。投资者同样也需要一个稳定的政治环境。我们会在接下来的几章中对这些发展方程式中的其他要素进行讨论。在这里我们只需要认识到一点，就是在 20 世纪 80 年代的拉丁美洲，政府对于经济活动干预过度。减少政府干预经济的努力在 20 世纪 90 年代以及 21 世纪的第一个十年的确在拉丁美洲发挥了正面的影响，但是并没有像很多华盛顿共识的拥护者们所希望的那样充满戏剧性地加速拉丁美洲经济的发展。

与此同时，市场主导的改革在拉丁美洲也并没有减轻收入不平等的状况。这同样是在 21 世纪的第一个十年导致众多左派政府当权的原因之一。譬如像巴西等一些左派政府就尝试在保持市场主导改革的同时提高社会福利的主动性。另外一些国家的政府，譬如委内瑞拉则回到了过去通过提高石油价格来为政治支持者提供津贴。这个方法的弊端是，一旦石油价格下跌，经济便无法保持可持续发展。

在非洲发生的市场改革则比拉丁美洲更为复杂。许多撒哈拉以南非洲地区国家在 20 世纪末到 21 世纪初的这段时间里的确尝试消除市场内由于不正当政府干预所造成的扭曲。被高估的汇率得以贬值，并且政府在经济活动中的重要程度被大大减弱了，贸易限制也同样被减少。然而，撒哈拉以南非洲地区是由 47 个国家组成的，在其中的一些国家尝试进行改革的同时，其余的国家或是正在经历内战的困扰，或是腐败猖獗。因此，若想要试图理解市场主导的改革，我们必须对这些国家进行深入的考察。史蒂文·拉德勒特在最近的一项研究中把撒哈拉以南非洲地区分为三组：那些新兴的、已经进行了改革并在人均收入中开始有可持续增长的国家；那些依靠石油出口、收入随着石油价格起伏不定的国家；那些没有进行改革且仍处于内战中的国家。拉德勒特识别了 17 个新兴的完成经济改革的并自 1996 年开始便拥有可持续人均收入增长的非洲国家（见表 5-2）。

表 5-2　　　　　　新兴非洲国家和平均收入的增长，1996—2008 年

新兴国家	年人均收入增长率（%）	平均真实收入的积累增长率（%）
博茨瓦纳	4.1	68
布基纳法索	2.8	43
佛得角	4.0	67
埃塞俄比亚	4.1	65
加纳	2.6	40
莱索托	2.3	33
马里	2.5	37
毛里求斯	3.7	61
莫桑比克	5.3	96
纳米比亚	2.4	36
卢旺达	3.7	60
圣多美和普林西比	5.0	40
塞舌尔	2.5	37
南非	2.0	29
坦桑尼亚	3.0	46
乌干达	3.8	61
赞比亚	1.8*	25
平均	3.2	50

* 我们包括了赞比亚，即使它 13 年的增长率稍微低于 2%，但由于它 10 年的年均增长率曾为 2.3%。

资料来源：Steven Radelet, *Emerging Africa: How 17 Countries Are Leading the Way* (Washington, DC: Center for Global Development, 2010).

这些改革的或新兴的非洲经济体拥有较低的关税率，消除了高估的汇率，并且在其他很多方面为私有经济提供了良好的发展环境。发展得不如这些新兴经济体的是那些过度依赖石油出口的非洲国家（见表 5-3）。这些非洲国家的政府通常无法对资金进行有效的管理，而在自行管理的过程中更是时常伴随着大规模的腐败。最贫困的是那些仍然处于战争（例如刚果）以及政治动荡中的国家（例如津巴布韦）。

表 5-3　　全世界 181 个国家中的撒哈拉以南非洲地区国家（SSA）经营商业排名

指标*	新兴 SSA	其他 SSA	低收入国家（世界范围内）
总体经营商业难易度	108	158	141
开办一家企业	97	146	118
处理建筑许可	109	121	124
雇用工人	100	132	114
注册资产	113	129	118
得到贷款	100	135	123
保护投资者	87	131	115
支付税收	85	128	120

续前表

指标*	新兴 SSA	其他 SSA	低收入国家（世界范围内）
边界间贸易	128	139	141
执行合同	92	134	113
关闭一家企业	108	140	135

*排名越低，越容易进行商业经营。

资料来源：Steven Radelet，*Emerging Africa*：*How 17 Countries Are Leading the Way*（Washington，DC：Center for Global Development，2010）.

与拉丁美洲相仿，市场为主的改革在非洲的一些地区并没有完全消除那些阻碍高增长的障碍。新兴国家所实现的人均 GDP 的增长仍然大大低于亚洲所实现的增长。然而在这 17 个新兴的非洲国家，增长率还是远远高于这些国家在 1996 年改革之前所经历的状况，也同样明显高于其他撒哈拉以南非洲地区国家。

由此，我们可以从这样一个既有市场影响又有政府干预的混合经济体中得出什么结论呢？依照华盛顿共识来进行苏联模式的改革是我们想要的最终答案吗？还是这样的方式对改革并无帮助？经济学家们至今仍然围绕这些问题进行着激烈的讨论。在对于后华盛顿共识的讨论中，一些讨论者对华盛顿共识仅仅注重市场自由化的观点采取了保留的态度，而是侧重于认为应该把有效的政府调控以及建立强有力的制度作为经济可持续发展的核心。①

通过上述讨论我们能够总结出的第一个结论是：不同国家在经济改革的过程中所采取的华盛顿共识中的建议各不相同。例如，中国和越南并没有实行对于国企私有化的改革。其他国家保持了对于进口的严格控制，为很多经济改革带来灵感的“亚洲四小虎”模型事实上对进口采取了很多严格的政策。即使并没有很多国家在改革中尝试进行完全的以市场为主导的改革政策，在那些较成功的国家中，无论是亚洲、拉丁美洲还是撒哈拉以南非洲地区均明显降低了政府干预，从而依赖于市场动力。然而没有任何一个国家从根本上变成一个没有瑕疵的经济体。

接下来的问题是：对于发展中国家的经济，政府干预到底应该控制在一个什么水平上呢？对于这个问题，并没有一个统一的答案。譬如韩国和中国台湾当局曾积极推崇工业发展并且实施了多样的资助政策，而其他国家的政府干预则并没有非常成功，至少是在它们加速发展的初期阶段效果并不明显。尽管印度尼西亚政府在 20 世纪 90 年代之前所采取的旨在减轻对贸易和工业的政府干预的政策为劳动密集型商品的出口创造了有利的条件，然而它在 20 世纪 90 年代试图通过实施政府主导的工业政策来加大对于大型国企进口替代工业项目的资助时，却遭遇到了悲剧性的后果。在大多数发展中国家，政府往往在基础设施（公路、铁路、电力等等）的建设中发挥着主导作用，一方面进行大规模的效率较高的资本投资，另一方面在这一过程中也始终充斥着腐败和浪费。

应该强调的重点是，一些发展中国家的政府有能力对工业和基础设施的建设实施高效、适宜的发展政策，与此同时，另外一些发展中国家的政府则没有这样的能力。在经

① 一个全面的关于这些讨论的分析报道见 Derek Heady，“Appraising a post-Washington Paradigm：What Professor Rodrik Means by Policy Reform，” *Review of International Political Economy* 16，no. 4（2009），698-728。

济学中我们称这些有能力的政府为**“硬政府”**（hard government），用以形容那些能够积极推动经济发展的政府，而**“软政府”**（soft government）则是用来形容那些没有能力积极推动经济发展的政府。“硬政府”能够成功实现韩国式的干预主义政策；“软政府”虽然也有能力实现成功的经济发展，但是需要在很大程度上依靠市场动力来引导政策的制定。硬性与软性对于政府来讲并不是一成不变的现象。通过发展与有效的调控，政府可以从软性过渡到硬性；同样倘若管理不当，政府也有可能从硬性转变为软性。区别硬性与软性政府的关键是要根据不同国家在一定时间内潜在的社会以及历史状况——它们殖民历史的特征、政治与文化状况、自然资源以及其他各方面的因素等。在这一领域可以进行讨论的还有很多很多。无论硬性还是软性，越是先进的经济，政府干预就越是困难，因此市场动力便成为最主要的力量。政府干预应该谨慎地围绕那些仅仅依靠市场动力不足以保证其正常有效运作的领域（金融部门、环境管理以及消除极端贫困是三个最为重要的方面）。

第二个结论是：以市场为主的改革不是一夜之间便可完成的事情。改革应该循序渐进地进行——“休克疗法”以及“大震荡”本身存在着很多问题，而且在很多情况下都是不需要也不必要的。更好地运用市场动力并且减少政府在经济方面的过度干预也并不是解决所有经济发展问题的方法。一个被政治利益引导的高干预主义的政府以及腐败会减慢经济发展进程甚至使发展停滞。尽管通过市场动力进行调控对经济发展是有益的，但是太过于依赖市场动力同样也无法保证高经济增长率。经济发展的过程还要涉及许多其他的重要因素，我们将会在后面的章节中进行讨论。

5.4 本章小结

● 经济发展过程中政府与市场的角色问题从亚当·斯密开始就是经济学家们讨论的重心。第二次世界大战以后，尤其是在当今发展中国家摆脱了殖民统治以后，这个问题再次成为讨论经济发展问题的焦点。

● 第二次世界大战后初期的发展思潮认为资本积累是经济增长的关键。早先的增长模型都是以这一观点为基础而建立的，例如哈罗德-多马模型；然而这个思想起源于大卫·李嘉图与卡尔·马克思。

● 战后西欧复兴的经验支持了资本导向的发展观点，但是早期的理论分析都忽视了在大陆系存在已久的制度支撑所扮演的重要角色。

● 第二次世界大战之前的大萧条以及大规模市场失灵的经验使得在新兴工业化国家和发展中国家的经济学家们以及政策制定者们对于市场主导的发展思想持怀疑态度。苏联增长模型拒绝信奉市场动力而依靠政府干预的思路在早期所取得的成功影响了很多发展中国家，尤其是中国和印度。

● 市场怀疑论扩大到了国际贸易，使得许多国家对于国际贸易的政策采取了保守的态度并设立了一系列贸易壁垒来保护国内的经济。实施进口替代战略来推动经济发展在拉丁美洲非常普遍，特别是在 20 世纪前半期，这些国家进入早期的工业化进程。两次世界大战以及大萧条使得以出口为主的工业发展变得几乎不可能实现，于是工业开始停滞并被小型国内市场所取代。

● 20 世纪 70 年代末，那些采用政府主导发展模式和进口替代战略的发展中国家都相继经历了经济的衰退，同时在拉丁美洲中很多国家债务危机愈发严重。这样的状况使得人们开始质疑之前所采取的发展政策。同时，经济学家和政策制定者们开始关注其他在东亚取得成功的增长模型。这些模型把制造业出口作为经济增长最主要的推动力，并且在开始的几年内限制进口替代保护从而让新兴工业学会如何进行竞争。当局在以下这些经济体内经济发展中所扮演的角色是比较成功的，但是它们各不相同，从韩国的高度干预主义模型到中国台湾、日本，再到中国香港的自由主义模型。

● 在 20 世纪 80 年代末 90 年代初，除东亚之外的发展中国家所经历的失败的经济发展促使主要国际发展机构和美国政府一起草拟了一个新的发展模型——“华盛顿共识”。这个模型提倡发展中国家要实施财政纪律约束，并且主要依靠市场力量来推动经济发展。正是基于此，外国援助和债务免除更多地提供给了那些积极践行华盛顿共识的国家。

● 华盛顿共识在被普遍认可之前，就开始在撒哈拉以南非洲地区国家得到了推广。这个模型在后来发展成为帮助拉丁美洲地区脱离“失去的十年”的重要思想。同样的政策也用来帮助东欧以及苏联完成向市场经济转型的过程。然而在这些采纳华盛顿共识的国家中很多国家的经济发展其实远不乐观。

● 在很多国际援助都尝试侧重于实现华盛顿共识的目标的同时，中国在 1978 年采用了一个与华盛顿共识相似的经济模型。通过循序渐进的改革，中国向着一个以依靠市场为主，同时又有高度的政府干预的经济模式发展。在 2011 年以前，中国所采用的经济模式带来了持续几十年的高增长率。

● 印度和越南在 20 世纪 90 年代前都摆脱了政府的极度干预。与中国相似，它们仅仅采用了华盛顿共识中的一部分政策。于是这两个国家像中国一样在整个 20 世纪 90 年代以及 21 世纪的第一个十年内保持了持续并快速的经济增长。

● 华盛顿共识是一个失败吗？毋庸置疑，它的确把经济发展的过程过于简单化了。并不是所有华盛顿共识中所提到的政策对所有发展中国家都是需要的。并且有很多重要的因素，例如对于政府质量的讨论在华盛顿共识中就是欠缺的。然而，和那些没有贯彻华盛顿共识的国家相比较，华盛顿共识对非洲和拉丁美洲的经济发展还是起到了一定的促进和推动作用的。

第二篇

分配与人力资源

第 6 章

不平等与贫困

孟加拉国是世界上人口最为密集的低收入国家之一。2010 年，1.64 亿孟加拉国人口的人均收入为 1 486 美元（按美元购买力平价估算）。若以天来计算，这个水平相当于每人每天收入大约 4 美元，这个数目充其量也只能满足最低的生存标准。但每天 4 美元只是代表了平均水平，即将 GDP 在总人口中平均分配才会出现的收入水平，然而，显然情况并非如此。问题是，那些低于“平均”水平的人口收入如何呢？最贫困的孟加拉国人为了生存需要多少钱？世界银行发布的报告表明，50％的孟加拉国人口依靠每天 1.25 美元或更少的收入维持生存，这也就是绝对贫困线①的标准国际定义。

2005 年的全球贫困估测数据显示，据估计有超过 14 亿人，或者说每 5 人中就有 1 人生活在“每日 1.25 美元”的贫困线以下；有 26 亿人，即约占世界一半的人口以每日低于 2 美元的收入生存。对于本书的绝大多数读者，即就读于大学的学生来说，依靠“每日 1 或 2 美元”来生活几乎是无法想象的。但这却是数百万孟加拉国人口和数十亿世界人口日常生活的真实写照。

在孟加拉国和其他低收入国家中，对于绝对贫困程度的解释主要在于低水平的总产出和人均 GDP。但这并非唯一的因素。墨西哥是一个中高收入国家，该国 2010 年的人均 GDP 为 15 224 美元（美元购买力平价），这一水平 10 倍于孟加拉国。如果 GDP 在墨

① 以 1985 年的美元购买力平价估算，世界银行定义的国际贫困线原指每日收入 1 美元。这个数值被修改过很多遍。根据最新的估测，世界银行制定了两个贫困线的标准：每日 1.25 美元是根据 2005 年的美元购买力平价估算出的国际贫困线的平均值，这个标准以世界最贫困的 15 个国家为基础来测量绝对贫困；每日 2 美元则是根据所有发展中国家得出的国际贫困线的平均值。

这些贫困线的选择将于本章后面部分讨论。全球贫困状况评估所指的年份是 2005 年，摘自 S. Chen and M. Ravallion，“The Developing World is Poorer Than We Thought，but No Less Successful in the Fight Against Poverty，” *Quarterly Journal of Economics* 125，no. 4 (2010)。除非另作声明，本章中所提到的孟加拉国和其他国家的估计数据均源自世界发展指数在线数据库“World Development Indicators，” http://databank.worldbank.org。

西哥平均分配的话，那么每个墨西哥人每日就会有 42 美元的收入。但无论在墨西哥、孟加拉国还是其他任何国家，收入都不是平均分配的。墨西哥最富有的 20%人口拥有该国 50%的家庭总收入，几乎是仅仅获得总收入 3.5%的墨西哥最贫困的 20%人口的 15 倍。墨西哥这种收入水平与分布状况的并存，导致了 350 万墨西哥人（2008 年约占总人口的 3.4%）生活在“每日 2 美元”的贫困线以下。

使人们摆脱贫困需要经济增长。人均 GDP 的增长通常会惠及贫困线以下以及贫困线附近或远高于贫困线的各类人口。没有持续的经济增长，孟加拉国人口可以实现的至多不过是每日 4 美元的低收入水平。但是，国民收入分配同样具有举足轻重的作用。给定某一收入水平，分配上的不平等会影响到贫困人口的数量；正如经济增长会影响到分配不平等的程度一样，分配不平等也会影响到经济增长；即便不考虑分配不平等对贫困和经济增长的影响，分配不平等这一问题本身也一直为人们所关注。

如果经济增长和分配问题都影响贫困水平，那么这对政策制定来说意味着什么呢？到本章的结尾部分，我们将讨论益贫式发展战略的潜在要素。这些要素包括刺激经济更快增长、通过基础教育和医疗保健方面的投资来改善贫困人口的就业机会、构建社会安全网络及为特殊弱势群体制定其他发展方案。

6.1 对分配不平等的衡量

经济学家经常对一国家庭收入的分布状况感兴趣，但这并不是我们想要研究的分配不平等程度的唯一维度。发展经济学家经常关注的是家庭消费的分布，而不是收入，而家庭消费通常用家庭支出来衡量，无论以实物或以货币形式。在贫困国家中，收入是很难衡量的，尤其是在仅能维持生计的农村家庭中，他们往往消费掉而不是销售掉自己所生产的农产品。消费也可能是比收入更为可靠的衡量福利的指标，这在某种程度上是由于消费并不像收入那样从某一时期到另一个时期大幅波动。

相比收入或消费的分配，财富的分配总是更加不平等，因而人们或许对财富的分配更感兴趣。对于了解个人所拥有的从事生产并创造家庭收入的机会而言，土地或教育资源等财产的分配状况是非常有用的。收入的分配取决于生产要素（包括个人所“拥有”的劳动服务价值）的所有制，以及每一要素在生产过程中所起的作用。土地和资本的所有权通常是高度集中的，所以任何提高这类要素相对收益率的行为都将使收入的分配更加不平等。相反地，发展中国家分布最广泛的生产要素即不熟练劳动力的工资的相对提高，则往往会使收入分配不平等问题趋于缓解。

除了决定在一个国家内部到底是应该关注收入还是消费（还是资产或财富）的分配状况，我们或许想要先看看在不同国家之间，它们是如何分布的。我们将在本章结尾部分评估全球范围内的收入不平等程度。我们还可以把视线转向家庭，关注一下家庭内部收入分配不平等的状况，这对于理解性别问题和子女幸福至关重要。无论人们对何种范围内的收入分配感兴趣，都需要一系列描述和理解分配状况的分析工具。

描述任何收入分配的最简单方法便是描述其**频率分布**（frequency distribution），频率分布告诉我们，有多少（或多少百分比）的家庭或个人获得了不同数量的收入。图 6－1（a）

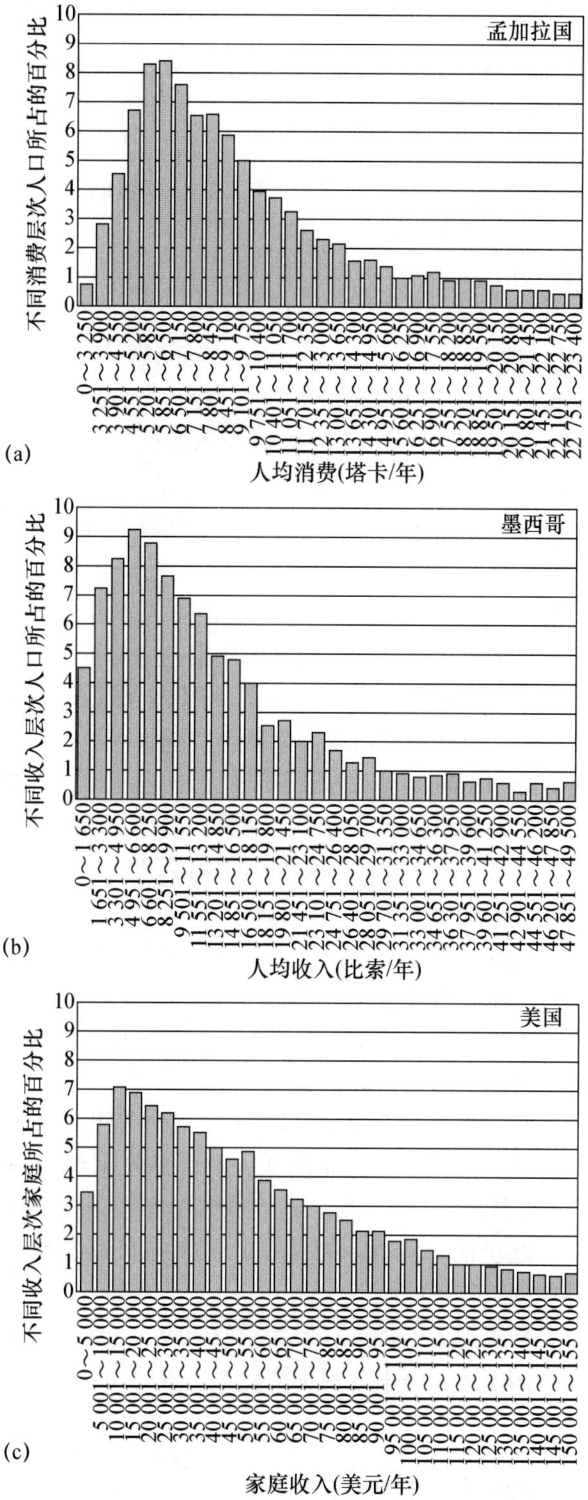

图 6-1　孟加拉国、墨西哥和美国的收入分配

资料来源：Collaboration with Claudio E. Montenegro，World Bank；*U. S. Current Population Survey*，March supplement，March 2004.

显示了孟加拉国人均家庭消费的频率分布情况。该分布取自代表 2 400 多万孟加拉国居民户的约 7 000 个家庭的调查样本。所调查的家庭详细填写了关于家庭收入来源及各种商品消费的问卷。研究人员利用这些信息得到了每个家庭人均消费的估计值。

图 6－1（a）显示出不同年份消费水平下单个家庭数量的百分比，其中年消费水平由所公布的最低水平开始，以 650 塔卡（孟加拉国货币，按美元购买力平价计算，1 塔卡合 55 美元）的增量递增。在调查中，不到孟加拉国总人口 1％的约 100 万人口年消费支出处于最低水平，即低于每年 3 250 塔卡（按购买力平价计算，不到 270 美元）；8.4％的人口（图中最高的直方）人均消费介于每年 5 850～6 500 塔卡之间（按购买力平价计算，约合 500 美元）；不到 0.5％的人口人均消费超过 22 750 塔卡（按购买力平价计算，近 1 900 美元），该值为图 6－1（a）中所示数据的最高值。在孟加拉国，还有更高消费水平的家庭存在。图 6－1（a）中只公布了以人均消费排序 95％的单个家庭的分配状况。如果要将收入最高的 5％家庭的消费状况也列于图中，那么分布图中的“尾巴”将向图中右侧远远延伸。①

我们来观察一下图 6－1（a）中孟加拉国人均消费频率分布图的形状。分布既不呈现长方形，即每个消费水平由相同百分比的家庭代表，也并不与所期望的形状相符。图中代表着不同的消费水平的直方的高度开始时逐渐上升，然后逐渐下降。该分布亦非统计课本上常见的正态分布，也叫钟形曲线。如果消费或收入呈正态分布，那么均值两侧将有同等数量的家庭，分布图将出现对称的两个尾部，显示出同等数量的低消费或收入及高消费或收入的家庭。这种对称形式表明高消费、高收入的家庭数量与低消费、低收入的家庭数量持平。智商的分布属于正态分布，但消费和收入并非如此。消费和收入的分布为对数正态形式，即如果你取家庭消费或收入的对数，再重新绘制频率分布图，将获得我们更加熟悉的近似钟形的分布曲线。如果分配非常平均，图中央部分只会出现极少的高直方，即表明每个家庭都具有几乎相同的消费水平。

对数分布曲线反映了你已经清楚的关于收入分布的特点。在几乎所有社会中，只有相对少数的富裕家庭（由图中向右延伸的长且平的尾部显示），而多得多的低收入家庭则组成了分布图中位于低端收入范围内的“驼峰”。这种特殊形状的收入曲线并不是孟加拉国所独有的。类似的分布图可以描述低、中、高收入经济体。图 6－1（b）至图 6－1（c）中靠下的两图说明了这一点。这些收入分布图是建立在对墨西哥和美国微观层面家庭调查的基础之上的。值得注意的是，三个国家都展现了类似的对数分布形式，都具有向右侧延伸的长且平的尾部。

孟加拉国、墨西哥和美国三国都具有形状相似的收入频率分布曲线，但它们并不完全相同。这意味着三个国家分配不平等的程度是不一致的。为了了解这些差别，我们需

① 正如在孟加拉国所开展的调查一样，家庭收入和支出调查经常无法得到两种家庭群体的信息。调查数据很可能无法充分反映最贫困家庭和最富裕家庭的状况。最贫困的家庭，包括那些无家可归者和寄宿于火车站或河沟旁的人们，往往在调查中得不到充分列举。同样，极少数的最富有家庭也很难成为统计样本中的一部分。而且，越是富有的家庭，越倾向于对这类调查不予配合，或者低报他们的收入。即使就最精确的调查而言，分配不平等的程度依然可能被低估。

要重新处理一下频率分布图中所包含的数据；这些分布无论是在国家间，还是在一个国家内部的不同时期，都因具有复杂的形状而很难加以对比。由现在的频率分布来计算**规模分布**（size distribution）是确定频率分布图中所呈现的分配不平等程度的一个更加简单的方法。

根据其消费或收入水平的高低将全部家庭分成不同的组，规模分布借以告诉我们每组家庭在总消费或收入中所占的比重。我们可以以十分位数甚至是百分位数对家庭或个人进行排序，但通常的惯例是在报告中使用五分位数，即从最贫困的20%开始对家庭进行排序，逐步递增20%，直至最富有的20%。在孟加拉国的例子中，每20%大约代表3 000万人口。将每20%中的个体消费支出加总，再除以全国总消费支出，就能够得到每20%在总消费中所占的比重。

世界银行对孟加拉国的国民消费及墨西哥和美国的家庭收入进行了规模分布评估，结果列于表6-1。这种数据表达方式清楚地显示出，在三个国家中，孟加拉国每20%家庭消费所占的比重相互之间更为接近，因此相比墨西哥和美国而言，孟加拉国的分配状况相对最为平等。（如果分配完全平等，那么每20%家庭的消费将占总消费的20%。）在孟加拉国，最富有的20%的家庭在家庭总消费中占据了41%的比重，大约是该国最贫困的20%家庭的4.5倍。在墨西哥和美国，这一比例高得多，约为15∶1。[①] 不同国家之间规模分布的差别，在一定程度上源于所衡量的对象有所不同——有的是消费，有的是收入，有的是人均数据，有的是居民户数据，但主要还是源于每个国家内部潜在的分配状况。

表6-1　　孟加拉国、墨西哥及美国消费或收入的五分位规模分布

五分位序列	在总消费或总收入中的占比		
	孟加拉国（2000年）	墨西哥（2002年）	美国（2003年）
最底层20%	9.0	3.5	3.4
次底层20%	12.5	8.2	8.7
再次的20%	16.0	13.3	14.8
第四个20%	21.5	21.2	23.4
最顶层20%	41.0	53.7	49.8

资料来源：Collaboration with Claudio E. Montenegro，World Bank；*U. S. Current Population Survey*，March supplement，March 2004.

规模分布使得引入一些其他常用来衡量分配不平等的技术成为可能，其中包括一些能够把整个分布简化为一个简单数字的方法。基于规模分布中的数据可以画出**洛伦兹曲线**（Lorenz curve）（见图6-2），该曲线以统计学家马克斯·洛伦兹（Max Lorenz）的名字来命名，他在1905年的文章中首次使用了这种方法。在洛伦兹曲线中，收入群体由最低收入到最高收入沿横轴分布。该曲线本身表示了任何累计百分比的收入群体所得

① 与大多数中低收入国家不同，美国具有一套针对家庭收入和政府转移支付（例如社会保障）的综合税收体系。这里给出的数据是指现金转移支付之后的税前货币收入。医疗保健等非现金转移支付的福利并未加以考虑。一旦把税收和所有政府转移支付考虑进来，规模分布将在某种程度上更加趋于平等。相比较表6-1中所显示的15∶1，最富有的20%家庭与最贫困的20%家庭收入或消费占比的比率会降为接近于10∶1。

到的总收入的占比。曲线的形状表明了收入分配的不平等程度。根据定义，该曲线必须与 45°线相交于两点，即图中方框的左下角点（0%的收入群体得到 0%的收入）与右上角点（100%的收入群体得到 100%的收入）。如果每个人的收入水平均等，那么洛伦兹曲线即为 45°线（完全平等）。如果所有收入都集中在一个家庭手中，而其余家庭均一无所获，那么该曲线即为沿着图中方框横轴与右侧边界线的折线（完全不平等）。在所有的实际案例中，洛伦兹曲线都介于两者之间的某个位置。收入分配越是不平等，洛伦兹曲线越是远离 45°绝对平等线（即阴影面积 A 越大）。无论是对于同一个国家的不同时期，还是不同国家之间，如果我们对比不同的洛伦兹曲线，彼此独立的曲线经常相互交叉。当出现这种情况时，很难判断不平等程度随着时间的推移是提高了还是降低了（或者一国收入的不平等程度是高于还是低于另一个国家）。①

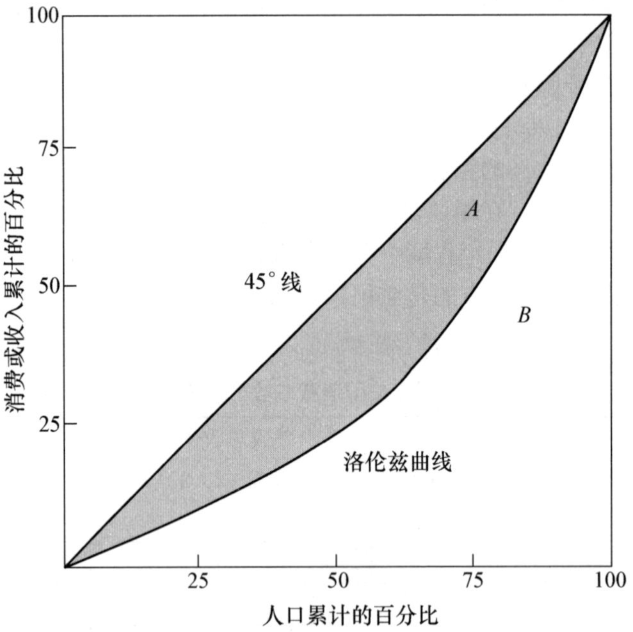

图 6-2　洛伦兹曲线

单一数据也可以被用来描述收入分配的状况。经常运用的一个统计数据就是 20%最高收入家庭的收入占比与 20%或 40%最低收入家庭的收入占比之间的比率。最常使用的统计数据，即**基尼系数**（Gini coefficient，以意大利统计学家克莱多·基尼的名字命名），可以从洛伦兹曲线推知。对基尼系数最通俗易懂的解释就是图 6-2 中面积 A 除以面积 $A+B$ 所得到的比值。② 45°线与洛伦兹曲线之间的面积越大，基尼系数就越高。

---

① 出现这种含糊性的原因需要加以明确。我们画出两条洛伦兹曲线，记其交点为 X。在 X 点以下，更接近 45°线的那条洛伦兹曲线代表相对更高的平等程度。在 X 点之上，则是另一条洛伦兹曲线代表着相对更高的平等程度。由于两条曲线都具有代表着分配更加平等的部分，因此从总体上，无法判断哪一条曲线所代表的分配状况相比另一条曲线而言更加平等。

② 对一国人口进行全面的考察可以得到人口之间的绝对收入差别，基于此差别可以得到一个较为复杂的公式，然后我们根据人口规模和人口的平均收入对该公式进行正态化，使用这个公式也可以计算出基尼系数。

基尼系数的理论值为从0（完全平等）到1（完全不平等）。在现实生活中，衡量国民收入分配的基尼系数值通常集中在从0.25到0.65的小范围之内。

将频率分布图中所包含的所有信息完全简化成一个数字的做法会不可避免地丢失一些关于分配状况的潜在信息。阿根廷和肯尼亚所公布的基尼系数都是0.48，但二者内在的分配状况并不相同。两个国家的分配不平等程度都很高，但在肯尼亚，最贫困人口的收入占比为4.7%，而在阿根廷，仅为3.6%。在这些国家中，从贫困人群的角度来讲，其收入占比哪怕只高出1个百分点，也是一个非常可观的数字。对基尼系数的另一个批评之处就是，它对分配状况某些领域内所发生的变化更为敏感。尽管基尼系数存在上述不足，但研究者们力图用一个数据来概括分配不平等现象的愿望，以及该系数借用洛伦兹曲线来进行几何解释等吸引人的特性，都促进了它的广泛应用。①

6.2 分配不平等的模式

经济增长和发展领域经验研究的先驱者、诺贝尔经济学奖的早期获得者之一西蒙·库兹涅茨（Simon Kuznets）是研究不平等模式的首批经济学家之一。1954年，在一次美国经济学会会议的会长演说中，库兹涅茨公布了英国、德国和美国收入占比的历史数据。他随后还介绍了锡兰（现斯里兰卡）、印度和波多黎各三个发展中国家的少量关键数据。而这些数据非常有限，库兹涅茨并未将它们列为表格或图形，只是以文字形式进行了列举。② 在大约50年后的今天，研究人员的研究工作再不会受到这样的局限了。对于世界上大多数国家，关于分配不平等的数据都可以获得，虽然多数国家此类数据每十年才更新一两次。这些数据的质量和可比性有时也是人们所关注的问题：这类信息的主要汇编者，即世界银行，通常会对不同国家之间以及一国内部随着时间推移所获得的此类数据的可比性提供详细的附加说明。

表6-3列出了不同国家和地区家庭消费或收入分配的基尼系数的估计值。按照收入分配的不平等程度，基尼系数高于0.40，在一些情况中甚至接近0.65，例如拉丁美洲以及一些南非地区，表示该国家的收入分配趋近于较高程度的不平等。南亚、东欧转轨经济体、中亚以及美国以外的经济合作与发展组织（OECD）中多数高收入经济体的分配不平等程度较低。中东以及北美大部分地区收入分配的不平等程度处于中等水平。

这些差别的原因何在？是与不同地区的具体特点有关，还是说各地区的不平等程度只是某项其他指标，也许是收入水平的体现？历来的一个观点是，经济增长本身可能就与不平等程度相关。基本的直觉是经济增长本身就是一个不平衡的过程。一些国家较早地受益于经济增长，而另一些国家则需待以时日才能获益，并使收益均等化。

① 除了使用基尼系数和计算最高20%与最低20%或40%收入人群的收入占比之比的方法以外，还有许多其他使用单一数字来衡量分配不平等程度的方法。关于其他可供选择的衡量分配不平等程度的方法以及每种方法的特性，参见Gary Fields, *Distribution and Development*: *A New Look at the Developing World* (Cambridge, MA: MIT Press, 2001)。

② Simon Kuznets, "Economic Growth and Income Inequality," *American Economic Review* 45, no. 1 (1955).

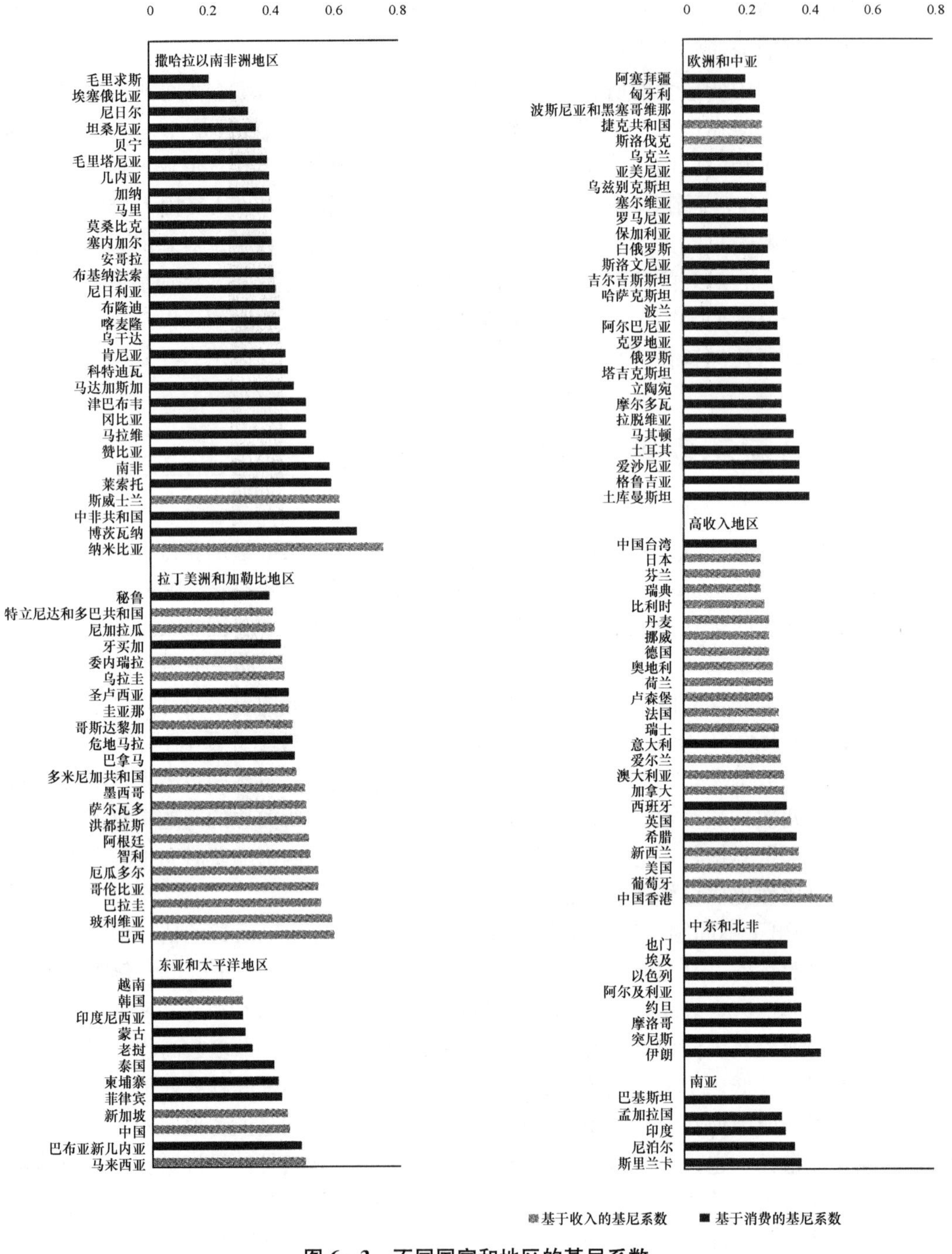

图 6-3　不同国家和地区的基尼系数

资料来源：Figure 2.9 from The International Bank for Reconstruction and Development. The World Bank: *World Development Report*, 2006. Reprinted with permission.

□ 经济增长与分配不平等

库兹涅茨是最早思考经济增长与分配不平等之间关系的经济学家之一，他提出，分配不平等现象也许会在一国从以农业为主体的经济向工业经济过渡时首先增加。这种收入不平等现象增加背后的机理在于，农业生产要素收益（更低、不太分散）和工业生产要素收益之间存在差别。当每个人都务农时，收入分配相对平等，但伴随工业化和城市化的进程，不平等现象产生了。随着更多的生产要素完成从农场向工厂的过渡，不平等现象届时可能就会减少。库兹涅茨欣然承认，这样一种关系“也许5%来自经验数据，而95%来自推测，也可能在某种程度上还掺杂着痴心妄想。”

也有经济学家提出了关于经济增长与分配不平等之间关系的其他解释。另一位诺贝尔经济学奖获得者 W. 阿瑟·刘易斯（W. Arthur Lewis）提出了一个理论模型，该模型预测，分配不平等现象先逐渐增加，而后经由一个“拐点”，最终逐渐减少。使用一个两部门模型（类似第4章介绍的模型）来说明，现代或工业部门能够从农业部门吸引到大量边际产量很低甚至为零的工人，因而面对着劳动力的“无限供给”。由于极具弹性的工人供给抑制了工资上涨，工业增长的进程于是伴随着利润份额的增加。随着平均收入的提高，劳动力所得收入占总收入的比重越来越小，加大了不平等现象。当所有的“剩余劳动力”都被吸收，劳动力供给的弹性越来越小时，就到达了拐点。工资和劳动力的收入占比开始增加，不平等现象则减少。①

在刘易斯的**剩余劳动力模型**（surplus labor model）中，分配不平等现象不仅仅是经济增长的必然结果，也是经济增长的原因。有利于高收入群体的收入分配有助于经济增长，因为利润获得者会进行储蓄，以获得扩大企业规模的资金。他们得到的收入越高，他们投资的就越多。他们的储蓄和投资行为扩大了经济体的生产能力，因而带来产出增加。根据刘易斯的理论，分配的不平等有助于经济增长，但过早重新分配收入的努力将会带来经济增长放缓的风险。这些结论是非常有力的。但有关经济增长和分配不平等的经验性数据能够支持这样的结论吗?

几十年来，库兹涅茨、刘易斯的观点和其他发展经济学家有关经济增长和分配不平等的观点一直不断地变化着。在许多地区经历了强劲经济增长的20世纪60年代，一些经济学家质疑，为什么经济增长未能带来贫困的迅速减少？一种观点认为，库兹涅茨倒U形曲线，或称**库兹涅茨曲线**（Kuznets curve）所揭示的关系或许成立。在库兹涅茨发表其最初论文的15～20年后，研究者们获得了有关分配不平等现象的更多数据，因而利用包括许多发展中国家在内的各国的横截面数据分析，重新考察了这一关系。这一方法的关键假设是，人均收入水平不同的国家的情况可以近似于某一单个国家随着时间推移取得经济增长的过程中所可能经历的情况。使用这一方法所作的研究支持库兹涅茨曲线的存在。② 随着人均收入水平的提高，分配不平等先增加后下降的趋势直至20世纪80年代一直被奉为发展的程式化模式。随后的研究却推翻了这一观点。

每个国家有关收入不平等的更翔实、更充分的数据，尤其是时间序列数据，以及更加严苛的计量方法，使得研究者能够确定出某一国家随着时间推移收入分配的状况。在印度这样一个有着低收入水平上分配不平等现象的低收入国家，从1950年到20世纪60

---

① W. Arthur Lewis, “Economic Development with Unlimited Supplies of Labor,” *Manchester School* 22 (1954). 刘易斯模型将在第6章更深入地讨论。

② Montek S. Ahluwalia, “Inequality, Poverty and Development,” *Journal of Development Economics* 3 (1976).

年代中期，不平等现象有所减少，但自 60 年代中期以后，就再未出现不平等现象增加或减少的显著趋势。① 印度一直以来都是一个收入分配相对平等的国家。图 6－4 说明了 1980 年以来智利和中国台湾基尼系数的走势。智利作为拉丁美洲地区最为成功的经济体在此期间一直是一个中等收入水平的国家；中国台湾则从中等收入经济体转变成为高收入经济体。智利的基尼系数在不同年份间不断波动，但并未显现出特定的趋势，尽管在可得数据年份的最后一年出现了上升趋势。智利基尼系数最为明显的特点就是不平等程度持续较高。中国台湾的基尼系数波动较少。20 世纪 80 年代以来，其收入不平等程度经历了一个缓慢而适中的增长。中国台湾基尼系数最为显著的特点就是不平等程度持续处于很低的水平。② 无论是印度、智利还是中国台湾，都未显现出收入不平等程度的倒 U 形曲线。

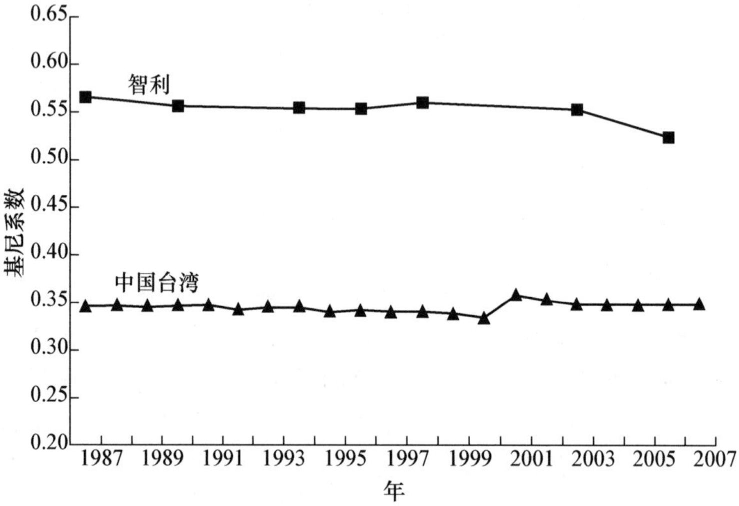

图 6－4　分配不平等程度的趋势：智利和中国台湾的基尼系数

资料来源：World Bank，"World Development Indicators，" http://databank.worldbank.org.

我们不应只是从较少的案例中就概括出结论，因此对更多国家进行考察是十分必要的。从事此项工作的研究人员发现，极少有迹象表明，收入分配不平等程度随着经济增长具有先上升后下降的总体趋势。随着人均收入的增加，基尼系数无论是上升还是下降都十分普遍。③ 一国某一特定水平不平等程度的长期持续也许才是最显著的趋势。早

① Michael Bruno，Martin Ravallion，and Lyn Squire，"Equity and Growth in Developing Countries：Old and New Perspectives on the Policy Issues，" in Vito Tanzi and Ke-young Chu，eds.，*Income Distribution and High-Quality Growth* (Cambridge，MA：MIT Press，1998).

② 在某种程度上，中国台湾的快速经济增长和很低的分配不平等程度是独一无二的。一些转轨经济体的不平等程度同样也很低，甚至比中国台湾更低，但其人均收入水平却未达到中国台湾那么高。而在迅速增长的经济体中，中国大陆的经济增长率同样很高，伴随着中国的经济增长，其收入分配的不平等程度却明显更高。马来西亚、泰国和新加坡的情形也是一样。韩国经济增长和分配不平等现象的表现与中国台湾较为近似。

③ Klaus Deininger and Lyn Squire，"New Ways of Looking at Old Issues：Inequality and Growth，" *Journal of Development Economics* 57 (1998)；Martin Ravallion and Shaohua Chen，"What Can New Survey Data Tell Us about Recent Changes in Distribution and Poverty?" *World Bank Economic Review* 11，no. 2 (1997).

期横截面分析对库兹涅茨曲线的支持是由于部分中等收入国家中较高的不平等程度。更准确的计量研究表明，倒U形曲线并不是由经济增长驱动的，而是由拉丁美洲经济体较高的不平等水平及其所处的中等收入地位的一致性决定的。对库兹涅茨曲线的考察为从事有关发展中国家实践经验的研究敲响了警钟。对不同发展阶段的国家进行观察所总结出来的模式不一定总可以为某一个国家最终将会经历的动态发展过程提供可靠的信息。①

对库兹涅茨曲线作为一种整体趋势的否定并不意味着经济增长对分配不平等不产生影响，类似于库兹涅茨曲线的模式也不一定会在某些国家出现。缺乏一个普遍的走势只是说明，决定分配不平等形成的机理较为复杂。对于库兹涅茨曲线的研究表明，在决定分配格局方面，某一国家或某一地区的特定情况相比其人均收入水平发挥着更为重要的作用。这是一个令人振奋的发现。并不是所有国家都遵循同一分配路径的事实说明，在经济增长进程中，政府政策影响分配结果的空间也许很大。

□ 还有什么因素会导致分配不平等?

如果分配不平等与收入水平之间并不存在系统的关联，那么还有什么其他因素可以解释表6-3中所列出的国家和地区之间的差别呢?毋庸置疑，历史和政治因素起着重要作用。一个明显的例子就是南非，南非的收入分配不平等程度处于世界最高水平。几十年以来，种族隔离政府排斥黑人和其他非白种人的南非人，令其不得拥有基本的农业用地、接受基本教育或居住在主要城区。这些政策的残留思想至今犹存，它体现在南非高度不平等的收入分配上。根据世界银行对于南非的国家简介，南非2008年的基尼系数是0.67——世界最高之一。

历史和政治因素在世界其他地区也起着关键作用。第二次世界大战结束时，美国在韩国实施了一次土地改革，作为解除50年之久的日本殖民统治的一项措施。这些改革将日本人手里的土地重新分配给韩国的家庭，使得数以百万计的家庭获得了可以赖以谋生的关键资产。东欧和中亚较低的分配不平等水平在某种程度上源于实行多年的法定工资以及国家对生产资料的所有权。这些国家的国民积累除教育以外生产性资产的机会非常有限。随着向市场经济的转轨，该地区许多国家的分配不平等现象日益增加也就不足为奇了；在有些国家这种现象正随着经济重新恢复增长而发生。

拉丁美洲有些国家不平等程度很高，这也许可以追溯至其几个世纪以前的土地所有制。不仅殖民主义的贻害是这一现象出现的部分原因，对特定作物的需求，包括对种植园模式农业所具备优势的需要，也是因素之一。在东亚，稻米种植更适合于家庭耕作，因此为这一地区较高的收入平等程度奠定了基础。矿藏财富，无论是钻石还是石油，则往往会导致更高的不平等程度。要素禀赋在过去一直对收入分配的格局产生重大影响，如今也是如此。

资源禀赋以及“历史的延续”对一国收入分配的状况的确起着重大作用，但现今的

① 即便是美国目前的发展状况也违背了库兹涅茨最初的假设。大萧条之后的40年里，美国收入分配的不平等程度有所下降。但1975年以后，在美国经济持续增长期间，家庭收入分配也日益不平等，与库兹涅茨曲线的预测相反。经济学家认为，技术变革、移民和日益增长的国际贸易可以部分解释1975年之后的这一变化。

政策选择也对收入分配产生影响。政府政策影响到包括教育在内的资产的积累。政策制定也影响到技术扩散和市场准入，它们则制约着经济增长和生产要素的回报率。税收和社会安全保障体系等方面的政府支出则直接影响到收入分配。任何一个国家分配不平等的程度都是历史、政治、资源禀赋、市场力量以及政府政策等多方面因素共同作用的结果。

6.3 分配不平等缘何重要?

如果经济发展要求贫困现象减少，那么对于收入不平等为何要紧这一问题最简单的解释就是，不平等程度与收入水平一起决定了贫困的程度。即便对贫困的定义（我们稍后阐述）不加讨论，有关经济增长、收入不平等和贫困之间关系的例证也是十分明显的。如果一个经济体处于增长状态，并且其不平等程度保持不变，那么穷人的收入就会随着所有人收入的增加而增长。最贫困人口得到更多的收入，就会潜在地帮助一些家庭脱离贫困。同样，如果人均收入保持不变而不平等程度加重，那么最贫困人口的收入就会减少，一些家庭就很可能陷入贫困。这些观点仅仅表达了贫困、经济增长和不平等之间的关系所遵循的基本数学道理。

但不平等和经济增长却不是彼此独立地决定的。对于随着一国经济增长，其不平等状况如何变化，可能并无一个规律化的趋势，但不平等状况确实常常随着人均收入的增加而变化。同样，不平等状况也可能影响到一个经济体的经济增长率。分配更加不平等的国家的经济增长会因此而更加缓慢，从而给穷人的福利带来双重损害吗？最后，收入分配的不平等也因其自身对公平的影响而显得十分重要。社会各界对于分配的不平等状况有着不同的倾向，可能（或不可能）希望自己国家的政府采取干预措施来达到一定的分配结果。①

正如人们对于经济增长对分配不平等的影响争论不休一样，关于分配不平等如何影响着经济增长，也一直存在着争论。正如本章之前部分讨论过的，一些早期的经济发展理论认为，分配的不平等会提高经济增长率。通过将收入集中到少数人手中，会有更多的储蓄可以用来支撑对于资本积累至关重要的投资。但是这一关于收入和经济增长的简单观点并未考虑到分配不平等对于经济增长形成拖累的渠道。关于收入不平等和经济增长之间关系的近代研究对这些渠道进行了探索。

当不平等程度很高时，适当的投资未必会得到执行。穷人也可能有很好的投资机会。买一只家畜或者改进灌溉条件、投资一件农具或建一个店铺，或者送孩子上学，这些投资都会产生很好的经济回报。但个人或家庭可能并不会进行这些投资，因为他们负担不起。信贷市场的不完善和穷人无法向贷方提供担保减少了他们所从事的生产性投资的数量，减缓了经济增长。如果经济体的分配状况更加平等，这类生产性投资则会得到更多的支持。

将分配不平等与经济增长联系起来的另一个渠道是通过政治活动。在分配与经济增

① 人们偏向公平的证据见 World Bank，“Equity and Well-Being，” *2006 World Development Report：Equity and Development*（Washington，DC：World Bank，2005）。

长之间存在着很多“政治经济”关联。一些观点认为，当不平等现象十分严重时，富人会利用他们手中的财富去达成有利于自己利益的结果，其影响无所不包，从政府支出（例如相比小学来讲，在富人的后代所就读的公立学校上投入不合比例的金额）到贸易政策（利用关税和其他形式的贸易保护措施维持国内垄断）。这些政策会导致低效率的后果，从而减缓经济增长。另外一些观点则从穷人在政治上的反应这一角度进行论述。当不平等现象十分严重时，平民主义运动会兴起，更多地致力于再分配，而较少地关注经济增长，比方说，就会导致更高的税收和更少的投资。很高的不平等程度还往往与私人的或政治上的暴力行为相关联，这反过来会导致支出向非生产性活动重新配置（因为需要更多的警署和私人保安服务），并抑制更多的投资。

鉴于分配不平等与经济增长之间具有错综复杂的关联，其净效果就是一个经验性的问题了。旨在理清这一关系的研究往往依赖于第 3 章所介绍过的跨国经济增长回归分析的方法。早期的研究发现，统计上可以支持这样一个观点，即较高的初始不平等程度，尤其是土地所有或租用方面的不平等，会放缓随后一个阶段的经济增长。但后来的研究表明，如果使用更大的数据库和不同的计量方法，则要么不支持这一观点，要么会支持一个相反的观点。① 考虑到这一关系的复杂性和潜在的循环性，这些研究结果的非结论性特点也不足为怪。分配不平等影响到经济增长，而经济增长也影响到分配不平等，这使得统计上对二者关系的界定复杂化了。对于所有的国家在所有的时期都用一种规律性的模式去描述分配不平等和经济增长之间的关系也是不大可能的。这并不意味着，在某一特定的国情背景下，分配不平等和经济增长无关。较高的分配不平等程度可能会限制经济增长，但放松这一限制对于政策制定者来说却一直是一项严峻的挑战。

6.4 衡量贫困

人们有时把分配不平等和贫困混为一谈。但其实不是这样。分配不平等是贫困的一个重要决定因素，但这两个概念是泾渭分明的。为什么是这样呢？我们用下面的例子来说明。假定你的生活状况注定你处于收入分配中最底层的 20%。如果你能够选择自己所生活的国家，你会选择最贫困的 20%得到 3.4%、3.5%还是 9.0%的总家庭收入的国家呢？如果你的回答是，选择最贫困的 20%得到 9.0%的总家庭收入的国家，就说明你把分配不平等与贫困混淆起来了。也很可能你忘记了表 6-1 中所列的结果。在该表中，最贫困 20%的孟加拉国人口的占比是 9.0%，同比例的墨西哥人口的占比为 3.5%，而美国人口的占比仅为 3.4%！

你会选择在美国当穷人，而不是在孟加拉国或墨西哥当穷人，这一点应该是显而易见的。在美国成为最底层 20%的人口并不意味着你可能会无家可归。美国最底层 20%

① 以下两篇经常被引用的文章得出了与上述有关分配不平等与经济增长之间关系的观点相反的结论：Alberto Alesina and Dani Rodrik, “Distributive Politics and Economic Growth,” *Quarterly Journal of Economics* 109, no. 2 (1994), and Kristin Forbes, “A Reassessment of the Relationship between Inequality and Growth,” *American Economic Review* 90, no. 4 (2000)。

的人口有将近 6 000 万人。这些人口当中确实有一部分人无家可归，但绝大多数人并非如此。他们几乎都居住在一个有电、煤气或电炉、自来水和室内管道的永久住所中。大多数人享受着医疗保健服务，哪怕只是一家地方医院的急诊室，以及幼年接种一整套抵抗诸多传染性疾病的疫苗。染上疟疾或死于腹泻的机率微乎其微，尽管这两种疾病在美国早期的历史上曾经很普遍。如果是有孩子的人，婴儿 1 周岁以前的死亡率很低，并且孩子可能会接受 12 年的教育。美国最贫困 20%的人口可能拥有一台电视机、一部电话，或许还有一辆汽车，并且能使用电脑，例如在一座公共图书馆中，如果不是在他们自己家中的话。

美国最贫困 20%的人口相比大多数其他美国人而言是贫困的，他们可能因身处此境而意志消沉，但相比孟加拉国或墨西哥的贫困人口而言，他们的物质生活水平则要高得多了。孟加拉国最底层 20%的人口中（或者说也包括其他层次的多数人口），没有人有机会得到医疗保健、教育福利或其他美国最贫困人口所消费的物质产品。构成孟加拉国最底层 20%人口的将近 3 000 万人可能都居住在最基本的住所里，这些住所如果遭遇一次暴风雨就可能被冲垮。食物常常非常缺乏，也没有自来水。忍受肠道寄生虫的病痛则是寻常事；传染性疾病常常对儿童和老人构成威胁；婴儿夭折也见怪不怪。学校入学率虽然正在上升，但一个孟加拉国穷人所受到的教育只是其美国同龄人所受教育的一小部分，尤其是对于女性而言。消费者所购买的商品无非几件衣服和一些厨房用具。孟加拉国大多数最底层 20%的人口从未打过电话或点击过鼠标。

美国最底层 20%人口的收入仅占家庭总收入的 3.4%，而孟加拉国最底层 20%人口的消费则占孟加拉国总消费支出的 9.0%。但美国最底层 20%的人口所拥有的总收入却要多得多，因此，尽管其相对收入占比低得多，但却享受着更高水平的生活。

□ 贫困线

正如描述和理解分配格局需要一系列分析工具一样，定义和衡量贫困同样需要一系列工具。我们多数情况下专注于以消费或收入定义的**绝对贫困**（absolute poverty），但重要的是，我们应该知道，贫困是一个多维度的概念，还包括收入尺度自身所无法轻易衡量的权利的缺失。这应该是一个熟悉的概念，因为它与有关经济发展定义的争论类似。我们在第 2 章讨论过，人类发展指标和千年发展目标二者在衡量福利方面都超越了人均 GDP 的单一指标，类似的方法也被应用于对贫困的定义中。

以每天拥有一定数额的塔卡、比索或美元供花费来定义的贫困线可以衡量所遭受的物质剥夺，但未必能反映获得基本医疗保健和教育的情况。一个家庭可能具有充足的资金去购买最基本的一小篮子食品，但如果他们喝不到安全的自来水，购买到这些食品并不能确保家庭成员摄取足够的营养。在这种严格意义上，能够喝到安全的饮用水与货币收入一起成为绝对贫困的决定因素。不管目前的消费水平如何，包括基本医疗和教育在内的公共服务的供给，对当代人所处的贫困地位以及贫困的代际传播都会产生一定的影响。贫困定义的另一个维度是，容易受到不利的外界冲击。某一时期的支出可能会将一个家庭拉至贫困线之上，但在随后的时期，自然灾害、整个经济体范围内的衰退或者养家糊口的家庭成员健康状况的恶化或死亡都会使家庭再度陷入贫困。不少家庭经常在贫困线上下游移不定，改善家庭的安乐状况本质上要求降低这种脆弱性。

贫困是一个多维度的概念，许多维度的定义是可以量化的。[1] 人们较多关注的是对收入或消费贫困的量化。发展经济学家经常使用一种绝对贫困的定义，把一个特定的货币价值定义为贫困人口和非贫困人口之间的分界线。大多数国家通常以购买最基本食物和少量其他必需品的人均成本为基础，对本国的贫困线进行了不同的定义（见案例 6—1）。这些消费束以食物为主，食物在穷人的总支出中可能占到 2/3～3/4 的比例。在许多低收入国家中，贫困线的基础标准是每天摄入 2 000 以上卡路里的热量。虽然这一热量要求似乎很“科学”，但对实际贫困线的定义仍需综合考虑许多社会因素。为了获得这些卡路里的热量需要什么食物，则取决于个人到底选择购买什么。某些低于贫困线的支出也可能会满足所要求的热量，但是几乎没有人会真正购买这样一些消费品。

▶ 案例 6—1　孟加拉国、墨西哥和美国的贫困线

孟加拉国对官方贫困线有许多种界定。为了反映不同的生活成本，孟加拉国 14 个地区的贫困线都各不相同。地域贫困线也进一步被划分为较高贫困线和较低贫困线，以反映不同的贫困程度。所有的贫困线都保证每日摄入至少 2 112 卡路里的热量。20 世纪 90 年代初期规定的能够保证这些热量摄入的代表性食物组合由 11 项食物组成：大米、小麦、豆类、牛奶、食用油、肉类、淡水鱼、土豆、其他蔬菜、糖和水果。这组商品的成本由国内价格指数进行调整。每一地区较低贫困线所代表的含义是，人们没有足够的资源去满足食物和非食物两个方面的需求，必须牺牲一些日常最低限量的卡路里摄入才能负担得起最基本的非食物需求。较高的贫困线所代表的含义是，人们可以满足日常最基本的食物需求，也可以负担得起一些非食物支出。

墨西哥对官方贫困线有三种界定，以反映一系列不同的贫困状况。即便是对于每一种贫困线，在农村人口和城市人口之间也存在差别。最低贫困线是通过估算代表性食物组合的成本得出的，这一估算过程把城乡居民之间在卡路里和蛋白质日常摄入量方面的不同营养需求也考虑在内了。生活在此贫困线之下意味着无法满足哪怕是最基本的日常营养需求。生活在第二种贫困线之下则意味着不具备足够的资源既满足日常营养需求，又满足基本的医疗保健和教育支出。第三种贫困线所界定的含义是，所拥有的资源不足以支付全部必要的生活费用，包括食物、教育、医疗、衣服和鞋袜、住房和公共交通费用。

美国也界定了多种贫困线，但并非以地区分类，而是根据家庭大小及家庭成员的年龄分类。与孟加拉国和墨西哥一样，美国的贫困线也是基于一篮子食物的成本。本着以最小成本满足营养需求的初衷，所使用的食物组合仍是建立在 1955 年家庭食物消费调查的基础之上的。这组食物包括定量的牛奶、奶酪和冰激凌；肉类、家禽和鱼类；蛋类；菜豆、豌豆和坚果；面粉、谷物和烘烤食品；柑橘和西红柿；深绿色和深黄色蔬菜；土豆；其他蔬菜和水果；脂肪和油；以及糖和糖果。将这一食物组合的成本乘以 3

---

① 贫困多维度指数是由 Oxford Poverty & Human Development Initiative（www.ophi.org.uk）的学者们研究并发展出来的。在他们的帮助下，贫困多维度指数（the multidimensional poverty index，MPI）在 2010 年被联合国开发计划署作为另一种衡量收入贫困的指标发表于 2010 年的人类发展报告中。MPI 对于贫困人口的定义是，看其是否被剥夺了以下几种权利，例如教育（家庭成员无法完成 5 年教育）、健康（家庭成员营养不良）和生活水平（家庭没有电，或者居住于肮脏的、满是尘土风沙的地方）。

就得出了贫困线的界值，因为1955年的调查发现，平均有3口或更多成员的家庭在食品上大约花费可支配收入的1/3。自从1965年采用贫困线以来，美元价值每年都根据通货膨胀进行调整。尽管饮食方面发生了变化，而且已有数据表明，即便是贫穷的美国人花费在食品上的税后收入的比例也少于1/3，60年来，上述食物组合和家户花费在食品上的收入比例都一直未作调整。

资料来源：Fernando Cortés Cáceres et al.，"Evolución y características de la pobreza en México en la última década del siglo XX，" Secretaría de Desarrollo Social，Mexico，August 2002，available at June 30，2005，www.sedesol.gob.mx/publicaciones/libros/evolucion.pdf；Eloise Cofer，Evelyn Grossman，and Faith Clark，"Family Food Plans and Food Costs：For Nutritionists and Other Leaders Who Develop or Use Food Plans，" Home Economics Research Report No. 20.（Washington，DC：U. S. Government Printing Office，November 1962），available at July 5，2005，aspe.hhs.gov/poverty/familyfoodplan.pdf.

政府界定的贫困线常常不止一种。由于地域性价格差异，城市和农村地区适用的贫困线可能大为不同，或者例如孟加拉国的情况，不同地区的贫困线之间存在较大差异。一旦一种（或几种）贫困线被确立起来，并以本国货币表示出来，这一消费或收入水平必须每年进行调整，以涵盖基础性商品束价格的变动。其目标是保持贫困线恒定，也就是说，维持购买核心食物和其他必需品的一篮子消费品的能力恒定。① 这使得政策制定者和研究者可以跟踪一个国家或地区在帮助人民脱离绝对贫困的过程中所取得的进步。

大多数国家对本国的贫困线进行了不同的界定，这使我们可以进行一些国际比较。我们可以对比（或综合考虑）按孟加拉国所界定的19～32塔卡（按购买力平价法计算，约合1.70～2.80美元）的人均区域贫困线划归为贫困人口的数量，和按墨西哥所界定的30～45比索（按购买力平价法计算，约合4.60～6.60美元）的贫困线划归为贫困人口的数量，以及按美国所界定的人均每天约16美元的贫困线划归为贫困人口的数量。② 这就可以为每个国家对贫困的不同界定提供一个尺度。但所产生的各国之间贫困率的差异本身就是每个国家所选择的贫困线的函数。另一种更为广泛采用的方法就是建立一个适用于全球的单一贫困线。通过采用一种通行的贫困线，通常是每日1.25或2美元，我们可能会得到关于跨国和地域之间的绝对贫困程度以及贫困人口数量变化的一幅更为贯通一致的图景。

在研究贫困的区域趋势以前，我们有必要更充分地利用贫困线，并在其基础之上定义一些衡量贫困的其他方法。图6-5再现了孟加拉国人均消费的频率分布，并插入了"每日1.25美元"的贫困线。消费处于贫困线以下的人口约占孟加拉国总人口的50%，他们被视为处在绝对贫困状态。显而易见，如此区分贫困人口和非贫困人口存在着某种

---

① 贫困线也可以用相对量来定义。在欧盟，贫困有时被定义为生活在中位收入的60%以下。据此定义，贫困线并不代表着购买一定商品束的能力，而是随着中位收入的变化而变化。如果采用这一定义方法，绝对贫困只有当收入分配更加平均时而不是当人均收入总体增加时才会减少。

② 美国根据家庭的大小和构成来定义贫困。有孩子或老年人的家庭被认为具有不同的饮食需求，这导致了美国存在着多种贫困线。有着较多人口的家庭被认为在消费方面可以产生规模经济效应，这一点也影响着相关贫困线的界定。2004年的日常人均消费需求对于一个只有一位非老年人的家庭来说为27美元，而对于一个有8位老年人和6个孩子的家庭来说，则为10.5美元。因为美国大多数家庭都有5位或更少的家庭成员，16美元就是1～5人家庭的平均贫困线。孟加拉国和墨西哥所公布的贫困线数值分别指的是案例6—1中提到的它们2000年和2002年的"较高"贫困线。

主观随意性。难道消费支出略微多出几塔卡的人的生活状态就比刚好处在贫困线之下的人好多少吗？贫困线的这种随意特征是在所难免的。但贫困线仍然不无益处，其意义体现在，它提供了一种感知绝对贫困程度的方法，一种评估旨在减轻贫困的政策成效的手段，且提供了一种唤起人们对人类剥夺现象的关注并动员社会力量减少这一现象的机制。成功减少贫困线以下人口数量的战略通常会溢出，即也会帮助“临近贫困线”的人，也即那些在频率分布图中恰好处于贫困线右侧的人。

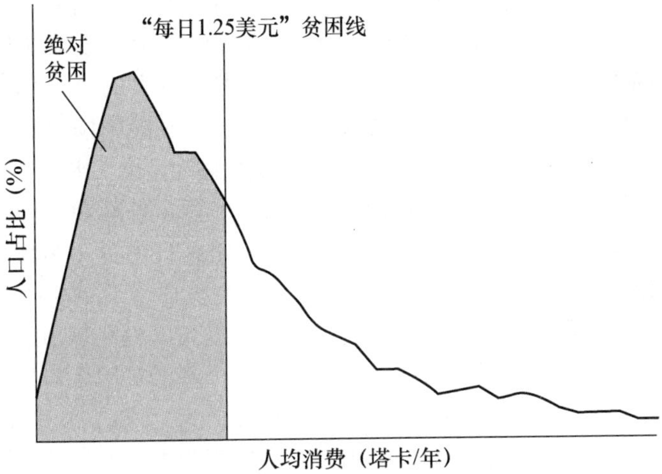

图 6-5　孟加拉国的绝对贫困

资料来源：Collaboration with Claudio E. Montenegro，World Bank.

一旦选定了贫困线，绝对贫困的程度就能够以多种方式进行定义。最简单的方法就是公布处于贫困线以下的人口的数量。同样简单的方法是**贫困发生率**（head-count index），即贫困线以下的人口在整个人口中所占的比率。第三种方法，即**贫困距指数**（poverty gap）描述了贫困的强度。贫困的强度既指有多少人落在贫困线以下，也指他们距离贫困线有多远。让我们再来看一下图 6-5。想象一下，如果“每日 1.25 美元”贫困线以下的频率分布更接近于长方形，就说明分布在某种程度上相对于原点而言更高了，而相对于贫困线而言更低了。这意味着贫困更加严重了。落入贫困线以下的人口数可能保持不变，但他们要回到贫困线上所需要的总收入金额却更大了。贫困距指数（*PG*）可以反映出这些差别，其计算方法是

$$PG=[(PL-MC)/PL]\times H$$

式中，*PL* 代表贫困线，*MC* 代表贫困线以下所有人口的人均平均消费，*H* 代表贫困发生率。公式中括号内的项在相对意义上表示贫困人口平均距离贫困线有多远；贫困发生率则利用贫困人口占总人口的百分比扩大了这一数值。贫困人口的平均消费距离贫困线越远，贫困线以下贫困人口占总人口的比例越高，贫困距指数这一衡量使贫困人口回到贫困线上所需收入的指标就越高。

贫困发生率告诉了我们贫困人口的比例，而贫困距指数阐释了按比例贫困线以下贫困人口的平均工资与贫困线的差距。贫困人口中的收入分配的变化对于这两个测量指标并没有影响，依靠收入差距的平均值，*PG* 使得低于贫困线的一个个体以及与贫困线差

距很大的一个个体的重要性是一致的。于是我们取 PG 的平方值来缩小这些不足产生的误差。第三个测量指标是贫困距指数的平方在那些低于贫困线很多的收入中占据了更多的权重，因此更加全面地捕捉了贫困的严重性。这三个测量指标一同为我们提供了一幅更加丰富的图像。

□ 为何每日 1.25 美元?

每日 1 美元的国际贫困线可以追溯至 20 世纪 80 年代世界银行筹备《1990 年世界发展报告》（WDR）之时。被奉为世界银行旗舰出版物的《世界发展报告》每年出版一次，并选择一个不同的主题进行考察。1990 年报告主要考察的是全球贫困。为了评估全球绝对贫困的程度，《1990 年世界发展报告》对 34 个发展中国家和发达国家的国别贫困线进行了考察。正如所预期的，这些贫困线总体上随着收入水平的提高而上升。如果只关注低收入国家，则按 1985 年美元购买力平价计算，各国别贫困线基本都在每年人均 275～370 美元这一范围。这一范围的上限正好是每日超过 1 美元，这一数值就被采用为国际贫困线的门槛。

为了跟踪随着时间推移贫困状况的变化，有必要提高以当地货币表示的贫困线以反映国内价格的变化。理想状态下，这可以通过使用一个基于贫困人口常消费商品的价格指数来达到。实践中使用的是一国的消费者价格指数。为了评估 20 世纪 80 年代以来的区域和全球贫困，研究人员所做的不只是用国内通货膨胀去调节初始的每日 1 美元的贫困线。运用 2005 年价格指数的标准，最近的估算定义绝对贫困为每日生活低于 1.25 美元。

为了计算这个最近的国际贫困线，学者们对于贫困线展开了更加全面的考察。考察探究了 74 个发展中国家，并且第一次对于购买力平价进行了估算，其中包括为中国所制定的价格测量。对于新的贫困线的编辑尤为重要，因为它囊括了从 1985 年到 2005 年所关联的对于低收入国家的考察的变化。原始的每日 1 美元反映了国际贫困线，包括孟加拉国、埃及、印度、印度尼西亚、肯尼亚、摩洛哥和坦桑尼亚。然而撒哈拉以南非洲地区的经济体并没有被充分代表。扣除物价上涨的因素，比起根据以上国家所得到的贫困线，世界银行运用相同的测量方式，根据 15 个当今最贫困的国家得出了一个新的贫困线。① 这 15 个国家包括了 13 个撒哈拉以南非洲地区国家、尼泊尔和塔吉克斯坦。这些国家的平均贫困线是每日 1.25 美元。而对于最贫困的国家是如何定义绝对贫困的，这个新的数据被认为更加具有代表性。这个样本中包括所有发展中国家的贫困线中值是每日 2 美元。这个数据通常用于测量中等收入国家的贫困情况，尤其是在拉丁美洲和东欧地区。

新的对于购买力平价的预测在评估贫困程度的过程中与建立每日 1.25 美元的贫困线同等重要。如果两个人具有相同的购买力，在预测其贫困程度的时候应当与他们所居住的地方无关。然而如果这两个人居住在不同的国家，运用不同的货币且面对不同的价格，则在评估其贫困程度时应当采用另一套不同的测量方式。就像在第 2 章中讨论过

① S. Chen, M. Ravallion, and P. Sangraula, "Dollar a Day Revisited," *World Bank Economic Review* 23, no. 2 (2009).

的，我们不能依靠市场汇率得出的比较来保证这两个生活在不同国家的人会被进行相似的评估。这是由于不可贸易品在消费中的重要性。而对于购买力平价的评估，经济学家们依靠各个国家内详细的价格调查。从 500 克包装的意大利面到低跟女士凉鞋，经济学家们收集了商店货架上所有具体物品的价格。在联合国国际比较项目（ICP）的支持下，这些数据被全面收集，并且为购买力平价的估测提供了良好的依据。

基于 ICP 价格调查而得出的最新的贫困估测为 2005 年。比起前几年的估测，2005 年的评估有很多优势。在不同国家比较价格所遇到的一个问题是对于商品质量的统计。对比富裕的国家，较贫穷的国家不可贸易品也许会更便宜。然而价格的不同很大程度上是由于商品质量的不同，这就导致了在贫穷国家中对于购买力平价的低估。2005 年 ICP 对这个问题进行了有效的调整，扩大了涵盖的国家。中国第一次参与了此项评估。考虑到中国的人口规模以及其在减少贫困上所取得的成功，精确测量它的购买力平价对于提高全球贫困估测起到了非常重要的作用。最后，最新的全球贫困评估受助于测量贫困所需的家庭调查的普及与提高。在 115 个国家中，超过 1 200 000 的家庭参与了 1/675 的调查，且此项调查包含了 90%中低收入国家。得益于改进了的购买力平价估计、更加翔实的数据和更多国家的参与，我们不仅得出了 2005 年对于贫困的评估，同样重新更改估算了之前的贫困评估数据，一直到追溯到 1981 年。

图 6 - 6 显示了世界银行经济学家陈少华（Shaohua Chen）和马丁 · 雷布林（Martin Ravallion）对最新世界贫困趋势的整个一系列的估计值。此次估计得出了一个消息，即“发展中世界比我们想象的要贫穷，然而这些国家在战胜贫困中所取得的成果要比我们想象的更加成功。”发现更多贫困的主要原因是，最新的购买力平价说明在包括中国和印度在内的发展中国家的生活开销比我们之前预测的要高。消费支出因此购买

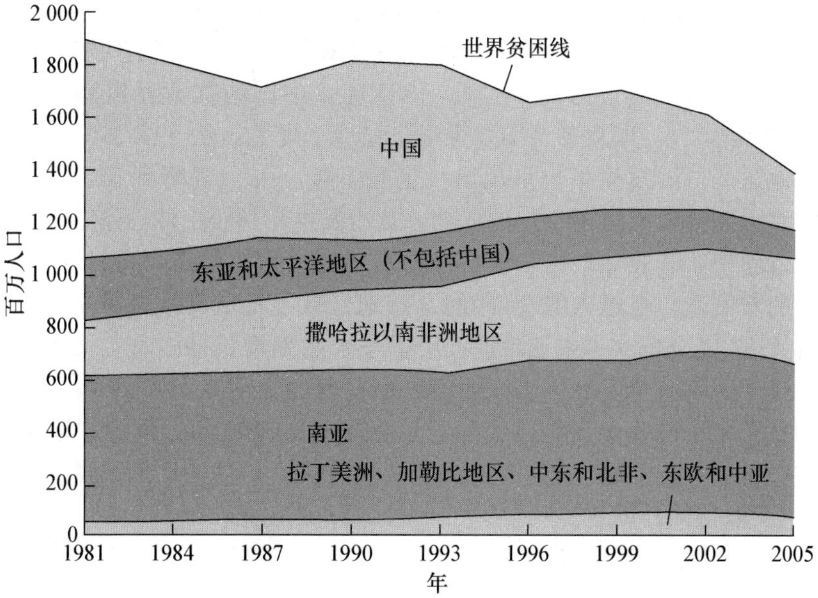

图 6 - 6　生活在“每日 1.25 美元”以下的人口数量

资料来源：S. Chen and M. Ravallion, “The Developing World Is Poorer Than We Thought, but No Less Successful in the Fight Against Poverty,” *Quarterly Journal of Economics* 125, no. 4 (2010).

得更少，这就导致了贫困水平的提升。不仅仅对于 2005 年来讲是这样，也追溯到 1981 年对于贫困的重新测量。关于世界上的贫困国家，其实什么都没有变化。它们所面对的难题是同样的。唯一的变化是官方对于贫困人口的预测变得糟糕了。

采用“每日 1.25 美元”的贫困线得出了一个好消息，即生活在绝对贫困线以下的人口数量从 1981 年的 14.8 亿降至 2005 年的 10.38 亿，几乎下降了 5 个亿。这代表着在减少人类剥夺现象方面取得了惊人的成果。坏消息则是，对于中低收入国家而言，每五个人中就有一个生活于贫困之中，成为这 10.38 亿贫困人口中的一员。进一步仔细观察该图所显示的各区域的情况可以发现，贫困人口的下降缺乏普遍性，且在世界各地的分布十分不平均。几乎所有的下降都发生在东亚，而在东亚范围之内，大多数下降都是由于中国的成功。从 1981 年到 2005 年，中国成功地使超过 6 亿中国人从“每日 1.25 美元”贫困线以下升至该线之上。许多观察家把这一成就归因于始于 20 世纪 70 年代的经济改革。改革鼓励农村家庭生产并在市场上出售更多的产出，从而使他们脱离了贫困。

在整个东亚，贫困人口的下降都十分显著，尤其是在印度尼西亚、马来西亚、韩国、中国台湾和泰国。但是，考虑到中国的人口总数，从绝对数量来说，中国的成就主导了全球贫困人口的下降。与之形成对照的是，在以印度为主导的南亚地区，贫困人口的下降则要少得多。在撒哈拉以南非洲地区，形势正好相反。随着这一地区总人口的增长，绝对贫困也在增长，从 1981 年的 2.14 亿增至 2005 年的 3.91 亿。① 其他地区所表现出来的趋势对全球的整体图景几乎无所贡献，其原因有二：第一，其他地区的人口规模相对较小；第二，其他地区多数为中等收入国家，生活在“每日 1.25 美元”状态下的人口占比一直较低，而且仍然如此。

绝对数量的下降是衡量减轻绝对贫困所取得的成效的一种方法，但这并非唯一的方法。贫困发生率代表了相对于总人口而言的贫困人口，兼顾了有关贫困的有所改善的方面和仍然糟糕的方面（见表 6－2）。1981 年，中国的贫困发生率是 84％；到了 2005 年，下降至 16％。南亚的贫困发生率也显著下降了，从 59％多降至 40％。撒哈拉以南非洲地区的贫困发生率也呈现出一定的下降，从 54％降到 51％。拉丁美洲在降低其贫困率方面同样取得了一定的成功，贫困发生率从 11.5％下降到 8.4％。对于东欧和中亚或者中东和北非地区来讲，根据其中等收入的状态，每日 1.25 美元并不是最有意义的贫困线。在过去的 25 年间这些地区曾经都成功地把其贫困率降低到个位数，尽管 1982 以来东欧和中亚地区经历了一个贫困增长的过程，而中东和北非的贫困率则下降了。就整个发展中国家而言，那些曾经生活在“每日 1.25 美元”以下的艰难贫困状态之中的人口比例已经显著地下降了。1981 年，发展中国家 52％的人口生活在“每日 1.25 美元”的贫困线以下。24 年以后，这一比例下降到 25％。下一个 20 年里也会取得同样的进步吗?

---

① Chen and M. Ravallion, “How Have the World's Poorest Fared Sine the Early 1980s?” *World Bank Research Observer* 19, no. 2 (2004). 作者们指出，越早进行估计，他们对估值结果就越没有信心，因为 20 世纪 80 年代初期开展的家庭调查很少。在非洲尤其如此。撒哈拉以南非洲地区绝对贫困增加的趋势是毋庸置疑的，但这一增加的幅度可能并不准确。

表 6-2 按照地区划分的绝对贫困*，1981—2005 年

地区	贫困人口数量（百万）			贫困发生率（百分比）			贫困距指数（百分比）		
	1981 年	1990 年	2005 年	1981 年	1990 年	2005 年	1981 年	1990 年	2005 年
东亚	1 071.5	873.3	316.2	77.7	54.7	16.8	35.5	18.2	4.0
（只含中国）	(835.1)	(683.2)	(207.7)	(84)	(60.2)	(15.9)	(39.3)	(20.7)	(4.0)
南亚	548.3	579.2	595.6	59.4	51.7	40.3	19.6	15.2	10.3
撒哈拉以南非洲地区	213.7	299.1	390.6	53.7	57.9	51.2	22.9	26.6	21.1
拉丁美洲和加勒比地区	42.0	42.9	46.1	11.5	9.8	8.4	4.0	3.6	3.2
中东和北美	13.7	9.7	11.0	7.9	4.3	3.6	1.6	0.9	0.8
东欧和中亚	7.1	9.1	17.3	1.7	2.0	3.7	0.4	0.6	1.1
总计†	1 896.2	1 813.4	1 376.7	51.8	41.6	25.2	21.3	14.2	7.6
（总计，不包括中国）	(1 061.1)	(1 130.2)	(1 169.0)	(39.8)	(35.0)	28.2	(n. a.)‡	(n. a.)	(n. a.)

* 绝对贫困指的是每日 1.25 美元的贫困线（PPP，2005 年）。

† 总计指的是中低收入国家。

‡n. a. 表示数据不详。

资料来源：S. Chen and M. Ravallion，“The Developing World Is Poorer Than We Thought，but No Less Successful in the Fight Against Poverty，” *Quarterly Journal of Economics* 125，no. 4 (2010).

在回答这个问题之前，我们有必要考察一下以贫困距指数来衡量的贫困强度（见表 6-2）。1981 年，绝对贫困在发展中国家中的大多数人口稠密地区都很严重。在东亚和南亚以及撒哈拉以南非洲地区，贫困距指数介于 20%～36%之间。但到了 2005 年，世界各地区的贫困距指数百分比都降至 10%甚至更少，除了撒哈拉以南非洲地区反而上升之外（仍超过 20%）。2005 年，大约 14 亿人口仍然生活在“每日 1.25 美元”之下，但其中大多数人口已经向这一最低消费水平大大靠近了。

中国成功地将其贫困距指数从 39%降为 4%，这是人类历史上一项举世瞩目的成就。对于未来所可能展现的前景以及非洲国家在未来几十年中可能取得的成就，我们也抱有期望。在 21 世纪之初，非洲大部分国家的贫困距指数与 20 年前中国的水平相当。然而，非洲所面临的挑战更为严峻。1981 年中国的收入分配比多数非洲国家目前的情况更加平等。因此，为了使绝对贫困以同样的速度下降，非洲的经济增长率必须比中国更高，再分配政策也必须比中国更为有力。而目前来看，这是很难达到的。中国得益于经济的根本性变革，这种变革带来了巨大的经济进步。中国从计划经济转向有可能带来产出两位数可持续增长的市场经济，而在这一点上，很难看到非洲有任何可与中国相比之处。无论是对于非洲国家，还是对于全世界而言，减轻撒哈拉以南非洲地区的绝对贫困都是一个巨大的挑战。

□ 关于绝对贫困程度的不同观点

对于评估全世界的绝对贫困数量这样一件复杂的事情，有诸多不同意见应该是不足为奇的。一些人指出，所评估的数字太低了，另一些人则认为太高了。

人们已经意识到，任何一种贫困线都或多或少带有随意性的特点。难道生活在刚好低于“每日 1.25 美元”的人就是穷人，而生活在刚好高于“每日 1.25 美元”的人就不

是穷人吗？普林斯顿大学的经济学家安格斯·迪顿（Angus Deaton）持有一个不同的观点。他在2010年美国经济学会的主席演说里强调了最新的贫困评估并认为“每日1.25美元”的贫困线太高了。与使用之前的贫困测量方法并将其运用到2005年相比，最新的贫困评估将2005年的贫困人口提升了将近5亿。这一对于绝对贫困人口测量的巨大增长，本应该是一个随着时间的推移保持不变的常数。

迪顿把问题归结为贫困线测定的过程。他认为为制定贫困线所采选的15个国家并不具有代表性。他指出，仅有150万人口的几内亚比绍共和国被纳入这15个国家之内，而超过1亿人口的印度则被排除在外了。印度的国内贫困线原本低于“每日1.25美元”，而如今被认为拥有更多贫困人口，仅仅因为受到像几内亚比绍（国内贫困线高于“每日1.25美元”）这样的小型经济体影响的所谓的标准贫困线。迪顿认为，在制定国际贫困线的过程中，应根据各国的人口对平均每个国家的贫困线进行加权。而这些国家也应当反映一个相对较大的团体。类似这样的建议以及其他的调整使得全球贫困线降低到低于每日1美元，并且得出2005年的全球贫困人口实际上低于10亿。①

一些评论家不同意迪顿的观点。他们认为如果用于界定全球范围内的绝对贫困，“每日1.25美元”这个门槛过低了。“每日1美元”的关口被描述成“极端贫困”，甚至是“赤贫”，这对于用作减轻贫困的有效基准来说可能过低了。还有其他人针对在他们看来“每日1.25美元”贫困线所具有的特殊的主观随意性进行了批判。他们主张，在全球范围内采用的单一贫困线与国别贫困线几乎毫无关联，因此，对于贫困人口为其基本生存之需所购买的商品束来说，这一贫困线意义不大。② 后一种看法对于贫困线往往高于“每日1.25美元”的中等收入国家来说，尤为适用。还有一些人认为，即便是界定“每日2美元”为全球贫困线，也过低了（见案例6—2）。

▶ 案例6—2　　谁不是穷人？

经济学家兰特·普里切特反对将“每日1.25美元”或“每日2美元”界定为全球贫困的合适的标准。他提出的贫困线是每日15美元（按2000年的购买力平价计算），接近于高收入国家中较为普遍的贫困线的较低界限。普里切特论述如下：

> 因为贫困属于社会范畴内的概念，每个国家应该自由设定本国对贫困的定义及本国的贫困线……但对于一个共同的贫困线来说，收入贫困的国际标准应该构成对于人类生存状态的“不可接受的”剥夺，或在一个全球化的世界里，是一笔“不充足的”收入——如果一个人生在一个国家里，被认为“是穷人”，而生在另一个实际收入只有其1/10的国家里则被认为“不是穷人”，这显然是不公平的。换句话说，如果印度根据本国的实力和国情设定了一个贫困线，美国也同样设定了本国的

---

① A. Deaton, “Price Indexes Inequality, and the Measurement of World Poverty,” *American Economic Review* 100, no. 1 (2010).

② 见 *In Focus: Dollar a Day: How Much Does It Say?* International Poverty Centre, UN Development Programme, September 2004. www.ipc-undp.org/pub.IPCPovertyInFocus4.pdf。

贫困线，那么选择较低的贫困线用于国际比较就意味着，对于一个美国居民来说“不可接受的”剥夺状况对于另一个人来说却是可以接受的，仅仅是因为两人的居住地不同。

普里切特进一步论证，世界银行的贫困线显然不能达到可接受的最低水平的一些身体状况指标，例如婴儿死亡率和发育障碍率，后者是指身高相对于其年龄低于医学标准不到两个标准差的儿童。

普里切特推荐将“每日 1.25 美元”界定为“赤贫”，将“每日 2 美元”界定为“极端贫困”，而将“每日 15 美元”界定为国际贫困。他的结论是：“贫困线定义的这一简单转变使之具备了连续性，并且在保持与先前所采用贫困标准的可比性的同时，大胆勾勒了真正意义上无贫困世界的宏伟蓝图。”

资料来源：Lant Pritchett, “Who is Not Poor? Proposing a Higher International Standard for Poverty,” CGD Working Paper No. 33, Center for Global Development (November 2003). Lant Pritchett, “Who Is Not Poor? Dreaming of a World Truly Free of Poverty,” *World Bank Research Observer* 21, no. 1 (2006).

□ 今日贫困

2005 年，26 亿人口生活在“每日 2 美元”的贫困线之下。这一数量刚好相当于中低收入经济体总人口的 47%。南亚和撒哈拉以南非洲地区的贫困发生率高达 73%。中国和拉丁美洲的这一指数分别为 36%和 17%。若以“每日 2 美元”的标准做一国际比较，则撒哈拉以南非洲地区的贫困最严重（其贫困距指数最高），但整个亚洲的贫困人口是撒哈拉以南非洲地区的 3 倍（见图 6－7）。自 2005 年以来到底发生了什么？

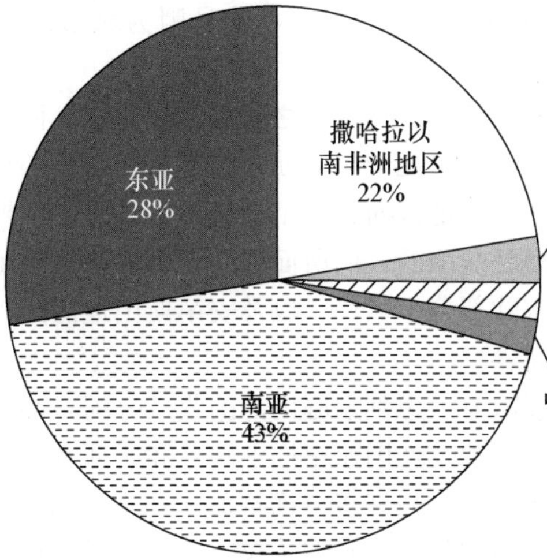

图 6－7　生活在“每日 2 美元”贫困线以下的人口的地区分布，2005 年

资料来源：S. Chen and M. Ravallion, “The Developing World Is Poorer Than We Thought, but No Less Successful in the Fight Against Poverty,” *Quarterly Journal of Economics* 125, no. 4 (2010).

简单的答案是：我们并不是很清楚。估测全球贫困所需的数据是非常庞大的，因此数据的收集并不经常进行。2008 年金融危机始于美国，随后便很快蔓延到其他国家。

面对这种情况，很多发展中国家都恐惧金融危机同样会影响到自己国家的经济发展。这其中的一些国家的确受到了影响，然而并不是全部。中国和印度的经济持续迅速增长。世界银行估测，由于金融危机的影响，发展中国家的 6.4 亿人口都不得不面对“极端贫困”（低于每日 1.25 美元）的境况。然而在金融危机发生的同时，迅速的经济增长在一些地区正强有力地发生着，而且在 2010 年，在发展中国家出现了一个更加迅速的复苏。金融危机的发生也使得经济学家们预测在 2005—2010 年之间脱离贫困的人口多于在这一期间陷入贫困的人口。由于经济增长的趋势对于穷人是有利的，这让我们相信在这一期间的贫困人口比 21 世纪第二个十年中的贫困人口要少得多。

□ 谁是穷人？

如果世界银行 2005 年的估计是正确的，每四个非洲和南亚人口中就有三人生活在“每日 2 美元”的贫困线以下，那么区分谁是穷人就更简单了。对于“谁是穷人？”这一问题的回答也许会有点愤世嫉俗。尽管非洲和南亚绝大多数人口的生活状况决定了他们就是穷人，还有一些生活在远低于贫困线之下的人口，他们比其他人都更加贫困。极端贫困人口具有十分明显的特征。

21 世纪是人类历史上第一个世界大多数人口居住在被定义为城市的阶段。然而农村贫困率往往比城市要高。这一点令粗心的观察者感到惊讶，因为粗心的观察者只看到了农村地域开阔、茅屋草舍和基本住所风景如画的乡村景象，并将其与中低收入国家的大城市常见的城市的污秽、密集的居民、看似杂乱的棚户区和贫民窟相对比。[①] 粗心的观察者没有看到的是农村地区机会的缺乏。赚取收入的途径较少，教育机会较少，医疗卫生条件较差，容易受到天气和自然力量的伤害。在农村地区，贫困常常发生在没有土地的非正式劳动者身上，在撒哈拉以南非洲地区，则常常发生在牧民身上。人们常常选择离开乡村而奔向城市的贫民窟，就是因为城市地区具有更多的经济机会。

除了城乡界限，一国之内不同地区的贫困率之间也存在差别。两个典型的例子是巴西的东北部地区和印度的北方省，这里几十年来就一直是贫困深重的地区。区域性贫困的持续存在既反映了经济发展从一个地区向另一个地区扩散的程度不够，也反映了欲通过在不同地区之间移民的方法摆脱贫困的人们所面临的诸多限制。贫困还与种族和民族有关。印度特定的社会阶层、东欧部分少数民族以及安第斯山地区的土著民族都比同一经济体中其他人群的贫困率要高。

从性别视角考察贫困现象就需要考虑到家庭内部的收入分配，即家庭经济单位内部资源的分享状况。关于发展中国家和发达国家中性别角色和所拥有的经济机会的研究得出的结论大多是：女性相比男性来说，在许多方面都处于劣势。[②] 女性所拥有的产权较少，包括土地所有权在内，女性还常常不具有继承权。女孩接受的小学和中学教育往往比男孩少，尽管在许多国家和地区这一状况已有所改观。劳动力市场也往往歧视女性，

---

① “贫民窟”一词源于巴西里约热内卢的法维拉小山丘，获得解放的奴隶于 19 世纪末期在此地建立了一个平房区。后来该词一直被用于描述城市贫民窟，尤其是拉丁美洲的贫民窟。

② 这一讨论源自 World Bank，*Engendering Development*（Washington，DC：Oxford University Press，2001）。

对于同样的工作，支付给女性的工资就比男性低。综合考虑在家里的劳作和以赚取收入为目的的工作，女性每周的工作时间往往比男性更多。针对女性的家庭暴力也极其普遍。在世界许多地区，以选择性别为由的堕胎也偏向于多生男孩而抛弃女孩。

考虑到上述种种劣势，贫困的女性化倾向似乎应该是不言自明的。但情况并非如此。对个人消费的衡量是以家庭数据为基础的，很难分清在家庭内部谁消费了多少。一些商品，譬如说房子，是家庭成员共同消费的。考虑到缺乏不同性别个人消费的相关数据，一些研究对以男性和女性为户主的家庭的贫困率进行了比较。而研究结果却并不一致。某些以女性为户主的家庭确实十分贫困。在世界许多地区，在没有男性继承人的寡妇（印度）及以养老金为生的老年女性（东欧）中，贫困率尤其很高。但对于其他一些身为家庭户主的女性，比如在城市里工作的未婚女性，或丈夫在国外工作并将收入汇回家中的已婚女性，其贫困率则低于平均贫困率水平。关于营养方面女性和男性的需求得到满足程度的研究发现，相对来说，女性的营养需求确实在一定程度上未得到满足，但无论是对于不同的地区，还是对于同一国家，研究结果都存在差别。尽管缺乏贫困现象女性化的确凿依据，但如果说降低性别之间的不平等程度无益于减轻女孩和男孩、女性和男性中的贫困现象，则是难以想象的。

□ 在贫困中生存

现在我们了解了贫困是如何定义的，贫困人口有多少，以及贫困人口的一些特性。然而对于陷入贫困中的人们的生活，我们了解多少呢？也许你会认为低于每日 1.25 美元的生活暗示了被边缘化的、单一选择的生活。然而现实情况并非如此。贫困人口是一个非常多元化的群体，而且他们并不总是把其拥有的所有有效资源都用于满足温饱。这个群体同时也积极地参与很多社会经济活动，并且尽其最大努力来减少自己在参与经济活动中所承担的风险。

社会科学家，尤其是人类学家对贫困人口开展了各种研究。① 这些研究在近几年中大量参考对于贫困家庭的调查问卷，包括那些生活在绝对贫困中的家庭。而大部分的调查问卷都是世界银行生活水平评估研究调查（Living Standards Measurement Study，LSMS）的一部分。第一批调查问卷始于 1985 年，在科特迪瓦和秘鲁这两个国家进行。LSMS 和其他相似的调查被用来统计贫困人口并试图学习、了解贫困家庭的生活状态和经济行为。麻省理工学院的经济学家阿巴吉特·班纳吉（Abhijit Banerjee）和埃斯特·迪弗洛（Esther Duflo）采用了 13 份来自不同发展中国家的调查，从而规划了处于贫困中的人们生活的一个基本状态。②

班纳吉和迪弗洛发现，贫困家庭并不是把所有钱都花费在购买更多的卡路里上。食品花销仅占他们总支出的二分之一到四分之三。对于那些生活水平低于每日 1.25 美元

① 在 1953 年，人类学家索尔·塔克斯（Sol Tax）出版了 *Penny Capitalism*（Washington，DC：Smithsonian）。这本书是以他对于危地马拉地区的贫困原始部落的观察为基础创作的。塔克斯发现，除去贫困，部落里的人们对于时间和资源的运用效率是非常高的。

② A. Banerjee and E. Duflo，“The Economic Lives of the Poor，” *Journal of Economic Perspectives* 21，no. 1 (2007). 同见他们的书 *Poor Economics：A Radical Rethinking of the Way to Fight Global Poverty*（New York：Public Affairs，2011）。

的家庭来说，他们花费在卡路里上的支出相对于食物总支出的弹性大约为0.5。① 这就说明了即使是处于贫困，这些家庭对于食物的花销也是有选择性的。他们同样注重选择健康并且好吃的食物。像其他所有人一样，贫困家庭同样有除食物之外的生活所需，例如酒、烟草、节庆（葬礼、婚礼和宗教节日）、收音机和电视。然而这些贫困人群的健康状况则大大不如非贫困人群。在一系列关于健康的调查问卷中，班纳吉和迪弗洛发现在一个家庭中，通常有一名成员每个月是处于多于一天以上卧床不起的状态。在印度的乌代浦地区，据统计43%的家庭每年无法拥有足够的食物，而55%的成人贫血。

在贫困家庭的生产活动中，他们尝试寻找不同的工作机会从而让自己的劳动时间变得多样化。在城乡家庭中，几乎所有家庭都有一片自己的土地进行耕种，但这并不是他们唯一或者最主要的经济来源。男人通常为日常劳工，女人也许会做编织、收集燃料，或是经营小食品摊（例如早上在街边卖多萨）。在印度的乡村地区西孟加拉，中等家庭中一般有3个家庭成员从事7个不同的职业。贫困家庭中的成员一般都从事以暂时性和迁移性为特征的工作，通常不超过一个或两个月。穷人从事长久性和相对稳定的工作在西孟加拉是罕见的，且大多数移民的工作距离穷人们居住的地方都不是很远。依赖于多种不同职业以及愿意短期移民到周边某个地区来寻找工作是一个降低失业风险的策略。如果一份工作不再有效，或是无法提供报酬，他们至少还有其他的工作来维持生计。而这样的策略当然也有其相应的劣势。如果这些处于贫困中的劳工没有一技之长，很难实现规模经济，从而提高生产力和得到更高的收入。

贫困在不断地加深并导致了多样化的生活，对这种境况的浪漫看法无疑是一个错误。低于每日1.25美元的生活是一个持久性的、充满无数不确定性的脆弱的生活状况。那些被认为是极度贫困的群体几乎无法生存。国际食品政策研究所（International Food Policy Research Institute，IFPRI）所做的一项研究表明，在2004年，全球1.62亿人口处于极度贫困的状态。他们的生活水平甚至无法达到每日50美分。② 在另一个研究中，研究者们让这些生活于贫困中的人们来描述贫困。他们是这样回答的③：

> 不要问我什么是贫困，因为在你走进我的房子之前就看到了。看看那些墙上的洞。看看我用的炊具和我身上穿的衣服。看看你周围的一切……你所看到的就是贫困——一个肯尼亚的男人。
>
> 贫困是饥饿，孤独，一天结束以后无处可去，剥削，歧视，侮辱和文盲——一位圭亚那的母亲。

---

① 卡路里可以从多种食物中摄取，例如米饭和谷物。这些食物既便宜又能够为一个人提供充足的卡路里。肉类是相对昂贵的，所以从肉类中摄取卡路里的花费会相对较高。通过每个家庭摄取卡路里的方式，我们能够测量出花费在卡路里上的支出相对于食物总支出的弹性。

② 对于绝对贫困的估算见 Akhter U. Ahmed，Ruth Vargas Hill，Lisa C. Smith，Doris M. Weismann，and Tim Frankenberger，“The World's Most Deprived，” 2020 Discussion Paper 43，International Food Policy Research Institute，Washington，DC，2007。这项研究是在最后一轮ICP测量之前完成的。在新的PPP的估算中，绝对贫困的数量会相对提高。在多于1.6亿的人口中，绝对贫困的国家一起代表了一个人口整体。这个人口整体与世界第六大人口国巴基斯坦的状况极为相似。

③ 这些引用来自 United Nations Development Programme，*Human Development Report 1997*（New York：Oxford University Press，1997），and D. Narayan，*Voices of the Poor：Can Anyone Hear Us?*（Washington，DC：World Bank，2000）。

贫困是痛苦，就像疾病一样。它对一个人的打击不仅仅是物质上的，还有精神上的。贫困在践踏了一个人的尊严之后把他淹没于彻底的绝望之中——一个摩尔多瓦的女人。

在描述贫困的时候，这些陷入贫困中的不幸的人们谈到，贫困不仅仅是在金钱上的短缺，更多的是对他们精神上和肉体上的伤害和打击。有很多造成贫困的原因。穷人们没有属于自己的资产，特别是土地。不识字也在很大程度上限制了他们的就业机会。疾病的侵袭可以很轻易地使一个家庭陷于更加严重的危机。穷人们对于环境变化和自然灾害的应变能力也是极其脆弱的。干旱、洪涝或泥石流都可能摧毁一个家庭。穷人们通常感到自己被市场所剥削。特别是私有商人们在生活日用品上收取过高的价格或是在借记上收取高利贷，以及政府对于贫困人群的忽视，从而无法向穷人们提供所需的援助和支持。

6.5 消除贫困的战略

世界银行1990年的《世界发展报告》不仅公布了世界贫困人口的估计量，同时还概述了减轻世界贫困的战略。该战略具有两项基本要素：(1) 促进以市场为导向的经济增长；(2) 为贫困人口提供基本的医疗和教育服务。以市场为导向的经济增长包含着“华盛顿共识”中许多广为人知的政策建议：宏观经济稳定、贸易和投资方面更大的经济开放度、加大公共基础设施投资、健全信贷市场等等。整体来看，这些政策能够导致劳动力需求型的经济增长，而这将会有益于贫困人口，因为贫困人口所依赖的最基本资产就是他们的劳动力。该战略的第二项要素提倡对人进行投资。向贫困人口提供政府医疗和教育服务将会提高他们的生产力，因而有助于减轻贫困。该战略的第三项较少被强调的部分就是建立社会安全网络以帮助那些没有能力利用市场机会的人。这一群体既包括病人和老人，也包括所有遭受诸如自然灾害或宏观经济危机等全局性冲击的人。

在世界银行《1990年世界发展报告》及作为其续篇的《2000—2001年世界发展报告》中，经济增长在扶贫战略中都起着最重要的作用。但对此也有不同意见。1996年，另一个致力于发展问题的多边机构，即联合国开发计划署（UNDP）完成了其旗舰出版物《人类发展报告》(*The Human Development Report*)。报告写道，“政策制定者常常被经济增长的数量迷住了眼。他们需要更加关注经济增长的结构和质量。”报告进一步阐述了某些经济体经济增长过程所存在的诸多问题，即“失业的增长——整个经济处于增长状态，但却未扩大就业机会”，“残暴的增长——经济增长的大多数成果只惠及富人，而使数以百万的人们仍挣扎在更加深重的贫困之中”，“无权的增长——经济体的增长并未带来民主或公民权利的扩大”，“无根的增长——使人们的文化认知趋于枯竭”，“绝望的增长——当代人口挥霍了后代人所需要的资源。”①

UNDP的报告引起了广泛关注。其中之一便是对经济增长对穷人来说是否（或至少是在什么情况下）是件好事的质疑，或者说，经济增长的好处是否更可能集中于富人手

① United Nations Development Programme, *Human Development Report* (New York: Oxford University Press, 1996), p. 3-4.

中。关于经济增长、分配和贫困的基本数学计算表明，总体上讲，经济增长对穷人应该是好事。在本章前面的部分，我们看到，分配不平等现象并不随着经济增长而规律性地增加。这意味着，在多数情况下，经济增长应当会惠及穷人，正如惠及经济体中的其他人一样。只要 GDP 增长快于人口增长，每 20%人口的平均收入通常也就会增长。很多研究支持这一结论。

□ 经济增长对穷人来说是好事

图 6－8 再现了其中一项研究的数据。① 每次观察都将贫困人口的收入增长与整个经济增长（人均 GDP 的增长）相比较，在此将贫困人口界定为收入分配最底层 20%的人口。每次观察的经济增长都指某一国家五年或更长时间内的增长。在许多情况下，对于

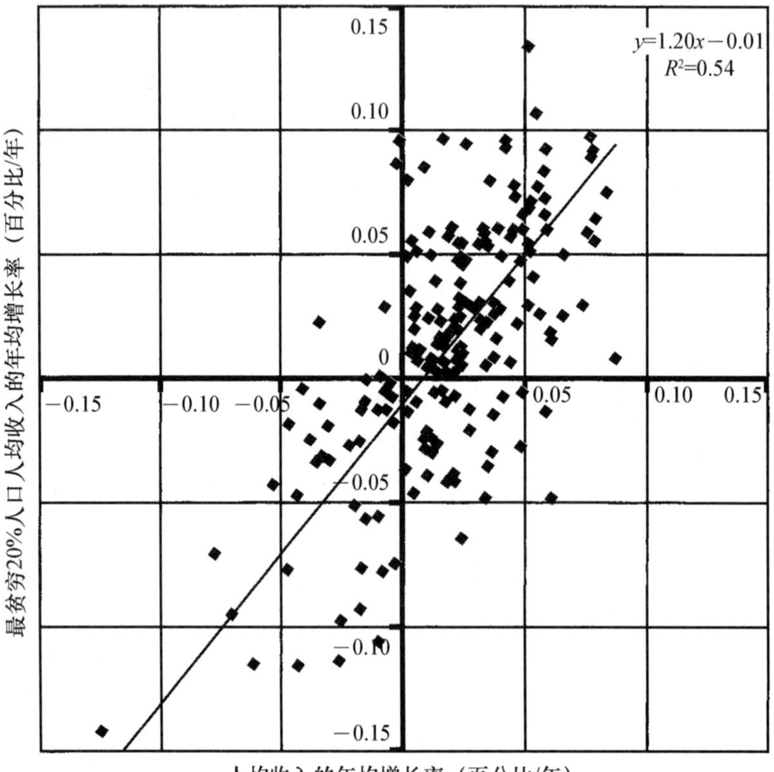

图 6－8 经济增长对穷人来说是好事吗？

资料来源：David Dollar and Aart Kraay, "Growth is Good for the Poor," *Journal of Economic Growth* (September 1, 2002). Dataset available at http://econ. worldbank. org/external/default/main? theSitePK = 477872&cont-entMDK=20355294&menuPK=836389&pagePK=64168182&piPK=64168060, accessed July 2005.

① David Dollar and Aart Kraay, "Growth is Good for the Poor," *Journal of Economic Growth* 7, no. 3 (2002). 得出类似结论的早期研究有：Michael Roemer and Mary Kay Gugerty, "Does Economic Growth Reduce Poverty?" CAER Discussion Paper No. 5, Harvard Institute for International Development (1997); and John Gallup, Steve Radelet, and Andrew Warner, "Economic Growth and the Income of the Poor," CAER Discussion Paper No. 36, Harvard Institute for International Development, Cambridge, 1999.

一个国家还进行了多次观察。当可以得到关于收入分配的多年的信息时，就会进行多次观察。经济增长的时间期限平均为 6 年。这些时间段都介于 1956—1999 年间，多数处于 20 世纪 80 年代和 90 年代。数据并未涵盖所有国家，但世界各地区的经济体都包括在内，因而能够从整体上涵盖全世界的人口。①

图 6-8 所显示的趋势与经济增长往往对穷人来说是好事这一观点相符。图中的回归线斜率为正的 1.2，这表明，平均来讲，穷人收入的增长速度大致与人均 GDP 相同。估计斜率值为 1.2，这意味着，如果人均 GDP 以比方说 5%的速度增长，那么回归线所预测的穷人收入的增速将为 6%。观察估计结果的方差可以看出，观察数据大多位于人均收入增长和穷人收入增长都为正的象限。这一象限又可以进一步分为两部分。超过半数的观察数据都位于 45°线之上，即穷人收入的增长快于平均收入的增长。位于 45°线之下、x 轴之上的观察数据表明，经济增长“对穷人来讲”仍是“好事”。只不过在这种情况下，穷人收入的增长在一定程度上慢于经济体其余人口的平均收入增长。

回到图 6-8，也存在着一些**贫困化增长**（immiserizing growth），即尽管经济体处于增长状态，但穷人的平均收入却下降的情况。联合国开发计划署对残暴的经济增长的担忧在某些情况下似乎是不无道理的。在经济增长的五个正面案例中，就有一例表明穷人的收入水平是下降的。对于当时的拉丁美洲而言，这种情况发生的概率约为 1/3。然而，迅速的经济增长使这种情况发生的概率降至最低。在该研究采用的数据中，当经济增速高于 5%时，只有 2 例贫困化增长。② 迅速的经济增长对于贫困人口和非贫困人口来说，似乎尤其有益。反之亦然。贫困人口在经济衰退期间尤其脆弱。这一点可以从左下方的象限看出来，在此象限，有许多观察数据落在了回归线以下（东欧和中亚 20 世纪 80 年代和 90 年代初期的大量人口）。尽管存在着诸多例外，但经验性记载表明，经济增长有益于贫困人口的情况要比之把贫困人口甩在后面的情况更为普遍。

□ 有时仅有经济增长还不够

经济增长在经济发展中的中心作用是本书的一个主旨，正如市场在取得快速经济增长中所起的作用一样。但是，在某些情况下，消除绝对贫困不仅仅需要经济增长和市场力量。首先，存在着上述最底层 20%人口的生活状态随人均 GDP 的增长反而恶化的情况。在这种情况下，伴随经济增长而出现的收入分配不平等是如此严重，以至于逆转了贫困人口得自增长的人均 GDP 的潜在利益。研究人员尚未明确是什么样的经济增长，或者什么类型的政府政策会必然违背“经济增长对穷人来说是好事”这一观点。其次，注意到图 6-8 中的数据是基于对相对贫困而非绝对贫困的衡量。纵轴衡量的是最底层 20%人口平均收入的变化，而非按照“每日 1.25 美元或 2 美元”贫困线计算出的贫困发生率或贫困距指数的变化。这就大有不同。想象一个平均收入较低并且分配不平等程度很高的经济体。如果最底层 20%人口的收入只占总收入的 2%～3%，像拉丁美洲和非洲南部许多国家的情况那样，即便 20%最贫困人口的收入以与平均收入增长相同的

① 在最初的研究中，这个图表是不包括经济合作与发展组织（Organisation for Economic Cooperation and Development，OECD）中的那些经济体的。它们通常是作为统计的极端值。

② 这两例是波多黎各（1963—1969 年）和新加坡（1978—1983 年）。

速度增加，贫困人口的生活状态也几乎无所改进。很少会有穷人因此而越过贫困线，因为他们原本收入的占比实在是太低了。如果很严重的分配不平等进一步使经济更迅速增长的前景暗淡，那么贫困人口的境况就更糟糕了。

贫困化增长以及收入分配不平等太过严重以至于使经济增长的益处难以体现的情况并不多见。更常见的是第三种情况，即分配状况的变化使经济增长所带来的贫困现象的减轻打了折扣。20 世纪 90 年代拉丁美洲的经济增长表现平平，但这种增长也伴随着日益严重的收入分配不平等。假设分配不平等程度不变，即使是这种缓慢的经济增长也应该会使生活在“每日 2 美元”以下的人口减少 9 000 万。① 但是，由于 20 世纪 90 年代期间，分配不平等程度更为严重，贫困人口数量仅减少了 4 500 万。如果经济增长速度更快一些，并且分配不平等程度更轻一些，拉丁美洲的贫困人口应该会减少得更多。

最后，图 6－8 中的数据公布了经济增长率。但经济增长对每一不同层次 20%人口实际所获得收入的绝对数额会产生怎样的影响呢？即便穷人收入的增长速度超过富人，处于较高收入层次的富人的绝对收入通常仍会增长得更多。这是因为一个较大金额的较小百分比相比一个较小金额的较大百分比来说，仍是一笔高得多的收入。考虑一下本章最开始部分所提到的孟加拉国和墨西哥的案例。如果经济增长是分配中性的（即人均 GDP 增长但分配情况保持不变），那么分别对于孟加拉国和墨西哥而言，处于最底层 20%人口的收入每增加 100 塔卡或 100 比索，最顶层 20%人口的收入平均来说就会增加约 450 塔卡或 1 500 比索。换言之，即便经济增长对穷人来说是好事，贫富之间的绝对收入差距仍然会继续扩大。但因为贫困线以下的人口减少了②，穷人的确是获益了。

□ 益贫式经济增长

随着更多人关注全球贫困，面对 2015 年以前使生活在“每日 1 美元”之下的贫困人口数量减半的千年发展目标，发展专家频频谈及发展战略聚焦贫困的必要性（见案例 6—3）。有时这被称为**益贫式经济增长**（pro-poor growth）。这并不是一个界定十分精准的词语。益贫式经济增长有时被定义为穷人的收入增长快于平均收入增长的情况。这一定义存在的问题在于，如果存在两种选择，一种情况是，穷人收入以比方说 3%的速度增长而人均 GDP 以 2%的速度增长，另一种情况是，穷人收入以 4%的速度增长而人均 GDP 以 6%的速度增长，那么益贫式经济增长将采纳前者。但后一种情况下，贫困减少的速度将会更快。二者之间的区别绝不只是假想的，中国的经验就反映了第二种图景。

尽管定义存在问题，提出益贫式经济增长的初衷却是清楚的。为了实现迅速改善穷人生活的经济增长，政府能够做些什么？对于这一问题的回答就在于更好地理解经济增长、分配不平等和贫困之间的复杂关联。益贫式经济增长并不意味着要在有利于增长和有利于穷人之间作选择。该战略需要使更快的经济增长与更多的穷人参与经济增长的机会相结合。为达到这两个目标，需要实行既能加速经济增长又能解决分配不平等的政策。

---

① “Is Growth Enough?” *Latin American Economic Policies* 14 (Inter-American Development Bank, 2001).

② 拉瓦雷报道了对于人均 GDP 增长的贫困率的弹性系数大约为－2。在 95%的置信区间内，平均每个家庭 2%的收入增长可以使贫困率降低 1%～7%。Martin Ravallion, “Poverty and Growth” in David Clark, ed., *The Elgar Companion to Development Studies* (Cheltenham, UK: Elgar Publishing, 2006).

▶ 案例 6—3　发展战略为什么应该聚焦贫困?

在国际货币基金组织的期刊《金融与发展》的一期访谈栏目中，哈佛大学经济学家丹尼·罗德里克提出了一个令人信服的论点，即改革战略应该聚焦贫困。

首先，从社会福利角度考虑，大多数人，尤其是通过民主选举产生的政府，都会更加注重穷人而非富人的生活状况。经济增长率对于评估福利来说，并非一个充分的统计指标，因为它不仅忽略了收入水平，而且忽略了收入的分配。一项能够使穷人收入增加1卢比的政策从边际角度看是值得的，即便该政策耗费经济体其余人口的成本多于1卢比。从这一角度来说，在两种彼此竞争的经济增长战略中，政府选择其中对穷人可能更有利的战略才是完全合理和正当的，即使这一战略对整个经济增长的促进作用并不那么确定。

其次，即使穷人的福利无所增加，旨在帮助穷人的干预措施也仍是提高平均收入的最有效的方法。贫困与市场不完善和不完全有着自然的关联。穷人之所以贫穷，就是因为他们不能借入未来的收入来投资于教育、技能、新作物和经营管理活动。由于他们被剥夺了使用许多公共产品（例如财产权、公共安全和基础设施）的权利，缺乏有关市场机会的信息，他们被阻断于经济活动之外。而增加实际平均收入需要实行以缩小私人成本和社会成本之间差距为宗旨的干预政策，这一点正是经济理论的基本信条。在贫困人口居多的地区，这样的机会也一定有很多。

最后，聚焦贫困从更宽泛的以潜在能力为导向的发展路径的角度来看，也是合理的。仅仅关注消费或收入水平的发展路径太狭隘了。正如诺贝尔经济学奖获得者阿马蒂亚·森所强调的，发展最为重要的目标就是最大化人们以自己所珍视的方式去生活的能力。穷人在这方面面临着最大的障碍，因此他们最应该成为政策所迫切关注的人群。

资料来源：节选自 Dani Rodrik，"Growth versus Poverty Reduction：A Hollow Debate," *Finance and Development* 37，no. 4 (December 2000)。

那些对经济增长对于穷人是好事的观点持怀疑态度的质疑者对于市场帮助贫困人口的能力也可能抱有怀疑。竞争会被看作是剥削穷人，因为竞争导致对他们的劳动支付的工资“太低”或对他们所购买的原材料或商品要价“太高”。与“华盛顿共识”相关的政策常常受到批判性的评论，这些政策被认为是保护了富裕国家或穷国中富人的利益而牺牲了中低收入国家中广大贫困人口的利益。但这些批评站得住脚吗？市场友好型战略能够惠及穷人吗？

让我们来参考一下中国的经验。在1980年以前，中国的农村被集体和公社所主导。市场的影响力在农村分配中只占很小的一部分。家庭联产承包责任制的市场改革改变了一切。它成功地把对于农场的控制从集体和公社转变到每一个农民的手里。在完成每一个地区所规定的产出数量之后，农民可以自由保留或者在一个相对开放的市场出售多余的产品。这个对于个人化经济体系的鼓励和刺激引致了巨大产量的供给，从而让中国几百万人口脱贫致富。支持此成果的根本因素就是在公社瓦解之后的相对平等的土地分配。土地分配的平等是益贫式经济增长的核心。①

保持宏观经济稳定是"华盛顿共识"的要旨。维持财政纪律和抑制物价上涨是宏观经济稳定的两个关键特征。这样的稳定通常要求通过缩减政府开支来降低预算赤字。这一点常常招致反对意见，因为穷人会因政府降低在基本服务方面的支出而利益受损。这样的关注固然有其道理，但它却并未描绘出问题的全景。政府支出往往并不能惠及穷人，因为包括医疗和教育方面方案在内的支出计划经常都是以高收入阶层为对象的。

财政赤字持续存在还会导致物价上涨，而通货膨胀对穷人利益的损害要比之对富人的损害大得多。高收入群体有着许多规避快速通胀负面影响的方法。他们可以把储蓄存在国外或者以土地或房产的形式持有财富，这些方法常常都可以规避通胀。但是穷人却缺乏这些选择。他们所拥有的微量存款在持续的物价上涨下会趋于消失；他们微量贷款的利息成本会上升；并且任何类型的固定收入，例如，一笔养老金，会很快变得相对一文不值。物价上涨通常会导致货币贬值，这又会提高进口商品的价格。进口商品价格的提高在影响富人所购买的奢侈品的同时，也会影响到穷人，因为燃料和其他必需品的价格提高了。当燃料价格上升时，交通成本就会增加，这就影响到穷人的生活所依赖的多项成本。物价上涨还是投资和经济增长的制动器，而缓慢的经济增长无益于穷人。总体来讲，宏观经济稳定往往有益于经济增长，同时也有益于穷人。

"华盛顿共识"号召贸易自由化和更大的经济开放度。这就需要减少贸易壁垒、鼓励外国直接投资并放开汇率。反对全球化的倡议者把这类措施看作是对穷人利益的损害，因为穷人不能保护自己不受变幻无常的世界资本市场的伤害，也禁不起廉价出口商品的冲击。我们仍然不可否认，这一立场在某些情况下不无道理。20 世纪 90 年代末期，亚洲金融危机损害了许多经济体中富人和穷人的利益。在一定程度上欧盟和美国农业补贴所导致的农作物的廉价伤及了一些经济体中的农民。常常被引述的例子就是西非地区的棉农。

但提高经济开放度也存在着另一方面的影响。如果每个国家都出口本国具有比较优势的商品，低收入国家就可以专业化生产那些依靠本国非熟练劳动力的商品。这就会带来这类劳工就业的增加，并且随着时间的推移可以提高他们的工资。因为贫困人口常常是最缺乏技能的，而贸易可以扩大对劳动力的需求，从而减轻贫困。包括技术交流和源自外国直接投资的资本积累在内的更大程度的经济开放能够提高生产率并促进整体经济增长。此外，贸易还可能会降低穷人必须购买的商品和服务的价格，进一步改善他们的福利。

教科书中关于贸易的一整套论点是令人信服的，整个亚洲在减除贫困方面取得的成功也常常将贸易视为经济增长的引擎，尤其是促进了劳动密集型产品的出口。但除了增加出口，经济开放的作用还有很多，关于全球化对贫困影响的全面论述所得出的结论并不是单一的。贸易改革在帮助一些穷人的同时却也会伤及其他穷人。在墨西哥，北美自由贸易协定（NAFTA）带来了更加自由化的贸易，这损害了以前受到棉花关税保护的农民的利益，但同时却惠及了那些在增长的出口部门中找到就业机会的人。因为同一个

---

① Martin Ravallion，"A Comparative Perspective on Poverty Reduction in Brazil，China and India，" *World Bank Research Observer* 26，no. 1 (2011).

人不必离开农村投奔工厂，贸易改革于是对于一些人来讲，加重了他们的贫困，而对于另一些人来讲，却减轻了他们的贫困。（关于贸易对经济增长、发展和贫困的影响，参见第 18 章和第 19 章。）贸易改革说明了一个重要原则：市场力量所产生的新机会使一些人受益，同时却使另一些人受损。帮助贫困人口从新机会中获得最大利益是所有经济体都面临的一项挑战。

□ 改善穷人的机会

只有在贫困人口能够抓住机会的时候，完善市场运作才会有助于他们。这就是普及基础教育和医疗保健服务常常是减轻贫困战略的主要内容的原因所在。教育往往使人具有更高的生产力。教育使人们可以处理新的信息，并抓住新的机会，无论是增加农作物产量的新型种子、需要读写能力的新工作还是能够提高婴儿存活率或改善成人健康的新药物。教育并不是万灵药。在不佳的经济环境中，教育也可能会带来较低的回报率（参见第 8 章）。但是，如果没有教育，许多穷人就会被困在代代贫困的循环之中。关于基本医疗保健的重要性也可以做出类似的阐述（参见第 9 章）。疟疾、艾滋病和许多其他疾病对患者身体状况的损害和折磨使病人无法从事工作，无法抓住新机会。不管市场运转得多好，如果重病缠身的话，也没有体力抓住机会，贫困状况只能持续。

投资于人力资本只是改善贫困人口机会的议程的一部分。其他改革也值得考虑。大多数穷人生活在农村地区，直接或间接地依赖于农业作为收入来源。对印度的研究发现，农村的经济增长既能减轻农村贫困，也能减轻城市贫困，而城市的经济增长主要只减轻城市贫困。[①] 中低收入国家的政府并未一直致力于支持农村经济。需要更加关注农村基础设施，包括修建更好的道路和电信设施，这样就更便于贫困的农民在市场上出售其作物，并获得有关价格的信息。可以安全饮用的自来水管道的铺设、灌溉设施的改进、农业上下游延伸服务、作物品种的研发以及信贷渠道的扩大也是一些有助于促进农村经济发展和农村贫困人口下降的干预措施。（关于农业发展的更进一步的论述，参见第 16 章和第 17 章。）

无论是为贫困人口的教育、医疗或他们所依靠的基础设施投资更多，还是为大多数穷人所居住的农村地区支出更多，只要是在穷人身上更多地支出，就都意味着在社会其他群体身上支出更少。改变政府支出的配置可以做到既有利于穷人也有利于经济增长。但这么做必然会遇到一些抵制力量，因为国内利益集团会采取行动保持政府支出按照他们所期望的方式进行。争议更多的是给贫困人口再分配资产的提议，在此，资产通常是指土地。

在包括韩国和中国台湾在内的东亚经济体中，对于经济增长和减轻贫困所获成功的解释常常提及早期土地再分配的政策。这些都是一些比较激进的干预政策，包括当局对土地的征用，而对土地所有者的补偿很少或干脆没有。东亚的土地改革发生在极端的动荡时代，在朝鲜则是处于外国侵占的末期。尽管这些经济体都最终取得了成功，并且农村土地的再分配在其随后的经济发展中也起到了重要的作用，但今天也只有少数人支持

---

① Martin Ravallion and Gaurav Datt, "Why Has Economic Growth Been More Pro-Poor in Some States of India than Others?" *Journal of Development Economics* 68 (2002).

土地改革和其他类型的资产再分配。无论是国家政府还是国际货币基金组织和世界银行这样的多边机构，都认为这些政策，如果不是不可行，通常在政治上也颇具难度。土地改革的效果在许多国家并不理想。津巴布韦的土地改革成为罗伯特·穆加贝（Robert Mugabe）政府的毁灭性措施之一，这些措施使津巴布韦从一个食品净出口国沦为一个依靠食品援助的国家。津巴布韦的经历是一个极端的例子；这一案例告诉我们，仅靠再分配资产来减轻贫困所展开的前景很渺茫。需要一系列更加广泛的配套政策才能使贫困人口利用好自身资产增加所带来的机会。但是，即使这样的政策全部到位，资产再分配在政治上常常也是十分困难的，这导致其无法在益贫式经济增长战略中发挥太大的作用。

□ 收入转移支付和安全网

每个国家都存在着无法接触市场的群体。他们包括老年人、儿童或身患重疾无法工作又无家属照顾的人。一些自然灾难或经济危机导致的全局性冲击也需要政府采取措施，因为市场解决不了这些问题。

长期的贫困状况往往需要收入转移支付。可能采取现金给付的形式，但发展中经济体更多采取的是食品定价或食品配给计划。这些计划所面临的挑战是要使之成本—收益高，并使其好处能够到达目标人群，而不是“漏出”到高收入群体手中。食品价格补贴帮助了穷人，但也使购买食品的富人得益。这些计划的净结果则是难以维系的财政预算负担。一些国家采纳了食品印花税计划，该计划可以更加确保急需人群得到帮助。但计划的实施成本很昂贵，还可能缺少广泛的政治支持。

有条件收入转移支付（conditional cash transfers，CCTs）被越来越广泛地用于解决当前和未来的贫困问题。这些项目为符合条件的家庭提供现金支付。通常帮助贫困家庭的孩子们获得基础教育并要求这些孩子们至少达到 80%～85%的学校出勤率。一些 CCTs 同样要求所帮助的家庭们周期性地去诊所检查身体，为儿童提供疫苗注射，为孕妇提供产前护理，等等。现金支付是解决贫困问题的一个手段。通过鼓励孩子上学和提供有效的医疗措施，它在很大程度上阻止了贫困从一代人到下一代人的传递。

有条件收入转移支付最广为人知的两个项目是巴西的家庭补助金计划（Bolsa Familia Program）和墨西哥的 Oportunidades（Opportunities）。Oportunidades 利用地理数据来锁定最贫困的地区。然后利用对每户家庭收入和资产的调查来决定给予何种资助。这样的方法可以更加有针对性地对每户进行补助金援助。转移支付通常发放给家庭里的女性主管（通常是母亲或是祖母）。相关的证据表明，比起男人，女人更愿意把金融补助花在她们的孩子以及提高家庭整体生活水平上。而在补助金发放的具体操作中，通常是通过银行机构来转入个人手中，这样就减少了通过政府部门可能发生的腐败和烦琐的中间环节。大部分项目基金被直接转移到那些在穷困的墨西哥地区经营本地小型商业的受益者手里。从这里，Oportunidades 开始建立信息收集和对于项目的评估系统，以此来监督和提高 CCTs 的受用性。①

---

① 因为与教育有关联，我们将在第 8 章再讨论有条件收入转移支付，尤其见案例 8—3。关于有条件收入转移支付的整体性的回顾参见 Ariel Fiszbein and Norbert Schady，*Conditional Cash Transfers*：*Reducing Present and Future Poverty*（Washington，DC：World Bank，2009）。

家庭补助金计划发放其锁定的符合条件的家庭每月每个孩子 13 美元来帮助很多家庭生活在巴西的贫困线之上。这个项目在乡村地区尤其有效，但是在城市地区的作用却不是非常明显。因为城市的生活开销要远远高于 13 美元。此外，城市地区所特有的社会问题，例如毒品、暴力、童工和家庭分裂也是导致城市贫困的重要原因。当今的家庭补助金计划所涵盖的家庭大约代表了 5 000 万的巴西人口，占全国人口的四分之一。而此计划所花费的金额确实很小，占巴西 GDP 的 0.5%、政府支出的 2.5%。这样的项目及其成果被认为在巴西的除贫和缩小不平等上起到了非常大的推动作用。

社会安全网（social safety nets）与收入转移支付类似，但该体系所针对的家庭贫困通常是暂时性的，而不是长期性的。跟踪个人或家庭的时间序列面板数据显示，长期处于贫困状态的家庭数量要少于仅在一段时期内贫困的家庭。这一结论无论是在中低收入经济体还是在高收入经济体中都成立。贫困的这一短暂特性既不会最小化贫困家庭所忍受的艰辛，也不意味着刚好生活在一国贫困线之上的人已经满足了他们的物质需求。但是它确实使制定出政策以在个人和家庭的收入和消费面临短期拮据时提供帮助显得可取。公共就业方案就是一个例子。

印度马哈拉施特拉州实行的就业保障方案（Employment Guarantee Scheme，EGS）和阿根廷实行的劳动计划（Trabajar）的初衷就是确保贫困人口拥有收入来源，并降低他们收入的可变性。就业保障方案确保个人在申请后的几周内获得就业机会，并提供离申请人住址较近的工作职位。这些工作包括公共作业，例如道路建设和维修、灌溉系统修建以及土壤侵蚀防治。为了解决目标对象的问题，就业保障方案中所提供的工资相对于市场同等职位的水平来说较低。这就使那些并不贫困但却也想找到这类工作的人的数量减少到了最低，使得方案维持其成本—收益。通过给非熟练的农村劳动力提供与市场水平持平的工资，就业保障方案鼓励帮扶对象自我定位，从而使得那些选择加入计划的人都确实是计划想要惠及的人。

为了鼓励自我定位，阿根廷的劳动计划将其提供的月薪设定为布宜诺斯艾利斯及其周边最底层 10%的家庭中有工作的家庭成员平均月薪的 75%。对这些公共就业反感的评估发现，计划执行效果很好，对执行对象的锁定也很准确。就业保障方案提供了大约 1 亿人一日的就业量，依季节和年份的不同而不同。参与该方案的人数在农忙季节下降，这证实了贫困家庭的确使用该方案来抵御月度收入的变动。就业保障方案和劳动计划的绝大多数参与者都来自收入最低的 10%的人口。参与者都感受到了收入的显著增长，甚至许多人因此而越过了贫困线。[①] 就业保障方案的经验是印度制定了一个相似的全国性倡议的原因之一，即 the Mahtama Gandhi National Rural Employment Guarantee Act。这项措施保证每年为每个家庭中那些没有特殊技能的劳工提供最多 100 天的工作机会。所发放的报酬是官方为农业劳工所制定的最低工资。

① World Bank, "Principles of Successful Workfare Programs," *World Development Report 2000/2001: Attacking Poverty* (Washington, DC: World Bank, 2001), Box 8.9.

6.6 全球性分配不平等与“贫困的终结”

我们对于分配不平等和减轻贫困的讨论集中于国家范畴。我们仔细探究了国家内部分配不平等的程度、趋势及政府可以采取的扶贫政策。由于大多数政策制定发生在国家层面，因此将相关讨论集中于国家范畴是合理的。但是分配不平等与贫困问题也会出现在全球范围内。富裕国家与贫困国家之间的贫富差距往往比大多数国家内部的贫富差距更严重。是否应该采取一些措施来改变这种状况呢？减少世界贫困是否为全球的目标？是否应该启动超越国别的措施？对于上述问题的回答存在着不少争论。

描绘全球范围内分配不平等的一个简便方法就是将世界分成高收入经济体和中低收入经济体。2010 年，占世界人口 16%的高收入国家消费了世界总产出的 55%。中低收入国家人口则占世界人口的 84%，而所消费的世界总产出却只有 45%。全球范围内的分配不平等程度与巴西和南非这两个世界上分配程度不平等最严重的国家相当。这样的全球分配不平等状况并非在近期才出现。1980 年的情况就与 2010 年相似：代表 18%世界人口的高收入国家消费了世界总产出的 62%。① 这种对整个世界的简单划分方法对全球分配不平等程度的描述是完全可靠的，然而它却忽略了同一类型的国家彼此之间的重要差别。另外，高收入国家中的每个人并非都富裕，低收入国家中的每个人也并非都贫困。为了解决这些问题，人们在关于世界分配是否愈加平等或反之的争论中，常常采用三种衡量方法。

一种方法是通过对比不同国家的平均收入来定义的**国际分配不平等程度**（international inequality）。对于一些问题，使用这种方法是很合适的。例如，在第 4 章，我们讨论了关于收敛问题的争论，该争论质疑不同国家之间的收入水平是否具有随着时间推移而收敛的趋势。为此，对比不同国家的平均收入就很有必要。不论是对只有 7.5 万人的多米尼克还是对有着 13 亿人口的中国，这种方法对世界上约 200 个国家都一视同仁。但是当考察人民福利时，如果仍不顾及各国的人口数量而同等待之，就可能不那么合理了。国际分配不平等的一个替代指标是用人口数量对各国的平均收入进行加权。这种经过人口数量加权的对国际分配不平等的衡量能更好地适用于一些问题，但仍遗留了一个关键问题未能解决。用人口数量乘以平均收入水平的做法未考虑国内的收入分配状况，即认为每个中国人（或每个多米尼克人）都具有相同的收入。为了解决这个问题，我们需要使用一种无论个人生活在哪个国家，都能将其收入（或消费）水平与他人相对比的方法来衡量全球分配不平等程度。这种方法针对的是所有个人，而非所有国家。因此，当采用不同的定义方法时，分配不平等的程度及发展趋势也不尽相同就变得顺理成章了。

图 6-9 对比了两条关于 1961—2008 年间国际分配不平等程度的估值曲线，其中一条曲线经过人口加权，另一条曲线则未经过人口加权。只需要人均 GDP（购买力平价）

① 世界产出的比重参考的是按购买力平价法估算出的国民总收入。如果根据市场汇率衡量国民总收入，则在 1980 年高收入国家国民总收入的比重都接近于 80%，在 2010 年为 70%。

和国家人口数量，便很容易获得这两条曲线。每年都会以这两种方式对基尼系数进行估计。依据这两种方式得出的国际分配不平等程度的走势差别很大。经济学家布兰科·米兰诺维克（Branko Milanovic）把这两种走势之间的差别称为“所有关于分配不平等争议的根源”。① 未经人口加权法（认为每个国家的人口都相同）得出的基尼系数曲线显示，在 20 世纪 80 年代以前，分配不平等程度几乎未曾出现过规律性的改变，而 20 世纪 80 年代以后，分配不平等程度几乎持续上升。人口加权法（国家越大，所给予的权重越大）则显示出了正好相反的下降趋势，特别是从 20 世纪 90 年代开始。

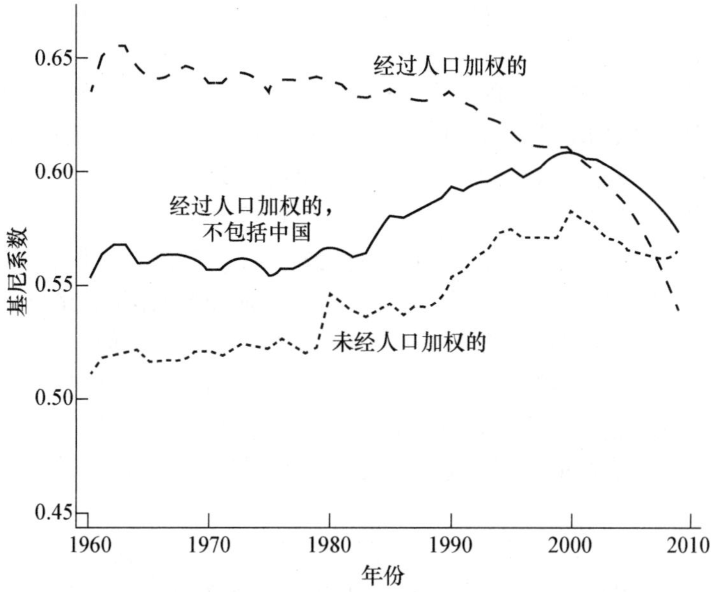

图 6-9　国际分配不平等程度的走势，1961—2008 年

资料来源：Branko Milanovic, *Worlds Apart*: *Measuring International and Global Inequality* (Princeton, NJ: Princeton University Press, 2005).

二者的差别不难解释。未经人口加权得出的国际分配不平等程度的提高所反映出的区域性经济增长趋势我们在第 2 章就谈到过。20 世纪 80 年代对于拉丁美洲来讲，称为“失去的十年”，债务危机之后就是经济停滞和衰退。20 世纪 90 年代，东欧和中亚的转轨经历也伴随着收入的急剧下降。这些地区的霉运与高收入经济体和部分亚洲经济体的经济增长形成了鲜明对比，且是造成国际分配不平等程度上升的原因。21 世纪初国际分配不平等程度开始呈现下降的势态，则是大部分中低收入经济体经历快速增长的证据。

人口加权法得出的国际分配不平等程度的走势则完全不同。在 1961—2000 年的 40 年期间，用这种方法得出的基尼系数值都处于下降状态，而且在 90 年代下降速度有所加快。从这种方法的计算过程可以看出，人口数量多的国家是这一结果的原因所在。在

① 对于全球不平等趋势的后续讨论见 Branko Milanovic, *Worlds Apart*: *Measuring International and Global Inequality* (Princeton, NJ: Princeton University Press, 2005); and Branko Milanovic, "Global Inequality Recalculated: The Effect of New 2005 PPP Estimates on Global Inequality," Policy Research Working Paper 5061 World Bank, Washington, DC, September 2009。

很大程度上，中国的经济增长解释了所观察到的基尼系数走势，这个趋势在图 6－9 中是可以明显观察到的。1978 年后中国的经济改革使中国迅速从低收入国家变为中等收入国家。这在某种程度上拉近了中国与高收入国家，尤其是与人口众多的美国之间的差距，但同时也加大了中国与仍然处于低收入行列的国家之间的收入差距。总的来说，中国人口朝着世界收入分配的“中层”转移，这使得利用人口加权法得出的基尼系数值显著降低。2000 年以来印度经历了快速的经济增长。它作为另一个除中国之外的人口大国，在降低人口加权所得出的基尼系数走势中也起到了非常大的作用。中国和印度所经历的快速的收入增长帮助解释了为什么在 2008 年以前，人口加权的测量方法最终低于未采取加权的测量方法。

人口加权法所衡量的国际分配不平等程度认为所有国民都具有相同水平的人均收入（或消费），即假设国家内部“收入分配完全平等”。而对于衡量人与人之间的分配不平等程度来讲，这种假设是不合理的。为了修正这种不合理性，所需要的数据就不只是人均 GDP 和人口数量这两项，还需要家庭层面上的数据来对世界上每一个人的收入水平做出更为准确的估计，以此来计算所谓的国际分配不平等程度。有很多不同的研究对于国际分配不平等程度进行了估测。而这些不同的研究所预测的国际分配不平等程度存在着很大的差别，并且关于最近几十年的走势无法形成一致意见。但是所有这些研究都表明，国际分配不平等程度的确显著高于按人口加权法得出的国际分配不平等程度。国际分配不平等程度的基尼系数的估值介于 0.60～0.80 之间。[①] 中国、印度和美国对于上述结论的得出起到了重要的作用。这三个国家的经济增长都伴随着本国基尼系数的提高。

根据这样的测量方式，21 世纪初期国际分配不平等程度几乎超过了世界上任何一个国家的分配不平等程度。整个世界是一个非常不平等的地方，这一点并不令人惊讶，但这种不平等的程度的确令人惊讶。“必须采取一些措施了！”这是你对于国际分配不平等程度的反应吗？如果是，那么非常重要的一点就是搞清楚你所希望解决的国际分配不平等程度所带来的问题的本质。

考虑如下观点：如果其他条件相同，高收入经济体经济增长的放缓会降低国际分配不平等程度。有些人也许会支持美国和其他有些地区的经济增长放缓，但他们的出发点也许与国际分配不平等程度或贫困国家人民的福利状况无关。你也许会反对美国长期的消费主义。美国人购买越来越大的住房，没完没了地购置繁杂物品去填满他们的房子，开着越来越大的汽车行驶在日益拥堵的马路上。在生活方式与消费习惯上，高收入经济体可诟病的地方很多。但放缓富裕国家的经济增长即使降低了国际分配不平等程度，也将会给中低收入国家带来不利影响。如果富裕国家经济增长缓慢，它们对于其他国家产品的需求将会减少，从而影响其他经济体的增长率。可以证明，放缓高收入经济体的经济增速所换取的国际分配平等程度，对于减轻全球贫困是有害的。没有理由相信，如果美国经济增长放缓，非洲或其他贫困地区的经济就会增长得更快。极有可能的是，相反的情况才是

---

① 对另一类似研究的述评，参见 Milanovic，*Worlds Apart：Measuring International and Global Inequality*（Princeton，NJ：Princeton University Press，2005），119-127 and in World Bank，*World Development Report 2006：Equity and Development*（Washington，DC：World Bank，2006），Chapter 9。

真实的，即美国经济的快速增长才会有利于非洲或其他贫困地区的经济增长。

解决国际分配不平等程度问题有多种方法。如果不是富裕国家的经济增长放缓，而是在过去的20年间，中国的收入不平等程度没有提高，将会怎样呢？请记住20多年来中国的经济得到了超乎寻常的增长，已使4亿多中国人脱离了“每日1美元”的贫困线。中国的经济奇迹对降低国际分配不平等程度也有所贡献，但如果中国的收入不平等程度没有提高，这种贡献的效果就会更大。中国能够做到保持经济快速增长、大规模消除贫困并同时保持分配不平等程度不变吗？由于我们不能观察到与事实相反的情况，因此我们确实无法知晓。但是降低中国的分配不平等程度有可能需要放缓其经济增长速度。

如果没有认真探讨降低国际分配不平等程度的具体目标是什么，那么我们对降低国际不平等程度的呼吁就将无法得到准确的定位。甚至是在考虑如何缩小全球贫富差距之前，就存在这个问题，即我们为什么要这么做？以前我们在国家层面上曾阐述过这些论点，在全球层面上，类似的论点同样成立。首先，从经济效率的角度来讲，世界收入的集中会削弱生产率的提高。市场失灵使贫困人群无法筹措资金投入有投资潜力的项目中，而收入再分配则会提高全球投资整体的收益率。其次，支持收入再分配可能是出于高收入家庭成员的利益，无论他们生活在哪个国家。例如，健康方面的风险正在比过去更快速地穿越国界。大洲之间艾滋病的快速传播就是一个例子。对于全球SARS以及禽流感传播的担忧是另外两个例子。无论是对于穷人还是富人来说，世界资源的再分配都能够减轻其健康方面所面对的威胁。出于高收入家庭的利益而支持缩小全球贫困差距的另一个原因在于，在如今的信息时代，人们都清楚地了解富人与穷人间的差距。这种对此现状的认知以及那种被“忽略”的挫折感会在国际事务中产生破坏稳定的影响，而这种不稳定因素不仅会伤及穷人，同样会损害富人的利益。最后，出于道义上的考虑，追求更加公平的分配也是一件正当的事情。自柏拉图以来的哲学家已经就这一主题做过论述。国际分配不平等程度的现状，特别是最富有人群与最贫困人群之间绝对收入的巨大差距，应该被视为解决本章所主要关注的绝对贫困问题的一个时机。

如果处在较高收入阶层的群体也反对严重的贫富分化，并且愿意让世界成为一个贫困更少、收入和机会更加均等的地方，他们会怎么做呢？哥伦比亚大学的经济学家杰弗里·萨克斯提出了他的见解与愿景。在他的《贫困的终结》一书中，他写道：

> 我们这个时代最大的悲剧就是有约1/6的人口甚至还没能踏上发展的阶梯。大多数极度贫困的人口陷于贫困当中，自身无法摆脱物质严重匮乏的状态。他们饱受疾病、交通闭塞、气候变化、环境恶化以及极度贫困本身的困扰。即使存在生命救助措施增大他们的生存机会——这些措施可以以多种形式来体现，包括先进的农业技术、基本的药品或限制疟疾传播的蚊帐等——但这些贫困家庭和他们的政府也会仅仅由于缺少资金而无法实现这些关键性的投资。世界上的贫困群体也并非不知晓发展的阶梯：在全世界范围内，穷人们都在憧憬着奔走在致富道路上的情景，但他们却无法向发展致富的阶梯迈出第一步，所以甚至无法开始摆脱贫困的征程。①

① Jeffrey Sachs，*The End of Poverty*：*Economic Possibilities for Our Time*（New York：Penguin Press，2005），p. 19-20.

萨克斯提出了一个到 2025 年消除绝对贫困的全球公约。正如任何其他公约一样，该公约也至少存在两方，即贫困国家和富裕国家。贫困国家有责任去为减少贫困而切实努力。贪污腐化及热衷于战争甚于经济发展的政权不能成为该公约的一员。然而，萨克斯明确指出，“即使是对于那些签署了公约的中低收入国家，仅靠他们自身的行动也不足以消除贫困。”非洲部分地区的生存条件极其可怕，生活必需品（食物、自来水、药品和医疗保健措施）极其匮乏，用萨克斯的话来讲，那里的许多贫困人口“太贫穷了，以至于无法生存”。

考虑到世界上绝对贫困的严重程度，富裕国家需要为减轻贫困付出更多。萨克斯的一些建议在发展经济学家中得到了广泛的认同：富裕国家需要对贫困国家的出口开放市场，富裕国家需要投资于全球公共产品，包括抵御热带疾病的基础性科研以及为提高农业产出而开发新技术等。萨克斯提出的全球公约中的另一些要素则存在更多的争议：发达国家需要更好地关注环境变化问题，使全球气候变化对贫困国家的影响降低到最低程度；需要免除贫困国家所累积的对诸如国际货币基金组织和世界银行等多边机构的国际债务；富裕国家需要大幅度增加对贫困国家的援助。我们将在后面的章节中展开这些问题。尽管对这一消除贫困的全球公约中的部分内容仍存在不同意见，但该公约的中心思想的确很难驳倒：在减少全球贫困的行动中，富裕国家扮演着关键的角色。

6.7 本章小结

- 一个特定国家中贫困人口的数量不仅取决于人均收入或消费水平，也取决于人均收入或消费的分配状况。分配状况可以用规模分布来描述，即用按照从最穷到最富排序的每 1/5 人口的收入或消费占比来描述分配不平等程度；也可以使用洛伦兹曲线以几何方法得以展现；还可以采用基尼系数，它为描述分配不平等程度提供了一个单一概括性的统计量。
- 收入和消费的分配不平等展示出了显著的地域性差异。拉丁美洲和撒哈拉以南非洲地区具有相对较高的分配不平等程度；东欧、中亚、南亚和高收入经济体的分配不平等程度通常较低；东亚则处于中间水平。这种地域特征似乎更受其潜在的历史和政治因素以及要素禀赋等因素的影响，而与人均收入水平关系不大。
- 根据世界银行的研究结果，在 2005 年，占发展中国家人口 25%的超过 10 亿人口生活在低于“每日 1.25 美元”的国际贫困线以下，这一贫困线有时也被称作绝对贫困甚或赤贫。在 1981—2005 年期间，绝对贫困人口数量减少了超过 5 亿人。这种锐减主要出现在东亚，尤其是中国。
- 在 1981—2001 年期间，由于世界人口显著增长，因此也可通过相对量来衡量消除贫困的成效。对贫困发生率的估算表明，东南亚的贫困发生率显著降低。在撒哈拉以南非洲地区，贫困发生率依然保持在 50%以上，且长期以来变化不大。尽管贫困率（贫困发生率）和贫困的强度（贫困距指数）都是以撒哈拉以南非洲地区为最高，但世界上的大多数贫困人口都生活在东南亚。
- 相比城市而言，农村地区的贫困更为严重。有色人种及少数民族人口经常具有较高的贫困率。女性在全世界范围内都受到歧视。在劳动力市场上，她们的工资更低；她们常常被剥夺继承权及拥有自己土地的权利；并且按传统惯例，女性相比男性受教育的机会更少。然而，由于家庭内部分配决策的结果是家庭资源往往为家庭成员所分享，女性的贫困率高于男性的情况并不明显。

● 经验研究证实，经济增长往往“有利于贫困人口”。纵观世界各国，最贫困 20%人口的收入增长速度与人均 GDP 的增速持平。然而这只是一个总体趋势，在有些情况下，特别是在拉丁美洲，最贫困 20%人口的平均收入在人均 GDP 增长时却下降了。当经济增长极为快速并超过 5%时，这一现象则很少出现。

● 益贫式经济增长指的是在经济更快速增长的同时，使贫困人口能够有更多的机会参与经济活动的一套发展战略。很多经济学家相信，包括维持财政纪律、减少价格通货膨胀以及提高经济开放程度等在内的市场友好型政策会对贫困人口有利。但仅靠这些政策干预还是不够的；有些贫困人口会因此获益而其他贫困人口的利益则会受损。政府还必须投资于贫困人口的教育、医疗以及他们所依赖的基础设施。对于那些没有能力从市场上获得机会的群体，有必要构建社会安全保障体系。

● 考虑到贫困人口所制定的增长战略拥有推动益贫式增长的最大潜力。因为贫困有集中于农村地区的趋势，那些包括农业发展在内的经济增长战略也许对益贫式增长尤为有效。

● 政府必须在针对贫困人口的教育和健康方面进行投资，包括贫困人口所依赖的基础设施建设。像巴西的家庭补助金计划和墨西哥的 Oportunidades 这样的有条件收入转移支付项目证明有效的花费可以减轻即时贫困，且在儿童教育上所进行的投资有益于减轻未来贫困。社会安全网（例如就业保障方案）为那些临时无法从市场所提供的机会中得到工作的贫困人口提供了一定的就业保障。

● 正如我们可以衡量国家内部的分配不平等程度，我们也可以估计全球范围内的分配不平等程度。最全面的衡量国际不平等程度的方法就是对比每个个人的收入（或消费）水平，不管个人生活在哪个国家。用这种方法估计出来的代表国际分配不平等程度的基尼系数为 0.60～0.80，高于绝大多数单个国家的基尼系数。了解到了世界绝对贫困的水平和国际分配不平等程度之后，重要的就是思考富裕国家可以采取哪些措施来帮助贫困国家。

第 7 章 人 口

1973 年，标志着罗伯特 · 麦克纳马拉（Robert McNamara）作为世界银行行长第一任期结束的《100 个国家，20 亿人口》（*One Hundred Countries*，*Two Billion People*）提出了他的关于经济发展的基本观点。他写道："影响发展中国家大多数人经济和社会进步的最大障碍之一就是迅速的人口增长。"①

到世界银行任职之前，麦克纳马拉曾经是哈佛大学商学院的教授、福特汽车公司的总裁、肯尼迪和约翰逊执政期间的国防部部长。麦克纳马拉具有常人难以企及的智慧，他洞悉大量关于资本积累与技术变革的作用以及它们对经济增长的贡献的知识。但他坚持认为，除非处理得当，快速的人口增长是一大将具有"灾难性结果"的威胁。"不发达国家在生产性行业的整个过程都需要投资资本，但没有什么比最终因为被人口潮淹没而让这些项目流产更不明智的了。"②

在麦克纳马拉的书中，"20 亿人口"指 20 世纪 60 年代初期生活在发展中国家的人口，当时世界人口接近 30 亿，其中 20 亿或总人口的 2/3 居住在这些国家。从那以后，世界人口又另外增加了 30 多亿并于 2011 年底达到 70 亿，其中 58 亿以上人口居住在中低收入经济体中。

尽管有这样大规模的人口数量增加，但 1995—2005 年间任世界银行行长的詹姆斯 · 沃尔芬森（James Wolfensohn）与他前任的观点也没有明显的区别。沃尔芬森的演讲和出版物仅仅显示了对人口增长的有限涉猎。这些所涉及的大多数问题通常指出了人口增长如何加剧了其他问题，是否改善了获得清洁水的机会或者减少了发生绝对贫困的数量。这一问题同样延续到沃尔芬森的继承者罗伯特 · 佐利克（Robert Zoellick）身

---

① Robert McNamara，*One Hundred Countries*，*Two Billion People*（New York：Praeger，1973），p. 31.

② McNamara，*One Hundred Countries*，p. 31.

上。在佐利克上任的第一个100天，佐利克发表了一个关于面对全球挑战的六个战略主题的演讲。该演讲没有提到有关降低人口增长的论题。实际上，在演讲中也没有涉及“人口增长”。①

麦克纳马拉是不必要的杞人忧天者吗？詹姆斯·沃尔芬森和罗伯特·佐利克因为不重视日益上升的人口数量而犯下了不可挽回的错误？联合国未将人口增长降低计划纳入千年发展目标（在第2章介绍过）之一同样是错误的吗？我们通过回顾世界人口历史以及分析今天的高收入国家和人口日益增长的中低收入国家人口转折的特征开始展开论述。在将我们的注意力转移到人口增长与经济发展之间复杂的联系之前，我们也考虑了未来的人口规划。这一联系被认为既包括人口的总水平这一层面，也包括单个家庭决定生育多少孩子这一层面。我们通过评论不同国家在控制它们的人口规模时寻求的政策选择而得出结论。

7.1 世界人口简史

人类学家试图确认我们的祖先最早出现的时刻。在讨论我们的问题时，并没有必要在时间上追溯至那么久远。我们可以从上次冰川时代结束时开始，大约在13 000年以前，所有陆地上的人们仍然生活在集体狩猎的石器时代；或者12 000年以前有了农业定居的迹象；或者7 000年前有了城镇化的雏形。自那以后数千年间的绝大多数时候，人口增长一直接近0，每年的出生人数大致上抵消了死亡人数。人类生存的机会慢慢得到改善，到公元1世纪估计大约有2.3亿人口。② 为了加深对这一数字的理解，注意到今天印度尼西亚一国就拥有2亿人口。

图7-1绘出了从公元1世纪到2011年的世界人口。这一图形非常清楚地表明了人口增长是人类历史上近期和前所未有的现象。从人类定居开始，花了10 000年时间使世界人口在1820年达到了10亿，但接着增加10亿用了不到110年，而且过去的40年间，每间隔12～15年，人口就累进增加10亿。难怪罗伯特·麦克纳马拉如此担忧！

我们对世界人口怎样从相对少的时期到相对稳定的人口数量再到今天地球上居住了70亿人口有了清楚的了解。定居农业的出现使地球对人类的养育能力发生了革命性的变化。从那时起一直到18世纪末19世纪初的工业革命时期，食品供应不断增长并且日趋稳定。死亡率的下降和预期寿命的提高使人口增长逐渐加速。然而，这一增长过程不时由于瘟疫、饥荒和战乱所导致的人口下降而中断，其中任何一种灾害的发生都会在既定区域内引致半数人口的死亡。14世纪末，黑死病（淋巴腺鼠疫）夺取了1/3欧洲人口的性命。尽管有这些灾难性的事件，到1800年，世界人口还是增加到约10亿，意味着从公元1世纪到1800年间每年的增长率仅为0.08%。

① Robert Zoellick, “An Inclusive & Sustainable Globalization,” speech to the National Press Club, Washington, DC, October 10, 2007.

② Angus Maddison, *The World Economy: Historical Statistics* (Paris: Development Centre of the Organisation for Economic Cooperation and Development, 2003).

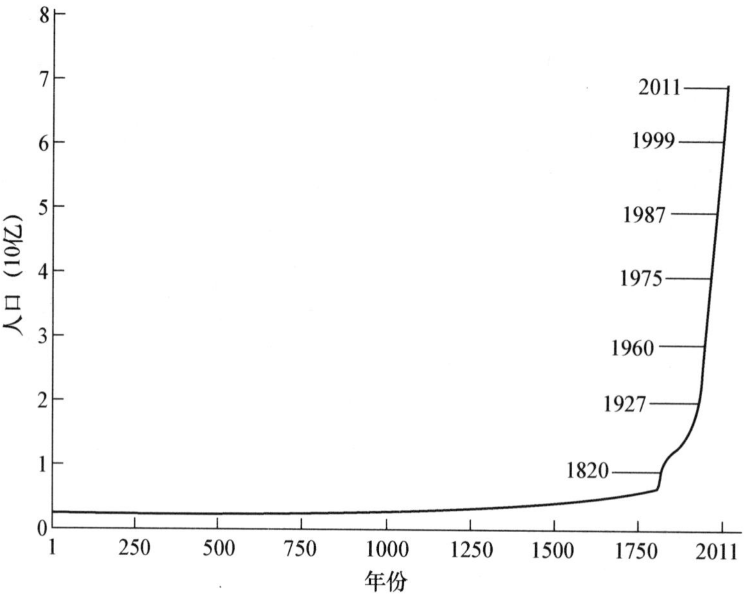

图 7-1　世界人口增长通史：额外增加 10 亿人口所需要的年数

资料来源：Angus Maddison，"Statistics on World Population，GDP，and Per Capita GDP，1-2008 AD，" www.ggdc.net/MADDISON/Historical_Statistics/vertical-file_02-2010.slx.

标志着现代经济增长开端的工业革命，极大地拓展了地球的**人口承载能力**（carrying capacity）。与工业革命并驾齐驱的农业改革，允许劳动力从农业转移到工业的同时，使余下农业劳动力的生产率提高到足以为不断增长的城市人口提供口粮的水平。横贯大陆的铁路和迅捷可靠的海洋运输，进一步推进了 19 世纪末世界粮食的产出，使那些最适应农业生产的地区有可能种植更多的主要粮食作物，并且在紧急情况发生时，使缺粮地区能迅速得到粮食供应。饥荒发生的频率和严重程度在降低，尤其现在的高收入国家，食物价格也下降了。与此同时，现代医学、公共卫生和医药生产开始得到发展。所有这些因素都有助于降低死亡率和加速人口增长。到 1945 年，世界人口已接近 25 亿，意味着 1800—1945 年间每年的全球人口增长为 0.6%。

第二次世界大战以后，粮食供给和疾病控制都有了进一步的明显改善。经济发达国家先行拥有的技术传播到全球各地。其结果是发达国家和发展中国家同时在死亡率下降和预期寿命上升两方面引发了一场名副其实的革命。在许多地区陡然下降的死亡率使人口增长率上升到世界上前所未闻的水平。在 20 世纪 60—70 年代，随着世界人口增加到 30 亿再到 40 亿，人类史的绝大部分时期难以想象的**"人口爆炸"**（population explosion）已经普遍存在了。世界人口于 1987 年突破 50 亿大关，1999 年达到 60 亿，几乎所有的数字增长都发生在发展中国家。1945—2009 年间，世界人口年均增长率为 1.6%，这是历史上前所未有的水平，是公元 1 世纪和 1800 年之间人口年均增长率 0.08%的 20 倍。

□ 人口转折

每年出生率与死亡率之间的关系决定了人口增长。图 7-2 描述了现在的发达国家芬兰**人口转折**（demographic transition）的基本阶段。芬兰的经历是大多数高收入国家在过去几个世纪人口经历的典型。图中上面的曲线表示**概略出生率**（crude birth rate），是指每千人的年出生人数。较低的曲线表示**概略死亡率**（crude death rate），是指每千人的年死亡人数。出生率超过死亡率的差额就是人口的**自然增长**（natural increase）率，这个比率通常用百分比来表达。对整个世界来说，人口的自然增长率与人口增长率相等；对单个国家而言，人口增长是指自然增长率与净移出移民率的差额。

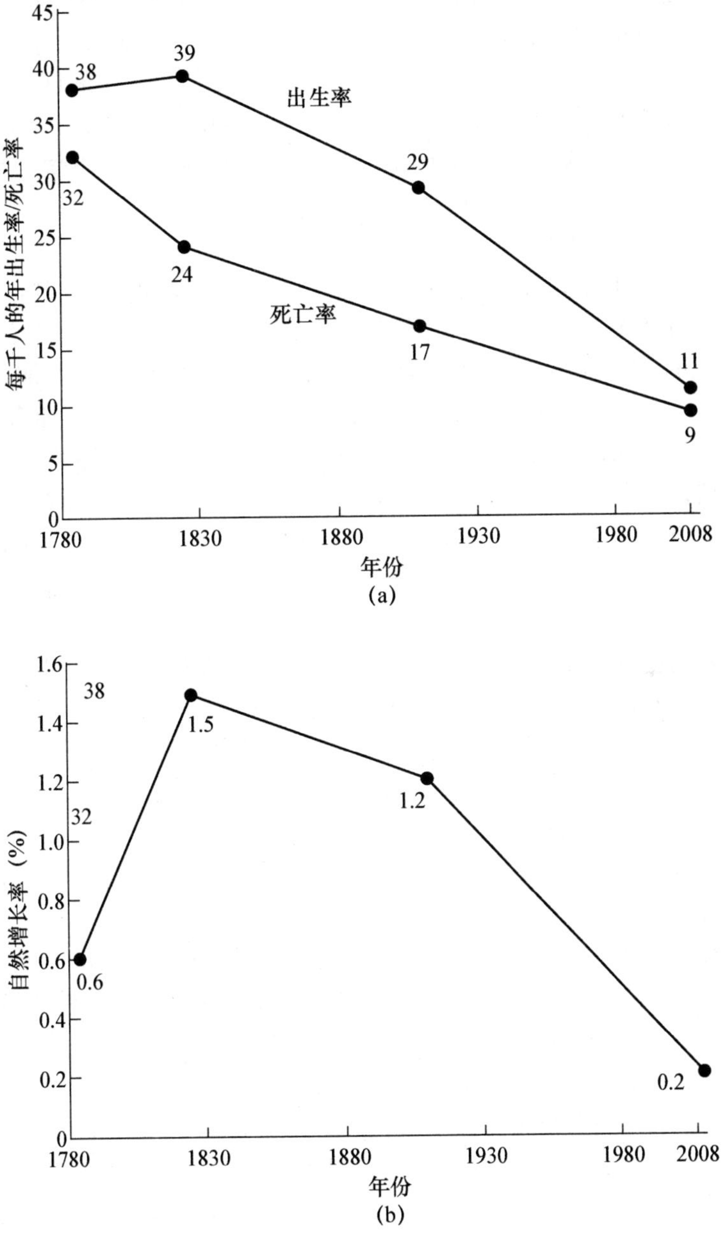

图 7-2　1785—2008 年芬兰的人口转折

资料来源：Arthur Haupt，Thomas Kane，and Carl Haub，*PRB's Population Handbook*，6th edition（Washington，DC：Population Reference Bureau，2011）.

在18世纪之前的数百年间，芬兰处于古典人口转折的第一阶段。高出生率与高死亡率相伴，人口自然增长接近0。一些年份，出生率超过死亡率，而另一些年份则相反。到1785年，在工业化开始之前和能够获得人口数据的初始年，芬兰仍然具有高出生率和高死亡率，但两者的差距足以导致0.6%的自然增长率。如果保持这一增长率，芬兰的人口翻一番将经过117年。

到19世纪初期，芬兰处于人口转折的第二阶段，具有死亡率比出生率下降得更快的特征。这是在现代医学和公共健康干预出现之前，因此这种下降现象很大程度上可归因于食物供给的充分和稳定所引起的营养改善。在出生率不变而死亡率下降的情况下，人口的自然增长率于1830年达到1.4%。按照这一比率，人口在50年内就会翻番。1830年后，死亡率继续下降但不如前期那么快。与此同时，随着芬兰家庭决定生育更少的孩子，生育率开始下降。注意他们是在没有现代的避孕措施下做到了这些的。此时，芬兰已经处于人口转折的第三阶段，出生率比死亡率下降得更快。到1915年，芬兰的人口自然增长率已经减缓到1.2%。

2008年芬兰人口增长率下降到接近0，已经达到人口转折的第四阶段，这一阶段同时具有低的出生率和死亡率。这个国家从1785年以前相对高的出生率和死亡率所导致的低人口增长率，经历了19世纪至20世纪初较快的自然增长时期，再回到同时具有低出生率和低死亡率特征的非常低的人口增长率。今天，芬兰拥有500万人口，每年增长0.2%。排除由于移民所引起的变化，按照这种比率，芬兰的人口规模需要350年才能翻倍。但芬兰的人口也许将永远也不会翻倍了。正如在欧洲其他地方已经发生的那样，出生率甚至可能进一步下降，而概略死亡率将随着人口老龄化趋势而上升。在未来几十年，芬兰甚至可能经历负的人口增长，就像德国和意大利已经发生的那样。

建立在有限可得的观测基础上，芬兰的自然增长率从来没有超过1.5%。将这一数据与发展中国家的经历进行对比，作为一个整体的发展中国家在20世纪60年代达到2.5%的自然增长率。巴基斯坦人口正以2.1%的比率增长，而洪都拉斯和马达加斯加这一比例分别为2.9%和3.2%。为什么对人口增长率1个或1.5个百分点的差别如此关注呢？因为人口翻番时间从增长率为1.5%时的50年下降为2.5%时的仅28年，再降到增长率为3.2%时的22年。看来在人口水平大幅度增长之前，增长率的微小差异能为社会提供甚至更少的时间完成人口转折。

很明显，今天的工业化国家的历史经历与发展中国家的当代人口转折之间存在主要的区别。图7-3描述了欠发达国家作为一个整体在1950—2005年间的概略出生率与概略死亡率的运动轨迹。图中底部绘出了同样年份相应的自然增长率。到1950年，发展中国家的自然增长率是2.1%，比今天的工业化国家曾经经历的自然增长率要高得多。这一较高的增长率在某种程度上是由于它们比今天的高收入国家在历史上具有更高的出生率，这部分是较低婚龄所导致的结果。甚至更重要的是，发展中国家的死亡率是在人均收入水平相当低的情况下开始下降的，并且同发达国家早期发生的同一过程相比，其下降速度要快得多。这部分是由于公共健康干预和其他医疗进步传递的结果，包括从发达国家传递到发展中国家的疫苗、水质的改善和卫生服务的完善。

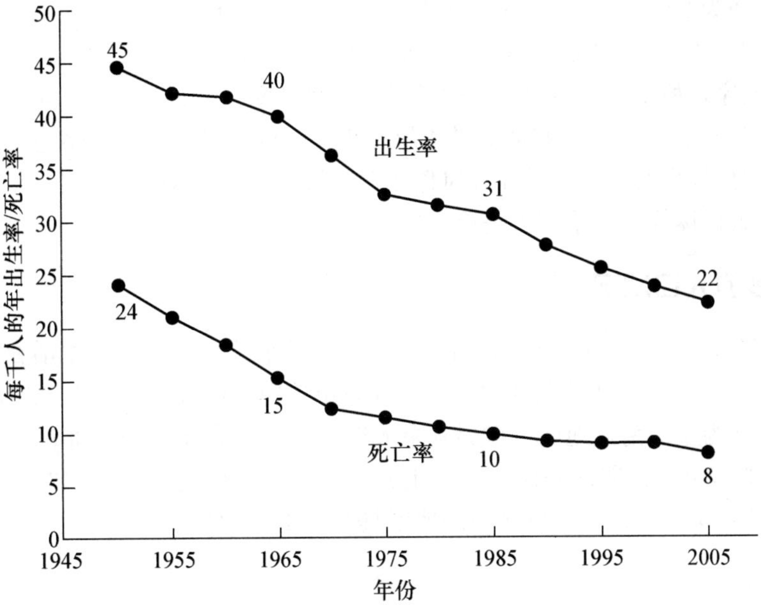

(a)

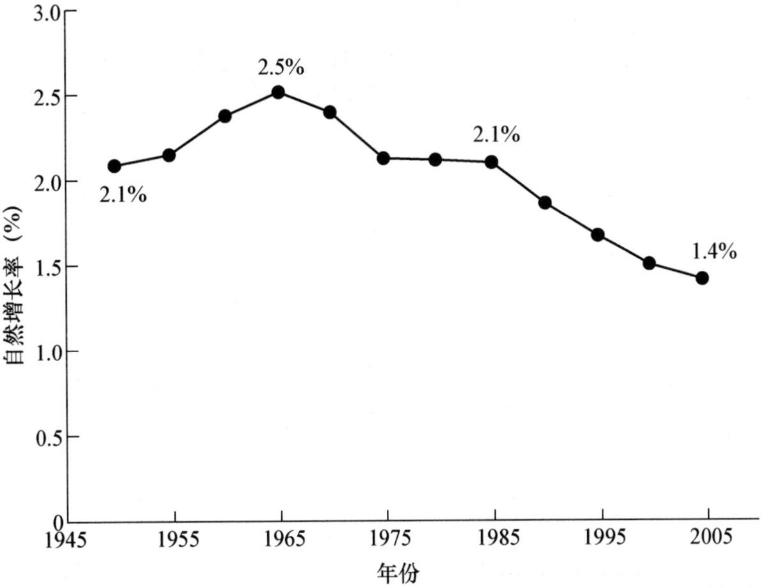

(b)

图 7-3　1950—2008 年欠发达地区的人口转折

资料来源：Population Division of Department of Economic and Social Affairs of the United Nations Secretariat, *World Population Prospects*: *The 2002 Revision* and *World Urbanization Prospects*: *The 2008 Revision*.

在 1950—1970 年间，发展中国家的死亡率继续比出生率下降得更快，人口的自然增长率上升。在罗伯特·麦克纳马拉对快速人口增长的灾难性结果发出警告前夕的 20 世纪 60 年代末，达到了近 2.5%的最高增长率。出生率很少有下降的迹象，难怪麦克纳马拉对人口趋势如此担忧。但人口转折已经开始了，1995—2005 年，概略出生率从每千人 45 下降为 22，即使死亡率也同时从每千人 24 下降为 8。[①] 发展中国家的自然增长缓慢下降到 1.4%，以历史标准看仍然是高的，但具有明显的下降趋势。在世界各地和几乎所有国家，妇女开始生育更少的孩子，**总生育率**（total fertility rates，TFRs）已经下降（见案例 7—1）。这些趋势有助于解释为什么世界银行和其他多边组织对今天的人口增长表现出较少的关注。世界人口仍然在增长，而且将这样持续很多代，但增长率已经减缓，“人口爆炸”似乎不再是恰当的比喻。

□ 当今的人口状况

2009 年世界人口达到 67 亿。仅有 16%居住在高收入国家，84%生活在中低收入国家（见表 7-1）。全球近 1/3 的居民位于东亚，单单中国就占了世界人口的近 20%，以印度 10 亿居民为主的南亚地区占世界其余人口的 23%。撒哈拉以南非洲地区占世界总人口的 12%略多，但预期这一比重将会上升。由于艾滋病危机而引发的死亡率上升可能会改变这些结果，但撒哈拉以南非洲地区具有 2.4%的增长率，是人口自然增长率最快的地区。

表 7-1　世界人口水平和趋势，2009 年

	总人口		人口增长		
	数量（百万）	占总人口数的百分比	出生率（每千人）	死亡率（每千人）	自然增长率（%）
世界	6 775	100	20	8	1.2
收入类别					
低收入国家	846	13	34	11	2.3
中等收入国家	4 813	71	19	8	1.1
高收入国家	1 117	16	12	8	0.4
地区					
东亚	1 944	29	14	7	0.7
南亚	1 568	23	24	7	1.7
撒哈拉以南非洲地区	840	12	38	14	2.4
拉丁美洲	572	8	18	6	1.2
欧洲和中亚	404	6	15	11	0.4
中东和北非	331	5	24	6	1.8

资料来源：World Bank，“World Development Indicators Online，” http://databank. Worldbank. org.

高收入国家的状况与撒哈拉以南非洲地区也不会有太大的区别。随着人口老龄化，概略死亡率很可能上升；同时随着生殖力的下降，概略出生率将下降。自然增长率已经减缓至 0.4%。在高收入国家，几乎所有人口增长都归因于外来移民，澳大利

① 仔细检查图 7-2 和图 7-3，2003 年芬兰的死亡率是每千人 9 个，与欠发达地区 2005 年的死亡率相等。这并不意味着这两个地方的预期寿命和全部生存机会都相同。如果比较特定年龄的死亡率，在芬兰同一年龄组尤其是婴儿的生存机会超过发展中国家。但总体上，因为芬兰具有比发展中国家更多的老龄人口，所以两者的平均概略死亡率恰好相等。

亚、加拿大、新西兰和美国比欧洲和日本对外来移民具有更高的开放水平。许多高收入经济体的总生育率已经下降到替代水平以下，这些地方的总生育率低于或等于2.1。为了满足人口的自身替代，每个妇女在她们生育期间必须生育至少两个孩子。考虑到婴儿和孩子的死亡率，人口学家估计总生育率的替代水平大约为2.1。包括德国、意大利和日本在内的一些国家总生育率低于替代水平，移民率也低，政策制定者正担心人口下降而不是人口爆炸。可以预料，这些社会日益增加的老年人数量将依靠正在减少的劳动力。

▶ 案例7—1 **总生育率**

另一种评定人口趋势的方法是检验生育行为。一种度量生育率最常用的指标就是总生育率。总生育率有时被认为是妇女愿意生育孩子平均数的测度指标，但这并不完全正确。总生育率是一个综合指标，它是给定年份按妇女年龄的生育率之和，按年龄的生育率是指在一个特定年龄组中妇女每年生育孩子的平均数。(通常按15～19岁，20～24岁，…，40～44岁分组。)换句话说，如果按年龄的生育率保持不变，总生育率指平均每个妇女在一生中生育的孩子数。但这些比率随着年轻妇女推迟生育和总体上拥有更少的孩子而改变。总生育率是妇女当前拥有子女数的一个可靠指标，而且总生育率的趋势显示了关于世界人口转折的大量信息。

下图中绘出了世界银行统计的7个地区过去40年的总生育率。1967年，非洲、亚洲和拉丁美洲的总生育率是5.5个或5.5个以上孩子。只有高收入经济体、欧洲和中亚

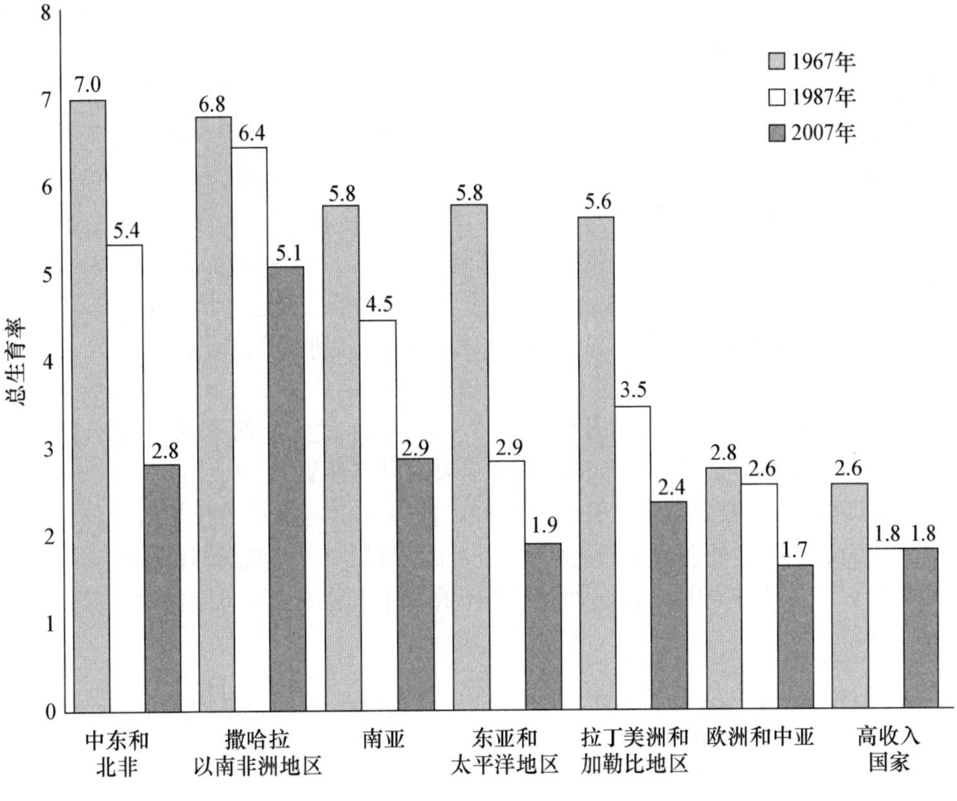

国家达到 3 个以下孩子的低的总生育率。经过 40 年不同的变化速度，生育率在每个地区都下降了。在东南亚、拉丁美洲和中东地区，总生育率下降了一半或更多。撒哈拉以南非洲地区用了更长时间才开始进行人口转折，但即使在这个世界上最贫穷的地方，总生育率自 1987 年以来也已经下降了 1 个以上，达到现在每个妇女有 5.1 个孩子。多数人口学家认为非洲总生育率的下降将追随其他地区并将继续下降。

东欧和中亚的总生育率也具有在替代水平以下的特征，那里的自然增长率接近 0.4%。东亚的总生育率已经下降至替代水平以下（2007 年为 1.9）。对比起来，非洲、拉丁美洲和中东地区在人口转折方面都没有取得如此的进展，意味着它们的人口将持续增长，在世界总人口中的比重也将提高。

□ 人口前景

即使按照一个保守的人口增长率来推断未来，人口总数也将迅速达到似乎令人难以想象的地步。如果持续以 2010 年 1.2%的速度增长，到 2050 年世界人口将超过 110 亿，到 2100 年将达到 260 亿。一些畅销书的作家热衷于作这种推测，其结果令许多人感到震惊。简直无法想象生活在是当今 2～4 倍人口的世界中将是一种什么样的情况。如此膨胀的人口将如何生存？这对地球上的空间和自然资源的有限供应将产生怎样的影响？

虽然可以预期在一生中世界人口将大量增加，但不可能翻倍。近来趋势的线性推断是严重的误导，因为在经历了两个多世纪的加速后，世界人口增长已经在过去的 40 年间减缓了。这一趋势很可能继续，但没有人能够确定转变到较低生育水平有多快或在新近趋势中是否存在任何逆转。

每隔几年，联合国就对未来人口增长进行预测。[①] 这些预测提供了各种情形，这些情形建立在死亡率下降的相同假设的基础上，但生育率下降的数量和速度方面使用不同的假设条件。图 7-4 组合了 1820—2000 年世界人口的估值与联合国对 21 世纪做出的低等、中等和高水平的人口预测。高水平人口预测假定世界总生育率没有达到替代水平，并预言在 2050 年前世界人口将继续扩张到 108 亿，并会持续扩张到 2100 年以前的 150 亿。中等水平情形下的世界总生育率略低于替代水平。在这种情况下，2050 年世界人口将上升到近 90 亿，这时总人口开始趋向稳定，一直到 2100 年以前的 100 亿。低水平预测假定未来总生育率远低于替代水平。在这些假定条件下，2050 年世界人口将达到 81 亿的最大值，而且从那以后开始下降，一直到 21 世纪末的 60 亿。联合国提供了这三种供选择的预测变量，而没有指出哪种结果的可能性更大。

在未来 50 年即当今大学生完整的一生中，世界人口将继续增长是这三种情形的共同预测。它们的不同之处在于预测的增长规模在 10 亿～40 亿之间的范围内。这一预测的持续增长有三个基本原因。前两个原因解释了为什么总生育率可能保持在替代水平以

① 除联合国以外，澳大利亚进行应用系统分析的国际机构、美国人口调查局以及世界银行也进行相关的人口预测。一项关于如何做出这样预测的有用介绍见 Brian O'Neill and Deborah Bank, "World Population Futures," *Population Bulletin* (Population Reference Bureau) 56, no. 3 (September 2001)。

上：（1）渴望大家庭和（2）孩子没有达到理想数目。第三种原因是**人口增长惯性**（population momentum），这是一个需要进一步解释的人口概念。

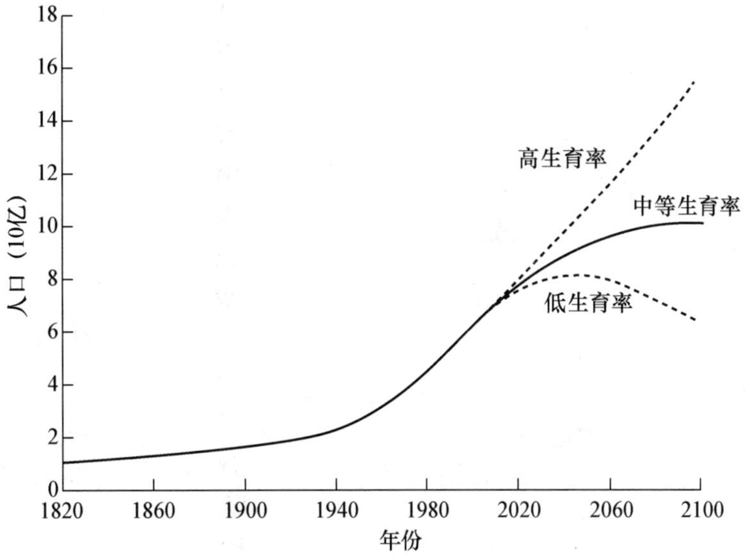

图 7－4　世界人口的历史趋势与预测

2000—2100 年联合国所作的人口预测，这里展现了未来不同生育率水平的情形。

资料来源：Angus Maddison，"Statistics on World Population，GDP，and Per Capita GDP，1-2008 AD，" www.ggdc.net/MADDISON/Historical_Statistics/vertical-file_02-2010.xls. U.N. Department of Economic and Social Affairs，Population Division，Population Estimates and Projection Section，*World Population Prospects*，*The 2010 Revision*，October 20，2011，available at http://esa.un.org/unpd/wpp/index.htm；accessed February 2012.

正如尤其在发展中国家那样，在迅速增长的人口中，有大量人口正好处于或即将进入旺盛的育龄期。即使从现在开始，世界上所有夫妇都只生育维持自身替代数量的子女，总人口在最终稳定之前还将继续增长几十年。这是因为今天的孩子数超过父母的数量并将成为将来的父母。也就是说，过去的生育决策对未来有深远的影响（见案例 7—2）。仅人口增长惯性就能够使 21 世纪世界人口多增加几十亿。①

另一种评估人口未来的方法是关注个别国家，尤其是那些被预测为世界上人口最稠密的国家。表 7－2 根据联合国中等变量预测值列出了人口最多的 10 个国家。表中也列出了 2000 年这些国家的人口。到 2050 年，这 10 个国家预计会达到 54 亿人口，占同期预测的世界人口的一半以上。

中国、印度和美国将仍然是三个最大的人口大国，虽然印度将替代中国最大人口国的地位。中国的人口增加已经远低于总生育率替代水平，人口增长惯性是唯一的增长因素；外来移民是美国人口增长的主要因素；在印度，人口增长惯性和高于替代水平的生育率预计将使印度人口比现在的 11 亿人口增加 5.50 亿。

---

① John Bongaarts，"Population Policy Options in the Developing World，" *Science* 263，no. 5148（February 11，1994）.

▶ 案例 7—2

人口增长惯性

人口增长惯性对未来人口水平的影响可以通过以下两个家庭的例子进行说明。每个家庭第 1 代由 1 个男人和 1 个女人组成。每个妇女在生育期间生育 4 个孩子。第 2 代包括 4 个男性和 4 个女性。

时期 1

生育率高于替代水平；总人口，12

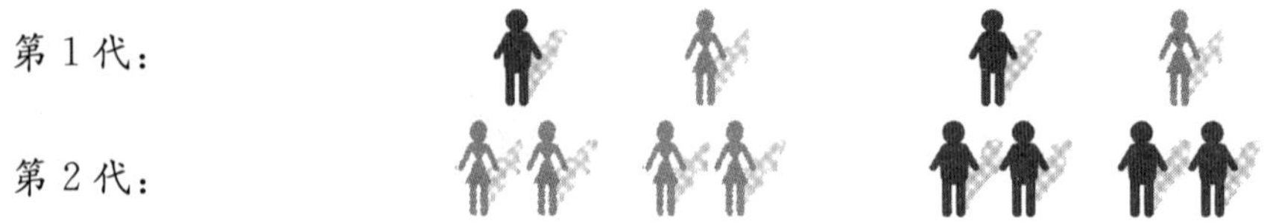

在时期 2，第 1 代死去，第 2 代每个人都结婚。4 对夫妇的每个妇女都生育 2 个孩子，产生了第 3 代的 4 个男性和 4 个女性。即使第 2 代达到了生育替代水平，人口增长惯性还是导致了 33%的总人口增加，从时期 1 的 12 个增加到时期 2 的 16 个。

时期 2

生育率处于替代水平；总人口，16

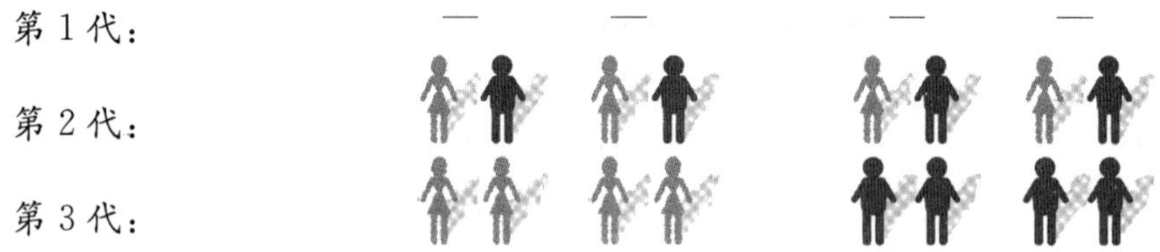

这一过程在时期 3 得到重复。第 2 代死去；第 3 代结婚并生育了第 4 代。如果第 3 代维持在生育的替代水平，总人口将稳定。在最后一期稳定的人口规模不仅仅是第 2 代和第 3 代生育决策的结果，而且同样受第 1 代生育状况的影响。

时期 3

生育率处于替代水平；总人口，16

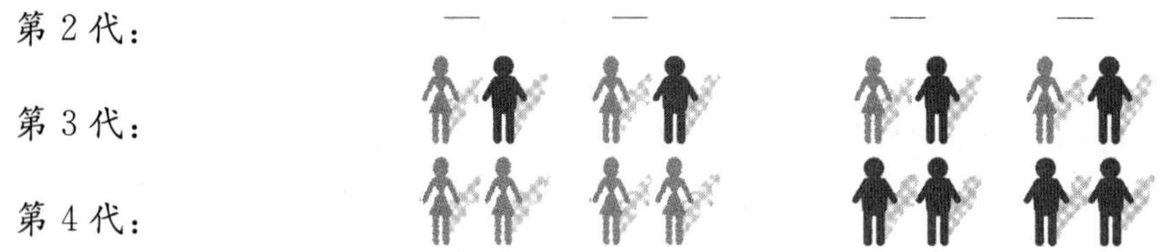

人口惯性还拥有相反的属性。如果其随后产生的人口拥有相对较低的生育率，总人口的衰退会非常迅速，反映出两代人的生育决策。

表 7-2　　预测值：2050 年世界上人口最多的 10 个国家*

国家	2050 年		2000 年		人口增加	
	人口（百万）	排名	人口（百万）	排名	（百万）	变化（%）
印度	1 748	1	1 189	2	559	47
中国	1 437	2	1 338	1	99	7
美国	423	3	310	3	113	36
巴基斯坦	335	4	185	6	150	81
尼日利亚	326	5	158	8	168	106
印度尼西亚	309	6	235	4	74	31
孟加拉国	222	7	164	7	58	35
巴西	215	8	193	5	22	11
埃塞俄比亚	174	9	85	13	89	105
刚果民主共和国	166	10	68	19	98	144
总数（占世界人口的比重）	5 355（0.56）		3 925（0.57）		1 430（0.55）†	

* 预测值以联合国中等变量为基础。

† 2050 年世界上人口最多的 10 个国家的绝对人口的增加除以世界人口的全部增加。

资料来源：Population Reference Bureau，*2010 World Population Data Sheet*，www. prb. org/pdf10/10wpds_eng. pdf.

正如在南亚其他地方预期的人口增长很惊人那样，对巴基斯坦和孟加拉国预测的人口值分别增加了 81%和 35%。在撒哈拉以南非洲地区，刚果民主共和国、埃塞俄比亚和尼日利亚都被预测为将经历更高的人口增长百分比。刚果民主共和国、埃塞俄比亚的预测值如此之大，以至在 2050 年将跻身于世界前 10 位之列，取代 2010 年前 10 位中的日本与俄罗斯。

必须记住，所有这些人口趋势的估计都只是预测值，随着更及时信息的出现，这些估计值将变得越来越不可靠，而且大量事实的发生可能会改变这些结果。艾滋病病毒对未来人口规模的影响还未得到很好的推断，而且其他一些至今未知的致命疾病可能出现。国内冲突和移民也将对人口起作用。但以上预测值清楚地表明，世界人口将在未来 50 年大量增加，而这些增加值几乎全部来自今天的中低收入国家。在这些国家当前所面临的很多现实困难情况下，为不断扩大的人口数量取得经济发展的挑战似乎令人却步。

7.2　人口增长的原因

有关世界人口未来的讨论时常变得言辞尖刻。敏感的问题是：是否该限制人口？哪一部分人口要限制？应该采取什么措施来限制？在我们理性地面对这些问题之前，必须首先加以考虑的是，对于这种人口迅速增长的原因和所导致的后果，我们究竟了解多少？我们必须关注人口增长与经济发展之间的双向关系，也就是，人口增长如何影响经济发展与经济发展怎样影响人口增长？我们首先分析后者。

□ 托马斯·马尔萨斯，人口“悲观论者”

托马斯·马尔萨斯（Thomas Malthus，1766—1834年）始终是最著名、最富影响力的人口理论家。在马尔萨斯看来，“两性间的情欲”会导致人口在食物供应允许的范围内最大限度地扩张。在达到生物学所能承受的极限之前，人类通常不会限制自身的繁衍。由于某种原因，工资会超过勉强维持生计的水平，从而导致工人婚龄的下降和生育更多的子女，更多的人生存下来，但这只不过是一种暂时的现象。没过多久，人口的加速增加就会使劳动力的供给增加，这将对既定的土地资源形成压力，并最终通过收益递减导致工资重新回落到勉强维持生计的水平。一旦这一过程进展太快，其结果就是饥荒和死亡率的上升。马尔萨斯认为，从长期看，食物供应的增长赶不上人口的增长。他以一个著名的例子论证说，食物供应是按算术级数（加法的）增长的，而人口则是以爆炸性的几何级数（成倍的）增长的。

在马尔萨斯那个近乎残酷的世界里，主要靠增强导致死亡率的各种因素的作用才能限制人口的增长，这就是他所说的积极抑制。马尔萨斯就是利用这个暗藏杀机的措辞，概括了所有足以大规模毁灭人类的灾难：瘟疫、饥荒和战争。马尔萨斯认为，就一般情况而言，正是这些现象有效地抑制了人口的增长。只是在他著名的《人口原理》(*Essay on the Principle of Population*）后来的版本中，他才承认还存在着另一种不那么残酷的抑制措施的可能性：通过出生率而发生作用的“预防性抑制”。对此，马尔萨斯所提出的主要“抑制”措施是晚婚等办法。与后来的马尔萨斯主义者不同，他并不主张控制生育，作为牧师，他认为这是不道德的，虽然他也勉强承认人类有可能自愿地控制自身的增长数量。不过，马尔萨斯对此并不寄予多大的希望。

考虑到马尔萨斯生活在工业革命的早期，其理论的悲观基调便不足为奇了。在所有的人类历史早期，人口的扩张与经济增长都趋向一致。马尔萨斯所了解的那个世界，其时正经历着前所未有的经济增长，除了预期随着死亡率的下降自然增长率必然加速以外，马尔萨斯还能期望些什么呢？这的确是他生活的那个时代所发生的事实。

马尔萨斯在其有生之年，未及目睹欧洲人口转折的其余情形。死亡率先行下降，经过一段时滞，出生率也随之下降；与马尔萨斯的预言相反，从19世纪中期开始，工资有了明显增长。为什么会出现这些现象呢？由于资本积累与技术变革足以抵消任何劳动的边际产量下降的趋势，因此，尽管人口在加速增长，工资还是上涨了。死亡率的下降表现为更高的收入（更好的营养和生活条件）、日益改善的预防措施和医疗健康条件的共同结果。而出生率的下降则很难被理解。或许可以像马尔萨斯所做过的那样，以生物学和经济学为依据做出预期。随着收入的增加，生育率不是下降，而是上升了。越是身体健康、营养充分的妇女，生育能力就越强，怀胎足月，生下的婴儿也就越健壮。同样，人们在青春盛年早结婚，家庭收入条件优越，就有能力生养更多的孩子。怎么能说收入的增加反而会导致出生率的下降呢？这个问题的答案，只能到后马尔萨斯人口理论中去寻找。

□ 出生率为什么会下降？

有两种人口变化影响着概略出生率。第一种是在不同的年龄组中各种人口所占比重的变化。当生育年龄人口（大约15～45岁）所占的比例上升时，出生率也会上升，正如我们在前面人口增长惯性的讨论中所见的那样。相反，就像当今许多工业化国家所发生的那样，如果人口中老年人所占的比例上升了，出生率就会下降。第二种因素是生育率，即妇女生育孩子的数量。

人们为什么要生孩子？他们会生育所需要的孩子数吗？难道是因为他们受到马尔萨斯所说的“两性间的情欲”的诱惑，并且不懂得如何避孕？或者是由于受传统束缚、习俗驱动？抑或是在某些社会和经济背景下大家庭是一种理性的考虑？上述三种观点都有一定的根据。第一种观点意味着采取生育控制以应对迅速增长的人口的提议或许值得考虑。拉丁美洲的一位医生在一次会议上坦率地指出：“人们并不想要孩子，他们只想满足情欲并且不懂得如何避孕。”这一观点抓住了生育过程中难以避免的自发性因素。然而，也有证据表明，所有社会都能对人口出生率进行理性的控制。很少有妇女在其育龄期内生育孩子的数目达到生物学上的生育极限。只有在19世纪末离开俄罗斯到加拿大和北方大平原定居的哈特派信徒是一种例外情形。哈特派信徒的宗教信仰和生活方式鼓励最大限度的生育，妇女们平均生育10个以上孩子，这是一个在当代的中低收入国家都没有达到的生育率水平。所有社会都存在着流产或弃溺婴儿等终止妊娠的习惯和惯例。(回想一下我们前面关于19世纪芬兰生育率下降的讨论。)

至于第二个原因，据说，在传统社会里，多子多孙是一种社会地位的标志，没有孩子或有很少孩子的夫妇会遭世人冷眼，没有财富的男人至少还有孩子。按照传统社会所认可的社会标准，一个女人最主要的职责就是生儿育女。这种社会准则和态度确实重要，然而，很可能这并非人类生育的决定因素。生育是众多因素共同发挥作用的结果。但是，近年来社会科学家们已经为人类理性在生育过程中的作用提供了越来越多的证据。简单地说，他们认为，传统社会中的大部分家庭之所以子女众多，是因为这样合乎理性。

这带给了我们第三种解释。尽管有些人会认为这种看问题的方法近乎冷酷、不近人情，然而，事实上孩子需要父母为他们支付一定的费用，也能为父母带来一定的收益。在某些低收入环境下，尤其是农村地区，孩子可以用自己的劳动所得补贴家用。在家庭农场或其他家庭作坊中，总有一些可供年幼子女去干的活计，并能够增加产量。在许多贫困的社会里，大批儿童离家外出挣钱谋生。从长期的观点来看，在一个缺乏帮助和照料老年人制度的社会里，子女还提供了某种形式的社会保险。在一些文化中，能有一个长大成人的男儿被视为头等大事；如果婴幼儿的死亡率高，就会促使夫妇们接二连三地生孩子，甚至有了两三个儿子方才罢休。除了这些在低收入国家远比在富裕国家重要得多的经济收益外，孩子还可以带来所有父母都熟知的精神上的好处（和成本）。

养育孩子的经济成本可以分为显性成本和隐性成本。孩子需要吃、穿、住，以及通常的教育等现金支付。在孩子需要由一个家庭成员来照看的情况下，通常是母亲失去了挣钱的时间，导致隐性成本上升。父母所承受的某些成本压力，与一个国家在人口增长过程中所承受的压力有相似之处。例如，家庭中子女多，就意味着每个人可继承的农业用地减少了，这便是在家庭层次上自然资源约束的一个实例。同样，在一个大家庭中，很难将众多的子女都送去读书；这反映了当人口迅速增长时社会投资所承受的压力。

将养育子女视为一种经济决策的观点具有以下几点重要意义：

● 在一个年幼的孩子有机会外出挣钱或在家庭企业中劳作的社会中，其出生率显然要比没有这种机会的社会高。

● 当达到人们理想数目的孩子都能存活时，就没有必要再去生育过多的孩子，因此，婴儿死亡率的下降将导致出生率的降低。

● 制度化的社会保障体系的建立，减少了父母晚年对于子女的依赖性，从而应能导致出生率的降低。

● 当妇女的就业机会增加，而所从事的工作与生儿育女难以兼顾时，如果她们离家外出工作，出生率就会下降。

● 当收入提高从而使显性成本更容易负担时，出生率也会变高。

前四个理论上的预言已经通过实证研究得到了充分的证实，第五个论点则与观察到的现实迥然不同。出生率通常与收入水平负相关，而并非像上述理论所简单预言的那样正相关。这种负相关可由时间序列数据（即当收入增加时，出生率通常下降）以及横截面数据（即贫困国家的出生率一般总是高于富裕国家；同样，在大部分社会中，中高等收入的家庭比贫困家庭的子女要少）所证实。

一些理论工作者试图对这种随着收入上升家庭对孩子的需求下降的异常现象做出解释；换句话说，孩子是“劣质品”。芝加哥大学的加里·贝克尔（Gary Becher），作为**“新家庭经济学”**（the new household economics）的先驱人物，认为孩子作为一种耐用消费品，自始至终都可以提供收益。① 夫妇们所追求的是最大化，他们所能“购买”的“物品”的共同（预期）效用函数包括下列因素：(1) 成活孩子的数量；(2)“孩子的质量”（一个包括教育和健康的特征向量）；(3) 常规的商品与服务。在贝克尔的模型中，父母的约束力来自：(1) 他们的时间以及 (2) 购买商品与服务的费用。

对于出生率随着收入的增长而下降，贝克尔解释说，这主要是因为父母尤其是母亲时间的机会成本在上升，从而导致了孩子成本的增长。任何价格变化所导致的熟知的收入效应和替代效应在这里起作用。随着一个妇女的市场工资的上升，收入也上升，从而她将增加对所有正常商品的需求，假定包括对更多孩子的需求。但随着工资的上升，妇女时间的机会成本也将上升，因而抚养孩子的“价格”上升。结果，她从事任何活动所需要的集中利用时间将减少，包括孩子的养育。如果替代效应大于收入效应，夫妇可能决定生育更少的后代。贝克尔还指出，假如花在孩子数量上的费用在增加，许多家长会选择投资于孩子的质量，并将更多的时间和钱花在数目更少的孩子身上。随着收入的上升，“更高质量”孩子的缺乏也将从对孩子的需求恢复到对“正常商品”的需求。

贝克尔关于家庭的大量研究主要是基于对美国和其他高收入经济体生育水平下降的理解。但“新家庭经济学”在发展中国家的应用也能提供深刻的见解。代替了马尔萨斯关于人们只为情欲所驱使的假定，现今生育被视为理性过程的结果。这并不意味着在富国和穷国一样，每个孩子的出生都是理性成本—收益计算的结果。经济学几乎不能解释个别的结果；它的力量在于能解释普遍趋势。“新家庭经济学”所表明的是富国人与穷国人以同样的方式权衡他们生育行为的结果和理解生育行为，通过人们根据他们自身利益最

① Gary Becker, *A Treatise on the Family* (Cambridge, MA: Harvard University Press, 1981).

大化而行动的假定，我们可能获得更深入的理解。生育大量孩子可能被视为一种非理性行为，但这是穷人面对困难决策的结果。对穷人家庭，多生育孩子可能具有经济意义。

"新家庭经济学"为发展中国家的家庭生育决策提供了解释，与此同时，也出现了明显的矛盾。如果关于生育的个人决策是理性的而且符合家庭利益最大化，为什么罗伯特·麦克纳马拉和许多其他学者认为人口增长是影响经济发展的"最大的一种障碍"呢？在家庭层面上的理性决策是怎样导致如此可怕的社会范围内的结果的呢？

7.3 人口增长与经济发展

即使人口增长不是最大的障碍，它曾经是影响取得经济发展的主要障碍吗？今天是否还是？作为一个在开罗或加尔各答、马尼拉或墨西哥城，或者在发展中国家数百个其他城市和乡村度过时光的临时观察者，答案可能似乎是显而易见的。看看这些地方大量的穷人，很难不得出这样的结论：如果只有更少的人口，贫穷状况可能会得到一定程度的改善。（一个临时观察者可能在纽约或东京得出同样的结论。）

但是，人口增长与经济发展之间的联系比随机观察需要的理解复杂得多，尤其是对于准备考虑用政策干预去降低人口增长的人来说。首先，我们必须明确所问的问题。我们不能询问已经出生的人们是否比还没有出生的人境况更好。这是一个经济学不可能回答的问题。我们的问题只能是，如果一个国家人口增长更缓慢，人均收入、预期寿命、教育的获得或其他经济发展指标是否会更高？给定发展过程中经济增长的中心地位，我们将大量注意力集中在人口增长与经济增长之间的联系上。

诺贝尔经济学奖获得者西蒙·库兹涅茨是使用数据检验经济增长趋势的先驱，他报道了在20世纪50年代初期至1964年间40个发展中国家人口增长与人均产出增长之间缺乏相关性。[①] 库兹涅茨关于人口增长与经济增长之间缺乏相关性的发现对联合国于1973年发布的一份主要关于人口报告的结论具有重要影响。自库兹涅茨成果发表以来，学者们进行了类似的研究，其中多数都肯定了不同时期这两种增长率之间低的相关性。[②] 从20世纪80年代开始，人口增长与经济增长间的负相关性更为普遍。在增长方程中，包含了很多决定经济增长的因素。人口增长作为一个影响经济增长的因素，在这个方程中的重要性取决于其他变化的因素。

经济和人口增长之间缺乏简单的相关性的发现可能令人感到惊讶，但它们不应该被曲解。这并不意味着人口对经济增长没有任何影响；只是意味着存在比能被揭示的简单

① 库兹涅茨样本中的40个欠发达国家的人口增长率和平均GDP增长之间的相关性是0.111。Simon Kuznets, "Population and Economic Growth," *Proceedings of the American Philosophical Society* 3 (June 1967), as reported in United Nations, *The Determinants and Consequences of Population Trends*, Department of Social Affairs, Population Division, Population Studies No. 17 (New York: United Nations, 1973).

② 对于这些研究的讨论见 Allen Kelly and Robert Schmidt, "Economic and Demographic Change: A Synthesis of Models, Findings and Perspectives," in Nancy Birdsall, Allen Kelley, and Steven Sinding, eds., *Population Matters: Demographic Change, Economic Growth, and Poverty in the Developing World* (Oxford: Oxford University Press, 2001)。

相关性复杂得多的潜在联系。我们需要对以下问题提出疑问：人口增长是如何影响决定经济增长的因素的？什么是经济增长与人口增长之间的直接因果关系？影响人口增长的因素——例如出生率、死亡率和移民——对经济增长产生多大的影响呢？反之亦然。

人口增长与经济增长之间相关性的缺乏开放而不是关闭了人口增长如何影响经济增长的讨论。至少它对这些增长率是如何相互联系的幼稚观点提出了挑战。人均 GDP 增长率等于 GDP 增长率减去人口增长率。[①] 这一幼稚观点认为，对任何给定的 GDP 增长率，人口增长越慢，经济增长则越快。这一结论是正确的，但它固有的假设却不是真的。产出增长不是人口增长的独立变量。最简单的原因是，今天出生的孩子是未来的劳动力，劳动力同土地和资本一起，是任何经济生产的关键要素。换一种说法，人口增长既影响 GDP 的水平，也影响有多少人必须共享这一水平的 GDP。一旦认识到这些联系，关键的问题就成了人口增长怎样影响经济增长的关键变量：生产要素的积累以及这些要素的生产率。假定存在人口增长可能影响这些变量的方式的概率，经济增长与人口增长之间缺乏简单的相关性也就不足为奇了。

□ 人口与积累

一个有关人口对物质福利影响的开拓性模型是由人口学家安斯利·科尔（Ansley Coale）和经济学家埃德加·胡佛（Edgar Hoover）于 1958 年创建的。[②] 他们的工作遍布于校园的**人口“悲观主义者”**（population “pessimists”）或人口限制拥护者，即那些认为人口增长有害于经济发展的人们。科尔和胡佛认为，出生率的降低能够通过三种重要途径提高人均收入。第一，低生育水平降低了未来劳动力的增长。需要按照一个既定比例提供给每个新增工人的追加投资总额（资本广化）将会下降，从而允许有更多的投资被用来增加每个工人的资本配备（资本深化）。[③] 第二，更低的生育率和更少的孩子使公共资金能够从教育和健康支出部分转移到实际资本上，这就是科尔和胡佛假定的政府支出的更有效利用。第三，更慢的人口增长将会降低**赡养率**（dependency ratio），指非工作年龄人口（通常包括 0～14 岁之间和 65 岁及以上人口）与工作年龄人口之比（见案例 7—3）。反过来，在任何给定的收入水平下，更低的赡养率将会降低消费和增加储蓄，允许更高的资本积累率。人口增长减缓的这三种好处一起能够同时提高家庭和社会总的收入水平。

总体上，科尔和胡佛的结论没有得到后续研究的支持。[④] 对给定数量的投资，更多的劳动力将导致每个工人更少的资本，但对产出影响的数量意义似乎不大。科尔和胡佛有关资源向教育的转移效应也没有得到后来研究的支持。人口因素对 GDP 分配给教育的比

---

① 任何分数 A/B 的增长率都等于分子 A 的增长减去分母 B 的增长。这是因为任何变量 X 的增长率都可以用该变量的对数对时间求导而得到：$d(\ln X)/dt=(dX/dt)/X=g(X)$，其中 g 是增长率。如果 $X=(A/B)$，则 $\ln(A/B)=\ln A-\ln B$，以及 $d[\ln(A/B)]/dt=d(\ln A)/dt-d(\ln B)/dt$，或 $g(A/B)=g(A)-g(B)$。在人均 GDP 的例子中，g(GDP/population)$=g$(GDP)$-g$(population)。

② Ainsley Coale and Edgar Hoover, *Population Growth and Economic Development in Low-Income Countries: A Case Study of India's Prospects* (Princeton, NJ: Princeton University Press, 1958).

③ 资本广化与资本深化对经济增长的含义在第 4 章索洛增长模型的讨论中得到了更深入的论述。

④ Nancy Birdsall, “Economic Rapid Population Growth,” *World Bank Research Observer* 4, no. 1 (January 1989).

重和其他社会福利计划没有产生更强的独立效应。此外，教育和健康越来越不被视为消费支出，而被看作人力资本投资，这一投资可能具有与实际资本投资相等甚至更高的收益。

第三种被科尔和胡佛强调的人口增长、赡养率和储蓄之间的联系吸引了大量的分析。有些研究得出相关性很小。这可能是因为企业和政府储蓄相对独立于人口变化。如果大部分储蓄来自富有家庭，甚至家庭储蓄也可能对人口增长变化相当不敏感。这样家庭的储蓄行为将既不会受他们自己生育决策的影响，也不会受那些穷人的影响。另外，不同国家的证据表明，总储蓄率将随15岁及以下人口比例的上升而下降。

最后一点认识是通常被称为人口红利的最新研究的一部分。人口红利指在一个国家人口快速增长后，生育率下降所带来的机会。在生育率下降的同时，人口增长率也将下降。但因为劳动适龄人口（15～65岁）的增长率取决于之前的人口快速增长，在一段时期内，劳动适龄人口相比青少年人口（0～14岁）增长更快。在案例7—3的人口金字塔图中，青年人口膨胀而儿童人口比重下降。这不仅说明潜在劳动力与儿童人口的比值上升，还表示由于生育期的缩短，更多妇女加入劳动力。由于相对情况下劳动力的增长，经济的生产能力将提高。在此人口转折的过程中，社会中相对较小的老年人群体尚未构成重要影响。但人口红利只是一个暂时的机会。如今越来越多的发达国家以及发展中国家都面临着人口老龄化所带来的问题。

生育率的下降不仅使劳动人口相对于儿童人口的比例上升，还提高了储蓄和资本积累。其原因是，更大部分的人口将处于其生命周期中劳动与储蓄的阶段。但是人口红利并不是一个必然事实，而仅仅是一个机会。如果其他经济政策未得到实施，这一潜力便不会发挥。拉丁美洲地区与东亚地区的对比证明了这一点。这两个地区都经过了相似的人口转折期：出生率下降，劳动人口数量上升。但是转折期后的结果却大相径庭。东亚地区经济迅速发展，但拉丁美洲却未能实现经济繁荣。

一些研究者认为，东亚地区的人口转折为其经济蓬勃发展做出了实质性的贡献。通过跨国别增长回归的分析，他们将东亚地区经济增长大于三分之一的原因归于生育率下降所带来的劳动人口比重上升。其他观点认为这一因素带来的影响将远小于这个结果，因为在家庭中的经验性实例并未提供足够的证据来证明人口红利理论中关于生命周期与储蓄的假设。人口增长与储蓄之间的关系问题仍未得到解决。

近期有关人口增长如何影响经济增长的研究将注意力转移到决定人口增长的各种人口要素上。可取的方法是将人口增长分解为独特的原因。例如，总死亡率的下降使人口增长加速，但并不改变一国的赡养率。但是，生育率的下降同时降低了人口增长和赡养率。如果赡养率是经济增长的决定因素，人口增长则是这种效应的微弱代表。将这些概念应用到东亚，研究者认为，这一地区的人口转折既是区域经济快速增长的结果，也对区域经济的迅速增长做出了相当大的贡献。①

① 这些“新”人口分析的讨论可见 David Bloom and Jeffrey Williamson，“Demographic Transitions and Economic Miracles in Emerging Asia,” *World Bank Economic Review* 12，no. 3（1998）；David Bloom，David Canning，and Jaypee Sevilla，*The Demographic Dividend：A New Perspective on the Economic Consequences of Population Change*（Santa Monica：Rand，2003）。反驳观点见 Angus Deaton and Christina Paxson，“Growth，Demographic Structure and National Saving in Taiwan（China），” *Population and Development Review* 26（2000；Suppl.），141-173。

▶ 案例 7—3　人口增长、年龄结构与赡养率

2009 年，尼日利亚拥有 1.53 亿人口，与俄罗斯的 1.42 亿相当。尽管人口规模接近，但这两个国家所处的人口转折点完全不同。尼日利亚的总生育率为 5.7，而俄罗斯为 1.5。尼日利亚在过去 10 年中的人口增长率是每年＋2.1%，而俄罗斯是－0.35%。尼日利亚只是在最近才达到出生率开始下降的人口转折阶段。俄罗斯在几十年前就已经经历了这一阶段。

概略出生率和死亡率的差异，除了对人口增长有影响外，对一个国家的年龄结构也有很大的影响。人口金字塔（见下图）论证了这些结果。金字塔的每一横条分别代表给定

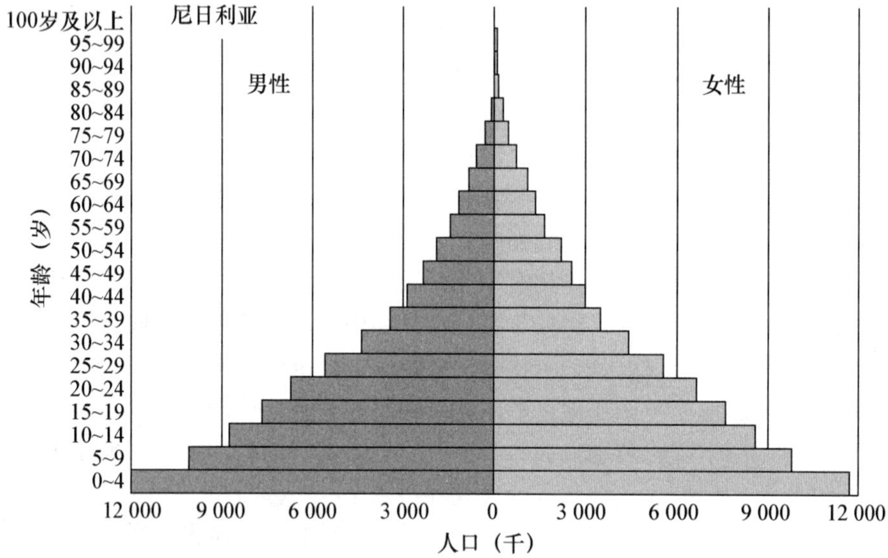

(a)

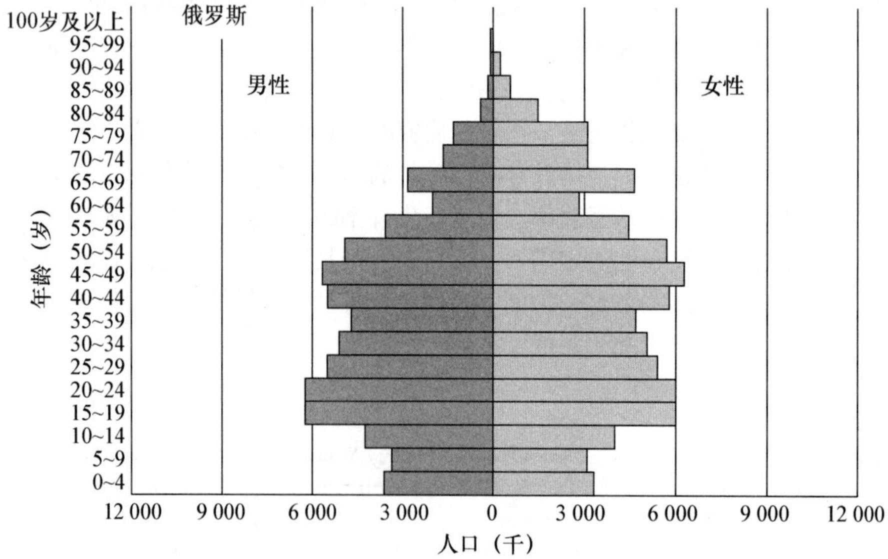

(b)

年龄组男性和女性的数量。尼日利亚具有明显的人口金字塔，是一个人口迅速增长的国家。每一年龄群都比之前出生的年龄群要多，是高的生育率和人口增长惯性同时作用的结果。与此大不相同，俄罗斯的人口金字塔更像长方形，是低人口增长的结果。俄罗斯金字塔的基础正在变窄是因为生育率已经下降到替代水平以下。（人群之间的差异也反映了历史结果。俄罗斯 60～64 岁之间年龄段的人口特别少是因为这一组人出生于第二次世界大战的 1944—1948 年间。这些年低生育率和高婴儿死亡率说明了今天这个年龄组人口不足的原因。）

尼日利亚的小孩赡养率，即未成年人（0～14 岁）数量除以工作年龄（15～64 岁）人口的数量，明显高于俄罗斯。尼日利亚这一比率等于 0.87，而俄罗斯仅为 0.21。但与尼日利亚 0.03 的老年（64 岁以上）赡养率相比，俄罗斯具有 0.14 的更高比率。年龄结构的差异对从消费物品、如何投票到创造文化等各方面都具有重要意义。赡养率含义的差别对整个经济和发展的影响将在正文中考虑。

资料来源：Population Division of the Department of Economic and Social Affairs of the United Nations Secretariat，*World Population Prospects*：*The 2008 Revision*，available at www. un. org/esa/population/publications/wpp2008/wpp2008_highlights. pdf.

□ 人口与生产率

除了对积累过程的潜在影响外，人口增长也能够影响经济增长的其他重要变量——资产的效率。回顾马尔萨斯对这些影响的关注。马尔萨斯认为人口增长将导致农业生产率的必然下降，并对人类具有破坏性的影响。马尔萨斯没有预料到的是农业技术革命会提高而不是降低土地的生产率。马尔萨斯绝不会相信，在一个拥有 70 亿人口的世界中，平均每个人吃得要比他所处的时代好得多，当时世界人口接近 10 亿。经济史学家罗伯特·福格尔（Robert Fogel）证实，在 18 世纪末，大约是马尔萨斯写作他著名论文的期间，法国人均每天消费的热量是 1 753 卡，邻近的英国则是 2 100 卡。与马尔萨斯的预言相反，今天发展中国家人均每天消费的热量比那时高得多，超过 2 600 卡。①

尽管存在这些进步，新马尔萨斯主义者思想仍然受到欢迎。担心人口与食物供给之间的不平衡仍然被声称是对人口压力问题的关注，如人口压力将如何影响淡水和能源的获得、传染病的传播、生物多样化程度和气候的变化，以及整个环境的可持续性等。与他们明智的前辈一样，新马尔萨斯主义者相信地球具有有限的承载能力，科学和技术不

① 今天仍有一组国家人均每天消费的热量不到 18 世纪末法国消费的 1 750 卡的水平。在 1999—2001 年间，这组国家包括阿富汗、布隆迪、刚果、厄立特里亚、索马里和塔吉克斯坦。除了塔吉克斯坦具有 6 个或以上非常高的总生育率外，它们都处于失败状态也是这组国家的特征。他们营养不良可能是由于大量的政治不稳定引起的农业破坏要多于“人口过剩”。有关热量吸收的历史数据来自 Robert Fogel，“The Relevance of Malthus for the Study of Mortality Today：Long-Run Influences on Health，Mortality，Labor Force Participation，and Population Growth”（231-284），in Kerstin Lindahl-Kiessling and Hans Landberg，eds.，*Population*，*Economic Development*，*and the Environment*（Oxford：Oxford University Press，1994）。更新的数据来源于 United Nations Food and Agriculture Organization，*The State of Food Insecurity in the World*（Rome：FAO，2003）。

能解决收益递减的基本问题。①

托马斯·马尔萨斯的思想弥漫在人口悲观主义者阵营中。但一些后来的经济学家、**人口"乐观主义者"**(population "optimists")将人口增长视为具有提高要素生产率的潜力。学者们对这样的关系给出了几种原因。首先,更快的人口增长导致的更多人口能够产生生产和消费的规模经济。道路是一个很好的例子,达到某一点后,越多的人使用道路,对农村道路的投资收益就越高。其他形式的基础设施以及健康和教育方面的公共服务具有同样的规模经济效应。其次,存在某些人口压力能够导致技术变革的证据。在以前人口稀少的地方提高人口密度可以鼓励更多劳动密集型耕作方法,增加土地以及或许其他投入的收益。最后,经济学家朱利安·西蒙(Julian Simon),也许是最伟大的人口乐观主义者,认为人口规模越大,所能孕育的企业家和其他富有创造精神的人也就越多,而正是这些人将对解决人类所面临的种种难题做出重大贡献。他将人类智慧称为是可以胜过其他任何资源耗尽的"最终资源"。②

正如人口"悲观主义者"的正确性一样,对人口"乐观主义者"地位的实证支持是稀少的。规模经济效应确实存在,但通常认为已经达到人口密度水平了;一种可能的例外是在有些人口居住稀疏的非洲地区。规模不经济也存在,世界上部分城市的规模可能正接近规模不经济水平。最后,人口压力与技术变革之间不存在简单的一一对应关系。在新技术和生产方法引进的条件下,人口只是影响制度环境种类和质量的诸多因素之一。绿色革命技术能显著提高特定农作物的产量,如大米和小麦,这些技术在一些人口密集的地区已经被使用,但在其他地方没有被采用。这表明人口压力本身还没有成为决定因素。

□ 人口与市场失灵

除了人口"悲观主义者"与人口"乐观主义者"提出了这样不一致的观点外,还存在关于人口与发展思考的第三学派——**人口"修正主义者"**(population "revisionists")。"修正主义者"将他们自身置于两大极端的阵营之间,认为在人口问题上不存在"适合所有国家的唯一标准"。因为人口增长对经济和社会变量的各种影响,根据时间、地点和环境的不同,增长的人口可能会也可能不会阻碍经济发展。

修正主义者也将微观生育行为模型与人口增长结果的宏观估计结合在一起。这一宏微观的融合是关键。根据主要的微观经济生育模型,个人会控制他们的生育决策并理性地生育。换句话说,一般情况下,夫妇将根据自身利益最大化决定他们所需要的孩子数量。如果这种观点是正确的,数千万理性个体决策所涉及的孩子数量居然导致对国家乃至整个地球有害的结果,这怎么可能呢?"修正主义者"的回答对经济学家是一个熟悉

① 新马尔萨斯主义者的观点见 Lester Brown, Gary Gardner, and Brian Halweil, *Beyond Malthus: Nineteen Dimensions of the Population Challenge* (New York: W. W. Norton and Company, 1999)。相反的观点,即人口没有达到地球的承载极限,见 Bjorn Lomborg, *The Skeptical Environmentalist: Measuring the Real State of the World* (Cambridge: Cambridge University Press, 2001)。

② 对人口压力的种子研究导致农业生产的变化见 Ester Boserup, *The Conditions of Agricultural Growth* (Chicago: Aldine, 1965)。关于人类的创造性见 Julian Simon, *The Ultimate Resource* (Princeton, NJ: Princeton University, 1981)。

的问题：**市场失灵**（market failures），这会在个人（家庭）生育行为的成本或收益不完全由他们承担的情况下产生。

“修正主义者”与新马尔萨斯主义者的某些观点一致，认为迅速的人口增长可能加快自然资源的消耗或者破坏环境。但与新马尔萨斯主义者不同，“修正主义者”认为根本的问题不是人太多，而是缺乏明晰的产权。正如经典的“公地悲剧”一样，人口增长可能破坏公共资源——例如，公共的牧地或渔业——因为没有一个家庭会考虑它的使用对其他人的影响。更大的家庭可能有助于家庭从公共资源中得到更多的好处（至少在短期），但同时加速了公共资源的破坏，会对所有人造成损害。① 无论在教育、健康、卫生还是在交通等方面的许多政府服务都可以作为类似的论据说明同样的问题。每个家庭可能理性地行动，但如果人口增长太快，政府服务可能发展不够快。结果政府服务的拥挤可能产生对所有人更低的生活质量。问题的根源不是人口增长，而是政府不能够为公共产品和服务需求的增长提供资金。这些例子都表明，人口增长可能恶化现有的市场失灵。

“修正主义者”也关注避孕市场的失灵。如果存在贫穷，由于避孕信息或避孕工具本身所引起的不完全或不完美市场，妇女将生育比她们“需要”的更多的孩子，人口增长将更快。据一项研究报道，在15～49岁之间的海地妇女中，有40%更愿意避免怀孕，但却没有采取避孕措施。② 某种程度上，这是缺乏有关生育控制信息的结果，存在避孕市场的失灵。在这样的情况下，生育水平不能完全反映个人的偏好，而且太高。市场失灵的最终原因不明显。是由于缺乏信息？政府对生育控制设施销售的限制？还是其他原因？生育控制的价格远低于抚养孩子的价格。自由市场在全世界范围内销售可口可乐，为什么不销售避孕工具呢？③

除了注重市场失灵以外，人口“修正主义者”也关注生育决策对人均收入增长以外的人类福利方面如收入分配的影响。在家庭层面上，高生育率可能有益于父母，这是从孩子的劳动收入和老年支持角度而言的。但这些对父母同样有利的条件可能对孩子起到不利的影响，如它们导致每个孩子得到更少的用于人力资本投资的资源。对较早出生的孩子可能特别不利。从不同的家庭来看，由于更高的生育率反过来与家庭收入水平相联系，更快的人口增长可能增加收入的不平等以及恶化贫困结果。

人口“修正主义者”还对“悲观主义者”与“乐观主义者”之间有关人口的其他极端争论做出了贡献。“修正主义者”强调，快速的人口增长不可能是经济发展的主要障碍，而是关注人口增长如何恶化其他的市场失灵或具体的政府政策。随着家庭适应环境的变化，这些负面影响甚至可能被减弱。尽管他们在方法上有更细微的差别，但人口“修正主义者”似乎不能确定市场失灵明显和限制生育政策能得到保证的具体环境和国家背景。然而，他们的观点有助于制定适当的人口政策。

---

① Garret Hardin, “The Tragedy of the Commons,” *Science* 162, no. 1 (1968), 243-248.

② Sara Maki, “Unmet Need for Family Planning Persists in Developing Countries,” Population Reference Bureau (October 2007), www. prb. org/Articles/2007/UnmetNeed. aspx accessed March 2012.

③ 改编自 William Easterly, *The Elusive Quest for Growth* (Cambridge, MA: MIT Press, 2001), 80-90。

7.4 人口政策

尽管经济分析还无法对干预的对象或者甚至干预能否保证减缓人口增长提供明确的答案，然而，大多数发展中国家的政府和大部分捐赠人都趋向于更为缓慢的人口增长。为了寻求这一目标，政府贯彻了各种人口政策。当规定的目标是为了降低人口增长率时，经济分析的逻辑就可能有助于评价具体政策的相对价值。

人口增长可能通过降低出生率或提高死亡率而降低。实际上，唯一可接受的政策解决方法是降低出生率。没有一个人会提倡将提高死亡率作为减缓人口增长的方法，但国家和捐赠人并非总是遵循严格的反死亡率方式。对撒哈拉以南非洲地区艾滋病危机迟钝的捐赠反应就是一个明显的例子。

如果减缓人口增长率是目标，降低出生率则是解决方法。这可以通过降低生殖年龄的人口比例或生育率来实现。提高妇女生育孩子的平均年龄，降低人口增长惯性，并及时导致生殖年龄人口比重的下降。为妇女提供更多教育和更好的就业机会可能会实现这些目标。这些干预也会降低生育水平。无论是通过直接的还是间接的方式，生育率的降低总是人口政策的主要目标。

围绕以降低生育率为目的的人口政策存在两大争议。一是关于计划生育成果的意义与广泛的社会经济发展之间的争议。另一争议是关于相对极权主义策略的使用，包括中国为了实现人口目标，在 1979 年发起的“独生子女运动”的基本原则。在开始讨论这些争议之前，我们首先确定一些有关人口政策的无争议原理。

教育女孩是实现长期生育率下降中存在最少争议和最有效的方式之一。正如“新家庭经济学”所预言的那样，受到更多教育的妇女具有更高的时间机会成本，因此选择生育更少的孩子。这一结论已经通过数据研究得到了经验证明。（图 7 - 5 提供了来自 4 个国家的证据。）

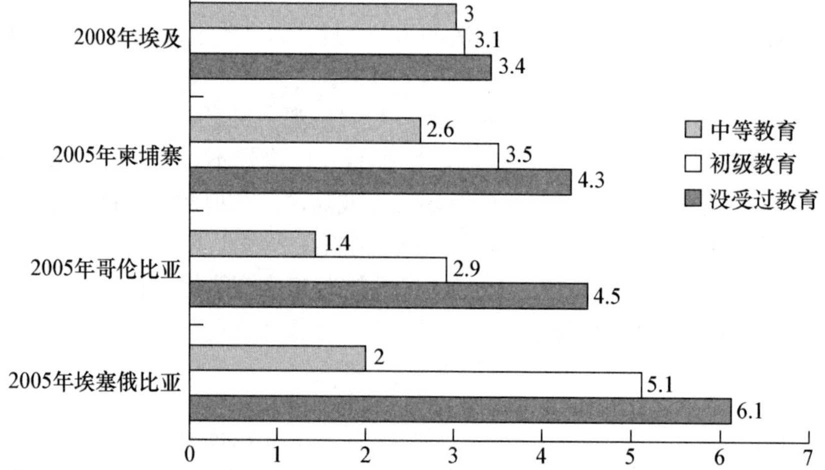

图 7 - 5 按母亲教育水平得出的总生育率

资料来源：Demographic and Health Surveys，available at www. measuredhs. com.

因为教育本身是有价值的，所有学校在有关人口思想方面都同意支持女孩教育的进步。任何有关生育率后来的影响既是结果，也是这种政策的动机，同样也可以说明降低婴儿和孩子死亡率的干预结果。这样的干预通常包括孕期护理、改善生育实践、针对年轻人的健康计划等，这些措施能有效地提高生存机会。这些干预虽然具有这一效果，但不一定受到降低生育率的要求的驱动。

所有促进经济发展和导致更多教育、更好的健康、更高的人均收入以及更少贫穷的政策都与降低生育率有关，即使降低生育率并不是它们的主要目的。1974 年在布加勒斯特举行的第一届联合国世界人口会议上，一个流行的口号是："关心公众吧，人口会照顾自己。"有些发展专家走得太远，以至于得出了结论：经济发展是最好的避孕工具。但是其他人不同意此观点，并认为对控制生育结果进行更直接的干预是必要的。

□ 计划生育

计划生育指一系列生殖健康信息与服务。它包括避孕信息和各种避孕工具供给，通常给予高补贴或者不花钱直接发放给使用者。没有政府的计划生育服务，夫妇可能以市场价购买避孕工具或者使用传统方法（节欲、安全期避孕等）控制他们的生育。然而，更多现代形式的避孕方式（避孕套；激素药，包括避孕丸、避孕膜、注射剂等；宫内避孕器；男性和女性绝育）更为可靠，而且具有更大的可能性实现理想的生育。无论由公共形式提供还是通过市场获得，计划生育服务最重要的贡献之一都是帮助家庭达到他们理想的生育水平。随着理想的生育水平下降，现代形式的避孕为实现这些目标提供了解决方法。

一些人口专家也对发展中国家占相当比例的"不需要的"生育给予了关注。有关不需要的生育信息来自对家庭的调查数据，在调查中妇女报出了她们已经生育孩子的数量和想要生育的数量。利用 20 世纪 70—80 年代的数据，人口学家约翰·邦加茨估计，在发展中国家（不包括中国）生育的孩子中，大约有 1/4 是多余的。① 20 世纪 90 年代末的估计显示了较少的数量；在一组代表世界人口 2/3 的样本国家中（除中国外），全部"不需要的"孩子占 8%，另外有 9%是属于"后来需要的"。② 减少多余孩子的数量是降低人口增长的另一种方式。

计划生育对降低不需要的生育是否有效有待讨论。这听起来也许会令人感到惊讶：难道不是因为避孕措施的稀缺，妇女们才会怀有"不需要"的孩子的吗？然而我们需要对此做一些更加深入的解释。当妇女们降低她们预期的生育率水平时，避孕的确在这个过程中起到了重要的作用。预期生育水平和避孕现用率之间有紧密的联系，通常这两者互为因果。当妇女们期望有一个相对小型的家庭，避孕现用率相对较高。然而对于避孕措施的运用及真实生育率与期望生育率之差之间并没有明显的联系——这就是那些"不需要的"生育。运用 20 世纪 70—80 年代的数据，发展经济学家兰特·普里切特发现，在为达到预期生育率所采取的控制措施之下，避孕现用率与

---

① John Bongaarts, "Population Policy Options," 771-776.

② Population Reference Bureau, *Family Planning Worldwide*: *2002 Data Sheet*.

“多余的”生育之间的联系也并不明显。[①] 妇女们也许会有比她们的预期更多的生育，然而避孕措施的有效性并不能很好地解释其原因。

计划生育也可能影响有关生育多少孩子的个人偏好。计划生育这方面的努力包括提供信息、咨询服务以及关于孩子数量和间隔的各种形式的“劝告”。运用公共运动阻碍高生育被许多国家采用。在 20 世纪 80 年代，印度国家计划生育委员会发起的口号是：“一对夫妇，一对孩子”，当时翻译的意思是：“我们两个，我们的两个”，或者两个父母、两个孩子的家庭模式。这一标语普遍出现在汽车的车身、广告牌和电视上，而且标语通常伴有剪影——两个父母牵着两个孩子的手，穿着短裤的男孩和扎着辫子、身穿裙子的女孩。在印度尼西亚，“两孩”计划推荐“两个就足够了”；在菲律宾，公共广告显示了两个幸福的孩子，并劝告说：“如果爱他们，就为他们计划”；在津巴布韦，计划生育海报上显示：“小家庭带来更好的生活”。这些运动可能影响社会标准和多生育孩子的愿望。

计划生育信息也可能更为个性化。在 20 世纪 70 年代末，这一类型的一项广泛研究计划开始在孟加拉国的麦特莱博地区展开。它包括对这一地区一半的已婚妇女进行每两个星期一次的访谈。该访谈来自一个企业的员工，该员工论述了计划生育的需要并提供避孕工具。作为访谈的结果，相对于该地区没有接受访谈的另一半妇女，她们的生育率显著下降了 1.6。麦特莱博试验的重要结论就是：计划生育能有效地降低生育率，但可能得负担相当高的成本。大概在 20 年以后，该地区参与避孕项目的家庭不仅仅拥有相对较少的孩子，每个孩子拥有更大的活动空间，而且这些孩子们相比那些没有参与避孕项目的家庭的孩子们更加健康、更加有活力。[②] 麦特莱博的实验向我们证明了计划生育可以有效地降低生育率，且提供其他益处，然而计划生育同时也是需要投入资金的。据普里切特估计，每两周一次实地访谈、自由的避孕工具以及每个妇女管理成本的花费等于人均收入的 10%，在一个国家层面上不可能支撑如此大的花费。[③]

计划生育实践不必像在麦特莱博有效计划中那样昂贵，但大体要点应该保留。如果目标是降低生育水平，将稀缺资源用于发展计划生育会更好吗？或者将这些同样的资源用于社会经济状况的总体改善也许会更有效？反过来，可能会导致公平和更多的生育率下降吗？在对印度尼西亚生育率迅速下降的评价中，经济学家保罗·格特勒（Paul Gertler）和约翰·莫里诺（John Molyneaux）确定，占计划生育花费近一半的大量避孕补贴对降低生育率具有边际影响。对农村地区分布网的扩充具有更重要的影响。但大部分避孕工具使用的增加是通过经济的发展、教育的改善，以及印度尼西亚妇女面临机会的增加而导致的。[④]

---

① Lant Pritchett, “Desired Fertility and the Impact of Population Policies,” *Population and Development Review* 20, no. 1 (March 1994), 1-55.

② James Gribble and Maj-Lis Voss, “Family Planning and Economic Well-Being: New Evidence from Bangladesh,” *Policy Brief* (Population Reference Bureau, May 2008).

③ Pritchett, “Desired Fertility and the Impact of Population Policies,” p. 37.

④ Paul Gertler and John Molyneaux, “How Economic Development and Family Planning Programs Combined to Reduce Indonesian Fertility,” *Demography* 31, no. 1 (February 1994), 33-63; and John Molyneaux and Paul Gertler, “The Impact of Targeted Family Planning Programs in Indonesia,” *Population and Development Review* 26, supplement (2000), 61-85.

计划生育可能对降低生育率并不产生强的独立影响，但这并不表明政府应该放弃这些计划或者限制避孕工具的获得。现代形式的避孕能使家庭更好地控制他们的生育。在这种意义上，计划生育与发展是互补品，而不是替代品。计划生育也有助于人们过上更健康和更满意的生活。通过调整怀孕时间，妇女们能延长孩子间的间隔期。间隔 3～5 年生育的孩子比两年内接二连三出生的孩子具有更高的生存率。避免无计划地怀孕也可能降低对流产的需要。在许多中低收入国家，流产是非法的，而且发生在不安全的情况下，提高了母亲的死亡率。避孕工具使用的增加可能有助于降低贫穷国家早产时母亲和孩子的死亡率。

1994 年，在开罗举行的关于人口与发展的国际会议认可了通过更广泛的生殖健康计划代替计划生意的想法。世界卫生组织为这一新方法的目标作了以下详细说明：

> 生殖健康意味着人们能够具有负责、满意和安全的性生活，他们具有生殖能力并能自由决定是否生育、何时生育以及生育的频率。这里最终意味着男人和女人拥有选择安全的、支付得起的、可接受的生育调节的权利，而且有权使用适当的医疗保险服务，使妇女能安全地度过怀孕和分娩阶段，为夫妇生育健康婴儿提供最好的机会。①

在同样精神的支持下，联合国在 2007 年把实现在全球范围内对于生殖健康保证的目标添加到了千年发展目标中，从而提高妇女健康水平。②

□ 极权主义方式

有些国家担心它们的人口增长，采取了相对极权主义的方式降低生育率。在 20 世纪 70 年代的印度，政府将男性绝育添加到促进计划生育的措施中。这样做是因为政府感到利用常规措施不能控制人口增长。对那些同意绝育的人实施鼓励，定额被分配给主管这一计划执行的各级官员。当这些官员急于完成定额而对广大下层百姓施以强制手段时，麻烦便产生了。由于这些人口控制方式以极大的热忱推行，对漠视个人权利无动于衷，因此绝育运动激起了不利的政治反应。英迪拉·甘地（Indira Gandhi）在 1977 年的印度大选中出人意料地失败，便部分地起因于她的非常政府所施行的人口政策。

中国的经历则不相同。自 1953 年人口普查中显示中国有近 6 亿人口以来，中国领导人表现出了对国家人口规模的关注。接着采取了适度的努力去影响生育结果，但直到 1971 年更为积极的措施才被使用。当年发起了“计划生育”运动，确立了“晚、稀、少”（“更迟、更长、更少”）三条生育准则：晚婚、更长的生育间隔、更少的子女。为了实施这些准则，全国各级行政单位都确定了生育指标。全国上至有 200 万～9 000 万人口的各省区，下到拥有 250～800 人的生产队的各行政单位领导人负责完成这些指标。中央政府从事宣传和动员活动，说服人们少生孩子，同时让地方官员来完成具体工作和

① Cited in World Bank, *Population and Development* (Washington, DC: World Bank, 1994), p. 81.

② 具体提高生育健康的目标和策略见 World Bank，“The World Bank's Reproductive Health Action Plan, 2010－2015”（April 2010），http://siteresources.worldbank.org/INTPRH/Resources/375374-1261312056980/RHActionPlanFinalMay112010.pdf。

计划细节，并为此提供大部分经费。中国的乡村地区居住着大量的人口，放置宫内避孕器、流产和后来的绝育是被提供的措施。在城市则提供了更广泛的避孕工具。尽管政府宣称计划生育是自愿的，然而地方官员为了完成指标却往往施加压力。在生产队里，计划生育工作常常是落实到个人头上，夫妇们必须得到批准，才能在计划规定的年度中生育孩子。（他们的申请或是被接受，或是被要求再等上一两年。）

“晚、稀、少”这一运动开始用于限制拥有两个以上孩子的夫妇；到 20 世纪 70 年代末，夫妇们被鼓励只要一个孩子。在 20 世纪 70 年代期间，中国的总生育率从每个妇女约 6 个孩子急剧下降至不到 3 个，是世界历史上前所未有的生育率下降。然而，尽管降低了生育率，但人口计划继续得到进一步的关注，并在 1979 年发起了**“独生子女”运动**（“one-child” campaign）。最初，在被允许怀孕之前，夫妇需要申请以获得官方的批准。凡是按照政府要求做的人，便可以接受收入补贴、延长产假、申请公房时的优惠待遇。生育一个以上孩子可能被罚款，或者失去教育机会或其他特权。在运动初期，政府使用严厉的方法实施人口目标。激励和惩罚机制，加上其他形式的社会压力，迫使妇女在生育两个孩子后接受绝育手术。中国的“独生子女”运动自实施以来经历了不同的阶段，从更严格的时期到较松散的阶段。自 20 世纪 80 年代末，在多数省份的农村地区，如果第一胎是女儿，夫妇们被允许生育两个孩子。中国夫妇仍然被要求严格限制生育子女数，但早期利用强制方式去实施这样的结果已经减弱了。①

从中国的经历中可以吸取几点经验。首先，中国发生的生育率显著下降不只是政府人口政策的结果。这些计划实施的同时，经济改革进入了经济快速增长阶段，由此降低了理想的生育率。即使没有“独生子女”运动，中国的生育水平也会下降，但可能不会如此快。其次，生育率的明显下降可能具有更长时期的负面影响。在未来几十年，中国将面对迅速的人口老龄化，这可能同时给私人和公共老年支持体系增加压力。中国也面临男女数量之间日益增长的不平衡。这是对儿子的传统偏好与限制夫妇生育孩子数量的政策相结合的结果。

7.5 21 世纪的人口问题

回忆一下，罗伯特·麦克纳马拉以及其他学者们对于人口爆炸的担忧失去了其担保。人口增长固然在很大程度上减缓了，但人们的期望也不再是实际人口将会无限制地增长。在 21 世纪中期之前，世界人口预计会达到顶峰，但公认地要比麦克纳马拉第一次表达他的恐慌的时候多几十亿。

然而人口增长率的下降并不意味着对于人口问题的担忧变成了过去。如果联合国的中期计划得以实现，世界经济仍然需要在接下来的 40 年内支持额外增长的 20 亿人口，

① 对中国人口趋势与政策的一项调查，见 Nancy Riley，“China's Population: New Trends and Challenge,” Population Reference Bureau，*Population Bulletin* 59，no. 2 (June 2004)。对于中国人口政策以新媒体形式的呈现见 *Marketplace*，“China's One Child Policy” (June 2010)，available at http://marketplace.publicradio.org/projects/project_display.php?proj)identifier-2010/06/21/china-one-child-policy; accessed February 2012。

这些人口将大多数出生于今天的发展中国家。另一个主要的人口增长问题将来自世界人口年龄结构的变化。很多发达国家和发展中国家都面临着人口老龄化的问题：儿童越来越少；老年人越来越多。根据联合国的统计数据，2010 年那些 65 岁及以上的老年人组成了 6.7%的亚洲人口。在 2050 年这个比例将会达到 17.3%。仅仅在中国，由于“独生子女”政策，老年人的比重会从 8.2%飙升到 23.3%。拉丁美洲的变化与亚洲相似。只有撒哈拉以南非洲地区仍然保持着相对较高的出生率，老年人所占的比重也仍然是个位数。老年人的需求如何得到保障呢？当家庭规模变小时，传统形式上的家庭支持体系开始瓦解。对于退休金的金融援助在发达国家仍然是一个挑战其现有经济体的非常大的问题。智利的退休金体系市场被看作是一个典范。它不再依赖于传统意义上的即期支付养老金（pay-as-you-go，PAYGO）系统。这个系统与美国社会保险体系非常相似——工作的人们每年向政府支付一定的税额来支持发放老年人的退休金。从 1981 年开始，智利在全国范围内开发了一套个人退休存款体系，这个体系与美国的 401（k）相似。它利用提前积累的退休储蓄减轻了一些为老年人公共筹资的负担。但这不是一个全面的解决方式。很多智利的工作群体都是个体经营户。这些个体经营户就没有被划入这个体系内。大约有一半的智利妇女也没有被归入这个体系，因为她们没有参与在家庭之外的工作。低收入职工也许没有足够的储蓄能力使他们在退休后的生活水平仍保持在贫困线之上。近些年的改革，包括为老人们提供更多的公共资金，尝试解决这些问题，但其根本还是在个人退休存款储蓄的基础上建立的。①

一个持续变化的年龄结构将会对一些经济体带来一些挑战，而其他经济体则会持续面对高生育和年轻人口所带来的负担（和机会）。这是很多撒哈拉以南非洲地区国家的情况。倘若这个地区依照其他地方的发展形势，经济增长和发展将会削减对于孩子的需求并加快人口高生育率到低生育率的转型，且人口增长率会变慢。

7.6 本章小结

- 20 世纪将被作为地球上人口增长的纪念。1900 年世界人口大约为 15 亿。到 2000 年，世界总人口已经超过 60 亿，其中 50 亿居住在发展中国家。之前甚至没有一个世纪世界人口增长达到 10 亿。从 20 世纪 60 年代以来，世界人口增长已经减缓，目前预计 21 世纪将不会看到如上一个世纪那样巨大的人口增长。
- 过去 100 年人口增长的驱动力是人口转折，尤其在发展中国家。营养的改善、医学知识的增多和公共健康的提高导致了死亡率的迅速下降。生育率花了更长时间下降，而且在过渡期间，中低收入国家人口的自然增长率曾经上升到前所未有的水平。今天，世界上多数地区正经历着生育率的下降，并且正接近替代水平。撒哈拉以南非洲地区是个例外，那里总生育率仍然高，但即使在这一地区，也存在某些下降的迹象。
- 人口增长对经济发展的影响存在着相当大的争议。20 世纪 90 年代以及之前几十

① Estelle James, Alejandra Cox Edwards, and Augusto Iglesias, “Chile's New Pension Reforms,” Policy Report No. 326, National Center for Policy Analysis, Dallas, TX March 2010.

年的事实表明，人口增长与经济增长之间缺乏简单的相关性。这是因为人口增长通过多种方式影响经济增长变量；例如，人口增长可能抑制资本深化，但也可能通过鼓励制度和技术创新而提高要素生产率。

- 为了理解人口增长对经济发展的影响，微观行为与宏观结果协调一致很重要。如果夫妇们理性地决定生育孩子的数量，为何在宏观水平上可能出现问题呢？答案是市场失灵；例如，抚养孩子的社会成本超过私人成本。事实证明，很难确定市场失灵在哪里发生以及所导致的成本有多大的具体情况。

- 有关人口增长是否为经济发展的障碍的争论反映在政府寻求的人口政策选择上。如果家庭行为是理性的，而且市场失灵成本低，发展可能是最好的避孕措施。提高教育水平，尤其是女孩；改善就业机会，尤其对妇女；以及提高卫生保健水平，尤其是年轻人；夫妇将希望更少的孩子。计划生育也可能影响家庭规模的社会标准，并可能帮助个人在安全和可靠方式下达到理想的生育水平。

- 一些政府认为人口增长的宏观结果如此不利，以致采用强制方式限制生育。这样的方法对降低生育水平和人口增长率被证明是有效的。但它们的发展好处不明显。降低生育率有助于更快的经济增长与发展的有限证据很难证明这些行为是完全合理的。

- 尽管世界人口增长率有所减缓，21 世纪仍然面临着其时代特有的挑战，包括世界人口老龄化的增长。对比逐渐增多的退休人口和越来越少的工作人口，各个国家将需要在财政上建立一个有效和可持续的系统来支持老龄人口。

第 8 章

教　育

笃信教育对于经济发展的重要性早已不是新思想。中国哲学家管仲在公元前 17 世纪就曾写道："一年之计，莫如树谷；十年之计，莫如树木；百年之计，莫如树人。一树一获者，谷也；一树百获者，人也。"

当代学者也阐发过类似的观点。1960 年，在一次美国经济学会的会长演说中，诺贝尔经济学奖获得者西奥多·舒尔茨强调了对人投资的重要性。舒尔茨将获取技能和知识视为**人力资本**（human capital）投资。经济学家把花费在物质资本上的资源看作能够产生未来收益的投资，而不是看作消费。舒尔茨认为，也应当同等看待对人的支出。他相信，工业化国家中工人收入的"大幅上涨"就是由于人力资本的增加，而贫困国家发展进程中的限制因素正是对人的投资不够充分。①

在人力资本投资的主要类别中，舒尔茨纳入了初等、中等和高等层次的正规教育，医疗保健服务和岗位培训。在本章，我们集中讨论正规教育，尤其是学校教育，及其对经济增长和发展的意义。在下一章，我们研究医疗保健问题。岗位培训则范围广泛，包括父母对孩子的教育、农民学做农活、学徒从技艺娴熟的工匠处学手艺，以及跨国公司向新雇用的或是有一定经验的工人提供相关培训等等。所有这些形式的岗位培训都是人力资本投资的重要来源，但它们通常只涉及有限的政策干预措施和公共开支，尤其如果我们将岗位培训与教育和医疗保健作比较的话。学校教育也会提供非专门的人力资本，这是更多地与岗位培训相关的专门人力资本的先决条件。由于上述原因，我们本章将注意力仅放在学校教育上。

在过去 40 年里，世界各地的学校教育都获得了巨大的增长。据估计，1960 年在发

① Theodore W. Schultz, "Investment in Human Capital," *American Economic Review* 51, 1 (March 1961), 1-17.

展中国家，有55%的15岁及其以上年龄的成年人从未上过学。到2010年，这一百分比已降至只有17%了。这一百分比在未来数十年内还会进一步降低。在许多国家，学校教育的扩张为劳动人口人力资本的增加及随之而来的经济增长与发展起到了重要作用。但是，在其他国家，学校教育在增长和发展方面尚未产生管仲和西奥多·舒尔茨所预测的成效。这并不意味着中国哲学家和美国诺贝尔经济学奖获得者错了。与许多其他经济发展的处方一样，教育并非万灵药。它并不是经济成功的唯一决定因素。如果经济环境并不鼓励生产性经济活动，那么对受教育工人的需求就会很少，那些受过学校教育的人甚至可能需要努力挣扎才可以赚得维持自己和家人生活的收入。

在讨论了学校教育和学习的最新发展趋势之后，本章考察了将学校教育视为投资的依据。一般来讲，学校教育的私人收益率和社会收益率颇具吸引力，但即便这符合事实，在学校教育上的支出所带来的收益也经常比它本来能够带来的要小。国家经常对学校教育的整体投资不足，在不同层次的学校教育之间配置资源不当，或者在学校内部无效率地使用资源。在某些情况下，问题出在资源不充分或配置不当上；在另一些情况下，问题则是教师、校长以及负责青年人教育的其他人员自身责任的缺失。公元前17世纪的中国哲学家管仲对教育的总体观点也许是正确的，但他并未详尽地阐述细节：如何诱导家长把他们的孩子送进学校并让孩子留在学校里学习？如何解决难以控制的众多老师缺课的问题？以及更加根本的问题，即如何使学生通过上学获得更多的知识？

8.1 趋势与模式

如果你正在为发展经济学课程而阅读这本书，那么你就是世界上特别幸运的人之一，因为你有机会上大学。当你在人群中穿梭着，费劲儿地走过你所在的大学或学院的过道时，你也许并没有感觉到自己是经过特殊挑选的人群之中的一员，但是，你的确是。在全世界范围内，任何类型的高等教育（高中以上的学校教育）的总入学率为每4位处于你们这样年龄的人中约有1位可以入学。在高收入国家，这个比率在2008年超过67%；在中等收入国家，则降为25%；而在低收入国家，仅为7.5%。如果把你自己与你的长辈们作比较，则对比更为明显。在今天的美国，大约有三分之一的超过25岁的成年人接受超过中等以上的学校教育。在法国，这个比例接近于五分之一。而在发展中国家，这个比例更低：在中国和印度大约为6%；巴西为7%；而加纳和肯尼亚则分别为2%和3%。[①] 如果把你们这个年龄的人的教育经历与前几代人作一比较，我们就可以得到关于当今世界教育的存量和流量的大量信息。**存量**（stocks）是指一国人口中接受学校教育的人口总量；**流量**（flows）则是指由学校的招生模式导致的这一总量的净变化。

① 估算来源于 Barro-Lee Educational Attainment Dataset (2010)，available at www. barrolee. com，accessed February 2012。

□ 存量和流量

依据当代成年人口所接受的学校教育水平的数据（见图 8－1），发展中国家教育的稀缺性较为明显。在美国这样一个发达经济体，仅有 3%的成年人未完成六年学校教育（也就是说，未完成小学教育）。相比之下，中低收入国家的情况则完全不同。在巴西约有 1/4 的成年人没有上过小学或未能完成小学教育；在泰国，这一比例达到 1/2。印度北方省和比哈省两个省的家庭数据可以说明问题。这两个省总人口为 2.5 亿，是印度最为贫困的省，因而也是世界上最贫穷的地区，两省超过 2/3 的成年人口未完成小学教育，其中大部分人从未上过学。

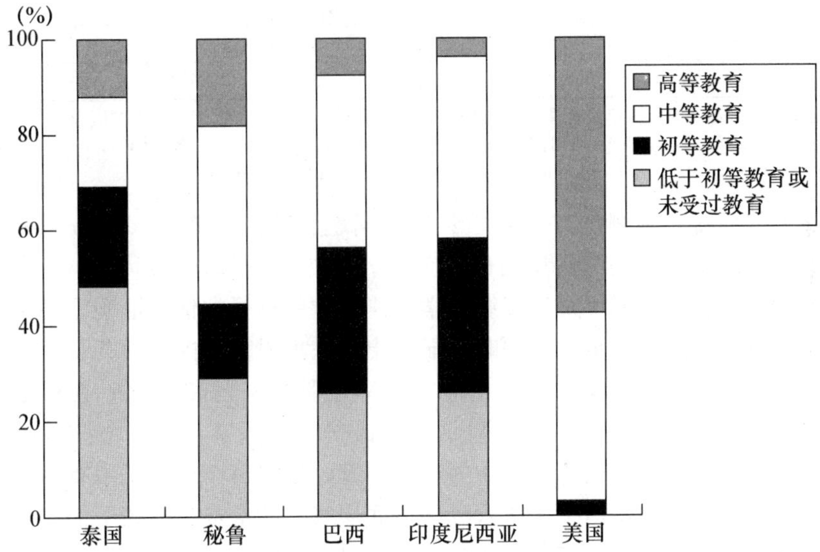

图 8－1　成年人口受教育状况（年龄在 25～64 岁之间）

资料来源：泰国、秘鲁、巴西和印度尼西亚的数据来自 United Nations Educational，Scientific and Cultural Organization（UNESCO）。美国的数据来自 the U. S. Census Bureau。

在许多中低收入国家，当前的劳动力只接受过最低水平的教育，但情况正在发生变化。在世界范围内，无论是家长、政府，还是双边援助国或国际机构，都在倡导当代人和我们的后代接受更多的学校教育。在过去 30 年学校入学率的区域比较中，这一趋势十分明显（见表 8－1）。在小学水平上，**总入学率**（gross enrollment rates）要么几十年来一直很高（东亚、欧洲和中亚、拉丁美洲），要么迅速地上升（中东和北非、南亚）。与千年发展目标同步，在达到全球范围内基础教育普及的进程中，区域趋势表明，在增加孩子们所接受的学校教育总量方面，已取得了真正的进展，但仍需要更多的努力；在 2008 年大约有 0.7 亿儿童无法得到学校教育。

总入学率是指某一特定类别的学校所招收的学生总数与按官方统计对应于该层次学校教育适龄学生总数的比率。如果是小学教育，适龄人群就通常是 6～11 岁。如果年龄更大的孩子（或更小的孩子）在小学注册入学，则总入学率就会超出 100，东亚和拉丁美洲的情况就是如此。总入学率超出 100 经常令人喜忧参半。喜的是这意味着许多孩子入学在读；忧的是这通常是高辍学率的结果，孩子们先入学，然后离校，之后又回到学校重读一年级。如果重读率很高的话，就像一些贫困国家中的情况那样，总入学率就可以很高，尽管还有相当数量的孩子从未上过学。①

表 8－1　　　　学校教育的变化，总入学率的区域比较，1975—2005 年

地区*	初等教育		中等教育		高等教育	
	1975 年	2005 年	1975 年	2005 年	1980 年	2005 年
东亚和太平洋地区	112.8	111.4	36.5	72.5	2.5	20.1
欧洲和中亚	96.9	96.9	84.7	87.9	32.9	54.7
拉丁美洲和加勒比地区	109.1	117.7	38.3	89.7	13.1	29.6
中东和北非	81.5	106.3	31.2	75.6	10.5	26.1
南亚	76.7	109.7	26.5	49.5	4.5	10.4
撒哈拉以南非洲地区	58.8	92.0	11.3	31.8	1.2	5.3
高收入国家	98.4	99.8	78.6	97.7	34.3	62.3

* 每个地区的数据是以国家为单位所搜集的数据总和。此表不包含无法取得相关数据的国家。

资料来源：United Nations Educational, Scientific and Cultural Organization (UNESCO), Institute of Statistics, available at http://stats.uis.unesco.org/unesco/tableviewer/document.aspx?ReportId=143.

对入学人数的另一种测量方法兼顾了这一问题。**净入学率**（net enrollment rates）仅指适龄人群中注册入学的学生所占的百分比。**年级存活率**（grade survival rates）衡量的是有多少孩子真正完成了某一年级的学习。对这些指标的估计证实了各国在普及基础教育方面所取得的巨大进步，但同时也显示出，在世界范围内全面普及小学教育仍然任重而道远。2008 年，中低收入国家的净入学率分别为 88%和 81%；在撒哈拉以南非洲地区为 75%。对年级存活率的估计显示，在最贫困的国家，每五个孩子中就有一个没能完成哪怕是五年的学校教育；在中等收入国家，最多每十个孩子中有一个未能完成同样年限的教育。对于那些出生于收入分配最底层家庭的最贫穷的孩子们，这种情况最为突出。鉴于这样的趋势，2015 年以前在全球范围内为所有孩子普及初等教育的千年发展目标只能在世界少数地区达到，而不太可能在所有地区完成。

在世界范围内普及基础教育仍是一个重要的目标。另一项挑战则是扩大中学和高等院校的入学率。实际上几乎所有地区的中学入学率都实现了大幅上升（见图 8－1）。拉丁美洲上升得最快，中学总入学率从 1975 年的约 38%上升至 2005 年的约 90%。最贫困的撒哈拉以南非洲地区和南亚地区虽仍落后于其他地区，但 30 年间也取得了巨大的进步。在所有发展中国家和地区，高等院校的入学率无论是绝对水平还是上升幅度都仍较低，这一点我们并不惊讶。即使是当前经济增长舞台上的明星表演者，即东南亚地区，在中学或高等院校入学率的上升方面也是成绩平平。面临有限资源约束的政府必须做出决策，确定追加的资源是用来普及基础教育，还是用来扩大中学或高等院校层次的教育机会。这是本章稍后我们将讨论的一个颇有争议的问题。

根据各地区学校入学率的趋势以及当今发展中世界的年龄结构，我们可以预测出未

① 保罗·格莱维和迈克尔·克莱默提出了下面的假设例子：“在一个初等教育为六年的学校体系里，100%的总入学率相当于 75%的孩子们用八年时间完成小学教育（因为每个孩子都重读了两个年级），同时有 25%的孩子从未上过学。”引自 Paul Glewwe and Michael Kremer, “Schools, Teachers, and Education Outcomes in Developing Countries,” in E. Hanushek and F. Welch, eds., *Handbook on the Economics of Education* (Boston: Elsevier, 2006)。

来几十年中人力资本禀赋将会如何变化。我们的后代人口数量将会更多，他们将比他们的父母接受到更多的学校教育。这种趋势已经十分明显。图 8－2 描述了 1980—2010 年间世界各地 25 岁及以上年龄的成年人所完成学校教育的平均年限的大致增长。[①] 正如我们所预期的，学校教育的平均年限在世界各地区都增长了。这些数字令人关注之处在于这一增长的幅度。在大多数发展中国家和地区，潜在劳动力的平均教育年限翻了一倍，有的地区则翻了两倍。东亚的学校教育年限从预计的平均 4.4 年增至 7.4 年；南亚从 2.5 年增至 4.5 年，而中东和北非更是从 2.5 年增至 6.5 年。教育年限的平均水平也许仍显得极低，尤其是相对于高收入经济体来说（2010 年为 11 年），但别忘了这些是人口平均值。在发展中国家，五六十岁没受过教育或受过极少教育的人与二三十岁所受教育年限超过平均值的人一同进行平均计算。更年轻的接受了更多年限学校教育的工人正陆续加入劳动力大军当中，充实着发展中国家的人力资本，这一趋势毋庸置疑。我们可以这样说，在过去 30 年里，学校教育的普及发生了一场全球性的革命。

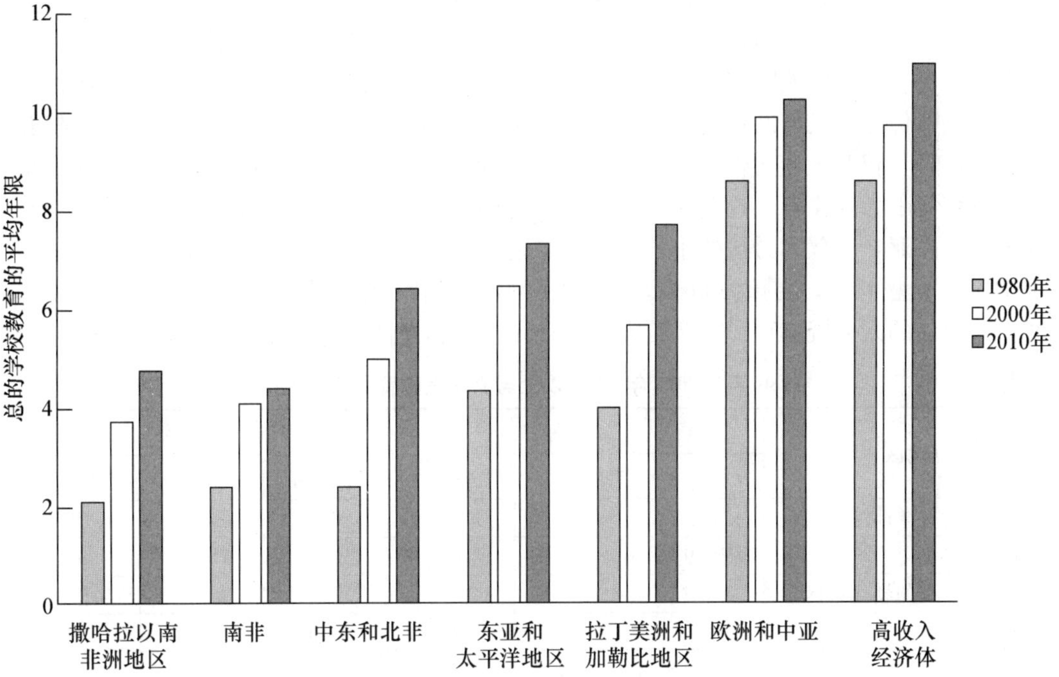

图 8－2　25 岁及以上年龄成年人口的受教育状况

资料来源：Robert Barro and Jong-Wha Lee，“A New Data Set of Educational Attainment in the World，1950—2010，” NBER Working Paper No. 15902（Cambridge，MA：NBER，April 2010）. Data available at www. barrolee. com/data/dataexp. htm.

① 计算一国平均的学校教育年限似乎很容易。但实际上却不是，原因之一是，许多发展中国家并不是很规律地开展人口普查和统计调查。经济学家使用一种永久存货的方法来估量教育成就，这种方法把反映人力资本存量的可以获得的人口普查和调查数据与反映学校教育流量的入学率和留级率信息结合在一起。经济学家巴罗（Barro）和李钟和（Jong-Wha Lee）给出了最常被引用的教育成就方面的估计数据和预测。（见 Robert Barro and Jong-Wha Lee，“A New Data Set of Educational Attainment in the World，1950—2010，” NBER Working Paper No. 15902（Cambridge，MA：NBER，April 2010）。）

□ 男孩与女孩

不仅是在学校教育的年限方面取得了进步，在谁接受学校教育的性别分布问题上也同样有所进展。尽管女孩所受的教育仍落后于男孩，但在使女孩而不仅仅是男孩获得入学机会方面取得了相当的进步。在世界上大多数地区，长期以来，普遍更偏向于让男孩接受教育，但这一做法正在改变。千年发展目标呼吁在 2005 年以前在普及初等和中等教育的过程中消除性别差异，且在 2015 年以前全面消除。

对 15 岁以上男性和女性所接受学校教育平均年限的估计显示，在过去 40 年中，性别差距大大缩小。对于所有发展中国家，男性所接受学校教育的平均年限在 1960 年仅为 3.1 年，女性更少，为 2.0 年。根据这两个数字的比率，女性只完成男性所受学校教育的 62%。到了 1980 年，这个差距有所缩小，性别比率为 74%。1980 年以后才取得了重大进步。据估计，2010 年时整个发展中国家的成年女性平均完成 6.5 年的学校教育，成年男性为 7.6 年，两者相比，得出性别比率为 86%。

围绕这一趋势，不同地区的情况之间则呈现出相当的差异性（见表 8 - 2）。所有地区学校教育上的性别差距都在缩小，欧洲与中亚和拉丁美洲已达到了性别平等。相比之下，南亚则仍然有很长的路要走。1980 年的数据显示，成年女性几乎接受不到学校教育（0.9 年），仅为成年男性的 3/1（2.8 年）。到了 2010 年，结果有所改善。女性平均学校教育年限为 3.4 年，约为男性的 60%。据预测，南亚的性别差距仍会继续缩小。在今天的南亚，女孩和男孩的小学入学率均达到了 100%，女孩为男孩的 95%；女孩的中学入学率为 48%，男孩为 56%。当这些年轻人取代他们的父母和祖父母成为劳动力时，该地区的人力资本存量将会更大，并且在男性和女性之间的分布将相对更加平等。

表 8 - 2　　1980 年与 2010 年 25 岁以上男女接受教育程度的统计

地区	1980 年			2010 年		
	女性（年）	男性（年）	比率（%）	女性（年）	男性（年）	比率（%）
东亚和太平洋地区	3.0	4.7	65	6.8	8.0	85
欧洲和中亚	6.9	8.2	84	10.2	10.4	98
拉丁美洲和加勒比地区	3.9	4.3	89	7.7	7.9	97
中东和北非	1.4	3.2	43	5.5	7.5	74
南亚	0.9	2.8	33	3.4	5.6	60
撒哈拉以南非洲地区	1.5	2.9	53	4.0	5.7	70
高收入经济体	8.1	8.9	91	10.9	11.2	97

资料来源：Robert Barro and Jong-Wha Lee，"A New Data Set of Educational Attainment in the World，1950—2010，" NBER Working Paper No. 15902（Cambridge，MA：NBER，April 2010）. Data available at www. barrolee. com/data/dataexp. htm.

□ 上学与教育

学校教育的年限及性别分布是描述人力资本积累状况的两种方法。但上学只是达到某个目标的一个手段；真正的目标是教育，即个人从花费在读书和学习上的时间中所获得的素质和能力。学生也可能坐在课堂里上许多年学却只学到很少的知识。众所周知，即便是在一个国家内，衡量学习成果都极其困难，更不要说进行跨国比较了。但人们的确曾经尝试过在不同国家实行同样的针对阅读和数学核心能力的基本测试。无论就贫富国家之间的差距而言，还是就许多中低收入国家学校教育的质量问题而言，测试的结果都令我们警醒。

关于各国学习成效的信息来源之一是国际学生评估项目（Programme for International Student Assessment，PISA）。PISA 原本只在经济合作与发展组织（OECD）成员国，即大多为高收入经济体中进行考试。但对这个项目的兴趣也使测试扩展到一些非 OECD 成员国和低收入国家。PISA 的宗旨是，评估 15 岁的学生准备好“去面对当今社会的挑战”的程度，这个年龄的多数学生都正接近于他们所接受的义务教育的尾声。在接受调查的各国，在任意地点选择 4 500～10 000 名 15 岁学生进行 PISA 测试，包括阅读、数学和自然科学测试。图 8－3 显示了 2009 年部分参加测试的国家（地区）阅读测试的平均分数。韩国是平均分数最高的国家。韩国学生的成绩好于许多收入更高的国家（地区）学生的成绩。芬兰列居第二；美国排名第 16（与波兰并列）。

正如图 8－3 所示，中等收入国家的学习成绩通常总是低于发达国家（地区）的普遍水平，这并非一个惊人的发现。高收入国家（地区）有更多的经济资源来支持教育发展。我们相信学校的教育投资与学生的学习发展有着密切的联系。发达国家（地区）中的孩子们也许更加健康，从而有更好的学习能力。受过较多教育的家长的孩子们往往学习成绩更好。当然收入水平并不是唯一的测量标准。相对于那些更加富有的国家（地区），韩国和波兰在 PISA 测试中的出众表现就足以证明这一点。

对于中等收入国家学生学习成绩低于高收入国家（地区）的发现并不令人惊讶。值得警醒的是两者之间所存在的巨大差距。19%的 OECD 国家的学生无法达到熟练等级 2，也就是说，这些学生“缺乏有效参与社会活动所需的基本技能”。[①] 提高 OECD 国家 15 岁学生达到熟练等级 2 的百分比是一个巨大的挑战。但是在中等收入国家中这个挑战更加严峻。在 PISA 所收集的 26 个中等收入国家的数据中，那些未达到熟练等级 2 的男孩的阅读平均值是 50%；女孩为 33%。印度尼西亚所有 15 岁的学生中，男孩为 65%；秘鲁为 70%。在低收入国家中，吉尔吉斯斯坦为 88%。诚然，在吉尔吉斯斯坦 15 岁男孩所接受的教育与韩国 15 岁男孩所接受的教育大相径庭。

对数学技巧的测试结果表明，OECD 成员国的学生与 OECD 之外学生之间的差距更大。由于大多数中等收入国家在数学方面的训练没有达到全世界范围内中高等教育的水平，且考虑到这些国家尚未普及中学教育，PISA 的结果实际上高估了这些国家中所有 15 岁孩子的能力。那些已满 15 岁但并未上学的孩子的知识不可能像上学的孩子那么多，而 PISA 考试只对上学的孩子进行测试。如果 PISA 调查更多低收入经济体，在学习方面的结果相比高收入国家（地区）可能会更加明显。

结果的差异很可能是由于文化偏见，正如任何测试都可能在某种程度上面临这一问题一样，但 PISA 关于学习成绩的比较研究报告的结果与其他评估的结果也是相似的。一项对孟加拉国的研究发现，一个由 11 岁或以上年龄农村孩子组成的样本中，有 58%

---

① OECD，PISA at a Glance (Paris：OECD，2010)，p. 12.

的孩子在 8 个字母中认不出 7 个；类似比例的孩子识别数字和几何图形有困难。2007 年在印度全国范围内对三年级学生的调查发现，这些学生中有一半都无法阅读一个简单的一年级水平的段落。第三届国际数学及科学研究中的一道题是这样的：“一个班级 3/5 的学生是女孩。如果又加入 5 个女孩和 5 个男孩，以下陈述哪个是正确的？

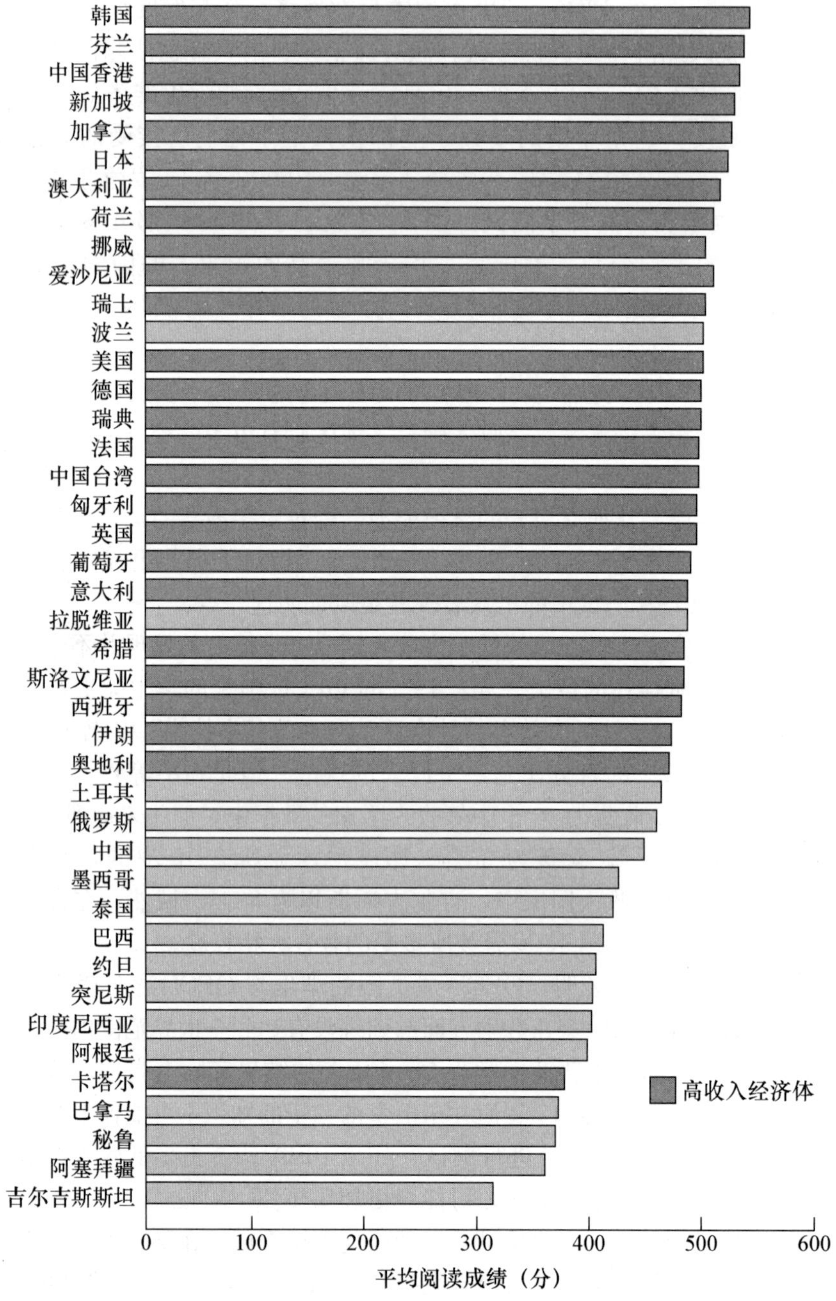

图 8-3　学习成果：15 岁学生的阅读成绩，2009 年

资料来源：Organisation for Economic Cooperation and Development（OECD），*PISA*：*2009*. *Results*：*Executive Summary*，available at www.pisa.oecd.org/dataoecd/34/60/46619703.pdf，accessed February 2012.

(a) 女孩比男孩多；(b) 女孩和男孩一样多；(c) 男孩比女孩多；(d) 根据所给信息无法判断女孩多还是男孩多。”日本 8 年级学生中的 82%和美国 8 年级学生中的 62%给出了正确答案，即 (a)。但是哥伦比亚和南非只有 31%的 8 年级学生回答正确。该题共有四个选项，即使是随机猜测也有 25%的正确率；而哥伦比亚和南非的学生仅比这个概率略高。①

这个结果也许并不令人感到吃惊。富国相比穷国有着诸多优势。考虑到过去几十年里发展中国家学校入学率的迅速上升，它们别无选择，只能致力于扩张数量，而非改善质量。例如，不可能有足够多经验丰富的教师和校长去满足发展中国家迅速的人口增长所带来的对中小学教育的需求。但令人吃惊（及沮丧）的是贫富国家之间学习差距的程度。学校教育的质量无疑是一个因素。任何直接接触过贫困国家的学校，尤其是农村地区学校的人都知晓问题所在：太多不合格的老师、学生和老师普遍缺勤、太少的教科书或其他教学工具。在这样的条件下，学生学习成绩不佳也就不足为奇了。

8.2 作为投资的教育

尽管存在低质量的问题，大多数国家对教育的需求仍然很大。家长希望孩子过上更好的生活，经常把接受教育看作达到这一目标的途径。就物质方面的安乐而言，家长们的想法是可以得到数据支持的。平均来讲，受过较多学校教育的人们比受过较少学校教育的人收入更高。很少有经济结果像收入与学校教育之间的关系一样明确。小学毕业生往往比未上过学的人收入高；中学毕业生相比同龄但只上过小学的人收入高；接受过大学教育的人也比接受过更少教育的人收入高；当然，这些都是平均倾向。一位接受了多年学校教育的教授也可能比上学年限少得多的管道工收入低，但平均来看，上述关系是成立的。对于男性或女性，对于快速增长的经济体或停滞的经济体，对于不同收入水平的地区，这种关系都成立。

图 8-4 显示了尼加拉瓜学校教育和收入之间的关系。图 8-4 使用 1998 年的家庭数据，以教育水平作区分，分别描述了男性和女性的**年龄—收入走势图**（age-earnings profiles）。各个层次教育背景的劳动者的收入往往在早年都会快速上升，然后达到一个平稳时期，在稍长的年龄段有时会下降。工人所受的教育越多，其年龄—收入走势图往往就越高。在尼加拉瓜，受过更多教育的男性在收入上的领先优势非常明显。随着所受教育水平的提高，每条年龄—收入走势线都位于上一个教育层次所对应的走势线之上。对于尼加拉瓜女性来说，这一趋势并不那么明确，这在某种程度上是由于该样本对在职女性的考察相对较少。如果样本更大，就很可能得到和尼加拉瓜男性一样的不重叠的收入走势图。比较尼加拉瓜男性和女性的收入，可以看出另外一种关系。在每一教育水平上，女性往往都比同龄的男性收入低，这一现象和收入随教育水平同步提高的趋势一

① 孟加拉国的结果来自 Vincent Greaney，Shahidur Khandker，and Mahmudul Alam，Bangladesh：Assessing Basic Learning Skills (Dhaka：University Press，1999)，由格莱维和克莱默在 *Handbook on the Economics of Education* 中公布。国际数学与科学趋势研究（TIMSS）的结果引自 Lant Pritchett，“Access to Education，” in Bjorn Lomborg，*Global Crises*，*Global Solutions* (London：Cambridge University Press，2004)。

样，在世界范围内普遍存在。

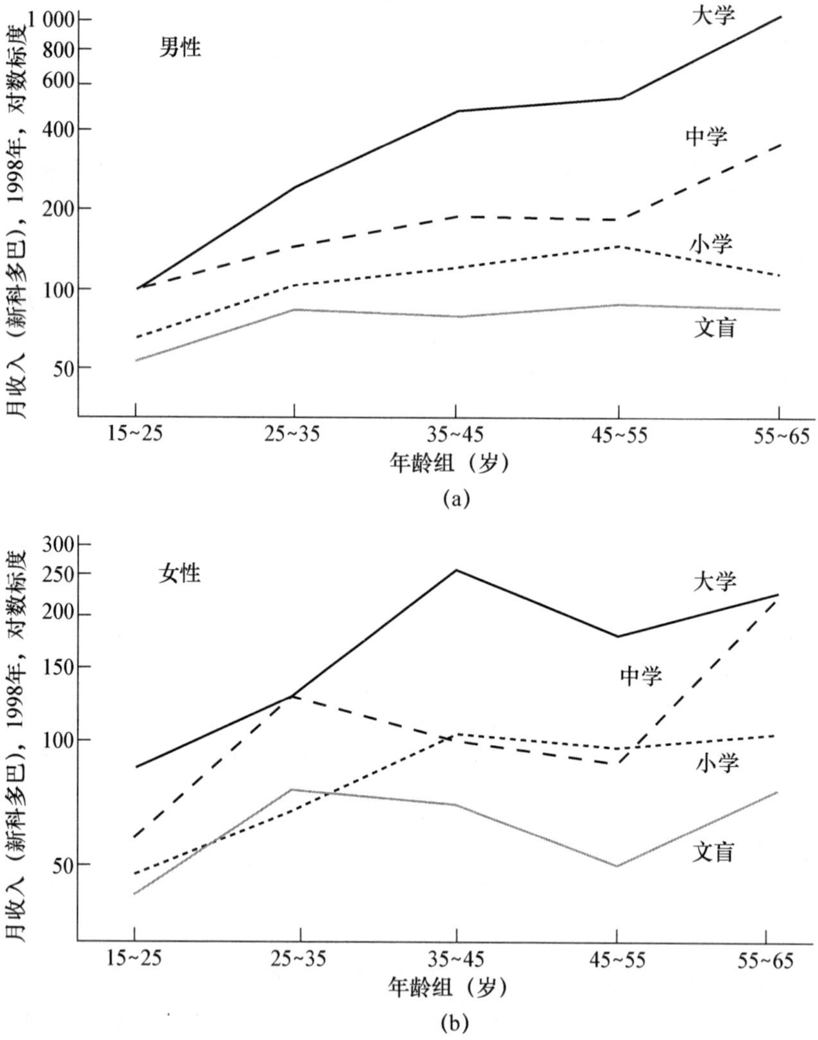

图 8-4　尼加拉瓜不同年龄、教育背景和性别人口的收入水平，1998 年

资料来源：World Bank，Nicaragua Living Standards Measurement Study Survey，Encuesta Nacional de Hogares sobre Medición de Niveles de Vida（ENMV），1998，available via www. worldbank. org/lsms/country/ni98/ni98docs. html＃English.

如果将图 8-4 复制到任何国家，结果都将是相似的：接受较多年限学校教育的人们往往比接受较少年限学校教育的人们收入高。在我们把教育视为一项投资时，该图也是有用的。经济学家将投资定义为以生产新资本为目的的资源流动。在学校教育的问题上，政府和家庭对学校教育支出资源时，都期望能够生产出人力资本。这一期望还包括这些投资会产生正的收益。通过上学，个人希望获得人力资本，可以使自己更富有生产力，因而得到更好的报酬。不管这个人成为农民还是商人、劳动者还是技工、专业人士还是政府官员，这一关系都成立。

将教育视为一项投资有几个好处。学校教育与许多其他的活动形成竞争关系，因为政府和家庭也把他们稀缺的资源投入这些其他的活动当中。一国政府如何决定投入多少到学校教育上呢？是否应该把更多资源使用在学校上，而不是医疗诊所、自来水管道或者农村公路上？即使是在教育部门内部，政府又该如何分配其支出呢？全面普及初等教育相比扩展高等院校教育是一个更好的资源使用方法吗？政府必须做出这些决策，而把教育视为一项投资对决策有帮助。家庭也要做出类似的决策。当教育被视为一项投资时，更容易理解为什么一些家庭让孩子去工作而不是去上学，而另一些家庭则倾注全力确保孩子接受教育。

□ 学校教育的收益率

图 8－5 说明了决定学校教育**私人收益**（private return）的因素。该图显示了两种程式化的未来收益模式：一种适用于只完成了初等教育的人，另一种适用于继续学习完成了中等教育的人。图 8－5 考察了两组人群，他们都完成了初等教育，年龄为 11 岁。其中一组没有继续上学而是开始工作。这组人的收入分布则仅与初等教育相关联。另一组完成了中等教育，并一直上学上到 18 岁。为了容易讲解，我们假设学生在上学期间不工作，因此，上学期间收入为零。一旦读完中学，这组人的收入走势则是两条线中较高的那条。正如我们之前在图 8－4 中所看到的那样，中等教育的私人经济收益就在于个人所期望得到的超出小学毕业生收入的那部分收入差异。

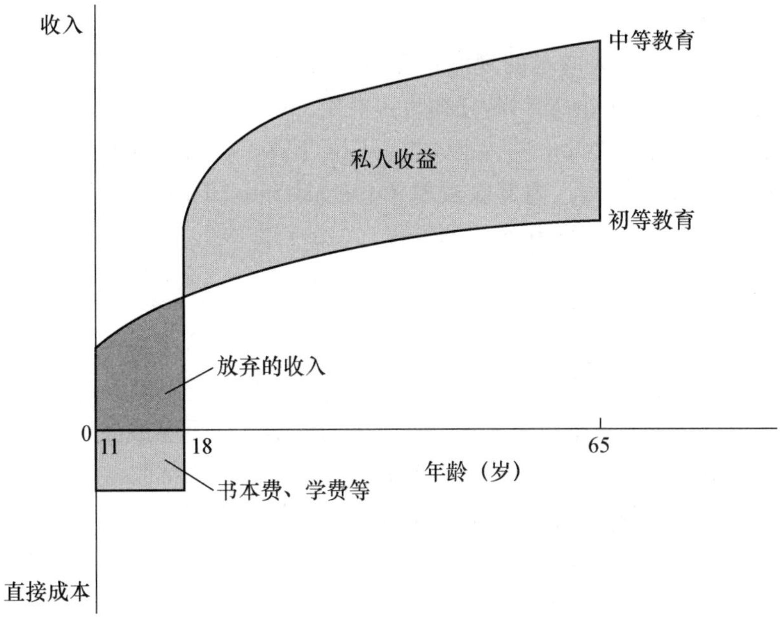

图 8－5　学校教育私人收益的决定因素

但成本也是决定是否上学的相关因素。这些成本包括任何因孩子上学而未工作所放弃的收入。这些成本对于一个考虑上小学或中学的年轻人来说，也许并不高。但对于发展中国家的大多数家庭来说，送孩子上学的机会成本确实是存在的。例如，在农村家庭中，孩子在田地里干活，照顾家畜，看管兄弟姐妹，这就使得包括成年人在内的其他人可以忙于耕作或其他生产性活动。除了放弃的收入，家庭如果送孩子上学，还会面临直接成本。这些成本可能包括学费或校服费、书本费和其他文具的开销、交通费或其他“非正式的”确保孩子能得到老师关注的费用。尽管这些金额也许看起来很小，但对于一个贫穷的家庭，这也许是相当巨大的一笔花费。

要把教育视为一项投资，我们需要用图 8-5 中描述的那样一个系统的方法来权衡学校教育的成本和收益。经济学家主张，不能仅仅把成本加总，而后将其与收益比较，因为未来收益的钱不如今天就能消费的钱值钱。这种正的时间偏好既源于未来的不确定性，也源于资源的机会成本，即一项可供选择的投资所可能产生的收益。未来收益需要**被贴现**（discounted），以与当前成本作比较。方法之一就是计算所有成本和收益的**现值**（present value，PV）。[①] 完成中学教育所带来的收入的现值可以用下面的公式进行计算：

$$PV_B=\sum_{t=1}^{n}B_t/(1+i)^t \tag{8—1}$$

式中，PV_B 为未来 n 年的工作中所有私人收益（那些接受过较多学校教育的人所得到的有差别的收入）的现值；B_t 为第 t 年的收入；i 为利率（家庭资金的机会成本），利用它对未来收益进行贴现。我们用类似的方法计算学校教育（或任意其他投资选择）的私人成本：

$$PV_C=\sum_{t=1}^{n}C_t/(1+i)^t \tag{8—2}$$

式中，PV_C 为所有预期私人成本的现值；C_t 为 t 年中的每一年里发生的成本，包括上学所放弃的收入，加上家庭所支付的任何直接费用。

于是有多种方法可以决策一项特定的投资是否划算。在对教育的分析中，通常的做法是估计投资的内部收益率。**内部收益率**（internal rate of return）就是使 PV_B 等于 PV_C 的引致利率 r。换言之，r 满足下列方程：

$$\sum_{t=1}^{n}(B_t-C_t)/(1+r)^t=0 \tag{8—3}$$

即使教育的私人收益的美元价值可能远远超出私人成本的美元价值，也会存在一个 r 值，因为多年以后发生的未来收益相比近期发生的成本，会更多地被贴现。一旦学校教育的私人收益率被估算出来，就可以将其与其他家庭投资的内部收益率作比较。这有助于排列出教育的经济收益在其他可供选择的家庭资源使用方法中的相对位置。

学校教育不仅代表一种私人投资，它也是一种社会投资。因此，我们也可以定义学

---

① 对未来收益需要进行贴现，可以以下面的例子作为依据。如果有人让你以今天的 100 美元换一年以后的 100 美元，你可能不会接受。因为 12 个月以后才被偿还这笔钱给你带来了不确定性，此外，如果你把 100 美元存入一个相对安全的地方，譬如说一个银行账户里，会更有利于你。如果该银行账户提供 5%的利息收益，你今天的 100 美元一年以后就值 105 美元，两年后就值 110.25 美元，依此类推。这与复利的计算过程相似。对未来收益进行贴现使用的是相同的逻辑，只不过过程正好相反。未来某一收益的现值是一笔钱数，这笔钱数就是如果你今天就拥有，则通过复利计算，就等同于该未来收益的钱数。如果你的资金的机会成本是 5%，那么，一年以后所得到的 105 美元的现值就等于 [105 美元/(1+0.05)]=100 美元；类似地，两年以后得到的 110.25 美元的现值也等于 100 美元，因为 [110.25 美元/$(1+0.05)^2$]=100 美元。

校教育的**社会收益**（social return）。图 8 - 6 进行了图示。在成本方面，学校教育不仅限于个人放弃的收入和家庭的花费。在世界上大多数地区，小学教育是“免费”的，但总有人要为教师、学校建设等埋单。当以社会的视角对教育这项投资作评估时，必须考虑这些成本。社会收益涉及提供学校教育的全部成本。在收益方面，学校教育通过更高的收入使个人受益，但它也会产生一个正的**外部性**（externality）：超出接受教育的个人所得的收益之外，对社会成员所累积的收益。学校教育潜在的正的外部性包括健康溢出效应（受过教育的母亲的孩子往往更健康，这就会通过减少某些疾病的传播而使其他家庭的孩子获益）、犯罪的减少及更活跃的政治参与和决策。更多的学校教育，尤其是高等教育，也可能产生私人收益所无法充分体现的技术进步。计算教育的社会内部收益率的方程与方程（8—3）一样，只不过式中应采用学校教育的全部收益和全部成本，而不只是私人收益和私人成本。

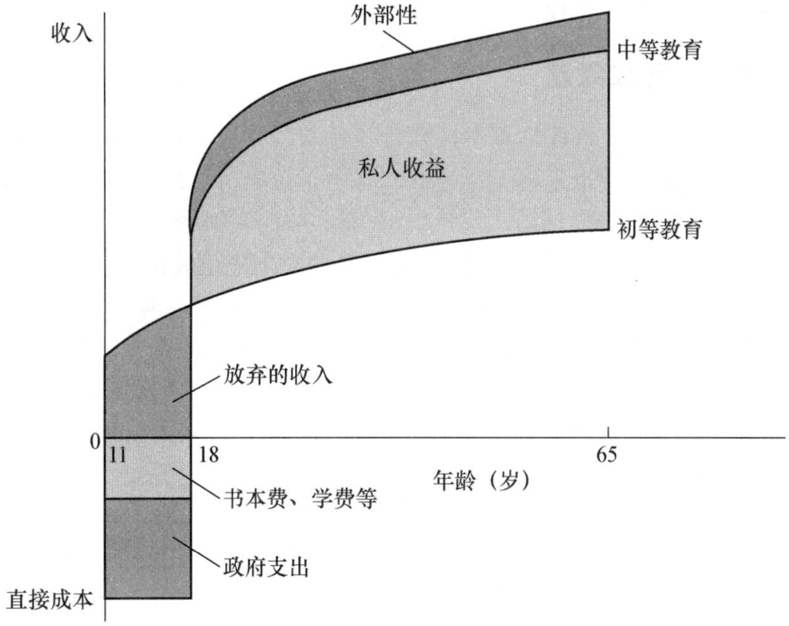

图 8 - 6　学校教育社会收益的决定因素

注：为了便于解释，图中的初等教育没有任何外部性。

□ 估算收益率

从概念层面转向经验层面，我们可以估算出发达国家及发展中国家学校教育的各种收益率。为了解释这些估计收益率，熟知它们隐含的各种假设是很重要的。第一，无法得知某人未来的收入将会如何。经济学家使用各个不同年龄段人群目前的收入来估计有着特定教育背景的人群的预期年龄—收入走势。这是经济学中经常采用的一个经验技巧，即用横截面式的研究结果（在某一时点上比较不同年龄人口的工资水平）去代替个人随着时间的推移年龄渐长而可能发生的工资变动；然而，基于横截面式研究结果的估计可能并不能很好地代表未来会发生的事情，尤其是在一个迅速变化着的经济体中。

第二，估计教育的收益率需要对个人收入进行测量。在低收入国家和许多中等收入国家，绝大多数劳动者并不是为了获得工资而工作的。他们都是自我雇佣的，通常是勉强糊口的农民或者做小生意以及从事其他非正式行业活动、不对自己支付薪水的家庭劳动者。这类劳动者无法上报标准的学校教育预期收益率中所包含的收入数据。而大多数估计收益率仅来自获得工资收入的人群，所以它只是建立在整个国家一部分劳动力的基础之上。

第三，我们总是面临着大量的身份认同的问题研究，当我们在进行学校教育的收益率问题研究时也不例外。如果那些受教育年限长的人能够比那些受过较少教育的人挣更多的钱，我们怎么能够肯定是一个人所受的教育令他有更高的收入呢？也许那些本身天资高的人们有能力在获得高收入的同时也受到更多年限的教育。那么，获得更高收入是他们所受到的教育的结果，还是他们本身具有的高天资的结果？如果我们无法掌控内在天赋——我们很难对天赋进行测量——以及其他变化的可能会影响到未来收入的变量，那么我们如何肯定我们对于学校教育收益率的估算是正确的呢？

□ 估算第一代受教育者

经济学家们不断拓展了许多估算学校教育收益率的方法，对这一循序渐进、日臻完善的方法演进过程进行梳理也是不无益处的。其中于较早时期进行研究的是世界银行经济学家乔治·萨卡拉波罗斯（George Psacharopoulos）和哈里·帕特里诺斯（Harry Patrinos）所做的整合分析。表 8-3 便是从他们的研究工作中收集了 75 个国家内部收益率的计算结果。其中有些是 20 世纪 50 年代的数据结果，而另一些则是 90 年代的。① 然后对每个国家估计出的内部收益率一并进行平均，列为每一收入类别和地区的平均值。这些仅仅是各国的简单平均值，并未对人口规模进行加权。它们是实际收益率，因为它们是建立在以同一时期的美元来衡量收入的横截面式估计的基础之上的。

表 8-3　　不同层次学校教育在不同收入类别国家中的收益率（%）

收入类别	私人收益率			“社会”收益率		
	小学	中学	大学	小学	中学	大学
低收入	25.8	19.9	26.0	21.3	15.7	11.2
中等收入	27.4	18.0	19.3	18.8	12.9	11.3
高收入	25.6	12.2	12.4	13.4	10.3	9.5

资料来源：G. Psacharopoulus and H. Patrinos, “Returns to Investment in Education: A Further Update,” *Education Economics* 12, no. 2 (August 2004).

从这组数据中，我们可以观察到一系列现象。在所有收入类别的国家中，所有层次的学校教育的收益率都很高，几乎都是两位数。发展中国家的学校教育内部收益率比发达国家更高。也许这个结论看起来颇令人惊讶，尤其是相比发展中国家来讲，发达国家的薪水更高。但是要记住，内部收益率与测量工资收入是两码事。以高等院校的毕业生为例，在贫穷的国家，大学毕业生相对稀少，这样的教育背景带来的薪酬提升则会大于

① George Psacharopoulus and Harry Patrinos, “Returns to Investment in Education: A Further Update,” *Education Economics* 12, no. 2 (August 2004).

富裕国家中大学和高中毕业生之间的相对收入差距。正是劳动力技能的相对稀缺性，即劳动需求的强度和劳动供给的程度相结合，才决定了学校教育作为一项投资的吸引力。在较为贫穷的国家，受过教育的工人相对稀缺，这常常使得穷国的学校教育（小学、中学和大学层次的）相比受过教育的工人充裕得多的发达经济体而言，成为一项有着更高收益率的投资。

综观不同层次的学校教育，小学教育的收益率最高。这是因为就放弃收入而言，小学教育的机会成本最小，而此后则不断增加。这意味着中学教育的收益率也应超过大学教育的收益率。这可能是由于大学和中学毕业生之间的收入差别相比中学和小学毕业生之间更大。或者这反映了大学在校生学习期间所拥有的赚钱机会（因而放弃收入所带来的成本更小），包括因上学而获得的政府补助，这一做法在许多发展中国家十分普遍，尤其是在表 8-3 的研究进行期间。

表 8-3 中的估计“社会”收益率在每一层次的学校教育上都低于私人收益率。理论上这并不一定成立（见图 8-6）。如果正的外部性足够大，社会收益率可能超出私人收益率，即使社会成本高于私人成本。然而，估算学校教育正的外部性没有什么直接的方法；表 8-3 中所报告的学校教育平均“社会”收益率仅考虑了社会成本，而未考虑社会收益，正因如此，我们才在社会一词上加了引号。由于数据涵盖了学校教育的全部成本，却未涵盖任何正的外部性收益，给定水平学校教育的“社会”收益率必然低于相应的私人收益率。也请注意中低收入国家大学教育的私人和社会收益之间的差距尤其巨大。这反映了相对较高的学生单位成本，以及大学教育中较高额度的国家补助，常常包括免除学费。即便这些“社会”收益率低于私人收益率，它们也足以使学校教育相比包括物质资本投资在内的许多其他可供选择的投资而言成为一种很有吸引力的公共投资。

测量学校教育内部收益率的另一种方法是计算工资方程。这里要强调一下，工资方程决定受教育程度与年龄和其他人口特征的影响。受教育程度的系数可以理解为每增加一年教育的私人收益率（见案例 8—1）。而收益率是以受教育的总年数为基础的。萨卡拉波罗斯和帕特里诺斯在这一方面也进行了相关分析，并发现在低收入和中等收入国家中每增加一年的教育的内部收益率范围为 7%～12%。只要与其他投资机会的估计收益率做一比较，就可以看出教育收益率的吸引力。例如，世界上最安全的投资品种之一美国国债在过去 50 年间的平均实际（通货膨胀调整后的）收益率约为 1%；另一项风险大得多的投资，即美国股市指数之一的同期实际收益率也仅约 2%～3%。当然，大多数家庭并不在投资于美国股票或国债及送孩子上小学之间进行选择；一个对于这些收益率的比较通常会被用来衡量以及强调对于人类资本投资的益处。

▶ 案例 8—1　从工资方程式估算收益率

从概念上讲，学校教育收益率的含义是相对简单的，但估计这类收益率则较为复杂。除了正文中描述的方法，最常用的方法之一就是估计学校教育、年龄和其他人口统计特征对收入的影响。有关这些变量的数据可以从对家庭或公司的调查活动中获得，并用于估计出下列人力资本收入函数，或称工资方程式：

$$\ln E_i = \alpha + \beta_1 S_i + \beta_2 \mathrm{EXP}_i + \beta_3 \mathrm{EXP}_i^2 + \varepsilon_i$$

式中，E_i 为个人的收入或工资；S_i 为个人所完成的学校教育的年限；EXP_i 和 EXP_i^2 分别为个人的工作年限及其平方，通常用个人的年龄及其平方作近似。之所以包括一个平方项，是为了获得年龄—收入走势图预期的非线性，因为在一个劳动者的一生当中，其收入往往是以递减的速度上升的。上述回归方程还包括一个误差项 ε_i。

在此工资方程式中，学校教育的系数（β_1）即 $\beta_1=(\partial E/E)/\partial S$ 估计了劳动者每多接受一年的学校教育，其收入平均增加的百分比。它是对获得数据的那一年里经济体中工资如何随教育水平变化而变化的估计量。

系数 β_1 也被解释成额外一年学校教育的年均私人收益率，无论已完成的是何种层次的学校教育。这一解释需要众多假设条件，包括内部收益率的计算中所使用的假设，即教育所带来的横截面式的收入差别可以很好地近似于随着劳动者年龄增长而真实发生的收入差别。另一个假设（并非内部收益率方法所需要的）则要求放弃收入是学校教育唯一的私人成本。在某些情况下，这些是合理的假设，而在其他情况下则不是这样。

通过工资方程所计算的学校教育内部收益率显示学校教育对于女性的收益率要大于男性。[①] 这并不代表女性所获得的收入高于男性。我们已经发现在教育程度相等的情况下，男性的平均收入要高于女性。在这里需要再次强调的是较高的收益意味着**相对福利**（relative benefit），在收入水平上，让女性多接受一年的教育所获得的内部收益要多于男性。除此之外，有证据使我们相信，让女孩接受教育的社会收益超出男孩，因为让女孩接受教育会产生正的健康和生育方面的外部性。这是因为教育女性可以比教育男性更能降低孩子的死亡率；教育女性能降低生育率，因而降低孕产妇死亡率；教育女性比教育男性更能减少艾滋病病毒的传播。一项 1992 年进行的研究报告表明，让印度 1 000 名女孩多接受一年小学教育可以避免 2 例母亲死亡、43 例婴儿死亡和 300 例分娩。提供此类教育的成本大约仅为估计贴现后社会收益的 60%，这意味着送女孩上学有着极高的社会收益率。[②] 这是支持千年发展目标在学校教育的普及中消除性别不平等的有力证据。

□ 估算第二代受教育者

表 8－3 中所列出的教育的估计内部收益率颇具争议。我们已指出了使用横截面数

① 萨卡拉波罗斯一直致力于在其出版的专著中（George Psacharopoulus, *Returns to Education: An International Comparison* (San Francisco: Elsevier, Jossey-Bass, 1973)）估计并公布教育收益率。他和帕特里诺（Patrinos）的研究证明对于女性平均一年的教育收益是 9.8%，对于男性是 8.7%。在另一个研究中，彼得·欧哈泽姆（Peter Orazem）和伊丽莎白·金（Elizabeth King）运用从 48 个发展中国家和谐家庭所取得的数据来计算男性与女性的工资方程。对于女性的平均收益是 9.7%，男性是 6.7%。比平均值更有说服力的是，在多于 71 个例子所收集的数据中，女性受教育的收益比平均值高 59 倍，而男性仅仅是 5 倍。"Schooling in Developing Countries: The Roles of Supply, Demand and Government Policy," in T. Paul Schultz and John Strauss, eds., *Handbook of Development Economics*, vol. 4 (Amsterdam: Elsevier, 2008).

② Lawrence Summers, "Investing in All the People: Educating Women in Developing Countries," EDI Seminar Paper No. 45 (Washington, DC: World Bank, 1994).

据去近似时间序列事件的局限性，尤其是在劳动力市场状况迅速变化的环境中。另一个担忧是萨卡拉波罗斯汇编文献中所包含的研究的质量。一项关于非洲估计收益率的批判性评论发现，许多原始的收益率研究都是基于现行工资顾问依据推测的估计，而不是基于实际调查所得的数据。此外，问题还在于，观察数据仅限于赚取工资的劳动者，即在正式部门受雇用的人。① 萨卡拉波罗斯样本中非洲小学教育的私人收益率在 1991 年的坦桑尼亚是 7.9%，而在 1983 年的博茨瓦纳则为 99%。估计量如此之大的波动范围的确使所公布研究结果的可信度大打折扣。更科学的数据和更详尽的分析可能会导致学校教育的估计平均收益率更低，尤其是在低收入国家。

另一项批评是，上述估计内部收益率并未考虑到家庭所面临的全部上学成本，而表 8-3 中所公布的数据结果正是以这样的研究作为基础的。例如，在洪都拉斯，如果假设上学并未给家庭带来直接的成本，并且如果孩子仅在小学教育的最后两年中，即在 11 岁和 12 岁时才产生放弃的收入，则家庭小学教育的估计私人收益率为 21%。如果校服、学习用文具、交通和其他父母支出也被考虑进实际直接成本，私人收益率则会降至 16%；如果 10 岁的放弃的收入也被加进去，收益率则会降至 15%以下。② 这些批评对部分公布的学校教育收益率的重要性构成了挑战，但总体上并不逆转这样一个结论，即学校教育无论是对于个人还是对于社会来说，都不失为一项有着很高收益率的不错的投资。

另外一个关于前面提到的定义问题的批评困扰着许多贡献了表 8-3 中第一代预测结果以及表 8-1 中由收入公式得出的预测结果的研究。**自然实验**（natural experiment）是一种解决这些定义问题的方案。在自然实验的情况下，研究人员可以更好地隔离对一组（治疗组）与另一组（对照组）进行干预的效果。在一篇开创性的论文中，麻省理工学院的经济学家多夫诺在印度尼西亚进行的自然实验得出了对教育回报的估算。继 1973 年石油繁荣之后，印度尼西亚政府开始了大规模的建设计划并建造了超过 60 000 所新小学。这是有史以来世界上进度最快的学校建设项目之一。自然实验涉及两组实验对象的随后的教育程度以及成人后的收入情况。其中一组实验对象在 1974 年为 12～17 岁并且在计划开始之前完成学业，从而不受其影响。另一组在 1974 年为 2～6 岁，所以即刻受益于新修建的学校。因为新学校的位置不是随机决定的，自然实验的另外一个层面涉及儿童居住的区域。运用最先进的计量经济学理论，多夫诺得出结论：相比较于对照组，学校供应的扩张导致了实验组受教育年限的上升以及受教育年限上升带来 20 年后收入的增加。她估计，学校教育的回报率在 6.8%～10.6%之间，这个结果与许多早期的估计吻合。③

其他对于定义问题的研究结果得出了稍有不同的结论。在最近的综述文章中，宾夕法尼亚大学的经济学家杰雷·贝尔曼（Jere Behrman）促使人们注意到源于被省略变量

---

① Paul Bennell, "Rates of Return to Education: Does the Conventional Pattern Prevail in sub-Saharan Africa?" *World Development* 24, no. 1 (January 1996).

② Patrick McEwan, "Private Costs and the Rate of Return to Education," *Applied Economic Letters* 6 (1999).

③ Esther Duflo, "Schooling and Labor Market Consequences of School Construction in Indonesia: Evidence from an Unusual Policy Experiment," *American Economic Review* 91, 4 (September 2001).

的问题，包括先天认知技能、生命早期营养和学校质量的测量。那些试图解释这些因素的研究发现，除了受教育年限，学校的质量和学生的能力对未来收入也有着有显著影响。当这些变量被包括在回归中时，对受教育年限回报的预测将下滑，这一变化有时非常明显。① 更好的数据以及先进的经济计量技术将得出更精确的教育回报估算，不仅仅关于教育年限，还包含教育的其他维度以及学生的特征。虽然结果仍有分歧，但这些新的估算继续支持教育是一项有价值的投资这一观念。

□ 谜　题

撇开关于不同水平的教育以及不同国家和地区的教育收益率之高低的分歧，关于这些收益率与微观及宏观经济结果的关系出现了若干难题。微观经济的难题之一是关于学校教育和学习的。一个关键的问题在于，为什么教育会具有经济收益？通常的答案是，教育可以为个人提供认知技巧，一种不同于天赋才能的习得的技巧，它使得个人在市场上具有更高的生产力。而更高的生产力又与更高的报酬相关联，无论我们就农村劳动力还是专业人士展开讨论，这一结论都成立（见案例 8—2）。倘若学校教育带来认知技巧，我们则期望在学校教育年限和收入之间观察到正相关关系，并且上学具有正的收益率。这一难题涉及本章前面部分所提到的，许多发展中国家的教育似乎在传授知识方面收效甚微这一事实。如果这种情况属实，那么为什么在这些国家，学校教育与收入之间一直还存在着持续的关联？并且教育还有着可观的收益率？一种解释此情况的可能性是，对于那些今年获得较高收入的年长的工人们来讲，过去学校所提供的教育质量与当今相比可能更高。如果教育质量是一个当下需要解决的问题，那么这个包括了年轻工人和年长工人们在关于受教育程度和收入之间关系的研究并不能很有效地反映这个问题。再者，相比年老的工人，年轻工人所获得的教育收益率也不会那么明显。

▶ 案例 8—2　　学校教育的收益及收入机会

布朗大学和耶鲁大学的经济学家安德鲁·福斯特（Andrew Foster）和马克·罗森茨维格（Mark Rosenzweig）分别进行的一系列研究考察了学校教育收益率和农业技术变革之间的相互关系。他们的核心论点是：学校教育基本上是在产生了新的收入机会时才具有收益回报。一项劳动者生产率的研究收集了菲律宾布基农省主要从事收割的劳动者的数据资料。保持由劳动者性别和身高代表的身体体能不变，则劳动者所接受的教育对所得到的工资不产生影响。在此情况下，劳动者按部就班地劳作，多接受学校教育并未给他们带来什么收益。

在印度所观察到的结果则不同。在一项对 1968—1981 年间 4 000 多个农村家庭进行的研究中，研究人员评估了学校教育对农业利润率的影响。所研究的时间阶段涵盖了印度引入“绿色革命”的时期，在此期间通过进口引入的高产品种（HYV）的种子能大幅

① Jere Behrman, “Investment in Education: Inputs and Incentive,” in Dani Rodrik and Mark Rosenzweig, eds., *Handbook of Development Economics*, vol. 5 (Amsterdam: Elsevier, 2010).

增加粮食产量（通常是由于它可实现一年双作甚至三作）。HYV 种子对灌溉和化肥等补充投入特别敏感，农民能够了解如何使用这些种子尤为重要，因为所需要的耕作技术与传统方法存在差异。

在条件适宜引入高产品种的地区，保持其他所有投入不变，则具有小学教育背景的农民的利润高于那些不具备学校教育背景的。由于知识和新信息的递增收益，对这些农民来说，对教育的投资有着很高的回报。在印度其他地区，包括农民所受教育的年限居于平均水平之上的喀拉拉邦州，条件并不适宜引入新品种。对这些农民来说，教育的回报就微乎其微，因为并不存在有赖于教育的新机遇。

罗森茨维格总结道，"当知识的收益率高的时候，学校教育的收益率就也高。"这可能是由于一项新技术，譬如绿色革命，或是由于市场或政权变革所带来的新机遇。那些接受过学校教育的人们在这些情况下不仅自己获得收益，还往往倾向于以更大的力度投资于自己孩子的教育。那些从技术变革中获益的地区里学校的入学率相比未从技术变革中获益的地区，增加得要更为迅速。

资料来源：Andrew Foster and Mark Rosenzweig, "Technical Change and Human-Capital Returns and Investments: Evidence from the Green Revolution," *American Economic Review* 86, no. 4 (September 1996); and Mark Rosenzweig, "Why Are There Returns to Schooling?" *American Economic Review* 85, no. 2 (May 1995).

宏观经济的难题之一来自我们努力做到与另一组经验观察数据相一致。在本章前述章节里，我们阐述了不同地区学校教育的趋势。迹象是清晰的。过去几十年中全世界的学校教育都迅速增长，这使得国家之间单个劳动者所接受的学校教育年限在某种程度上趋同。基于萨卡拉波罗斯及其他学者所公布的教育收益率，学校教育如此大规模的扩张应该给许多地区带来总体经济更迅速的增长以及收入方面某种程度上的趋同。我们有这样的期望，是因为发展中国家学校教育的增长比发达国家迅速得多，并且中低收入国家学校教育的收益率比高收入国家还要高。但宏观数据所显示的情况却并非如此。相反，学校教育逐渐趋同的同时，人均收入却存在着相当大的差异。

当然，学校教育并非总体经济增长的唯一决定因素，其他因素在决定人均 GDP 的增长率方面可能更加重要。但以下两方面的微观迹象，即学校教育的累积和对学校教育投资具有高收益率，与扩张的学校教育并未带来经济增长率显著提高这一现象之间，却存在着一些不和谐之音。对这一难题的探索使一位研究者提出这样的疑问，"教育的成果都到哪里去了?"他进而推测，在不利于实现经济增长的环境里，接受过更多教育的人可能从事寻租和其他非生产性活动，这对个人来讲是有利可图的，但却给社会带来了"机能障碍"。① 这个观点也许可以部分地解释问题，但是，使学校教育的影响在微观和宏观层面上的表现更为一致，仍是将来研究面临的一个挑战。

① 关于学校教育和经济增长方面的宏观经济难题的精彩论述，请见 Lant Pritchett, "Where Has All the Education Gone?" *World Bank Economic Review* 15, no. 3 (2001) and "Does Learning to Add Up Add Up? The Returns to Schooling in Aggregate Data," *Handbook on the Economics of Education* (Boston: Elsevier, forthcoming)。关于这些问题的专业性不太强的评述，请见 William Easterly, "Educated for What?" in *The Elusive Quest for Growth* (Cambridge, MA: MIT Press, 2001)。

□ 让学校教育更具生产力

尽管关于学校教育的收益率存在众多争议和难题，没有人会因此而做出发展中国家的家长或政府应该更少地投资于教育的结论。学校教育所带来的好处远远超出简单的经济收益。它常常被看作是一种优质商品，即社会认为所有成员无论是否具有购买力都应得到的商品。也有证据表明，学校教育会改善健康状况，因为受过教育的母亲所生育的孩子更加健康。学校教育还与下降的生育率相关联。面临挑战的政策制定者和所有那些致力于促进经济发展的人们都需要了解，如何才能使学校教育成为一项更好的投资，无论是为了在教育上付出如此大量时间的学生及其家庭，还是为了资助教育的大部分直接成本的政府和捐助者。

学校教育的收益率既取决于学校的状况，也取决于学生毕业以后劳动力市场的状况。本书的绝大部分都专注于论述后者，即理解一个经济体如何提高经济增长率，以及随之而来的劳动需求的增长。我们在此将不复述这些问题。但值得一提的是，教育的低收益率经常与没能提高劳动需求有很大关系。包括大学毕业生在内的离校者中的高失业率经常反映的是促进经济增长举措的失败，而并非学校教育的失败。这一点在转轨经济体中是真实的，并且在未能很好地利用所累积的人力资本的国家，例如阿根廷和埃及，也是十分明显的。较高的辍学率以及较低的甚至是正在下降的学校入学率（后者发生在整个 20 世纪 90 年代的撒哈拉以南非洲地区），也许与劳动力市场上的低收益关系重大，绝不亚于与家庭资源约束或学校自身问题的关系。学生及其家庭可能认为学校教育的收益不抵其成本。而在有些情况下，它们的确是正确的。提供学校教育并不保证接受教育就会带来高收益。劳动需求的问题凸显出学校教育并不是万灵药；它并不是贫困和经济落后问题的唯一解决方法。

但是需求方面的问题并不意味着教育供给方面不存在问题。本章接下来的部分将集中论述教育供给，旨在理解如何才能使学校教育投资变得更加富有成效。在许多国家，学校教育在促进经济发展方面尚未发挥其全部作用。这一现象的部分原因在于，学校教育整体上投资不足，政府在不同层次的学校教育之间配置资源不当，以及学校内部使用资源方面存在系统性的低效率。①

□ 投资不足

尽管学校教育有着很高的经济收益率和其他好处，许多发展中国家在教育下一代上仍然支出极少。决定应该支出的“正确的数量”绝非易事。第一，估计收益率充其量也可能是不准确的；第二，在教育上花费更多也未必确保这些资金会被有效地使用，并带来不错的教育效果。但资金的确很重要，而且不同国家的数据显示出学校教育上公共支

① 早期针对资源运用和学校教育的研究见 World Bank, *Financing Education in Developing Countries* (Washington, DC: World Bank, 1986) 和 *Priorities and Strategies for Education* (Washington, DC: World Bank, 1995). 近期关于改进发展中国家学校教育成效的有价值的两项调查是 Paul Glewwe and Michael Kremer, “Schools, Teachers, and Education Outcomes in Developing Countries,” *Handbook on the Economics of Education* (Boston: Elsevier, forthcoming); and Lant Pritchett, “Access to Education”。

出的巨大差异（私人支出的可比数据无法获得）。在图 8－7 中，在低收入和中低收入国家中，公共教育支出占 GDP 的比例从 1.5%到超过 12%不等。我们并不能确定这些收入

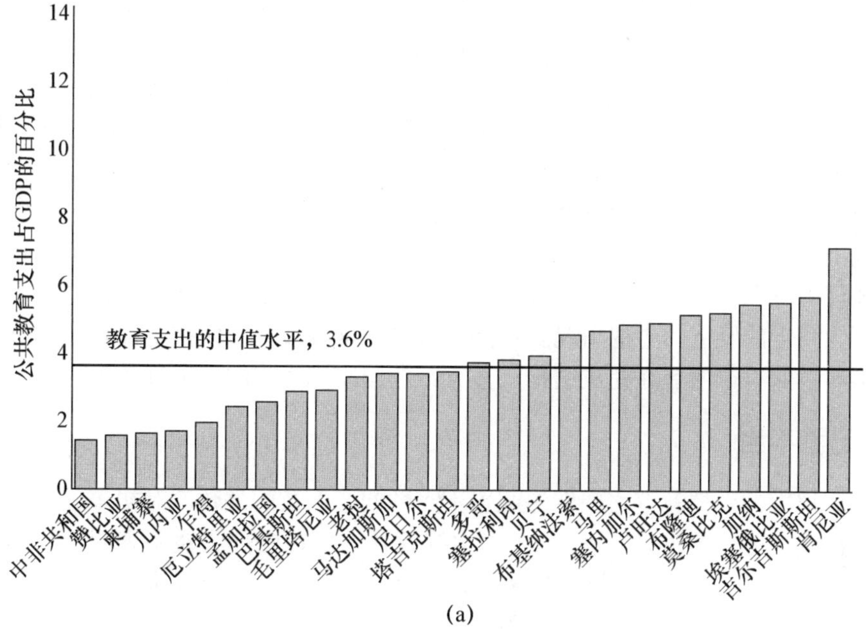

(a)

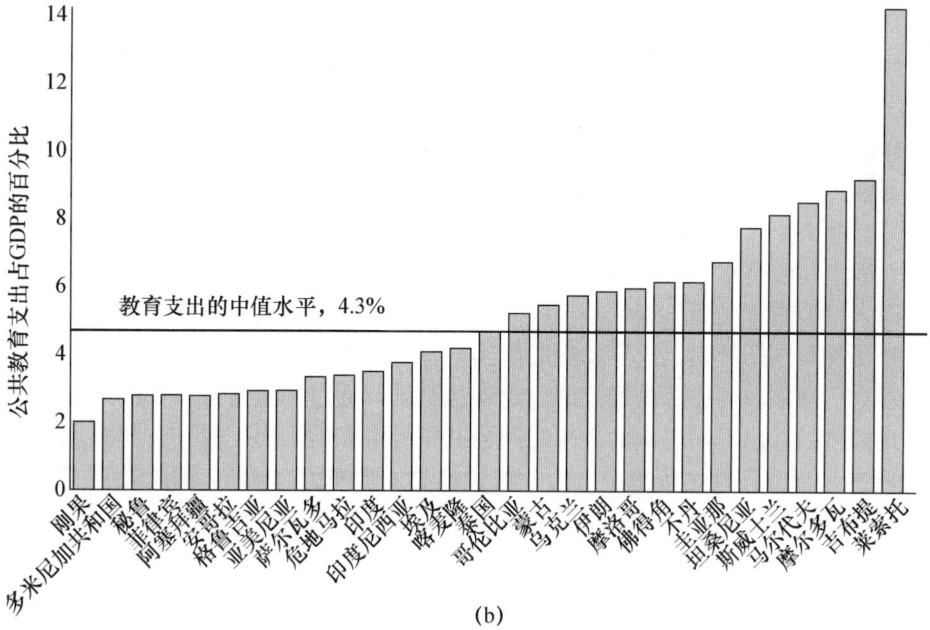

(b)

图 8－7　对教育的公共支出，2005—2007 年

(a) 低收入国家。(b) 中低收入国家。

GDP：国内生产总值。

资料来源：World Bank，“World Development Indicators Online，” http://databank.worldbank.org.

水平国家的平均支出占比就是“正确的数量”，尤其是在我们不知晓相应的私人支出数量的情况下。但柬埔寨、乍得和赞比亚等公共教育支出低于GDP 2%的国家（远低于低收入国家3.4%的中值），的确应该增加政府对教育的支出。同样，安哥拉、格鲁吉亚和秘鲁对教育的支出占GDP的比重远低于中低收入国家4.3%的中值，也可以被认为是在教育方面投资严重不足。考虑到上述以及其他一些国家作为国家负担的年轻人比重很高，它们尤其需要在学校教育上投资GDP的更大比例，因为这些支出必须在很大数量的学生中被分享。

关于各国为何在学校教育方面投资不足存在着多种解释。其中之一是，投资不足是对财政危机的反应。不同于军事或偿债部门，教育和其他社会部门往往是削减预算的牺牲者。经济下滑和负的经济增长率会对教育支出产生负面影响，从而导致整个下一代比之处于更为稳定的经济体中的情况下，接受更少的学校教育。保护学校教育和其他社会部门是第5章所讨论的旨在完成结构调整方案的国家都面临的一项重大挑战。

□ 配置不当

在不同层次的学校教育之间资源配置不当的问题涉及的是政府对初等、中等和高等教育各支出多少的相关决策。表8-3中学校教育的估计内部收益率表明，小学教育的“社会”收益率最高，其次是中学教育，再次是大学教育。考虑到这些估计量的计算过程，这样的结果并不令人吃惊。大学教育（包括大专直到博士）的人均直接成本，包括计算机、实验室、图书馆、教授等等，远远高于小学或中学教育的人均直接成本。因为常常是政府来为全部这些成本或者部分成本买单，高等教育的“社会”收益率就会远远低于其私人收益率。反过来，这就意味着政府应该从一开始就向小学教育配置更多的资源。一旦普及了小学教育，就应该向中学教育配置较多的资源。据此逻辑，大学教育的重要程度最低。①

这样的论断有很多反对之声。首先，表8-3中的估计量并未考虑不同水平教育的正的外部性（因其难以衡量）。如果一国在农艺、工程、金融、医药等领域长期缺乏训练有素的专业人才，拓展此类技能就会产生很大的社会收益。② 其次，应将更多资源投入较低水平而非较高水平的学校教育这一观点会使某些人联想起殖民时代，在那个时代，本国人口的教育受到压制，乃至许多国家取得独立时受过教育的国民数量极少。富裕的国家都没有在拓展它们大学教育之前实现基础教育的普及，更何况是贫穷的国家？

尽管对于稀缺教育资源的配置的讨论各执其词，通过比较高等教育的入学率和支出结构，我们可以看出不同层次的教育之间公共资源潜在的不当配置。在相关数据可得的19个撒哈拉以南非洲地区国家中，大学教育的总入学率为5.3%，而总教育支出中大学教育所占比重的中值则为16%。在拉丁美洲，入学率则是此数据的6倍，但总教育支

---

① 政府支出所应遵循的理论原则在实际中更加难以把握。政府应该按照均等化投资边际收益率的原则来配置资源。内部收益率是指平均收益（所有小学、中学或大学教育的毕业生都参与平均），而不是指接受教育的最后一个学生的经济收益率，即边际收益。当一个特定层次的学校教育已接近全面普及时，其边际社会收益就会低于或可能远远低于平均收益。

② 世界银行发布了支持在发展中国家的高等教育中投入更多资源的研究，见 *Higher Education in Developing Countries: Perils and Promise* (Washington, DC: World Bank, 2000)。

出中大学教育所占比重却与撒哈拉以南非洲地区国家相同。在高收入经济体中，总入学率超过60%，而支出中值比重仅为24%。联合国教科文组织（UNESCO）进行了一个相关且能说明实际问题的统计：每一个受高等教育学生的公共消费作为净国内生产总值（GNI）的百分比。在2007年这个比例在塞内加尔为206%，在墨西哥为39%，在法国为30%。

入学率和支出比重之间的差距表明，需要仔细考察对高等教育的支出究竟是如何花费的。一些国家接受大学教育的学生的人均教育支出高得多，是源于慷慨给予大学在校生的补助金，实际上，就是付给学生钱，让他们接受将来可能给他们带来可观收入的教育。以学生补助、奖学金以及含补贴住房、医疗、贷款等等为表现形式的非教育支出占大学教育方面公共支出的比例，在说法语的非洲国家中为50%，在拉丁美洲为20%，在OECD国家中则仅为14%。这类补助常常是在免除学费之外给予学生的。① 随着大学生的数量日益增多，这类支出正在使本已吃紧的教育预算雪上加霜。一个关于拉丁美洲所作的一项公立大学和私立大学入学率的调查发现，哥伦比亚75%的大学生来自收入最高的2/5的家庭；在墨西哥，这一比例为83%，在巴西，这一比例高达92%。② 这项调查中的很多家庭拥有实现高等教育的资源。考虑到拥有较高社会经济地位的群体有机会就读大学这一趋势，补助金和学费减免就是公共资金使用上的一个退步。

解决不同水平学校教育之间资源配置不当的方法之一就是让大学生部分地为他们的教育付费。即便学生部分地为自己的教育付费（包括办理贷款），这一方法也拥有正当的理由，因为高等教育的私人收益率可能很高。学费的收取减少了公共开支，使得国家支出可以部分地从大学教育转向小学和中学教育。对学生，尤其是那些有支付能力的学生收取他们大学教育的部分费用这一做法的经济逻辑也许是清晰的，但着手执行起来却远非这么简单。墨西哥的宪法规定，各级公共教育全部免费。由于大学生日益增多，以及提供教育的成本日益增加，墨西哥国立自治大学（UNAM）1999年决定提升1948年确定的学生学费水平。截至1999年，当时经过通货膨胀调整的学费仅为每学年2美分。UNAM校方提出，拟对有经济支付能力的学生收取新的150美元的学费。这样的学费水平也不过只能抵消政府在大学教育上支出的不到10%。而对这一提议做出的反应是，该校270 000名在校生中众多学生罢课，学校关闭将近一整年。最终，学校修改了此提议，使150美元的学费变为自愿缴纳的费用，而后该校校长辞职。尽管用户付费的经济逻辑是出于经济效率和社会公正的考虑，但提议的相关政治因素使之无疾而终。

□ 改进学校

除了在整体上提高对学校教育的支出以及从大学教育向较低层次的教育重新配置一些支出之外，学校内部的资源使用也需要改善。从波士顿郊区到印度农村，世界上每个地区的家长们几乎都在抱怨学校条件。有些抱怨是一样的，“我的孩子得不到老师足够

---

① World Bank, *Constructing Knowledge Societies: New Challenges for Tertiary Education* (Washington, DC: World Bank, 2002), p. 51-52.

② World Bank, *Constructing Knowledge Societies*, p. 195.

的关注”或者“我的孩子学不到足够的知识”。但也有些是十分不同的，“为什么老师缺勤率这么高?”或者“为什么学生没有教材?”在有些情况下，这些问题的解决需要更多的财政资金；而另一些情况则需要更好地使用现有资源；还有一些情况，问题不在于资源，而在于让老师们和校长们对自己的行为更加负责。

资源的低效率使用和学校内部责任的缺失已不是新问题。但最近的研究对这些长期存在的问题有新的洞察。对政策变化的回顾性研究提供了评估不同策略的机会。一个新的研究领域采用了一种随机对照试验（randomized controlled trials，RCTs）方法。例如麻省理工学院的 Abdul Latif Jameel Poverty Action Lab（J-PAL）就是从这样的方法中探寻可以改善学校教育、健康、小额信贷等的方法的。与之前所讨论的自然实验不同，RCT 是研究者们设计决定某项具体的措施是否有效的实际实验。这种方法与自然实验和在医疗研究中采用的方法类似，即某一组人接受一种“治疗”，将其结果与另一“控制”组进行比较。从对两个群体的研究中得出的结论可以为如何改善学生的入学率和升级率以及如何改善学习成效提供建议。

一个设计精良的 RCT 可以帮助解决在面对其他类型的研究中所遇到的问题。在一个传统的以加纳的中学为研究对象的，对于阅读以及数学能力的横截面回归方程分析中，对于提高学生成绩而言在统计上最为显著的变量是“修补房顶漏洞”。也许这是因为在房顶修补以后学校得以正常开课从而使得学生们的学习效率以及学习质量有所提高。又或者良好的教学设施可以鼓励学校的老师、学校的管理者以及学生们的家长更有动力来督促和引导学生们好好学习。如果这一点能够解释在统计上得出的发现，那么一个全国性的修补学校破落房顶的措施便也许能够在全国范围内提高孩子们的教育质量。① RCT 就是用来解决像这样的问题的。例如建立楼房管理机构也许就能够解决上述事例所涉及的问题。而从 RCT 中得出的结论则为如何提高教育质量以及保证教育水平提供了建议。

□ 降低上学成本

之前我们曾提到，2015 年普及小学教育的千年发展目标不太可能实现。关于年级存活率的数据表明，低收入国家 20%的孩子甚至没有完成四年的学校教育。孩子们不能上学的原因之一是没有位置便利的学校可上。这在偏远地区当然是个问题，许多孩子上学的距离仍然很远。然而，研究结果表明，低就读率的原因更多地来自家庭需求方面而不是学校供给方面。②

在需求方面，因为贫穷的家庭不能承担上学所需的各项费用，家长们可能不会送孩子去上学，包括小学。这些费用可能是上学的学费，也可能是买书或按者规定必须穿的校服的费用。在肯尼亚，一身校服要花 6 美元，对于一个 1/5 的人口还生活在“每日 1.25 美元”贫困线以下的国家来说，这是个不小的数目。自 20 世纪 90 年代后期起，几个东非国家（包括肯尼亚、坦桑尼亚、乌干达和赞比亚）的政府就免除了小学教育的全部学费；在有些学校，不再强制学生穿校服。政府后来公布了入学率的显著上升。

---

① Paul Glewwe and Michael Kremer, “Schools, Teachers, and Education Outcomes.”

② Lant Pritchett, “Access to Education.”

免除学校费用可以带来入学率的上升这一点并不令人惊讶，但这么做也是成本高昂的。许多家庭之前已经交付了费用，把孩子送进了学校。一旦免除学费，政府就失去了急需的为教师和学校其他事项花销的收入。资助学校教育目前需要新的收入，或需要从一些其他用途中重新调配资金。一个关键的经济问题是，降低学校费用是否就是对资源的高效率使用？哈佛大学的发展经济学家，也是随机化选择实验和其他实验方法的提倡者迈克尔·克莱默（Michael Kremer）评估了肯尼亚的一个实验项目。此项目从 14 所运转不佳的学校里随机选出 7 所。这些“接受治疗”的学校向学生们提供免费的校服和教科书，这些由荷兰的一家非营利政府组织来资助，它们还获得了条件改良的教室。辍学率大大下降，许多附近学校的学生都转学至这些学校，使课堂规模扩大了 50%。克莱默和他的合作者得出结论：免费校服带来的经济利益是学校就读率提高的重要因素。（由于女孩们在学校的时间延长，免费校服还与青少年怀孕率降低超过 10%有非常紧密的联系。）他们还认为，既然家长为了这些利益愿意接受大一些的班级规模，政府也许完全可以重新配置教育支出，用更大一些的班级来换取学生更低的就读费用，以此提高学校的毕业率。①

另一个提高入学率和升级率的方法是，设计出一种需要通过经济状况调查获取指标的计划，被纳入计划的家庭可以得到一笔款项来送孩子入学就读。几个国家采纳了这种方法。巴西实行的学校奖学金计划（Bolsa Escola，学校助学金）和墨西哥实行的教育进步计划（PROGRESA，教育、卫生和营养计划）向数以百万计的贫困家庭提供了适当的补助，提供补助的条件就是他们的孩子留在学校里读书。两个计划都带来了入学率和升级率的提高（见案例 8—3）。日本对于柬埔寨在消除贫困上的经济援助同样取得了相似的效果。在 93 个参与学校中的 45 名最需要资助的女孩，只要她们按时上学，成绩能够达到通过的要求便可以获得 45 美元的奖学金补助。这对于这个低收入国家来讲是一笔不小的金额。对于补助项目报告的评估使预期结果的测量有了很大的提高。孟加拉国的“学校食品计划”为符合条件的家庭每月提供免费的小麦配额或其他谷物，所谓符合条件的家庭是指通过了经济状况调查的家庭。这个条件是指，家庭拥有的土地必须少于半亩，户主必须为女性，或是体力劳动者，或者工资收入很低。得到资助的家庭既可以把所得的粮食消费掉，也可以卖出去，再把挣来的收入用于其他开销。为了持续地成为合格家庭，孩子在校每月的出勤率必须达到 85%。这一计划成功地提高了小学入学率和课堂出勤率，降低了辍学率，尤其是对于女孩来讲。

▶ 案例 8—3　墨西哥的教育进步计划

当 1995 年埃内斯托·塞迪略（Ernesto Zedillo）成为墨西哥总统的时候，整个墨西哥 1/5 的人口负担不起保证最低日常营养的食品，1 000 万个墨西哥人不能享受基本的卫生服务，150 多万儿童没有上学，偏远贫穷地区的学生旷课率和辍学率比全国其他地区高出三倍。他的政府内阁决定采取新的脱贫手段。墨西哥教育、卫生和营养计划，即所谓的教育进步计划（PROGRESA），引入了对贫困家庭的一系列有条件的现金调拨。

① Glewwe and Kremer, “Schools, Teachers, and Education Outcomes.”

这些家庭如果让孩子注册入学，并且有家庭成员光顾医疗诊所进行检查并咨询营养及卫生信息，就可以得到现金资助。

这一计划旨在弥补之前计划的若干缺陷。首先，它通过鼓励人力资本投资来削弱贫困家庭偏向于消费的倾向。其次，它认可了教育、卫生和营养之间相互依存的关系。再次，它把现金调拨和家庭行为联系在一起，旨在转变家庭的态度。最后，为了减少政治干预，该计划的目标、规则、条件和评估方法都公之于众。

超过 7 岁的儿童有资格接受教育转移支付。支付的金额随着年级而增加（因为在校读书的机会成本随着年龄而增加），并且为了鼓励女孩子读中学，调拨给她们的金额更高。为了享受这一好处，学生需要保证 85%的出勤率记录，且留级不能超过一次。因为一般认为母亲对抚养孩子更负责，支付的金额将拨到母亲手里。1999 年，月均转移支付约为每个家庭 24 美元，几乎是计划实施之前家庭平均消费支出的 20%。

截至 2002 年底，该计划惠及 2 100 万人口，约占整个墨西哥人口的 1/5。计划中 60%的转移支付金额流向了国民收入分配中最穷的 20%的人口，80%则流向了最穷的 40%的人口。

由此，在学校注册的家庭增多了，尤其中学里女孩的入学率提高了。入学率的上升大多来自从小学到中学的升学。该计划的实行主要是通过让孩子们留在学校里接受教育，而不是通过鼓励那些已经辍学的学生重返校园。计划对学习本身的影响则不那么明显。老师的反映是有所改进，他们把这种改进归因于更高的出勤率、学生兴趣的提高和营养的改善。但该计划开始实行一年后的一项研究发现，学生测验的分数未见提高。

2001 年，在新墨西哥总统的通知下，PROGRESA 被重新命名为 Oportunidades。此项目的成功不仅反映了国家在教育以及医疗情况上的发展，而且反映了这个项目在政治波动中生存的能力。如今，Oportunidades 已经变成了被全拉丁美洲乃至全世界参考、学习的典范。

资料来源：改编自 World Bank，“Spotlight on PROGRESA，” *2004 World Development Report，Making Services Work for Poor People*（Washington，DC：World Bank and Oxford University Press，2004），30-31。（World Bank，2009.）

CCTs（有条件转移支付），就像我们刚刚讨论过的项目一样，拥有多种目标且可以被看作是减贫计划的一部分。如果这种现金或食品的调拨仅以家庭贫困为理由，那么以送孩子上学为条件的这种调拨从教育角度考虑就非常划算。如果这种调拨主要是以提高入学率和升级率为初衷，那么成本—收益就部分地取决于这一目标达成得如何。如果所需符合的条件设定得过于宽泛，那么接受调拨者就会包括已经送孩子上学了的家庭，资金和食品的支出对这些家庭中孩子的教育就不会产生任何边际收益。

□ 资源的低效率使用

教育支出的相关决策也涉及改善学校体系内部资源的有效使用。稀缺的资源应该被分配给教学楼还是分配给教师？分配给教师还是学习用具（黑板、书桌、教科书等）？还是分配给诸多可供选择的其他事项？贫困国家的学校所面临的诸多问题是非常严重的。常常所有的东西都很短缺。教室的屋顶漏水，许多学生挤在简陋的书桌旁边，如果尚且有书桌的话。老师常常都是未经过培训的，体弱多病的学生常常无法保持有效的学习状态。在这样一种状况下，决策如何配置资源并非易事，而且相关研究并不总是可以提供明确的决策准则。

20 世纪 80 年代，部分关于学校内部资源配置的争论是关于将资源用于建造校舍还是用于维持学校运转的经常性支出。这些经常性支出既包括教学用具和设备的非工资性支出，也包括教师及行政管理人员的工薪支出。常常资助学校开支，尤其是低收入国家学校支出的捐助者更倾向于建造新校舍。这样捐助者就能够看到自己的援助所带来的有形成果，而这正是出资委托人回到本国后所希望看到的。捐助者也期望能够与接受援助的国家政府建立伙伴关系，并假设政府能够负担经常性支出的费用。这些安排的结果经常就是新建校舍，而且常常是比需要的建筑标准更高的学校，有时还需要进口建筑材料，而这么做就导致了对经常性支出的投资不足。于是就有了没老师的学校，或者没粉笔或作业本的教室。

这种方法在 20 世纪 90 年代发生了变化。对学校数量和供应率的关注减少了，越来越多的注意力转向了学校质量的改善。资源被重新引导至经常性支出，尤其是非工资性事项。但这一方法也被证明存在欠缺；因为学习成效上的改善仍难以衡量。

提升学校就读率的一项很划算的措施（除了降低学费之外）并不是教育方面的投入；而是一年使用两次阿苯达唑或吡喹酮，这是两种用来消灭钩虫或血吸虫等肠道虫的药物。这类肠道虫影响着世界上 1/4 的人口，尤其在儿童中十分普遍。在肯尼亚乡村的布西亚地区进行的随机化选择的实验中，某些学校的学生接受了治疗，而其他学校的学生则未接受治疗。研究发现，接受治疗的学校相比未接受治疗的学校，课堂旷课率降低了 25%。一些以前身体虚弱或精神倦怠的学生由于得到治疗，能来上学了；去除蠕虫还使学生在课堂上注意力更加集中，使得上学更加有价值。除了对学校出勤率的影响，这些药物还改善了健康状况。

这一措施十分划算，因为治疗成本非常低，每个孩子每年仅约 0.5 美元。去除蠕虫使每个小学生平均增加了 0.15 年的入学时间，也就是说，每多让学生上一整年学会花费 3.5 美元。（相比之下，校服花费每个学生 6 美元。因为提供校服所提高的就读率不及去除肠道虫所提高的，而校服计划使学生多上一整年学需要 99 美元的成本，因而不太划算。）即使去除蠕虫可以提高就读率，但以学生测验分数来衡量的学习成效未见明显改善。①

一个于 2007—2009 年在肯尼亚当地学校对 6～11 岁那些接受了去除蛔虫治疗的孩子们所做的研究发现了去除蛔虫的长远益处。比较这些接受过治疗和那些没有接受治疗的孩子们，研究发现，他们在接受教育过程中有极大的不同。去除蛔虫直接影响到了孩子今后的教育程度、就业机会以及成年后的食物汲取。② 越来越多的文献证明政府对这

---

① Edward Miguel and Michael Kremer, "Worms: Identifying Impacts on Education and Health in the Presence of Treatment Externalities," *Econometrica* 72, no. 1 (2004).

② Michael Kremer, Sarah Baird, Joan Hamory Hicks, and Edward Miguel, "Worms at Work: Long-Run Impacts of Child Health Gains" (May 2011), www.economics.harvard.edu/faculty/kremer/files/KLPS-Labor_2011-05-13-Circulate-B-No-IRR.pdf.

些孩童所做的投资在孩子成年之后取得了非常大的收益。这些收益尤其体现在其接受教育的程度以及身体健康发展方面。

更传统的学校投入事项包括缩小班级规模、增加教科书和其他教学用具的使用量、增加教师培训。每项措施都突出体现出改进学校内部资源使用的相关决策的难度。适当的班级规模是世界范围内无论是富国还是穷国的学校系统都常争论的一个问题。基本的观点很简单。在小一些的班级里，老师可以更好地关注每个学生，甚至一对一辅导学生。带领由 25 个 7 岁学生（更不用说 13 岁的学生）组成的班级已经足够让人忙活的了，试想教一个两倍、三倍或者更大规模的班级将是一种什么情形呢?

美国教育经济学方面的杰出专家、胡佛研究所高级研究员埃里克·哈努谢克（Eric Hanushek）就发展中国家学生测试分数的决定因素进行了 100 多项调查。在 30 项调查班级规模的研究中，有 8 项发现了具有统计显著性的正效应（每位老师带的学生越少，学生成绩就越好）；有 8 项发现了具有统计显著性的负效应（每位老师带的学生越少，学生成绩就越差）；其余 14 项根本未发现任何显著效应。① 解释这些调查结果时我们需要格外谨慎。这些结果并不意味着班级大小无关紧要；它们只是表明，在班级大小和学生成绩之间并没有强而显著的相关关系（更不要说因果关系了）。② 在有些情况下，缩小班级规模是合理的；在其他情况下，在增加的教师和教室上的额外支出不会产生收益。在我们甚至不能确定小的班级规模与学生成绩之间存在着简单相关关系的情况下，要回答配置稀缺资源的成本—收益或经济效率问题，以使 1 美元在各项投入之间的收益均等是极其困难的。

确定改善学生成绩的战略的难度并不囿于对学生—教师比的研究。关于教科书使用或教师培训的研究也得出了类似结果。根据保罗·格莱维和迈克尔·克莱默的调查，在牙买加小学中教科书的引入的确改善了阅读的分数，但在菲律宾，教科书的影响则是“不稳定的”，出现了对一年级数学和阅读分数的正面的以及负面的影响。在肯尼亚农村进行的一次随机化选择实验发现，并不存在提供教科书就可以改善学生平均分数的事实依据。然而，在提供教科书之前成绩处于平均水平以上的学生的确有所提高。这可能是由于政府所提供的教科书都是英文的，而英文常常是许多当地儿童的第二甚至第三语言，所以只有能力最强的学生才具备足够的英语语言技能从得到的教科书中获益。对教师培训的研究与对班级大小和教科书使用的研究一样，产生了类似的含混的结果。

很多发展中国家的学校可以做得更好。RCTs 同时也为我们提供了很多建设性的分

---

① Eric Hanushek，“Interpreting Recent Research on Schooling in Developing Countries，” *World Bank Research Observer* 10，no. 2 (1995). 在早期的一项研究中，哈努谢克也得出了关于美国的班级大小对学生成绩影响的相同结论。（见“The Economics of Schooling：Production and Efficiency in Public Schools，” *Journal of Economic Literature* 24 (1986)。）

② 在确定班级大小对学生学习的影响方面，难点之一就是内生性的问题。班级大小可能并不是独立于其他决定学生成绩的因素而被决定的。例如，如果学校的管理层决定对调皮捣蛋或者学习有困难的学生采取小班模式，寄希望于如果学生少一些，老师可以更好地管理这样的班级，那么班级大小就会与学生成绩呈现反向相关的关系，而并不是成绩较差的原因。类似地，如果一些教育背景较好、收入较高的群众通过有效的游说，争取到了更多的老师和更小的班级，那么班级大小就会与更好的学生成绩呈现出正相关的关系，虽然这种更好的成绩很可能是由于学生家长的教育背景较好，从而学生得以就读于更小的班级。班级大小对学生成绩的独立影响同样难以确定。

析和方法，包括与技术紧密相关的研究方法以及把教师薪酬与学生们的测试成绩相结合。[①] 但仅采取一项措施肯定不会一劳永逸。各地情况不同，也需因地制宜。由于教育生产函数的复杂性，确定可行解决方案的难度较大，而我们正是运用这一函数来描述学校综合利用各项投入（学生、教师、教室、教科书等）以生产出产品（学识）的方式的。

□ 不仅是钱的问题

如果说存在着思考关于教育和发展的趋势，那么这一趋势已从主要关注通过建立更多学校、聘用更多老师来增加学校数量，以及最近一段时期降低就读成本，转移到了通过改善学校自身内部投入的数量和结构来提高学校质量上来。这些方法都取得了一定程度的成功，本章前文提到，注册入学率显著提高，至少是在一些学校里，更好的学校投入带来了学习效果的改善。但学生学习成绩普遍且持续存在的低水平不仅需要更多的钱来解决问题，也要求学校系统进行改革。学校改革和更多资源不一定是彼此替代的关系。两者对于取得更好的教育成效是同时需要的，但如果缺乏配套的学校改革，仅靠更多的钱来实现这一目标则是不充分的。对学校改革的呼声与对其他领域政府制度改革的呼吁彼此呼应。不仅是改进私有企业氛围，鼓励物质资本投资需要管理体制的改进；改善人力资本的投资同样需要。

最近在印度全国范围内进行的一项关于教师缺勤率的研究清楚地表明，教师的责任心亟待提高。[②] 研究人员对 3 700 所印度小学进行了三次突击造访。每所学校老师的上课或缺课记录由直接到场核实的方法来确定，也就是说，研究人员在教学楼里直接看到老师，而不是查看日志或其他记录。在有一次访查的当天，四位小学教师中平均会有一位缺课。只有 45％的小学教师（不到一半）访查时在积极地从事教学。这些缺课以及从事非教学事项的老师中，有一定比例以健康状况或以执行所要求的行政或其他职责为缺课借口。但即便是排除了这些因素之后，缺课率仍然很高。

印度这项研究的发起人考察了教师缺课的相关因素，并未发现相对更高的工资或更好的教育背景会降低缺课率。与地方官方的更强的关联似乎也不是一个重要因素。具备更好的基础设施（例如，有电或者有工作人员厕所）、更经常进行检查以及离马路更近的学校在某种程度上有着更低的缺课率，但普遍认可的结论是：让更多的老师忠于职守确实是一项重大挑战。该研究也在其他国家进行了类似调查。印度老师的缺课率最高（乌干达其次，为 27％），秘鲁 14％、巴布亚新几内亚 15％以及印度尼西亚 19％的教师缺课率也都是不容乐观的。如果这么多老师连履行日常教育学生职责的最低标准都达不到，那么对适当的课程、更好的教学方法或者更多学校资源的讨论都成了次要的问题。为了解释教师缺课率如此之高的原因，迈克尔·克莱默和他的合作者们指出，老师所面对的被解聘的风险很小。他们发现，在近 3 000 所小学中，只有一位校长曾因多次缺课而解聘过一位教师。缺乏“棍棒”严查诚然可以部分地解释高缺课率，但责任心的问题

① RCTs 的应用在近几年中急剧上升。J-PAL 记录了很多最新的发现（www. povertyactionlab. org/），同样参见 Michael Kremer and Alaka Holla，“Improving Education in the Developing World：What Have We Learned from Randomized Evaluations?” *Annual Review of Economics* 1 (September 2009)。

② Michael Kremer et al.，“Teacher Absence in India：A Snapshot，” *Journal of the European Economic Association* 3，nos. 2-3 (April-May 2005).

才是更加深层次的原因。

教师缺课，卫生部门员工或其他政府雇员缺勤，并非责任心缺失的唯一例证。这种责任心的缺失危害了中低收入国家公共服务的提供。① 在另一项常被援引的研究中，研究人员“跟踪了”乌干达国家政府分配给地方小学的款项。② 尽管政府批准了20%的公共支出投向教育，且多数是投向小学教育，但资助非工资性支出的计划却很少能真正使款项拨付给本来要惠及的学校。在1991—1995年间，平均只有13%的资助款项实际上为学校所使用；该研究所调查的250所小学中几乎有3/4的学校仅收到了批准下来的款项的不到5%。地方官员和政治家一路攫取了大部分款项。

与仍然存在的老师缺课问题不同，发现了乌干达大量教育资金漏出的这项研究引发了大规模的制度改革。中央政府对初步研究做出了回应，启动了一项信息运动，将中央支出的款项金额公布于新闻媒体。还要求小学公布实际所接收到的资助款项。乌干达学校体系中影响力很大的地方家长教师协会（PTA）借此就可以知晓当地学校应得的款项，并能够监督款项使用的结果。通过降低信息的不对称性，可能使地方官员对自己的行为更加负责。信息运动与中央政府官员更多的监督（包括对违规者严苛的惩罚）一起，使学校所接收到的资金从1995年的20%增加到了2001年的80%。③

乌干达的案例中，最终是依赖于地方或公众的控制力来增强地方官员从中央政府接受资金过程中的责任。通过使学校管理层分权化的方式来增强地方控制力是使控制资金的官员及教师和校长们这些教育提供者更负责的若干改革策略之一。萨尔瓦多的社区参与教育计划（Educo）提供了这一方法的另一案例。

萨尔瓦多20世纪80年代漫长的内战遗留下来的学校体系十分糟糕。全国1/3的小学关闭，许多地区传统的政府学校及教师也得不到当地民众的信任，因为他们之前也许曾与政府刀枪相向。在战争期间，一些社区雇用了当地的教师，建立起社区学校来代替政府运营的学校。利用这一机会，政府决定把社区学校纳入国家教育体系中，并鼓励开办新的社区学校。这些受欢迎的学校与教育部签署了一年期可续签的协议。这些地方学校由家长团体来运营，这些团体从政府手中获得资金，以可续约的合同聘用教师，并决定教师的工资和其他条款。人员流动率很高；经常缺课或表现不佳的教师就会被解聘。家长更经常地去参观学校，相比传统学校，家长更多地介入学校教育中。这些措施的结果是很鼓舞人心的。Educo计划也深入到了农村。随着越来越多的新生注册于这种颇受欢迎的学校，农村小学的入学率迅速提高。Educo计划中的学校和传统学校的学生成绩是可以相比的。这是一个令人振奋的结果，因为Educo计划中的学生相比传统政府学校

---

① 改善公共部门服务的问题是 *2004 World Development Report*，*Making Services Work for Poor People*（Washington，DC：World Bank and Oxford University Press，2004）关注的焦点。本书分设不同章节来分别阐述基本教育、保健和营养以及饮用水、卫生和供电问题。

② Ritva Reinikka and Jakob Svensson，“Local Capture：Evidence from a Central Government Transfer Program in Uganda，” *Quarterly Journal of Economics* 119，no. 2（May 2004）.

③ Ritva Reinikka and Jakob Svensson，“The Power of Information：Evidence from a Newspaper Campaign to Reduce Capture，” Policy Research Paper 3239（World Bank，March 2004）. 也可参见 Paul Hubbard，“Putting the Power of Transparency in Context：Information's Role in Reducing Corruption in Uganda's Education Sector，” Working Paper Number 136（Washington，DC，Center for Global Development，December 2007）。这篇文章认为提高资源的流动性所获得的益处是很多政府改革的结果，并不仅仅是更多信息透明化的结果。

中的学生而言，大多来自较贫困的和教育背景较差的家庭。①

Educo计划的相对成功并不意味着所有的学校体系都应采取类似此计划的模式，或者说更多的家长参与和控制就总会改善学校教育的成果。像肯尼亚的一些RCT和印度的一些案例就提供了相反的结论。② 但所有的这些案例确实都提醒了人们，政府具备试行以其他方式提供服务的能力。对于许多正在寻求改进学校教育、医疗等部门的国家来说，无论是中低收入还是高收入国家，学校改革都只是庞大的制度改革日程的一部分。这类改革的经验表明，"一种规格并非处处适用"，必须持续地进行实验和评估才能确定在不同的国情下什么方法是奏效的。学校体系需要在各个教育水平上接纳并保留住更多的学生，并改善他们的学习成效。为了这一目标，学校需要清晰的目标、充足的资金以及关于如何运营以达成既定目标的一定的自主权。学校必须对资助学校系统的国内外纳税人（包括国内和国外）保持高度负责，最重要的是，必须对指望学校提供教育的学生及其家长高度负责。

▶ 案例8—4　防止教师缺勤

当一个学生错过了一堂课时，他/她的学习就会受到极大的影响；而当一位老师缺勤一堂课时，受到影响的则会是整个班级。又或者，现实真的是这样吗？在尝试降低教师缺勤率及其影响的研究中，艾瑟·杜夫诺和她的同事与印度的一个非营利组织Seva Mandir一起做了一个创新政策的实验。

Seva Mandir在印度人烟稀少的部落村庄开设了以一位教师为主授课的初等教育学堂。在印度，每一百万儿童中就有一个孩子在这样的学堂中学习。此种学堂的目标是教授学生一些基本的技能来为参与正常政府开设的教育机构而做准备。教师们被非营利组织雇用并签署相对宽松的合同。这些教师并不是以国家公务员的身份工作，大多数是印度的学校教师。这就使一些提供资金援助的项目更容易参与到教育系统中从而减少教师缺勤的现象。由于这种学堂的特殊地理位置，想要监督这样的教育机构是十分困难的。教师缺勤率高达44%。尽管对于Seva Mandir来讲，它有权开除那些缺勤次数很多的教师，但对于此现象监管的客观难度使它也无能为力。

Seva Mandir在它所开设的学堂中选择了120个来参与随机对照试验（RCT）。这些只有一个教室的学堂通常有20个学生，以及每天6个小时的学校生活。老师们通常来自当地并具有大约10年的工作经验。每个学堂中只有一位教师。而当这位教师缺勤的时候，学校则不得不关闭。在120个参与试验的学堂中，半数被给予了一个带有防干扰功能的具有日期以及时间的照相机。要求老师每天让一个学生给老师拍一张照片，并分别在课堂开始和结束的时候给其他的学生拍照片。如果两张照片之间相隔的时间至少为5个小时，且照片中分别至少出现8个学生，这样的一天被定义为一个"有效的学校日"。教师的薪酬则是基于这些被成功提交"有效学校日"照片张数的一个方程。而另一半学堂则依照原本普通的方式每月为教师发放薪酬。Seva Mandir仍然对

① World Bank, *2004 World Development Report*, p. 131-132.

② Kremer and Holla, "Improving Education in the Developing World."

教师们强调，如果缺勤现象严重，则会被解雇，且每月都会有一次不定期抽查。结果表明，这两组学堂的平均工资几乎相同。

在这段超过 18 个月的时间里，控制组的缺勤率几乎下降了一半，达到 22%。照相机的运用大大减少了教师们曾经将近 50%的缺勤率。相比对照组在 1%以下的全勤教师概率，照相机的措施同时也使控制组全勤的教师概率达到了 36%。

学生们同时能够学到更多东西了吗？实验所涉及的措施仅仅促使教师们不要缺勤，对于教师的授课质量以及教师在提高学生学习能力和成绩方面并没有特别的鼓励，而这才是此项政策的真正目标。通过对于学堂抽查的观察，在控制组和对照组的教师们在教学过程中的投入都是相等的。由于控制组教师较高的出勤率，所对应的教学次数也相继上升，相当于每个月三天。一年以后，此项结果在学生的基本语言和数学技能测试中有所体现，大约有 0.17 个标准差的增长，并取得了更高的标准小学入学率，有着非常明显的成本—收益。在相等的教师薪酬之外，该实验其他的花费包括照相机、胶卷和管理费用，计算以后得出大约为每个孩子 6 美元。又或者，测试分数中标准差每 0.10 的增长大约花费 3.58 美元。

在 RCT 实验结束后，Seva Mandir 继续用照相机的方式管理和监督教师们的出勤率。效果是相对持久的。由于教师工会的反对，该项管理系统在地区学堂中所取得的成功也许无法运用到印度政府所开办的学校中。然而对于教师们表现的奖励机制仍然存在。

资料来源：Esther Duo，Rema Hanna，and Stephen P. Ryan，"Incentives Work：Getting Teachers to Come to School，" *American Economic Review* (forthcoming).

8.3 本章小结

● 以历史水平来看，过去的 40 年见证了男性及女性入学接受基本教育的革命性变化。截至 2010 年，发展中国家 80%的成年人在其孩童时代都上过学。这些对人力资本的投资对改进 21 世纪多数人的安乐具有深远的意义。

● 虽然取得了这些成就，但仍有许多问题需要解决。世界上每五个孩子中就有四个生活在中低收入国家，这些孩子中许多人从未上过学，或者是连四年的小学都没上完。而且由于他们所接受的教育远远落后于高收入国家中同年龄段的孩子，就算是上过学的孩子也常常收获甚微。

● 上学仍是一种物有所值的私人投资和社会投资。在每个国家，平均来讲，如果你接受过更多年限的学校教育，你就会比其他接受过较少学校教育的人收入更高。综合考虑学校教育的收益以及成本的估计收益率指标表明，学校教育相比其他投资来说，可以带来更具吸引力的收益。

● 但学校教育并非万灵药。许多国家的入学率提高了，年轻人也接受了多年的学校教育，但国民经济仍未见增长。在一个不好的经济环境里，学校教育方面的投资与其他投资一样，也可能被浪费。扩大对包括受过教育的以及未受过教育的全部劳动者的需求，从而提高教育的私人收益率和社会收益率，仍是取得经济发展的关键性挑战。

- 在使学校教育更加具有成效方面，同样大有可为。一些发展中国家在教育上整体投资不足；许多国家在高等教育部门支出过多，而牺牲了初等和中等水平的学校教育，错误地配置了资源；并且多数国家能够在学校内部改善资源的使用。这一改善所涉及的内容十分广泛，既包括改进孩子的健康状况，减少教师缺勤，也包括改变学校的投入结构，常常是把更多的资源投入教学用具和其他学校供给上。
- 减少学费和其他费用可以提高入学率，提供有条件现金转移支付和增强儿童健康营养已被证明可以使贫困家庭中的孩子入学并留在学校里持续地学习。
- 如何提高学生成绩也成为世界范围内的一项挑战。对于随机对照试验的运用提供了一些新的见解。改变学校投入的结构固然重要，但使教师、管理者及政府官员为学校教育的结果负起责任也许才是最重要的因素。

第9章 健　康

一提起笔，这个熟悉的话题不由得在脑海中浮现。2005年，丹麦是一个拥有540万人口的高收入国家，它的死亡率为10/1 000，也就是说，当年大约有5.4万丹麦人死去。由此产生的第一个问题是：那些死去人口的中间年龄是多大？换言之，那些死去的人口有一半大于这一选定年龄，而另一半则小于这一年龄。现在让我们再来看看世界上最贫穷的国家塞拉利昂，它拥有与丹麦大约相同的人口规模。但2005年，塞拉利昂的死亡率要高得多，大约为24/1 000，导致近13万人死亡。由此则产生了第二个问题：塞拉利昂死亡人口的中间年龄是多大？记一下你的估计值；很快我们将提供答案。

一个像塞拉利昂那样非常贫穷的国家和一个像丹麦那样富有的发达国家死亡年龄分布之间的差异在于，塞拉利昂的多数死亡人口在5岁以下，而丹麦则主要是老年人。这可以通过图9-1中的年龄金字塔图形进行说明。我们回顾第7章中的年龄金字塔，对人口迅速与缓慢增长的国家之间进行了对比（见案例7—3）。图9-1中的年龄金字塔看起来则完全不同，它们仅仅指给定年份死去的那些人。在塞拉利昂，在4岁以下死亡的人比任何其他年龄组的人都多；而在丹麦，孩子死亡很少发生。这就是问题的答案：丹麦死亡年龄的中值是77岁；而塞拉利昂则不到4岁。这些数字的显著差异告诉了我们大量有关世界上最富有和最贫穷国家之间生与死的信息。

一国总体健康状况的最好指标之一是**5岁以下死亡率**（under five mortality rate）。这一指标是指某一具体年份出生的孩子在5岁之前死去的概率（用每1 000个新生儿的存活率表示），假定遵从当前特定年龄的死亡率。在塞拉利昂，每1 000个5岁以下孩子就有283人死亡，与丹麦仅有5人死亡形成对比（见表9-1）。塞拉利昂的所有5岁以下死亡率中，大约20%发生在生命中的最初几个月。对塞拉利昂的孩子来说，孩童早期是一个特别危险的时期。

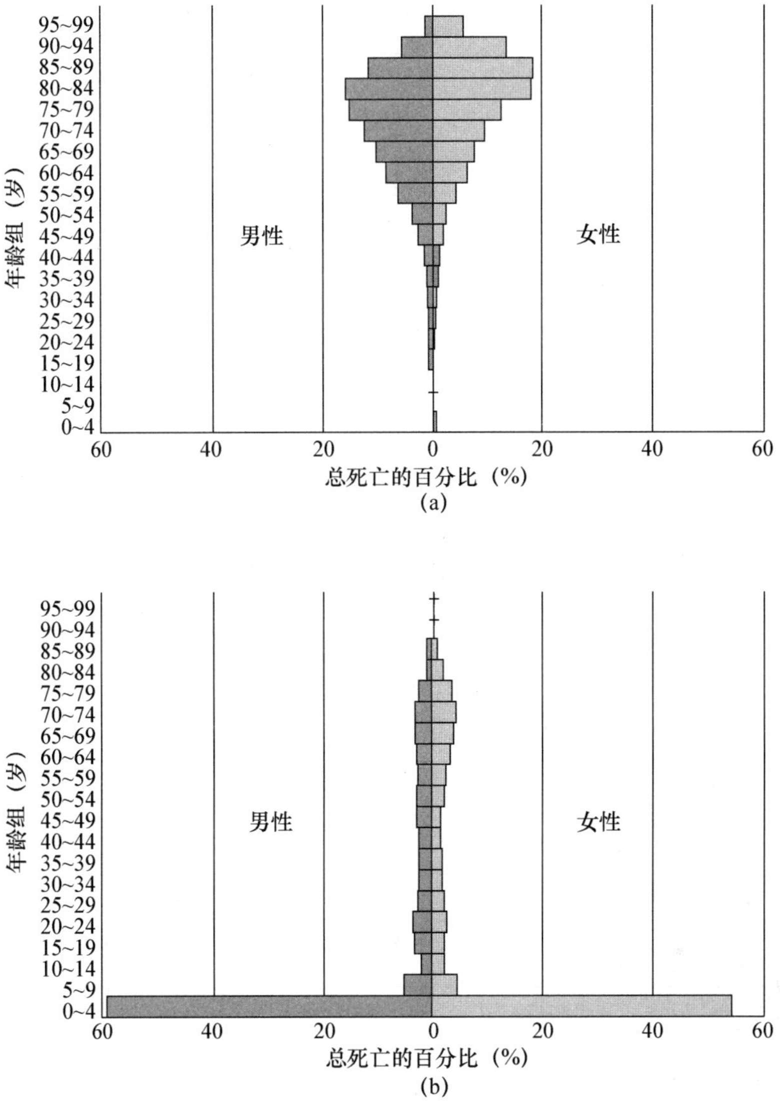

图 9－1　(a) 丹麦与 (b) 塞拉利昂死亡年龄分布图，2005 年（图中的数值是预测值）

资料来源：World Bank，*Health Financing Revisited*，Processed (Washington，DC：World Bank，2005).

表 9－1　　塞拉利昂和丹麦的相关健康选择性指标（21 世纪中期）

	塞拉利昂	丹麦
死亡率统计		
出生时的预期寿命（岁）		
两种性别	40	79
男性	39	76
女性	42	81
死亡率（每 1 000 人）		
新生儿期（最初的 28 天）	56	3

续前表

	塞拉利昂	丹麦
5 岁以下	269	4
成年（15～60 岁）男性	556	111
成年（15～60 岁）女性	460	65
出生时的健康预期寿命（HALE，岁）		
男性	27	69
女性	30	71
患病率统计		
5 岁以下发育迟缓者（%）	38	—
5 岁以下体重不足者（%）	25	—
环境风险因素		
城镇获得改善的水资源	83	100
农村获得改善的水资源	32	100
城镇得到改良的卫生设施	20	—
农村得到改良的卫生设施	5	—
医疗服务覆盖率		
1 岁孩子的免疫覆盖率（%）		
麻疹	67	89
白喉、破伤风、百日咳三剂疫苗	64	75
出生时被有技能的医护人员照顾（%）	43	—
医疗系统统计		
每万人的医生数量	<1	36
每万人的护士和助产士数量	5	101
每万人的医院床位	4	38
人均总医疗花费（美元，购买力平价）	41	3 349

资料来源：World Health Organization，Statistical Information System，*World Health Statistics 2009*，available at www.who.int/whosis/en，accessed February 2012.

关于在塞拉利昂和丹麦出生的孩子幸存机会的巨大差距以及数字显示的其余塞拉利昂人口较差的健康状况，有许多解释。不到一半的塞拉利昂母亲在生孩子时被有技能的医护人员照顾；而丹麦的所有母亲都能获得这样的服务。营养不良在塞拉利昂普遍存在，尤其在孩子中。三分之一的 5 岁以下孩子发育迟缓，27%的孩子体重不足。**发育迟缓**（stunting）指 5 岁以下孩子所具有的身高—年龄比低于**世界卫生组织**（World Health Organization，WHO）制定的全球参考中值不到两个标准差。**体重不足**（underweight）指 5 岁以下孩子所具有的体重—年龄比低于世界卫生组织制定的全球参考中值不到两个标准差。这样的结果在丹麦都非常少见。

塞拉利昂农村地区的大多数居民不能获得清洁的水和改良的卫生设施，城镇地区的很多人也缺乏那样的服务。丹麦的每个人都能获得安全的饮用水和享受现代化的卫生设施。几乎所有 1 岁的丹麦孩子（89%）都能获得麻疹免疫和 3 种疫苗（白喉、破伤风、百日咳）。塞拉利昂的 1 岁孩子中，仅有 60%能获得麻疹免疫和 3 种疫苗；40%因不能获得免疫而处于被感染的风险之中。一个人在丹麦生病后有许多可求助的医疗保健资源。每 10 000 个丹麦人拥有的医疗保健工作者数量是塞拉利昂的近 50 倍（98∶2）。在丹麦，每 10 000 个人有 32 个受过培训的医生；在塞拉利昂则不足 1 个。丹麦每人每年在医疗保健方面的花费是塞拉利昂人的近 100 倍（3 513 美元对 32 美元；美元购买力平价）。从孩童时期到成人期健康服务的匮乏提高了成年人的死亡率。成年（15～60 岁）男性在塞拉利昂死亡的可能性是在丹麦的 4 倍，成年女性则是丹麦的 5 倍。

丹麦和塞拉利昂的数据反映了它们各自所处的地域欧洲和非洲的经历。与欧洲每 1 000 人中 14 的最低死亡率相比，非洲具有每 1 000 人中 142 的 5 岁以下最高死亡率①（见表 9－2）。包括北非和中东的 21 个国家在内的地中海东部地区，是具有 78/1 000 的第二高的 5 岁以下死亡率地区；包括孟加拉国、印度和印度尼西亚在内的东南亚地区居世界第三位，为 63/1 000。低收入导致了不良的健康结果，反过来与低水平的教育和环境风险因素相关，如难以获得安全的饮用水、不良的卫生设施等，尤其在农村地区。医疗人员的不足和低水平的医疗花费是孩子和成人高死亡率的其他特征。正如我们将看到的，低收入水平是不同国家和地区之间健康结果不一致的主要原因，当然不是所有因素。

表 9－2　　　　世界卫生组织中各区域与健康相关的选择性指标，2009 年

	非洲地区	美洲	东南亚	欧洲地区	地中海东部	太平洋西部地区
死亡率统计						
出生时预期寿命（岁），男性	51	73	63	70	63	72
出生时预期寿命（岁），女性	54	78	66	78	66	77
死亡率（每 1 000 人）						
新生儿期（最初的 28 天）	40	11	35	10	38	17
5 岁以下	145	19	65	15	82	22
成年（15～60 岁）男性	429	163	252	221	229	144
成年（15～60 岁）女性	374	91	187	94	175	85
出生时的健康预期寿命（HALE，岁），男性	45	65	56	64	55	65
出生时的健康预期寿命（HALE，岁），女性	46	69	57	70	57	69
患病率统计						
活着的成年（＞15 岁）艾滋病患者比率（每 100 000 人）	4 735	448	295	336	202	89
环境风险因素						
城镇获得改善的水资源	82	98	94	100	93	98
农村获得改善的水资源	46	81	84	92	75	82
城镇得到改良的卫生设施	46	92	58	97	85	79
农村得到改良的卫生设施	26	68	27	85	43	61
医疗服务覆盖率						
1 岁孩子的免疫覆盖率（%）						

① 世界卫生组织是联合国负责全球健康问题的主要机构。世界卫生组织的数据依赖于地区的分类项目，这一分类不同于世界银行使用的分类，在本书中通常都使用这一分类标准。

续前表

	非洲地区	美洲	东南亚	欧洲地区	地中海东部	太平洋西部地区
麻疹	74	93	73	94	84	92
白喉、破伤风、百日咳三种疫苗	74	93	69	96	87	92
出生时被有技能的医护人员照顾（%）	46	92	48	96	59	92
医疗系统统计						
每万人的医生数量	2	19	5	32	10	14
每万人的护士和助产士数量	11	49	12	79	15	20
每万人的医院床位	10	24	9	63	14	33
人均总的医疗花费（美元，购买力平价）	111	2 788	85	1 719	259	461

资料来源：*World Health Statistics 2009*（Geneva：World Health Organization，2009）.

9.1 什么是健康?

世界卫生组织将健康定义为一种精神、体质和社会福利的完善状态，而不仅仅是无疾病。① 然而，这样复杂的构造难以度量，而且可能在不同文化之间和随着时间的变迁而有所变化。最常见的用于表达健康的指标是那些描述健康不足的指标：死亡率和患病率统计。**死亡率**（mortality）度量人口的死亡状况；**患病率**（morbidity）则是疾病的评估指标。

由于死亡是一件明确的事件，意味着健康的完全丧失，死亡率统计数据提供了人口健康状况的总体情况并展现了大量有关人口生活标准和卫生保健的情况。大多数国家都具有不同程度的记录和公布死亡率的覆盖率和准确性。在一个像塞拉利昂那样非常贫穷的国家，不到25%的死亡情况被包含在国家本身重要的登记系统中。在这样的情况下，死亡率通过样本调查和其他现有的数据估计得出。

也许最常见的统计摘要中被用于提供一个国家健康状况一瞥的是来源于死亡率数字的**预期寿命**（life expectancy）。因为死亡率受年龄、性别、种族等因素影响，通常计算特定人口的子群体的预期寿命。2008 年一个新生儿在塞拉利昂的男性预期寿命是 48 岁，女性是 50 岁；而一个丹麦新生儿的男性预期寿命是 77 岁，女性是 81 岁。将这些数据放到一些历史的视角，今天塞拉利昂的预期寿命与 1900 年的美国相当。

有人可能认为预期寿命是 49（或 79）岁的国家大多数人死于该年龄。很明显，正如图 9 - 1 所显示的那样，事实上并非如此。许多人具有比平均预期寿命更短的寿命，同时有些人活得更长一些。困惑便产生了，因为预期寿命是一个在中值上下波动的平均值而且是一个“合成的”统计量，它是建立在从一年到下一年生存概率的基础上，假定从今天到将来具体年龄的死亡率保持不变，但这是不可能的。收入的上升和医学的进步

① 1946 年 6 月 19—22 日在纽约举行的国际健康会议中使用并列入世界卫生组织章程的导言中。这一定义自 1948 年以来就没有修改过。

表明，在未来的几十年内特定年龄的死亡率可能下降，增长的寿命超出了基于当前预期寿命的估计。然而，像艾滋病这样的新疾病可能引起相反的结果，导致更短的寿命并降低预期寿命。

案例 9—1 详细描述了如何使用 1995 年的马来西亚数据计算预期寿命。尽管马来西亚的预期寿命是 69 岁，年龄处于 70～75 岁之间的人们具有多出 10 年的预期寿命，即一种生存“红利”。在塞拉利昂这样具有高婴儿死亡率的国家，在早期生存下来的孩子可能具有比刚出生时更高的预期寿命。例如在 2008 年塞拉利昂的预期平均寿命从出生开始计算的话是 49 岁。而对于 5～9 岁的年龄组，余下的预期寿命年限是 55 岁，即一个 5 岁孩子的总寿命为 60 岁，比一个新生儿的预期寿命多整整 11 年。① 今天塞拉利昂的 5 岁孩子的总寿命可能超过 60 岁。既然塞拉利昂最终已经结束了内战，经济增长和发展有望可能开始。如果这种情况发生，特定年龄的死亡率将开始下降，而且塞拉利昂的孩子们将超出现在估计的预期寿命。

原因具体的死亡率为人们为何死亡提供了信息并可能是一个有用的政策工具。患病率统计则为人们如何生活、他们是否生活在完全健康的状况中或者经历了可能限制他们参与工作和家庭生活的残疾等提供了信息。研究者已经发展了几种创新方式来度量健康状况，这些方法通过将患病率和死亡率统计指标结合为一体的方式克服了两者的局限性。世界卫生组织使用了专门的死亡和残疾指标，这一指标认为，伴随残疾的年龄与健康的年龄不一样。**调整的健康预期寿命**（health-adjusted life expectancy，HALE）由于残疾失去效能而降低了预期寿命，这一调整根据残疾的严重程度和持续时间加权。这一平衡结果就是健康生命的预期年数。②

使用 HALE 指标，塞拉利昂的男性健康预期寿命从 48 岁下降为 34 岁，减少了 14 岁，女性从 50 岁降低到 37 岁。这是世界卫生组织全部 192 个国家中健康预期寿命最低的。在丹麦，残疾使男性健康预期寿命从 77 岁下降到 70 岁，女性遭受更少的残疾影响，与平均 73 岁的预期寿命相比，具有 81 岁的“健康”年龄。实际上，陷入残疾的年龄状况在较贫穷的国家更高，因为有些诸如伤害、失明、瘫痪以及有些严重的热带疾病疟疾等所导致的身体虚弱等限制并影响了孩子和年轻的成年人。最健康地区（欧洲）的人们大约有 11%的生命陷入残疾状况，比较而言，最不健康的地区（非洲）这一比例则高达 15%（见表 9－2）。

▶ **案例 9—1**

预期寿命

如果给定年份下，具体年龄的死亡率决定了个人生命的剩余年限，预期寿命则是一个人可能期望生活的平均剩余年数的估计值。预期寿命是一个假设指标，因为它建立在当前死亡率和个人一生中实际死亡率变化（它们通常下降）的基础上。

---

① WHO Global Health Observatory Repository，available at http：// apps. who. int/ghodata；*World Health Statistics 2010*，World Health Organization，Geneva，2010.

② *World Health Report 2002*：*Reducing Risks*，*Promoting Healthy Life*（Geneva：World Health Organization，2002），statistical annex.

寿命表用于计算预期寿命；出生时的预期寿命是最常引用的寿命指标。案例中的表格挑选了 1995 年马来西亚男性寿命的部分。具体年龄的死亡率适用于假定当年有 100 000 个新生儿的人口规模。第 1 列显示了每一年龄组死于各年龄段的比例。这些数据以马来西亚的人口死亡经验为基础。

第 2 列表示新生儿为 100 000 人时每一年龄间隔内存活的数量，每一年龄组包括刚活过之前年龄组的人口。第 3 列表示每一年龄段的死亡人数（第 1 列×第 2 列＝第 3 列）。第 4 列表示每一年龄段的存活人数，包括那些只在年龄段内部分年份存活的估计人数。第 5 列表示包括本年龄段及其以后所有年龄段的存活总数。这一指标考虑了本年龄段及其随后年龄段将发生的死亡频率。随着年龄的增加和人口的减少，生存者存活的年数必定减少。

1995 年马来西亚男性的寿命简表

	1	2	3	4	5	6
年龄	各年龄段的死亡比	各年龄段初期存活人数	各年龄段死亡人数	成活人数		剩余生命年数（预期寿命）
				各年龄段	本年龄段及随后所有年龄段	
<1 岁	0.011 90	100 000	1 190	98 901	6 938 406	69.38
1～5 岁	0.003 41	98 810	337	394 437	6 839 505	69.22
5～10 岁	0.002 37	98 473	233	491 782	6 445 067	65.45
10～15 岁	0.002 70	98 240	265	490 536	5 953 285	60.60
—	—	—	—	—	—	—
65～70 岁	0.160 50	70 833	11 368	325 743	928 004	13.10
70～75 岁	0.257 62	59 464	15 319	259 024	602 260	10.13
75～80 岁	0.343 57	44 145	15 167	182 808	343 237	7.78
80 岁及以上	1.000 00	28 978	28 978	160 428	160 428	5.54

资料来源：Department of Statistics，Malaysia，1997.

预期寿命显示在第 6 列。给定年龄段及其以后所有年龄段的成活人数除以该年龄段初期存活人数等于预期寿命——一个人在给定年龄段内剩余的平均年数（第 5 列÷第 2 列＝第 6 列）。例如，活到 70 岁以上的马来西亚男人数（602 260）除以开始时 70～75 岁年龄段内的男人数（59 464），就表示他们具有另外 10.1 年的预期寿命。随着年龄的增长，预期寿命实际上在增加，这是一种生存“红利”。59 464 个活到 70 岁的马来西亚男人可能期望再多活 10 年以上，远远超出刚出生时 69 岁的预期寿命。

资料来源：Department of Statistics，Malaysia，1997.

□ 全球健康的转变

健康和预期寿命在过去两个世纪里明显改善。直到 1800 年，出生时的人均预期寿命约为 30 岁，但可能更低。在 1740—1790 年期间的法国，男性预期寿命在 24～28 岁之间波动。在 16 世纪—19 世纪 70 年代期间的英国，预期寿命在 28～42 岁之间，平均寿命仅为 35 岁。[①] 许多人死于婴儿或孩童早期，同时少数人能活到老年。自 19 世纪末期以来，预期寿命稳定增长，20 世纪有了明显的增加。从 1960 年到 2008 年，全世界预期寿命从 50 岁增加到 69 岁（见表 9－3）。在中低收入国家中，这一增加尤为明显。1960 年，预期寿命仅 44 岁，2008 年为 67 岁，差不多增长了 50%。相比较而言，这一时间段内，高收入国家的预期寿命增长为 11 岁，从 69 岁增加为 80 岁。这一较小增长是因为高收入国家已经在较早历史阶段取得了相当大的寿命增加。

表 9－3　　1960—2007 年增加的预期寿命

地区	预期寿命（岁）			每 10 年年龄的变化（岁）	
	1960 年	1990 年	2007 年	1960—1990 年	1990—2007 年
中低收入国家	44	63	67	6.3	2.4
东亚和太平洋地区	39	67	72	9.3	2.9
欧洲和中亚	N. A.	69	70	N. A.	0.6
拉丁美洲和加勒比地区	56	68	73	4.0	2.9
中东和北非地区	47	64	70	5.7	3.5
南亚地区	43	59	64	5.3	2.9
撒哈拉以南非洲地区	41	50	51	3.0	0.6
高收入国家	69	76	79	2.3	1.8
世界	50	65	69	5.0	2.4

资料来源：World Bank，“World Development Indicators，” http://databank.worldbank.org.

自 1960 年以来，无论是否经历经济增长，世界上所有地区都经历了寿命的增加。在经济增长迅速的东亚地区（而且中国主导了该地区的平均增长），预期寿命从 1960 年的仅 39 岁上升到 2008 年的 72 岁。2008 年，东亚的人均收入仅仅是高收入国家的 15%，但预期寿命已经达到高收入国家的 90%。在 1960—1990 年间，尽管南亚地区增长缓慢，但平均每 10 年增加了近 5 岁的寿命。即使经历了“失去的十年”，到 2008 年，拉丁美洲已经成为世界上第二高的 73 岁预期寿命地区。

但并非所有的消息都是好的。撒哈拉以南非洲地区在 1960 年至 20 世纪 90 年代初期间经历了寿命的增加，但从那以后，随着年轻人和孩子由于艾滋病而过早死亡，许多非洲国家记录了寿命的下降。在南非某些地区，预期寿命已经悲惨地下降了 10 岁甚至更多。预期寿命在其他一些国家也下降了。俄罗斯的预期寿命在 20 世纪 90 年代急剧下降，在 1990—1994 年期间，俄罗斯男性的预期寿命从 64 岁下降到 58 岁，同时女性的预期寿命从 74 岁下降到 71 岁。[②] 心血管疾病（心脏病和中风）和受伤占预期寿命下降的三分之二。这一下降的原因包括：烟酒的高消耗率，营养不良，萧条，以及恶化的医疗体系。决定患病率和死亡率提高的根本原因可归结为苏联政权统治下低的生活标准以及与俄罗斯转型相关的动荡与压力。经过 20 年的时间，如今俄罗斯的预期寿命恢复到

① James C. Rile, *Rising Life Expectancy: A Global History* (Cambridge: Cambridge University Press, 2001).

② Francis Notzon et al., “Causes of Declining Life Expectancy in Russia,” *JAMA* 279, no. 10 (1998), 793-800.

了它在1990年刚刚开始经济转型时的水平。

非洲和俄罗斯的例子表明，健康和预期寿命的下降可能迅速发生。但这些结果对于正在改善的健康和增加的预期寿命仍然是例外。自1960年以来，世界上最富有和最贫穷地区之间健康结果的差距已经明显变小。1960年中低收入国家与高收入国家之间预期寿命的差距是25岁，但1990年下降到只有13岁。虽然不同国家之间缺乏收入趋同的证据（见第4章），但在预期寿命上有强大的趋同证据。[①]

□ 流行病的转变

过去一个世纪，预期寿命的明显提高和婴儿与儿童死亡率的降低同样导致了明显的人口和社会经济变化。这些变化导致了第7章中讨论过的更低的生育率和更慢的人口增长。世界范围内的少年赡养率下降，而老年赡养率上升。1970年，所有中低收入国家中，40%的人口是14岁及以下的孩子。2009年，这一百分比已经下降至29%。1970年，那些65岁及以上老年人仅占发展中国家总人口的6%，而且今天同样仅占6%，与高收入国家占15%的比例形成对比。但是，在未来的几十年内，随着发展中国家从高到低的人口增长率以及下降的死亡率和上升的预期寿命，人口转折将加速。

随着社会老龄人的增多和医疗的改善，疾病模式和死亡原因的总体预测模式也发生了改变。这一疾病模式的转变是指**流行病的转变**（epidemiologic transition）。识别流行病转变的一个早期特征为三个主要阶段：瘟疫和饥荒的年代，流行病消退的年代，以及退化和人为疾病的年代。[②] 存在于人类历史大部分时期的瘟疫和饥荒年代，是流行病和饥荒频繁爆发的时期。长期营养不良的存在导致了母亲和孩子的健康问题。健康结果受不安全饮用水、不良卫生和简陋的居住等环境问题影响。在流行病消退期间，随着疾病感染和饥荒的减少，死亡率也下降。随着寿命的增加，人们开始经历更大数量的心血管疾病和癌症。在流行病退化和人为疾病的年代，死亡率降低，同时，心脏病、糖尿病、高血压等慢性退化疾病和由吸烟、大量饮酒及环境污染等导致的人为疾病替代传染性疾病而成为死亡的主要原因。这一最初的理论已经发生了变化，但仍然是一个有用的解释框架。

一些研究者增加了流行病转变的其他阶段，如新兴和再新兴的传染疾病。[③] 由于对抗生素治疗的抵抗，旧的传染病可能导致患病率和死亡率的提高，例如，肺结核治疗过程中产生的抗药性使新的病原体持续出现。艾滋病是这些新传染病中最为人所知的，尽管在过去30年间已经出现了其他新的传染病，包括埃博拉病毒、严重急性呼吸道综合征（severe acute respiratory syndrome，SARS）以及H1N1禽流感。

① 20世纪后半期，世界预期寿命（计算的预期寿命是根据每个国家的人口进行加权的）上升了约18岁，而权重的标准差从13岁下降到7岁。参见 Charles Kenny，"Why Are We Worried about Income? Nearly Everything That Matters Is Converging," *World Development* 33，no. 1（January 2005）。也可参见 Gary S. Becker，Tomas J. Philipson，and Rodrigo R. Soares，"The Quantity and Quality of Life and the Evolution of World Inequality," *American Economic Review* 95，no. 1（2005），277－291。

② A. R. Omran，"The Epidemiologic Transition：A Theory of the Epidemiology of Population Change," *Millbank Memorial Fund Quarterly* 49，no. 4（1971），509－537.

③ Ronald Barrett，Christopher W. Kuzawa，Thomas McDade，and George J. Armelagos，"Emerging and Re-emerging Infectious Diseases：The Third Epidemiologic Transition," *Annual Review of Anthropology* 27（1998），247－271.

20世纪已经发生了从传染病到非传染病引起死亡和残疾的主要转变，但并非所有国家都充分地经历了这一转变。许多最穷的国家和中等收入国家的穷人仍然遭受高的疾病感染率、生育和围产条件不足、营养不良等高收入国家已经不存在的问题。表9-4显示了这些差异程度。在全球范围内，60%的死亡率是由心血管疾病和癌症等非传染疾病引起的，30%的死亡率是在传染条件下引起的，10%是在受伤条件下导致的。高收入国家由传染病引起的死亡率已经大大降低，仅占7%，87%的死亡率是由非传染病引起的。与此形成鲜明的对比，在撒哈拉以南非洲地区，68%的死亡率是由传染病引起的，而仅有25%的死亡率是由非传染病引起的。印度（所有南亚国家的特征）和拉丁美洲的状况介于撒哈拉以南非洲地区和高收入国家之间。死亡原因的差异也能从表9-5中看出来。在像丹麦那样的高收入非洲国家，死亡的前10大主要原因中只有一种不是来自非传染病。在撒哈拉以南非洲地区，死亡率的前4大主要因素都是传染状况。

表9-4　　2002年的死亡原因（总死亡率，%）

死亡原因	世界	非洲	美洲	东南亚	欧洲	东地中海地区	西太平洋
Ⅰ. 传染病，生育和围产期疾病，以及营养不良	32.1	71.9	14.7	39.3	5.9	41.7	14.2
Ⅱ. 非传染状况	58.8	21.1	76.3	50.6	85.8	48.9	75.5
Ⅲ. 伤害	9.1	7.0	9.1	10.0	8.3	9.4	10.3

资料来源：*World Health Report 2004：Changing History*（Geneva：World Health Organization 2004），annex table 2.

表9-5　　2002年死亡率的主要原因

排名	原因	占总量的百分比（%）
世界		
1	缺血性心脏病（Ⅱ）	12.6
2	脑血管疾病（Ⅱ）	9.7
3	急性下呼吸道感染（Ⅰ）	6.8
4	艾滋病（Ⅰ）	4.9
5	慢性阻塞性肺气肿疾病（Ⅱ）	4.8
6	痢疾（Ⅰ）	3.2
7	肺结核（Ⅰ）	2.7
8	疟疾（Ⅰ）	2.2
9	气管/支气管/肺癌（Ⅱ）	2.2
10	道路交通事故（Ⅲ）	2.1
	十大原因总计	51.2
撒哈拉以南非洲地区		
1	艾滋病（Ⅰ）	19.6
2	疟疾（Ⅰ）	10.7
3	急性下呼吸道感染（Ⅰ）	10.4
4	痢疾（Ⅰ）	6.6
5	围产期疾病（Ⅰ）	4.9
6	脑血管疾病（Ⅱ）	3.4
7	肺结核（Ⅰ）	3.3

续前表

排名	原因	占总量的百分比（%）
8	缺血性心脏病（Ⅱ）	3.1
9	道路交通事故（Ⅲ）	1.8
10	暴力（Ⅲ）	1.3
	十大原因总计	65.1
欧洲，高收入国家		
1	缺血性心脏病（Ⅱ）	24.8
2	脑血管疾病（Ⅱ）	15.1
3	气管/支气管/肺癌（Ⅱ）	3.8
4	急性下呼吸道感染（Ⅰ）	2.9
5	慢性阻塞性肺气肿疾病（Ⅱ）	2.7
6	结肠/直肠癌（Ⅱ）	2.4
7	高血压心脏病（Ⅱ）	1.9
8	肝硬化（Ⅱ）	1.8
9	自残（Ⅲ）	1.7
10	胃癌（Ⅱ）	1.6
	十大原因总计	58.7

注：（Ⅰ）传染性疾病；（Ⅱ）非传染性疾病；（Ⅲ）伤害。

资料来源：*World Health Report 2004*：*Changing History*（Geneva：World Health Organization，2004），annex table 2.

中国是一个经历了快速经济增长的国家，也经历了实质上的流行病转变。尽管仍然是一个中等偏下收入国家，但中国死亡原因的分布正在迅速接近那些高收入国家（见表 9-4）。一项最近的研究发现，心脏病、癌症及中风成为死亡的主要原因，占 40 岁及以上成年人死亡总数的近三分之二。中国不再面临着饥荒的威胁，但必须与吸烟、肥胖、艾滋病和其他新兴疾病，以及各种癌症、心脏病和其他非传染性疾病等更为“现代化”的健康风险作斗争。

9.2 改善健康的决定因素

改善健康和预期寿命的增加可归因于多种因素。在欧洲，农业和食物分配的主要进步导致了饥荒和饥饿的消失，与这一地区有些部分的健康改善密切相关。饥荒在整个 20 世纪大部分时期的东南亚国家是常事，并具有毁灭性的影响。除了朝鲜是少有的例外，饥荒不再是多数亚洲国家的威胁。这同样不适用于撒哈拉以南非洲地区，那里饥荒仍然经常发生。即使没有饥荒，营养不良仍然继续困扰着非洲和其他地方数十亿的人口并使预期寿命降低。营养不良使个人更容易受疾病感染并降低抵抗力。

收入的上升通常导致营养和住房的改善以及存活率的提高。整个 20 世纪，预期寿命与人均收入有很强的相关性。预期寿命随收入增加而快速上升，尤其在低收入水平下。增加的收入允许人们尤其是穷人购买更多的食物、更好的住房以及更多的医疗健康。然而，自 1900 以来，每间隔近 10 年，预期寿命就向上移动，以至在给定收入水平下，人们实现了更健康的生命。这一寿命的向上移动表明，健康不仅仅依赖于收入。①

公共健康措施如清洁饮用水、卫生以及食物规章等都有助于19世纪末直到今天孩子死亡率的下降。在19世纪末，罗伯特·科赫（Robert Koch）证明细菌结核分枝杆菌引起了肺结核，人们开始关注细菌问题。路易斯·巴斯德（Louis Pasteur）和约瑟夫·利斯特（Joseph Lister）等许多其他科学和医学先驱做出了同样重要的发现。简单的预防措施，如卫生地准备食物和处理废物、消灭苍蝇和啮齿动物、检疫病人都具有深远的好处。到19世纪50年代，霍乱和伤寒通过不纯净的水传播，但安全饮用水的获得还远未得到普及。在20世纪30年代，医药技术对于控制传染病开始变得重要，当时抗菌类药物和新的疫苗开始引入。所有这些发展与改善的公共健康制度一起提供了改良的卫生、疫苗的分发、蚊子等疾病带菌者的控制，并提供了疾病暴发监视，保护社会免于主要传染因素引起的死亡。

作为决定健康的科学和制度因素，可支配收入的关键作用反映在历史记录中。在1900年，美国的预期寿命是47岁，人均收入是5 500美元（2005年）。将这一情况与2009年的中低收入国家相比，虽然这些国家的人均收入只有5 000美元，比当时的美国低10%，但预期寿命实际上达到67岁的更高水平。这一解释很简单。青霉素和其他抗生素在1900年还不为人所知。城镇居住条件过度拥挤并且很少有可获得的疫苗。正如今天的许多低收入国家一样，传染病曾经使美国人口付出过巨大的代价。

最后，教育对改善健康起到重要的作用，但并不总是如此。在19世纪最后10年，由于教育和收入不同引起美国孩子死亡率差异很小，但在20世纪初，这些因素产生了死亡率之间巨大的差距。这意味着在根本的科学知识出现之前，富裕和教育程度并不起很大的作用。接受更好教育的个体获得和使用信息更快。这有助于解释在发展中国家遵从的由于母亲教育程度不同而产生的死亡率的巨大差异。②

9.3 健康、收入与增长

正如我们之前所指出的那样，无论在富国还是穷国，改善健康和经济增长、收入水平及贫穷之间存在着强的正相关关系。在第3章（见图3-4），我们看到了高预期寿命的国家具有更快的经济增长。图9-2采取了不同的视角，显示了5岁以下死亡率和收入水平之间的联系。死亡率在最贫穷的国家是最高的，而且死亡率的迅速下降与较高收入水平相关。在人均收入低于2 000美元（美元购买力平价）的国家，平均每1 000个孩子就有129个不能活到5岁。而在富裕的国家中，人们活到100岁已经并不是那么不同寻常。难以想象，这些贫困的国家中每8个孩子就有1个不能度过他或她5岁的生日。收入在4 000～6 000美元之间的国家，孩子的死亡率要低得多，下降为每1 000人

① World Bank, "Health in Developing Countries: Successes and Challenges," in *World Development Report 1993: Investing in Health* (Oxford: World Bank, published by Oxford University Press, 1993), Chapter 1, 17-36.

② World Bank, "Health in Developing Countries."

44 个。收入在 10 000 美元的国家，每 1 000 人只有 12 个死于生命早期。

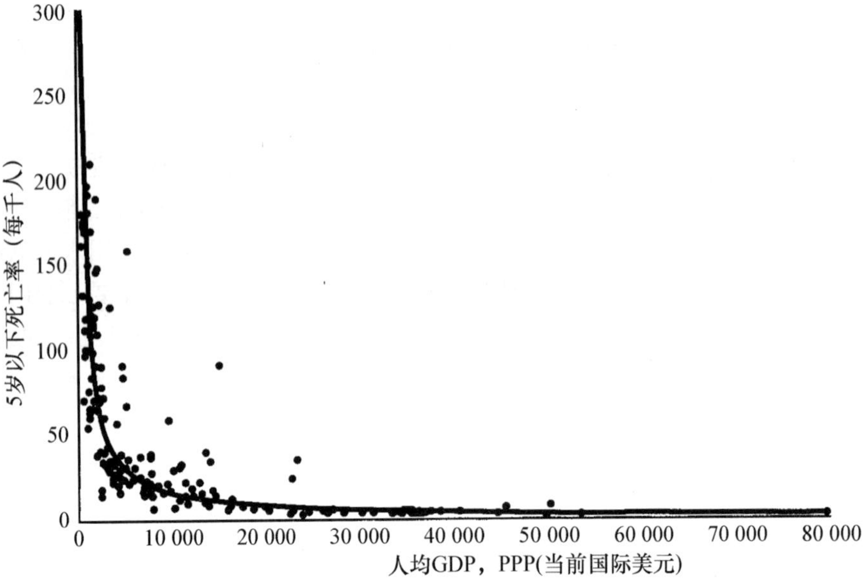

图 9-2　孩子死亡率与收入水平，2007 年

该图以 2007 年世界上 168 个各种收入水平国家的数据为基础。
资料来源：World Bank，"World Development Indicators，" http://databank.worldbank.org.

既然健康的关键指标与收入水平和增长率之间存在强相关性，这些指标与贫困之间的强相关性也理所当然。图 9-3 绘出了健康与贫困之间的相关性，显示了具有较高预期寿命的国家具有低得多的贫困率。预期寿命在 45 岁以下的国家，81%的人口生活在每天 2 美元的贫困线以下的水平；而预期寿命在 70 岁以上的国家，只有 17%的人口生活在贫困线以下。

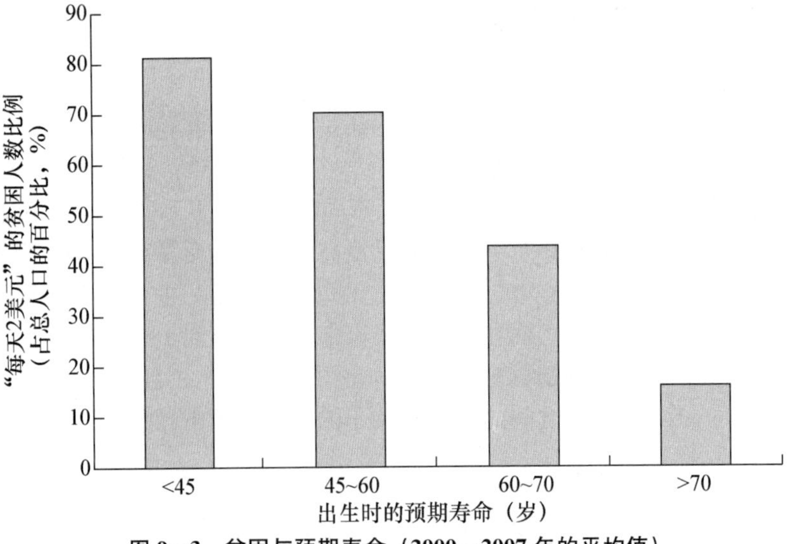

图 9-3　贫困与预期寿命（2000—2007 年的平均值）

资料来源：World Bank，"World Development Indicators，" http://databank.worldbank.org.

这些联系之间的强度是毫无疑问的。问题在于：是谁影响谁？更高的收入和贫困的减少能够导致更好的健康。但这一因果关系可能朝着相反的方向运转，改善健康可能导致更快的经济增长、更高的收入以及更少的贫困。事实上，两个方向都可能起作用。改善的健康和更高的收入在互相加强和良性循环中共同起作用，健康的改善支持经济增长并导致更高的收入，同时，高收入促进更好的健康。不幸的是，循环可能反向作用，随着收入水平的降低，健康可能被削弱（如俄罗斯和其他转型经济体），而且，像艾滋病这样的新疾病一旦开始爆发，可能导致收入水平的下降。

□ 收入和健康

随着收入的增加，个人、家庭和社会很大程度上能够增加直接或间接改善健康的商品和服务的花费。个人和家庭能够购买更多、更好的食物，因此，从更高的收入水平到改善的营养再到更好的健康之间存在着强的因果联系。① 研究表明，在许多低收入国家，孩子身高（一个营养指标）随收入的上升而趋于增加。在拥有更高的收入后，贫穷家庭可能更容易通过室外或室内管道提供清洁水和卫生设施，有助于控制疾病。随着收入的增加，贫穷家庭也可能支付得起更好的住所，并因此保持更健康的体魄。当需要时，他们也更可能能够和愿意寻求医疗保健，或者因为他们能够支付得起去诊所的交通成本、医药费或其他现金支付。对于生活在维持生存收入水平的个体，即使支付最基本的医疗和健康保险有时也可能是一种挣扎。随着收入的上升，这样的花费成为惯例。

随着收入水平的提高，作为整体的社会将更有能力建造公共医疗诊所和医院，培训更多的医生和护士，为免疫活动或喷洒杀虫剂计划等公共健康服务进行支付。穷国支付不起在较富有国家建造的同类公共和私人医疗体系，它们也不能够为医生和护士提供使他们留在国内的薪水，更不用说支付在富有国家就职所需的薪水。供电的中断可能降低药物的功效；例如，许多疫苗在接种之前需要冷冻保存，当电力网出现故障时，疫苗库就会遭到损失。在发展中国家，发现医院或诊所没有药物和清洁水是常见的事。通常，计划的预算如此之小，病人不能支付大量的费用，病人家庭必须为在医院的家庭成员提供基本的食物和照料。随着收入的上升，社会能够支付相当好的合理医疗保健体系。撒哈拉以南非洲地区和拉丁美洲都把 GDP 的 7%投入健康系统的建设中。2009 年，在撒哈拉以南非洲地区，人均 GDP 为 2 138 美元（美元购买力平价），将国民收入的 7%花费到公共健康方面，转化为每人每年 150 美元。在拉丁美洲，人均收入为 10 555 美元，同样 7%的配置将为每人每年提供 740 美元的公共健康花费。这使得医疗机构有更多的资金来购买病床和药品。

世界银行的兰特·普里切特和哈佛的劳伦斯·萨默斯估计了收入增长对健康的潜在影响。他们发现 5 岁以下死亡率的长期收入弹性在－0.2～－0.4 之间，这意味着收入每增加 10%，将有 2%～4%的孩子死亡率下降。根据这一结果，在 20 世纪 80 年代期间，如果中低收入国家的收入增长达到 1%以上，仅 1990 年就有 50 万孩子能

① John Strauss and Duncan Thomas, "Health, Nutrition and Economic Development," *Journal of Economic Literature* 36 (June 1998).

免于死亡。① 普里切特和萨默斯的文章题为《更富有就是更健康》。他们认为，在其他因素不变的情况下，收入的提高会引致更低的儿童死亡率和更高的预期寿命。图 9－4 描绘了收入水平与预期寿命之间的关系，即以人口学家塞缪尔·普雷斯顿（Samuel Preston）的名字命名的**普雷斯顿曲线**（Preston Curve）。在这个泡泡图中，每一个泡泡与其所代表的不同国家的人口成比例。在人均国内生产总值较低的国家中，预期寿命迅速爬高至人均国内生产总值较高的国家的水平，两者相继持平。

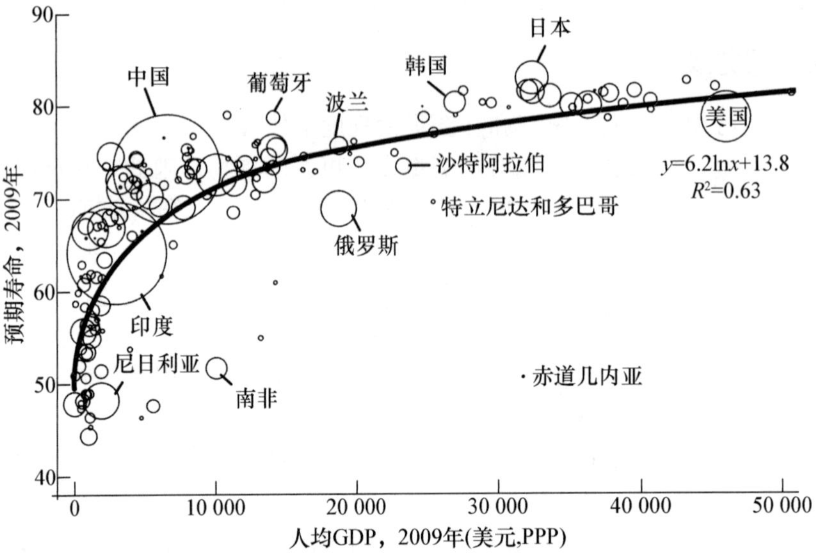

图 9－4　普雷斯顿曲线：预期寿命与人均国内生产总值

资料来源：World Bank，“World Development Indicators，” http：//databank. worldbank. org.

但是就像我们曾经观察到的，联系并不就意味着因果。收入并不是普及运用生命挽救治疗的唯一障碍，且运用收入提高来解释健康趋势也是值得讨论的。普雷斯顿在他 1975 年的文章中就表达了这个看法。他认为像图 9－4 中所呈现的，预期寿命增加所得到的结果更多来源于曲线整体的向上平移而不是在曲线本身上移动的趋势。② 一个相似的结论也被经济学家戴维·卡特勒（David Cutler）、安格斯·迪顿和阿德里安娜·卢拉斯-穆尼（Adriana Lleras-Muney）所证实。他们写道：

> 我们试图低调看待收入对于健康的影响。纵观历史，健康的提高以及收入的提高都是新思想和新技术所带来的结果，且两者也许并不是因果关系。在穷国与富国之间，健康通常来源于国家的制度以及它们在政治上采取的相关措施。并不能简单地将这些措施看作是收入提高的一个自发性的原因。③

---

① Lant Pritchett and Lawrence H. Summers，“Wealthier Is Healthier，” *Journal of Human Resources* 31，no. 4（1996），841－868.

② Samuel Preston，“The Changing Relation between Mortality and Level of Economic Development，” *Population Studies* 29，no. 2（1975）.

③ David Cutler，Angus Deaton，and Adriana Lleras-Muney，“The Determinants of Mortality，” *Journal of Economic Perspectives* 20，no. 3（2006），116.

他们所引证的19世纪欧洲在预期寿命中历史性的进步或多或少是在不同的经济增长率中发生的。他们发现，在20世纪，中国和印度在降低婴儿死亡率上取得了很大成效。而这是发生在经济改革取得飞速的经济增长之前。而一旦发生改革，在降低婴儿死亡率上所进行的更加长远的进步则变慢了。历史记录和事实证据都没有证明“在没有特别的公共政策指导之下，一个国家的经济增长会促进国民健康。”

但健康不仅仅是对收入水平和分配的反应。医药知识的创造和传播及公共健康实践是当今发达国家历史上预期寿命上升的关键（见案例9—2）。这方面的知识在今天贫穷国家的扩散仍是发展中国家健康结果的关键决定因素。这是经济史学家亚历山大·格申克龙关于“后发优势”的另一个例子。贫穷国家能够从发达国家获得大量有关疾病传播和干预的科学知识，以促进健康和增加寿命。

▶ 案例9—2　《市场怎样获利？死亡率现代史一瞥》

理查德·伊斯特林，著名的经济史学家和人口学家，研究了19世纪欧洲死亡率降低的背后原因。在上升的收入水平改善了营养和整体上增强了对疾病的抵抗能力的同时，随着工业化所导致的城镇化和人口在更近的地区集中，这一时期的经济增长也增加了疾病暴露的风险。

在解释19世纪欧洲部分地区寿命大大提高方面，伊斯特林认为是科学发现的集中和公共健康启动的结果。伊斯特林也对比了市场与政府在取得这些结果中的作用。

> 首先，流行病和细菌知识的积累对控制传染病确实起到了有效的技术形成作用。这些技术主要集中在疾病传播的预防上——首先通过传播方式的控制，后来通过免疫途径控制。这些干预方式对预期寿命的大大提高起到主要的作用。在过去的半个世纪中，知识的进步已经增加了治疗疾病的方法并获得了与传染病抗争的武器，特别是随着抗生素的发展，但传染病的大大降低很大程度上是通过预防措施实现的。

传染病的控制导致了严重的市场失灵——信息失灵、外部性、公共产品、委托—代理问题等。但市场不能解决有些问题，如纯净水和牛奶供应，污水的恰当处理，苍蝇和老鼠等有害物的控制，无污染食物和其他加工品的供给，孩子的免疫和成人对主要传染病的防治，以及有关个人卫生、婴儿和孩子照料、食物处理和准备、疾病治疗等诸如此类新知识的传播。由于存在与抗生素疾病发展相关的外部性问题，在抗细菌药物分发方面存在着严重的市场失灵。

本文的标题中提出了市场怎样获利这一问题。对控制主要传染病供给方面市场普遍失灵的回答是：如果预期寿命的改善不是个人关注的事，市场不可能做好这件事……假设市场能解决经济增长问题，它也能解决通过经历教训所掩盖的人类发展问题。死亡史是对关键需求集体行动的证据，而不是一个有关自由市场机制的成功故事。

资料来源：节选自“How Beneficent is the Market? A Look at the Modern History of Morality,” by Richard A. Easterlin, *European Review of Economic History 3*, December 1999, Copyright 1999 Cambridge University Press, Reprinted by permission。

在以上所提到的这些影响健康的独立以及非独立的因素之外，每一个家庭所做出的对于健康医疗方面的决定也是非常重要的。这是共同编著的《贫困经济学》的一个重要课题。这两名麻省理工学院的经济学家用贫困家庭的例子得出结论：他们所做的决定通常与其家庭和孩子们的健康是背道而驰的，而这些无法简单地用低收入来解释，例如口服补液疗法（ORT）的例子。口服补液是一种简单地把水、盐和糖混合在一起的溶液，对于治疗严重儿童痢疾是一种非常常见和有效的口服药物。这种药物非常廉价，不到50美分，特别是比较其所带来的功效，口服补液是一种性价比非常高的药物。贫困并不能解释口服补液疗法普及的失败。相反，在印度的西部，母亲们可能不相信口服补液疗法的功效而更希望为自己的孩子向医务人员索取抗生素。就算医务人员发放给母亲们口服补液盐，她们也很有可能根本不会给孩子吃。班纳吉和迪弗诺也对预防传染疟疾蚊虫的驱虫蚊帐进行了讨论。驱虫蚊帐对于预防疟疾的传染有非常重要的作用。它们同样很便宜，花不到10美元的价格就可以购置一件能够预防5年蚊虫的蚊帐。然而就算医疗机构免费提供这些蚊帐（或者儿童疫苗），人们领取蚊帐的概率仍然相对微小。由此看来，健康程度落后不仅仅是因为低收入。

班纳吉和迪弗诺总结道："穷人们面临着与我们相似的问题——信息的缺乏，薄弱的信念，以及拖延。"生活在发达国家中的人不用担心氯化他们的饮用水，因为国家会很自然地提供干净、健康的饮水。而贫穷的家庭每天则需要采取有效的措施来保证自己的饮水安全。这是一个极为困难的过程。我们信任有经验的医生，而对于贫困国家的低质量医疗保障，这样的信任几乎不存在。要想克服这些约束，班纳吉和迪弗诺推荐提供小额资助来确保儿童疫苗的普及（可以得到两磅木豆以及一套不锈钢盘子作为完成一段课程的回馈），或者制定政策方便大家去做"对的事情"（例如在村子的水井旁提供一次性氯化水机，以让大家氯化水源的过程更为方便）。[①] 由此，了解贫困家庭和个人的行为对于提高健康水平是非常重要的。

□ 健康与生产率

有充分的证据表明经济增长与健康改善之间存在着相互促进的关系，即改善的健康导致了更快的经济增长、更高的收入，并降低了贫困。几项研究表明，在早期（如1960年）更高的预期寿命导致了后来（如1960—2000年）更快的经济增长。这一联系通常被发现具有收益递减的特征，意味着当预期寿命为45岁时对出生时预期寿命的额外增加具有大的影响，但当预期寿命达到70岁时，这一增加效应将变小。一种典型的估计表明，控制了影响增长的其他因素后，出生时预期寿命每增加10岁，将转换为每年0.3%～0.4%的经济增长。

更好的健康状况能延长预期寿命，也影响经济增长的根本原因：生产率的提高和投资的增加。更健康的人倾向于经济上更有效率，因为他们精力更充沛、注意力更集中。一个更健康的工人比生病或打瞌睡的工人能收获更多的农作物、生产更多的设备、组装更多的计算机或处理更多的服务电话。一项针对坦桑尼亚蔗糖工人的研究表明，一个患

① Abhijit Banerjee and Esther Duflo, *Poor Economics: A Radical Rethinking of the Way to Fight Global Poverty* (New York: Public Affairs, 2011), chap. 3.

有血吸虫病的工人比一个同样状态下没有这种疾病的工人能砍伐的甘蔗要少得多，因此挣得的工资也要低得多（因为他们根据砍伐甘蔗的数量获得报酬）。血吸虫病是一种由寄生虫引起发热、头痛和疲劳的疾病。① 更健康的工人不仅在工作时更有效率，而且更少因病而缺勤。与更高技能的办公室工作相比，许多低收入、低技能工人的工作典型地更依赖于力气和耐力，将报酬建立在身体健康的基础上。而且，除了他们自身的健康外，如果一个员工家庭成员更健康，将减少因用于照顾生病的家庭成员而失去的工作时间。一个典型的例子是随后所涉及的艾滋病。南非是世界上艾滋病流行率最高的地方，那里的工厂不仅由于雇员患病，而且由于雇员参加大量工友和家庭成员的葬礼而缺勤。

一个家庭成员的健康也能够对孩子的教育产生影响，反过来对未来的收入具有影响。成人患有像艾滋病或肺结核这类长期疾病的家庭，可能依赖于孩子在户外工作，寻找其他途径获得收入或照料生病的家庭成员，因而阻止孩子上学和进行他们自身的人力资本投资。健康状况不良的孩子可能由于旷课和缺少参与而降低认知能力和学习能力。正如在上一章所指出的那样，来自肯尼亚的实验证据发现，在学校里接受钩虫病简单治疗的学生比那些没有接受任何治疗程序的孩子具有高得多的出勤率。而且，正如在第 7 章中所讨论的那样，当孩子死亡率下降时，父母趋向于生育更少的孩子，允许为每个孩子的健康和教育投资更多。

孩童时期的健康能影响数年后成年和参加工作的劳动生产率。健康对体能和认知能力的早期影响可能具有持久性。诺贝尔经济学获奖者罗伯特·福格尔发现，营养、身高以及劳动生产率之间存在着强大的关联性。② 受福格尔早期工作的启发，有关巴西的研究证实了工人身高与工资之间的联系。在控制了其他因素后，长得更高的工人很可能在孩童时期具有更好的营养，赚得更高的工资，反映出更高的生产率水平。在巴西，这一关联性很强：身高每增加 1%，与此相联系的工资增长近 8%。当工人更健康和更有生产能力时，工厂愿意支付给他们更高的工资。

□ 健康与投资

除了对劳动生产率的影响外，良好的健康也可能影响经济增长、增加储蓄和投资的其他关键渠道。

随着人们预期活得更长，他们具有更强的动机对他们的农场或其他商业和人力资本进行投资。相反，健康状况不良的人不得不将他们收入的更大部分转到医疗花费上，降低他们储蓄的能力。面临灾难性疾病时，穷人很可能不能再工作并且要出售他们的一些资产，如牲畜和农具，因此耗尽他们的资本库存以支付医药或供养家庭。政府必须将更多的花费投入防御地方病方面，减少了在道路建设和其他资本投资中的数量。

---

① A. Fenwick and B. M. Figenschou, "The Effect of *Schistosoma mansoni* on the Productivity of Cane Workers in a Sugar Estate in Tanzania," *Bulletin of the World Health Organization* 47, no. 5 (September 1972), 567-572.

② 例子见 Robert Fogel, "New Findings on Secular Nutrition and Mortality: Some Implications for Population Theory," in M. R. Rosensweig and O. Stark, eds., *Handbook of Population and Family Economics*, vol. la (Amsterdam: Elsevier Science, 1997), 433-481。

在南非，艾滋病的高度流行被认为是公共健康面临的挑战和降低经济增长的宏观经济问题。疾病减少了劳动力并降低了现有劳动力的生产力，同时也削弱了家庭、企业和政府对未来的投资能力。家庭面临着失去劳动收入和增加健康花费的问题；企业面对健康和保险支出的增加、更高的缺勤率和工作替换，以及由于过早死亡而引起的更高培训成本；政府发现健康花费挤出了其他优先考虑的花费。一些研究表明，艾滋病可能足足花费了南非当前年经济增长的1.5%。①

疾病的减少或消除事实上有助于增加可利用的生产性资产数量，包括土地。疾病阻碍关键性投资的经典案例是19世纪末巴拿马运河的建设（见案例9—3）。当代的例子包括大片不适于人居的土地是由地方病所致。西非河盲症的显著降低允许在河畔附近肥沃的土地上增加耕种，之前那里疾病丛生（见案例14—4中有关在外国援助计划下战胜河盲症的论述）。血吸虫病使得进入非洲湖泊和河流的人们不安全，锥虫病（昏睡病）限制了家畜行业的范围。疟疾的减少允许马来西亚、斯里兰卡和印度北部地区的农民在新的土地上耕种。新加坡的经济繁荣成为可能，部分是因为岛上蔓延的疟疾得到了控制。同样，疾病可能破坏外国投资，因为投资者避免去那些艾滋病、疟疾、肺结核和其他疾病流行的地方。

▶ 案例9—3　疟疾、黄热病与巴拿马运河

1881年2月1日，由超过100 000人的大部分小投资者出资，法国的运河与海洋宇宙公司（French Compagnie Universelle du Canal Interoceanique）开始修建运河，这条运河将跨越巴拿马地峡并使大西洋和太平洋连接在一起。苏伊士运河的创建者费迪南·德·雷赛布（Ferdinand de Lesseps）负责该项目。最初几个月，开凿工程进展缓慢而稳定。此后开始下雨，工作队很快发现了他们难以克服的困难：接连数英里不可逾越的丛林，连续数日的倾盆大雨，各种昆虫、蛇、沼泽地、炎热以及地方病——天花、疟疾和黄热病。

1881年，该公司大约60人病死。1882年，疾病死亡人数翻倍，1883年有420人死亡。最常见的杀手是疟疾和黄热病。由于公司为了降低医疗成本而经常解雇病人，这些数字可能被低估。到1888年12月该公司中断此项目时，花费约3亿美元，20 000人死于此地。

1904年，美国总统特迪·罗斯福签署了一项租借巴拿马运河的条约，条约给予美国修建运河的权利并创建了一条围绕水路的、属美国领土管辖的10米宽运河带。美国军队派遣外科医生、陆军上校威廉·高格斯（William Gorgas）到巴拿马运河区应对疟疾和黄热病。高格斯已经帮助哈瓦那地区消除了黄热病，后来他的同事沃尔特·里德（Walter Reed）少校与其他人发现了苍蝇是这类疾病的传播者。英国细菌学家罗纳德·罗斯（Ronald Ross）发现，引起疟疾的寄生虫是通过疟蚊传播的，战胜黄热病实际上

① Jeffrey D. Lewis, "Assessing the Demographic and Economic Impact of HIV/AIDS," in Kyle Kauffman and David Lindauer, eds., *AIDS and South Africa: The Social Expression of a Pandemic* (Hampshire, U.K.: Palgrave Macmillan, 2004).

也减少了疟疾就是建立在这一发现的基础上。

控制这两种疾病的努力成功了。黄热病得到了完全消除。由于疟疾引起的员工死亡率从 1906 年的每千人 11.6 下降到 1909 年的每千人 1.2。但这一影响扩散远远超出了运河工人的范围，由疟疾引起的巴拿马人口的死亡率从 1906 年 7 月的每千人 16.2 下降至 1909 年 12 月的每千人 2.6。该运河于 1914 年完工，曾经是 20 世纪初最大的建筑奇迹。这一项目的完成有力地证明了在广阔的地域上疟疾和黄热病也能够得到控制，为投资和增强经济活力铺平了道路。

资料来源：节选自 Public Broadcasting Service's film series *The American Experience*: *The Story of Theodore Roosevelt*, "TR's Legacy— The Panama Canal," www.pbs.org/wgbh/amex/tr/panama.html; and Centers for Disease Control and Prevention, *Malaria*: *The Panama Canal*, www.cdc.gov/malaria/history/panama_canal.htm。

9.4 三大严重的疾病

全球健康已经发生了显著变化。传染病的降低允许很多人活到年老。生育率的降低有助于人口结构的改变，以至老龄人代表了人口的更大部分，造成了对医疗保健系统的新需求。工业化、城镇化和现代化过程给自己创造了健康问题。污染破坏了环境并影响了健康。烟草使用的增加加重了如肺癌和心脏问题这类疾病的负担。酒精滥用、伤害和压力造成了他们自己的健康问题。随着活动量的减少，从蔬菜和谷类到深加工食品的饮食结构导致了富裕和贫穷国家的肥胖病和慢性病。

非传染病负担增加的同时，未完成的传染病事宜仍然存在。发达国家与发展中国家之间以及这些国家内部不同群体之间在医疗保险方面取得的成就存在着巨大的差距。本章余下部分将关注在发展中国家可预防的、能治疗的或能医好但存在严重后遗症的一系列疾病。这符合国家和国际社会如何重视这些和其他疾病的范例。一种以疾病为基础的途径为发展中国家面临的有些健康问题和面对这些挑战时的一些方法提供了一瞥。

发展中国家最突出和致命的三种传染病是艾滋病、疟疾和肺结核（见案例 9—4）。它们分别是撒哈拉以南非洲地区人口死亡的第 1、第 4 和第 6 大直接原因。这三种疾病在近几十年稳定地传播，而且每年总共杀死近 450 万人口。相对于高收入国家，这些疾病的负担（以平均死亡率的形式）在发展中国家高出 23 倍以上，造成了巨大的经济损失和社会瓦解。这些疾病的悲剧之一在于它们是可预防的，在足够的资源和制度条件下可能会得到有效的治疗。

▶ 案例 9—4　艾滋病、疟疾和肺结核：一些基本常识

艾滋病病毒（HIV）代表人体免疫缺损病毒。一旦感染了 HIV，一个人将始终携带该病毒。这种疾病主要通过性生活进行传播，但也可能通过针头或被污染的血液进行传播。经过一段时间，HIV 感染并杀死被称作 CD4 淋巴细胞的白细胞（或 T 细胞），使身体不能够战胜传染病和癌症。艾滋病（AIDS）是由艾滋病病毒引起的获得性免疫缺损综合征。一个由艾滋病病毒所引起的艾滋病患者免疫系统如此弱，以致他或她受几种机会性感染或癌症之一影响而长期处于病中，如肺炎、卡波西肉瘤（KS，Kaposi sarcoma）、痢疾或肺结核。一个人感染艾滋病病毒后通常需要几年时间发展成艾滋病患者，通常是2～10年。艾滋病能够治疗但不能治愈。使用成功的抗逆转录酶病毒（antiretrovial，ARV）疗法，一种为生命所需的药物疗法，身体能保持健康并能战胜许多病毒和细菌，艾滋病病毒携带者能够恢复相对正常的生活。

疟疾（Malaria）是一种通过雌虐蚊传播名叫疟原虫的寄生虫所导致的严重甚至致命的疾病。这种蚊子通过从感染者个体吸血后传播给其他人。疟疾也可能通过输血、被污染的针头和注射器得到传播。疟疾病人的典型症状是严重呕吐，伴随着高烧、寒战和流感症状。共有4种疟原虫传染给人类，但最危险的是热带疟原虫（P. Falciparum），它能引起最严重的疾病和死亡，而且在撒哈拉以南非洲地区和东南亚部分地区最普遍。尽管疟疾可能是一种致命疾病，但由疟疾所引起的疾病和死亡很大程度上是可预防的。

肺结核（Tuberculosis，TB）是一种感染了肺的细菌通过空气传染给其他人，带有活性肺结核病毒的人通过咳嗽、打喷嚏、谈话或其他释放肺结核病毒的微小唾沫进入其他人的呼吸系统而进行传染的。由于相互靠得太近和空气缺乏流通而加速了传染，肺结核在城镇贫民窟或监狱这种人口密集和封闭环境下是一个突出的问题。每个患有活性肺结核的病人平均每年感染10～15个人，仅仅相当于由细菌感染发展为活性肺结核疾病并伴有发烧、体重减轻、慢性咳嗽、胸痛、血痰、无食欲以及夜间盗汗等综合症状的10%。如果不进行治疗，那些患有活性肺结核疾病的人有1/3会在几周或数月内死去。其余患者在周期性感染中挣扎或使疾病减轻，时不时地再现会导致疼痛、发热以及可能死亡。艾滋病病毒的流行激起了肺结核的再次涌现。艾滋病病毒削弱了免疫系统，感染了艾滋病病毒的人特别容易患上肺结核。过去50年，用抗生素已经成为治疗和治愈肺结核的有效方法。成功的治疗需要病人严格遵从。抗生素需要有规律地使用6个月甚至更长时间，否则更有助于抗多种药物肺结核的传播，使得治愈困难得多。

资料来源："HIV InSite," University of California at San Francisco; WHO; Centers for Disease Control and Prevention; and the Global Fund to Fight AIDS, Tuberculosis, and Malaria.

□ 艾滋病病毒/艾滋病（HIV/AIDS）

尽管HIV/AIDS① 至少从20世纪30年代就开始影响人类，但事实上直到1981年它才首次为人所知。从此，这一流行病②无情地在全球范围内传播，对世界上最贫穷地区的健康和福利施加了可怕的代价。2009年，世界上AIDS患者超过3 300万，大约每

① 这部分信息来自UNAIAS，*2005 Report on the Global AIDS Epidemic*（Geneva：UNAIDS，2005）；the Global Fund，*2004 Disease Report*（Geneva：the Global Fund to Fight AIDS，Tuberculosis，and Malaria，2004），以及从WHO和美国疾病控制与预防中心（the U. S. Centers for Disease Control and Prevention，CDC；www. cdc. gov）的网站上所得的信息。

② HIV/AIDS通常是指普遍性蔓延的而不是时疫，这两个词都是指传染病的蔓延，时疫是指比通常出现的多得多的大量病例，普遍性蔓延是指在大规模地理区域内传播的更多数量的案例。

200 个人就有 1 个 AIDS 患者，大约有 200 万人死于与 AIDS 相关的原因。HIV/AIDS 是世界范围内年龄在 15～59 岁之间的成年人死亡的第一大原因，至今已杀死了约 2 500 万人口。

撒哈拉以南非洲地区承担了最大的负担，尽管只有世界上总人口的 1/10 居住在那里，但占有世界上 2/3 的 AIDS 感染者。在整个撒哈拉以南非洲地区，差不多每 20 个成人就有 1 个 HIV 携带者，但这一地区内存在着巨大的差异。一些像塞内加尔这样的西非国家保持了 10 年以上成人流行率不到 1%的水平。在这些低流行率国家，AIDS 主要被限制在从事高风险行为的群体上，如性工作者和他们的服务对象。在南非，AIDS 存在于普通人群中。在斯威士兰，孕妇中的流行率达到令人难以置信的 42%。在 3 个南非国家，超过 1/5 的所有成人均呈 HIV 阳性：博茨瓦纳、莱索托和斯威士兰。2009 年，南非有近 130 万人死于与 AIDS 相关的病因，占全球总量的 2/3。

4 个非洲国家（埃塞俄比亚、南非、赞比亚和津巴布韦）流行率开始下降是有希望的好消息，代表了逆转这一流行病的重要成就。在 2001—2009 年期间，这四个国家的 HIV 感染率下降超过 1/4。然而，这些趋势传递了混合信息。有人认为，乌干达流行率的下降可能至少与同政府的 ABC 计划相联系的行为改变部分相关，这一计划包括：提倡节制、对一个性伴侣忠诚、使用避孕套。但新近的研究表明，在这个国家的某些地区，流行率下降的原因更多是高死亡率而不是行为变化的结果。与 AIDS 相关的死者中，与 10 年前相比，2003 年存在更少的 HIV 成年人。①

流行病在其他地区不太严重，但仍然是继续传播的一个主要威胁。在加勒比地区，成人流行率超过 1%。2009 年，古巴的 AIDS 感染率为 0.1%，巴哈马为 3.1%。在亚洲，泰国实施了限制 AIDS 传播的成功运动。在 2001—2009 年期间，印度和尼泊尔的 AIDS 感染率下降超过 25%。但在其他国家，感染的人数正在迅速增加。据估计，除了南非和尼日利亚，印度将有世界上最大数量的 AIDS 患者，为 240 万。不安全输血病例是中国 HIV 感染的主要途径。2009 年中国有 740 000 名 HIV 感染者，其中性行为传播感染占 56%。HIV 的流行在东欧和中亚（HIV 感染者数量自 2000 年以来几乎有了 3 倍的增长）恶化。这些地区药物注射使用者的增加加剧了该地区的发展问题。

女性日益受到 HIV 的侵害，从世界范围看，女孩和妇女占 HIV 感染者的近一半。在非洲，这一画面对年轻妇女特别残酷，那里 3/4 的 HIV/AIDS 患者是年龄在 15～24 岁之间的女性。社会经济因素对妇女容易感染 HIV 具有相当大的影响。大多数妇女是被从事高风险行为的性伴侣感染上的。使这一问题复杂的是，在撒哈拉以南非洲地区，多达 9/10 的 HIV 阳性携带者不知道他们已经被感染了。社会权利的剥夺及有关 AIDS 教育和服务的缺乏进一步加速了 AIDS 在妇女中的迅速传播。在撒哈拉以南非洲地区的 24 个国家，2/3 或以上年龄在 15～24 岁之间的青年女性缺乏 HIV 传播的普及知识。②

① 在乌干达的拉卡伊地区，研究者将 1994—2003 年间艾滋病流行率 6.2%下降中的近 5 个百分点归咎于提高的死亡率。UNAIDS，*AIDS Epidemic Update*（December 2005），p. 26.

② UNAIDS and World Health Organization，"HIV Infection Rates Decreasing in Several Countries but Global Number of People Living with HIV Continues to Rise，" press release（November 21，2005），available at www.unaids.org.

孩子也日益受到伤害，每年有超过 250 万以上孩子受到 AIDS 感染，2009 年超过 25 万儿童死于病中。绝大多数被感染的孩子是在他们的母亲怀孕、分娩、生产和母乳喂养期间通过母婴传播方式感染 HIV 的。抗逆转录酶病毒药物（ARVs），如奈韦拉平，大大地降低了母亲对孩子的传播，但在撒哈拉以南非洲地区仍然不能得到广泛普及。

HIV/AIDS 流行对那些在健康方面取得很大进步的许多国家产生了严重的影响。虽然撒哈拉以南非洲地区的多数国家在 20 世纪 60 年代、70 年代以及 80 年代初的预期寿命获得了相当稳定的增加，但这一进展在 20 世纪 80 年代末期停止，而且从此发生了逆转。图 9－5 显示了 AIDS 最严重的 6 个国家预期寿命的变化。非常悲惨，它们的预期寿命已经从 1992 年的平均 61 岁下降到 2007 年的仅仅 47 岁。但是图 9－5 指出，当预期寿命再次升高时，一些国家（博茨瓦纳、纳米比亚、津巴布韦）看起来达到了一个转折点。

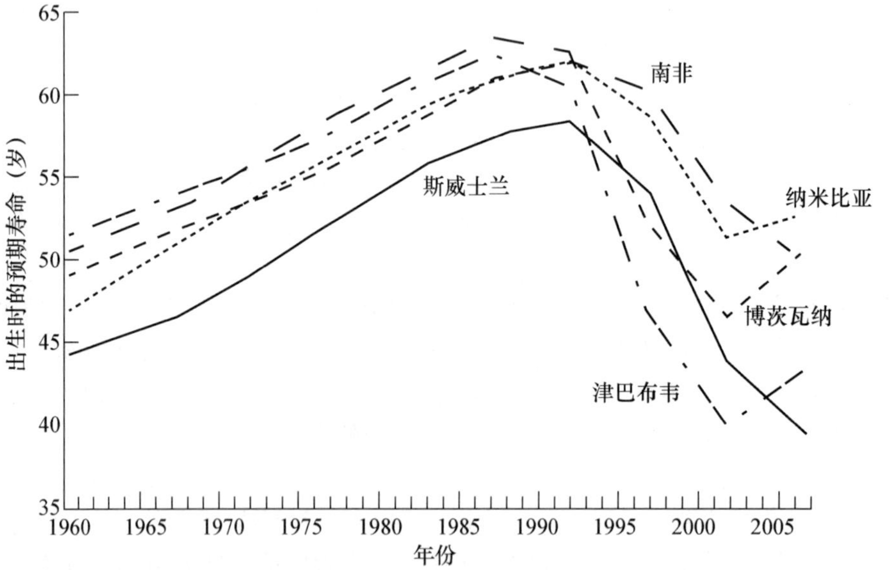

图 9－5　艾滋病感染最严重的国家出生时的预期寿命

资料来源：World Bank，“World Development Indicators，” http://databank.worldbank.org.

父母、孩子和社会领导生病和死去对社会和家庭具有毁灭性的影响。不像大多数其他疾病，HIV/AIDS 主要袭击年轻成人和经济上有活力部门的人口。其他疾病倾向于使处于幼年、老年和其他原因所引起的虚弱体质的人无力抵抗，HIV/AIDS 则不同。在非洲，HIV 极大地破坏了最具有生产能力的社会成员的生命。由于挣钱者从生病到最终屈服于疾病，家庭面临着大灾难。长期持续的 AIDS 的代价特别高昂。除了这些损失外，家庭其他成员必须停止工作去照顾那些生病的人。小农场和花园无人照料，孩子们可能离开学校去照顾生病的家庭成员或去工作以挣得额外的收入。随着他们面临日益上升的医疗成本以及将更少的收入用于支付食物、衣服和其他花费，家庭变得更加贫穷。在某些情形下，葬礼成本可能比医疗保险花费更高，并由此增加了家庭的负担。对坦桑尼亚和泰国的研究估计，医疗保险和葬礼的花费可能比家庭年收入更高，由此引发的借贷、资产售卖或其他处理策略可能产生长期的资金福利影响。[1] 许多 AIDS 的影响波及两代：今天世界上有 1 660 万 AIDS 孤儿，他们的父母有一个或两个死于艾滋病。

与流行病斗争需要强大的国家和国际承担义务。在科学家发现如治愈疾病和可防的疫苗等其他干预之前，强大的干预计划和足够的关注与治疗是使疾病停止传播的关键。在较富裕的国家，人们能够提供治疗，抗逆转录酶病毒疗法（ARVs）已经使 AIDS 成为一种能被控制的慢性疾病，而不再是一种致命疾病，允许那些被感染者恢复相对正常的生活方式。ARVs 引进后，欧洲和北美地区的 AIDS 死亡率在 4 年内下降了 80%。预防治疗与 ARVs 结合其他干预措施差不多已经完全消除了发达国家婴儿的 AIDS 感染。[2] 但对于最贫穷国家的绝大多数人来说，ARVs 仍然难以企及。在 2009 年末，大约 1/3 的需要治疗的非洲人能够获得这些药物。2003 年初，ARVs 开始在发展中国家推行，现在有些国家的治疗覆盖面已经得到普及。在阿根廷、巴西、智利和古巴，那些需要 ARVs 的人 80%以上都能接受该疗法，但这些是例外而不是一般情形。

在全球范围内实施 ARVs 不仅需要良好的科学和健康政策，而且需要政治和经济的驱动。最有效的成本—收益方法是以高的折扣价格提供所需要的大量药物，以此鼓励抗逆转录酶病毒的代理商生产这类药物。与贸易相联系的知识产权和专利问题必须考虑在内。一大挑战是，随着病人对现存药物产生抗体，需要对主要的制药公司开发更新的药物提供激励机制，以鼓励这类生产。[3]

在 20 世纪 90 年代期间，国际社会对这一增长的危机反应缓慢，但已经开始改变。1996 年，全球范围内大约只有 3 亿美元用于与 AIDS 抗争，到 2009 年，估计约 15.9 亿美元，其中不仅包括捐赠资金，而且包括来自国家政府的稳定增长的资金和直接影响个人与家庭的“不在预算内”的花费。但这一数量比联合国艾滋病联合规划署（UNAIDS）所估计的 2010 年需求的金额少了 10 亿元。由于全球金融危机，2009 年是国际援助组织没有在前一年的基础上增加金额唯一年份。寻找所需的资金将是一个巨大的挑战，而且即使得到所需要的资助，它们也将具有相当大的机会成本，因为资金从其他关键的投资转移到与 HIV/AIDS 斗争方面。

□ 疟疾（Malaria）

据估计，疟疾[4]每天能夺走 2 000 个孩子的生命，而且是发展中国家疾病的主要贡

① Steven Russell, “The Economic Burden of Illness for Households: A Review of Cost of Illness and Coping Strategy Studies Focusing on Malaria, Tuberculosis and HIV/AIDS,” Disease Control Priorities Project (DCPP) Working Paper 15, August 2003, available at www.fic.nih.gov/dcpp/. 葬礼的花费已经成为家庭和工厂的一笔巨大支出。葬礼如此普遍，以致工厂开始减少工作日，并且工人每个月都可请假去参加葬礼。这之所以成为一个问题，部分是因为家庭成员经常被葬在乡村，因此，参加葬礼的人需要在路上花费时日。

② World Health Organization, *World Health Report 2004: Changing History* (Geneva: World Health Organization, 2004).

③ Diane V. Havlir and Scott M. Hammer, “Patents Versus Patients? Antiretroviral Therapy in India,” *New England Journal of Medicine* 353, no. 8 (August 25, 2005), 749-751.

④ 这部分信息来自 UNICEF and WTO, *2005 World Malaria Report*; the Global Fund, *2004 Disease Report*; and Tina Rosenberg, “What the World Needs Now Is DDT,” *New York Times* (April 11, 2004)。

献者。世界卫生组织估计，世界上超过106个国家、占全球近一半的人口处于疟疾风险中，主要是那些位于热带地区的贫穷国家。每年疟疾会导致80万人死亡和2.25亿严重病例。非洲也承担了最重的负担，占世界上临床疟疾病例的78%和疟疾死亡病例的91%。非洲地区5岁以下孩子的死亡中，近1/5源于疟疾。疟疾也是东南亚、印度、南美洲和大洋洲部分地区面临的长期问题。

发展中国家的许多疾病对穷人产生了严重影响，尤其是疟疾病例。贫穷家庭更可能居住在疟疾盛行的贫民窟或乡村地区，更不可能提供简单的预防措施（如购买杀虫剂喷洒蚊帐），一旦发烧，接受治疗的可能性也更小。在20世纪90年代，多于一半的疟疾死亡率发生在世界上最贫穷的20%的人口中，一个比任何其他主要公共卫生重大疾病更高的百分比。图9-5表明，在赞比亚的10个地区，最贫穷的1/5人口中有13%的孩子患有疟疾，而最富有的1/5人口中仅有不到3%的孩子被感染疟疾。

许多国家在降低疟疾方面已经开始取得进展。预防措施包括：对那些处于疟疾最高风险地区的蚊帐使用杀虫剂处理，经常对孕妇进行预防性药物治疗，以及喷洒杀虫剂和其他形式的带菌者控制。对那些患有疟疾的病人，疾病可以在早期治疗中得到控制。然而，尽管研究一直在进行，但没有这一疾病的疫苗。不幸的是，由于这是一种穷人的疾病，销售疫苗的有限商机和研发成本的昂贵补偿，使这一疫苗的研究资金不足。案例9—5描述了一种创新思维，目的在于克服这一市场失灵。

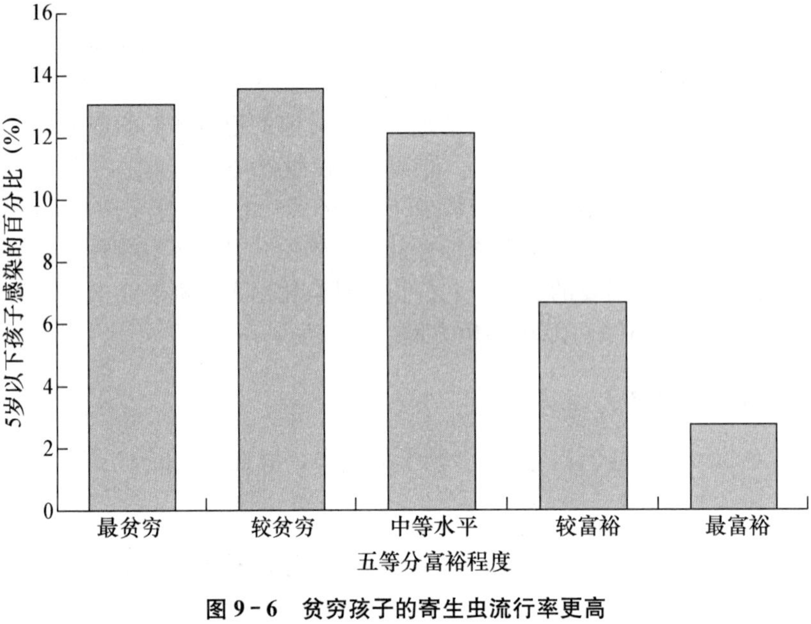

图9-6　贫穷孩子的寄生虫流行率更高

来自赞比亚10个地区较贫穷的家庭中，5岁以下疟疾感染者具有更高的流行率。

资料来源：Government of the Republic of Zambia Ministry of Health, *Zambia National Malaria Indicator Survey 2008*, available at www.nmcc.org.zm/files/ZambiaMIS2008final.pdf, accessed February 2012.

▶ 案例9—5　疫苗的市场失灵

疫苗每年能挽救300万生命，预防数百万的长期残疾和疾病患者，而且是发展中国家改善健康和降低贫困的最具成本—收益的方式之一。然而，如今一些像疟疾、艾滋病、肺结核这类最厉害的杀手还没有疫苗；而且发展中国家支付不起新疫苗的开发，这些新疫苗用于每年能杀死数百万病人的乙肝、肺炎、轮状病毒、子宫癌等病毒。如果疫苗具有如此高的成本—收益并能挽救如此多的生命，为什么疫苗没有被开发并用于这些致命的疾病呢?

在某些情况下，科学是非常不确定的，如艾滋病病毒。但在另外一些情况下，私有企业没有经济动机去为疫苗的研发进行大量的工作，因为疾病主要影响贫穷国家。开发这些疫苗的成本昂贵，同时许多穷国的收入太低而支付不起。一旦疫苗开发成功，政府经常利用它们的购买力试图打压价格，进一步降低企业在研发和生产力方面的投资激励。开发疫苗的私人市场失灵是因为，发展中国家提供的价格太低而不能为私有企业创造在开发新疫苗或已有疫苗生产设备方面的投资激励。

许多被广泛使用的是那些在富裕和贫穷国家都影响孩子的疾病疫苗，如白喉、破伤风、百日咳和脑膜炎。由于这些疫苗被广泛应用于世界各地，市场大到足以弥补制药公司的研发和生产成本。在某些情形下，疫苗可能在较富有的国家销售较高的价格以回收研发成本，同时在穷国以低价销售。但一些在发展中国家最优先考虑的疾病对富裕国家缺乏优先权。艾滋病、腹泻病、疟疾和其他一些在发展中国家最具杀伤力的疾病，在富裕国家则不是那么明显，因此这些疾病疫苗的市场潜力受到相当大的限制。制药厂倾向于回应那些资金回报率最高的地方，服务于富裕国家的健康需求而忽视疾病丛生的低收入国家。

疫苗的开发成本和失败的风险是巨大的。疫苗开发可能需要花费 7～20 年的时间进行基础研究、临床测试、制度许可、生产和销售；即使最有希望的疫苗候选者也可能在任何阶段流产。开发一种新疫苗的成本估计从几亿美元到 15 亿美元。希望私人公司愿意将钱花到亟须开发的疫苗上，然后撒手不管或者以低价销售到穷国，这是不现实的。

克服这一市场失灵的新方法是让保证人提供一种推进市场的承诺（advanced market commitment，AMC），这一承诺在为私人企业提供它们开发新疫苗所需的资金回报的同时，在低收入国家保持低成本消费。保证人和赞助商，如政府、国际组织或基金会为希望的疫苗是否开发、何时开发履行支付承诺。发展中国家将决定在低水平和支付得起的价格下是否购买疫苗，捐赠者将提供保证价格下的平衡支付，这样为疫苗开发者提供相当于其他产品的市场收益。一旦在保证价格下销售了指定数量的疫苗（足以弥补研发成本），在没有赞助者补贴的情况下，供应商将有义务在较低的可支付价格水平下销售进一步治疗所需的疫苗。这一措施将确保发展中国家在承诺支付完成条件下能够提供疫苗的连续购买。

一项创造与普通新药市场销售收益相当的支付承诺花费约为 30 亿美元。例如，保证人可能指定合法的捆绑承诺是购买每份 15 美元的疟疾疫苗 2 亿份。穷国决定以较低价格（如每个治疗者 1 美元）购买疫苗，同时保证人将提供另外的 14 美元。在最初的 2 亿治疗者后，公司将有义务以 1 美元的价格销售给其他患者，足以弥补进行生产的成本。这些购买与销售给军队、旅游者和能够提供较高价格的中等收入国家一起，将创造 30 亿美元的市场。

这一方式是其他开发疫苗方法如对公共研究机构和大学的支持的补充而不是替代。

公共卫生的研发通常涉及政府资助的有关疾病“公共产品”知识的研究，也可能被私人部门进行合理的商业开发。AMC 为私人企业投资于关键疫苗的开发提供了明显的激励机制。它也尊重疫苗的知识产权并消除了企业销售新产品损失下的压力。对于赞助商来说，除非疫苗确实开发成功，否则将没有任何成本，这样将使它们的风险最小化。AMC 将利用公共基金使市场运转更为有效，以解决发展中国家最紧迫的健康问题。

2009 年全球疫苗与免疫联盟（GAVI）创办了第一个 AMC，其具有包括捐赠者、医药公司和基金会的公私合营的性质。这个 AMC 是专门为加快针对肺炎球病菌疫苗的普及而设计的。肺炎球病菌所引起的疾病包括每年会导致 160 万人死亡的肺炎。其中大部分为儿童，而且 90%的死亡病例都发生在发展中国家。2000 年预防肺炎球病菌的疫苗就研发出来了，这也是发达国家中免疫项目的一部分。然而此种疫苗每剂量需要超过 70 美元，对于在低收入国家中的普及是非常不利的。全球疫苗与免疫联盟所提供的资金援助使得此疫苗的长远价格下降到每剂量 3.50 美元，并在 2030 年以前预计防止大约 700 万儿童死于肺炎球病菌。

资料来源：AMC 的概念是以全球发展中心的一个工作小组以及哈佛大学教授迈克尔·克莱默的早期理论为基础展开的。见 Owen Barder，Michael Kremer，and Ruth Levine，*Making Markets for Vaccines*：*Ideas to Action*（Washington，DC：Center for Global Development，2005）。这宗案例中的大部分文字摘自 Michael Kremer and Rachel Glennerster，*Strong Medicine*：*Creating Incentives for Pharmaceutical Research on Neglected Diseases*（Princeton，NJ：Princeton University Press，2004）。

疟疾可能产生的实际经济成本居于公共健康影响之首。经济学家约翰·盖洛普（John Gallup）和杰弗里·萨克斯的研究结论表明，高疟疾患病率负担使经济增长每年降低约 1.3%。① 尽管这一数字可能是其他疾病（如 AIDS）与疟疾共同作用的结果，但毫无疑问，疟疾给高流行率国家造成了沉重负担。疟疾计划可能具有很好的成本—收益。研究表明，建立在撒哈拉以南非洲地区数据基础上的估计结果表明，一篮子疟疾干预的净收益大约比成本高 18 倍。②

即使成本—收益计划也可能被证明有争议。选择用于战胜疟疾的杀虫剂是二氯二苯三氯（dichloro-diphenyl-trichloroethane，DDT），但捐赠人几乎不为它的使用付费。具有讽刺意味的是，DDT 作为一种疟疾控制和根除方式，曾经被广泛应用于美国、南欧和许多发展中国家。但在美国，过度使用 DDT 与影响野生动植物的环境破坏相关，尤其是在控制农业害虫方面。作家与社会活动家雷切尔·卡森（Rachel Carson）在她 1962 年出版的学术著作《寂静的春天》（*Silent Spring*）里对这一问题给予了关注。（这一问题主要指 DDT 对鸟类数量的影响）。DDT 最终被美国和其他国家禁用，但仍然是消除传播疟疾的蚊子的一种高效且便宜（它的专利早已到期）的方式。当在住所墙内喷洒时（预防疟疾传染的较好方式），DDT 具有最小的环境影响，而且没有发现对人类有任何害处。但由于非洲在西方国家没有地位且一直维持“双重标准”（将在富裕国家禁止的杀虫剂售卖到贫穷国家），DDT 对非洲和其他以疟疾为地方病的地区数年来的生

① John Gallup and Jeffrey Sachs，“The Economic Burden of Malaria，” *American Journal of Tropical Medicine and Hygiene Special Supplement*（June 2001）.

② Global Fund，*2001 Disease Report*，p. 37.

命挽救没有起到重要作用。

对贫穷地区疟疾控制方面的国际关注和花费令人沮丧。21 世纪初期，每年的花费（来源于全球基金、世界银行和美国总统对抗疟疾倡议组织）停留在大约 1.8 亿美元，而实际需求是其数倍之多。据世界卫生组织估计，每年有效预防疟疾需要 50 亿美元。

□ 肺结核（Tuberculosis）

直到 20 年前，肺结核①在工业化国家已经不常见了，许多人认为这一疾病很大程度上已经被征服了。但近年来，肺结核作为一种致命杀手再度出现。占世界人口的 1/3、超过 20 亿人被感染上肺结核病菌。大多数被感染的病毒携带者没有任何体内症状，但每年有 940 万人发展成为"活性"肺结核患者并呈现发烧和其他症状。肺结核每年导致 170 万人死亡，其中 90%发生在发展中国家。那些死亡者中，近一半被感染上艾滋病病毒，这样就削弱了免疫系统并使他们更容易发展为"活性"肺结核患者。

当患有其他疾病时，穷人特别容易感染上肺结核。印度的研究表明，肺结核在低收入和未受教育群体中的流行率是其他群体的 2～4 倍。穷人更可能生活在空气细菌容易传播的十分拥挤的条件下。营养不良和不恰当的卫生条件也增加了风险。而且，和其他疾病一样，一旦被感染上，穷人更不可能被诊断和治疗。由于病人和照料者失去工作、额外的营养需要、治疗成本、往返于诊所的交通成本以及孩子辍学等，肺结核的经济成本可能相当高。在发展中国家，一个患有肺结核的病人可能失去平均 3～4 个月的工作。② 每年仅印度就有超过 30 万儿童因为父母感染肺结核而退学。据估计，肺结核每年花费世界上最贫穷地区的收入达 120 亿美元，生产力损失可能花费一个经济体占 GDP 4%～7%的成本。③

国际上控制肺结核的推荐策略是短期直接观察疗法（DOTS），即将有规则的肺结核药物剂量与临床观察访问相结合的疗法。充分的治疗需要好几个月的时间，但不幸的是，有些病人因为开始感觉到病情好转或药物供给的不可靠而停止服药。这可能导致抗药性肺结核的产生。一种特别危险形式的抗药性肺结核就是抗多种药物肺结核（MDR-TB）。包括俄罗斯在内的有些国家抗多种药物肺结核患病率高，并威胁到对肺结核控制的努力。从公共卫生的角度看，对肺结核缺乏监管或不完全治疗比根本不治疗更糟糕。当人们不能完成疗程时，他们可能仍然处于感染状态并发展成对治疗的抵抗，被他们感染的人具有同样的抗药性压力。虽然抗药性肺结核通常是可医治的，但需要广泛的化疗（达到 2 年时间的治疗），化疗所需要的费用可能是昂贵的（通常比易接受药物治疗的肺结核贵 100 倍以上），并且对病人有更大的毒副作用。DOTS 有助于肺结核病人坚持治疗。据世界卫生组织统计，即使在最贫穷的国家，DOTS 也能达到 95%的治愈率。在 DOTS 策略下，每个病人 6 个月的药物花费只有 10 美元。世界银行已经断定，DOTS 是所有健康干预中最具有成本—收益的方法之一。④

---

① 这部分资料来自 WHO，*Global Tuberculosis Control 2010*（Geneva：World Health Organization，2010）。

② World Health Organization，*Treatment of Tuberculosis*：*Guideline for National Programmes*，3rd ed.（Geneva：World Health Organization，2003）.

③ Global Fund，*2004 Disease Report*，p. 26.

④ World Health Organization，"Tuberculosis，" Fact Sheet No. 104（Geneva：World Health Organization，2005）.

为了使DOTS有效，必须具备能探测肺结核病毒的肺结核唾液显微镜方法；6～8个月标准的短期治疗包括：治疗的直接观察；高质量药物的连续供给；检测病人结果和疗效的报告体系；维持肺结核控制的政治承诺。自1995年DOTS发动以来，已经有超过4 100万病人在短期直接观察疗法下被治愈，184个国家已经采纳了这一疗法。但是，世界上仍有180万人口不能获得DOTS服务。

9.5 什么起作用？全球健康中的一些成功案例

尽管发展中国家的健康问题存在许多挑战，但仍有一些成功案例。下面的例子讲述了健康部门在拯救数百万人的生命以及改善另外数百万人健康问题中的一些具体行动。这些案例摘自鲁思·莱文（Ruth Levine）的《百万拯救：全球健康中的成功经验》（*Millions Saved*: *Proven Successes in Global Health*）和拯救工作组（The What Works Working Group）。[①]（拯救工作组由全球发展中心召集的15位发展问题专家组成。）《百万拯救：全球健康中的成功经验》描述了发展中国家17个成功的公共健康干预案例，它们本身都具有重要意义。它们包含了在国家、地区甚至全球范围内实施的方案；解决了具有重大意义的公共健康问题；证实了一种对人类健康的明确、可测的影响；至少持续了5年；并且符合成本—收益。

《百万拯救：全球健康中的成功经验》中的案例证明了健康部门能有所作为，即使在最贫穷的国家。这些社区所涉及的创新性干预措施可能适用于一些最偏远的地区。这些案例同时证明了贫穷国家的政府部门能够完成这些干预工作，包括筹措用于干预的主要资金来源。在几乎所有这些案例中，尽管公共部门经常因为腐败和无效率而遭到非议，但仍然负责为传染人群传递关爱。这些干预措施包括技术发展以及对健康有重大影响的行为的基本转变。例如，在非洲对几内亚寄生虫的控制中，家庭需要认真地过滤他们的饮用水；在孟加拉国，在与由腹泻疾病引起的脱水导致死亡的抗争中，母亲们需要知道如何调制简单的盐加糖口服液，并把这个办法教给她们的女儿。干预还能从国际联盟和合作中受益。这些合作性的商业组织能够打破障碍，提供资金，带来技术力量，并产生努力维持竞争优先权的政治意愿。同时，还可能决定健康状况的改善是不是特别干预的结果；因为在多数情况下，特别的努力是用来搜集更能显示结果的数据的。最后，这些案例表明，成功有多种形式：特定疾病计划、主动改善医疗可及性与质量、传统的公共卫生干预，以及法律和监管改革都可能起作用，无论是个人还是组织形式的。

□ 泰国艾滋病病毒/艾滋病（HIV/AIDS）的预防

尽管很多小型规划已经逐渐显示出效果，但在艾滋病防治方面大范围成功的确切案

① Ruth Levine and The What Works Working Group with Molly Kinder, *Millions Saved*: *Proven Successes in Global Health* (Washington, DC: Center for Global Development, 2004). 我们对列出的17个病例中的5个进行了总结。感兴趣的学生可以查阅《百万拯救：全球健康中的成功经验》，以获取这5个病例更全面的内容和这里不包括的其他病例情况。

例则很少。然而在泰国，在性工作者及他们的服务对象中，一个与改变他们增加患艾滋病风险行为有关的大规模项目却取得了成功。泰国当局最初意识到情况的严重性是在1988年，当时第一波艾滋病病毒感染在毒品注射者之间传播。在1989—1990年间，他们发现妓院性工作者的艾滋病病毒感染率从3.1%增长到9.3%，增长了两倍，一年之后又增长到15%。同时，在对应征入伍的男性进行体检时发现，HIV呈阳性的比例从0.5%增长到3%，仅仅两年之内增长了五倍。

尽管在泰国卖淫是非法的，所以有人担心政府的干预可能意味着容忍或默许这种行为，但官方承认防止艾滋病的进一步传播更优先。为此，政府部门发起了“100%安全套项目”，要求妓院所有的性工作者与顾客都必须使用安全套。有一条直接的规定：没有安全套，就没有性行为。通过创建一个“专制环境”，那些绝大部分偏爱无防护措施的性行为顾客基本上没有地方可去。卫生部门官方提供免费盒装安全套，当地公安部门还与妓院所有者和性工作者开会。寻求治疗性传播疾病的人们要求登记他们去过的妓院的名字，卫生官员会查看这些机构并提供更多的信息。原则上，公安部门可以关闭任何一家没有执行上述政策的妓院。这些约束措施在早期实施了几次，但是当局一般更倾向于与妓院进行合作而不是疏远它们。

这场运动是成功的：全国范围内的妓院中使用安全套的比例从1989年的14%上升到1992年的90%以上。这个项目在20世纪90年代期间有效预防了200 000例HIV的感染病例。到目前为止，泰国在减缓HIV/AIDS传染病方面的显著成功将会继续得到有力的支持。这项计划在性工作者中是成功的，但是对鼓励男女使用安全套，尤其是青少年和年轻人发生偶然而不是营利性的性行为方面，作用却不明显。这表明，在泰国，未采取防护措施的性行为仍然存在着HIV传播的巨大风险。此外，HIV会继续在以注射方式吸毒的人群之间传播，现在这一比例已经高达39%。利用抗逆转录病毒药物治疗艾滋病的成本和治疗随机感染者的花费，是泰国政府和公众面临的巨大挑战。在某种程度上，政府抗逆转录病毒疗法计划的开支，是HIV防治预算在1997—2004年间下降2/3的原因。

□ 中国的肺结核控制

1991年，中国的肺结核项目重新启动，并发起了为期10年的传染病和地方病控制方案，在大陆31个省份的13个地区控制其肺结核疫情。该项目引进了短期直接观察疗法（DOTS）。在当地的肺结核诊所，训练有素的医疗工作者连续六个月每隔一天观察一次病人，因为他们是服用抗生素药物进行治疗。每一次治疗的信息都被送往县肺结核门诊部门，每个季度再将治疗结果送往国家肺结核项目办公室。

中国在两年之内运用DOTS对新发病例取得了95%的治愈率，并使以前未成功治疗的患者达到了90%的治愈率。肺结核患病者在1990—2000年间下降了37%以上，并且每年有大约3万名患者免于死亡。该项目共花费1.3亿美元。世界银行和世界卫生组织估计，成功治愈每个人需要不到100美元。估计每多活一年的成本为15～20美元。

尽管中国在治疗肺结核方面取得了成功，但该项目在病情检测方面的概率却低于期望水平。中国并不是唯一的具有该缺陷的国家，而是与其他具有严重病情的国家情况类似。导致这种疾病检测率低下的其中一个很重要的因素是没有将疑似病例及时地从普通医院转向肺结核诊疗所。因为医院可以对肺结核诊断和治疗都收费，所以它们在经济上几乎没有动力将病人转入诊疗所。结果是，尽管按规定要求将病人转诊，许多肺结核病人仍然在那些过早放弃治疗的医院就诊。

在中国，肺结核仍然是一个致命的威胁。超过 4 亿人处于感染中，其中 10%将发展为“活性”肺结核患者。当该方案覆盖的省份将 DOTS 项目扩大至剩余的一半人口时，中国政府在维持高治愈率方面面临挑战。在面对 2004 年 SARS 泛滥时，24 小时内政府在全国范围建立了一个网络追踪报道体系，强制报道包括肺结核在内的 37 种传染级疾病。2004—2007 年间，从医疗室到医院所报道的肺结核病例从 59%上升到 78%。2009 年中国变成肺结核感染率最高的几个国家之一。

□ 消除天花

在 1966 年影响到全球 1 000 万～1 500 万人口的天花，曾经导致了 150 万～200 万人死亡，现在已经被彻底消除了。最后一例被记录的天花病例发生在 1977 年的索马里。它的消除一直被作为世界历史上公共卫生取得的最大成就之一进行宣传。除了对天花的直接影响以外，这场运动对其他健康问题，如日常的免疫力提高，也带来了重要的好处。在天花病毒的消灭战中，人们发现可以同时接种一种以上的疫苗，现在看来这是理所当然的想法。1970 年，扩大免疫计划（EPI）被提出，试图对常规的天花接种增加几种疫苗。到 1990 年，与该计划刚开始提出时只有 5%的比例相比，发展中国家 80%的儿童接种了预防六种童年杀手的疫苗。

与治疗天花患者所付出的代价相比，消灭天花的成本可以比作是一种收益。在发展中国家，患病的成本包括照顾病人的开支以及由于病人生病而丧失劳动能力的经济损失。据估计，1976 年在印度照顾天花患者的成本是每人 3 美元，由于这种疾病的广泛传播性，相当于年均成本为 1 200 万美元。尽管每人 3 美元看起来很少，但是不要忘记，在许多发展中国家，公共健康的总开支才不过每人 7～8 美元。根据一项估计，除了治疗成本以外，印度每年因为经济下滑损失大约 7 亿美元。假如 1967 年在全世界范围内有 150 万人死于天花，那么发展中国家在消除天花运动的开始阶段每年会有至少 10 亿美元的开支。

在工业化国家，根除天花允许政府节约已经到位的接种计划的成本，以预防病情复发。在美国，仅 1968 年，560 万支初级疫苗和 860 万支再接种疫苗的账面价值就达到 9 280 万美元，大约每支疫苗 6.5 美元。加上其他免疫计划的间接成本，在所有发达国家的开支每年为 3.5 亿美元左右。因此，将发展中国家和工业化国家的花费一起考虑，全球防治天花的估计成本，包括间接成本和直接成本，在 20 世纪 60 年代末期达到每年 13.5 亿美元之多。这一数据代表了消灭天花的收益。

1967—1979 年间，强化免疫计划的最终开支大概是每年 2 300 万美元，包括来自国际援助的 9 800 万美元和来自地方病国家的 2 亿美元。因此，消灭天花的收益远远超过了成本。据后来测算，作为最大捐赠方的美国，每隔 26 天便能节省出它所捐赠的全部金额，使得通过接种疫苗防治天花成为当代最符合成本—收益的方式之一。

□ 拉丁美洲消除小儿麻痹症

世界上最大的公共卫生运动是紧随消灭天花脚步之后的全球性根除小儿麻痹计划。

该计划的目标触手可及。1988 年，125 个国家出现地方性小儿麻痹患者，据估计有 35 万病例。到 2006 年，病例数量已经下降到 1 400 例以下，并且只有以下六个国家和地区仍流行小儿麻痹症：阿富汗、埃及、印度、尼日尔、尼日利亚及巴勒斯坦地区。然而，小儿麻痹病毒还在不断地传播到先前没有病毒的国家。在 2004 年底至 2005 年之前 10 个无小儿麻痹病毒的国家被再感染。全世界的成功是地区性和国际性根除小儿麻痹运动共同努力的结果，使得数百万儿童免于此病。在美洲，地区性的活动仅仅六年就消除了小儿麻痹症。

小儿麻痹症是脊髓灰质炎的俗称，是由肠道脊髓灰质炎病毒引起的。它最致命的后果是，当病毒侵入中枢神经系统时，不到 1%的感染者会瘫痪。病情最严重的会引起麻痹，使人不能吞咽和呼吸。为了使病人活着，必须维持呼吸，不能呼吸所引起的死亡率高达 40%。

在 20 世纪 30 年代和 1940 年，随着一系列小儿麻痹症的爆发，美国公众要求开发疫苗。这种动员努力是由最著名的小儿麻痹症患者、美国总统富兰克林・D. 罗斯福（Franklin D. Roosevelt）倡导的。1938 年，罗斯福总统创建了国家小儿麻痹基金会，后来改名为美国畸形儿基金会，通过“每人捐出一美分”募集资金来支持疫苗的需求。1952 年，这场运动为乔纳斯・沙克（Jonas Salk）博士发现脊髓灰质炎灭活疫苗（IPV）进行了支付。1955—1961 年期间，在美国，超过 3 亿剂量疫苗被注射后，小儿麻痹患病率下降了 90%。1961 年，科学突破产生了新型疫苗。艾尔伯特・萨宾（Albert Sabin）的口服脊髓灰质炎疫苗，OPV，比之前的疫苗多了几种优势。这种疫苗和沙克疫苗一样防治了麻痹，但 OPV 有助于进一步阻止人与人之间的相互传染。OPV 每剂量大约 0.05 美元，比之前的疫苗更便宜，同时，它是不需要打针的口服疫苗，更容易在大范围内被志愿者服用。

拉丁美洲成功的接种计划最终在 1985 年开始，由泛美卫生组织发起了一项在美洲消灭小儿麻痹症的运动。这场运动的免疫策略集中围绕三个主要的部分：实现并维持较高的免疫覆盖率，及时识别新病例，以及迅速控制疫情的爆发。在小儿麻痹症流行的国家，每年选出两天作为全国免疫日（NVDs），间隔 1～2 个月，对几乎所有 5 岁以下儿童进行接种。虽然积极接种战略在大部分地区有助于减缓小儿麻痹症的传播，但是病情依然继续存在。

拉丁美洲在 1989 年发起扫尾工作，以攻克这一病毒的最后堡垒。第一步是瞄准有小儿麻痹症报道的地方，或者免疫覆盖率低的地方，或者是过度拥挤、卫生条件差、医疗保健设施薄弱或移民大量积聚的地方。在这些群体中，实行挨家挨户的接种疫苗活动最终消除了小儿麻痹症。最后一例报道病例是在 1991 年的秘鲁。当几年后再也没有病例出现时，小儿麻痹症被宣布从拉丁美洲消失。

口服脊髓灰质炎疫苗的实施证明它既便宜，又具有成本—收益。三剂小儿麻痹疫苗（连同白喉、破伤风、百日咳疫苗一起）接种一个孩子的成本仅为 21 美元。即使没有将这些收益考虑在内，如提高了生产能力，增强了战胜其他疾病的能力，减少了痛苦和折磨，小儿麻痹症的消除运动仅在节省治疗和康复费用的基础上就实现了经济合理性。根除小儿麻痹运动的头五年成本为 1.2 亿美元：7 400 万美元来自国家，4 600 万美元来自国际援助。考虑到治疗费用的节约，捐赠捐款在 15 年之内可以付清。今天，战争和政治，而不是金钱，是完全消除这些疾病的主要障碍。

□ 防止痢疾的死亡

痢疾是儿童死亡的主要原因之一，占儿童总死亡的20%。在世界范围内，每年因痢疾而脱水死亡的婴儿在140万～250万之间，大部分发生在发展中国家，那里的儿童平均一年要遭受三次痢疾。1 000个儿童中将近20个在2岁之前死于痢疾。这是一项重大的公共卫生失败案例，因为这样的死亡本可以以很低的成本得到阻止。不过，已经取得了一些进步。如随后所述，包括埃及在内的许多国家，在宣传救生治疗知识方面取得的成功，导致了与痢疾相关的死亡率的急剧下降和婴幼儿存活率的显著提高。

痢疾是一种肠道疾病，症状表现为腹泻异常频繁和水样便。它是由很多因素引起的，包括细菌、原生动物和病毒等。不清洁的水、脏手进食和变质食物是传播的主要来源。预防腹泻最有效的模式包括改善供水质量、提高卫生水平以及接种麻疹疫苗（麻疹会导致腹泻）。脱水是腹泻最严重的结果。当身体水分流失达到体重的10%的时候，脱水便成为致命威胁。即使不是致命的，脱水也可能使儿童容易受后期传染的影响。

避免因脱水而死亡要求迅速恢复流失的水分和电解质。在20世纪60年代口服补液疗法产生前，唯一有效的治疗方法是通过在医院或诊所进行静脉输液（IV）。静脉输液疗法在发展中国家并不是一种优先选择方案，因为成本太高，将病人送到诊所非常困难，且受训人员和物资存在短缺。许多人就转向了包括抗生素在内的能够阻止腹泻的药物治疗。但是，这些药物的绝大多数对健康并没有益处，而且有些可能产生危险的副作用。

口服补液疗法（ORT）被认为是20世纪最重要的医学发现。该疗法发展于20世纪60年代的孟加拉国和印度，由水、盐、糖构成的简单溶液是一种阻止脱水的有效疗法。它非常便宜，每剂只需要几美分，安全且易于管理，是大量医疗中适用的疗法。在20世纪70年代，在印度和孟加拉国边境的难民营中霍乱爆发期间ORT的效力得到证明。1971年，孟加拉国的独立战争产生了1 000万难民。过度拥挤的难民营中不卫生的状况导致了致命率达30%的霍乱的爆发。由于不能获得大量输液治疗所需要的资源，口服疗法被建议作为替代方式，结果特别有效。与静脉注射疗法20%～30%的致命率相比，在难民营中使用ORT使霍乱的致命率下降到4%以下。

埃及是在全国范围内推行ORT的早期倡导者之一。1977年，腹泻导致了埃及一半以上的婴儿死亡，埃及是一个经历了每1 000个新生儿中就有100个相对高的婴儿死亡率的国家。因此，每20个孩子就有1个在他1岁生日之前死于腹泻。那一年，口服补盐液被引进了公共诊所，并在药店销售，但很少有母亲意识到这一疗法，甚至更少人使用它。1982年，只有10%～20%的腹泻病例使用口服补盐液，医生们也没有推荐该疗法。

1980年，政府发起了加强农村健康实施计划，以试验母亲和医生如何能够被说服使用口服补液疗法。最初，在29个村庄，护士们教母亲如何在家里使用ORT，同时医生们也接受了有关这一疗法的教育。ORT的使用明显上升，结果孩子死亡率在控制使用这一疗法的村庄相比其他村庄低38%，在高峰时期，与腹泻相关的死亡率在这些村庄相比其他村庄高45%。在这些试验成功的基础上，1981年，埃及开始在全国4 100万居民中广泛推行ORT计划。该计划得到来自美国国际开发总署（USAID）和公共健康组织约翰·斯诺有限公司（John Snow Inc.）的金融和技术支持。这一计划涉及整个健康部门、其他政府机构、WHO和UNICEF。为了加强从健康服务到实施照料的能力，这一计划通过已有的健康基础设施实行。①

这一计划利用了几种创新的方式去增加 ORT 的使用。不仅重新设计了较小的口服液包装量，而且将标识语设计成埃及人最认可的产品标记。生产和分发渠道得到了推进。医疗工作人员、护士和医生都得到了培训。于 1984 年发起的大众媒体运动利用了 90%的电视用户，这一运动非常成功。到 1986 年，有近 99%的母亲了解了 ORT。1982—1987 年，婴儿死亡率下降了 36%，孩子（5 岁以下）死亡率下降了 43%。同一时期，由腹泻引起的婴儿死亡率下降了 82%，孩子死亡率下降了 62%。这一计划取得了带有巨大成本—收益干预的成功。使用 ORT 治疗每个孩子的平均成本不到 6 美元，每一个避免死亡的成本在 100～200 美元之间。

ORT 仍然是治疗脱水最具有成本—收益的方式，而且它适用于不同国家所面临的独特的挑战。在孟加拉国，超过 1 亿以上居住在农村地区的人口的 90%交通不便，是埃及人口规模的 10 倍，对他们分发口服补液不大可能。1980 年，一项在孟加拉国农村地区推行 ORT 的计划开始通过培训工人的方式进行，工人们挨家挨户地教母亲有关脱水和 ORT 的知识，并且将如何用三指盐巴、一撮糖和一公升水混合自制溶液的方法传授给母亲们。（今天，包装的口服补盐液在大多数国家都有。）在 1980—1990 年期间，有 1 300 万母亲被教授如何制作口服补液混合物。一项对超过 7 000 万家庭的估计发现，25%～52%的严重腹泻病例使用这一混合物。今天，孟加拉国 ORT 的使用率是 80%，而且成为孟加拉国文化的一部分。全球范围内 ORT 的增加使孩子腹泻死亡率至少下降了一半，估计每年能挽救 100 万孩子的性命。

□ 吸取的教训

比较《百万拯救：全球健康中的成功经验》中展示的病例的结果表明，不存在简易的成功药方。也不能轻易责怪任艾滋病蔓延的南非及长时间疟疾的泛滥造成了如此昂贵的代价这类令人沮丧的失败。贫穷是这些失败的原因之一，但不是全部。即使穷国在与疾病的斗争中也取得了一些成功。健康部门是存在普遍市场失灵的地方：存在负外部性的所有共同问题、委托—代理问题、信息失灵及公共产品。不能解决这些问题同样反映了在地方、国家和国际层面上普遍存在的政府失灵。

成功健康的发动以强大的领导能力为特征。世界银行前任行长罗伯特·麦克纳马拉曾亲自承诺控制西非国家的河盲病；具有远见和超魅力领导者的泰国政府发动了预防艾滋病传播的计划；埃及官方坚定地支持从社区试验到国家计划的口服补液疗法的推广。相反，南非总统纳尔逊·曼德拉（Nelson Mandela）和塔博·姆贝基（Thabo Mbeki）都忽视了艾滋病这一问题，直到这一疾病已经转变成大流行病和全国性的灾难。在发达国家已经得到解决的疟疾也被其他地方所忽视。

除了强大的领导和计划支持外，也需要技术解决方案与可靠的支付系统相结合。可购性可能要求对专利持有者做出让步，正如发生在巴西和印度的由制药公司大量生产 ARVs 这类药物一样。公私合资也起作用，以成本价提供药物并通过政府机构操作的方

① M. el-Rafie et al.,"The Effect of Diarrheal Disease Control on Infant and Childhood Mortality in Egypt: Report from the National Control of Diarrheal Diseases Project," *The Lancet* 335, no. 8690 (March 17, 1990).

式进行分发。无论是公共或私有的赞助者都可能起到重要作用。与艾滋病、肺结核和疟疾斗争的全球基金、USAID、世界银行和其他像比尔和梅林达·盖茨等私募基金都提供了重要的资金来源。地方承诺同样重要。提供改善的健康需要数百万个体的行动，无论是那些经过培训的医生、护士、工程师还是相对无技能的工人和志愿者，作为DOTS计划的一部分，志愿者照顾病人服药或在偏远村庄帮助实施口服疫苗。

9.6 健康面临的挑战

21世纪面临的挑战是：在发展非传染条件下新兴疾病斗争策略的同时，继续与传染病进行斗争。发展中国家仍然面临贫穷的疾病，每年有超过8 000万的孩子和30万的母亲死亡，尽管这些死亡病例的大多数都可以通过成本—收益疫苗计划、对腹泻疾病的口服补液疗法、改善营养状况和生育实践等方式而避免。很多人认为，传染病是中低收入国家优先考虑的事，因为控制这些疾病的技术方法仍然存在，而且它们严重地影响了年轻人。千年发展目标将母子健康作为优先考虑问题和降低贫困的部分内容。过去10年，千年发展目标已经将母子健康从最初的技术关注转到日益被视为“道德和政治的需要”。①

21世纪将继续与传染病进行斗争。在更加全球化的世界，新的疾病将产生并在不同国家之间快速传播。随着新药物的发现而出现的细菌适应和变异为毒性更大的菌株，抗药性将使疾病消除更加困难。但传染病并不是中低收入国家面临的唯一挑战。《2002年世界健康报告：降低风险，促进健康生活》（*World Health Report 2002*：*Reducing Risks*，*Promoting Health Life*）强调了对健康有副作用的其他因素。报告指出了以疾病负担形式体现的10大全球性的主要风险因素，列出了其预期的健康风险顺序，依次为：孩子体重不足；不安全的性生活；高血压；烟草消费；酒精消费；不安全的水、卫生设施及卫生处理；缺铁；来自固体燃料的室内烟尘；高胆固醇；肥胖及身体活动不足。这10大风险因素已经占世界范围内死亡人数的1/3以上。

体重不足的孩子与不安全的水、不良卫生及室内空气污染等贫穷现象密切相关。不安全的性生活是艾滋病传播的主要因素，对非洲和亚洲地区贫穷国家产生了较大的影响。有些风险因素，如高血压和高胆固醇、烟草和大量的酒精消费、肥胖及身体活动不足等更普遍地与富国相关。但是，随着流行病的转变，中低收入国家也日益面临着这些风险。为了健康和预期寿命的进一步改善，有必要强调未来几十年疾病的这种双重负担。

9.7 本章小结

- 预期寿命是评估健康结果最常用的指标。2008年，高收入国家出生时的预期寿

① *World Health Report 2005*：*Make Every Mother and Child Count* (Geneva: World Health Organization, 2005), p. 3.

命是 80 岁；拉丁美洲是 73 岁；南亚是 64 岁；撒哈拉以南非洲地区仅仅为 52 岁。这些差距的很大部分原因可以解释为，较贫穷地区具有高得多的 5 岁以下死亡率。

● 自 20 世纪 60 年代以来，与人均收入之间的差距不同，不同国家之间预期寿命的差距已经迅速下降了。许多中低收入国家预期寿命的增长已经取得了实质的和历史上前所未有的进步。这是过去半个世纪人类发展的巨大成功之一。但也有一些例外，包括撒哈拉以南非洲地区的许多国家。

● 在许多预期寿命上升和生育率下降的发展中国家，人口的年龄结构和疾病模式都发生了改变，并进一步导致了流行病的转变。作为非传染病，目前心脏病成为世界范围内死亡的首要原因。包括心脏病和癌症等高收入国家普遍存在的疾病在中低收入国家正变得越来越盛行。但在高收入国家代价相对较小的传染病仍然是发展中国家孩子和成人的一大主要威胁。

● 改善健康状况要求经济增长和人均收入水平的上升。但即使在低收入水平，重大的健康状况改善也可能发生。预防措施在发达国家的长期实践中至关重要，包括获得清洁的水和适当的卫生、控制昆虫和其他疾病带菌者以及推广疫苗计划。除了这些公共健康措施，教育，尤其是女性的教育与改善健康状况的结果密切相关。

● 健康和收入是构成良性循环的基本要素，收入增加导致了更好的健康状况，更好的健康状况导致了更高的收入。良好的健康状况有助于孩子在校学习，也使工人们在他们的领域和工作中更有效率。更好的健康状况增加了国家和个人未来储蓄及投资的机会。反之，更高的收入允许政府和家庭贡献更多改善健康的资源，无论是水、卫生、疫苗、药物还是健康的工人。

● 传染病仍然困扰着贫穷国家。艾滋病、疟疾和肺结核是三大最为人所知的传染病，它们每年共杀死 450 万人，约占全世界死亡总数的 8%。还有好几百万人被其他传染病杀死，尤其是孩子和那些患病但没有死去的体弱者。包括艾滋病、疟疾和肺结核在内的许多传染病是可预防的，在足够的资源和制度许可下，可能会被有效治愈。这一结果没有发生，这既是一种经济失灵，也是人类的一大悲剧。

● 艾滋病的传播、攻克疟疾的失败以及包括新抗药病毒在内的肺结核的再现，为重视世界健康问题而误入歧途提供了证据。但也有大量健康成功的案例，从根除天花到新近的脑膜炎消除，再到挽救孩子痢疾的口服补液疗法的推广都是成功的典范。

● 在重视长期与高收入国家相关的、日益盛行的慢性非传染病的同时，赢得新老传染病这场战争将是中低收入国家 21 世纪面临的挑战。

第三篇

发展的宏观经济政策

第 10 章 投资和储蓄

在第 4 章我们学到，经济增长之所以发生，是因为一个国家资本存量和雇佣劳动力的增长，以及伴随着这两项因素的生产效率的提高。在本书的这一部分，我们将深入探讨导致资本存量增长以及由此而来的生产效率提高的机制。资本增加是因为个人和企业决定将他们的基金投资于购买机器、房屋以及其他固定设备。如果他们投资明智，他们的产量和利润将增长。如果他们投资不利，资本存量和利润可能一点儿都不增长。一个肯尼亚的农民可能种植咖啡树，期待未来几年咖啡豆成熟后能有回报。一个中国的大公司投资于熔炉和轧钢厂，以生产成品钢。

然而，要想投资，农民或公司必须先获得资金或其他资源使得投资成为可能。肯尼亚的农民必须有钱来买咖啡幼苗并雇用劳动力、准备好土地。中国的钢铁公司需要找到资金支付工人工资来建熔炉和轧钢厂，并且从海外或中国的其他公司购买最好的轧钢技术。所需要的资金可能来自农民个人的收入储蓄，或从他/她的亲戚朋友那里借，或者从一家小机构贷款。大公司可以卖出所有者股票，利用留存盈余，或者从一家大银行借款。所有这些资金来源都需要个人或者公司在一开始把部分收入用于储蓄。如果农民把所有的收入都消费在食物上，或者钢厂的经理把收入都消费在昂贵的豪车上，将不会有用来投资的资金。然而，农民和钢厂可以从其他有储蓄的人那里借钱来投资，将来的某个时间再偿还。

在这一章，我们将首先考察好的投资的构成要素——什么投资导致了农民、大公司或者一个国家整体的增长？从国家的角度来看，好投资的原则对于个人、私企以及政府都适用。然而，由于所有权不同，谁做出投资决策，对于投资者能否正确运用投资原则具有重要影响。政府官员和私企的目标并不相同，大的公司和农民以及有五个人工厂的企业主追求的目标完全不同。外国投资者与本土投资者相比可能有不同的动机和目标。正如前文所述，除非有个人、企业或政府首先储蓄，否则没人能够投资，无论好坏。有趣的是，发展中国家的有些储蓄是外国人的，而不仅是本国公民的。

在有些情况下，投资者储蓄并用他们的钱投资，但多数时候投资者与储蓄者并不一致。储蓄者和投资者之间的鸿沟被大量的金融机构，如银行和资本市场以及政府所填充。投资者和储蓄者之间的分离使得高投资率成为可能，否则不大可能。但是，这也有赖于制度和政府政策。制度和政策有可能引致经济危机，就像 2008—2009 年全球所发生的那场危机。当然，政府管理经济的角色有很多，不只是通过中央银行来完成。政府自身不仅是一个投资者，在很多领域也是资金的支出者，从对穷人的收入支付转移，到给国内公务员和军队支付工资，这些和投资没有任何关系。在第 11 章，我们将探讨政府如何提高收入以应对预算支出，以及如何利用这些资源在经济危机发生时来应对。

第 12 章将考察金融部门的作用，即首先作为中介促进储蓄在个人之间流动，然后将储蓄分配给投资者。然而，金融部门的有效管理会被通胀破坏，因此，控制通胀成为有效政府战略的重要组成部分。这一章将回顾发展中国家如何控制通胀以避免危机，以及金融部门作为中介在促进或破坏增长中所做出的成功或失败的努力。第 13 章将更加深入地探讨发展中国家债务在引发金融危机方面的核心作用。发展中国家导致危机的债务同样包括国外储蓄，无论是个人还是政府储蓄，这些储蓄被国际银行和其他金融机构，包括多边代理机构，例如国际货币基金组织（IMF）和世界银行，借给发展中国家。第 14 章聚焦于对外援助对发展中国家的作用（援助国政府所提供的政府储蓄转移到发展中国家的一种主要形式）。

10.1 有效地利用投资：成本—收益分析

在很多低收入国家，看起来有大量的不断增加的投资机遇可以带来重要的经济和社会效益，但是这些投资并没有发生。道路质量差，电力和通信设施供给不足并且不可靠，看起来很多工人都没有工厂雇用。有时候，这是因为投资资金不总是可得，但也是因为投资不总是非常有效率。这本身就是一个谜：第 4 章讨论的索洛增长模型提到，在低收入国家资本稀缺，新的投资有更高的潜在生产率，但是该潜力不是总能实现。当外国投资者进行投资时，关于投资数量和效率的问题变得更加复杂。尽管外国资本是额外投资资金的一个可靠的来源，但是外国投资通常没有好的声誉，在有些情况下，尽管生产率很高，但仍然不受欢迎。

如何判断意向投资是否有收益？回答这个问题的最有力的工具是**成本—收益分析**（cost-benefit analysis），也称**项目评估**（project appraisal）。这一工具对于私人和公共投资以及外国企业投资都适用。由于目标不同，公共或政府投资者在运用工具时应该与私人投资者有所不同。

□ 现　值

投资者的计算通常包含四步。第一步，公司将预测一项投资的**净现金流**（net cash flow），计算来自销售产品的现金收入同用于投资、材料投入、薪水和工资、购买服务和其他物品的现金支出之间的差距。

第二步，投资者不得不根据交易活动是现在发生还是在很久以后才会发生调整他们对于成本和收益的估价。投资者们认为，立即收取现金比将来收取现金更有价值，因为在这期间投资者能够通过将这笔现金投资于债券和储蓄账户（或者额外的盈利性质的生产设施）获得利息（或利润）。任何公司或个人如果被要求在是今天获得 1 000 美元还是在明年获得 1 000 美元之间做出选择，他们会选择现在拿到钱，然后将其存入储蓄账户以赚取，比如说一年 2%的利息。一年之后，利息支付将会使储蓄存款达到 1 020 美元。同样地，从现在起，一年后的 1 000 美元仅相当于现在的 980 美元（=1 000 美元/1.02）。这一减少未来现金流量价值的过程被称作**贴现**（discounting）。由于利率最初提供了这样一种速率，未来的现金流量必须在这种速率下被贴现，因此该利率也被称为**贴现率**（discount rate）。因为贴现是在过去几年里发生的，所以贴现率随着时间的推移必定不断提高。在第二年，另一个 2%会被加到 1 020 美元的存款上，使存款增加到 1 040.40 美元。从现在开始，两年后 1 000 美元在贴现后将产生一个**现值**（present value），该现值仅为 1 000 美元/1.040=961 美元。现值（P）的一个通常的表达形式是

$$P=F/(1+i)^t \qquad (10—1)$$

式中，F 为未来价值；i 为贴现率；t 为时间，通常用所要贴现的年数表示。利率或年数增加，未来现金流量的现值就会减少。需要注意的是，项目评估所用的是最方便的**不变价格**（constant prices），不含通货膨胀。而贴现率是**实际利率**（real rate of interest），则包含了通货膨胀。

但在具有较大支出的时候，投资项目通常在初期有负现金流量，在随后几年，由于新设备开始获得收益，会产生正的现金流量。这一净现金流的**时间分布图**（time profile）由图 10－1 描绘；这是最常见的几种可能的分布图。为了用一个单独的数字来概述净现金流的价值，每年的净现金流分别被各自的贴现因素所除，然后加上结果现值，就得到了**净现值**（net present value，NPV）：

$$\mathrm{NPV}=\sum(B_t-C_t)/(1+i)^t \qquad (10—2)$$

式中，B_t 和 C_t 分别为 t 年的收益（收入）和成本；i 为贴现率。对一家公司来说，正确的贴现率应当是公司可以由所有资源获得的额外资金的平均成本（也就是说，是公司资本的成本）。

如果一个项目的净现值开始时为 0，该项目所产生的净现金流量恰好足够支付项目的所有成本。在该情况下，当 NPV=0 时，贴现率有一个特别的名字，即**内部收益率**（internal rate of return，IRR），该名词我们已在第 8 章讨论将教育作为一种投资时介绍过了。如果净现值是正的，那么该项目就能够用一部分剩余利润支付其全部的财务成本。如果它是负的，该项目就不能支付项目的财务成本，公司也不会承担此项目。所以说，净现值越高，项目就越好。如果图 10－1 的现金流量用 8%的比率贴现①，那么净

① 根据环境不同，发展中国家的投资收益率可能远高于 8%，也可能远低于 8%。在我们的例子中，我们使用 8%的投资收益率是因为它是这种投资通常的收益率。

现值就是正的 1 358 美元（见表 10－1）。这一计算说明，此项投资将会获得足够的回报来支付总成本（从第 0 年到第 1 年间超过 2 500 美元），并有 1 358 美元的剩余（贴现）。

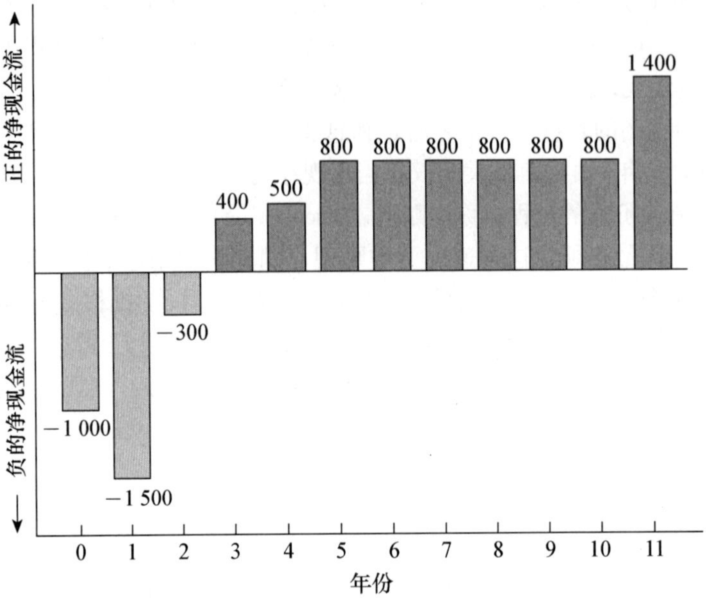

图 10－1　投资时间表：净现金流

柱状图代表项目的现金流。现金流出由水平线下的柱状图表示，现金流入由水平线上的柱状图表示。第 0 年和第 1 年的投资为建设和装备投资，因此现金流为负。第 2 年为项目启动时期；第 3、4 年产出逐渐增加，现金由流出变为流入。第 5～10 年产出稳定增长，始终有现金流入。假设该项目至第 11 年结束，这时设备的残值使现金流入迅速增长。

表 10－1　　净现值

年份	图 10－1 中的现金流（美元）	贴现系数*	现值（美元）†
0	−1 000	1	−1 000
1	−1 500	0.926	−1 389
2	−300	0.857	−257
3	400	0.794	318
4	500	0.735	368
5	800	0.681	544
6	800	0.63	504
7	800	0.583	467
8	800	0.54	432
9	800	0.5	400
10	800	0.463	371
11	1 400	0.429	600
净现值			1 358

* 贴现系数由方程（10—2）中的 $1/(1+i)^t$ 计算得出。

† 由现金流量乘以贴现系数得出。

‡ 由每年现值加总得出。

第三步，投资者必须考虑他们投资的成本和收益的风险。简单的 NPV 分析，比如表 10-1，就可能会因为生成了一个简易数字答案和给出一个虚假的精度而产生误导。现实中，投资者不能确定可能产生的所有的事先成本和他们投资产生的现金流量。燃料价格可能会飞速增长，或者电力供应可能被中断，这将迫使投资者要么购买一个新的发电机，要么就压缩产量。产品的价格同最初的计划相比，不是非常高就是非常低。政策的不稳定可能会增加成本并打乱企业采购供应品和销售产品的能力。因此，谨慎的投资者会基于最好和最坏的多种情况，为其投资计算一系列 NPV 值，以验证当具体的成本和收益变化时其结果的敏感度。如果围绕所得到的结果，风险确实很大，即便在基本的计算下得到了一个正的 NPV 值，投资者也不会决定投资。

第四步，投资者必须对各种项目进行比较。因为一个具有正 NPV 值的项目并不意味着它是使用投资资金的一个最好的选择，特别是当公司有一组可供选择的项目方案需要考虑，而预算仅能支持几个项目而不能支持全部项目的时候。在这种情况下，投资者应该选择几套能够使其全部投资预算产生的总净现值最高的方案。

至此，这一方法论同样适用于私人和公共投资者。下一步是从经济整体的角度计算成本和收益。私人投资者仅仅对项目能否为他们提供充足的回报或利润感兴趣。与此相反，政府部门则关心一个项目是否能够对整个经济增长或社会福利带来好处。政府的担心适用于由政府进行的公用投资和私人投资带来的影响等。我们经常号召政府要采取多种方法支持私企投资，但政府做出的决策应该基于对整体经济的影响，而不仅仅考虑该私人投资的项目是否带来了利润。

□ 机会成本

每项投资所使用的产品和服务同样可以被用于其他目的。如果从总体经济的角度来评价投资，应该用这些产品和服务如果被用于其他可供选择的项目时所能得到的净收益来进行评估。这些来自其他不同用途的收益，就是众所周知的**机会成本**（opportunity costs）。例如，投资于大坝需要储蓄，否则就可能被投资于农村道路和小学的建设。棉花被纺织厂使用了，否则就会出口，销售到国外。劳动力被用来修路，否则就可能被用来挖水井或者种植小米。对于一家私人企业来说，成本是具有市场价值的，它是对工资、商品和服务的支付。对于整个社会，成本就是资源的次优价值。特别是公共部门投资，应该用机会成本而非市场成本来进行评估，这二者之间存在很大的差异。

例如，如果政府支付的工资高于市场出清价，机会成本对于社会来说可能就不同于市场的工资率。如果 10 个农民工从事修建一条新高速公路的工作，他们的机会成本就是因其离开了农场所导致的农业产出损失的价值减去生产这些产出的非劳动经常成本。这部分减少的净产出就是**边际收益产品**（marginal revenue product）的价格。而且，在这种情况下，它等于劳动的机会成本。① 类似地，如果高速公路项目意味着储蓄将被从可获得 5%的平均回报的其他项目中划走，那么资本的机会成本就是 5%；即使政府以

① 在其他生产要素保持不变的情况下，当生产过程增加了一单位生产要素时，这一单位生产要素的边际产量价值可以通过将一单位商品价格和额外的实物产出相乘计算出来。

2%的利率贷款，5%也仍然应该用来作为评估项目的贴现率。

在一些国家，特别是在那些政府主导或控制汇率的国家，外汇的市场价格可能不同于机会成本。棉花不被用于纺织厂的话就会被出口；如果棉花被用于纺织厂，其机会成本是将其出口后赚取的外汇。如果纺织厂所生产的棉布没有进口计划，棉布的机会成本（这里是一种收益）就是外汇，否则这些外汇会被用于棉布的进口。

□ 影子价格

整个经济商品与服务的机会成本被称作**影子价格**（shadow prices）或**经济的机会成本**（economic opportunity costs）。最初，影子价格的近似值（土地、劳动、资本、外汇）是由市场私人参与者支付的价格。市场的干预扭曲了来自经济机会成本的市场价格：各种各样的税收和补贴、垄断力量、最低工资、利率控制、关税和进口配额、价格管制等等。当一家公司进行投资分析时，它会基于市场价格并聚焦盈利性来进行**商业项目评估**（commercial project appraisal）。当政府考虑公共投资时，政府想要测度投资对国家全面的经济影响。为了进行测度，政府必须在市场价格不能全面反映真实稀缺价值的部门使用影子价格。这种评估体系被称作**经济项目评估**（economic project appraisal）。为了估计影子价格，市场价格必须被调整，以反映全面的机会成本。

估计影子价格并不容易，需要非常了解有关经济运行方面的知识，这既包括要了解宏观经济的关系，也包括要知道要素市场的微观经济行为。但是，这种调整是十分重要的。在许多国家，就每单位美元的本币来说，影子汇率要高于官方汇率。在大多数情况下，这反映出进口关税和配额的影响，或者央行在建立和调整汇率方面的干预。其结果是，出口项目赚得了比它所用的更多的外汇，而进口替代项目同它所用的外汇相比节省了更多的外汇，进口替代项目从影子汇率中获得了提高。尽管熟练员工的奖金和工资通常不需要从市场价格调整到影子价格，但是通常情况下，非熟练工人的机会成本要低于正规的城市劳动力市场上的工资。因此，特别是在农村当地使用非熟练工人的项目将获得提高，因为影子工资在没有改变收益的情况下降低了成本。

如果政府将资本作为一种非常稀缺的生产要素，或者如果政府对那些能够相对快速实现其收益的项目具有很强的偏好，那么贴现率就可能要从市场利率被调整到影子贴现率。这种方法往往抑制了具有较高初始投资成本、孕育时期较长并且净现金流量较低的公共投资项目。较高的社会贴现率可能更偏爱那些能够较早产生净收益的项目，因为这些净收益能被再投资到其他保持持续增长的生产性项目和相对大量使用生产要素（特别是劳动）来取代稀缺要素（比如资本）的项目中。

有关影子价格强有力的阐述都包含在表10-2中，该表描述了具有相同现金流量的两个项目。一个项目（纺织厂）可以赚取更多的外汇，但需要雇用更多的劳动力。因为影子工资率低于市场利率，两个项目经济上的净现值都被提高了，但是由于纺织项目劳动密集程度较高，因此收益更多（从表的第二部分可以看出）。当影子汇率被使用时，纺织厂的净现值大幅地提高，而电信系统的净现值则变成了负数（表中第三部分）。

表 10-2　　　　影子价格效应的成本—收益分析

项目	投资（第一年）	每年净现金流量（后五年）	净现值（10%）
1. 两个项目分别有各自的现金流量，项目 A 比项目 B 能挣更多的外汇并使用更多的劳动力。			
A. 纺织厂	−1 000	+300	+137
净外汇收入	−500	+400	
工资支付	−350	−100	
B. 电信系统	−1 000	+300	+137
净外汇收入	−800	0	
工资支付	−100	−50	
2. 影子工资为市场工资的 75%，因此总工资成本要降低 25%，这一结果的现金流量如下：			
A. 纺织厂	−913	+325	+319
B. 电信系统	−975	+313	+212
3. 影子汇率比官方汇率高 20%，因此净外汇流量增加 20%，这一结果的现金流量如下：			
A. 纺织厂	−1 100	+380	+340
B. 电信系统	−1 160	+300	−23

□ 福利权数

在某些情况下，政府想要将更广泛的社会目标纳入公共部门项目的评估当中，例如收入分配、减贫或环境恶化的影响。为了做到这一点，政府在项目分析中使用福利权数，进一步调整影子价格。这一过程可能会使特定的目标组（比如说非常贫困的组）得到较高的额外净收入价格。随后，因为这些组产生了较高的收入，所以这些项目同其他项目相比具有更高的 NVP，并且更多地被选择。类似地，政府还可调整收益以达到环保的目标，或者如果政府对创造新的工作机会特别感兴趣，就可以进一步降低影子工资率。当福利权数被引入，或者影子价格被进一步调整以反映社会目标时，这一过程被称作**社会项目评估**（social project appraisal）。

虽然这很可能是一个非常强有力的方法，但同样也具有危险性。福利权数是专制的，服从于政策制定者或政治家的判断。这本身并不是一件坏事，但是这种基于影子价格的权数太容易在经济中占得上风，以至项目选择就完全取决于专制的权数。这会产生一种假象，有的时候则会被误用。在大多数情况下，在做计算时，最好不要考虑权数，而单独看待该项目带来的福利。

10.2　对富有成效的公共投资和私人投资设置的壁垒

在第 3 章，我们考察了一个国家在宏观层面有很多变量影响国内生产总值，很多类似的变量会对投资生产率产生影响，无论是公共投资还是私人投资。政治不稳定会降低回报率，并且增加风险，尤其是私人投资者，对政府投资者也如此。宏观经济不稳定会扭曲投资决策，令投资无法促进长期经济增长，或保护投资者远离通胀。高收入住宅和写字楼的过度投资通常意味着高通胀时期，正如 20 世纪 50—80 年代很多南美洲国家所发生的情形。政府和私人部门在教育和医疗方面的投资会提高劳动力的质量，这反过来会提高投资的回报率，而不仅仅获得在教育和医疗方面的投资回报。更加开放的经济体为高回报的投资提供了机遇，不仅因为有利于出口，还因为能够进口投资所需的物资。在封闭经济体中，即使能够进口，进口物资也会非常昂贵。

在这里，我们关注的是在第 3 章提到的宏观经济分析，即有效的治理和制度。好的治理和有效的制度包含一系列因素。我们主要在微观层面关注两点：经济中政府干预的程度及本质和腐败问题。这两者密切联系。正如我们在本书很多章节提到的，为纠正市场失灵可能带来的对环境、健康和增长的损害，政府监管常常是必要的。然而，在所有国家，政府干预都会给私人投资者和政府官员创造**寻租**（rentseeking）的机会。寻租行为是指个人和政府官员从项目中获取收益，但是并未提供任何补偿，也并未对提高项目生产率做出贡献。举个例子，一个水泥厂的投资者和政府谈判，要求提高进口水泥的关税，这样就可以在国内市场维持水泥的高价，从而赚取高额利润。在这个案例中，水泥生产商并未做任何事情来改善水泥质量或提高生产效率。利润的增加只取决于投资者游说政府提高关税从而提高国内水泥价格的能力。水泥的购买者需要给生产者支付更高的价格，但自身并未有任何价值的提升。寻租行为不仅会导致糟糕的政策选择，还会使得大量的资源从有效的配置使用中发生转移。

本章的这些概念之间的相关性在于：过度或者不恰当的监管，伴随着高度的腐败，这是一个低收入或中低收入国家投资项目经济回报率低的主要原因。这也能解释为什么很多私人投资者尽管提供的是不能满足需求的产品或服务，也能获得一个低回报。在更加正常的环境中，投资者会有一个很高的利润。世界银行将大量指标编纂起来，看政府干预如何影响做生意的舒适性。非政府组织透明国际（Transparency International）在多数相同国家收集了关于腐败程度的调查。我们将依次讨论这两方面。

10.3 做生意面临的壁垒

开始经营一桩生意通常被描述为一个人有一个好的想法（一个新的或更好的产品、在新地区的一个老产品、生产产品的一个新的方法）、建造工厂、雇用工人来生产产品、设立市场部门将产品卖给客户。在大多数国家个人必须首先获得许可证来开展生意，很多国家需要多个这样的许可证。例如在马来西亚，21 世纪头几年，开办一家宾馆需要 70 个许可证。做生意需要雇用劳动力，在劳动力雇佣上有很多监管条例。这些监管条例发挥了积极的意义。在很多国家，包括在美国，雇主不允许在性别、种族和宗教方面歧视雇员。更多的问题在于，很多国家的规章使得解雇雇员极端困难，尽管雇员的表现很差，或在经济下行时工作岗位有限。一桩新生意的初始或贯穿始终，都需要和供应商、客户及与雇员相关的大量合同打交道。问题变成了谁会执行这些合同？在高收入国家，法律体系或司法负责决定一个合同是否要强制执行，这些决定依据由立法机构写入法律中的规则。然而，在很多低收入和中等收入国家，立法机构几乎未受培训，几乎没有权力，腐败经常发生，合同的执行更多地依赖于一个公司寻求（或避免）执行的权利或影响力。

世界银行衡量过大量政府干预会在多大程度上影响新开一桩生意或继续以往的生意的能力。结论表明，一个国家或地区大量的政府干预被普遍认为会影响做生意的便利性。对每一项指标，它们衡量了获得必要许可所需的时间、所需许可证的数量及所需的程序、获得这些许可证的成本，以及其他大量的指标，例如雇用劳动力或获得授信。整个目录体系如下：开始一桩生意、获得贷款、保护投资者、纳税、跨界交易、执行合同、完成生意。[①] 表 10－3 列出了众多经济体的综合排名，体现了在这些国家或地区做生意的难易程度。

表 10－3　　商业环境

国家和地区	2011 年经商排名	2011 年腐败认知排名
新加坡	**1**	**5**
美国	**4**	**24**
格鲁吉亚	16	64
泰国	17	80
日本	**20**	**14**
毛里求斯	23	46
拉脱维亚	21	61
南非	35	64
中国台湾	**25**	**32**
智利	39	22
西班牙	**44**	**31**
土耳其	71	61
牙买加	88	86
巴基斯坦	*105*	*134*
中国大陆	91	75
越南	98	112
肯尼亚	109	154
埃及	110	112
希腊	**100**	**80**
孟加拉国	*122*	*120*
俄罗斯	120	143
尼日利亚	133	143
巴西	126	73
印度	132	95
伊朗	144	120
菲律宾	136	129
海地	*174*	*175*
阿富汗	*160*	*180*

① World Bank, *Doing Business 2010*: *Reforming through Difficult Times* (Washington, DC: World Bank, 2010).

续前表

国家和地区	2011 年经商排名	2011 年腐败认知排名
玻利维亚	153	118
委内瑞拉	177	172
乍得	*183*	*168*
中非共和国	*182*	*154*
黑体表示高收入经济体；斜体表示低收入经济体。		

资料来源：The World Bank，*Doing Business 2011*，4（Washington，DC：The World Bank），available at www.doingbusiness.org/Rankings. Transparency International，*Corruption Perception Index 2011*（Berlin：Transparency International），available at www.transparency.org/policy_research/surveys_indices/cpi/2011.

事实上所有高收入经济体都排在做生意最容易的国家和地区前 30 位（共 183 个国家和地区），新加坡拔得头筹。6 个中等收入国家在 2010 年也进入前 30 名：格鲁吉亚、泰国、毛里求斯、马来西亚、立陶宛和拉脱维亚。我们发现，高收入国家和地区中一些表现不好的：中国台湾、西班牙、意大利、文莱和希腊，大多数中等收入国家排在该指数前半段，但也有显著的例外，如俄罗斯、巴西、印度和伊朗，后 20 位的国家有 17 个撒哈拉以南非洲地区国家，有些国家深受战乱折磨（乍得、刚果），加上东帝汶、老挝和委内瑞拉。这些国家中的大多数都是全球最贫穷的，尽管委内瑞拉是最大的石油出口国。根据该指数，中非共和国是 2010 年最难做生意的国家。

这些高或低评级不同的原因，最容易理解的是看衡量的具体类目。在新加坡，只要 3 道程序即可开始一桩生意，只需 3 天即可完成所有这些程序。在解雇不想要的雇员时也没有限制（评分从 0 到 100，0 代表没有难度），被解雇的雇员有资格获得仅 4 周的离职金。财产登记需要 3 道程序，仅需 5 天。肯尼亚的排名为做生意难易程度的中等水平。开始一桩生意需要 12 道程序，34 天来完成；解雇雇员评分为 30（百分制），需要付 47 周的离职金。另外，财产登记需要 8 道程序，64 天来完成。排在最后 25%的玻利维亚，开始一桩生意需要 15 道程序，50 天时间；解雇雇员评分为 100（百分制），意味着你无法解雇一名雇员，所以离职金也就无从谈起。在玻利维亚财产登记需要 8 道程序，2 个月的时间来完成。对所有这些与其他国家和地区来说，完成所有必要程序的成本花费，在高评级国家和地区占人均收入的比重相对低，在低评级国家和地区占人均收入的比重非常高。

对投资者而言，时间也是金钱，因此程序越多，他们需要的时间就越长，投资者去投资的可能性就越低。结果就是，具有不太友好的商业环境的国家和地区，投资水平较低，做生意的成本较高，投资回报率比较低。这些传递到宏观层面就是增长率较低。

过度的监管对于做生意造成了大量的壁垒，不仅在于浪费时间或这些程序的直接法律成本，更在于大量的程序包含许可证和执照，这会为寻租及彻底的**腐败**（corruption）创造大量机会。腐败和寻租的区别在于，腐败包含了非法的寻租，然而，很多形式的寻租是合法的，尽管它们破坏了经济生产率。大量的监管程序并非大规模腐败的唯一诱因。建造，尤其是公共建筑领域通常包含了大量的寻租和腐败。道路建设和政府办公楼包含的成本很难衡量，不直接包含在生意成本中，让一个建造合同包含隐藏成本更容易就需要对政客行贿，以提供必要的项目资金，并使那些管理着建造许可的政客们获益。

由透明国际——一家在柏林的拥有全球网络的非营利组织——估计的关于全球各国

和地区腐败观察的数据被统计在表 10-3 中。该表中两列数据的对比表明了做生意的难易程度和腐败之间的大致关系。具有友好商业环境的国家和地区腐败程度低，反之亦然。

从公共建设和政府业务中彻底根除腐败是不可能的。即使在最富有的国家，也经常发现，一个官员因签署一个许可证受贿，一个政客接受非法报酬，为资助公共投资项目向前发展投票。通常认为解决腐败问题的方法是增加监测腐败的警察并提高腐败被抓的成本。当然，法律实施在抑制腐败方面发挥了作用，但是若腐败机会很普遍（或法律实施就是腐败），法律实施本身并不能发挥太大的作用。

同腐败斗争的关键点类似于改进做生意的环境。在诸如公共健康、环境或其他重要的社会目标中，要尽量减少必要的监管。管理这些规则的官员在是否给予许可上应拥有尽量少的辨别力。他们拥有的辨别力越大，就越会推迟或模糊程序，直到他们取得非法报酬，而如果没有这些报酬，他们也应该这么做。对于做决定的官员来说，程序应该完全透明，有明确的截止日期。在计算机普及的国家，把整个程序放在网上，申请者能够看到他们申请的状态，这是一个强大的工具。对公共建设合同，关键在于掌控有竞争力的投标，避免投标公司共谋或与官方合同代理共谋。如果能采取这些措施，大量的腐败会减少，反腐败法律实施机构不会被压垮。本质上这就是新加坡的故事，新加坡在透明国际 2009 年腐败指数中名列第三，中非共和国名列第 158。

若腐败不是在政府的较低层面进行，如海关官员签署进口许可，而是在政府的最高层面，如在总统或首相层面进行，则抑制腐败几乎不可能。高水平腐败的动机部分在于个人的贪婪，更多的是由于很多国家很难找到合法和透明的方法来资助政治组织赢得选举或掌握更多的权力。如果一个政客以提供政府支持为交换，则政治组织很容易获得资助。韩国的两位总统和另外一人的儿子被指控通过这种方法收受了数百万美元。不仅很多低收入国家有这方面的严重问题，甚至美国的政治程序也没有找到一种方法，以最小的政治影响来资助选举。

10.4 外国直接投资

在发展中国家，大量主要的投资是由本国居民承担的，这些投资既来自小的个人项目和本国公司较大规模的投资，也来自政府的投资。但是在许多国家，一个越来越大的投资份额则是来自外国的个人或公司。从 1990 年开始，在流向中等收入发展中国家的所有跨国资金当中，**外国直接投资**（foreign direct investment，FDI）已经占据了最大的份额，高于跨国银行贷款和外国援助（在低收入国家，FDI 则很少）。FDI 被定义为一种长期投资，在这一过程中一个非本国居民所拥有的实体发挥重要的管理职能，从而控制（通常至少拥有 10%的有表决权的股票）一家东道国企业。跨国投资的第二种类型就是**股票投资组合**（portfolio equity）。在这一过程中，投资者要么通过直接购买，要么通过股票交易，从一家企业获得了较少的股份。在 20 世纪 90 年代早期，流入发展中国家的股票投资组合飞速增长，但随后由于 1997 年和 1998 年的金融危机又快速减少。在过去的 10 年，同样的情形在上演。股票投资组合在 2000—2007 年增长了 10 倍，只有在2008年投资者撤资时变为负数。在最近的金融危机结束时，这些流动继续发生，2009年末达到2007年的水平。然而，即使在顶峰，组合流动仍只有FDI规模的四分之一，大约为长期商业银行贷款一般的规模。

在20世纪60年代和70年代，许多发展中国家对FDI持怀疑态度，并经常采取各种方式积极抑制其发展。在这段时间，由于许多国家近代的殖民史，以及有些时候某些外国投资者充分利用这些国家脆弱的政治和法律体制采取具有攻击性的行为，以图获得垄断权力和赚取巨额利润，因此这种对FDI的怀疑态度通常是很有根据的。但是，进入20世纪80年代中期，这种态度发生了转变，发展中国家日益试图吸引FDI，将其作为一种增加金融投资、创造就业以及引进技术和观念的手段。投入发展中国家的FDI从1990年的220亿美元，增加到了2000年的1 480亿美元，在2008年达到6 000亿美元（超过全部外国资本流量的一半）。这种急剧的增长，一部分是由于通信和运输技术的全球进步（伴随着成本的降低），和这段时期全球贸易的迅速膨胀也是密切相关的。同时，这也是一部分具有极大热情的发展中国家努力吸引FDI的结果。在2009年金融危机降低了这些流动性，但它们仍超过了2000年水平的两倍。①

FDI就一系列问题不断引发了广泛的争议，这些问题包括汇出利润、失去了对于国内资源的控制权并将其转移给了外商独资的实体、技术转让的程度、对于税收收入的影响，以及激励的程度。某些人认为，具有外国所有权的国内公司应该自始至终受到阻止，即便它能带来经济效益。而另一部分人认为，FDI是将国内经济同全球市场整合在一起，带来新技术和技能。关于FDI和发展之间的关系，证据表明很难一般化，其影响主要取决于目的和投资类型，以及受援国的政策和制度。如果FDI投入这样的公司，这类公司生产制成品并将其销售到竞争性的全球市场，那么这种FDI就很可能同经济增长以及其他的发展成果具有正的相关性。而如果FDI投入另一类公司，这类公司为受保护的国内市场生产初级产品、制成品或者提供服务，那么这类FDI往往会产生更多混合的结果。

□ FDI的模式和产品

大多数对发展中国家的外国直接投资是由**多国公司**（multinational corporations，MNCs）提供的。多国公司是一种控制别国而非本国企业资产的公司，其所控制的外国企业就是其盈利的核心。多国公司差异很大，各种规模都有，它们来自世界各地，从事各种各样的商业活动。绝大多数多国公司来自工业化国家，但是发展中国家多国公司的数目正在不断上升。在2010年《财富》杂志世界500强的企业列表中，来自六个发展中国家的企业榜上有名。这其中包括中国（41家）、印度（8家）、巴西（7家）。多国公司并不全都是私企：在《财富》杂志世界500强名单中就包括了一些国有石油和钢铁巨头，比如中国国家石油公司（世界排名第10）和墨西哥PEMEX公司（世界排名第64）。② 然而多国公司也不都是这种大型公司；一些小公司，特别是一些生产劳动密集型制成品的比如纺织品、鞋子、玩具和电子产品的东南亚小公司，它们已经在国外持续投资很多年了。

---

① World Bank, *Global Development Finance*, *2011*, 36 (Washington, DC: World Bank, 2010).

② 沃尔玛是世界上最大的公司。

绝大多数FDI来自富裕国家的投资者，这并不令人奇怪。全世界大多数跨国投资也都直接投向了其他富裕国家，但是在这些投资中，对发展中国家投资的份额已经开始不断上升。20世纪80年代后期，只有不到全球FDI流量四分之一的投资投向了发展中国家；20世纪90年代早期，全球FDI流量中发展中国家的份额增长迅速，在1994年达到40%，10年中平均水平为31%，2000年发展中国家的份额跌至20%以下，在21世纪头十年这一份额上升，在2010年达到46%。[①] 在2008—2009年金融危机时，FDI流量急剧下降，但流入中低收入国家的总量相对稳定。然而，FDI（以及股票投资组合）高度集中于一些发展中国家。截至2010年，发展中国家中一半的FDI流向10个国家和地区。中国（包括内地、香港）吸纳了四分之一，同时中国也成为非洲和其他地方最大的投资者。俄罗斯是另外一个FDI接收大国，随后是巴西和印度。与之对比，在联合国最不发达国家名录中，主要是撒哈拉以南非洲地区，只接收了全部FDI的5%。[②]

FDI是为了进行非常广泛的商业活动。然而，有的时候这些行为很难被分类。但是，有三个大类还是可以清楚地区分出来的：

- 以自然资源为基础的FDI，比如对石油、矿产品和农产品的投资。多国公司从事这些商业活动的投资规模通常都很大，而且这些投资的资本密集度很高。这些投资活动通常要直接同东道国政府进行协商，而政府往往也是投资的一方。
- 针对东道国国内市场对制造业和服务业的投资，包括消费品（比如食品和服装加工）、资本密集型产品（比如钢铁和化工产品），以及一系列服务产品（包括运输、通信、金融、电力、商务服务和零售业）。在许多情况下，这些行业会通过进口关税和其他进口限制，至少在面对进口产品竞争方面受到部分保护。
- 对于旨在将产品出口到世界市场的劳动密集型制造业的投资，这其中包括服装、电子产品、食品加工、鞋类、纺织和玩具行业。这些行业中的企业通常都非常具有效率和竞争力，但是它们也会因产品成本的变化，以及宏观经济形势和政策的不稳定而迅速从一个国家转移到另一个国家。

□ FDI的利弊

从最狭义的角度看，FDI是一种增加总投资的**资金来源**（source of capital）。同国内投资相比，FDI的规模相对要小，但是在最近30年中，其所占比例已经上升了。在21世纪头十年它占发展中国家GDP的2.2%～3.6%，而在20世纪90年代初只有1%，在80年代低于1%。谈到投资，在过去10年FDI在总资本构成中的份额大约为12%[③]，但它的重要性区别很大。在有些国家，FDI在有些年份相当于GDP的10%，尤其是产油国或自然资源国家（例如哈萨克斯坦）。在有些国家，FDI低于1%。在2010年末，越南的FDI平均占GDP的9%，孟加拉国仅为1%。

外国资本同本国资本相比要不稳定得多，但是FDI同其他形式的外国私人资本相比

---

① United National Conference on Trade and Development (UNCTAD) on-line data, UNCTADSTAT, http://unctadstat.unctad.org/ReportFolders./reportFolders.aspx, accessed March 23, 2012.

② United Nations Conference on Trade and Development, *World Investment Report 2010*, annex table A-1.

③ Calculated from World Bank, "World Development Indicators," http://databank.worldbank.org.

通常要稳定得多。一个关键的原因就是，吸引 FDI 的要么是资源禀赋，要么就是长期的基础经济实力，这些因素不会像利率和汇率那样迅速地变化，而利率和汇率则是短期银行贷款和证券投资组合的重要决定因素。此外，由于 FDI 的特点是在具有大型、固定的生产设备，如工厂和矿产的投资中拥有重要的管理控制权，因此投资者就不大可能（也更加不能够）在东道国经济下行时逃走。在 1997—1998 年东亚经济危机期间，FDI 有些下滑，但是同银行贷款和政权投资组合的快速下滑相比则要小得多。新兴国家的 FDI 在 2008—2009 年间下降。

伴随着新资本的提供，接受国希望 FDI 增加对劳动力的需求并**创造就业**（generate employment）。既然 FDI 在大多数发展中国家中是一种相对较小的资金来源，那么它对就业的贡献也就相对较小，在大多数发展中国家其创造的就业不到总就业量的 5%，所以如此小的数字也就并不令人吃惊了。然而，FDI 对就业产生的影响，其差别还是很大的。集中于以资源为基础的资本密集型工业的 FDI，比如采矿和石油，创造的就业机会相对较少，而集中于劳动密集型制造业的投资则会创造出较多的就业机会。此外，随着一些人控告跨国公司支付低工资和提供非常恶劣的工作环境，使 FDI 对工资和工作条件的影响具有很大的争议。这也许是真的，但是，虽然条件各不相同，但有证据表明，总体来说跨国公司所支付的工资要高于国内公司的平均工资水平，而且其工作条件要优于国内公司的平均水平。①

至少有一些类型的 FDI，特别是投入出口制造行业的 FDI，这种投资的好处是它能够帮助提高生产的**专业化**（specialization）程度。当发展中国家的企业成为全球生产过程的一部分时，它们可以专注于一些具有比较优势的特殊行业，使生产更具效率。尽管国内的财政投资也能够促进专业化生产，但是 FDI 在将其同全球产业链的其他部分相连接方面具有更强的优势。汽车制造行业中的企业不需要生产整辆汽车（如果这些企业这么做了，它们很可能在世界市场上就没有竞争力了）。取而代之的是，它们可以在组装、生产基本零部件（比如车门或配件）、制造更为复杂的部件（比如发动机和传送装置）、设计或者生产的其他方面实行专业化。在当前的生产环境下，既然汽车的零部件是在世界各地生产的，因此很难区分一辆汽车是由美国、德国、日本还是韩国生产的。此外，对于具有经济意义的特定的经济活动，也会随着时间的推移，因资源禀赋、技术和经济政策的变化而发生改变。在 20 世纪 70 年代，当英特尔公司最初在马来西亚对电子产业进行投资时，这些投资都集中在了低技术的经营活动上，比如说简单的组装。随着时间的推移，由于马来西亚工人获得了新技术，以及更多的马来西亚人成了富有经验的管理者，这些经营活动便转移到了基本零部件的生产上（比如键盘），随后又转移到了更加先进的零部件上（比如微处理器），不久之后又转向了测试和研发。最近，菲律宾的电子产品生产也遵循着类似的过程。

FDI 也使接受国获得了**进入世界市场的机会**（access to world markets）。发展中国家能够以具有竞争力的成本进行生产，却通常发现它们的产品很难进入国外市场。许多跨国公司，特别是那些从事自然资源、化工以及其他重工业的公司，它们都是一些垂直

① Edward Graham, *Fighting the Wronng Enemy*: *Antiglobal Activists and Multinational Enterprises* (Washington, DC: Institute for International Economics, 2000), chap. 4.

一体化的寡头公司。在这些公司当中，许多交易都是在公司内部进行的。多国公司发展的优势就在于，可以在标准化产品上制定和遵守长期合同（比如石油），或者通过按时提供一种可以满足质量要求的标准化产品（比如电子和工程产品）获得声誉，于是它们可以进一步拓展接近客户的途径。对于发展中国家的公司来说，凭借自己的力量，通常需要很多年才能克服这种营销优势，但是跨国公司的子公司能够帮助加速这一过程。

在所有由外国投资所带来的潜在收益当中，最重要的就是**科技、技术和观念的转移**（transfer of technology，skills，and ideas）。因为世界大部分的研发活动都发生在北美、欧洲和东亚，来自这些地区的公司则是创新产品、机器、制造流程、销售手段、质量监控和管理方法的一种潜在的宝贵来源。多国公司很可能带来这些新的观念和技术，有助于东道国减少成本和提高生产率。当多国公司所带来的这些好处的传播范围超出了其在东道国的子公司，并对东道国的其他公司和企业有益时，这种FDI是最有价值的，而这种正的外部性则被称为**溢出效应**（spillover）。比如，如果国内的公司同多国公司竞争，它们就可以观察和采用这些从国外带来的技术以努力提高自己的生差率。一家本国的家具制造商可以了解到新的机器、学习制作木制家居产品的新技术，或者学到一种组织生产的不同的方式，这些都能够降低家具生产商的成本，提高其竞争力。来自多国公司的竞争能够促使竞争对手通过更有效地使用所有投入品，以及引入新技术和工艺的方式来降低成本。这对于所有从多国公司和他的竞争对手那里购买商品的其他公司来说有直接的好处。

很明显，多国公司具有限制其竞争对手获得技术转移的激励，因此多国公司对于其竞争对手的这种“水平”溢出效应是非常重要的。而多国公司对于促进一些公司获得“垂直”的溢出效应有很强的激励，这些公司一般从事供给链上下游的商业活动，它们要么从多国公司购买产品，要么就向多国公司卖出产品。多国公司希望它们东道国的供应商能够尽可能地以最低的成本生产，因此它们愿意同供应商合作，通过让其引入提高质量和可靠性的新方法以提高生产率并降低成本。这种改变对于那些从这些供应商处购买产品的其他公司来说，使其也获得了间接的好处。①

产生这些溢出效应的一个重要途径就是**训练工人和管理人员**（training of workers and managers）。大多数发展中国家在组织和操作一些大的工业项目（例如那些多国公司所承担的项目）方面没有大量的训练有素的管理人员。多国公司具有训练东道国管理人员和工人的激励（既包括它们自己的雇员，也包括其供应商的雇员），而且在某些情况下，它们会将雇员送往国外的母公司，对其在生产方式和管理技术方面进行训练。东道国的管理人员被派往母公司工作六个月或更长时间，然后再回到东道国的子公司并被安排到高级职位上，这是十分常见的现象。其所产生的直接影响就是有助于提高多国公司的生产率并增加利润。而且，随着时间的推移，这些管理人员和工人会带着这些新知

① 参见 Howard Pack and Kamal Saggi，“Vertical Technology Transfer via International Outsourcing，” *Journal of Development Economics* 65，no. 2（2001），389-415；Garrick Blalock and Paul Gertler，“Foreign Direct Investment and Externalities：The Case for Public Intervention，” in Theodore Moran，Edward Graham，and Magnus Blomstrom，eds.，*Does Foreign Direct Investment Promote Development*?（Washington，DC：Institute for International Economics and Center for Global Development，2004）.

识跳槽到其他的公司，或者他们甚至会自己开办公司。在 20 世纪 80 年代，当纺织公司开始从韩国和中国台湾转移到印度尼西亚时，最初那些资深的高管们也都跟着去了印度尼西亚。随着时间的推移，越来越多的印度尼西亚人受到训练填补了这些职位，最后这些高管们开办了自己的公司并开始同多国公司进行竞争。当毛里求斯在 20 世纪 80 年代早期刚开始生产纺织品和鞋子的时候，实际上出口公司 100%都是外商独资企业，但是在随后的 15 年中，外商仅能控制总股本的 50%。[①]

但是，就如同 FDI 可以产生正的溢出效应一样，它也能产生负的溢出效应。多国公司可能会引起空气和水的污染，并且可能导致其他的环境破坏，对东道国产生负的外部性。（当然，东道国自己的公司有时也同样会导致环境破坏，在有些情形下，其破坏甚至更严重。）然而有的多国公司对于引发极其严重的环境破坏是有罪的，但是其他多国公司则会带来更清洁和更有效率的生产技术，这些生产技术可以帮助减少对于环境的破坏。

如果 FDI 投资于受保护或者低效的行业，会因错误的配置资本、劳动力和其他资源导致经济损失而不是获得收益。例如，如果政府鼓励一家多国公司投资于一家石油化工有限公司，这家公司只能从政府补贴或者通过管制即限制竞争（对进口竞争产品课以重税）来获得利润，那么国家承担的成本就可能要高于收益。而在保护下运行的公司倾向于采用过时的技术，最终可能失去在世界市场上的竞争能力。这种公司可能鼓吹其巨额利润，看上去兴旺发达，但是纳税人承担的成本，以及下游用户被迫支付的高昂价格，甚至要比这些公司获得的巨额利润大得多。

也许对于 FDI 最大的忧虑就是东道国失去对于相关业务的控制。多国公司能够逐出东道国企业，即便这种行为的经济效益可能很高，但是在政治上它是不受欢迎的。一家高效的大型多国公司能够驱逐运行成本很高的东道国小公司，特别是在那些具有高关税壁垒和其他管制的国家当中，这些国家的本国企业可能相对更加脆弱。此外，尽管多国公司会对东道国进行再投资，但它们更愿意将它们的利润汇出境外（许多本国企业也将它们的利润汇出境外）。而对于那些最大的多国公司来说，最严重的问题是它们的规模和对资源的掌控通常匹配，有时甚至超过了 FDI 接受国的政府。这使进行投资的多国公司进一步增加了干涉的阴影，并且使东道国更加依赖于远超其控制的外国经济力量。在一些情况下，对于控制权和收入分配的有效的社会偏好可能会超过对经济效益的争论。

□ FDI 和增长

最后，要对 FDI 是有利还是有害进行一个简单说明是非常困难的而且可能被误导。FDI 差异很大，这些差异在很大程度上取决于特定的商业活动、政府和多国公司所采取的行动，以及东道国供应商、竞争者和顾客的反应。正负溢出效应是否存在，以及其程度到底有多大，关于这方面的争论始终存在。结果，就 FDI 和增长之间关系的研究得出了一个混合结论。一些研究发现，特别是当 FDI 接受国的工人获得了最低水平教

① Blalock and Gertler, "Foreign Direct Investment and Externalities."

育时存在一种明显的正向关系，而另一些研究则发现二者间没有关系甚至存在一种负向关系。①

当研究者考虑到 FDI 的目的和背景时，较清晰的模式开始出现了。如果外国投资的生产是为了东道国市场并严重依赖于补贴，或为了防止竞争而予以保护，那么这种投资对东道国来说可能是没有利润的，并且甚至会对东道国造成经济上的损失。如果 FDI 投资到以自然资源为基础的工业上，其在很大程度上要依赖于自己产业的影响。正如第 18 章所描绘的，在一些国家中，初级产品的出口有时会有助于促进发展（比如博茨瓦纳的钻石的出口和马来西亚与印度尼西亚石油的出口），在另一些国家，丰富的自然资源作为一种上天的恩赐已经达到让人诅咒的程度，比如尼日利亚或委内瑞拉的石油、赞比亚的铜，以及刚果民主共和国和塞拉利昂的钻石。

以生产出口制成品和在竞争激烈的全球市场上运营为目标的 FDI，经常会被发现与增长和发展具有正的相关性。这种类型的 FDI 通常更高效，并且对于新技术的引进、训练工人和管理人员以及对供应商甚至是竞争者产生正的溢出效应来说更加有利。乔治敦大学的经济学家西奥多·莫兰（Theodore Moran）发现，在并入母公司国际采购网络的子公司和在国内市场受到保护的公司之间，它们的经营特点存在极大的差异。如果母公司将东道国的子公司作为在国际市场保持竞争力的一种战略来使用，它们会使子公司始终处于技术、管理和质量控制的前沿。但是莫兰发现，用于受保护工业的 FDI 会阻碍经济，因为这些公司通常会使用过时的技术，并在限制成本增加、阻碍出口和降低生产率的模式下运转。②

□ 外国直接投资的政策

发展中国家对于吸引 FDI 非常有兴趣，并且为了确保收益最大化，通常将下述三大策略结合使用：

- 通过加强基础设施、减少繁文缛节，以及提高劳动力的质量来改善所有类型投资的（外国的或国内的）基础环境。
- 引入特殊政策和激励以吸引 FDI，比如出口加工区、培训工人、进口保护，或者免税。
- 对多国公司实施约束（比如限制其股权持有量或利润的汇出），以使东道国获得

---

① 对于 FDI、溢出效应和增长的研究有很多。比如，一项研究发现，在接受国最低水平的教育上存在一种正向的关系。参见 E. Borensztein, J. DeGregorio, and Jong-Wha Lee, "How Does Foreign Investment affect Growth?" *Journal of International Economics* 45, no. 1 (1998), 115–172。一项很有影响的研究发现，委内瑞拉存在负的溢出效应。参见 Brian Aitken and Ann E. Harriison, "Do Domestic Firms Benefit from Direct Foreign Investment? Evidence from Venezuela," *American Economic Review* 89, no. 3 (June 1999), 605–618。最近的一份调查，参见 Robert Lipsey and Fredrick Sjöholm, "The Impact of Inward FDI on Host Countries: Why Such Different Answers?" in Theodore Moran, Edward Graham, and Magnus Blomstrom, eds., *Does Foreign Direct Investment Promote Development?* (Washington, DC: Institute for International Economics and Center for Global Development, 2004)。

② Theodore Moran, "How Does FDI Affect Host Country Development? Using Industry Case Studies to Make Reliable Generalizations," in Theodore Moran, Edward Graham, and Magnus Blomstrom, eds., *Does Foreign Direct Investment Promote Development?* (Washington, DC: Institute for International Economics and Center for Global Development, 2004).

更多的收益。

改善基础投资环境

争议最少，并且所带来的收益远超过与 FDI 相关的投资所能产生的收益的一种途径，就是采取措施为投资和商业运行提升基础环境。如同我们已经看到的，同富裕国家相比，贫穷国家中的商业活动要面对更大的管制负担和成本。为了试图提高基础投资环境，政府可以改善道路和港口基础设施，投资于基础设施建设，以使其更加可靠和更加便宜，减少那些增加运营成本的不必要的管制和“繁文缛节”。这些措施应该有助于吸引新的投资，既包括国内投资，也包括国外投资，同时也有助于使现有投资更具生产性且更加有利可图。

为吸引 FDI 引入具体的政策和激励

政府是否应该采取具体的办法以鼓励这些甚至已经超过了国内投资的 FDI? 对于这一问题的态度则要看是否存在溢出效应以及其规模大小：如果 FDI 带来了正的溢出效应，不仅有利于多国公司，还会对其他公司产生好处，那么以吸引 FDI 为目的而制定的具体的政策和激励可能会更恰当。如果不仅没有任何正的溢出效应，反而可能产生负效应，那么对于有关政府的行为和所实施的特殊待遇的争论就会变得非常脆弱了。

有三种具体的政策是非常常见的。第一种，东道国能够为潜在投资者提供市场本身并不能提供的有效和即时的**信息**（information）。如果投资者根本不了解某一国家，他也不必非要去那里。许多发展中国家的政府已经建立了投资促进机构以“推销”该国，并且提供有关运营成本、港口设施、自然资源、教育水平、气候和其他各种因素的信息。在一些国家，这种类似促销的手段是有帮助的，但在另一些国家，情况可能就不太一样了。

第二种，政府承担一些具体的旨在使国家对于 FDI 更具吸引力的支出。许多政府已经建立了工业园或者**出口加工区**（export-processing zones，EPZs），以增加投资和制成品出口。而基本的想法就是建设基础设施和改善整个经济的投资环境，这可能需要花费很长时间。所以作为一个临时措施，政府可以在港口设施附近建立一个主权属于另外一个国家的区域，在这个区域中要拥有高质量的基础设施，公共设施要可靠而且成本相对要低。此外，在该区域中的管制和繁文缛节要少。通常，在出口加工区，许多国家既欢迎国内投资也欢迎国外投资，但是 FDI 在投资中则占了很大的比重。大多数在生产出口制成品方面极为成功的国家已经建立了出口加工区或类似的设施，这其中就包括马来西亚、韩国、毛里求斯、多米尼加共和国和印度尼西亚这些国家建立的出口加工区；在中国的几个经济特区；墨西哥的边境工厂以及突尼斯和其他几个国家建立的类似的独立设施。但是出口加工区和相关设施也不总是成功的，当它们被建在较差的位置、管理混乱，或者在其他一些方面增加了而不是减少了生产者的成本时，这种地区和设施的建立就会失败（参见第 19 章）。

第三种也是最富有争议的政策就是，政府能够对多国公司提供特别的激励，以提高其收益率，包括为使其免于进口竞争而提供的保护、补贴或减税优惠。政府通过引入税收和配额以减少进口竞争品，或者通过提供彻底的垄断国内市场的权利这两种方式提供**保护**（protection）。这些措施大多数是同 FDI 相关的，这些 FDI 以生产国内市场所需的产品为目标，而不是为了生产出口商所需的产品。因为进口保护和垄断控制产生了较高的国内价格和利润，实际上本国消费者支付的较高的价格将作为一种转移支付，会转移到多国公司的外国股东手中。尽管有证据表明以保护国内市场为目标的FDI所带来的好处最少（通常是净损失），但是通常很难为干预找到合适的理由。

也许，在所有刺激FDI的措施当中，最有争议的就是**所得税激励**（income tax incentives）。而这种激励有多种多样的形式，最常见的就是**所得税减免**（tax holidays），它免除了来自公司的收入所需支付的税收，通常是3～6年。而大多数国家一般对利润征收20%～50%的税收。免税要想对多国公司有所帮助，就必须抵补对公司母国政府所交的所得税。否则，如果其母国对公司全球范围内的收入征税——就如同除法国以外所有的工业化国家所做的那样——那么，多国公司就会对发展中国家支付较少的税收，而对其母国支付较高的税收。实际上，发展中国家放弃的税收会被简单地转移成为多国公司母国的税收收入。现在，多数工业国通过母国和东道国政府间协商的税收协议，允许其公司享受外国给予的免税补贴。

然而，对于在这种税收减免下，发展中国家是否获得了相当于其所放弃的税收那么多的收益，人们存在大量的疑问。大多数研究总结出，对于许多种FDI来说，所得税减免只对跨国投资决策产生边际效应，而且这种减免是对多国公司在这种情况下做任何它们想做的事情的一种奖励。对于那些受到自然资源的吸引，或那些打算在受保护的东道国国内市场进行生产的企业来说，这一点尤为真实。在这种情况下，多国公司被东道国的一些特殊禀赋所吸引，比如当前黄金和石油的储量，或者因为东道国具有一个较大的国内消费市场。这些多国公司可能只有其他少数几个重要的地点可供选择，所以税收上的待遇在其投资决策中可能不是一个非常重要的因素。此外，税收减免不能使一项非盈利投资转变为一项盈利的投资：只有公司盈利了，税收才会成为一个有关系的因素。

有证据表明，出口导向、劳动密集型且“无拘无束”的工业，由于其具有更广泛的地点可供选择，因此它们可能对税收减免和其他激励措施更敏感。生产电子产品、鞋子、纺织品、服装、游戏和玩具的公司，能够在众多基本的政治和经济稳定、交通成本相对较低，并且拥有大量无技术或半熟练技术工人的国家中进行选择。在这种情况下，税收减免就可能是多国公司选择投资地点的一个非常重要的因素了。由于研究表明，这种类型的投资很可能为东道国提供正的溢出效应，因此限制税收减免就是理所当然的了。然而，这些措施总是有争议的，就像东道国公司和多国公司需要获得类似的税收待遇一样，所以政府也很难抵制这种压力。

对FDI的限制和要求

许多政府对于多国公司试图从外国直接投资中获得尽可能多的预期收益施加了严苛的限制和要求，这其中包括对其业绩的要求、对本国所有权的要求、对劳动力的要求，以及对利润汇出境外的限制。这些政策有可能会提高东道国的收益；然而，在很多情况下，它们并不能起到鼓励FDI的作用。

许多东道国强制要求外国投资者出售一定份额的股权（通常至少是51%）给其东道国**合资企业**（joint ventures）的伙伴。通过对本国产权的要求，东道国政府希望确保技术和管理技术的转移，限制利润汇出，以及保持东道国对企业的控制。然而，同全资子公司相比，母公司通常非常不愿意将技术扩散到合资企业。然而，许多东道国合资企业的合伙关系是一种形式上的安排，所涉及的拥有较少知识和业务专长但更接近政治权力中心的东道国精英们，作为多国公司指定的合伙人，只是偶尔才从多国公司收到付款。然而，情况也并不总是如此。在某些情况下，经验丰富、技术熟练的东道国合伙人最终能够控制并买下多国公司。

许多国家对多国公司施以**国内含量要求**（domestic content requirements），要求这些公司在东道国购买一定份额的投入材料（而不是通过进口），而且随着时间的推移，这一份额也在不断增加。这一观点是为了鼓励国内供应商，并确保加强多国公司和本地公司的联系。理想的情况是，多国公司在任何情况下都应该在本地选择购买投入材料，但是当多国公司被迫这么做的时候，它们通常认为本地供应商不能使产品价格足够低、质量足够高，不足以同进口产品竞争。因此，这些要求直接增加了多国公司的成本，降低了它们投资的积极性。然而，今天国内含量要求明显违背了 WTO 规则，发展中国家已经不能使用。类似的生产要求则可针对劳动力和技术转让。让外国公司雇用当地居民的政策不只是为了创造就业，同时也是为了增加对于来自多国公司的技术转让的吸收能力。发展中国家通过对多国公司施加技术标准要求，使其只能进口最先进的资本设备而非用过的机器，以这种方式来试图促进技术转移。其他常见的约束包括对母公司的利润汇出施以上限，以及施加严格的利润汇出税。这些国内含量要求如果不能被很小心地设计，这些约束则会阻碍投资。并且从长期来看，其对东道国获得转移收益的帮助也十分有限。

总的来看，所有收集的证据均表明，有些类型的 FDI 会带来很大的收益，而其他类型的 FDI 带来的收益很小，有时甚至带来的是负收益。这说明最好的总方针就是获得最基本的权利，使投资环境对于国内外投资更具吸引力：可靠的交通、电力以及通信设施；没有不必要或繁重的政府管制；有能力的机构；坚持法制；宏观经济和政策稳定；工资与生产率相匹配的劳动力市场。

10.5 储　蓄

如本章开头所指出的，若没有个人、公司或政府将他们的收入用来储蓄，那么投资是不可能的。储蓄者可以把他们的资金直接投资，也可以存入中介机构（银行或其他金融机构），这些中介机构致力于寻找有前途的投资，并出借资金使投资变为现实。

二战后的早些年，人们普遍认为，全球范围内各国之所以贫穷，核心是因为缺少储蓄。这些国家的人民因为贫穷，只能把所有收入用来维持生存，没有多余的资金来储蓄和投资。这个问题被视为低收入国家陷入贫穷怪圈的最根本原因。为了打破这个循环，使这些国家走上摆脱贫困的道路，需要找到储蓄的外部来源（接下来转为投资）。对很多人来说，答案在于增加高收入国家的对外援助，以帮助这些国家走出泥潭。今天关于这种类型的对外援助仍有争议，但对于大多分析的原理仍从这一点出发。（对外援助及其原理是第 14 章的主题。）

对外援助是国外储蓄的一种，被转移到低收入国家用来投资或消费。其他形式的**国外储蓄**（foreign savings）包括 FDI（本章前面讨论过）、发展中国家股票市场上的外国人股票投资组合、发展中国家的私人金融机构（通常是高收入国家）投资、高收入政府、国际金融机构（如世界银行、IMF和地区国际发展银行）贷款等。

然而在大多数发展中国家储蓄的国内来源比所有外国储蓄的来源都要大得多。**国内储蓄**（domestic savings）由家庭、国内企业和政府储蓄构成。平均来说国内储蓄在高收入和中等收入国家比在低收入国家要高，但每一组国家区别很大。在20～30年前，低收入和中等收入国家的储蓄率上升。中国2005—2009年的储蓄占GDP的比重近50%，这是一个异常高的比率。印度比中国的收入低，在同一时期储蓄率超过30%，也是一个很高的数字。但有些国家储蓄很少，比如尼泊尔的储蓄约占GDP的10%，而加纳和危地马拉的储蓄率为5%甚至更低。高收入国家如美国和英国的储蓄不到GDP的15%。典型国家储蓄和投资的数据见表10-4。

表10-4　国内资本形成（投资）和储蓄

	资本形成总量（占GDP的比重,%）		国内储蓄总量（占GDP的比重,%）	
	1975—1979年	2005—2009年	1975—1979年	2005—2009年
经济体				
低收入	14	23	7	10
中等收入	26	28	25	30
高收入	24	20	24	20
地区				
东亚和太平洋地区	30	38	30	44
欧洲和中亚	n. a.	23	n. a.	24
拉丁美洲和加勒比地区	25	21	23	23
中东和北非	30	26*	24	32*
撒哈拉以南非洲地区	25	21	23	16
南亚	18	33	16	28
国家				
巴西	24	18	21	19
中国	32	44	32	51
埃及	31	20	16	16
加纳	9	22	9	5
危地马拉	20	18	16	3
印度	20	36	19	32
印度尼西亚	24	27	29	30
墨西哥	24	25	23	23
尼泊尔	16	29	12	10
俄罗斯	n. a.	22	n. a.	32
南非	27	20	31	18
英国	20	17	20	14
美国	20	18	20	13

*数据为2005—2007年。

GDP：国内生产总值。

资料来源：World Bank，“World Development Indicators，” http://databank，worldbank. org.

一个低收入国家储蓄率又很低，如何提高储蓄率，并提高经济增长率？政府政策会对一个国家的储蓄率产生大的影响吗？自19世纪以来，通常认为高收入国家会提高储蓄率。在所有国家，最高收入人群的储蓄率比最低收入人群的高得多。看起来，如果一个国家的收入增长，这个国家的平均储蓄率整体上也会随着收入增长。但当经济学家衡量随着时间的推移储蓄率的变化时，他们很快发现，当人均收入增长后，国内平均储蓄率并没有太大的变化。① 这表明，我们并未弄清楚是储蓄率的上升导致投资上升从而带来更快的增长，还是因果关系需要倒过来。相反地，是否政府的改革措施导致经济增长率上升，从而带来更高的国内储蓄率？例如，在韩国和中国台湾，20世纪60年代初的经济政策改革时，一段时间尤其在韩国储蓄率非常低。20世纪60年代和70年代的快速增长带来了国内储蓄率和国内投资的增长，这又支撑了改革初期的高增长。

虽然我们并不能确切地知道一个国家整体的国内储蓄率由什么决定，但我们知道哪些促进了家庭储蓄，这是国内储蓄水平最重要的方面。我们还可以谈一下政府储蓄，但国内企业储蓄会谈得比较少。我们会依次考察国内储蓄的这几个来源。本章结尾又会反过头来讨论外国储蓄的问题，什么原因使一国成为一个净借出国（将储蓄转移至国外）或一个净借入国（接受他国的储蓄，如FDI）？

10.6 家庭储蓄与消费

个人和家庭出于两个主要原因进行储蓄。首先，他们想通过储蓄获得未来更高的收入。其次，他们想通过储蓄部分当前收入以对抗自己未来收入意外下跌的风险，这一风险可能来自干旱，它威胁到来年的食物供给；也可能来自生产设施遭遇火灾、洪涝、盗窃以及疾病（例如那些杀死牲畜的瘟疫）；或者其他方面的收入损失。这个预防动机对于生活在温饱水平的人来说特别重要。对他们而言，收入突然减少的后果是灾难性的。由于保险体系不完善，个人、家庭和经营单位必须通过储蓄进行自保，以防范损失突然下降的风险。在大多数低收入国家，保险市场非常弱，尤其在贫穷的农村地区。

考虑到这些动机，关于消费和储蓄之间如何分配的决策就是非常重要的。一个人储蓄得越多，他通过投资在未来获得的收入就越多，进而他防范未来风险的能力就越强。但储蓄是有成本的：提高储蓄的唯一途径就是降低当前消费。只有当人们认为后继投资能够提高他们的未来收入和消费，或者人们需要储蓄以备收入危机时的基本消费之需时，居民才会牺牲当前的消费而进行储蓄。有许多因素影响储蓄：当前收入水平、预期未来收入水平、需要支持的事情的多少、投资机会，以及金融机构能否顺畅引导储蓄形成投资等等。

家庭储蓄的**生命周期模型**（life-cycle model）抓住了为什么发展中国家有些家庭储蓄高、有些低的重要因素。以诺贝尔经济学奖获得者弗朗哥·莫迪格里安尼（Franco Modigliani）为

① 这一发现使得米尔顿·弗里德曼提出了永久收入假说且詹姆斯·杜森贝里提出了相对收入假说。他们想通过不同的方式解释这一矛盾。

代表的生命周期模型描述了在一个人的生命周期中储蓄和消费如何呈现系统性的变化。[①] 在这一模型中，年轻人的储蓄率较低，因为他们收入较低（但预期未来的收入较高）并且需要养孩子。实际上，这一阶段许多人的预期行为是取出存款（或主动负债）。储蓄率逐渐提高并在中年和退休时达到高点，这时的收入较高，且给孩子的相关消费较少。在这一阶段，人们积累了他们储蓄的大部分以供退休后使用。一旦退休，他们的收入开始下降，然后开始取出先前的积蓄。这样，储蓄率在青年时期逐渐走低甚至为负，在中年走高，然后在退休后再度转为负的。

生命周期假说暗示社会人口结构对于总储蓄率有很大的影响。正如第 7 章所讨论的，所有社会的人口结构都会经历三个基本阶段：（1）高出生和死亡率，低人口增长；（2）死亡率下降，出生率持续高位，相应地，高人口增长率；（3）出生率下降，死亡率持续低位，低人口增长。随着一国依次经过这三个阶段，就业前的青年人口、就业年龄人口和退休人口的比例会发生巨大的转变，储蓄率也相应地发生巨变。处于第二阶段的社会可能会有一个相对规模较大的儿童群体，因为其死亡率下降而出生率居高不下。儿童的收入非常少，甚至没有，因此他们的消费实际上造成了负储蓄。在这一阶段，工作人口有更多的孩子需要照顾，因此储蓄率预期会比较低。再往后，当一国进入第三阶段时，孩子的数量趋于下降，大量儿童进入劳动力大军。其结果是，社会作为总体有着较大的就业人口比例和较小的需要帮扶的人口比例。因为每个工人的孩子数变少，储蓄率开始提高。再后来，这些工人退休，储蓄率开始下降。这一假说与收入—储蓄关系一致，储蓄率通常在中等收入国家较高，在高收入国家较低。收入较高的国家倾向于有较长的生命预期和更多的退休人口，这意味着这些国家的平均储蓄率较低。

图 10－2 显示了 100 个低收入和中等收入经济体中储蓄率和供养比例之间的关系，它对比了需要供养的人口规模（儿童和退休人员，即年龄在 0～15 岁和高于 60 岁的人口）和就业人口的规模。该图显示，相对于就业人口，有较大供养比例的国家的储蓄率较低。需要注意的是在直线周围有显著的波动。例如加蓬和塔吉克斯坦，这两个国家有相似的供养水平，但加蓬的国内储蓄率为 50％，而塔吉克斯坦的则为－21％。很显然，不只是供养水平决定了一国的储蓄率。有些研究在考虑更多变量后未发现供养比例和储蓄率之间的关系，有些则发现了两者的关系。[②] 这一关系在青年人口的供养比例中更为

---

① 参见 Franco Modigliani and Richard Brumberg，"Utility Analysis and the Consumption Function：An Interpretation of Cross-Section Data，" in K. Kurihara，ed.，*Post Keynesian Economics*（New Brunswick，NJ：Rutgers University Press，1954）；Alberto Aldo and Franco Modigliani，"The Life-Cycle Hypothesis of Saving：Aggregate Implications and Tests，" *American Economic Review* 53，no. 1（March 1963），55－84。对这一主题的一个经典的早期研究，参见 Ansley J. Coale and Edgar M. Hoover，*Population Growth and Economic Development in Low-Income Countries*（Princeton，NJ：Princeton University Press，1958）。

② 以下研究没有发现地理结构和储蓄之间存在关系：Angus Deaton，*Understanding Consumption*（Oxford：Clarendon Press，1992）；M. Gersovitz，"Savings and Development，" in Hollis Chenery and T. N. Srinivasan，eds.，*Handbook of Development Economics*，vol. 1（Amsterdam：North-Holland，1988）. 得出相反结论的研究包括 Sebastian Edwards，"Why Are Saving Rates So Different across Countries? An International Comparative Analysis，" NBER Working Paper 5097（Cambridge，MA：NBER，1996）；Paul R. Masson et al.，"International Evidence on the Determinants of Private Saving" *The World Bank Economic Review* 12，no. 3（September 1998），483－501；Norman Loayza，Klaus Schmidt-Hebbel，and Luis Serven，"What Drives Private Saving across the World?" *Review of Economics and Statistics* 82，no. 2（May 2000），165－181；Steven Radelet，Jeffrey Sachs，and Jong-Wha Lee，"Economic Growth in Asia"（Cambridge，MA：Harvard Institute for International Development，May 1997）。

显著（年龄段在 0～15 岁之间的人口和就业人口的比例）；在老年人口的比例中相对较弱（60 岁以上人口与就业人口的比例），这暗示了这一人群可能不会如生命周期假说所设想的那样，削减储蓄。

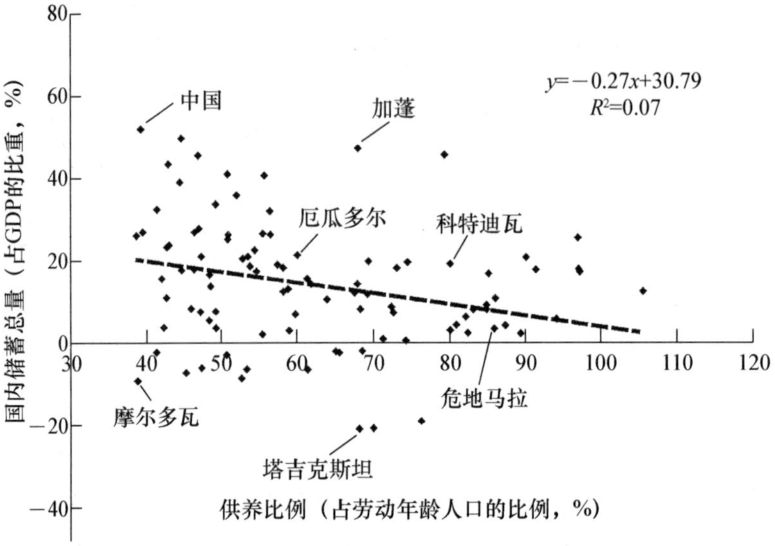

图 10－2　2009 年的国内储蓄总量和供养比例

资料来源：World Bank，“World Development Indicators，” http://databank.worldbank.org.

生命周期假说揭示了东亚高储蓄率的原因。东亚经济体，例如韩国和中国台湾，在它们开始高速增长时，这些社会也迅速地在进行人口转型，死亡率下降，随后出生率也下降，导致人口大量集中在 15～65 岁之间的劳动年龄，青年人口下降。随着时间的推移，这些劳动人口逐渐退休，预期寿命增长，老年人在总人口中所占的份额迅速上升，但是这会在经济经历了 30 年或更长时间的高储蓄、高投资和高增长后才出现。中国的计划生育政策制造了类似的现象。计划生育政策始于 20 世纪 70 年代，在 1978 年开启的经济改革中充分发挥了作用，促进了经济增长。高速的增长得益于并在很大程度上能够维持是由于供养的年轻人的份额逐渐下降，反过来又使得家庭高储蓄率成为可能。中国的老年人占比上升刚刚开始，在 10 年内不会对整个供养比例造成大的影响。

10.7　企业储蓄

在大多数发展中国家企业储蓄相对较少，根本原因在于企业部门通常比较小。由于种种原因，在发展中国家，对于以企业模式经营（而不是作为一个非企业经营）几乎没有压力和激励。在私人部门中，形成企业的组织结构的主要原因是限制企业主的债务规模应与投资规模相匹配，并通过发行股票促进企业融资。尽管这种优势在高收入国家很明显，那里有发达的商业模式、健全的民事法院系统和完善的资本市场，然而在大多数发展中国家这种优势虽然存在但小得多，在那里通过法院进行商业索赔仍比较困难，资本市场很不完善。

然而，和以往一样，这些结论中总有例外。在一些发展中国家，企业的数量众多且规模很大。《财富》世界500强企业名单中（2010年）有很多多国公司来自发展中国家，如中石化、上海汽车、中国工商银行。其他巨型企业如印度的塔塔钢铁、巴西布拉德斯科银行等。但这一名单中只有不到15%来自低收入和中等收入国家，其中三分之二在中国。绝大多数发展中国家没有一家上榜。当然有一些大规模的企业并没有进入《财富》世界500强企业名单。在大多数发展中国家，甚至销售额为10亿美元的企业占有一定比例，但是这些企业并未占据私人企业部门很大的比例，也不能提供国内储蓄的很大比例。

除了在少数几个高收入发展中国家，其他国家的大多数农业、商业和制造业等私人部门都由非企业经营，尤其是家族企业。这些企业中的大部分落入中等规模企业目录(20～99名工人)。绝大多数为小规模企业，只有不到20名雇员。在大多数发展中国家，非企业部门，包括大多数小型家族农场和城市非正式企业，产生了超过一半的国内储蓄，这个部门也是盈余的唯一稳定来源，从某种意义上，这个部门的储蓄超过投资。那些受到严密控制的大多是家族企业或家族管理企业，企业利润不仅是企业储蓄的一个重要来源，也是家庭总收入的重要来源。现有证据与经济理论都表明，在发展中国家家庭储蓄在私人储蓄中占有压倒性份额，家庭储蓄的首要来源可能是来自非公司企业的家庭收入。

10.8 政府储蓄

不同于私人储蓄，政府的储蓄和消费行为还没有发达的理论体系。当税收收入超过公共消费支出时，就产生了政府储蓄（也就是说，政府支出是不包括公共投资支出的)。[①] 在大多数国家，政府储蓄往往小于私人储蓄（尽管不总是如此），在大多数发展中国家，通常政府储蓄平均在GDP中的占比在3%～10%之间。在一些政府预算赤字巨大的国家中，政府储蓄可能是负的。低收入国家的政府储蓄往往比中等收入或较高收入国家少得多。导致上面这种结果的原因之一是穷国的税收收入不如富国多。

即使政府储蓄通常比私人储蓄少，历史上，在发展政策上也一贯大力强调政府储蓄。这在一定程度上是因为私人储蓄存在固有的局限性，受限因素如人均收入偏低、储蓄能力较强的富有家庭会有较高的私人消费倾向。这也是因为政府储蓄可以被政策制定者更直接地操控，公共领域投资（道路、桥梁、港口）在支持经济增长上扮演着重要角色，而这是由政府储蓄来提供资金的。

增加收入或者削减消费支出都可以改变政府储蓄。从历史上看，往往集中力量通过

① 在有些国家，政府所有的企业的储蓄对政府储蓄做出了贡献，但通常所做的贡献较小，因此，我们对政府储蓄的讨论仅限于预算储蓄。

加强税收结构和征收系统或通过改变税率的方式来集中力量增加税收收入。在这种思路下，很多发展中国家税率非常低，针对增加税收收入而进行的政策调整的目的是使国内储蓄增加（最终目标是经济增长率）。但这需要通过一些步骤来进行，落实的程度取决于以下三个关键问题：

1. 如果政府想要提高税率，上限是多少？
2. 税率提高将会使政府储蓄增加吗？
3. 政府储蓄增加将会使国内储蓄总量增加吗？

关于第一个问题，在发展中国家判断一个适当的税收水平有一定难度。如果税率过低，政府就不能提供基本的服务，如基础教育、公共卫生、运作良好的司法系统、基本的安全保卫和公共基础设施。税率过高（或者在某些领域落差过大），就会打击私营企业主的积极性并且会削弱新的投资和经济增长的动力。作为一个普遍存在的问题，发展中国家通常不会（预期也不会）让税率像富有国家那样普遍较高（除非发展中国家拥有重要的自然资源禀赋，那样比较容易征税）。此外，由于人均收入较低，在满足生存必要条件后，边际税收也偏低，如果除此以外没有其他原因，那么在发展中国家增加税收也是不容易的。图 10－3 显示，20 世纪 90 年代，在工业化国家，政府收入在 GDP 中的比例平均为 30%左右，甚至更高；而对于低收入国家，典型的税率平均在 15%左右。

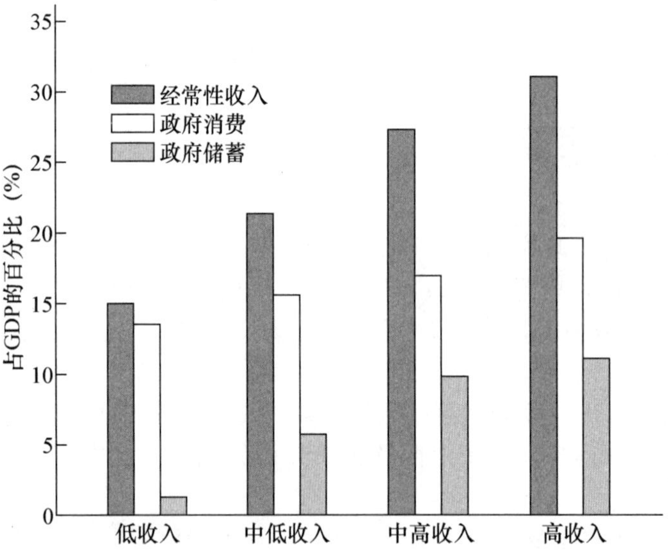

图 10－3　政府收入、消费和储蓄，1990—2002 年

一方面，作为收入的一部分，税收在低收入国家的占比比高收入国家更小；另一方面，政府腐败也随着收入增加而增长，但两者不会同比例增长。因此，政府储蓄在低收入国家比高收入国家更少。

再说第二个问题，高税率不一定会导致高政府储蓄率。这取决于政府如何处理收入。将收入花费在消费上（就是指提高薪资或者增加供给），政府储蓄不能增加；而将收入用在缩减预算赤字或者用于投资，则政府储蓄增加。尤其是，增加税收收入对于政府储蓄率的影响取决于每增加一个比索的税收收入，政府的储蓄倾向。在许多国家，政府的边际储蓄倾向非常小，高税率对于政府储蓄的影响相对较小，甚至在某些情况下根本没有影响。

值得强调的是，增加政府消费（而不是储蓄）是不是个糟糕的政策还很难说。一些消费支出可能是一种浪费，如高档的汽车、豪华的政府办公场所或者大量扩充军备。但是另一些消费支出可能是极其重要的，如购买疫苗，调整薪资制度吸引高素质的人才，维护公路、学校、医疗设施以及通信网络，加强司法系统或金融机构。

如图 10-3 所示，随着国家收入程度的逐级递增，政府消费的增长趋势变化不大；而随着税收收入的增加，政府消费的增长趋势则较为明显。在低收入国家和高收入国家之间，政府消费比率区别不大（低收入国家为 14%，高收入国家为 19%），而两者之间的税率差异则较为明显。这种区别导致了在平均政府储蓄率上存在巨大差异。贫穷的国家政府储蓄率是非常低的（有时甚至是负的），当税率提高后，政府储蓄率随着收入的增加而上涨。

关于第三个问题，答案可能与直觉相反，政府储蓄增加，不能想当然地认为，国内储蓄会相应增加。既然政府储蓄加上私人储蓄等于国内储蓄，结论又怎么会是这样呢？这取决于当政府储蓄增加时，私人储蓄如何回应。如果政府提高税收，政府储蓄可能会增加，但是个人可能会通过削减储蓄来支付较高的税收，二者相抵消，从而会削弱前者对国内储蓄的影响。因此，提高税收对储蓄的影响，取决于政府和私人部门在边际美元收入中的储蓄倾向。综上所述，仅在政府的储蓄倾向大于私人部门的储蓄倾向时，税收增加才能使国内储蓄率提高。

私人部门对于增加政府储蓄的反应一直存在争论，这种争论至少要追溯到伟大的英国经济学家大卫·李嘉图在 19 世纪早期的著作中。李嘉图假设了这样一种观点，即在某种情况下，税收的改变对于国内储蓄总量完全没有影响，但是这一观点遭到了广泛的反对。李嘉图的理论逐渐被大家所知，被称作**李嘉图等式**（Richardian equivalence）：即公共储蓄增长，私人储蓄等量下降，两者相抵消，国内储蓄总量保持不变。基本意思就是，私人主体在获得减税的同时，看到政府支出并没有变化，他们就会预期未来税收会相应增加，并且会增加当前储蓄，以为此做好准备。也就是说，如果政府减税，政府储蓄可能会下降，但是由于预期将来税收会增加，家庭和企业会增加私人储蓄。政府储蓄的下降刚好和私人储蓄的增长相抵消，减税对于储蓄总量没有影响。同样地，税收增加可能导致政府储蓄提高，但是私人储蓄则会预期等量下降，储蓄总量仍没有变化。经济学家罗伯特·巴罗于 1979 年复兴了李嘉图的这一观点。①

当然，究竟私人机构会在多大程度上改变储蓄行为以回应政府在税收和支出政策上的变化，这最终是一个实证问题。大量证据表明，李嘉图假设部分是正确的，但也就是部分正确。大量研究表明，政府储蓄的增加往往和私人储蓄的下降是相关联的，但并不是像李嘉图所假设的那样严格地一一对应。大量研究还发现，抵消是在 0.4～0.65 之间，也就是说，政府储蓄在 GDP 中所占的比率每增加 1 个百分点，私人储蓄率会相应下降 0.4～0.65 个百分点。这表明国内总储蓄率净增 0.35～0.6

① Robert Barro, "Are Government Bonds Net Wealth?" *Journal of Political Economy* 82, no. 6 (November-December 1974), 1095-1117.

个百分点。①

较高的政府储蓄比国内储蓄具有更大的影响。在很大程度上，较高的政府储蓄是由于预算赤字较少，这可以减少政府借款的需求。政府赤字主要通过国内货币创造来进行资金融通（换句话说，就是从央行借款，其通过印钞为赤字融通资金）或者通过本地或海外市场借款。结果，较高的预算赤字可能导致较高的通货膨胀率（由于货币创造）、较高的政府债务，或者两者都有。而较低的预算赤字（或者较高的公共储蓄）往往会有相反的结果：即较低的通货膨胀和债务。因此，较高的公共储蓄很可能会提高宏观经济整体的稳定性。

10.9 外国储蓄

历史上，许多国家已经利用增加国内和国外的储蓄来帮助金融投资和经济增长。在1835—1860年的美国内战时期和19世纪后期，美国严重依赖于外国储蓄来为铁路系统扩张等融资。同样，俄国使用外国储蓄来帮助自己在一战之前和共产革命的30年间发展壮大。但是，并不是所有的国家都遵从这个模式：日本变成了一个富有国家，尽管日本在历史上积极反对外国储蓄和投资的流入。因此，外国储蓄可以帮助发展，但在本质上不是必要条件。

在过去几十年间，一些发展中国家积极地封杀私人资本，现在几乎所有的发展中国家又都在积极地鼓励它们。但是，围绕着外国援助、外国投资、短期私人资本流动和由外国借款形成的负债一直存在争议。本章剩余的部分将对一些基本概念和外国储蓄数据提供一个简明的概述。本章前面探讨了FDI——国外储蓄的一种形式。第13章将讨论外国储蓄通过贷款转移到发展中国家以及由此导致的外债累积，关于外国援助作为储蓄的一个来源将在第14章深入探讨。第15章的附录将提供收支平衡表的相关背景。

最好可以从标准的国家账户来看投资、国内储蓄、外国储蓄和贸易平衡之间的关系，其表明总投资（I）一定是等于总储蓄（S）的，总储蓄又包含了国内储蓄（S_d）和外国储蓄（S_f）。回想国家账户中的收入部分

$$Y=C+I+G+X-M \tag{10—3}$$

式中，G 为政府消费；X 为出口的货物和服务；M 为进口的货物和服务。从支出一方来看，所有的收入一定会被消费、储蓄或者作为税收上缴给政府：

$$Y=C+S_p+T \tag{10—4}$$

注意，在这个等式中储蓄（S_p）指的是私人储蓄。因为上述两个等式都等于 Y，等式右边一定是相等的：

$$C+I+G+X-M=C+S_p+T \tag{10—5}$$

① 例如，参见 Edwards，“Why Are Saving Rates So Different across Countries?”；Masson et al.，“International Evidence on the Determinants of Private Saving”；Loayza et al.，“What Drives Private Saving across the World?”；Radelet et al.，“Economic Growth in Asia”。

等式两边同时消去 C 并重新整理，得到

$$I=(T-G)+S_P+(M-X) \tag{10—6}$$

右边第一个项目（$T-G$）是政府储蓄，第二个项目（S_p）是私人储蓄，第三个项目（$M-X$）是经常账户支付余额的赤字和外国储蓄。当一个国家进口（M）超过出口（X）时，差额必须通过从国外的资本流入（外国援助、银行贷款、权益流入等）来融资，这些都是外国储蓄。等式右边是国内和国外储蓄的总额，得出

$$I=S_d+S_f \tag{10—7}$$

或是更传统的

$$I-S_d=M-X \tag{10—8}$$

这样，当投资和国内储蓄之间的差额增加（减少）时，贸易赤字会相应地增长（降低）。这两个平衡一定是同向同时移动的。我们可以用许多方法来思考。当投资增长（国内储蓄并没有增长）时，进口趋于增长并且出口降低以提供投资项目所需要的原料。一个企业正在修建一座新的工厂，需要钢铁、水泥、木材和机器，这些可以由新进口或是国内采购的货物而来，留下了更少的出口。另外，出口猛增而没有相应增加进口所创造的利润可以对国内储蓄有所贡献，缩小投资和国内储蓄之间的差距。

外国储蓄包括公共部门部分（称为官方外国储蓄）和私人部门部分。大部分的**官方外国储蓄**（official foreign saving）是以赠予（礼物）或者“软”贷款形式附有**减让条款**（concessional terms）的外国援助，意味着与在私人国际资本市场提供的贷款相比，它们承受着更低的利率和更长的还款时间。工业化国家政府和国际机构也在为某些商业条款（“硬”贷款）提供一些融资，特别是给一些中等收入国家。

私人外国储蓄（private foreign saving）由四部分构成。国外非居民对本国企业进行的直接投资，一般是但并不总是由跨国公司进行的。“直接”投资意味着外国投资者因获得全部或者部分企业控制权从而使其资金直接流入企业（不同于通过资本市场间接投资）。组合投资是指外国投资者不享有管理控制权的对本国证券的投资。这种投资在19世纪和20世纪早期是一种非常重要的融资手段，但在二战后被废弃。但是由于一些富有国家的投资者对新兴的发展市场的证券表现出兴趣，尤其是对亚洲和拉美的证券市场，此种方式在20世纪90年代开始复兴。对发展中国家政府和企业的商业银行信贷曾经替代了组合投资风靡一时，但是在20世纪80年代债务危机爆发于很多发展中国家的时期衰退了。在20世纪90年代早期这一方式又迅速扩大，但是在末期又因一些发展中国家的经济危机而剧烈下降。最后一种方式，工业国家的出口企业、它们的商业银行和官方银行（比如美国进出口银行）向发展中国家的进口企业提供出口信贷（或信贷担保），此种信贷通过附加商业利息率使出口商通过延迟付款扩大了销售。

如表10－5所示，对发展中国家的资本流动在1990—2008年间在一些重要的方式上发生了剧烈的变化。第一，截至1996年私人资本迅速增长，从820亿美元增长到2 810亿美元。各种方式的个人信贷都增长迅速，包括长期贷款、短期贷款、股票组合投资以及外国直接投资。但是这种趋势在1997年随着泰国、印度尼西亚、韩国、俄罗斯及其他几个国家爆发的金融危机被突然改变了。私人资本在之后的几年里急剧下降，直

到2000—2008年间才又有所增长。(在2009年源自美国的金融危机中又一次下降。)

表 10-5　　发展中国家的资金流入和流出，1990—2008 年　　单位：10亿美元

	1990年	1996年	2000年	2008年
流入	81.6	281.3	172.3	727.3
官方发展资金				
官方贷款(净)	26.4	3.8	−5.8	20.4
私人资金	55.2	281.3	178.1	706.9
长期债务流动(净)	16.6	82.5	7.4	124.2
短期债务流动(净)	13.2	37.4	−7.9	−16.3
组合投资	3.4	32.9	12.4	15.7
流入发展中国家的FDI	22.1	128.6	166.2	583.0
流出	53.5	200.5	226.6	1 105.0
储备积累	32.4	90.4	46.8	447.3
来自发展中国家的FDI	5.0	10.0	16.5	164.0
其他项目/错误和遗漏	16.1	100.1	163.3	493.7
备注：发展中国家总体经常项目余额	−28.1	−83.6	43.6	377.9

FDI：外国直接投资

资料来源：World Bank，*Global Development Finance 2005* (Washington，DC：World Bank，2005) http://go.worldbank.org/581EDYH6R0；IMF，*International Financial Statistic* (Washington，DC：IMF)；Annual Yearbook and World Bank，*Global Development Finance 2009* (Washington，DC：World Bank，2009)，http://go.worldbank.org/581EDYH6R0.

第二，与私人资本形成强烈反差的是，官方资本的发展在20世纪90年代却是呈下降的状态。尤其是净官方信贷额迅速下降并成为负值，表明发展中国家收到的新的借款远低于它们归还原有借款的金额。1990年由于两方面因素，官方资本和私人资本有所不同，到2008年私人资本比官方资本要大35倍。当然这种规律是对整个发展中国家而言的，但是对于低收入和中等收入国家而言还有所不同。特别地，私人资本的增长主要集中于中等收入国家。低收入国家的私人资本在1990年只占很小的一部分，虽然在2000年这一数字有了提高，但是这种增长在私人资本增长总额中仍然只占据很小的部分。2008年低收入国家的官方资本只比1990年的数字有轻微的增长，尤其当考虑通货膨胀调整后；中等收入国家的情况类似。

第三，在发展中国家的资本流入总体迅速增长的同时，资本流出的增长速度更加迅速。发展中国家经常项目的赤字(见表10-3底部)在2000年变成了盈余。换句话说，商品和服务的出口总额超过了进口总额，因此发展中国家作为一个整体是在出口资本到发达国家。因此，资本流动净额(或者说外国储蓄净额、所有流入和流出之和)由正变负。此种情况发生的原因是，一小部分发展中国家拥有很大的收支盈余并积累了大量的外汇储备，尤其是中国。在2007年和2008年，中国每年积累的外汇储备有4 000亿美元。一般来说，这些国家(其他发展中国家的央行也是如此)持有外汇储备有如下两种方式：(1)存在美国、欧洲或日本的银行；或者(2)购买政府债券，如美国国债。中国的央行(中国人民银行)已经成为美国国债的最大购买者之一。事实上，这些国家收支盈余形成的储蓄，为给美国预算赤字提供资金融通创造了必要条件。历史上，在正常情况下，资本往往是从富国(资本存量较大)流向低收入国家(资本稀缺)，但是自从

2000 年开始，这一模式被逆转过来。尽管这种模式只是高度集中存在于一小部分发展中国家，这些国家使用其积累的储备进行大量的资本输出。多数低收入国家仍继续作为富国的资本净输入国。

10.10 本章小结

- 公共投资和私人投资是经济增长和发展的核心。公共投资主要集中在公路、港口、电信设施、学校和医疗设施上。私人投资比公共投资要大，主要为大多数新增就业、新技术和经济产出增长提供动力。
- 成本—收益分析为计算公共和私人投资以及计算每种投资随时间推移的净现值提供了严格的技术。这种技术可以用于商业评估（计算私人部门的财务收益）、经济评估（衡量经济成本和收益），或社会评估（包括重要社会目标的投资影响）。
- 如第 3 章所讨论的，在宏观层面影响投资的关键因素和促进经济增长的变量类似。在微观层面商业环境的质量是投资产出率水平的主要影响因素。政府过度干预，然后延迟或增加商业投资决策的成本，导致了寻租和腐败，并降低了投资数量和质量。
- 外国直接投资能产生重要收益，但并非所有的 FDI 都一样。那些聚焦于生产在全球市场上具有竞争性出口商品的 FDI 具有最大的好处，可以创造就业、带来国外的新技术和观念以及其他溢出等。自然资源或国内市场保护性行业的 FDI 有更多复杂的益处，甚至有时对接受国会有损失。采取吸引 FDI 的政策，例如税收优惠，往往比只是致力于改善投资环境的政策更具争议性。
- 投资首先需要有储蓄。储蓄的来源可以是私人或组织（企业、政府），或者是外国人，他们允许自己的储蓄通过外国援助、外国直接投资、股票投资组合或商业借贷转移到国外。
- 平均而言，国内储蓄在高收入和中等收入国家要比在低收入国家高，但在每一组中都有巨大的波动性。
- 一国储蓄水平的决定因素之一是一国人口统计的构成。一国在人口变迁的早期阶段拥有低死亡率、高生育率从而人口增长率很高，但是大量儿童还未到劳动年龄，这一人口变迁会降低储蓄率。而那些低生育率从而更多的人口处于劳动年龄（未到退休年龄）的国家进一步的人口变迁则会带来储蓄率的提高。
- 在很多发展中国家，政府储蓄为总储蓄做出了重要贡献，尽管它比私人储蓄要小得多。政府储蓄的增长会带来国内储蓄的增加，但并不是一对一地增加，因为会被私人储蓄的下降抵消。
- 与国内储蓄相比，国外储蓄相对更小，但是通常更有争议性。自从 20 世纪 90 年代早期以来国外资本流动的构成发生了显著变化。官方资本流入低收入国家的量显著降低，相反，私人资本增长迅猛，直到 20 世纪 90 年代后期严重的金融危机影响了一些国家，但在过去的几年又得到恢复并创了新高。私人资本流动的增长主要集中在中等收入国家，在低收入国家流动较少。不同于正常模式，近些年一些发展中国家，尤其是中国，开始为富裕国家提供资金。

第 11 章

财政政策

自 2007 年后开始，美国房地产市场从繁荣转向萧条，房屋价格下降，很多房屋所有者丧失了抵押品赎回权。大量的一揽子抵押金融工具从安全的投资评级到价值骤然下降，不仅引发了个人投资者的损失，同时也给大型金融机构例如贝尔斯登、雷曼兄弟、美国国际集团（AIG）造成了损失。金融机构的失败反过来不仅威胁到其他金融机构，而且威胁到整个美国经济的活力。许多美国金融机构的潜在失败以及美国经济活动的突然下降反过来引致了全球其他金融机构相似的威胁，尤其在欧洲，这引发了全球自 20 世纪 30 年代大萧条以来最严重的一场衰退。发展中国家没有引起全球衰退，很多经历了相似的 1997—1998 年金融危机，这引发了很多大型发展中经济体的大衰退，尤其在亚洲。那场危机反过来促使这些国家改革它们的金融体系，这在这场金融风暴中保护了它们，这场风暴主要在高收入的欧洲和美国发生。然而，发展中国家还是感受到了全球衰退的影响。它们看到在美国和欧洲出口减少了。

这场席卷美国和全球的危机如此巨大，以至于常规的用来对付衰退的机制，主要是降低利率和增加货币供给的货币政策，不足以应付经济下滑。相反，首先是美国然后是几个欧洲大型经济体，不得不寻求增加政府财政赤字，以应对经济中商品和服务需求的下降。随后许多发展中国家也引入了一揽子刺激计划，以努力改变不断下降的出口需求，避免在经历上一次危机仅 10 年后再次陷入衰退。这些发展中国家中刺激政策最大的是中国的。中国发起了一个接近 6 000 亿美元的项目，主要投向基础设施，如高速公路体系，八条新的南北、东西高速铁路网络，以及新的现代化的码头和机场。刺激计划使得中国 GDP 保持了增长，尽管 2009 年中国出口需求下降。很大程度上多亏了政府预算，中国的 GDP 增速在 2009 年和 2010 年保持了 9.8%。

若一国政府增加预算或削减个人和企业税收，从而它们可以增加预算，这样的行为称为**财政政策**（fiscal policy）。而当一国依靠中央银行调节货币供应和利率来增加或降低个人或企业预算时，这样的实践称为**货币政策**（monetary policy）。

在本章，我们聚焦财政政策，但是我们开始关注财政政策的主要目的不是应付经济危机，不管是需求不足引起2009—2010年的衰退，还是需求过剩引致通货膨胀。财政政策的第一个作用是管理政府预算投放于政府政策制定者的各类活动以及人们认为应该由政府支持的项目中。财政政策另一个相关的作用是找到支持政府预算的方式，或者通过征税，发行政府债券，或最坏的情况就是印钞票。

该章首先讨论对哪些支出通常由政府承担，接下来会分析通常用于支付这些支出的各种税收。以此为背景，我们再回到这一问题：当有些公共或私人领域发生错误时，会出现什么情况？出现错误时，政府能够做什么来修正它？

在很多方面高收入、中等收入和低收入经济体的情况是相似的，但它们也有很大的不同。发展中国家通常依赖财政政策来控制通胀或从衰退中恢复，因为很多货币政策不那么有效甚至不存在。发展中国家的欠发达市场经常依靠政府来投资和支出，这也是一个主要原因，而在发达经济体中，通常会由私人部门完成。

市场的限制似乎表明在发展中国家政府预算占GDP的比重会比高收入国家更高。但是，如表11-1的数据表明的，情况正相反。平均而言，发展中国家政府比发达国家政府支出占GDP的比重更低。一个主要原因在于，发达国家政府在社会保障措施（养老金、扶贫、全民医疗）方面花费更高，因为这些国家的居民需要这类支出来满足社会公平，他们认为相对高的收入可以负担得起。发展中国家政府更倾向于聚焦在能提高整体支出的措施上。然而，在两类国家中，政府支出占GDP的比重波动幅度很大。

表11-1　　中央政府预算占GDP的比重，2009年

国家	占GDP的比重（%）
低收入经济体	
孟加拉国	11.3
柬埔寨	11.0
加纳	17.9
中低收入经济体	
印度尼西亚	15.8
萨尔瓦多	21.6
摩纳哥	27.9
中高收入经济体	
哥伦比亚	19.4
泰国	19.7
毛里求斯	20.9
高收入经济体	
韩国	21.9
丹麦	42.5
英国	46.4

资料来源：World Bank，“World Development Indicators，” http://databank.worldbank.org.

11.1 政府支出

大多数国家在一般情况下很多活动都依赖政府，是由于第 5 章讨论过的公共产品和其他形式的市场失灵。对于私人物品，如大米、莎丽或电视机，由自由竞争市场机制提供的信号可以引导生产者有效地满足消费者需要。对于纯粹的公共产品，市场是完全失效的。纯粹公共产品的例子不多，一般用国防和灯塔来作说明。术语**公共产品**（public good）指具有两种特性的商品和劳务：**消费的非竞争性**（nonrival consumption）和**非排他性**（nonexcludability）。

消费的非竞争性（nonrival consumption）指一个人使用一件商品不会减少其他人可以获得的利益。这样的话，就没有人愿意为该商品花钱：如果某个人可以得到它，其他任何人都可以得到。非排他性意味着如果可以获得一件商品，它不可能或者不允许排斥任何人从中获得好处。在这两种情况下，私人市场都无法提供此类商品；市场失灵是绝对无法避免的。对大多数公共产品而言，消费的非竞争性和非排他性的特性都是存在的，但是都不太显著，市场只能以一种无效率的方式运行。这样的例子包括接种疫苗以预防传染病、基础教育、公共安全以及灭蚊等，因此很显然公共部门的恰当地位在很大程度上是一个技术性问题。

在实践中，所有国家用来补偿市场失灵的政府支出仅占政府支出的一部分，尤其在大多数自由放任和弱政府的社会中。在民主社会中，人们通过选举选出的代表希望政府在养老金、医疗等方面做得更多，而不管收入水平如何。在专制社会，领导者做了很多相似的事情，否则不作为将会影响他们的统治。

□ 政府支出目录

不同类型的政府支出间最重要的区别是**公共投资**（public investment）支出——也即**发展支出**（development expenditure）——和**循环支出**（recurrent expenditure）之间的区别。发展或公共投资支出是指，一般的投资能够产生未来现金流。政府承担建设高速公路网络的任务，有些政府，尤其在发展中国家，负责提供电力或自然资源（例如石油）的开发。教育和医疗支出也可以视为由政府进行的一项投资，尽管政府预算通常视其为循环消费支出。在第 10 章已经讨论过，政府发展投资领域的质量评价表标准应该和私人投资的标准相同。

循环支出指那些需要政府年复一年投资的支出。包括政府雇员的薪酬、办公设备的购买、为贫穷家庭维持生计每年的支出和给退休雇员支付的年金。这些目录中大多数循环支出都无须解释，但有一个目录在发展中国家尤其重要，因为它常被忽略。用来建设高速公路的资本投资通常占了很大比例，但是用来维持高速公路的支出经常被忽略，高速公路随后到处都是坑坑洼洼。这样的结果，一方面是由于发展中国家政府忽略了维持费用，另一方面也因为外国援助机构经常支持一个资本项目但很少支持维持资本项目运行的循环成本。然而，这个问题并非发展中国家独有。美国在过去几十年在大多数地方都忽略了路桥的维持，在 2008—2009 年经济危机时，美国面临着大型维持和替换支出，有些写入了刺激计划，以帮助其渡过危机。

其他发展中（和高收入）国家的循环支出有国债利息支付、消费者补贴和亏损国有企业补贴。政府债务危机是第 13 章的主题，我们注意到，尽管在有些国家政府赤字很高造成了债务危机，但是就发展中国家平均来看，这些国家赤字并没有那么大。慢性大额赤字的症结在于，利息支出随着时间的推移不断增长，占政府循环成本预算的比例越来越高，这样要么会挤占其他更值得的支出，要么会导致更大的政府赤字。如果赤字由借外债支持，外债，尤其是可兑换货币如美元和欧元，将会累积并消耗一国的进口能力，最终将导致债务危机。如果政府从国内借钱来覆盖赤字，预算中的利息支付也会上升。然而，在发展中国家，从国内借钱通常意味着直接从央行借钱，这就相当于印钞票来增加货币供给。发展中国家通常不得不从央行借钱的原因在于，资本市场欠发达，将政府债券卖给公众或私人企业几乎不可能。其结果就是赤字导致货币创造，多余的货币创造导致通胀，这常被证明对生产性投资及经济增长有害。

消费者补贴也不是发展中国家独有的。消费者补贴背后的政治逻辑是：有些商品是生活必需品，政府补贴这些商品以降低其价格，使消费者无论收入高低都能获得这些商品。在高收入国家，政府有能力发现家庭的真实收入，以此来确定补贴，这样仅对那些处于贫困线以下的家庭进行补贴——美国的食品券就是一个例证。然而，在发展中国家，一国通常缺乏发现家庭真实收入的能力，尽管一些中等收入国家已经获得了这种能力（参见第 6 章和第 8 章关于墨西哥的讨论）。当目标很困难时，一个选择就是补贴所有的商品，尽管大多数补贴会流向那些非贫困家庭，其实这些家庭可以负担得起市场价格。这类补贴非常昂贵。当一国遇到债务或国际收支问题，它们不得不求助于国际货币基金组织（IMF）时，IMF 提出的一揽子条件中第一个措施往往就是削减此类补贴。然而，补贴对公众已经非常流行，削减补贴可能会导致大众反对政府，甚至发生暴动，威胁政府的存亡。

20 世纪 80 年代斯里兰卡有一个做法，让所有家庭自愿填报他们是否处于贫困线以下。结果该国超过一半的家庭都说他们处在贫困线以下，尽管目标数据很清楚地显示，其实数据中只有一小部分真正处于贫困线以下。在有些情况下，甚至没有证据表明补贴可以减少贫困。有巨大的石油储备的国家，如委内瑞拉和印度尼西亚，甚至花费大量炼油成本补贴给那些用油最多的家庭，尽管他们可以买得起轿车或摩托车。

在很多发展中国家，当它们刚独立时，对于国有企业亏损的补助增长迅速。在非洲尤其如此。仅在坦桑尼亚，从 1965 年到 1985 年，国有企业的数量增长了 10 倍。国有企业很普遍，而且在制造、建设、银行服务、自然资源行业以及农业等方面是垄断性的。尽管 1950 年以前国有企业在大多数发展中国家都是小规模的，但是在 21 世纪初很多都变成了这些国家最大的企业，在中国，有些企业甚至成为世界范围内各自领域中最大的企业。

在 20 世纪 70 年代中期，所有发展中国家国企赤字占 GDP 的平均比重为 4%。在 80 年代早期问题变得严重了，尤其是在巴西、哥斯达黎加、多米尼加共和国、厄瓜多尔、埃及、菲律宾、土耳其、委内瑞拉等国，这些国家国企赤字占 GDP 的比重在 3%～12%之间。在所有这些国家，其他的公共部门都会产生一个财政盈余，不包括那些对国有企业的净转移。[①] 到20世纪80年代后期以及21世纪头十年，政府对国企的补贴的消耗使得很多发展中国家通过将国企私有化来削减补贴。国际援助机构通常将国企私有化作为进一步援助的条件。然而，私有化通常都是一个缓慢的进程，因为国企经理和员工会抵制，更别提利用国企雇佣人员作为支持者的资助机器的政客了。在那些大多数私有部门被少数人控制的国家，例如在东南亚的少数华裔或东非的少数东南亚裔，大多数人害怕私有化会简单地变成将现代商业转让给少数人的途径。

最后，从中央政府向地方政府的转移支付，尽管地方政府（省、行政区、县、市）可能利用这一收入进行投资，例如建设学校和医院，但习惯上仍将其视为循环性支出。但有些国家，例如印度尼西亚，把一部分转移支付作为资本支出，把另一部分作为消费支出，因此，对这一问题很难进行国际对比。在有些国家中，地方政府自身能获得丰厚的收入，因而得到转移支付的份额较小。在产油省获得大量油田土地使用费的玻利维亚就是如此。

同样，在马来西亚，沙巴和撒拉瓦的地方政府从热带雨林木材出口中获得了巨额的税收收入。在许多中央集权的国家中，如智利，实际上各级政府开展各项工作用的都是来自首都的收入，各级地方政府很少用自己有限的地方财政收入去履行职责。

关于将转移支付的决定权交给低收入政府通常有比较强烈的争议。低收入政府和那些被投资和循环支出服务的群体尤其亲近，因此原则上应该能最好地设计支出来满足地方需要。然而，当地方政府缺乏足够的可控税收收入来资助那些项目时，它也没有银行贷款来支持循环支出。这时问题就出现了。当银行由地方政治家拥有或控制时，问题会变得尤其尖锐。结果会造成项目更多地由政治家的需求而非大众的需求来主导，并且会增加不可持续的地方政府债务。在20世纪90年代后期，阿根廷地方政府从国内和国际渠道重度举债来负担地方支出，结果最终无论是中央政府还是地方政府都没有能力偿还。2002年阿根廷债务违约，2005—2006年大规模债务重组。20世纪90年代相似的情形也出现在巴西，尽管问题不太严重，但政府采取了严格的措施限制地方政府用这种方式投资（见案例11—1）。

▶ 案例11—1　巴西和中国控制财政下放

巴西

巴西是联邦体系国家，政府在资本和循环支出中发挥了重要作用。在过去，政府同样拥有银行，在过去几十年的时间中，这些银行很大程度上助长了政府的挥霍浪费。出现了很多问题，包括中央政府从央行借钱。然而，1996年，中央政府采取措施增加央行的独立性，开启了把银行和政府分离开来的举措。这一努力的第一阶段包括把银行私有化，即所谓的《降低政府干预的银行法案》项目。中央政府帮助推进这一私有化进程，很多国有银行被私有化，其他的转变为发展代理机构。2000年，政府通过《财政责任法案》，禁止政府从银行或中央银行借钱。所有中央政府或州政府的新借款首先都必须由央行或议会批准。2002年，进一步规定，禁止政府在任期将结束的180天内从

① World Bank, *World Development Report, 1988* (New York: Oxford University Press, 1988), p. 171.

银行借款。这限制了一届政府在任期最后的期限大量负债，因为现任官员或总统不用想办法来偿还贷款。还有一些措施限制银行发放此类贷款。这些措施发挥了重要作用，既减少了政府支出的浪费，又控制了困扰巴西数十年的通胀顽疾。

中国

中国的省政府不完全独立于中央政府，但它们在经济领域拥有相当大的自主权。通常最大的国有商业银行是国有的而非省属的，但实践中地方政府和省委在任命国有银行的领导时拥有很大的话语权。这使得 20 世纪 90 年代地方政府大举从银行借债，以支持地方项目或投资于省、市属国有企业，大规模的借债并未支持国有企业，反而助长了通货膨胀。直到中央政府和中央银行给国有银行及其分支行分配了借贷额度后，通胀才得以遏制。然而，政府采取措施，改变了大型商业银行分支行的版图，这些版图和省、市政府的划分并不一致，这样地方政府就很难影响地方银行干部的选拔。

1997—1998 年亚洲金融危机中出现了大规模的投资浪潮，中国政府开启了大规模的政府主导的投资规划，贯穿于 21 世纪头十年。地方政府被迫执行了大部分的投资项目。大部分投资设想很好，但地方政府缺乏税收基础来支持这些项目，它们就大举从国有和地方国有商业银行借债。到 2011 年累计债务规模达到 10 万亿元，占 GDP 的 25%。考虑到地方政府税务基础的脆弱性，因此存在风险，即国有银行将再次承担大规模的不良贷款，从而需要中央政府的再资助。[a]

a. Awar Shah, "Fiscal Decentralization and Macroeconomic Management," *International Tax and Public Finance* 13 (2006), 437-462.

在任何地方，包括许多联邦制国家，从中央政府向地方政府的资金转移是十分重要的，因为中央政府垄断了最丰厚的税收收入来源。在大多数情况下，所得税由中央政府征收，因为地方政府缺乏管理这一复杂税种所必需的资源和能力，并且由于所得税的税基很容易在一国范围内转移，地方政府无法有效地课税。与此类似，一些发展中国家的主要税收来源——进口税——必须留作中央政府的财政收入来源，因为许多国家都只有少量合格的港口。然而，现在几乎没有发展中国家将进口税作为税收的重要来源了，部分原因在于，过去几年各类国际贸易协定降低了关税，从而税收也有大幅度下降。

我们刚刚看到，几乎没有简单易行的办法可以降低政府的经常性支出，以获得较高的公共储蓄。若想达到这一目的，通常最大的可能性是减少军费开支和减少弥补国有企业亏损的补贴部分。然而，过去这些年国企补贴已经通过私有化和采取措施增强了国企竞争力，并使实现盈利降低了很多。在发展中国家，21 世纪军费开支平均仍占 GDP 的 2%，每个国家波动较大，这也为削减留下了一定的空间，但不会太大。削减军费开支的主要观点在于，在发展中国家，很多时候军队对于自己的人民而非对于潜在的敌国是个巨大的危险。

□ 政府收入和税收

政府支出需要资金支持。大多数政府支出由税收收入支持，包括**直接税**（direct tax，企业和个人所得税以及其他薪资税，例如美国医疗和社会保障支出）或**间接税**（indirect tax，营业税、进口关税以及增值税，通常依据商品被卖出或进口的价值的一定比例征收)，但也有其他途径的支持。矿产丰富的国家通常依赖于大型石油和矿产公司缴纳给政府的使用费；有时会发行债券来覆盖资本投资的成本；很多政府提供的服务还会收费。收入还可能来自其他国家的资助，或借助于国际借款机构例如世界银行的贷款。

当人均 GDP 提高时，税收的数量，表现为占 GDP 的比重，也会上升，尽管不同的国家有很大的区别（见表 11－2)。表 11－2 中的数据不包括通常所谓的“社会贡献”，即为养老支持项目如美国的社会保障和医疗体系支付的税收。因为高收入国家在这方面有更大的转移项目，它们也靠征收更高的税来支撑。如果将这些税包括在数据中，税收占 GDP 的比重会随着国家收入水平的上升而提高。

表 11－2　　依税收* 种类的税务体系构成，2009 年

国家	税收构成（占 GDP 的比重，%）				
	总税收	国内所得税	商品和服务税	国际贸易税	其他税收
低收入经济体					
孟加拉国	8.6	2.2	3.3	2.8	0.4
柬埔寨	9.6	1.7	5.4	2.5	0.0
加纳	12.5	4.2	5.4	2.9	0.0
中低收入经济体					
印度尼西亚	11.4	5.7	4.8	0.3	0.6
萨尔瓦多	12.5	4.7	6.8	0.9	0.0
摩洛哥	23.8	9.5	10.5	2.0	1.8
中高收入经济体					
哥伦比亚	11.8	4.5	5.5	0.9	0.8
泰国	15.2	7.1	7.2	0.9	0.1
毛里求斯	18.6	5.4	11.0	0.5	1.7
高收入经济体					
韩国	15.5	6.6	6.0	0.9	2.1
英国	26.0	13.3	10.1	0.0	2.5
丹麦	34.6	18.0	14.7	0.0	2.0

* 税收仅指中央政府，不包含社会捐助，即对老年人的支持项目等。

资料来源：World Bank，“World Development Indicators,” http://databank.worldbank.org.

不同税收种类也和人均 GDP 有关。低收入国家在早期发展阶段，更多地依赖于国际贸易税。在表 11－2 的三个低收入经济体中，至少 25%的税收来源是国际贸易税。当收入增长后，对国际贸易税的依赖显著降低。在丹麦、韩国和英国，个人和公司所得税提供了一半的税收收入，而在孟加拉国和柬埔寨则低得多。

接下来，我们会分析不同的税收，并解释为什么在不同发展阶段偏好有些税收。

□ 国际贸易税

尽管近年来各国，尤其是中等收入国家对国际贸易税的依赖有所减轻，但从历史上看，发展中国家的税收结构确实曾严重依赖进口税。现在许多低收入经济体仍严重依赖进口税。特别是像冈比亚、莱索托、科特迪瓦、多哥和孟加拉国，这些国家有四分之一到三分之一的政府总收入来自进口税。

对大多数国家而言，试图通过较高的税收来增加收入，在经济上是行不通的，也是不可取的。较高的进口税增加了走私和逃税行为的吸引力。许多研究表明，对于税率已经很高的国家，进一步提高税率会引起走私行为的大量增长，以至于税率增长 10%会导致走私行为的增加超过 10%。正如下面的哥伦比亚的例子（见案例 11—2）所反映的那样，对于阿富汗和玻利维亚这样的山地国家或者印度尼西亚和菲律宾这样的岛国，国境线更容易被走私的进口商品突破。在新加坡独立的头 40 年，它并不通报和印度尼西亚之间的贸易，很大原因在于它不想让印度尼西亚知道两国之间的贸易有多少是通过非正当（走私）途径而非正当的官方渠道。[1]

▶ **案例 11—2**　　**税率和走私：哥伦比亚**

在哥伦比亚的经典案例中，香烟进口税税率超过 100%，这导致几乎不可能买到交过税的香烟。在这么高的税率下，对香烟征收的进口税收入几乎为零，而市场上充斥着走私进口的外国香烟品牌。1969 年，关税降低到 30%，但在该国疏于管辖的加勒比海岸，香烟走私还在继续，但在多山的内陆地区，已经开始出现纳过税的香烟，对香烟课征的税收收入也开始增加。在 30%的税率下可能获得的走私利润，再也不足以弥补走私者可能被逮捕的风险。

美国宪法禁止征收出口税，在其他工业化国家也极少征收。但在发展中国家，征收出口税却并不少见，尤其是在热带非洲和东南亚地区。通常，出口税是对原材料的出口课征的，如木材（象牙海岸和利比里亚）、锡（马来西亚）、黄麻（巴基斯坦）和钻石（博茨瓦纳），以及诸如咖啡（哥伦比亚）、花生（冈比亚和塞内加尔）、可可（加纳）和茶叶（斯里兰卡）等食品。

在过去几十年中，出口税的重要性已经下降，大多数经济组织尤其是世界贸易组织（WTO），已经对新成员和一些老成员施加压力，要求降低此类税收，至少不要用它们作为促进某些产业发展的手段。一些经济团体，如欧盟和南方共同体市场禁止使用出口税。征收出口税的出发点是认为这种税收由外国消费者支付。换言之，税收本身被认为会随着原材料的出口一起转移到国外消费者身上。但在出口中却极少具备把税收输出给国外消费者的必要条件。

出口税也用于促进非收入目标的实现，包括在出口自然资源的发展中国家推进原料加工工业。这是通过对未经加工的出口品（可可豆或原木）课以较高税率，对用原料制成的制成品（巧克力和多层板）课以较低税率或零税率来进行的。原则上，出口税这种方式的使用会提高自然资源出口国家的收入，从而为本国经济提供更多的就业机会，并带来更高的资本收入。遗憾的是，在很多情况下，结果往往是政府在出口税上放弃的收入比本国从附加值中得到的收入更多，特别是加工过的原材料的免税出口。一项研究记录了几个东南亚和非洲国家这样的事例，这些国家从受到高度保护的原木到多层板的本地加工中可以获得的附加值收入，一般还不到木材以原木形式出口时所能征得的出口税

① Bill Guirin, "Indonesia-Singapore Gap More Than Numbers," *Asia Times*, June 27, 2003. Available online at www.atimes.com/atimes/Southeast_Asia/EF27Ae03.html, accessed February 29, 2012.

收入的一半。①

□ 营业税和消费税

增加政府收入的一条更有希望的渠道是对国内交易征收的间接税，如营业税和消费税。**营业税**（sales taxes），包括**增值税**（value-added taxes），是对所有产品征收的课税基础广泛的消费税（consumption taxes），特准免税的商品除外，包括食品、农场生产投入品和药品。**消费税**（excise taxes）仍然是对消费课征的税，但这类税只对特别规定的项目征收——一般是烟草、含酒精的饮料、赌博和汽车燃料。一般而言，发展中国家的总收入主要依靠国内商品税的比重，从超过四分之一（最穷的国家和美国）到超过一半（见表 11－2）。

实际上，每一个发展中国家都征收某种形式的营业税。在多数情况下由于向成千上万的小零售商收税要负担沉重的管理费，因此这种税并不对零售商征收。过去，例如在 1970 年前的智利和一些印第安纳州，这种税被作为对生产和销售各个层次征收的总的流转税。它对效率和收入分配，实际上也对税收政策的各个目标都有不利的影响。在发展中国家，当营业税被限定在制造业领域时，其管理问题是可以控制的：这只涉及少量的企业，而且制造商的产出远比零售商和批发商的商品单一。由于这些原因，许多低收入国家采用了制造业税的单级形式或增值形式，并通常把很小的生产者排除在外。但这种营业税比批发税和零售税涉及的经济扭曲都更多，由于这一原因，同时也为了增加收入，越来越多的中等收入国家已经转向了零售业层次的营业税。②

这类税收逐渐采取了增值税（VAT）的某种变换形式，而增值税则被普遍视为仍需发展的对消费征税的最有效的办法。自从巴西于 1967 年首先在零售行业全面实行增值税以来，近 60 个国家，包括欧盟的所有成员国，都实行了增值税。③ 到 1994 年，超过 40 个发展中国家也实行了增值税，以减少自身对难以征收的所得税和财产税的依赖。典型的增值税税率在最穷的国家为 10%，在大多数国家为 15%～20%。

消费税可能代表了一种增加额外税收收入的理想来源，它们主要是对需求缺乏弹性的限制消费的商品课征的。当这类产品的需求价格弹性很小（如烟草产品）或相对较小（如含酒精的饮料）时，消费税税率的提高几乎不会引起已纳税商品消费量的减少。如果价格弹性低到－0.2——这对香烟来说并不罕见——那么对该产品追加 10%的消费税会使税收收入增长 8%。而且，对需求和供给缺乏弹性的物品征税，经济效率的损失最小，或者同样可以这么说，超额税负最小。这是最优税收理论中的一个被奉为神明的原则。**超额税负**（excess burden）被定义为超过政府得自某种税收的收入量的私人福利损失。④ 此外，许多人表示赞同这样的想法：出于健康方面的考虑，烟和酒的消费也应加以抑制。

---

① Robert Repetto and Malcolm Gills, eds., *Public Politics and the Misuse of Forest Resources* (New York: Cambridge University Press, 1988), “Conclusions”, Chapter 10.

② 关于不同形式的营业税涉及的经济扭曲的更全面的讨论，见 John Due and Raymond Mikesell, *Sales Taxation: State and Local Structure and Administration* (Baltimore: Johns Hopkins Press, 1983)。

③ Carl Shoup, “Choosing Among Types of VAT,” in Malcolm Gillis Carl Shoup and Gerry Sicat (eds.) *Value-added Taxation in Developing Countries* (Washington, DC: World Bank, 1990).

④ 关于最优税收和超额税负的进一步讨论，见本章的图 11－1，以及 Joseph Stiglitz, *Economic of the Public Sector* (New York: W. W. Norton and Company, 1988)。

□ 个人所得税和公司所得税

饱受折磨的财政部长们鉴于在个人所得税和公司所得税征收中的“松弛”现象，常常想通过提高这类税的税率来解决，却不愿改变其课税基础。结果往往是令人失望的，尤其是个人所得税。即使是在中等收入国家，也只有占总人口比例很小的一部分人需要交纳个人所得税。相反，在美国绝大多数人都填写了个人所得税申报表（尽管 2011 年只有不到一半的美国家庭被要求交纳联邦税）。[①] 因此，很少有发展中国家可以主要依赖个人所得税来获得收入。尽管美国的个人所得税占到了联邦税收的 40%（不包括社会保障和医疗支付），但大多数发展中国家的中央政府收入很难接近这一比例。在低收入和中等收入国家，当征收个人所得税时，大多数由城镇精英人群缴纳。这些集团通常不仅在政治上最有发言权，而且多年来已经开发了各种各样的逃税和避税工具，因而税率的提高几乎没有增加额外收入的希望（在高收入经济体中同样如此）。

提高公司税的税率通常作用也不大。20 世纪 80 年代，在 82 个发展中国家中，只有 16 个国家的公司所得税收入超过了总税收收入的 20%。2006—2008 年，在超过 60 个发展中国家的样本中，低于一半的国家公司所得税和个人所得税加起来占总收入的比例超过 30%。而且在大多数这些国家中，公司税的征收通常是由外国自然资源公司开始的。

□ 税收收入的新来源

如果对现有税种提高税率不能增加很多收入，那么增加公共储蓄的第二个选择就是开发全新的税收收入来源。在许多发展中国家，或者由于偶然因素，或者由于设计失误，或者只是因为惰性，许多税收收入的来源可能被完全忽略了。许多国家没有对汽车登记征税；有些国家还没有把城市财产税作为收入的一个重要来源；不少国家还未对国有企业的收入课征公司所得税。例如，肯尼亚并未认真地课征过农场土地税，在一些国家，如印度尼西亚，在 1984 年税收改革前并未对公务员征收个人所得税。中国仅在本世纪头十年开始尝试使用城市物业税。

□ 税收管理方面的变化

增加税收收入的一个更为重要的选择是改革税收管理，使得即便在税率不变的情况下，也能从现有的税收来源课征更多的税收。实际上，在所有的发展中国家，采取这种行为增加收入的潜力都是很大的，但却很少被认识到。训练有素的税收管理人员的缺乏、太过复杂的税法、对逃税的过轻处罚、腐败现象以及税收管理的过时技术的共同作用，使得逃税现象成为发展中国家经济政策中最难解决的问题之一。

案例 11—3 表明了印度和玻利维亚税收管理问题的严重程度，这在许多或许是大多数其他的发展中国家也是很常见的。这些例子表明，在现行法律下，征收更大比率税款的工作能够显著地增加收入。但所需的管理方面的改革是很难实施的，维持下去就更难了。即使是玻利维亚的成功改革也只把该国的税收收入提高到占 GDP 的 7%。在韩国

① Rachel Johnson, Jim Nunns, Jeff Rohaly, Eric Toder, and Roberton Williams. “Why Some Tax Units Pay No Income Tax,” Tax Policy Center, Urban Institute, July 2011.

这样一个以有效率和管理决断闻名的国家，在20世纪60年代虽然把非农业人口个人所得的不足额申报从75%降到了略低于50%，却未能实现该国想通过更有效地实施税收改革，使税收收入增加40%的目标。尽管管理方面的改革在经济发展的任何阶段都有益而且重要，但更好的税收管理有随着经济发展进程而改善的趋势。

▶ 案例11—3 20世纪80年代印度和玻利维亚的税收管理

20世纪80年代的印度提供了税收管理不善的更令人震惊的例子。例如，在1981年财政年度，据调查，至少40%甚至达到60%的潜在可纳税收入都没有纳税。一项调查涉及的对象中，大约70%的纳税人公开承认贿赂过税收官员，四分之三的税务审计人员承认接受过贿赂，以降低行贿人的纳税支出。行贿的成本一般占到所能逃避的税收量的20%。

在玻利维亚的同一时期，税收制度一片混乱。国家、地区及城市的各级政府课征400多种不同的税收。纳税人记录常常是过时的，在缴纳税收的一年之后才予记录。12万登记过的纳税人中，三分之一的人根本不纳税，而2万个实际纳税人却根本不在记录之中。管理机构实际上已经停止信息处理。管理恶劣到如此地步，以至于政府在20世纪80年代中期的极度通货膨胀中，根本无力征税，税收收入降到了只占GDP的1%。面对这种混乱局面，玻利维亚政府改革了税收管理，进行了极度的精简。这与价格稳定一起使得政府到1990年就能征收相当于GDP的7%以上的税收收入。这一比率按世界标准衡量还很低，但对玻利维亚而言却是一个很大的进步。

资料来源：Omkar Goswami，Amal Sanyal，and Ira N. Gang，"Taxes，Corruption and Bribes：A Model of Indian Public Finance，" in Michael Roemer and Christine Jones (eds.)，*Markets in Developing Countries：Parallel，Fragmented and Black* (San Francisco：ICS Press，1991)，pp. 201－213；Carlos A. Silvani and Alberto H. J. Radano，"Tax Administration Reform in Bolivia and Uruguay，" in Richard M. Bird and Milka Casanegra de Jantscher (eds.)，*Improving Tax Administration in Developing Countries* (Washington，DC：International Monetary Fund，1992)，pp. 19－59.

□ 根本的税收改革

可增加税收收入的最后一种财政政策选择是最难实施的，但如果能得以实施，也将是最有效的。根本的税收改革需要抛弃旧的税收体制，并用全新的税收法律法规来代替它。实施税收改革在任何国家都会产生大量技术方面和信息方面的难题，更别提政治方面的困难了。一般而言，直到面临财政危机的威胁——以巨额财政赤字的形式来表现——之前，政府是不会真正去努力改革税制结构的。即使在财政危机过程中，也很难达成政治上的一致意见，使得不受欢迎的税收改革措施得以通过。保护利益倾斜集团并改变税源分配状况的税收政策，并非只要制定出来就行了；它们更有可能在某个人的命令下实施，一般是有权力和有威望的人。

税收改革也许是经济政策中比其他课题都谈得更多却做得更少的一个。不论对美国，还是对大多数对税收改革付出过努力的发展中国家，情况都是如此。从一些国家的经验来看，这显然是一个痛苦而缓慢的过程；在美国，从税收改革的想法出现（儿童保育费用的税收减免，税收制度抵御通胀的能力）到其实施的时滞，通常至少为15年。

如果说稍有不同，只是发展中国家的这一时滞可能稍短一些。

尽管会遇到重重困难，但1980年以前，一些国家仍然能够在税制结构和管理方面进行根本的改革。经典的例子是19世纪80年代的日本，当时日本社会已经开始了向现代化工业强国的转变。20世纪60年代早期，韩国实施了一项重要的税收改革计划，20世纪70年代哥伦比亚和智利、20世纪80年代印度尼西亚（见案例11—4）也实施过这类改革计划。

▶ 案例11—4　印度尼西亚的税收改革

在20世纪70年代，印度尼西亚是一个大的石油出口国。政府收入的一半以上来源于大型公司的税收。在1973年和1979年石油输出国组织（OPEC）引发的石油价格上涨使得石油税收占政府预算的比例有了前所未有的提高。然而那时，印度尼西亚财政部知道涨上去的价格（那时是石油价格）总会回落的，它希望印度尼西亚政府财政在长期更加稳定。然而，非石油来源的税收收入建立在法律基础上。在很多情况下会回到荷兰殖民地时期：只形成有限的政府收入，并且十分低效。

1981年，财政部开始努力进行全面改革，推进印度尼西亚税收体系的现代化。这一努力的目标是创建产生税收收入的更广的基础，增加税收体系的平等性，将国际最佳实践引入印度尼西亚税收体系。这一过程包括重新修订税法，但也包括税收管理的根本变革，伴之以税收信息系统的创建等很多其他大的变革。

由25名国际专家组成了一个小组，包括经济学家、律师、会计师、数据处理专家等，他们和印度尼西亚的10名政府官员一起从事该项工作。这一小组的作用是帮助决定在印度尼西亚哪些方面的税收实践是最佳的。然后，这些专家会提交他们的建议，和印度尼西亚该领域财政部以及相关部委的官员开会，充分探讨这些建议在印度尼西亚的国情下是否可行。当这一进程完成后，关于各项建议的必要调整都已完成，建议书将首先提交给总统，然后是国会，1983年国会通过了该项法律。尽管那时印度尼西亚拥有一个集权政府，政府内外强大的寻租群体可能会对税收改革的修订拥有强大影响，在很多国家皆是如此。但是在印度尼西亚通过的法案最大程度地反映了国际最佳实践，而不是寻租者的特殊利益。

改革的关键在于引入了简化的增值税低税率，以及个人所得税和公司所得税的税收法则。由于这些改革，印度尼西亚非石油税收收入从占GDP比重的6%上升至20世纪90年代初的10%。1986年石油价格下降，政府从石油中获取的税收收入也随之下降，这项收入的增长和财政稳定有很大的关系。

资料来源：Michael Roemer and Joseph Stern，"Indonesia：Economic Policy Reform，"（63-64），in Dwight H. Perkins，Richard Pagett，Michael Roemer，Donald Snodgrass，and Joseph Stern，eds.，*Assisting Development in a Changing World：The Harvard Institute for International Development，1980—1995*（Cambridge：Distributed by Harvard University Press，1997）.

但1980年以来，不论是在发展中国家还是在发达国家，税收改革的步伐都大大加快了，并且在各种各样的改革计划中出现了许多相似之处。战后的大部分时期，税收体制都进行了微调，以实现广泛的非收入目标。特别地，发展中国家和发达国家政府普遍都想运用急剧累进的税率，以求得重大的收入再分配。此外，复杂且大多难以管理的税收激励体制也得到了广泛的应用，试图将资源再分配到优先发展的经济部门，促进外国投资、地区发展甚至股票交易。

最低限度必须以强有力的税收管理体制以及纳税人具有服从的传统为条件，微调的税收体制才有可能取得理想效果。至少在发展中国家的范围内，人们越来越清楚地认识到这些条件极少能得到满足。结果是，政府逐渐转移了对累进税率和复杂的、代价巨大的税收激励计划的依赖。

20 世纪 80 年代直到 21 世纪初，世界范围内经历了一场向一种完全不同的税收体制转变的运动，即转向以更为统一的税率课征的经过大大简化的税收，课税基础①更为广泛，并且逐渐更多地依赖消费税而非所得税。玻利维亚、智利、哥伦比亚、印度、印度尼西亚、牙买加以及马拉维的税收改革计划为这类趋势中的大部分提供了例证。②

税收改革这种世界性的运动趋势，有两个方面的特点尤其显著。首先，从 1945 年到 1979 年，60%～70%的最高所得税边际税率并不罕见。但自从 1984 年以来，许多国家降低了最高边际税率并且常常是大幅度降低。表 11－3 显示了一些发展中国家所发生的这一现象。在同一时期，从澳大利亚到奥地利，包括英国、美国在内的工业化国家也急剧削减了最高税率。

表 11－3　　降低税率后的税收收入，1984—2009 年

国家	1984—1985 年	2009 年
低收入经济体		
坦桑尼亚	75	30
雅加达	70	30
印度	62	30
加纳	65	25
中低收入经济体		
巴布亚新几内亚	50	42
巴基斯坦	60	20
菲律宾	60	32
斯里兰卡	55	35
印度尼西亚	45	35
秘鲁	50	30
危地马拉	42	31
牙买加	58	25
中高收入经济体		
博茨瓦纳	75	25
巴西	60	27.5
哥斯达黎加	50	15
哥伦比亚	49	33

① Joseph A. Pechman, ed., *World Tax Reform: A Progress Report* (Washington, DC: Brookings Institute, 1988), p. 13.

② 一些经典案例的讨论，参见 Malcolm Gillis ed., *Tax Reform in Developing Countries* (Durham, N.C.: Duke University Press, 1989)。

续前表

国家	1984—1985 年	2009 年
泰国	65	37
阿根廷	45	35
墨西哥	55	28
马来西亚	55	27
智利	56	40

资料来源：George J. Yost Ⅲ，ed.，*1994 International Tax Summaries*，*Coopers & Lybrand International Tax Network*（New York：Wiley，1994）；Glenn P. Jenkins，"Tax Reform：Lessons Learned，" in Dwight H. Perkins and Michael Roemer，eds.，*Reforming Economic Systems in Developing Countries*（Cambridge：Harvard Institute for International Development，1991）；Denise Bedell，"Personal Income Tax Rates，" *Global Finance*，available at www.gfmag.com/tools/global-database/economic-data/10442-personal-income-tax-rates.html＃axzz1YDeg5nMb，accessed February 2012.

在许多这样的案例中，伴随着最高税率的急剧削减，通过特殊税收刺激的减少、避税工具的废除以及诸如此类的措施，进行了包括显著扩大所得税课税基础的改革。这种格局在玻利维亚、哥伦比亚、印度尼西亚、牙买加和斯里兰卡尤为显著，因而，即使税率下调，较高收入集团的缴税在总税收收入中的比例，往往也比以前更高。

要找出世界范围内在较宽的所得税课税基础上向较低税率转化的原因并不困难。第一，以高边际税率征收的所得税难以管理，即使在像美国这样的富裕国家也不容易。在高边际税率下，逃税（通过隐瞒收入）或避税（通过高薪雇用法律天才来设计避税工具）的刺激很强。第二，资本跨越国界的流动性的增大，意味着一个特定国家所得税的最高税率超过了已降低税率的工业化国家的普遍水平而引起资本外逃。[①] 第三，美国、日本这样的发达国家的所得税制度的运行，对各国的税率都施加了下调的压力。这是由国外所得税抵免造成的。像美国这样的国家允许国外所得税可以在美国抵免（抽取），因该收入是从海外流入的，但最多只能到美国的税率可缴付的水平，而此税率在 1986 年已经从 50％降到了 28％。第四，不论是在富国还是在穷国，所得税的高边际税率并未被证明对纠正收入分配中的严重不平等有特别的功效。

近年来世界范围内税收改革的第二个显著特征是：采用增值税的国家在稳步增加。增值税的普及有许多原因，最重要的两点是：它拥有"造币机器"的称号，并且相对于其他形式的营业税和所得税具有管理优势。[②] 增值税以相对无痛苦的方式迅速带来大量收入的记录，使它赢得了"造币机器"的称誉。尽管这一称号在很大程度上来自欧洲国家的经验，但发展中国家的记录也确实为增值税获得这一收入优势提供了某种支持。在印度尼西亚，1987 年占 GDP 的 4％的增值税差不多是它所代替的税种 1983 年所课征的税收收入份额的 3 倍。不过，尽管增值税在诸如巴西、智利和印度尼西亚这样的国家取得了显著的收入成就，但它作为"造币机器"的称号，至少听起来有点言过其实。

① 关于金融资本和实物资本国际流动性增长对课税的意义的更具说服力的探讨，见 Dwight R. Lee and Richard B. McKenzie，*The International Political Economy of Declining Tax Rates*，*National Tax Journal*，42，no. 2（March 1989），79－87。

② 关于这些原因的全面阐述，见 Alan A. Tait，*Value-Added Tax*（Washington，DC：International Monetary Fund，1988），Chap. 1。

在20世纪80年代，常常能听到增值税很大程度上是自我管理的说法。事实上并非如此，但在限制逃税的机会时，增值税的税收抵免形式比起单一等级的零售及非零售营业税具有三个主要的优势。第一，增值税在某种程度上是独立制定政策的，因为销售者（当然零售企业除外）纳税不足会减少进行购买的企业可得到的税收抵免。即使是这样，对同时要缴纳所得税的企业而言，仍有隐瞒销售信息，以逃避增值税和所得税的刺激。当逃税在销售的最终（零售）环节十分普遍时，增值税的这一可能的优势也会被削弱。第二，发票的交互核对使税收管理机关能够把购买者收到的发票同销售者留存的发票相对照。这种交互核对的特点对审计工作提供了很有价值的帮助，但并不能代替真正的、系统的审计工作。第三，很大一部分增值税是在零售业层次之前征收的，这一事实成为增值税的一大优势，特别是因为在大多数发展中国家，大量的小规模零售企业并未保留充分的销售记录。总之，尽管有时被热情的支持者们所夸大，但增值税的管理优势确实是实实在在的。①

11.2 税收和收入分配

几十年来，发达国家和发展中国家都试图运用财政政策，尤其是税收，来纠正由于私人市场的运行所产生的收入不均。从约翰·斯图亚特·穆勒（John Stuart Mill）和19世纪著名的智利历史学家弗朗西斯科·恩西纳（Francisco Encina）到20世纪的约翰·罗尔斯（John Rawls）这样的社会哲学家们，都试图为主要通过累进税进行收入再分配建立哲学基础。在任何社会中都不存在决定收入再分配的最优程度的科学依据。并且，各个发展中国家对收入分配的理想状态也流行着不同的观点。但实际上，在各国，财政公平这一名词已经渗透到预算业务的讨论之中。在绝大多数国家中，**财政公平**（fiscal equity）一般以税收和支出政策对经济福利分配的影响来定义。在累进税制下富裕的公民比贫穷的家庭承担更重的税收，以及把好处集中于地位最不利的人身上的财政支出政策，被认为比累退的税收和支出更为平等。

在预算的税收一方，平等的唯物史观要求多数税收以**负税能力**（ability to pay）为基础。负税能力可以用收入、消费、福利或三者的某种综合来衡量。显然，在一生中有较高收入的个人负税能力也较强，这与他们是否应该这样做这个道德问题完全无关。事实上，税收的再分配作用几乎总是通过它对收入的影响来表现的。但自霍布斯——17世纪英国哲学家——时代以来的哲学家们都认为，消费为负税能力提供了一个比收入更好的指数，按这种观点，纳税义务与人们从社会中“索取”（消费）而不是与人们对社会“所予”（以收入衡量）的关系更为紧密。

实际上发展中国家在建立税收体制时，对这两种负税能力的衡量方法有着严重的依赖。个人所得税和公司所得税把收入作为指示器；营业税和关税则是对消费税税额的间接评定。最低限度的平等一般被认为必须尽可能避免实行累退税。即使实际中无法做

① 关于一部分这类问题的简明摘要，见 John F. Due, *Some Unresolved Issues in Design and Implementation of Value-Added Taxes*, *National Tax Journal* 42, no.4 (December 1990), 383-398。

到，原则上仍有许多税收措施可以确保更大的累进性；但所有这些都受到某种程度的限制。

□ 个人所得税

使用最广泛的确保更强的累进性的方式，是对个人所得税实行急剧上升的累进税率。在有些国家的某些时期，名义的或法定的所得税边际税率达到了很高的水平，即使对相对较低的收入，边际所得税税率也很高。例如，1967 年印度尼西亚对超过 1 000 美元的收入的适用税率达到了 75%，这很大程度上是由于税率并未根据迅速的通货膨胀进行指数化调整；20 世纪 60 年代在阿尔及利亚，超过 10 000 美元的收入要缴纳将近 100%的边际税率；而坦桑尼亚直到 1981 年还对所得税课征最高为 95%的边际税率。尽管在大多数发展中国家，所得税的边际税率比以上列举的例子中要低很多，并且正在继续降低，这从表 11－3 中可以明显地看出来，但有些国家仍试图以高于 50%的税率征税，如安哥拉、加蓬和古巴，然而在 21 世纪边际税率在这个水平的都是欧洲高收入国家，拥有大量的社会福利项目。

如果税收管理机构运行良好，并且资本不能跨越国界进行流动，那么高收入纳税人实际纳税的格局将同上述法律的或理论上的格局相同。实际上，在多数国家，**实际税收**（effective taxes）——按收入的一定百分比实际课征的税收——远远少于理论上应该课征的数量。面对所得税的高税率，世界各地的纳税人以三种方式做出反应：（1）他们通过隐瞒收入来逃税，特别是隐瞒不受预缴安排影响的资本收入；（2）他们调整经济行为以减少纳税义务，或者通过提供更少的劳务，把资本输送到国外的避税港，或者雇用法律专家以寻找税法中的漏洞，以此来达到避税的目的；（3）他们贿赂征税人员，使其接受虚假的所得税申报表。

由于所有这些原因，通过累进的所得税进行大规模的收入再分配，已经被证明在世界各国都很难取得成就，包括美国以及长期名列世界税率累进度最高的三个斯堪的纳维亚国家。在美国，为了减少纳税义务，避税是最受偏爱的方式，因为使用其他方式会导致进监狱。但在税收征管相对薄弱的地方，特别是缺乏对逃税的刑法规定以及税收官员工资很低的地方，逃税和贿赂现象更为普遍。这样，发展中国家通过所得税进行重大收入再分配的机会所受到的限制比瑞典和美国更大。

尽管存在这些问题，在许多发展中国家，最富有的社会成员收入的很大一部分仍为所得税所网获。来自个人所得税的税收收入在哥伦比亚、韩国、智利等国已经达到了总税收的 15%，在其他一些国家中，则在总税收中占到 5%～10%。实际上在各个发展中国家，整体上这类税收是向收入最高的 20%的人征收的。这当然就意味着一种所得税的存在，即使是按比例而不是按累进税率征收，也将减少收入不平等。

□ 奢侈品消费税

由于看到通过所得税确保重大收入再分配存在着重重困难，许多国家力图运用课征高额间接奢侈品消费税，作为促进税收体制累进度的一种方式。为达到这一目标而开展的工作，通常集中在国内间接税上，如营业税，对进口品的关税，但烟草和酒的消费税除外。

一些发展中国家已经发现，若税率保持在可以实施的水平上，对奢侈商品和劳务的国内间接税的较高税率，以及对收入弹性较小的商品的较低税率，有助于提高税收体制的累进性。出于增加收入的目的，国家一般对非奢侈品按出厂价的4%～8%的基本税率课征营业税。这与2%～4%的零售税相等，因为在此水平上课征的税收不包括批发和零售差价。除饭店中消费的以外，食品几乎总是免缴任何旨在促进收入再分配目标的营业税。在发展中国家中，在贫穷家庭用于食品的收入比例很高时（在许多中等收入国家高达40%，低收入国家超过50%），免征食品税本身使得大多数营业税至少带有微弱的累进性。把数量有限的奢侈品包括在内的营业税税率定在出厂价的20%～30%之间，已经证明是切实可行的。

但是，差别税率的营业税的再分配潜力，在这方面是受到一定限制的，主要是受到与阻碍发展中国家更多地运用所得税相同的行政因素的和权力因素的限制。虽然营业税并不像所得税那样难以管理，但它们并不能自动征收。在使用三级甚至四级税率的制造商营业税制度下，即使最高税率接近40%，在多数国家可能在行政上都是可行的。使用比这一税率高得多的税率，或者依赖五级税率来对税收进行“微调”，产生了大量的逃税刺激和逃税机会。1986年以前，牙买加的税率超过15种，智利在1960—1970年间税率则多达20种以上。认识到这些问题以后，印度尼西亚于1985年采取了统一税率的制造商税：这种税收对所有制成品和所有进口品都适用10%的税率。但这种税仍然是轻微累进的，因为它不适用于那些不经过制造过程的产品，包括低收入家庭消费的大多数食物。

尽管国内间接税的运用，如营业税，有助于实现收入再分配的目标，而不至于引起资源配置的严重失调，但这种说法却不适用于关税。营业税对所有应税商品课征，包括国内和国外生产的产品，不考虑其来源国，而关税只适用于进口商品。实际上，所有的国家，不论是发达国家还是发展中国家，都使用关税来保护现有的国内工业。特别是发展中国家，还把关税作为鼓励国内工业生产以前需要进口的商品的主要手段。这种战略，叫作**进口替代**（import substitution），将在第18章详细研究。

有意识地通过高保护关税鼓励进口替代的政策，在一定条件下会产生决策者们追求的结果。但是，出于保护以外的原因而使用关税时，会出现意外的进口替代，这就不大可能产生积极的结果了。许多国家利用高关税来达到课征更高的奢侈品消费税的目的。通常是对进口的并且无意鼓励国内生产的奢侈品课征重税。因此，许多拉丁美洲国家和一些亚洲国家对电动剃须刀、干发器、体育用品、录像机及机械玩具等课征高达其价值100%～150%的关税。对大多数国家而言，这些商品显然收入弹性很高，因而成为课征奢侈品税的恰当对象。

但通过高关税对奢侈品征税的努力，带来了并非所希望的——但几乎是不可避免的——对国内生产或组装这类产品的刺激。实际上，除了最贫穷的国家外，各个国家敏锐的国内和国外的企业家已经迅速抓住了这种机会。在本地组装工序建成之后，他们通常能够提出政治上令人信服的理由，说明关税应该保留，使当地的这类生产得以继续。甚至即使国内附加值低至产品价值的10%，他们也会这样做。如果需要缴纳当地营业税，这类经营通常也能成功地以5%～10%的基本税率纳税。依赖关税对奢侈品课税，政府最终将损失从前对奢侈品征税的收入，也严重违背了课征奢侈品税的本意。

如果对进口商品和任何可能发展起来的国内产品都以营业税的形式课征较高的进口奢侈品税，意外的进口替代就可以避免。使用进口关税对奢侈品征税——实际是出于保护国内工业以外的原因——是使用一种经济政策工具（关税）达到一个以上目的（保护国内工业、课征奢侈品税、增加收入）的一般问题的一个例证。为增加收入而对进口税的依赖受到刚刚讨论过的同样一些隐患的制约：如果指望通过进口税增加政府收入，那么适用于进口品和任何一种未来的国内产品的 10%的营业税能够产生至少相当于 10%的进口税的收入，并且不会导致像进口税那样的意外的保护。

□ 公司所得税和财产税：税收归宿问题

提及对国内公司课征的所得税和财产税时，人们常常把它们当作通过预算确保收入再分配的可能方式。实际上公司收入通过股息和资本收益的方式，最终几乎全部到了获得收入分配最高的 5%～10%的人手中。

财产所有权的情况也是如此。在许多收入较低的国家，财产所有权大多采取土地所有权的形式，并具有比收入更为集中的趋势。但在通过对国内公司和财产课以重税以确保重大财政再分配所作的努力上，由于管理问题和经济现实，发展中国家比发达国家受到了更多的限制。

管理问题使得对国内企业征收所得税的工作十分混乱，其混乱程度至少同个人所得税的征收中涉及的问题一样严重。因此，在很多国家，例如本国企业的公司税占重要地位的巴基斯坦，高达 2/3～3/4 的非石油企业的公司税来自国有企业，而非来自高收入的个人所拥有的私人企业。由于土地是一种不易隐藏的资产，因而，土地税受到的管理问题的制约应该不至于严重到如此地步。但为征税而进行的土地评估，即使在美国和加拿大，也被证明是很困难的，在发展中国家就更难了。除哥伦比亚外，极少有发展中国家能够以接近真实价值的水平评估财产。

经济现实也阻碍了公司税和土地税的大量使用，无法使税收制度具有更大的累进性，因为除了那些被直接征税的人，税收还有增加非预期集团负担的趋向。这就是**税收归宿**（incidence）问题。税收归宿指它的最终影响：不是指谁实际向政府纳税，而是指在所有经济主体对税收做出反应而进行调整时，谁的收入受到税收的最终影响。税收归宿涉及的并非总是初始影响。对国内公司课税可能减少资本家的收入，资本家转而改变其投资格局以减少纳税。他们雇用的工人的收入，以及向消费者索要的价格也会受到影响。对土地及其改良所课征的税收，最终不会大量减少土地所有者的收入，但这一税收可能以对消费者的较高价格反映出来。最终税金是由大众来缴付的，而不是由公司和财产等来交纳的。

税收归宿问题的含义可以由对公司所得税的税收归宿分析的一个简单应用来说明。试考察一个追求利润最大化、在国内市场上没有很大垄断权的公司。如果某一年该公司的所得税被提高了，那么该年它分给公司股东的税后收益就将按税收的全部数量而减少。从短期看，税收归宿很显然是在股东身上。由于各地的股东都集中在高收入集团，这一税收在短期内将是累进的。如果资本缺乏流动性，无法离开公司，长期的税收归宿也将停留在股东身上，并且这一所得税在长期内将是累进的。

但从长期看，资本是可以从公司转移出去的。在资本可以在国内自由流动，但不能在国际上自由流动的情况下，这一公司所得税在长期内也将是累进的。留在公司内的资本的收益将由于征税而减少。公司外部的未被征税的资本所有者也将遭受收益下降的损失，因为资本从被征税公司的流出会降低未被征税的部门的收益率。由于公司所得税降低了整个经济的资本收益，所有的资本所有者，包括房地产的所有者，都遭受损失。并且在封闭经济中，长期的税收归宿仍然是累进的。

但是，几乎没有完全封闭的发展中国家；实际上，我们在前面几章中已经看到，近年来，资本在国际范围内变得流动性更大了。在资本可以跨越国界流动，并且在其他国家可以得到较高收益的情况下，国内资本将向国外流动，以逃避较高的公司所得税。但随着资本流出一国，最终该国的产出将缩减，工人的边际生产率也将下降。用国内资本生产的产品的价格也将因此而上升。这样，公司所得税的上升将由国内消费者来承担，他们将为供应减少的公司商品支付更高的价格。与此类似，生产缩减时，收入降低的国内工人也会承担一部分公司税。因此，从长远看来，公司所得税可能是累退的（恶化了收入分配）。累退的程度取决于低收入集团是更多还是更少消费资本密集型产品，以及失业的或遭受实际工资下降的工人在收入分配中的相对地位。最终资本所有者的收入不会遭受重大损失，尽管存在着其他一些似乎可信的情况，但它们使公司所得税的增加可能不会给资本家带来更重的负担。但以上列举的情况已经足以说明，旨在实现收入再分配的税收政策的意图，常常由于各种经济活动而难以实现，这样，决策者就无法确信对富有的资本所有者课征的各项税收将肯定由资本所有者自己缴付。

以上的讨论表明，尽管一些税收工具在发展中国家可以达到收入再分配的目标，但在大多数国家，能做到这一点的机会是很有限的——这是由大量实证研究支持的结论。除了极少数例外情况，这些研究表明，无法有效地管理个人所得税、无法利用对奢侈品消费课以重税的有限机会、对可能产生收入但具有累退性的消费税的过分依赖以及在营业税中包含了食品等诸多因素的共同作用，显著降低了税收制度的再分配作用。总的来说，发展中国家的税收体制大致按比例对各收入集团增加了税负，对收入水平最高的集团则具有某种累进性。结果，很富有的人所缴纳的税款占其收入的比例确实比穷人更高，但穷人仍然需要缴纳沉重的税款。在许多实证研究中，穷人所缴纳的税款至少占其收入的10%。当然，若不做这些努力，税后的收入分配会更加不平等。这表明，尽管实施起来困难重重，并且结果常常是令人失望的，但是旨在降低收入不平等的税收改革并不是无用的工作，它们可能有助于达到避免税收使穷人境况恶化的目的。

税收政策的局限表明，如果预算是为了达到收入再分配的目的，主要的政策重点应放在支出政策上。实际上，一直把通过支出政策进行收入再分配作为政府的优先选择的国家，取得的成果一般是鼓舞人心的。政府支出对收入分配的作用甚至比税收对收入分配的作用更难衡量。但现有的定性和定量的证据都充分表明：在发展中国家中，预算支出可以把大量资源转移到低收入家庭，在某些情况下可以达到低收入家庭收入的50%左右。在第6章已经探讨过利用政府支出对付贫困的措施。

11.3 经济效率和平等

□ 无效率的源泉

在预算的支出一方，我们称作**社会成本—收益分析**（social cost-benefit analysis）的工具可用于提高政府支出的效率（减少浪费）。在税收一方，经济效率的提高可能问题就更大了。

所有的税收都会导致某种程度的无效率。因此，我们的目标是在与税收政策的其他目标一致的前提下，把税收引起的无效率降至最小。在多数发展中国家，这种目标大多降低到必须找出税收引起浪费的事例，并将其从税收体制中清除。如果一种税收体制的特别性质涉及大量的效率损失，这在财政经济学中叫作超额税负；并且与此同时，对于像收入再分配这样的其他目标作用极小或根本不起作用，那么这一特点很显然就应该取消。对税收体制中符合这一情况的因素的全面讨论，正是一部内容广泛的公共财政专著的主题。在此我们只能列举一些主要的例子。

税收无效率的一个主要源泉是税收管理的成本过高。在有些国家，某些税收的这类成本高到了使人们开始怀疑出于任何目的而使用某种税收是否合适的程度。在拉丁美洲广泛使用的某些税基很窄的印花税确实是这样的，这种税是根据资产转让文件、租赁协议、支票以及普通商业交易来征得政府收入的。许多印花税在管理上花费的成本比它们征收到的税收收入还要高。

在有些国家，即使是税基很宽的税收，其征收的成本也极高。例如，20 世纪 60 年代在智利和厄瓜多尔每征收 4 美元的营业税，要花费 1 美元的管理费。与之相比，21 世纪初在大多数经济合作与发展组织（OECD）国家中每 100 美元的税收要花费 0.42～2.08 美元的成本，美国这一成本较低，为 0.47 美元，日本更高一些，为 1.5 美元。① 并且由于各地对资本利得税进行管理都很困难——包括北美洲——发展中国家征收这一部分所得税的成本常常超过征得的税收收入。

许多发展中国家政府提供了大量的税收激励，以鼓励对特殊活动和特殊地区的投资。其中许多税收激励，尤其是对已获批准的企业的所得税免税期，已经证明很难管理，并且极少带来理想效果。② 在大多数国家迫切要求增加收入的情况下，任意提供税收刺激除了需要对不符合激励条件的人以更高的税率征税外，可能不会有其他作用。来自税收的经济浪费（无效率）按照所使用税率的平方增长而不是按比例增长，这是财政理论中的一句名言。由此不难看出，不成功的税收激励计划会涉及经济的无效率，而整体上这是无法由任何重大利益来补偿的。很大程度上正是由于这一原因，印度尼西亚在

① 2000—2002 年为平均比率，来自 OECD，*Tax Administration in OECD Countries: Comparative Information Series*（Paris：Organization for Economic Cooperation and Development，2004）.

② 例如，见 Arnold C. Harberger，*Principles of Taxation Applied to Developing Countries: What Have We Learned?* in Michael Boskin and Charles E. Mclure，Jr. eds.，*World Tax Reform: Case Studies of Developed and Developing Countries*（San Francisco：ICS Press，1990）。

1984 年激烈彻底的税收改革中废除了各种形式的税收激励。

最后，主要税收来源的一些特点涉及不必要的浪费。从我们早先的使用进口税对奢侈品征税的讨论来看，显然这经常是一种无效率的重要源泉。在公司所得税中使用累进税率，则是另一方面的例子。公司所得税的累进税率在不能实行的地方，对收入再分配几乎没有作用，而在能够实行的地方，则导致了许多浪费。最主要的两种浪费是商业公司的化整为零以及企业运行中的无效率。公司税的累进税率对企业化整为零的刺激作用很明显：与其受制于较高的边际税率，公司不如分裂成较小的单位，从而失去规模经济的成本优势。在对公司收入以高累进税率征税时，收入每增加 1 美元，税收将会拿走更高比例的部分（例如 70%），因而公司内部成本控制的动力将会被降低。例如，对一个面临 70%边际税率的公司，在原材料方面每增加 1 000 美元的支出，将只给公司带来 300 美元的净成本，而税收则减少了 700 美元。

□ 中性与效率：来自经验的教训

世界各国的经验，包括发达国家和发展中国家，似乎都表明：在注重课税效率的社会，这一目标通过依赖尽可能中性的税收能够更好地达到。**中性税收**（neutral tax）被定义为一种不会在没有税收时导致私人激励的结构普遍发生实质性变化的税收。那么中性税收制度就是一种尽可能依赖统一税率的制度，即对所有收入以统一税率征税的所得税，或对所有食品和劳务适用同一税率的营业税。一种中性税收制度不可能是一种有效税收制度。

有效税收制度（efficient tax system）是一种因增加一定需要的收入量而引起超额税负最小的税收制度，而一种税收的超额税负则定义为总福利的损失超过政府征收的税收收入的数量。图 11 - 1 表示了一种商品税的超额税负怎样随着被课税商品需求或供给弹性的增大而增加。左图代表需求缺乏弹性的商品 A 的情况，右图表示需求富有弹性的商品 B 的情况。为了更明显地反映在此情况下形成的对比效果，假设两种情况下边际成本（*MC*）都不变，并且两种商品的边际成本相等。在对任何一种商品征税之前，商品 A 的均衡价格和均衡数量分别为 P_a 和 Q_a，商品 B 的则为 P_b 和 Q_b。现在对两种商品都以税率 t 征税，商品 A 的新的均衡点（税后）为 P_{at} 和 Q_{at}，商品 B 的则为 P_{bt} 和 Q_{bt}。对于商品 A，政府收入总量为矩形 $P_a P_{at} cd$，税收导致的消费者剩余的总损失为梯形 $P_aP_{at} ce$；消费者剩余的损失超过政府收入的数量就是对税收的效率损失的常规衡量，即超额税负。对商品 A，超额税负为小三角形 cde。通过类似的推理过程，商品 B 的超额税负是大三角形 fgh。我们将看到，以相等税率征税时，需求弹性大的商品超额税负更大。

现在我们可以看到，有效税收要求的既不是统一税率，也不是中性税收，而是对不同商品以不同税率课税，并且对需求富有弹性的商品采取比较低的税率，对需求缺乏弹性的商品采取较高的税率。这就是**拉姆齐法则**（Ramsey rule）或**反弹性法则**（inverse elasticity rule）。问题是按这一法则运行的税收制度一定是累退的：需要对食品、饮用水等限制消费的商品课征最高税率的税收；对诸如服装、劳务、境外旅行等具有价格弹性和收入弹性的项目，则降低税率。

税收中性原则并不像有效税收那样是税收政策的令人满意的指导。尽管如此，中性税收仍将被作为课税的暗含原则之一，与公平原则一起，一直到分析家们能够在现实世

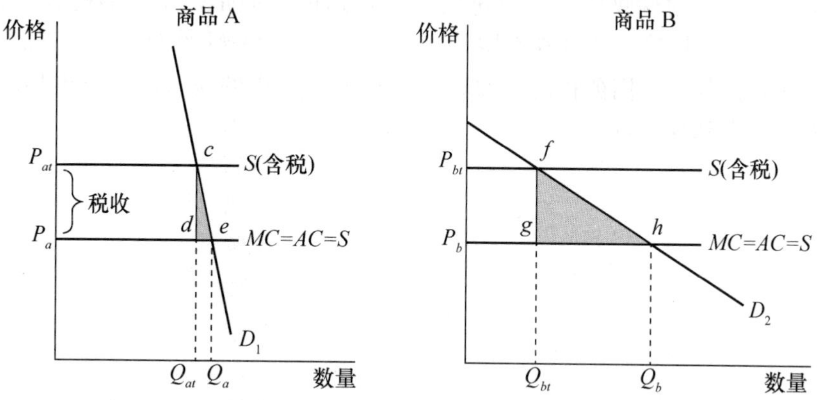

(a) 情形1：需求缺乏弹性　　(b) 情形2：需求富有弹性

图 11-1　课税与效率：在不变边际成本（*MC*）和平均成本（*AC*）以及竞争条件下的商品税的超额税负

图中的阴影部分代表以相等的税率对不同商品课税的超额税负。弹性越大，超额税负越大。

界中极好地摆脱中性以及税率的统一——并且直到政府的管理能力可以适应实施结构复杂的有效税收或最优税收工作的需要之前，它们都是适用的。

这里存在一个矛盾。中性的、税率统一的税收不如管理完善的有效税收更符合效率目标。但中性税收制度相比有效税收或最优税收制度更有可能提高经济效率，因为具有统一税率的中性税收制度更易于管理，对逃税的防范能力也更强。这并不是说中性税收曾经是或应该是税收政策的首要目标。政府常常采取谨慎行动，改变对社会某些部门和团体实施中性税收的政策，以达到其他的政策目标。但在现实世界中，这种改变涉及成本，不仅包括税收管理方面的成本，而且常常包括公平和效率方面的成本。

11.4　本章小结

● 政府预算的支出方面由资本、发展项目以及大量的经常性使用支出（即循环成本）构成。由于忽略维持资本所必需的循环成本，发展中国家政府和捐赠援助项目经常浪费资本。

● 发展中国家主要依靠间接税（营业税或增值税、关税），而不是收入所得税和资本所得税，因为在发展中国家，后者很难管理，而且管理成本很高，带来的收益较少。

● 发展中国家的税收改革通常包括简化税收体系（一种或几种不同的税率）以及引入诸如增值税等具有自我实现特点的税收。税收规则越复杂，管理这一规则也就越难，腐败也越多。简化的税收规则还能降低经济扭曲。

● 根据个人的纳税能力（高收入的人们缴纳收入的更大比例作为税收）征税是公平

原则的基础。一个好的税收体系是累进的而非累退的，但是，累进的税收体系很难管理，尤其是在发展中国家。除非在有限的领域，比如对食品征收的营业税方面。当我们考察对高收入和低收入人们征税的税收归宿时，那些累进的税收经常出现相反的结果。税收改革需要考虑到这一点。

第 12 章 金融发展与通货膨胀

一个国家的**金融体系**（financial system）由各种各样互相关联的金融机构组成；这些机构有正规的，也有非正规的。中央银行一般居于这种有组织的金融体系的核心，负责货币供应量的控制，并对有组织的金融活动进行总监督。实际上，在世界各国，尤其是在发展中国家，商业银行体系作为存款的接受者和短期信贷的发放者，是正规的金融体系中最重要和最关键的部分。正规的金融体系还包括储蓄银行和保险公司。在越来越多的中等收入国家中，还有养老基金和专门提供长期信贷的投资银行，以及正在兴起的证券市场。早在 20 世纪 90 年代初期，高收入国家创造了一种新的金融机构，叫作对冲基金，这种金融机构在 2008—2009 年的全球经济危机中扮演了相当重要的角色。

在这些金融机构背后是各种政府机构，有时是私人机构，它们的职责是对金融系统进行监管。通常意义上，典型的做法是分别设置不同的机构来监管商业银行和证券市场，但是金融监管的本质却在不断变化。社会对监管的需要首先基于以下事实：金融机构的存在主要是为了管理公众及企业的金融资产，而非金融机构自身所有者和管理者的金融资产。设立监管的目的即是要确保公众的金融资产在没有过高风险的前提下，能够得到有效管理。在 20 世纪 90 年代及 21 世纪初期，在北美及欧洲的一些高收入国家出现了以下趋势：减少甚至消除对金融系统的监管。因为坚信市场本身就能提供足够的监管。同时，许多金融机构也创造了新的金融工具以提供一种服务，比如保险。这类新型金融工具不受监管机构对标准保险合约的监管（这类新型金融工具叫作信用违约互换）。金融市场进一步自由化的这种趋势在 2009 年戛然而止，并且 2010 年的全球金融危机让人们意识到市场本身并不能够有效控制金融机构的风险行为，因而制定了一系列更广泛的监管规则。

2008—2009 年的金融危机始于美国并迅速蔓延至欧洲，但发展中国家却很快被卷进全球性的衰退中。在这种背景下，发展中国家和高收入国家的主要区别在于和发达国家相比，发展中国家的金融系统更单一，较少使用那些更复杂的金融工具。在发展中国家的金融系统中，商业银行占主导，投资银行即使存在，规模也都较小，发展较弱；保险公司尚处在襁褓中。金融系统的存在依赖于公众相信金融机构会有效地管理存款者及投资者的资金，这种信任建立在以下基础上：金融机构过往负责的行为、有效的监管系统以及金融机构自身公开、透明的操作。需要花费几十年甚至更长时间来建立值得信任的金融机构，但这种信任却能在瞬间消失，正如2008—2009年金融危机期间发生的一样。在发展中国家中，这种信任以及相关的有效监管却在很大程度上仅局限在商业银行范围内。

然而，发展中国家正规金融系统的有限范围使得许多公众及中小企业失去了融资的渠道，甚至导致它们找不到一个可靠的地方来存放它们的积蓄。在最近的几十年，这种情况催生了**小额贷款公司**（micro-credit institutions），它们致力于服务那些被正规金融系统排除在外的个体。而在正规的小额贷款公司出现之前，几乎在所有发展中国家，和正规金融机构并存的还有非正规金融机构。这些非正规金融机构包括当铺、地方上的放债者、贸易信贷以及其他一些与借贷款项有关的非正式组织，如家庭内部的财产转移和公司信贷。在收入较低的国家，甚至在一些中等收入国家，非正规金融部门在规模上可以同正规金融体系相匹敌。在大多数情况下，非正规金融机构不在政府监管范围内，尽管政府部门确实不时地干预它们的运营。

金融政策（financial policy）包括所有试图影响金融体系的发展、使用、效率和多样化的措施，在北美和西欧，金融政策这一术语通常作为货币政策的同义词，指用货币工具减少国内和国际市场上由经济波动引起的不稳定性。在美国，这些工具包括公开市场业务、商业银行法定准备金率变动及中央银行（联邦储备银行）对商业银行的贷款（再贴现）率的调整。这些术语将在本章的稍后部分讨论。在发展中国家，金融政策这一概念显然具有更宽泛的含义。货币政策是金融政策的一部分，而金融政策同时还包括鼓励以金融资产形式存在的储蓄的增长、发展货币市场和资本市场，以及在不同经济部门之间分配贷款等方法。另外，正如1997—1998年亚洲金融危机以及2008—2009年全球金融危机所提醒我们的，对风险控制的监管也十分重要。

12.1 金融体系的功能

金融体系为经济的平稳运行提供四种重要的基本服务：首先，它提供一种交换媒介和价值储藏的手段，即货币，同时，货币也可作为衡量交易值的一个计量单位；第二，它通过一种称为金融中介的过程，提供从大量储户手中动员储蓄并将其输送给投资者的途径；第三，它提供在经济中转移和分摊风险的手段；第四，它对经济活动的稳定提供一套政策工具。当这些功能管理不善时，宏观层面的直接后果是能够引发全球性衰退的金融危机、通货膨胀或债务危机。本章稍后讨论通货膨胀压力的管理，债务危机是第13章讨论的主题。

□ 货币与货币供给

没有货币作为**交换媒介**（medium of exchange）的经济是一种原始经济。个人之间的这种交易不得不采取高成本、低效率的易货形式。在实物经济中，商品具有价格，但其价格是用实物商品的相对价格表示的：多少公斤大米可以换多少公斤煤油，多少米绳子可以换多少双凉鞋，等等。这种情况下的交易包含大量的信息成本。

由于易货贸易这种交易方式暗含着十分高昂的成本，过分依赖它的社会并不多。发展到一定程度，商品和劳务的价格开始用一种或几种被广泛接受并具有耐用性的商品来表示，比如金、银，甚至珍珠和贝壳。商品货币的出现降低了贸易中的交易成本和储存成本，但是仍涉及跨越时间和空间交易的问题。金银的价格可能发生波动，这样，这些商品作为**计量单位**（units of accounts）就并非十分可靠。随着经济专业化程度的提高，以商品为后盾的金融工具出现了。在 20 世纪，随着世界范围内中央银行运行的兴起，货币发展为法定货币：中央银行发行的债券成为法定货币。它们没有等值商品作为后盾，而是以人们对中央银行的充分信心及中央银行的信用来支持。

随着市场的扩大及经济活动专业化的发展，产生了对另一种金融工具——**可转让存单**（transferable deposits）——的需求。在一般的发展过程中，首先出现的是支票或活期存款，即应储户的要求可移交给任何经济主体的存款，它们通常利息很少或不带利息。但经济活动水平的提高，使得对交易余额的需要日益迫切，个人总得保留一部分活期存款余额以满足这种需要。但如果对这类存款不支付利息，人们就会减少这类储蓄的数量。随着进一步的货币化，另一种金融手段变得重要起来，这就是定期存款，这种储蓄也可以根据需要合法转让，但有时只能在超过规定期限之后才能转让。定期储蓄带有契约性的利息支付，较高的利息率吸引人们通过这种形式进行较大数额的储蓄。

支票（活期）存款和定期存款是商业银行的**负债**（liabilities，即债务），而对持有者而言则是**金融资产**（financial assets）。活期存款和定期存款都是流动金融资产。与可以被家庭和企业持有的非金融资产（存货、黄金、土地）不同，活期和定期存款可以迅速而方便地转化为货币等价物。从定义上说，货币在所有资产中流动性最强。在发展中国家关于金融政策的任何探讨中，流动金融资产都是很重要的概念。对大多数发展中国家而言，储户增加或减少流动金融资产的动向可能是决定金融政策成败的首要因素。我们会看到，从有形的或非金融性的实物资产到金融资产，尤其是流动性金融资产的长期变迁，不仅预示着经济增长，而且预示着经济的稳定。

一国的**货币供应量**（money supply）可以定义为金融体系中所有流动资产的总和。尽管并非所有经济学家都能对流动金融资产的构成达成一致意见，但大多数经济学家赞同以上这种货币供应量的概念，而否定战后初期货币分析中一般使用的货币供应量概念。以前，货币供应量通常被定义为只是两种流动金融资产之和，即银行体系外流通的货币（C）加上活期存款（D），共同构成了 M1（狭义货币）。但是，后来由于储户倾向于把定期存款和储蓄存款（T）视为与活期存款同样具有流动性，因而前者显然应该包括在任何有效的货币供应量概念中，即 M2（广义货币）。最后，对于高收入国家而言，专门吸纳存款的金融机构的出现，在商业银行和储蓄银行现有的服务项目之外，又为储户提供了一系列的选择。这些专业性金融的负债（O）被包括在 M3（总流动负债）

中，这是含义最为广泛的货币供应量。于是，

$$M1=C+D \tag{12—1}$$

$$M2=M1+T \tag{12—2}$$

$$M3=M2+O \tag{12—3}$$

对于大多数低收入国家和许多中等收入国家来说，流动金融资产构成了未偿金融资产的最大份额。但随着收入的继续增长及金融体系的日趋成熟，流动性稍差的金融资产占据了越来越重要的地位。这些资产包括初级证券，如股票、债券（由政府和公司发行），以及对其他有形（实物）资产的金融债权，这些债权使其所有者在将其转化为货币等价物时要承担一定的风险，因此比活期和定期存款的流动性要差一些。

各国金融活动的发展没有定式可循。经济条件和政策的差异会导致金融增长采取迥然不同的模式。尽管如此，随着人均收入的增长，货币供应量也会按 GDP 的一定比例增长，表 12－1 表明了广义货币 M2 的这种趋势。对于表中所列的各个收入组别，M2 与 GDP 的比率在 1980—2008 年间都有显著增长，这既反映了经济增长，又反映了政策的变动。从国家收入组别总体来看，从低收入经济体到中等收入经济体再到高收入经济体，这一比率在逐渐提高。但从国家之间来看，这种差异会更明显。在 2008 年，肯尼亚，一个低收入国家的货币化率（40％），比中等收入国家斯里兰卡（33％）及墨西哥（26％）都高。显然，收入水平并不是金融增长的唯一决定因素。

表 12－1　　广义货币（M2）占国内生产总值（GDP）的比重，1980 年和 2008 年

国家	占 GDP 的比重（％）	
	1980 年	2008 年
低收入国家	19	36
埃塞俄比亚	—	31
坦桑尼亚	—	28
印度	32	70
孟加拉国	13	55
肯尼亚	30	40
尼日利亚	24	30
加纳	16	24
洪都拉斯	23	51
中低收入国家	28	54
巴基斯坦	39	44
玻利维亚	18	55
喀麦隆	21	19
菲律宾	22	59
斯里兰卡	28	33
印度尼西亚	13	36
秘鲁	17	31
埃及	52	84
中高收入国家	29	79

续前表

国家	占 GDP 的比重（%）	
	1980 年	2008 年
哥伦比亚	24	33
阿根廷	29	25
墨西哥	27	26
马来西亚	71	118
韩国	29	62
高收入国家	72	113
沙特阿拉伯	13	48
日本	138	207
美国	68	83

资料来源：World Bank，*World Development Indicators 2011*（Washington，DC：World Bank，2011），available at http://databank. worldbank. org/ddp/home. do.

□ 金融中介

随着金融结构在金融资产、机构和市场等各方面越来越丰富多彩，货币作为交换媒介、价值储藏手段、计量单位的功能被认为是理所当然的，但在奔腾式通货膨胀的情况下除外。伴随着金融发展的继续，金融体系发挥其第二个主要功能——金融中介——的能力也在提高。金融中介的过程包括从大量储户手中聚集储蓄金，并将其输送到数量相对较少但仍具有相当规模的投资者手中。除了一些例外情况，在发展中国家中，家庭部门是唯一的净储蓄者。在经济发展初期，绝大部分金融中介活动集中于商业银行，伴随着发展的进程，许多金融中介活动的新形式开始出现，并逐渐承担起越来越多的中介功能。这些新形式包括投资银行、保险公司、养老基金和证券市场。

金融中介活动最好被看作用以动员和分配储蓄的若干技术中可供选择的一种。第 11 章中讨论的财政体系提供了另一种方式，在下一章中我们将看到，依靠外国储蓄机构，我们还有一种选择。此外，在本章中，我们将看到，通货膨胀也被作为一种为公共部门动员资源的方式。实际上，更多地依靠金融中介作为动员投资资金的方法，与较少地依靠政府预算、外国援助和外国投资及通货膨胀来达到同样目的的决策，是完全一致的。

□ 风险的转化与分摊

运作良好的金融体系所能提供的另一项主要服务是转化与分摊风险。所有经济活动都要承担风险，但有些活动比另一些要承担更大的风险。私人储蓄者和投资者都不愿冒风险，对他们而言，1 美元的边际损失比 1 美元的边际所得更为重要，但每个人对风险的反感程度不同。当风险不能在很多人中间分摊或“共享”时，储蓄者和投资者就会对所承担的风险要求较高的回报或收益，且不愿从事涉及较高风险的活动。但总的说来，高风险的活动可能会给经济带来较高的回报。一个功能完善的金融体系为在广大储蓄者和投资者中间分散或共同承担风险提供了一种渠道。这一系统能提供不同风险程度的资产，而专门从事风险评估和管理的金融机构可以将其分配给对风险具有不同态度和看法的个人。在此需要特别强调运作良好的金融体系这一术语。在21世纪初期，即使是高收入国家的高度复杂的金融体系，比如美国，在管理风险方面仍然较弱，这直接导致了2008—2009年的金融危机及全球性的衰退。

□ 稳定性

最后，金融体系为实现经济活动的稳定提供手段，以此作为对财政政策工具和直接控制手段的补充。各国经济都经历过产出、就业和价格的周期性变化，政府常常试图通过影响货币供应量的政策来熨平这种波动。由于发展中国家的失业问题很少属于那种通过货币扩张就能解决的类型，因此，出于稳定的目的而使用的金融政策，大多着眼于控制通货膨胀的工作。但是，如同1997年开始的亚洲金融危机及2008年美国的金融危机所显示的，金融系统本身可能成为一个国家不稳定的来源。因此，从21世纪初开始，金融政策也不再仅仅盯住货币供给是否增长得过快或过慢了。政策制定者必须多加注意，保证银行和其他非银行金融系统的完整性与稳定性，以避免由金融恐慌带来的严重衰退。在接下来的讨论中，我们首先把焦点放在利用金融体系控制通货膨胀上，然后回到如何设计与管理金融体系以避免恐慌与衰退的讨论上来。

12.2 通货膨胀

从20世纪80年代至今，**物价上涨**（price inflation），即整体价格水平的持续上升，通常被视为一种在轻微时令人心烦但却可以忍受、在中等程度时危害虽大却并不致命的顽症。但奔腾式通货膨胀，也叫恶性通货膨胀，总是被认为对经济进程具有严重破坏性，而且几乎没有任何补偿性好处。尽管在20世纪50—60年代一些有影响的思想家提倡用某种程度的温和的通货膨胀（例如，通货膨胀率在8%～12%之间）作为促进经济增长的手段，但现在几乎没有人持这种观点了。其他很多人虽不积极地提倡通货膨胀，但倾向于使人们对稳步上升的整体价格水平具有比现在一般水平要高的忍耐限度。

□ 通货膨胀的发展阶段

各个发展中国家通货膨胀的经历各不相同，很难对其进行概括。尽管如此，战后经济史也为不同国家和地区对不同程度的通货膨胀的敏感性及忍耐力提供了有趣的对比。20世纪70年代初之前的一段时期是发展中国家价格相对比较稳定的时期。但在拉丁美洲的南锥体地区，尤其是阿根廷、巴西和智利，在20世纪50—80年代的大部分时间甚至更长的时间内，**持续性通货膨胀**（chronic inflation）——价格在连续三年或更长时间里每年上涨25%～50%——已经成为经济生活中旷日持久的现象。这些国家的经验表明：长期两位数的通货膨胀并不一定在任何社会都会给国民经济带来灾难。1950—2008年间，共有24个国家经历过持续性通货膨胀。如表12-2所示，但只有一小部分国家包括塔吉克斯坦、越南及乌兹别克斯坦在21世纪头十年的大部分时间里经历了持续性通货膨胀。

表 12-2　　通货膨胀异常：发展中国家 1948—2008 年的持续性通胀、剧烈通胀和奔腾式通胀（年均通胀率）

国家	持续性通胀（20%～50%，3 年）		剧烈通胀（50%～200%，3 年）		奔腾式通胀（200%以上，1 年）	
	年份	通胀率（%）	年份	通胀率（%）	年份	通胀率（%）
安哥拉			1997—2003*	143	1993—1996	858
阿根廷	1950—1974	27	1977—1982 1986—1987	147 111	1976 1983—1985 1988—1991	443 529 1 400
亚美尼亚					1990—1997	700
阿塞拜疆					1990—1996*	590
白俄罗斯			1997—2002	87	1990—1996*	715
玻利维亚	1979—1981	33	1952—1959	117	1983—1986	1 132
巴西	1957—1978	36	1979—1984	108	1985 1986 1987—1993	227 145 831
智利	1952—1971 1978—1980 1983—1985	29 36 26			1973—1976	308
哥伦比亚	1979—1982 1988—1992	26 28				
多米尼加共和国			1988—1992	51		
厄瓜多尔	1997—2001	49				
格鲁吉亚					1990—1996*	2 279
加纳	1986—1990	32	1976—1983 1995—1997	73 75		
印度尼西亚					1965—1968	306
哈萨克斯坦					1990—1996*	605
吉尔吉斯斯坦					1990—1996*	256
拉脱维亚					1990—1996*	111
立陶宛					1990—1996*	179
马拉维	1998—2002	40				
墨西哥			1982—1988	70		
缅甸	2001—2003	29	1992	116		
尼加拉瓜	1979—1984	33			1985—1991	2 130
巴拉圭			1951—1953	81		
秘鲁	1975—1977	32	1950—1955 1978—1987	102 85	1988—1991	1 694
罗马尼亚			1991—1993 1997—1992	132 56		
俄罗斯	1996—1999	42			1993—1995	376
塞拉利昂			1983—1992	81		

续前表

国家	持续性通胀（20%～50%，3年）		剧烈通胀（50%～200%，3年）		奔腾式通胀（200%以上，1年）	
	年份	通胀率（%）	年份	通胀率（%）	年份	通胀率（%）
韩国			1950—1955	95		
塔吉克斯坦	2000—2008	22			1990—1996*	394
土库曼斯坦					1990—1996*	1 074
坦桑尼亚	1980—1989	27				
土耳其	1981—1987	38	1978—1980 1988—2002	69 70		
乌干达	1990—1992	37	1981—1989	101		
乌克兰					1993—1995	1 167
乌拉圭	1948—1965 1981—1983	26 34	1965—1968 1972—1980	83 68		
乌兹别克斯坦	2000—2008	29	1984—1992	76		
委内瑞拉	1987—1992 1993—1998 2002—2008	40 43 28				
扎伊尔/刚果	1981—1982	36	1976—1980 1983—1990	68 68	1991—1992 1992—1995 1996—2002	2 987 3 206 218
赞比亚	1985—1987	44	1988—1992 1993—1996	113 71		
津巴布韦					2002—2007	5 305†

* 对于前苏联地区的许多国家来说，1990—1996 年间 GDP 平减指数数据统计的是整个时期的，而非逐年统计。

† 津巴布韦 2007 年数据缺失，有些估计认为津巴布韦在 21 世纪头十年的后期，年均通货膨胀率超过 30 000%。

资料来源：International Monetary Fund，*International Financial Statistics Yearbook 1994*（Washington，DC：International Monetary Fund，2004）and International Monetary Fund，*International Financial Statistics Yearbook*，2003（Washington，DC：International Monetary Fund，2003）；and World Bank，*World Development Indicators 2010*，at http://databank.worldbank.org/ddp/home.do accessed June 2011.

然而，一国可以忍受的通货膨胀率却可能对另一国的经济造成创伤。通过对另一种叫作**剧烈通货膨胀**（acute inflation）——常常具有累进性的通货膨胀——的考察，可以更清楚地看到这一点。剧烈的通货膨胀在此被定义为连续三年或更长时间通货膨胀率在50%～200%之间。二战后，如表 12－2 所示，有 18 个国家都经历过剧烈通货膨胀，有的还经历了不止一次。从巴西的情况来看，从持续性通货膨胀发展到剧烈通货膨胀并没有导致该国相对强劲的经济增长势头有减弱的迹象，无论这对收入分配意味着什么。而另一方面，在加纳，10 年的剧烈通货膨胀恰好与 10 年的人均 GDP 的下降重合。尽管把加纳的经济衰退归因于剧烈通货膨胀是很有说服力的，但可能正是导致持续性通货膨胀的同一政策而非通货膨胀本身造成了该国生活水平的下降。① 自从 20 世纪 90 年代中

① 关于 1962 年后加纳经济衰退的原因的分析，参见 Michael Roemer，“Ghana，1950 to 1980：Missed Opportunities，” and Yaw Ansu，“Comments”（201－230），both in Arnold C. Haberger，ed.，*World Economic Growth*（San Francisco：ICS Press，1984）。

期以后，剧烈通货膨胀就很少再出现。

尽管剧烈通货膨胀在某些情况下对经济发展是剧毒剂，但在另一些情况下，它却只是一个令人困扰的问题。但是**奔腾式（恶性）通货膨胀**（runaway (hyper) inflation）则几乎总是具有灾难性的后果。每年超过200%的通货膨胀率表明了一种显然已经失控的通货膨胀过程。1950年以来22个国家遭受过这种重创。近年来最严重的通货膨胀发生在三个拉丁美洲国家：1985年的玻利维亚和阿根廷；1988—1990年再一次在阿根廷；1988—1991年的秘鲁。玻利维亚在1985年几个月的时间里年通货膨胀率达到了接近4 000%。在玻利维亚，1985年持续几个月的年均通货膨胀率加速到将近4 000%。在阿根廷，仅1985年6月一个月的价格增速就已经达到了30.5%；如果换算成年均增速，通货膨胀率将高达2 340%。在1985年的大部分时间里，对玻利维亚和阿根廷的工人来说，他们几乎别无选择，只能在领到薪水的数天内将其迅速花掉，唯恐在接下来的几周，物价会翻倍或是增至三倍。在秘鲁，1989年的恶性通货膨胀直接催生了致力于追踪通货膨胀问题的出版物的发行（详见案例12—1）。

在20世纪90年代，几乎全部苏联解体后新成立的共和国都经历了恶性通货膨胀。在20世纪90年代初期，俄罗斯经历了长达几年的每年400%的通货膨胀率，在格鲁吉亚和土库曼斯坦，通货膨胀率达每年1 000%。后两个国家中，内战引发了巨额的政府支出需求，同时减弱了它们征税的能力，使得它们不得不通过印刷钞票来为其活动提供资金。在20世纪90年代的非洲，安哥拉和刚果的内战也导致了通货膨胀率每年超过1 000%。然而，从2000年起，只有刚果（短暂地）及津巴布韦（贯穿21世纪头十年）经历了奔腾式通货膨胀。对刚果来说，该国东部持续的战争是导致通货膨胀的主要原因。而津巴布韦持续十年的奔腾式通货膨胀是当局对经济管理不善的直接结果。

▶ 案例12—1　1988—1990年秘鲁的恶性通货膨胀

对那些没有经历过恶性通货膨胀的人来说，体会通货膨胀所造成的经济和社会的浩劫是很难的。秘鲁始于1988年一直持续到1991年的恶性通货膨胀，提供了一些令人伤心的实例。

那次通货膨胀的过程由巨额的预算赤字所引发，并一直被持续的赤字、实际的经济衰落以及持续上升的通货膨胀预期所推动。秘鲁自1950年以来已经经历了两次剧烈通货膨胀的严重打击，但1989年的通货膨胀是该国历史上最高的：每月28%，或大约每年2 000%。而且，1990年的头六个星期，通货膨胀加速了，那时价格每周上涨6%，即大约每天上涨1%，从1989年1月到1990年12月，在自由市场上，秘鲁货币（印第）的价值从1美元兑换1 200印第跌到了1美元兑换436 000印第。

这次恶性通货膨胀可能是历史上记载最完备的一次：1988年，理查德·韦伯（Richard Webb）博士——一位享誉国际的秘鲁经济学家——开始发行一本杂志，主要致力于帮助生产者和消费者应付奔腾式通货膨胀引起的混乱。这本题为《多少钱?》（*How Much*?）的杂志每月出版一期，它不仅提供大量商品和服务价格上涨的细节，而且试图从当时的形势中找出点幽默来，比如当人们排队买电影票时，它已经涨价了；或者一个出租车司机必须用一个麻布口袋来装车费，因为每天晚上，如果将用本币收取的车费装进口袋，会鼓得装不下。

但是有关恶性通货膨胀的趣事太少了。在秘鲁，曾经发生过这样的事：在一段时间里，政府工作人员数周领不到工资；从1987年到1989年，贫困指数几乎翻倍增长，使占人口40%的最贫困的人陷入更贫困的境地。国内生产总值急剧下降，从美元到汽油到水泥等各种物品的黑市交易比比皆是。有一段时间，在每一个工资发放日，工人们总是急忙拥向市场，赶在第二天涨价前购买一周的食品。不同商品价格上涨的巨大差异如同天方夜谭，铅笔和鸡肉等物品的价格从1989年2月到1990年2月上涨了25倍，而灯泡和电话服务费则“仅仅”上涨了10倍。

想象一下首都利马的生活。在1990年最初的几周内，即使一个中等收入的家庭都举步维艰。在这一年的头40天里，死亡费用的上涨超过了生存费用的上涨：葬礼的费用涨了79%，而房租上涨了56%，饭店餐饮及理发的价格上涨了44%。

到1990年中期，秘鲁的经济实际上已经完全瘫痪了。1992年，由于政府把预算赤字降低到了GDP的1%，秘鲁的恶性通货膨胀才告结束（尽管通货膨胀仍保持在75%的严重水平）。

表12-2中的35个国家表现出了三种不同方式的通货膨胀，在第一组——包括阿根廷、智利、加纳、印度尼西亚、秘鲁、俄罗斯和乌克兰——相对于GDP而言，十分庞大的财政赤字通过从中央银行借款来弥补。在第二组——包括20世纪50年代早期的巴拉圭及1974年前的巴西和乌拉圭，通货膨胀由对私人部门的大幅度信贷扩张引起。在尼加拉瓜、塞拉利昂、乌干达、安哥拉、刚果、津巴布韦以及一些前苏联地区国家，政治冲突和内战的加剧是造成通货膨胀的财政及货币方面的原因。无论通货膨胀的原动力是什么，正如我们所看到的，它一旦开始加速，公众就开始预期通货膨胀会继续，这就导致了更高的、更持久的物价上涨。

将发展中国家作为一组来看。表12-2表明，直到1973年的石油危机开始之前，其通货膨胀率平均每年只有13%，从那时直到1981年的石油价格上涨时期，年通货膨胀率跃至21%。即使油价开始下跌，年通货膨胀率依然加速到30%以上；甚至在1986年油价开始暴跌，年通货膨胀率已经超过50%。在20世纪90年代，高通货膨胀率一直贯穿了这十年的前半段时间，直到1995年以后才开始显著但是缓慢地下跌。唯一的例外是前苏联地区国家，大多数情况下，该地区的三位数的通货膨胀一直持续到20世纪末，小部分国家持续了更长时间。工业化国家刚好相反，通货膨胀率一直以来都比发展中国家低，价格增长到最高时期时正是石油价格上涨的时期。

12.3 货币政策及物价稳定

从表12-3可以看到，在20世纪70年代，亚洲在很大程度上解决了通货膨胀问题；但是在当时，并且特别是在20世纪70年代油价井喷以后，拉丁美洲及非洲的通货膨胀不仅没有缓解，反而加速了。然而在20世纪90年代，试图控制通货膨胀变得更严峻，并且随着苏联的解体，通货膨胀已经蔓延到这些从苏联中退出的国家。即使在这些前苏联地区国家中，通货膨胀也已经在21世纪初基本降到了一位数。前面已经提到过，在21世纪头十年，唯一出现奔腾式通货膨胀的是津巴布韦。该国的执政精英不顾一切地试图抓住权力不放，并为此制定了一系列财政政策，导致经济的崩溃，而通货膨胀正是经济崩溃的直接后果。在战争期间以及政府职能崩溃时想要控制通货膨胀，首先就要结束战争，并且恢复政府职能。在更多时候，想要控制正常情况下的通货膨胀，实现物价稳定，货币政策是最主要的工具。

表 12-3　　世界各地区的通货膨胀，1963—2008 年（年均百分比）

地区	1963—1973 年	1973—1981 年	1981—1992 年	1992—1995 年	1995—1998 年	1998—2001 年	2001—2008 年
世界	26.3	13.8	17.9	19.2	6.8	4.2	4.5
工业化国家	24.6	10.3	13.0	2.5	1.9	1.8	2.1
发展中国家	12.9	20.7	44.1	47.9	12.6	7.1	8.5
非洲	24.9	17.3	27.0	40.2	12.1	8.2	9.1
亚洲	13.5	28.8	16.8	11.6	6.9	2.4	3.9
中东	24.2	16.6	16.0	15.0	9.5	5.5	12.6*
拉丁美洲及加勒比地区	18.4	43.7	162.8	216.5	15.5	8.4	9.6

* 中东地区 GDP 平减指数仅统计到 2007 年。

资料来源：International Monetary Fund，*International Financial Statistics Yearbook 1994*（Washington，DC：International Monetary Fund，1994）；International Monetary Fund，*International Financial Statistics*，*1998*（Washington，DC：International Monetary Fund，1998）；International Monetary Fund，*International Financial Statistics*，*2003*（Washington，DC：International Monetary Fund，2003）；and International Monetary Fund，*International Financial Statistics 2010*（Washington，DC：International Monetary Fund，2010）.

□ 货币政策与汇率制度

使用恰当的货币政策来控制通货膨胀在很大程度上取决于该国所选的汇率制度。汇率制度的形式是一个连续带，一端是固定汇率制（钉住汇率制），另一端是浮动汇率制（灵活汇率制）。在**固定汇率**（fixed-exchange-rate）制下，为维持本币币值稳定，一国试图使该国货币和另一种货币，比如说美元，维持固定的联系：使本币币值**钉住**（pegged）美元。这需要一国货币当局在外汇市场上进行干预，并且需要维持巨额的**国际储备**（international reserves）（外币储备），通常等于该国四个月或是更长时间的进口额。

以泰国为例，从1987年到1997年初，该国货币泰铢以1美元大概等于25泰铢的固定汇率钉住美元。因为汇率本身如果没被干预，将会每天都波动以反映进出口及资本流动的供求状况。为了维持这种钉住汇率制，政府必须准备用该国的国际储备以25∶1的汇率去买卖美元来阻止汇率的波动。举个例子，如果该国水稻歉收，该国需要增加食品的进口，若该国没有动用国际储备卖出美元，泰铢对美元的汇率将会上升（由于泰铢的美元价值下跌了，泰铢将会贬值）。当然，为了维持固定汇率制，该国一定会准备充足的外汇储备在一个固定比率下买进泰铢。在1997年，由于大量的资本外逃，泰国实际上用尽了本国的外汇储备，不得不放弃对固定汇率制的支持。

在**自由浮动汇率**（floating rates）制下，货币当局直接让本国货币对外国货币的价值由市场力量决定。在这种统一体的两端之间（见图 12－1），存在着一些中间选择。①与浮动汇率制最为接近的是区域浮动制。在这种制度下，一国的汇率被允许在一个事先确定的价值幅度内浮动或波动，如 23 泰铢～27 泰铢兑换 1 美元。但当条件发生变化，使本币价值有超越此幅度的可能时，货币当局买进或卖出适量的本国货币，使汇率继续停留在此幅度内，借此进行干预。在统一体中偏离浮动汇率较远的是有管理的浮动汇率，此时货币当局不必承担维持特定的汇率的义务，但仍按自己的意愿对其进行持续的干预。例如，一个国际储备稳步减少的国家，允许其货币相对于他国货币贬值，即允许本币的外汇汇率上升。

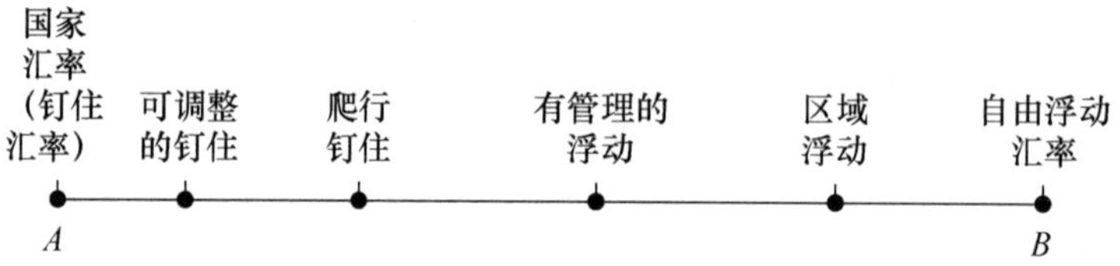

图 12－1　汇率制度的各种类型

在从左端的 A 点移向右端的 B 点时，一国货币当局干预的频率及所需的国际储备水平都降低了。在纯粹的固定汇率制下（A 点），货币当局进行干预，使得本币币值相对于另一种货币，比如说美元，维持在一个固定比率上。

另外两种体系与固定汇率和浮动汇率的混合紧密相关。巴西、哥伦比亚和印度尼西亚使用过很长时间的爬行钉住汇率，将本币钉住某种外国货币，但对该国通货膨胀率和世界的通货膨胀率之间的不同，则进行逐步的、定期的调整。与固定汇率制最接近的是可调整的钉住汇率。在这种汇率制度下，货币当局承担把本国汇率保持在一个固定平价上的义务（钉住），并保留视情况变化而改变汇率的权利。

一小部分国家或地区采用的两种非常刚性的固定汇率是货币局和美元化。如果采用货币局，政府只发行在给定汇率下以拥有的外汇储备作支持的本国货币。流通中的货币只在获得额外外汇时才增加（比如说出口收汇增加），只在外汇减少时才减少（如进口增加或资本流出）。这一体系保证了国家或地区不会用完外汇。但是，主要的调控工具变成了本国或本地区的利率，当外汇（和本币）减少时利率上升，当外汇增加时利率下降。中国香港、保加利亚、阿根廷、文莱、吉布提、爱沙尼亚和立陶宛都实行或曾经实行过货币局制度。

如果采用美元化，一个国家就使用另一国的货币，如许多年前，巴拿马用美元作为本国货币。大多数经济学家都认为，货币局和美元化只在很有限的一些小的、贸易开放的并且面对大的商品价格变动有抵抗力的发展中国家才适用。在中国香港，尽管金融危机发生时和之后为了防止大规模的资金外逃实行了高利率（带来了较低的增长），货币局制度仍然运行得很好。在 21 世纪初，由于阿根廷中央政府的无能，没有控制住地方政府的过度支出，对外汇储备造成了压力，并最终无法钉住美元，这正是货币局的连续性所必需的。

20 世纪 70 年代早期以来，主要工业化国家的货币都相对于彼此进行浮动，国家货币当局偶尔进行干预，以免汇率变动过于剧烈。大多数发展中国家仍采用可调整的钉住

---

①　对这些和其他类型汇率制度的全面讨论，参见 John Williamson，*The Open Economy and the World Economy*（New York：Basic Books，1983），pp. 238－241；或 Anne O. Krueger，*Exchange Rate Determination*（New York：Cambridge University Press，1983），pp. 123－136。

汇率或者爬行钉住汇率，尽管越来越多的发展中国家，尤其是在非洲，已经把采用浮动汇率作为稳定计划的一部分，由于在实际操作中，以上两种钉住汇率都与固定汇率制类似，为了便于分析，我们将把主要精力投向在小型开放经济中在固定汇率制下兴起的货币政策问题。

□ 通货膨胀的根源

在采取固定汇率的开放型发展中国家中，货币扩张率不再完全受国内货币当局的控制。相反，采用固定汇率的各个国家可以被视为实际上在分享同样的货币供应，因为每个国家的货币都可以在固定平价水平上兑换成其他国家的货币。[①] 在这种情况下，货币存量（M）被定义为两部分之和：银行体系国内信贷的未偿还部分（DC）以及以本币计算的该国国际储备的存量（IR），因此货币供应量就有了国内和国际部分两个组成部分。这样，我们有

$$M=DC+IR \quad (12\text{—}4)$$

国内货币存量的变化或者通过国内信贷的扩张实现，或者通过导致国际储备变动的货币运动实现。即

$$\Delta M=\Delta DC+\Delta IR \quad (12\text{—}5)$$

在固定汇率制下，任何小国的中央银行都能控制 DC，即国内部分，但对 IR 即国际部分的控制则很有限。在这种情况下，试图把国内通货膨胀率控制在世界通货膨胀率之下的发展中国家（通过对国内信贷的限制政策），将无法实现这一目标。如果受到国外货币扩张（世界货币供应量的增长）的刺激，在初始时，世界通货膨胀的水平将超过国内通货膨胀的水平，那么相对于那些国内的不可贸易品，参与国际贸易的商品价格会上涨。[②] 进口减少、出口增加，国际收支会出现盈余，引起国际储蓄的增加，这样，货币存量的国际部分会增加。这也就等同于一种“货币进口”，并最终使阻止输入世界性通货膨胀的努力成为徒劳。同样，这使得采用固定汇率制的小国不可能将本国通货膨胀率保持在低于世界其他国家的水平上。那些开放程度很高，对商品和资本进出口几乎不加限制的国家，对世界性通货膨胀的适应可能很快（不到一年）。那些开放程度不太高，对国际贸易和国际收支采取较强限制的国家，这一过程需要很长时间，但在固定汇率制下，这种结果是不可避免的。

在采取固定汇率制的国家，稳定经济的金融政策受到国际经济发展的严重限制。这一事实并不意味着货币存量国内部分的变动对坚持固定汇率制的国内经济的价格没有影响，相反，货币和信贷的过度扩张会导致国内的通货膨胀，而且根据扩张的速度，国内的通货膨胀率有可能在一段时间内大大超过世界的通货膨胀率。但这种局面不会持续很

① 这部分内容主要根据阿诺德·C. 哈伯格（Arnold C. Harberger）对货币经济学和国际经济学的综合分析阐述，参见 Arnold C. Harberger，“A Primer on Inflation” and “The Inflation Syndrome,” papers presented in the Political Economy Lecture Series，Harvard University，March 19，1981。

② 这仅是引起国际储备发生变化的机制之一，国际储备的变化会挫败发展中国家使自己同世界性通货膨胀绝缘的努力。

长时间，因为过度的货币创造会通过进口的增加而溢入国际收支中，导致国际储备的流失，并使一国最终丧失维持固定汇率的能力。随着储备的减少，该国再也无法维持其汇率水平，货币贬值就在所难免了。① 因此，通货膨胀可能通过世界经济的运转而被传导到小型开放性经济中，或者也有可能由于国内经济发展而产生。

数量不大但正逐渐增多的发展中国家开始采用浮动汇率制（图 12－1 中的 *B* 点）。浮动汇率制使采用它的国家与世界性通货膨胀绝缘。在这样一种制度下，伴随着世界性通货膨胀的世界性价格上涨最初有利于该国的出口而削弱进口。结果，该国国际收支平衡表上的经常项目将改善，国际储备也会增加，从而汇率会很快升值（例如，购买同量美元只需较少的泰铢）。该国汇率的升值就会消除来自外部的价格上涨，防止世界性通货膨胀的输入。

在任何一种汇率制度下，国内产生的通货膨胀都可能来自银行体系对公众部门或私人部门国内信贷的过度增长。中央政府的预算赤字必须通过借款来弥补。大多数发展中国家货币和资本市场不完善的特征，意味着当政府面临赤字问题时，一般不得不求助于向中央银行借款。这无异于用印刷机进行直接货币创造，其结果是直接增加了货币体系的储备基础，即所谓高能货币的增加。但并非所有的预算赤字都必然导致通货膨胀，认识到这一点是很重要的。我们已经看到，增长中的经济以对流动资产包括货币的需求的增长为特征。年复一年由中央银行融通资金的适度的预算赤字，有助于满足对流动资产的这种需求而不致出现通货膨胀。一般来说，货币存量可以至少以与实际收入增长一样快的速度增长，而很少或不会引起通货膨胀。

早些时候我们看到，低收入及中低收入国家的流动资产一般占到 GDP 的 40%～60%（国家之间差别很大），大约等于 3～6 个月的收入。这样公众就愿意以货币余额的形式持有这一数量的流动资产。如果相当于 GDP 2%的预算赤字通过货币创造来提供资金，就只会少量地增加货币供应量，很容易为公众所接受。但是，高达 GDP 8%的赤字会使货币存量的增加相当于一个多月的收入的数量，而这个数量公众是不愿持有的（除非存款的名义利率有很大提高）。多出来的货币存量会以更高的价格表现出来。

在发展中国家，用银行信用来弥补财政赤字并不是通货膨胀型货币扩张的唯一起因。有时，对私人部门信贷的过度增长会在国内产生的通货膨胀过程中扮演最重要的角色。但是，一般而言，比世界性通货膨胀高得多的通货膨胀率通常都能从预算赤字中找到原因。

显然，对那些试图保持固定汇率的国家而言，避免价格上涨超过世界性通货膨胀水平的工作，基本上应该是一个财政政策问题，而不是货币政策问题。如果预算赤字不能保持在与世界的通货膨胀一致的水平上，即使是十分先进灵活的货币政策工具，也无法阻止快速的通货膨胀和货币贬值，或者二者的同时发生。在发展中国家，货币政策仍有一定作用，但这种作用在很大程度上一定是消极的。货币政策的灵活运用有助于使事态不致更糟，也可以缓解强大的通货膨胀压力，直到预算赤字能够被控制住为止，前提是这一工作能相当迅速地完成。

---

① 进口控制常被用以争取在一段时期内避免贬值。但进口控制造成了另一类扭曲和无效率——将在第 19 章中讨论——从而最终需要更加激烈的措施，包括货币贬值。

我们已经看到，不论在实行固定汇率制的国家，还是在实行浮动汇率制的国家，货币因素都是通货膨胀的原因。在固定汇率制的情况下，世界性货币扩张和国内货币扩张都会引起通货膨胀；在实行浮动汇率制的国家，通货膨胀由国内货币来源引起。但至今，对引起通货膨胀的所谓非货币原因尚未论及。内部和外部的冲击，如那些来自国内经济中大范围的粮食减产或者进口能源价格的急剧上升，对遭受这类冲击的国家的通货膨胀有很大的影响。这种状况确实存在。但非货币因素引发或恶化通货膨胀的机制，还需要仔细描述一下。

非货币因素的紊乱也可以事实上促使政策产生反应，使得国内货币扩张大到能适应食品或者石油更高的相对价格，大到引发通货膨胀的程度。面对上述冲击而没有相应进行货币扩张，则通货膨胀可以被抑制住，但要付出一定代价。在实践中，扩大货币供应量以适应重要商品的较高的相对价格所遇到的困难，导致了失业上升，这是多数国家的政府都很难接受的。因此，理所当然地，处在这种状况下的政府，大多试图使货币扩张到足以避免产生就业问题的程度。但不管出于社会和就业原因的货币融通是多么可取，货币存量的扩大都可能引发通货膨胀，无论决定这一扩张的是国内因素还是国外因素，记住这一点都是很重要的。但尽管人们对这一事实的了解已经有几百年了，却仍旧常常错误地认为非货币因素不会引起通货膨胀。非货币因素确实能够引起通货膨胀，但只有通过国内货币存量或国际货币存量或者二者的同时扩张才有可能。

□ 运用货币政策控制通货膨胀

在发展中国家，可以使用的反通货膨胀的货币政策工具包括：(1) 公开市场业务，中央银行可以通过出售政府债券，直接缩减银行准备金。① (2) 提高银行法定准备金率，这样一定量的准备金只能支持较低的货币存量（并减小信贷扩张乘数）。(3) 提高再贴现率，从而使商业银行从中央银行的借款变得不太具有吸引力。(4) 进行道义劝说，其中货币当局的劝说可望能制约银行的贷款政策。

实际上对所有发展中国家而言，第一种工具，即公开市场业务，对控制通货膨胀并不可行。尽管有些国家已经在一定的程度上运用这种工具，但证券市场的普遍缺乏或证券市场的发育不完善，使得这种有力度而又灵活的工具无从发挥作用。在发展中国家，其他三种货币政策工具已经得到了运用，并取得了不同程度的成功。此外，发展中国家还经常采用其他两种发达国家不常使用的工具：(5) 中央银行对银行体系规定最高信贷额度及 (6) 对允许实行的存、贷款名义利率进行调整。

□ 法定存款准备金

各国中央银行都要求商业银行以法定存款准备金的形式固定一部分存款，这部分存款不能借贷给未来的客户。例如，在 20 世纪 70 年代后期，印度尼西亚和马来西亚银行

① 公开市场业务作为货币政策工具被用于金融市场发育完善的国家。当美国的联邦储备系统或者欧洲的一个中央银行想缩减货币供应量的增长时，它在公开市场上卖出政府证券（债券、单据）。当购买者支付债券款时，就减少了银行系统的准备金，因为资金从商业银行存款或个人持有现金转移到了联邦储备账户上。当联邦储备银行想扩大货币供应量时，它在公开市场上买进证券，从而直接增加了银行的准备金。

的法定存款准备金，前者为国内货币存款的 30%，后者为全部存款的 20%。这样例如在马来西亚，银行对每 100 单位的存款需要增加 20 单位货币作为准备。这些数据与许多工业化国家法定存款准备金的标准相差并不多。在工业化国家中，常见的是活期存款的准备金率为 15%，定期存款的准备金率为 5%。

存款准备金的提高有助于缓解通货膨胀。存款准备金的提高从两个方面发生作用：削减了可以得到一定量准备金支持的货币存量；降低了货币乘数。第一个方面的作用使银行缩减未偿付信贷，第二个方面的作用减少了可能来自任何准备金增长的货币存量的增加。① 法定存款准备金标准的变动，通常只作为最后的手段来使用。尽管如此，在 2000—2010 年间，当中国物价温和上涨时，该国仍数次上调法定存款准备金率。即使存款准备金率的微小变动，也会对商业银行业务产生巨大的破坏性影响，除非银行有充分的时间来进行调整。

□ 最高信贷额度

在某些国家，如在 1947—1983 年间的印度尼西亚、1994—1996 年间及 21 世纪初的中国；以及在马来西亚、斯里兰卡、智利的不同时期，最高信贷额度一直被作为控制通货膨胀的辅助手段。实际上，国际货币基金组织（IMF）也常要求那些在国际收支方面寻求援助的国家采取最高信贷额度，作为获得 IMF 援助的先决条件。国内信贷扩张的一般限额为控制货币供应量的国内部分的增长提供了一种有用的方法。但在绝大多数采取固定汇率制的发展中国家，最高信贷额度并不能使其对货币供应量的增长进行完全控制，因为货币当局无法控制货币供应量的国外部分。但在没有经历过对外支付的严重失衡的国家，运用一般的信贷额度来抑制通货膨胀有时还是有效的。不幸的是，信贷额度在最不需要的国家成效最好，因为试图对付持续通货膨胀的国家往往正是那些在国际储蓄地位上经历了最不稳定变化的国家。最后，除非国家同时采取行动来削减预算赤字，否则一般信贷额度是不可能对通货膨胀产生很大的影响的，因为在主要的石油输出国组织之外，预算赤字一般是持续的、剧烈的尤其是奔腾式通货膨胀的根本原因。

各个国家常常以对经济中的特定部门提供贷款的特殊额度作为对一般贷款额度的补充。1974—1983 年间，印度尼西亚试图以这种方式对信贷控制进行微调，但成效甚微。该国的额度体系具体而又烦琐，国内银行用不完额度规定的数量，就会出现过多的准备金。银行只有把多余的准备金存入国外银行，主要是新加坡的银行。结果，许多位于雅加达的国内企业被迫从新加坡银行寻找信贷资金。新加坡的银行持有来自雅加达各银行的超过 10 亿美元的存款。如果没有信用额度，这些银行就能以较低的利率贷款给印度尼西亚的国内企业。中国在 21 世纪初，由于政府确信房地产市场过热，对房地产开发商采取信贷控制，然而收效甚微，对该领域的投资几乎没有影响。

① 用最简单的形式，货币乘数（m）可以表示为：$m=(c+1)/(c+k)$，式中，c 为银行之外的货币与存款的比率；k 为准备金与存款的比率。如果 k 升高，则 m 降低。

□ 利率限制和道义劝说

在多数工业化国家，中央银行可以通过再贴现率的变动影响利率水平。再贴现率是中央银行对商业银行所需额外流动性贷款规定的利率。因为再贴现率在商业银行业务中居于中心地位，对决定存、贷款的市场利率十分重要。由于越来越多的发展中国家实行金融改革，把利率决定从中央银行的控制中解放出来，它们利用再贴现率工具影响市场利率的能力提高了。

在对存、贷款的利率进行控制的发展中国家（地区），被控制的利率成为反通货膨胀措施中的组成部分。拉丁美洲普遍使用这种利率调整。而在20世纪60年代中期的韩国和中国台湾，以及1968年和1974年的印度尼西亚，存、贷款利率的提高成为稳定经济方案的主要内容。在这些例子中，目标都是双重的：刺激对流动资产的需求，抑制私人部门的借款者对边缘性投资项目的贷款需求。这些措施能否取得成功，取决于对流动资需求的利息弹性及对贷款需求的利息弹性。在上述大部分例子中，尤其是在其中的三个亚洲国家（地区），两种弹性显然都很高，因而稳定经济的方案确实取得了很大程度的成功。然而，在20世纪90年代及2000—2009年的中国，利率提高的效果明显较弱，很大程度上是因为许多企业特别是国有企业及国家控股企业对高利率对它们投资计划的影响不敏感。

由货币当局进行的道义劝说，有时被称为“口头业务”或“说服管理”，在发展中国家开展得与发达国家一样广泛。警告和规劝商业银行限制放贷或鼓励它们把贷款集中到特殊经济活动上，这在加纳十分普遍，在马来西亚、新加坡、巴西以及其他国家的不同时期也曾使用过。有时这要优先于最高信贷额度，并常常对银行施加压力使之遵守额度。然而，不论在发达国家还是在发展中国家，只有在与货币控制的更明确的工具强力配合使用时，道义劝说才是可信的。

□ 国际债务及对抗衰退

我们的讨论到目前为止仅仅围绕着货币政策工具在控制国内通货膨胀中扮演的角色，因为这是自第二次世界大战结束后发展中国家的货币政策及财政政策制定者所面临的主要问题。然而在本章，我们还没有解决发展中国家另外一个重要的问题，即许多国家特别是拉丁美洲和非洲的国家所积累的债务欠款。当国内金融资源不足时，从其他国家及国际组织比如世界银行借款也是发展中国家为发展项目融资的一种方式，但这会导致国际债务累积到负债国再也支付不起的水平。因为这些国际债务很重要，同时又很复杂，所以我们将在下一章理解发展中国家债务问题的起源及其解决措施。

直到最近，发展中国家也没有遇到处于经济衰退中的高收入国家普遍面临的一个问题：缺乏足够的总需求以保证该国的资本和劳动能被充分利用。发展中国家常常经历经济衰退，但它们的经济衰退典型的是自然资源出口价格的下降，或者是其他国际收支问题。在这些情况下，需求的增长不仅不会导致未被利用的资源的充分利用，反而会导致通货膨胀或是不断恶化的国际收支赤字。但是在2008—2009年，那些依赖向欧洲和北美出口制成品的国家突然经历了这些国家对它们产品需求的急剧下降，这是因为严重的全球性衰退导致高收入国家的收入也开始下降。

在前些年，美国走出衰退的标准方法一直是依赖中央银行降低利率，这会带动大多数行业投资的增加，房地产行业的投资增加尤其显著。然而，即使处在温和衰退中，发展中国家的利率政策在增加投资需求时也几乎无效，很大程度上是因为这些国家的金融市场发育不成熟，并且许多借贷者对利率的微小变化根本不敏感。在2008—2009年全球性的经济衰退中，低利率政策即使在高收入国家也不再奏效。对这些受到衰退影响的国家来说，唯一可选的是转向财政政策并且引进所谓的一揽子刺激，即大规模的政府支出，这些支出大多来源于从中央银行的借款。在所有发展中国家中，中国采取了最大规模的一揽子刺激措施，如果把所有因素都考虑进来，这一揽子刺激大概超过5 000亿美元，越南及东南亚的一些国家也进行了类似的小规模的一揽子刺激。这些一揽子刺激之所以能够实现，部分是由于事实上这些受到刺激的国家都拥有较大规模的外汇储备，因此不用担心不断增长的需求会导致不能被现有的外汇储备所弥补的国际收支赤字。中国拥有超过2万亿美元的巨额外汇储备（2011年超过3万亿美元）。许多亚洲国家在1997—1998年亚洲金融危机爆发时受到影响，部分是由于缺乏充足的外汇储备，因而也在后来加固了本国的外汇储备。在1997—1998年间，大部分受影响的国家不能引入大规模的刺激计划来抵消危机对收入和就业的影响，因为它们的外汇储备甚至不足以满足当时的国际收支要求。

12.4 金融发展

到目前为止，我们讨论了金融系统在经济发展中的一般作用，现在转而讨论金融系统如果管理不善会怎样破坏经济稳定并且威胁到收入和就业的增长。高通货膨胀本身是许多发展中国家经济表现糟糕的主要原因之一，并且对抗通胀一直是发展中国家的政策制定者及国际金融组织关注的焦点。控制通胀是华盛顿共识改革的主要宗旨。但是除了控制通胀以外，金融发展还包括很多内容。金融系统的发展能够有效并且公平地执行自己的职能，同样是金融发展过程中重要并且不可或缺的一环。

□ 金融浅化与金融深化

为**金融深化**（financial deepening）而制定的政策，力求促进金融体系实际规模的增长，即金融资产以快于收入增长的速度增长。除了收入最高的发展中国家外，其他发展中国家的私人部门的金融储蓄，普遍采取商业银行存款、储蓄与贷款协会和邮政储蓄账户的形式；在某些国家还有抵押银行等机构的货币和存款的形式。这样，对大多数发展中国家而言，金融体系实际规模的增长主要从GDP中的流动资产份额的增长中反映出来。相比之下，在**金融浅化**（shallow finance）政策下，流动资产与GDP的比率长期增长很慢或根本不增长，且一般情况下还会下降，金融体系的实际规模会萎缩。能够动员大量政府储蓄或外国储蓄的国家，即使处在金融浅化政策下，也能保持很高的增长率，虽然这些国家也会发现，由于就业和收入分配方面的原因，金融深化更具吸引力。但对那些很难动员政府储蓄，并且外国储蓄极少或不愿求助于外国储蓄的国家，金融深化政策对于保持收入增长可能至关重要。这是因为，GDP中流动资产比重的增长能近似反映出银行系统提供投资性贷款能力的增长。我们会看到，金融深化战略的标志是避免使实际利率出现负值；而金融浅化政策则一般具有明显的负实际利率。

金融体系实际规模的增长提高了其充当金融中介的能力：从各种私人来源聚集储蓄，并将其输送到生产性投资中。由于储蓄基金并不一定与投资机会相符，对金融中介的需求也日益增大了。那些具有最大的储蓄能力的个人一般并不具有使新的投资项目上马所必需的企业家才能。除了非常简单、不发达的经济外，都需要有一种将储蓄有效地从储蓄者输送给企业家的机制。

自我资金融通的局限性也使得许多能带来很高的私人和社会效益的生产机会不得不被放弃，因为即使对一小部分非常富裕的人，其资金来源也是有限的。在金融中介活动不发达的地方，富有创造性的小规模的投资者并不是唯一境遇不佳的阶层，储蓄者也同样遭受了损失。我们首先来考察即使是最基本的金融中介即商业银行都不存在的情况。在这种情况下，储蓄者在国内面临的储蓄方式选择被局限在获得黄金和珠宝、购置土地和耐用消费品，或其他采取实物资产、效果较差的投资范围内。比较富裕的储户则可以选择把储蓄输送到国外。所有这些投资的共同特点在于，用于这类投资的资金是那些想采用新技术、开办新企业，或扩大现有企业生产规模的国内企业家无法得到的。

实际上，现在已经没有哪个国家的金融体系像上面描述的那样原始。所有发展中国家都有了金融结构。它们不论怎样原始，都可以作为储蓄者和投资者之间的中介，即使这种中介还只有从储蓄者手中接受支票（活期）存款和定期（储蓄）存款的商业银行，目的只是为了对有前途的投资者提供短期贷款。金融中介在金融深化战略下蓬勃发展，但在金融浅化战略下会受到限制，从而金融体系对促进经济增长目标的实现几乎没有任何贡献。后面我们将看到，金融浅化战略对就业和收入分配也会产生难以预料的影响。

□ 金融浅化战略

金融浅化战略具有许多特征：对商业银行规定很高的法定存款准备金、普遍的非价格信贷配给、明显地保持实际利率为负值。很少有国家自觉地、有意地采用金融浅化战略。某些旨在鼓励投资而不是阻碍投资的战略，导致了对金融体系的限制。

发达国家和发展中国家一样，决策者常把低的名义利率视为对扩大投资至关重要的因素，因而严格控制利率水平。事实上，只要可投资基金的供应不受限制，低利率将促进各类投资活动，此时甚至低收益的项目也会对投资者具有较大的吸引力。由于有这种认识，加上相信低利率对支持小型企业和小型农场尤其重要，各国政府通常对各类贷款的名义利率都规定一个很低的上限。这与涉及向特殊借款者阶层提供补贴性信贷在内的特别信贷计划不同。由于金融机构最终要负担成本（否则要由政府补贴），对名义贷款利率规定低的法定上限就意味着存款的名义利率也很低。

只要通货膨胀可以被控制住，尽管把存款和贷款的名义利率的上限规定得很低，仍不会阻碍经济增长，甚至把这些上限定得低于资本机会成本时也会如此。现实中，尽管在 1800—1979 年间，美国有一套陈旧的高利贷法及其他控制利率的做法（特别是 1970 年前），其中包括人为压低利率的管理上限，但美国仍取得了可观的收入增长率。即便如此，在 1979 年前的绝大部分年份里，美国的实际利率一直保持为正值，实际利率为巨大负值的时期是间歇出现的，并且仅限于战争时期（1812 年、1861 年、1917—1918

年以及 1940—1946 年)。①

高利贷法和其他形式的利率上限在发展中国家也很普遍。除了上述所有的原因以外,下面还要补充一个原因。许多发展中国家的财政官员注意到了金融市场的总体缺陷,认为不能由市场来决定利率水平。在金融市场中,尤其在商业银行中,垄断(或寡头垄断)的存在事实上也确实为银行和其他贷款人提供了很大余地,使之能够行使市场权力,以高于资本机会成本的水平制定贷款利率。

有关发展中国家金融体系的总体缺陷的材料有很多,进入银行业和金融界所遇到的障碍,往往使少数大银行和其他金融结构能够对金融市场进行程度非同一般的控制,从而在制定利率方面行使垄断权。这些障碍往往是政府政策的直接结果。由于政府禁止新的经营者进入这一领域,对进入金融界提出严格的金融资本要求,只有非常富有的人才能够积累起所需的资本;或者是政府替那些政治宠儿保留了进入金融界的权利。由于进入这一行业受到限制,因而出现了垄断利润。这些政治宠儿进入银行业和金融界中,就是被这种垄断利润所吸引。

这样,政府的一套政策——对于进入金融界的限制——促使人们认识到对金融机构规定的价格进行广泛控制的必要。一般而言,这种控制采取了规定利率上限的形式,以限制金融体系中行使垄断权的范围。这些控制本身并不必然导致金融浅化战略,是对名义利率的严格限制与通货膨胀的共同作用阻碍了金融发展,并最终妨碍了收入增长。

很少有经济学家认为,很高的正的实际利率对金融体系实际规模的健康增长是必不可少的。实际上,1981—1983 年间,智利经历的很高的实际利率有力地证明了相反的结论。事实上,对下面这个问题,至今仍没有公认的答案,即金融体系的稳定发展究竟需要多高的实际利率?显然,在情况不同的国家,它们的实际利率是不同的。在有些国家,在实际利率为零或负值不大时,金融增长仍能继续;而在其他国家则必须有 3%～5%的相当高的正的实际利率。

除了一些拉丁美洲国家和印度尼西亚,大多数发展中国家在 1973 年以前能够把通货膨胀率控制在 5%～6%或者更低的水平。在名义存款利率在 3%～5%之间时,实际利率将为微小的正值或略为负值。1973 年后许多发展中国家的通货膨胀加速了。由于几乎没有哪个国家对名义存款利率做出充分的调整,许多国家的实际利率变为很大的负值,如表 12－4 所示的 1980 年的情况。少部分非洲国家和拉丁美洲国家在整个 20 世纪 80 年代忍受了负利率,不过正如表中所示,现在这种负利率越来越少见。

表 12－4　　实际贷款利率,20 世纪 80 年代及 2008—2009 年

国家	20 世纪 80 年代	2008—2009 年
低收入国家		
埃塞俄比亚	－18	－17
坦桑尼亚	－18	7
印度	4	4

① Steven C. Leuthold, "Interest Rates, Inflation and Deflation," *Financial Analysis Journal* (January-February 1981), 28-51.

续前表

国家	20 世纪 80 年代	2008—2009 年
孟加拉国	−5	8
肯尼亚	1	8
尼日利亚	−4	19
洪都拉斯	12	14
中低收入国家		
玻利维亚	2	15
菲律宾	0	6
斯里兰卡	−1	10
印度尼西亚	22	6
秘鲁	−19	18
埃及	−4	1
中高收入国家		
巴西	—	37
匈牙利	1	6
哥伦比亚	9	8
马来西亚	5	13
韩国	−5	2
高收入国家		
英国	−3	−1
日本	2	3
美国	6	2

资料来源：World Bank，*World Development Indicators 2011*，http://databank.worldbank.org/ddp/home.do, accessed June 2011.

当实际利率变为很大的负值时，为促进投资和收入增长而保持的低名义利率，就变成了生产的阻碍。对流动性金融资产征收通货膨胀税使金融体系的实际增长停滞不前。由于对流动资产的需求减少，巨大的负值实际利率将导致金融体系的收缩。

金融体系的紧缩导致了信贷实际供应量的减少，从而限制了生产性资本的投资。在这种情况下，必然会出现可投资资金的非价格限额配给，并且这种做法能够采取多种形式。在大多数发展中国家，只有那些有上流社会身份的亲友或有“最良好”的社会关系和政治关系的借款者，或者那些愿意给银行官员最高回扣（贿赂）的人才能成功地从有组织的金融体系获得资金。这些标准并不能保证把信贷资金用于最有成效的投资机会。

负实际利率使得处于边际水平、低产出的、传统类型的投资对投资者颇具吸引力，因为它们可能是最安全、最简单的投资方式，并且是与最具信誉的借款者进行交易。为满足这类投资者的资金需求，就要缩减风险较高并较有可能获得高收益的项目所能获得的资金来源。此外，在存在严重的通货膨胀的情况下，利率上限使金融机构自身失去了承担风险的勇气。因为在这种情况下，它们无法对虽有前途却有风险的项目规定较高的利率（风险贴水）。同样，负实际利率也不利于就业增长。因为与实际利率为正值的情况相比，此时具有相对较高资本—产出比的项目更吸引人。这种对资本密集型生产方法暗含的补贴，减少了每一美元投资创造的就业机会，即使在金融体系为投资而筹集资本的能力下降时也是如此。

通过上述各种方式，负债的实际利率都将降低投资的边际效率。根据第 4 章阐述过的哈罗德-多马模型，金融浅化战略将产生较高的资本—产出比。结果，国民收入的增长，从而储蓄的增长将低于实际利率为正值时的情况。因此，即使储蓄的利息弹性为零，金融浅化战略也会阻碍收入和就业的增长。并且，如果储蓄决策对实际利率反应敏感，那么金融浅化战略对收入增长将更加不利，因为私人储蓄与 GDP 的比率也会缩小。

□ 金融深化战略

金融深化战略作为一种战略选择，具有下列目标：（1）从国内经济中动员大量储蓄，即提高国民储蓄与 GDP 的比率（此时储蓄的利息弹性被认为是正的并且数值较大）；（2）使各类国内投资者更易获得储蓄所提供的资金；（3）确保在整个经济体系中更有效率地进行投资分配；（4）使金融过程能动员和分配储蓄，以减轻对财政过程、外国援助和通货膨胀的依赖。金融深化战略的实质，是向着正的实际利率，或至少是避免巨大的负实际利率的政策方向不断进展的过程。反过来，这就要求金融自由化，允许对存款和贷款规定较高的名义利率，或者要求控制通货膨胀率，或者二者的某种结合。

鉴于在确保把通货膨胀率迅速降至与正的实际利率相一致的水平所面临的困难，从金融浅化战略转向金融深化战略时，应该采取的第一个步骤，通常是提高对存款和贷款的名义利率的上限。在剧烈通货膨胀的极端情况下，1976 年的阿根廷和乌拉圭走出的第一步，是把名义存款利率上限提高到 50%，智利于 1974 年将其提高到了将近 200%（但直到 1976 年该国实际利率仍为负值）。随着实际利率向正值水平变动，储蓄者强烈希望增加其流动资产持有量。这就使提供给投资者的信贷供应量发生了实际扩张。当名义利率显著提高时，可以观察到流向金融机构的储蓄明显增长。

在实施金融深化战略的国家，通货膨胀将是温和的，所以储蓄者不至于因持有流动资产而被持续征收高额的通货膨胀税。这样的话，他们就不太倾向于把储蓄转换成课税轻得多的国内资产，如黄金、土地或者耐用消费品，以及像外币、外国土地及证券等外国资产。相反，可能会被用于这些目的的资金来源会回流到金融体系，使得未来投资者更易获得借款。在金融浅化下不可避免的信贷资金的非价格限额配给也将不复存在。结果，金融体系识别并支持有益于全社会的投资机会的能力也提高了。在金融深化战略下，高风险、高收益的投资项目得到了比在金融浅化战略下大得多的确保资金融通的机会。增长的前景也随之改善了。

但投资资金的筹集问题并未随着短期信贷供应实际流量的增长而得到解决。随着经济向人均收入的更高水平发展，投资的方式也将趋向于更长期的发展。较长期的投资需要较长期的资金。由于各地的商业银行吸收的存款主要都是短期的，它们都不适合提供大量的长期资金。

因此，随着金融的发展和经济的发展，对专门从事长期融资的金融机构的需求也相应增长。保险公司、投资银行以及最终证券市场（股票交易所）成为金融中介的重要组成部分。但在金融深化下发展起来的功能完善的商业银行系统，几乎总是那些专门从事长期投资融资的金融机构得以成功地组建并保持持久活力的必要条件。

但是，前面我们注意到，进入金融领域往往并不容易，而且其他因素常导致金融市场出现总体缺陷。在这种情况下，许多发展中国家的政府发现，为了发展专门从事长期融资的金融机构，政府干预是很有必要的。政府干预可以采取建立政府所有的开发银行，或建立其他专业机构的形式，作为对打算用作较长期融资的一种来源的政府基金的发放者，如印度尼西亚和巴基斯坦所做的那样。在墨西哥和哥伦比亚，政府对私人部门建立长期融资机构提供大力扶持。其他国家的政府力图为一级证券（股票和债券）市场的出现创造有利条件，这是长期融资资金的极好来源。当这些措施在具有强大商业银行体系的金融市场中实施时（中国香港、新加坡、巴西和墨西哥），鼓励从事长期融资的努力取得了一定成效。在商业银行由于金融浅化影响而发展不完善的情况下（如1976年前的加纳、乌拉圭），或在政府试图以税收刺激和其他补贴来对处于萌芽状态的证券市场进行“拔苗助长”的情况下（1988年前的印度尼西亚，以及肯尼亚和土耳其），这种促进政策的效果要差一些。

□ 非正规信贷市场和小额信贷

有关金融发展的讨论针对的是现代信贷机构或正规市场。但在许多发展中国家，与现代金融机构并存的还有**非正规信贷市场**（informal credit markets）。这些市场以各种形式出现。在印度的乡村，村庄中的贷款者为无法获得商业银行贷款的本地农民提供贷款。在加纳及其他西非国家，集市上的女商贩允许农民用尚未收获的谷物来付账，她们还以赊销方式帮助顾客卖出制成品。在韩国，已有的贷款者实际上就在现代银行门外的大街上提供贷款，这恰如其分地说明了场外交易市场的含义。在非洲农村的大部分地区，富有的家庭成员对比较贫穷的亲属提供贷款。能够取得基金并在成员之间分享信贷资金的合作社组织，在整个发展中国家世界里是普遍存在的。甚至在现代经济中，也有典当者及其他一些人在正规信贷系统之外提供信贷。

非正规信贷通常从相对富裕的个人的储蓄中筹集资金，如地方上的土地所有者、商人、转而从事赚钱的工作或商业活动的家庭成员，以及合作社的成员。但非正规的贷款者也可能有机会进入正规银行系统并从那里借款，然后再贷放给那些无法从银行借款的人。为什么他们能做到这一点而银行做不到呢？首先，因为他们很熟悉他们的借款者，也许与借款者有着家族的、社会的或其他方面的联系，因而相比距离遥远的大银行，非正规的贷款者在贷款给同一个人时面临的风险要低。在非正规市场上，由于借款者知道将来获得贷款的难易程度取决于对现在的贷款的归还情况，因此贷款的偿还率比较高（通常比发展中国家的大银行要高得多）。其次，非正规市场的贷款者在发放贷款时也面临较低的管理成本。当然，贷款者确实收取很高的利率，而这也正是他们与银行并存的第三个原因。银行常常受法律的限制，不能对提供给小公司和低收入借款者的少量贷款收取足够高的利率，用以弥补贷款风险和成本。

小额贷款公司和微型金融机构始于20世纪70年代，它们主要致力于为发展中国家那些除了通过非正规信贷市场而没有额外途径取得贷款的人服务，但是非正规信贷市场的年贷款利率经常达到100%。这些新型机构中最知名的是格莱珉银行，由穆罕默德·尤努斯在1976年创建。在类似格莱珉银行这种小额贷款机构创新的基础上，提供小额贷款的运动取得了里程碑式的成果，并且迅速扩展到全世界范围内，如非洲、拉丁美洲及亚洲，为这些地方没有渠道获得合理信贷的数十亿人口服务。在发展中国家，小额贷款的扩张作为一个补充，同那些方便农村地区贫困群体储蓄及进行其他金融交易的项目一起，为这些群体服务。微型金融这一术语适用于更广泛的金融交易活动。

小额贷款和微型金融的基本观点在于只要用适当的方式将贫困群体组织起来，他们同样能成为信用风险安全的群体。格莱珉银行最开始为孟加拉国乔布拉村的穷困妇女提高小额贷款。如今，格莱珉银行几乎覆盖了整个孟加拉国，拥有超过 2 500 家分支机构及 20 000 多名雇员。格莱珉银行报告说，它们在整个孟加拉国有 800 多万名借款者；大约 97%的借款者是女性，她们中大多数人没有土地，并且所有人都很贫困。可以为女性个体提供贷款，但是只能通过当地的组织提供贷款，以便为还款提供社会压力。为小微企业提供的贷款额度平均为 28 000 塔卡（约 400 美元），并且收取 20%的年息。贷款同样可以用作其他目的，包括建房和教育，年利率分别为 8%和 5%。甚至有专门针对乞讨者的一个特别的贷款项目，不收取任何利息为他们提供非常小额的贷款。如今，格莱珉银行坚称它们的贷款并没有收到巨额的补贴，既没有收到来自捐赠者的补贴，也没有收到孟加拉国政府的补贴。格莱珉银行贷款的回收率非常可观，超过 97%的贷款都成功被收回并且银行报告称从银行建立之初开始每年都在盈利。格莱珉银行绝不仅仅是一个金融机构。它要求借款者接受特定的“社会规范”比如清洁责任及家庭计划，并且银行同样提供如下服务，比如在房屋建筑以及如何获得教育方面提供建议。①

然而在许多为促进小额贷款公司发展所做的努力中，一个最主要的问题是设立之初用来提供这类贷款的小额贷款公司往往依赖于补助，经常是规模相当大的补助，要么是来源于国际援助机构，要么是来源于经营得比较好的私人机构的捐赠。格莱珉银行早期时也是如此。20 世纪 80 年代，印度尼西亚的一家政府银行——印度尼西亚人民银行（BRI）——走了一条截然不同的道路。该银行一开始就提供全部的银行服务，通过它们在超过 3 000 家乡村的分支机构，向农民、贸易商及其他小规模的借款者提供贷款及储蓄存款服务。贷款既可以用作运营资金，也可以用于投资目的。如今，贷款规模从 2.5 万印度尼西亚盾到 2 500 万印度尼西亚盾不等，还款期限可以短至三个月，也可以长至两年。BRI 的项目——贷款项目 kupedes 和存款项目 simpedes——替代了以往政府促进的那些项目，那些项目不仅依赖巨额的政府补贴，并且贷款违约率特别高。而 BRI 的新型贷款项目从一开始就不需要政府的补贴，且一直能获得商业利润。

BRI 按照市场利率运营，贷款年利率大约为 30%并且提供非常具有吸引力的存款利率，年利率大约为 12%。在 1997—1998 年亚洲金融危机期间，存、贷款利率均发生了变化，很大程度上是由于那个阶段的高通货膨胀率，但是基本的利率制定原则仍保持不变。在没有通货膨胀的情况下，30%的贷款利率看起来似乎较高，但是它们仍低于非正规借贷者要求的利率。在这种利率水平上，BRI 能够吸引足够多的储蓄，甚至超过它们贷款项目的额度。通过 BRI 的这些项目，农村地区的数百万储蓄者和借款者第一次获得了正规银行系统提供的服务。大约 97%的贷款都按时收回。此外，在 1997—1998 年金融危机期间，这些项目而非许多其面向大的生产者和借款者的信贷项目成为 BRI 主要的利润来源。这些贷款项目在危机以后的许多年持续成为 BRI 的主要利润来源。

小额贷款有时被它的支持者认为是发展中国家农村及贫困地区脱贫的答案，但是正

① World Bank, *World Development Report 1989*, p. 117 (New York: Oxford University Press, 1989); A. Wahid, *The Grameen Bank: Poverty Relief* (Boulder, CO: Westview Press, 1993).

如我们在本书中一直强调的一样，对于世界范围内的贫困地区如何摆脱贫穷并没有唯一的答案。小额贷款和微型金融已经成功帮助了孟加拉国、印度尼西亚及其他地方的穷困群体，但是关于它们对贫穷的影响还值得讨论（详见案例 12—2）。

▶ 案例 12—2　小额贷款减轻贫困了吗？

为了考察小额贷款是否减轻了贫困，需要将借款者和非借款者进行比较。如果借款者平均来说比非借款者的贫困率要低，我们或许可以说小额贷款的确是减轻贫困的一个有效工具，并且小额贷款对减轻贫困的影响可以被量化。但是这种方法有一个难题。我们将面临一个经典的难题——识别。如果借款者确实和非借款者在某些我们观察不到的方面存在系统性的差别呢？或许那些获得小额贷款的人更具有企业家精神或者对于风险有更高的容忍度。他们较低的贫困率或许可归功于这些因素而非他们获得的贷款。获得小额贷款的借款者或许会寻求其他非正规类型的信贷，这使我们分离出小额贷款对减轻贫困的边际影响变得更加困难。

像这种识别的难题可以通过随机对照试验（RCTs）解决，比较试验干预对试验组和除没有干预以外其他都和实验组相同的控制组之间的影响。2005 年，位于麻省理工学院的 Abdul Latif Jameel 贫困行为实验室（J-PAL）的研究人员在印度海得拉巴市对微型金融进行了一次随机对照试验。他们和一家印度的微型金融企业 Spandana 合作，随机选择了 104 个贫民窟点的邻居对作为样本，该微型金融企业对其中一半样本开放，对另一半不开放。Spandana 提供的贷款和格莱珉银行提供的贷款类似。他们为 6～10 人组成的妇女组织提供贷款，组织里的成员共同对贷款负责。初始贷款为 10 000 卢比（以市场汇率换算约 200 美元，从购买力平价角度来说约 1 000 美元），贷款年利率为 24%。然后在引入贷款后的 15～18 个月后，对实验组及处在控制组的邻居大约 7 000 个家庭进行详细的家庭调查，来决定小额贷款的影响。

因为在海得拉巴，除 Spandana 以外，还存在其他微型金融企业，这样实验组和控制组的家庭都有获得小额贷款的渠道。在 Spandana 新设立的分支机构处，控制组仅有 19%的家庭去获得贷款，而实验组有 27%的家庭去获得贷款。这意味着小额贷款的确对贷款的比率有影响。但是它也说明 70%～80%的家庭不去利用 Spandana 或其他任何微型金融的贷款。大多数家庭或者不受信贷约束，或者不愿意承担和贷款相关的风险。这也说明对大多数穷困家庭来说，并非缺乏成本较低的信贷，而是缺乏将贷款进行投资取得利润的机会。

对比实验组和控制组的邻居对，J-APL 研究发现，在 Spandana 新设立分支机构的地方，7%的家庭开展了新业务，而控制组仅有 5.3%的家庭开展了新业务，因此获得小额贷款对开展新业务有显著的作用。大约三分之一的 Spandana 的借款者开始做新生意，并且五分之一的人使用他们的贷款为之前的业务购置设备。剩下的一半借款者用贷款来进行消费，包括购买食品、药品以及家庭使用的耐用品（比如电视机），或者去还债。在做调查的这段时间，实验组和控制组的总消费支出均没有显著的统计意义上的增长。换句话说，小额贷款在这段时间并没有降低贫困率。

正如 J-PAL 所指出的，15～18 个月的时间太短，不足以评估小额贷款的长期效应。

那些从 Spandana 获得贷款，从而开展新业务的家庭，需要更长的时间来获得利润，从而使家庭摆脱贫困。短期内，小额贷款并没有减轻贫困，它同样也不是提高入学率、儿童健康水平以及妇女权利的药方。当然，J-PAL 的研究仅仅是一个研究，并且与所有随机对照试验一样，我们在从一个试验中得出一般结论时要慎之又慎。研究人员从各种非实验的方法中为小额贷款及其他微型金融产品的许多益处提供了根据。海得巴拉研究的作者们以他们的结论作为衡量标准，需要注意的是，小额贷款“或许并不像有时它自身宣称的那样是一个奇迹，但是它的确能够让许多家庭贷款、投资、开展或者扩张业务”。

资料来源：Abhijit Banerjee，Esther Duflo，Rachel Glennester，and Cynthia Kinnan，“The Miracle of Microfinance? Evidence for a Randomized Evaluation，” Massachusetts Institute of Technology，June 2010；Kathleen Odell，“Measuring the Impact of Microfinance：Taking Another Look，” Grameen Foundation Publication Series，2010.

尽管我们知道一些项目的确运行得很好，但是我们不知道世界范围内成百上千的这类项目是否值得它们所花费的巨大支出。根据估计，大约 120 亿美元的一半支出是花在全世界范围内的微型金融机构的担保和优惠贷款上，这些资金来源于援助机构及捐赠者的捐赠。这些资源或许可以花费在其他用途上，并且可能会有更好的减贫效果。

当个人没有渠道获得资金去开展新业务或者逐渐扩大业务时，小额贷款通常能够发挥它最大的作用。但是除了缺乏信贷以外，对开展新业务来说还有许多其他的障碍，而且可能会低估贷款的价值。许多个人宣称贷款是用来做小生意的，但是却常常用贷款进行消费，这又使他们陷入背负债务的境地，导致他们将来很难还款。有些借款者从这家微型金融企业贷款来偿还从另一家金融企业的贷款。这些行为很明显对贷款者和借款者来说都是不可持续的。

研究指出，在对那些最穷困的群体提供融资渠道时，像 BRI 模式那样盈利的小额金融机构并不是需要补贴的小额金融机构的完全替代品。追求盈利的小额机构的确为大多数以前没有融资渠道的群体提供了服务，也为他们提供了适当的储蓄媒介。但是同样存在那些追求盈利的小额机构覆盖不到的群体，这样许多为贫困国家中最贫困的群体设计的信贷项目，同时也提供其他非金融服务，就有了存在的必要。很明显，对各种信贷机构来说都有适合它们的不同角色。

12.5 本章小结

- 货币供应量由一国经济系统中的流动性资产构成，但是不同资产的流动性不同，导致货币供应量存在不同的、更精确的定义。
- 各个发展中国家通货膨胀程度相差很大。通货膨胀实质上是对持有货币资产的群体征收的一种税收，并且温和的通货膨胀有时可以增加政府储蓄与投资而对经济增长无害，但是通货膨胀率越高，人们越不愿意持有流动性资产，因而会削弱金融系统的发展并阻碍经济增长。

● 对于任何试图控制通货膨胀的政策来说，汇率管理都是其中必不可少的重要因素。汇率制度从固定汇率制——本币和美元或其他货币挂钩，到浮动汇率制——汇率由市场决定。对采取固定汇率制的国家来说，世界范围内的通货膨胀可以迅速地传递到那些采用固定汇率制的国家。而在浮动汇率制下，通货膨胀主要源于国内因素而非国际因素。

● 央行有各种各样的工具组合去控制通胀，不论以何种方式，所有的政策工具都需要降低货币供应量的增长。类似公开市场业务这样的工具一般来说比最高信贷额度更有效，但是大多数发展中国家并没有条件在公开市场上买卖政府债券。最高信贷额度及提高银行法定存款准备金率虽然效率较低，但是在降低货币供应量增长及控制通胀时很有效。

● 直到现在，金融恐慌已经存在了几个世纪，但是大多数国家已经掌握了造成金融恐慌的许多原因。然而，世界范围内的许多国家在 20 世纪 90 年代后期及 2007—2009 年的经历表明，仍然存在人们不了解的金融恐慌发生的原因。

● 名义利率是贷款者和借款者协议达成的利率，但是实际利率，即经过通货膨胀调整的名义利率，才能影响投资者是否持有流动性资产。

● 正的实际利率对金融深化很重要，金融深化可以定义为流动性资产占 GDP 的比重逐渐提高。负的实际利率作用正好相反。金融深化一般会促进经济增长，尽管有时没有金融深化，经济增长也能发生。

● 随着经济不断发展，经济系统变得更加复杂，对长期投资的需要也在增加，这时经济系统需要更广泛的金融机构存在。股票市场与债券市场都是提供这类长期融资的来源，保险公司与发展银行同样也是这种来源之一。发展银行一般由国家支持，为一些特定的项目提供长期融资。

● 正规金融系统特别是发展中国家的正规金融系统一般很难覆盖到小公司及拥有有限金融资源的个体。存在非正规的金融市场为这类潜在的借款者提供融资，但是这类贷款利率一般都很高。为了解决这个问题，各种各样的正规金融机构比如小额贷款公司就出现了，以提供更合理的信贷服务。自 20 世纪 70 年代起，小额贷款公司扩张一直非常迅速，但是关于它对减贫的作用仍然存在很多我们不知道的因素。

第 13 章

外债与金融危机

从 2007 年以来（一直持续至 2011 年），世界上很多国家和地区都受到了自 20 世纪 30 年代发源于美国及一些发达国家的经济大萧条以来最大的金融危机的影响，对于一些国家的发展的影响尤其深远。在 2010 年和 2011 年，欧盟成员国之一的希腊差点无法偿还所借的外债，当时人们担心希腊的外债危机会蔓延到葡萄牙、意大利、西班牙等国家。在 2010 年，欧盟的其他成员国，特别是德国，承诺支援希腊政府 1 万亿美元，且承诺如果需要的话也会支援欧盟其他成员国来偿还外债。应对外债危机的一个常用方法是使本国的货币贬值，这样减少国内消费来偿还外债所带来的负面效应可以得到一定程度的抵消。但对于这些处于外债危机中的欧盟成员国而言，它们使用的货币是欧元，而不是本国货币，因此该方法并不适用。在本章中，我们重点要讨论的是发展中国家的外债危机问题，因此我们并不会详细地讨论欧洲南部国家的外债危机问题及其对于欧元所产生的影响。但是，我们应该注意到，源于这些发达国家的全球金融危机问题对于发展中国家也有着重要的影响。在 2000 年以后的一些年中，发达国家与发展中国家之间的贸易和金融的流通都出现了大幅下滑。接下来，我们以墨西哥为例来阐述发展中国家在外债和金融危机中所受到的影响。

二战后的 20 年里，像大多数发展中国家一样，墨西哥在国际资本市场上几乎没有交易。墨西哥很少向外国银行借钱，外国投资者仅仅是偶尔会在墨西哥的公司入股。尽管它会向官方借款（政府和国际组织例如世界银行），它的贷款总额仍然很小。那时的国际资本市场相对于今天是欠发达的，这些市场开始从二战的破坏和大萧条中复苏。从 20 世纪 60 年代末和 70 年代初开始，事情发生了变化。资本市场工具越来越先进，国际交易的成本降低了。银行和其他投资者开始寻找在传统西方市场以外的投资机会。官方贷款也有所增长。墨西哥同其他一些国家一样，渴望扩大投资、加速增长，开始寻找向国外融资的机会。在接下来的 20 年中，墨西哥的外国借款非常频繁，对于经济增长、宏观经济稳定、就业创造甚至政治动态都有弊有利。

墨西哥的大部分外国资金在早期是以借款的形式出现的，尤其是来自私人债权人，而不是来自外国直接投资。墨西哥对于外国投资者心存戒备，试图维持对于企业的所有权，所以更乐于向私人借款而不是吸收外国直接投资。外国商业银行非常想把钱借给墨西哥政府、国有企业（例如国家石油公司）和其他商业企业。1970 年，墨西哥的来自私人的外国借款相对很少，总计 350 万美元，大约占 GDP 的 1%。但是到 1980 年，每年将近向私人借款 150 亿美元，大约占 GDP 的 8%。债务中的多半是短期的，意味着一年内就要偿还。

起初，借款看起来很有效果：墨西哥的人均 GDP 在 1972—1981 年间的增速达到 4.2%，而前 7 年的增速只有 2.6%。但是墨西哥借债太快、也太多了：1982 年 8 月，它向世界发布了一个令人震撼的消息——它还不起债了。整个国家陷入了经济危机，危机导致投资锐减、负的经济增长率、政府财政困难、数百万墨西哥人出现大量的经济困难。墨西哥危机迅速向其他与其有借贷关系的发展中国家蔓延，这场危机在今天仍然影响着一些国家。在 20 世纪 90 年代早期复苏以前，墨西哥的外国借款在危机后暴跌，1994 年和 1995 年的另一场债务危机使其外国借款再一次暴跌。从 20 世纪 90 年代中期开始，墨西哥的净外债在大多数年份都为负值，意味着它偿还给国际债权人的资金比借款多。

在全球范围内，流向发展中国家的债务模式同墨西哥的相似，在资本大量流入和流出之间来来回回地摆动。向私人商业银行借款成为发展中国家国际资本流动的主要形式，特别是中等收入国家，在 20 世纪 70—80 年代，每年都超过向官方的借款。但是债务流量在 20 世纪 80 年代的债务危机后锐减（见表 13-1）。在 20 世纪 90 年代初，私人债务流动增长迅速，从 1990 年的 300 亿美元增长到 1996 年的 1 200 亿美元，在 6 年中足足增长了 3 倍。但是随后的一系列金融危机击中了世界新兴市场，始于 1995 年的墨西哥；接下来是 1997 年的泰国、印度尼西亚、韩国；1998 年的俄罗斯和巴西；2001 年的土耳其和阿根廷。债务流量崩溃，直到 2001 年，5 年前的 1 200 亿美元全部消失了。但是，一旦危机减弱，借款又会增加，仅在 2003 年后的两年时间内，私人债务流量就反弹至 720 亿美元。政府借款的规模和挥发性都小于私人借款，但在 20 世纪 90 年代有稳定下降的态势，直到 2003 年，发展中国家作为一个整体偿还官方债权人的资金要多于它们的借款。对于多数最贫困的发展中国家，赠款而不是贷款，是它们外国资金的主要来源。

表 13-1　　发展中国家债务流量，1980—2003 年　　单位：10 亿美元

	1980 年	1990 年	1996 年	2000 年	2003 年
私人债务融资	70.9	29.8	119.9	−0.4	71.8
商业银行	28.7	3.2	30.7	−5.8	2.5
债券	1.1	1.1	49.5	17.5	26.6
其他	11.5	12.3	2.3	−4.3	−6.3
短期净资本流动	29.5	13.2	37.4	−7.9	49
官方债务融资	20.5	26.4	2.8	4.9	−14.3
双边	13.1	11	−10.4	−6.9	−16
多边	7.4	15.4	13.1	11.8	1.8
总计	91.4	56.2	122.7	4.5	57.6

资料来源：World Bank，*Global Development Finance 2005*；and IMF，*International Financial Statistics*，annual yearbook.

即使是在最大的借款人中，外国借款仍比国内资本流量少，在大多数年份，可得到的投资资金只占到 GDP 的四分之一甚至更少，偶尔只占到 GDP 的 3%～4%。用强调经济增长进程中资本形成重要性的经济增长模型（如哈罗德-多马模型和索洛模型）的观点来看，外国私人资本流动的重要性是有限的。但是外国债务比其他元素起到更复杂的作用。债务流动的经济影响在稳定宏观经济方面的作用被扩大了，汇率、利率、政府预算、国内金融工具和潜力可能会引起更大范围的金融危机。

本章介绍了外国借款的优势、劣势以及风险；介绍了不同的债务形式，发展中国家近几十年债务流动的模式和债务可持续的基本条件；考察了 20 世纪 80 年代发展中国家债务危机的一些细节，低收入国家仍然面临的持续的债务问题以及 20 世纪 90 年代的新兴市场金融危机，然后解释了债务危机发生的主要原因。接下来，本章讨论了这些因外债而导致的金融危险对于未来的警示，以及一些难以回答的问题，比如当一国还不起债时有多少可以被免除？坏账将怎样在债务人和债权人之间划分？债务减免需要哪些条件？

13.1　外国借款的优势和劣势

经过 20 世纪 80—90 年代的危机，以及 2010—2011 年希腊和伊朗的外债问题，外债得了一个坏名声，而从很多方面来看也的确如此。但是谨慎的借款仍然在许多国家的发展战略中扮演着重要的角色。美国在 19 世纪中晚期的西部扩张中（特别是在公路建设中）借了大量的外债。西欧的大多数国家有时依靠外国借款。

从国家的角度考虑，借债可以使一国的投资大于储蓄，进口大于出口。如果更多的资金资助生产性投资，它们应该产生足够的回报去支付利息和偿还最初的资本流入。正如我们在第 3、4 章所看到的，因为资本在低收入国家相对稀缺，如果高收入国家提供贷款给低收入国家，这些国家被认为比富裕国家有更高的投资回报率和更快的经济增长率。在这些条件下，外国借款在为债权人提供诱人回报的同时，也有助于借款国的增长和发展。

随着外国资本流入，许多国家致力于扩大国内储蓄，借款同外国直接投资和其他资本形式相比有着自身的优势和劣势。当一个国内企业从国外借钱时，关于外商所有权、利润遣返、免税期是没有争议的，这一点与外国直接投资的兴起一致。此外，外国借款比外国直接投资实施起来速度更快、更容易。当从外国债款时，还款受到借款期限的限制，所以，如果一项投资拥有很高的利润率，母国将维持高利润，而不是将资金遣返回国。简而言之，只要债务的投资回报率超过了利息率，外国借款就是扩大国内储蓄、增加投资、加速增长的明智选择。此外，借款可以对一些国家起到稳定国际收支冲击的作用。当一个国家的出口价格崩溃、进口价格上升，一些临时借款能够帮助弥补资金缺口，直到价格反弹或者经济能够适应变化，这样可以减少调整的成本。

借外债同时也存在负面效应。即使是项目已经破产，债务也必须偿还。而如果借了太多错误种类的款项，或是出于错误的目的借款，将使发展中国家易于受到资本撤离和金融危机的冲击。特别是短期债务，能够快速地从流入转向流出，这样会引起汇率的剧烈变动，利率暴涨，对银行、私人公司和政府预算造成严重破坏。

如果在金融消费和很差的投资计划上借款太多，同样会带来麻烦。为了支付花费，借款比政府征税在政治上更容易，特别是当政府认为它们的执政等不到偿还期限的时候更是这样。如果政府借钱来修建纪念碑、奢侈的办公建筑和购买昂贵的汽车，将失去未来偿还债务的收入来源。但是，即使政府将借款用于资助最初听起来合理的投资，出口价格突然下降、提高利率和石油价格，或者一场没有被预见到的全球衰退都将会使一项本来值得投资的项目遭受财务损失。政府被还本付息捆绑，有时在履行承诺偿还外债与继续投资于健康、教育和其他重要的国内工程之间面临痛苦的选择。

13.2 债务的可持续性

一国在陷入困境前究竟能够最大程度地负担多少外债？回答这个问题并不容易。如果一国可以不借助于外力（如友好捐助者的特别救助）还本付息并且没有对未来的收支状况进行调整，那么它的债务是可持续的。但是，每一个国家的情况又是不同的。一个国家的偿债能力取决于一系列因素：债务规模、贸易和预算赤字、债务的利率、接受的贷款和捐赠组合、易受到的冲击（国家灾难，如干旱、飓风或者出口价格下降）、GDP增长率、出口、政府税收收入等。

简单而言，一国的债务可持续性取决于：（1）欠了多少债；（2）偿债的能力。但是，这两点看似直观，实则不然。有两种方法可以考察一国欠了多少债务：债务的总存量和在某一特定年份的支付款项。通常测度债务总存量的办法是对所有债务的面值进行加总，但是如果有相当一部分债务补贴，这可能会引起误解。例如世界银行的国际开发协会（IDA），它是世界银行的一部分，为低收入国家提供资金，提供利率仅为0.75%、期限为40年的贷款。很明显，一笔100万美元的贷款在这个条款下比另一笔100万美元、利率由市场决定为7%、5年偿还的贷款负担要轻。在这些条件下，计算债务的净现值显得更有意义。一笔根据正常的市场条件延长了的贷款可能具有等于100%面值的净现值，捐赠的净现值可能为0，补贴贷款的净现值可能介于0～100%之间，取决于利率和期限结构（即偿还贷款的时间表）。

债务负担（debt service）是在指定年份将本金和利息一并还清时所需支付的总额。政策制定者需要知道每年应该还多少，但是仅仅看一年应该还多少是错误的，因为这样做并没有关注明年和后年需要偿还的数额，而后续年份需要偿还的数额可能更多。因此，对每年应该偿还数额的正确估算就成为评估债务可持续性的重要条件。

关于可持续性的第二部分是国家的偿债能力。测度该能力的三条通用标准是：国内生产总值、出口和政府税收收入。GDP是测度偿债能力的主要指标。一国的生产能力越强、得到的收入越多，它的偿债能力就越强。但是，当一国想要偿还外债的时候，真正约束它的并不是总收入，而是挣得美元（或其他外汇）的能力，这是因为需要偿还的贷款是以外币计价的。在1997年后期，当泰国、印度尼西亚、韩国不能承担起全部债务负担时，问题不是缺乏足够的收入，而是缺乏可支付的外汇。在这种情况下，每年的出口所得或者由央行持有的外汇储备存量可能更适于作为衡量一国偿债能力的指标。出口和储备将精力集中在**外部转移问题**（external transfer problem）上，这面临兑换足够的外汇交给外部债权人的挑战。外汇并非总是有约束力的制约因素。如果政府是主要债务人，一个衡量偿债能力的重要指标是创收的能力，税收可以用来偿还债务。税收收入的重要性涉及**内部转移问题**（internal transfer problem），政府面临从家庭和公司收取足够税收的挑战，这些税收可以使政府偿还国家的债务。

13.3 债务指标

分析师通常将衡量偿债能力的指标用比例的形式表示。其中比例的分子项包含债务额或者债务负担，而比例的分母则会对偿债能力进行衡量。常用的债务可持续性指标包括：

● 债务/国内生产总值，这是最广泛用于测度债务的可持续性的一个指标，将债务总额与经济总产出量相比，用此来衡量偿还债务的能力。相似的方法是利用净现值：债务的净现值/国内生产总值。大多数债务的衡量是用市场上现有的一些指标（如商业银行贷款），在此情况下，这两种方法几乎没有差异。而如果扩大的债务在合同上表现为相关项的减少，这两种方法是不同的。虽然每个国家是不同的，但历史表明，债务的净现值/国内生产总值的比例超过30%～50%的国家将可能面临债务压力。①

● 债务/出口（债务净现值/出口），将总债务与创造外汇的能力相比。一个更宽范围的债务/出口比例可能更适合于衡量可持续性，反映出了出口相对于国内生产总值变化更大的趋势。分析师倾向于将不同国家的阈值平置于100%～300%之间，通常在200%左右。

● 债务/收入（或者债务净现值/收入），当政府是最大的债务国，并且担心其偿还贷款的税收能力有限时，这个比例是最相关的。分析师引用140%～260%的范围作为不同国家的阈值。

● 债务负担/出口，这一指标具有很大的优点，它将注意力集中于相对于能够支付还款的出口收入，一年里所欠金额的多少，但是随着时间的推移，它不能提供总债务负担的信息。当该比例超过20%～25%时，债务压力将加大。

● 债务负担/收入，强调政府通过征税偿还一年内债务的能力。比例越高，意味着更多的税收收入必须用来还债，政府用于健康、教育、基础设施和其他的支出就越少。历史经验表明，一旦该比例超过10%～15%，债务压力将出现。

● 短期外债/外汇储备，将下一年内应付的债务额与可得到的外汇储备数量相比。据分析，当这个比例接近1:1时，一国有可能发生资本撤逃和金融危机。

这些比例反映出国家面对债务困难时采取的两种截然不同的方法：破产和非流动性。一个**破产的**（insolvent）借款人缺乏净资产去偿还债务的未来收益。一个**流动性不足的**（illiquid）借款人缺乏现金去偿还现有的债务，即使他的净资产从长期来看足以抵

① International Monetary Fund, "Debt Sustainability in Low-Income Countries: Proposal for an Operational Framework and Policy Implications," February 3, 2004. Available at www.imf.org/external/np/pdr/sustain/2004/020304.htm, accessed March 2012.

债。一个流动性不足的债务人可能需要现金立即支付，但他从长期来看具有支付债务的能力，相比之下，一个破产的债务人没有偿付债务的收入或资产。债务/国内生产总值，实际上是偿还能力的测度，表示债务相对于总经济资源的价值（理论上，我们可以测度总财富——总资产价值——而不仅仅是年收入，但是这对于国家来说比较难）。债务负担/出口、债务负担/收入、短期外债/外汇储备是测度流动性的指标，显示一国是否有能力偿还该年的债务。

这些指数最初看起来比较简单化和机械化，但是每一个都取决于债务和经济的重要特征。为了说明这一点，下面我们将详细分析一下其中的两个比例：债务/出口、债务/国内生产总值。

为了理解债务/出口这个比例，回想国外储蓄（F）等于进出口货物和服务之差（$M-X$），大致相当于经常账户收支平衡。简单而言，假设所有的国外储蓄都以借款的形式出现。因此，每年的债务增长率为

$$\Delta D=iD+M-X \tag{13—1}$$

式中，ΔD 表示债务总额的变化，i 表示平均利率。为了简化，假设 X 和 M 以相同的指数率 g_X 增长。债务总量也以相同的指数率增长。从长期看，债务与出口的比例设定为

$$D/X=a/(g_X-i) \tag{13—2}$$

式中，a 表示经常账户赤字与出口的比例，即（$M-X$）/X，它是一个常数，假设进口与出口以相同的速度增长。①

等式（13—2）告诉我们，债务与出口的长期比例取决于经常项目赤字的规模、出口增长率和利率。如果出口增长快于平均利率的增长（$g_X>i$），一国可以持续地使进口大于出口，这意味着 a 是正数。直观意义是：只要出口增长得足够快以支付利息，依靠借款来弥补进出口的差额就可以持续下去。

下面用一个数值例子验证一下。一方面，假设经常项目赤字等于出口的8%，即 $a=8$，平均利率为5%，出口每年增长9%，因此，债务/出口的比例应为2（或200%）。如果出口增长大于9%，则债务/出口的比例将下降。另一方面，如果出口增长降至5.5%，债务/出口的比例将达到1 600%。如果它降到低于利率（可能因为出口增长下降或是世界利率上升），a 可能会变成负值；也就是说，经常项目赤字可能会变成盈余。一国不再出现赤字，不能依靠借债来弥补差异；相反，出现了出口大于进口的盈余，可以通过这个余额来偿还债务。这曾经发生在许多低收入、高债务国家，在许多情况下给它们带来了无数不利的影响。

再看债务/GDP的比例，不考虑进出口，可以从投资—储蓄的角度进行一个相似的运算。由第10章可以知道，经常账户余额 $M-X$ 等于投资与储蓄的差额 $I-S_d$，等式（15—1）可以被转化为

---

① 令 $\Delta D=g_XD$，可以由等式（15—1）导出等式（15—2），并将它代入等式（15—1）。于是等式（15—1）变成 $g_XD=iD+M-X$，从而很容易得到等式（15—2）（两边同时除以 X）。结果由阿尔伯特·菲什洛给出，参见 Albert Fishlow, "External Borrowing and Debt Management," in Rudiger Dornbusch and F. Leslie C. H. Helmers, eds., *The Open Economy: Tools for Policymakers in Developing Countries* (New York: Oxford University Press, 1988), 220-221。

$$\Delta D = iD + I - S_d = iD + vY - sY = iD + (v-s)Y \tag{13—3}$$

在该等式中，Y=GDP，v 与 s 分别表示投资和储蓄占 GDP 的份额。从贸易平衡的角度考虑，假设债务与 GDP 以相同的指数率 g_Y 增长。则债务与 GDP 的长期平衡比例为

$$D/Y = (v-s)/(g_Y - i) \tag{13—4}$$

在该式中，如果投资超过储蓄一个百分点，GDP 的年增长率为 7%，i 平均为 5%，则债务/GDP 的比例为 0.5（或者 50%）。但是，如果 GDP 的长期增长率跌至 5.5%，该比例将升至 200%。

这样，一个整体经济绩效很差的国家，表现在低出口或 GDP 低增长率上，比一个经济绩效很好的国家更容易陷入债务危机。政策制定者在决定是否借债以及债务的期限结构时，一定要将这些因素考虑进去。一个强有力的债务管理还应该在这些基本因素的基础上，考虑一些其他的因素，包括出口突然下降带来的风险、高利率或其他不利的冲击。我们可以看到，债务的结构（特别是期限结构）对危机的发生有着重要的影响。

13.4 从贫困到拖欠

在过去的 20 年中，许多发展中国家一度看到它们的债务比例攀升至一个无法承受的水平。有时，甚至一些经济运行较好的国家也会由于出口价格下降或是未预期的进口价格上升而陷入债务困境，比如世界石油价格上涨。随着偿还负担的增加，还债变得更加困难了，国家面临几个重要的问题和权衡取舍：为了还债，它们应该在多大幅度上增加税收、减少支出呢？它们应该就贷款期限的问题重新谈判吗？或是在更加极端的条件下彻底违约？

大多数国家将债务协议看成是法律合同，认为它们是有责任全额偿还的。大多数国家为了避免负面效应，都会避免拖欠，就好像公司申请破产会带来不利影响一样。一国拖欠债务就会在未来的借款过程中遇到很多麻烦。贷款人为了补偿更高的风险，一般会收取一个更高的利率。另外，重新谈判和重组的过程也会花费时间和成本，这是大多数金融机构都会避免的事情。大多数国家也把这当成一种耻辱，不想公之于众。

同时，在极端情况下，政策制定者可能会权衡继续还债的成本和拖欠债务的成本。政治领导者为了偿还外债可能会让市民去承担紧缩带来的后果。而且有时候，贷款者应该承担不良贷款的部分成本，特别是当它们把资金投向有问题的工程项目时更是如此。从一定程度上讲，贷款者是有责任的，它们通过较少的偿还或甚至放弃部分仍在进行的贷款以吸收部分成本。拖欠在私人公司和公共实体中并不常见，拖欠债务的也不仅仅局限于发展中国家（见案例 13—1）。在 19 世纪和 20 世纪 30 年代，拖欠经常发生在拉美国家和欧洲一些国家身上。而在 2010 年，希腊在得到欧盟的资助之前，也威胁称其将要违约，结果在 2011 年和 2012 年发现其再次存在违约的可能。美国的一些州在 19 世纪也声称要对债务违约。

除此之外，连续地还债可能会削弱一国未来的还债能力，如果能够适当地减免，对于债务双方可能都是有益的。这种情况被称为**债务悬置**（debt overhang）：债务将拖累

一国的经济增长，以至于削弱一国的偿债能力。[1] 国外资金流入对经济增长应该有积极作用，但是债务负担却有负面影响。随着债务负担的增加，负面影响将会加大，当足够大时，将对经济增长造成负效应。

▶ 案例 13—1

主权贷款拖欠简史

1979 年，花旗集团董事长沃尔特·里斯顿（Walter Wriston）发表宣言："国家不会破产"。虽然从技术上讲国家是不会破产的，然而他们断言国家不会拖欠债务与历史不符。政府拖欠债务的做法就像信用这个概念一样古老。通过历史可以看出有许多国家拒绝偿还或是由以前的政府单方面注销债务的例子。

第一个有记录的拖欠发生在公元前 4 世纪，当时 13 个拖欠洛寺离债务的希腊城邦国家中有 10 个没有履行其合同义务。不久，希俄斯岛向公众宣布，不再支付不可持续的债务，直到经济好转。在古代，拖欠经常采取货币贬值的形式，而不是宣布破产。例如，在这三个迦太基战争之后，罗马削减了货币单位中的金属含量，从 12 盎司减至 1.5 盎司，构成了事实上的政府拖欠。

从中世纪到近代，政府拖欠债务的行为还在继续。一个 18 世纪的法国财长主张："每个国家在每一个世纪都应该至少拖欠一次，那是为了维持平衡。"在 19 世纪，随着向海外借款变得更加普遍，政府拖欠的行为有所增加，大多数欧洲国家至少部分地拖欠过它们的债务。有些国家拖欠过多次，西班牙就保持着拖欠 7 次的最高纪录。发展中国家的记录是相似的：在 19 世纪，每一个拉美国家都无一例外地拖欠过债务。

尽管美国政府避免彻底拖欠的发生，但是仍有许多州在这一时期都拖欠过债务。一些州因内战拖欠债务，而有的是因为破产企业的债权问题。阿肯色州和佛罗里达州在 19 世纪都拖欠过三次。1898 年在西班牙美国战争结束之后，美国政府拒付在西班牙规则下古巴的债务。

在第一次世界大战后，德国的债务赔款导致了 20 世纪 30 年代初长期的债务困难。随后，伴随着 20 世纪 30 年代的大萧条，国际资本市场崩溃，因此导致了更大范围的债务拖欠。国际资本流量在大萧条和二战期间迅速减少，因此国家间的债务拖欠在 20 世纪 40—50 年代就很少发生。但是，随着国际资本市场在 20 世纪 60—70 年代的复苏，80 年代的债务危机似乎表明，国家间的债务拖欠又像 19 世纪那样普遍了。

资料来源：节选自 Nancy Birdsall and John Williamson（with Brian Deese），*Delivering on Debt Relief*：*From IMF Gold to New Aid Arichitecture*，Center for Global Development and Institute for International Economics，April 2002。

为了看清楚这是如何发生的，考虑以下情况。政府为了偿还债务而增加税收，私人企业和个人都预期未来会出现更高的税率，于是便减少投资。增长的债务负担使得贷款

---

① Paul Krugman，"Financing versus Forgiving a Debt Overhang，" *Journal of Development Economics* 29（1988），253－268；Jeffrey Sachs，"The Debt Overhang of Developing Countries，" in R. Findlay，G. Calvo，P. Kouri，and J. Braga de Macedo，eds.，*Debt*，*Stabilization and Development*：*Essays in Honor of Carlos Diáz Alejandro*（Oxford：Basil Blackwell，1989）.

人愿意提供新的资金支持，因为他们害怕拖欠的发生。随着债务负担的增加，政府开始针对不正当的激励行为采取严厉的调整措施。经济改革也许会帮助该国避免拖欠，但是在贷款者得到好处的同时，当地居民害怕承受调整所带来的成本。糟糕的政策可能会导致经济的恶化，但是却可能获得一个较大的债务注销。这样，债务负担对一些需要改革的国家可能构成抑制。有证据表明，债务悬置的存在是复杂的，但是我们应该考虑一下债务重组或是将发展中国家的债务一笔勾销。

最后，虽然债务协议是合法的合同，但是在某些条件下，政府可能会将其视为非法，使得拖欠与偿还相比是一个更简单的选择。如果债务由一个通过政变和敛财上台的接替民选政府的军事独裁者承担，则债务不可能被看作合法义务。我们将在后面的章节中讨论这些**恶债**（odious debts）。

□ 20世纪80年代的债务危机

关于拖欠和债务重组的问题有许多假设的可能性：在过去的几十年间对于许多发展中国家都变成了很现实的问题。在20世纪70年代，大量的发展中国家，特别是拉丁美洲国家，借了大量的外债，到1983年，发展中国家欠商业银行的长期外债由190亿美元增至3 070亿美元，是1970年的16倍。债务总量在1970—1983年间增长了10倍，在接下来的十年间又翻了一番。债务在20世纪70年代和80年代早期的快速增长将那些债务增长过快的国家带入了困境。在1982年上半年，8个国家不得不重新安排偿还债务的时间。1982年8月，墨西哥宣布不再偿还债务，震惊了世界，这是一个债务危机开始的信号，这场债务危机随后影响了几十个国家。从1983年到1987年，有超过3 000亿美元的债务都改变了偿还的期限。至今，30年已经过去了，这些危机带来的后果仍然在一些国家回荡，这些教训对于发展中国家的未来经济发展是值得关注的。至2009年，这些发展中国家的债务额达到了2.7万亿美元，其中大约2万亿美元是向私人借贷者的借款（见表13－2），这也进一步说明了这些危机的教训的重要性。（有意思的是，商业银行在私人借贷者之间发挥的作用越来越小。）

表13－2　　全部发展中国家的长期债务，1970—2003年　　单位：10亿美元

	1970年	1983年	1993年	2003年
股票				
全部来源	61	618	1 316	1 960
官方贷款方	33	218	697	805
私人贷款方	28	400	619	1 155
其中：商业银行	19	307	304	580
净流量				
全部来源	6.8	50.3	72.6	4.3
官方贷款方	3.3	24.3	24	−14.3
私人贷款方	3.5	26	48.6	20.3
其中：商业银行	2.4	17.9	4.7	2.5

资料来源：World Bank，*Global Development Finance 2005*.

□ 危机的原因

危机源自许多事情的错误走向：债务国无法控制的不利的国际经济冲击，贫穷国家的国内经济政策，以及国际银行做出的不良贷款决策。①

国际经济冲击

1973年，石油输出国组织（OPEC）宣布将限制石油产量，引起了世界油价的急剧上涨。全世界石油进口国的进口价值和贸易赤字迅速增长（包括发展中国家），全球经济增长减慢（抑制了许多发展中国家的出口市场），引起了其他商品市场的波动。1979年，OPEC又一次削减石油产量，导致了油价更大幅度的增长。

同时，美国的经济面临增长缓慢、物价上涨的局面。面对如此的经济压力，1971年8月，总统尼克松将美元从金本位中释放出来。这一举动导致了美元贬值、汇率波动和世界经济的不确定性。越南战争和世界油价的冲击，造成了大量的预算赤字。直到20世纪70年代末，美国的通货膨胀已经达到两位数，利率急剧上升，在1981年达到了16%。利率的上升加重了发展中国家的债务负担，因为最初的贷款是以可变利率计算的。中美洲和南美洲的15个国家由于1978—1981年间利率的上升，仅仅1981年一年，就要多偿还130亿美元的债务。

国内经济政策

面临这些冲击，并非所有国家的遭遇都一样。韩国和印度尼西亚都属于世界上最大的债务人行列。得当的经济政策使它们能够在20世纪80年代偿还债务的同时，保持经济的持续增长。特别地，这些国家采取了削减预算赤字、限制国内需求扩张、鼓励出口等措施。但是在一些其他国家，政策制定者的反应加速了危机。

面对进口增加和贸易赤字、物价上涨、预算赤字增大，政府很容易做到的是使自己相信石油危机是短暂的，所以不必尽力限制需求。许多国家认为它们应该借款（从央行或是外国银行借款）去弥补赤字，甚至增加支出，而不是通过限制需求去缩小赤字。但是这种措施在短期看是政治权宜，是不能持续的，甚至会引起更高的通货膨胀率和更大的赤字。

同时，一些政府试图通过汇率高估去抵消进口价格上涨带来的影响，而且限制进出口产品的价格上涨。这些政策受到了消费者的欢迎，因为它使进口产品变得更加便宜，但是它限制了出口的增长，鼓励了资本外逃。更一般地，一些国家积极地促进制造业的出口，特别是在东亚，在进一步刺激出口和缩小赤字方面相对于拉美这种开放程度不高

---

① 有大量文献考察了20世纪80年代的债务危机，我们在这里引用了其中一些关键的文章，Jeffrey D. Sachs, ed., *Developing Country Debt and Economic Performance*, 4 vols.: Vol. 1, *The International Financial System*; Vol. 2: *Country Studies: Argentina, Bolivia, Brazil, Mexico*; Vol. 3 (with Susan Collins): *Country Studies: Indonesia, Korea, the Philippines, Turkey*; Summary vol.: *Developing Country Debt and the World Economy* (Cambridge, MA: National Bureau of Economic Research, 1989-1990). William Cline, *International Debt: Systematic Risk and Policy Response* (Washington, DC: Institute for International Economics, 1984); William Cline, *International Debt Reexamined* (Washington, DC: Institute for International Economics, 1995); Ishrat Husain and Ishac Diwan, eds., *Dealing with the Debt Crisis* (Washington, DC: World Bank, 1989); Joseph Kraft, *The Mexican Rescue* (New York: Group of Thirty, 1984).

的贸易战略来讲，是处于有利地位的。最终，那些实行汇率高估和没有积极促进出口的国家面临着更大规模的经常账户赤字，因此需要借更多的外债。它们的情况不但没有改善，债务危机反而变得更加严重了。

轻率的银行贷款

外国银行同样要为不良贷款承担责任。银行更乐意把钱贷给政府，甚至是在经济形势开始恶化之后，常规的贷款变得更加谨慎。银行相信，因为债务是**主权**（sovereign）的，所以不必担心拖欠带来的风险。而且一旦银行被卷入，为了使债务国保持充分的流动性，以便继续偿还早先的贷款，进一步的贷款看来不失为一种理智的做法。银行受到自己国家政府，尤其是美国政府以及国际组织的鼓励，它们完全相信，一旦世界经济从不稳定中复苏，早期缺乏流动性的情况就会消失。

□ 对债务人的影响

很明显，如果债务人不能够履行他们的责任，那么商业银行就会停止为其提供新的贷款。1980—1982 年间，私人债权人为发展中国家提供了每年超过 500 亿美元的新增贷款；1987 年，资源净流量基本为零。

对于绝大多数负债国家来说，负债的影响都是严重的。实际上，一国想要实现从净借款人到净贷款偿还人的迅速转变是比较困难的。我们知道，净资本流入量等于经常项目赤字，也等于投资超过国内储蓄的部分：

$$\text{净资本流入量}=M-X=I-S_d \qquad (13—5)$$

在危机之前，外国借款（和其他资本流入）允许该国对进出口缺口和储蓄—投资缺口提供资金支持。但是当一国开始拖欠贷款的时候，银行会马上要求偿付，并且削减新的贷款。由于缺乏新的资本流入，该国必须扭转形势，使得出口大于进口，储蓄大于投资。经济增长突然下降。许多政府发现增加税收及减少支出（为了增加国内储蓄）十分困难，所以它们诉诸通货膨胀的手段，这样可能会造成未来经济的不稳定。

如表 13 - 3 所示，墨西哥在 1982 年危机前后的变化是明显的。危机前的 5 年，包括 1981 年，墨西哥进口超过出口的部分相当于 GDP 的 2%，投资也以相同的数量超过国内储蓄。投资、GDP、人均 GDP 增长迅速。但是危机改变了一切。在 1982—1986 年间，进口下降，出口迅速上升，使得贸易盈余足以满足偿还外债的需要。**资源余额**（resource balance，出口超过进口的部分，与净资本流入相对应）占国内生产总值的比例有 8.3%的巨大转变。投资的减少量超过了 GDP 的 4%，国内储蓄以相同的数额增长。人均 GDP 下降，预算赤字增加，年均通货膨胀率高达 73%。

表 13 - 3　1982 年债务危机前后的墨西哥

	危机前	危机后
	1977—1981 年	1982—1986 年
商品和服务出口（占 GDP 的比例）	9.6	16.9
商品和服务进口（占 GDP 的比例）	11.5	10.6
资源余额（占 GDP 的比例）	−2	6.3
国内总投资（占 GDP 的比例）	24.7	20.4
国内总储蓄（占 GDP 的比例）	22.7	26.7

续前表

	危机前	危机后
	1977—1981 年	1982—1986 年
储蓄—投资缺口（占 GDP 的比例）	−2	6.3
国内总投资（实际年均增长率）	13	−12.2
GDP（实际年均增长率）	7.6	−0.6
人均 GDP（实际年均增长率）	5	−2.9
通货膨胀、消费物价（年均增长率）	23.7	73.2

资料来源：World Bank，*World Development Indicators*.

这些调整类型并非仅限于墨西哥。从 1978 年到 1981 年，15 个重债务国成功地吸引了外国储蓄，这些储蓄足以支付其到期债务的本金和利息，并且每年进口的商品和非要素服务还能超过其出口 90 亿美元。但从 1983 年到 1988 年，这 15 个国家为偿还债务被迫反向转移，出口超过进口每年将近 340 亿美元。从 1970 年到 1981 年，这些国家的人均收入每年增长 2.7%，投资占国内生产总值的 25%，并承受了每年平均 39%的通货膨胀率。然而，同样是这 15 个国家，在从 1982 年到 1988 年的债务危机中，人均收入每年平均下降 0.7%，投资被迫减少到国内生产总值的 18%，年通货膨胀率上升至 149%。[①]

□ 一些国家摆脱危机

对于国际商业银行和曾向它们借款的许多国家而言，20 世纪 80 年代的债务危机结束于 90 年代中期。而对于主要向其他国家政府和国际金融机构借款的其他国家（主要是撒哈拉以南非洲地区、南亚和中美洲的低收入国家）而言，债务危机困扰着整个 20 世纪末期而一直得不到解决。

从 20 世纪 80 年代到 90 年代，拉美国家的债务比率大幅度提高，但 2005 年的债务水平比以前的最高水平低一些（见表 13－4）。在大多数情况下，幅度的提高一直持续到 2009 年，尽管提升的步伐有所下降。拉美国家的债务人通过全面的债务免除协议，解决了无力偿债的问题，包括一些债务重组形式：

● **再融资**，包括利用新的贷款去偿还旧的债务。在这个过程中，所欠的债务总量并没有变化，但是债务期限却发生了改变，一般是通过较长的还款期限及较低的利率。

● **债务重新安排**，与再融资相联系，重新安排原来的贷款，但是偿还的期限变得更长了，尽可能地降低了利率。

● **削减债务**，即所欠数额的减少，或部分（如债务减少）或全部（如债务豁免）。

● **回购**，即债务人购买债权人的贷款，通常是债务面值的一定百分比。债权人更偏好于今天偿还部分债务而不是承担未来较少债务带来的风险。

---

① Rudiger Dornbusch，“Background Paper”（31），in Twentieth Century Fund Task Force on International Debt，ed.，*The Road to Economic Recovery*（New York：Priority Publications，1989）.

表 13-4　　发展中国家的债务率，1980—2009 年（%）

	1980—1997 年最大值	2005 年	2009 年
所有发展中国家			
长期债务占 GDP 的比例	43	26	22
长期债务占出口的比例	203	75	75
债务负担总额占出口的比例	33	13	11
拉丁美洲国家			
长期债务占 GDP 的比例	60	29	24
长期债务占出口的比例	343	111	111
债务负担总额占出口的比例	48	24	18
选定的国家：债务负担总额占出口的比例			
阿根廷	83	19	17
玻利维亚	63	16	14
巴西	82	46	23
智利	71	15	23
墨西哥	51	22	13

资料来源：*Global Development Finance 2004*（Washington，DC：World Bank，2004）；and World Bank，*Global Development Finance 2011*（Washington，DC：World Bank，2004）.

- **债务—股权互换**，债权人将获得一定的债务人公司的股权（如国有电信企业），作为减免债务的回报。

解决 20 世纪 80 年代债务危机的国际策略缓慢地经历了两个主要阶段。1985 年，在墨西哥首次拖欠债务三年之后，美国财政部部长詹姆斯·贝克（James Baker）宣布了一项新的计划，旨在减轻债务国的负担，称为**贝克计划**（Baker Plan）。通过帮助减少政府预算赤字和国际收支赤字、抑制通货膨胀、刺激储蓄以及生产更多投资和偿付债务的资源，从而使债务减轻。这项计划并没有减少债务的数量，它是建立在一定条件基础上的，包括有足够的资金支持和对经济进行调整，债务国经济开始增长并且有足够的偿还银行的能力。

债务融资活动部分是通过贷款的银行对于现有债务进行再融资和对债务进行重新安排来实施的。一部分融资活动是通过国际货币基金组织、世界银行和双边援助机构提供新的贷款来支持的。这些新的融资活动直接为债务国减轻了债务赤字的额度，从而为它们赢得了一些喘息机会。但这些债务国为应对债务赤字而做的政策调整往往仍然是必需的，这些调整政策旨在减少政府预算赤字和平衡收支的一系列步骤，包括通货膨胀、刺激储蓄、增加用于投资和债务服务的资源等。由国际货币基金组织、世界银行等进行设计并监管的**稳定性和结构调整计划**（stabilization and structural adjustment programs），包括使货币贬值（或者通过允许浮动而贬值）以削减进口和刺激出口、减少政府支出、增加税收、减少资金供给以及关闭一些亏损的国有企业等。

这些项目有一些争议性，且这些紧缩政策对于债务国的普通公民造成了巨大的负担，包括收入的减少、所交的税和其他费用的增加、从政府获得的服务的减少。一些批评者认为，尽管其中的一些措施是必需的，但是这些项目的设计并不完善，且紧缩程度太高。同时，这些政策对于债权国基本没有造成负担。尽管人们希望这些新的财政和货币政策改革最终会使国家恢复经济增长、偿还债务，但是最终，事实证明，贝克计划对于解决债务危机来说是不够的。

突破性的进展发生在 1989 年，美国新财政部部长尼古拉斯·布雷迪（Nicholas Brady）宣布了一个不同的策略，这一策略融入了这样一种思想，即债务的价值应被减低，并且商业银行应承担一部分损失。**布雷迪计划**（Brady Plan）认识到债务国需要永久性地减轻其债务负担，以重新回到良好的经济轨迹上来。该计划号召银行和债务国政府对于债务问题在逐个案例的基础上从一堆选择“菜单”中重新进行协商。后来与其他国家之间的协议依赖于以下各种措施的组合：减少债务的票面价值、降低收取的利率、提供新贷款及其他重新安排计划。债务国向银行发行新债券以取代旧债券，这就是所谓的布雷迪债券。这些协议中涉及的债务免除数量依国家的不同而不同，这依赖于它们各自的特殊情况以及该国的偿债能力。墨西哥商业银行所欠的债务被减少了 35%，而哥斯达黎加的债务大约减少了 65%。到 1994 年 3 月，布雷迪计划为 19 个国家提供了约 1 900 亿美元以替代债务，后来这一计划受到波兰、厄瓜多尔、委内瑞拉、菲律宾、巴西、秘鲁、科特迪瓦和其他国家的青睐。超过 600 亿美元的债务被直接减免。像贝克计划一样，这一新的计划包括在得到国际货币基金组织和世界银行的支持、这些组织提供的新贷款以及双边性的债务减免条件下的稳定性和结构调整计划。

这一计划的关键在于国际社会和债权人银行能够认识到，如果继续要求全额偿还债务，那么它们实际上是在削弱这些债务国的能力，并且最终它们收到的还款会低于在协商方案下所收到的还款。直到 20 世纪 90 年代早期，增长得到恢复，物价趋于稳定。资本净流入量在 1983—1989 年期间降至每年 100 亿美元，到 1992 年升至 600 亿美元。仅仅依靠债务减免是不能化解危机的，但是在减免的同时伴随着新的融资和强有力的调整，以及 20 世纪 90 年代早期世界经济的恢复，帮助一些国家走出了危机。相似的方法被一些深陷危机的国家在 10 年后采用。

13.5 低收入国家的债务危机

尽管债务危机于 20 世纪 90 年代早期在许多依靠商业银行贷款的中等收入国家结束了，但是它仍然困扰着许多低收入的发展中国家，尤其是非洲的一些国家。这些国家的大部分债务来自官方多边组织，例如国际货币基金组织和世界银行、援助国政府，而不是商业银行。因此，尽管贷款的期限较宽，布雷迪计划仍然不能解决这些国家的危机，因为它是为商业银行设计的，最后使得债权人能够在私人债券市场上出售债券。不同的国家需要不同的方法。

在 20 世纪七八十年代，低收入国家与其他发展中国家一样，出于同样的原因，借入大量外债。它们受到了一系列相同的强有力的国际经济冲击：石油进口价格高、商品价格低、金本位的结束以及工业化国家的市场需求较弱。它们面临的最大挑战无疑是受到了人才的限制，国内受过良好训练的金融和经济方面的人才有限。它们许多都是刚独立不久，政府机构还是新成立的，还没有经过考验。经济冲击的影响使这些国家的情况变得更糟。经济管理长期不善。政府一直保持着高的预算赤字，设置重重贸易壁垒，扭曲市场价格，并且不能提供基本的基础设施以及健康和教育服务。

即使随后的经济政策得到了改善，经济增长也受到限制。大量国家面临着地理位置的挑战，比如处于内陆地区、坐落在疾病盛行的热带地区、临近雨水极少的撒哈拉沙漠。一些目前仍处于艾滋病的经济和政治阴影之下的国家，其获得持续经济发展并且偿还债务的能力进一步被削弱。

随着债务危机在拉美的发生，尽管这些国家从工业国家政府和多边机构借款，而不是商业银行，但是债权人为其提供的针对不良项目（由资金提供者设计）的贷款加剧了危机。在许多情况下，工业化国家为其提供大量的资金，用于效益不佳的项目和宏伟的消费项目，以试图将它们拉拢到冷战的一方或是另一方。一些西方国家贷款支持那些无意还款或是没有能力还款的腐败政府投资，以支持修建总统宫殿、钢厂及其他浪费性支出。

在 20 世纪 80—90 年代初这段时间，国际社会针对低收入国家的政策主要是两点，与最初的贝克计划相似：为重大经济改革提供新的资金支持，寄希望于债务国能够通过增长走出危机。从 1988 年开始，资助通过债权国政府的部分减免将效应扩大。多边债权方，包括国际货币基金组织和世界银行，以及其他多边组织（如非洲和亚洲开发银行），直到 1996 年才实行这项措施。

□ 低收入国家的债务减免

各个债权国政府是通过一个称为**巴黎俱乐部**（Paris Club）的非官方组织来减免债务和调整债务期限的。美国、英国、日本、德国、法国以及其他 14 国政府为每个债务国的债务重构提供了共同的条款。1956 年，阿根廷与其债权国在巴黎召开了第一次会议。此后，巴黎俱乐部通过谈判达成了 400 多个协议。直到 1988 年，所有这些由巴黎俱乐部签发的条款涉及的是债务重新安排而不是减免。从此，协议为中等收入国家提供了债务偿还期限重新安排，为低收入国家提供部分减免。1998 年的第一个债务减免条款削减了 33%的数量；1999 年，巴黎俱乐部为特定国家削减了 90%的债务。许多债权国政府为一些处于特殊条件的国家提供了 100%的减免。

债务减免的理由对于低收入国家和中等收入国家是不一样的。第一个理由是债务悬置的不同：债务太多，以至于阻碍了经济增长和发展，削弱了私人部门的投资积极性，而且阻碍了政府在健康、教育和基础设施建设等方面进行重大投资的能力。

第二个理由是，债权国政府和机构不应该将为世界最贫困的国家提供如此大量的资金支持放在第一位，因为历史经验表明，依靠增长偿还债务才是最主要的挑战。世界上最贫困国家面临的最大困难是启动和维持经济增长，其原因包括：不利的地理环境、疾病负担、薄弱的机构、无常的环境和贸易冲击以及不利的政策。为这些国家提供贷款而不是赠予，是以这样的假设为基础的：帮助这些国家渡过债务危机会使得增长变得相对比较容易。但是，世界上许多最贫困的国家增长率仍然很低，债务也没还上，只能依靠新的贷款去偿还旧的贷款。

第三个理由是，债权人明知道独裁者会浪费资金并窃取钱财，却还将钱借给他们，是为了取得其政治支持。一旦独裁者离开，债务负担便落在了人民身上。刚果民主共和国，即前扎伊尔，在蒙博托的残酷独裁统治期间堆积了大量的债务，即使他把钱浪费了或窃取了，西方国家也乐于将钱贷给他。许多人认为恶债（打着国家名义的非法政府所积累的债务）应该被减免，成本由债权国承担。尽管美国尽量避免不良债务，但是它考虑到伊拉克的债务主要是独裁政府欠下的并且会成为经济进一步增长的极大阻碍，它还是给予了伊拉克一定的债务减免。2004 年 11 月，巴黎俱乐部同意取消伊拉克 290 亿美元的债务，又对剩余的 70 亿美元债务的偿还期限进行了重新安排，至今这是对一国最大的一笔债务减免。

□ 重债务穷国倡议

20 世纪 90 年代中期，那些世界上最贫困和深陷债务的国家不能偿还其债务的事实越来越明显了。大多数国家从来不拖欠债务：相反，随着债务的增长，债权国为它们提供新的贷款以偿还旧的贷款。这个战略被称为**防御性贷款**（defensive lending，因为能够防止债务国拖欠行为的发生）。但是这项政策不能持续，因为债务在增加，而经济却没有增长。

1996 年，国际社会认为进一步的债务减免是必要的。国际货币基金组织和世界银行为这些国家起了一个相当拙劣的名称——**重债务穷国**（heavily indebted poor-country，HIPC）。① 重债务穷国包括 38 个人均收入低于 900 美元（使用官方汇率而不是 PPP 核算）和债务净现值与出口的比例超过 150%的国家。② 从 1982 年到 1992 年重债务穷国的债务净现值与出口的比例从平均 266%上升到 620%。新倡议有两个关键点，通过双边政府债权国进一步减免税收（开始的时候占 80%，1999 年就达到 90%），这是多边机构第一次对部分债务进行减让。

▶ 案例 13—2　　**恶　债**

许多国家的法律规定，如果被别人盗用名字进行诈骗性贷款，那么这个人没有责任偿还借款；如果首席执行官没有足够的权利，公司可以不履行合同。恶债的法律原则与主权债务的相似，如果主权性债务没有经过人民的同意，而且是不利于人民的，则不应该被传递给下一届政府，特别是在债权者意识到这一点之时。但是许多发展中国家背负债务是由统治者造成的。统治者未经人民同意借了债，却将这些资金用于镇压人民或据为己有。

恶债理论起源于 1898 年美西战争之后。在和平谈判期间，美国主张它和古巴都不必为殖民地统治者的债务负责任，因为这笔债务并没有用来改善古巴人民的福利。尽管西班牙从来不接受这一主张，但是西班牙还是在巴黎条约之下担负起了古巴的债务。

虽然法律学者们在充实恶债理论的细节，但是它仍然没有得到国际法律社会的认

---

① 关于 HIPC 计划和相关债务问题的完整分析，参见 Nancy Birdsall and John Williamson（with Brian Deese），*Delivering on Debt Relief：From IMF Gold to New Aid Architecture*（Washington，DC：Center for Global Development and Institute for International Economics，April 2002）。

② 在国家经济开放且净现值与出口的比率不合适（因为大量的出口使比率下降）的特定情况下，如果一国的债务净现值与收入的比率超过 250%，那么该国就具有资格。更多关于 HIPC 的信息，参见世界银行的网址：www. worldbank. org/hipc/。

可。例如，20世纪80年代，南非的种族隔离政权从私人银行借钱，占了预算的一大部分，去支持军队和镇压黑种人。现在的南非人民承受着这个债务负担。

在其他的恶债例子中，据报道，苏慕萨于1979年趁尼加拉瓜政权被推翻时，掠走了100万～500万美元；费迪南德·马科斯在菲律宾积累了个人财富100亿美元；据报道，蒙博托从刚果人民共和国征用了40亿美元；让-克洛德·杜瓦利埃据说从海地卷走了900万美元。最近，美国主张削减在伊拉克由萨达姆·侯赛因积累的债务，因为是非法的。国际社会在2004年减免了大约290亿美元的债务。

经济学家迈克尔·克雷默和希玛主张建立一个独立的机构评估制度，并宣布非法政权造成的主权债务是令人憎恶的，因此政府没有义务继承。

资料来源：节选自 Michael Kremer and Seema Jayachandran，"Odious Debt，" *Finance and Development* 39，no. 2（June 2002）。

重债务穷国倡议的第一版修订得太繁复，也花费了太多时间，显得不是很有效。在前3年，只有5个国家接受了债务减免，而且数额相对较小。1999年，一个新的"增加版的"重债务穷国倡议诞生了，新倡议减让幅度更大、速度更快。

为了实行债务减免，一国必须在国际货币基金组织和世界银行的指导下，建立一个关于良好经济政策的记录，包括稳定的宏观经济环境、较低的贸易限制、支持私人部门增长的政策、强化的金融和法制体系。各国都要出台**减贫策略文件**（Poverty Reduction Strategy Paper），描述关于增长、发展和减贫的计划。一旦这些国家建立了这个记录，它们就达到了**决定点**（decision point），在这个点，债权国提供临时救济；也就是说，它们免除债务到期支付，但是不减免债务总量。保持强劲经济政策而且经过改革的国家，就终止了决定点而达到了**结束点**（completion point），在这个点就可以获得不可撤销的债务减免。

这个项目将被执行到2009年，达到结束点的国家将获得足够的债务减免，使它们的债务净现值与GDP的比例降至150%。国际货币基金组织和世界银行都认为这是低收入国家债务可持续的极限标准。这种做法的两个特点值得注意。第一，这一极限水平适用于所有国家。传统经济学认为每一个国家都能有不同的维持债务的水平，但是对于这些国际组织来说，用统一的标准衡量所有国家比较容易做到。第二，巴黎俱乐部减免了债务的一部分，超过极限的部分由HIPC减让。这样，一个债务净现值与出口之比达到200%的国家将会得到25%的债务减免，而一个债务净现值与出口之比达到300%的国家将会得到50%的债务减免。

2005年，国际货币基金组织和世界银行的股东以及非洲开发银行决定采取进一步的措施，对于达到结束点的、跟这三个组织有债务关系的国家给予100%的减让。这一措施是一次重大的改变，是这些组织首次提供100%的债务减让。

2009年年中，35个重债务穷国达到了结束点，12个国家接近于达到决定点（一些处于内战中的国家虽然从技术上而言达到了结束点，但其由于国内的情况，在债务减免上并没有取得太多的进展）。这35国从重债务穷国倡议和一系列相关的双边协议与多边协议中共计被减免的债务总额达到1 180亿美元，债务负担与出口的比例平均从1998年的16%降至2009年的6%，同时，债务负担与收入的比例由24%降至12%。在许多国家，从这个项目中得到的好处是明显的。例如，加纳利用这笔储蓄在国内建造了509个新的教室，为43 000个农民提供了小额信贷，资助了560个卫生和141个水利工程。乌干达（见案例13—3）和坦桑尼亚利用这笔钱减免了小学的费用，使得入学率有所提高。

重债务穷国倡议表明，即使政策制定者认为部分债务减免是有合理理由的，他们仍然面临几个关键问题。针对政府和多边组织的债务减免将会变得较复杂，因为市场机制的相关性较小。哪些国家有资格，哪些又没有资格？债务应该在什么样的时间框架下被减免多少呢？作为对债务减免的回报，债务人应该承担政策条件吗？如果应该，条件又是（由谁决定）怎样的呢？成本负担应该怎样被分担呢？关于这些问题的答案是没有绝对的对与错的，因为涉及经济、政治、金融和体制因素，所以这些问题都将成为政策制定者以后面临的主要挑战。

▶ 案例13—3　乌干达的债务免除

当1962年乌干达从英国获得独立时，存在广泛的乐观预期：其坚实的农业基础，以及各类人才能为其经济持续发展提供基础。然而，20世纪60年代后期的政治不稳定，以及随后的1971年艾迪·阿明（Idi Amin）的政变招致了长时期的政治恐慌，经济遭到了破坏。当1986年约韦里·穆塞韦尼（Yoweri Musevini）执政时，乌干达是世界上最穷的国家之一。食品生产在15年内减少了三分之一，平均收入下降了超过40%，并且平均寿命只有48岁。

新政府着手进行了一项广泛的经济重建计划，这一计划集中于恢复基础设施、重建宏观经济平衡、降低贸易壁垒，以及对社会部门进行投资。在随后的十几年内，经济获得显著恢复，平均收入增长将近60%，并且生活在贫困线以下的人口的份额从56%下降到44%。然而，到20世纪90年代中期，乌干达积累了大量的债务负担。到1993年，总外债额达到其年出口价值的12倍还多，这是世界上最高的比例之一。（注意，总债务等于出口价值的2倍通常被视为重债务负担。）其三分之二的债务是对多边机构欠下的，因此，针对私人部门或双边债务的传统债务免除方法对其的作用是有限的。

1998年4月，乌干达成为第一个符合重债务穷国减债计划下债务免除要求的国家。在这第一个重债务穷国减债计划中，乌干达获得了大约6.50亿美元的债务免除，减少了其32亿美元总债务的大约20%。两年后，乌干达成为第一个符合增加优惠的重债务国减债计划所需条件的国家，这一计划提供更进一步的债务免除，以使债务国变得有承受能力。第二个阶段减少的乌干达的债务大约为13亿美元，从而在该计划下总共减少其债务大约20亿美元。总的来说，该计划在2000—2020年每年减少乌干达的债务大约800万美元，或者说为其应付债务的三分之二至四分之三之间。2005年，乌干达获得国际货币基金组织、世界银行和非洲开发银行的全部债务减免。乌干达在这一计划下取得的早期成功令人鼓舞：1992—2003年间，其小学入学率从62%上升到86%，对于农场和市场之间的公路进行的投资增加了75%，并且使得农村地区能够饮用安全水的人口比例由2000年的54%提高到2003年的65%（然而，乌干达针对部分地区的冲突问题，也增加了军费支出）。乌干达的人均 GDP 在 1995—2010 年间，每年增加约 3.6%，在这段时间总计增加了约 70%。

资料来源：该信息主要来源于世界银行网站关于 HIPC 计划和乌干达国家页面的内容。

13.6 新兴市场的金融危机

20 世纪中后期，严重的金融危机冲击了大量发展中国家，包括阿根廷、巴西、厄瓜多尔、印度尼西亚、韩国、墨西哥、俄罗斯、泰国、土耳其、乌拉圭和委内瑞拉。这些危机与 20 世纪 80 年代的债务危机和 HIPC 债务危机有相似之处，但是有几点关键的不同。这些危机通常出乎意料并且非常突然，在几个星期或是几个月之内往往伴随着大量的经济和金融后果。而且，它们影响到以前经济业绩良好并且为国际资本市场所偏爱的国家。这些危机导致 GDP 和投资的急剧下降、贸易和银行业的关系产生了大量的混乱、广泛的失业和贫困人口的大量增加。它们还导致人们对外国资本流动（特别是短期资本流动）的地位、发展进程中金融自由化的合适速度和顺序这些问题进行广泛的再思考。

这些危机的核心是国际私人资本流量巨额的、突然的逆转。那些接受大量私人资本的国家突然之间面临巨额信用贷款的撤退、偿还贷款的要求、证券投资资本的大批撤离，以及国内投资资本的离岸撤离。表 13-5 显示了亚洲金融危机中受到最严重影响的五个经济体的借款迅速集结，以及随后资本流量逆转的程度和速度：印度尼西亚、马来西亚、菲律宾、韩国、泰国。这五个国家净私人资本流量在仅仅两年之内翻了一番还多，从 1994 年的 400 亿美元增加到 1996 年的 1 030 亿美元。仅仅净商业银行借款就增加了近两倍，从 240 亿美元增加到 650 亿美元。但是在 1997 年下半年，1 030 亿美元的净私人资本流入突然之间变成了 10 亿美元的资本流出。这 1 040 亿美元资本流量的逆转相当于这五个国家危机之前国内生产总值之和的大约 10%。1994 年末的墨西哥危机也遵循了一种相似的模式。两年 400 亿美元的资本流量逆转大约相当于当年国内生产总值的 9%。其他的危机国家遵循相似的模式。这么大量的资本逆转，难怪这些国家会陷入危机。

表 13-5　　五个亚洲经济体：危机前后的私人外部融资　　单位：10 亿美元

	1994 年	1995 年	1996 年	1997 年	1998 年
净私人资本流动	40.5	77.4	103.2	−1.1	−28.3
股权投资	12.2	15.5	19.7	3.6	8.5
私营债权人	28.2	61.8	83.5	−4.7	−36.8
商业银行	24	49.5	65.3	−25.6	−35
非银行私人债权人	4.2	12.4	18.2	21	−1.7

说明：五个经济体指韩国、马来西亚、印度尼西亚、泰国、菲律宾。

资料来源：Institute of International Finance, "Capital Flows to Emerging Market Economies," January 1999.

资本流量的逆转立即导致贸易余额、储蓄—投资缺口和整体经济活动的巨大变化。

在五个危机国家中，经常债户余额从 1996 年平均占国内生产总值 5%的赤字，转变为 1998 年平均占国内生产总值 5%的盈余。经济产出在危机当年或危机下一年急剧下降（这主要依赖于危机发生在该年的前期还是后期），见表 13－6。阿根廷、印度尼西亚和泰国的 GDP 增速暴跌。受害最深的是穷人，例如那些在城市通过为卡车装货或在建筑工地上工作以竭力维持生计的按日计酬的临时工们，突然之间失去了工作，而他们之中很少有人有其他办法赚得一份收入。据官方统计，印度尼西亚的贫困率从 12%上升到 22%，几乎翻了一番，而一些非官方估计显示，这一数字甚至更高。

表 13－6　　危机前后的 GDP 增长

国家	危机年份	实际 GDP 年增长率（%）			
		危机前一年	危机年	危机后一年	危机后两年
阿根廷	1995	5.8	−2.8	5.5	8.1
阿根廷	2001	−0.8	−4.4	−10.9	7
巴西	1998	3.3	0.1	0.8	4.4
印度尼西亚	1997	7.6	4.7	−13.1	0.8
韩国	1997	6.8	5	−6.7	10.9
马来西亚	1997	10	7.3	−7.4	6.1
墨西哥	1995	4.4	−6.2	5.2	6.8
菲律宾	1997	5.8	5.2	−0.6	3.4
泰国	1997	5.9	−1.4	−10.5	4.4
土耳其	1994	8	−5.5	7.2	7
土耳其	2001	7.4	−7.5	7.8	4.8
委内瑞拉	1994	0.3	−2.3	4	−0.2

资料来源：World Bank，*World Development Indicators 2004*.

几乎与经济增长一样惊人的是经济的反弹速度，至少在许多危机国家是这样的。阿根廷、韩国、马来西亚、墨西哥和土耳其在各自危机过后第二年，均经历了 5%甚至更高的国内生产总值增长。正如我们将看到的，这种相对快速的恢复至少部分地反映了债权人恐慌在这次危机中所起的核心作用。

这些危机是如何发生的呢？受危机影响的国家一般具有以下几个特征。第一，它们倾向于为中等收入和中高收入国家，并且这些国家经历了几年快速的经济增长；第二，它们均接受了大量私人国际资本，其中大多数为短期债务结构；第三，它们最近均将其金融体系自由化，并且均经历了银行贷款和其他金融服务的快速扩张；第四，大多数危机国的汇率受其中央银行的严格控制，经常对美元严格固定或钉住美元；第五，一些国家（但非所有国家）依靠向当地和海外银行贷款以及债券持有人借款去弥补政府预算赤字。这些相似性表明政府政策对危机起到了推动作用，特别是银行、金融和汇率政策。然而，一些国家的迅速恢复、危机在如此短的时间内袭击如此多的国家的事实，以及私人外国资本快速集结再迅速撤退的一致性模式，所有这一切均表明，国际资本市场中的资本流动对危机同样起到了重要作用。

□ 国内经济弱点

每一个危机国均在 20 世纪 80 年代末期和 90 年代早期将其金融系统自由化，并且自由化的方式在无意中导致了金融系统的脆弱性和过度扩张。银行和其他金融机构的进入要求被放松了，并且允许新的私人银行开业。政府取消了控制利率以及迫使银行将信贷分配给特定企业和投资项目的管制措施，因此，银行在其贷款和利率决定方面更具灵活性。同时，在通过离岸借款筹集资金方面，银行也被赋予更大的自由。实际上，在一些国家，银行受到政府政策的积极鼓励从外国银行借款，并在国内将资金再贷出去，造成这些国家银行系统的对外债务急剧上升。例如泰国，银行和金融体系的总外债由1990年占国内生产总值的5%上升到1995年占国内生产总值的28%，其中大部分外债是向外国商业银行欠下的。这些变化导致了银行国内贷款的迅速扩张，泰国、韩国和马来西亚在仅仅7年内，其贷款增加额就相当于其国内生产总值的50%还多。

当然，金融自由化能为发展中国家带来很多收益，包括动员额外资源、降低中间成本以及改善信用资金的分配。但问题不在于金融自由化本身，而在于金融自由化是如何进行的，特别是它是以多快的速度进行的。金融活动扩张的速度和幅度超过了政府建立强有力的法律、谨慎管理和监督这些交易的能力。危机国金融系统的自由化进程太过于迅速，而且对建立强有力的法律和监督机构来防卫这一系统却没有给予足够的重视。中央银行缺乏有能力、有权力来决定哪一个银行是脆弱的并采取措施处罚或关闭业绩较差的机构的监督者。银行管理薄弱，实施不当，或二者兼有。在一些情况下，通过有政治影响力的银行所有者向监管者施压（或贿赂），以使其对银行的违规行为视而不见。结果一些银行资本化不足，不良贷款水平相当高，许多审慎的法规遭到践踏却不被惩罚。随着时间的推移，贷款倾向于流向弱的投资项目，并且银行各种贷款业务的质量恶化了。这使得银行（从更广泛意义上说是整个金融系统）处于脆弱的局面。例如，泰国的大量贷款投向了房地产、建筑和不动产。当房地产价格在1996年开始下跌时，暴露于这些市场的银行开始受到相当大的削弱，致使这些银行的外国债权人日益紧张起来。

汇率政策增加了问题的严重性。每一个发生危机的国家不是实行固定汇率，就是实行高度管制的汇率体系。没有一个危机经济体的货币具有完全弹性。虽然固定汇率有助于保持进口价格相对稳定，并且在一个高通货膨胀环境下能够提供一个价格基准，但会产生三个问题。

第一，它们倾向于鼓励短期资本流入，这在资本迅速撤离的情况下特别脆弱。在固定汇率制下，投资者相信，他们由于汇率快速变化而受到损失的机会很小。如果外国投资者相信汇率在该月变化的概率很小，那么他购买以墨西哥比索计价的一个月债券的可能性较大。与此相比，在那些实行浮动汇率制的国家，外国投资者必须考虑汇率的风险，因为相当小的汇率变化就能吞噬他们从高利率中获得的所有收益。

第二，固定汇率被高估，使得进口产品时比较便宜，但出口利润受损。部分原因是它们的汇率政策，危机经济体大都经历了出口增长和出口增长减慢、危机前贸易赤字扩大的过程。

第三，更微妙的是，一旦在危机早期开始发生资本撤离，固定汇率有助于加速资本撤离。一旦投资者意识到资本正在撤离，他们就开始对本币进行投机，因为他们打赌政府将会放弃固定汇率制。[1] 这种投机增加了外汇的流失并对汇率造成压力。当中央银行最终耗尽其储备时，将别无选择地使货币大幅度贬值，这通常将导致严重的萧条。泰铢由 1997 年 7 月的 25 铢兑换 1 美元跳到 1998 年 1 月的 54 铢兑换 1 美元，韩元从危机前大约 900 韩元兑换 1 美元变为 1997 年末超过 1 900 韩元兑换 1 美元，直到 1998 年初开始升值。很清楚就能弄明白为什么持有以泰铢或韩元计价资产的人预期贬值，并希望尽快把钱从这些危机国家撤出。

□ 短期资本流动

政策上存在缺陷无疑造成了这些经济体的脆弱性，为了解释危机的速度和凶残程度，我们必须转向国际资本市场的运作和外国债权人的行动。

如此多的资金能够迅速地撤离这些国家，其关键原因在于绝大部分资金流量的期限结构是短期的。借给危机国企业、银行和政府的贷款的大部分预定在一年的时间内甚至更短的时间内偿还，并且在一些情况下，贷款仅在几个月甚至几个星期就会到期。这种短期借款（全额支付应在一年或更短的时间内）同时受到贷款者和借款者的欢迎。对于借款者而言，短期贷款利率通常比长期低；而对于贷款人而言，由于贷款人不需要暴露于市场太长时间，因此短期贷款风险更低（监督机构要求的准备金也更少[2]）。只要这些经济体持续运转，如果债权人认为值得，他们也乐于将贷款展期或延期（也就是说，用同样数量的新贷款偿还旧贷款），从而允许贷款人能够继续他们的经营。因此，只要一切运转良好，短期贷款就不会产生什么问题；然而，一旦出现任何问题——或更确切地说，一旦债权人认为可能出现什么问题——那么债权人会迅速收回其信用额度并要求立即偿还贷款。这正是东亚所发生的情况：当泰国经济在 1996 年末及 1997 年初开始出现明显弱化时，债权人开始封锁所有的信贷项目并且要求还款，从而引发了一连串事件，最终导致了金融恐慌和严重的经济危机。

当一个经济体的短期外汇负债迅速增加并且超过短期外汇资产时，该经济体在国际资金迅速撤离面前就会显得十分脆弱。在这种情况下，经济体就会变得流动性不足，即手头没有足够的美元（或其他外币）来支付所有到期的国际债务。表 13－7 显示了危机国（地区）的一种重要类型的对外债务，即对外国商业银行欠下的短期债务的规模，包括各个经济体、“国有”企业、商业银行和私人企业对国际银行所欠下的所有短期债务。该表还显示了各个经济体主要的流动性外汇资产，即由央行持有的外汇储备的数据。最后一栏显示出关键点：每一个危机经济体的短期外债均超过或几乎超过其可利用的外汇储备。在这种情况下，经济体很容易受到严重危机的冲击，因为在所有短期债务均被要

① 此类投机沿着下面一个非常简单的例子的思路进行：一个外国投资者相信菲律宾比索会被迫贬值。该投资者从菲律宾银行获取了 2 500 万比索的短期贷款，接下来他将这笔资金以 25 比索兑换 1 美元的现行汇率兑换成美元，获得 100 万美元。如果该投资者是正确的，汇率确实贬值了，那么偿还贷款只需要更少的美元。例如，如果汇率变化到 50 比索兑换 1 美元，那么该投资者只需要兑换 50 万美元来获得偿还贷款所需要的 2 500 万比索，从而剩下的 50 万美元作为利润被装入投资者的腰包。这种战略被称为卖空比索。

② 中央银行要求商业银行留出（或预留）所有新增贷款的一定比例，以确保商业银行在贷款失败时手头还有一些资金。准备金的数量依贷款风险的不同而不同，通常短期贷款的数量要更低。这部分是因为商业银行不必为这些贷款预备那么多资金，短期贷款的利率比长期贷款更低。

求偿还的情况下，它们手头没有足够的可利用外汇来偿还每一项债务。

表 13-7　短期外债和储备

国家（地区）	时期	短期债务（百万美元）	储备（百万美元）	短期债务/储备
发生危机的国家				
阿根廷	1995 年 6 月	21 509	10 844	1.98
阿根廷	2001 年 6 月	40 916	21 077	1.94
阿根廷	2001 年 9 月	37 792	20 555	1.84
阿根廷	2001 年 12 月	32 320	14 553	2.22
巴西	1998 年 12 月	41 038	42 580	0.96
印度尼西亚	1997 年 6 月	34 661	20 336	1.70
韩国	1997 年 6 月	70 612	34 070	2.07
马来西亚	1997 年 6 月	16 268	26 588	0.61
墨西哥	1994 年 12 月	33 149	6 278	5.28
菲律宾	1997 年 6 月	8 293	9 781	0.85
俄罗斯	1998 年 6 月	34 650	11 161	3.10
泰国	1997 年 6 月	45 567	31 361	1.45
土耳其	1994 年 6 月	8 821	4 279	2.06
土耳其	2000 年 6 月	26 825	24 742	1.08
土耳其	2000 年 9 月	27 845	24 255	1.15
土耳其	2000 年 12 月	28 360	22 488	1.26
委内瑞拉	1994 年 6 月	4 382	5 422	0.81
未发生危机的国家（地区）				
智利	1997 年 6 月	7 615	17 017	0.45
哥伦比亚	1997 年 6 月	6 698	9 940	0.67
埃及	1997 年 6 月	4 166	18 779	0.22
印度	1997 年 6 月	7 745	25 702	0.30
约旦	1997 年 6 月	582	1 624	0.36
秘鲁	1997 年 6 月	5 368	10 665	0.50
斯里兰卡	1997 年 6 月	414	1 770	0.23
中国台湾	1997 年 6 月	21 966	90 025	0.24

资料来源：Bank for International Settlements，*The Maturity*，*Sectoral*，*and Nationality Distribution of International Bank Lending* (Basle，Switzerland：various issues)；International Monetary Fund，*International Financial Statistics* (Washington，DC：various issues)；Joint BIS-IMF-OECD-WB Statistics on External Debt (30 November，2004).

请记住，表 13-7 所显示的短期银行信贷仅仅是短期外汇负债的一种。其他类型的外国资金同样会迅速撤离，包括证券投资组合（如股票购买）、外汇银行存款、避险工具，以及带有允许快速还款条款的长期贷款。但是，这些资本形式的数据不可得。另外，资金撤退也并不仅局限于外国人：本国居民也开始努力将其资产由本国货币转换成美元（或日元），从而对汇率造成更大的压力。请注意，更长期的贷款和外国直接投资通常不会像短期贷款一样如此迅速地逆转，因此产生资金快速撤离的可能性更小。

□ 债权人恐慌

这些金融危机至少部分上是人们所知道的债权人**理性恐慌**（rational panics）的结果。在特定情况下，投资者可能会有动力将其资金从一个在其他方面相当健康的经济体中迅速撤出，如果他们认为其他投资者也打算做相同的事情。在一个经济体内部的典型案例是银行挤兑，在发生这种情况时，银行存款人会突然撤出其资金，从而减少了银行资金。案例 13—4 描述了理性恐慌发生的特定条件。

在国际背景下，此类恐慌发生需要两个关键条件。第一个条件是，相对于国外资产而言，短期外债水平很高，这正是这些经济体发现它们在数月内可能会引发危机的条件。在这种情况下，每一个债权人开始意识到如果所有债权人均要求还款，那么债务人手头将没有足够的外汇对每一个人进行支付。第二个条件是，一些事件使债权人相信其他债权人可能开始要求还款。这些事件可以是能够严重影响国内银行体系的一次军事政变、一场自然灾害、出口价格急剧下降，或者房地产价格下跌或者是使得债权人担忧整个地区的邻国的事件。一旦债权人相信其他债权人可能撤出其资金，那么对于每一个债权人而言，唯一的理性行为选择是立即要求还款而避免成为最后的债权人。如果外汇储备耗空，他将得不到还款。因此，这种非常迅速的资金撤离被称为理性恐慌。当然，具有讽刺意味的是，所有债权人同时要求还款最终将耗尽储备，并导致所有人都宁愿避免的严重危机。从这种意义上看，这些危机常常被称为是自我实现的，即更多的债权人认为，危机的本身就使得一场危机实际上更可能发生。

▶ 案例 13—4　自我实现的债权人恐慌

正确区分流动性不足和无力偿还的概念，就可以最好地理解债权人恐慌。一个无力偿还的（insolvent）债务人没有用来偿还债务的未来收入净值；而一个流动性不足的（illiquid）债务人虽然在长期具有清偿债务的净值，但当前缺乏归还债务的现款。如果一个有偿付能力但流动性不足的借款者不能从资本市场借到新的资金，从而保持在清偿债务上的流动性，那么就会发生流动性危机。但由于借款者具有偿债能力，因此资本市场原则上会为其提供新的资金用来偿还当前债务，因为它预计旧贷款和新贷款都能得到完全偿还。资本市场不愿意或者没有能力为流动性不足的借款者提供新贷款，这是问题的核心所在。

为什么资本市场会像这样发生失灵呢？这主要是由于集体行动的问题。假设每一个单独的债权人都太小，不能提供流动性不足的借款者所需要的所有贷款。当债权人作为一个整体时会愿意进行新贷款，但如果其他债权人不贷款，就没有单独的债权人愿意进行贷款，因此就会发生流动性危机。那么，可能的市场均衡结果就是，没有单独的债权人愿意向流动性不足的借款者贷款。这完全是因为每一个理性的债权人均预期没有其他债权人会进行这样的贷款。

考虑这样一个简单的例子。假设借款者对大量现有债权人所欠的债务为 D。要求在第 1 期偿还债务 θD，第二期偿还 $(1+r)(1-\theta)D$，这里的 r 是向未偿还的贷款余额所索取的利率。债务人拥有一项投资项目，在第 2 期将会盈利 Q_2。请注意，要使该项目有利可图，$Q_2/(1+r)$ 必须大于两期内总债务偿付的现值 $\theta D+[(1+r)(1-\theta)D]/(1+r)$，而这一现值必须等于 D。债务人缺乏现金流来偿还 θD，因为投资项目只有在第 2 期才盈利。另外，如果债务人拖欠债务，则贷款就会被要求加速偿还（比如由每一单个债权人要求立即同时偿还）。那么投资项目就会被废弃，余值 $Q_1<D$。在这种情况下，对未偿债务的部分清偿就会从余值中按比例在现有债权人之间进行分配。

通常而言，这个有偿还能力但流动性不足的借款者在第 1 期能够借到新贷款 L，并利用它来偿还 θD；然后在第 2 期再偿还 $(1-\theta)D+L$。因此，在 $L=\theta D$ 的情况下，第 2 期应还款的总量为 $(1+r)\theta D+(1+r)(1-\theta)D=(1+r)D$，并且通过假设知道这一总量小于 Q_2。因此，在这种情况下，该项目仍保持盈利。

假设每一个单独的债权人最多能借 λ，并且 $\lambda \ll D$（即 λ 远远小于 D）。这一贷款期限可能是出于对单个银行贷款者的谨慎标准，从而限制他们暴露于特定的债务人。如果只有一个在第一期准备贷款，那么借款者将被迫拖欠债务，因为他没有能力在第一期偿还债务。在第一期借出 λ 的新债权人将会立即遭受损失（确实，如果还款时按照前面的债权人具有优先还款权这样的顺序，那么他可能什么也得不到）。很明显，第一期贷款至少需要 n_1 个新债权人，其中，$n_1=\theta D/\lambda$。

很明显，在这种情况下具有多重理性均衡。在正常情况下，n_1 个债权人通常会站出来贷款，而现有的债务则会被偿还，未来债务也会得到偿还。投资项目可以一直进行下去，直到取得成功。在出现金融危机的情况下，每一个单独的债权人均不愿贷款，因为他们相信其他债权人也不会贷款，因此债务人被推向拖欠债务的地步。而这样做又会被要求加速还款，从而投资项目就会报废，产生大量经济损失，因为余值 Q_1 小于 $Q_2/(1+r)$。当然，每一个单独的债权人均会觉得他不进行贷款是正常的；毕竟债务人会立即拖欠债务。

资料来源：节选自 Steven Radelet et al.，"The East Asian Financial Crisis: Diagnosis, Remedies, Prospects," *Brookings Papers on Economic Activity*, no.1 (1998). Reprinted by permission of Brooking Institution Press。

在亚洲，泰国经济在 1996 年末和 1997 年初开始放慢之后，银行面临房地产价格下降的压力越来越大，那些大量向泰国银行贷款的外国债权人开始紧张起来并撤出其贷款。其他债权人也开始相信泰国可能会用完其外汇储备，使泰铢贬值，或者两者兼有，因此也开始撤出其信贷资金。对其债权人而言，唯一理性的选择是也做同样的事情；而对国内投资者而言，则是开始将其资产转换成美元。这些事件最终会耗尽外汇储备并迫使泰铢大幅度贬值，这种情况正是从 1997 年 7 月开始的。泰国的弱点使得债权人对它的邻居们更加紧张，特别是韩国、马来西亚、印度尼西亚和菲律宾。相似的连锁事件发生在大部分的危机国（所不同的仅仅是一些具体细节和触发事件而已）。

一旦恐慌开始，它一般会一直持续下去。这是由于以下几个原因。第一，由于外国债权人要求还款并且汇率开始贬值，因此危机国国民也努力将其金融资产由本币转化为外币，这对外汇储备和汇率造成了额外的压力。这在印度尼西亚、俄罗斯和巴西最近的危机中是特别重要的问题。第二，贬值会严重破坏以外币借款的银行和企业的资产负债表。例如，当印度尼西亚的卢比从 1997 年中期的 2 500 卢比兑 1 美元猛跳到 1998 年初的10 000卢比兑1美元时，印度尼西亚具有美元债务的企业将不得不偿还4倍于其最初还款预期的卢比数量。汇率波动对债权人造成的削弱影响是显而易见的，因此汇率下跌幅度越大，外国债权人试图撤回任何余下来的贷款的动力越大，从而对汇率造成的压力也越大。第三，当汇率在一国下跌时，债权人开始相信其周边国家也会发生相似的情况，因此也开始从其他新兴市场撤出其资金。例如，马来西亚、印度尼西亚和菲律宾在1997年7月泰铢崩溃之前，经济丝毫没有遇到困难的迹象，但在仅仅几个星期之内，这种“传染病”就袭击了该地区，并且债权人纷纷从该地区的几乎所有国家撤出其资金。

这些新兴市场的金融危机并不是一种新现象。自几个世纪以前银行发展和新兴国际资本流动出现以来，与此相似的事件只是以略有不同的形式出现过。经济学家长期以来就认识到金融市场（既包括国内的也包括国际的）一般易处于不稳定和恐慌状态。20世纪初期，工业化国家政府实施一些专门用来减少金融危机频率和严重性的机构及制度，包括中央银行的最后贷款人资格、存款保险以及破产程序等，从而使危机在这些国家并不常见。

然而，这些主要的制度在国际金融市场通常并不存在，从而使这些市场易受恐慌的攻击。当中央银行面临其外汇储备挤兑（类似于商业银行面对存款人挤兑）的情况时，没有国际性的最后贷款人愿意为其提供保持其流动性所需要的外汇。与此相似，也没有类似于存款保险的国际保险机构使债权人相信如果债务人拖欠，他们仍会得到清偿。此外，当一国不能偿还短期外债时，也没有破产法院能要求一个强制性的暂停债务清偿，并检查破产企业资产的去向。对上述列举的每一种情况，都存在广泛的争议，如这些机构是否应该存在？如果应该存在，它们应如何被设计并在没有单一法律权力这样一个国际背景下实际有效地运转？例如，为债权人提供保险的国际机构会导致大量贷款流向经营不佳的企业，因为如果企业破产，债权人总是能够依靠保险赔偿。无论如何，在没有这些机构的情况下，国际金融市场将会持续易于陷入快速动荡和金融恐慌。

□ 停止恐慌

对于国际资本撤出的金融恐慌一旦开始，就很难停下来。这里有四个基本选择：

1. 政府可以努力使外国债权人和本国国民相信能够使资金外撤停止，甚至提供新资金。它们可以通过紧缩财政和货币政策，并且有时也许要限制进口，从而降低对外汇的需求。它们也可以实施政策改革，以纠正经济中能感觉到的弱点。例如，如果债权人担心银行部门，那么加强银行的改革可能会使债权人信服并开始继续贷款。

2. 政府可以努力通过官方渠道（如国际货币基金组织和世界银行）贷款来增加外汇供应，这与商业银行遇到挤兑时从中央银行贷款的情况非常相似。新的资金有助于使债权人相信，如果需要的话，其手头有足够的外汇储备来支付给每一个人，并且允许经济正常运转。

3. 政府可以通过重新调整外债结构从而能在更长的期限内偿还贷款，以停止债权人的挤兑。这一方法可能包括一个正式的债务偿还期的重新安排，在这一“暂停”期内，国际贷款的偿还被延迟，或在一些情况下，债务被彻底减免。

4. 政府什么也不做（有意或无意），任恐慌继续下去，直到所有债权人都跑掉、外汇储备也被耗尽、债务被拖欠，而经济体陷入严重的衰退之中。到一定程度时，即使在这种可怕的情况下，一些投资者将开始回来利用低的资产价格，外汇市场将开始趋于稳定（以一个大大贬值的汇率水平），并且经济将开始慢慢复苏。

要从上述办法组合中做出正确的行动选择，这依赖于危机发生的根本原因和国际债权人的感觉，但是政策调整和资金支持无疑可以避免完全崩溃。问题是，在市场每小时都在变化、几乎没有可利用的准备信息，并且债权人的感觉和反应均不可能度量的情况下，对恐慌做出正确诊断并开出正确的药方是非常困难的。因此，和新兴市场经济体所面临的情况一样，受危机影响的国家和国际社会在处理早期危机时均会经常犯错误，这一点也不奇怪。

在大多数受影响的经济体中，一旦危机开始，政府会转向国际货币基金组织寻求建议和财政支援，符合第一种选择。国际货币基金组织于 1945 年成立，成立于大萧条和第二次世界大战之后，旨在稳定国际货币体系，包括促进世界贸易的平衡发展、稳定汇率、有序校正国际收支问题。① IMF 的目的是阻止危机或者是通过鼓励危机国家采取正确的金融和经济政策，或当危机国面临国际收支问题时为它们提供临时的资金支持，从而缓解经济危机的影响。毫无疑问，IMF 处理危机时并不轻松。在危机期间它提出的政策和计划都是要经过激烈讨论的，专家要对一项政策是会帮助减缓危机还是会无意中加重危机的后果进行激烈讨论，至少在危机的早期阶段，通过动摇投资者的信心和进一步弱化经济加重危机的后果。②

国际货币基金组织的最初政策处方集中在同时紧缩财政政策和货币政策（以减少总需求和对外汇的需求），并关闭衰弱的金融机构上。在一些财政赤字巨大的国家（因为它们需要巨大的资金支持），例如阿根廷和土耳其，紧缩财政是必要的。但是，在一些其他国家，特别是在一些亚洲国家，财政收支只是小小的赤字，甚至是盈余，紧缩财政引起了争议，一些人认为紧缩的财政政策可能会加重正在发生的经济收缩。紧缩的货币政策和高利率的问题更加复杂。从一方面看，高利率可能会吸引一些外国的资金并减缓资金的撤回；从另一方面看，外国债权人相信高利率可能会进一步弱化银行和企业的能力，因而他们会要求加速还款。关于这些问题的经验证据还远没有得出结论。可能最有争议的问题是金融机构的改革。毫无疑问，银行体系薄弱而且过分扩张，需要进行重大改革。但是，这些机构的突然关闭可能会在短期内加重恐慌，由于存款人担心银行即将倒闭而加速银行挤兑和体系的崩溃。

一些危机经济体政府的行动不是减轻了危机而是恶化了危机。泰国迟迟不愿浮动其

---

① 对于 IMF 的功能的描述，参见 www. imf. org/external/pubs/ft/exrp/what. htm。

② 对于这些问题的争论，参见 Steven Radelet and Jeffery D. Sachs, "The East Asian Financial Crisis: Diagnosis, Remedies, Prospects," *Brookings Papers on Economic Activity*, no. 1 (1998), 1-90; Jason Furman and Joseph Stiglitz, "Economic Crises: Evidence and Insights from East Asia," *Brookings Papers on Economic Activity*, no. 2 (1998), 1-136; Martin Feldstein, "Refocussing the IMF," *Foreign Affairs* 77, no. 4 (March-April 1998), 20-33; Stanley Fischer, "In Defense of the IMF," *Foreign Affairs* 77, no. 4 (July-August 1998); Timothy Lane and others, "IMF-Supported Programs in Indonesia, Korea, and Thailand : A Preliminary Assessment," IMF occasional paper no. 178 (1999); World Bank, *East Asia: The Road to Recovery* (Washington, DC: World Bank, 1998); Martin Feldstein, ed., *Economic and Financial Crises in Emerging Market Economies* (Chicago: University of Chicago Press, 2003); Nouriel Roubini and Brad Setser, *Bailouts or Bail-Ins? Responding to Financial Crises in Emerging Economics* (Washington, DC: Institute for International Economics, 2004)。

汇率并采取措施以解决银行所面临的过度暴露于房地产市场的问题，这使得危机比泰国政府不这样做时的情况更加严重。印度尼西亚中央银行通过大量贷款试图支付软弱的银行，最终却刺激了资本外逃并进一步弱化了其货币。

再来看第二种选择，这些项目由 IMF 拿出大量资金支持，有些情况下，由来自日本、美国和欧洲国家的政府提供双边资金进行支持。这些资金支持的目的在于扩大危机国的外汇储备，使债权人相信其有足够的资金来偿还每个人，并且减轻对汇率的压力。在几个案例中，国际社会所保证的援助数量相当巨大（见表 13－8）。国际承诺给墨西哥、巴西、韩国、土耳其的数额都超过了 300 亿美元。

表 13－8　选定危机国的国际融资

国家	IMF 承诺		双边承诺		总承诺		实际支付	
	10 亿美元	%GDP	10 亿美元	%GDP	10 亿美元	%GDP	10 亿美元	%GDP
墨西哥(1995年)	18.9	4.6	20.0	5.0	38.9	9.6	27.6	6.8
泰国（1997 年）	4.0	2.2	10.0	5.5	14.0	7.7	11.2	6.2
印度尼西亚(1997年)	11.3	5.0	15.0	6.6	26.3	11.6	10.8	4.7
韩国(1997年)	20.9	4.0	20.0	3.8	40.0	7.7	19.4	3.7
俄罗斯(1998年)	15.1	3.5	0	0.0	15.1	3.5	5.1	1.2
巴西(1998—1999年)	18.4	2.3	14.5	1.8	32.9	4.1	17.5	2.2
土耳其(1999—2002年)	33.8	17.0	0	0.0	33.8	17.0	23.1	11.6
阿根廷(2000—2001年)	22.1	7.7	1.0	0.4	23.1	8.1	13.7	4.8
乌拉圭(2002年)	2.7	14.5	1.5	8.0	2.7	14.5	2.2	11.8
巴西(2001—2002年)	35.1	6.9	0	0	35.1	6.9	30.1	5.9

资料来源：Nouriel Roubini and Brad Setser，*Bailouts or Bail-Ins? Responding to Financial Crises in Emerging Economies*（Washington，DC：Institute for International Economics，2004）.

实际支付的数量通常是比较小的，因为仅仅是对数量的宣布就可以减少债权人的担心，在需要全部数量以前，危机就开始减弱，或者有的受援国不满足条件，资金被撤销。虽然在墨西哥、韩国、巴西和土耳其，资金足够减轻恐慌，在其他国家，资金也相对充足，但是一些人认为，大量的资金支持从长期看是不利的：1995 年对墨西哥的国际救济使得私人债权人在向其他新兴市场贷款时更加松懈，因此可能促进了资本流量的再一次集结，并导致了 1997 年和 1998 年其他国家的危机。这种情况被称为**"道德风险"**（moral hazard），即不适当的协议或合同会改变利益主体的行为。① 在这个例子中，帮助墨西哥摆脱困难的协议可能会导致投资者相信他们会在其他新兴市场国家承担更大的风险，因为它们可能在另外一场危机中摆脱困难。但是，许多人对墨西哥是否能通过这种效应摆脱危机表示怀疑。

第三种选择是重新安排债务、延长债务期限，从而可以以后再进行偿还，或是减免部分或全部债务。在大多数的极端案例中，比如阿根廷、厄瓜多尔、俄罗斯，政府采取了单方面**停顿**（standstill）的办法——暂时停止清偿债务——或是拖欠。实际上，这些措施有效地促使债权人不知不觉地提供资金，这被经济学家诺里尔·鲁比尼（Nouriel

① 道德风险的经典案例来自保险市场，在保险市场覆盖亏损可能增加风险承担的保险行为。

Roubini）和布拉德·塞特塞尔（Brad Setser）称为债权人“脱困”。① 当债权人不仅仅是外国银行而且是本地银行或是持有政府债券的国民时，拖欠会变得更复杂。当政府已经向当地银行借钱，拖欠债务时，就使得国内银行体系变得更加脆弱，并且将会导致存款冻结，很明显这是一个政治上不受欢迎的措施。②

相比于直接违约，其他选择是可行的，并且破坏较小。巴西和土耳其说服一些外国银行对现有信贷延缓付款，但这是非强制性的，而且许多银行没有这么做。土耳其将80亿美元的由国内银行和居民持有的短期当地货币债务兑换为长期的美元和里拉债务。阿根廷延期偿还约150亿美元的政府债务，并且为另外150亿美元债务的利息提供资金。这些交易是昂贵的利率条款，但是它们提供及时的资金资助，避免拖欠。

可能最有趣和最重要的关于债务重新安排的例子是韩国。1997年末，在美国政府和国际货币基金组织的压力下，韩国银行的主要债权人同意重新安排本该在1998年第一季度到期的大约220亿美元的债务。这一措施在危机的初期就开始实施，它预防恐慌的效果是明显的：韩元开始升值，并且韩国股票市场在债务重新安排计划宣布的第二天就开始出现反弹。几个星期之内，韩国危机最紧张的部分被有效地制止了，韩国经济反弹非常迅速。

债务重组有几个好处。第一，债权人和债务人更加公平地分担债务调整负担，而不是迫使债务人来承担调整任务。这不仅是更公平的，还可能有预防的作用：伴随着停顿或重组的现实可能性，债权人将不太可能进行更多的借贷。第二，当债务重组时对国际社会（及其纳税人）的资金需求就更少。第三，因为立即偿还债务的压力是债权人恐慌的核心，重组可以起到立竿见影的效果，比如在韩国。债务重组和暂停偿付成为大多数工业化国家破产程序最重要的部分。几个分析师建议采用不同的方法建立国际破产制度，但是将这个想法付诸行动是比较困难的。

即使很少采取措施或不采取措施，恐慌最终也将结束，因大数数外汇最终被耗尽，债务进入拖欠状态。然而，当这种情况发生时，所导致的经济紧缩会非常深，而且金融系统通常会陷入混乱状态。例如，在印度尼西亚，金融危机迅速演变成一场政治危机。这一政治危机导致了广泛的暴动，财产遭到严重破坏，并最终导致1998年5月苏哈托总统辞职。1998年国内生产总值大约收缩了15%，直到1999年经济最终开始趋于稳定，并且人均GDP在1997—2004年间一直没有恢复之前的水平。

□ 危机的教训

从危机中，我们可以学到很多经验教训。第一，这些危机是有关新兴市场快速金融自由化以及建立强有力的机构包含困难的警戒事件。危机经济体非常迅速地将其金融系统自由化，但却没有注意去建立并加强监督和管理金融交易所必需的各种制度。构建功能良好的金融体系依然是发展进程中的主要挑战。这些危机表明，政府应该在自由化国内金融交易时更仔细，并且应该确保必需的监管制度得到平行发展。在2008—2010年

① Roubini and Setser, *Bailouts or Bail-Ins*?

② 拖欠外国银行的债务同样能够弱化这些银行，但是它们试图在外国银行资产负债表中占有较小份额，所以影响是有限的。

间在美国和欧洲发生的金融危机进一步表明，即便是最发达的金融系统也会因为监管不充分而易受到冲击，因此在金融自由化过程中应该非常谨慎。

第二，在一些存在大量私人资本流动的国家，依靠固定的汇率制度使得这些国家容易遭到金融危机的冲击。究竟是固定汇率还是浮动汇率对长期增长和发展而言更可取，这仍是一个悬而未决的问题。经济学家们对不同的汇率体制已经争论了两个世纪，并且争论还远没有得到解决。固定汇率降低了狭窄的外汇市场的波动性，并且可以为紧张的投资者提供一些确定性。但是最近的危机表明，固定汇率造成了对恐慌的脆弱性，并且最终当汇率无法维持时，会导致巨大的经济调整。因此许多经济学家日益建议发展中国家在汇率制度的选择上，要么是有充分外汇储备作为后盾的严格固定汇率，要么是自由浮动汇率。绝大多数经济学家倾向于相信，固定汇率制，包括货币发行局和美元化①，只在非常有限的发展中国家是适用的，而浮动汇率制通常应该是首选。然而，有关这个问题的争论还远没有结束，并且可能在今后仍会持续下去。

第三，就外国资本流动而言，FDI 和其他长期资本以及短期资本之间有很大差异。长期资本流动不容易发生恐慌，并且与长期投资和发展联系更密切。由于短期资本流动会引起恐慌，因此政府在加强脆弱的金融制度的过程中，应当特别小心短期资本流动，有时甚至应该阻碍短期资本流动。只要各种限制措施仅局限于短期资本流入（经济学家中极少有人支持对长期资本进行限制或对任何种类的资本流出进行限制），用这些措施作为对新生金融体系的暂时性保护措施，一些分析家就支持对短期资本流入进行限制。在努力鼓励长期资本流动并阻碍短期资本流动方面，智利站在了各国的最前线。20 世纪 90 年代，智利要求外国投资者将其一部分投资资金存放在不生息的账户中一年，这一措施使短期投资的获利性更小。这种限制减少了流入智利的短期资本，但却没有减少总体资本流量。②

第四，易受危机攻击可以通过减少短期资本流动和积累外汇储备减轻。中国大陆和中国台湾通过“自我担保”避免了 1997 年和 1998 年危机席卷而来时的严重困难，特别是中国大陆，即使在暴露出一些与危机国相同的、明显的金融部门弱点的情况下，仍能避免出现严重困难。虽然中国大陆 1997 年的短期外债超过 300 亿美元，但是其外汇储备几乎达到 1 500 亿美元。危机之后，中国大陆继续储备它的外汇，2010 年达到了 3 万亿美元。中国台湾 1997 年的短期债务大约为 200 亿美元，而外汇储备超过 900 亿美元，因此也安全地渡过了此类危机（随后在 2010 年外汇储备达到 3 000 亿美元）。韩国在危机爆发时，外汇储备只有约 30 亿美元（与 700 亿美元的短期外债相比），随后在 2011 年将它的外汇储备扩充到 3 000 亿美元，使得它很快渡过了一场类似的国

① 回忆一下，在货币局制度下，政府只在给定汇率下可利用外汇储备充足时，才会发行国内货币，从而保证了外国货币与本国货币之间的比率不变。一个没有实行美元化的国家采用美元（或其他广泛交易的货币）作为它的法定货币，从而放弃了独立的货币政策。

② 对短期资本流动的探讨，参见 Richard Cooper，“Should Capital Controls Be Banished?” *Brookings Papers on Economic Activity* 1（1999），89－141；Jaime Cardoso and Bernard Laurens，“The Effectiveness of Capital Controls on Inflows：Lessons from the Experience of Chile，” IMF Monetary and Exchange Affairs Department，1998；Sebastian Edwards，“Capital Flows，Real Exchange Rates，and Capital Controls：Some Latin American Experiences，” Department of Economics，UCLA，1998；and Felipe Larrain B.，ed.，*Capital Flows，Capital Controls，and Currency Crises：Latin America in the 1990s*（Ann Arbor：University of Michigan Press，2000）。

家支付危机，而不必依靠 IMF 的紧急救助。

第五，国际金融市场的运行和官方国际社团的直接反应可能也增加了危机的严重性。结果引发了对有关可能的国际金融"体系"改革的广泛讨论。这些争议已经对阵了一些回合，包括改革国际货币基金组织自身的运作、强化国际银行标准，以及建立新的有关债务暂停或债务延期的国际机制，但是却很少做出根本性的改变。① 在这一期间，为停止相似的金融恐慌将来再现于新兴市场所实施的有效国际机制很少，因此不幸的是，这意味着金融危机未来在新兴市场很可能是一种重复发生的现象。

13.7 本章小结

- 从 20 世纪 70 年代开始，债务在发展中国家间的流动越来越广泛。它们在 20 世纪 80 年代之前一直快速增长，然后在 20 世纪 80 年代的债务危机后有所下降。20 世纪 90 年代早期再次加速增长，只是在 1990 年下半年有所下降，2001 年后又再次反弹。中等收入国家倾向于向私人借贷者和官方债权人（如世界银行）借款，而低收入国家的借款主要来自官方资源（包括来自世界银行的 IDA 贷款）。
- 债务在金融投资和稳定遭到冲击的经济方面都起着重要的作用，但是借得过多，特别是出于错误的目的或是借错了债务的种类，就会产生债务问题。特别是为了消费或较差的投资项目借债，当 GDP 增长率或出口增长率很低时借债太多，或者是短期债务借得过多，都能使一国轻易地陷入危机。
- 20 世纪 80 年代的债务危机使得世界上许多国家陷入经济混乱，特别是在拉丁美洲的一些国家。因为这些国家向私人商业银行借入大量款项，这场危机通过 20 世纪 80 年代末期和 20 世纪 90 年代早期的布雷迪债券重组得到解决。但是对于债务主要来自官方的低收入国家来说，债务负担在 20 世纪 90 年代仍在继续增长。重债务穷国倡议开始为一些国家，但不是全部国家减轻债务负担。
- 20 世纪 90 年代末期的金融危机打击了那些借了大量短期外债的、拥有相对低水平的外汇储备、实行固定汇率制和拥有脆弱的金融体系的新兴市场国家。资本的迅速撤离导致了汇率暴跌，利率上升，对国内银行、私人企业、政府金融账户和整个经济运行造成了严重危害。
- 国际资本流动较国内资本脆弱，因为有些机构能够削减国内的风险，但是不能跨国界操作，包括最后贷款人措施、存款保险以及破产程序。各国已经通过减少（或限制）短期资本流动、积累外汇储备、采用更灵活的汇率制度、强化金融体系等措施来最小化它们所面临的风险。

---

① 参见 Roubini and Setser，*Bailouts or Bail-Ins?*；Feldstein，*Economic and Financial Crises in Emerging Market Economies*；Barry Eichengreen，*Toward a New International Financial Architecture*：*A Practical Post-Asia Agenda*（Washington，DC：Institute for International Economics，February 1999）；and Morris Goldstein，*Safeguarding Prosperity in a Global Financial System*，*Report of an Independent Task Force for the Council on Foreign Relations*（Washington，DC：Institute for International Economics，September 1999）。

第 14 章

对外援助

儿童死亡的数量从 1960 年的 2 000 万下降至去年的 810 万，这是过去 50 年来最伟大的成就之一，也是我们所取得的巨大进步的例证。对外援助在其中起到了很大的作用。如果世界能够联合起来，致力于为发展融资的计划，那么这对健康和发展的影响将是不可估量的。(慈善家比尔・盖茨，2011 年 4 月)①

对于那些把钱都装进了独裁者的腐败口袋，滋养了日益臃肿的官僚机构薪水的对外援助项目，我向来都很反对。(美国参议员杰西・赫尔姆斯，2001 年 1 月 11 日)②

本章开篇所引用的这两个观点简洁地揭示出了对于对外援助的不同观点以及相关辩论的轮廓。对外援助总是充满争议的。早在 1947 年，来自伊利诺伊州的国会议员（后为参议员）埃弗里特・德克森（Everett Dirksen）就把二战后针对欧洲重建的援助计划即**马歇尔计划**（Marshall Plan）称作“操作的鼠洞”，尽管它是目前受到最高评价的援助计划之一。一些著名的经济学家如彼得・宝华（Peter Bauer）、诺贝尔经济学奖获得者米尔顿・弗里德曼都曾经严厉地批判过援助。宝华认为，援助所做的无非是使受援国的精英阶层富裕起来，他玩笑式的评论十分有名：“援助就是富裕国家的穷人补贴贫穷国家的富人这样一个过程。”③ 弗里德曼认为，从 20 世纪 50 年代开始，援助仅仅是增

① Bill Gates, “Staying Committed to Development,” *the Gates Notes*, April 11, 2011; www.thegatesnotes.com/Topics/Development/Staying-Committed-to-Development.

② Jesse Helms, “Towards a Compassionate Conservative Foreign Policy,” Remarks delivered at the American Enterprise Institute, January 11, 2001, available at http://aei.org/speech/foreign-and-defense-policy/towards-a-compassionate-conservative-foreign-policy/.

③ Peter Bauer, *Dissent on Development* (Cambridge: Harvard University Press, 1972). 关于对援助的更新近的批评，参见 William Easterly, *The Elusive Quest for Growth: Economists Adventures' and Misadventures in the Tropics* (Cambridge: MIT Press, 2001), and *The White Man's Burden: Why the West's Efforts to Aid the Rest Have Done So Much Ill and So Little Good* (New York: Penguin Press, 2006); Dambisa Moyo, *Dead Aid: Why Aid Is Not Working and How There Is a Better Way for Africa* (New York: Farrar, Straus & Giroux, 2009)。

强和扩大了中央政府，因此援助的弊大于利。左派及右派的批评者都将援助看成是一个政治工具，它扭曲了激励、滋生了腐败、巩固了腐败独裁者及精英的商业利益。许多人都认为，援助对于增长没有任何作用，对于世界上的穷人更是弊大于利。他们引用非洲和南亚虽然接受了40年的援助但贫困仍然广泛存在的例子，还指出有些国家虽接受了大量援助但经济增长仍毫无起色，例如刚果民主共和国（前扎伊尔）、海地、巴布亚新几内亚和苏丹。批评者呼吁，应大幅改革援助计划，大大减少其数量甚或完全取消。

相比之下，支持者们将对外援助看成是低收入国家抵御贫困、加快经济增长及取得其他发展目标的重要元素，尤其是在世界上最贫困的国家，在那里人们生产不出投资、健康或者教育事业所必需的资源。同样著名的经济学家比如哥伦比亚大学的杰弗里·萨克斯和诺贝尔经济学奖获得者约瑟夫·斯蒂格利茨坚持认为，尽管援助不能一直奏效，但其总体效果仍是积极的，在许多国家，援助对于减贫和促进增长是至关重要的，在其他许多国家，援助也起到了阻止经济形势进一步恶化的作用。提倡者认为，援助的弱点更多地与援助者有关，而与受援国无关。因为有大量出于政治目的的援助，所以不难理解为什么援助在促进发展方面并不持续有效。他们举出了一系列成功受援国（地区）的例子：博茨瓦纳、韩国、印度尼西亚、中国台湾，以及更近期的加纳、莫桑比克和乌干达。他们还提到了针对河盲症的绿色革命、口服补液疗法的引入等以援助为资金来源的事例。他们注意到从20世纪60年代援助广泛开展以来至今的50年间，许多国家的贫穷指数有所下降，健康和教育指数的增长比人类历史上任何其他50年的时期都更为迅速。

由于对外援助的现代起源开始于第二次世界大战之后，它成为国际资本从最富裕的国家流向最贫穷的国家的主要形式，同时也是为后者提供专业技术并捐赠大米、小麦和燃料等大宗商品的途径。虽然援助在中等收入国家所起的作用要小得多，但它在这些国家仍是一个富有争议的问题。2010年，经济合作与发展组织提供给中低收入国家的官方发展援助总计接近1 300亿美元。向更富裕的国家所提供的援助，以及由中国、石油国家和其他国家所提供的援助之和与上述金额相当。世界上超过40个国家的政府提供过援助，150个国家接受过某种形式的援助流入。对于一些国家来说，所接受的援助金额是微不足道的，仅相当于国民总收入（gross national income，GNI）的约0.5%甚至更少。而另一些国家接受的援助金额则十分可观，达到GNI的20%、40%甚至更多。

本章研究对外援助的动机和影响。经验证据确凿地表明，援助的成效是混合的。有些研究表明，援助与发展之间几乎没有任何关系，而另一些研究则显示出援助对发展的积极影响。综合来看，证据显示，援助总体而言对发展存在着轻微的积极影响，但影响程度不一。援助支持了一些国家的经济增长和发展，对健康医疗和农业技术等更广泛领域的改善也做出了贡献。但在有些国家，援助并无成效，没能刺激经济增长；在另一些国家，援助可能还阻碍了经济发展的进程，当援助国的援助对象是政治盟友，而这些盟国的政府腐败而又无能，根本不致力于发展经济时，这种情况尤其可能发生。

上述经验研究结果的不尽一致导致了尖锐的辩论。应当在何时、何地以及以怎样的形式给予援助？哪些国家最有可能有效地运用援助？谁应当对援助计划的设计和实施负主要责任？援助国应当对受援国提出哪些条件？援助国怎样才能确保援助资金不被浪费，并能够为最急需的人提供最有效的援助？

14.1 援助国与受援国

□ 什么是对外援助？

对外援助是指一国居民以赠予或补贴贷款的形式提供给另一国居民供其发展之需的金融资金流动、技术援助以及商品。援助的提供者和接受者可以是各国政府、慈善机构、基金会、企业以及个人。并不是所有从富裕国家到贫困国家的转移都被视为**对外援助**（foreign aid，foreign assistance）。是否为对外援助取决于提供者、提供目的及提供条件。一笔来自花旗银行的用于修建发电站的商业贷款既不是援助，也不是英国政府购买军事设备的赠款。然而，一笔来自英国政府的用于修建发电站的赠款则可以视为对外援助。

关于对外援助的定义、数据及信息的一个官方来源是 OECD 的发展援助委员会（Development Assistance Committee，DAC）。OECD 是一个由 30 多个工业化国家组成的国际组织，几乎所有的主要援助国都被它囊括其中。根据 DAC 的定义，对外援助必须满足两条标准：

- 它必须将促进经济增长和提升福利作为主要目标（这样就排除了以军事或其他非发展目标为目的的帮助）。
- 它必须以赠予或补贴贷款的形式提供。

构成对外援助的赠予和补贴贷款通常被称作**优惠援助**（concessional assistance），而带有市场条件或接近市场条件的贷款（因而不是对外援助）则被列为**非优惠援助**（nonconcessional assistance）①。区分补贴贷款和非补贴贷款需要一个确切的定义。根据 DAC，如果一项贷款中的“赠予成分”占到 25%或更多，那么它就属于援助。这意味着贷款的现值（考虑到利率和期限结构）至少要比以市场利率计价的可比贷款（通常被 DAC 武断地假定为利率为 10%且无宽限期的贷款）的现值低 25%。这样，一项利率为 10%的贷款的“赠予成分”就是零，一项完完全全的赠予的“赠予成分”就是 100%，而其他贷款的“赠予成分”则位于两者之间。

官方发展援助（Official Development Assistance，ODA）是指 DAC 中的援助国政府（因此才称为“官方”）对中低收入国家提供的以发展为目的的援助。如果援助国提供援助是出于军事目的，正如美国对埃及和以色列所做的那样，那么这笔援助可能会被列入美国的对外援助预算，但 OECD 并不会将它归属于 ODA。**私人自愿援助**（private voluntary assistance）是对外援助的另一种不断增加的形式，但由于它并非官方援助，也不被划归于 ODA 之列。私人自愿援助包括来自非政府组织、宗教团体、慈善组织、基金会以及私人公司的赠款。比尔及梅林达·盖茨基金会（Bill & Melinda

① 来自捐赠机构的非优惠贷款被算作官方发展资金的一部分，但不是官方发展援助的一部分。

Gates Foundation）每年向低收入国家提供逾 10 亿美元，尤其用于支持其健康和教育事业。世界宣明会（World Vision）、救助儿童会（Save the Children）、国际救助贫困组织（Care）和国际乐施会（Oxfam International）也许是你所熟悉的一些非政府组织。它们每年从个人（大多为富裕国家的国民）捐献的渠道募集到数十亿美元的资金，用于贫困国家的人道主义援助或其他形式的援助。一些研究估计，私人自愿资助占 ODA 的比例可能高达 1/2～2/3。① 与几十年前相比，这一比例的上升着实显著。

14.2 谁提供援助？

虽然一个国家对另一个国家的经济援助已发生了几百年，但当代的对外援助项目是以 20 世纪 40 年代联合国、世界银行、国际货币基金组织的成立以及马歇尔计划（案例 14—1）为源头的。历史上，大多数援助都是一个国家直接提供给另一个国家的**双边援助**（bilateral assistance）。当今一些主要的双边援助机构包括美国国际开发总署（U. S. Agency for International Development，USAID）、英国国际开发署（United Kingdom's Department for International Development，DFID）、日本国际合作署（Japan International Cooperation Agency，JICA）、沙特阿拉伯国际基金（Saudi Fund for Development）、加拿大国际开发署（Canadian International Development Agency，CIDA）和瑞典国际开发合作署（Swedish International Development Cooperation Agency，SIDA）。有些政府拥有多个双边援助机构。美国政府有十余个部门和机构提供双边援助，包括 USAID、千年挑战公司（Millennium Challenge Corporation）、农业部、国防部、卫生与公众服务部、国务院、财政部、和平队（Peace Corps）等。

▶ 案例 14—1　马歇尔计划

当第二次世界大战于 1945 年结束时，世界各国领导人都希望欧洲不需要借助于外部的援助，并且主要经济体（特别是英国和法国）能够快速地实现战后重建。但是，直到 1947 年欧洲的重建仍然毫无进展，人们越来越关切的是欧洲的不满情绪会导致共产主义或法西斯主义的蔓延。1947 年 6 月 5 日，美国国务卿乔治·马歇尔（George Marshall）在哈佛大学的毕业典礼上首次提出了一种新的重建方法，在此计划中，美国将为欧洲重建提供大量资金，但前提是欧洲国家需要尽弃前嫌、共同努力，制订出合理的重建计划。

尽管这一计划遭到了美国国会中孤立主义成员的一些反对，但杜鲁门（Truman）总统仍于 1948 年 4 月签署了资助该计划的立法，官方称之为欧洲复兴计划。截至 1952

① Homi Kharas, "The New Reality of Aid," in L. Brainard, and D. Chollet, eds., *Global Development 2.0: Can Philanthropists, the Public, and the Poor Make Poverty History?* (Washington, DC: Brookings Institution, 2008).

年6月该计划正式结束时，美国向欧洲16个国家一共提供了133亿美元的资助（相当于今天的1 000多亿美元）。将近90%的资金是作为赠予提供的。以美元计算，最大的受援国是英国、法国、意大利、德国以及荷兰。对于大多数的主要受援国，其得到的援助资金都超过了其GDP的1%。从美国的角度看，这意味着承担重大责任，相当于其GDP的1.5%。马歇尔计划相当于目前美国官方发展援助的七倍多，2010年美国的官方发展援助仅占到其GDP的0.21%。

在刺激欧洲快速增长和恢复方面，人们一般认为马歇尔计划获得了巨大的成功（虽然有些分析认为即便没有该计划，欧洲的恢复也已经箭在弦上，必然发生）。虽然马歇尔计划经常被当成典范（1953年马歇尔获得了诺贝尔和平奖），但它在很多方面都不同于今天的援助计划。最重要的一点是，该计划针对的是那些收入相对较高、劳动力技能较高、金融和法律制度已很健全的欧洲国家，而并非那些不具备上述特点的低收入国家。马歇尔计划是为了帮助那些相对先进的国家重建其基础设施，使其恢复到战前的生产力水平，而今天的援助项目所面临的任务则是帮助那些（总体而言）尚未开始增长和发展的国家启动增长和发展，相比而言，这要艰巨得多。尽管如此，马歇尔计划及其所获得的显著成功为今天的援助计划奠定了基础。

虽然双边援助大部分是提供给受援国政府的，但也有一部分被分散地提供给了教堂、研究机构、大学、私人学校、私人诊所以及非营利机构。甚至私人公司有时候也会接受外国援助，例如美国通过企业基金对一些公司所提供的投资（如20世纪90年代早期的波兰），或对孟加拉国的格莱珉银行等小型金融机构所提供的援助，而这类金融机构的贷款对象都是小型企业。援助有时以现金形式提供，但更常见的是以货物（例如粮食或药物援助）、服务（例如技术援助）或减免债务的形式提供。2010年，世界银行、IMF、非洲开发银行及其他债权人共同免除了利比里亚近50亿美元的债务，这就是减免债务的一个例子。这是一个巨大的金额，相当于为每个利比里亚人免除了近1 200美元的债务。所免除的这笔债务是20世纪70—80年代的利比里亚政府所欠下的，15年的内战摧毁了利比里亚的经济，使得现任政府无力偿还这些债务。

以美元总数计，除了在20世纪90年代中期的几年中，日本提供了最大数量的援助之外，美国一直是世界上最大的援助国。2009年，美国提供了290亿美元的ODA，法国、德国和英国依次是仅次于美国的援助国（见图14-1）。但是，当以占援助国收入的份额来衡量援助时，另一种模式出现了（见图14-2）。从这个角度衡量，最大的援助国是瑞典、挪威、卢森堡、丹麦、瑞典以及荷兰，2009年上述国家所提供的ODA都占到了其GNI的0.82%～1.12%。① 用这个标准衡量，美国竟然成了最小的援助国，因为其援助额仅占收入的0.2%。这一数字远低于1970年的水平0.32%，比20世纪60年代的均值0.51%也低了不少。对外援助占美国联邦预算的不到1%。这远远小于公众所

① 过去10年中，若以援助额占收入的比例的方法来衡量，沙特阿拉伯也是最大的援助国之一，因为它每年的援助额超过了GNI的1%。在“9·11”事件后，沙特阿拉伯作为较小的援助国的地位有所改变，因为它加大了对阿富汗和其他几个国家的援助。这一趋势能否持续尚不确定。

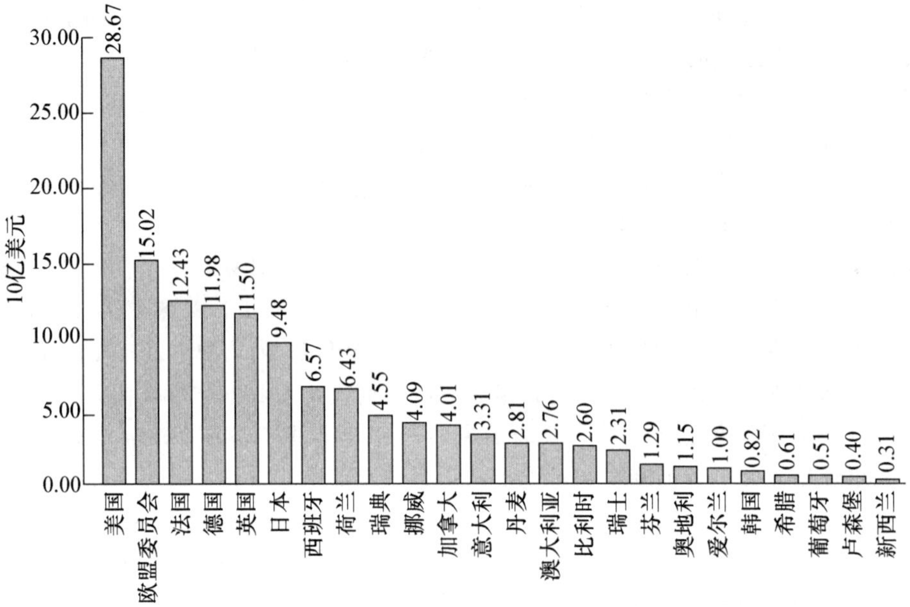

图 14-1　净官方发展援助，2009 年

资料来源：Organisation for Economic Cooperation and Development，Aid Statistics. Available at http://www.oecd.org/document/49/0,3746,en_2649_34447_46582641_1_1_1_1,00.html.

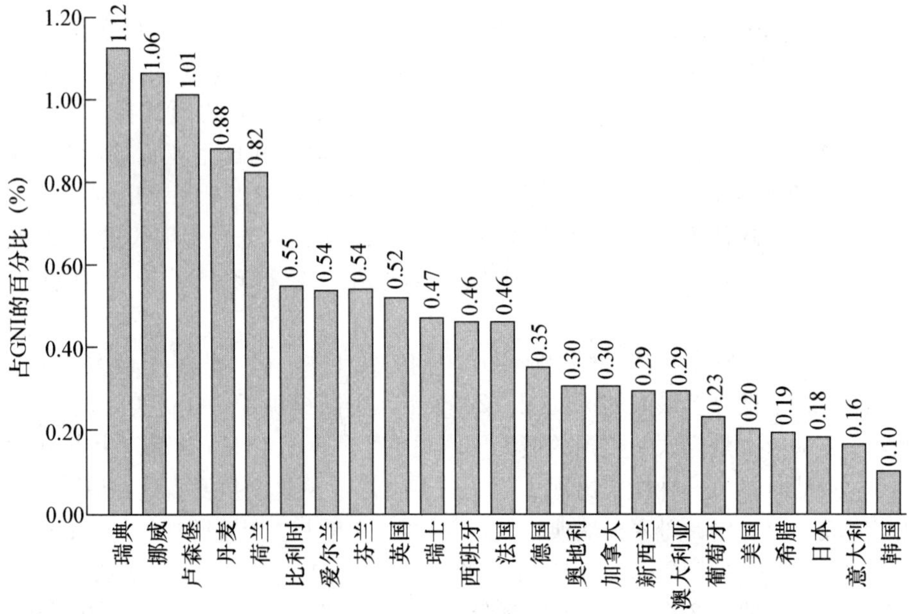

图 14-2　净 ODA 占援助国 GNI 的百分比，2009 年

GNI：国民总收入。

资料来源：Organisation for Economic Cooperation and Development，Aid Statistics. Available at http://www.oecd.org/document/49/0,3746,en_2649_34447_46582641_1_1_1_1,00.html.

认为的数量：调查显示，美国人认为美国的对外援助约占预算的 20%以上。① 尽管以收入占比来衡量的美国 ODA 水平与其他国家相比而言较小，但美国和其他富裕国家对贫困国家的多方面影响并不只限于对外援助本身：贸易、技术、移民、安全及其他方面的政策也很重要（参见案例 14—2）。

▶ 案例 14—2 承诺发展指数

富裕国家在许多方面都影响着贫困国家，包括通过对外援助、贸易、移民、军费支出以及环境方面的政策等。有时候，这些政策会帮助贫困国家，但有时候则起到相反的作用。富裕国家开放的贸易政策可以为贫困国家提供市场，但若富裕国家施加关税和配额，则会驱逐贫困国家的产品，从而使其增长和发展放缓。为了追踪除援助外的这些其他更宽泛的渠道，全球发展中心编制了年度“承诺发展指数”，依据在下述七个方面影响贫困国家的相关政策的成效，对全球最富裕的 22 个国家进行排序：

1. 对外援助的数量（包括政府援助及私人捐赠）和质量，后者包括提供方式、提供对象，以及在援助国进行花费的比例要求。

2. 贸易政策，包括关税、配额以及阻碍贸易或不利于贫困国家在富裕国家市场进行竞争的国内农业补贴。

3. 对外投资政策，包括税率，为投资者提供的用以应对政变或其他政治不稳定的政治风险保险计划，以及其他相关政策。

4. 移民，记录那些放开或阻碍从贫困国家向富裕国家移民（尤其是在非技术劳动者移民方面，而不是技术移民方面）的政策力度。

5. 环境政策，包括温室气体排放、渔业补贴或其他导致贫困国家环境恶化的行为。

6. 安全，包括对维持和平行动的财政捐助，确保国际航道安全的海军行动，以及对某些武器出口的惩罚。

7. 技术，包括支持研发和知识产权保护的政策，从而使得有利于贫困国家的创新技术（比如疫苗）能够生产并传播。

2010 年，得益于其庞大的对外援助项目（相比其经济规模而言）和宽松的移民政策，瑞典在这一榜单中位列首位。丹麦主要因其对外援助项目而排名第二。美国位居第 11 位，在贸易和安全政策方面得分相对较高，但在援助项目上的表现却差强人意。作为发展援助委员会（DAC）的新成员，韩国的排名垫底，其在援助、环境、移民方面的得分很低，但在技术方面的表现却很抢眼。作为一个更资深的援助国，日本却排在倒数第二，因为它在除技术之外的所有领域得分都很低。与任何综合排名一样，承诺发展指数远非完善，稍稍改变假设条件就会影响排名。然而，它的目的并不在于精准的排名，

① 2001 年以来，美国的民意调查连续发现，美国人高估了对外援助在美国政府开支中所占的比例。2010 年，World Public Opinion. org 对随机选取的 800 多名美国成年人询问了下面的问题：“据您所知，请告诉我您凭直觉认为对外援助在联邦预算中占有多大的比例？”答案的中值是 25%。接下来再询问这一问题：“如果在联邦预算中，存在着一个适当的对外援助占比，您认为应该是百分之几？”答案的中值是 10%。关于该调查，参见 www. worldpublicopinion. org/pipa/pdf/nov10/ForeignAid_Nov10_quaire. pdf；accessed February 2012。民众一般都倾向于高估政府多数开支的相对规模，对外援助只是其中的一项开支而已。

而在于针对富裕国家影响贫困国家的诸多不同方式发起讨论，进而找到能够改善最重要的政策的方法。

资料来源：大卫·鲁德曼（David Roodman），全球发展中心的高级研究员是该指数的创立者。2010 年的数据参见 www.cgdev.org/section/initiatives/_active/cdi，accessed February 2012。

按名义价值计算，全球 ODA 从 20 世纪 60 年代开始稳定增长，直到冷战刚刚结束的 1991 年达到了峰值 600 亿美元（见图 14－3）。此后的 10 年中，援助资金持续减少，直至 21 世纪初期才开始反弹。此后，由于富裕国家更加致力于帮助贫困国家，以及由于对伊拉克和阿富汗的发展援助增加，援助规模一直稳定扩大。若以实际价值计算，过去 10 年间全球 ODA 的增长相比早前的趋势则显得更为迅猛。用援助国收入占比的方法衡量，在 20 世纪 80 年代的多数年份尤其是 90 年代，全球 ODA 均呈现下降趋势。21 世纪初期才有所逆转，ODA 当时在 GNI 中的比重达到了 20 世纪 70 年代的水平。鉴于目前许多援助国所面临的经济问题，这一势头能否持续仍不确定。随着富裕国家缩减许多领域的政府开支，以名义价值及 GNI 占比来衡量的对外援助可能会开始下降。

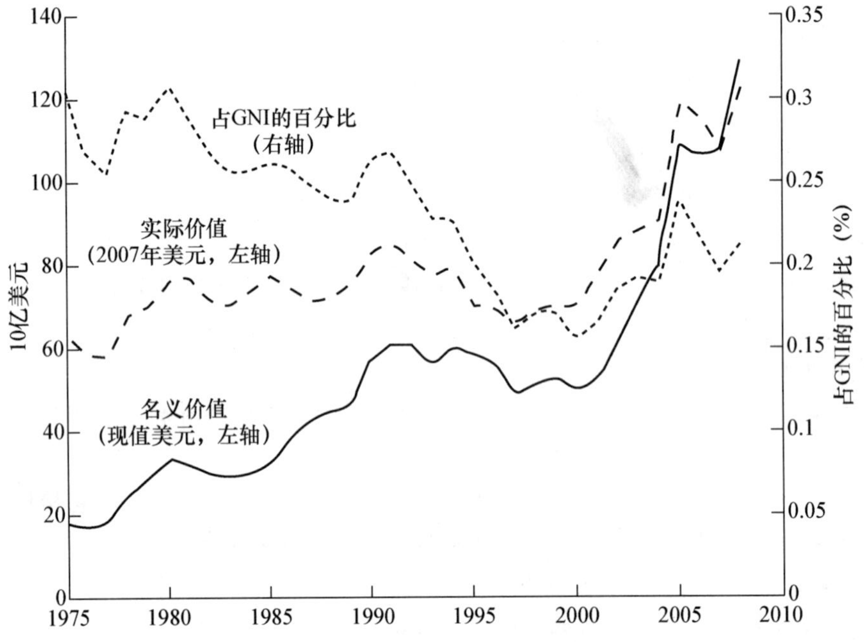

图 14－3　全球 ODA，1975—2008 年

GNI：国民总收入。

资料来源：World Bank，"World Development Indicators，" http://databank.worldbank.org.

图 14－1 和图 14－2 中的数值既包括援助国直接提供的双边援助金额，也包括它们间接提供的**多边援助**（multilateral aid）金额，后者是指来自多个援助方的资源汇总。主要的多边机构包括：世界银行、IMF、非洲开发银行、亚洲开发银行、美洲开发银行、联合国以及欧盟委员会。多边机构运行的基本理由是：它们（据推测）能够以较低的官僚成本（因为援助国不必对每个国家重复相同的努力）和更少的政治关系（因为单个援助国出于各种政治顾虑，要做出资助决策往往不会那么简单）来提供金额更大的援助。

世界银行（World Bank）是最大的多边机构。它于1944年7月在美国新罕布什尔州的布雷顿森林举行的一次会议上创立，最初的名称是国际复兴和开发银行（International Bank for Reconstruction and Development，IBRD）。IBRD名字中的“复兴”一词描述了它的首要任务：帮助二战后欧洲的重建筹集资金。今天的世界银行集团包括运作于100多个国家的5个附属机构：IBRD、国际开发协会（International Development Association，IDA）、国际金融公司（International Finance Corporation，IFC）、多边投资担保机构（Multilateral Investment Guarantee Agency，MIGA）及国际投资争端解决中心（International Centre for Settlement of Investment Disputes，ICSID）。大部分由世界银行提供的资金不属于对外援助。IBRD以市场利率向中等收入国家提供贷款。它从世界资本市场上借入资金，然后以稍高的利率向成员国提供贷款。因为IBRD拥有很高的信用评级，在借入款项后它仍能以较低的利率为发展中国家提供贷款，而受援国如果要在私人市场上自筹贷款，利率则更高。IFC以商业条件贷款，持有私人公司的少数股权。MIGA为私人对外投资者面对的非商业（政治）风险提供担保，ICSID则为外国投资者和东道国解决投资争端。

IDA是唯一提供对外援助的世界银行机构。援助国的政府将资金提供给IDA，再由它向低收入国家提供高度优惠的贷款和赠款。来自IDA的资金被用于一系列广泛的发展目标，包括修路、修建港口、资助农业研究和推广、购买药品和教科书以及培训政府官员。它的标准贷款条件包括：一项每年不到1%的“服务费”、20～40年的偿还期限，其中包括一个10年的“宽限”期，即在这10年间对偿还不做要求。如今为了达到IDA的资助要求，一国的人均年收入（2011年）必须低于1 165美元（尽管世界银行规定了一些例外），并且无法从私人国际资本市场上借到钱。大约80个国家符合其标准，能够从IDA借到钱。印度、越南、坦桑尼亚、埃塞俄比亚和尼日利亚都是最大的借款国，它们一度符合IDA的标准，但现在已经不再符合了。1960年以来，IDA已经提供了约2 220亿美元的资助，现在每年平均的资助金额接近130亿美元，其中20%是以直接赠予的形式提供的。

世界银行由187个成员国政府拥有和控制，每个国家拥有的投票权重由其所持有的股份决定，而各国所持的股份又大体与其在全球GDP中的占比相当。美国是IBRD（16%）的最大股权持有者。股份仅次于美国的是日本、德国、英国和法国。中国和印度在IBRD中的投票权都约为2.7%。人们持续呼吁重新分配投票权，即调低高收入国家的权重，并调高中低收入国家的权重。朝此方向的改革已经取得了一定的进展。

国际货币基金组织（International Monetary Fund，IMF）同样成立于1944年的布雷顿森林会议①。IMF最初的任务是重新建立一个稳定本国货币的国际体系以促进二战后世界贸易的发展。IMF早期的所有项目都是在今天的工业化国家开展的。直到20世纪70年代早期，IMF与美国、英国、法国、德国和其他一些国家都保持着频繁的贷款业务。直到20世纪70年代末及80年代初期，IMF对发展中国家所起的作用一直是十分有限的，而彼时低收入国家已经开始出现了严重的国际收支问题和债务危机。

① 布雷顿森林会议上本来还要成立的第三个组织是国际贸易组织（International Trade Organization，ITO）。然而，美国国会没有通过关于美国加入的决议，因此ITO未能诞生。取而代之的是，国际社会建立了关税与贸易总协定，即如今世界贸易组织（World Trade Organization，WTO）的前身。

资料来源：“Group of Eight” cartoon by Dan Wasserman from *The Boston Globe*，January 1，2000. Copyright © 2000 Boston Globe. All rights reserved. Used by permission and protected by the Copyright Laws of the United States. The printing，copying，redistribution，or retransmission of this Content is prohibited.

今天所有 IMF 的业务都是在中低收入国家开展的。重要的例外是金融危机之后 IMF 对希腊和爱尔兰的救助。IMF 的宗旨是为那些面临严重国际收支问题的国家提供临时融资，而这些国际收支问题的缘由可能是出口价格的急剧下降、进口价格的急剧上升（例如世界石油价格的上涨）、导致国际资本急剧抽逃的金融危机或者其他冲击。IMF 的资金是用来支撑一国的外汇储备及稳定币值的，而不是用来资助投资项目或消费的。IMF 所关切的主要是帮助各国达到并维持宏观经济稳定，而不是直接支撑经济增长与发展（当然，稳定的环境对一国经济的长期增长是很重要的）。为了获得 IMF 的资助，各国必须同意（有时是有争议的）进行政策改革以减少政府预算赤字、紧缩货币政策、增加汇率的灵活性、迅速降低经常项目的赤字，从而恢复宏观经济稳定。

绝大多数 IMF 的资金不是对外援助。它所提供的紧急贷款（所谓的备用信贷）的期限只有 1～3 年，而且收取的是市场利率。在 IMF 的未偿还贷款中，只有大约 10%属于 ODA，这部分是提供给低收入国家的。尽管 IMF 的项目都是被设计为短期项目，但许多项目都可以被更新至很长的期限。在玻利维亚、加纳、马拉维、菲律宾、乌干达及其他一些国家，IMF 的项目自 20 世纪 80 年代开始，并一直延续到 21 世纪初期。

非洲、亚洲和拉丁美洲都拥有自己的**区域开发银行**（regional development bank）：非洲开发银行、亚洲开发银行和美洲开发银行。[①] 如同世界银行一样，各家区域开发银行所提供的资助也分为优惠和非优惠两种，这取决于借款国家的收入水平。地区成员国以及主要的援助国为这些区域银行筹集资金，区域银行也从私人资本市场上借钱来资助“硬”贷款（非优惠贷款），并把从援助国筹集的资金用于“软”（优惠性质的）贷款及赠款。其他的多边援助者包括欧盟（European Union，EU）、石油输出国组织（Organization of the Petroleum Exporting Countries，OPEC）基金会及伊斯兰开发银行。

① 第四个是欧洲复兴和开发银行，它资助的是东欧和中亚的投资，但它的资助几乎都不是优惠性质的。

相比世界银行和 IMF 的贷款项目，联合国的一系列对外援助项目的规模则要小得多。援助大多以技术合作（咨询、顾问及其他专家意见）的形式出现，主要来自联合国开发计划署（United Nations Development Programme，UNDP）、联合国人口基金（United Nations Population Fund，UNFPA）* 以及世界卫生组织（World Health Organization，WHO）。其他的联合国机构为发展项目和人道主义援助提供赠款，包括世界粮食计划署（World Food Program，WFP）、联合国儿童基金（United Nations Children's Fund，UNICEF**，1965 年诺贝尔和平奖获得者）以及联合国难民高级专员（United Nations High Commission for Refugees，UNHCR）。

□ 谁接受了外国援助?

根据 DAC 的数据，世界上有 150 多个国家和地区正在接受外国援助。表 14－1 列举了 2009 年的前 10 大受援国（地区），它们所接受的援助都超过了 20 亿美元。阿富汗位居首位（别忘了，ODA 不包括军事援助）。美元总金额确实是重要的，但仅看总金额并不完全。若以人均计算，这 10 个国家（地区）中的某些国家所接受的援助资金就变得相当小了。孟加拉国接受了 12 亿美元的 ODA，听起来是个大数字，但该国是一个有 1.6 亿人口的大国。ODA 给予它的援助仅仅相当于 GNI 的一个很小的百分比，相当于资助每个孟加拉国国民约 7.5 美元，即几公斤大米的成本。但对于一些人口较少的受援国，援助的金额确实很大。塞拉利昂 2009 年接受了 4.5 亿美元的援助，这相当于当年 GNI 的 24%。对于其接近 600 万的人口来说，ODA 相当于资助每人 78 美元，而当年塞拉利昂的人均 GNI 仅为 340 美元。对于其他（更小一些的）国家，一点点的援助所能发挥的作用就更大了。2009 年，太平洋上人口不足 10 000 人的中等收入岛国图瓦卢接受了 1 700 万美元的援助，占其 GNI 的 44%，相当于每人接受的资助超过 1 700 美元。用名义价值、GNI 占比、人均受援金额来衡量的援助力度之所以显著不同，不仅是因为援助国的行动不同，还与受援国的人口规模和收入水平密切相关。援助在 GNI 中的占比很大既可能是因为援助金额本身很大，也可能是由于 GNI 较低或者人口较少。

表 14－1　　2009 年 ODA 的主要受援者

排名	国家（地区）	ODA 总金额（百万时值美元）
1	阿富汗	6 235
2	埃塞俄比亚	3 820
3	越南	3 744
4	约旦河西岸和加沙地带	3 026
5	坦桑尼亚	2 934
6	伊拉克	2 791
7	巴基斯坦	2 781
8	印度	2 502
9	科特迪瓦	2 369
10	刚果民主共和国	2 354

* 应为 United Nations Fund for Population Activities。——译者注

** 应为 United Nations International Children's Emergency Fund。——译者注

续前表

排名	国家（地区）	援助占GNI的百分比（%）
1	利比里亚	70
2	阿富汗	45
3	所罗门群岛	44
4	图瓦卢	43
5	布隆迪	42
6	密克罗尼西亚联邦共和国	41
7	马绍尔群岛	32
8	帕劳	28
9	塞拉利昂	24
10	刚果民主共和国	22
排名	国家（地区）	人均受援金额（百万时值美元）
1	马约特	2 751
2	图瓦卢	1 785
3	帕劳	1 737
4	马绍尔群岛	1 101
5	密克罗尼西亚联邦共和国	1 093
6	约旦河西岸和加沙地带	748
7	多米尼加	533
8	格林纳达	463
9	瓦努阿图	442
10	科索沃	437

GNI：国民总收入；

ODA：official development assistance，官方发展援助。

资料来源：World Bank，"World Development Indicators，" http://databank.worldbank.org.

按区域划分，撒哈拉以南非洲地区国家接受的援助额在2009年平均达到GNI的4.9%或人均53美元（见表14-2）。尽管南亚处于绝对贫困的人口数量众多，超过了撒哈拉以南非洲地区国家，但南亚国家所接受的ODA占GNI的比重还不到1%，大约每人仅9美元。2009年，援助国为世界低收入国家提供的人均援助平均达到了47美元，相比2003年的14美元有显著的增加。那么，这六年间发生了什么呢？富裕国家突然将自己对贫困国家的责任义务提高到了原来的三倍吗？不是。2003年以来，印度从低收入国家变为中等收入国家，这使得低收入国家的人均受援金额大幅提高了。

表14-2　　2009年按区域和收入水平划分的ODA受援情况

	百万美元	占GNI的比重（%）	人均受援金额（美元）
撒哈拉以南非洲地区	44 553	4.9	53
南亚	14 607	0.9	9
东亚和太平洋	10 276	0.2	5
欧洲和中亚	8 101	0.3	20
中东和北非	13 589	1.1	42

续前表

	百万美元	占 GNI 的比重（%）	人均受援金额（美元）
拉丁美洲和加勒比地区	9 104	0.2	16
低收入国家	36 279	9.3	47
中低收入国家	40 482	1.1	17
中高收入国家	13 222	0.1	5
高收入国家	433	0.0	0.4

资料来源：World Bank，"World Development Indicators，" http://databank.worldbank.org.

总的来说，援助对于低收入国家来说是一种重要的资本流动形式，但对于大多数中等收入国家来说并不是这样。2009 年，援助资金在低收入国家平均占到了 GNI 的 9.3%，但只占中高收入国家 GNI 的 0.1%。正如在第 10 章中所讨论的，20 世纪 90 年代中等收入国家中的私人资本流动急剧上升，其上升的部分远多于援助的下降。在低收入国家，私人资本增长较慢，仍然比援助额小得多。

□ 援助的动机

援助的对象以及援助的数量是由什么决定的呢？援助者提供援助的动机十分广泛，其中只有部分动机与经济发展直接相关。

外交政策目标和政治联盟

毫无疑问，外交政策和政治关系是援助资金的关键决定因素。冷战期间，美国和苏联都利用援助资金争夺世界各地的发展中国家对它们的支持。美国向那些打击共产主义的国家提供了大量援助资金，却很少考虑这些资金是否被用于经济发展，这其中就包括 20 世纪 60 年代的越南；20 世纪 70—80 年代的印度尼西亚、菲律宾和扎伊尔以及 20 世纪 80 年代的一些中美洲国家。苏联援助过朝鲜、古巴和东欧国家。双方都力图争取刚刚独立的非洲国家的支持，并利用援助争取赢得在联合国及其他国际机构中的重要选票。利用援助赢得支持的国家和地区不仅是美国和苏联，法国、德国、英国、中国都曾利用援助（连同其他政策工具）力图赢得世界其他国家的支持（见案例 14—3）。

▶ 案例 14—3　中国的对外援助

自 1949 年中华人民共和国成立以来，中国的对外援助项目一直规模很小。中华人民共和国成立后的三十年中，中国还是一个低收入国家，年外汇收入不到 100 亿美元，几乎刚刚能够满足中国进口必需品的支付需求。1980 年，中国成为世界银行成员国，作为国际开发协会的一员具备了仅向低收入国家发放超优惠利率贷款的资格。在加入世行后的早期，中国的对外援助仅涉及小额贷款及赠予，而且主要是面向其友好邻国（例如朝鲜），以及自愿与以北京为首都的中华人民共和国而不是台湾建立正式外交关系的国家。

20 世纪 80 年代末期及 90 年代，这种情况开始发生变化，到了 21 世纪头十年，变化则更加明显。中国既不公布其对发展中国家给予援助的以美元计的具体金额，也不依据受援国公布国别的援助规模。根据国际组织所采纳的官方定义，赠予成分占总援助额

25%以上的援助才属于发展援助，而中国的情况是，很难分清其对外援助中哪些属于发展援助，哪些不属于发展援助。不过可以肯定的是，截至2010年，中国的对外援助已经升至每年数十亿美元的水平。部分援助是以直接赠予的形式提供的，但中国进出口银行所发放的高补贴贷款是其中的大头。中国政府的官方立场是：发展中国家最清楚如何利用好外援，因此中国从不给自己提供的外援附加任何条件，而与之不同的是，世界银行和许多双边援助机构则通常都会要求受援国必须启动特定的改革计划才能获得援助。

尽管中国援助的官方目的是向低收入国家无条件提供资助，以帮助它们提升收入，但事实却是，中国援助的绝大部分都流入了对其自身的发展意义重大的那些国家。过去三十年间，中国的工业化进程迅猛发展，中国成为世界最大的石油、钢铁、铜矿及许多其他自然资源产品的进口国之一。中国对外援助的部分最大受援国正是非洲的石油输出国，或是允许中国在其境内勘探石油的国家，例如安哥拉、赤道几内亚、埃塞俄比亚、苏丹等。

中国的目的是从愿意出售自然资源的任何国家获得开发和进口这些资源产品的权力，所有权和开采权被认为是获得这些产品的稳定来源的可靠方式。而援助有助于获得这些权利。无论是公路、政府大楼，还是医院，大型的基础设施建设项目都能够获得中国的援助，通常由中国的建筑公司和中国的工人大军建成。许多国家都利用对外援助项目来支撑自身在国外的经济和地缘政治利益，在这一点上，中国也不例外。

资料来源：State Council of China, "White Paper: China's Foreign Aid," *China Daily*, April 22, 2011; Thomas Lum, Hannah Fischer, Julissa Gomez-Granger, and Anne Leland, "China's Foreign Aid Activities Africa, Latin America, and Southeast Asia," Congressional Research Service, Washington, DC, February 25, 2009; Robert Rotberg, ed., *China into Africa: Trade, Aid and Influence* (Washington, DC: Brookings Institution Press, 2008).

为了在一定程度上保持自身的政治影响，许多援助国向其原先的殖民地提供大量援助。前殖民地接受援助资金的概率非常大。1970—1994年间，葡萄牙对外援助的99.6%、英国对外援助的78%，以及澳大利亚、比利时和法国对外援助的50%～60%都流向了其原先的殖民地。①

对美国来说，冷战以外的最重要的地缘政治关注在中东。1980年以来，美国对外援助（超越了ODA）的两个最大受援国是以色列和埃及。美国为这两个国家提供资金以支持1979年11月两国所签署的戴维营和平协议。近年，美国援助的最大受援国是那些对关键性的国家安全利益至关重要的国家，例如阿富汗、巴基斯坦和约旦。从2002年开始，伊拉克成为美国对外援助的最大受援国（也是世界援助的最大受援国），伊拉克的重建可能成为有记录以来最大的一个外国援助项目。对伊拉克的援助承诺自2009年开始下降，越来越多的发展援助转而投向了阿富汗。

收入水平和贫困

收入和贫困至少对于一些援助国来说，是在援助拨款时重要的考虑因素，尽管有时

① Alberto Alesina and David Dollar, "Who Gives Foreign Aid to Whom and Why?" *Journal of Economic Growth* (March 2000), 33-63.

并没有人们设想的那么重要。① 对于许多富裕国家的人们来说，援助的主要原则应该是援助那些最贫困国家的最贫困人民。收入水平和贫困状况既影响援助国援助的规模，也影响援助的优惠程度。援助国通常给予最贫困的国家最优惠的援助，却很少向收入较高的国家提供赠款和补贴贷款。一些援助项目的设计明确地体现了这一目标。世界银行的IDA项目有一个收入上限（和区域开发银行的优惠窗口一样）。一旦有国家达到这一上限，大多数情况下它将不再享受IDA提供的非减让IBRD贷款。其他的一些项目没有太正式的“结束”规则，但随着收入的增加，提供的援助往往都是逐渐减少的。

随着最贫困国家收入的增加，其资本流入的构成也在发生变化，援助资金在减少，私人资本流入有所增加。博茨瓦纳就是一个例子。20世纪70年代早期，博茨瓦纳接受了相当于GNI的15%的援助资金，当时它的人均收入不足800美元。但当它的人均收入超过6 000美元时，ODA在GNI中所占的百分比已经是个位数。不过博茨瓦纳的经济增长的确非常迅速。一般而言，从大受援国向小受援国的转变需要许多年才能实现，因为大多数国家都不能像博茨瓦纳增长得那么快。一项研究的计算结果表明，对于最成功的国家来说，援助的半衰期大约为12年，也就是说，援助一般会在12年之后下降至高峰水平的一半，24年之后下降至高峰值的25%。② 因此，对于许多最贫困的国家来说，资本流入的主要构成从援助向私人资本的快速转变是不太可能的。

国家规模

援助国向小国提供的援助（无论是占GDP的份额还是人均）额度要比给大国的多得多。如果援助国在分配援助资金时严格考虑的是哪里的穷人最多，那么得到更多援助的应该是中国、印度、印度尼西亚、孟加拉国和巴基斯坦。但是，有时这些国家的规模吓住了援助国。它们更愿意捐助那些比较小的国家，在那些国家援助款的效果更为明显。5 000万美元的援助款会使冈比亚发生很大的变化，但是在印度却不会引起注意。出于政治原因，援助国往往需要尽可能地影响更多的国家，这就使得流向小国的援助资金之多与其规模不成比例。不管是小国还是大国，在联合国大会表决时所投出的一票作用都是相同的，所以援助国尽可能地要拉拢更多的小国。

商业关系

援助国设计双边援助时，通常至少要考虑到某些公司或部门的经济利益。多边援助不太容易受这些压力的影响，但也绝非免疫。许多分析家指出，商业关系是日本援助的一个重要的决定因素。食品捐赠有助于美国和欧盟支持种植庄稼的农民。许多援助国把本国所提供的部分援助与受援国在本国的采购联系起来。美国对外捐赠的汽车、机票、咨询服务在多数情况下必须从美国公司购买。援助的此类附加条件已有很长的历史：马歇尔计划中的大部分机械设备都要从美国公司购买，所有的物资横渡大西洋也必须由美国商船运输。援助的附加条件可能有助于加强援助项目在援助国国内所取得的政治支持，但是这增加了援助项目的成本并降低了项目的效率。一项研究表明，援助附加条件会增加15%～20%的成本，意味着受援国获得的实际利益要小于名义上分配给它的利益。

---

① 阿莱西纳和多拉尔（Alesina and Dollar）发现，对于丹麦、芬兰、挪威和瑞典，收入水平是它们考虑对外援助的主要动机。参见Alesina and Dollar，“Who Gives Foreign Aid to Whom and Why?”

② Michael Clemens and Steven Radelet，“The Millennium Challenge Account：How Much Is Too Much，How Long Is Long Enough?” Working Paper No. 23，Center for Global Development，Washington，DC，February 2003.

民　主

从历史角度来看，援助国提供对外援助时很少考虑受援国政府是独裁的还是民主的。在冷战期间尤其如此，但是自从苏联解体以来，援助国往往倾向于对民主国家更多地给予援助。更多的援助的目的是强化脆弱的民主、支持从非民主向民主的转变，或者构建民主体制，包括为议会、选举监测系统、支持公民权利及自由言论的团体提供资金支持。艾伯塔·阿莱西纳（Alberto Alesina）和戴维·多拉尔（David Dollar）在一项研究中发现，在1970—1994年间，许多国家在转变成民主政体后，所得到的援助增加了50%。

14.3　援助、增长与发展

许多人认为，对外援助要么是修建基础设施（例如公路和大坝），要么是在自然灾害后为难民提供紧急人道主义救济，但实际上对外援助的目的往往是多样的。大部分对外援助在设计之初，就将满足下述四项经济增长和发展的广泛目标中的一种或多种作为其目标：

1. 通过修建基础设施、支持农业等生产部门、引进新理念和新技术来刺激经济增长。

2. 促进其他的发展目标，例如改进教育、医疗、环境和政治体制。

3. 在发生自然灾害或人道主义危机后的一些紧急情况下，提供生存所必需的食品及其他商品。

4. 在面临经济冲击后稳定经济。

援助在实现上述目标方面的成效如何始终是一个充满争议的问题。

尽管存在着上述广泛的援助目标，但经济增长一直都是人们判断援助成效的主要标准，因为人们总是预期较多的援助会带来更快的增长。但是，就很广泛的层面而言，在援助与增长之间并不存在着明显的相关性（如图14-4所示）。在接受了大量的援助后，有些国家的经济增长迅速（塞拉利昂），而另外一些国家的经济增长缓慢甚至出现了负增长（厄立特里亚）。同时，接受极少援助的国家中，有一些经济增长的势头却十分良好，而另一些则表现不佳（观察图14-4中与y轴接近的散点）。

不存在一个简单的关系意味着什么？一些分析认为，这是援助没能达到其基本目标的证据。但是另外有观点认为，这种简单的相关是具有误导性的，因为无论是援助还是增长都受到其他因素的影响。一些接受了大量援助的国家可能面临着地方病、贫瘠的地理环境或者正在摆脱长期的国内冲突，在这样的情况下，尽管该国整体增长表现疲弱，但援助对增长也可能存在着一定的积极影响。或者这种因果关系在相反的方向是成立的：援助国给予经济增长缓慢的国家较多的援助，而给予像中国这样的经济增长迅速的国家较少的援助。上述分析认为，一旦将这些其他的因素考虑进去，正面的关联便会显现出来。也有人下结论说，援助在一定的条件下能够起到作用，但在其他条件下就可能失效。对于经济政策合理的国家来说，援助可能有助于刺激其经济增长，但是在腐败盛行和经济管理严重不善的国家，援助就不能刺激经济增长。从这个角度看，虽然总的趋势

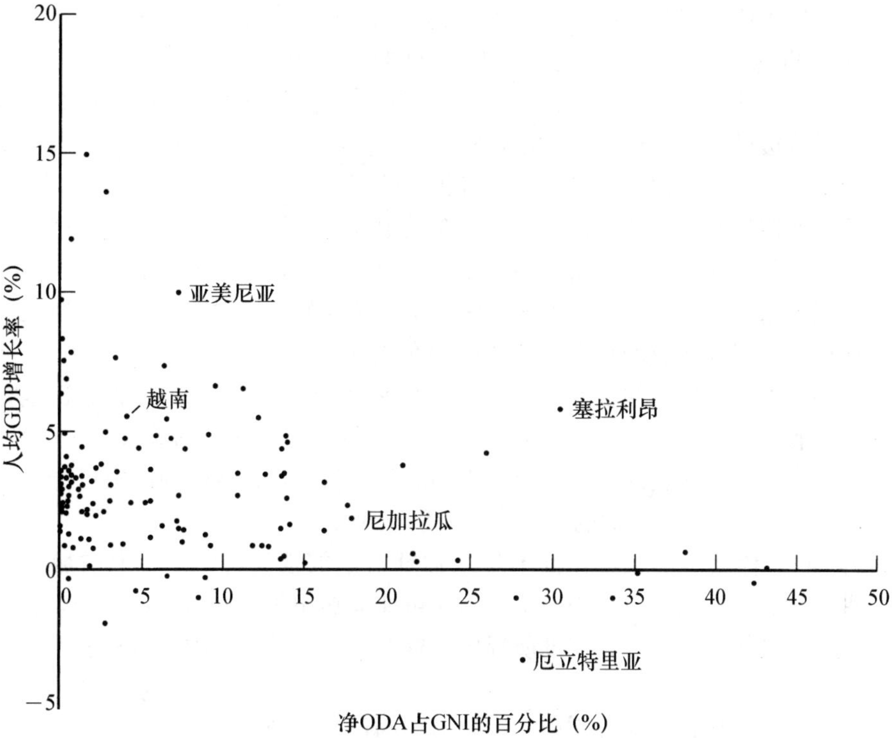

图 14－4　对外援助与增长，1999—2008 年

GNI：国民总收入；

ODA：official development assistance，官方发展援助。

资料来源：World Bank，"World Development Indicators，" http://databank.worldbank.org.

线是重要的，但是围绕这一趋势的差异及造成差异的原因也是真正理解这一潜在关系的关键。

关于这些问题的辩论持续了很多年，直到今天仍在争论。在某些大问题上已经达成了一致。即使是援助的悲观主义者（至少是他们中的大多数）也承认援助在一些国家是成功的（例如在博茨瓦纳、印度尼西亚，或更晚近的莫桑比克和坦桑尼亚），援助通过提供基本的医疗设备改善了健康水平，援助为自然灾害发生后的紧急救济提供了重要的渠道。类似地，援助的乐观主义者也承认大量的援助被浪费了或者被窃取了，例如在菲律宾的马科斯政权、在海地的杜瓦利埃政权。乐观主义者认同，即使是在最好的条件下，援助也可能对经济活动起到负面影响。人们仍然在争论援助与增长关系的总趋势，争论援助在什么条件下能够发挥作用，又在什么条件下不能发挥作用，还在争论采取什么样的措施才能使援助变得更有成效。实证经验的结果不尽一致，不同的研究得出的结论也不同，取决于时间框架、所涉及的国家以及研究的假设条件。我们通过以下三种关于援助和增长的观点对人们的争论做出总结。

□ 观点 1. 尽管并不总是成功，但平均来说，援助对于经济增长和经济发展是有积极作用的

援助最明显的经济理由是，可以通过新的投资尤其是对于公共产品的投资促进经济增长。用于修建公路、港口、发电站、学校以及其他基础设施的援助能够扩大资本积

累，进而加速经济增长（如果投资是生产性的）。自从马歇尔计划以来，人们就认定了援助的上述动机。实际上，关于对外援助的早期分析例如沃尔特·罗斯托（Walter Rostow）1960 年出版的《经济增长阶段》一书等，都是完全从资本投资和增加资本存量的角度去看待援助的。[①] 该观点同哈罗德-多马模型是完全一致的，该模型也将资本形成看作是增长的主要动力；索洛模型也持相同的观点，认为资本积累对于增长非常重要，尽管这种作用使收益递减，并且新技术在其中发挥了强有力的作用。以这些模型为背景，援助增加了储蓄总量，进而增加了投资和资本存量，因此提升了经济增长率。[②]

从上述观点来看，贫困国家自身无法积累足够规模的储蓄去转化成刺激增长所必需的投资，或者是所能够达成的投资只能支持很低的经济增长率。正如在第 10 章所讨论的，最贫困国家的储蓄率往往很低，即使在储蓄率稍高一些的国家，储蓄总额也是较低的。一个人均收入 200 美元、储蓄率为 10%的国家每年产生的人均储蓄为 20 美元，并不能购买很多资本品。这类观点的一个最极端的版本认为，最贫困的国家可能会陷入**贫困陷阱**（poverty trap），即它们的收入太低，以至于不能够积累足够的储蓄去启动持续增长的过程。[③] 总储蓄可能太小，都不足以弥补折旧的损失，更不用说增加资本存量了。另一种稍缓和一些的观点认为，贫困国家可能能够积累足够的储蓄来开启增长，但增长率却是非常缓慢的。这样，援助所提供的资金流动为扩大国内储蓄和加速经济增长提供了途径。

援助还可以通过增进知识以及由一国向另一国传递新理念、新技术与最佳的实践技能来支持增长。有些援助支持了低收入国家的研发，从而加快了增长速度。最好的例子之一就是在 20 世纪 60—70 年代的绿色革命中，援助资助了有关各种新型种子、肥料和杀虫剂的研究，使亚洲的农业发生了变革。同样，相当规模的援助所资助的顾问咨询及技术援助都是以加强制度建设和提高生产能力为宗旨的。当这种援助奏效时，它被看做是提高了生产函数，从而有助于提高经济增长率。[④]

绝大部分研究（尽管并不是全部）在控制住其他因素对增长的影响后发现，平均而言援助和增长之间存在着正相关关系。[⑤] 特别地，20 世纪 90 年代中期以来，研究人员开始关注援助是否能够刺激增长，哪怕收益是递减的——也就是说，小额的援助可能会对增长有一个较大的促进作用，但每递增 1 美元对增长的作用则会越来越小。这看起来很明显，因为在大多数增长模型（如索洛模型）中，这都是关于资本积累的基本假设，但令人惊讶的是，早先的研究所证明的却是线性关系的存在，而非收益递减。许多假定收益递减且其他变量不变的研究（但不是全部）都发现，援助总额与经济增长之间总体

① W. W. Rostow, *The Stages of Economic Growth: A Non-Communist Manifesto* (Cambridge: Cambridge University Press, 1960).

② 正如第 4 章所讨论的，在哈罗德-多马模型中，增长率会持续提高；在索洛模型中，在经济达到一个新的稳定的产出水平之前，经济增长率的提高只是暂时的。

③ 参见 Jeffrey Sachs, et al., "Ending Africa's Poverty Trap," *Brookings Papers on Economic Activity* 1 (2004), 117-240。

④ 在索洛模型中，经济增长率的持续增长只在收入向一个新的稳态水平过渡时才存在。

⑤ 关于新近的这类研究，参见 Michael Clemens, Steven Radelet, Rikhil Bhavnani, and Samuel Bazzi, "Counting Chickens When They Hatch: Timing and the Effects of Aid on Growth," *Economic Journal*, Published electronically December 1, 2011. http://onlinelibrary.wiley.com/doi/10.1111/j.1468-0297.2011.02482.x/full。

而言存在着正相关关系。① 根据图 14－4，这些研究发现了其他的变量，例如地理、政治冲突、政策和制度在很大程度上解释了受援国经济增长率的差异。他们的结论是：在控制了这些变量并考虑到收益递减后，援助和增长的正向关系就显现出来了，尽管在趋势线附近的分布较为分散。这个观点体现在图 14－5 最上端的图中。但是正如我们所看到的，其他研究得出了不同的结论，所以援助和增长的关系仍处于争论之中。

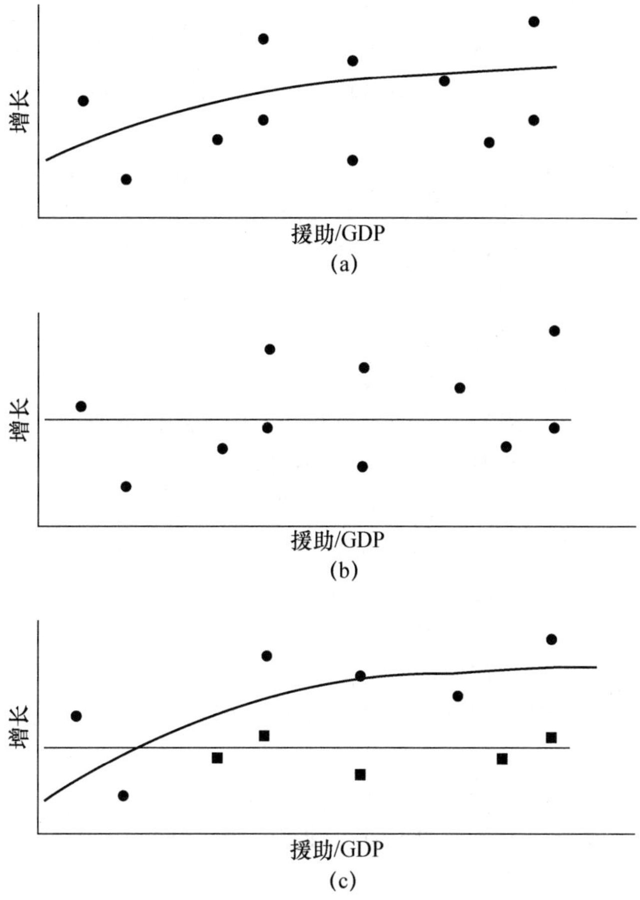

图 14－5　关于援助与增长的三种观点

图（a）即观点 1：假定其他变量不变，援助对增长具有促进作用，尽管收益是递减的。图（b）即观点 2：援助对增长几乎不起作用或者毫无作用，甚至可能有消极作用。图（c）即观点 3：援助在一定条件下（如图中实心圆点所示）对增长有积极作用，但在其他条件下（如图中实心方块所示）则对增长毫无作用。

GDP，Gross Domestic Product，国内生产总值。

此外，对观点 1 的拥护者来说，援助对于其他一些重要的发展目标具有积极作用，

① 假定收益递减的跨国计量经济研究通常把援助及援助的平方作为经济增长的决定因素。采用这种方法所形成的抛物线表明，援助在收益递减的情况下对经济增长有积极作用。但从理论上讲，如果援助额足够大，其边际影响甚至可能是负的。然而，在这些研究中，数据点都集中在曲线向上的部分，因此它们并未得出大量援助将带来负面影响的结论。例如，参见 Carl-Johan Dalgaard，Henrik Hansen，and Finn Tarp，"On the Empirics of Foreign Aid and Growth，" *Economic Journal* 114，no. 496（2004），191－216；Robert Lensink and Howard White，"Are There Negative Returns to Aid?" *Journal of Development Studies* 37，no. 6（2001），42－65；Henrik Hansen，and Finn Tarp，"Aid and Growth Regressions，" *Journal of Development Economics* 64（2001），547－570。

例如健康、教育或者环境，这些目标可能会间接地影响增长，或者其影响只在较长时间以后才会显现出来。同样，援助还能提供紧急救助或人道主义救助，或者有助于实现受援国的宏观经济稳定。下面我们简要地介绍一下上述观点。

促进健康、教育和环境

将近一半的援助资金以改善健康、教育和环境等为目标。也有一些援助资助的是免疫、医疗供给、药品、蚊帐（为了阻止疟疾的传播）、洁净的水源与教育，这部分援助为那些太贫穷以至于支付不起这些的人们提供了基本的商品和服务。从经济学角度看，大部分这类援助只是增加了消费而不是投资（尽管修建学校和诊所等一些对于教育和健康的援助算作投资）。

经济增长通常是这类投资的次要的、长期的目标。健康的、受过良好教育的工人应该更有生产力，因而能够改变生产函数并扩大产出、提高收入。同样的论点也适用于旨在保护环境的援助。改善森林和渔业资源管理、提供清洁水源以及减少空气污染能够改善福利，并在长期中提高生产力。然而，这类援助对于增长的影响要经过较长的时间才能实现。那些给儿童接种免疫疫苗及提高小学质量的项目直到这些孩子参加工作以后才会影响劳动生产力，而这只能发生在受援多年以后。

关于援助和其他发展结果的关系的研究往往集中在对特殊项目及干预的评价上，而并不关注跨国的大的趋势。与对援助与增长关系的研究一样，许多国家所接受的援助对健康和教育有着重要的影响，但也有许多失败的干预。可能最好的证据就是对于健康的援助干预。一个由全球发展中心（Center for Global Development）组织的专家小组研究了 17 个大规模健康干预的案例，这些干预都成功地改善了发展中国家国民的健康并挽救了许多生命。其中有几个例子我们在第 9 章及案例 14—4 中进行讨论。[①] 1977 年，由世界卫生组织牵头，在全球的共同努力下，天花被成功地彻底消灭，这可能是迄今最伟大的公共健康成就。在政府援助机构及私人援助者（如国际扶轮社）的支持下，全世界针对脊髓灰质炎的抗争几乎将这一疾病消灭殆尽。20 世纪 70 年代，口服补液疗法被首次应用于东巴基斯坦（现在的孟加拉国），并挽救了数百万人的生命。在 1982—1987 年间的埃及，一个由援助者资助的口服补液项目使婴儿腹泻死亡率大幅下降了 82%。

▶ 案例 14—4　控制在撒哈拉以南非洲地区的河盲症

盘尾丝虫病又称河盲症，是一种有害的寄生虫病，世界范围内大约有 1 800 万人口饱受这种疾病的折磨，其中 99%以上的感染者位于撒哈拉以南非洲地区。这种病是通过生活在活水源附近的墨蚊叮咬感染的，其症状包括：重度瘙痒、皮疹、肌肉疼痛、皮肤损伤，最严重的可能导致失明。

1974 年，西非国家的政府和 10 个援助国共同启动了河盲症控制计划。当时，当地 3 000 万居民中已经有 250 万感染了这种疾病，其中大约 10 万人失明。主要的干预手段是雨季时每周沿着该地区的河道进行航空喷雾，喷洒杀幼虫剂以控制传染这一疾病的墨

① Ruth Levine with Molly Kinder, *Millions Saved: Proven Success in Global Health* (Washington, DC: Center for Global Development, 2004).

蚊。空中喷洒与滋生地的手工喷洒双管齐下，即便在发生内乱和地区冲突及政变时也未中断。1987 年这个项目开始分发药物伊维菌素，该药一年的剂量可以治疗该病的症状。

这个项目的实施是通过政府和诸多援助国之间的非常规合作实现的。它是在世界卫生组织、世界银行、食品和农业组织以及联合国开发计划署的领导下进行的。22 个援助国共捐助了 5.6 亿美元支持这个长达 28 年的计划，捐助额的绝大部分是通过长期承诺提供资金的。默克制药公司自 1987 年开始为这个计划捐赠伊维菌素，承诺只要有人需要，该公司就会一直捐赠，使得此捐助项目成为史上最大的公私合作项目之一。受援国的政府与非政府组织是该计划有效实施的关键。

从 1974 年到 2002 年结束，该计划获得了巨大的成功。计划使得疾病的传播在 11 个西非国家完全停止，阻止了 600 000 个病人致盲，1 800 万在该地区出生的儿童现在脱离了这种疾病的风险。除了在健康方面的益处之外，该计划对于经济的影响也是深刻的。据估计，足以养活 1 700 万人口的 2 500 万公顷可耕地成为重新定居的安全地带。在布基纳法索，有 15%的土地由于盘尾丝虫病一度沙漠化，但得益于此计划又被完全开垦，如今当地的新居民正享受着繁荣的农业经济。

该计划极其符合成本—收益原则，每年的费用不到每人 1 美元。世界银行估算，每年的投资回报（主要是增加了农业产出）达到了 20%，劳动力效率和农业生产率的提高带来的收益估计达 37 亿美元。

资料来源：Ruth Levine with Molly Kinder，*Millions Saved*：*Proven Success in Global Health*（Washington，DC：Center for Global Development，2004），chap. 6.

这里也有一些成功的关于教育的援助计划。[①] 巴基斯坦的一项关于女孩小学教育的计划使得在 1990—1998 年间，学校的数目增至原来的三倍，女孩的入学率提高了一倍多，女孩的小学完成率从 7%提高到 30%。20 世纪 90 年代，在 USAID、世界银行和 UNICEF 的支持下，埃塞俄比亚进行了全面而系统的教育改革，建设了许多新学校，增加了教师的数量，改善了对教师的培训，扩大了教科书的使用范围。从 1991 年到 2001 年，小学入学率从 20%提高到 57%，女孩的入学率从 12%跃升至 47%。20 世纪 70 年代中期，印度尼西亚在接受援助后修建了 61 000 多所小学，麻省理工学院的经济学家埃斯特·迪弗洛的研究表明，此举使得印度尼西亚国民的教育程度得到了显著的提高，学校毕业生的工资也有所提高。[②]

这些成功的例子仅仅反映了一部分情况。也有许多失败的例子，比如援助国所资助的健康和教育改革没有真实发生，所提供的技术援助没有起到作用，或者干预使得教育和医疗几乎未发生任何变化。但除了案例研究之外，并没有系统的证据表明援助所资助的卫生和教育方面的干预在什么情况下取得了成功，又在什么情况下没有取得成功。

提供紧急援助和人道主义救济

大约 1/10 的对外援助是在发生自然灾害和人道主义危机后以紧急救助的形式提供

① 关于成功的教育干预的总结，参见 Maria Beatriz Orlando，“Success Stories in Policy Interventions towards High Quality Universal Primary Education”（Washington，DC：Center for Global Development，2004）。

② Esther Duflo，“Schooling and Labor Market Consequences of School Construction in Indonesia：Evidence from an Unusual Policy Experiment，” *American Economic Review* 91（September 2001）.

的。在发生地震、洪水和其他灾害后，救济项目通常都提供食物、衣服、基本药品及其他必需的生存物资。同样，人道主义援助帮助的是那些经历了战争或其他冲突的住在难民营里的难民。从经济学角度看，大多数此类援助支持的是基础消费而不是投资和增长，尽管一部分援助是被用于修建已损毁的基础设施并使得灾后的生产免于陷入崩溃状态。

支持经济和政治稳定

有些援助是用来帮助那些面临宏观经济不稳定的国家的。出口价格的下降、进口价格的上升，或者类似干旱、洪水、地震等经济冲击都能够导致汇率的大幅贬值，从而对经济体产生影响并提高贸易商品和服务的价格。援助资金的流入增加了外汇供给，有助于减轻汇率压力。在这方面 IMF 起着带头作用，世界银行等其他援助者一起提供资金支持。上一段所提到的用来应对宏观经济危机或自然灾害的援助资金与经济增长呈负相关。因为危机，增长会下降，而结果是援助额会增加。此类情况可以解释图 14－4 中 x 轴以下的一些点，这些点代表着在 GDP 增长很低甚至为负时的援助。但由于援助是低增长的结果，所以这些点不应该被看做是援助没能促进经济增长和发展的例子。

□ 观点 2. 援助对经济增长影响不大或毫无影响，甚至实际上可能削弱增长

援助怎么会像图 14－5（b）所示的那样，对增长没有影响或是有负面影响呢？一个简单的答案是，大部分援助都被浪费了。如果援助国建立了大量的官僚机构，或者花费重金聘用本国的技术专家写出一些没有人读的报告，援助就不会有助于增长。如果援助出现在政府官员们的个人离岸银行账户上，或者用于为议员们购买昂贵的轿车，就不会对增长起到刺激作用。如果援助只是花钱修路而不提供维护道路所需的资金，那么随着道路的老化，最初增长了的产出可能又回到最初的水平。由于援助国一般都愿意资助新项目的资本开销而不进行维修，上述情况成为常见的问题。

更潜在的危险是，如果援助滋生了腐败，政府官员们和他们的亲信就会把时间花在谋划如何把援助款打到自己的银行账户上，而不是考虑怎样增加产出。用来支付给承担建设项目或提供服务的私人承包商的援助资金则会为回扣及其他非法活动创造机会，就像其他公共资金一样。有关援助及其对发展的削弱的一种最强烈的批评观点是，援助支撑了恶意独裁者，并支撑了使穷人变得更穷而非帮助穷人的政治体制。例如，20 世纪 70—80 年代期间，美国对菲律宾马科斯政权的援助可能支持了反共盟友，但却很可能延长了腐败政府执政的时间。同样的观点也适用于同时期对中非共和国、海地或扎伊尔的援助。

但是即使援助没有被浪费或是滥用，它对经济增长的作用也可能比人们预想的小。这是因为随着受援国开始接近其**吸收能力**（absorptive capacity），投资的收益是递减的。面对相对缺乏技能的工人的政府机构可能很难监督或管理越来越多的援助资金。所购买的商品及供给品可能使可用的仓库或运输系统变得紧张。大量捐赠的药品可能根本不会被患者用到，因为它们不能被按时运送到诊所。从长期来看，援助资金的增加可能会有助于增强吸收能力，因为可以使用援助资金来训练和雇用更多的工人，扩大仓库的容积，或者修建基础设施以缓解瓶颈，但同时，这些限制的确可能削弱援助的影响。

援助可能减缓增长的最主要途径也许就是削弱私人部门活动的积极性。大量援助资

金会刺激通货膨胀，引起汇率的实际升值，进而缩小所有可贸易品生产的获利空间。援助资金可能会扩大政府的规模，以及支撑援助项目的相关服务业的规模，这样就会把劳动力和投资从农产品加工、服装或鞋类出口等生产性活动中转移出来，而这些对于许多国家来说都一直是增长的重要引擎。这类“荷兰病”效应通常与自然资源的出口繁荣所带来的收入相联系（第 18 章），但援助资金也能够造成同样的结果。许多分析认为，20 世纪 80 年代末期和 90 年代初期，流入加纳的大量援助资金削弱了出口动机。[①] 同样，食品援助有时也可能减少当地的食品生产，正如案例 14—5 所讨论的。

▶ 案例 14—5 **食品援助与食品生产**

对于很多人来说，富裕国家通过捐赠食品帮助穷国明显是一个很好的方法。尽管有时的确如此，但在特定的条件下，食品捐赠会因削减了受援国当地农民的生产积极性而伤害他们。如果所有的食品都是当地自产的（即没有进口），那么援助的食品会增加食品的供给，从而会使得食品的供给曲线外移，因此食品价格会下降。如图 14－6（a）所示，这会使消费者受益，而使农民受损。在一个不存在商品进口的经济体中，食品援助将使食品供给曲线从 S_1 移到 S_2，使得价格从 P_0 降至 P_1。生产者的反应则是将产出从 Q_0 缩减至 Q_1，同时消费者的消费会由 Q_0 增加至 Q_2，食品援助 Q_2-Q_1 将弥补这一差额。很明显，消费者会受益（当真的存在食品短缺时，这是很重要的），生产者会受损。

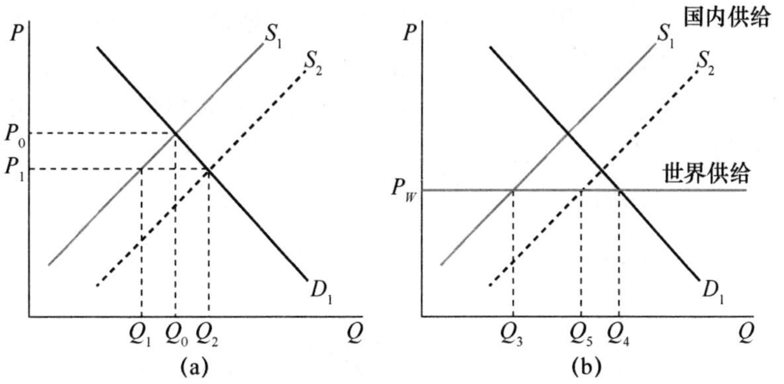

图 14－6 食品援助、价格与生产

（a）不存在进口时的食品援助与生产：食品援助降低了价格，使消费者受益，但却替代了当地生产。（b）存在进口时的食品援助与生产：食品援助增加了总供给，却没有影响价格，也没有替代生产。

当一个经济体生产一些食品但进口其差额时，结果就不同了，如图 14－6（b）所示。世界价格为 P_W，初始生产点在 Q_3，初始消费点在 Q_4，Q_4-Q_3 为进口。在这种情况下，粮食援助取代的是进口，进口减少量为 Q_4-Q_5，食品援助弥补了 Q_5-Q_3 这一差额。国内价格、食品生产以及消费没有发生变化，食品援助实际上节约了被取代的进口食品的成本。

① 参见 Stephen Younger，“Aid and the Dutch Disease：Macroeconomic Management When Everybody Loves You,” *World Development* 20，no. 11（November 1992），1587－1597。

援助、储蓄和税收收入

如果援助对于储蓄和投资具有负面影响，也会对增长产生小于预期的影响。早期的分析假定，由于援助是一种国外的储蓄，每 1 美元援助就会增加整整 1 美元的投资。但因为至少以下两点原因，这是不可能发生的。首先，如前所述，并不是所有的援助都以投资品的形式提供，甚至一部分援助并不以增加投资和增长为目的。其次，即使援助以增加投资为直接目的，其影响也因私人储蓄的减少（通过私人投资回报率的下降）或者政府储蓄的减少（通过税收收入的减少）而被部分地抵消。如果一国现在每年的投资为 1 亿美元，又从所接受的新援助中得到 1 000 万美元的投资（例如修路），那么其总投资是不可能达到 1.1 亿美元的。可能发生的情况是，有了这 1 000 万美元作为新的投资后，原来的 1 亿美元中的一部分将被转移用于消费。

图 14－7 说明了援助对于储蓄的影响。在受援国获得援助之前，它能够沿着生产可能性曲线 P 生产消费品和资本品。为了简化，该图对国际贸易和其他资本流入忽略不计，所以最初的消费也一定位于生产可能性边界上的某一点。社会偏好由一组无差异曲线来界定，图中画出了其中的两条（标记为Ⅰ和Ⅱ）。如果生产和消费都处在 A 点，那么该国福利会达到最大化。此时，无差异曲线Ⅰ与生产边界 P 相切，消费为 C_1，投资（和储蓄）为 I_1。现在，援助国捐赠 AB，试图将投资提高到 I_2。然而，援助将消费边界由 P 向外移至 P'。这时，D 点是该国的福利最大化点，它也是 P' 与无差异曲线 I_2 的切点，消费为 C_3，投资为 I_3。援助数量 AB 中，AE（等于 I_3-I_1）为投资，BE（等于 I_2-I_3）为消费。即使所有新的援助资金都按计划被用于投资，该国原有投资的一部分也会被转换成消费，所以实际上，由于援助资金的存在，投资和消费都有所增长，确切的影响则取决于生产可能性、社会偏好以及贸易等该图所忽略的其他变量。如果 I_3-I_1 占总援助（AB）的比例较大，那么援助就是以支持投资为主；或者如果 I_3-I_1 占总援助（AB）的比例较小，那么援助就是以支持消费为主。

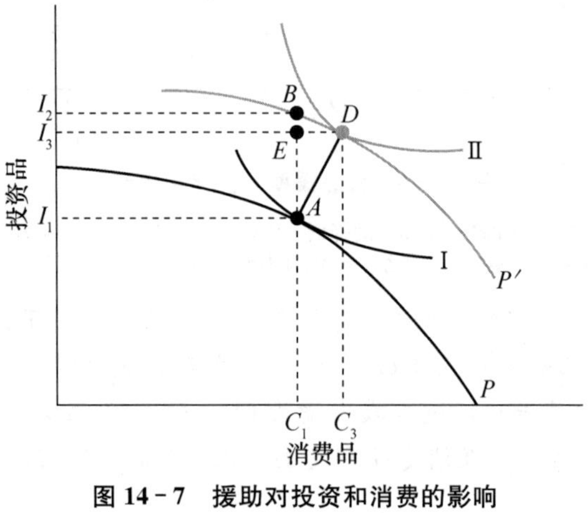

图 14－7　援助对投资和消费的影响

总额为 AB 的对外援助所转化成的实际新投资只有 AE，因为该国在新的边界线 P' 上的 D 点而不是 B 点达到福利最大化。P' 实际上不是生产边界线，而是供给边界线。

资料来源：节选自 Paul Mosley，"Aid，Savings and Growth Revisited，" *Oxford Bulletin of Economics and Statistics* 42 (May 1980)，79－91。

为什么国家会有这种反应呢？为什么不是将所有的援助都转化成投资呢？基于对投

资增加未来产出和消费的预期，储蓄总会被当前消费牺牲掉一部分。当一国有一笔新的援助资金流入时，投资随之增加，该国就更不愿意牺牲当前最后1美元的消费去支持最后1美元的投资。这样，尽管随着来自援助的外国储蓄的流入，总储蓄（投资）增加了，但国内储蓄却在一定程度上下降了。

当这种替代成为可能，援助有效地支持了并非它初衷的活动时，援助就被认为是**可替代的**（fungible）。这种替代是好还是坏取决于钱是怎么花出去的。如果援助者要用于修建学校的资金能使社会成员少一些储蓄，而多为他们的家庭成员购买一些食品、服装和药品，那么很少有援助者会持反对意见。但是如果所援助的资金被用于为市长及其随员购买几辆梅赛德斯奔驰汽车，则援助国很可能不高兴，因为经济发展毫无受益。

以预算中的现金转移或项目援助的形式提供的援助（而不是为一个特定计划提供的援助）特意给了受援国如图14-7所示的一些可能选择。但即使所有的援助都被用于十分特定的投资项目，并且援助国进行审计以确认钱是按照计划花出去的，替代仍然可能发生。例如，项目援助可能被用于如果没有援助政府本要开展的投资项目。在这种情况下，政府的资源就被释放出来，用于其他目的。如果政府打算用自己的资金修建一座发电站，然后有援助国决定为其提供资金，那么政府的资金就被节省下来，可以依据政府的意愿被用于其他任何用途。即使援助所资助的是政府本不打算实施的项目，政府也可能简单地削减其他项目，因为出于经济或政治原因，政府试图提高消费份额。

随着政府支出的增加，援助资金呈现出“黏性”趋势，而并未导致税收减免或抵消其他领域的支出减少，这有时被称为“黏蝇纸效应”。一些研究发现，1美元的援助所转化成的政府支出不到1美元，通常介于0.33～0.67美分之间。但是针对一些特定国家的研究却发现，存在着较强的黏蝇纸效应，即1美元的援助所转化成的新支出接近1美元。一项关于印度尼西亚的研究表明，1美元的援助可以带来1.5美元的政府支出，这表明援助“挤入”了政府支出，这可能是通过解除了限制政府消费的约束实现的。①

援助资金同样也影响政府的收入。接受援助资金的政府可能不太愿意从公众那里提高边际税收，特别是因为税收在政治上并不受欢迎。没有接受援助资金的政府可能愿意提高税收以修建一家新医院，但如果有援助国愿意出资修建医院，政府提高税收的积极性就会下降。然而，如果援助国要求政府为某项特定活动提供配套资金，如果援助帮助政府引入制度变革以加强税收威信，或在出现贷款的情况下，政府知道自己将来需要收入来偿还贷款，援助可能就会有助于增加税收。对上述效应的经验验证的结果是混合的：在有些国家，援助资金的流入伴随着税收的增加，而在另一些国家，税收却下降了。② 在税

① 参见 World Bank，*Assessing Aid*：*What Works*，*What Doesn't*，*and Why*（New York：Oxford University Press，1998）；Tarhan Feyzioglu，Vinaya Swaroop，and Min Zhu，“A Panel Data Analysis of the Fungibility of Foreign Aid，” *World Bank Economic Review* 12，no. 1（1998）。关于印度尼西亚的研究，参见 Howard Pack and Janet Rothenberg Pack，“Is Foreign Aid Fungible? The Case of Indonesia，” *Economic Journal* 100（March 1990）。

② Mark McGillvary and Oliver Morrisey，“A Review of the Evidence on the Fiscal Effects of Aid，” Research Paper no. 01/13 Center for Research in Economic Development and International Trade，Nottingham，UK，2001. 关于上述效应的经典模型，参见 Peter Heller，“A Model of Public Fiscal Behavior in Developing Countries：Aid，Investment，and Taxation，” *American Economic Review* 65（1975），429-445。

收减少的国家，普通国民会从中获益，他们可以进行储蓄或是增加出于个人目的的消费，这有助于加快经济增长。税收的下降或者也可以使与政府有特殊联系的个人或企业受益。

私人储蓄可能也会受到援助资金流入的影响。援助对相对价格的一系列微妙影响可能导致替代的发生，会减少私人储蓄、挤出私人投资。援助资金的流入可能使利率下降，从而减少私人储蓄。如果投资的回报递减，更多的资本总体上就意味着投资的更低回报，进而意味着受援国消费而非储蓄的大趋势。

援助国停止这种替代即使不是不可能的，也是很困难的，尽管它们能在一定程度上限制替代的发生。研究表明，援助资金是可替代的，至少部分可替代，即受援国能在一定程度上用其他意图替代援助资金的本来意图。然而，证据也表明，援助不是完全可替代的：大部分流向了本来计划的用途，受援国不能或并不将所有的援助资金都转投至其他用途。

对援助的依赖

有些分析认为，当援助资金在长期中规模相对较大的时候，援助就会失去部分效果，因为价格、制度、预期都调整到了那个水平，援助国在一定程度上开始依赖于援助。这种情形提出了一些挑战。首先，援助的数目越大，突然减少援助的风险就越大。援助资金比国内税收更加飘忽不定，受援国越是依赖于援助，援助的反复无常就越明显。[①] 如果援助国突然减少援助，无论是因为预算削减、对腐败丑闻的回应、政府变动，还是因为其他原因，对受援国宏观经济所造成的后果都很难管控。其次，大量的援助资金使得援助国拥有大量针对受援国的谈判筹码，所以为了确保援助资金的持续发放，无论援助国提出什么样好的或坏的条件，受援国都愿意接受。如果受援国政府对援助国而不是对本国居民的诉求反应越来越快，那么援助资金就会削弱公众问责，阻碍公民社会的发展。

随着受援国变得更加依赖于援助，援助逐渐减少的过程随着发展的进程变得更加困难。如果援助支持的是公共支出，那么援助的减少必然伴随着税收的增加或支出的减少，两者都不是特别简单或者在政治上受欢迎的（尽管经济增长的过程使得税收的提高变得更加简单）。受援国请求接受尽可能长时间的援助而拒绝进行上述调整的动机很强。从 20 世纪 80 年代开始，埃及就成为世界上最大的受援国之一。许多观察者认为，援助资金的流入使得政府不再面临削减浪费性支出及引入其他必要改革的压力。援助的这种影响可能部分地间接导致了 2011 年埃及胡斯尼·穆巴拉克政府的倒台。

援助项目实际上可能会削弱一国加快发展进程、减少对援助的需要所必须具备的制度。预算制度可能因援助而被削弱，特别是如果大部分援助资金是用预算之外的钱以项目的形式提供的，就尤其如此。援助机构需要合格的会计师、经济学家及金融专家去设计、监管和评估其项目。随着对这些技术需求的增加，援助机构竞相支付高工资，使它们所提供的工资比其他地方能提供的工资更高，也包括政府（更不用说国内公司所能提供的工资了）。有时，援助机构招募到的是当地最有能力和有前途的工作人员，

① Aleš Bluír and Javier Hamann, "How Volatile and Unpredictable Are Aid Flows, and What Are the Policy Implications?" IMF Working Paper No. 01/167, International Monetary Fund, Washington, DC, 2001.

而留给政府机构和其他经济主体的则是素质较差（通常工资也较低）的员工。在莫桑比克，20 世纪 90 年代早期内战结束后，援助大量涌入该国，将大部分最有能力的政府人员招至旗下，支付超过政府薪水 5 倍以上的薪金，有时比私人部门的薪金还高。但是，最有才能的人员的离开剥离了政府所需的技能，从而削弱了政府运作的成效。①

上述情况并不只限于预算办公室：它能够影响中央银行、卫生部（可能会失去医师或流行病学家）、教育部以及其他机构。援助机构可能会通过向政府员工（尽管有些人随后从事了其他工作）提供技术支持或以别的方式加强制度建设来部分地抵消这样的趋势。随着时间的推移，上述措施可能会带来一些好处，不过高工资会吸引越来越多的学校毕业生成为会计师和金融专家。在所有的援助案例中，援助机构通常都对这些可能产生的有害影响不予考虑。

在某种程度上，这种依赖也可能是双方向的，因为援助机构会逐渐习惯于实施大规模的援助工程。捐助机构实际上是被要求通过降低援助的必要性和重要性而逐渐退出他们的工作。但是，像其他任何机构一样，大多数援助机构都愿意变得更大，并发放更多的援助。在一些特定项目中工作的个人通常愿意让这些项目一直持续下去，因为项目越大，他们对政府的政策选择所可能施加的影响就会越大。升职及其他的奖励通常是与他们所管理的援助项目的规模相适应的。因此，援助国所面对的这种激励机制有时就鼓励了援助国与受援国之间的依赖性。

观点 2 的支持者以发现援助与增长之间并无联系的一系列研究作为论据。基思·格里芬（Keith Griffen）和约翰·伊诺斯（John Enos）就是首批质疑援助有效性的学者，他们发现在 27 个国家中，援助和增长之间存在着负相关性。其后，其他研究也得出了援助与增长无关甚或两者负相关的结论。② 这与前述支持观点 1 的诸多研究是截然相反的。

□ 观点 3. 援助与增长具有条件关系， 只有在一定条件下能够刺激增长， 例如在一些拥有好的政策或制度的国家

该观点来源于援助的效果所具有的混合性：尽管有研究发现援助与增长总体上存在正向关系，但没有人认为援助能在所有国家永远奏效。该观点认识到，在某些国家的某

---

① Peter Fallon and Luiz Pereira da Silva，“Recognizing Labor Market Constraints：Government-Donor Competition for Manpower in Mozambique，” in D. Lindauer and B. Nunberg，eds.，*Rehabilitating Government* （Washington，DC：World Bank，1994）.

② 例如，参见 K. B. Griffin and J. L. Enos，“Foreign Assistance：Objectives and Consequences，” *Economic Development and Cultural Change* 18，no. 2（July 1970），313-327；Paul Mosley，“Aid，Savings，and Growth Revisited，” *Oxford Bulletin of Economics and Statistics* 42，no. 2（1980），79-96；Peter Boone，“The Impact of Foreign Aid on Savings and Growth，” Working Paper no. 677，Center for Economic Performance，London School of Economics，London，1994；William Easterly，Ross Levine，and David Roodman，“New Data，New Doubts：A Comment on Burnside and Dollar's ‘Aid，Politics，and Growth’，” *American Economic Review* 94，no. 3（June 2004）；David Roodman，“The Anarchy of Numbers：Aid，Development，and Cross-Country Empirics，” Working Paper no. 32，Center for Global Development，Washington，DC，July 2003。相关综述参见 Clemens et al.，“Counting Chickens When They Hatch.”

些条件下，援助看起来是刺激了经济增长，但在其他国家就并非如此，该观点力图确定能够解释这些差异的关键原因。图 14－5 最下面的子图说明了这一观点。已出现的解释“条件”有三项，即援助与增长的关系取决于受援国的特点、所提供援助的类型、援助国提供援助的途径。

受援国的特点

最有影响力的条件论观点是：援助的影响取决于受援国制度和政策的优劣。根据该观点，如果一国的宏观经济政策和贸易政策不力、腐败盛行、政府官员责任意识淡薄，援助可能就对增长几乎没有影响。相反，拥有良好的政策和制度的国家，援助项目则可以帮助加速增长。发起这方面研究的乔纳森·艾沙姆（Jonathan Isham）、丹尼尔·考夫曼和兰特·普里切特发现，对于民主意识和管理措施较强的国家，援助的投资回报率较高。克雷格·伯恩赛德（Craig Burnside）和戴维·多拉尔（David Dollar）所开展的进一步研究发现，在拥有好的政策和制度的国家，援助与增长之间存在着显著的正相关关系，而在其他条件下则不存在这种关系。① 其他研究人员则发现，援助影响的差别还可能取决于政府的类型、人力资本的质量、相对于回归线的位置（可能是代表健康的一个指标）、出口冲击的幅度及频率以及其他因素。

尽管后续分析对部分上述结论提出了质疑，但这一观点对援助国的政策影响巨大，这可能是因为不同效应得出的结论与发展领域的许多专业人士的经验是一致的。这些结论使得援助国在发放援助时变得更加具有“选择性”，即将援助更多地发放给那些制度和政策相对更得力的国家，我们在本章后面的部分将讨论这一点。

援助的类型

不同类型的援助可能以不同的方式影响增长。一项研究将援助资金划分成三类：在数年内最有可能影响增长的援助，最不可能影响增长的援助，以及根本不影响增长的援助。②

1. 紧急援助和人道主义援助，它可能与增长呈负相关关系，因为它是在经济冲击致使增长下降时才急剧上升。

2. 只有经历一段很长的时间后，才会对经济增长有影响的援助。因此，其对增长的影响很难被察觉到，例如用于健康、教育和环境及支持民主的援助。

3. 以影响增长为直接目的的援助（用于修路、修港口、建发电厂或支持农业的援助）。

该研究结果表明，在第三种援助与经济增长之间存在着很强的关系，但其他种类的援助与经济增长间的关系则较难察觉。这项研究还发现，第三类援助对具有较强制度安排的国家的经济增长所产生的影响更强一些。

---

① Jonathan Isham，Daniel Kaufmann，and Lant Pritchett，“Governance and Returns on Investment：An Empirical Investigation，” Policy Research working paper no. 1550，World Bank，1995；Craig Burnside and David Dollar，“Aid，Policies，and Growth，” *American Economic Review* 90，no. 4 (September 2000)，847－868；Paul Collier and David Dollar，“Aid Allocation and Poverty Reduction，” *European Economic Review* 45，no. 1 (2002)，1－26；World Bank，*Assessing Aid：What Works，What Doesn't，and Why* (New York：Oxford University Press，1998).

② Clemens et al.，“Counting Chickens When They Hatch.”

援助者的做法

许多分析家认为，援助国的不同做法可能会影响援助的效果。多边援助对于刺激经济增长可能比双边援助更有效，因为它由政治因素决定的成分更少（尽管有人持截然相反的观点，认为多边机构太大、不够集中，对纳税人直接负责的程度更小）。相比其他援助，那些“附加”购买援助国的商品和服务或者被用于资助国际会议的援助可能效率更低。规模较大的援助机构增加了成本，减慢了援助的发放速度，也降低了援助的成效。相比完全依靠自己运作的援助国，那些与其他援助者及受援国政府协调工作的援助国要更有效率。具备效率更高的监督及评价体系的援助国可能会更好地将援助传递到最有生产效率的地方，进而提高整体效率。20 世纪 90 年代末出现的一个颇具影响力的观点是：当受援国政府和社区团体能够参与对援助计划的设计及确定其优先用途时，这种参与的方法会使援助变得更有效，本章后面的部分还会涉及此观点。围绕上述问题存在着大量的争论，毫无疑问，援助国的做法至关重要，但至今几乎还没有关于援助国的做法与援助成效的系统化研究。

如果对援助与增长关系的相关研究进行总结，援助在一些国家看起来是成功的，但在另一些国家则并不成功，总体的趋势仍然是一个争论的话题。进一步的研究开始透过表面的现象去揭示什么类型的援助最有效、什么类型的援助无效，以及在哪些精确的条件下援助能够对增长产生最大的影响。正如第 3 章所大体讨论的关于经济增长原因的证据一样，关于援助与增长之间的关系，仍有许多内容有待我们探索。

14.4 援助国与受援国的关系

一些证据表明援助在某些国家有效，但在另一些国家却无效。这些证据与关于对外援助的批评并存，于是导致了关于如何改进援助项目才能使其更有效地支持经济增长与发展的辩论。但这是一个艰巨的挑战。在力图达成诸多目标（援助国与受援国的目标可能不同）、开展财务监督、确保成效方面，援助面临着一些固有的挑战。在本节，我们先在一个更深的层面探讨这些挑战，然后论述一些已经被提议的特定变化，以及在有些案例中为了使援助更富成效，援助国及受援国已经实施了的特定变化。

□ 委托—代理问题

援助机构面临的一个关键问题是，在实际提供资金（援助国的纳税者）与援助项目的最终受益者（居住在低收入国家的穷人）之间，只存在着间接的、遥远的关联。诸多机构、组织和交易牵涉其中，沿着这一路径所制定出来的决策可能与初始纳税人及最终受益者的愿望或利益都不一致。所有的公共部门机构和许多私人公司都面临**委托—代理问题**（principal-agent problem），但国际层面的问题使得它对援助提出了更为艰巨的挑战。经济学家伯廷·马滕斯（Bertin Martens）分析了关于援助机构的委托—代理问题，其后叙述的是我们所做的分析。①

私人公司（拥有者）、俱乐部（成员），或者公共行政部门（纳税人）中的委托人不能亲自做出所有的决定、自己执行所有的任务，所以他们必须授权给代理人——经理、雇员、民选官员和公务员——代表他们承担这些责任。但是，代理人拥有自己的目标和动机，这些目标和动机可能与委托人的不同。与委托人相比，代理人知晓更多的信息，并能利用这些信息做出有悖于委托人利益的事。因此，委托人面临的一个问题就是要签订合同并建立规则，以使代理人的利益与他们自己的利益更加一致。这些问题对于公共部门机构尤为重要，因为它们往往有多重目标（不仅是利润），而且它们的多个委托人关于多重目标重要性排序的意见也可能并不一致。这些问题就使得工资、奖金和升职等激励手段与绩效指标的匹配变得很难。

大多数援助项目都具有一条很长的、复杂的委托—代理关系链。例如，始于纳税人，他们将权力委托给民选官员，民选官员作为委托人再将权力下放给一系列新的代理人，即援助机构的负责人。这样的关系继续延伸到援助机构的员工、承包商和顾问。在受援国，此类关系同样存在于最终受援方、政府以及项目的实际执行人之间。在大多数公共机构，在这些关系中有大量的内耗，但对于援助机构来说，这一问题更具复杂性，因为初始纳税人与最终受益者被分开了。在国内的公共项目中（例如垃圾回收或当地学校），纳税人与最终受益人是同一拨人，所以，他们可能拥有较清晰的关于代理成功或是失败的信息，进而可以通过换届选举的复选或弃选来奖励或惩罚他们的代理人。但是马滕斯指出，这种反馈循环在援助机构中却遭到了破坏：

> 对外援助的一个显著的特点是，援助机构要惠及的人与为援助贡献资金的人是不同的；它们实际上生活在不同的国家和不同的政治选区。这种隔离阻碍了正常的绩效反馈程序：受益人可能可以对绩效进行观察，但却不能根据绩效调节报酬（作为对代理人的奖励），使之成为绩效的函数。尽管援助者通常都很有兴趣看到自己的资金被合理地利用，但做到这一点对它们来说是十分困难的，因为常常并不存在一个明确的机制以将受益者的意见传递给援助者。②

委托—代理问题几乎影响着援助传递的各个方面，包括项目设计、实施、补偿、激励、评估以及资金分配。问题永远不可能完全避免：私人公司的所有者、经理和雇员之间也存在同样的问题，同私人援助基金和慈善组织一样。面临的挑战就是要设计制度及激励机制，以尽可能地缓解这些问题，使得目的、目标和激励明确化。援助国所面临的主要挑战是：怎样最好地应用贷款条件，以使受援国的行为能够与援助国的（也可能是最终受益者的）利益和愿望更加一致。

□条　件

援助国经常要求受援国实施特定的政策或一篮子政策作为提供资助的先决条件；条

---

① BertIn Martens, "Introduction," in Berten Martens, ed., *The Institutional Economics of Foreign Aid* (Cambridge: Cambridge University Press, 2004).

② Martens, "Introduction," 14.

件限制（conditionality）是援助中最具争议的一个问题。在来自 IMF 和世界银行的资助中，大体的政策条件是最为常见的，但所有的援助国都在一定程度上使用政策作为先决条件。许多双边援助者效法这两个多边组织的措施，直到受援国达到 IMF 和世界银行的条件才提供全额援助。IMF 通常会要求受援国采用浮动汇率、压缩预算赤字、放缓货币供给的增速、增加外汇储备、将部分国有企业私有化、减少进口限制、采取广泛的反腐败措施。世界银行所要求的条件有时更强调上述政策改革，还可能加入一些针对特定部门的要求，例如，在提供农业贷款之前要先实现肥料市场的自由化。

在大多数情况下，IMF 和世界银行所要求的特定政策条件是合理的，通常也会得到受援国政府中至少部分人的支持。但是，有时许多人坚持认为，IMF 和世界银行的条件太过分，很难认同其合理性，尤其是当特定改革的理由不太明确时，批评者会认为这些条件更多的是基于意识形态，而不是基于确凿的事实和明智的经济学。例如，虽然国有销售部门、零售店或贸易机构的私有化一般并无争议，但对公用事业的私有化却争论不断。许多国家可能的确需要按 IMF 所要求的那样实行财政纪律，但 IMF 经常因要求受援国执行的纪律比维持其经济稳定实际所需的更严格而遭受指控，受援国认为这些财政纪律抑制了总消费以及在一些重大社会项目上的支出。有时，援助者强加了太多的条件，貌似希望受援国一次性修正所有问题，而毫不考虑任何优先顺序或可行性。2003 年 4 月土耳其与 IMF 达成的“意向书”中含有一张表格，该表格列举了土耳其政府承诺履行的 131 项十分具体的政策措施（子类别的措施就更多出几十个），这些内容都是 IMF 援助项目的一部分。① IMF 承认，其限制条件有时确实过于严苛，例如 1997 年金融危机后对印度尼西亚的援助项目。②

尽管援助国经常因为强加太多的条件而受到批评，它们也经常因为没有强加足够的条件而受到批评。那些支持对 IMF 施加过严的财政约束持批判态度的人同时还坚持认为，应该要求受援国政府对健康和教育维持最低花费。世界银行经常被要求对政府增加一些条件，迫使政府采取特定的行动，例如对于一些具有潜在环境后果的项目。这就可能导致一个两难选择的困境。有时，受援国政府会请求世界银行成为某个项目的联合资助者，寄望于世界银行的加入能提供可信度及稳妥性。反过来，世界银行通常会提出环境保护或反腐败措施方面的要求。但是，由于世界银行仅仅是贷款者之一，它的影响力可能是有限的。如果世界银行提出的条件要求得太多，政府完全可以对它不予理会（也就无须考虑环境保护），但是如果世界银行提出的条件过少，就可能发现自己所资助的是一个条件不够充分的项目。

这些条件存在的原因是直截了当的：援助者认为，这些基本层面上的条件对于经济增长和发展是很重要的，如果没有这些条件，提供援助就是无效的。在一些极端的例子中，最容易理解这些原因：如果政府的政策已导致了很高的通货膨胀率、高估的汇率、大量的无效率行为、公共支出的浪费、大量的腐败，然后接受了一项不要求做出任何根

---

① 参见 IMF，“Turkey：Letter of Intent，” April 5，2003，available at www.imf.org/external/np/loi/2003/tur/01/index.htm；accessed February 2012。

② IMF Independent Evaluation Office，“The IMF and Recent Capital Account Crises：Indonesia，Korea，and Brazil，”（Washington，DC：IMF，2003）. Available at www.imf.org/external/np/ieo/2003/cac/pdf/all.pdf.

本变革的援助，那么，无论其具体目的是什么，这样的援助将不会带来任何益处，甚至还会使上述恶劣的状况更为持久。有些人甚至认为，援助的主要目的不在于钱，而在于发挥援助作为撬动政治改革杠杆的作用。关于条件限制的讨论是委托—代理问题的一个缩影：援助者要求受援者在接受援助时采取特定的措施，但受援者却可能具有不同的目标，并掌握着足够的信息，从而使受援者履行援助者所提出的要求较困难。

康奈尔大学的经济学家拉维·坎伯（Ravi Kanbur）还提出了两个关于条件限制的其他问题。第一，保证持续增长和发展的最合适的条件是什么并不总是很清楚。马赫布·哈克（Mahbubul Haq），一位颇具影响力的长期效力于联合国开发计划署的发展顾问，曾经这样评论撒哈拉以南非洲地区："与世界上任何其他的大陆相比，以人均计算，这个地区从外国顾问那里得到的坏的政策建议常常更多。"① 正如第 5 章所讨论的，发展理论从 20 世纪 50—60 年代的国家为主的方法发展到 70 年代对人的基本需求的关注，到 80—90 年代发展成为关注开放市场的宏观经济方法，再到 90 年代中期之后对于制度的关注，最后在 21 世纪初期，更为关注的则是由私人部门引领的经济增长。因此，条件限制的内容也总是随之持续演变着。

第二，条件限制似乎并未发挥作用。大多数分析认为，政府只会为了自己的利益实施改革，援助的条件限制对改革决策的影响微乎其微，如果说有的话。相比没有援助的情况，援助的条件限制也许会使政府更快地实施改革，也许会提升改革因素在政策争论中的地位，但它无法说服政府去做它实际上并不想做的事情。当受援者未能满足条件限制时，许多援助者仍会继续提供援助，有时甚至是反复如此。随着时间的推移，受援者发现，要获得援助资金的流入，并不是非得满足所要求的条件，这一过程就逐渐削弱了援助机构及其附加条件的作用。援助国之所以继续发放援助来支持依赖于援助的承包商和受援者，考虑的只是其内部激励。援助国也面临着"撒玛利亚困境"：撤回援助将给援助所致力于帮助的那些人造成短期痛苦。②

总之，关于条件限制并无明确的规则。一方面，施加条件限制需要高度负责的监督机制和问责制；另一方面，还要确保条件的实施既不受到官僚主义烦冗的阻碍，也不会被额外强加不必要的控制或无依据的政策改革。灵活性、判断力以及平衡多重目标的能力都是在上述两个方面之间寻求适度平衡所需要的。

□ 提高援助的有效性

自 20 世纪 90 年代末开始，随着全球援助资金的增加，关于如何加强援助项目的作用，以使其在支持经济增长与发展方面变得更有效的讨论和争议也越来越多。这些讨论意识到了援助项目的一些弱点，也提出了一些改变援助的具体想法。"关于援助有效性的巴黎宣言和阿克拉行动议程"也许是人们对实施援助的最佳做法所达成的共

---

① Mahbubul Haq, "Does Africa Have a Future?" *Earth Times New Service* (January 1998).

② Ravi Knbur, "The Economics of International Aid," in Serge Christophe-Kolm and Jean Mercier Ythier, eds., *Handbook of the Economics of Giving, Altruism, and Reciprocity: Applications* (Amsterdam: North Holland, 2006). 也可参见 Jakob Svensson, "Why Conditional Aid Does Not Work and What Can Be Done About It," *Journal of Development Economics* 70, no. 2 (2003), 381-402; William Easterly, *The Elusive Quest for Growth* (Cambridge: MIT, 2002)。

识的最清晰表述。[①] 近年来，捐助机构开始将这些想法付诸行动，这些行动也给援助带来了一些明显的变化。

对国家的选择

一个很有影响力的想法是，援助国应该更精细地选择所要援助的国家。这一想法所基于的观点是：援助在那些具有良好政策和制度的国家里会发挥最大的作用。这一观点的最极端的版本认为，援助应该仅仅提供给那些满足上述标准的国家，而不应提供给那些不满足这些标准的国家，也就是说，不应让大部分援助都流入那些最为贫困的国家。一个温和一些的观点是，应该给那些政策和制度更得力的国家分配更多的援助，但对那些制度相对薄弱的国家尤其是处于冲突后的国家，也应继续提供目的明确的援助。这种观点使得关于条件限制的辩论转了一个弯：不是提供援助以鼓励改革，而是把援助提供给那些已经决定实施关键改革的国家。经济学家保罗·克利尔和戴维·多拉尔建议采取“贫穷—高效”的方法来分配援助，即将援助资金分配给那些拥有相对较强有力的政策和制度的最贫穷国家，以使援助对于全球减贫的作用最大化。[②]

近些年来，援助国开始向这个方向转变。世界银行使用“国家政策及制度评估指数”作为决定其国际开发协会的部分优惠性资金发放的依据。几个欧洲援助国则逐渐提供预算框架支持或是着眼于全行业的资助办法，但是它们只针对一小部分被认为是最负责任的国家才这么做。美国的千年挑战公司（Millenium Challenge Corporation，MCC）仅向一小部分受援国提供援助，主要（尽管并不是全部）的选择依据就是基于政策与政府绩效的 17 项指标。[③] 截至 2011 年末，MCC 已与世界上 23 个低收入及中低收入国家签订了援助合同。

由于许多援助都是基于政治、安全及其他对外政策的原因而发放的，因此在基于严格的经济发展指标重新分配援助方面援助国能走多远，就是存在局限的。这对于主要的双边援助者尤其千真万确，不过也适用于多边援助。一个对援助国的常见建议是，援助国应该将以对外政策为目标的援助与以经济发展为目标的援助更清晰地分开。这么做可以使援助项目以不同的方法进行设计、执行以及评估，因此援助国政府、援助国的纳税人以及受援国就都可以更好地理解和评价援助的效率。

受援国的参与

第二个有影响力的观点是，援助已经被援助国弱化，由于援助国在安排优先顺序、设计项目和计划、选择实施者（通常都是援助国的咨询公司）、监督和评价援助效果等方面都占主导地位，而在这些方面发挥更大作用的应该是受援国。这个观点认为，援助国的官僚机构和执行者设计了太多的项目，导致了较差的优先次序选择、有缺陷的设计，也使得受援国对感觉不属于自己的项目所承担的责任较弱。这个观点的提倡者提出了一个更具参与性的办法，即让受援国的各类集团（政府、非政府组织、慈善组织、私人部门）都能起到更加积极的作用。这种想法就是为了消除委托—代理关系利益链条中

---

① 参见 OECD (2008)，“The Paris Declaration on Aid Effectiveness and the Accra Agenda for Action，” available at www.oecd.org/dataoecd/11/41/34428351.pdf；accessed February 2012。

② Collier and Dollar，“Aid Allocation and Poverty Reduction.”

③ Steven Radelet，*Challenging Foreign Aid：A Policymakers Guide to the Millennium Challenge Account* (Washington，DC：Center for Global Development，2003).

的一些问题，使在援助传递过程中的各关键环节更紧密地整合最终受益者。这么做有两点好处。首先，项目可以设计得更好，优先次序的选择更加准确，实施项目的方法也更能适合当地的需要。其次，增加受援国在设计和实施援助过程中的参与度可以使受援国获得更多的援助项目所有权，如能确保项目成功，也可使其获益更多。基于上述考虑的首批行动之一就是世界银行和 IMF 在减免债务及进行其他融资时引入了“减贫战略”文件作为基础。类似地，全球防治艾滋病、结核病及疟疾基金和千年挑战公司在设计和实施它们所资助的项目时，在更深的程度上依赖于受援国当地的参与。美国国际开发总署的“为未来提供食物”项目以通过支持农业增产和改进营养水平来改善食品安全为宗旨，该项目所依赖的国家战略就是由受援国当地的负责人和专家制定的。

尽管参与法呈现出很好的前景，自 21 世纪初以来也越来越多地被采纳，但尚无明确的经验证据表明它在何种程度上（或在某种条件下）提高了援助的效率。一方面，在项目所有权的国家归属上一直不可避免地存在着明显的矛盾，另一方面，援助者的优先地位和条件限制依然存在。在那些坚定承诺实施合理的发展政策的受援国，援助国更倾向于采用参与法，而在那些政府腐败又独裁的受援国，援助国对参与法的使用则少一些。

统一与协调

管理来自不同援助国的援助资金会给受援国持续带来挑战，因为不同的援助国往往各行其是，并都坚持使用自己独特的程序来启动、实施和监督援助项目。为满足不同援助国的要求，提供多份项目审计、环境评估、采购报告、财务报表以及项目更新往往使受援国疲于应对。根据世界银行的统计，发展中国家通常与 30 多个援助机构在多个部门进行合作，每个机构每年平均会发出 5 项任务来监督自己项目的进展。政府可能每周要完成三项或更多的此类任务。① 许多受援国受过较好训练的高技能人员是非常有限的，而所有的援助国都想同这些高层次人才会面，这使他们能够处理其他紧迫问题的时间少之又少。每年要处理几百个监督援助项目进展相关任务的坦桑尼亚政府引入了一种“安静时间”的做法，即在每年的 4—8 月期间请求援助国尽量减少会议和任务，以使政府拥有足够的时间来准备其年度预算。

针对上述问题，人们提出了大量的建议，援助国也承诺要更密切地协调它们之间的行动，统一它们的会计、监督和评价体系，或者干脆“集中”它们的资金。② 援助国在某些国家提供更多的援助作为预算支持，在具有共性的任务中一同行动，达成协议使用类似的监督和评价程序，在这些方面都已取得了一定的进步。但同时，一些较新的援助计划却希望使用自己的新方法，这就加剧了统一与协调的问题。

基于结果的管理

人们对展现援助效率的重视呼吁改善对援助的监督和评价，并基于结果对援助进行管理。这个观点认为，援助项目应该以达到非常具体的量化目标为目的，关于更新或者重新分配援助的决定应该以这些结果为依据。这一观点有三个基本的目标。第一，基于

---

① World Bank Development News Media, “Cutting the Red Tape,” (February 21, 2003).

② Ravi Kanbur and Todd Sandler, “The Future of Development Assistance: Common Pools and International Public Goods,” Policy Essay No. 5, Overseas Development Council, Washington, DC, 1999.

结果的管理有助于援助国将资金分配给那些奏效的项目。第二，持续进行的检查能在早期发现问题，进而有助于对项目的修正及强化。第三，援助者和受援者都可以更好地知道，哪些方法是奏效的，哪些方法是无效的。更好的监督和评价能够强化委托—代理关系，这样援助机构的动机更加明确，纳税人也能够更清楚援助计划对其预期受益者的影响。例如，美国国际开发总署 2011 年引入了一种新的评价方法，旨在强化该署所实施的援助项目对达成具体结果的影响。以麻省理工学院的贾米尔贫困行动实验室所做出的开创性工作为先锋，通过随机控制试验对发展干预的影响所开展的实证调查激增。这些调查以及其他类似研究都正在使人们越来越深入地了解到，在世界上由援助所支持的众多项目中，哪些奏效，哪些无效。

14.5 本章小结

- 大多数援助都是双边援助，但有相当一部分是通过多边机构提供的。全球援助资金在 1991 年达到峰值，然后实际金额和名义金额都有所下降，直到 1997 年恢复增长，再次反弹。如今的官方发展援助比以往任何时候规模都更大，2010 年接近 1 300 亿美元，但官方发展援助目前在发达国家 GNI 中所占的比重却不是这样。美国是目前以美元计的提供援助总额最多的国家，但若以援助占收入的份额计，它又是世界上提供援助最少的国家之一。
- 对某些国家来说，援助资金的规模是巨大的、重要的，但对于另外一些国家来说，援助基金的规模又是很小的。2009 年撒哈拉以南非洲地区国家接受的援助资金相当于其收入的 5%，人均约达 53 美元。由于伊拉克战争，中东地区 2009 年接受了人均 42 美元的援助，这一金额比贫困得多的南亚地区所接受的人均 9 美元高得多。
- 对于大多数援助者，提供援助资金的主要动机是服务于本国的对外政策目标，支持政治盟友。收入和贫困往往是次要目标。国家规模、商业往来、历史联系或民主程度也是援助的动机之一。
- 关于援助、增长和发展的关系，大致存在着三类观点。第一，一些分析认为，援助通过增加投资和资本存量、推动技术转移、支持关键的健康和教育项目以及增强经济的稳定性支持了增长和发展。第二，其他人认为援助对增长没有作用，而且可能通过扭曲私人生产的激励、滋生腐败、扩大政府或导致对援助的依赖性而削弱增长。第三，还有部分人认为援助在特定条件下才会发挥作用，条件不具备则不会发挥作用，这取决于受援国的政策及制度环境、援助的目的或援助者的做法和程序。关于这些关系的经验证据结果不一，不同的研究得出了不同的结论。
- 援助可以通过对价格、偏好及激励等的一系列微妙的影响来影响储蓄率和税收收入。援助资金增加了总储蓄和总投资，但却是以小于一比一的比例增加的。援助的可替代性能使私人储蓄与政府储蓄随着援助的增加反而下降。援助对政府收入的影响呈现出国别差异，援助在有的国家使政府收入下降，而在其他国家，政府收入却随着援助的增加而增加。
- 援助机构面临着典型的委托—代理问题，因为初始资助者（援助国的纳税人）与援助预期的最终受益者（低收入国家的贫困人口）之间只存在着间接而微弱的联系。援助国面临的一项特别的挑战是，如何给它们的援助附加上适当的条件。援助国经常会因为给援助所附加的条件太多、太少或者内容错误而受到批评，并且总体来看，条件限制似乎并不奏效。

- 近年来，援助者开始通过以下方法力图使援助变得更加有效：在选择受援国时更具选择性，鼓励受援国更多地参与项目的设计和实施，彼此之间进行更密切的协调，并且采取基于结果的管理手段。现在判断上述改变的有效性还为时尚早，但它们很可能会在今后一段时间影响援助计划。

第 15 章

开放经济下的短期危机管理

在先前的章节我们已经讨论过的经济发展都是基于长期来看的。人口福利是否得到改善、储蓄是否得到增加、是否迈向工业出口导向，这些都需要数年甚至几十年去检验。如果发展中国家的政策制定者只盯住长期目标，就会让经济失去平衡并且让长期目标实现变得困难，甚至难以达成。政策制定者们需要像舵手一样，在经历海上的各种风暴之后，带领船只驶向目的港口。

在这些危险和风暴中，包含着国际价格改变引发的收支失衡、通货膨胀或者不可持续的债务，以及干旱或者其他自然灾害导致的产量减少。政府一旦遭遇经济动荡，就会让私人生产者和投资者面临更大的风险以及更大的不稳定。由此，这些人会减少未来投资，从而进一步恶化经济，让经济发展陷入困局。

正如第 12 章和第 13 章所指出的，在 20 世纪 70—80 年代，以及 90 年代末期，很多经济体变得失衡是因为不稳定的国际市场环境和它们自己错误的宏观经济管理，就像 2010—2011 年的欧洲一样。在第 5、11 和 13 章，我们讨论了这些**宏观经济不稳定**（macroeconomic instability）造成的后果。高估的汇率和快速的通胀让国家经济很难迅速增长。国际货币基金组织的一些稳定项目会尝试着去帮助纠正一些国家的宏观经济失衡。

在这一章中，我们发展了一种分析宏观经济政策的机制。这里的宏观经济政策主要是指发展中国家为了稳定其经济以及为了使经济更快发展创造外部条件所采取的措施。本章的模型包括两种纠正宏观经济失衡的政策路径：改变国内支出水平和调整相对价格。在很多案例中，管理经济危机就需要减少支出（通过更低的政府预算赤字和更少的货币发行）和汇率贬值。

15.1 小型开放经济体的均衡

可以通过两个方面来理解发展中国家[①]的宏观经济失衡是如何发生的以及如何被纠正的。首先，在**开放经济体**（open economics）中，贸易和资本流动会影响国内经济，尤其是影响价格以及货币供给。时下，大部分国家都属于开放经济，特别是始于20世纪70年代后期的中国经济改革以及20世纪90年代早期的苏东地区经济改革，让非开放经济国家越来越少。今天，只有少数像古巴、朝鲜和缅甸这些国家实行严格的管制经济，它们可能不符合这里关于开放经济的假定。

其次，**小型经济体**（small economics）的进出口对世界商品和服务价格没有明显影响，因此经济学家把这些国家称为国际市场的价格接受者。很多发展中国家在国际出口市场中可以主导一两种产品的价格，如巴西的咖啡、沙特阿拉伯的石油、赞比亚的铜矿、南非的砖石等。但是这些国家的进口则不会影响国际市场价格，因此，我们也可以在这个模型中把它们认定为国际市场价格接受者。[②]

小型和开放这两方面的特征是发展中国家的**澳大利亚模型**（Australian model）的基础。[③] 在这些国家的货物和服务进出口贸易中，澳大利亚模型把进出口统称为可贸易品，把其他物品和服务称为不可贸易品。

可贸易产品和服务（tradable goods and services）的国内价格是由国际市场的供需决定的。在小型经济体假设中，国际市场价格是外生的，不随国内市场价格变化而变化（即由模型外的因素决定）。可贸易品的国内市场价格为 $P_t=eP_t^*$，其中 e 是每1美元兑换当地货币的名义汇率（如墨西哥的比索与美元、巴基斯坦的卢比与美元的兑换比率），P_t^* 是用美元计价的可贸易品的国际市场价格。即使国内市场的可贸易品供需发生改变，但由于国内价格只取决于国际市场价格，且国际市场的供需并不受小国供需影响，因此国内价格不会改变。如果一个国家让名义汇率**贬值**（devalue），就必须增加国内货币供应量以满足购买美元的需要（e 上升）；如果名义汇率**升值**（revalue），那么就必须减少国内货币供应量以兑换美元（e 下降）。因此，贬值可以提高可贸易品的国内价格水平，升值则相反。在这个模型中所有的可贸易品都被简化成一个组合的物品，因此可以把可贸易品价格 P_t 看成所有可贸易品的加权价格，或者消费者价格指数。

---

① 在这一节和下一节，我们借鉴了很多内容，其中包括：尚塔亚纳恩·德瓦拉贾和丹尼·洛迪克20世纪80年代末期在哈佛大学肯尼迪政府学院讲授的发展中国家宏观经济学，以及理查德·凯夫斯、杰弗里·弗兰克尔、罗纳德·琼斯等在他们的著作《国际贸易与支付简介》中的第19章关于开放经济体模型的发展。

② 在发展中国家当中，中国被设定为可持续增长，印度的增长和开放也不断加强，这些都是小国规则的例外。

③ 该模型之所以取这个名字，是由于其主要是由澳大利亚经济学家发展的，其中包括索尔特在《经济记录35》(1959年）上发表的《内外部均衡：价格和支出效果的角色》(226～238页)，斯旺在《经济记录36》(1960年3月）上发表的《依附经济中的经济控制》(51～66页)，麦克斯·考登的著作《通胀、汇率和世界经济》(芝加哥大学出版社，1977年)。此外，澳大利亚仍然算是一个小型开放经济体。

可贸易品包括出口品，比如肯尼亚和哥伦比亚的咖啡、泰国的大米、阿根廷的牛肉、西非的黄牛、马来西亚和印度尼西亚的棕榈油、秘鲁和赞比亚的铜、中东的石油、东亚的纺织品和电子产品。可贸易品也包括进口品，比如西非的大米、巴西和韩国的石油，以及很多发展中国家的化工原料和机械。

所谓**不可贸易品**（nontradables）是指交通、建筑、零售贸易、家庭服务之类的产品和服务，它们通常因为从一国运往另一国的运输成本的限制，或者因为本国关税限制了贸易，从而在国外的买卖是不容易或不方便的。因此，不可贸易品的价格 P_n 是由国内市场力量决定的，国内供求关系的变动将改变不可贸易品的价格，不可贸易品的价格对于模型是内生性的（即在模型内决定）。像 P_t 一样，P_n 是一个综合了所有不可贸易产品和服务的价格的混合或加权平均价格。

□ 内部和外部均衡

图 15－1 描述了澳大利亚模型的均衡。纵轴表示不可贸易品（N），横轴表示包括进出口在内的可贸易品（T）。生产可能性边界表示 N 和 T 两种产品的生产组合。无差异曲线则表示消费者对可贸易品和不可贸易品的偏好。

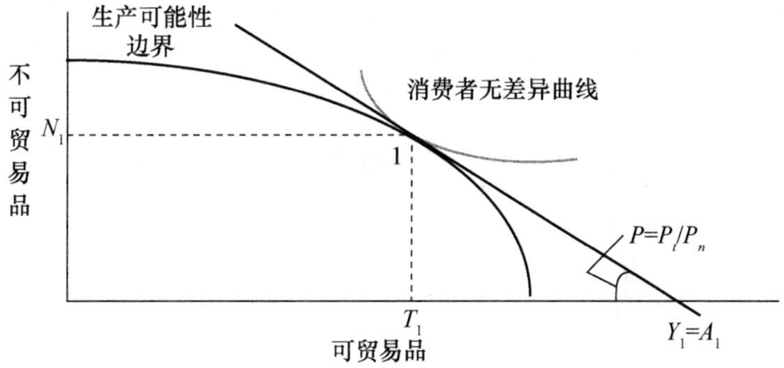

图 15－1　澳大利亚模型中的均衡

在均衡点 1 处，生产可能性边界和无差异曲线相切，一个国家生产和消费的可贸易品在 T_1 点处，生产和消费的不可贸易品在 N_1 点处。相对价格 P 表示实际汇率。Y_1 表示认可贸易品衡量的国民收入。

消费者的无差异曲线与生产可能性边界的切点 1 为均衡点。在这一点上，由点 1 的生产可能性边界决定的可贸易品的生产为 T_1，等于由点 1 上的无差异曲线决定的对可贸易品的需求；同理，在 N_1 处，不可贸易品的供给等于需求。澳大利亚模型的均衡点体现了这样的特征，即在点 1 处，对两种产品的市场供求量是均衡的。换句话说，既存在**外部均衡**（external balance，EB），因为可贸易品的供给等于需求；又存在**内部均衡**（internal balance，IB），因为不可贸易品的供给也等于需求。

点 1 处同时显示了生产者对于可贸易品与不可贸易品的最优选择（利润最大化），以及消费者对于可贸易品与不可贸易品的最优选择（效用最大化）。对于生产者和消费者而言，最优选择发生在相对价格处。这个相对价格在图 15－1 中表现为价格线的斜率。消费者和生产者的联合均衡是由无差异曲线和生产可能性边界的切点表示的。无差异曲线与生产可能性边界的切点也决定了以不可贸易品表示的可贸易品的相对价格，即 $P=P_t/P_n$。相对价格 P 是按**实际汇率**（real exchange rate，RER）计算的，它是澳大利亚模型的重要创新。[1] 这个公式区分了在货币政策与财政政策以及国内市场力量影响下的价格 P_n 与通过名义汇率调整才被改变的价格 $P_t=eP_t^*$ 。需要注意的是，生产可能性边界与消费者无差异曲线相切的直线的斜率的绝对值是唯一与模型中均衡点一致的实际汇率。

如果 P 上升（图 15－1 中，价格曲线变得更陡峭），则相对于不可贸易品，可贸易品将变得更贵。生产者便试图沿着生产可能性边界放弃不可贸易品的生产，转而向生产可贸易品的方向运动。消费者则会沿着无差异曲线采取相反的行动，消费较少的可贸易品和更多的不可贸易品。因此，价格 P 上升，导致可贸易品的生产量超过消费量的余量的增加。

如果可贸易品的消费超过可贸易品的生产，则会存在外部盈余，这一盈余等同于贸易收支中的盈余。为了弄明白这一点，我们给出以下贸易差额的定义：

$$B_t=X-M \tag{15—1}$$

式中，X 和 M 分别为出口和进口。因为出口是可出口品供给超过需求的剩余部分，进口则是需求超过供给的剩余部分，这样，就可以给出贸易差额公式：

B_t＝出口品供给价值－出口品需求价值－(进口品需求价值－进口品供给价值)
＝出口品供给价值＋进口品供给价值－(出口品需求价值＋进口品需求价值)
＝可贸易品供给价值－可贸易品需求价值

或者，我们用 S_t 代表可贸易品的供给，用 D_t 代表可贸易品的需求，则有

$$B_t= P_tS_t-P_tD_t= P_t(S_t-D_t) \tag{15—2}$$

在图 15－1 中，当经济处于均衡状态时，可贸易品的消费等于生产，所以贸易差额为零。

国内生产总值也可在图 15－1 中找到，它是不可贸易品（N_1）和可贸易品（T_1）产出价值的总和。这一价值由从点 1 到 T 轴的价格线的交点 Y_1 给出。[2] 在国民收入核算中，我们区分了两种概念。用产出品价值计量的国内生产总值由下式给出：

$$Y=C+I+X-M \tag{15—3}$$

式中，C 和 I 分别为政府和私人部门共同的消费和投资。常常被称为**吸收**（absorption）的国内总支出可写为

$$A=C+I=Y+M-X \tag{15—4}$$

---

① 在第 18 章和第 19 章，我们将实际汇率定义为 $RER=R_oP_w/P_d$，式中，R_o 为名义汇率。然而，在这一章我们用 e 来代表名义汇率。P_w 为世界价格指数，它通常是美国消费者或批发价格指数，在实践中它与 P^* 是相似或相近的。但是，P_d 为国内消费者或批发价格指数，它包括可贸易品和不可贸易品价格，而 P_n 只是不可贸易品价格。因此，实际汇率的澳大利亚计算公式比前几章中给出的计算方法更为精确。

② 沿着 T 轴，Y_1 通过可贸易品价格测算得出，所以 $P_tY_1= P_tT_1+ P_nN_1$，或者 $Y_1=T_1+(P_n/P_t)N_1$。但是，当 $\Delta N=N_1$，$\Delta T=Y_1-T_1$ 时，它为沿着 T 轴从 T_1 到 Y_1 的距离，则 $P_n/P_t=\Delta T/\Delta N$。这样，用可贸易品价格测算的两种产品的价值为 $T_1+Y_1-T_1=Y_1$。

在图 15-1 中，当经济处于均衡状态时，$X=M$，并且收入等于吸收。实际上，这是澳大利亚模型的另一个均衡条件。通过等式（15—4），我们可以看到 $A-\mathrm{GDP}=M-X$，这表明支出超过收入会引发贸易逆差。（本章附录给出了关于收支平衡的更多细节。）

澳大利亚模型的这种探索产生了三种结果：第一，宏观经济均衡是由不可贸易品（内部均衡）和可贸易品（外部均衡）两类市场中的供给与需求之间的均衡来定义的；第二，为了在两类市场中都达到均衡，必须满足以下两个条件，即支出（吸收）必须等于收入，可贸易品的相对价格（实际汇率）（图 15-1 中的 P）必须处在两类市场中的需求与供给相等的水平上；第三，这也意味着对处于失衡状态的经济有两种补救办法：政府通过调整吸收、名义汇率或同时调整两者来稳定经济，实现均衡。通常，为达到内部和外部均衡，必须同时使用这两种工具。

▶ 案例 15—1　实际汇率与名义汇率

大多数出过国的人，都会对名义汇率有印象。名义汇率就是拿着单位本国货币在出游时能够换取的目的地国家货币的数量。举个例子，在 2010 年，你可以拿着 1 美元换取超过 46 印度卢比，或者 12.6 墨西哥比索（这也就意味着你能用 1 墨西哥比索换取 3.65 印度卢比）。但当你真正去了印度或者墨西哥时，你关心的并不是 1 美元能够换取多少当地的钱，而是更关心 1 美元能够在当地购买多少商品和服务。这除了取决于货币兑换价格，还取决于当地的物价水平。这个例子就形象地描述了实际汇率的概念。

在大部分情况下，实际汇率是国外货物对国内货物的相对价格。事实上，经济学家想了很多办法来论证这一点。在发达国家，经济学家通过国内与国外的相对价格来度量实际汇率。在发展中国家，经济学家则倾向于使用可贸易品与不可贸易品的相对价格来度量实际汇率。可贸易品是可以在国家之间进行贸易的商品，而不可贸易品则不能跨国贸易。这两类商品最为显著的区别是：可贸易品的价格是由国际市场的供需决定的，而不可贸易品的价格是由国内市场的供需决定的。

名义汇率和实际汇率是以相同货币单位度量的相对价格。可贸易品的价格一般用美元来表示，而不可贸易品的价格一般用当地国家的货币来表示。因此，我们需要用名义汇率把可贸易品的美元价格转换成当地国家货币价格来计算实际汇率。

我们可以如下构建实际汇率。名义汇率为 e，表示每美元代表的本币数量。可贸易品和不可贸易品的价格分别为 P_t 和 P_n，那么 RER 可以表述如下：

$$\mathrm{RER}=\frac{eP_t^*}{P_n}=\frac{P_t}{P_n}$$

在这个等式中，星号表示用美元表示的可贸易品价格，将这个价格乘以 e，可贸易品的价格就可以转换成以本币表示的价格。

实际汇率有几个特征值得关注。首先，实际汇率是建立在价格指数而不是实际名义价格水平的基础上。实际汇率的计算要根据基年进行，如果相对价格发生改变，比如从 1 到 1.2，那么相对于基年的价格也改变了 20%。本币贬值时，实际汇率数值增加；本币升值时，实际汇率数值减少。这感觉有悖常理。合理的情况是：当一种货币贬值时，给定的外国货物能够兑换更多的本国货物。这就是为什么 RER 通常被看作一个国家的国际竞争力指数。

在现实中，选择可贸易品和不可贸易品的价格指数对构建实际汇率来说非常重要。P_t 和 P_n 被作为全部商品的价格指数。建构这样的价格指数首先要决定哪些物品可以进入指数参考篮子。因此，一个简单的处理方法是：利用美元消费者价格指数来代替 P_t，利用相似的指标来代替 P_n。

尽管这样的指标作为价格指数比较方便，但是在建构实际汇率时可能会出现问题。理论上，需要的只是不可贸易品价格指数，但是消费者价格指数（consumer price index，CPI）通常用来反映一篮子消费品——既包括可贸易品也包括不可贸易品——的价格。篮子中的可贸易品份额越大，则理论中的实际汇率与代表价格指数的实际汇率差别越大。在实践中，只包括不可贸易品的总体价格指体几乎不存在。选择可贸易品的价格指数也存在这样一个问题。在这个例子中，选择一个价格指数的目标是基于更广阔的可贸易品，许多研究人员都使用美国或者一个给定贸易伙伴的批发价格指数（wholesale price index，WPI）。这种方法也存在一定的问题，因为国外的批发价格指数并不能很贴切地反映本国的可贸易品价格水平。因此，在构建实际汇率时，现实可能的数据跟理论的要求还是有所差距的。一个折中的办法是使用国外的 WPI 来表示 P_t，而使用国内的 CPI 来表示 P_n。

还有一个问题就是，相关的实际汇率仅仅是两个国家相关联（双边 RER），还是本国与多个贸易伙伴国家相关联？一般来说，政策制定者们都更关心本国货币与所有贸易伙伴之间的关系。在这个例子中，很有必要对所有双边 RER 进行加权平均来计算。这样计算的结果便是**实际有效汇率**（real effective exchange rate，REER）。

关注国家国际竞争力的政策制定者们的一个重要话题是：给定时期的实际有效汇率水平是真实反映了国际收支均衡价值，还是相对高估或者低估了这种均衡价值。均衡一般是指在一定水平的实际有效汇率下，一个国家的国内市场和国外市场同时达到均衡。

□ 动态图

从贸易理论的观点考察宏观经济管理的小国开放经济模型时，采用的是本书已经运用过的分析工具。但是，还可从**动态图**（phase diagram）这一更有用的角度探讨稳定性原则。为了建立这一方法，可像图 15－2 那样，从传统意义上供给和需求的角度考察可贸易品和不可贸易品市场。

在这些图中，我们使用实际汇率。就像两类市场中的价格那样，实际汇率是以不可贸易品表示的可贸易品的相对价格（P_t/P_n）。对于可贸易品来说，这里给出了通常意义上的供给与需求图。例如，当价格上升时，供给增加，需求下降。但是，不可贸易品市场上价格 P 的上升，意味着不可贸易品相对价格的下跌，所以供给下降，需求增加。需要注意的是，在两类市场上，支出或吸收 A 的任何增加会引起需求曲线的外移，即消费者在任何给定的价格水平上都会买更多的两类产品。

为了作为宏观经济分析的基础来利用这些图示，我们就需要改变对可贸易品供给曲线的解释。到目前为止，我们都是假定所有的可贸易品是由国内生产的。但是，国外投资和国外援助通过进口流入，能增加可贸易品的供给，这样，供给曲线不再是 S_t，而是 S_t+F。这里，F 是国外援助、商业贷款和投资的长期资本流入量。

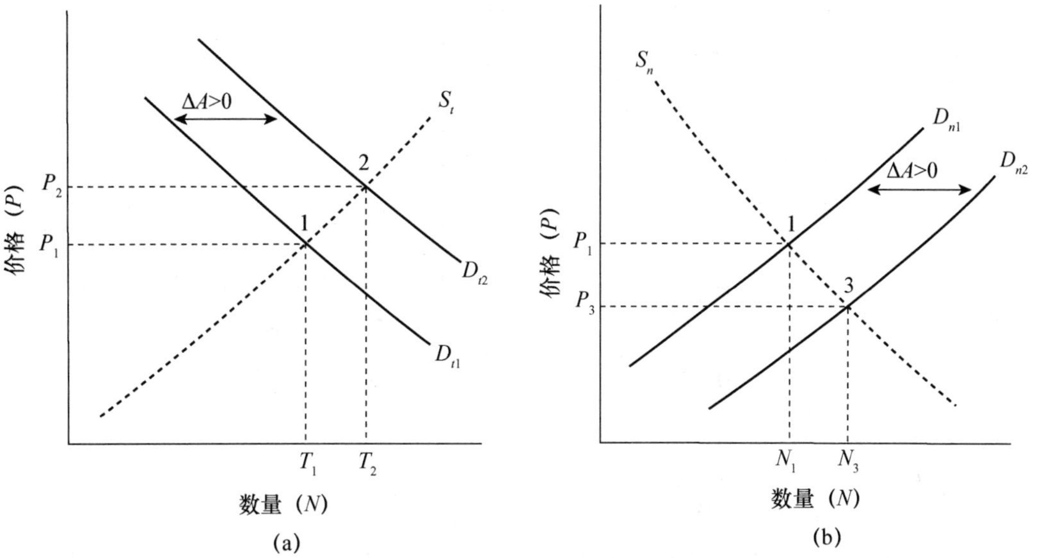

图 15－2　可贸易品和不可贸易品市场

（a）可贸易品市场：可贸易品的供给和需求曲线 S_t 和 D_t 有传统的斜率；（b）不可贸易品市场：斜率出现了反转。当 P 上升时（因为 N 的相对价格下降），S_n 下降，D_n 上升。在两个市场中，当吸收（支出）增加时，需求增加，由 D_t 外移至 D_n 表示。

图 15－2 依据两个变量构造了一个简化的小国开放经济模型：一个变量是在纵轴上的实际汇率 P，另一个变量是决定需求曲线位置的吸收 A。当然，这些是宏观经济学的常见变量，即价格和收入。但是，在这一模型中，它们也是两个主要的政府宏观经济政策工具，即汇率和支出水平。因为这两个变量是宏观经济管理的核心，所以，推导出一个在纵轴和横轴上直接使用这两个变量的示意图，是很有意义的。

图 15－3 试图这样做。它设定在纵轴上，实际汇率 $P=eP_t^*/P_n$，横轴上的实际吸收为 A。该图也包含两条曲线，每一条曲线代表一个市场上的均衡。沿着外部均衡（EB）曲线，可贸易品市场处于均衡之中（$S_t=D_t$）；沿着内部均衡（IB）曲线，不可贸易品市场处于均衡之中（$S_n=D_n$）。

两条曲线 EB 和 IB 的斜率可由图 15－2 推导出。在可贸易品市场，当吸收为 A_1 时，就在 P_1 处达到均衡，在这里，T_1 被生产和消费。这一均衡点点 1 由图 15－3（a）表示。如果在图 15－2 中吸收增加到 A_2，则需求曲线向外移动，进而使均衡点移至点 2。需要注意的是，伴随着较高的吸收 A_2，为了恢复可贸易品市场的均衡，实际汇率 P_2 必须更高一些才行。增加了的吸收提高了对可贸易品的需求，为了满足这种需求，就必须增加产量，而这只有把可贸易品的相对价格提高到 P_2 才能实现。沿着新的需求曲线，这一较高的价格有助于通过降低对可贸易品的需求来恢复平衡。点 2 就移至图 15－3（a）中的（P_2，A_2）。

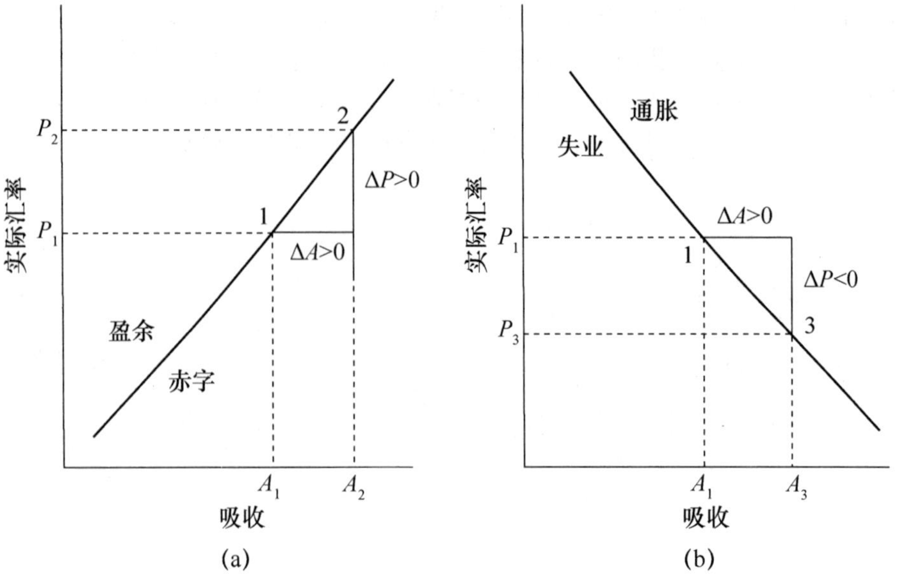

图 15－3　动态图

(a) 外部均衡 (EB); (b) 内部均衡 (IB)。纵轴为实际汇率 P，横轴为实际吸收 A。曲线显示了可贸易品市场均衡 (EB) 和不可贸易品市场均衡 (IB)。

在不可贸易品市场上，当吸收是 A_1 时，均衡点为 P_1。在这里，N_1 是被生产和消费的不可贸易品。均衡点由图 15－3 (b) 给出。如果图 15－2 (b) 中的吸收上升到 A_3，需求曲线就上移，均衡点就移至点 3。在不可贸易品市场上，较高的吸收 A_3 要求较低的或升值了的实际汇率，以恢复均衡。增加了的吸收提高了对不可贸易品的需求，这种增加了的需求可以通过提高产出量得到满足。当然，这只有把可贸易品的相对价格降低到 P_3 才能实现。这一较低的实际汇率或较高的不可贸易品价格，也有助于沿着新的需求曲线降低需求来恢复均衡。点 3 就移至图 15－3 (b) 的 (P_3，A_3)。

图 15－3 也反映了**非均衡区域** (zones of imbalance)。在图 15－3 (a) 的可贸易品市场上，如果给定任何水平的吸收，譬如说 A_1，则比 P_1 高的任何实际汇率都将引起外部盈余：可贸易品的生产将超过对它的需求，因为相对价格 P 将比达到均衡所要求的水平更低一些。任何低于 P_1 的实际汇率（与 P_1 相比发生了升值）将引起对外赤字，需求将超过可贸易品的供给。因此，盈余的区域在 EB 的左上部，赤字的区域则在 EB 的右下部。

在图 15－3 (b) 的不可贸易品市场上，将在 IB 曲线的右边发生通货膨胀。在这里，对不可贸易品的需求超过供给。在这个区域，对于任何给定的实际汇率，譬如说 P_1，吸收太高了，譬如在 A_3。图中曲线的左边是失业区域，这里存在一个对不可贸易品的超额供给。在那个区域，对于任何给定的实际汇率，譬如说 P_3，吸收太低了，譬如在 A_1。

在我们的模型中，通货膨胀和失业的含义是明确的，但在现实世界中却并非如此。对于通货膨胀，最好是将其视为在一个国家里价格比平时上升得更快一些。通货膨胀率在德国、日本或中国是相当低的，也许年通胀率低于 5%，但在巴西或阿根廷则是相当高的。失业不仅意味着失去了工作的工人，而且表明资本及其他生产要素处于闲置状态。换句话说，当经济处于图 15－1 中的生产可能性边界之内时，就会出现失业。一个国家可能存在较高的劳动失业水平，但是无法增加产量，因为资本和土地已经被充分利用了。

□ 均衡和非均衡

两条均衡曲线在图 15－4 中被放置在了一起。沿着外部均衡曲线的对可贸易品的总需求，等于国内生产和国外资本净流入量之和。沿着内部均衡曲线的对不可贸易品的总需求，等于不可贸易品的供给。只有两条曲线的交点才是内部市场和外部市场同时达到均衡的点，也即是可贸易品和不可贸易品市场同时处于均衡的点。有时，这也称为“完美点”（bliss point）。这同图 15－1 中无差异曲线与生产可能性边界相切的切点 1 是一样的。宏观经济政策的目标，就是通过调整汇率和吸收，保持经济的稳定性，实现内部和外部市场均衡。

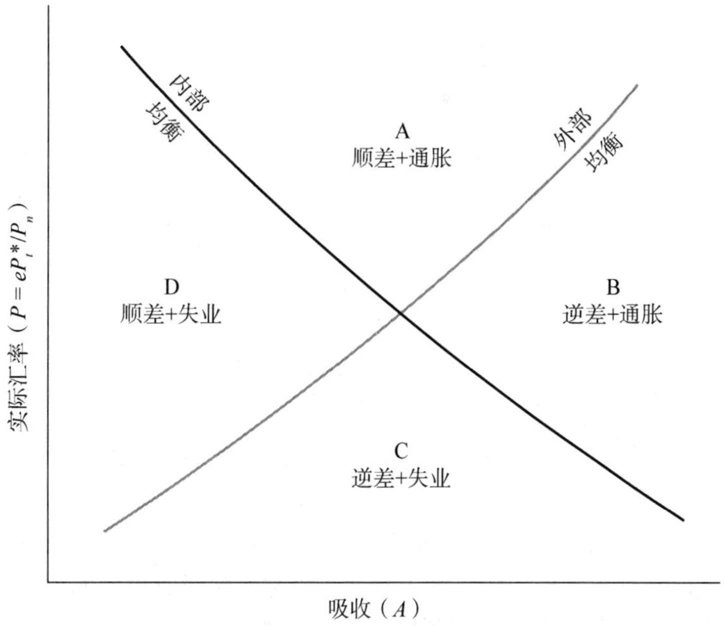

图 15－4　非均衡区域

经济仅在外部均衡（EB）和内部均衡（IB）曲线相交处处于均衡。非均衡区域如图所示。例如，在 A 区域，可贸易品的供给超过需求，因此这里存在顺差；而不可贸易品的需求超过供给，因此存在通胀。

经济学家花费了不少时间来研究图 15－4 中展示的四个非均衡区域。上面的 A 区域是对外盈余和通货膨胀区域。在这一区域中，汇率被低估。在均衡点右边的 B 区域，主要由于过量支出（吸收比收入更大），经济面临着通货膨胀和对外赤字。在下面的 C 区域，汇率被高估（升值过高），存在失业和对外赤字。在完美点的左边，则表明经济处于 D 区域，由于吸收不足，除了对外盈余外，所有的资源都处于失业状态。

非均衡状态一旦出现，经济运行就存在一种重新回到均衡的内在趋向。图 15－5 分别描述了外部均衡（图 15－5（a））和内部均衡（图 15－5（b））。首先分析图 15－5（a）中点 1 处的对外盈余。可贸易品的超额供给产生了两种自我矫正的趋向：第一，外汇的净流入增加了国际储备。如果中央银行不采取相应的对策，则货币供给将增加，利率将下降，这同时会导致消费者和投资者更多的支出。吸收增加会使经济向右移动，重新回到外部均衡。第二，外汇净流入将造成对本国货币的更大需求。如果汇率可以自由浮动，则将迫使其升值。这就使图中的曲线向下移动，即移向 EB 线。这两种趋向的净结果是，两种合力像图中显示的实线那样引向外部均衡。如果经济运行开始于图中点 2 的对外赤字，则会出现相反的倾向，但结果是相同的，即趋向于重新获得外部均衡。

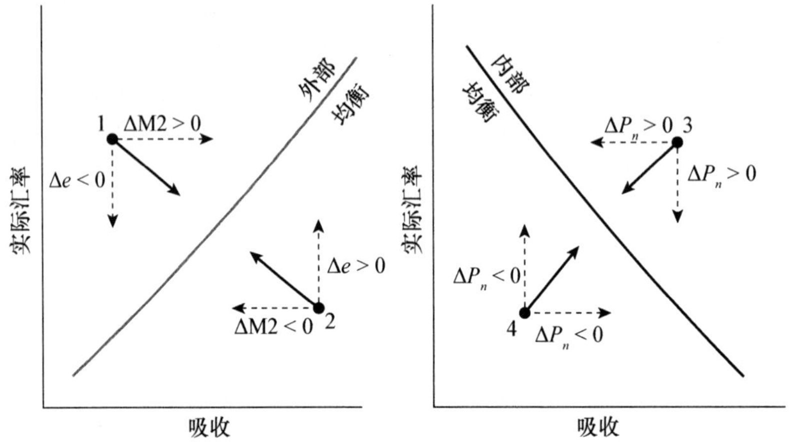

(a) 外部均衡 (EB)　　(b) 内部均衡 (IB)

图 15－5　趋向均衡

(a) 如果经济面临外部盈余（点 1），储备和货币供给会趋向增加，同时汇率升值；这会驱动经济到达外部均衡。(b) 相反，处于逆差状态时，如果经济面临通胀（点 3），价格的上升导致汇率升值和吸收下降；这将推动经济实现内部均衡。对于点 4 的失业状态，仅当价格可以适时下调时，才能趋向均衡。

重新获得内部均衡的趋向由图 15－5（b）表示。当出现通货膨胀（点 3）时，它会影响实际汇率和实际吸收。如果名义汇率保持不变（或并不随着通货膨胀同步贬值），则 P_n 的上升会引起汇率的实际升值。同时，假定中央银行并不采取通过增加货币供应量为通货膨胀做出补偿的措施，价格的上升就会引起实际吸收价值的下跌。在这些假定条件下，经济将从点 3 的通货膨胀回到内部均衡。如果价格能像上升那样容易地下降，那么失业（点 4）也会被自我矫正，但这是很少会出现的情形。

尽管存在着自我矫正的趋向，由于经济中存在结构刚性（structural rigidities），在实践中，这种趋向常常不能或不能很快地发挥作用。例如，汇率变化影响实际进口和出口，可能需要很长的时间，也许要长达两年才能充分发挥效应。在加纳和赞比亚这样的国家里，可可和铜之类的一种或两种出口产品占支配地位，新的投资需要很长的孕育期，可贸易品的供给弹性可能非常低，尽管实际汇率贬值，对外赤字仍将维持一段时间。

就像图 15－5（b）一样，当需求超过供给时，不可贸易品的价格也许会迅速上升。但是，在许多发展中国家，通货膨胀一开始也可能会抵制矫正政策。当存在失业时，价格也不大容易下跌：工会会进行工资谈判，试图通过连续提高名义工资来保持实际工资水平；银行会利用其市场控制力，努力保持高利率；生产者会依赖于进口，它们的价格反映的只是汇率的调整；处于垄断地位和对市场具有控制力的大企业会维持能补偿其成本的高价格，以抵制价格下调的压力。这样的刚性常被用来解释拉丁美洲尤其是阿根廷和巴西的长期贸易赤字与通货膨胀。

但是，关于结构刚性的观点可能被过分夸大了。对于大部分出口工业的生产来说，即使在短期内，也存在着一些灵活性。许多厂商的价格，包括大部分农产品、大的非正式部门的产品，甚至一些现代制造业的产品，价格都是相当灵活的。然而，图 15－5 中描述的向外部和内部均衡移动的自动趋势，对于大多数政府而言，似乎过于缓慢，并且可能伴有政治上的痛苦。

并非所有的调整障碍都是结构性的。有时政策也会妨碍这种调整。例如，当外汇储备下跌时，除非中央银行的政策是打算通过扩大国内信贷以补偿储备下跌和避免货币供应量的下降，从而抵消这些变动，否则货币供给将自动减少。这种抵消阻止了图 15－5（a）中的点 1 或点 2 移向外部均衡。只有允许汇率浮动，或者政府频繁地调整汇率，以适应变化了的经济条件，名义汇率才能对变化着的市场条件做出反应。

但是，正如图 15－5（b）中的点 3 所示，如果不可贸易品价格的通货膨胀将引起实际汇率的升值，则选择固定名义汇率这一相反的政策也是需要的。这种名义汇率被称为汇率支撑点（anchor）。因为当经济从图 15－5（b）的点 3 下移时，固定汇率自身便可抑制价格的上涨。智利在 20 世纪 70 年代后期就是使用这样一个支撑点来减缓通货膨胀的（见案例 15—2）。如果政府使汇率的贬值跟上通货膨胀——巴西在许多年中就采取了这样的政策——那么，真正的升值就会被遏止，从而就没有一个支撑点。类似地，政府只有在名义值上固定其支出和赤字，允许通货膨胀侵蚀支出的实际价值，并且中央银行只有坚持货币供应比通货膨胀增长得更慢一些，实际吸收才会随通货膨胀而下跌。更典型的情况是，在货币当局同时调整货币供应和名义汇率时，财政当局也会调整支出，以完全弥补通货膨胀的影响。在这种情形下，上升了的价格对实际汇率或实际吸收不会产生影响，通货膨胀经济仍然处在图 15－5（b）中的点 3 处。

▶ 案例 15—2　倡导稳定：智利，1973—1984 年

在智利萨拉瓦托利·阿连德（Salavatore Allende）执政的最后岁月里，当公共部门的赤字上涨至占 GDP 的 30%，并主要靠印刷钞票来弥补赤字时，每年的通货膨胀率超过了 500%。1973 年，奥古斯托·皮诺切特（Augusto Pinochet）将军推翻了阿连德政权，建立了独裁体制。他的政府的早期目标就是稳定经济。事实证明，这是一个十分困难的长期的任务。它为拉丁美洲国家后来的稳定政策提供了重要的经验教训。

面对飞速的通货膨胀和无法维持的对外赤字，政府对经济施以强硬的财政政策和货币政策。预算赤字在 1974 年削减到占 GDP 的 10.6%，到 1975 年，进一步下降为 2.7%。货币政策是从紧的：从 1975 年第二季度到 1976 年中期，据估计，居民和企业愿意持有更多的货币，而不是将其投入流通。但是，通货膨胀仍继续存在，1977 年的消费品价格几乎上涨了一倍。

尽管措施非常严厉，但价格仍然因两个原因而继续上涨：第一，为改善国际收支平衡，比索被大幅度贬值，这样做的主要原因是 1975 年铜的价格下降了 40%。1977 年，

比索兑换美元的价值只相当于1973年的1/8。第二，正规部门的工资是由法规决定的，法规允许依据前一年的通货膨胀率调整工资。因此，有人认为，货币政策还不够严厉。

1978年，政府转换政策工具，开始用汇率作为反通货膨胀的主要武器。起初采用了预先公布比率的爬行钉住汇率，不对国内的通货膨胀做出全面的调整。1979年，汇率在三年中被固定在39比索兑换1美元的水平上。实际汇率的升值或锁定不变，有助于控制通货膨胀。1982年，智利的通货膨胀率下降到10%。但是，它也抑制了出口增长，引起了经常项目下赤字的增长。与此同时，智利放松了对外国资本流动的控制，吸引了大量的贷款流入：净长期资本流入从1978年前微不足道的数量上升到在此后5年里平均每年20亿美元以上，相当于1980年GDP的8%。这种资本流入不仅弥补了不断扩大的经常项目下的赤字，而且使汇率实际升值。

直到1984年，智利才最后达到表面上的内部和外部均衡。这是通过货币的大幅度贬值（高达50%）和紧缩的财政及货币政策达到的。在经历了15年的人均收入下跌以后，智利的人均收入从1985年到1991年每年上升了5.8%。

资料来源：基于 Vittoria Corbo and Andrés Solimano, "Chile's Experience with Stabilization Revisited," in Michael Bruno et al., *Lessons of Economic Stabilization and Its Aftermath* (Cambridge, MA: MIT Press, 1991)。

□ 稳定政策

无论可迅速自动调整的障碍是内生于经济结构，还是由政策冲突造成的，在许多情况下，政府都需要在稳定经济方面发挥积极的作用。政府可以通过三个基本手段发挥这种作用：汇率管理、财政政策和货币政策。

可选择的**汇率制度**（exchange-rate regimes）已在第12章作了介绍。政府可以通过中央银行，按预定汇率，或者可以按固定的官方汇率（不过它也随时间的变动而变动，用e表示）买卖外汇以调整汇率，尽管中央银行有时为了影响价格而进行干预，但也可通过允许汇率在货币市场上浮动来调整汇率。介于二者之间的情况是爬行钉住汇率（crawling peg）。在这一汇率下，中央银行决定汇率，但频繁地、有时甚至每天都调整汇率，以使官方汇率定在与国内和世界通货膨胀一致的一条线上，这就导致了不变的或缓慢调整的实际汇率（P）。

政府有两种能影响吸收水平的政策：其一是财政政策，它通过调整政府的支出和税收水平，直接影响政府的消费和投资构成。财政政策也影响私人支出，特别是依赖于个人可支配收入或税后净收入的私人消费。其二是货币政策，它也可以影响私人支出。如果中央银行如第12章中所阐述的那样采取增加货币供应量的政策，那么它将提高居民和企业财务的流动性，降低利率，刺激私人消费和投资。

动态图的功能，就是根据经济的运行状态，指明政策调节的必要方向。图15-6提供了这样一种政策示意图。它像前一幅图一样，代表同样的外部和内部均衡线，但它增加了新的因素，即从Ⅰ到Ⅳ四个政策象限。在这四个政策象限中，政策处方总是相同的。

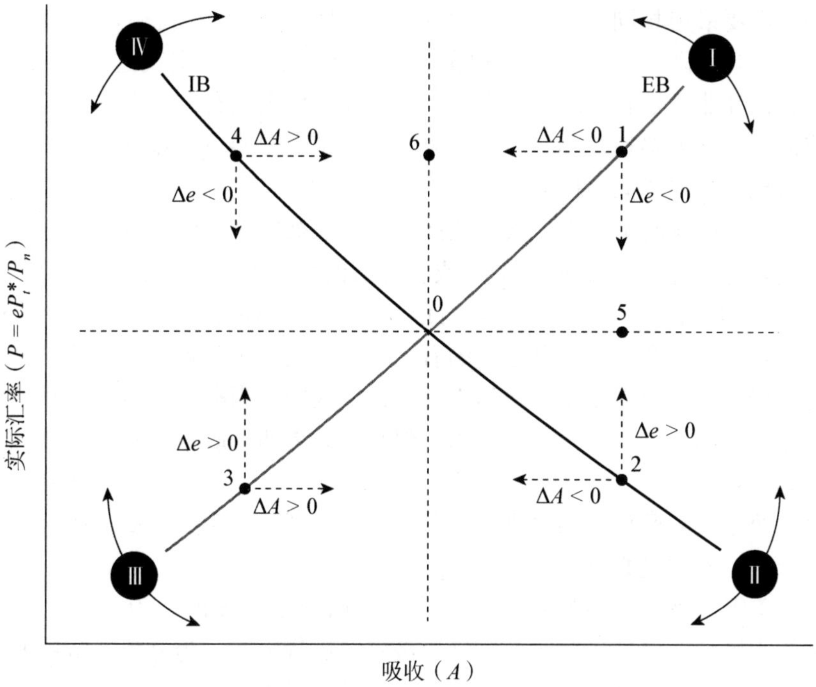

图 15-6　政策区域

在任一非均衡点处，都需要运用两种政策调整来恢复内外部均衡。从第Ⅰ象限到第Ⅳ象限，图中描绘了各自的汇率和吸收政策的组合。

例如，点 1 处在外部均衡线上，但它处于通货膨胀区域。巴西许多年以来就处于这一情形，尽管出口活跃，也能实现国际收支平衡，但是，巴西却持续存在每年 40%～100%的通货膨胀率。由于对不可贸易品的需求超过了供给，我们知道，一个必要的矫正措施就是削减实际吸收——紧缩的财政和货币政策——这将降低需求，使经济从点 1 处向左移动。但是，如果这是所采取的唯一政策，则在对外盈余的区域中，经济除非在外部盈余点 4，否则将不会达到内部均衡，因为一种非均衡会换来另一种非均衡。为了避免产生过剩，降低吸收需要同时配合采取汇率升值的措施，才可使经济从点 1 处下移，结果将接近于均衡或完美点 0。

关于这个结果，需注意以下三个问题。第一，这种紧缩和汇率升值的政策组合将使经济从第Ⅰ象限的任何点回到均衡。不论经济是存在着伴随轻微对外盈余的通货膨胀，还是伴随轻微赤字的通货膨胀，即仅仅略高或略低于 EB 线，同样的政策组合都是需要的。如果经济正好处于外部均衡之下，从而存在温和的赤字，则建议使汇率升值似乎是令人费解的（反直觉的），因为它将使赤字扩大。但是，吸收的降低需要抑制通货膨胀，这也将缩小赤字，因为它将减少对可贸易品的需求。实际上，它会过分地降低对可贸易品的需求，使经济处于过剩状态；这就是汇率需要升值的原因。当然，每种政策的相应强度都将是不同的，这取决于经济运行开始于第Ⅰ象限的什么地方。但是，应掌握的基本原则是，在第Ⅰ象限的任何地方，正确的政策组合都是紧缩且汇率升值，这种组合将使经济移向点 0。

第二，一般说来，为了移向均衡，要求两种政策同时调整。这是由荷兰经济学家简·丁伯根（Jan Tinbergen）所阐述的一般规则的简单情况：为了达到某一数量的政策目标，通常需要采用相同数量的政策工具。这里我们有两个目标，即内部和外部均衡，这就需要同时调高价格（紧缩）和实际汇率（升值），以实现这两个目标。当然，实现这两个目标并非总是必要的。如果经济正好处于均衡点右方的点 5 的位置上，那么降低吸收将同时达到内部和外部均衡。如果最初的情形是点 6，即点 0 的上面，那么单独的汇率升值也可起到类似的作用。

第三，我们能够从两个方面考察政策措施。紧缩被用来降低通货膨胀（移向左方），汇率升值被用来避免过剩（移向下方）。或者升值的目标在于实现内部均衡（向下移至点 2），但是，单独运用时会引起赤字，所以，为了恢复外部均衡，就又要求运用紧缩政策。在宏观经济学中有一种不合逻辑的看法，那就是运用一种特殊的政策来实现一个特殊的目标。经济制度常常就是这样运作的。在实践中，当财政部通过预算达到内部均衡时，中央银行就利用汇率达到外部均衡。但是，如果两种政策措施并不协调，那么它们也许无法达到均衡。

从这些为第Ⅰ象限而设立的原则中，我们可以纵观整个图 15－6 的图示，并看看采取什么样的政策措施才是必需的。

● 在第Ⅱ象限的点 2 处，存在对外赤字，但内部是均衡的。为了恢复国际收支平衡，就需要汇率贬值，但这一政策会推动经济中的通货膨胀。为避免通货膨胀和达到均衡，财政和货币政策的紧缩也是需要的。我们能够反过来安排这些政策，即通过紧缩政策达到外部均衡，通过汇率贬值刺激经济。许多非洲国家在 20 世纪 70 年代和 80 年代早期就处于这一情形之中，这些国家的通货膨胀率较低，但出口收入和外国投资不足，因而难以支付经济发展所需的进口。

● 在第Ⅲ象限的点 3，扩张的财政和货币政策可以消除失业，但需要对付对外赤字。为了达到均衡，就需要使汇率贬值。或者贬值能够刺激就业，所以要求采用扩张政策，以消除引起过剩的原因。这是工业化国家在衰退时期经常面临的一种情形，即存在劳动力与资本的闲置。但在发展中国家，这种情形并不常见。

● 在第Ⅳ象限的点 4，在扩张性财政政策防范失业的同时，汇率升值能消除对外盈余。或者在汇率升值可消除引发通货膨胀的原因时，扩张性财政政策能消除过剩。亚洲的一些国家和地区，像 20 世纪 80 年代的中国台湾、马来西亚，就曾处于这一情形。

因此，宏观经济稳定性政策的原则很简单：如果政策制定者知道他们的经济在这一图示中处于什么位置，他们就知道如何移向均衡点。但是，政策制定者们如何才能知道他们的经济所处的位置呢？答案是一部分靠测算，一部分靠经验。国际收支定期的数据、外汇储备的变化以及通货膨胀的数据有助于确定一国经济在内部和外部均衡线上的位置。名义和实际汇率、预算赤字和货币供应方面的数据可以指明经济体从一种政策象限向另一种政策象限的移动。然而，还有一些数据并没有被政策制定者们所掌握，例如，私人部门的短期国外借贷等。1997 年亚洲金融危机中的韩国就是这种情况。巨额的短期国外借贷并没有被当局所掌握，这些借贷在经济模型中是需要调节的。在实践中，特别是对于发展中国家而言，但还包括其他国家，这种模型可能太不精确且太不稳定，无法全面为据。稳定性政策的经验，就在于知道如何把握推进每一种政策组合的力度，以及这种政策实施的时间长短。就这一点来说，管理一个特定经济的经验与经济学家估算模型一样重要。

15.2 澳大利亚模型的应用

通过本书，我们已经了解了与发展中国家有关的不同类型的经济问题，包括“荷兰病”*、债务危机、贸易条件冲击、外汇短缺、毁灭性通货膨胀、干旱或其他自然灾害。澳大利亚模型及它的动态图可用来反映这些或其他冲击是如何影响宏观经济均衡的，以及这些冲击应如何处理。

□ “荷兰病”

在第 18 章，我们将描述“荷兰病”这一奇怪现象。在这一现象中，一个出口价格较高或有大量外国资本流入的国家，相比没有获得这些额外收益时能更快地结束经济恶化。“荷兰病”首先是由澳大利亚经济学家马克斯・科登（Max Corden）和彼得・尼亚里（Peter Neary）利用开放经济模型的观点推导出来的。[1] 图 15－7 利用动态图，跟踪分析了由一个意外收获所产生的效应。

在均衡点 1 处，一国突然开始从其主要出口品的较高价格中获益，或者得到外国援

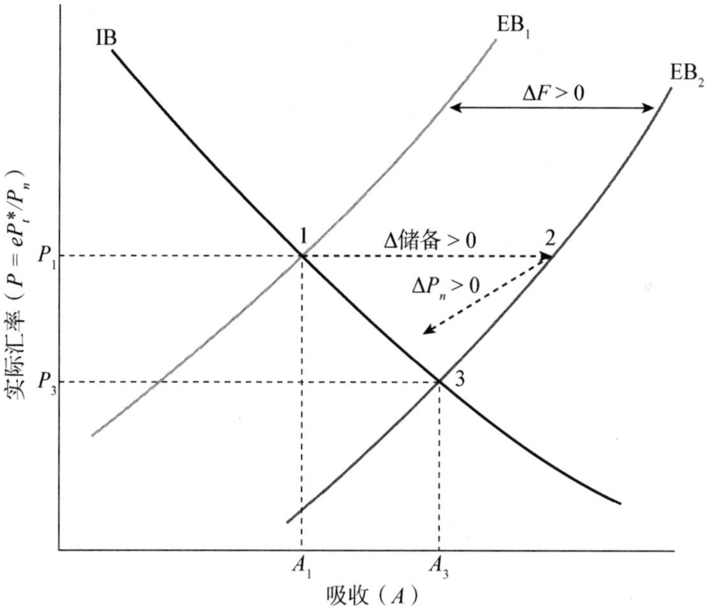

图 15－7　“荷兰病”

出口剧增或资本流入会使 EB 曲线右移，而使点 1 处的经济出现顺差。随着储备增加和货币供应量增加（或者随着政府和消费者花掉这笔意外之财），吸收增加，经济右移，于是出现通胀。随着不可贸易品价格上升，实际汇率上升。在新的均衡点点 3 处，因为 P 较先前低，供求以较少的可贸易品生产和较多的不可贸易品生产实现均衡，这种可贸易品产出的损失被称为“病”。

* 指一国特别是指中小国家经济的某一初级产品部门异常繁荣而导致其他部门衰落的现象。——译者注

① W. Max Corden and J. Peter Neary, “Booming Sector and Deindustrialisation in a Small Open Economy,” *Economic Journal*, 92 (1982).

助赠予人或外国投资者的资助。就像20世纪70年代中期咖啡（和另外的许多商品）出口商所面临的繁荣景象和所有的石油生产者——从沙特阿拉伯、印度尼西亚到墨西哥——所处的地位一样。自1978年的戴维营协议之后，埃及和以色列从美国获得了大量的援助项目；加纳也在20世纪80年代的经济稳定时期从世界银行和其他机构获得了大量援助（见案例15—3）。20世纪70年代后期的智利和80年代后期的稳定时期之后的墨西哥，都有大量私人资本流入，其中更多的是以前外逃资本的回流。外汇的不断涌入超过了预期。在一些案例中，这些额外收益会导致自然资源的新发现，就像2007年加纳发现了大量海上石油一样。

当额外收益发生时，在任何给定的价格上可贸易品的供给都会增加。这可由图15-2（a）中的供给曲线向右移动来表示。在图15-7的动态图中，EB曲线向右移动。例如，在沿着EB_1曲线的点1处，原来处于外部均衡状态，此时经济处于过剩之中，所以新的EB曲线必定移至右边，譬如说移至EB_2。经济之所以不能维持在点1处，是因为储备流入增加了货币供给，这自然会增加需求。由于额外收益将增加私人收入和政府收益，所以它会引致更高的支出，这样，吸收就会上升——从点1移至点2。这表明，经济离开了内部均衡，而处于通货膨胀之中。①

▶ 案例15—3　纠正不当管理：加纳，1983—1991年

在10年不善的经济管理之后，1983年，加纳的GDP低于1974年最高值20%，投资仅占GDP的4%，出口低于GDP的6%，而该年的通货膨胀直线上升，达到120%。10年的经济衰退使杰里·罗林斯（Jerry Rawlings）空军上尉领导的军政府准备采取严厉的措施来稳定经济，并重新启动经济发展。

通过与国际货币基金组织的紧密合作，加纳集中解决了三个深层次问题：汇率改革、财政调整和货币政策。首先，政府维系其固定汇率，但使塞迪（加纳货币单位）剧烈贬值，从1983年2.75塞迪兑换1美元，到1986年90塞迪兑换1美元。加纳采用限制性的浮动货币，以定期拍卖的方式决定汇率，当1988年许多外汇机构被授权可以进行货币交易时，官方外汇市场便被放松了，这些外汇机构便在平行市场上吸收货币。至1990年，银行被授权可在同业货币市场上进行交易，从而完成了向浮动汇率体制的过渡。到1992年底，520塞迪兑换1美元。

1983年，财政收入低于GDP的6%，恢复财政收入和控制支出成为当务之急。在紧缩的第一年，赤字从占GDP的6.2%下降至2.7%。1985年，政府开始推行一个重要的公共投资计划，以刺激经济增长。到1988年，政府已使总支出恢复到占GDP的15%，其中的20%为投资，财政盈余几乎占GDP的4%。

尽管在整个这段时期内限制了货币供给，但直到1991年，通货膨胀率仍保持在每年20%以上。当通胀率被降低到16%时，利率终于变成了正数。由于食品价格在消费者价格指

① 如果额外收益是资本流入，这种表述是准确的。但在出口品价格上涨的情况下，从点1到点2的移动是一个近似值。严格地说，出口品价格应提高P_t^*，实际汇率贬值，以使经济从点1处上移。在此之后，经济才向右移至EB_2。

数中起着很大的作用，因而对食品生产的投资被视为长期对付通货膨胀的重要组成部分。

援助者对加纳的稳定措施和与之相伴的经济改革做出了慷慨大方的反应：净官方转移支付和净长期投资数量从 1983 年的 1 亿美元上升到 1991 年的 5.85 亿美元。

稳定措施帮助加纳恢复了经济增长。从 1983 年的衰退到 1991 年，GDP 年均增长率为 5.1%，投资上升到占 GDP 的 17%。尽管 20 世纪 80 年代早期变化极大，但留给加纳的工作仍有许多：1991 年的人均收入比 1973 年的水平低 25%。

资料来源：基于 Ishan Kapur et al.，*Ghana：Adjustment and Growth*，*1983－1991*（Washington，DC：International Monetary Fund，1991）。

P_n 上涨会产生两方面的效应。假定官方汇率是固定的，汇率实际升值，那么实际吸收的下降将部分地矫正实际吸收最初的上涨。（如果名义汇率是浮动的，那么实际汇率也将升值，因为外汇的较大供给将使外汇价格下降。）经济将最初先从图 15－7 中的点 1 移向点 2，然后开始朝新的均衡（点 3）的基本方向移动。在这种情况下，市场力量足以使经济达到新的均衡，除非当局避免汇率升值并保持实际吸收不变，从而使经济处于点 2 的通货膨胀状态。

那么，问题的关键是什么呢？经济处于新的均衡状态，它的贸易条件已经得到改善，它的货币已经升值，所以公民对外国资源有更大的控制力，人们不必更努力地工作，就可支出和消费更多。另外，在这幅生动的、接近实际的图示中，也有两个缺点。第一，这样的额外收获通常是短暂的。当出口价格下跌，或者资本流入枯竭时，EB 曲线将回移，有代价的调整将是必要的。我们将在下一节分析这一过程。

第二个问题是，从原有的均衡向新的均衡移动，也要对经济进行调整。实际汇率 P 是较低的，所以当 S_n 已经上升时，S_t 便下跌。因为市场需求旺盛的出口部门不会被紧缩，市场萧条的可贸易品首先将面临调整。当工人从可贸易品生产向不可贸易品生产转移时，劳动力市场上的摩擦至少意味着短期失业的存在。如果可贸易品部门包括现代制造业，那么它可能会阻碍经济的长期发展，因为制造业是一个在将来能导致生产率最快增长的部门。当额外的收获终止时，如果可贸易品产业倒闭，则迫不得已地使经济回调至点 1 就比较困难了。正是这种不景气的可贸易品生产的衰退，使得外汇的突然流入变成了一种“病”。

有什么办法可医治这种“病”呢？政府可以尝试把经济移回到原来的（也许是未来的）均衡点点 1。工具就是官方汇率和支出。官方汇率将不得不贬值，以抵消市场力量的调节趋向。通过限制性的财政政策和货币政策，支出将减少，通货膨胀也将得到抑制（使 P_n 低一些，或至少减缓其上涨率）。所导致的储备积累和银行收支平衡将不得不通过货币政策来抵消，所以它们将被作为资产，而不被作为支出。这是在需求旺盛的情况下采取紧缩的宏观经济政策的一条清晰的政策轨迹，因为全部压力都来自要求更大的购买力。没有太多的国家肯这样做，印度尼西亚是采取这一政策的少数国家之一。

□ 债务偿还危机

当 1982 年墨西哥声明它无力偿还 20 世纪 70 年代石油价格暴涨期间所欠的债务时，许多其他发展中国家亦步其后尘，金融世界进入了债务危机时期（见第 13 章）。大部分拉丁美洲国家已经基本克服了它们的债务问题，但许多非洲国家还在继续为偿债而苦苦挣扎，这些国家大多是从援助机构借的钱。尽管无力偿还债务逐渐损害了经济独立，且能被预见到，但是，当一个国家管理经济无能时，债务危机便成为国家危机了。

债务危机分析的正式结果与另一种普遍的现象——**贸易条件恶化**（decline in the terms of trade）相似，会引起外汇短缺，它具有与“荷兰病”相反的情形。当石油价格在20世纪80年代开始下跌时，石油输出国，如印度尼西亚、尼日利亚和委内瑞拉，都面临着类似的危机。我们可以通过这些国家的国际收支平衡来理解它们的债务危机以及贸易条件下降的相似性。贸易条件下降会导致贸易平衡的恶化（进口超过出口的数额会增加）。当其他条件不变时，贸易平衡的减少会直接导致经常账户赤字增加。正如在这一章的附录所讨论的细节一样，经常账户赤字形成的一种路径是国外借贷。① 事实上，很多发展中国家在不断积累外债的过程中，形成了慢性经常账户赤字（通常可能高于该国的GDP)。正如第13章讨论的一样，当经常账户赤字变得不可持续时，债务危机将会发生。

图15-8描述了这一过程。处于均衡点点1之中的经济，需要获得额外的资源来支付外债，或者需要对贸易条件的恶化做出调整。可贸易品供给因此移向图15-2（a）中的左边，在动态图中，EB曲线也左移至EB_2。② 如果危机导致债务减轻或得到了额外的外国援助，那么曲线将不会移得那么远，而是可能稳定在EB_3。

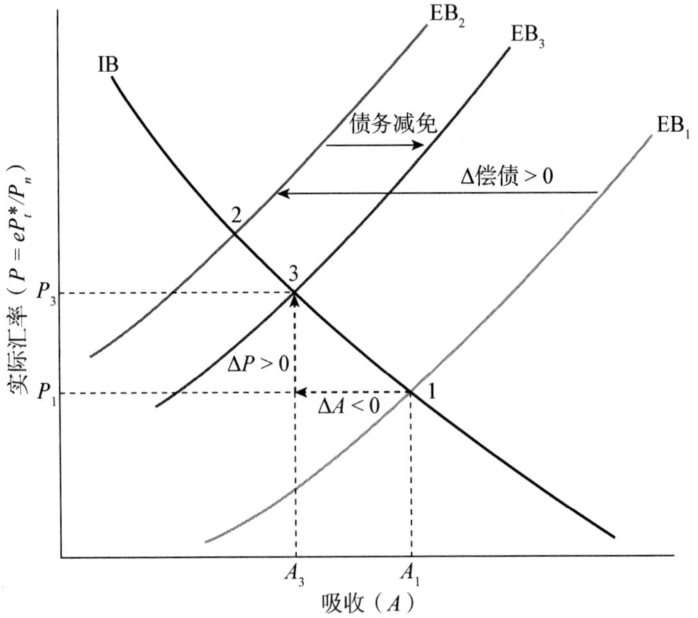

图15-8　债务危机或贸易条件恶化

处在均衡点点1的经济突然需要偿债（或面临出口价格下降）。外部均衡从EB_1移到EB_2，尽管债务减免或国外援助会重新将均衡线移回至EB_3。如果政策消化了储备和收入的下降，则吸收下降。通过央行行动或市场作用，货币贬值可以使经济移动到新的均衡点点3，随着更多的可贸易品被生产出来，消费减少，顺差得以被用来偿债。

① 经常账户融资除了国外借贷的另外唯一的方法就是吸引国外投资和降低中央银行外汇储备的份额。参见这一章结尾附录中关于支付账户的简要总结。

② 严格说来，我们无法通过这种方式分析出口品价格的下跌，但是，在很多情况下，这是一个合理的近似。

由于对外有赤字，一国将开始失去储备。如果政府不得不偿还一些债务，或者因出口品价格下跌切断了收入来源，政府就需要削减其支出。两者都将引起吸收减少。这些行动会使经济移向外部均衡，但会引起失业。为了达到新的均衡点点 3，实行货币贬值是必要的。这可以由中央银行通过固定汇率或者通过在浮动汇率下的外汇市场做到。在新的均衡点上，该国将会生产更多而消费较少的可贸易品，因为 P 已经上升了。当然，这意味着民众福利的损失。S_t 超过 D_t 的盈余部分，常被用来支付债务或者直接补偿出口品价格的下跌。

债务危机及由此引发的艰难，并非借债以促进发展的不可避免的结果，正如第 13 章所讨论的。如果借来的资源被用于生产性投资，它们就会同时增加可贸易品和不可贸易品的潜在产出量。增加的产出量将提高收入，并用增量收入获得偿付外债的能力，从而不会发生债务危机或实行紧缩措施。像韩国和印度尼西亚这样的国家都是国际借债大户，但在 1997—1999 年金融危机之前，却避免了债务危机。

□ 系列稳定措施：通货膨胀和赤字

外部冲击并非使经济运行陷入困境的唯一原因，鲁莽的或误导的政策常常也是应该受责备的。因为忍受不了缓慢的经济发展，或者试图取悦于选民，政府扩大了开支，从而引起财政赤字。由于无法从公众那里借债来弥补赤字，财政部只能向中央银行卖出短期债券，这就会增加货币供给。在类似于图 15－9 的点 1 处，经济陷入了通货膨胀和对外赤字之中，它远离最初外部均衡曲线 EB_1 上的均衡点点 2。当经济在这一情形下变得不稳定时，私人投资者担惊受怕，并力图投资于土地之类的非生产性财富，甚至投向国外，这就会加剧对外赤字。认识到这种措施的弊端，或希望借助于外援来避免痛苦的调整，政府就会吁请国际货币基金组织介入。

国际货币基金组织稳定计划的核心，包括削减政府预算赤字和限定货币供给增长的国内信贷的计划指标。这两个指标可降低经济中的吸收，使经济从点 1 处向左移动，接近外部和内部均衡。国际货币基金组织经常采取的措施还包括汇率贬值。是否需要采取这一措施，还要看相对于均衡点（点 2），经济运行所处的精确位置（点 1）。在有些情形下，吸收的减少对于达到内部和外部均衡已经足够了。在图 15－9 中，为达到点 2 和避免失业，小幅度的汇率贬值是需要的。

不管怎样，国际货币基金组织的计划通常是与大量的援助相联系的。这种援助不仅来源于国际货币基金组织，还来源于世界银行和双边援助。通过增强一国购买可贸易品的能力，援助计划将使 EB 曲线右移，到达图中的 EB_2，从而使经济移向均衡点点 3。对于这一援助计划，需要注意两件事情：第一，当 A_3 比 A_2 更大一些时，在某种程度上它减弱了对紧缩的需求；第二，它降低了对汇率贬值的需求。实际上，就像图中显示的一样，为了从点 1 移至点 3，几乎不需要汇率贬值。援助者和国际货币基金组织却经常坚持要汇率贬值。有时汇率贬值可能仅仅是为了达到类似点 3 的要求。在另外的情形下，它们宁愿采取可以自我持续有效的稳定措施，这类措施在外援减少和外部均衡曲线移回到 EB_1 之后，仍将是有效的。不管它们采取这种措施的动机是什么，认识到援助本身可以部分地替代汇率贬值和紧缩是重要的。实际上，援助所起的作用与不得不生产更多的可贸易品一样，同时它也助长了原本不得不削减的支出。加纳的经历适合这一描述，我们已在案例 15—3 中讨论过了。最近，希腊遭受了可怕的债务危机，具体在案例例 15—4 中分析。

▶ 案例 15—4　2010—2012 年的希腊债务危机

不可持续的债务问题并不仅限于最贫穷的国家。从 2010 年开始，希腊面临严重的债务危机，这个危机甚至威胁到了欧盟的稳定。在 2011 年 9 月，是让希腊被迫面临违约风险，还是让欧盟其他成员国在两年内给予其第二轮一揽子救助还没有确定下来。2010 年 5 月，欧盟和国际货币基金组织提供了价值 7 500 亿欧元（大约 9 380 亿美元）的一揽子贷款和国际收支支持。作为回应，希腊政府答应实行紧缩政策，减少开支和工资，削减大量的政府工作岗位，并且增加税收。政府的这种承诺在国内引起了动荡，这种动荡反过来让人们对国家实践这些承诺的改革并偿还外债的能力产生怀疑。

希腊债务危机的问题源于多年来的经常账户赤字的积累，尤其是 21 世纪头十年末期以来，经常账户赤字呈激增趋势。希腊经常账户赤字源于 20 世纪 90 年代中期，在 90 年代末期，经常账户赤字占到 GDP 的 3%，在 2000—2005 年，这个比重翻了一番。2005 年，希腊经常账户赤字占到 GDP 的 7.5%，在 2008 年，又上涨到了接近 15%。在 2008—2010 年间，希腊主要通过减少进口成功地把经常账户赤字降低到占 GDP 的 10.5%。希腊政府的借贷也快速增加，政府的预算赤字从 2006 年占 GDP 的 5.6%上升到 2009 年占 GDP 的 15.4%。政府总债务从 2004 年的 1 832 亿欧元（占 GDP 的 99%，大约 2 280 亿美元）上升到 2010 年的 3 304 亿欧元（占 GDP 的 144%，大约 4 380 亿美元）。这个国家的整体经济停滞可以通过其失业率反映出来。希腊的失业率在 10 年时间里都在 10%附近波动，最终于 2008 年 5 月下降到 7.5%，比 2011 年 3 月的失业率高出一倍。2010 年，希腊的 GDP 萎缩了 6.6%。

2011 年秋季，因为欧洲债务救助可能由于希腊政府无法履行关于紧缩政策的承诺而流产，希腊政府发现自己处在一个艰难的境地中。然而，每天的罢工和不断增长的政治压力会削弱政府（由社会党领导，其占议会的多数席位）实践自己的承诺。无序违约会导致不同的可能性，包括希腊退出欧盟。

澳大利亚模型可以很好地描述希腊债务危机，结合图 15－8 和图 15－9，可以做一个很好的分析。在 2005 年，希腊面临着收支赤字和失业的双重压力，如点 1 所示。到 2010 年，这两方面都开始持续恶化，使希腊经济移动到点 2（远离内部均衡和外部均衡，且远离点 3 处的均衡）。基于动态图，希腊需要减少吸收并使其实际汇率贬值，这看似简单，但却存在着陷阱。作为欧元区的一员，希腊无法让货币贬值。希腊政府只能通过大量减低 P_n，导致实际有需要的贬值。简而言之，紧缩政策成为希腊政府唯一可用的工具。作为政府紧缩项目的主要组成部分之一的是减低工资，这有助于降低实际汇率。紧缩政策对于恢复外部均衡来说也很重要，因为通过借贷来为经常账户赤字融资已经不能成为希腊的一个选择了。

欧盟成员国和 IMF 配合的一揽子救市计划有效地让 EB 线外移至 EB′线，这样可以达到减低实际贬值和削减开支的双重作用，从而达到新的均衡点点 4。希腊经济在 2011 年秋季陷入了僵局。希腊怎么看都没有能力将开支缩减到均衡点点 3 所要求的水平。没有一揽子救市计划，债务违约似乎不可避免。对于希腊政府来说，要想达到新的均衡点点 4 处所需要的严谨政策在政治上来说是不可能的。如果没有希腊政府对于减少开支和公共就业削减（伴随着大量增加税收）的承诺，欧盟并不愿意提供援助。希腊政府和债权人之间的边缘政策一直持续到 2012 年年初。希腊下一个还款日期是 2012 年 3 月 20 日，由于缺少新的救市措施，违约不可避免。在 2 月末，就在债务到期前几周，希腊和欧盟达成协议，由欧盟向希腊提供价值 1 300 亿欧元（大约 1 090 亿美元的第二轮救市措施），同样希腊需要重新承诺紧缩政策，且欧盟对希腊预算施加更大的影响。这一协议旨在保证希腊政府在 2014 年之前不要破产。然而，希腊经济仍然继续衰退，同时由于政治不稳定，希腊危机远没有结束。

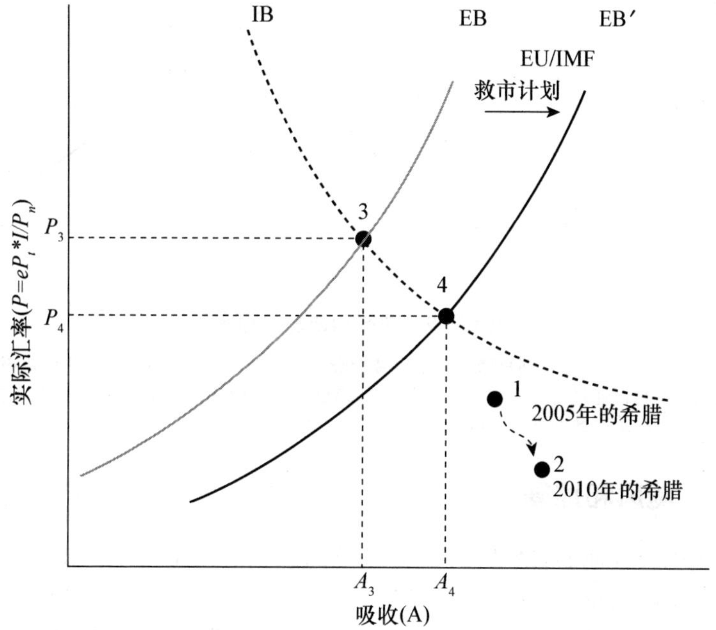

图 15－9 也可以用来说明另一类稳定：**飞速（或称恶性）通货膨胀**（rapid (hyper-) inflation）。在 20 世纪 80 年代中期，即玻利维亚的恶性通货膨胀时期或巴西、阿根廷的持续通货膨胀时期，外部均衡是一个次要的问题，而不是一个主要的问题。图 15－9 中的点 4 描绘了这种情形。为了使经济移至均衡点点 2 或点 3（如果存在一揽子援助），就仍需采取紧缩政策。但是，贬值却只会加剧通货膨胀。相反，需要采取的是可以抑制通货膨胀的货币升值政策，而达到该目的的一条途径，就是固定名义汇率，使不可贸易品的价格（P_n）不断上涨，导致实际汇率（P）升值。这就是所谓的汇率支撑点。拉丁美洲国家，特别是 20 世纪 70 年代后期的智利、80 年代中期的玻利维亚、90 年代的阿根廷，经常使用这一工具。采用汇率支撑点的不利之处是，较低的实际汇率抑制了出口增长。投资于新的出口部门，可能是经济开放、使出口多元化的战略的一部分，它可以使外部均衡曲线右移。

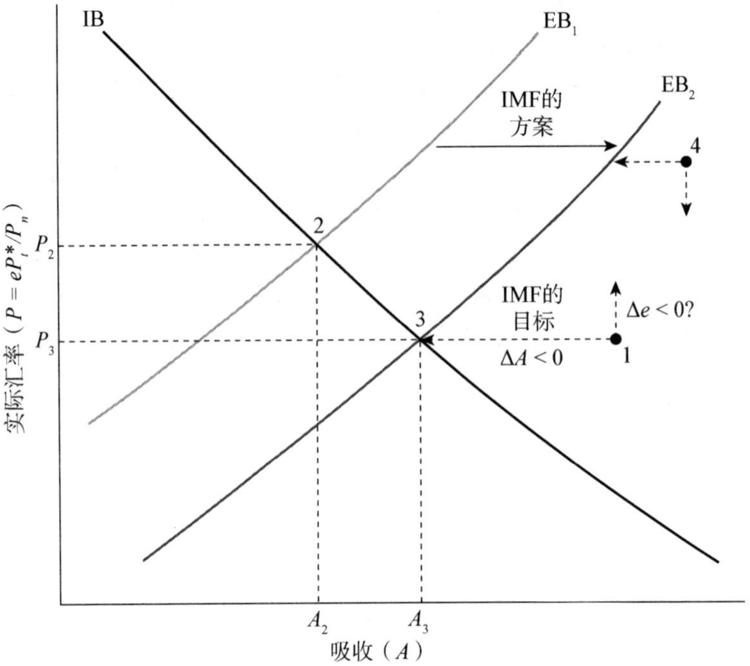

图 15-9　通胀和逆差的稳定

点 1 的经济远离均衡点点 2，需要通过紧缩开支以减少吸收，包括：减少预算赤字和降低货币供应量的增长率。IMF 和援助者的援助方案可以通过将外部均衡移至 EB_2 来趋近均衡，但援助方案都是有条件的紧缩计划。是否需要采取汇率行动取决于对起始位置点 1 的精确判断。

□ 干旱、飓风和地震

干旱、地震以及其他的自然灾害成为人类的悲剧且时常发生，比如 2010 年的埃塞俄比亚、西非萨赫勒以及海地。这些自然灾害让宏观经济管理变得相形见绌。但是成熟的经济管理即使受到灾难的折磨，也能减轻饥饿和流离失所的人们所遭受的苦难。举个例子，干旱会减少国家的粮食生产、谷物的出口以及某些国家的水力发电。同时，由于农民等生产得更少，因此他们的收入会更低。所以，政府需要提供必要的社会保障网。这意味着政府要在食物、交通、健康卫生以及必要的避难所等方面提供保障。在这些情况下，国外政府可能会提供一些财政、食物以及技术的援助。

图 15-10 描绘了干旱或者地震对宏观经济的影响。经济初始位于点 1 的均衡处。干旱或者地震减少了国家对可贸易品（出口农产品、进口食品、若干制造工业产品）和不可贸易品（某些食品、水力发电、水供应）的生产。在图中，这反映为 IB 和 EB 曲线向左移动：S_n 在任何给定价格下产出的下降都意味着需求大大超出供给。新的外部均衡 EB_2 通过国外援助扩大到 EB_3（又移回右边），并达到新的均衡点 3。

处于点 1 的经济存在通胀。收入的降低对于吸收而言，创造了自我收缩的趋向，使经济左移至新的均衡。同时，政府试图扩大支出，以缓解饥饿、疾病和另外的问题。所产生的结果取决于这些趋向的相对力度。尽管非洲干旱可能持续很久，2010 年的海地地震可能会持续几年甚至更长时间，但大部分自然灾害的影响是暂时的，可能持续一年时间。特别是，如果国外援助能够承受更多的负担，最适当的方法就是用微调来摆脱这种冲击。因此，即使为了达到均衡需要调整汇率，但当灾难来临时，汇率也可能并不起作用。紧缩的财政政策也是有必要的，当然要考虑价格的上升会让原本的情况变得更糟。如果政府能够改变其支出，并将预算的一部分用来缓解灾难的影响，它也许能够减轻灾难带来的痛苦，同时又能限制总支出的增加并遏制通胀。

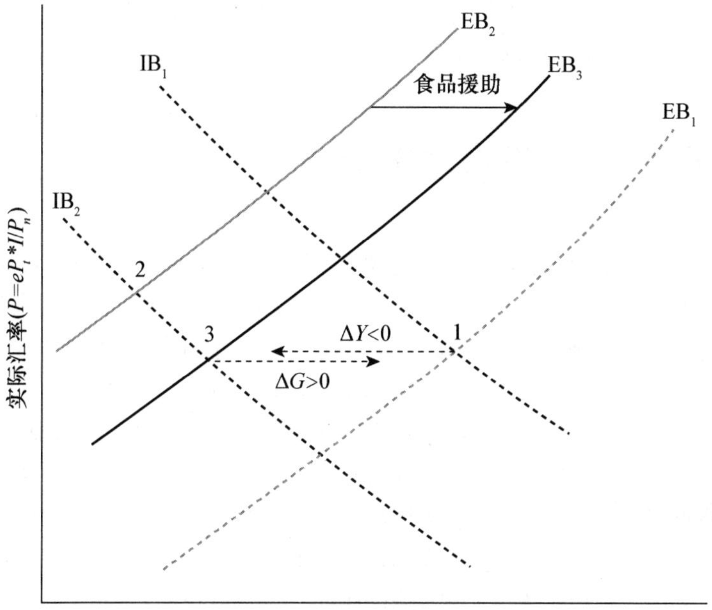

图 15－10　干旱

干旱或者其他自然灾害会降低可贸易品和不可贸易品的生产能力，因此曲线左移。海外赈灾会推动外部均衡曲线移至 EB_3，并在点 3 处达到均衡。在点 1 的暂时状态导致了通胀。产出和收入的减少可以降低吸收，但是政府在救济方面支出更多，从而部分地抵消了向经济均衡的移动。这样就会出现持续的通胀。

15.3　本章小结

● 开放经济会面临各种冲击，既有积极的也有消极的。政策需要做出相应的调整以应对潜在的消极影响。在许多例子中，我们发现当面临外部冲击时，可能由于政策使用不当而使情况变得更糟。

● 在发展中国家存在的一个常见问题是，长时间支出超过收入，以及从国外借款来弥补经常账户赤字的现象越来越严重。对于很多发展中国家而言，这些都让经常账户赤字变得不可持续，一般都需要同时减少支出和使货币贬值来应对。

● 澳大利亚模型提供了一个便捷的和适用的框架，可以用来诊断一般的宏观经济失衡。澳大利亚模型的均衡需要在可贸易品和不可贸易品两个市场达到均衡。在可贸易品市场上的均衡称为外部均衡，在不可贸易品市场上的均衡称为内部均衡。

● 可贸易品市场不均衡就说明要么是收支赤字，要么是收支盈余。不可贸易品市场不均衡说明要么是陷入通胀，要么是失业。

• 综合考虑，这些不均衡可以形成四个组合：收支赤字和通胀，收支赤字和失业，收支盈余和通胀，收支盈余和失业。

• 恢复均衡的主要工具是财政政策和货币政策，它们被用来调整国内支出（吸收），改变名义汇率，最终改变实际汇率。

• 为了达到均衡，使用的政策组合需要考虑经济朝着均衡发展的自然倾向。这种自然倾向取决于国家的经济和政策环境。

附录　国民收入和收支平衡

发展中国家的很多宏观经济问题和危机都跟收支平衡有关联。第 10 章通过对金融投资中国外储蓄的角色的描绘来讨论收支平衡。第 15 章运用一个模型来诊断和回应宏观经济危机（包括债务危机）。收支账户平衡提供了一个框架来理解开放经济的贸易和金融流动所带来的机会与风险。这个附录则给出了收支账户平衡的概览。①

首先在国民收入账户中考虑收支平衡。所有国内生产的产品和服务都会加总到 GDP 中。在封闭经济中，其精确地等于国内总支出，包括最终产品和服务的私人消费 C、政府对最终产品和服务的消费与投资 G，为了扩大一国资本存量的私人投资 I。那么，$GDP=C+I+G$。在第 15 章，我们定义国内总支出为**吸收**（absorption）A，那么 $A=C+I+G$。采用这种表示方法，在封闭经济中，有 $GDP=A$。此外，由于在封闭经济中，所有的国民总支出（或吸收）都是由国内企业支出的，因此，GDP 也等于国民总收入（GNI）。

当允许与外国展开贸易时，就不再需要国内生产总值准确等于吸收或者国民总收入。收支账户平衡记录了该国与其他国家的所有交易，包括贸易和金融流动。收支账户平衡主要包括**经常账户**（current account）、**金融账户**（financial account）和**资本账户**（capital account）。

开始时，把经常账户合并到国民收入当中。经常账户记录了所有的国外产品（贸易平衡）与服务（国外净要素收入）贸易，同时也包括净单边转移支付（如国外援助或居民从国外汇回国内的汇款）。经常账户也包括国外债务的利息支出（债务服务支出，但不是对债务的主要偿还）。在一个开放经济中，吸收的一部分花费在进口（M）上，必须从 A 中减去；相反，一些国内生产可能会出口（X），结果就是需要在 A 中加上。因此，我们就可以把国民收入账户等式写成：

$$GDP=C+I+G+X-M \tag{A15—1}$$

把 A 代入，上式可以改写成：

① 这个讨论来自 Robert C. Feenstra and Alan M. Taylor，*International Macroeconomics*，2nd edition（New York：Worth Publishers，2012），chapter 5（读者可从这一章中得知更多细节）。同时也可参考 IMF，*Balance of Payments and International Investment Position Manual*，6th edition（Washington，DC：International Monetary Fund，2011）。

$$\text{GDP}=A+X-M \tag{A15—2}$$

这说明国内生产总值等于国内支出加上净出口。重新排列式（A15—2）得出 $A-\text{GDP}=M-X$。换句话说，如果国内支出超出 GDP，那么进口就超过出口，因此就面临着逆差。贸易平衡是经常账户的重要内容。正如上面提到的一样，国外净要素收入（net factor income from aboard，NFIA）或者净服务出口收入（如，国外公司支付给在国外工作的东道国居民的工资）也是经常账户的重要内容，当然这些也包含在国民总收入（GNI）当中。因此，GNI＝GDP＋NFIA。国民总收入（GNI）和总的国民可支配收入（Y）的区别在于，后者包括经常账户中的净单边转移支付（net unilateral transfers，NUT）。将以上分析合在一起，有：

$$Y=A+(X-M)+\text{NFIA}+\text{NUT}=A+\text{CA} \tag{A15—3}$$

式中，CA 表示经常账户，其值等于净出口、国外净要素收入以及净单边转移支付的总和。等式（A15—3）是非常重要的。如果本国总支出超出总收入，那么经常账户就会出现赤字。从等式（A15—3）中可以看出，$A-Y=-\text{CA}$。不管一个国家的支出是否超过收入，经常账户平衡都反映了两者之间的相对关系。

正如第 10 章所讨论的，我们可以从国民储蓄的视角来考虑经常账户。储蓄等于总收入减去私人和政府部门的消费，即 $S=Y-C-G$。如果把 A 加入等式（A15—3），那么 $Y=C+I+G+\text{CA}$，两边同时减去 $C+G$，可以得出

$$S=I+\text{CA} \tag{A15—4}$$

如果 CA 是盈余的，那么储蓄一定高于投资；反之，如果 CA 是赤字的，那么投资一定高于储蓄。

国内储蓄由两部分组成：私人储蓄（S_p）和政府储蓄（S_g）。私人部门的收入主要包括消费、储蓄或者支付的税收。因此，

$$S_p=Y-C-T \tag{A15—5}$$

类似地，政府储蓄等于税收减去支出，即，

$$S_g=T-G \tag{A15—6}$$

如果 $T>G$，那么上式为政府财政盈余，反之，上式为政府财政赤字。将上面两个等式相加，可以得出 $S=Y-C-G=S_p+S_g$，或者国民总收入等于私人储蓄和政府储蓄的总和。结合等式（A15—4），可以得出：

$$\text{CA}=S_p+S_g-I \tag{A15—7}$$

略有不同的叙述方式是，如果投资超过国民储蓄，这一差额必须通过国外融资来弥补，且这一差额等于经常账户赤字。在这一意义上，我们可以将经常账户看作国外储蓄。另外，把式（A15—6）代入式（A15—7）中，我们可以得出：

$$\text{CA}=S_p-I+(T-G) \tag{A15—8}$$

这个式子告诉我们，如果投资超出私人储蓄，或者政府面临财政赤字，经常账户必然面临赤字。

关于收支平衡的剩余的故事就是经常账户是如何融资的。就像前面提到的一样，收支平衡除了包括经常账户，还包括金融账户（FA）和资本账户（KA）。金融账户是指国外金融资产交易，包括股票、债券以及房地产所有权。金融账户（利用 IMF 的定义）主要包括外国直接投资、组合投资以及（重要的）中央银行的储备资产（即国外货币如美元、欧元、日元等的存货）。资本账户主要包括资产的国际转移（如，来自国外的捐赠和对国外捐赠）。①

收支账户平衡的基本原则是账单必须要支付。因此，收支平衡时等式为 0，即

$$CA+FA+KA=0 \quad (A15—9)$$

这就是**收支平衡等式**（balance of payments identity）。该等式也显示了一个国家调整经常账户赤字的三种方法：（1）从国外（国外政府、银行或国际借贷机构）借款；（2）吸引资本流入（以外国直接投资或组合投资的形式）；（3）减少国外储备存量。如果经常账户是赤字，那么就需要金融和资本账户的盈余（其潜在地包括减少一国的外汇储备）。如果收支平衡等式总是为 0，那么当我们听到“收支赤字平衡”时，是什么意思？一般而言，收支赤字平衡是指经常账户赤字，但金融和资本账户处于盈余状态，其中，金融账户被狭义地定义为不包括中央银行的外国储备资产，且两者不能完全充抵。在这种情况下，可以通过调节外汇储备（使外汇储备下降，在这种情况下，可以为剩余的资本账户的赤字融资）来达到总平衡。

金融账户和资本账户盈余说明该国要么从国外借贷，要么向外国人出售国内资产。不管是哪一种情况，东道国都会提高外国人对本国的索偿权。相反地，如果本国处在经常账户盈余状态，那么该国的金融账户和资本账户将会是赤字，因此，本国国民的索偿权相对提高。因为本国持有的净国外资产等于外国人对本国居民的索偿权与本国居民对外国人的索偿权之差，因此经常账户就等于净国外资产的变动。

① 狭义的资本账户定义可以沿用国际货币基金组织、经济合作与发展组织以及联合国系统中相关的定义。广义的定义包括国际货币基金组织现在的金融账户中除了中央银行的储备资产之外的资本。

第四篇

农业、贸易与可持续发展

第 16 章

农业及其发展

从 2006 年到 2008 年底，世界经历了自 20 世纪 70 年代以来最严重的一次食品危机。其间，世界市场上玉米的价格几乎上涨了三倍，其他基础谷类作物的价格也紧随其后。从 2007 年 10 月到 2008 年 4 月，全世界水稻的价格也上涨了三倍，从每吨 335 美元增至每吨超过 1 000 美元。孟加拉国、布基纳法索、喀麦隆、埃及、海地、莫桑比克和塞内加尔都因为争抢食物而发生了暴乱。2008 年 3 月 13 日，埃及的半岛电视台在报道中指出，“由于基本食品的短缺和食品价格的上涨，成千上万的人已经诉诸武力解决。至少有 10 人死于在政府补贴的面包店里突发的暴乱。”几周后，4 月 18 日，《纽约时报》从海地太子港发出报道，“饥饿的人们冲向海地总统府的大门口，人们不断涌现在街上，焚烧轮胎，同士兵和警察对抗。饥饿的人们将海地总理捆绑起来。近几天来，随着全球食品价格不受控制地呈螺旋状上升，形势变得更加严峻。自 2006 年底以来，海地的豆子、玉米和水稻之类的主食价格上涨了 45%，因此，这些谷物几乎都成了被监视的财产。”虽然粮食的价格在 2008 年末下降，但在 2010 年和 2011 年再一次陡增。

食品价格的快速上涨对发展中国家和穷人来说意味着什么呢？如果大多数穷人是农民，他们能从近几年发生的这种食品价格上涨中获利吗？如果一些人生产并出售足够量的食物，他们可能获利；然而，大多数贫困家庭是不生产粮食的，同样，许多贫穷国家是食品的净进口国。世界食品价格的上涨带来的后果可能会非常严重。据联合国粮食与农业组织（FAO）统计，2008 年高的食品价格会让 4 000 万人面临饥饿，从而使得饥饿总人数达到 9.63 亿人。此外，联合国粮食与农业组织还估计，2008 年因为食物价格的上涨，发展中国家的食品进口额增加了 75%左右。① 这些事件对发展中国家的意义重

① FAO，*Crop Prospects and Food Situation*，2008，www.fao.org/views/，and A. Mittal，“The 2008 Food Price Crisis：Rethinking Food Security Policies，” G-24 Discussion Paper No. 56，United Nations Conference on Trade and Development（UNCTAD），Geneva，June 2009.

大，农业也在这些国家的经济发展与贫困缓解中扮演着举足轻重的角色。

在大多数发展中国家，农业在宏观和微观层面都具有重要意义。2008 年在世界银行分类的低收入国家中，农业占到了其国内生产总值的 25%，成为这些国家最大的支柱产业。在低收入国家中超过 70%的人口住在农村地区。即使并不是所有的农村家庭都通过耕作来挣得基本收入，简单的观察发现，低收入国家中，接近 3/4 的人口分享 1/4 的收入，这意味着最贫穷的国家的贫困倾向于不成比例地集中在农村地区。农业部门在 GDP 中所占的份额和在就业中所占的份额都比较大，且贫穷大多倾向于集中于农村地区，这些均为农村的发展提供了独特的机会。这一章讨论农业在经济发展与缓解贫困中扮演的角色，第 17 章将更仔细地探讨政府用于最大化其贡献的具体政策和机构。

16.1 农业部门的独特特征

彼得·蒂默（Peter Timmer）、沃尔特·福尔肯（Walter Falcon）和斯科特·皮尔森（Scott Pearson）等经济学家指出了在大多数发展中国家，农业部门区别于其他部门的五个特点：农业部门占 GDP 的份额、农业部门占劳动力市场的份额、农业生产函数的特殊性、农业生产者自身直接消费了大量的农业产出以及农业作为资源库的角色。①

农业在许多世界上最贫困的国家中都是支柱产业。表 16－1（a）总结了自 1965 年以来在发展中国家中，农业在 GDP 中所占比例的趋势。可以清楚地看到，农业在国民总收入中扮演重要的角色，但随着时间的推移，其比重也在不断下降（在下一节会有更深入的分析）。但毫无疑问，如果大的部门如农业拖了后腿，经济增长将变得更加困难。

表 16－1　　农业占 GDP 的份额及农村人口占总人口的比例

	1965—1975 年	1976—1985 年	1986—1995 年	1996—2008 年
(a) 农业占 GDP 的份额（%）				
东亚和太平洋地区	35.3	29.3	22.8	14.4
拉丁美洲和加勒比地区	13.3	10.8	8.9	6.4
南亚	41.3	34.0	28.9	22.3
撒哈拉以南非洲地区	20.4	18.8	18.5	17.1
高收入国家	5.7	4.1	2.7	1.8
(b) 农村人口比例（%）				
东亚和太平洋地区	81.1	78.0	70.8	61.2
拉丁美洲和加勒比地区	42.5	34.8	29.1	23.8
南亚	81.1	77.8	75.0	72.2
撒哈拉沙漠以南非洲地区	80.4	76.1	71.6	66.4
高收入国家	33.1	29.4	26.6	23.7

资料来源：World Bank，“World Development Indicators，” http://databank.worldbank.org.

---

① Peter Timmer，Walter Falcon，and Scott Pearson，*Food Policy Analysis*（Baltimore，MD：Johns Hopkins University Press，for the World Bank，1983).

表 16－1（b）显示了农村人口所占的巨大比例。虽然并不是所有的农村人口都是农民，而且很多农民不仅仅依靠种地赚钱，但是，农村大多数非农业活动实质上都依赖于农业。农业同样在经济消费中扮演重要角色。对于一个发展中国家的贫困家庭来说，食品消费通常占家庭总支出的 50%～70%。

农业部门区别于其他部门的两个特点是从业人口众多且较为分散。一个农业部门可能由数百万个个体生产单元组成，且它们各自独立地运行。但所有的资源分配都会与政府政策中的激励机制有关。

农业生产函数的主要特征同样也很独特，包括季节性、地理分布、风险来源以及技术变革来源。与其他产业不同，农业生产受季节影响非常明显，多数国家通常都因降雨量不同而拥有自己独特的生产季节。从经济学角度而言，我们可以把农民利用季节性生产看作成本最小化的手段（比如，使用阳光比使用电力更划算）。然而，谷物对季节的依赖有严格的时间限定。例如，种植晚了就会因为没有利用最好的自然生长条件而可能减少产量。季节性产生的严格的时间要求可能会导致关键时期劳动力的短缺，比如种植期和收获季节，而在其余时间却有大量劳动力剩余。因此，这些因素以及由于作为生产的投入品，其对地表的独特使用使得农业的地域高度分散这一事实，使得其对作为农业发展的关键要素的投入和产出进行有效市场营销的需求不够重视。（这一点将在第 17 章详细讨论）。

风险和不确定性也会对农业产出产生特定影响。对于农民来说，价格和气候是风险的主要来源。尽管生产部门必须担心其产品的价格，但农产品价格波动有着其固有的特性。种植期间，尽管农民不知道在数月之后他们收获粮食后的价格，他们也必须去种植（并且可能会背上债务）。与天气关联的价格不确定是农业特有的风险来源之一。大多数贫穷农民（亚洲之外）无法利用现代灌溉系统，只能依靠降水。在撒哈拉以南非洲地区，只有 4%可灌溉的庄稼地，因此，在非洲，与天气相关的风险就显得尤为重要。过量的雨也是灾难性的，2010 年的季风洪水就毁坏了巴基斯坦 1/5 的耕地。

产量增长对维持农业发展至关重要，它也是整个经济发展的关键组成部分。从长远来看，农业产量增长有赖于技术革新推动。创造和传播农业技术革新对政策制定者也是一项特殊的挑战。在发展中国家，农业生产系统的多样性和复杂性使得农业技术具有特殊性。巴基斯坦的旁遮普的小麦多样性在阿根廷就不复存在。因此我们需要付出大量的努力和资源去创新农业技术，并使它们适用于特殊的农业生态环境。但在大多数国家，高度分散化的农业状况给新技术传播增添了新的挑战。新技术如果没被农民广泛使用，其作用几乎为零。

农业的另一个独特之处在于发展中国家的生产者消耗了他们自身产出的一大部分。这样就增加了农业家庭中决策制定的复杂性，因为生产与消费决策是紧密联系的。因此，必须考虑母亲在一个家庭中对时间分配的权衡：是在田里工作还是照顾孩子；花多长时间接送孩子上下学、多长时间工作（在自家农田干活或被雇用）。这些决定对贫困家庭的福利有很大的影响。

最后，农业不同于其他部门，通常被看作现代工业和服务行业的廉价资源的仓库（主要指劳动力和资金）。在多数情况下，这种观点证明了政策制定者对农业的忽视，因为农业被看作传统的、低产量的、只能对工业化进程做出很小贡献的部门。虽然后来有方法对这一观点提出了挑战，认为随着经济的增长，农业在国内生产总值和就业方面所占的比例下降。这种稳健的经验规律就是广义上的**结构转型**（structural transformation）概念的一部分。

16.2 结构转型

结构转型是指经济发展过程中各行业占 GDP 比重的系统性变革。起初，在低收入阶段，农业在国内生产总值和就业方面占据主导地位。当经济过渡到人均收入的中间阶段时，农业在国内生产总值和就业方面的份额逐步下降（取而代之的是工业和服务业）。这种模式是经济发展的特色，也是经济增长的原因和结果。在发达经济体当中，农耕人口占总人口的比例很低。蒂默观察指出，"在美国，律师比农民多，干洗设施比农场多。"① 农业地位的相对衰弱、工业和服务业地位的相对提高是结构转型的重要特点，当然，这其中还反映了农村劳动力大规模地向城市迁移。最后，人口转变（见第 7 章）也是结构转型的特点之一：传统社会的高出生率和高死亡率被低出生率和低死亡率所替代（因为医疗条件随着收入增加而提高）。

从经济需求角度来看，**恩格尔定律**（Engel's law）推动了结构转型这一过程。19 世纪统计学家恩斯特·恩格尔提出的这一定律指出，花费在粮食上的收入比例会随着收入的增加而减少（也就是说，食品的收入价格弹性是正的，但是小于 1）。这就意味着收入的增长比粮食需求的增长要快，这也就导致农业收入占国民收入的比例不断下降。

结构转型是一个有经验的稳固的现象。图 16－1 展示了农村人口和农业占国内生产总值的份额（人均收入的一个函数）的模式。（相同的模式在表 16－1 中很明显，它包括了 10 年这些变量的平均水平。）从图 16－1 中可以清楚地看出：农业在国内生产总值中的比例和农村人口占总人口的比例之间还存在着持久但却不断减小的差距。这种差距反映了农业经济中的贫穷是持久的、不断下降的且集中的。尽管如此，当这个差距减小时，这个部门的劳动生产力和工资就会趋于集中。表 16－1 中的数据表明：平均而言，发展中国家的主要地区仍存在较大差距。在这些地区中，只有拉丁美洲的差距较小。不同的国家会因为当地的环境差异而产生不同的比例差距。然而，广泛的模式依然很稳健。

如果仔细研究一下结构转型的过程，我们就能知道农业在经济发展过程中功不可没。结构转型分为四个特定的阶段。② 第一阶段，人均农业劳动力产出（平均生产率）增长，这就为农村经济创造了盈余。第二阶段，部分农业劳动力从农业部门转移

① C. Peter Timmer, "A World without Agriculture: The Structural Transformation in Historical Perspective," Wendt Lecture, American Enterprise Institute, Washington, DC, October 30, 2007, p. 5.

② Peter Timmer, "The Agricultural Transformation," in H. Chenery and T. N. Srinivasan, eds., *Handbook of Development Economics*, vol. 1 (Amsterdam: Elsevier Science, 1988).

到非农业部门，这可以直接地（通过税收）或间接地（通过政府干预的其他形式）来实现。农业和非农业因素与产品市场连接的不断融合，再加上由不断完善的基础设施促进的跨部门交易和劳动力迁移共同便利了资源转移的过程。农业部门和非农业部门的不断融合是结构转型的第三阶段。最后，在第四阶段，农业部门完全被整合成为宏观经济的一部分。此时，农业部门的很多经济特性将逐步消失。在发达经济体中，可以看到，农业部门和非农业部门在本质上拥有相同的劳动力和资本市场。

通过农村就业人口占整个就业人口的比例以及农业收入占 GDP 的比例，可以看出农村是贫困的集中地，当然，这还意味着非农业部门的平均劳动生产力往往偏高。实际上，贫困集中在农村地区，被认为是由于农业生产力比非农业生产力水平要低。威廉姆斯学院经济学家道格拉斯·格林（Douglas Gollin）计算出从 1999 年到 2000 年若干国家中人均农业产出与非农业产出的比例。① 结果参见表 16－2，格林的计算证实了非农业部门的平均产出要大大高出农业生产部门。总体而言，两者的比例在 2.5～7 之间，在这一范围内的国家包括巴西、科特迪瓦、加纳、印度尼西亚、墨西哥和巴基斯坦。然而，也有国家如布基纳法索、布隆迪、中国和泰国等的这一比例超过了 10。

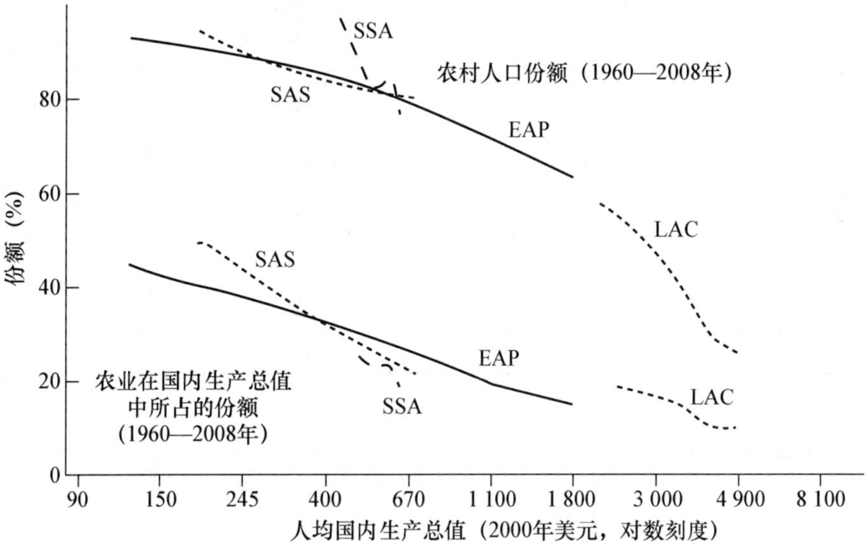

图 16－1　结构转型

EAP 表示东亚和太平洋地区；GDP 表示国内生产总值；LAC 表示拉丁美洲和加勒比地区；SAS 表示南亚；SSA 表示撒哈拉以南非洲地区。

资料来源：World Bank，“World Development Indicators，” http://databank.worldbank.org.

如果非农业部门平均劳动生产力偏高，劳动力从农业部门向非农业部门流动的结构转型过程就会创造一个经济增长的潜在重要来源。我们认为结构转型的部分益处就是劳动力从生产力相对较低的部门向较高的部门流动。表 16－2 的第 3～5 列呈现了一些国

① Douglas Gollin，“Agricultural Productivity and Economic Growth，” in Prabhu Pingali and Robert Evenson, eds.，*Handbook of Agricultural Economics*，vol. 4（Amsterdam：Elsevier，2010）.

家中劳动力流动对人均总产出的提高所起的作用。① 在中国，1999—2000年，非农业部门的人均平均产出超出了农业部门的10倍之多，人均平均产出从1960年到2000年每年增加了5.3%。在本质上都可以解释为劳动力从农业部门向非农业部门的流动。泰国的劳动力生产力比例更是超过了13。在过去40年里，泰国人均产出增长了4.3%，其中的3.2%是由于部门之间劳动力的流动。劳动力的跨部门流动可以解释泰国人均产出增长的四分之三。

我们对结构转型的认识来源于历史观察和认知。经济体的概念由两部门组成（农业和非农业，传统和现代等）。对发展作为劳动（资本和其他资源）转移过程的理解也是对从以农业为中心到以非农业为中心的转变过程的理解，因此也就牢牢地建立在两部门（或双重）发展模型的理论基础上。

表16-2　部门劳动生产力的比例，农业与非农业（1999—2000年）以及部门劳动力流动的发展（1960—2000年）

国家	非农业产量与农业产量的比例*	发展率**	农业部门的发展	非农业部门的发展	由部门流动引起的发展
布隆迪	13.91	0.005	−0.011	0	0.016
墨西哥	6.28	0.01	−0.001	0.002	0.013
布基纳法索	29.07	0.013	0.002	0.006	0.006
科特迪瓦	3.03	0.014	0.004	0	0.01
巴西	3.37	0.017	0.002	0.005	0.021
加纳	2.43	0.025	0.014	0.007	0.004
印度尼西亚	5.07	0.028	0.001	0.001	0.027
巴基斯坦	2.54	0.03	0.007	0.005	0.018
泰国	13.07	0.043	0.004	0.007	0.032
中国	11.25	0.053	0.014	−0.015	0.054

* 每个工人非农业产量与农业产量的比例。

** 每个工人的产量。

资料来源：Douglas Gollin，“Agricultural Productivity and Economic Growth，” in Prabhu Pingali and Robert Evenson，eds.，*Handbook of Agricultural Economics* vol. 4（Amsterdam：Elsevier，2010），tables 4 and 5.

16.3　双重发展模式

尽管第4章中讨论过的单一部门发展模式在简洁性方面具有很大的优势，但是其未涉及不同的部门如农业、工业或服务业（如银行业或旅游业）的生产；也未涉及不同部门的资本、劳动力、土地分配问题，当然还有发展的意义。和单一发展模式一样，双重

① 格林计算出每个工人的劳动力部门再分配对总体产出贡献的残差。这种残差无法区分农业部门和非农业部门的人均平均产出的贡献。要准确计算，就需要计算出各个部门对GDP份额的贡献。如果通过这样的计算，加权后的加总额并不等于给定国家的人均平均产出值，那么差异值就会用来估计不同部门劳动力再分配的贡献。这样的计算方法类似于第4章中对经济增长进行分析的方法。

发展模式认为在发展过程中，劳动力和资本是最重要的。双重发展模式也探讨了不同生产活动中生产力水平和增长率的不同，以及相对工资（包括资本投资的回报）的意义，还探讨了在这两个生产部门的劳动力和资本配置、农村（农业的）劳动力流动至城市（工业的）地区的可能性。我们在这里展示双重发展模式，是为了强调理解农业与非农业在发展过程中的互动的价值，而非展示发展模式本身。

□ 剩余劳动力发展模型

在经济思想中，两部门模型有着悠久的传统。这种思想最著名的早期模型体现在1817年戴维·里卡多（David Ricardo）出版的著作《政治经济学及赋税原理》（*The Principles of Political Economy and Taxation*）一书中。在里卡多的经济模型中，两个根本性的假说被纳入其中，直到现在，这两个假说仍对两部门模型起着重要作用。

- 第一个假说是他认为农业生产会导致**收益递减**（diminishing returns），因为农作物需要土地，而适合于耕作的土地的供给是有限的。在里卡多看来，为了增加农产品的产量，农民们不得不迁移到越来越贫瘠的土地，因此，每一亩新的土地为了满足相同数量人群的需求产量会变得越来越低。
- 第二个假说是里卡多论述的**剩余劳动力**（labor surplus）概念。在19世纪早期，英国仍然有大量的农业劳动力，而为了生产足够的食物来满足所有消费者的需要，可能还需要更多的劳动力。但里卡多相信工业部门可以从农场中调离剩余劳动力，而不会造成农产品总量的减少以及城市或农村地区工资的增长。

剩余劳动力与农村失业、不充分就业、隐性失业这些概念有着紧密的联系。严格来说，在发展中国家的农村地区，极少的人会面临失业。但是，农业的季节性意味着农村就业率可能呈现出从播种和收获时期的近乎充分就业到其他时期大大低于平均就业率的波动局面。经济学家称这一现象为**不充分就业**（underemployment）或**隐性失业**（disguised unemployments）。

把两部门模型的焦点集中于就业，我们就回答下面这些问题。在农业中，剩余劳动力（生产力非常低的劳动者）是如何影响工业的？在不会造成农产品产量下降的情况下，劳动者可以迁移到工业部门从而因此扩大经济的产出吗？人口的迅速增长对这种情况有利还是有害？在部门间劳动力流动和经济增长中，农业生产率的增长有什么影响？

现代意义上的两部门剩余劳动力模型概念是在1954年由诺贝尔经济学奖获得者阿瑟·刘易斯首次提出来的。[①] 同里卡多一样，刘易斯特别关注剩余劳动力对收入分配及增长可能造成的影响。然而，在这里我们所讨论的问题是工业和农业之间的关系，因此，我们需借助于经济学家约翰·费（John Fei）和古斯塔夫·拉尼斯（Gustav Ranis）于1964年详细阐述的刘易斯模型的概念。[②]

---

① W. A. Lewis, "Economic Growth with Unlimited Supplies of Labor," *The Manchester School of Economic and Social Studies* 22 (1954), 139-191.

② John C. H. Fei and Gustav Ranis, *Development of the Labor surplus Economy: Theory and Policy* (Homewood, IL: Richard A. Irwin, Inc., 1964).

我们首先讨论农业部门及**农业生产函数**（agricultural production function）。我们假定两种投入（劳动力和土地）和一种产出（谷物）。图 16－2 中的农业生产函数与新古典生产函数较为相似，但关于劳动力收益的持续递减稍有不同。不同于人均资本产出函数，农业产出表现在单位土地的劳动力函数上。因为劳动力的任何增长都必然和实际存在的土地供给相结合，这也就是为什么农业生产函数显示出收益递减的特性。

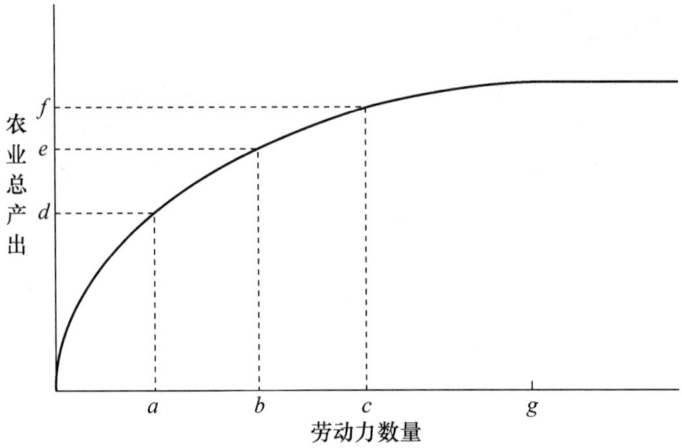

图 16－2　农业生产函数

然而，剩余劳动力模型将收益递减推向了极端。它认为在某一时刻，进一步增加劳动力对产量没有任何贡献。在图 16－2 中，劳动力数量从 a 增长到 b 导致产量从 d 增长到 e；同样地，劳动力数量从 b 增长到 c 却只出现了产量的小额增长。然而，在 g 点处，劳动力数量的进一步增长却没有导致产量的增长。在 g 点之外的部分，**劳动力边际产量**（marginal product of labor，MPL）是零或是负数，因此，额外的劳动力不会造成产量的增加或者减少。如果所有适合耕种的土地都被充分利用，有大量劳动力可以被利用，而且增加新的劳动力不会导致更多的产量，这种现象就会发生。

下一步就是说明农村工资是如何决定的。在所有的剩余劳动力模型中，最标准的假说是，不管有多少劳动力可以被利用，农村工资都不会低于某个最低值。更确切地说就是农村工资不会低于农业劳动力的**平均产量**（average product）。这种观点的逻辑在于，如果一个农业家庭的成员在外面工作的所得与他待在家中的所得没有多大差别，他会更愿意选择待在家里。在家里，所有的食物会在家庭的所有成员间平均分配，因此，每个人消耗的是家庭总产量中的平均产量。一个略有不同的但可比较的概念是，工资水平是不允许低于**维持生存的生活水平**（subsistence level）的。根据这一观点，没有人会选择脱离农业，而寻找工资低于维持生存的水平的工作。然而，不管最低工资怎样决定，有时候都需要**制度上的固定工资**（institutionally fixed wage）来把它和由市场力量决定的工资进行对比。

如果劳动力边际产量下降为零，而工资仍在某一最低水平，那么在劳动力边际产量和工资水平之间会产生差异。这就是区别剩余劳动力模型和标准新古典模型的显著特征。标准新古典模型选定的是完全竞争市场（将在下一节讨论），在这个市场中，劳动力边际产量和工资水平相等。剩余劳动力模型不仅包括劳动力边际产量降低到零的可能性，还包括劳动力边际产量高于零但是低于农村最低工资水平的情况。

这些概念体现在图 16－3 中，图 16－3 直接源于图 16－2，但有一些变化。首先，在最开始，横轴上曲线是翻转的，因此向右移动代表农业劳动力数量的下降。在原点处，横轴所代表的点表示所有的劳动力都从事农业生产，而没有人从事工业生产。其次，尽管在图 16－2 中，纵轴代表农业生产总量，但在图 16－3 中纵轴则代表单位劳动力的边际产量。因此，当从横轴向右移动时，随着农业劳动力数量的下降，劳动力边际产量增加（与图 16－2 中，劳动力的数量增加导致收益递减相吻合）。

虚线 hi 代表维持生存的最低工资。直到劳动力边际产量（用实线表示）到达 i 点时，也就是高于最低工资的时候，农业工资才会保持这个水平。其后，农业工资上升，边际产量曲线也随之上升，这是由于越来越多的劳动力离开农业部门。这条曲线扮演着双重角色：它体现了农业工资以及工业为了引诱劳动力离开农业部门进入工业所必须支付给他们的最低工资。为了雇用离开农业部门的工人，工厂不得不支付给工人至少与他们在农业部门所得等同的工资。因此，在图 16－3 中，hij 线可以看做是**面向工业部门的劳动力供给曲线**（supply curve of labor facing the industrial sector）。实际上，通常的假说认为，工业劳动力供给曲线要略高于 hij 线，因为工厂必须为它们从农业中获得的劳动力支付略高于农业部门的工资，以便工人的流动。

与较为普通的供给曲线不同，劳动力供给曲线的最主要特点在于，它没有伴随着横轴从左到右的移动而持续增长。形式上，这意味着劳动力供给曲线到达 i 点是完全有弹性的（perfectly elastic）。**弹性**（elasticity）是对反应的一种度量，等于一个变量（在该例中，是位置）引起的另一个变量（在该例中，是劳动力供给）的百分比变化。[①] 当工资的微小变化引起劳动力供给的很大变化时，弹性就变得非常大。当这两者百分比的比率达到无限大时，完全弹性就产生了。从工业部门来看，至少等到劳动力数量高于 i 点的时候，才意味着它们可以在不用提高工资的基础上雇用到所需要的员工。在这一称为转折点的右边，随着工厂从农业中吸收更多的劳动力，工业部门的工资也会增加。

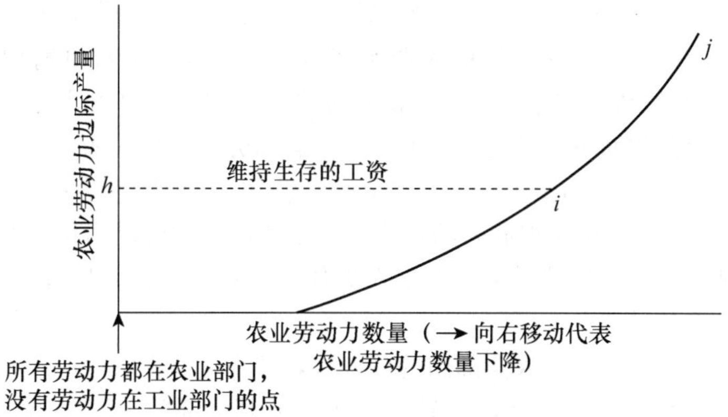

图 16－3　农业部门的劳动力产量

随着农业劳动力数量的下降，边际产量增加。

① 更正式地说，弹性等于劳动力的导数与工资的导数之比，即弹性＝$(\Delta L/L)/(\Delta W/W)$，完全弹性的数值则接近于无穷，意味着一条平缓的供给曲线，这也就意味着雇主可以在固定的工资下无限制地雇用劳动力。

图 16－4 中展示的是工业部门对劳动力的供给和需求。供给曲线 kk' 直接取自图 16－3，显示了工业部门从农业部门中获取劳动力所要支付的工资，图 16－4 中，纵轴上 Ok 的数值被认为稍高于之前讨论的图 16－3 中维持生存的工资。当转移农业劳动力不能在农产品产量不会下降（此时，MPL 升至 0 以上）的情况下实现时，供给曲线就会上升。因为在那一点上，农产品的相对价格上升，这就使城市工资相应上升。换句话说，因为在转折点之后，农产品产量下降，食品价格上升，工厂就必须付给工人更多的工资来抵消更高的食品价格。工业的劳动力需求曲线 m 显示了通常向下倾斜的质量，也显示了工业部门对不同劳动力数量愿意给付的工资水平。这一需求曲线是由工业的劳动力边际产量决定的，也可以在工业生产函数中找到源头。为了简化分析，我们不打算给出推导的细节。

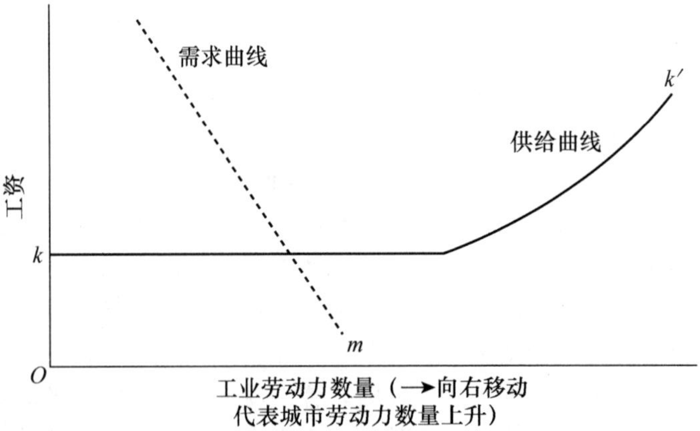

图 16－4　工业部门劳动力的供给与需求曲线

供给曲线 kk' 直接取自图 16－3，需求曲线从工业生产函数中导出。

最后一步中，把图 16－2、图 16－3、图 16－4 结合起来，形成图 16－5。图 16－5（a）代表的是图 16－2 中横轴翻转的农业生产函数。农业工人数量增加表现为从原点（农业工人为零）开始从右向左移动到代表最初的劳动力总数的 p 点。这个模型的很多版本使用的是人口总数而不是劳动力总数，而只有当劳动力总数和人口总数紧密关联的时候，这种影响才会很小。图 16－5（b）显示了图 16－3 中的劳动力边际产量曲线。图 16－5（c）是从图 16－4 中发展起来的，显示了工业部门的劳动力供给和需求曲线。在这三组图中，从左到右的移动代表了农业劳动力的下降和工业劳动力的上升，也就是劳动力从农业到工业的转移。

如果剩余劳动力过剩始于农业部门的总人数，那么可以在农业产量没有减少的情况下，将农业人口总数的大部分（pg）转移到工业或其他部门，工业部门必须付给他们略高于维持生存的工资（图 16－5（c）中垂直距离 $p''k$ 和图 16－5（b）中 $p'h$ 的差距）以保持员工的流动。只要有方法把在农村消费的产品带到城市地区，工业化就可以在不影响农业生产的情况下进行，这也预示着 GDP 的增长，因为工业劳动力的边际产量远远大于零。

然而随着工业的增长，工业部门也会最终耗尽剩余劳动力，而且劳动力从农业的进一步转移会导致农产品产量的下降。在图 16－5（c）中，工业劳动力需求转变到 m 迫使

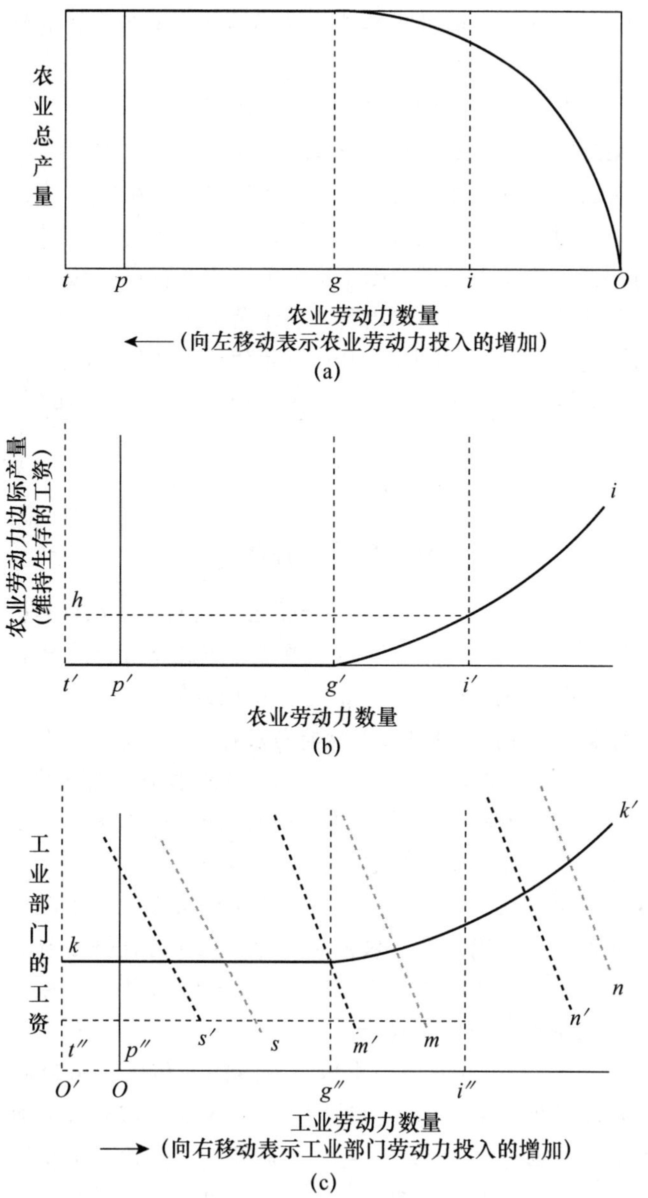

图 16－5　两部门剩余劳动力模型

(a) 农业生产函数。(b) 农村劳动力市场。(c) 工业劳动力市场。一国人口施加的约束（图 (a) 中从 O 到 p），再加上农业生产函数，使我们可以分析农业部门和工业部门的工资差异的效应。

工业部门付给工人更高的工资来补偿食品价格的上升。农产品价格的上涨与工业产品的价格（还没有变化）具有关联性，有时这被描述为工农业转换且有利于农业的贸易条件。随着劳动力转移进入工业部门，食品价格上升（也就是，工业部门贸易条件的转移）解释了为什么在图 16－5（c）中劳动力供给曲线从 g''上升到 i''。

费-拉尼斯模型可以被用来解释人口增长和农业产出增长等的密切联系。简单地说，如果假定人口与劳动力之间有着紧密的联系，那么人口数量从 p 到 t 的增长就会导致三组图中横轴长度的增加。然而，注意，多余的劳动力（或者说更多的人口）是绝不会导致农业产量的增加的。关于城乡劳动供给曲线的弹性部分被各自扩充到 $p't'$ 和 $p''t''$，因此延迟了工业化导致工资增长的那一天的到来。①

更重要的是，如果人口增长不伴随着食品产量的增长，人均可得的食品产量会下降。除了那些希望保持低工资和高利润的雇佣者，从大众角度来看，人口增长是一个绝对的灾难。在城市地区，一旦实际工资下降，广大农民的福利也就必然下降。虽然不能完全理解这个模型，但当人们谈到人口增长且满是消极术语时，人们总会联想到它。

在里卡多时期，英国的经济就显示出了剩余劳动力的特点。在 20 世纪中期的中国、印度、印度尼西亚以及其他非洲国家也出现了剩余劳动力的迹象，但在今天却很少有这种情形。最典型的案例是中国的 20 世纪 50—70 年代（见案例 16—1）。但到 20 世纪 80 年代，中国的剩余劳动力已经大大削减了。更为普遍的是，劳动力的撤离导致农产品产量的小额下降，这就把我们又带回到了新古典两部门模型。

▶ 案例 16—1　中国的剩余劳动力

在 20 世纪 50 年代的中国，大多数可耕种土地已经被利用，人口和劳动力的进一步增长对农业产量的增加影响很小。20 世纪 50 年代早期城市工资增加，但在 1957—1977 年这 20 年间一直保持不变。如果允许的话，尽管城市工资没有任何增长，数以百万计的农民仍会非常乐于迁移到城市。仅仅由于法律对城市与农村之间迁移的限制，迁移水平远远低于所需用来减少剩余劳动力的水平。人口平均增长 2%的水平一直持续到 20 世纪 70 年代中期，使得想离开农村的人口增多。总之，在这一时期中国存在剩余劳动力。

中国在农业上的投资只能满足人均食品量，而不会导致它的增长。已存在的城市与农村之间迁移的速度并没有快到能够消除农村的剩余劳动力，但是，它足以使农民能向城市卖出他们更多的农产品。因此购买农产品所付给农民的钱会逐渐增加，但是农民购买城市产品所付出的钱却保持不变或呈现下降趋势，这也就是城市与农村的贸易条件正在慢慢发生转变，而且市场更倾向于农产品。

为了解决剩余劳动力，自 1978 年起中国政府不得不加快农业劳动力从农村向城市的转移，并逐步采取措施防止农业劳动力过剩，同时投资于农业来增加农业产出，并通过鼓励劳动密集型产品（纺织品、农产品等）和服务业（餐饮、出租等）的生产来促进城市就业率的迅速增长。为了满足城市人口增长，政府通过增加在农业部门的投资、增加食品进口以及允许城市与农村贸易条件的进一步改善这些方式来进一步促进食品产量的增长，从而增加国内食品产量。

为了防止农村剩余劳动力问题不断循环出现，中国政府通过大力降低出生率来直击剩余劳动力的源头。到 1980 年，中国的人口增长率从每年 2%降低到 1.25%，1997 年之后每年的增长率降到 1.0%以下，并一直保持到现在。城市内部及周边地区、工业和服务业能够以每年吸引大约 1 000 万名农民工的速度快速发展。在 1991 年，农业劳动力

① 在图 16-5（c）的工业劳动力供给和需求部分中，当横轴的点 O 左移时，劳动力需求曲线左移。在新的需求曲线中的 s'，m'，n'就分别相当于原来的 s，m，n。这也意味着，在任何给定的价格下，劳动力需求的数量 s'与 s 一样，依此类推。

数量达到顶峰，从那之后一直平稳下降。1978 年，农业劳动力占就业人口总数的 70.5%，这一数据到 1997 年下降到了 49.9%。这预示着，在中国历史上第一次出现了农民人口的数量小于城市人口。到 2009 年，农业就业份额进一步下降到低于劳动力总量的 38%，而且农村年龄在 18～40 岁的人口主要在城市工作。然而，由于政府对人口迁移的限制，低于工作年龄的小孩常常和爷爷奶奶留在了农村，而他们的爷爷奶奶构成了农村劳动人口的大部分。

□ 新古典两部门模型

哈佛大学经济学家戴尔・乔根森提出的新古典两部门模型，在两个关键方面不同于剩余劳动力模型：(1) 农业的劳动力边际产量绝不会为零，(2) 没有制度上规定的最低工资，因此工资和劳动力边际产量总是持平。①

在图 16－6 中呈现的是一个简单的新古典主义模型，与图 16－5 一样，图 16－6 也显示了三组。在图 16－6（a）中，农业生产函数从来都不是水平的，在图 16－6（b）中，劳动力边际产量总是上升的。相对应地，在图 16－6（c）中，工业劳动力供给曲线没有水平部分。在每一点，劳动力从农业的转出降低了农业产量，而对于仍留在农业部门的人来说，劳动力边际产量增加。工业必须支付和边际产量（包括额外费用）相等的钱来保证劳动力流动。因此，在剩余劳动力模型中，工业产量会在没有导致农业产量减少的情况下增加（导致 GNP 的增加）。而在新古典主义模型中，工业产量的增加仅仅会随着农业产量的降低而产生。随着农业劳动力从农业部门移出，农产品的产量降低，为了从农业部门获得足够的食物给工人，工业部门必须为产品支付越来越高的价格。只有当工业部门能够从国外进口食品时，它们才能够避免贸易条件的恶化。如果不能进口，提高农产品价格会导致较高的产出品价值，进而导致农业劳动力工资的增加。在存在剩余劳动力的情况下，工业部门将要相应地支付更高的工资来吸引劳动力。国民生产总值就上升到工业部门产量的增加大大多于农业部门产量降低的程度。

在新古典模型和剩余劳动力模型中，人口或者劳动力增长的意义是不同的。由于农业生产函数随着劳动力增加继续增长而不会变平，农业部门的人口和劳动力增加会导致农业产出增加（图 16－6（a）中的虚线 t）。因此，在新古典模型中，人口增长并不是一种完全消极的现象。增加的劳动力消耗的粮食要少得多，因为劳动力会生产除了他自身需要之外的食品。农业产出没有减少，因此也就没有可以转移的剩余劳动力。

如果工业发展十分健全，就要确保农业快速增长以养活生活在城市和农村中的工人，且防止贸易条件继续恶化。较少的技术进步使农业发展停滞，这种停滞会引发城市工人工资的快速上涨，从而会从工业发展中分割更多的利益。换句话说，用于提高农业技术或者乡村公路的投资（可以减少农产品包括食品的运输成本）会让工业部门成本下降。然而，在剩余劳动力模型中，政策制定者往往会忽略农业，直到农业部门的过剩劳动力消失殆尽。在新古典模型中，必须做到工农业平衡发展。

① Dale W. Jorgenson, "The Development of a Dual Economy," *Economic Journal* 71 (1961), 309-334.

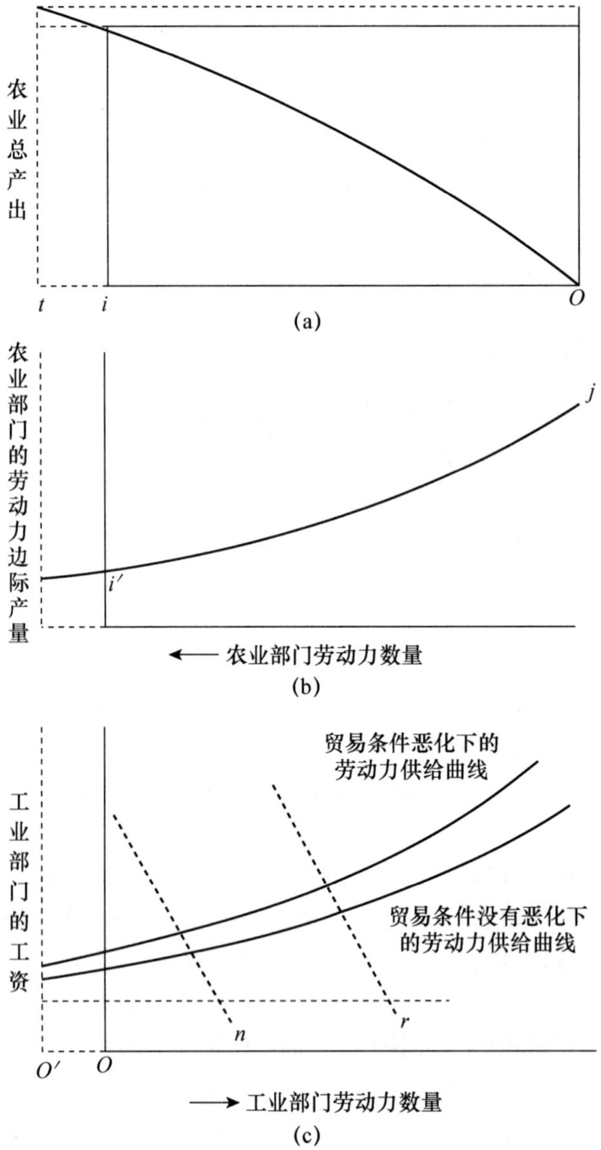

图 16－6　新古典主义两部门模型

(a) 农业生产函数，(b) 农业部门的劳动力边际产量，(c) 工业劳动力市场。该图与图 16－5 相比，主要的不同在于农业生产函数的农业部门，曲线不再处于平行状态，也就是说，农业部门的劳动力边际产量从来不会低到最低维持生存水平或是在图 16－6 (b) 中由制度规定的工资水平。

这些二元经济模型提供了一个清晰的框架，在此框架中我们要考虑到农业生产力增长对经济层面的影响。关于此观点最好的例子就是经济学家穆克什·伊文（Mukesh Eswaran）和阿肖克·科特瓦尔（Ashok Kotwal）对二元经济模式的扩展。[①] 伊文和科

---

① M. Eswaran and A. Kotwal, "A Theory of Real Wage Growth in LDCs," *Journal of Development Economics* 42 (December 1993), 243-269, and "The Role of Service Sector in the Process Industrialization," *Journal of Development Economics* 68 (2002), 401-420.

特瓦尔是从考虑一种包含二元经济、纺织业和农业并且与贸易紧密相关的经济体开始的。在这种程式化经济中，纺织品和食品是仅有的能够被生产和消费的物品。纺织品被假定为只需要劳动力，而食品生产只需要劳动力和土地。伊文和科特瓦尔考虑不需要剩余劳动力（因此更接近图 16－6 中所描述的新古典模型），但是增加了一个假设，即人们的消费偏好是：只有那些至少能支付得起维持生存水平的食品的人们才会开始消费纺织品。据推测，大多数劳动者至今没有达到维持生存水平的消费，因此，他们将大部分收入花费在食品支出上，直到他们能达到维持生存水平的消费。相反，地主（新古典模型中除了劳动者之外唯一的角色）更加富裕，他们能同时消费食品和纺织品。在伊文、科特瓦尔和乔根森的假设中，劳动力市场是充满竞争性的，这就意味着工资是由劳动生产力所决定的。此外，劳动力在部门之间的转移，意味着两部门之间工资是相同的，那会引导从农业转移到纺织业的劳动力要求增加工资。因为农业生产力在发展初期处于较低水平，所以在这种经济状况下的工资水平也较低。随着农业部门设定工资，由较低的农业生产力决定的低水平工资同样会让纺织业部门工资保持在较低水平。

现在，假设农业生产力水平提高，这不仅会造成农业劳动力工资的增长，也会增加地主的收益（随着土地生产力的增长）。这将会增加食物的供给和需求，地主也会增加他们对纺织品的需求，这一举措不仅提高了纺织品的价格，也提高了工资水平。劳动力也就更愿意离开农业部门去生产那些额外的纺织品。因此，农业生产力在这种简单模型中的发展导致了劳动力从农业向工业部门的转移，与此同时，也减轻了贫困状况（通过增加工资）。

如果生产力的提高出现在纺织行业而不是农业，每一个产业工人就能生产更多的纺织品，纺织品的价格（在这种封闭经济中）将会下跌。然而，如果大多数工人现在还没有达到食品消费的维持生存的水平（因此他们不会消费纺织品），那么他们并没有从这种变革中获益，因此劳动力也就没有动机流向工业部门。工资和贫困问题仍然没有得到改善，在工业领域，生产力提高的唯一受益人是地主，现在，只有他们能消费更多的纺织品。这就提示我们，至少是对于封闭经济来说，对于减轻贫困起到关键作用的是农业生产力而非工业生产力。剩余农业劳动力在任何一个国家是否存在（因此，哪一个版本的两部门模型最合适）都是一个长期以来争论不断的话题（见案例 16—2）。

▶ **案例 16—2**

关于剩余劳动力的争论

关于剩余劳动力的存在性，最著名的争论是在诺贝尔经济学奖获得者里奥多·舒尔茨和阿玛蒂亚·森之间展开的。[a] 舒尔茨推论说：如果有国家有农村剩余劳动力，那必定是印度。为了检验印度农村地区是否有剩余劳动力，舒尔茨进行了一个实验——1918—1919 年的全球流感夺去了大约 5 000 万人的生命，包括 8.3%的印度劳动力。舒尔茨关于剩余劳动力的假设是基于“如果有剩余劳动力存在，劳动力的减少将不会降低印度粮食的产出”。他把流感未发生时的种植面积与流感发生后的种植面积相比较，发现疫情后期的种植面积减少了 3.8%。这一数字十分接近舒尔茨对于剩余劳动力缺失后状况的预测，似乎印证了他关于农业剩余劳动力存在的争论。

阿玛蒂亚·森反对舒尔茨的方式，根据森的推测，剩余劳动力可能存在于家庭内部，他给出了拥有5个工作成员的农民家庭的例子。每个家庭成员都有20%的空闲时间。在那种情况下，撤出一个工作成员将不会改变产量，这一例子表明剩余劳动力是存在的。然而，森补充道，如果同样的20%的减少发生在劳动力上，由于5个完全劳动力中的1个消失了，而其他4个仍然工作，那么产出将会下降（至少短期内是这种状况），即使家庭内部有剩余劳动力。森认为后一种情形是关于全球流感更恰当的描述，甚至，森认为流行病在特定省份、特定区域都有可能不均衡分布。这一结论说明舒尔茨关于剩余劳动力的存在学说是不能令人信服的。

舒尔茨和森并没有终结这个争论。最近，经济学家马克·罗森茨威格（Mark Rosenzweiy）给出了在发展中国家劳动力供给曲线向上倾斜的严格微观证明（具有完全弹性的劳动力供给曲线与剩余劳动力模型假设形成对照）。[b] 然而，经济学家古斯塔夫·拉尼斯（费-拉尼斯模型的合作者）之后仍坚持剩余劳动力模型。拉尼斯承认当代拥有剩余劳动力的发展中国家的数量一直在下降，但是转折点比较接近，一些国家和地区在这些转折点上不再有剩余劳动力——比如1968年的中国台湾、1973年的韩国、1993年的泰国。拉尼斯主张，直到2004年，中国、印度和南亚的其他地区、中美的许多地区、加勒比地区、拉美的部分地区甚至一些撒哈拉以南非洲地区仍然有剩余劳动力。[c]

a. 舒尔茨·西奥多的初始分析见 Theodore Schultz, *Transforming Traditional Agricultural* (New Haven, CT: Yale University Press, 1964)。接下来舒尔茨·西奥多与森的讨论见 *The Economic Journal* 77, no. 305 (March 1967)。

b. Mark Rosenzweig, "Labor Markets in Low-Income Countries," in H. Chenery and T. N. Srinivasan, eds., *Handbook of Development Economics*, vol. 1 (Amsterdam: Elsevier, 1988).

c. Gustav Ranis, "Labor Surplus Economies," Center Discussion Paper No. 900, Economic Growth Center, Yale University, New Haven, CT, December 2004, p. 17.

16.4 农业在经济发展中的作用以及扶贫

□ 农业和经济发展

随着经济的发展，如果农业在产量和就业上只占有一小部分，那么农业将如何推动经济更加显著地发展呢？对于这个问题的回答将超出国民收入核算关系的范围。在核算方面，我们可以把一个国家的收入增长率看作是各部门经济增长率的加权平均值。如果我们以二元论的观点来看，经济由农业和非农业构成。起初农业部门的增长的直接作用可能很大，但是很快就会减弱。如果农业的增加值是 Y_A，我们就可以把国民产出中的农业份额记作 $\alpha=Y_A/Y$（其中，$0<\alpha<1$）。如果只有农业和非农业部门，那么非农业部门的增加值（Y_{NA}）占到了国民收入的（$1-\alpha$）。我们可以把国民收入写成如下公式：

$$\frac{\Delta Y}{Y}=\alpha\frac{\Delta Y}{Y_A}+(1-\alpha)\frac{\Delta Y_{NA}}{Y_{NA}} \qquad (16—1)$$

式中，Δ代表改变的量。因此等式（16—1）简单陈述了国民收入增长率是农业和非农业部门中收入增长率的加权平均。其中的权重表示每个部门增加的价值份额。

我们可以从这个等式中看到，在一个纯算术核算的意义上，农业部门增长率很重要。在1965—1975年间，南亚的国内生产总值中农业份额（等式（16—1）中的α）是41.3%。如果南亚地区的政府设定5%的人均年增长目标，那么那个占据将近一半国内生产总值的部门要做出一定的贡献。只有在两部门都能达到5%的增长时，才能实现总体的人均GDP年增长率。如果因为工业化比较重要，而允许农业部门的年增长率衰弱到没有增长的情况（即，$\Delta Y_A/Y_A=0$），那么要达到这个年度目标，非农业部门的增长率须达到8.5%才可以。

这个简单的算数就突出了在早期发展进程中农业增长所扮演的重要角色，且随着农业所占份额的逐步减小，这种重要性也在不断下降。我们所需做的是看一下表16-1，观察随着时间的推移，这一算术问题是如何变得越来越不重要的。在南亚，GDP中的农业份额从1965—1975年的41.3%跌落到1996—2008年的22.3%。这就是正在进行中的结构转型。更加深刻的问题是：这些结构转型是如何发生的？在这个过程中，农业增长起到什么作用？就等式（16—1）而言，这个结果会让人们不禁问道：非农业部门的增长率是否在某种程度上依赖农业部门的增长率？即使农业对经济整体增长的直接算术贡献逐步降低，但农业增长是否可能通过对非农业增长的影响间接地对经济增长做出贡献？这就要求我们去思考关于**跨部门连接**（intersectoral linkages）的详细细节。早一些的二元论发展范例的解释倾向于忽略农业对经济增长的间接影响。

刘易斯和费-拉尼斯关于农村经济的劳动力边际产量非常低或者为零的假说在二元论的发展历史阶段占主导地位。从他们的观点来看，后二战时期的发展范式认为农业部门对于经济增长的贡献很小。这不是刘易斯自己的解释。事实上，在他的模型中，刘易斯曾写道："工业化进程取决于农业的改进；只有农产品也同时增长，才能生产越来越多的工业产品。这也是为什么工农业改革应同时进行，并且为什么如果一个经济体的农业发展停滞，其工业发展也会停滞不前。"① 他们的模型认为，在农业部门的生产力没有提高的情况下，转移农业部门的劳动力会导致食品减产、食品价格上升，以及工业部门的实际工资降低。在这种情形下，为了从农业部门转移劳动力，工业部门需要付出更高的名义工资，因此削弱了工业部门持续增长的刺激。然而，这些并没有被政策制定者们和早期的发展学者所认识到。

经典二元论的更早期解释是政治经济学家艾尔伯特·赫希曼（Albert Hirschman）所做出的，他在1958年写道："通过连接效应，农业无法刺激新的生产力，就会导致工业发展的停滞，这已经有罪了。"② 这个观点被当时的现实所证实。根据这一断言，农业初级产品在国际市场上相对于工业品的贸易条件恶化使得贫困国家的发展机会变少（这是普雷维什·辛格的假说，将在第18章详细讨论）。因此，广义而言，因为对农业劳动力和资本利用不足，农业经常在早期发展战略中被忽视了。

就跨部门连接而言，关于农业在经济增长中的作用的思想演变是最好理解的。这个

① Lewis, "Economic Growth with Unlimited Supplies of Labor," p. 433.

② Albert O. Hirschman, *The Strategy of Economic Development* (New Haven, CT: Yale University Press, 1958).

观点始于刘易斯，通过生产力要素的联系，劳动力和资本从农业部门向非农业部门流动。从理论上来说，劳动力和资本从农业中释放出来是农业生产力不断增长的结果。然而，正如第 17 章所讨论的，农业生产力的增长并不是必然的，它需要在研发中投入大量的资本。在早期发展范式的背景下，农业被看做是不流动的资源蓄水池，其投资需求不能很好地被理解。取而代之的是，政府的政策经常要求从农业部门提取劳动力和资本。假设这样的一个发展范式：农村劳动力被假设有零边际产量，因此，劳动力可以农业中撤走而不会使农业产出下降。

直到 20 世纪 60 年代早期，经济学家对跨部门连接和农业对增长的潜在贡献的观点开始转变。在一篇典型的有影响力的文章中，农业经济学家布鲁斯·约翰斯顿（Brule Johnston）和约翰·梅勒（John Mellor）列举了 5 个部门之间的连接。[①] 和刘易斯提出的直接连接形成对比，约翰斯顿和梅勒认为其连接是间接的。它们对农业的贡献有以下几点：（1）增加国内消费食品的供给，（2）释放工业劳动力，（3）一个工业产出的国内市场，（4）国内储蓄的供给，（5）外汇来源。尽管第（2）条和第（4）条连接在内容上是建立在刘易斯的传统之上，但约翰斯顿和梅勒给出了农业对经济增长的潜在贡献更加丰富的理解。

约翰斯顿和梅勒关于增加国内消费食品供给的第一个连接强调前面给出的逻辑，这一逻辑在刘易斯和费-拉尼斯方法中不太明显。一个充满生气且多产的农业部门可以为国内不断增加的食品消费释放劳动力且增加供给，并且可以通过使工业部门工人负担得起的食品来促进工业化进程。买得起食品是农业对缓解贫困所作贡献的一个重要组成部分，它也同样有利于减少城市雇佣工人的成本。然而，由政府直接控制食品价格和通过大量向农业生产者征税然后投资于农业生产力的改进以降低价格两者之间有很大的不同。约翰斯顿和梅勒强调了在农业部门与非农业部门中生产资料和外汇的双向流动。关于第三点，约翰斯顿和梅勒认为，农业为国内工业产品提供了市场，这可以被理解为一个向后连接的过程。当农业部门自身有收益并且保持增长时，这种消费外部性是存在的。

约翰斯顿和梅勒的早期贡献提升了对跨部门连接的意识，这种意识使得人们更加相信农业增长对扩展整体经济增长的作用。农业部门增长对整体经济增长的贡献度慢慢被定义为**增长乘数**（growth multipliers）。增长乘数可以用来计算当农业部门价值增长 1 美元时，GDP 的增长量。如果 GDP 是指农业部门和非农业部门的价值加总，那么 1 美元的额外的农业增长就可以直接加到 GDP 的增长当中。同样，对整体经济的贡献度除了包括直接的价值增加，也包括农业部门对非农业部门的影响，间接增加了国民收入。增长乘数可以用来计量农业部门对整体经济的直接和间接两方面的影响。

在约翰斯顿和梅勒的向后连接中，估计农业增长乘数所做出的努力是以生活水平数据为基础的，来自农业内部对于非农业部门生产的国内商品的需求支配着乘数。直观上来看，当新的资源被引入农业部门的生产时，农民（以及地主）就会消费增加的收入。尽管某些支出的一部分会用于增加的食品，但一部分钱仍会花费在非农业部门生产的商品购买上。由增加的农村需求所创造的乘数在特定的情况下将比其他影响下

---

① B. Johnston and J. Mellor, "The Role of Agriculture in Economic Development," *American Economic Review* 51 (1961), 566–593.

的乘数更大。另外，农业必须在总的就业方面占据较大的比例，除此之外，当农业增长的效益使农村生产者广泛受益时，乘数的影响作用将更大。因此，当土地所有权更加均匀地分配时，这种可能性将更大。当消费模式是以消费国内的劳动密集型产品和服务为主时，需求驱动的乘数影响也将更大。最后，当增长所需的食品供给十分有弹性时，乘数影响还将会更大。① 实际上，至少在亚洲，这种收入冲击的根源是作为绿色革命（第 17 章将详述）一部分的农业技术的改良。

最早关于量化农业增长乘数的研究来自 20 世纪 80 年代早期的亚洲。一方面，经济学家 C. 拉加拉安（C. Rangarajan）计算出印度的农业增长乘数是 1.70。另一方面，经济学家克莱夫·贝尔（Clive Bell）、彼得·黑兹尔（Peter Hazell）和罗格·斯莱德（Roger Slade）计算出马来西亚的这一乘数是 1.83。② 这些数字说明，在农业部门产生额外的 1 美元时，它会刺激产生非农业收入的 0.7 美元（或者在马来西亚为 0.83 美元）。国民收入一共增加了 1.7 美元。使用相似的模型化技术，研究者们对西非进行了一系列的研究。他们发现，农业增长乘数在非洲比在亚洲更大，从尼日尔的 1.96 到布基纳法索的 2.88。当然，还有一些研究发现，非洲的增长乘数通常比亚洲更小（更多的是从 1.30 到 1.50）。③ 美国塔夫茨大学（Tufts University）的经济学家史蒂文·布洛克（Steve Blook）使用一个相对简单的计算方法，计算出埃塞俄比亚的农业增长乘数为 1.54，该国的工业增长乘数为 1.22～1.34。④

约翰斯顿和梅勒的研究对更多近期关于农业对经济增长的潜在贡献的研究提供了基础。根据实证研究，农业对整体经济增长产生贡献有两种途径：一个是“稳定性连接”，其将食品价格与投资的稳定性连接起来；另一个是“营养连接”，其通过劳动力的健康运作（见案例 16—3）。⑤

▶ 案例 16—3　　经济增长的“营养连接”

农业与经济增长的“营养连接”所基于的证据不是从目前的发展中国家研究中得出的，而是从 18—19 世纪英国和法国的经验数据中得出的。这项研究主要由诺贝尔经济学奖获得者、经济历史学家罗伯·福格尔得出。[a] 他把西欧死亡率的长期下降与营养、人

① 德尔加多、霍普金斯、凯莉讨论了关于增长乘数估计的条件和更多的技术细节，C. Delgado，J. Hopkins，and V. Kelly，“Agricultural Growth Linkages in Sub-Saharan Africa，” International Food Policy Research Institute Research Report No. 107，Washington，DC，1998。

② C. Rangarajan，“Agricultural growth and industrial performance in India，” International Food Policy Research Institute，Research Report 33，Washington，DC，1982；C. Bell，P. Hazell，and R. Slade，*Project Evaluation in Regional Perspective*（Baltimore，MD：Johns Hopkins University Press，1982）.

③ Delgado，Hopkins，and Kelly，“Agricultural Growth Linkages in Sub-Saharan Africa，” in S. Haggblade，P. Hazell，and T. Reardon，eds.，*Transforming the Rural Nonfarm Economy*（Washington，DC：International Food Policy Research Institute，2009）.

④ S. Block，“Agriculture and Economic Growth in Ethiopia：Growth Multipliers from a Four-Sector Simulation Model，” *Agricultural Economics*，20（1999），241-252.

⑤ 这些类型联系的更多细节可以参见 C. Peter Timmer，“Agriculture and Economic Development，” in B. Gardner and G. Rausser，eds.，*Handbook of Agricultural Economics*，vol. 2A（Amsterdam：Elsevier Science，2002）。

类生理结构以及经济分析联系在一起。通过重建18世纪后期英法居民的能量摄入分布，福格尔发现，能量摄入最底层的20%的人，其营养不足以支撑手工劳动者的体力需求。另外，他还发现，劳动力营养不良与疾病高发和身体残疾有联系。这种长期营养不良的类型也会导致生长萎缩（事实上，19世纪成年的英国男性普遍发育不良，平均比20世纪后期的成年男性矮3.5英尺）。因此，这种19世纪后期长期的营养不良不仅与上升的生病率和残疾有关，而且和发育不良以及死亡风险的增长有关（因为身高是长期营养状况的部分反映，一般来说，矮个子的人会面临早逝的可能性）。

随着英国和法国农业的发展以及食物供给的增加，福格尔发现，工人的营养状况得以改善。能量摄入最底层的20%的人，摄入的能量已经可以让他们正常工作。同时，改善的营养状况也使劳动力的健康状况好转，生病率以及残疾率下降，更进一步提升了劳动生产力。简短而言，福格尔认为，在1790—1980年的英国，营养改善得益于30%的人均收入增长。在撒哈拉以南非洲地区和南亚，有40%的儿童（小于5岁）生长发育相较正常孩子迟缓很多，因此，这种“营养连接”对目前的很多发展中国家来说意义重大。经济学家卡梅尔·纳达夫（Carmel Nadav）基于97个国家的样本，提供了更多近期证据显示，营养改善有助于经济增长。[b]

a. Robert Fogel, “Economic Growth, Population Theory, and Physiology: The Bearing of Long-Term Processes on the Making of Economic Policy,” *American Economic Review* 84, no. 3 (June 1994), 369-395.

b. C. Nadav, “Nutritional Thresholds and Growth,” Department of Economics, Ben-Gurion University, Israel, 1996.

“稳定性连接”主要体现在宏观经济层面。一个原因是，食品价格的大幅波动会引发更多的犯罪，甚至可能破坏政治和经济稳定，就像2008年反映出的食品暴乱。伴随着面包价格一年内上涨20%，食品价格上涨引起的政治暴乱导致2010年9月莫桑比克的首都城市马普托10人死亡和近500人受伤。这种不稳定性破坏了对投资的刺激。（回顾一下第4章，投资在经济增长理论中扮演重要角色。）

食品价格的稳定还可能通过其他渠道影响国内投资。在贫穷的国家，很多消费者要在食品上花掉50%～70%的收入。在这种情况下，不稳定的食品价格可能直接发生作用，使储蓄和投资失去稳定性。尽管消费者理论可能建议，这对任何商品都成立，但是在这种情况下食品的独特性源自其占支出的较大份额。食品价格的剧烈变动会让农民预先储备额外粮食防止粮价突然下跌所造成的损失，同时消费者也会囤粮以应对粮价突然上涨。这种预先囤粮的方式是十分可取的（甚至有的持有现金），但会使其他投资减少。此外，食品价格的不稳定性也会动摇消费者对经济体系中其他商品和服务的需求，进一步破坏宏观经济中的产品投资。食品价格的需求是无弹性的，这就造成了人口流动的不稳定性，当食品价格上涨时，食品开支就会增加，同时，减少经济体中对于其他商品和服务的需求。当食品价格下跌时，相反的情况则会发生。整个经济中价格结果的不稳定性可能使那些依靠价格信号去指导其行为的人从事投机而不是生产性投资。结果就是，当食品价格不稳定时，投资质量也很有可能受损害。

这些争论的经验支撑来自一些原始资料，经济学家戴维·戴夫（David Dave）从1970—1985年的跨国家数据中提供了证据，他发现了大范围出口价格的波动，这些波动伴着投资的减少和经济增长率的下降。① 更多详细的证据来自印度尼西亚，在 20 世纪 60—70 年代的印度尼西亚，大米是其经济的支柱产业。在那段时期，印度尼西亚政府大力干预以稳定大米价格，在该国的第一个五年计划期间（1969—1974 年），大米价格稳定使得整体经济每年有着 1%的稳定的额外增长（在那个时期大约是国家总增长的 1/6）。随着印度尼西亚经济的持续增长，经济结构相应转型，大米起到的作用逐渐减小，由大米价格稳定所形成的宏观经济利润也逐渐减小。然而，1969—1995 年间的努力的最终结果却是印度尼西亚经济以每年 0.5%的增长率增长，导致在那个时期净收入增长了 11%。

□ 农业和扶贫

经济增长有利于减轻贫困（用贫困人口指数或贫富差距来衡量）。然而，经济增长对减轻贫困在不同的经济背景下可能会有不同的效果。最近的研究成果显示，“增长的部门组成”很关键：平均来说，农业部门的增长比工业部门的增长更有利于减轻贫困。关于农业增长对于减轻贫困具有特殊意义的这一结论是基于贫困不成比例地集中在多数发展中国家的农村地区。图 16－7 比较了 1993 年和 2002 年不同的农村和城市地区的贫困人口数量。对于撒哈拉以南非洲地区、南亚和东亚来说，农村贫困人口数量大大超过了城市贫困人口数量。在这些地区当中，只有东亚在 1993—2002 年间在农村贫困人口的数量上呈现出实质性的减少。然而，即使在东亚，2002 年，农村贫困人口的绝对数仍是城市贫困人口数的 8 倍。在农业人口占就业人口大部分的国家，贫穷主要集中在广阔的农村地区。

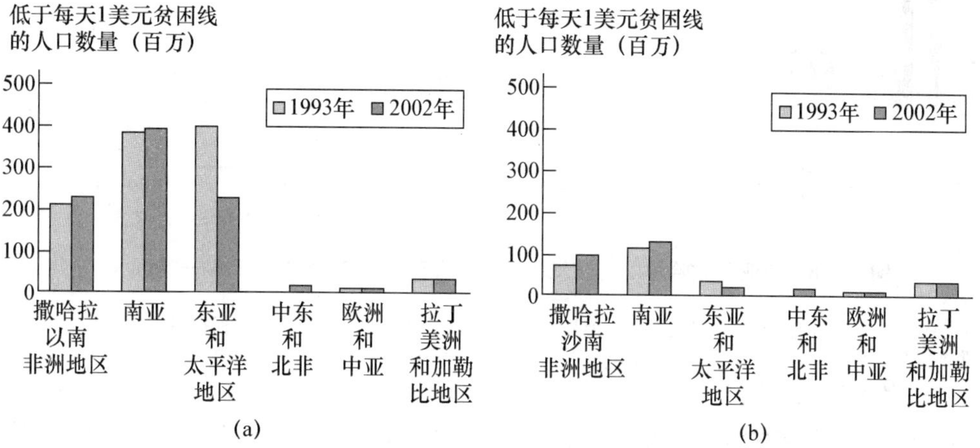

图 16－7　贫困人口，1993 年和 2002 年

（a）农村贫困人口，（b）城市贫困人口。1993—2002 年，在南亚和撒哈拉以南非洲地区，用生活在每天 1 美元贫困线以下的人口来衡量，这两个地区的贫困人口上升。

① D. Dawe, “A New Look at the Effects of Export Instability on Investment and Growth,” *World Development* 24, no. 12 (December 1996), 1905-1914.

农业在减轻贫困方面起到作用也依赖于不同群体的贫困发生率。通过收集、整理多年的数据，美国加州大学伯克利分校的经济学家阿兰·德·詹维里（Alain de Janvry）和伊丽莎贝思·萨多利特（Elisabeth Sadoulet）认为，农业在减轻贫困方面发生的作用取决于生产者于对诸如土地等资产的可获得性；当然，对于农村工作者来说，收入取决于他们获得在农业和非农业活动中不断增加的就业机会。① 对消费者来说，增加食品供给，食品价格会下降，从而可以减少贫困。就贫困人口来说，消费者可能是生产者，也可能不是生产者。粮食价格的下降对一些纯消费者——城市的穷人和农村的失地者来说最有益。然而，在很多国家，少量土地拥有者中的大多数（经常是穷人中最大的群体）依然是粮食的净消费者。这部分群体要么在粮食上自给自足，要么出售部分粮食来换取金钱买食品（或其他商品），因此，他们也会从降低的粮价中获益（假设从减少的支出中的得益超过收入上的任何损失）。除非生产力发展的速度能超过降价的速度，否则降低的食品价格自然也会损害粮食净销售者的利益。这种考虑表明了农业生产力提高的重要性，它既是食品价格降低的驱动力，也是生产者收入增加的来源。图 16－8 通过比较南亚和撒哈拉以南非洲地区的经验显示了贫困减少和农业生产率增长的联系。在南亚，20 世纪 90 年代期间增加的谷物产量伴随着贫困率的下降；然而在撒哈拉以南非洲地区，相对不景气的谷物产量伴随着脱贫进度的放缓。

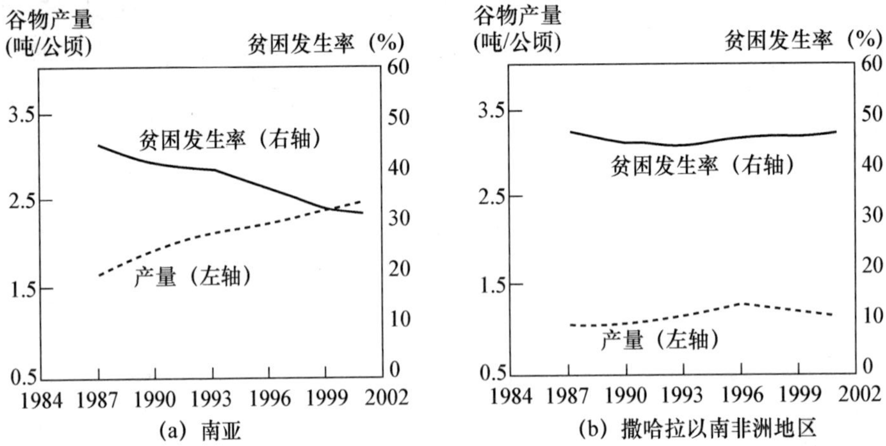

图 16－8　南亚和撒哈拉以南非洲地区，谷物产量和贫困状况，1984—2002 年

在南亚，谷物产量上升，贫困状况缓解，但是在撒哈拉以南非洲地区，这两个指标保持不变。
资料来源：Figure 1.1 from The International Bank for Reconstruction and Development. The World Bank: *Agriculture for Development*, 2008. Reprinted with permission.

尽管农业减轻贫困的能力在贫困集中的农村地区发挥更大的作用，但这个能力依赖于那些农村地区的特定条件。农业在缓解贫困方面的有效性比在确定如何更加公正地分配土地所有权和生产技术更加趋向于劳动密集型从而雇用更多工人方面能发挥更大的作用。

就缓解贫困的能力而言，农业部门与非农业部门相比又会怎么样呢？与非农业部门

① A. de Janvry and E. Sadoulet, "Agricultural Growth and Poverty Reduction: Additional Evidence," *The World Bank Research Observer* 25, no. 1 (February 2010).

相对，一系列研究试图使源于农业部门的增长效果比非农业部门更具有脱贫能力。这些研究中的普遍共识是基于各个国家的证据：源于农业部门的经济增长比源于非农业部门的经济增长在缓解贫困方面发挥的作用要高出 3 倍。① 由美国加州大学伯克利分校的经济学家伊桑·利贡（Ethan Ligon）和萨多利特撰写的世界银行的《2008 年世界发展报告》（*World Development Report*, *2008*），把研究重点集中于农业发展的作用。报告比较了农业部门 GDP 增长 1%与非农业部门 GDP 增长 1%对国民收入分布的影响。基于 1978—2003 年来自 42 个国家的数据资料，他们推测，源于农业部门的增长比非农业部门的增长在减轻贫困中至少有效 3 倍。他们也发现在最贫困的人群（位于收入分布最底层）中，农业部门增长的影响大约为非农业部门增长的 6 倍。源于非农业部门的收入增长还可能导致极度贫困的家庭收入的减少。当然，这些跨国的研究并没有根据某一特定国家的经历进行分析，而是取决于一系列条件。

□ 农业发展可作为脱贫之路

在农业增长和扶贫之间已经建立了一些理论性的联系，并且考虑了一些经验性的证据，但是我们现在要转向机制问题。对于生活贫困的家庭来说，农业增长所提供的具体的脱贫之路是什么呢？有三条明确的路可选：对于贫民来说一种可能性就是，以维持生存为导向的农民要增加他们生产的农产品的销售收入；第二种方式是，通过农村劳动力市场来脱贫，尤其是从事非农业工作；第三种方式是移民到城市经济中。正如《2008 年世界发展报告》中所提到的，这些方式都是可以再完善的。非农业收入又可用于投资以改善农业。而且，农业经济内部的联系是这样的：农业增长不仅能形成非农业就业，也能促进人口流动。反过来，非农业就业的汇款流入农村地区并且成为支持农村家庭消费和投资的主要来源，诸如菲律宾等国便是如此。

《2008 年世界发展报告》描述了不同的成功的案例。在坦桑尼亚，最可能摆脱贫困的是那些除了耕种传统的粮食作物外，还出口包括蔬菜、水果和香草等的农民。类似地，出口高附加值农业产品为乌干达和马拉维的脱贫做出了贡献。相反，印度和印度尼西亚通过发展农村非农业活动来摆脱贫困，比如从事农业服务，或者开办小型工业。在中国和尼泊尔，城镇化在脱贫道路上发挥了更多的作用。越南则是通过多条道路相互补充来实现脱贫。

表 16－3 总结了三类越南农户家庭在 1992—1993 年和 1997—1998 年间的经验。这些农户家庭从农业中挣得收入的一半多（这一类人口占到越南农村人口的 47%）。这是一个越南农业价值增加的阶段，农业价值以每年 4.1%的速度增长，该表区分了以维持生存为导向的家庭（6%的农户家庭出售不足他们产出中 10%的粮食）、市场参与型家庭（13%的农户家庭，开始时以维持生存为导向，但最后却转向市场导向型农民）、市场导向型农民（28%的农户家庭出售超过他们产出的 25%）。

表 16－3 表明，市场导向型家庭脱贫最为明显，贫困比例从 1992—1993 年的 64%降低到 1997—1998 年的 37%（下降了 27 个百分点，或者与基年相比下降了 42%）。他们的

① 这些研究是由萨多利特和詹维里总结的，可参见 de Janvry and Sadoulet, "Agricultural Growth and Poverty Reduction," and in *World Development Report*, *2008*, *Agriculture for Development* (Washington DC: World Bank, 2007)。

农业收入多元化，同时他们也将生产主要农作物逐渐发展为生产高附加值的农作物。市场参与型家庭将会比市场导向型家庭更加贫穷，但是也经历了贫困率的显著下降（从73%下降到48%，下降了34%）。他们也在不断多元化生产农作物，并逐渐减低主要农作物的比例，即便那些以维持生存为导向的家庭也开始多元化生产农作物。然而，通过比较，以维持生存为导向的家庭所经历的贫困率下降幅度最小（24个百分点，或28%的下降）。他们仍强烈依赖主要粮食作物的生产。鉴于这些结果，詹维里和萨多利特着重提出，“公共政策用于减轻农村贫困（第17章的主题）必须适应特定类型的家庭”。① 他们注意到，市场导向型家庭将会从改良的农业中获益，然而市场参与型家庭将从资产和市场的使用中获益，以维持生存为导向的农户家庭需要改良的生产机会和进入农村劳动力市场的机会。在这个案例中，显而易见，贫困率降低最多的是市场导向型家庭，他们原来较低的贫困率让他们更有机会进入市场。这些越南的例子强调了农村经济内部的收入多样化的重要性。

表16-3　　越南农户家庭的市场参与份额改变情况

	以维持生存为导向（6%）*		市场参与型（13%）*		市场导向型（28%）*	
家庭特征	1992—1993年	1997—1998年	1992—1993年	1997—1998年	1992—1993年	1997—1998年
资产						
家庭拥有土地的公顷数	0.37	0.43	0.50	0.57	0.60	0.72
家长的受教育年限	4.6		6.3		6.3	
背景						
社区中的市场（%）	31		40		47	
结果						
真实收入（1998年，千越南盾）	893	1 702	1 138	2 042	1 359	1 978
农业在总收入中的占比（%）	80	62	83	66	83	73
贫困线以下的家庭数量占比（%）	86	62	73	48	64	37
根据作物类型划分的总的农产品产量占比（%）						
主要作物占比（%）	78	73	70	61	63	54
高附加值作物占比（%）	14	13	21	31	29	39

*括号中的数字是越南农村人口的百分比。这三种农业类型农户家庭共同构成越南那些从农业中获得最多收入的47%的越南农村人口。

资料来源：Table 3.1 from The International Bank for Reconstruction and Development. The World Bank: *Agriculture for Development*, 2008. Reprinted with permission.

尽管几乎所有家庭都参与了农业生产，但他们直接从农业当中所得的份额却大不相同。图16-9阐述了这种跨国家和地区的多样性。几乎所有的加纳、危地马拉、越南和尼泊尔的农村家庭都参与农业生产。然而，在这些国家中，家庭从农业中所得的份额都不同，从加纳的近60%的比例到越南大约40%的比例。图16-10揭示了与收入分配相关的收入多样化的相对公平的组成模式。总的来说，最贫困的家庭是那些将农业作为主要收入来源的家庭。随着收入的增长，作为家庭收入分配方式的农业雇佣劳动力下降十

① de Janvry and Sadoulet, “Agricultural Growth and Poverty Reduction.”

分迅速，然而，非农业收入分配也有实质性增长。这些收入多样化的类型可能反映了处理与农业相关的各种任务所采取的策略。相对富裕的家庭对多样化有着更多的选择。由于缺少土地和其他资产，贫困家庭可能会被迫从事低薪非农工作，反之，相对富裕的农户家庭可能可以获得利用当地商业机会所必需的资本。

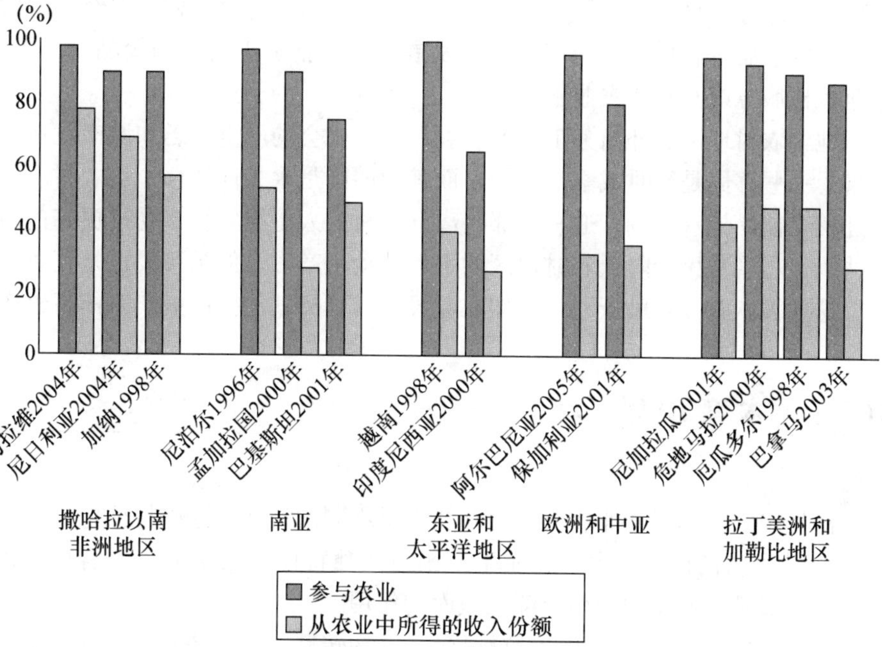

图 16-9　家庭参与农业和从农业中所得收入的百分比

资料来源：Figure 3. 2 from The International Bank for Reconstruction and Development. The World Bank: *Agriculture for Development*, 2008. Reprinted with permission.

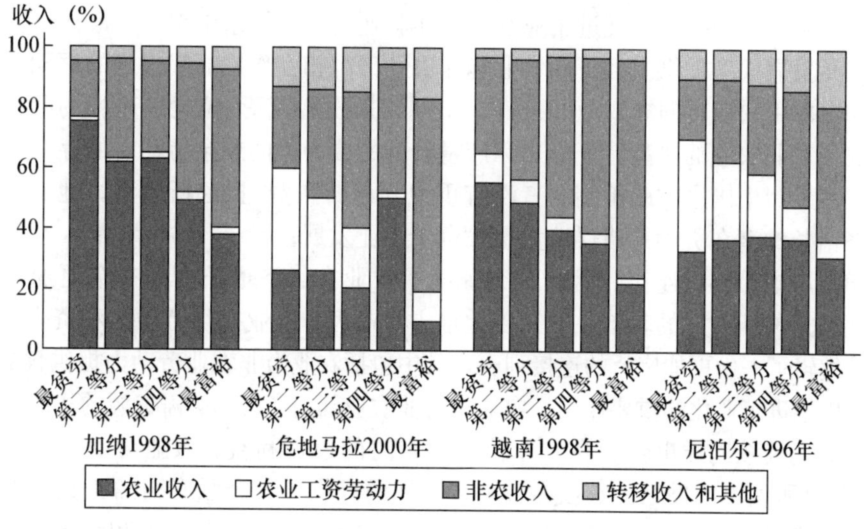

图 16-10　收入来源

资料来源：Figure 3. 3 from The International Bank for Reconstruction and Development. The World Bank: *Agriculture for Development*, 2008. Reprinted with permission.

农村中非农经济为脱贫提供的道路，不但取决于经济增长率，也取决于人口密度。[1] 印度和中国就是很好的例子，这两个国家的城市拥挤，租金较高，以及不断改善的基础设施都给农村非农经济发展提供了机会。这些在撒哈拉以南非洲地区是不复存在的。在大多数国家，农村非农经济根据运营规模大小和所采取的不同类型的活动呈现出不同的特征。服务类趋向于支配制造业。重要的一点是，通过农村非农经济的脱贫取决于农业自身的发展。农村非农经济主要的发展机会包括加工与运输食品、出售农产品、提供农业机械服务以及其他农业服务。

类似地，农村地区的外出务工反映了农村生存机会的严重匮乏和城市就业的可观的福利前景。一些移民是暂时或季节性的，而其他的则是永久性迁移。从农村发展的角度来看，迁移可能是把双刃剑。通常，那些离开农村的人更加年轻、受过更好的教育或者有一些技能。尽管移民会降低农村地区的平均劳动生产力，但是移民也是汇款收入的重要来源，这些汇款收入有助于通过增加农业投入和购买其他生产资产来提高生产力。

16.5 本章小结

- 经济体中农业部门和非农业部门存在大量不同的特征。这些特征包括农业部门在GDP和就业中所占的比例较大、农业生产函数的独特性、农业生产者消费了较大比重的粮食产品，以及农业作为一种资源贮藏库的作用。
- 经济发展的一个最典型的特征就是经济结构转型。在经济发展早期，农业在经济的 GDP 和就业份额中都占主导地位。结构转型包括从农业部门向工业和服务业的转变。
- 农业部门相对规模的下降是由恩格尔定律驱动的，其中暗含着食品需求的增长比收入的增长缓慢。
- 农业生产力的提高在促进工业和服务业就业与资本结余中起着关键作用。
- 二元发展模型提供了经济中农业和非农业部门相互作用的程式化的框架，详述了劳动力和资本由农业转向非农业的条件。由刘易斯发展、费-拉尼斯诠释的两部门模型认为，农业和非农业的典型特征是边际产量较低的或为零的剩余劳动力的存在。
- 很多发展中国家的政策制定者没有重视刘易斯和费-拉尼斯模型。他们忽视了农业对经济增长的潜在贡献并错误地大量投资于工业发展。
- 通过考虑跨部门连接，后续研究证明了农业在经济增长中的一个更加重要的作用。建立在刘易斯连接的基础上，并以此推进农业为非农业提供劳动力和资本，约翰斯顿·梅勒编辑了一份更加广泛的连接列表，其中包括农业为非农业劳动力提供食品、农业赚取外汇以推进工业化的重要作用、农业作为非农业部门产出的必需资源的作用等等。
- 跨部门连接同样也包括在农业价格稳定时的投资利益、农业对支持劳动力营养（健康）改良所做出的贡献。农业为解决贫困问题提供了一个强有力的工具，尤其是对于农村人口来说。这些直接的和间接的贡献包括受雇于农业生产的人和纯粹的粮食消费

---

① Haggblade et al., eds., *Transforming the Rural Nonfarm Economy.*

者，对他们来说，农业的增长降低了占据家庭支出大部分的食品的价格。

- 一般来说，来自农业部门的 GDP 1%的增长对于减轻国家贫困的作用是来自非农业部门的 GDP 1%的增长的 3 倍。
- 提高农业产出、增加农村劳动力市场就业和农村非农就业，以及农村人口向城市迁移，是农村摆脱贫困的三条有效的道路。
- 尽管许多中等收入国家已经摆脱了对农业的依赖，但农业在很多发展中国家依然扮演着重要的角色，尤其是撒哈拉以南非洲大部分地区。

第17章

农业发展：技术、政策与体制

前一章我们讨论了农业在经济发展中的作用，强调了农业部门在经济增长与减轻贫困方面的潜在贡献。本章我们开始转向研究需要采取什么样的政策和制度才能最大化这种贡献的问题。在强调这一问题时，我们需要更加关注农业部门本身。政府应该采取什么样的政策促进农业发展？什么样的投资最为有效？需要什么类型的制度和规则来制定我们选择的大部分政策和投资决定？简单地说，我们需要如何保证农业不断进步？

本章我们通过强调一系列阻碍了农业发展，特别是阻碍了许多发展中国家粮食生产的制约因素来进入这一问题。这些制约因素有多种形式，并且在不同国家和地区的严重程度不尽相同。一些制约提高农业生产率的因素可能是技术方面的。在20世纪50年代之前，几乎所有发展中国家的农业都依赖于传统技法和传统的农作物品种。尽管传统农业产量稳定而且对本地环境适应性较强，但缺点是生产率低下。农业产量的增长基本完全依赖于土地耕种面积的扩张。到了20世纪60年代，大量对农业科技的公共投资开始得到回报，改良农作物品种的种子和补充性的投入品组合共同使农业生产率得到了巨大的提高。尽管如此，绿色革命的影响也只是集中在亚洲和拉丁美洲，而对撒哈拉以南非洲地区农业发展的影响却极其有限。

其他的制约因素来自不利于农业发展的政府政策（尤其是粮食价格）或者是政府对农业缺乏制度上的支持。这些潜在的制约类型都涉及农民面临的激励。如果粮食价格过低，农民没有扩大生产的动力。从长远来看，低廉的粮食价格也可能抑制对农业的投资。发展中国家政府都面临着一个根本性的两难选择：较高的粮食价格可以极大地激励农民提高产量，但同时也使得许多发展中国家普遍存在的饥饿和营养不良问题更加严重。制度（即社会中支配经济关系的游戏规则）也可以决定对农民的激励程度。制度可以支配土地所有权，自己拥有土地的农民更愿意投资以保证土地质量，所以他们非常关注这种制度。在更深入地探究这些问题之前，我们首先通过描述传统农业和农耕系统的特点来展现发展中国家的农业概况。

17.1 传统农业及农业体系的特征

农场和农民在不同的发展中国家之间及同一国家的不同地区之间是千差万别的。它们在规模、技术、环境状况、种植结构、商业化程度等很多方面都不尽相同。许多在贫穷和人口密集国家的农民可能自己根本没有土地，他们在其他农场做临时工，按日计酬，如孟加拉国。撒哈拉以南非洲地区的农民，多数是妇女，可能会拥有并耕种一些小块的土地，这些土地加在一起有一到两公顷[①]，耕种五六种不同品种的农作物，再饲养一些鸡。而巴西农业发展的模式则是上千公顷种植大豆的商业化农场与大量小型家庭农场并存。鉴于这种多样性，概括**传统农业**（traditional agriculture）之前需要先对其进行分类。绝大多数发展中国家的农场属于小规模的家庭农场，他们自己消耗很大一部分自产的粮食，一些农民则完全是为了维持生存。[②] 这些农场家庭的生存、健康和生产率直接取决于他们配置稀缺资源的有效性。

传统农场一般规模较小，基本上不到 3 公顷，但是集中耕种，对劳动力的需求随着农业周期的变化而有所不同。劳动力在播种及收获季节可能会供不应求，但在其他季节又会失业。这种季节效应也可能使得粮食价格随着季节变化而巨幅波动，在刚过了收获季节之后粮价处于最低点，但是随着时间的推移，粮价又持续上涨，直到下一个收获季节。这种季节性的波动部分是由于传统农场经常缺少足够的设施储存它们的农作物，所以收割之后必须在短期内卖掉。随着时间向下一次收割期推移，粮食价格也达到了季节性的高峰，这就是经常说的淡季（lean season）。

传统农场使用传统技术，主要依靠少量购置的投入品（如化肥、杀虫剂和农药）种植本地的农作物品种，在低水平的生产率上经营。现在普遍认为传统农民可以合理分配他们的资源（就像经济学家定义的），所以他们可以充分利用可配置的有限的资源。正如经济学家西奥多·W. 舒尔茨的著名描述一样，传统农民是“贫穷但有效率的”。[③] 传统农民的收入也有很大一部分来源于非农业活动，如提供服务及进行一些小规模的交易。

□ 农业体系

以技术、农作物与牲畜的配置及物质环境为特征的农耕系统在发展中国家间区别巨大。农耕系统由两部分组成，主要部分是经济作物及畜牧业，还有小部分粮食作物——主要是像水稻、小麦或者玉米这样的谷物。农业体系主要分为三种（每种又包含多种次

---

① 1 公顷＝2.47 英亩。

② 这部分引自 George W. Norton, Jeffrey Alwang, and William A. Msters, *Economics of Agricultural Development, World Food Systems and Resource Use*, 2nd ed., chaps. 7 and 8 (New York: Routledge, 2010)。

③ Theodore W. Schultz. *Transforming Traditional Agriculture* (Chicago: University of Chicago Press, 1964), p. 38.

级系统)：**迁移农业**(shifting cultivation)、**草原游牧**(pastoral nomadism)及**定居农业**(settled agriculture)。迁移农业体系是指生产者耕种一块土地，直到它肥力耗尽，再迁移到另一块土地。如果新的土地需要首先砍伐土地上的植被，并焚烧被清理的植被以提高土壤肥力，那么，这种农业即为**火耕**(slash and burn)农业。经济学家乔治·诺顿、杰弗里·阿旺和威廉·马斯特斯(George Norton，Jeffrey Alwang，and William Masters)估算世界上有约15%的耕地仍然在实行迁移农业的模式，多数在拉丁美洲及撒哈拉以南非洲地区。① 同时，他们注意到迁移农业与土壤退化相关。

草原游牧，顾名思义，在这种体系中，生产者需要一直保持频繁程度不同的迁徙。这种流动性意味着他们的生产体系要依靠牲畜，这些牲畜由牧民在草原上放牧。这种方式只有在人口密度较低的干旱、半干旱地区才可行，如非洲萨赫拉的大部分地区或者印度的拉贾斯坦邦。游牧民族通常是五六个家庭一起放牧，畜群规模适中，大概25～60只羊或者是数量少一些的骆驼和牛群。不断增长的人口密度及全球气候变化是这种农耕方式最主要的威胁，并且伴随着由过度放牧导致的环境破坏。

定居农业包含多种方式，它代表了一种最具生产率增长潜力的模式。这些模式有：

- 密集的一年生作物。这是在所有耕地中占主导地位的体系，主要生产谷物(小麦、水稻和玉米)。
- 混合耕种。这种方式建立在农作物与畜牧业生产的相互作用基础上，这样可以控制风险并保持土壤肥力。
- 多年生作物。通常指林木作物，如香蕉、咖啡、可可豆和甘蔗，它们都需要几年的时间才可以结果(通常与一年生粮食作物混合耕种)。
- 畜牧业。这种方式可以生产奶制品和肉制品，既可以采用喂养牲畜谷物饲料的方式(集约型生产)，也可以完全采用放牧的方式(粗放型生产)。

定居农业是农业现代化的核心尝试。这其中的挑战众多、复杂且不断变化。预计1997—2020年间发展中国家对谷物的需求将增长近50%，这使得农业发展面临的挑战更加紧迫。② 第一步就是建立一个判定提高农业生产率制约因素的框架。

17.2 判定农业发展的制约因素

对于大多数发展中国家来说，提高农业产出是最紧迫的事情。除了能给国内消费者提供更多粮食这个显而易见的益处外，提高农业产量也可以提高农业及相关产业劳动者的生活水平。在许多发展中国家，农业劳动力都是数量最大且最贫穷的人群。农业也可能是出口产品的一个重要组成部分，就像加纳出口可可豆而埃塞俄比亚出口咖啡一样。

① Norton et al.，*Economics of Agricultural Development*，p. 150.

② 对未来粮食需求的预测不仅包括对需要粮食供养的人口数量的预测，也考虑了收入水平，因为收入水平决定了对粮食需求的质量和种类。从资料来看，对肉制品的需求随着收入的增长而增长，而肉制品的生产意味着对谷物饲料的额外需求。这种需求多数是在中国。Mark Rosegrant，Michael Paisner，Siet Meijer，and Julie Witcover，*Global Food Projections to 2020*，*Emerging Trends and Alternative Futures*(Washington，DC：International Food Policy Research Institute，2001)，p. 58.

尽管许多发展中国家在提高农业产量方面做了很大努力（也有很多修辞粉饰这种努力），但取得进展仍然举步维艰。经济学家阿瑟·莫舍（Arthur Mosher，1978）提出了一个非常有用的用于判断提高农业生产率制约因素的框架。①

莫舍框架（Mosher framework）比较了农业生产者的真实绩效和他们的潜在绩效。在这个框架中，绩效是由特定商品，通常是谷物的每公顷产量（或**收益率**（yield））表示的。即使在一个特定国家，某种谷物的产量在不同农场间也是大不相同的。一些农民可能有更高质量的土地、更适宜的气候和更稳定的水源；而其他农民可能离公路及市场更近，这样就便于他们采购原料及出售产品，或者有更多机会接受农业推广机构传授的新技术。一些农民可能仅仅是耕种技术强于其他农民。莫舍框架正是从认识到这些差别并观察到不同农场间真实的收益率分配出发，把收益从高到低排序。鉴于这种分配，这个框架随后提出了一个问题，即为什么有一些收益率不高？

是什么制约因素阻碍了农民每单位土地有更多的产量呢？莫舍框架考虑了两种解释：技术上的和经济上的。图 17－1 阐明了我们认为会造成农作物产量瓶颈的技术及经济方面的阻碍因素。② 横轴表示种植某种粮食作物的土地分布，纵轴表示每公顷产量。曲线 a 表示不同农场的收益，或者称为**收益分配线**（achievement distribution）。这些是农民获得的真实所得，从高到低排序，与实地考察的结果相同。（如果所有农民的收益相同，分配线就会变得平坦。）如我们前面所说，因为不同农场和农民之间存在差异，所以收益分配线是典型的向下倾斜的。③

在图 17－1 中曲线 t 表示技术上限，表示在可实现的技术水平下，在生物可能性上可获得的最大收益。这是由农学家在可控条件下用最佳技术在不同区域试验所得的成果确定的。农民不可能比技术上限做得更好，因为技术上限代表了给定环境中在生物可能性下的最大产量。经济上限，由曲线 e 表示，描述了在给定环境中所有农民都有机会获得最大利益时的收益分配。经济上限不能凌驾于物质可能之上（技术上限）；经济上限在技术上限之下的距离取决于政策环境。有限的融资获得渠道及不确定的气候条件风险使得真实收益总是位于经济上限之下。这就使得真实的经济上限（不像技术上限那样）无法从试验数据中获取。④ 所以，收益分配线不可能高于经济上限。

图 17－1 同时描述了收益分配线和技术上限、经济上限可能提高的情形，这就为收入分配的提高创造了空间。改进的农业技术，如改良的种子品种可以把技术上限从 t 提高到 t'。这又为经济上限从 e 提高到 e' 提供了可能性。经济上限的提高可以通过增加价格刺激、增强农民与市场的联系或改革土地所有权来实现。随着经济上限从 e 提高到 e'，

① Arthur Mosher, *An Introduction to Agricultural Extension* (Singapore: Singapore University Press for the Agricultural Development Council, 1978).

② 图 17－1 来源于 Mosher，*An Introduction to Agricultural Extension*。我们关于此框架的讨论引自 C. Peter Timmer, walter Falcon, and Scott Pearson, *Food Policy Analysis* (Baltimore: Johns Hopkins University Press, for the World Bank, 1993), chap. 3。

③ 由于收益分配线的高度代表每公顷产量，横轴表示每一单位收益所用土地，所以收益分配线以下区域代表总产量。

④ Timmer et al., *Food Policy Analysis*，建议一个普遍的界定经济上限的可能方法是把化肥的边际产量（即每多使用 1 单位化肥所增加的谷物产量）同谷物价格与化肥价格的比率做比较。如果多使用 1 单位化肥可以多生产 5 单位谷物，但是多使用的化肥成本是谷物价格的 6 倍，那么，理性的农民就不会多使用这 1 单位的化肥。

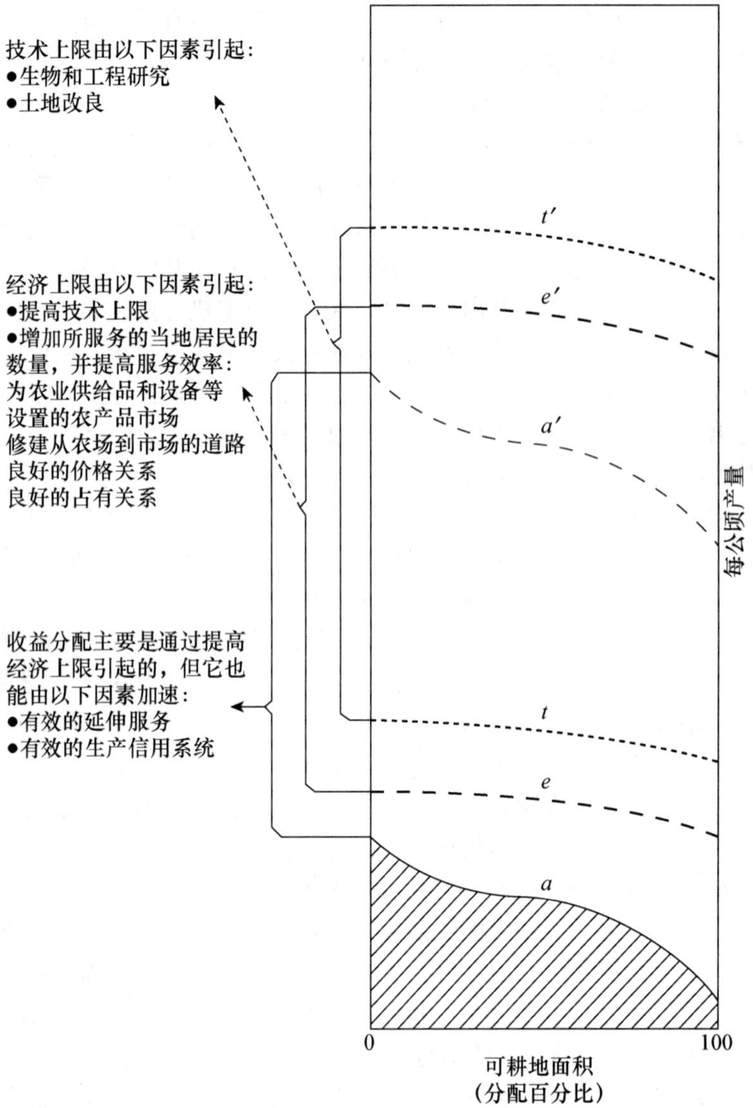

图 17－1　莫舍框架

资料来源：Figure 3.9 from The International Bank for Reconstruction and Development. The World Bank: *Food Policy Analysis*, 1983. The Johns Hopkins University Press for The World Bank. Reprinted with permission.

收益分配也可能从 a 提高到 a'。改善的农业延伸服务或者更便捷的融资获得可以帮助农民最大化地利用外部科技及经济条件，提高收益分配。

图 17－2 揭示了技术上限、经济上限及收益分配间的关系，这可以从实践中观察到。区域 A 表示一个低生产率的环境，在这个环境中收益分配被经济上限严格限制，经济上限本身又被技术上限严格限制。在这种限制下即使经济政策好转，农民也不可能有更好的收益。在这里绑定约束是技术上限，由于没有改良的种子，技术上限可能会很低。与此相反，区域 B 描述了一个技术上限远高于绑定约束的情形，但是在此情形下，农民却最有可能尽他们最大的努力，即使是处在不受支持的经济政策环境中或不利的土地占有制度下。在区域 C，无论是技术上限还是经济上限都没有对大多数农民造成制约，但是收益分配线

表明仅有少数农民可以从最佳现有技术中获益。这个判断可能表明了对提高农业延伸服务的需求。在区域 D，技术上限和经济上限都较高，这使大多数农民都能获益。在此情形下想获得额外收益可能要对农业研究进行长期投资，以进一步提高技术上限。

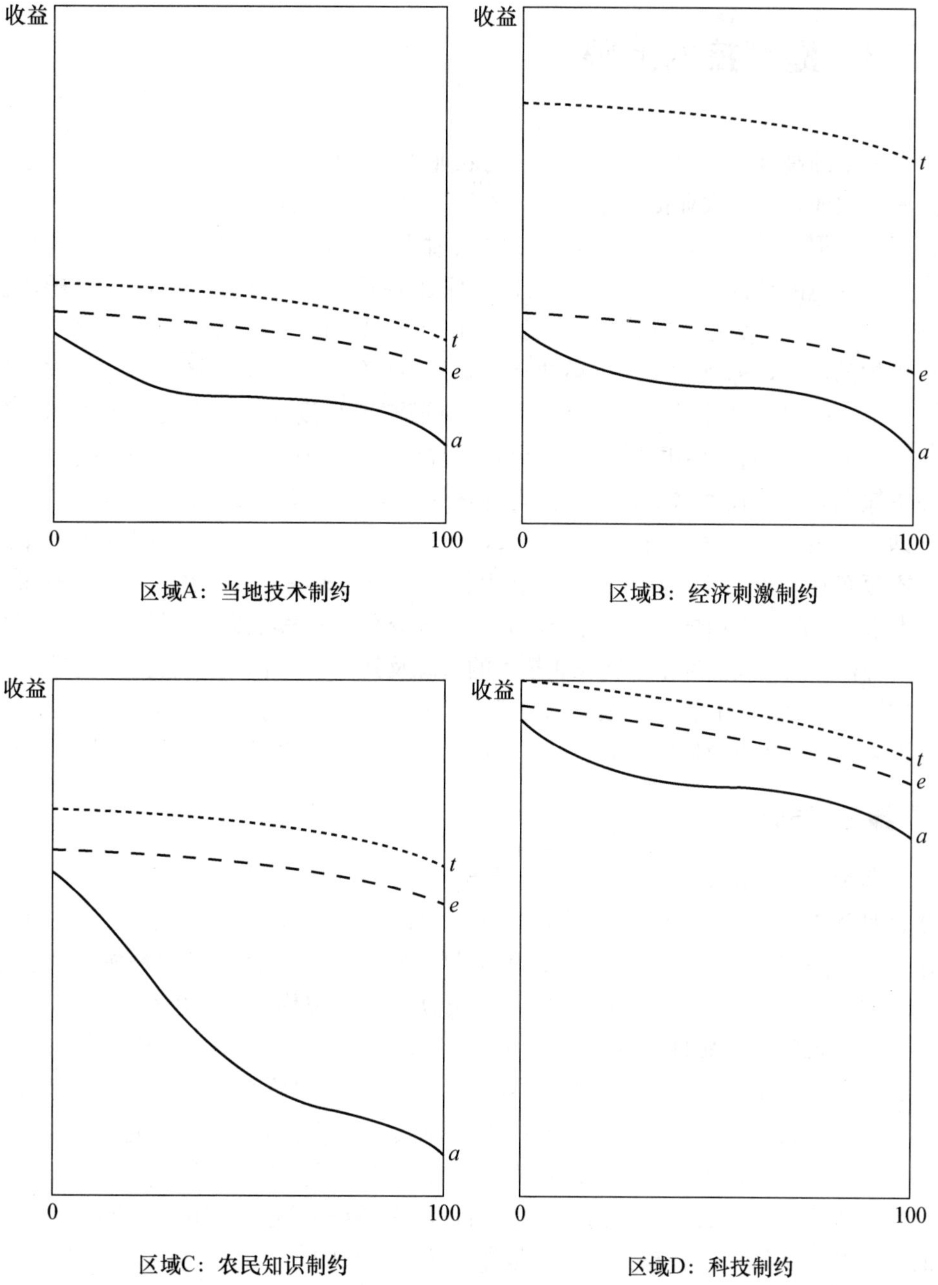

图 17－2　莫舍框架的可能场景

资料来源：Figure 3.10 from The International Bank for Reconstruction and Development. The World Bank: *Food Policy Analysis*, 1983. The Johns Hopkins University Press for The World Bank. Reprinted with permission.

莫舍框架并不是要为技术发展或经济政策的详尽建议提供基础，而是为找到支持农业发展的优先潜在动力和了解这些动力的关系提供一个灵活的判断工具。无论是在技术上还是在经济政策上，对制约因素的分类都可以提供一个平台，让我们更深入地考虑这两种分类所呈现出来的挑战。我们就从考虑可能提高技术上限的方法开始。

17.3 提高技术上限

技术上限的高度部分取决于不同地区的农业生态条件和农业潜力。尤其是对于需要雨水灌溉的农业，这种农业的产量对土壤质量、温度、降雨量的变化都极其敏感。根据世界银行的数据，发展中国家有三分之二的农村人口（超过 18 亿人口）居住在具有优越农业生态环境的地区：大约 40%的人口居住在灌溉区，另外有 26%的人口居住在降雨量稳定的地区。① 发展中国家有三分之一的人口（超过 8.2 亿人口）居住在农业生态环境次优越的地区，那里灌溉系统稀缺且降雨量不稳定。这样的区域占到世界农业地区的 54%，但是只生产农业产量总值的 30%。对灌溉系统投资是提高技术上限的一种方法（尽管很昂贵）。而一种更普遍、更灵活的提高技术上限的方式是提高农耕技术。

在中短期，平均技术水平是可以提高的，或者是因为多数农民都会采取改进的技术方式（即一种被称为**技术扩散**（technology diffusion）的过程），或是因为生产率最低的农场不复存在，也可能是因为最佳可获得技术本身的提高。然而在长期，只有最佳可获得技术水平提高，平均技术水平才能提高。这部分我们考虑可以提高制约农业产量的技术上限的各种方法。我们考察了新农业技术的来源及其对发展中国家农业生产率和技术创新模式的影响。改良农业技术的发展和扩散已经取得了巨大的进步，极大地提高了生产率，但随之而来的还有大量的挑战。过去 50 年农业生产率的提高大部分是因为绿色革命。

□ 绿色革命②

绿色革命（Green Revolution）一词泛指始于 20 世纪 40 年代的、基于科学研究的、在作物育种和农耕方式上的创新革命，这次革命改变了 20 世纪下半期的全球农业。农学家诺曼·博洛格（Norman Borlaug）因为早期在墨西哥培育出**半矮秆抗病小麦品种**（semidwarf disease resistant wheat）的科学贡献而常常被称作“绿色革命之父”。这种新型小麦是**现代农作物品种**（modern crop varieties，MVs），或**高产农作物品种**（high-yielding crop varieties）的早期范例，也会成为绿色革命的核心。庄稼易受大范围的害虫、疾病和寄生杂草的侵害，导致收益率大幅降低。博洛格和他的同事通过杂交合适的小麦品种加强了当时种植在墨西哥的小麦对主要疾病的抵抗力。另外，为了同临近植株争夺日照，现存的小麦品种也趋向于长得又高又细。这种通过使用化学肥料提高小麦收益率的方法增加了植株的谷粒数量，但是那些茎秆细长的小麦品种却因为增加的谷粒重

① World Bank, *World Development Report, 2008: Agriculture for Development*. (Washington, DC: World Band, 2007), p. 54.

② 这部分引用了 R. E. Evenson and D. Gollin, “Assessing the Impact of the Green Revolution, 1960 to 2000,” *Science* 300 (2003); World Bank, *World Development Report, 2008*.

量而倒伏。半矮秆小麦的发明解决了这一问题，这种小麦茎秆比传统小麦更短、更粗壮，并且对化肥的受用性更好。到了 20 世纪 60 年代中期，按照同样方法改良过的水稻品种也被研发出来，并同 MV 小麦技术一起扩散到拉丁美洲和亚洲。

这些研究项目都是在新的国际农业研究中心（IARCs）进行的。国际玉米小麦改良中心（以其西班牙语缩写 CIMMYT 著称）于 1963 年成立于墨西哥（博洛格作为创立负责人），国际水稻研究所（IRRI）于 1960 年在菲律宾成立。这两个中心都得到了洛克菲勒和福特基金的大力支持。这两个中心就是现在的国际农业研究咨询团体（CGIAR）最初的两个中心，CGIAR 是拥有 15 个研究所的全球网络。虽然对于绿色革命最流行的描述倾向于集中在 20 世纪 60 年代的 MVs 的早期成果，但是经济学家罗伯特・埃文森和道格拉斯・格林（Robert Evenson and Douglas Gollin，2003）在一篇全面的总结中认为，绿色革命至少持续到了 2000 年。[①]

对绿色革命时间的扩展部分是因为认识到早期的成功很大程度局限在拉丁美洲和亚洲的小麦和水稻种植上。绿色革命最终发展到包括 11 种主要农作物、8 000 多个 MVs 品种的技术扩散，但是这种进步无论是从农产品角度看，还是从国家角度看都是不均衡的。某些半干旱作物，如高粱、小米、大麦，还有根块类作物如木薯则是到了 20 世纪 80 年代才取得技术上的进步。现代农作物品种虽然被广泛采用，但是无论在时间上还是空间上都是不均衡的。图 17－3 通过作物种类和地区分布阐明了 MVs 的扩散。到了 21 世纪初期，东亚地区所有农产品对 MVs 的采用率都已经达到了很高的水平（超过 80%，但是不包括木薯，一种在亚洲饮食中只占一小部分的根块类作物）。主要农产品的 MVs 在南亚和拉丁美洲也被广泛扩散。但是，撒哈拉以南非洲地区到了 21 世纪初期除了小麦外，其他 MVs 的采用都远远落后于其他发展中地区。水稻和高粱对 MVs 的采用与其他地区相比就尤其低了，尽管这两种农作物在该地区被广泛种植。

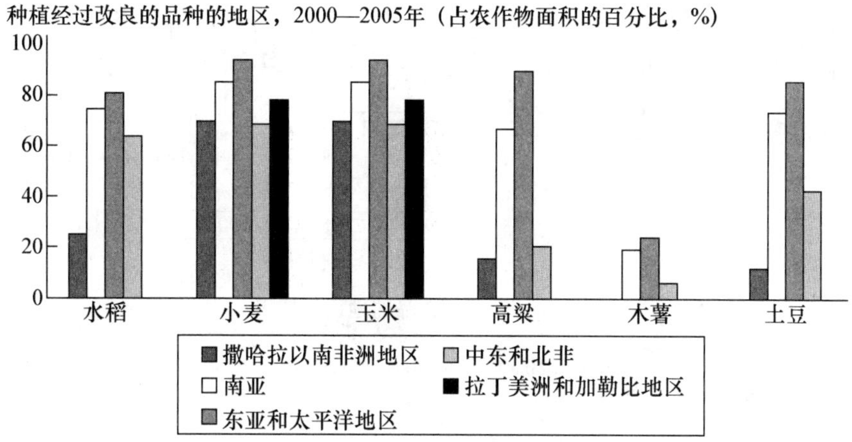

图 17－3 MV 的种类和地区扩散

注：数据为 2000—2005 年期间，除了撒哈拉以南非洲地区国家的玉米数据是从 1997 年开始的。
资料来源：Figure 7.1 from The International Bank for Reconstruction and Development. The World Bank：*Agriculture for Development*，*2008*. Reprinted with permission.

---

① Evenson and Gollin，"Assessing the Impact of the Green Revolution."

对撒哈拉以南非洲地区对 MVs 采用的落后性有几种解释。其中之一是非洲地区的农业生态条件一直都是极度多样化的——有时甚至在同一个国家也是如此。另一个问题是新品种往往被设计成购买性投入品，如化学肥料具有高度受用性，或者是在灌溉区长势最好(尤其是水稻)，这个问题在 20 世纪 80 年代之前尤其突出。这些补充性的投入品在非洲并不像在亚洲和拉丁美洲那样被广泛使用，这就制约了非洲农民从绿色革命的创新中获益的能力。从图 17－4 中可以看出不同地区对投入品使用程度的鲜明差异。截至 2002 年，南亚几乎 40%的耕地可被灌溉，而撒哈拉以南非洲地区只有 4%这样的耕地。同样地，撒哈拉以南非洲地区每公顷化肥的使用只占其他地区化肥平均使用量的一小部分。

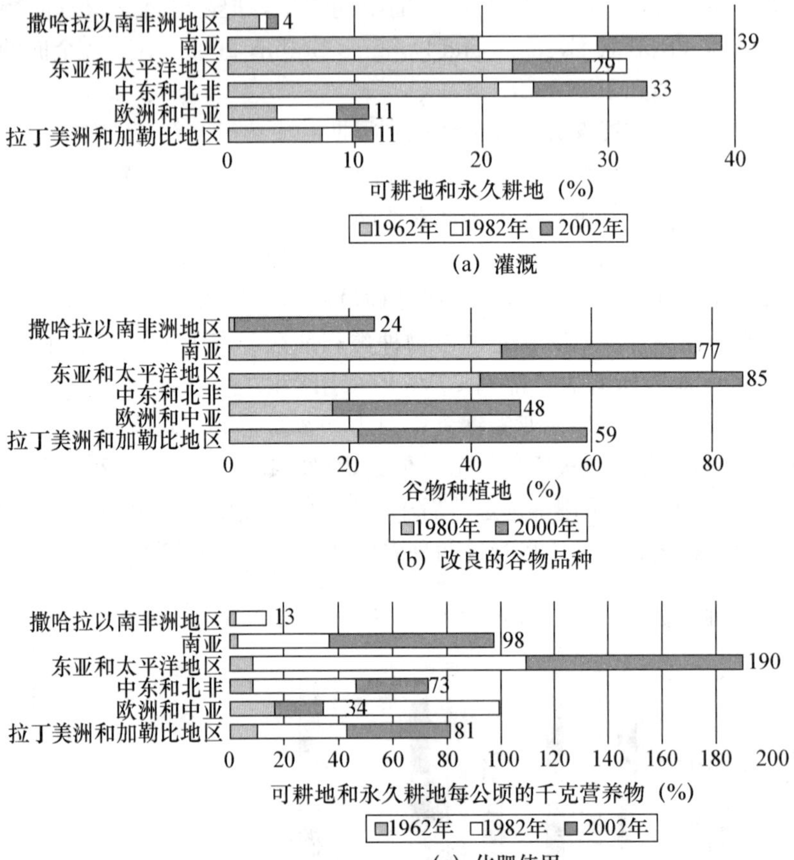

图 17－4　农业投入品的地区性使用

资料来源：Figure 2.2 from The International Bank for Reconstruction and Development. The World Bank: *Agriculture for Development*, *2008*. Reprinted with permission.

大多数 MVs 是在那些国际研究中心进行的基因研究的成果。但是，对农业研究成果的真正测量并不是新品种扩散的数量，而是它们对农民田地的影响。用莫舍框架的语言来说，新的农业技术可能会提高技术上限，但是只有当那些技术被农民广泛采用并合理利用的情况下才能够提高成果扩散的程度。表 17－1 给出了不同地区农作物产量、耕地面积和收益率的增长率，并区分了早期及晚期绿色革命。除了撒哈拉以南非洲地区，整个发展中国家的产量增长率从绿色革命早期到晚期都是显著下降的。这些产出增长率的变化主要是由农业耕种面积增长率的变化引起的，除了非洲，所有地区的耕地面积都是下降的。

表 17-1　　农作物产量、面积、收益率和 MV 贡献的年增长率

	绿色革命早期（1961—1980 年）	绿色革命晚期（1981—2000 年）
亚洲		
产量	3.65	2.11
面积	0.51	0.02
收益率	3.12	2.09
MV 对收益的贡献率	0.68	0.97
每公顷的其他产量*	2.44	1.12
拉丁美洲		
产量	3.08	1.63
面积	1.47	−0.51
收益率	1.59	2.15
MV 对收益的贡献率	0.46	0.77
每公顷的其他产量*	1.12	1.38
中东和北非		
产量	2.53	2.12
面积	0.95	0.61
收益率	1.56	1.51
MV 对收益的贡献率	0.17	0.78
每公顷的其他产量*	1.39	0.72
撒哈拉以南非洲地区		
产量	1.70	3.19
面积	0.52	2.82
收益率	1.17	0.36
MV 对收益的贡献率	0.10	0.47
每公顷的其他产量*	1.07	−0.11
所有发展中国家		
产量	3.20	2.19
面积	0.68	0.39
收益率	2.50	1.81
MV 对收益的贡献率	0.52	0.86
每公顷的其他产量*	1.98	0.95

*指的是诸如化肥和机械等因素。其他投入品的增长率被作为残差。MV 是指现代农作物品种。

资料来源：R. E. Evenson and D. Gollin, "Assessing the Impact of the Green Revolution, 1960 to 2000," *Science* 300 (2003).

表 17-1 把农作物收益的增长率归功于 MVs 的贡献和增加使用其他投入品所获得的收益。在早期（1980 年以前），如表 17-1 所示，MVs 在促进拉丁美洲和亚洲的收益率增长方面发挥了重要作用，但在其他地区却收效甚微。例如，从 1961 年到 1980 年，拉丁美洲的农作物产量年增长率刚刚超过 3%，其中就有将近 1.6%的增长是由于收益率的增长。而这 1.6%的收益率增长中 MVs 的贡献超过了四分之一。然而在同一时期的撒哈拉以南非洲地区，MVs 的贡献在 1.17%的年增长率中只占到 0.097 个百分点

（只解释了整个非洲农作物收益率增长的 8%）。

对于整个发展中国家来说，农作物产量以 3.2%的平均增长率增长。这其中只有不到 0.7%是农业用地增长的结果，而另外 2.5%是收益率增长的结果。MVs 的使用占到收益增长率的 0.5 个百分点，或者五分之一强。在 1981—2000 年间所有发展中国家的产量增长率（平均值）每年降低约 2.2%，收益率增长下降到 1.8%。虽然 1981 年后收益率增长得更为缓慢，但值得注意的是，收益率的增长在 1981 年后农作物总产量增长中的贡献更大了，而在收益率增长中 MVs 的贡献上升到了将近一半。撒哈拉以南非洲地区是唯一农作物产量在绿色革命后期才得以增长的地区，部分是由于那个时期 MVs 的巨大贡献。

如果没有绿色革命，到了 2000 年世界会是什么样子呢？国际粮食政策研究所（IFPRI；CGIAR 的经济政策中心）的经济学家用一个模拟模型回答了这一假设的问题。① 如果 MVs 没有扩散到发展中国家，那么发展中国家 2000 年的农业收益率将会低于同年实际水平约 20%。发达国家和发展中国家的耕地面积都会比真实水平多 3%～5%，粮食价格会高 35%～66%。发展中国家到 2000 年的农业产量会比它们的真实情况低 16%～19%。绿色革命的成果给人类带来了巨大的福利。IFPRI 的模拟说明，如果没有绿色革命，发展中国家营养不良儿童的比例会比现在高 6%～8%（3 200 万～4 200 万学龄前儿童的差异），发展中国家 2000 年人均卡路里的消耗将会比实际数量低约 14%。1970 年，诺曼·博洛格因为对绿色革命的开拓性贡献而被授予诺贝尔和平奖。

□ 农业生产率的最新趋势

图 17－5 描述了谷物收益率的走势，首先比较发达国家和发展中国家，然后在发展中国家间加以区别。从图 17－5（a）可以清晰地看出，发达国家的谷物收益率更高，增长得也比发展中国家更快。发展中国家不同地区的差别也非常显著。尽管图 17－5（b）中描述的不同地区在 20 世纪 60 年代早期达到了相同的谷物收益率，但是到了 2005 年却出现了戏剧性的偏离。与图 17－1 相一致，撒哈拉以南非洲地区谷物收益率的平行走向与东亚地区经历的快速增长形成鲜明对比。到 2005 年，东亚地区的平均收益率已经是非洲的 4 倍多。

尽管图 17－5 显示的谷物收益率水平在大多数地区都有所增长，增长的速率却随着时间的推移放缓，但仍然是正增长。图 17－6 抓住了这一扰动的全球趋势：自从 20 世纪 80 年代以来，世界主要谷物（小麦、水稻和玉米）的收益率增长率曲线大幅向下倾斜。这种生产率增长的下降反映了绿色革命早期轻易取得的收获已经耗尽。这也表明，20 世纪 90 年代期间用于农业研发（R&D）的公共支出也是下降的。例如，在撒哈拉以南非洲地区可获得数据的 27 个国家中，几乎有一半的农业 R&D 的公共支出下降了，而 R&D 占这一地区整体的农业国内生产总值的比例也下降了。② 但是，认识到农业创新需要有持续不断的新发明是非常重要的。收益率的稳定性很大程度上依赖于对各种新型害虫和疾病风险的抵抗。随着这些威胁的发展，农业技术必须力求领先一步。

---

① 关于这一模拟练习的总结，参见 Evenson and Gollin，“Assessing the Impact of the Green Revolution”。

② World Bank，*World Development Report*，*2008*.

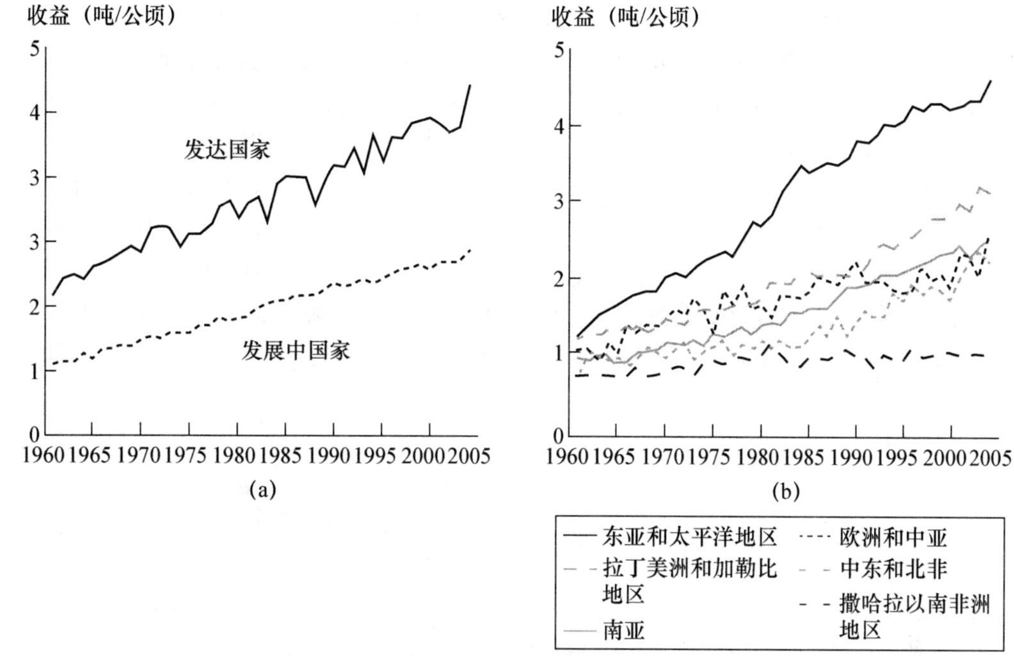

图 17－5　不同地区的谷物增长率趋势

资料来源：Figure 2.1 from The International Bank for Reconstruction and Development. The World Bank: *Agriculture for Development*, 2008. Reprinted with permission.

世界银行的《2008 年世界发展报告》在总结这一问题时提到了刘易斯·卡罗尔（Lewis Carroll）的《爱丽丝镜中奇遇记》一书中红方皇后抱怨的话："现在，你看，在这里，你得跑得飞快才能留在同一个地方。"① 报告随后也指出，目前三分之一到一半的投资和在作物育种方面努力的目标可能仅仅是为了保持过去的收益水平。

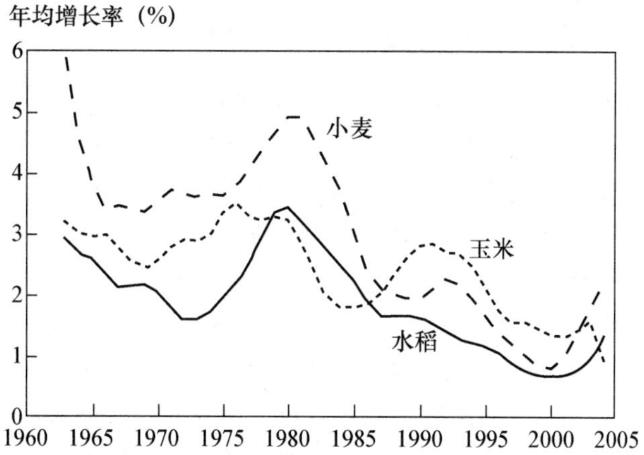

图 17－6　谷物收益率的增长率

资料来源：Figure 2.12 from The International Bank for Reconstruction and Development. The World Bank: *Agriculture for Development*, 2008. Reprinted with permission.

① World Bank, *World Development Report*, *2008*, p. 161.

关于农业生产率趋势的讨论强调了不同发展中国家经验的差异性和一个不变的主题：撒哈拉以南非洲地区发展的相对落后性。图 17－7 比较了撒哈拉以南非洲地区一些国家的平均玉米收益率和潜在玉米收益率（即所谓的**收益差额**（yield gap））。每个国家的平均土地收益都远低于技术上限。这个技术上限是由示范田获得的玉米收益率决定的，示范田可以反映每一国家可获得的最佳环境条件和可获得的最优投入品。相比之下，亚洲农业的收益差额往往更小，这与图 17－5 中更快的收益率增长是一致的。撒哈拉以南非洲地区的问题还包括农业体系的复杂性、农业气候条件的多样性（这两个问题增加了发明适应此地区新技术的困难性），以及相对稀缺的市场基础设施和较低的教育水平。案例 17—1 介绍了一个重要的理论，发明的各种农业技术是如何依赖于经济环境的，即诱致性创新理论。

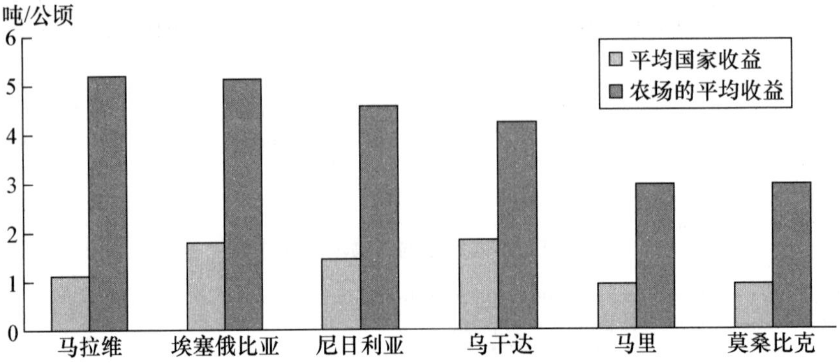

图 17－7　所选非洲国家的玉米收益差额

资料来源：Figure 2.13 from The International Bank for Reconstruction and Development. The World Bank: *Agriculture for Development*, *2008*. Reprinted with permission.

▶ 案例 17—1　　农业诱致性技术变迁模型

在亚洲行之有效的绿色革命技术趋向于强调生物技术。改良的种子品种对化学肥料的高度敏感性是这种技术的核心所在。生物方法旨在提高每单位土地面积的产量，我们可以把他们看作**土地集约型技术**（land-saving technologies）。相反，机械化创新，如更先进的拖拉机和改良的收割机使对人均大面积土地的耕作成为现实。我们可以把这种机械化的方法称作**劳动力集约型技术**（labor-saving technologies）。土地集约型技术在劳动力相对充足而土地相对稀缺的亚洲被发明、应用仅仅是一种巧合吗？这种把要素禀赋与技术变迁的演进相联系的概括性的认识就是**诱致性创新理论**（theory of induced innovation）。

新的农业技术或者可以节约土地，或者可以节约劳动力的观点表明存在着多种技术发展路径。减少劳动力成本的需求刺激了机械技术的提高，增加每单位土地产量（或者每单位饲料的动物产量）的需求激发了生物技术的提高。机械技术在劳动力供给受限的环境中可能更适用；生物技术在土地供给受限的地区更适用。经济学家速水佑次郎和弗农·拉坦（Yujiro Hayami and Vernon Ruttan）普及了诱致性创新理论，他们提出了一个问题，即在这些可选择的技术发展路径中，到底哪一种被实际采用了？答案是技术随着相对要素价格的变化而演变，目的是节约相对稀缺（所以成本更高）的生产要素。[a]

下图揭示了生物技术诱致性创新的过程。这一模型建立在**等产量线**（production isoquant）的概念基础之上，等产量线是指在一定产量下各种生产要素（这里指土地和化肥）投入量的各种不同组合的轨迹。[b] 诱致性创新模型假设在任何给定的时间都可以创造出大量潜在的技术。其中任何一种技术都可以用自己的等产量线表示。我们将考虑两个时间点之间的技术演进（指定初始起点为“时间 0”，用下标 0 表示，同样，指定另一个时间点为“时间 1”，用下标 1 表示）。在图中，等产量线 i_0 代表某一作物品种在一定产量下化肥和土地投入量沿着 i_0 的各种不同组合的轨迹。那条更具弹性的等产量线（虚线）i_0^* 被称作**创新可能性曲线**（innovation possibility curve）。[c] 在这个模型中，创新可能性曲线沿着可能在时间 0 产生的全部潜在农业技术的包络线。直线 *bb* 是**等成本线**（isocost line），线上的每个点都表示在同样的总成本下使用的化肥与土地的组合，斜率代表化肥与土地相比的相对价格。在第一阶段（i_0）发明的某种农作物技术就是使投入品成本最小化的技术，成本是由直线 *bb* 的斜率表示的化肥与土地的相对价格。

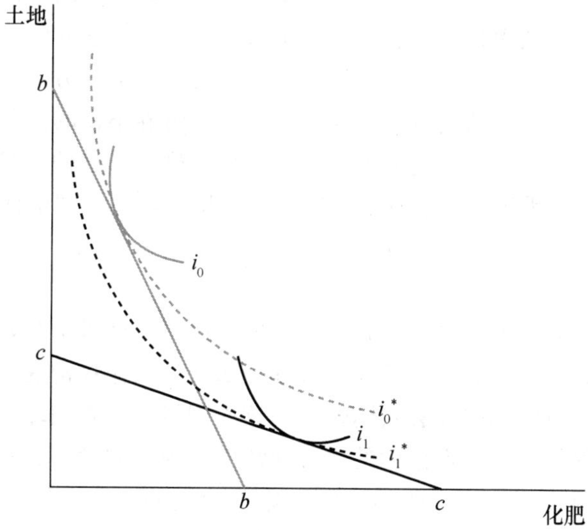

等产量线图

技术的进步是由创新可能性曲线的移动表示的，随着时间的推移，它会向图中的原点移动。这反映了技术进步使生产一定数量产品所用的投入品更少。图中在时间 1 时，创新可能性曲线从 i_0^* 向里移动到了 i_1^*。假设在时间 0 和时间 1 之间化肥产量提高了，这就降低了化肥相对于土地的相对价格。这由更加平缓的等成本线表示。在诱致性创新模型中，为了应对这种相对要素价格的变动，一种新的技术（由等产量线 i_1 表示）被发明出来，即使用一种对化肥更加敏感的品种（可能是半矮秆小麦）。新的技术线的走向将沿着可能在时间 1 发展出来的潜在技术包络线，即新的创新可能性曲线 i_1^*。发明这种农作物品种的原因就是，它可以在给定的新的相对要素价格下最小化生产成本。人们从直觉上就可以意识到，之所以要在多种潜在创新中实际上发展这一技术，是因为它可以最有效地节约最贵的生产要素。

a. 此理论把技术的变迁作为一种内生性的进程，已实现的技术是由经济环境决定的。
b. 在本章后面讨论生产者价格激励时，我们会重新回到这个概念并提供更加详尽的阐述。
c. 等产量线的弹性是指在投入品相对价格发生变动时，生产者用一种投入品替代另一种投入品的难易程度。根据该图，缺乏弹性的等产量线更加偏向 L 形（用一种投入品替代另一种投入品几乎没有可能），而更具弹性的等产量线则更加平缓。

资料来源：Yujiro Hayami and Vernon Ruttan，*Agricultural Development：An International Perspective*（Baltimore，MD：Johns Hopkins University Press，1985）.

17.4 提高经济上限

在莫舍框架中经济上限的高度是由一系列组合因素决定的：经济激励，农民进入市场的便利性，以及制度，如土地所有权的管理规则。我们首先考虑价格对耕地水平的决定和对资源配置的影响。农业发展策略的目标是提高农业部门的产量或者说是改善农业地区的福利。无论是哪一目标，都需要一个粮食价格相对较高的价格环境，这样才可以给农业生产者提供正向刺激并使农业成为一个获利行业。但这样的策略无疑会因为过高的粮食价格会伤害消费者而受到限制。许多消费者可能非常贫穷，并且有大量的预算是用于食品消费的。而最贫穷的消费者可能会极易发生营养不良的情况。生产者和消费者在粮食价格上的矛盾对于政策制定者来说是一个核心挑战。这种普遍存在的挑战被经济学家 C. 彼特·蒂默、沃尔特·福尔肯和斯科特·皮尔逊称作“粮食政策困境”。

□ 粮食生产分析①

设计可以促进农业发展的政策首先需要了解农民对价格激励会如何反应。这部分强调了农民在制定决策时考虑的三个角度：选择什么样的农作物构成？如何组合使用的投入品及生产的数量？可怜的农民必须同时考虑这些因素，而我们却有幸转而研究他们的行为，观察他们是如何共同决定粮食的供给曲线的。我们假设在每一种情况下，农民对资源的配置都是着眼于利润最大化的，这意味着他们的选择会使边际成本与边际收益相等。

□ 生产什么？ 产品—产品决定

发展国家的农民很少只种植一种农作物；实际上在撒哈拉以南非洲地区在同一块耕地上同时种植四到五种不同的农作物是很常见的（一种叫作**间种**（intercropping）的众所周知的方法）。不管是在同一块田地还是在不同的田地耕种多种作物，农民们都必须选择一种最佳的作物种植结构。经济学家把这种决策模型化，在模型中考虑自然条件与市场激励是如何相互作用制造出这种良机的。图 17－8 用**生产可能性边界**（production possibility frontier）和**等收入线**（isorevenue line）描述了市场与自然条件的相互作用。在实践中，农民必须从大量的商品中进行选择以决定他们的种植结构。我们通过把选择范围减少到只剩两种商品如玉米和大豆的方式来简化这一问题。在这个例子中，生产可能性曲线 *IKLE* 描述了在单一季节和给定的土地上，农民可以种植玉米和大豆的所有

① 这部分引自 Timmer et al.，*Food Policy Analysis*，chap. 3。

不同的可能组合。如果农民倾其所有资源只种植大豆，产量将是 OE。同样地，如果农民把所有资源都用来种植玉米，那么产量将是 OI。然而，一般情况下，农民会选择每种农产品都种植一些。所以，生产可能性边界的斜率即**边际技术替代率**（marginal rate of technical substitution）在边界上的每一点都是变动的。在任何给定斜率为 $\Delta C/\Delta B$ 的点上，希腊字母 Δ 都表示生产玉米（C）和大豆（B）产量的变动。生产可能性边界外凸表示生产任一商品的边际成本都是递增的。这意味着一个最初种植大量大豆及少量玉米的农民可能会通过牺牲相对一小部分的大豆种植来大幅提高玉米的产量。

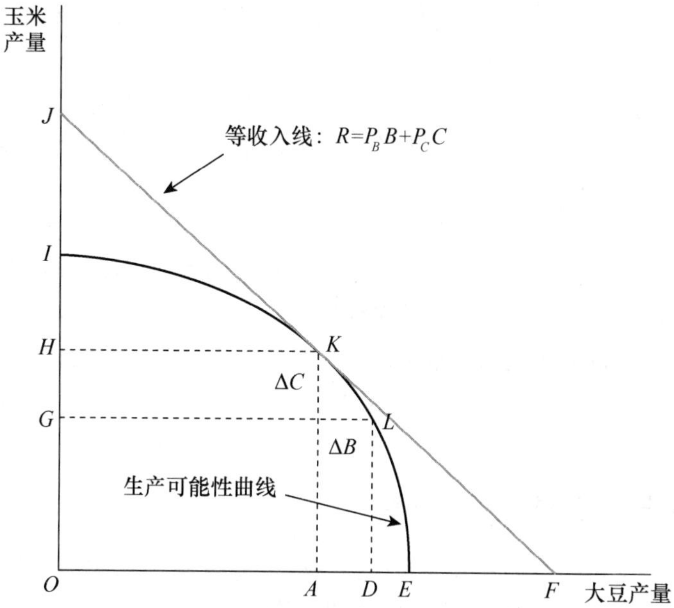

图 17－8　产品—产品决定

生产可能性边界代表所有**在技术上有效率**（technically efficient）的玉米和大豆产量的组合。任何在生产可能性边界以内的组合都是没有效率的，都会产生我们之前所说的收益差额。要实现利益最大化（或者说是有**经济效益**（economic efficiency）），一种在技术上有效率的组合是必需的，但这还不够。玉米和大豆产量的利益最大化组合只能由市场对它们的定价决定。任何玉米和大豆产量组合的总收入都取决于它们各自的价格，P_C 和 P_B。生产一种商品的收入等于这种商品的价格乘以生产的数量。总收入（R）就是所有这些商品收入的总和：$R = P_B B + P_C C$。对于给定产量的玉米和大豆，这一公式表明了恒定水平的总收入，即等收入线。如图 17－8 所示，等收入线的斜率等于 $-P_B/P_C$。①图中等收入线离原点的距离表示在任一给定等收入线上的收入水平，等收入线越高，收入越高。利润最大化的生产者会选择使他的可能性等收入线水平达到最高的种植结构，在这里可能性由生产可能性边界确定。这由图 17－8 中 K 点的组合表示，在这一点上，农民生产 OA 数量的大豆和 OH 数量的玉米。在自然条件与技术限制下，农民能达到的最高可能性等收入线是与生产可能性边界相切的那一条。这意味着在 K 点等收入线的

① 我们可以看到等收入线的斜率由相对价格描述，可以解收入方程得到 C。

斜率等于生产可能性边界的斜率，即 $\Delta C/\Delta B = -P_B/P_C$。在所有由生产可能性边界确定的技术上有效率的组合中，这是唯一经济上有效率的种植结构。①

我们可以看到 K 点代表的种植结构满足了我们利润最大化的要求，即在考虑在生产可能性边界上从一点移动到另一点，如从 L 点到 K 点这一隐含条件时，边际收入等于边际成本。这一移动需要放弃 ΔB 的大豆产量（引出 $\Delta B\times P_B$ 的边际成本）生产额外 ΔC 的玉米，产生了 $\Delta C\times P_C$ 的边际收入。令边际成本等于边际收入，我们可以得到等式 $\Delta B\times P_B = \Delta C\times P_C$。整理方程，等式两边先同时除以 ΔB，再除以 ΔC，得到 $\Delta C/\Delta B = -P_B/P_C$。这样，等收入线与生产可能性边界相切就满足了我们利润最大化的标准。

大豆是蛋白质的重要来源。假设政策制定者为人们寻求提高蛋白质的可能性。这个框架说明他们可以通过提高大豆与玉米的相对价格来达到这一目的。这会提高等收入线的斜率，使之与生产可能性边界的切点移动到如 L 点，在这一点上，大豆产量是 OD 而非 OA。同样，近年来许多国家都寻求使它们的农产品出口多样化，如包括像新鲜蔬菜这样的非传统产品。这一产品—产品框架表明政府可能通过以干预手段提高那些非传统出口商品相对价格的办法来促进这种多样性。这个框架也帮助政策制定者认识到，以增加一种商品产量为目标的激励通常是以减少某些其他商品产量为代价的。在一些例子中，目标可能是减少其他商品的产量。例如，在阿富汗，减少罂粟种植的努力需要考虑当地农民面临的罂粟与小麦的相对价格，小麦是他们的首要替代品。

□ 如何生产？ 要素—要素决定

农民们除了决定要混合播种哪些农作物品种，还必须决定给定产量下使投入品成本最低的农作物组合方式。这也是一个多维问题，因为农民要面对多种投入品的选择，包括土地、劳动力、资本、化肥、水、杀虫剂和农药。我们再次通过把投入品减少到两种即资本和劳动力的方法来简化这个问题。图 17－9 描述了农民的要素—要素决定问题。像前面一样，最优选择取决于自然条件和市场制约之间的相互关系。图 17－9 中，$MDEN$ 曲线，即等产量线描述了在农民种植给定产量某种作物（在该图中是 100 千克的水稻）时可能选择的资本和劳动力的不同组合。等产量线的斜率在曲线上的每一点都是变动的，由 $\Delta L/\Delta K$ 表示，其中 L 表示生产中使用的劳动力数量，K 表示资本数量。现实中，农民在生产这 100 千克水稻的时候会面对一系列离散型的技术选择。等产量线上的 P 点使用了大量资本和少量劳动力，这就表明该生产体系建立在联合收割机和其他大型农业机械的使用上。与此相反，等产量线上的 D 点使用了大量劳动力和少量资本，即依赖于使用小型工具的人工劳动。

任一给定等产量线上的每一点都代表生产相应数量产出所使用的资本和劳动力在技术上有效率的组合。任何位于给定等产量线以上的资本和劳动力的组合都是无效率的，因为同样数量的产出可以使用更少的投入品，可以是减少其中一种，也可以两者都减少。在这些技术上有效率的所有投入品组合中只有一点是在经济上有效率的，在这里被

---

① 按照莫舍框架，我们可以把 K 点看作收入分配线上可以同时触碰到经济上限和技术上限的一点。

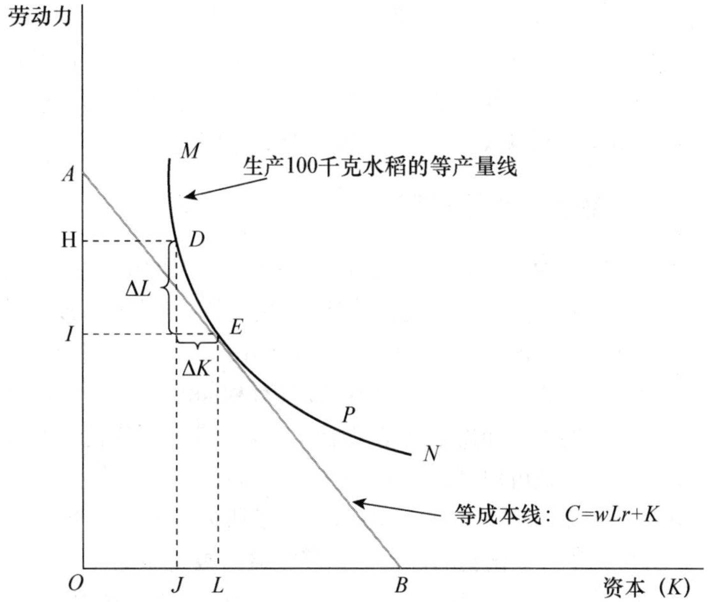

图 17-9　要素—要素决定

定义成可以生产一定数量产出所使用投入品的最小成本组合。找到这一最佳组合需要考虑市场是如何对资本和劳动力定价的。如果要素市场是竞争性的，那么劳动力就是由反映边际产量的工资支付的。同样，生产者也必须支付他们使用的资本（机械）。如果存在一个机械设备市场，那么租赁某种机械设备的成本就称为**资本租赁费率**（rental rate of capital），等同于为劳动力支付的工资。如果劳动力的每小时价格为它的工资（W'），资本的每小时价格是为使用它而支付的租赁费率（r），雇用一定数量劳动者的成本是 $w\times L$，使用一定数量资本的成本是 $r\times K$，那么生产 100 千克水稻的总成本（C）就是 $C=wL+rK$。这条成本线叫作**等成本线**（isocost），因为生产的总成本在等成本线上的每一点上都是相同的。图 17-9 中等成本线的斜率为 $-r/w$，其绝对值即相对要素价格。

一个使成本最小化的生产者将选择一个能使资本和劳动力成本最小化的组合，这个组合仍然能生产给定的产量。这个选择与图 17-9 中选择了可以生产 100 千克水稻的最低的等成本线是相契合的。这就是刚好与等产量线相切的那条等成本线，E 点为切点。这个唯一的相切意味着等产量线的斜率与等成本线的斜率是相等的，或用公式表示为 $\Delta L/\Delta K=-r/w$。这一点可以满足我们利润最大化的标准吗，即边际成本等于边际收益？设想把由 D 点表示的投入组合移动到 E 点。这就意味着用 ΔK 的资本量替代 $-\Delta L$ 的劳动力。替代的边际成本是 $-\Delta K\times r$，边际收益（储蓄）为 $\Delta L\times w$。这里使边际成本等于边际收益意味着 $-\Delta K\times r=\Delta L\times w$。像前面一样整理公式可以得到 $\Delta L/\Delta K=-r/w$，表示等产量线和等成本线的切点即是生产 100 千克水稻所用的可使利润最大化（成本最小化）的资本和劳动力组合。

这个框架也引申出了很多有趣的政策实施问题。农业机械化总是合适的吗？这个框架表明，如果某一特定国家劳动力丰裕（以至很便宜），但是资本稀缺（很昂贵），那么资本密集型的生产技术可能在经济上是无效率的。如果政策制定者想提高农民就业率，那么像汇率高估（人为地使进口资本价格低廉）或设置利率上限这样的政策就是不适宜的。这种人为的干预会减小等成本线的斜率，激励生产者把他们的技术选择从图 17－9 中的 E 点移动到其他点，如 P 点。如果这些变动的要素价格不能反映社会劳动力和资本的真实机会成本，就会导致无效的资源配置（及失业问题）。

□ 生产多少？ 要素—产品决定

决定了生产什么及如何生产，农民们仍需决定某种农作物的产量。这直接涉及生产所需投入品数量的决定。产量（再一次，受自然条件的限制）与投入品数量的自然关系是由生产函数表示的。在第 4 章阐述索洛模型时，我们介绍了一个代表整个经济体产量的生产函数。图 17－10 中的生产函数与前面的生产函数具有相同的技术特点，只是现在表示某一特定农作物的产量。如果我们知道最终结果暗含一个条件，即其他所有投入品都在一个持续不变的水平上，那么，就可以考虑产量与单一投入品的二维关系。像图 17－10 中曲线 $EJKP$ 所表示的生产函数就描绘了每公顷水稻产量所使用的化肥数量（其他投入品的数量固定）。曲线 $EJKP$ 显示了化肥的使用是**边际收益递减**（diminishing marginal returns）的。这说明当化肥使用量较低时，增加一单位化肥，如图 17－10 中的 ΔF 所示，会带来水稻产量相对大幅的增长，即 ΔR。然而，随着化肥使用的增长，由此而产生的水稻产量的增长越来越少。最终，如果使用太多的化肥，还会减少水稻的产量（如在图中超过 K 点以后）。由生产函数的斜率随着化肥使用的增多而递减就可以看出，化肥的边际收益是递减的。生产函数上任意一点的斜率，即 $\Delta R/\Delta F$，都是化肥的**边际产量**（marginal product）。

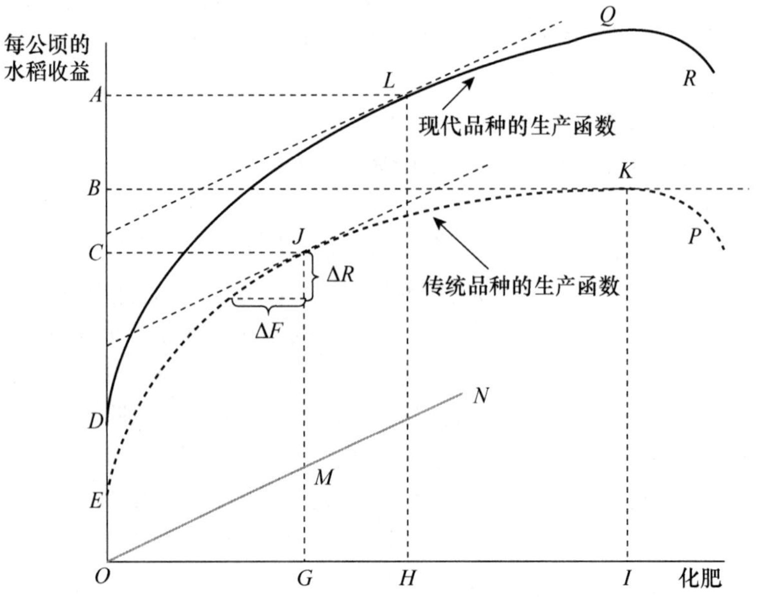

图 17－10　农业生产函数和要素—产品决定

图 17－10 中在 K 点水稻产量达到了最高水平，此时化肥的使用为 OI。但是，递减的边际收益使 OI 不可能成为利润最大化的化肥数量。像前文的情况一样，我们必须

考虑自然的可能性（给定技术下）与经济激励（以市场为信号）的相互作用。在这里，我们必须考虑水稻和化肥的市场价格。两者价格的比率即农民用水稻换取化肥的费率。在图 17－10 中，直线 ON 的斜率是由化肥和水稻的相对价格决定的，即 P_F/P_R（提高化肥价格使直线更陡峭，而提高水稻价格使之更平坦）。一个使利润最大化的农民会使用多少化肥（由此会生产多少水稻）呢？只要使用额外化肥而多得的水稻价值大于那些额外化肥的成本，使用更多化肥就会变得有利可图。

在图 17－10 中，直线 ON 反映了生产的成本，而生产函数 $EJKP$ 反映了收入。在生产函数与成本函数的高度差异最大的一点处利润达到最大。我们可以通过向上移动直线 ON（平行移动），直到与生产函数相切来找到这一点（即 J 点）。一个使利润最大化的农民会使用 OG 数量的化肥生产 OC 数量的水稻。只有在 J 点生产函数的斜率（化肥的边际产量）才精确地等于化肥与水稻的相对价格，或 $\Delta R/\Delta F = P_F/P_R$。在运用边际成本等于边际收益这一标准时，我们必须把额外化肥生产的额外水稻的价值同额外化肥的成本进行比较。随着收益递减，每一额外单位化肥所创造的价值都比之前单位创造的价值更少。增加的水稻产量产生的边际收益为 $\Delta R \times P_R$，使用更多化肥的边际成本为 $\Delta F \times P_F$。通过令这些式子相等并且如前面那样整理，我们发现化肥使用和粮食产量的利润最大化组合就在 $\Delta R/\Delta F = P_F/P_R$ 处，即切点 J。在现实中，大多数农民都趋向于通过使用比最佳数量更少的化肥来防止天气和价格的风险（尽管他们可以负担得起最佳数量）。

在第 3 章，我们对增长的源泉进行了分析，并对全要素生产率（TFP）随着生产函数的垂直移动而增长进行了描述，全要素生产率的增长令特定数量投入品的使用可以得到更多的产出。这一概念也可以用于农业生产函数，如图 17－10 所示。农业 TFP 的增长可以在图 17－10 中生产函数向 $DLQR$ 的垂直移动显示出来。农业 TFP 的增长反映了不变数量化肥的使用使每公顷水稻的产量更高。的确，如果水稻对化肥的反应是灵敏的，那么水稻的最佳配置会随着生产率的提高而增长，从 OG 移动到 OH，尽管化肥和水稻的相对价格没有变动。

在前面的土地水平决定模型中，我们提到了政策含义的重要性。政府可以通过降低化肥与水稻的相对价格（或者更广义地说，投入品与产出品的相对价格）进行干预，鼓励增加粮食产量。这样做使相对价格线更加平坦，并与生产函数相切，此生产函数使用更多的化肥生产更多的水稻。对于采用哪种政策的选择是复杂的。政府可以通过提高水稻价格或降低化肥成本（或两种方法共同使用）使价格比率更低。每种选择都可能既代价高昂又具有争议。近年来一些国家又开始重新使用化肥补贴的策略，这一策略在以前是一种普遍的方法，但是诸如世界银行这样的机构鼓励各国摒弃这一方法，因为这一方法成本高昂、在经济上无效率且最终是不可持续的（见案例 17—2 对马拉维重启的化肥补贴计划的讨论）。相反，任何提高粮食价格以激励农民的策略都会把我们重新带回粮食政策两难的境地，就像我们在考虑更高的粮食价格对消费者，尤其是对穷人的影响时一样。

▶ 案例 17—2　马拉维的化肥补贴

在描述南部非洲国家马拉维的颇具争议的化肥补贴计划时，《纽约时报》曾经在头版头条断言："忽略出口，消除饥饿"（Ending Famine，Simply by Ignoring the Exports）。[a] 马拉维曾长期遭受高比例饥饿的折磨，全国平均玉米产量刚刚超过美国平均水平的十分之一。然而到了 2007 年，马拉维实现了破纪录的玉米产量。根据《纽约时报》："农民们这样解释马拉维的超级大翻转——一种在全非洲广泛使用的抵抗饥饿的方法——只有一个词：化肥。"2004 年，马拉维经历了一场严峻的饥荒和颇具争议的总统选举。在选举中主要党派都在他们的宣言中竞称他们将大力支持农民。国会委员会提出了一个全国性的化肥计划，并由宾古·瓦·穆塔里卡总统（Bingu wa Mutharika）于 2005 年 6 月颁布。

最初有两点颇具争议，一是化肥补贴计划是否需要定位目标人群（如果需要，那么是哪些收入的人群），二是烟草这一马拉维的主要出口品是否同玉米这一主要消费作物一起纳入补贴计划。最初，政府决定仅仅包括玉米生产者，否则他们就无力购买化肥（只要是高产的农民都需要化肥）。计划并未包括那些最小的、生产力最低的生产者。总统拒绝实施普遍性的（即无须定位目标人群）补贴计划，因为这样做代价高昂。但是后来总统向政治压力妥协，把玉米和烟草生产者都纳入普遍性补贴计划。

计划包括化肥和改良的玉米育种。在第一年，计划排除了私人部门化肥供应商，但是随后纳入了几个大型供应商。这一计划是建立在兑换券体系上的，在这一体系中，符合要求的农民可以获得购买化肥的折扣券，使他们可以用 6.5 美元的价格购买一袋 50 千克的化肥，这刚刚超过全价（由政府支付剩余部分）的四分之一。在 2005—2006 年的播种季节，补贴计划共分配了大约 175 000 公吨的化肥和 4 500 公吨改良的玉米育种，价值 9 100 万美元。

马拉维 2007 年创纪录的玉米收成不仅仅是因为种子、化肥分配计划，还得益于有利的天气条件。《纽约时报》报道称："在小村庄 Mthungu，有一个上了年纪的寡妇 Enelesi Chankhaza，她的丈夫于五年前死于饥饿。她吹嘘说今年她的那一小块儿地收获了两牛车的玉米，而不是从前的半车。"马拉维在 2004—2005 年的玉米产量已经从前一年的 161 万公吨降到了 123 万公吨。在 2005—2006 年，即实施补贴计划的第一年，玉米产量提高到了 258 万公吨，在 2006—2007 年达到了 344 万公吨。

化肥补贴计划的采用给马拉维政府提出了一个两难的选择，因为马拉维刚从一次严重的经济危机中恢复过来，所以必须指望捐赠者恢复信心。捐赠组织看起来通常对这一大额的补贴计划感到不快，因为这是成本高昂的、不可持续的并且在经济上无效率的。最强烈的捐赠反对者是国际货币基金组织、美国国际开发署。除了补贴的经济无效率性，他们还担忧这一计划会削弱马拉维新生的私人化肥市场部门，它们是在 20 世纪 90 年代早期政府对化肥的垄断结束后才出现的。其他的捐赠者，如英国、世界银行和欧盟虽持怀疑态度，但是也愿意同马拉维政府一道使计划的负面效果最小化。与此相反，联合国和许多非政府组织对马拉维的化肥补贴计划都持开放性的支持态度。

2007 年玉米产量的提高到底有多少是因为化肥计划，又有多少是因为那年适宜的降雨仍然是未知的。很少有正式的研究估算补贴对玉米产量提高的贡献，其中之一总结称，马拉维的玉米产量因为化肥计划提高了 15%～22%。

基于这一研究，捐赠者对投入品补贴的态度可能会有所缓和。我们现在讨论的是

"聪明的补贴"。正如世界银行《2008 年世界发展报告》编写团队的共同负责人、经济学家德里克·拜里（Derek Byeriee）所指出的，"世界发展报告是务实的，在有限制的条件下更支持'聪明的补贴'。聪明的补贴应该是透明的、完全定位于穷人的……帮助刚刚起动的农业投入品市场，应该是提高农业生产率全面战略的一部分。"在具体评论马拉维的经验时，拜里继续说道，"世界银行的态度是计划应该实行定位，以尽可能地收获一系列更大的发展成就……聪明的补贴很重要，但是需要权衡其他更具优先性的国家预算。例如，马拉维的农业研发预算只有 3%，而农业研发是未来生产力提高的重要源泉。"[b]

a. *New York Times*, December 2, 2007.

b. Interview with the World Bank Meetings Center, December 18, 2007, available at http://blogs.worldbank.org/meetings/discuss/world-development-report－2008, accessed February 2012.

资料来源：这一案例的来源主要有两个：Blessings Chinsinga, "Reclaiming Policy Space: Lessons from Malawi's 2005/2006 Fertilizer Subsidy Programme," Futures Agricultures and University of Malawi, July 2007; I. Minde, T. S. Jayne, E. Crawford, J. Ariga, and J. Govereh, "Promoting Fertilizer Use in Africa: Current issues and Empirical Evidence from Malawi, Zambia, and Kenya," International Water Management Institute, Pretoria, South Africa and U. S. Agency for International Development, November 2008.

对高粮价刺激粮食产量增加的期待把我们曾经讨论过的决定耕地水平的每一个角度都联系在了一起。经济学家通过考虑某一给定作物（或者更广义的农业）价格变动和供给变动的关系来总结这些角度，这种关系被称为农民的**供给反应**（supply response）。图 17－11 描述了这一理论。图 17－11（a）用总收益和总成本来概括投入品和产出品的关系。对于给定的水稻价格，每增加一单位的产量，总收益即以相同的数量增长。所以图 17－11（a）中的总收益公式（*OB*）是线性的，斜率等于水稻的单位价格，P_0。生产水稻的总成本也随着产量的增加而增加。然而，生产函数收益递减的特点说明总成本曲线（*OA*）向上弯曲。因为利润是总收益与总成本的差额，所以，图 17－11（a）中利润在总收益曲线和总成本曲线垂直高度差距最大的产量水平上达到顶峰。像在生产函数的例子中一样，我们可以在图中找到这一点，即在所有与总收益曲线平行的直线中找到一条与总成本曲线相切的直线，切点就是这一利润最大点。图中切点为 E，也就是说，*OC* 是利润最大化时的水稻产量。①

图 17－11（b）说明数量 *OC* 的水稻产量满足我们利润最大化的条件。图 17－11（b）只是通过记录每一产量水平的总收益和总成本函数的斜率来概括图 17－11（a）中的关系。记住，"总"函数上任何一点的斜率都明确了一个类似的"边际"函数。因为总收益函数是线性的，它的斜率是不变的，所以图 17－11（b）中的边际收益函数只是一条水平线，它的高度代表水稻最初的价格，P_0。因为总成本曲线向上弯曲，所以它的斜率像总产量函数一样是递增的。图 17－11（b）中的边际成本曲线记录了总成本曲线在每一产出水平的斜率，所以也是向上弯曲的。图 17－11（b）直接表明了 *OC* 数量的总

① 我们可以把为了生计而播种自己一小块土地的农民看作是没有固定成本的，他们只使用一些手工工具。在这种情况下，图 17－11 中总成本曲线的 y 截距将为 0（如图所示）。拥有大量资本储备的大生产者是有固定成本的。在这种情况下，总成本曲线是正截距的，但均衡条件仍然是 $MR=MC$。

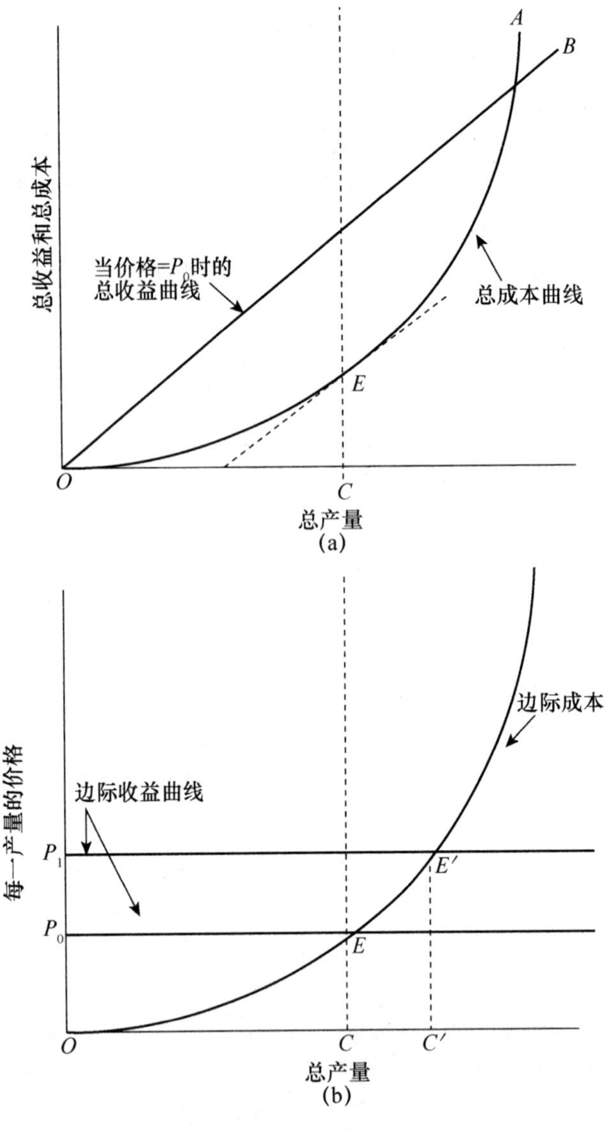

图 17－11　产量和价格的关系

产量是利润最大化的产量，因为在这里边际收益等于边际成本。如果水稻价格从 P_0 上涨到 P_1，那么边际收益曲线将如图所示向上移动，并与边际成本曲线相交于 E' 点，而非原来的 E 点。在这一更高的价格水平上，利润最大化的产量将增加到 OC'。所以，供给曲线可以由边际成本曲线给出。

基于这些关系，我们可以通过水稻供给的价格弹性归纳农民对提高价格的供给反应：

$$\varepsilon^{\zeta}=\frac{\%\Delta R}{\%\Delta P_R} \tag{17—1}$$

式中，R 是水稻产量，P_R 是水稻价格。这一弹性大小估计值的范围（对农业整体的估计）可以从大约 0（意味着生产者并未对更高的价格做出增加供给的反应）变化到 1.5（意味着价格 10％的增长会带来供给 15％的增长）。供给弹性很小的原因之一可能是生产**非价格制约**（nonprice constraints）的存在。农民们可能缺少得到能提高产量的投入品的渠道，或是因为市场是不充分的、难以进入的，投入品成本太高，或是因为没有信贷条件。生产也可能被不利的制度制约，如缺少有保障的土地所有权。

关于供给弹性估计的一个潜在令人困惑的问题是：这个弹性是只涉及单一商品还是农业整体？即使某一特定国家单一商品的供给价格弹性相对较高，同一国家的农业整体的供给弹性也可能相对较低。为什么？回忆一下图 17－8 中的生产可能性边界，图中增加玉米产量的直接代价是减少大豆产量。从这个例子中可以总结出，可能是农民们为了对相对价格变动做出反应而在商品之间进行替代导致了这一结果。在分析时考虑到时间范围也是非常重要的。短期中，许多生产条件是固定不变的；然而，在长期，也许是因为非价格制约被放松了，所以，条件有所变化。如果单从经验来看，某一农作物的长期供给弹性可能会两倍于短期供给弹性。从理论角度看，我们可以把短期供给反应看作沿着某一（静止的）供给曲线的移动，就像产量对价格变动做出的反应。然而，在长期中注意到技术变动也可能影响农民的供给反应是非常重要的。在这里，我们可以把技术变动看作减少了生产的边际成本。这样，边际成本曲线向下移动（或者说，供给曲线向右移动），在每一价格水平上供给都有所增加。另外，在长期，其他对生产反应的非价格制约是可以被克服的。改良的基础设施建设可以为农民提供更便利的投入品和产出品市场进入条件，信用供给可能增加，农民们可以学会如何提高他们的农业生产技能。

对非洲农业总供给弹性的估计趋向于较低，大约短期在 0.2、长期在 0.4 的水平上。但是，一些对特定农作物的研究声称发现了比这些数值大得多的弹性。特兰斯·诺佐亚（Trans Nzoia）在一项对肯尼亚玉米生产区的研究中估计玉米的短期供给弹性为 0.53，长期弹性为 0.76。所以，玉米价格 10%的增长会引起玉米短期产量 5.3%的增长，及长期产量 7.6%的增长。① 另一项对坦桑尼亚粮食产量的研究发现，粮食价格（相对于出口粮食）10%的增长可能引起人均粮食产量 3.9%的短期增长、9.2%的长期增长。②

对农业生产者如何对价格刺激做出反应的讨论为了解政策制定者如何干预以改变农民的生产决定提供了一个基础。无论目标是为了降低一国对进口谷物的依赖，是为了增加本地的蔬菜供给，是为了增加出口的咖啡供给，还是为了雇用更多的农业劳动力，价格政策都为政策制定者提供了一个虽然不算锋利，但依旧强有力的工具。案例 17—2 讨论了马拉维的化肥补贴；尽管这只是政府尝试过的许多影响农民行为的可能性案例之一。然而，有必要重复，生产者激励只是更广泛的粮食政策的一部分。如果提高产量和最大化生产者收入是唯一的目标，那么粮食政策分析会相对简单。现实中的挑战（粮食政策两难困境）是如何在使农业获利的同时保护贫困消费者免遭高粮价的威胁。**农场交货价格**（farm-gate price）和**零售价格**（retail price）的差价被称作**商业加成**（marketing margin）。这是仓储、运输和加工基础农产品所需的成本，这样，距离农场较远的消费者，

---

① Lawrence O. Moses, Kees Burger, and Arie Kuvyenhoven, "Aggregate supply Response to Price Incentives: The Case of Smallholder Maize Production in Kenya," *African Crop Science Conference Proceedings*, 8 (2007), 1271-1275.

② Andrew Mckay, Oliver Morrissey, and Charlotte Vaillant, "Aggregate Export and Food Crop Supply Response in Tanzania," DFID-TERP: CREDIT Discussion Paper 4 (No. 98/4), Center for Research in Economic Development and International Trade, University of Nottingham, Nottingham, England, 1998.

或者可能在收获季节之后的几个月采购的消费者就可以购买和使用了。如果因为恶劣的基础设施或有限的市场进入条件而导致商业加成提高了，那么粮食政策两难困境就会恶化。在分析生产者激励时考虑市场进入条件是非常重要的。

□ 市场进入

许多发展中国家恶劣的基础设施状况制约了农民的市场进入，也制约了他们购买投入品、卖出产出品的能力。当出售他们农产品的市场比较遥远时，尽管农民们接受采用现代品种的风险并承担购买投入品的债务（给农民们高产量的承诺作为回报），但他们的收入也非常少。对农民来说，在距离较远的市场，尤其是当交通运输条件有限时，出售农产品的成本是非常高昂的。许多农民只能向远距离的市场运送有限数量的产品。当农民们面对较高的市场成本时，生产激励就会被减弱。世界银行报告称：发展中国家16%的农村人口（大约4.4亿）生活在偏远地区，这些地区距离一个5 000人口以上的集市最少有5个小时的路程。[①] 这一问题在不同地区又有很大差异：在撒哈拉以南非洲地区、中东和北非，接近三分之一人口居住在那些偏远地区，而在东亚这一比例是17%，南亚只有5%。在许多案例中，即使是具有较高潜力的农业地区也缺少与市场相联系所必需的基础设施。世界银行报告称，在埃塞俄比亚有68%的农村人口居住在雨量充沛的地区，但是他们平均距离最近的公路10公里，距离最近的公共交通18公里。偏远地区基础设施质量的差别与收入水平和人口密度（因为在低人口密度的地区投资像公路这样的公共产品成本更高）的不同息息相关。除了恶劣的基础设施建设，不利的制度也可能制约农业的供给反应，更广义地说，会阻碍农业的发展。案例17—3描述了移动电话在发展中国家农业市场中日益增长的地位。

▶ 案例17—3　移动电话与农业发展

移动电话改变了发展中国家的偏远市场，尤其是在撒哈拉以南非洲地区，那里传统的电话线路很大程度上都不为人知。到2009年，在撒哈拉以南非洲地区已经有10倍于传统电话线路的移动电话数量，并且这一数量持续快速增长。在1999年，只有10%的非洲人口潜在地被移动电话技术覆盖；然而到了2008年，这个数字增长到了60%（尽管一些国家的覆盖比其他国家高出许多）。这种快速的增长促使卢瓦达总统保罗·卡加梅（Paul Kagame）宣称："移动电话，这一曾经的奢侈和特权的象征，在非洲已经成为基本需求。"[a] 有效率的市场需要市场参与者可以轻松地获取信息。对农民和交易者来说，市场价格、工资、天气及其他相关事件都是至关重要的信息。移动电话的迅速渗透极大减少了获取这些信息的成本。

传统上，非洲偏远市场的交易者只有亲自去到那些市场才能了解那里的价格。这一成本和所需的时间为交易者了解他们参与的市场强加了苛刻的限制。而对于拥有移动电话的交易者来说，之前要花费几个小时路程才能获取的信息现在只需要一个简短的电话或短信就可以获取。经济学家珍妮·阿克（Jenny Aker）发现，对尼日尔偏远地区的谷

---

① World Bank, *World Development Report, 2008*, p. 54.

物交易者来说，移动电话的使用使他们的搜寻成本降低了50%。[b] 她采访了尼日尔的谷物交易者，其中一人称，使用移动电话后，“我可以短时间内了解远近市场的所有信息。”另一个交易者告诉阿克：“[现在] 我花2美元就知道了价格，再不用花20美元[跑到市场去] 了。”结果是，不同偏远市场的价格趋于相同，粮食消费价格下跌了3.5%。交易者和消费者的境况都有所好转。同样地，经济学家罗伯特·詹森（Robert Jensen）也发现，在印度移动电话的使用为渔业交易者和消费者创造了极大的利益。在那里，当交易者使用移动电话时，不同市场的价格也趋于相同（有效价格形成的标志）；渔民的利润提高了8%，而渔业消费者享受了零售价格下跌4%的福利。[c] 这种迅速的信息传播方式的好处在渔业市场尤为显著，因为那里的产品极易腐烂。经济学家Megumi Muto和Takashi Yamano注意到移动电话的使用使乌干达香蕉生产者的市场参与率提高了10%。[d] 香蕉像鱼类一样极易腐烂。对于类似商品的市场来说，信息迅速流动的利益是极为显而易见的。詹森所称的这种数据装备无疑将继续迅速扩散，并改变全球的偏远市场。

a. Address at the Connect Africa Summit, Kigali, Rwanda, October 29, 2007.

b. J. Aker, “Information from Markets Near and Far: Mobile Phones and Agricultural Markets in Niger,” *American Economic Journal: Applied Economics* 2, no. 3 (2010), 46-59.

c. R. Jensen, “The Digital Provide: Information (Technology), Market Performance and Welfare in the South Indian Fisheries Sector,” *Quarterly Journal of Economics* 122, no. 3 (2007), 879-924.

d. M. Muto and T. Yamano, “The Impact of Mobile Phone Coverage Expansion on Market Participation: Panel Data Evidence from Uganda,” *World Development* 37, no. 12 (2009), 1887-1896.

资料来源：Jenny C. Aker and Isaac M. Mbiti, “Mobile Phones and Economic Development in Africa,” *Journal of Economic Perspectives*, 24, no. 3 (Summer 2010): 207-232.

17.5 农业发展制度

经济史学家、诺贝尔经济学奖获得者道格拉斯·诺思（Douglass North，1997）对制度有一个著名的定义，他把制度定义为“为决定人们的相互关系而人为设定的一些制约，包括正规约束（规章、法律和宪法）和非正规约束（行为准则、习俗和伦理规范），以及这些约束的实施特性。它们一起决定了社会尤其是经济的激励结构。”① 所以说，制度决定了社会中人们相互影响的游戏规则。在农业发展的背景下，管制着土地所有权和转让权的制度显得尤为重要。

在大多数国家，土地所有权都是权力和社会地位的一个重要决定因素，这就使土地分配成为一项重要的政治议题。土地（像收入、财富和政治权力一样）的分配是不均衡的。表17-2提供了一些国家平均土地持有规模的数据，并给出了一个国家用于公平分配土地的指标。表17-2中用土地所有权的基尼系数来总结土地分配的公平程度。回忆第6章可知，基尼系数是用0到1的数值来判断相对分配平等程度的指标。基尼系数越接近

① Douglass North, “Economic Performance through Time,” in Torsten Persson, ed., *Nobel Lectures, Economics 1991—1995* (Singapore: World Scientific, 1997).

1，说明分配越不公平。在这些数据中有几点比较突出。不同国家和地区间在平均土地持有水平和土地所有权的平等程度上都存在较大差异，这反映了它们在人口密度、文化和历史上的巨大不同。与南美洲的一些大国相比，非洲和亚洲的平均耕地规模趋向于偏小。在埃塞俄比亚，平均耕地规模为 0.8 公顷，而在阿根廷为 469 公顷，在美国为 740 公顷。

表 17-2　　所选国家耕地规模和土地所有权的公平性

国家/地区	调查年份	农场平均规模（公顷）	土地所有权的基尼系数
非洲			
布基纳法索	1993	3.92	0.42
刚果民主共和国	1990	0.53	0.37
埃及	1990	0.95	0.65
埃塞俄比亚	1989—1992	0.80	0.47
几内亚	1995	2.03	0.48
马拉维	1993	0.75	0.52
纳米比亚	1995	2.64	0.38
马干达	1991	4.70	0.59
北美和中美洲			
巴哈马	1994	11.5	0.87
巴巴多斯	1989	190.0	0.94
加拿大	1991	349.1	0.64
洪都拉斯	1993	11.17	0.66
巴拿马	1990	110.0	0.87
波多黎各	1987	100.0	0.77
美国	1987	740.0	0.74
南美洲			
阿根廷	1988	469.0	0.83
巴西	1985	64.64	0.85
哥伦比亚	1988	120.0	0.79
巴拉圭	1991	77.53	0.93
秘鲁	1994	20.15	0.86
亚洲			
印度	1991	1.55	0.58
印度尼西亚	1993	0.87	0.46
日本	1995	1.20	0.59
韩国	1990	1.05	0.34
尼泊尔	1992	0.95	0.45
巴基斯坦	1990	3.78	0.57
菲律宾	1991	2.16	0.55
泰国	1993	3.36	0.47
土耳其	1991	5.76	0.61
越南	1994	0.52	0.53

资料来源：FAO, *World Census of Agriculture* (Rome: Food and Agriculture Organization of the United Nations, 2000).

非洲的土地所有权基尼系数偏向于较低的水平，如刚果民主共和国为0.37，纳米比亚为0.38。这些较低的基尼系数反映了土地所有权分配的高度公平性。与此相反，南美国家的土地分配是非常不公平的。巴西0.85、巴拉圭0.93的基尼系数说明了大量的土地被少数的大土地所有者拥有，而那些国家的大部分农村居民只能分配剩余的一些土地。拉丁美洲土地分配的极大不公平性是有着深刻的历史根源的，以至于出现了专用于描述这种现象的术语：**大庄园**（latifandia，支配土地分配的大农场）和**小庄园**（minifundia，农民们用来养家糊口的小型家庭农场）。

主导着土地权利的制度在对农业生产者的激励形成中扮演着重要角色，无论是对他们努力水平的激励，还是对他们为保持土地质量而进行投资的意愿的激励。没有保障性的土地权利会削弱对生产者的激励并制约劳动生产率。而有保障性的土地权利则可以通过创造信贷市场准入条件来提高农业生产率，因为农民可以通过信贷市场购买改良的投入品。管理土地出售权的制度也可以影响农业生产率，方法是使土地所有权的转让便利化，使土地向最有效率的生产者转移。

土地权利在发展中国家有多种形式，从纯粹的私人所有权到纯粹的集体所有权，以及多种在这两个极端形式之间的所有权。所以，在这个范围的一端，所有者对谁使用他们的土地以及他们生产什么有绝对的控制权；而在另一端，一个集体中的所有成员都被赋予使用土地并从产出中获益的权利。土地权利最普遍的中间形式是**固定租金租赁制**（fixed-rent tenancy）和**分成佃农制**（share cropping）。分成佃农制是南亚的一种占主导地位的合同安排，而发展中国家的其他地区更典型地依赖于固定租金租赁制。在租赁制下，一个家庭要从大土地主那里租赁土地并支付固定的现金租金。在分成佃农制下，农村家庭向地主租用一小块地，并把他们的产出以固定的比例交给地主。这两个体系的主要不同点在于地主与佃户如何分担农耕中的固有风险。在固定租金的体系下，佃农承担所有的风险；他们的土地租金并不依赖于他们的产量水平。相反，在分成佃农制下，地主与佃农更平等地分担风险，因为以物付款的方式取决于佃农的产量水平。不同租赁形式下对生产者的激励也是不同的。在大型的商业农场中，农业劳作是由雇佣劳动力完成的，土地所有者面临监督劳动者努力水平这一复杂的问题。与此相反，在纯粹的公社制农场中，人人都要分享公共产出，对劳动者的激励作用是有限的，因为个人得到的回报并不能反映他为使集体产量最大化所做出的努力。就生产者激励来说，不同类型租赁安排的核心区别在于生产者是否为农场产出的**剩余所有者**（residual claimants），即他们的个人所得是否随他们努力水平的提高而提高。

不同土地制度的另一个重要区别是生产者耕种某些块土地权利的保障性和稳定性。一份写着某块土地租赁期为一两年的租赁合同无疑没有一份清晰表明时间的合同更有把握。经济学家克劳斯·戴宁格和格尔森·费德（Klaus Deininger and Gershon Feder，2001）总结了有保障的个人财产权利的成本和收益。① 主要的收益包括：(1) 提高了的保护和投资土地的积极性；(2) 转移土地所有权的能力，即把土地所有权向可以最好地利用土地的人转移（如通过利用规模经济效应）；(3) 把土地作为担保品的能力，这可以为

① Klaus Deininger and Gershon Feder, "Land Institutions and Land Markets," in B. L. Gardner and G. C. Rausser, eds., *Handbook of Agricultural Economics*, 1st ed. (Amsterdam: Elsevier, 2001), vol. 1, pp. 288-331.

农民提供进入信贷市场的途径（及采用现代作物品种和投入品的可能性）。主要的成本一是管理成本，包括在现实中确定土地界限和执行土地权利，二是最贫困农民被剥夺生存源泉的风险，因为他们常常依赖于对**公共财产资源**（common property resources，如开放的可以放牧的草场）的使用。

已有大量证据证明，具有保障性的土地权利不但可以提高农业生产率，还可以促进对土地保护的投资（这可以提高未来的生产率）。在中国，集体耕作向私人耕作的转变就伴随着生产率的极大提高，因为农民提高个人努力程度就可以获得更高的收益。对土地保护的长期投资也非常明显。在加纳，研究发现，租赁更有保障性的农民更可能植树并对排水和灌溉系统投资。在尼日尔，拥有自己土地的农民与佃农相比会使用更多的肥料以保持土壤肥力。另外，有证据表明，有保障的租赁权利不仅可以引发对土地保护的投资，还可以帮助农民进入正规信贷市场以为那些投资融资。在泰国，土地所有权不仅提高了土地价值、提升了生产效率，而且增加了信用供给。对巴拉圭的另一项研究发现，明确地契的收益大体上为农业收入的10%。然而，研究却发现那些收益大量集中在大土地所有者手中，而土地少于20公顷的生产者并没有获得信用供给增加的利益。①

改进**地契**（land titling）体系是保障租赁权利的一种方法。地契包括提供土地所有权的法律文件。通过地契提高租赁保障性的计划必须同时考虑实施的成本。这些成本大部分是行政性的，包括土地的丈量和定界，争端土地的判决和文件成本。地契也可以使土地市场的运行便利化，这在贫穷国家的发展常常是非常落后的。然而，如果穷人缺少进入信贷市场的途径，那么，土地市场并不能帮助穷人获得土地。当地契并不足以取得关于土地权利的社会目标时，人们就会尝试各种形式的土地改革。

17.6 土地改革

改革土地权利的尝试可以有多种形式，其中包括以下几种：

- 租赁合同改革，旨在提高佃农租赁的可保障性。法律要求签订长期合同，以限制地主解雇佃农的权利，这样就强化了佃农的财产权，损害了地主的利益，但又没有把所有者的收入转移给佃农。
- 削减租金，通常包括对地主要求的作为租金的产出分成设置一个上限。如果分成比例同以往相比有较大幅度降低，那么，不但可以对佃农的福利产生巨大影响，还可以使佃农家庭产生盈余以用作投资。
- 把土地赋予耕种者（即从前的佃农），并对地主的土地损失予以补偿，这种模式可以有多种不同形式。政府可以出台一项法律，为个人可以拥有的土地英亩数设置一个上限，这样就迫使个人出售多于限制的所有土地。改革法案也可以规定只有那些实际上耕种土地的人才可以拥有土地，所有其他的土地必须出售。这种改革的一个重要问题

① 这些研究基于 Deininger and Feder，“Land Institutions and Land Markets.”

是，从前的地主是可以为他们必须出售的土地得到足够的补偿，还是只能得到部分补偿？

● 把土地赋予耕种者，不对地主的土地损失予以补偿，这是最激进的土地权利改革方式。所有者全部不耕种的土地都必须充公，并且原来的地主得不到任何补偿。这种类型的改革最有可能发生在重大的政治剧变之后，如革命或战争失败。

这些类型的土地改革实施起来从上到下越来越复杂，并且每种方法都存在潜在的负面后果，尽管这些后果并非有意识的。对土地租金设置上限是这几种潜在改革办法中最不具侵犯性的。尽管租金上限可能会刺激土地所有者收回他们出租的土地。这种结果在拉丁美洲和印度都非常普遍，同样的改革在那里导致穷人失去了全部耕种土地的30%。与此相反，戴宁格和费德称，孟加拉国的租赁改革使生产率提高了40%。① 限制土地拥有规模的尝试基本上是失败的。这些情况的主要问题是土地所有者可以规避上限，例如，他们可以把大块土地在家庭成员之间进行分配。

把土地赋予耕种者的安排是土地再分配改革的范例。由于这样的安排涉及土地所有者的转移，所以会面临持续增长的政治阻力。在一定的先决条件下，这种改革才能取得更大的成功。如果佃农已经耕种了某些块土地，而这些土地属于更大的土地所有者，那么，在这种条件下，转移土地所有权在管理角度上看是很简单的，而且可以通过提高生产者的积极性来提高生产率。在玻利维亚、埃塞俄比亚、印度、伊朗、日本、韩国和中国台湾，这种类型的改革已经取得了成功。然而在大庄园体系下，这种土地改革就没那么成功了。在这种体系下，佃农基本上大部分时间都耕种地主的土地，但是也拥有他们自己的用于维持生计的小块土地。拉丁美洲的普遍现象是，当大地主面临土地再分配改革的可能时，他们会解除与佃农的租约并把他们变为领取工资的雇佣劳动力。另外，土地补偿制度可能是成本高昂的，而且，对征得的土地进行合理的补偿价格估算是非常复杂的，因为在很多国家土地市场的质量很差。土地的再分配会带来新的土地所有者，如果这些新的土地所有者之前没有耕种过那些土地，那么，对补充性支持（如基础设施建设和农民的培训项目）的需求也会极大地增加改革成本。②

如果说补偿性的土地再分配是复杂的，那么，非补偿性的再分配则几乎是不可能的，除非发生了社会变革、外敌入侵，或者两者同时发生。发生在日本和韩国的土地再分配改革的成功案例是战争失利或者外敌占领的结果。在中国和苏联，发生在社会革命之前的外敌入侵摧毁了旧的土地秩序，为大规模的土地改革创造了条件。在其他的一些案例中，只需革命就可以为土地再分配改革创造必需的条件。如古巴、埃及、埃塞俄比亚、尼加拉瓜和越南。

在许多国家，土地再分配改革一直都是一个重要的、具有争议的问题。土地所有权分配高度不均衡的国家尤其如此，这常常是历史遗留问题或种族歧视的结果。例如，南部非洲的津巴布韦和南非都是定居殖民地，白人大量占有最好的农业用地。土地再分配改革在那些国家一直是主要的社会问题。津巴布韦 1999 年在总统罗伯特·穆加贝（Robert Mugabe）的支持下开始对白人占有的农场进行强制性征收。发生在津巴布韦的

① Deininger and Feder，"Land Institutions and Land Markets."

② 戴宁格和费德对这些问题做了更多细节描述，参见 Deininger and Feder，"Land Institutions and Land Markets."

这种土地改革受到了广泛批判，不只是因为暴力的使用，还因为在分配新夺取土地时的政治偏袒导致了津巴布韦大部分贫困人口不能获益。在南非，伴随着 1994 年种族隔离政权的瓦解和向民主制度的转变而产生的是大多数当地人对收回土地的高度期望。而津巴布韦发生的一切点燃了这种期望。但是，与津巴布韦相反，南非政府对土地改革采取了更加谨慎的办法。因为它不想发生像津巴布韦那样的经济混乱。在 1994 年选举之后，非洲国民大会政府宣布了一项计划，承诺 2014 年之前要把 30%的商业耕地重新分配给黑人；然而，到 2010 年，只取得了 6%的进展，在这一问题上一直局势紧张。土地再分配改革在许多发生过冲突的地区也是一项重要议题。在经过长期的内战后，莫桑比克和利比里亚都面临着巨大的挑战，即把大量流离失所的人口重新安置在曾经被外敌占领的土地上。在南美洲，土地改革也是一个核心问题，那里的印第安土著长期遭受种族歧视。如在玻利维亚，政府计划在 2011 年重新分配 40 万英亩土地，这与 2010 年的水平相比有了极大的提高。

17.7 2005—2008 年世界粮食危机

在 2005—2008 年间，全世界遭受了自 20 世纪 70 年代早期以来最严重的粮食危机。这次危机的重要指标是一系列大宗粮食价格的快速上涨。如图 17－12 所示，大米、玉米和小麦的价格在经历了 2004 年开始的一段较为平缓的增长后，在 2007 年初到 2008 年中急剧上涨。尽管玉米价格是其中增长最为缓慢的，然而，到了 2008 年 6 月也比两年前的价格上涨了 2.5 倍。小麦价格的上涨甚至更为剧烈，但是它们的增长都赶不上 2007—2008 年水稻价格的猛烈上涨。从 2007 年 10 月到 2008 年 4 月，世界大米价格已经翻了三倍（从每吨 335 美元上涨到了每吨超过 1 000 美元）。

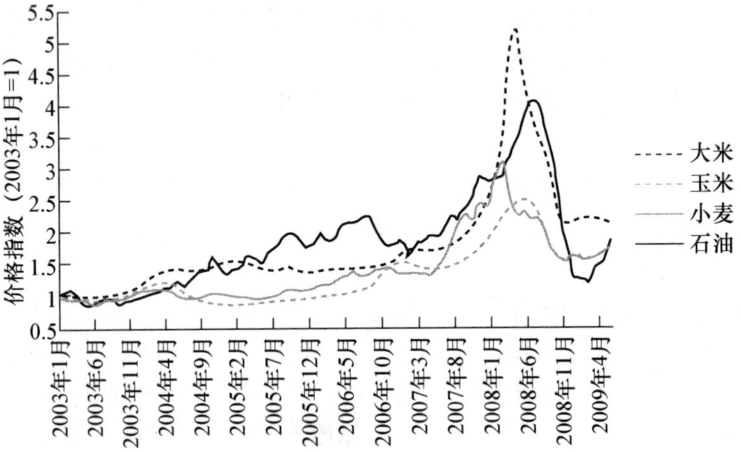

图 17－12 2003 年 1 月—2009 年 5 月谷物和原油名义价格趋势

资料来源：Headey，D.，S. Malaiyandi，and S. Fan，2009，"Navigating the Perfect Storm：Reflections on the Food，Energy，and Financial Crises，" IFPRI Discussion Paper 00889，Figure 1. Washington，DC：International Food Policy Research Institute.

□ 危机的根源

对危机的解释包括一系列广泛的可能原因，而且这是具有持续争议性的话题。潜在的罪魁祸首清单不但包括供给冲击，还包括需求冲击，列举如下：来自中国和印度的需求增长，金融市场的投机，囤积和出口限制，天气冲击，不断下降的劳动生产率，低利率，美元贬值，石油价格上涨，粮食储备下降和对生物燃料的需求。① 对这些潜在因素的相对重要性并没有一个明确的共识。值得关注的是，一些潜在因素对所有商品的影响都是很常见的（如石油价格上涨和美元贬值的影响），而其他一些因素只是针对某一特定商品的（如供给冲击和对生物燃料需求的影响）。

在这些解释世界粮食危机的原因中，争论最为热烈的当属生物燃料需求的影响，自从 2003 年以来，这一需求一直持续增长（部分因为美国政府的补贴和相关的需求刺激政策）。这一趋势对玉米价格尤为重要。到 2007 年，生物燃料耗费了美国玉米产量的25%。经济学家德里克·海蒂和樊胜根（Derek Headey and Shenggen Fan）总结道，在大量差异较大的估算中，最准确的是玉米价格上涨的 60%～70%是由玉米用来生产生物燃料引起的。而其他研究在解释玉米价格的上涨时认为生物燃料并没有如此大的作用。从这种争论中可以看出两点重要的考虑，这两种考虑使对粮食价格危机的分析更加复杂化。一是尽管有大范围的商品价格上涨，但是它们上涨的原因却各不相同（如在生物燃料的生产中并未广泛使用水稻）。在分析生物燃料需求的影响时的第二种考虑是有必要把不同作物间的相互影响分析纳入进来。以生物燃料为例，人们认为大豆价格上涨的原因有高达 40%可以由对玉米需求的增长来解释。这中间有联系吗？2007 年，美国玉米种植面积 23%的增长是以大豆种植面积减少 16%为代价的。另外，到了消费者需要在大宗粮食间相互替代的程度时，上涨的玉米价格就会使人们对小麦和大米的需求增加，使它们的价格也上涨。

对世界大米价格翻了三倍的解释更多地涉及对可燃混合物扭曲的贸易干预和恐慌性购买。历史上，与其他粮食相比，世界大米市场的交易额较小，只有占全球大米产量的5%～7%在国际市场上交易（而小麦则为 20%）。这使得世界大米价格相对不稳定。除此之外，全球大米出口被少数几个国家控制：仅泰国、印度、越南和巴基斯坦就占到了全球大米出口的大约 70%。所以，当 2007 年 11 月印度通过禁止出口的办法提高水稻价格时，世界大米市场崩溃的条件就成熟了。印度对大米出口的禁令引起了世界水稻市场的连锁反应。那些进口国家，尤其是菲律宾加快了它们进口购买的速度，唯恐价格进一步上涨。这些购买本身又使价格进一步上涨，越南、中国、缅甸和埃及也做出反应，干预并限制大米出口。图 17－13 绘制了世界大米价格图来展现上述这些事件及相关事件。②

---

① 参见 D Headey and S. Fan，"Anatomy of a Crisis：The Causes and Consequences of Surging Food Prices，" *Agricultural Economics* 39（suppl. 2008），375-391。

② D. Headey，S. Malailyandi，and S. Fan，"Navigating the Perfect Storm：Reflections on the Food，Energy，and Financial Crises，" Discussion Paper No. 00889，International food Policy Research Institute，Washington，DC，August 2009. 对大米危机的详细回顾，参见 D. Dawe，ed.，*The Rice Crisis*：*Markets*，*Policies and Food Security*（London：Earthscan，2010）。

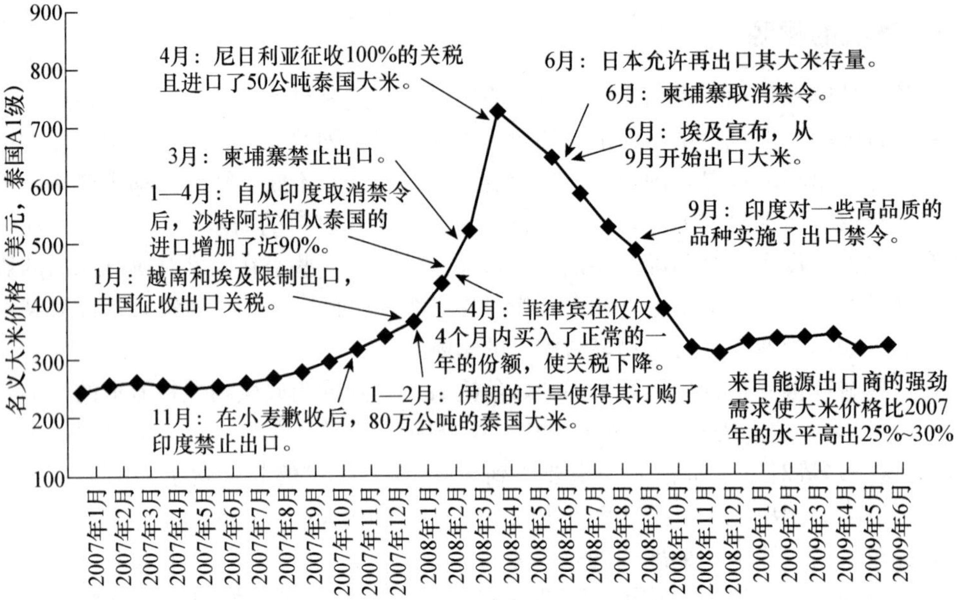

图 17－13　世界大米市场上的大事件

资料来源：Headey，D.，S. Malaiyandi，and S. Fan，2009，"Navigating the Perfect Storm：Reflections on the Food，Energy，and Financial Crises." IFPRI Discussion Paper 00889，Figure 2，Washington，DC：International Food Policy Research Institute.

商品因素也影响了世界小麦价格。在这里，主要的罪魁祸首是天气引致的供给冲击。世界主要的小麦出口国之一澳大利亚在 2006 年遭受了上千年来最严重的干旱，导致小麦出口量减少了一半。那一年其他主要小麦生产国的产量也比往年有所降低，包括美国、俄罗斯和乌克兰。

一个更普遍的因素是石油价格。石油价格总是比小麦、玉米和大米的价格早一步上涨。石油价格与之相关联有若干原因。例如，化学肥料就是大量依靠石油的产品，而且大多数农业机械的运转都依赖汽油或柴油。除此之外，更高的石油价格也会提高农产品的运输成本，无论是一个国家内的运输还是国与国之间的运输。在这里我们也看到了与其他危机潜在原因的相互作用效果：当石油价格较高时生产生物燃料就更加有利可图。此外，市场本可以通过注入储备粮的办法对大量商品的价格上涨做出回应，只不过由于当时粮食储备处于历史上的低水平，市场的这种回应能力大大受到制约。具有讽刺意味的是，这种低水平的粮食储备正是由危机前长期的价格下跌造成的。

□ 危机的后果

2005—2008 年世界粮食危机的后果更难以总结。尽管我们的终极关怀是贫困家庭的福利问题，然而全球粮食价格冲击对家庭福利影响的因果链却是长期的、复杂的。海蒂和樊区分了这一因果链的宏观和微观联系。宏观联系涉及一国粮食进口清单的规模、进口国本国货币与美元的汇率（国际粮食价格是以美元标价的）和这些国家的外汇储备数量（用于进口的资金）。用这些因素通常可以衡量进口国政府在国际粮食价格上涨时可以用来缓冲国内消费（尤其是对贫困消费者）的程度。例如，某种进口商品，如小麦的本币价格（如比索）与用美元表示的世界价格乘以本币的美元汇率（即 1 美元的比索价格）相等的情况。所以，如果用美元表示的小麦世界价格以与比索对美元升值相同的比例增长（也就是说，如果比索兑美元汇率变动，1 比索可以购买更多美元，产生一个“更低”的汇率使每一美元表示更少的比索），那么小麦世界价格增长的一部分就会被汇率的波动抵消，而并不会传导给国内（以本国货币计价的）粮食价格。而 2003—2007 年间的经历却大不相同。

然而，对福利的影响同时依赖于一系列微观因素，一旦世界市场变动转化到国内粮食价格上，这些微观因素就会发挥作用。届时，粮食相对价格的变动会引发消费者在不同商品间相互替代（偏好那些变得相对便宜的商品）。取代价格突然上涨商品的机会可以帮助抑制对消费者的潜在负面影响。但是，这些机会同时依赖于消费者的偏好和不同收入水平家庭的粮食消费模式。尤其是，上涨的粮食价格对家庭福利的影响取决于家庭是粮食的净购买者还是净出售者（如前面讨论过的）。

对世界粮食危机福利影响的估计也存在广泛的差异。研究往往倾向于认为贫困（甚至是偏远地区的贫困）趋于随着粮食价格的上涨而恶化。考虑到几乎所有城市居民和极大比例的农村居民（尤其是穷人）都是粮食的净购买者（尽管净出售者获益，但他们中的很多人仍然相对贫困），这一结果并不令人惊讶。在粮食危机对贫穷的影响问题上，不仅不同国家不尽相同，在同一国家内这种影响也存在广泛的差别。经济学家穆列什·伊万尼茨和威尔·马丁（Maros Ivanic and Will Martin，2008）总结道，平均来说（他们研究的 9 个国家），短期内贫困率增长了 4.5 个百分点。① 他们认为，如果把这一结果扩展到所有低收入国家，那么，粮食危机可能使全球贫困人口增加了 1.05 亿。他们的估计显然比世界粮农组织高出很多，粮农组织估计粮食危机使贫困人口增加了 4 000 万。这些事例说明，无论是对影响的深度还是广度的估计都有一个共识，即世界粮食危机损害了穷人的利益。

17.8 本章小结

- 在一个典型的发展经济体中，农业部门和其他部门存在很多不同的特征。农业的独特性包括在 GDP 和就业中占很大份额、农业生产函数的一些技术特征（这一部门的大量产品直接被生产者消费）和农业作为蓄水池的角色。
- 发展中国家的农场和农民彼此间是存在很大差异的，无论是国与国之间还是同一国内。这些不同包括农场规模、技术、环境条件、农作物种植结构和市场的整合程度。但是，我们仍然可以从更广泛的角度来描述传统农业，即传统农业是由小规模的家庭农场组成的，主要是为了自己的消费而生产粮食，他们种植传统的农作物品种，使用传统技术及少量购买性投入品，生产率水平较低。
- 农业体系可以有多种方式，主要的类型有迁移农业、草原游牧及定居农业。近几

① M. Ivanic and W. Martin, “Implications of Higher Global Food Prices for Poverty in Low-Income Countries,” *Agricultural Economics* 39 (suppl. 2008), 405-416.

十年在促进农业发展方面最大的进步集中在定居农业体系上。

● 农业生产率的增长（一般被定义为每单位土地的产出水平）是农业发展的核心部分。粮食作物的产出增长率在东亚地区一直都较高，但是在撒哈拉以南非洲地区却很低（其他发展中地区的水平位于这两个极端之间）。

● 农业生产率的增长受到一系列因素的制约，包括缺少改良的技术、负面的经济刺激和拙劣的制度。

● 绿色革命创造了新的农业技术，对亚洲和拉丁美洲农业生产率的增长做出了巨大贡献。而在撒哈拉以南非洲地区，农民的获益则更加有限。

● 当农民们决定生产什么、如何生产以及生产多少的时候，影响粮食价格的政府决策在塑造对农民的激励上发挥着至关重要的作用。实现提高农业产量和生产效率的目标需要对农民的正面激励，尤其是以提高粮食价格的方式。但是，政府为了实现这一目标的努力可能会被严重制约，因为高粮价会对贫困的消费者产生负面影响，很多消费者可能会面临营养不良和饥饿的风险。

● 控制土地权利的制度在对农民提供激励和机会方面是非常重要的。具有保障性的租赁安排不仅可以在现有的农业生产中鼓励农民尽更大的努力，还可以鼓励在保护土壤资源方面进行更多的投资，以有利于未来的生产。通过土地改革提高租赁保障性的努力往往在理论上是令人心动的，但是实施起来却困难重重。

第 18 章

贸易与发展

第五届美洲领导人峰会于 2009 年 4 月在特立尼达拉岛和多巴哥岛举行，会议取得了极大的成功，揭开了地区合作的新篇章。与第四次峰会形成鲜明对比的是，这次峰会没有遭遇大规模的抵制行动。第四次美洲领导人峰会于 2005 年在阿根廷的马德普拉塔举行。34 位来自西半球的总统聚集在一起，讨论美洲自由贸易区，自由贸易区的观念是由美国前总统比尔·克林顿在 1994 年提出的，这一观点同时也受到了其继任者乔治·W. 布什的支持。墨西哥总统维森特·福克斯（Vicente Fox）与其他拉丁美洲的领导人一样，也支持这一观点。但是同样也存在着反对的声音。阿根廷与巴西民主党派总统都提出了他们对这一观点的疑虑。其中反对意见最强烈的当属委内瑞拉的左翼领袖雨果·查韦斯（Hugo Chavez）。他曾经带领由约 25 000 名反对者组成的队伍聚集在会场门外的大厅抗议："我们每个人手中都拿着一把铁锹，这是掘墓者的铁锹，因为马德普拉塔是美洲自由贸易区的墓碑。"

在这次集会后便爆发了暴力事件。暴力事件在国际贸易的官方会议举行过程中经常发生。1999 年在西雅图举行的世贸组织会议就因为上街游行的反对者而数次被迫中断。这些反对者认为自由贸易对发展中国家和发达国家的工人利益都有所损害。2003 年在墨西哥坎迪斯，同样也面临着来自会场中的反对者以及会场外的游行示威者的反对抗议。其中一名示威者是来自韩国的 Lee Kyang Hae，他是韩国农民与渔民联盟的领导者，他在示威中用刀刺向自己，之后不久便因此身亡。他以这种方式来表达其对世贸组织以及该组织所倡导的开放贸易政策的反对态度。Lee 尤其反对农业的自由贸易，认为这会毁掉众多韩国农民的生活。所有这些事件都表明，全球化与自由贸易造成了世界上经济政策最为激烈的矛盾。

尽管有诸多此种矛盾与疑虑，跨国间的贸易仍然不断增多，并且大多数发展中国家都非常积极主动地扩大它们的国际贸易规模。全球贸易量在过去的 30 年中增加了五倍多，而发展中国家的国际贸易量增加了更多。发展中国家比以前进口了更多的产品与服务，从食品到医药制品再到大型机器。发展中国家同样也比之前出口了更多产品，从农业产品、石油和其他一些原材料产品到汽车配件、衣服、半导体、鞋、毛绒玩具等。交通（包括集装箱式运输）、电信以及制作工艺的革新更是为这一进程提供了硬件支持。原有的供应链被打破，产品零部件由一个国家生产，但是制成品却由另一个国家完成。以汽车产业为例，“民族品牌”这一概念不复存在。甚至一些简单的产品也经历了全球的分工制造，以中国大陆制造的芭比娃娃为例，其塑料颗粒来自中国台湾，尼龙头发来自日本，包装用的纸盒来自美国。

对于那些中低收入国家来说，贸易明显提供了提高它们的福利水平、加快增长与发展速度的机会。随着贸易更加开放，家庭住户与商业企业都可以在质量、价格以及产品种类方面有着比只在国内厂家购买要多得多的选择机会。产品生产商也有着更为广阔的销售市场。如果贸易很成功，出口厂商可以给大量的低技术含量工人提供就业机会，这对于减少贫困有着非常重要的影响。贸易对于新技术从发达国家向发展中国家转移同样提供了可能的机会，这同样可以提高产量与收入水平。

但是贸易带来的并非都是好消息。尽管更多的开放贸易会创造很多胜利者，它同样也创造了诸多的失败者。一些原来在国内市场中以较高价格生产产品的厂商和农民，在开放贸易的情况下由于工作岗位减少或者其他干扰因素的影响而只能被迫退出市场。在世界市场范围内经营的出口贸易商要经常面临产品价格急剧下滑和国际市场上很多自己无法掌控的意想不到的风险。尼加拉瓜恶劣的天气会造成其咖啡豆产量骤减，从而使得世界价格上升，并由此惠及乌干达的咖啡生产商。同时，如果越南咖啡豆获得了丰收，则会拉低世界价格从而使得乌干达的农民收入进一步下降。在 2008 年的金融危机中，美国和欧盟遭受了极大的衰退，这损害了世界各国的出口。

有证据表明，开放式贸易有益于发展中国家，能够加快经济的增长并减少贫穷，尤其是当出口商品主要集中在诸如农业和基础制造业的劳动密集型产品上时，这一效应就更加明显。但是仍然存在很多争议。一些经济学家认为，贸易的积极贡献实际上要小于人们所普遍认为的，其他的一些因素则在发展进程中有着更为重要的作用。在政府采取必要措施促进贸易发展和平衡传统市场的主导政策以及政府介入帮助刺激出口之间，一直都存在着激烈的争论。有一些人认为，更多的开放贸易无非增加了一些“血汗工厂”，并且由此引发了针对工资、劳动标准以及环境结果的“低廉竞争”。另一些人认为，跨国贸易谈判大多是对贫穷国家不利的，它使得富裕国家在继续保护其自身农业、纺织业生产者以及知识产权的情况下，迫使发展中国家开放自己的经济。

在这一章里，我们将首先通过研究近期各个国家的贸易模式以及发展趋势来分析这些争论。接下来，我们介绍比较优势理论的核心概念以及其对国际贸易的重要启示。在这些重要的理论基础之上，本章重点关注那些在初级产品上具有比较优势的国家，这些初级产品包括：食品及其他农产品、石油、天然气、木材、矿物质以及其他原材料。贸易的优势和劣势也进一步被考量。

18.1 贸易趋势与贸易模式

在过去的 50 年中，世界贸易获得了极大的增长。图 18－1 显示了从 1974 年至 2007

年以当期美元核算的各地区出口量。① 各地区的出口量呈现出大致相似的趋势，尽管有些国家的进口远超过出口（如美国）；有些国家的出口远超过进口（如中国）。贸易赤字或盈余的持续对地区贸易流量的影响微乎其微。

高收入国家的进出口量在世界贸易中仍居于主导地位，这一结果也许会使人大吃一惊，因为“中国制造”似乎已经遍布世界各地。“中国制造”的产品包括服装、鞋、玩具以及各式各样的其他消费品。但是大批量的世界贸易却要发端于高收入国家，并主要在这些国家之间进行，如飞机、汽车、电脑软件、机械、制药和小麦等。2009 年，中国取代德国，成为世界上最大的货物出口国，但是中国的出口量仅占世界总出口的 10%。加拿大而非中国仍然是美国最重要的贸易伙伴。

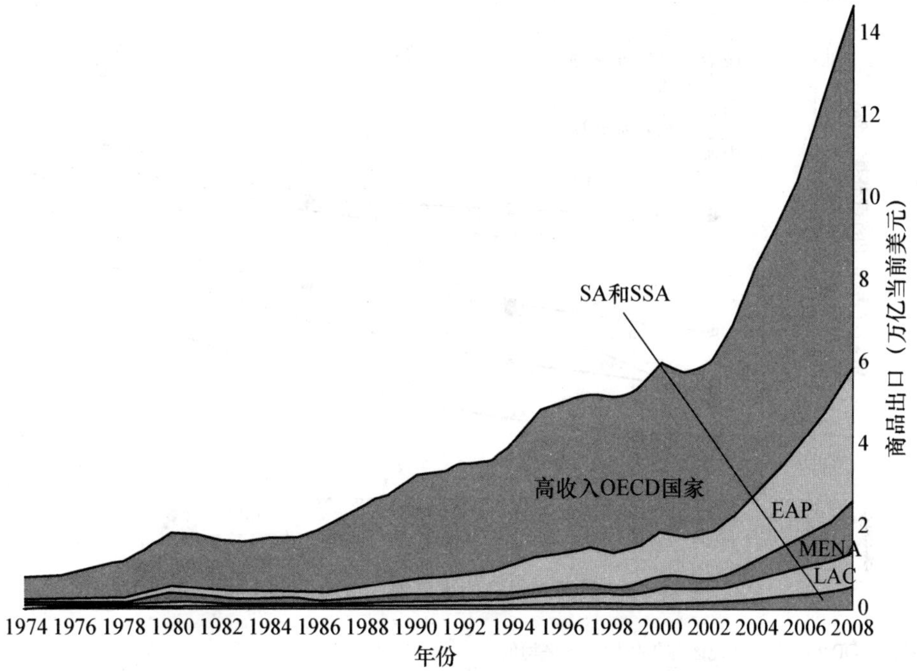

图 18-1　1974—2007 年世界出口增长率（分地区）

EAP，东亚和太平洋地区；LAC，拉丁美洲和加勒比地区；MENA，中东和北非；OECD，经济合作与发展组织；SA，南亚；SSA，撒哈拉以南非洲地区。

欧洲和中亚的出口没包括在内。韩国包括在 EAP 中。

资料来源：World Bank，“World Development Indicators,” http://databank.worldbank.org.

以市场汇率衡量，高收入国家的经济总量占世界 GDP 的 80%。尽管这些国家的贸易占 GDP 的比重远远小于中国，但是它们却在世界贸易中占据统治地位。记住，GDP 包括消费、投资、政策支出和净出口（出口减去进口）的总和。如果高收入国家的经济总量占世界总产出的 80%，那么它们占世界进出口量的近 75%也是顺理成章的事。

① 图 18-1 仅涉及商品出口，即货物出口，包括初级产品（如农产品、石油以及矿物）和制成品，以未剔除通货膨胀的当前美元价格衡量。不包括服务贸易，如旅游、国际运输、保险、金融服务、呼叫中心以及数据处理。2007 年，商品贸易占世界总贸易量的 80%。

但是中低收入国家的出口增长迅速，这一过程大致可追溯至 20 世纪 70 年代末，那时，中国转而实施更加外向型的贸易政策。更早一些时期，中国香港、韩国、新加坡、中国台湾都将贸易视为经济增长的引擎，并取得了极大的成功。包括中国在内的许多其他国家也实行了相似的发展模式。图 18－1 显示了东亚地区的出口增长，在图 18－2 中，我们能更加清晰地看到进出口占 GDP 的比率迅速攀升。其中进出口数据以地区和年代划分，包括商品贸易和服务贸易。过去 30 年中，东亚地区的人均 GDP 增长率最高，同时其贸易占 GDP 的比率也增加最快，在 20 世纪 70 年代，这一比率平均约为 20％。但是进入 21 世纪以后，这一比率超过 75％，远高于其他地区。毫无疑问，贸易在东亚地区的经济增长与发展中发挥了中心作用。

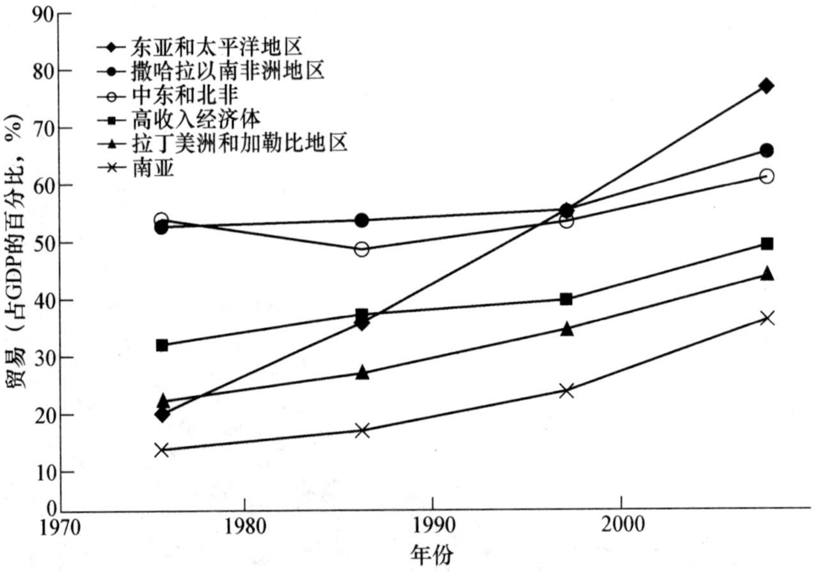

图 18－2　贸易对经济的重要性，1970—2007 年

贸易占 GDP 的比率是按地区和年代划分的平均值。

资料来源：World Bank，"World Development Indicators，" http://databank.worldbank.org.

把发展中国家当作一个整体来考察，它们的商品和服务的进出口总量超出其总产出的 64％，这一结果表明，这些经济体很大程度上受全球市场的影响。但是在这些发展趋势中，也存在一些明显的区域性差别。图 18－2 显示了不同的情况，撒哈拉以南非洲地区一直被视为全球经济的边缘化地区，尤其是在考察该地区对世界进出口的微不足道的贡献时，该地区的"边缘化"特征更是确定无疑。1970 年，其商品出口仅占世界出口总量的 3.6％，到 2007 年，这一比重降至 1.8％。但是从地区的角度来看，其贸易却一直占据了 GDP 的较大比重。20 世纪 70 年代，其贸易占 GDP 的比率为 53％，几乎高于同时期任何其他地区；21 世纪以来，这一比重平均为 66％，仅低于东亚，位居第二。但该地区的问题并不在贸易占 GDP 的比重上，而是这一地区的贸易和 GDP 无法持续、快速增长。以印度经济为首的南亚地区，贸易一直占很小的比重，尽管印度和其他国家一直大力强调进出口的巨大作用。

随着经济的不断增长以及国际贸易份额的不断增大，进出口产品也相应发生了变化。在进口方面，随着收入的提高，各个国家更倾向于进口较高档的消费品和作为生产投入的中间产品；在出口方面，随着工人不断获取新技术以及提高生产效率，出口商品的构成由初级产品转向制成品以及服务，包括呼叫中心、数据处理以及外包服务。

图 18－3 说明了各地区的出口商品构成是如何变化的。传统的观点认为，发展中国家可能热衷于出口初级产品以进口发达国家的制成品。这一情况已经发生了很大变化，过去 30 年，东亚、南美以及南非的出口主要由制成品构成，而非初级产品。虽然这些地区也出口相当数量的初级产品，如印度尼西亚的天然气、智利的铜以及斯里兰卡的茶，但是制成品的出口已经占据了较大的比重。

毛里求斯是一个远离非洲东海岸的岛国，同样遵循着相似的模式。1975 年，该国的出口品以初级产品甘蔗为主，制成品仅占其商品出口的 12%；截至 2000 年，81%的商品出口为制成品。毛里求斯已经成为一个主要的服装生产商。如今，毛里求斯减少了对甘蔗和服装的出口，大力发展服务贸易，如离岸银行、电信、旅游。但是在非洲大陆，初级产品仍然在商品贸易中占据主导地位，如咖啡、钻石、花生、石油以及矿物。非洲以及其他经济体的初级产品出口对经济的影响将在本章后面详细讨论。

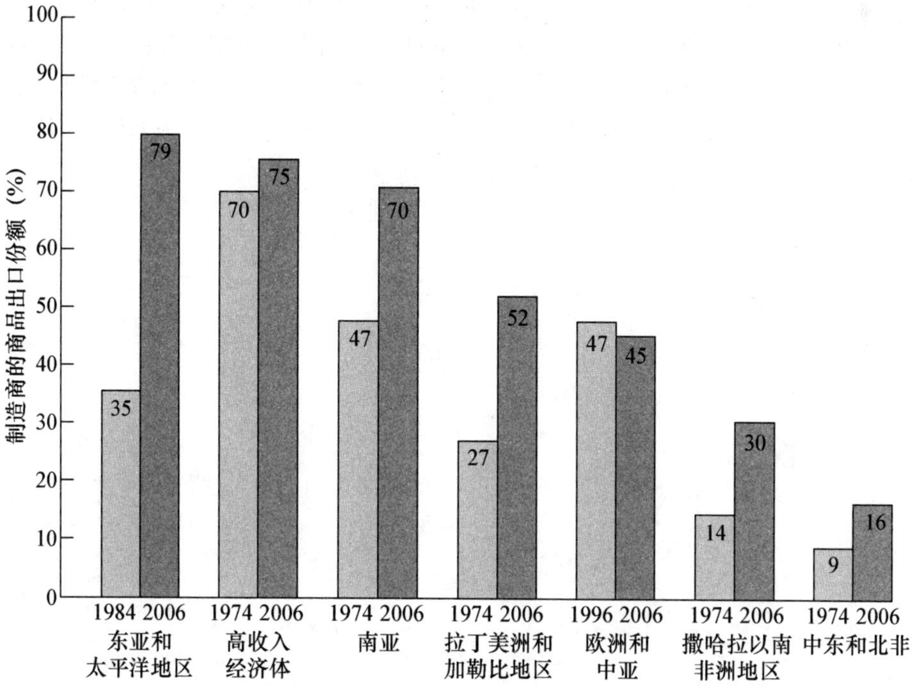

图 18－3　制成品出口的重要性（分地区）

资料来源：World Bank，"World Development Indicators，" http://databank.worldbank.org.

对所有发展中国家而言，约 2/3 的贸易仍然是与高收入经济体进行的。自 1990 以来（20 世纪 90 年代苏联解体），对于苏联及前苏联加盟国而言，这一比重无疑增长更加迅速。由于石油出口转向其他发展中国家，中东的贸易份额正在逐渐下降。对亚洲地区而言，其最大的变化是其近半的商品都出口到亚洲内的其他国家或地区。其中包括日本、韩国、新加坡、中国台湾等高收入经济体。1980 年，亚洲地区贸易的三分之一是在区域内进行的。某一亚洲国家生产的原材料和中间产品可能被出口到另一个亚洲邻国进行进一步的加工，以供最终产品出口。中国的崛起则更加显著：进口量与出口量几乎以同样的增速增长，并且它已经成为世界上最大的市场之一。中国制成品出口中相当大一部分是用进口其临近亚洲国家的元件组装而成的。

□ 贸易主体

一个国家与其他国家进行贸易的广泛程度取决于很多因素，人口规模较小的国家倾向于与人口规模较大的国家进行贸易，因为小国无法有效地生产消费者和厂商所需要的各种消费品、中间产品以及资本设备。正如小城镇不能像大城镇那样为购物者提供产品和服务一样，小经济体不能有效率地为消费者和厂商提供它们所需要的一切。所以，小经济体更倾向于进口更多的产品来满足这些需求。从出口角度来看，如果某个小经济体的产量增加，则由于受市场范围局限，该小经济体只将产品销售给本地，就无法充分利用规模销售带来的好处。通过向世界市场出口商品，它们可以销售更多专业化的产品。大经济体的厂商则可以不受本地市场规模的局限，把其生产的大部分产品都做本地化销售。在圭亚那，进口量与出口量合计占 GDP 总额的近 200%，毛里求斯的进出口总量则为 GDP 的 1.2 倍。但在规模比较大的经济体中，例如巴西和印度，这一数字则分别为 27%和 45%。图 18－4 较好地证实了这种关系，并有助于解释尽管撒哈拉以南非洲地区包含众多国家，但是一半国家的人口少于 1 000 万，因此其贸易占 GDP 的比例相对较高。

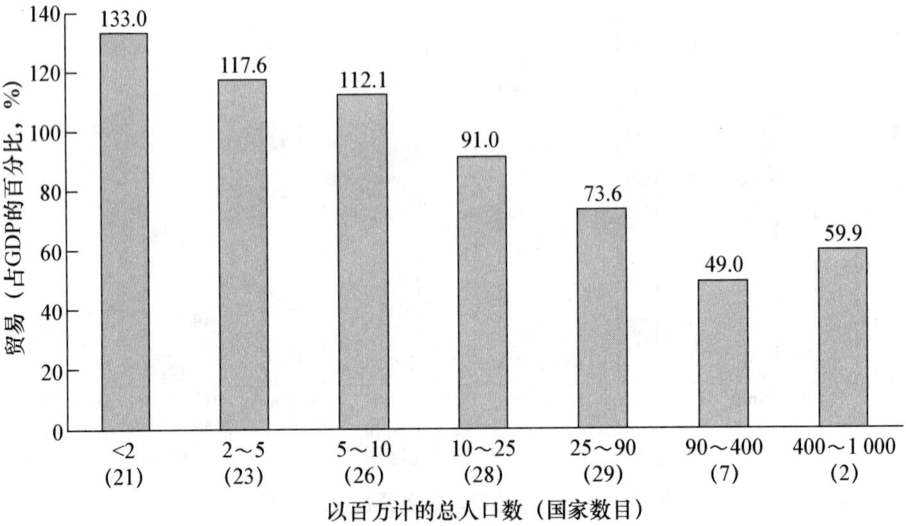

图 18－4　贸易对人口稀少国家的重要性

资料来源：World Bank，"World Development Indicators，" http://databank.worldbank.org.

贸易方式同样也受国家地理特征的影响，包括距离航道的远近，尤其要看该国是否为内陆型国家，还包括相对于主要市场的地理位置。在之前的几百年中，国家之间贸易往来最重要也是最便宜的途径就是通过海运。直到今天，那些距离海运航线近的国家也仍然比那些内陆国家有着更多的进出口量。亚当·斯密早在 230 年前就认识到了近海所带来的贸易优势，在他的著作《国富论》一书中，他这样写道：

> 通过海运的方式，人们可以将一个更为密集的市场向各种类型的工业化国家开放，而这是仅仅依靠陆运无法企及的。正因为此，那些依靠海岸、临近江河沿岸的工业城市，其各种工业就自然而然地进一步分化并不断发展，这些发展进行了相当一段时间之后，才得以向该国家的内陆部分扩张。①

正如斯密所预测的那样，大多数内陆国家贸易并不太多，全球 44 个没有海岸线的国家作为一个整体而言，它们的贸易占 GDP 的比重为 25%，而其余国家的这一比重为 75%。② 内陆国家进行运输的成本较高，因为它们不仅要承担海运成本，还要负担从内陆到最近的港口的运输成本。这些费用还会因为与邻国关系的恶化而急剧攀升。举例来说，埃塞俄比亚与厄立特里亚之间的地区冲突使得埃塞俄比亚的一些商业机构开始寻求其他更远的港口，例如，吉布提或肯尼亚。深入内陆的尼泊尔几乎完全依靠途经印度进行运输。非洲 16 个内陆型国家的运输成本几乎比它们的近海邻国的运输成本高 2～3 倍。③ 因此，这些内陆国家进口的商品通常都比较昂贵。同样，这些国家的出口商也要为运输支付更多的费用，从而抬高了其出口商品的成本，使其在国际市场上的竞争力降低。

正如第 3 章所阐述的，内陆国家不仅贸易量较小，而且经济增长相对缓慢。不能与其他国家更好地进行贸易往来可能是经济增长缓慢的一个原因。但是也有一些特例。一些收入较高的内陆国家，比如奥地利、瑞士，贸易发展得较好，原因在于它们位于较大市场的中心部位，有着较好的陆路运输系统，并且与周边国家关系良好，所以海运成本并没有成为很大的贸易障碍。另外，尽管海路运输的费用较高，但是如果内陆国家出口的原材料的国际市场价格与生产成本之间的差额较大，则该国就处于出口的优势地位。博茨瓦纳作为一个内陆国家，国际贸易进行得相当成功，它的钻石带来了巨大收益，弥补了较为高昂的海运运输成本。与之相反，乌干达最主要的出口产品——咖啡却没有带来这种好处。除去内陆国家，一些国家与主要市场相隔甚远，太平洋海域的萨摩亚及其他岛国也面临着同样的海运成本高昂的问题。尽管成本不断降低的空运大大减弱了这些不利情况，但是占多数的贸易产品仍然通过海运运输。

除去人口规模以及地理因素，各国政府对于贸易策略以及相关政策的选择也直接决定着贸易的发展状态。一般来说，发展中国家的政府通常会采取以下两种贸易策略——进口替代和外向型贸易政策。**进口替代**（import substitution）是用国内企业生产的产品和服务来取代（或替代）进口产品。**外向型贸易政策**（outward-looking trade policies）将重点转向为全球市场生产出口品。在讨论这两种策略以前（见 19 章），我们认为有必要了解一些关于国际贸易的经济学解释。

---

① Adam Smith, *An Inquiry into the Nature and Causes of the Wealth of Nations* (New York: Modern Library, 1976), bk. i, chap. 3, para. 3.

② 贸易对 GDP 的比率是未经加权的，在内陆国家采用了 44 个国家的简单平均。当按地区或收入分类展示平均值时，采用的是加权平均，间接显示了其对大型经济体的重要性。

③ United Nations Conference on Trade and Development (UNCTAD), *Review of Maritime Transport 1995* (Geneva: United Nations Publications, 1995).

18.2 比较优势

两百多年来，贸易理论家们一直试图解释为什么各国要致力于从事国际贸易，什么产品和服务会用来进行贸易，以及企业和消费者是如何从贸易中获益或受损的。工作母机模型主要建立在**比较优势理论**（theory of comparative advantage）的基础上，该理论是在静态条件的假设（即假设所有生产要素的供给都是固定的）下来描绘贸易模式的。比较优势在贸易收益方面具有丰富的含义，下面是一些最具影响力的结果：

- 任何国家都可以通过贸易增加福利，因为世界市场为消费者提供了一个以相对较低的价格购买商品的机会。
- 国家越小，从贸易中所获得的潜在收益就越大。
- 这样的国家从贸易中获益最大，即该国出口最密集地使用其丰富的生产要素所生产的产品，而进口那些由本国相对稀缺的生产要素所生产的产品。

第一层含义在所有经济学理论中最具影响力。这一理论由大卫·李嘉图在 1817 年出版的《政治经济学及赋税原理》一书中提出，该理论的核心是两国的比较优势为两国之间贸易的进行提供了基础。

任何从事国际贸易的国家都可以从贸易中获益，这其中既包含生产所有产品成本最高的国家，也包括生产所有产品成本最低的国家。如果要了解这是为什么，就需要我们来考虑以下这个例子。墨西哥是美国的第三大贸易伙伴，美国是墨西哥最大的贸易伙伴，两国的跨境贸易很频繁。在这些商品贸易中，我们很容易理解为何墨西哥向美国出口原油以及美国向墨西哥出口飞机。因为美国耗尽了其石油资源，需要从其他国家进口石油，而墨西哥没有航空产业，短期内也无法迅速发展这一产业，因此两国将会选择贸易。石油与飞机的贸易类型很容易理解，很多国家之间的贸易都采用这一模式，即进口它们无法自行生产的商品。但是更多的国际贸易并不具备此种特征。下面将用一个更为有趣的例子进行详细阐述。

墨西哥与美国之间的贸易产品也包括农业设备（如拖拉机）和农产品（如西红柿）。与飞机和石油的贸易不同，两国均可以生产以上两种产品。我们用一个高度简化的模型来说明以上两种产品的贸易。如表 18-1 所示，两国生产同一产品所需劳动不同。假设美国生产单位产品所需劳动时间均较少，即美国在两种产品的生产上具有**绝对优势**（absolute advantage），也就是说，在拖拉机和西红柿两种产品的生产上，美国的单位劳动生产率比墨西哥更高。在上文的飞机与石油的例子中，美国在飞机的生产上具有绝对优势，而墨西哥在石油的生产上具有绝对优势。而在本例中，墨西哥在两种产品的生产上均有**绝对劣势**（absolute disadvantage）。然而，即使如表 18-1 所示的那样，两国仍然可以通过贸易提高收益。

表 18-1　　产品成本及比较优势

产品的劳动时间	墨西哥	美国
农产品（吨）	50	40
农业设备（1 台拖拉机）	300	200
相对价格（吨西红柿/1 台拖拉机）	6	5

假设不存在国际贸易，在墨西哥，1台拖拉机的价格与6吨西红柿的价格相当，因为生产每台拖拉机需要300个单位的劳动时间，而生产1吨西红柿需要50个单位的劳动时间；在美国，1台拖拉机与5吨西红柿的价格相当，因为生产1台拖拉机需要200个单位的劳动时间，而生产1吨西红柿需要40个单位的劳动时间。① 因此，每个国家的**封闭价格**（autarky price，不存在贸易时的国内价格）不同，两个国家都可以从贸易中获益。当拖拉机对西红柿的相对价格位于两国各自的封闭价格之间时，贸易就会发生。在自由贸易条件下，供给和需求的力量决定了价格最终会落在这一区间。

假设两国在1台拖拉机兑换5.5吨西红柿的条件下进行贸易，墨西哥需要放弃5.5吨西红柿而不是6吨即可得到1台拖拉机。因此，墨西哥通过将其劳动力转移到西红柿的生产上，并将它们卖到美国而获取好处。墨西哥的工人无须工作300小时去生产1台拖拉机，其只需工作275小时（每吨50小时乘以5.5吨）即可进口1台拖拉机。通过贸易节约的25小时可以用于生产更多的西红柿和消费更多的这两种产品。令人吃惊的是：美国同样可以通过从墨西哥进口西红柿、出口拖拉机获取好处，尽管该国两种产品的生产商都要消耗更少的劳动。美国的工人用200小时可以生产出1台拖拉机或5吨西红柿。如果美国的劳动力从农场转移到拖拉机生产上，出口1台拖拉机到墨西哥相当于生产了5.5吨西红柿，这比他们自己专门生产西红柿要多出0.5吨。美国的公司可以生产出足够多的拖拉机，从而既能满足国内的需求，也能满足出口墨西哥的需要，美国的消费者也可以消费更多的西红柿。墨西哥和美国都可以从贸易中获益，尽管它们付出了同样的努力（以劳动时间衡量），但它们能够消费更多的产品。

李嘉图理论的核心是：如果每个国家都生产其相对更有生产效率的产品，即具有**比较优势**（comparative advantage）的产品，那么贸易双方都可以获益。在墨西哥，1台拖拉机的成本是6吨西红柿（或者1吨西红柿的机会成本是1/6台拖拉机）。在美国，1台拖拉机的成本是5吨西红柿（或者1吨西红柿的机会成本是1/5台拖拉机）。美国可通过出口1台拖拉机获得超过5吨的西红柿；墨西哥可通过出口1吨西红柿获得超过1/6台的拖拉机。两国都可获取更高水平的消费。正如2008年诺贝尔经济学奖获得者保罗·克鲁格曼在他的国际贸易的前沿著作中所写的：贸易的目的是进口而非出口。一个国家的贸易所得实际是其想要进口产品的能力，出口并不是目的。出口需求是一个国家必须承受的负担，因为进口商太短视，以致其忽略了国内需求。②

也许比较优势理论看上去简单而直接，但是却经常被误读。当有人宣称高收入经济体的工人必须与发展中国家的低收入工人竞争是不公平的时，他们并没有理解富国与穷国之间展开国际贸易的好处。事实是，虽然在一个国家的范围内，贸易会创造赢家和输家，然而比较优势理论的本质却是当国家间可以自由贸易时，对单个国家而言总收益会大于总损失。同样地，当一些批评家把国际贸易视为国家之间的竞争，一些国家的收益是另一些国家的损失，贸易不过是一个零和博弈时，他们同样忽略了由于比较优势的存

① 这种计算相对价格的方法仅适用于极度简化的例子，其中，劳动是唯一的产品要素投入，产品成本是相对价格的唯一决定因素。在墨西哥，拖拉机的相对价格是西红柿的6倍，在美国是5倍。

② Paul Krugman, "What Do Undergrads Need to Know about Trade?" *American Economic Review* 83, no. 2 (May 1993).

在而出现的双赢局面。如果有人说没有国家可以与中国的制成品出口相竞争时，他们不仅忽略了全球交换这一现实，而且没有理解李嘉图的基本观点。①

□ 贸易的好处

比较优势的核心是，只要每个国家商品的相对价格在没有贸易时是不同的，那么这两个国家就都可以从贸易中获益。一旦这两个国家开始贸易，商品的相对价格就会开始调整，直至该价格在两个国家相同为止。但是模型的假设条件是，没有关税、配额以及其他阻碍自由贸易的壁垒，同时运输成本忽略不计。在表 18-1 中拖拉机对西红柿的相对价格最终会落在 5～6 之间。在自由贸易条件下，最终的贸易价格，也就是我们所说的世界价格，要接近于其中经济规模较大的国家的市场初始价格。

在本例中，两个国家的最终价格可能不会正好落在 5.5 吨（墨西哥和美国两国封闭价格的平均数），而是更接近于每台拖拉机等于 5 吨西红柿的相对价格之处。这是因为美国的经济规模远远大于墨西哥，它能对每种商品的供求两端施加影响。这其中的一个含义就是，小国会从贸易中获得更多的好处。因为对一个国家来说，其商品的相对价格调整得越多，它从贸易中获得的收益就越大。如果世界价格被定于每台拖拉机兑换 5.1 吨西红柿，而不是 5.5 吨，墨西哥即可获益。因为为了得到 1 台拖拉机，它只需放弃更少的西红柿（与自己生产西红柿相比而言）。世界价格落在何处也经常被称为**世界贸易条件**（international term of trade，一国所能接受的出口商品价格与进口商品价格之比）。这一条件是各国从贸易中获得好处的重要因素，本章后面将重点讨论这一问题。

这里的比较优势理论是以 19 世纪大卫·李嘉图的一个非常简单的模式予以表述的：两个国家，两种产品，只有一种生产要素（劳动力）。② 但是，真实世界中的许多复杂现象也都能够被融入这一理论当中。处理一个由许多国家构成的贸易世界，比如说将肯尼亚作为本国，将其余的国家看作其贸易伙伴国。瑞典经济学家赫克歇尔（Eli Hecscher）和俄林（Bertil Ohlin）在 20 世纪上半期扩展了这一理论，引入了两种生产要素，即劳动力和资本。在一定的条件下，赫克歇尔-俄林理论能够被进一步扩展，以包含更多的生产要素。赫克歇尔-俄林模型得出了一个非常重要的结论：一个国家应该出口那些密集使用其丰富的生产要素所生产的产品，进口那些较多使用其稀缺的生产要素所生产的产品。

有关比较优势更一般的理论含义则囊括在了图 18-5 中。**本国**（home country）经济被划分为两种产品：一种为可出口产品，例如西红柿；另一种则为可进口产品，比如拖拉机。该国消费这些产品的总效用则用社会无差异曲线来表示。

如果没有贸易，本国通过生产和消费所获得的最大效用在 A 点处，即无差异曲线 IC_1 和生产可能性边界的切点处，因为在生产可能性边界上的每一点都代表所有的资源

① In "Ricardo's Difficult Idea: Why Intellectuals Don't Understand Comparative Advantage," in G. Cook, ed. *The Economics and Politics of International Trade* (London: Routledge, 1998)，经济学家保罗·克鲁格曼表明了甚至深思熟虑的政策制定者和评论家也经常会忽略比较优势的基本观点。

② 在李嘉图的例子中，与他所处的时代相适应，使用的是英格兰和葡萄牙之间进行的葡萄酒和服装贸易。

都被充分利用。A 点的斜率决定了西红柿和拖拉机的相对价格。假设其他国家同本国相比，在资本方面的禀赋要大于其在土地和劳动力方面的禀赋，而且世界其他国家的消费者具有同本国消费者类似的偏好。那么，在世界市场上，由于拖拉机的生产相对地要高于人们对拖拉机的需求，这将迫使拖拉机在世界市场上的价格低于国内价格；而反过来，西红柿的生产相对地要低于人们对西红柿的需求，这会迫使西红柿的世界市场价格高于国内价格。由于只有相对价格才有意义，那么上述两种陈述就表明了同一个意思：在世界市场上，以拖拉机表示的西红柿的相对价格要高于其国内的相对价格。

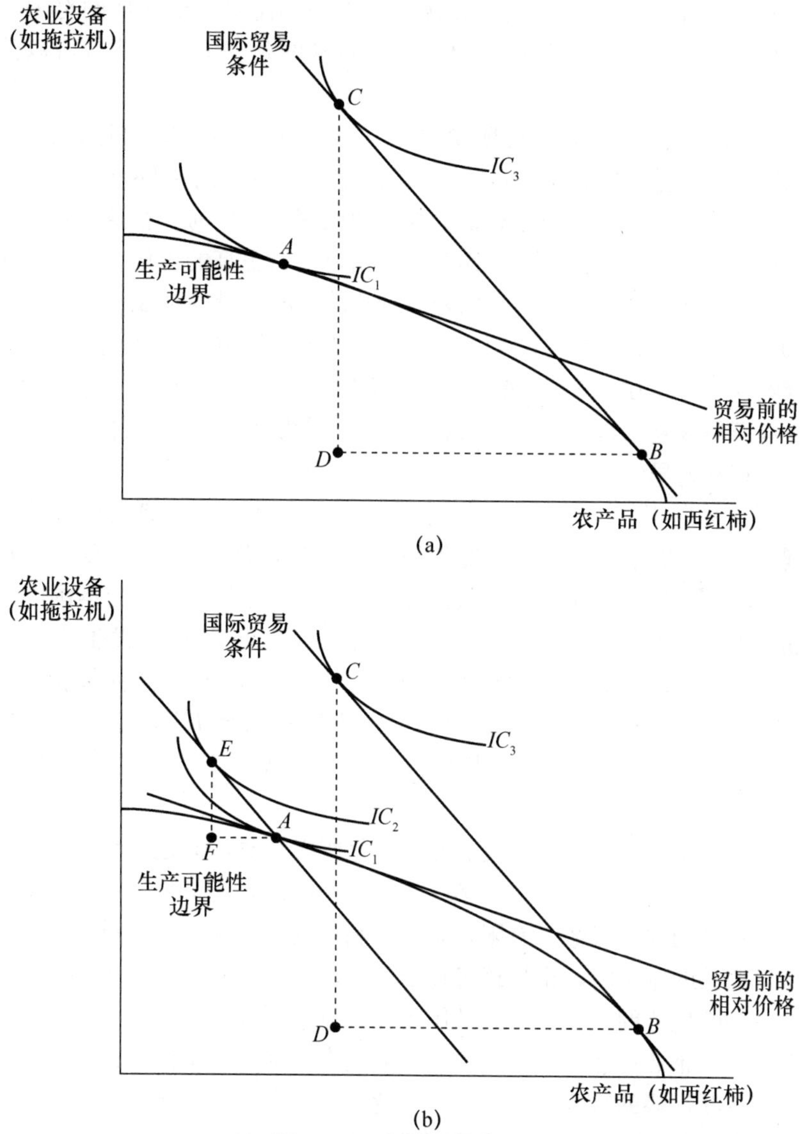

图 18－5　贸易所得收益

这种本国和世界其他国家的相对价格之间的差异，为本国提供了一个通过贸易增进福利的机会。在有贸易的情况下，充分利用一国生产要素方面的禀赋，其能够生产更多的西红柿和较少的拖拉机，并且可以在世界市场上以一个相对较高的价格卖出西红柿。为了增加西红柿的生产，本国沿着生产可能性边界由 A 点移动到 B 点。在 B 点处，国际贸易条件线与生产可能性边界相切。伴随着西红柿的出口，本国随后会进口计算机同时能消费更多的西红柿和拖拉机。消费 C 点由国际贸易条件线同无差异曲线 IC_3 的切点决定。本国现在出口的西红柿数量为线段 BD，进口的计算机数量为线段 DC。两种商品的数量为消费点 C 与生产点 B 之间的差额（$CD : BD$ 实际上代表了国际贸易条件）。由于无差异曲线 IC_3 在无差异曲线 IC_1 的右上方，有贸易条件下本国的福利要高于无贸易条件下的福利。必须注意到的一点是，无论是在有贸易的条件下还是在没有贸易的条件下，本国都会沿着其生产可能性边界进行生产，这意味着所有的资源都已得到充分利用。通过追求其比较优势，本国仍需要付出同样的努力。在这两种情况下，资源都得到了充分利用，但是在存在贸易的条件下，消费者可以消费的产品更多。

图 18－5 有助于我们理解**贸易所得收益**（gains from trade）的来源。在图 18－5（b）中，国际贸易条件线穿过 A 点，这一均衡是在无贸易的条件下实现的。这一状况表明，即使不改变其生产，一国仍有机会与其他国家进行贸易。在这一情境下，一国仍能通过贸易得到好处，因为其他国家愿意为其出口支付更高的价格，而本国可为其进口支付更低的价格。通过出口 AF 数量的西红柿换取 EF 数量的拖拉机，本国的均衡点将从 A 点移动到 E 点，这一交换将使该国的无差异曲线从 IC_1 移动到 IC_2，从而提高了本国福利（在这一例子中，$EF : AF = CD : BD =$ 国际贸易条件）。这类福利水平的提升被称为**交换所得收益**（gains from exchange），因为其实现的条件仅仅是封闭价格与世界价格之间存在差异。

但是面对贸易所提供的交易机会，本国为了追求其比较优势也可以重新分配其资源。在 A 点，本国的生产者没有实现其利润最大化，消费者没有实现其效用最大化（而在一般均衡模型中，两者的均衡条件都要实现）。当别国愿意为本国的出口产品支付更高的价格且愿意以更低的价格出口本国时，生产点 A 将会发生变化。如果生产点 A 移动至 B，不仅生产者可以实现其利润最大化，消费者的福利水平也会有额外的提高（从 E 点移动至 C 点），无差异曲线由 IC_2 移动至 IC_3，这可称为**专业化所得收益**（gains from specialization），贸易所得收益可分解为交换所得收益和专业化所得收益。

图 18－5 详细说明了交换所得收益和专业化所得收益，但是贸易为一个国家所带来的收益不能完全通过图形展示出来。第一，贸易为国内企业带来了竞争。对于小型经济体而言，某些产品的生产者数量有限，它们可利用其市场优势减少供给，索取高价。但是当面临进口商品的竞争时，市场优势逐步消失，价格下降，消费和福利上升。贸易惩罚了那些具有垄断优势的企业。来自外国企业的竞争同样提高了国内企业的生产力。在面临外部竞争时，企业可能会更多地关注提高效率、降低成本而减少其寻租、获取行政许可等维护其垄断优势的行为。在一个完全竞争的市场中，生产能力最强的企业生存下来，从而可以实现稀缺资源的更合理使用以及产出水平的提高。

第二，包括机械等在内的中间产品以及其他各种形式的资本的贸易有助于新技术的引入和生产力的提高。在西红柿换拖拉机的贸易中，如果进口的拖拉机有先进的技术，如有高效的燃料利用率、耐用的轮胎和其他零部件，那么墨西哥的农民将更有生产效率，单位时间内将生产出更多的西红柿。因为进口品中的新技术是国内农业装备所不具备的。参考图 18-5，贸易所带来的生产力提高将会使本国的生产可能性边界外移，也即经济增长。这是贸易带来的附加利益，可使一国的消费超越其生产可能性边界。

第三，贸易不仅增加了一国可供消费的商品数量，而且提高了商品的质量并增加了种类。如果不存在贸易，那么对于民主德国以及波兰这些地区而言，香蕉等热带水果是奢侈品。除了香蕉等最终消费品以外，贸易还丰富了可供使用的商品种类。手机也是贸易所带来的益处的一个很好的例子。即使是最贫穷的工人都能使用手机。如果不存在贸易，由于本国企业可能不具备生产手机的知识和技术，本国居民可能无法使用手机。

但是，因为可以进口，即使在最偏远地区，手机也随处可见。印度的传统渔民经常用手机与其他渔民交流在何处捕鱼以及不同港口的价格是多少等问题。由于进口而引致的手机普及消除了产品购买者的市场优势，提高了渔民的生活水平。

第四，贸易促进了人们之间的交流。贸易是否促进了世界和平、相互理解以及民主进程等仍是一个复杂的课题。[①] 除了比较优势而产生的交换所得收益及专业化所得收益之外，国际贸易可为不发达国家带来更多其他更重要的利益。

□ 赢家和输家

任何国家，无论其拥有何种经济规模和处于何种发展阶段，它都能够从贸易中获益。对于那些大国（例如中国和印度）和一些小国（如老挝和多哥），以及高收入国家（如美国和日本）和低收入国家（如莫桑比克和海地），事实都是如此，贸易使这些不同的国家均获得了收益。李嘉图的理论考虑两个国家、两种产品，同时对国家的类型没有限制。只要本国的相对价格同世界市场的相对价格不同（或不同于没有国际贸易时的相对价格），各国均可通过参与国际贸易来提高平均福利水平。

这些结论也许仍然令人感到迷惑不解，如果贸易带来的都是好处，为何仍有许多抵制全球化、世界贸易组织以及自由贸易的活动？如何解释专门为发达国家组装产品的“血汗工厂”（maquiladoras 一词源于西班牙语，意为条件简陋的工厂）的存在？如何解释欧盟和美国的一些传统工业带的工人失业、工厂倒闭以及传统生活方式的改变？贸易的确对这些结果有一定的解释作用，显然，只谈贸易的好处忽略了现实的另一方面。

部分原因在于贸易的分配效应。李嘉图所描述的比较优势关注贸易所得收益，关注既定资源条件下的更多消费。尽管每个国家都能通过贸易在总体上获得收益，但是这并不代表国家内部所有的个人或组织都必然从中获益。

在西红柿换拖拉机的例子中，由于墨西哥西红柿的生产者以更高的价格卖出了西红柿，所以他们从贸易中获得了收益。同时，由于拖拉机以更低的价格进口，消费者能够以更低的价格消费拖拉机，于是拖拉机的消费者也从贸易中获得了收益。但是，一旦贸易发生，墨西哥的拖拉机制造厂商将面临来自进口的竞争，因此同以前相比，它们不得不以更低的价格销售更少的拖拉机。而西红柿的消费者则必须为西红柿支付更高的价格。同样地，由贸易带来的价格改变将会利于美国的拖拉机生产者和西红柿消费者。因

---

① Douglas Irwin，*Free Trade under Fire*，3rd ed.（Princeton：Princeton University Press，2009），chap. 2 提供了贸易收益的一个很好的概览。

此，墨西哥生产拖拉机的企业和美国生产西红柿的企业可能面临倒闭，这些企业的工人在短期内会受到冲击，他们所居住的社区也会发生变化。如果他们都被定义为国际贸易的输家，我们就不能完全确定地说贸易是一个好事情。

比较优势的核心理念可为这一问题提供解释。这一理论告诉我们，将一国作为一个整体来看，其总收益会大于总损失，赢家所得的收益足够补偿输家的损失。但是这对墨西哥的拖拉机生产者以及西红柿的消费者来说是一种冰冷的安慰，因为他们的损失无法保证得到补偿。这即是贸易的分配效应。尽管所有国家都能从贸易中获益，但仍然存在许多政治上反对自由贸易政策的活动。

赫克歇尔和俄林进一步推进了贸易分配效应的研究。① 如果一个国家的比较优势在于那些需要密集使用本国要素的产品，那么其贸易所得会大于其稀缺产品带来的损失。如果相对于美国来说，墨西哥是劳动密集型国家。墨西哥的劳动者会逐渐从贸易中获益，不管其生产西红柿还是拖拉机。因为贸易重新分配了产品的要素，在图 18-5 中，A 点将最终移至 B 点。因为该国会一直生产其劳动密集型产品（西红柿）。劳动的总需求上升，收益也将上升。② 然而这种转变不是立即完成的，一些年长的工人可能很难在出口部门找到工作。贸易所带来的好处通常会利好下一代，他们更有能力利用新机遇，不管是在用于出口的农业生产、面对海外市场的工业产品生产方面还是在提供贸易服务的呼叫中心方面。

然而，尽管比较优势理论对于发展中国家来说具有启发性，但其对于解释发展中国家通过贸易获得经济发展来说仍仅仅是一个开始。李嘉图的讨论是静态分析，假设所有的生产要素供给固定不变且不能跨境流动，但是经济增长实际是一个动态过程。我们必须考虑资本、土地和生产者可利用的劳动力会随时间变化的情况，以及这些要素在质量和生产率方面的改进情况，因此比较优势理论没能对增长和结构的变化做出解释。它同样也没有抓住贸易和发展这两者之间的双向关系。一方面，正如我们所看到的，增加贸易能够提高福利和收入。而另一方面，进一步的发展始终是同技术水平更高的劳动力、质量更高的资本和机械联系在一起的，这又为贸易的增长提供了新的机会。为了更好地理解贸易和发展是如何相互影响的，我们有必要检验不同国家采取不同的贸易战略的影响，一些国家的战略符合比较优势的分析，但有些却并不符合。

18.3 初级产品贸易

国际贸易的主体是制成品，但初级产品贸易也占据了贸易产品总值的 1/3，产品主要包括农业原材料、食品、燃料、金属矿物以及矿石。图 18-6 列举了以初级产品出口为主的国家，它们 75%的商品出口都是初级产品出口。这一集团包括 13 个低收入国家、27 个中等收入国家以及 9 个高收入国家，其中大部分国家的出口以石油为主，一

① 这一思想最早见于 Wolfgang Stolper and Paul Samuelson，"Protection and Real Wages，" *Review of Economic Studies* 9，no.1（1941）。

② 相对于发展中国家而言，发达国家的资本相对丰富，其比较优势体现在资本密集型产品上，其贸易所得收益在于资本，而非劳动力。这就解释了为何在发达国家大量存在的不熟练劳动力以及政治家为争夺这一群体的选票，经常反对贸易协定，保护民族产业。

些国家以咖啡（尼加拉瓜）、铜（蒙古）和棉花（布基纳法索）为主。鉴于许多国家仍以初级产品出口为主，研究初级产品出口对经济增长和发展的影响尤为重要。

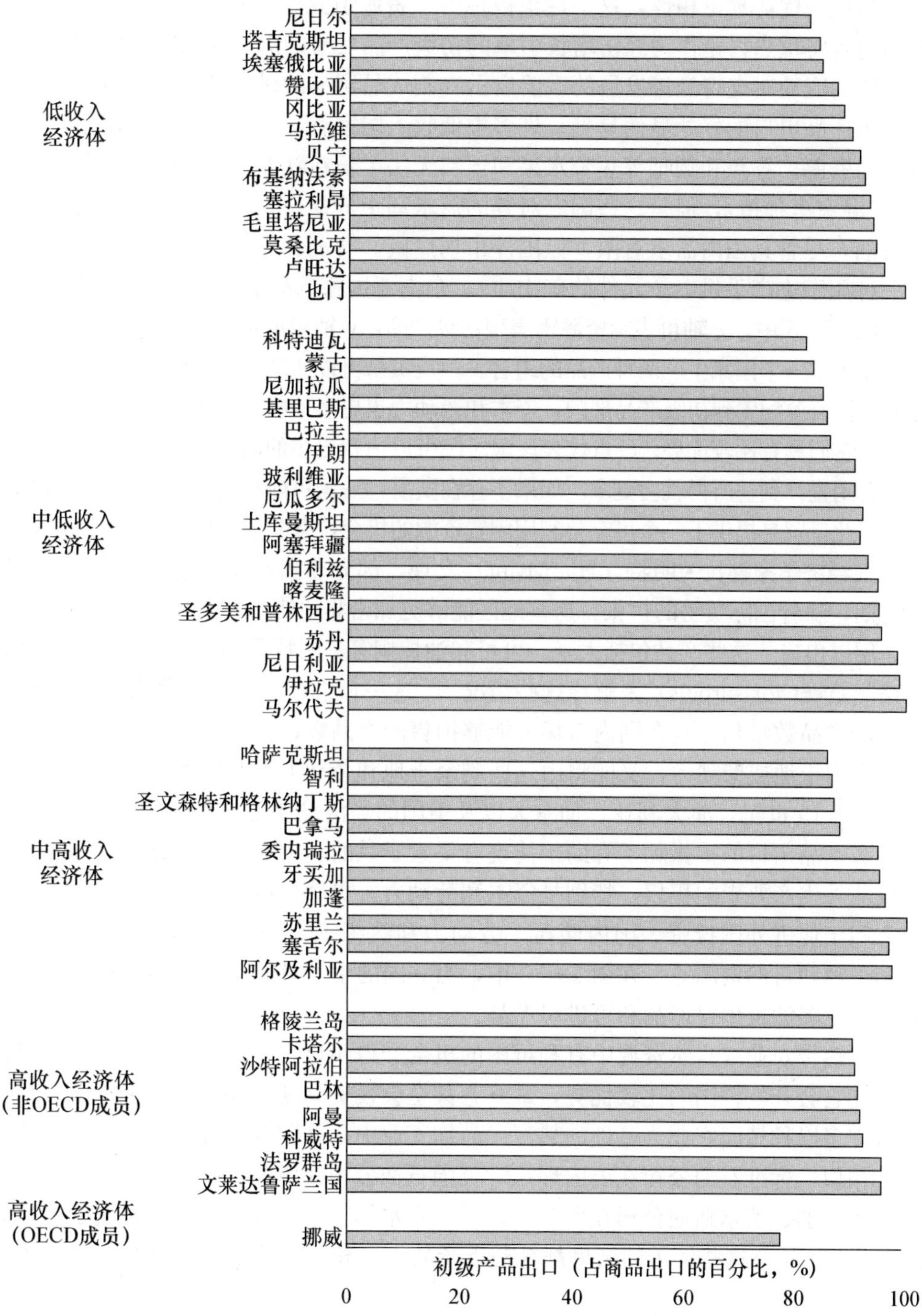

图 18-6　初级产品贸易的重要性

OECD，经济合作与发展组织。包括那些初级产品贸易占该国所有商品贸易的 75%或更多的国家。
资料来源：World Bank，"World Development Indicators，" http://databank.worldbank.org.

一些其他方面的原因有助于解释为何这些国家的贸易以初级产品为主。第一，对于大部分国家而言，国际贸易通常始于初级产品。贸易对经济发展影响的思考源于南半球的初级产品与北半球的制成品的交换。第二，资源丰富国家的经济发展经常令人失望，这似乎与比较优势理论相悖，这一现象被称为**“资源诅咒”**（the resource curse）。本章后面的内容将重点讨论作为经济增长引擎的初级产品贸易的潜力和面临的障碍以及国际贸易条件的变动对支持经济发展的重要启示（制成品贸易的讨论见第19章）。

初级产品出口的好处显而易见。许多中低收入国家有着许多高收入国家不具备或无法获取的资源。香蕉和咖啡等热带水果和饮料无法生长在欧洲、日本以及北美这些地区（除非在温室里种植），但是这些国家对其的需求却十分强劲。中低收入国家拥有大量矿石和石油，尽管其国内需求有限，但国外市场广阔。智利和赞比亚的铜、刚果的钶钽铁矿（一种用于生产手机电子元件的矿物质）、东南亚国家的棕榈油都是这种情况。

在图18-5中，x轴可表示资源密集型初级产品，y轴表示制成品。在没有贸易的条件下，A点表示一个国家生产两种产品的组合。一旦贸易可以实现，一个资源丰富型的国家将会更多地把资源配置到初级产品部门，资本和劳动力也更多地投向初级产品生产，因为在这些产品上它们具有比较优势。C点代表该国居民可以消费更多的商品。如果土地及其他自然资源仍有闲置，利益所得就会更多。如果不存在贸易，一国可能在生产可能性边界以内进行生产。因此，贸易提供了一个可充分利用闲置资源的机会，有助于提高国内消费水平。

缅甸经济学家赫拉·明特（Hla Myint）发现，部分非洲和亚洲地区在受到欧洲殖民统治时期，随着国际贸易的扩张，这些地区能够更加密集地使用其土地和劳动力来生产热带食品用以出口，这些产品包括大米、可可和油棕榈等。明特用亚当·斯密的术语**“剩余物出路”**（vent for surplus）来解释这些情况。[①] 这一概念使用于下述情况，即一国有能力生产的产品数量超过其在国内市场上能够销售的产品数量。贸易可以使该国既能更加充分地利用土地或劳动力，又能将由这些剩余土地和劳动力生产出来的产品销售到世界其他国家。19世纪，澳大利亚、加拿大以及美国的经济发展正是遵循了这一模式。

初级产品出口的扩张除了有助于使现有要素禀赋的利用更集约和更具效率之外，还会导致额外生产要素的积累，特别是资本和劳动力。更确切地说，初级产品出口导向型增长有利于促进外国投资、国内储蓄、劳动力和熟练工人的增加，以补充固定生产要素，如土地和自然资源等。在图18-5中，当一国的生产可能性边界向外移动时，该国能够生产更多的可出口产品和可进口产品。

一旦热带农业或自然资源中有利可图的机会变得明显，外国投资就可能被吸引到该国，首先它会开发该国的比较优势，最终它甚至会投资到其他部门。在所有出口矿产品和出口许多以种植园农业为基础的热带产品加工业中，外国投资者涌入这些国家的方式均非常相似。标准石油公司在委内瑞拉、英国石油公司在伊朗、安那康达在智利、美国铝业在牙买加、费尔斯通公司在西非，以及联合水果公司在中美，是许多例子中比较显著的几个。[②] 所有这些例子的结果都是初级产品生产和出口的增长。但在一些被投资国

① Hla Myint, “The ‘Classical Theory’ of International Trade and the Underdeveloped Countries,” *Economic Journal* 68 (1959), 317-337.

② 安那康达在智利开发铜矿，美国铝业在牙买加开采铝土矿，费尔斯通公司在利比亚种植橡胶和进行轮胎生产，联合水果公司在中美种植香蕉。

的国内事务上，这些外国企业经常进行政治干预，从而使得一些国家对于外资十分警惕。目前，这一情况已有所不同，因为政府可通过谈判获取更好的自然资源开发条件以及更高的**资源租金**（resource rent）（外国直接投资已在第10章讨论）①。

初级产品出口的另一个潜在收益就是其很可能促进其他相关部门的生产。的确，出口导向型增长的观点意味着出口会引起更广泛的经济增长。它可能对经济体的其他部门（包括上游和下游产业）具有联系效应：增加消费者产品的生产、加强基础设施建设、获得更广泛的熟练劳动力，以及增加政府收入。艾伯特·O. 赫希曼（Albert O. Hirchman）为一个产业的发展（比如纺织业）会刺激国内上游投入品行业（如棉花或染料）生产的情况创造了一个名词，即**后向联系**（backward linkage）。② 初级产品生产的扩张也能够降低已有初级产品的成本，而这些初级产品则是其他行业的投入品，因此这种扩张会刺激**前向联系**（forward linkages）。在许多发展中国家，农产品被用作食品加工业的投入品。塞内加尔和冈比亚将原料花生加工成脱壳花生和花生油。在印度尼西亚，林业产品被用于家具生产。前向联系还能用于采矿业和矿产品（比如石油提炼、塑料或钢铁）。但是，所需技术越复杂、所需要的资本和劳动力越专业化，对于大多数发展中国家来说，就越难在此行业中竞争。此外，发达国家经常实行**累进关税**（tariff escalation），即对进口制成品征收比原材料更高的关税，从而使发展中国家很难提升其高附加值的产业链。

当为出口产业提供的资本（公路、铁路、电、水和电信）降低了成本并为其他产业的发展提供了新的生产机会时，基础设施联系就产生了。初级产品出口部门也可能通过开发当地的人力资源和有技能的劳动力刺激人力资本联系。秘鲁渔业的发展，以及与之相伴随的国内众多小工厂，鼓励这些小工厂引进新的机器设备，并培训许多有技能的工人来操作和维护这些设备。随后发展的部门就能够得到这些资源。马来西亚的橡胶、棕榈油和锡的出口生产鼓励该国成立了大量新的企业。在少数非洲国家，企业家才能在那些生产出口产品的小规模农场中得到充分利用。但是可能对于石油、采矿和一些传统农作物来说，最好的例子是其财政联系。政府能通过税收、红利或发放许可证的形式从这些出口产品中获得大部分经济租金，并将这些租金用于促进其他部门的发展。

18.4 初级产品出口导向型增长的实证分析

自20世纪50年代以来，许多经济学家和发展中国家的领导者们一直认为，尽管可能存在收益，但是除了石油以外，其他初级产品出口并不能有效地带动经济发展。最常见的争论就是初级产品市场发展得太慢，以至于不能促进经济增长。这些产品的价格一直下降，收入也很不稳定，联系效应也不起作用。财政的意外收入经常导致腐败，国内

① 经济学家使用“租金”一词描述收入超过产品成本和正常利润的差额。当大宗商品价格上升时，如在原油出口的例子中，资源租金倾向于上升，因为石油开采的成本经常不会有太大变化。

② Albert O. Hirschman, *The Strategy of Economic Development* (New Haven, CT: Yale University Press, 1958), chap. 6.

冲突不断，经济增长和发展停滞。我们将在下一节中逐个检验这些观点。这里，我们讨论直接的经验问题，即初级产品出口和经济增长在最近几十年中是什么关系？一些资源丰富的发展中国家发展得相对较好，这其中包括博茨瓦纳、印度尼西亚、马来西亚、毛里求斯及波斯湾的一些产油国家。然而，其他一些国家经济增长得就很慢，有的甚至根本没有增长，或者人均 GDP 有所增加，但经济发展无从谈起，比如安哥拉、缅甸、厄瓜多尔、赤道几内亚、牙买加、尼日利亚和赞比亚。同时，一些增长最快的亚洲经济体却是一些资源贫乏的国家（地区），其中包括韩国、新加坡、中国台湾、印度和越南。

哈佛大学经济学家杰弗里·萨克斯和安德鲁·沃纳运用回归分析，使用了 1970—1989 年 95 个国家的数据，进一步探讨了初级产品出口和经济增长之间的关系。① 在回归分析中，他们考察了人均收入、贸易开放度、政府效率、投资率、不平等程度、初级产品出口占 GDP 的比重等因素对人均 GDP 增幅的影响。证据有力地表明，在 20 世纪 70 年代早期，出口大量初级产品的国家同资源贫乏的国家相比，经济增长速度平均要慢很多。更特别的是，他们发现，初级产品出口占 GDP 的比重每增加 10 个百分点，人均收入年增长率平均要降低 0.7 个百分点。图 18－7 说明了 101 个国家在较长的时期内（1970—1996 年）两者之间的一种基本的负相关关系。对 27 个初级产品出口（1970 年）占 GDP 的 5％或更少的国家来说，人均收入年均增长率仅为 2.7％。相反，年人均资本增长率平均低于 0.5％的 16 个国家，其初级产品出口却相当于 GDP 的 20％或更多。这表明经济增长率和潜在经济发展之间存在巨大差距。②

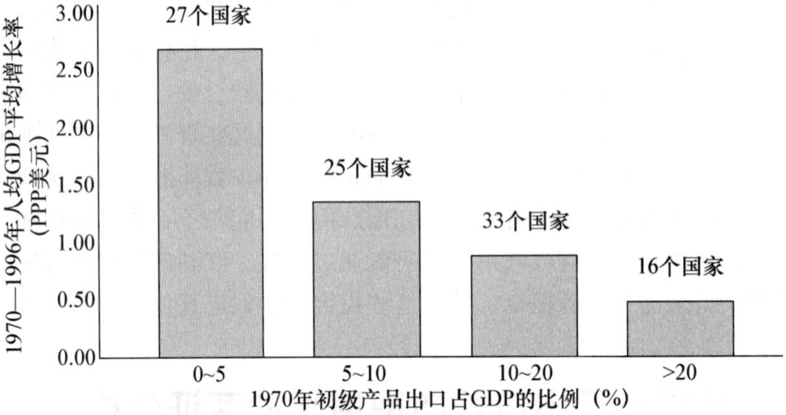

图 18－7　自然资源丰富和经济增长

只有少量初级产品出口的国家比自然资源丰富的国家增长得更快。

GDP：国内生产总值；PPP：购买力平价。

资料来源：根据 Steven Radelet，Jeffrey Sachs，and Jong-wha Lee，"Economic Growth in Asia，" Harvard Institute for International Development，Cambridge，May 1997 更新。数据来自 World Bank，*World Development Indicators* and *Penn World Tables*，mark 5.6。

---

① Jeffrey Sachs and Andrew Warner，"Natural Resource Abundance and Economic Growth，" NBER Working Paper No. W5398，Cambridge，MA，December 1995.

② 一项最近的研究支持了这一结论：1980 年，发展中国家超过 70％的出口收入来源于非燃料的初级产品，而 1980—2006 年的人均 GDP 年均增长率仅为 0.4％，而以燃料出口为主的国家这一比例为 1.1％。此外，更加多样化的出口所带来的增长高达 1.6％。详见 *Global Economic Prospects*（Washington，DC：World Bank，2009），p. 98。

资源丰富怎么会与更慢的经济增长率相联系呢？根据比较优势法则以及贸易利益所得理论，初级产品出口应该增加总财富，并使一国可以增加其进口和投资。下一节将对这种明显的令人困惑的难题给出几种可能的解释。

□ 出口悲观主义

在萨克斯和沃纳的研究之前，甚至在“资源诅咒”成为发展经济学的一个词汇之前，对于不发达国家依靠初级产品出口提升经济发展的做法就有许多不同意见。因为这一问题仍然存在，因此有必要梳理其历史沿革。**“出口悲观主义”**（export pessimism）一词最早见于劳尔·普雷维什、汉斯·辛格等于20世纪50年代出版的著作中。[①] 他们认为：从长期来看，出口商品的价格相对于制成品的价格来说，在世界市场上会有所下落。由于大多数发展中国家出口初级产品而进口制成品，这种相对价格的转移就意味着，随着时间的推移，发展中国家不得不出口更多的初级产品以进口同样数量的制成品。随着贸易所得利益越来越少，那些仅依靠单一初级产品出口的国家很可能落后于发展的进程。

相对价格变动可归因于全球经济的结构性因素。首先，根据恩格尔定律（德国经济学家恩格尔于19世纪提出该定律），对食品需求的增长远远低于收入的增长，这意味着发展中国家从出口中获得的收入远远低于其进口所需的支出。对于高收入国家来说，食品需求的收入弹性可能要低于0.5，这表明对于食品需求（包括从发展中国家进口的食品）的增长要落后于收入的增长。与此同时，对制成品的需求是富有收入弹性的，导致这些产品的需求和价格会相对上升。

其次，制造业中技术的变革也同样会在两个方面抑制对于原材料的消费。一方面，新技术和改进的机械有助于企业减少浪费，从而在生产过程中所需的原材料就会减少。现代的织布机所消耗的棉布更少了，新的采矿技术更加高效。另一方面，更为显著的是，新技术可以用合成材料来替代原材料。合成橡胶取代天然橡胶，被广泛应用于汽车轮胎和其他设备。光导纤维则大量减少了对铜线的使用，而汽车也用玻璃纤维取代了钢铁，减少了铁矿的使用。越来越多的证据表明，工业生产增长的速度远远大于原材料的消耗速度。

最后，普雷维什认为，发达国家的制造企业更易获得市场优势，而发展中国家的初级产品生产者面临更大的竞争。结果是，制成品的价格比初级产品的价格更加稳定。随着生产率的提高，初级产品生产者因面临其他生产者的竞争而降低价格，但这一问题不会出现在制成品身上。对制成品而言，生产率的提高可能意味着收益的增加而不是价格的下降。这就是为什么穷国会面临下降的贸易条件，从而为出口悲观主义论提供了一个有力的解释。

普雷维什和辛格根据存在于21世纪上半期的全球经济的新特征得出贸易与发展的关系。但是这一关系如今已不复存在。因为他们没有注意到，一些大宗商品，如钻石、天然气、石油、热带植物以及其他富有需求弹性的商品，其供给不断减少，而且缺乏替

---

① United Nations（Raul Prebisch），*The Economic Development of Latin America and Its Principal Problems*（Lake Success，NY：United Nations，1950）；Hans W. Singer，“The Distribution of Trade between Investing and Borrowing Countries，” *American Economic Review* 40（May 1950），473-485. 也可参见这两个经济学家之后的研究：G. Meier and D. Seers，eds.，*Pioneers in Development*（Washington，DC：World Bank，1985）。

代品；他们也没有预计到众多中低收入经济体的初级产品生产者会转而生产制成品；他们也无法预知如今制成品的全球竞争越来越激烈以及众多垄断联盟的出现影响了初级产品市场的价格。半个世纪以来，出口悲观主义影响了许多国家的出口战略，如今它们都已经抛弃了这一理念。很多中等收入国家以出口作为经济增长的引擎并取得了重大成功。但是，普雷维什和辛格对贸易条件的关注以及其对发展中国家的启示仍然是一个重要议题，仍需进一步检验。

□ 下滑的贸易条件？

在比较优势理论的框架下，贸易条件的方向变动易于理解，但它却不是这一理论的主要思想。图 18－8 修正了图 18－5（a），并加入了贸易条件下滑的因素。世界价格线的逆时针旋转显示相对于进口品（拖拉机）的价格而言，出口品（西红柿）的相对价格下降。随着价格的变化，出口农产品的国家福利水平下降，从专业化中所得的收益减少，生产点移至 B' 点而不是 B 点。此时的社会无差异曲线为 IC'。

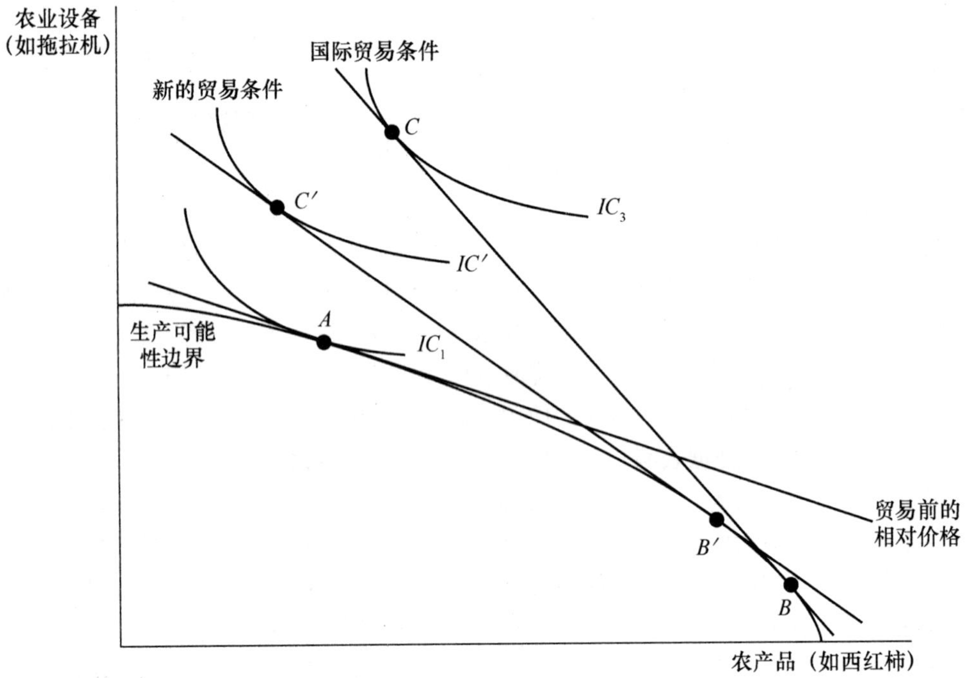

图 18－8　下滑的贸易条件

根据图 18－8，经历了贸易条件下滑的国家仍然可以从贸易中得到好处。相比较其封闭条件下的 A 点而言，此时该国的福利水平仍然得到了改善。但是显然该国选择了原始的贸易条件，在 C 点而非 C' 点进行消费。在图中，贸易条件的改善减少了出口农产品国家的贸易所得。对于进口西红柿、出口拖拉机的国家而言，情况却恰恰相反，这类国家被普雷维什和辛格称为发达国家，其从贸易中得到的好处会增加。因此，一些出口悲观主义者呼吁建立新的国际经济秩序，以提高发展中国家的贸易利益。不管是世界贸易组织会议的参与者还是抗议者都对这一问题表示关注。

在一个简单的两种产品、两个国家的模型中，贸易条件对贸易收益的影响是直接的。在一个有许多产品和国家的世界里，实证结果可能并非如此。我们首先关注一下大宗商品价格的变动趋势，图 18-9 显示了 1960—2009 年大宗商品价格的变动趋势。这一指数由联合国贸发会编制，包括一系列大宗商品，如咖啡、棉花、木材、烟草、镍、锌，但不包括石油，其中食品占这一指数价值的 2/3。从图中可以看到两种趋势：在过去的 50 年内，非燃料类的大宗商品价格呈现出长期下降的趋势；大宗商品价格波动更为显著。①

为了获取初级产品出口者的贸易条件的变动，我们需要了解的不仅是大宗商品的变动趋势，还需进一步了解进口品的价格。这些国家的贸易条件可通过分解大宗商品价格指数来获取，具体来说是通过单位产值指数反映进口价格。图 18-9 反映了贸易条件变化的趋势。相对于制成品而言，非燃料类大宗商品价格自 20 世纪 60 年代开始下降。更加值得注意的是大宗商品价格的大幅波动。20 世纪 70 年代，大宗商品价格大幅攀升，另一次大幅上涨始于 2003 年，终于 2008 年的全球衰退。

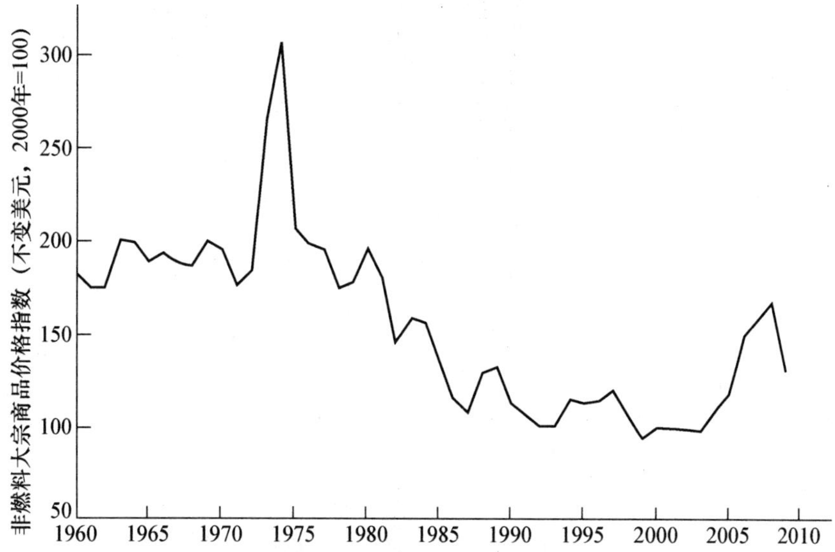

图 18-9　非燃料大宗商品价格变动，1960—2009 年

资料来源：United Nations Conference on Trade and Development, UnctadStat http://unctadstat.unctad.org/ReportFolders/reportFolders.aspx; International Monetary Fund, Primary Commodity Prices, *Index of Non-Fuel Primary Commodities*, available at www.imf.org/external/np/res/commod/index.aspx.

尽管普雷维什-辛格假说可以通过观察商品数据予以妥善处理，但是对一个国家的发展来说真正有关系的是其总贸易条件（包括全部出口产品）。最常用的测量商品相对价格的方法就是**净易货贸易条件**（net barter terms of trade，T_n）。T_n 是两个指数的比

① 如果我们放眼于更长的时间，这一趋势会得到加强。保罗·卡欣（Paul Cashin）和 C. 约翰·麦克蒙特（C. John McDermont）分析了大宗商品在 1862—1999 年间的变动趋势，数据来源于经济学家编纂的工业化大宗商品价格指数。他们发现在过去 140 年间，真实大宗商品价格年均下降 1%。更为显著的特征是，大宗商品价格波动幅度逐渐增大。他们认为，大宗商品价格下降的趋势与政治相关度不大。价格波动显著影响了宏观经济稳定。详见 John McDermont, "The Long Run Behavior of Commodity Prices: Small Trends and Big Variability," IMF Staff Working Papers 49, no. 2 (2002).

率：一国出口商品的平均价格（P_e）和进口商品的平均价格（P_m）的比率。图 18-10 展示了自 1950 年以来测算净贸易条件的两种不同方法。当石油出口国也被包括在内时，尽管在 20 世纪 80 年代和 90 年代早期石油价格有所下落，但发展中国家的贸易条件在 1972 年之后提高得非常迅速并一直保持在高水平上。但是，对于那些作为非石油出口国的发展中国家来说，其贸易条件在该时期下落超过了 30%。这些数据是支持普雷维什-辛格假说的，即非石油商品出口国的贸易条件呈现出稳定且逐渐下滑的趋势，尽管从长期来说，这一趋势不是非常明显。

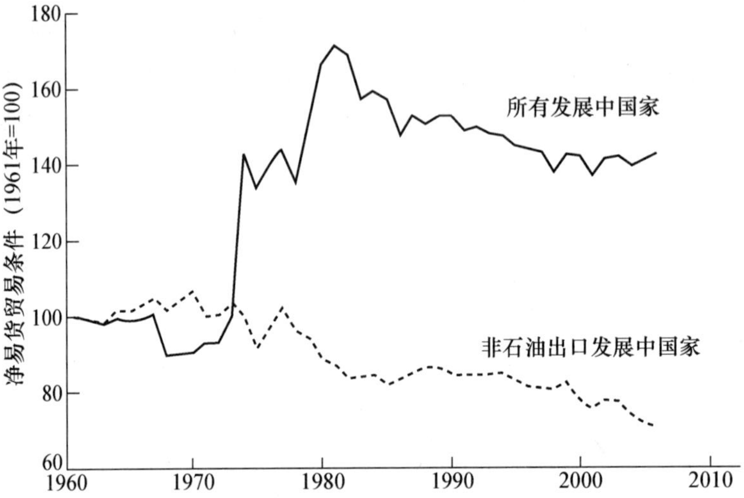

图 18-10　净易货贸易条件，1961—2006 年

资料来源：IMF, *International Financial Statistics Yearbook 1987* (Washington, DC: IMF, 1987); IMF, *International Financial Statistics Yearbook 1996* (Washington, DC: IMF, 1996); and IMF, *International Financial Statistics Yearbook 2007* (Washington, DC: IMF, 2007).

然而，更重要的是，初级产品出口国的长期低增长与经济发展之间的关系所涉及的因素不仅仅是贸易条件的变化，对于石油出口国与非石油出口国而言，大宗商品价格变动趋势并不能完全解释资源诅咒，我们仍需其他的解释。

□ “荷兰病”

普雷维什和辛格担心贸易条件的恶化，但是初级产品出口价格的暴涨所带来的贸易条件的改善对新兴经济体的影响可能更为恶劣。这一问题被称为**“荷兰病”**(Dutch disease)。这一病症之所以得名，主要是源自 1960 年荷兰发现大量的天然气储备后的经历。[1] 随后出口的增加和国际收支盈余保证了新的繁荣。然而，在 20 世纪 70 年代，荷兰遭受了通

① 关于“荷兰病”的早期理论研究，参见 W. Max Corden and S. Peter Neary, “Booming Sector and Deindustrialization in a Small Open Economy,” *Economic Journal* 92 (December 1982), 825-848。我们的合著者罗默随后将这一理论应用于发展中国家，参见 Michael Roemer, “Dutch Disease in Developing Countries: Swallowing Bitter Medicine” (234-252), in Matts Lundahl, ed., *The Primary Sector in Economic Development* (London: Cromm-Helms, 1985)。最近的关于“荷兰病”以及更普遍地，关于资源诅咒的文章参见 Frederick van der Ploeg, “Natural Resources: Curse or Blessing?” *Journal of Economic Literature* 49 (June 2011)。

货膨胀不断上升、制成品出口下降、收入增长率放缓以及失业增加。20 世纪 70 年代和 80 年代早期，包括墨西哥、尼日利亚和沙特阿拉伯等一些国家在内，由于石油出口的快速增长而出现了类似的困境。咖啡价格的飙升对非洲经济的影响也遵循同样的路径。尽管现在还很难说 2000 年的大宗商品价格攀升是否留下了相似的遗产，但有证据表明，一些过去的错误并没有重复发生。

经济学家开始意识到“荷兰病”可能是一个非常常见的现象，适用于所有那些“享受”初级产品出口激增的国家。正如我们所看到的，外汇流入本身就会引发“荷兰病”，而且该病症可能因各种形式的外国资本的大量流入而引发。例如，从美洲进口黄金和白银可能阻碍了 16 世纪西班牙的经济增长。流入发展中国家的大量外国援助可能会削弱其出口公司的国际竞争力。这一现象又是如何发生的呢?

理解这一悖论的关键在于理解：(1) 出口的激增是如何影响一国的实际汇率的。(2) 反过来，一国的实际汇率又是如何影响其他行业的。官方或**名义汇率** (nominal exchange rate) 就是某人将持有的外币 (如美元) 兑换成本国通货 (比如墨西哥比索、尼日利亚奈拉、印度尼西亚卢比) 所依照的价格。通常而言，名义汇率是指每单位外币合多少本币，比如说 1 美元合多少比索。当汇率上升时 (即 1 美元可以兑换更多的比索、奈拉、卢比)，本国货币就被认为贬值 (depreciate)，因为购买同样数量的比索、奈拉或卢比所需的美元更少了。[①] 当汇率下降时，本国货币升值 (appreciates)，因为比索比以前值更多的美元了。

实际汇率源自名义汇率，并且将**可贸易品** (tradable goods) 和**不可贸易品** (nontradable goods) 的价格结合起来，分析价格和汇率的变化是如何影响对于生产和消费的激励的。经济学家将任何能够被进口或出口的产品称为可贸易品，如服装、汽车、石油以及大豆。可贸易品的价格通常由世界市场决定，而且在大多数情况下不受发展中国家国内条件的影响，因为其占世界市场的份额较小。不可贸易品则是在国内生产且不允许进出口的产品。不可贸易品的价格则是由国内市场供给和需求的情况决定的。不可贸易品的例子包括运输、建筑、电力和其他公共设施，家庭和其他个人服务，以及受到重点保护、不受进口产品竞争的制成品和农产品。

实际汇率通常被定义为：

$$\mathrm{RER}=(E_O\times P_T)/P_N \tag{18—1}$$

式中，RER 为实际汇率指数；E_O 为官方 (名义) 汇率指数；P_T 为可贸易品以外币表示的价格指数 (如美元)；P_N 为不可贸易品的国内价格指数 (如比索)。需要注意的是，RER 是一种价格指数，类似于贸易条件，并不是价格。还需要注意的是，既然 P_T 代表了外币，再乘以 E_O，分子 $(E_O\times P_T)$ 就变成了可贸易品价格的本币指数。因此，RER 被认为可以用来作为可贸易品价格与不可贸易品价格的比率，二者均以本币表示。RER 的提高 (既可能是因为汇率上升、可贸易品在世界市场的美元价格上升，也可能是由于不可贸易品价格下降) 说明国内市场可贸易品的相对价格上升了。这种变化促使

① 汇率变化的语言令人迷惑。当名义汇率上升时，将需要更多的本国货币 (奈拉) 购买外汇 (美元)，同理，需要更少的美元去换奈拉。从这一点上讲，当汇率上升时，奈拉贬值。

生产更多的可贸易品，同时消费的可贸易品则更少了。按照名义汇率的定义形式，RER的提高指比索或奈拉或卢比的实际贬值（real depreciation），而RER的下降则被称为实际升值（real appreciation）。官方贬值，即美元的比索价格上升，至少在最开始的时候会导致实际利率贬值。世界可贸易品价格的提高也同样如此。而不可贸易品价格的提高却具有相反的效应，会导致RER升值。[①] 因此，名义汇率意味着用1美元可以买多少比索，实际汇率是当与墨西哥发生贸易时，你能用1美元购买的商品和劳务数量的指数。当一个国家的实际汇率升值（或贬值）时，该国在国际进口市场上的竞争力变得更弱（更强）。

"荷兰病"就像是披着羊皮的狼，因为它在开始的时候看上去像是一件好事：一国的初级产品出口繁荣。但是这种出口的激增会从两个方面引起RER的快速升值。首先，来自较高的出口收入的外汇剩余产生了大量的外汇盈余。除非央行试图将官方汇率维持在之前的水平上，否则，这种供给的变动会引起货币在价值上升值。这是因为通过出口进入一个国家的美元被换成本币，提高了以美元计价的比索的需求，降低了名义汇率（E_O），导致比索对美元的实际升值。其次，由于初级产品出口激增，收入增加，这会加速国内的通货膨胀。之所以会加速通胀，是因为额外的收入对于经济中的产品和服务产生了更大的需求。当这一需求影响到更多的进口产品时，就会产生外汇流出而非通胀，因为进口产品的价格不大受单一国家需求的影响。但是不可贸易商品和服务的价格很可能上升。由于不可贸易品的供给有限，特别是在出口激增的最初几个月或几年内，较大的需求会导致较高的不可贸易品价格（也就是说国内通货膨胀）。通过这个例子可进一步思考为什么大宗商品价格上升会导致国内土地及房地产价格上升。从方程（18—1）中我们了解到，不可贸易品价格的上升会引起RER下降，或货币升值。

要想理解实际汇率如何成为"荷兰病"悖论的关键，就要从了解实际汇率除了对激增的初级产品出口行业具有影响以外，还对其他出口行业具有影响开始。初级产品出口的激增会刺激国内通胀迅速提高，引起实际汇率升值，从而导致其他出口商品竞争力下降和利润减少。因此，这种"疾病"是一种商品激增对其他出口行业的有害效应。可贸易品的生产商，既包括出口商也包括进口竞争者，都要面对其购买的不可贸易商品和服务成本上升的情况，包括支付给工人的工资。但是，由于这些生产商要面临外国生产商（既包括出口商也包括进口竞争者）的竞争，因此它们还不能提高价格。这些农场主和制造商面临利润缩水，因此就会减少产量并解雇工人。而初级产品出口和不可贸易品激增，却仅能部分弥补其他贸易行业的衰退。

如果在商品激增的部门和其他部门之间，资本和劳动的转移相对容易，并且商品激增部门可以使用由其他利润较低的部门释放出来的全部生产要素，那么，商品激增就不会产生太大的问题。由于出口的初级产品生产价格提高，因此劳动力和资本就会转移到繁荣的行业，而经济则会变得更好。如果这种繁荣的局面结束了，生产要素则会再次回到其以前的行业。然而情况常常并非如此。如果出口繁荣部门是资本高度密集型的

① 关于实际汇率的详细讨论见Sebastian Edwards，*Real Exchange Rates*，*Devaluation and Adjustment*：*Exchange Rate Policy in Developing Countries*（Cambridge：MIT Press，1991）。

（如石油行业），这些行业创造的就业机会很少，所以反而很可能导致失业率上升（尽管建筑行业和其他行业的间接就业效应能够减轻这一效应）。更加可怕的是，在这种出口繁荣结束后（事实上繁荣总是会结束的），生产要素也很难再回到其之前所在的部门了。毕竟，制造业不能仅仅一夜间就重新开始。此外，在出口繁荣结束后，工资可能会下降，而工人也不可能愿意再回到之前工资较低的工作中去。而且这种繁荣会导致社会和人口的迁移产生不可逆转的变化。20 世纪 70 年代，尼日利亚石油出口的激增促进了农村工人向城市迁移，以便在建筑业和城市服务业中获得新的、收入更高的工作。在石油出口繁荣结束后，很少有人愿意再回到农村去。而当石油价格下降时，其他许多石油出口国也遭受了类似的命运。案例 18—1 描述了"荷兰病"发生时常见的部门转移。

▶ 案例 18—1　"荷兰病"的一个图解

"荷兰病"可由一个包含三部门的经济进行阐述，其中两个部门是可贸易品部门（先进部门用 B 表示，落后部门用 L 表示），一个是不可贸易品部门。每一个部门的产出均使用本部门特定的要素（如农业中的土地）和劳动力生产。工人在各部门之间可自由流动，即三部门的均衡工资水平是相同的。

假设一个国家面临一个正向的贸易冲击，比如加纳在 2007 年发现了大量的海上石油储备。通过考察这一冲击对三部门经济的供需影响，我们可以更好地理解冲击所带来的潜在影响。先进部门的图形显示，这一冲击将使得先进的可贸易品部门的供给曲线向右移动，从 S_B 移至 $S_B{}'$。在世界市场价格 P_B 的条件下，出口数量增加 ΔX_B（如果先进部门出口商品的世界市场价格大幅上升，正向的贸易冲击同样可以发生，出口贸易的数量同样会增加）。该国可得到意外的收入。

一些意外收入很有可能发生在不可贸易品部门。这种支出效应可以通过不可贸易品的需求曲线右移来体现，在不可贸易品的图形中，D_N 移至 $D_N{}'$。尽管小国的可贸易品由世界市场决定，但是不可贸易品的价格仅由本国的供需决定。支出效应也同样提高了不可贸易品的价格，从 P_N^0 移至 $P_N{}'$，均衡点从 a 点移至 b 点。支出效应引发了通货膨胀，相对于可贸易品价格而言，不可贸易品价格上升，实际汇率升值。通胀和升值是"荷兰病"的初始症状。

为满足不可贸易品的过度需求，工人从落后的可贸易品部门转移至不可贸易品部门及先进的可贸易品部门。落后的可贸易品部门的工人外流导致供给曲线左移，从 S_L 移至 $S_L{}'$。在世界市场价格 P_L 的条件下，落后的可贸易品部门进口商品数量增加了 ΔM_L。同样地，不可贸易品部门的工人净流出至先进的可贸易品部门导致不可贸易品部门供给曲线的左移，如"不可贸易品"的图形所示，供给曲线从 S_N 移至 $S_N{}'$，这种变动被称为"资源流动效应"。在均衡点 b，不可贸易品的过剩需求导致了国内更高的通胀以及更高的汇率。不可贸易品市场将最终在 c 点达到均衡，其价格最终提高至 P_N^2。

这一效应对不可贸易品生产数量的影响是不确定的。落后的可贸易品部门的生产数量是下降的。这就是为什么"荷兰病"被称为"病"的重要原因。一旦工人离开原来的部门，他们可能再也无法回归，甚至当先进的可贸易品部门的繁荣不再持续时也是如此。实际上，农业是发展中国家"荷兰病"所称的落后部门。

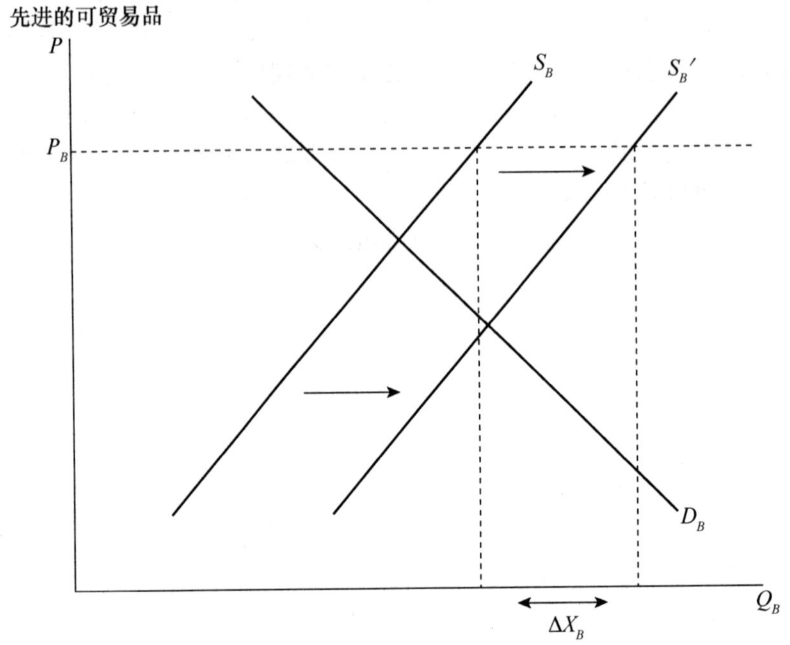

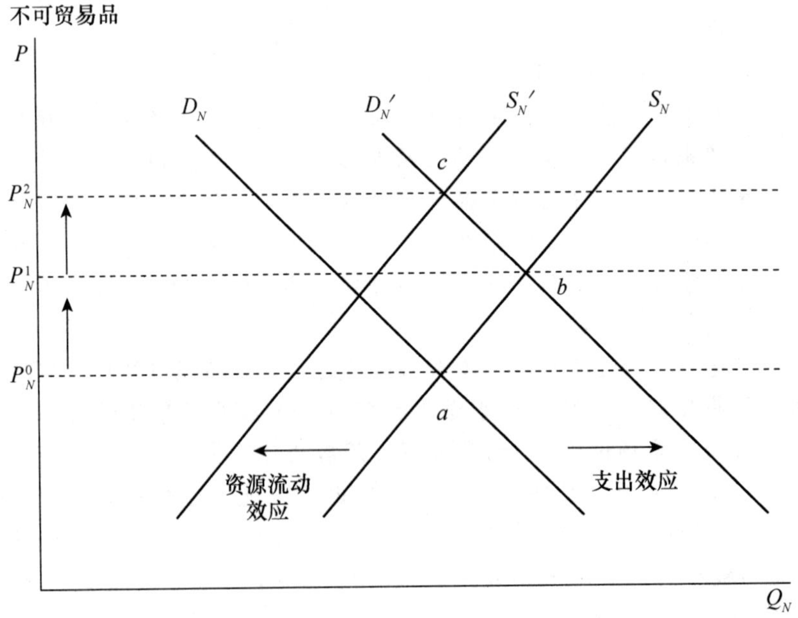

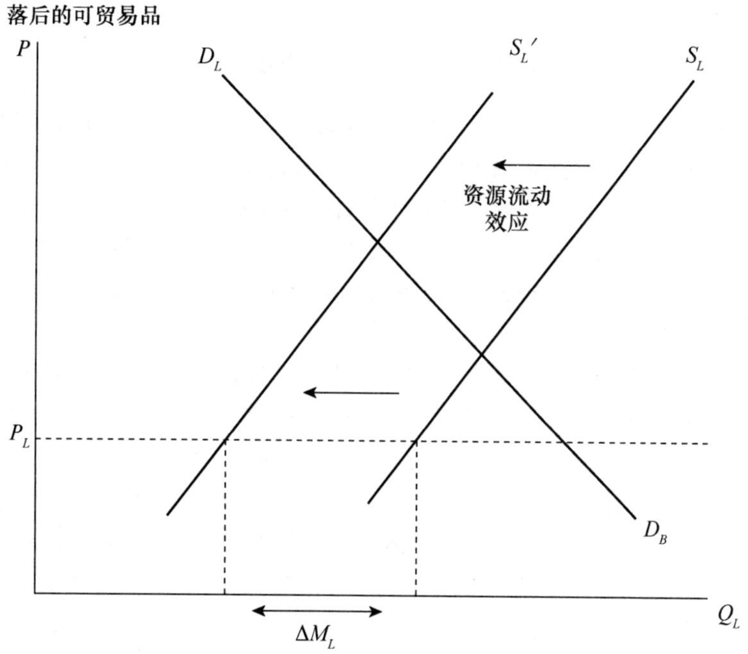

资料来源：基于 W. M. Corden，“Booming Sector and Dutch Disease Economics：Survey and Consolidation，” *Oxford Economic Papers* 36，no. 3(November 1984)。

因为矿产和其他初级产品行业需要支付较高的税收，产品出口激增会使政府收入膨胀。这种财政联系（fiscal linkage）能被用于刺激发展，特别是当这部分额外收入被投入公共服务部门，如基础设施、教育、医疗等等，或者它们被用于促进可贸易品部门及重要的农业和制造业部门（这些部门由于出口产品激增，其竞争力下降了）的投资时效果尤为显著。尽管在大宗商品疯狂上涨时期，许多政府有效地使用了这笔财政资源，但总体的记录却令人失望，大量的资源被浪费在了一些琐碎的项目上。更准确地说，在可利用的财政资源非常丰富的时候，财政部长很难抵抗得住增加支出的政治和社会压力。在出口繁荣结束后，许多较大的困难则会再次出现，而政府必须迅速地削减其支出并收回其在好年景时所做的承诺。许多国家在 20 世纪 70 年代出口产品激增期间，认为出口产品价格会维持在高位，因此从国外借入了大量的贷款，留下了巨额外债。在出口繁荣结束后，其偿债能力大大降低。

正如案例 18—2 中的尼日利亚所展示的那样，“荷兰病”和初级产品出口的其他问题的恶化通常对发展的良好愿望来说是非常致命的。但是情况也不都必然如此。许多国家会将这些意外收入的资源转移到可持续发展中，比如博茨瓦纳、智利、印度尼西亚、马来西亚、泰国和阿拉伯联合酋长国。初级产品出口和国内经济增长之间的反向关系是一种倾向，并不是一种绝对的约束。具有决定权的政府可以采用很多种方法来避免那些因丰富的自然资源而引发的一些最严重的问题。

▶ 案例 18—2　尼日利亚："荷兰病"的负面案例

在 1973—1974 年间，按照石油输出国组织这个有效的卡特尔组织的行动要求，阿拉伯国家强制实施了石油禁运，使世界石油市场的价格翻了四倍。在 1979—1980 年期间，石油价格再次翻了两倍，因此到 1980 年底，石油出口贸易条件相对于进口的价格几乎是 1972 年水平的 7 倍。在尼日利亚，较高的出口价格产生了一笔"石油横财"，这笔收入占 20 世纪 70 年代中期和 80 年代早期非矿物生产的 GDP 的 23%。然而，其石油收入对促进其经济发展的作用很小。

尼日利亚的政治历史以各民族之间的激烈战争而著称，并在 20 世纪 60 年代后期的比夫拉战争中达到了高潮，这种冲突的主战场之一则集中在了税收和政府开支的去向上。在这种压力下，尼日利亚政府支出了其全部石油横财。公共投资从占非矿物生产 GDP 的 4%提高到了 30%，公务员的平均工资也在 1975 年增加了一倍。大部分新增收入被挥霍在了一些浪费的项目上。一些收入流失于政府及军方一些达官贵人的海外账户中。第二次石油意外收入只是进一步刺激了对财政的欲望：从 1981 年到 1984 年，预算赤字平均是非矿物生产 GDP 的 12%。

财政超支使出口意外收入引发通货膨胀的倾向进一步恶化。在价格上涨的同时，中央银行却保持名义汇率固定，所以到了 1984 年，实际汇率已经提高到了接近 1970—1972 年水平的三倍。在到 1984 年末的十几年中，尼日利亚的非石油出口的名义收入几乎下降了 90%，成了典型的"荷兰病"的极端症状。农业所遭受的损失是最为严重的。因为农村的选民在政治上的力量很弱，石油意外收入中只有很少一部分投入农业当中，而大部分则被用于以及浪费在了基础设施和工业上。从 1973 年到 1984 年，农业出口数量下降超过了 2/3，人均农业产出和人均总卡路里消费量都下降了。从 1972 年到 1981 年，非矿物生产 GDP 增长达到惊人的 5.3%，但这也仅是石油价格暴涨前 5 年间增长率的 60%。

20 世纪 80 年代，石油价格下降，直到 21 世纪，石油价格也没有再次大幅上升。在这一时期，尼日利亚的人均石油收入持续增长，尽管这一时期的人口从 5 000 万增长到 1.25 亿。虽然石油收入上升，但尼日利亚的经济增长缓慢，贫困率增长了一倍多，贫富分化加剧。所有这些问题都不能仅仅由"荷兰病"来解释，尽管这一时期汇率的升值使尼日利亚雪上加霜。

资料来源：Henry Bienen, "Nigeria: From Windfall Gains to Welfare Losses?" (227-260, in Alan Gelb, ed., *Oil Windfalls: Blessing or Curse?*) (New York: Oxford University Press for the Word Bank, 1988); Frederick van der Ploeg, "Natural Resources: Curse or Blessing?" *Journal of Economic Literature* 49, no. 2 (June 2011).

阻止"荷兰病"效应最好的方法就是要避免或扭转本币的实际升值。在大多数情况下，这需要对本币进行低估，同时还要辅以对政府支出和央行的货币发行进行严格约束，这二者的目的均是约束通胀。政府需要抑制需求的扩张并将这些新增收入储蓄起来，直到其有时间计划那些明智的、目标明确的、具有较高收益的项目为止。更一般地说，一个更加成功的政府会将这笔新的投资分配到医疗、教育和发展基础设施上，这些项目能够提高生产率和全社会的福利，并且能为初级产品以外的部门创造经济机会。这种投资政策完成了两件事：第一，利用出口的意外收入，为稳定的长期发展提供资金。第二，通过延迟新的开支，政府进行逆周期的（countercyclically）经济活动，并且在出口繁荣而导致的高通胀时期减少支出，在繁荣结束、经济进入萧条时扩大支出，通过上述方式有助于经济更加平稳地运行。印度尼西亚在20世纪70—80年代的发展也采用了这一策略并取得了很好的效果。尼日利亚也面临同样的情况（见案例18—3）。21世纪的大宗商品价格激增表明许多初级产品出口国改善了其宏观经济管理，将“荷兰病”的危害降到了最小。一般来说，资源依赖国的财政支出都比较审慎，这些国家的实际汇率升值幅度远低于大宗商品价格的上涨幅度。①

然而，相对于出口产品多样化的国家而言，初级产品出口商的经济增长要缓慢得多。对稳定至关重要的限制性政策却很少受到欢迎，并经常遭到政治团体的强烈反对。尽管可以很容易地对出口产品收入的合理使用开出药方，并且其对经济的健康发展至关重要，但它通常并没有被服用产生治疗效果所需的足够的剂量。初级产品与其管理之间的关系将在后面考察。

▶ 案例18—3　印度尼西亚：寻求对策

首先，就像尼日利亚一样，石油出口激增对印度尼西亚的影响也很大。在1973—1974年间，石油出口繁荣使非矿物生产的GDP增加了16%。1979—1980年间，石油价格的飞涨使石油意外收入上升了23%。第一笔石油意外收入中，政府支出超过了60%。从1974年到1978年间，实际汇率同出口激增前相比平均高出33%，稍高于尼日利亚的同期水平。然而，印度尼西亚的结果与尼日利亚却极为不同。在整个出口繁荣期间，政府每年都需要平衡预算，而且由于所有外汇交易的管制都被取消了，为了确保外汇储备数量，对货币供给的严格管理则成为必然。这种主动实行的约束限制了这笔意外收入对通胀的影响。

印度尼西亚政府在实现利用石油意外收入促进经济发展的目标的过程中采用了两项政策。第一项政策是将对农业的投资放在了优先地位，特别是要求大米生产商实现自给自足的目标。政府资助灌溉系统，鼓励采用新的水稻品种，补贴化肥和杀虫剂的销售，给农民提供信贷，对农村医疗和教育设施进行投资，并且在农村地区修建道路和其他基础设施。到20世纪80年代中期，印度尼西亚的大米已实现了自给自足；在1982—1983年间，其人均食物产出是其1970年水平的三倍以上。在此期间，印度尼西亚的发展居全体发展中国家和工业化国家的平均水平之上。第二项政策是使本币充分贬值，以避免实际升值。在1978年、1983年和1986年实行了重大的贬值行动。随后又对汇率实行了有管理的浮动，以维持其真实价值。在1984年石油繁荣结束后，印度尼西亚货币的实际汇率已经从1970—1972年的平均水平下降了8%以上。其结果是，在1971—1984

① 世界银行在《全球经济展望》的报告“Dealing with Changing Commodity Prices”（Washington，DC：World Bank，2009）中讨论了这一趋势。大宗商品价格暴涨的原因是资源的最新发现（如乍得、赤道几内亚、苏丹、也门）或新成立的国家（如阿塞拜疆和哈萨克斯坦），其反映了宏观经济的不稳定，而经历了大宗商品价格周期变化的发展中国家能更好地管理大宗商品价格暴涨的宏观经济影响。

年这段时间内，非石油出口产品数量每年增长超过了 7%；在 1972—1981 年期间，非矿物生产的 GDP 每年增长超过了 8%。

因此，明智的政策在对早期“荷兰病”的治疗中发挥着极为重要的作用。政府大力强调在一个多样化的国家中各民族的统一，从而避免了类似于尼日利亚无力应付的财政资源冲突。尼日利亚采取了一系列改革为经济的快速发展奠定了良好的基础，如逐步降低进口关税，对外开放银行部门，接受外部竞争，为证券市场制定新规以鼓励其发展等。这些改革使尼日利亚更加接近全球经济，并在这一时期取得快速发展。在 1988—1996 年间，按照不变美元衡量，尼日利亚的 GDP 年均增长率为 6.8%，使其贫困人口从 1976 年的 5 400 万减少到 1996 年的 2 250 万。印度尼西亚曾经有一段时间被视为东亚经济体中的落后分子，现在被视为发展的奇迹。其成功部分源于所采取的避免陷入“荷兰病”的政策。

资料来源：Burce Glassburner，“Indonesia：Windfalls in a Poor Rural Economy，” in Alan Gelb，ed.，*Oil Windfalls：Blessing or Curse?*（New York：Oxford University Press for the World Bank，1988）.

□ 资源陷阱

印度尼西亚和尼日利亚都是出口石油的人口大国。对这些国家而言，石油不仅是机会，而且是挑战。正如案例 18—2 和案例 18—3 中所描述的那样，印度尼西亚成功地管理了早期的资源繁荣阶段，实现了经济的快速发展；而尼日利亚却没有取得成功。同样的情况可参见博茨瓦纳和塞拉利昂两个钻石出口国以及智利和赞比亚两个铜矿出口国。博茨瓦纳、智利以及印度尼西亚都经历了经济发展，而尼日利亚、塞拉利昂以及赞比亚却没有实现经济发展。显然，政府治理以及政治因素在其中发挥了重要作用。对“荷兰病”的管理以及出口收入的有效运用不是一个简单的技术问题，而是一个复杂的政治问题及有效监管问题。

为了理解初级产品出口与政府监管的关系，我们有必要回顾英国经济学家保罗·柯利尔大量关于大宗商品价格出口以及经济发展的研究。一些早期的研究关注 20 世纪 70 年代咖啡的价格上涨对肯尼亚经济增长的影响。2007 年，柯利尔出版了著作《最底层的十亿人》（*The Bottom Billion*）。题目的意思是 58 个国家的贫困人口（多数在非洲）像是生活在 14 世纪一样。这些国家与其他发展中国家的区别是在过去的三四十年里，它们没能实现经济的发展。一些国家甚至经历了长期的经济萧条，人均收入下降。柯利尔认为一些国家陷入了阻碍经济发展的**陷阱**（trap）。对自然资源出口的依赖也被认为可能是陷阱之一。

柯利尔具体地列举了几种自然资源陷阱，其中有些问题我们已经在前面的章节中有所涉及。“荷兰病”以及实际汇率升值会挤出具有长期增长潜力的非初级产品的出口份额。繁荣时期价格变动带来的收入被浪费在无用的工程、公共服务（其目的经常是政绩而非提供服务）、官员腐败上。商品的繁荣经常与外部借款的增加和债务的积累相联系。如果所借资金被合理利用也是一个不错的选择。反之，在大宗商品价格和政府收入大幅下降阶段，异国在面临债务负担时必须削减其必要的债务支出。大宗商品价格循环以及宏观经济的不恰当管理的潜在问题是落后的国家治理能力。根据柯利尔及其他学者的观点，其与资源收入本身息息相关。

简单来说，资源收入弱化了治理能力。世界银行提供的腐败指数显示，一般来说，石油以及矿产出口部门的腐败程度大于农业出口部门，更大于复合产品出口部门（包括燃料类及非燃料类初级产品及制成品）。[①] 腐败如同税收，对经济活动影响很大，它鼓励了寻租行为而不是生产性投资，经济增长因此受损。柯利尔进一步研究了资源收入依赖度、腐败的普及、落后的政府治理以及经济增长缓慢之间的关系，以试图解释为什么资源收入会滋生腐败。从石油、钻石、矿产以及其他大宗商品中得到的收入减少了对居民的税收需要。[②] 政府可通过资源产业国有化以及跨国联合开发的宽松制度安排获得稳定的收入。无论是两者中的哪一种方法，其资源收入都绕开了人口规模，而征税却有所不同，如果居民没有直接缴税，他们可能不会信赖政府官员。

当资源租金可得时，政治献金变成竞争的一种手段，其在获取选票以及保持权力方面比提高公共服务水平和促进国家发展更有效率。柯利尔认为，无论是在民主体制还是在独裁体制中，资源收入都破坏了国家的治理能力，阻碍了经济的发展（无论是在低收入国家，如刚果、塞拉利昂，还是在中等收入国家，如俄罗斯和委内瑞拉）。他们担心的是，当资源收入弱化了国家治理时，一国很难摆脱这一陷阱。

另外，柯利尔也提到了贫困人口无法摆脱的**冲突陷阱**（conflict trap），在撒哈拉以南非洲地区，内战一直是该地区的顽疾。他认为矿产资源所得财富的存在显著增加了内战的可能性。贪婪刺激了许多反叛组织，矿产资源财富本身为冲突提供了资金。在安哥拉、刚果、塞拉利昂以及苏丹，对有价值的自然资源的出口控制权的争夺一直都是内战的焦点，时至今日，这一问题仍然存在。“血钻”一词就来源于这种内部冲突。柯利尔同时认为，在斐济，对一些重要的热带木材特许经营权的控制也导致了各种武装冲突，2000 年，民选政府被暴力推翻。根据柯利尔的研究，低收入、低增长以及对初级产品出口的依赖显著增加了内战的可能性。

□ 打破资源诅咒

柯利尔认为资源丰富而又长期落后的国家描绘了一幅比普雷维什和辛格所描述的更加让人沮丧的画面。他认为资源丰富与低增长之间相关性很强，但是两者之间传导的渠道却缺乏统计学的支持。[③] 尽管资源陷阱真实存在，但是也有国家成功跨越了这一陷阱。如果博茨瓦纳利用其钻石收入实现了高速增长，安哥拉也可遵循同样的模式。尽管存在严重的腐败，印度尼西亚却成功管理了其石油收入，那么尼日利亚同样也可以这样做。如果有一个特例存在，就意味着资源诅咒可以被克服，方法包括建立主权财富基金及采用采矿业透明行动计划（EITI）等一些国际组织的章程。

---

① World Bank，“Dealing with Changing Commodity Prices，” p. 109.

② 并不是所有初级产品都易受到这些问题的影响。产品和收入越集中，一国越容易合理管理其资源收入。这就使得石油、钻石、金、银、铀、其他矿产出口与棉花、大米、鱼及家禽出口不同。

③ 见威廉·伊斯特里对《最底层的十亿人》所作的评论，William Easterly，“An Ivory Tower Analysis of Real World Poverty，” *The Lancet* 307 (October 27，2007)，1475-1476.

主权财富基金是指通过初级产品出口所得到的外国资产。这些资金与中央银行持有的用于维护短期宏观经济稳定的外汇储备不同。如果资源所得收入以外汇储备为主，那么实际汇率升值和“荷兰病”的可能性就会降低。基金同时可逆周期使用，以熨平因大宗商品价格波动而产生的支出流波动，从而当不可再生资源被耗尽时，可为国家积累一定的资金以备未来使用。但是它们不能取代一个良好的政府监管。正如其他政府收入一样，主权财富基金可能会出现管理不当或权力滥用。以委内瑞拉为例，该国的借款严重偏离其主权财富基金额，从而使其潜在收益最小化。

英国政府于 2002 年设立的 EITI 机构是一个尝试，其不仅明确了从事石油与矿产开发的跨国公司的责任，而且规范了从自然资源中获得收入的政府行为。如果没有像 EITI 这样的规章，钻探和采矿权的谈判经常会出现“暗箱”操作。正如柯利尔所描述的那样，此类交易经常有利于谈判中的部长或公司而非国家。① EITI 是集政府、公司、多边组织以及国内社会于一体的机构，它为石油、天然气及矿产中交易的公司支付以及政府收入的确认和发布提供了国际标准。它要求资源开发部门披露其石油矿产权的支出，要求政府公开其收据和相关交易的独立国际审计结果。其目的是通过更高的透明度减少腐败行为，使政府在使用自然资源收入时更加负责任。2009 年，富油国阿塞拜疆成为第一个满足所有 EITI 规定的国家。20 多个中等收入国家遵循了阿塞拜疆的模式。世界上最大的 40 个石油、天然气以及矿产公司正处于加入 EITI 的进程中。

EITI 是柯利尔推荐的提高政府公信力以及政治治理能力的国际组织之一。他也同样建议对矿产使用权进行有效的国际拍卖。在支出方面，政府收入如何花费也应该公开、透明。在乌干达，财政部要报告资金使用情况。当地媒体组织会事先被通知，一些学校也会张贴海报告知报告的相关情况。一项研究表明，这些措施的实施使资源流向其初始分配接受者的数量从 20%提高到 80%。② 柯利尔相信一揽子的国际标准和章程能约束不良的政府治理，使自然资源出口从“资源诅咒”转化为促进经济发展。

大卫・李嘉图可能会认可一些关于跨国贸易的争论，他可能仍认为贸易的潜在利益能提高总产出和福利水平。贸易所得和 19 世纪早期的情况一样真实可见。但贸易不是万能的，初级产品出口的讨论显示经济增长与发展远非追求比较优势那样简单。

18.5 本章小结

- 在过去的几十年，世界贸易迅速增长，但高收入经济体之间的贸易仍然是世界商

① “Paul Collier on *The Bottom Billion*,” TED, May 2008, available at www. ted. com/talks/pau_lcollier_shares_4_ways_to_help_the_bottom_billion. html.

② Ritva Reinikka and Jakob Svensson, “The Power of Information: Evidence from a Newspaper Campaign to Reduce Capture,” World Bank Policy Research Working Paper No. 3239. Washington, DC, March 2004. 也见 Paul Hubbard, “Putting the Power of Transparency in Context: Information's Role in Reducing Corruption in Uganda's Education Sector,” Working Paper No. 136, Center for Global Development, Washington, DC, December 2007。该文讨论了以促进收益为目的的改善的资源流动是政府采取的诸多改革的产品之一，包括但不仅限于更加透明的信息披露的结果。

业的主导，发展中国家（包括中国）仅占了世界贸易总量的 1/4。中等收入经济体的进口和出口的增长远超出了其 GDP 的增长。贸易促进了全球化的发展，对许多国家意义重大。

● 经济体越小，离海港和主要世界市场越近，贸易占 GDP 的比重就越高。与有海岸线的国家相比，44 个内陆国家的贸易量更小、增速更慢。随着经济的增长，贸易结构倾向于发生变化，初级产品出口会转为制成品出口。

● 大卫·李嘉图的比较优势理论是指两个国家都可以从贸易中得到好处，尽管一国在所有商品上的要素投入都更有效率。通过追求比较优势，一国可获得交换所得收益和专业化所得收益，从而提高了国家收入。

● 除了贸易所得之外，贸易鼓励了竞争，降低了国内企业的市场势力，促进了新技术的引用，从而刺激了投资，提高了可供消费产品的质量。但是贸易不是没有成本的，在贸易中同样也有赢家和输家。短期内，出口部门的企业和工人可以注意到本部门业务的扩张以及进口竞争部门的萎缩，贸易有利于一个国家要素充裕的产品生产，但赢家所得的收益会超过输家的损失。

● 世界上大部分的贸易是制成品，但初级产品仍然占据中低收入国家出口的大部分。不幸的是，许多国家正在经历“资源诅咒”，即对石油及其他初级产品出口的依赖经常与经济萧条或衰退密切相关。

● 初级产品出口与发展的悲观主义由来已久。20 世纪 50 年代，经济学家普雷维什和辛格认为，贸易条件会稳定地、系统地改变初级产品。这是由世界经济的结构性特征决定的，包括初级产品出口的需求增长低于制成品。

● 当今，普雷维什和辛格的结论不能再为“资源诅咒”提供解释，可能的原因不是贸易条件的稳定下降，而是大宗商品价格暴涨暴跌的循环。这一现象被称为“荷兰病”，即一个自然资源丰富的国家反而经历了低增长。“荷兰病”经常与一国实际汇率的升值相关，从而损害了其他部门的增长，尤其是非初级产品的出口。

● 除了“荷兰病”以外，“资源诅咒”存在另一个让人困惑的解释：初级产品的资源收入倾向于形成糟糕的政治治理，而制成品却不会出现这样的情况。在一个缺乏良好制度的弱国里，资源租金加剧了国内战争，引发了普遍的腐败，损害了良好的治理所需的必要的检查和平衡。

● 一国可通过审慎的宏观政策等克服“资源诅咒”，采取必要的措施避免初级产品收入的浪费与腐败。像 EITI 这样的国际组织为提高石油及其他自然资源的治理提供了一套机制。

第19章

贸易政策

2009年，皮尤研究中心（Pew Research Center）从全球55个国家的人口中取样，进行了一项全球观点的调查。其中一个问题是：您如何看待本国与外国之间不断加强的贸易与商业联系？您认为它对本国来说非常好、相当好、相当差还是非常差？印度有2 000人受访，96%的受访者认为贸易非常好或者相当好。在中国和韩国，这一比例分别为93%和92%。在尼日利亚和巴西，这一比例分别为90%和87%。但在以下几个国家，对国际贸易的评价相对较低，如法国（83%）、俄罗斯（80%）、日本（73%）以及美国（65%）。在每一个接受调查的国家之中，大部分人都认为贸易是一件非常好或相当好的事情。

鉴于在之前的章节已讨论过国际贸易的利益，贸易被视为好事也就不让人吃惊了。贸易提高了国家收入，降低了许多商品的价格，增加了产品的数量和种类。在一些国家，出口被视为经济增长的引擎。但是对贸易的赞成态度并不意味着对自由贸易的支持。对贸易持支持态度的同时也存在工人和企业要求实施进口保护。无论是富国还是穷国的政治家们都经常会发现支持贸易保护对自己极为有利。许多国家都实施了优先支持出口的政策，这一重商主义的战略是几百年前亚当·斯密和大卫·李嘉图所反对的。

如今，世界贸易比过去50年甚至100年的任何时间都更加开放，但是国家采取的贸易战略却是开放与保护并存。旨在促进经济增长与发展的理想贸易战略仍是一个富有争议的话题，其不仅受经济理论的影响，而且受现实世界的影响。

一国所能选择的贸易战略存在一个区间，一个极端是经济孤立主义，有时被称为封闭主义，一国可选择自给自足。19世纪50年代，在美国名将马修·佩里（Matthew Perry）以及他的船队到达日本之前，日本一直实施“闭关锁国”的战略。更近一些的例子是阿尔巴尼亚在领袖恩维尔·霍查（Enver Hoxha）的领导下于1976—1991年和缅甸（Burma）在军事领袖尼温（Ne Win）的思想指导下于1962—1988年实施了闭关政策，其包括经济的自给自足。然而并不存在严格的“闭关锁国”，即使是朝鲜也与外界进行了部分国际贸易，如出口矿产、动物制品以及非法物品（如，导弹、镇静剂和仿造香烟），从而确保其燃料、食品以及权贵阶级的奢侈品消费。

与封闭主义相对的另一个极端是自由贸易。自由贸易是指商品和服务的跨国自由流动，这意味着跨国商品流动和国内商品流动一样自由。然而，完全实行自由贸易的国家（或地区）却很少。如今，欧盟成员国之间的贸易可被视为自由贸易的典范，但是欧盟成员国与世界其他国家之间的贸易却存在许多壁垒，如关税、限额以及补贴等。加拿大、墨西哥和美国之间签署的《北美自由贸易协定》也包含了一些成员国之间货物交换的限制。该协定花了15年的时间才取消了成员国之间的玉米、糖以及其他商品的贸易限制。美国的反倾销税适用于来自墨西哥的水泥以及来自加拿大的软木，墨西哥也对产自美国的一种高糖玉米浆征收关税。北美自由贸易区成员国之间的商品贸易远远没有各国国内的贸易自由。

如果封闭主义与自由贸易都是稀少的，是贸易策略的两个极端，那么大部分国家都采取了介于两者之间的贸易策略。政策争论的焦点在于一个经济体多大程度上外向以及多大程度上内向。这一选择如同钟摆一样前后移动。所有发达国家的发展历程都表明，在开放经济实施过后总会出现一段时间的贸易保护。20世纪初，贸易和限制条件逐渐宽松，但随后的第一次世界大战以及1929年的经济大萧条打破了这一局面。1930年美国国会通过的臭名昭著的《斯穆特-霍利关税法案》开启了对其他国家新一轮的报复性关税的进程。这一行为导致了全球商业的急剧下降以及世界产出的长期下降。二战以后，许多国家于1947年签署了《关税与贸易总协定》（GATT），降低了关税与贸易壁垒，增加了世界贸易。

在发展中国家，拉丁美洲国家的初级产品市场受到了1929年大萧条以及二战中商船减少的严重影响。在这一时期，阿根廷、巴西、哥伦比亚、墨西哥以及其他国家形成了很强的制造能力，从而在战后系统地建立了限制进口的壁垒。在20世纪50—60年代，亚洲和非洲的许多国家都实行了内向型战略，因为刚刚独立的国家想要发展它们自己的工业生产能力，摆脱之前的殖民统治者。截至20世纪60年代，进口替代是经济发展的主要战略。[①] 但是这一战略并没有得到履行。至20世纪80年代，很多国家普遍抛弃了这一战略并转而实施更加外向的战略。东亚一些实施了出口导向型战略的经济体都证明了这一战略的优越性，如中国香港、韩国、新加坡以及中国台湾。

一般而言，发展中国家的政府实行了两种不同的贸易战略：进口替代和出口导向，进口替代（IS）是指商品和服务的生产用于替代出口。因为在发展初期，发展中国家新成立的公司经常无法在国际市场上竞争。进口替代是指通过建立贸易壁垒使进口产品更加昂贵或不易购买以保护国内的企业免于国际竞争，经过一段时间以后，国内企业将变得更加有效率和竞争力。**出口导向**（export orientation）把关注点转向为国际市场进行生产，这一战略旨在通过依赖市场力量、加强机构建设、使用补贴和汇

① 回忆一下上一章关于劳尔·普拉维什和汉斯·辛格的讨论。他们对发展中国家面临的贸易条件下滑的关注和解释为许多国家实施的进口替代贸易战略提供了智力支持。

率管理以及其他政策工具使国内生产者更有国际竞争力。进口替代的含义是，如果没有初始保护，新兴行业将无法生存，它们需要机会去学习、成长。此外，外向型贸易战略的含义是，公司在国际市场上竞争以获取新技术、提高效率以及扩大潜在市场。本章将进一步详细讨论这两种策略。

19.1 进口替代

进口替代的基本概念非常简单。为了使经济发展持续进行，各国需要将重心从初级产品生产转移到制成品生产上来，以防止长期进行低价值附加产品的生产。早期的倡导者认为，进口替代不仅是一种贸易战略，而且是经济结构转型的重要途径，并称之为进口替代工业化（ISI)。进口替代战略的倡导者认为，国内企业在最初很难与国外成熟生产者竞争，它们需要政府的支持以启动创业。为了实现这一点，第一步要做的是根据大量进口，确定国内市场需要何种产品，然后确保该产品的简单生产技术能被迅速掌握，而不是进口要求更先进的机器和更高技能的劳动力的产品。最后通过政府实行关税或者进口配额以提高进口竞争产品的价格。**关税**（tariffs）指在边境对进口产品征收的税额；**配额**（quotas）指对特定种类进口产品的数量限制。这些保护壁垒提高了进口产品的价格，使国内生产商可以给产品标高价以弥补较高的生产成本并有利可图。但该政策是以牺牲消费者的福利为代价的。消费者为此不得不支付更多，这最终造成了同等福利的损失。

这一途径主要关注巨大国内市场中相对简单的产品，它意味着日常消费品，特别是食品加工业、饮料业、纺织业、服装业、鞋业，通常是首选的保护目标。与此相反，由于资本性产品需要更为复杂的技术，并且提高该种产品的价格会破坏下游产业和投资者的利益，所以政府对资本性产品则不宜过多地保护。然而，许多发展中国家已经采用进口替代来保护钢铁业、机械产业和其他资本品，但一般都收效甚微。

对于作为进口替代战略要素的关税和配额，经济学家有许多理由持批评意见，但是也有赞成保护性关税的论点，其中最引人注目的是**幼稚产业**（infant industry）这一概念。在发展中国家设立新企业的企业家必须与来自发达国家的企业相竞争，而这些发达国家的企业已经拥有生产产品的长期经验，并且已经掌握了生产技术和市场营销渠道。新的（或幼稚）产业的管理人员和工人必须学会以发达国家的标准高效地利用这些技术。在某些情况下，也许需要为适应本地条件而对技术进行某些工业性改造。这种“干中学”（learning by doing）的过程可能要持续几年。进口替代的倡导者认为，如果没有一些援助形式，这些投资不大可能发生，而发展中国家也将不能学会最终能与竞争产品平等竞争所必需的技能。尽管如此，如果想让此种策略最终生效，则需要幼稚产业能够最终在没有任何保护的情况下与国外竞争对手竞争。这也意味着，关税保护是暂时性政策，并且随着生产效率的提高以及生产成本的下降而逐渐降为零。要想使得这一策略在经济上划算，那么建立新产业的最终社会收益必须超过保护成本。

为了更全面地理解进口替代战略，我们首先要探讨关税、进口配额和补贴对进口、生产和消费的影响，然后讨论汇率政策与贸易之间的关系。

19.2 保护性关税

保护性关税最直接的影响是使商品的国内出售价格超过了世界市场价格，不管是发达国家还是发展中国家。对进口国来说，国际价格就是它到达进口港口时的成本，即到岸价格（包括成本、保险费和运输费）或边境价格。假设相对于国际市场而言，一国所占份额很小，进口产品可以完全替代国内生产的同类产品，那么该国面临的世界供给曲线富有完全的价格弹性；同时假设国内市场是完全竞争的，可用标准的供给和需求曲线进行分析。如图 19－1 所示，当国际价格为 P_w（等于到岸价格）时，消费者的需求为 Q_1，本国生产者生产 Q_2，其差额 $M_1=Q_1-Q_2$ 是靠进口来平衡的。如果对进口产品征收**从价税**（ad valorem，为价格的一定百分比）t_0，并且世界市场供给具有完全弹性，则国内价格就会上升到 P_d，进口产品的国内价格高于到岸价格的百分比被称为**名义保护率**（nominal rate of protection）。[①] 国内需求下降到 Q_3，国内产量上升到 Q_4，其是进口保护的目标值，此时进口量下降到 $M_2=Q_3-Q_4$。

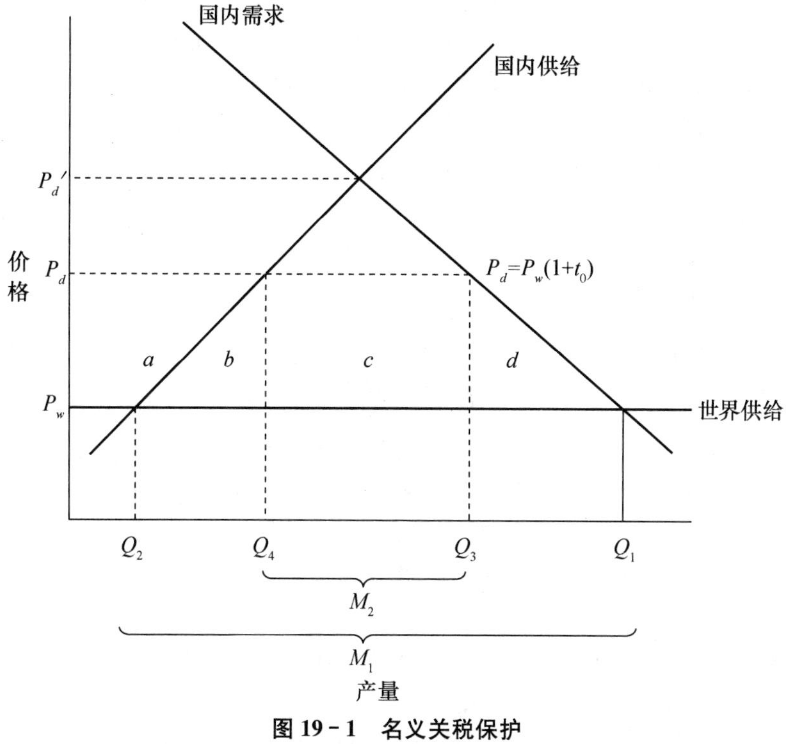

图 19－1　名义关税保护

国内产出由 Q_2 增加到 Q_4 具有两种效应：首先，它增加了梯形 a 所代表的生产者剩余，表示国内生产者获得一个高于其边际生产成本（由国内供给曲线来描绘）的价格

① 关税有时不是以比例关系的形式而是以具体数量的方式征收的，如到岸价格的 25%，到岸价格加上 15 比索或者 75 卢比等。当某一具体数量的关税如 t_d 被征收时，名义保护率是 t_d/p_w。

时的获利程度；其次，生产增加必须承担资源成本，由三角形 b 给出，这是因为劳动力、机器设备、原材料等生产要素从具有更高生产率的领域转向了替代进口产品的产业中。我们可以用国内产品的机会成本来理解资源成本。如果没有关税，该国可以进口相当于 Q_4-Q_2 的量，价格为国际市场价格，花费为 $P_d\times(Q_4-Q_2)$。如果在国内生产这一额外数量，将会花费更多。成本为所有数量的附加成本，等于供给曲线以下从 Q_2 到 Q_4 的区域，即 $P_w\times(Q_4-Q_2)+b$。因为在国内生产要比在国外生产花费更多，因而该国的资源没有得到充分利用。社会可用这些资源进口同样数量的商品（Q_4-Q_2），额外的资源（三角形 b）用于生产和消费别的产品。

消费者因为保护性关税而支付得更多，不仅多支付了更高的价格 P_d，还使消费量从 Q_1 减小到 Q_3。消费者的一部分支付因关税收入而转移给政府，这些收入可以用于社会的其他目的。这一部分是社会的转移而非损失。政府的关税收入等于进口数量 M_2 乘以关税税率再乘以国际市场价格，由矩形 $c=(t_0P_w)\times M_2$ 表示。消费者所承受的总成本可以由消费者剩余的损失来表示，即为（$a+b+c+d$）区域。消费者的损失仅通过转移给生产者（三角形 a）或公众（由矩形 c 代表的税收收入）的收益而部分地得到补偿。（$b+d$）这两个三角形代表不能用任何人的所得来补偿的福利损失，称为无谓损失（deadweight loss）。

我们已经知道了区域 b 是由于采用国内低效率的生产方式生产产品而非从国外进口产品而造成的损失，区域 d 是由于消费者在较高的价格上选择面不大而造成的福利损失，该损失有时也被称为关税下的消费损失。当关税税率提高时，上述两个损失额也相应扩大。在惩罚性关税的条件下损失最大，使世界价格无限接近于封闭价格 P'_d。由于上述模型仅仅关注产出市场，现实中保护性关税的效应要远比图 19－1 复杂得多。现实中保护性关税的效应很大程度上依赖于最终产品的关税与生产该产出所需进口要素的关税之间的关系（见案例 19—1）。

▶ 案例 19—1　有效保护率

关税能在多大程度上影响到生产者，使其生产发生变动？关税虽然可以解释其中一些原因，但并不能解释全部。关税税率决定了直接影响产出价格的名义保护率，但是生产者同样也关心税率对投入品价格的影响以及最终收入与投入品成本之间的差额。对竞争性进口产品征收的关税有助于增加利润，而对中间产品征收的关税会减少利润。

有效保护率（effective rate of protection，ERP）衡量关税对于产出品和投入品整体的保护程度。[a] 它关注的是贸易政策对附加价值的影响以及产品售价与中间产品单位成本之间的差额。[b] 以国内价格计量的附加值即为国内产品价格（P_d）与每单位产出所耗用的投入品成本（C_d）之间的差额；以世界价格计量的附加值即为产品的世界价格（P_w）与投入品的世界成本（C_w）之间的差额。有效保护率即为上述两个差额的比率：

$$\text{ERP}=\frac{\text{附加值(国内价格)}}{\text{附加值(世界价格)}}-1=\frac{P_d-C_d}{P_w-C_w}-1$$

国内价格与世界价格最关键的区别即在于关税（及其他贸易壁垒如配额，其与关税有着相似的价格效应)。关税(t_0)使得进口产品的国内价格高于其世界价格,$P_d=P_w(1+t_0)$,而对投入品征收的平均关税(t_i)将使生产该种产品的成本上升($C_d=C_w(1+t_i)$)。因此,国内价格与成本可以用世界价格与关税来表示:

$$\text{ERP}=\frac{P_w(1+t_0)-C_w(1+t_i)}{P_w-C_w}-1 \quad \text{或者} \quad \text{ERP}=\frac{P_w t_0-C_w t_i}{P_w-C_w}$$

由于分母是以世界价格衡量的附加值,ERP 衡量的是关税对于附加值而非价格的影响,所以 ERP 可以被扩展为衡量配额、补贴或是其他影响产出与投入品价格及附加值的所有贸易政策的有效性的工具。为了更加深入地理解 ERP 的概念,我们假设有一生产 DVD 播放机的厂商,在世界市场上,其产品售价为 100 美元,成本为 60 美元,则附加值为 40 美元。下面分别考察三种关税政策下的附加价值效应:

1. 对产出品与投入品征收同样的关税。例如 $t_0=t_i=10\%$。你或许认为其影响是中性的,其实并不是。售价会因此上升为 110 美元,国内成本也会升至 66 美元,所以附加值有了 10%的增加,即为 44 美元。在本例中,10%的标准税率为附加值提供了 10%的有效保护率,等同于名义保护率。

2. 对产出品征收的税率高于对投入品的税率。如果 $t_0=10\%$,$t_i=0$,国内产品价格上升为 110 美元,附加值由 40 美元上升为 50 美元。因此,ERP=25%,比 10%的名义保护率要高。更一般地,如果 t_0 大于 t_i,ERP 就会高于名义保护率。在此我们需要关注一点:关税的微小变化会极大地影响成本与价格之间的差额,从而影响到生产者的积极性,使其将资源从未受保护的部门转移到受保护的部门中。很多国家的税收结构基本都按照这一模式,逐渐从对投入品征收低税率转向对最终产出品征收高税率。在这一情况下,ERP 达到 100%也就并不罕见了。

3. 对产出品征收的税率低于对投入品的税率。如果对于竞争进口品并不征税,而对投入品征收 10%的税率($t_i=10\%$),则国内成本上升为 66 美元,产出品价格仍然为 100 美元。这样附加值就降低为 34 美元,ERP 即为−15%。尽管这种会削弱投资积极性的税率结构看似不可能存在,但实际上这种现象非常普遍,尤其存在于农业与出口行业中。政府经常喜欢保持低的食品价格,以讨好城市消费者,从而不愿向进口食品征税。因此,对化肥、种子或灌溉设施征收的保护性关税均会腐蚀农业生产的利润,从而使投资撤出农业部门。对于出口行业,由于出口商是在世界市场上销售,因而政府不能利用关税来提高产成品的价格。对投入品征税提高了出口商的成本,并降低了在出口行业进行投资的激励。这种保护方式是削弱许多发展中国家出口企业国际竞争力的重要问题。

a. 有效保护率的概念来自 Max Corden,"The Structure of a Tariff System and the Effective Protection Rate," *Journal of Political Economy* 74 (June 1996), 221-237。

b. 在这一差额中,生产商必须支付所有的生产要素——工资、租金、所借资本的利息以及利润。这些支付等于附加值。

□ 进口配额

通过对进口产品进行**数量限制**(quantitative restrictions)——配额或进口许

可证——同样可以获得像关税一样的保护效应。对于政府和国内生产者来说，进口配额的好处在于可以预先知道进口数量。关税制下的进口数量取决于供给和需求的弹性（由供给和需求曲线的斜率来体现），对这一数量事先只能进行大致的推算。将进口量限制在与征收关税相同的数量的配额，能起到许多相同的作用。在图 19－1 中，配额将进口量限制在 M_2 的水平上，迫使国内价格上升到 P_d，同时使国内生产增加到 Q_4，消费需求降低到 Q_3，上述效应与关税一样。配额允许在任意可能的价格进口 M_2 数量的产品，这实际上将国内的供给曲线右移了 M_2 个单位。国内供给和需求决定的均衡点也由于配额的存在而右移。在图 19－1 中，均衡点对应的价格为 P_d，数量为 Q_3，与关税 t_0 的效果一样。并且，消费者剩余损失、无谓损失以及生产者剩余都与征收从量税时的情形一样。

但是在两个关键方面，进口配额与关税的效应有着很大的区别。首先，政府在进口配额下不再得到税收收入，而是向为数有限的进口商发放进口许可证，赋予它们进口 M_2 数量的商品的权利。如果政府将这些许可证免费发放（这正是许多政府所做的，将这些许可证作为对政治关系良好的进口商的保护），那么许可证获得者可以赚得相当于矩形 c 面积的暴利。这是因为这些进口商能在国际市场上以 P_w 的价格购进该商品，但却在国内市场上以 P_d 的价格销售。这通常被称作**配额租金**（quota rent），数量很大，使得进口许可证对获得者来说具有极大的诱惑力。厂商为了得到许可证，不惜付出巨大努力和巨额贿赂（在关税保护下，也会出现为了躲避关税而贿赂政府官员的现象）。相反，如果政府打算拍卖这些许可证，假设政府打算拍卖 1 000 张许可证，每张许可证的持有者可以进口 $M_2/1\,000$ 单位的商品，潜在的进口商愿意为每张许可证支付 $c/1\,000$，因为其潜在收益也是这一数额，那么潜在进口商将愿意以 c 的代价购买进口许可证（c 为进口商可以得到的所有潜在利润）。有效的拍卖可以让政府获得与征收进口关税情况下同样的收入，但对于管理者来说，配额的分配通常似乎要比关税花费更大的成本。①

进口配额与关税的第二个区别在于，在世界市场价格或国内供给或需求变化的动态环境下，市场产出如何变化。例如，考虑世界市场价格 P_w 下降的情况。在存在关税的情况下，P_w 和 P_d 均将下降，使消费者享受更低价格带来的好处。消费量将增加，国内生产将下降，而进口将上升，以填补这个缺口。然而，在存在配额的情况下，进口并不会上升。结果，国内生产和消费将保持不变，并且国内价格将保持在 P_d 不变。更低的世界价格仅仅增加了配额租金，其收益直接进入进口许可证持有者手中。更一般而言，在大多数（但不是全部）情况下，由于关税允许根据差额进口，如同在开放经济中一样，国内生产者和消费者可以根据该差额做出反应。由于配额的这两个后果，经济学家宁愿选择关税。结果，贸易体制改革和国际贸易协定总是首先将配额转化成等效关税。

① 分配配额租金是复杂的。美国政府的配额不仅是糖业保护的重要工具，也是对外政策的重要工具。美国自 20 世纪 30 年代开始实行糖业保护，导致其国内糖业产品价格长年高于国际市场，美国的糖业配额主要分配给巴西、多米尼加共和国以及菲律宾。这些国家决定了如何分配配额租金。本质上，美国政府通过配额获取了美国消费者为高糖价支付的金额，并分配给其他国家。

19.3 贸易保护与政治

从图 19－1 的关税（或配额）的局部均衡模型中，贸易保护看似是不合逻辑的，消费者剩余净损失为 $a+b+c+d$，但是生产者和政府从关税中的所得仅为 $a+c$。一般均衡模型分析也可得到相似的结论（见专栏 19—2）。如果贸易保护的损失大于收益，为什么政府仍然实行这样的措施呢？

幼稚产业理论认为，根据国内供给曲线可知，国内的生产成本高于国外的生产成本，因此需要实行贸易保护。新产业需要获取经验，降低成本，使国内供给曲线下移，并逐渐变得更有竞争力。根据这一说法，利益的损失是获得生产率提高以及各种正效应的短期成本，并一直持续到幼稚产业的成熟时期。

另一个贸易保护广泛使用并长期存在的更好的解释可能是其带来的分配效应与动机。泰国对其进口的啤酒征收高达 60％的关税，因为关税的存在，泰国国内的生产者可以以更高的价格卖出更多的啤酒，并避免了老挝和越南的低价啤酒涌入本国。国内的酿酒商有更多的收入以及更大的生产者剩余。厂商将生产扩大到超出其比较优势所保证的范围就必须雇用更多的工人，但是消费者遭受了损失，他们面临更少的选择和更高的价格。总的来说，这一模型说明了消费者的损失远大于生产者的收益。关税的长期存在可能与个人的收益与损失的程度相关。

因为关税的存在，个体消费者必须为一桶啤酒支付更多的泰铢，他们想要少付钱，但是相对于他们的总支出而言，这一数量相对较少。因此，很难动员公众抵制啤酒关税。对于泰国的啤酒生产者而言，情况则不同。它们数量较少而潜在收益巨大。成千上万的啤酒爱好者都多支付了一点点，消费者的损失累计起来的收益由几家企业共同分享。很容易理解这几家企业将会主动寻求政治支持或对政府官员施加影响以维持关税以及贸易保护。产业越集中，分享贸易保护的好处的企业就越少，其中一些利润可能被用于支持政府以维护其贸易保护。

贸易保护的政治经济并不仅适用于发展中国家，也同样可以解释发达国家长期存在的关税、配额和补贴。政治的考量而非经济的利益解释了日本对其大米产业的保护以及欧盟对其乳制品的保护。美国的政治解释了从钢铁到蔗糖几乎所有的贸易保护。因为政治利益的存在，贸易保护一实施便很难退出。解决方式之一是把削减关税作为多边合约的内容之一，在泰国的啤酒关税中，东盟自由贸易区（东南亚国家的区域贸易协定）规定其于 2010 年失效。

▶ **案例 19—2**　　**关税的两国模型**

我们可以用第 18 章的两个国家、两种产品、两种要素的模型检验关税的影响。在墨西哥与美国（或与世界上所有其他国家）进行西红柿与拖拉机的贸易中，墨西哥在西红柿的生产上具有比较优势而需进口拖拉机。如果没有贸易，该国在 A 点消费和生产。在自由贸易条件下，在 B 点生产，在 C 点消费。贸易使效用从 IC_1 水平提高到 IC_3 水平。

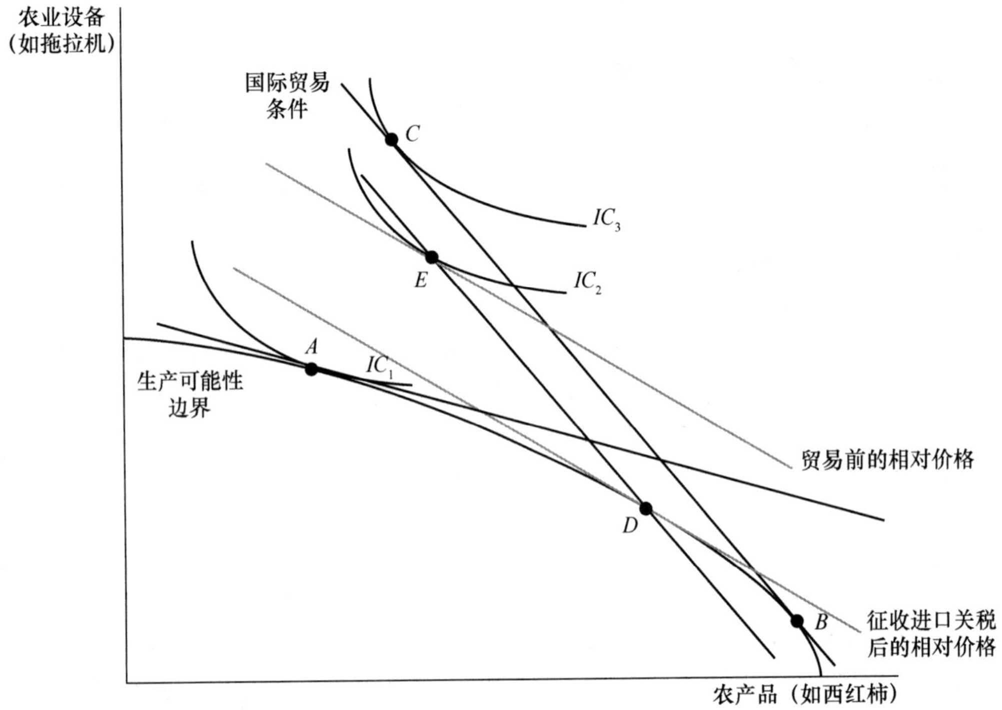

假设墨西哥实施进口替代政策，决定对拖拉机产业征收 t_0 单位的关税。关税改变了国内生产者面临的价格曲线的斜率。没有关税时，斜率为 $-P_x/P_y$，存在关税时，斜率为 $-P_x/[P_y(1+t_0)]$，价格曲线更加平坦。因为存在关税，在墨西哥生产拖拉机有利可图，资源将会从西红柿产业转移出来。生产点从 B 点移动至 D 点。如果关税足够高，甚至达到所谓的惩罚性关税的程度，价格曲线旋转后将会变得更加平坦，相对价格将与封闭价格相同。墨西哥既不进口也不出口，在 A 点消费，效用也相应损失。

假设关税不是惩罚性的，墨西哥的贸易伙伴并没有对其西红柿进口征收报复性关税，那么墨西哥进出口为多少？在何点进行消费？假设墨西哥是一个小型经济体，是世界市场上的价格接受者，那么国际贸易条件不变，并将穿过 D 点。墨西哥的消费者也像墨西哥的生产者一样不再面临国际价格。他们将面临相对价格，其中包括政府对拖拉机征收的关税。消费者在 E 点消费，该点在国际贸易条件线上，位于包含了关税的价格曲线和 IC_2 的切点上。在图中，进出口由生产点 D 与消费点 E 之间的差额决定，存在关税时的进出口数量都比自由贸易条件下要低。

该模型认为，墨西哥的福利状况恶化，消费水平下降，效用降低（从自由贸易时的 IC_3 降低到 IC_2）。这是因为其损失了部分来自交换与专业化分工的潜在收益。这一效用的损失类似于图 19-1 中附加关税的局部均衡模型的结果，包括税收的无谓损失和消费者净损失。

□ 生产者补贴

直接补贴是关税或者配额的另外一种替代方式，通过它同样可以起到保护国内生产者的作用。许多高收入国家都大规模地采用这种补贴方式来保护本土农业免受国际竞争者的威胁，但常常牺牲发展中国家潜在竞争者的利益。新兴经济体也同样使用补贴使本国资本密集型产业免受进口商品的竞争。补贴的效应在很多方面与关税相似：20%的进口保护性关税与20%的出口补贴对于利润的影响是相同的。但是它们对于消费者和政府预算的影响差别很大。

等于以前 t_0 关税的补贴 s_0 能有效地使供给曲线从 S' 移至 S，如图 19-2 所示。产量从 Q_2 移向 Q_4，但是价格并不变，所以消费者仍然可以在 P_w 的初始价格上购买到 Q_1 的产品。由此可以看出，补贴的一大好处是消费者可以不用损失消费者剩余。补贴所花费的成本为 $a+b$，但在本例中，这一费用是由政府而不是消费者负担的。生产者在补贴政策或同等的关税下会得到同样的实惠，它们可以获得等于 a 的生产者剩余，资源损失为 b，因此无谓损失仅为三角形 b，这一损失额要小于征收关税下的无谓损失额（$b+d$）部分。

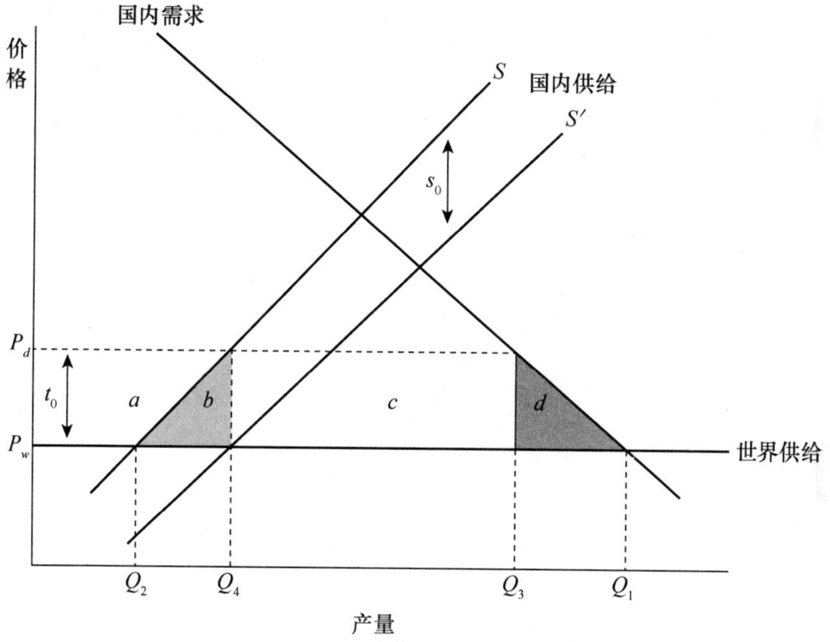

图 19-2　对进口竞争企业进行补贴的影响

由于与征收相同的进口关税相比，在补贴政策下，消费者可以在没有支付更多的情况下购买更多的商品且无须社会为之承受成本，所以经济学家通常都比较偏好补贴而非关税（偏好关税甚于进口配额）。补贴政策造成的成本是由纳税者整体负担的，而并非由单一的消费者负担。补贴通常在政府预算中列支，于是便可以计量年度保护成本。所以，政府在提供这类补贴时更为克制，并相应地提供适中的短期保护。不幸的是，正是由于成本并没有反映在预算上，补贴也同样面临着关税以及配额所面临的问题：什么部门需要保护？以什么形式保护？政府如何决定其产业支持政策？补贴必须持续多久？在政府选择以及支持某一产业方面有许多成功的案例，但更多的是失败的案例。“选择赢家”永远都不是一件容易的事。

□ 汇率管理

关税、配额和补贴只是政策制定者用来影响贸易的其中一部分工具。政策制定者可以运用的最具效力的工具之一便是汇率，汇率比其他任一价格因素影响的行业范围都更广，并且对经济中所有产业的国内价格都有着直接的影响。关税、配额、补贴和其他干预措施通过改变不同产品或产业之间的相对价格对其提供支持。与之相反，汇率对所有可贸易品的价格的影响是无差别的，但却能够改变可贸易品与不可贸易品的相对价格。①

图 19－3 中的曲线表明了出口商对外汇的供给和进口商对外汇的需求即外汇市场。纵轴是以本国货币计量的汇率，如每 1 美元值多少比索。在浮动汇率体系下，e_e 即为市场出清情况下的均衡汇率，进口替代策略易于导致国内汇率升值。对进口商品的关税以及配额降低了任一汇率条件下的外汇需求。在图 19－3 中，需求曲线的移动将产生新的汇率均衡点 e_e'。新的汇率作用类似于出口关税。因为购买一单位的国内货币需要更多的外汇，也就是说，价值一单位的美元出口换回更少的比索。其中一点很重要的含义是：无论何时，政府的贸易保护政策都不仅影响进口，而且影响出口。进口替代的本意是促进工业发展，但与此同时也损害了传统的出口，包括农产品（经常由贫困的家庭生产）。

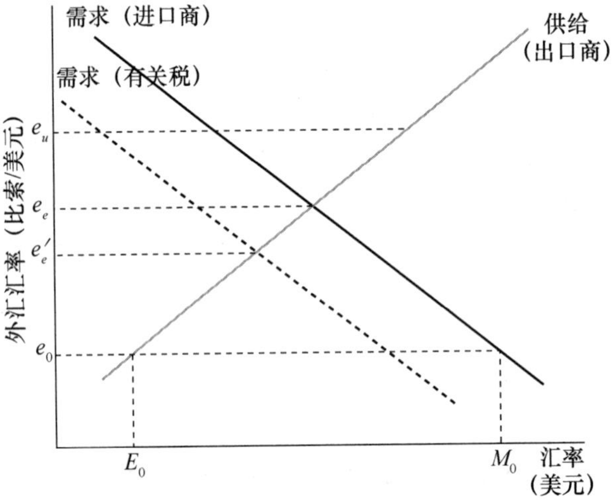

图 19－3　汇率高估和低估

在制定贸易策略时，政府经常直接介入，固定其汇率，使其官方汇率 e_0 低于 e_e。这一政策将直接损害与进口相竞争的国内生产者。例如，假设一吨玉米的进口价格是 150 美元。在均衡的市场汇率条件下，1 美元兑换 10 比索，进口一吨玉米需花费 1 500 比索。然而，如果比索被高估，例如 8 比索兑换 1 美元，进口一吨玉米需花费 1 200 比索。这一政策使消费者受益，但当地玉米生产者将不得不与更加便宜的进口品相竞争，

① 正如之前章节所讨论的，可贸易品包括进出口和可进出口的商品和服务，其价格也是由世界市场决定。不可贸易品在本地生产，没有进口品与其竞争，价格由本地供求决定。

收入相应减少 20%。与此同时，任何以美元计价的出口和卖出产品都换取了更少的比索。结果是进口需求的上升和出口需求的下降。与表面情况相反的是，进口替代战略经常与高估的汇率这一政策工具相匹配，其目的不是让所有进口品更加便宜，因为进口替代的主要宗旨是保护国内产业。高估的汇率使资本品以及其他重要的进口商品（如食物、燃料等）以国内货币衡量更加便宜。高关税以及数量壁垒使不重要的进口品远离国内市场。具有讽刺意味的是，这一过程中存在一个恶性循环：关税导致汇率的高估，从而降低了进口品的成本，因此需要更高的关税税率来补偿这一缺口。

图 19－3 可用于说明高估的汇率可能带来的问题。正如许多最高限价一样，其创造了过度需求。在 e_0 点过度需求为 M_0-E_0，因为外汇市场无法出清，外汇配给变得十分有必要。这一过程需要行政许可以及监督。行政许可易于成为寻租以及腐败的源头。高估的汇率导致了外汇黑市的产生①，因为汇率高估创造了习惯性的过剩的外汇需求，以高于官方汇率的比索交易外汇的动机由此产生，这种做法可能违背了进口替代的最初目标，引起了更多的寻租行为。

在 20 世纪 70—80 年代，汇率高估和普遍实施的关税与配额的组合战略是常态。其原因之一是进口替代策略。但是在许多例子中，政府高估汇率主要是为了降低政治上与其联系密切的人员（如政治精英、城镇消费者以及军队人员）的进口商品价格。如今，许多国家遵循了第 5 章讨论的华盛顿共识的核心理念，官方汇率高估的现象相对不那么普遍。

一些政府采取与高估汇率政策相反的做法，将汇率保持在均衡汇率 e_e 之上，例如图中 e_u 的位置，它们**低估了其货币**（undervalue their currency）。这一做法使得所有进口商品都变得较贵，同时出口商品会因为以本币标价的价格升高而可以获得更多的利润。因此，这一政策促进了出口产业，同时也因为抬高了进口商品的国内价格而使得国内产业在与进口商品竞争的时候得到保护。许多东南亚国家普遍实施了这一策略。最重要的汇率低估的例子是中国，这是其外向型战略的一部分。我们将在本章后面讨论这一问题。

□ 进口替代的结果

对某些行业而言，在有限的时间内，进口替代具有成为有效战略的潜力。再次提请注意的是，几乎所有国家均在其发展的一个阶段或另一个阶段尝试过这一战略，并且许多国家获得了成功。拉丁美洲被视为进口替代失败的典型，但其仍在 20 世纪 60—70 年代经历了快速发展，这比其后 20 年实施更加自由化的贸易政策后的增长率更高。在拉丁美洲以及其他地区，通常的情况是：进口替代战略取得成功的基本条件并没有达到。很多国家的进口替代战略被用来保护太多的活动，并且实施的时间太长。发展中国家幼稚产业众多，在这种保护政策下并没有迅速成长起来，更不具备国际竞争能力，例如哥伦比亚的化工产业、马来西亚的汽车行业、肯尼亚的纺织业。这些行业通常都需要持久的保护，并且一直以牺牲社会其他福利为代价。有时，进口替代战略的失败是因为政府选择了保护不适当的行业，例如巴西的微计算机产业；或者是因为政府不愿意将保护手

① 20 世纪 70—80 年代，到发展中国家的旅行者（包括笔者本人）都遇到过机场里的出租车司机要求换汇的情况，他们的这一行为表明汇率被高估并鼓励了黑市的发展。

段从政治关系较好的行业中撤销。

绝大多数发展中国家国内市场相对较小（或者因为其人均资本过低，或者因为其人口数量过少），因此这些国家并不适合实施进口替代战略，因为国内市场迅速饱和。下一步扩大出口市场也许永远不会出现，因为低生产率增长本身可能是贸易保护的产物。在面临一个狭小的国内市场时，国内竞争减少，创新动机不足。有限的市场意味着企业无法利用其规模经济的优势，大多在其最具效率的生产规模底线以下生产。通过减少与世界其他地区的商业联系，进口替代国家限制了新的技术和理念。

进口替代在一些拥有较大国内市场的经济体内发挥过有限的积极作用（至少在短时期内如此），但是在中等规模或者小规模经济体中，其经济作用就少而又少了。对中国和印度这样的大型经济体而言，它们在停止其内向型战略后取得了成功，中国的经济开放政策始于 1978 年，印度始于 1991 年。当然这些改革不仅仅是贸易政策的变化，很难准确地将其定义为贸易政策改变取得的成就。

极具讽刺意味的是，采用进口替代战略的国家经常会面临由持续增长的贸易赤字带来的国际收支问题。尽管进口替代是以国内产品替代进口产品，但是并非所有进口产品都可以被替代（尤其是资本产品）。由于这一政策会抑制出口，并且经常伴随着汇率高估，所以其国际收入水平会比较低下。因此，采用这一政策的国家往往都不得不大量举借外债，并且发现其难以满足偿还债务的需求。优化的宏观经济管理可以避免这一问题，但是进口替代的工具本身并不起作用。

另外，在保护制度下产生的一系列刺激，与其说是鼓励经济竞争，倒不如说是激发政治的狡诈和寻租活动。如果国内厂商的竞争地位因为较高的国内成本、较低的进口产品价格，或者质量较高的外国商品而受到削弱，那么被保护厂商的本能反应便是向政府寻求更加强硬的保护。这阻碍了企业家竞争本性的发挥。在没有政府保护的情况下，企业家本应该降低成本、提高质量，进而提高劳动生产率。在这种环境下，最成功的管理者是那些具有政治才能的人。他们善于同管理进口配额和决定关税的官员有效地进行讨价还价，或者干脆行贿，或者与政府官员保持密切的联系。对这种利益的追求即是寻租行为，寻租行为使资源没有被利用到生产活动中，损害了经济发展。

19.4 出口导向

从 20 世纪 80 年代末期开始，许多国家都将它们的贸易政策从进口替代转向了更为外向型的政策，以使企业能够应对激烈的国际竞争。这一政策有很多叫法，例如：外向型战略、开放经济出口导向和出口促进等。[①] 这一政策旨在促进企业生产出具有国际竞争力的产品，尤其是那些劳动密集型出口产品以及农产品，此外还生产出具有竞争力的替代进口的产品。它与进口替代战略最主要的区别在于，该战略是在促进国际竞争而非

① 加入自由贸易区被视为外向型的政策，如墨西哥、加拿大以及美国之间签署的《北美自由贸易协定》。然而一些自由贸易区或者其他类型的经济整合更像是进口替代，如果联合经济体规模较小，其成员国与外部国家建立了关税壁垒，那么其与非成员国之间的贸易往来就会减少。

保护企业免遭竞争，其宗旨在于通过激发投资、提高产量、促进学习与引进新技术来促进经济增长。①

比较典型的模式是：在初级阶段，企业大多生产例如纺织品、服装、鞋、玩具、电器与家具等相对简单的劳动密集型产品用于出口；另一些国家出口农产品和劳动密集型的加工制成品，例如切好的蔬菜、果汁饮料、剪好的花束，之后渐渐变为出口某种服务，包括数据采集、基础会计或者呼叫中心。然后，随着工人们不断掌握新的技巧和技术，企业开始转向生产较为复杂的产品，支付给工人更高的工资，以与更高的生产效率和技能相匹配，因为一国的比较优势逐渐转向生产更先进的电子设备、更高端的衣服以及耐用消费品。

自20世纪60年代开始，发展中国家（地区）的贸易政策开始向外向型战略转变，以“亚洲四小虎”——中国香港、韩国、新加坡和中国台湾——的崛起为代表。它们的崛起说明了发展中国家（地区）是可以在提供劳动密集型产品中，通过细分市场在世界市场上与其他国家（地区）一比高低的。“亚洲四小虎”贸易的飞速发展带动了经济的腾飞、贫困的消减以及其他社会进步。最近几十年中，在经济发展上取得巨大成绩的国家也纷纷效仿，都以不同形式采纳了外向型战略。智利、中国、印度尼西亚、马来西亚、毛里求斯、波兰、泰国、越南等国均是其中颇具代表性的例子。印度在20世纪90年代经济获得了迅猛提升，也是因为采取了更加外向型的战略。

但是，并非所有向外向型战略转变的国家都获得了它们期望的成功。以玻利维亚为例，为了转向外向型战略，玻利维亚采取了几个步骤分步进行。尽管玻利维亚的经济增长速度由20世纪80年代早期的负增长率转为正的增长率，但是在20世纪80年代后期也仅仅维持在1.5%的水平上。苏联解体后新成立的国家也实施了更加开放的贸易战略，但贸易与产出增长却微乎其微，尤其在20世纪90年代。如果没有鼓励投资以及企业家精神的其他因素（包括保护知识产权以及加强法制），贸易改革本身作用有限。在20世纪90年代，赞比亚实行了所有非洲国家中最自由化的贸易体制，但是并没有实现出口增长。部分原因是宏观经济不稳定，包括高通胀、实际汇率波动较大。在此条件下，企业不愿意冒险投资于任何进口或出口竞争部门。②

□ 消除出口的障碍

支持出口的政策，如关税、汇率高估等，都间接地损害了出口。近些年来，这些政策正逐步退出。如图19-4所示，全球的一个明显趋势就是削减平均关税。南非的平均关税从1987年的50%降低到2007年的15%以下，所有地区的关税都有相应程度的减少。部分国家的变化甚至是非常剧烈的。在哥斯达黎加，平均法定关税从1980年的55%降到2007年的6.2%；同一时期，土耳其的关税从44%降到1.9%。货币被高估的现象也很罕见。

---

① 对20世纪60—90年代之间关于贸易政策与发展理念的转变的回顾见克鲁格在美国经济年会上的致辞：Anne O. Krueger, “Trade Policy and Economic Development: How We Learn,” *American Economic Review* 1, no. 87 (March 1997).

② World Bank, “Trade Liberalization: Why So Much Controversy?” in *Economic Growth in the 1990s: Learning from a Decade of Reform* (Washington, DC: World Bank, 2005).

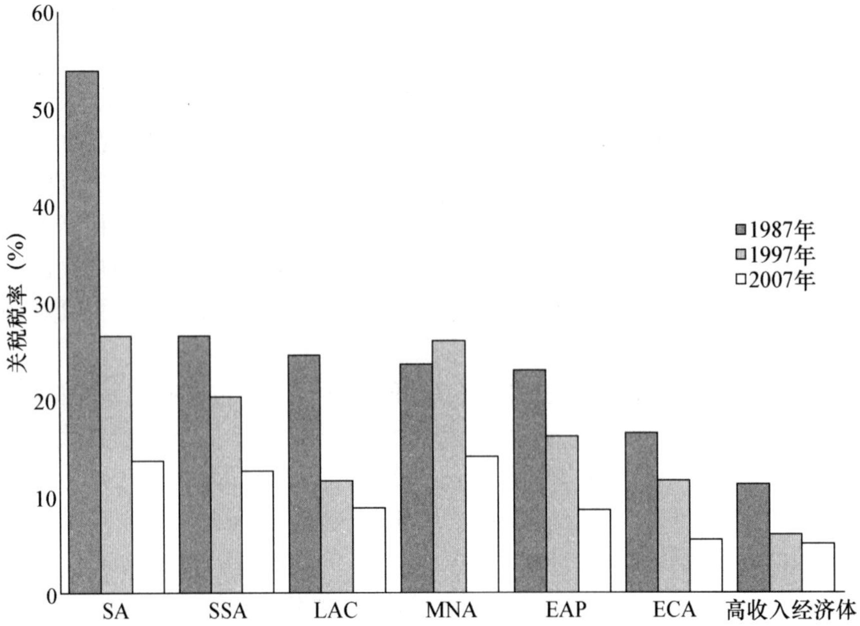

图 19－4　分地区平均未加权关税税率

EAP：东亚和太平洋地区；ECA：欧洲和中亚；LAC：拉丁美洲和加勒比地区；MNA：中东和北非；SA：南亚；SSA：撒哈拉以南非洲地区。

资料来源：World Bank，"Trends in Average Applied Tariff Rates in Developing and Industrial Countries，1981—2007，" available at http://econ.worldbank.org/WEBSITE/EXTERNAL/EXTDEC/EXTRESEARCH/0,contentMDK:21051044～pagePK:64214825～piPK:64214943～theSitePK:469382,00.html.

以促进出口为宗旨的完全贸易自由化措施主要包括以下几个步骤：

- 取消进口配额与关税以及其他保护形式，尤其是对于资本品和中间产品；
- 允许本国货币币值在国际市场汇率上下浮动，确保在采用明智的货币政策和财政政策的情况下，宏观经济环境的稳定；
- 减少不必要的管理负担、官僚成本以及繁杂的手续等商业成本；
- 在市场决定工资和利率的同时，保持要素市场的灵活、有效，尤其是劳动力与资本要素价格决定的灵活、有效。

在完全贸易自由化的战略中，以上这些步骤还要配合以基础设施的改进与完善（尤其是加强道路建设、港口建设、使厂商与世界其他地方保持联系的通信设施建设以及降低生产成本）以及教育与公众医疗的大力投资（确保有受过良好教育、身体健康并且产出高效的劳动力）和政府执政能力的不断加强，从而确保产权得到保护。

这些基本的政策对于学习过新古典经济学的学生来说并不陌生。事实上，外向型导向常常被认为是更广泛的以市场为基础的自由经济政策的同义词。新古典方法并没有对出口形成偏好，但是它概括了一个架构，在该架构中，进口替代产品、出口产品和不可贸易品被同等对待。从这一角度来看，这一战略并不针对出口，但带来的往往是出口的增长，原因就在于那些限制出口以及偏好其他活动的政策被取消了。

□ 支持出口

尽管自由化从理论上讲非常可行，但是几乎没有一个国家是按照纯粹的新古典主义模型操作的，一些极为成功的国家的某些做法还与之大相径庭。中国香港至少在1997年之前是最为接近新古典主义经济模式的——经济运行非常开放，政府几乎不参与和调控。新加坡在一定程度上遵循着相当自由的模式，但是其较大型的出口企业是由政府所有并管理的。政府控制着通信、港口服务（包括世界上运营最佳的航空港之一）以及航空运输（世界闻名的新加坡航空公司）。① 韩国则有着较为明显的干涉主义做法。它对某些进口产品采取严格的保护壁垒，特别是消费品。一个旅行者能清楚地看到这一影响。20世纪80年代，在首尔街头最繁忙的街角站上数小时，即使位于交通枢纽，也很难见到一辆进口汽车。街头充斥着韩国本土的汽车品牌，如大宇、现代以及其他大品牌。关税以及其他壁垒的存在使福特、丰田、大众等其他国际品牌远离韩国国内市场。

韩国政府将利率控制在市场水平之下，引导价格优惠的信贷资金流向受保护的产业与企业（包括出口商）。韩国之所以被称作有着外向型的贸易战略，原因就在于它的政策激发或者说使企业不得不满足那些非常激进的出口目标。一个企业的成功或者失败很大程度上取决于其在国际市场上的竞争能力，而非在国内市场上的竞争能力。② 韩国采取的战略实质上不同于单纯的外向型贸易战略和中立的贸易战略，其战略实际上是倾向于出口促进的。在韩国，与内向型贸易战略不同的是，某一企业在无法达到出口目标的情况下是无法获得任何保护政策的支持的。韩国的汽车产业在国际上竞争力不断增强，并且在国内销售的同时开始对外出口。当那些通过“干中学”的出口商想采用新技术，学习如何掌握该项技术、降低成本、开拓海外市场并最终在同一平台上与国际厂商进行竞争的时候，韩国政府通常会提供一些支持措施。③ 但并非所有企业都取得了成功，20世纪80年代韩国扩大其重工业以及化学工业的努力收效甚微。

对出口商政策上的巨大偏向与政府的介入管理并不是所有亚洲出口企业都采取的办法。印度尼西亚、马来西亚、中国台湾以及泰国采用的是相对较少偏向出口商的混合政策。④ 尽管有些地区的保护主义和干涉主义之风盛行，但是当局支持的大部分企业都没有获得在国际市场上竞争的能力，例如马来西亚的汽车行业（Proton）与印度尼西亚的飞机制造业（IPTN）。尽管如此，马来西亚和印度尼西亚的政府仍然采取了新古典主义的做法，把出口行业同内销国内市场的行业区分开来，允许出口企业以接近国际市场价

---

① 中国香港和新加坡经常被用来对比，它们都是岛屿城市经济体，都处于高收入阶段并严重依赖贸易。中国香港更接近于自由贸易，而新加坡奉行较多的干预主义，详见 Lawrence Kramse，“Hong Kong and Singapore: Twins or Kissing Cousins?” *Economic Development and Cultural Change* 36，no. 3（April 1988）。

② 参见 Marcus Noland and Howard Pack，*Industrial Policy in an Era of Globalization: Lessons From Asia*（Washington，DC: Institute for International Economics，March 2003）。

③ 对韩国公司如何执行“干中学”的详细描述，参见“learning by doing” read Ira Magaziner and Mark Patinkin，“Fast Heat: How Korea Won the Microwave War，” *Harvard Business Review* 67（January-February 1989）。

④ 在韩国，以艾利斯·阿姆斯登（Alice Amsden）为首的修正主义学派对新古典主义方法提出了质疑，参见 Alice Amsden，*Asia's New Giant: South Korea and Late Industrialization*（New York: Oxford University Press，1989）。中国台湾的干预主义战略由罗伯特·沃德（Robert Wade）发起，参见 Robert Wade，*Governing the Market: Economic Theory and the Role of Government in East Asian Industrialization*（Princeton，NJ: Princeton University Press，1990）。世界银行想在其被大量讨论的书中中和新古典主义和修正主义的观点，参见 *The East Asian Miracle: Economic Growth and Public Policy*（Washington，DC: World Bank，1993）。

格的价格购买投入品或者出售产品，从而许多出口厂商获得了国际竞争能力。

中国一直奉行干预主义，实行了外向型的经济政策，远不是之前章节所描述的自由贸易和自由化政策。正如经济学家丹尼·罗德里克所言：中国不会在世界市场上对许多国家构成巨大的威胁。[①] 1993 年，中国经历了 15 年的出口和经济高速发展，但平均关税仍保持在 40%左右，高居世界第六；截至 2007 年，在加入世界贸易组织的第六个年头，中国的关税降低到 10%以下。但是与其之前的关税体制相比，中国与韩国一直使用低估货币的汇率政策以增加其出口。

长期将汇率固定在市场出清汇率之上，使得进口商品相对昂贵，而出口商品更加有利可图。这一政策为中国出口的迅速增长、巨大的贸易顺差以及外汇储备的不断增多都做出了巨大的贡献。低估的货币相当于对中国出口商的间接补贴，但所有的补贴都会付出代价，其使出口更加昂贵，从而降低了消费以及中国的消费者福利。外汇储备可能有利于改善这一状况，但依其定义，外汇储备是整个社会储备的资源，不能用于现时的消费和投资。它们易于受到汇率以及其他风险的影响而减值，正如在 2008 年发生金融危机时那样。

一些外部的影响也构成了中国汇率政策的成本。因其外汇管制措施，中国一直被认为从事着不公平的贸易。美国参议院一直提议对中国的商品征收等同于其货币贬值的关税（这一数量多少存在争议）。但以美联储前主席伯南克为代表的其他人有着不同的观点。他们认为中国的巨量外汇储备是汇率政策的结果，其是导致 2008 年金融危机的潜在原因之一。伯南克认为这些外汇储备导致了全球经济不平衡，降低了市场利率；金融机构为追求高额回报而放大其风险并最终导致市场崩溃；如今，这类政策的长期实施是恢复世界经济平衡的巨大障碍，并可能影响全球经济的恢复（见案例 19—3）。

▶ 案例 19—3　中国的汇率政策不公平吗？

中国在相当长一段时间内一直因为其汇率低估而被各种批评包围着。汇率低估使其出口更加有利可图。但也有一些人认为中国的汇率并非完全不合理。中国一直都保持人民币对美元 8.28：1 的比价。2005 年，中国引入了有管理的浮动汇率制度，人民币对美元比价上升为 6.83：1。2007—2008 年，世界经济步入衰退，中国再次固定了其汇率。尽管汇率固定，但因为世界市场对中国制成品的需求下降，2009 年，中国的出口迅速下滑。2010 年，随着世界经济的复苏，中国的出口也迅速恢复。2010 年 6 月，汇率再次浮动，升值预期加强。

很多证据都表明，即使在 2010 年中期，人民币汇率仍然被低估，也即人民币币值始终在市场出清汇率 e_u 之上（见图 19-3）。如图 19-3 所示，2008 年，中国经常账户盈余（商品与服务出口额减去进口额）已经增至 GDP 总额的 8%以上；2009 年，这一比例仍高达 4%。通常情况下，经常账户盈余往往与资本外流相匹配，因为对国外投资更多。但是中国却吸引了占 GDP 总额 1.7%的资本净流入。因为经常账户盈余持续了

① Dani Rodrik, "What's So Special About China's Exports?" *China in the World Economy* 14, no. 5 (September-October 2006).

很多年（始于 1994 年），截至 2010 年第二季度，中国积累了约 2.45 万亿美元的外汇储备，相当于两年的净进口。

中国的汇率政策也并不是影响国际收支的唯一因素。中国政府采取的一系列资本管制政策也在一定程度上阻碍了中国的资本外流。如果没有上述各项政策，中国的国际收支顺差将不会这么明显。但是，尽管考虑了上述观点，经济学家们仍然认为人民币币值有 15%～25%的低估。

低估的人民币使得中国出口行业变得利润丰厚。事实上，中国的出口量从 2000 年开始到 2009 年增长了近四倍，其中的大部分都是从某地区进口零部件，组装成成品后再出口给他国。许多技术并不熟练的工人都可以在经济开发区（SEZs，与本章中讨论的 EPZs 很像）内找到工作，成为中国整体经济增长和贫困迅速减少的关键因素。进一步讲，也正是外汇储备的积累使得中国并不会面临其邻国在 20 世纪 90 年代末所面临的资本账户危机，从而可以保持宏观经济的平稳运行（如第 12 章和第 13 章所描述的）。中国的巨额外汇储备在应对这些危机方面提供了很大程度的防御功能。

但是中国的这一外汇政策也有其代价，特别是长期实行该政策。被抑制的消费降低了普通中国民众的短期福利，进口的消费品更加昂贵。外汇储备可以满足两年的进口量之需，远超过其用于抵御汇率波动风险的数量，如在 1997—1998 年亚洲金融危机时，大量的储备用于购买政府债券，约三分之一的外汇储备投资于利率较低的美国国债。

也许汇率低估最重要的威胁是引起贸易伙伴的保护主义行为。美国参议员建议对所有的中国进口品征收高额关税，直至中国重估其汇率。中国的汇率政策也是美国贸易赤字的“替罪羊”，尽管与美国控制的其他因素（如预算赤字以及低储蓄率）相比，中国的汇率对美国的赤字影响甚微。低估的汇率以及出口的快速增长并不必然导致报复行为，尤其当一国的外贸规模较小时，如在 20 世纪 70 年代，中国的外贸规模较小，总出口额仅为每年不到 1 000 万美元。这一时期，美国认为其主要威胁来自其贸易出口国日本，并普遍认为日本存在低估货币的现象。但是，在 2009 年，中国超过德国成为世界上最大的出口国，并引起了其贸易伙伴高度关注其自身不断增长的进口对其国内产业的影响。

中国的外汇政策为其近几年来经济的迅速增长和贫困的消减做出了巨大的贡献，其充足的外汇储备有助于经济的巩固以及降低发生主要资本账户危机的概率。低估的汇率也有助于中国延续其建立在廉价劳动力之上的出口产品的优势，因为不断增长的工资将使出口商让位于那些工资相对较低国家的出口商。但是，从长期来看，中国若继续以牺牲消费和可能的报复行为来保持其巨额的外汇储备，则它能从中得到的好处是微乎其微的。日本以及东亚的其他制成品出口商都依赖汇率低估，中国有可能吸收这些国家的经验，允许其汇率一次升值到汇率不再低估的状态。

□ 构建出口平台

另外一个做法在出口取得快速增长的国家中也被广泛采用——建立一个专门的出口平台，使得即使在国内存在很广泛的价格调控的情况下，企业仍然可以以接近国际市场价格的价格进口或者出口商品。这种平台形式多种多样，包括出口加工区（EPZs）、保税仓库、免税制度、工业园区以及科技园区。这些组织机构都旨在为那些刚刚起步的出口产业建立起一块“飞地”，在“飞地”中，这些企业可以从国内管制体系和因为受保护而扭曲的价格体系中脱离出来，以便更好地在国际市场上竞争。①

EPZs 是一个在地理位置上相对独立、在行政管理上不受该国关税壁垒管制的特殊区域。尤其一些靠近港口的地区更是可以为出口商提供免关税的进口商品、减少的商业管制、海关加速通道以及健全的基础设施。保税仓库本质上是单一企业的 EPZs，它可以建在任何地方，同时享有 EPZs 的所有优惠条件。①免税制度允许符合条件的企业免关税进口它们所需要的投入品。科技园区的形式则更为接近 EPZs，区别在于科技园区的基础设施主要是为电气设备、医疗器材、生物制品以及一些与科技相关的其他产品配套建设的。

建立出口平台的基本思想显而易见，潜在的出口商面临着一系挑战，包括高额的关税或者投入品的进口配额、匮乏的基础设施以及大量的繁文缛节。新古典经济学的解决方法是，去除所有的进口关税与配额，同时完善基础设施建设，减少各项繁文缛节。但问题在于，没有一个国家可以在面对如此众多的组织机构和政治问题时，迅速地完成以上几个步骤。大多数政府机构都缺少训练有素的工作人员来从事这些工作，诸多政治利益的斗争也阻碍着以上某些措施例如减少关税的推行。对于一个国家来说，需要很长时间来完善基础设施建设，更需要若干年在全社会范围内推行各项改革措施，以使企业加强国际竞争力。出口平台的建立是希望通过一个经济体中某一部分先具备竞争力，从而带动其他部分，以达到整体经济的改变。设立“飞地”使某些企业尤其是那些生产劳动密集型产品的企业在各项措施还没有到位的情况下就能增强国际竞争力。

大多数成功的出口型国家都至少建立了上述出口平台中的一种或者几种。马来西亚很大程度上依赖于出口加工区为出口企业提供良好的基础设施，并为出口企业（主要是电子产品）提供进出口商品免税政策。政府同时也为其他企业建立了保税仓库和免税制度。印度尼西亚在财政部建立了一个专门协助企业办理进口资格限制减免和进口商品退税的机构。突尼斯绝大部分制造业出口商都以类似保税仓库的角色经营，而毛里求斯的出口企业大都设立在出口加工区。中国的经济特区大多建立在沿海地区，是其本国出口商品厂商的集中地。多米尼加共和国出口加工区提供的出口产品在 20 世纪 90 年代增加了 5 个百分点，到了 90 年代后期，其由出口产品加工区提供的出口产品已占到整个出口产品的 80%还多。在出口加工区内供职的员工人数到 20 世纪 90 年代末已经达到了 20 余万人，占其总劳动人口的 17%。其中有大约 60%的从业人员为女性，这也是出口加工区的一个特征。②

出口平台并不总是那么成功。如果这些出口平台建立在远离港口的地方或者相对偏远一些的地区，其产品的生产成本就会过高，也就无法获得很强的竞争力。如果在出口

---

① 参见 David L. Lindauer and Michael Roemer，eds.，*Asia and Africa*：*Legacies and Opportunities in Development* (San Francisco：ICS Press，1994)，esp. chaps. 1 and 11. 也可参见 Steven Radelet，“Manufactured Exports，Export Platforms and Economic Growth，” CAER Discussion Paper No. 42 Harvard Institute for International Development，Cambridge. MA，September 1999。

② Staci Warden，“A Profile of Free Trade Zones in the Dominican Republic，” Harvard Institute for International Development，Cambridge，MA，1999.

平台内的企业仍然面临着较为严格的监管制度或者必须等候很长时间才可以拿到海关放行手续，那么它们在国际市场上必定无法成功。此外，出口平台也无法抵消恶劣的宏观环境导致的通货膨胀以及高估的汇率等带来的冲击。埃及的出口加工区并没有带来出口的快速增长，就是因为它们仍面对高昂的生产成本。肯尼亚的保税仓库在 20 世纪 80 年代开始迅速发展，但是当宏观经济环境开始恶化，20 世纪 90 年代汇率不断被高估的时候，60～70 个保税仓库都先后倒闭了。但是，对于那些相对独立，并且生产商可以以国际价格进行产品交易的出口平台，出口商就较易获得成功，这些例子可以在众多已经获得快速增长的制成品出口商的策略中窥见一斑。

19.5 贸易战略和产业政策

几乎所有的国家都意识到融入世界经济以及外向型经济的重要性。但是外向型导向并不意味着自由贸易或自由放任。介于出口产品与内部市场之间的政策中性基本是个例外，而不是规则。内向型还是外向型以及是否更多采用**产业政策**（industrial policy）的争论经常出现。政府经常使用各种干预措施以优先支持某一产业的发展，这些干预措施包括但不限于低估的汇率以及出口加工区等。

许多经济学家仍然对产业政策十分警惕。他们认为各种市场失灵限制了新的企业以及经济活动的增长，如信贷市场不愿为新产品融资、对服务性出口缺乏持续性投入。但是，缺乏能力的政府疲于应对此类挑战，政府一般没有足够的知识和信息发现公司的实际需要。此外，产业政策易滋生腐败，降低效率。但是许多经济学家认为产业政策也有成功的例子。韩国的钢铁生产者 POSCO 原来是一个国有企业，依靠高额的贸易壁垒成为世界上最大、最有效率的私营钢铁公司。智利的三文鱼养殖也是由半官方机构发起和扶持后才发展成为一个成功的产业的。除了这些成功的例子外，更多的是失败的产业政策，如印度尼西亚的飞机产业以及埃塞俄比亚的制革产业。

哈佛大学的经济学家罗德里克持相反的观点，他承认过去产业政策的失败。进口替代、产业规划以及国有企业等可以在一段时间内取得成功，但最终无法实现经济的可持续发展。但是自由化以及完全依靠市场力量也可能无法取得预期的效果，特别是在拉丁美洲以及撒哈拉以南非洲地区。尽管在那些号称取得了巨大成功的地区，粗略地检查一下过去几十年取得的经济奇迹都会发现，它们远非新古典的理念。中央政府在支持出口、支持某一部门或者支持某一产业或企业方面仍发挥着中心作用。东亚和拉美的一些国家将私人主动性和公共干预结合起来以支持其出口，从而实现了贸易以及经济发展的巨大成功。

罗德里克和其他学者认为政府的作用已超出其传统的边界，如确保宏观稳定、提供公共产品以及解决外部性（如污染）。政府也应在经济发展过程的结构性变化中起到协调的作用。经济也需要从传统产品生产过渡到多样化产品生产，虽然这并不是一件容易的事。正如罗德里克所提出的那样，问题是“自我发现”的过程。比较优势和要素禀赋理论为贸易的利益和方向提供了一个重要的视角，但并不足以解释不同国家（地区）出口的具体产品。劳动密集型经济可能出口劳动密集型产品，但是为什么孟加拉国的企业专门生产 T 恤而巴基斯坦专门生产足球？为什么韩国主导了微波炉行业，而具有相似资源禀赋的中国台湾却主导了自行车产业？在这些例子中，单个企业发现它们能在某一产品上取得成功，这一模式又被其他企业模仿，整个产业由此扩张。

罗德里克认为，在许多发展中国家，政府需要鼓励“自我发现”的过程。[①] 企业需要决定何种产品以及何种技术可从国外引入当地并可成功出口至全球市场。但是它们可能并不愿意这么做。第一，个体努力所得的收益可能因大量的模仿而大打折扣。在这个例子中，自我发现也存在一个经典的公共产品问题：一个企业何种产品能成功出口的信息是非竞争性和非排他性的，因此，此类信息往往不足。政府干预可能行之有效。一些贸易保护或者补贴的方式必然会产生最初的投资者，而不是模仿者，从而鼓励了可能无法自我实现的自我发现过程。其他协调行为可以通过政府行为得到解决，如为产品出口设定标准或者减少基础设施建设的制约。

在支持产业政策作为发展中国家的贸易政策方面，罗德里克并不唯一，在其巨著《发展经济学手册》（*Handbook of Development Economics*）中，其详细回顾了关于贸易以及产业政策的文献，经济学家安·哈里森以及安德烈斯·R. 克莱尔并不像罗德里克那样支持强有力的产业政策（包括各种形式的贸易保护，如关税、配额、补贴等），但是他们认为实行弱的产业政策有利于解决一国尝试打破现有出口市场的协调问题。他们认为公私合营有利于确认以及解决新市场准入所面临的制约问题。[②]

19.6 贸易、增长以及减贫

促进出口以及产业政策并不仅是发展经济学家关于贸易政策的唯一争论点。现有的争论也包括以贸易为中心能否促进经济发展以及贸易增加能否减贫。鉴于在之前章节讨论过的理论上的原因，如贸易能提高要素生产率、促进经济增长以及提高密集要素的效率，那么贸易能否减贫这一命题可能会让人疑惑。但是实证结果显示两者之间并无直接的关系。我们首先讨论贸易与增长之间的关系，在下一节讨论贸易与减贫的关系。

许多论文验证了贸易与增长之间的关系。我们首先必须意识到建立一个包括贸易、贸易政策以及经济增长三个变量的实证模型并不容易。因为反向因果关系、忽略变量偏差以及贸易政策难以衡量等问题的存在使得模型难以建立。（如果你学习了一些计量经济学的课程，你可能会对以上这些问题比较熟悉。）

经济学家杰弗里·弗兰克尔（Jeffrey Frankel）与戴维·罗默（David Romer）在其论文《贸易导致了经济增长吗?》(Does Trade Cause Growth) 中[③]，成功解决了反向因果关系、忽略变量偏差等问题，建立了两者之间的关系。结果显示，在贸易和人均收入

---

① Dani Rodrik, *One Economics, Many Recipes: Globalization, Institutions, and Economic Growth* (Princeton, NJ: Princeton, 2007), 4.

② Ann Harrison and Andrès Rodríguez-Clare, “Trade, Foreign Investment, and Industrial Policy for Developing Countries,” in Dani Rodrik and M. R. Rosenzweig, eds., *Handbook of Development Economics*, vol. 5 (Amsterdam: North Holland, 2009).

③ Jeffrey Frankel and David Romer, “Does Trade Cause Growth?” *American Economic Review* 89, no. 3 (June 1999).

之间存在的强正相关关系并不能证明前者一定就是后者的原因。其中的因果关系完全可能是另外一种关系：通过不断提高产能效率以及降低成本，引起收入与生产效率的快速增长，从而使一个国家在世界市场上更加具有竞争力，并由此带来更加快速的制成品出口增长。一个可能的结果是，出口增长和经济发展同时受一些外部因素的影响，如改善的宏观政策、稳定的政治体系、腐败减少以及储蓄增加。如果这些因素没有得到考虑，有可能出现尽管贸易不是收入水平提高的决定因子，但是在统计上却是。

弗兰克尔和罗默所强调的因果关系是将贸易增长归因于地理因素（诸如一个国家的规模、地理位置以及是否为内陆国家等），上述因素与其他决定经济增长的因素联系甚少或者说几乎没有联系。他们的研究表明，地理因素对于贸易来说，在统计数据上有着非常显著的温和的正相关关系。①尽管研究表明贸易与经济增长之间存在着巨大的联系且贸易与地理的联系也表明了一个国家如果位于对市场有利的位置，是何等地重要，但是研究并没有提出关于贸易政策的建议。最终，有关因果关系的研究很难进行下去，因为从大的方面来说，出口的增长与经济的增长很有可能是以一个良性循环相互促进的：出口型国家有更多的机会接触新技术和新设备，从而促进了经济增长，而快速的经济增长又为基础设施建设以及教育提供了多种投资手段，从而促进了出口。

弗兰克尔和罗默的研究使用出口减去进口之差与 GDP 之比来衡量贸易。这是衡量贸易量的普通方法。在哈里森以及克莱尔的一篇综述性文章中，作者回顾了上百篇文章，许多文章都把贸易量与收入水平或者增长率相比，同时根据影响增长率的可能因子进行调整。他们认为，在其他条件不变的情况下，贸易份额与经济表现之间呈现正相关的关系。这一结论并不让人意外。尽管贸易并非万能的，但我们很容易想象，如果贸易不能在经济中占据相当大的部分，那么中低收入国家很难实现经济的发展。

然而贸易量与贸易政策并不完全相同。降低关税、进行汇率管理或者建立出口保护区等贸易政策都是政府可利用的政策工具。贸易量只是这些政策的结果。对于政策制定者来说，理解不同贸易政策对经济增长的影响意义重大。但是这一点却不容易做到。哈里森以及克莱尔的综述中发现，最终产品的低关税与经济表现之间关系不明显。这是否表明贸易自由是一个坏想法？当然不是。

由于有一系列政策都影响到贸易，所以测量某种具体的贸易政策与经济增长之间的关联度就更为复杂。由于没有哪种单个的政策可以完全反映一个国家一系列的贸易政策，所以将某一种政策从其他政策当中分离出来单独考虑，其效果很容易造成分析结果的混乱。以进口关税为例：中国、韩国、马来西亚和其他一些在很多产品上征收高关税的国家以及降低平均关税税率的国家并没有获得出口的快速增长。但是事实上，那些大获成功的国家所做的远不止仅仅降低平均关税。尽管它们的共同点都是对进口商进口投入品和资本品征收零关税，并且采取多种措施来降低出口商的成本，使之更好地融入世界经济当中，但具体政策组合还是因各个国家而异。在现实当中，不同政策的不同组合使得带有明确目的的研究很难进行下去，并且要想描述出其他国家可能会采纳的具体政策步骤也非常困难。①

① Lant Pritchett, "Measuring Outward Orientation in LDCs: Can It Be Done?" *Journal of Development Economics* 49, no. 2 (1996), 307-335.

另外一个方法也可用于检验各种贸易组合。经常引用的一个例子是经济学家杰弗里·萨克斯和安德鲁·沃纳的研究，他们对世界 79 个国家在 1970—1989 年间的经济情况进行了分析研究，发现那些经济政策较为开放以及汇率政策较少扭曲的国家，其经济增长率比那些较为封闭的国家要快 2%。① 2%的经济增长是一个很大的数字，其可为减贫以及社会变革带来巨大影响。是不是更高的对外贸易开放度能带来增长？萨克斯和沃纳从五个维度衡量一个国家的贸易政策的开放程度：(1) 平均关税税率在 40%以下；(2) 非关税壁垒（如配额）占进口的比率不超过 40%；(3) 非官方市场汇率的溢价不超过 20%；(4) 主要出口品没有国家垄断；(5) 非计划经济。这是超出贸易政策角度对开放度的一个比较宽泛的解释。

萨克斯和沃纳的研究容易引起争论。一个主要的批评涉及其开放度指标以及关于贸易政策的结论。不良的汇率管理（维度 (3)）更有可能产生宏观政策的改善而非自由化的贸易；对国家垄断的依赖（维度 (4)）以及计划经济标准（维度 (5)）本质上更可能与监管而非贸易相联系。一些研究者发现，萨克斯和沃纳的开放程度指数中的维度 (3)、(4)、(5) 解释了 20 世纪 70—80 年代的经济增长的差别。减少贸易壁垒（维度 (1)、(2)）的解释作用不强。② 如今，计划经济、出口品的国家垄断、汇率高估等情况基本消失。萨克斯和沃纳的研究结论对如何制定贸易政策基本没有指导作用。

一个有怀疑精神的读者可能得出这样的结论：经济学家关于贸易和贸易政策对经济增长的影响的知识基本为零，一个国家采用什么贸易策略无关紧要。这是一个错误的结论。经济学家相信贸易的提升会带来好处，但与此同时，必须采取必要的措施刺激经济的发展、增加贸易以及进行良好的宏观经济管理（如更加浮动的汇率政策），而非简单地减少关税和配额；必须健全经济及监管机制，制定有利于改进投资环境与生产率提升的政策。促进贸易以及增长的机制变革与纯新古典模型不同，在一国适用的变革在另一国则不一定适用。在不同的背景下，贸易改革的不同路径都曾取得过成功。一种方法不可能适用于所有国家。尽管有人严重怀疑贸易与经济增长之间存在某种关系，但这并不意味着贸易开放是一个坏的战略或者扩大贸易壁垒有利于促进长期增长。

□ 贸易改革与减贫

区分贸易量和贸易政策以及它们分别对贫困者的影响是十分有用的。从前面的内容可知，出口（或者出口减去进口）占 GDP 的份额与经济增长密切相关。当平均收入提高时，收入分配的变动就会相对较小，非常贫困的人的收入会随之提高，从而很多人会

---

① Jeffrey Sachs and Andrew Warner, "Economic Reform and the Process of Global Integration," *Brookings Papers on Economic Activity* 1 (1995), 1-118.

② 关于这一争论的文章参见 Ann Harrison and Gordon Hanson, "Who Gains from Trade Reform? Some Remaining Puzzles," *Journal of Development Economics* 59(1999), 125-154; Francisco Rodríguez and Dani Rodrik, "Trade Policy and Economic Growth: A Skeptic's Guide to the Cross-National Evidence," in Ben S. Bernanke and Kenneth Rogoff, eds., *NBER Macroeconomics Annual 2000* (Cambridge: NBER, 2001)。萨克斯和沃纳的更新版本的方法覆盖了更长的时间段，从 1950 年到 1998 年，发现的结果证实了他们最初的研究。参见 Romain Wacziarg and Karen Welch, "Trade Liberalization and Growth: New Evidence," *World Bank Economic Review* 22 (2008), 187-231。

摆脱贫困。综上所述，贸易增加与减贫关系密切。出口的扩张与外国直接投资的增加有利于减贫，这一点已在很多国家身上得到印证。亚洲的成功案例尤为明显。在过去20年里，中国、印度、印度尼西亚以及泰国经历了出口的快速增长和贫困的快速下降。早在21世纪前的一项模拟结果就显示，全球的自由贸易会对收入增长造成影响，将在未来10～20年内使3000万人口摆脱贫困。①

扩大的贸易减少贫困的机制相对直接。外向型经济对消除贫困最直接的影响是通过增加对劳动力的需求实现的。劳动密集型产品的贸易，包括农产品和工业产品，都可以成为潜在的提高技术水平和增加就业机会的途径，尤其可以增加那些生活在贫困线上下的人的就业机会。他们中很多工人都是年轻的女性，年龄大都在20岁以下。这种现象在东亚以及其他地区的出口导向型部门随处可见。新的工作机会让那些低收入者提高了自己的收入水平，同时也就降低了贫困程度。许多贫困人口作为消费者也可获益。贸易降低了进口品的价格，也包括一些生活必需品，从而提高了贫困家庭的真实收入。贸易也提高了政府收入，从而增加了对贫困人口的社会支出。

但是贸易同样也会带来其他影响。在第18章中，我们曾说明了贸易如何产生赢家和输家。贸易为扩张的出口部门创造了新的工作机会，也减少了那些无法与廉价的进口品相竞争的国内企业的就业。贸易降低了产品的价格，这一点有利于消费者，但会损害生产者的利益。自加拿大、墨西哥以及美国之间签署的《北美自由贸易协定》生效以后，美国对墨西哥的玉米出口增加，从而有利于帮助贫困人口，特别是偏远地区的家庭，因为他们面临更低的食品价格，但是墨西哥玉米生产者的利益受到损害，他们不得不接受更低的价格。因为存在多种影响因素，贸易特别是贸易改革对贫困的影响是多样的和复杂的。

针对一些国家的案例研究也有助于我们理解贸易政策对贫困的影响。② 自1981年哥伦比亚加入WTO后，该国的政策制定者迅速降低了制成品的各种关税与非关税壁垒。1989年，哥伦比亚制成品的平均关税为50%；到了1998年，这一比例降至13%。进口竞争部门的工人因关税下降而面临巨大的价格竞争压力。但是其他哥伦比亚人面临相反的情况，扩张的出口部门的工人工作机会更多，收入增加，贫困率降低。相似的情况也发生在印度，20世纪90年代，贸易改革后印度城镇贫困人口的获益低于农村贫困人口的获益，越是依赖出口的城镇特区，其贫困率下降越少。哥伦比亚和印度的结果显示，并不是所有的贫困人口都是相同的，一个政策对贫困人口的不同群体的影响是不同的，即使他们身处同一个国家。

这一结果看上去与基本的理论相矛盾。根据第18章比较优势的要素禀赋理论，贸易开放有利于一国的要素密集型产业。如果贫困国家的非熟练工人十分丰富，那么随着经济转移至劳动密集型产品的出口，贫困家庭可从贸易中得到好处。这一点可在许多东

---

① William Cline, *Trade Policy and Global Poverty* (Washington, DC: Center for Global Development, 2004); World Bank, "Market Access and the World's Poor," in *Global Economic Prospects and the Developing Countries 2002: Making Trade Work for the World's Poor* (Washington, DC: World Bank, 2002).

② Ann Harrison, ed., *Globalization and Poverty* (Cambridge: NBER, 2007). 尤其可参见 Pinelopi Goldberg 和 Nina Pavenik 的书中关于哥伦比亚的章节、Petia Topalova 的书中关于印度的章节以及戈登·汉森 (Gordon Hanson) 的书中关于墨西哥的章节。

亚国家身上得到解释。为什么这些国家的情况与哥伦比亚和印度的情况不同呢？一个原因是，要素禀赋模型假设劳动在不同的部门之间是可以自由流动的。如果一个工人可以很容易地从进口竞争部门转移至扩张的出口部门，他们可以获得贸易的好处。哥伦比亚和印度的研究表明，如果工人不能自由流动（如劳动法的管制约束了新就业机会的扩张），那么贸易所得到的好处可能不能像要素禀赋模型预测的那样被转移。[①] 其究竟是一个短期结果还是一个长期结果仍不可知。农民可能无法利用新的工作机会，但在他们的孩子长大以后，他们可能更容易地把握贸易带来的机会。

哥伦比亚和印度的研究并不表明贸易改革是不好的，其表明贸易政策不能用于解决减贫问题。相关的政策也要同时推行。在哥伦比亚和印度，政府需要制定提高工人跨部门、跨区域流动的政策。在赞比亚，贸易改革不能帮助农民利用其新的出口机会，他们同时需要获得信贷以及旨在帮助他们种植非传统作物的延伸服务；另外，社会安全网也应该重点关注那些在贸易政策中利益受损的群体，因为他们无法迅速做出调整。无论是贫困还是富有，全球经济一体化的进程加快都会产生赢家和输家。许多经济学家认为全球化的好处远远大于坏处，但是这并不意味着每个人都能从中获益。一些人也将会受损，因此在国家更加融入世界经济时，更需要构建社会安全网以帮助他们。

19.7　全球贸易进程中的重要问题

□ 日益激烈的全球竞争与中国、印度的崛起

从未来的角度来看，发达国家从外向型经济中得到的利益要小于被称作“亚洲四小虎”的发展中经济体所获得的利益。当中国香港、韩国、新加坡和中国台湾在境外市场上与其他经济体竞争时，几乎没有其他发展中国家与之竞争，所以它们的公司就可以得到快速扩张。现在，很多发展中国家都采取了这一策略，包括大国中国和印度，竞争的激烈导致了人们对过度竞争的担忧，同时也造成了出口商品价格的下降。当一个新的、极富效率的生产大国加入竞争行列的时候，由于会带来产能过剩，同时挤出高成本竞争者，因而通常都会造成短期出口商品价格的下降。中间产品的价格在20世纪80年代大幅下降正是因为当时世界生产能力大幅扩张；当越南开始生产咖啡时，咖啡的价格便急剧下降，造成包括埃塞俄比亚、洪都拉斯在内的传统咖啡出口商利益的极大破坏；当中国这样的大国加入服装出口国行列之时，甚至连远在南非的莱索托都感觉备受挑战。毫无疑问，在一些国家得到利益的同时，另一些国家会失去很多。

尽管如此，从长期来看，世界贸易仍将不断扩张，并且会创造出很多新的部门。自1950年以来，世界出口商的数量比世界产出的增速要快，且制成品的出口量在其中增长最快。美国在世界市场上无疑是一个很强的推动力量，它在二战后就占据着全球总产

① 贸易模型假设要素在部门之间不是完全自由流动的，被称为固定要素模型，这是在前面的章节讨论过的赫克歇尔-俄林模型的一个替代模型。

出 25%的份额，要远远超出当今中国所占的份额，由此有些人担忧美国会主导所有产业。尽管美国与其欧洲同盟国在产品价格下降时不断地对世界上某些出口国施加减少贸易壁垒的压力，但这一变化同时也会为其他国家提供新的机会。同样，在当今世界，随着更多的国家参与贸易，交通运输成本和通信成本在不断降低，提供给企业机构进行专业化改革的机会也在不断增加。全球化生产协作网络使得来自世界各国的不同生产商能够发挥其各自具有相对优势的专业化技术，共同致力于一种产成品的生产。许多中国的出口商都是从其他国家进口中间零部件进行组装的。中国制造出来的一台电脑很可能包括马来西亚生产的屏幕、新加坡生产的电路板、菲律宾生产的键盘。

当越来越多的发展中国家向世界市场开放时，它们不仅仅是竞争对手，同样也成为其他国家出口商品的消费者。贸易是一个双边交往的过程。中国与印度的进口和出口都在同步增长，它们也成为彼此在世界市场上最大的贸易对家。中国现在是印度尼西亚的第五大出口市场，中国从印度尼西亚进口石油、天然气、鱼类甚至一些电子产品。中国取代美国成为巴西的主要贸易伙伴，中国甚至与撒哈拉以南非洲地区的大部分国家建立了贸易关系，总体上与这些地区的贸易保持赤字。

许多国家担心随着中国贸易的扩张（印度次之），全球经济中劳动密集型产品的出口空间会越来越小。低收入国家认为它们无法与低工资、高产出的中国工厂相竞争。这种担心不无道理。中国服装出口的剧增导致许多国家的企业面临破产，在1995 年《国际纺织品贸易协定》生效之前，它们还可受到各种贸易保护的庇佑。但这种贸易机会是静态的。随着劳动生产率的提高，平均工资也上升。中国工人的“用工荒”、高工资以及各种游行示威活动常见诸报端。这些都是劳动稀缺的表现，这也是中国发展的一个必然结果。中国的比较优势正在发生变化，正在为低工资经济体创造机会。由于工资的上升，锐步、新百伦以及其他运动鞋生产商已经在印度尼西亚等国生产经营。

一些中等收入国家，如墨西哥也面临着同样的问题，情况可能更加棘手。与美国相比，墨西哥工厂的优势是非熟练工人。但是墨西哥的工资比中国高，其生产率却更低，并且要与中国竞争美国市场。墨西哥的比较优势部分依赖于其地理优势。与美国市场临近意味着墨西哥的商品能很快到达美国，而无须经过长达数周在太平洋上的漂泊。

这对一些比较重（如汽车零部件）的产品来说意义重大，因为其运输成本更高。但墨西哥的贸易所得显然受制于中国的出口能力。在这一过程中，比较优势仍发挥作用，外向型战略的基本合理性仍然存在。

□ 外向型经济战略会导致小作坊吗？

一些批评者认为外向型经济会导致全球小作坊经济，在这种经济条件下，企业雇用大量的工人进行“朝向最低的竞赛”，看谁可以接受最低的工资水平、福利待遇和环境标准。很容易理解，一些人在见过低收入国家鞋子和纺织品的生产方式之后会得出这样的结论。以富裕国家的标准来看，这些工人工资相当低，通常每天只有几美元甚至更低。工人们长时间进行重复性劳动，并且休息时间极短。在很多例子中，工作环境是令人担忧的。这一情况对于那些为本地市场生产商品的厂商以及农业工人和其他人来说都是真实写照。

低工资水平是低收入国家贫穷的一个反映。在这些国家中，工资并不是参照其他国家的支付水平制定的，而是根据本国工人的生产率（决定了劳动力的需求）以及工人的次优工资水平（决定了劳动力的供给）制定的。我们知道，世界上10亿多人口都生活在日均2美元的水平以下。很多人夜以继日地在田地里工作就是为了养家糊口，另一些人在大卖场当服务员，还有的人在码头当工人或者在其他地方从事其他工作。也有人甚至连一份工作都没有。在奈洛比纺织工厂工作的25岁女工，其收入只是在哥本哈根或者中国台湾从事同样性质工作的25岁女工收入的1/13。[①] 这一收入上的巨大差距并非因为肯尼亚的工人在受着工厂主的剥削，也并不是因为丹麦工人或者中国台湾工人的工作效率是其他人的10倍。不同国家（地区）收入存在的这一差异，原因在于收入是不同经济体平均生产效率的反映。肯尼亚的工人拥有的物质和人力资本较少，由此其人均产出量相对较低。所以，由市场决定的工资水平就将极大地低于生产效率很高的哥本哈根或中国台湾。

对于很多人来说，能够有一个尽管收入低下但却稳定的工作相对其他选择来说已经是一个很大的改善，也可以被看作他们摆脱贫困、改善生活的第一步。如果没有这种选择，贫困会进一步恶化。那些想要持续快速地将收入水平提高到发达国家标准的做法有时候会出现令人意想不到的结果。那些支付高于劳动力边际产量水平的工资的企业只能雇用很少的工人，用大量的机器生产来代替工人生产或是直接决定重新制定企业的运营方向，而这无疑会使工人处于不利的地位。没有人提倡将最低工资水平（国际标准）作为全球化经济发展的最终目标，但我们需要看到的是，低工资水平可以被视为工作技能、工资水平、生活条件在长期中逐步改善所需经历的道路。美国、日本和欧盟的诸多国家在从农业经济转型为工业经济的过程中都经历了工资水平非常低下、工作环境差别很大的阶段。之所以这样说，并不是要粉饰这个阶段，而是指我们在取得经济发展的过程中不可能一蹴而就。工资水平的提高伴随着社会整体经济发展水平的提高，同时也伴随着资本和人力高效投资的水平。近几年比较成功的案例正是那些经济增长速度较快、从收入极为低下和工作环境差别较大的阶段较快走出来的国家。

“朝向最低的竞赛”指的是那些在与外国企业就出口产品到世界市场上展开竞争的国家不断降低自身工资水平的现象。有时，工资会首先在一些工人当中降低，那些不具备竞争力的被保护企业相继倒闭，而在此之前，那些受保护企业产品定价较高，牺牲了消费者的福利。但是国家间比较典型的转型到外向型经济战略的模式是：工人获取了新的技术，工厂也由此提高了生产率水平。很多证据表明，吸引外国直接投资的国家，那些跨国企业通常比本土从事同样劳动的企业支付的工资水平要高，且提供的工作环境更好。耐克公司在印度尼西亚的分支机构支付给工人的工资水平是其本地收入水平的近3倍。越南在外商投资的衣服鞋袜企业中工作的工人其家庭支出也是全国总人口家庭支出水平的前20%。在墨西哥，出口企业支付的工资比起非出口企业支付的工资要高

---

① Union Bank of Switzerland，*Prices and Earnings*（Zurich：UBS AG，2009）.

50%以上。而在出口加工区企业工作的工人，其收入也比在区外企业工作的工人收入高很多。[①]

关于“朝向最低的竞赛”的担忧，不仅仅指工资水平，而且指工作环境以及劳动标准。那些提倡良好工作环境的人认为，他们有必要鼓励企业抵制类似过长劳动时间、过短休息时间、性别歧视、空气不流通以及其他问题等所造成的恶劣工作环境。反对者认为，过于严苛的工作环境标准将会提高企业主的生产成本，从而抑制投资，最终通过减少工作机会的方式来损害工人的个人利益。尽管双方存在很大的争议，但是持中间态度的人为数不少。关于一些标准已经达成了普遍共识。国际工会（ILO）将这些已经达成普遍共识的标准称为**核心标准**（core standards），包括：取消强制劳动；禁止一切以性别、种族、宗教等为基础的歧视；在可能会伤害儿童的环境中禁止雇用童工；允许工人彼此联络，拥有与企业议价的权利。其他对于工作环境的提升被称作**现金标准**（cash standards），这些标准对于企业来说成本很小，包括提供合理的工作休息时间以及提供安全的工作环境（例如非紧闭的门窗、提供消防器材、提高通风性）。换句话说，有一些措施是可以花费较少成本、在不影响投资的情况下改善工作环境的。

毫无疑问，在低收入国家，工作环境标准要比高收入国家低很多，这一情况不仅存在于那些参与贸易的企业，也存在于受保护的本土企业和农业。我们的目标是要最终改善这些部门的工作环境。那么外向型经济战略以及更大规模的贸易是将工作环境变得更坏还是更好呢？尽管证据并不充分，但是我们仍然可以看出：总体而言，实行外向型经济战略的国家，其工作环境随着经济的不断进步而逐渐好转。[②] 这一结论并不总是成立。也存在一些情况，如果在非出口企业工作的工人被允许联合在一起或是单个的工人要求改善工作环境的时候，会有企业主以解雇工人作为威胁。但是对于那些已经在相当长时间内大力扩张贸易的国家来说，比如韩国、印度尼西亚、马来西亚和毛里求斯，工作环境比起 20 世纪 80 年代或是 90 年代早期已经有了很大的改善。[③] 有证据表明，当中国的工厂遭遇“用工荒”时，工人的工作环境得到很大的改善。

在那些没有投资或者投资很少的国家里，工作环境的改善就比较容易停滞不前。此外，出口导向型企业一般有外国投资者的大额份额，研究表明，外企的工作环境要比本

① Drusilla Brown, Alan Deardorff, and Robert Stern, “The Effects of Multinational Production on Wages and Working Conditions in Developing Countries,” Working Paper No. 9669, National Bureau of Economic Research, Cambridge, MA, April 2003; Theodore H. Moran, *Beyond Sweatshops: Foreign Direct Investment and Globalization in Developing Countries* (Washington, DC: Brookings Institution Press, 2002), p. 7; Edward Graham, *Fighting the Wrong Enemy: Antiglobal Activists and Multinational Enterprises* (Washington, DC: Institute for International Economics, 2000), chap. 4.

② Kimberley Ann Elliot and Richard B. Freeman, *Can Labor Standards Improve under Globalization?* (Washington, DC: Institute for International Economics, 2003); Brown et al., “The Effects of Multinational Production.”

③ 关于韩国工资和工作环境演变的讨论，参见 David L. Lindauer et al., *The Strains of Economic Growth: Labor Unrest and Social Dissatisfaction in Korea* (Cambridge, MA: Harvard Institute of International Development, 1997)。

土企业的工作环境好一些。这也证明那些鼓吹者将他们的言论放错了地方，外商投资企业良好的工作环境也正是对那些鼓吹者言论的回应：跨国企业对于改善工人工作环境是起到积极作用的，并且它们一直都在进行着进一步的改进工作（见案例19—4）。我们很难看到系统性的证据能证明当国家变得更加开放时，工人的工作环境标准会有所下降，大家都在从事“朝向最低的竞赛”。

▶ 案例19—4　印度尼西亚的劳工运动及成果

反对“血汗工厂”运动以及其他劳工运动迫使发展中国家的企业改善其工作条件，特别是一些生产知名产品以供出口的企业。所有的公司都不希望人们认为它们的分包商经营着“血汗工厂”，因为发达国家的消费者可能会抵制这一产品，从而减少购买量。针对耐克、盖璞等一些公司的运动已经有效地迫使这些公司为生产鞋子和衣服的工厂制定了详细的操作章程。但是，是否这些工厂里的工人总能从此类运动中受益？提高劳动成本是否会导致失业？面对劳工运动，工厂倒闭的可能性有多大？这些公司是否有能力将工厂搬迁到那些劳工运动较少或者不太关注用工标准的国家？

劳工运动的兴起究竟是帮助了还是损害了它们本想帮助的劳工的权益仍是一个问题。安·哈里森和杰森·斯考斯（Aon Harrison and Jason Scorse）使用计量经济学的方法对20世纪90年代的印度进行了研究。他们使用“双重差分”的方法对“控制组”和“观察组”的潜在趋势进行分类，并重点关注某一地区的工资和就业率的实时变化，这些地区聚集了一大批生产纺织品、鞋、衣服（以下简称TFA）以供出口的企业。他们同时将这些地区与那些生产产品以供给国内市场的企业相比较。

印度尼西亚是研究劳工运动影响的很好的典范，因为美国的劳工运动激进主义者杰夫·巴林格（Jeff Ballinger）揭露了20世纪90年代印度尼西亚制鞋产业工人的恶劣工作条件以及低工资。巴林格重点关注了生产耐克运动鞋的分厂，他认为关注耐克可能会对其他鞋类及衣物生产者形成压力。1992年，在*Harper*杂志发表的一篇文章中，巴林格公布了耐克分包商里一名印度工人Sadisah的工资清单：一周工作63个小时，仅得到76 120卢比（约合37.46美元）。Sadisah需要44 492年才能挣够2 000万美元，这一数字是迈克尔·乔丹为耐克产品代言的费用。巴林格的故事及后续被美国许多报纸、杂志以及电视媒体争相报道。

哈里森和斯考斯认为巴林格的努力卓有成效：在劳工运动多发的纺织、鞋以及衣服分包商聚集的地区里，工资有着明显的上升。更为重要的是，他们发现劳工运动对就业率没有不良效应。与非TFA地区相比，TFA地区的就业率增长基本没受影响。这一似乎违反常识的结果可被部分解释为：印度尼西亚劳工成本仅占耐克鞋最终零售价格的5%，这也可被解释为TFA里的工人的初始工资太低了。

在这些工厂工作的年轻女性得到的工资远低于制造业工人的工资，因此耐克及其分包商能很容易地消化成本的上升。印度尼西亚的劳工运动似乎是双赢的：低工资的工人获得了高工资，但就业率也没有因此下降。但是，笔者的研究认为这一结果可能是暂时的，而非长久的，因为耐克将其外包业务转移至一些低成本的国家，包括柬埔寨和越南。高端运动鞋是特殊产品，针对一些不知名品牌或低附加值的产品的劳工运动可能达不到相同的效果。

资料来源：Ann Harrison and Jason Scorse，“Improving the Conditions of Workers?：Minimum Wage Legislation and Anti-Sweatshop Activism，” *California Management Review* 48，no. 2（2006）；Ann Harrison and Jason Scorse，“Multinationals and Anti-Sweatshop Activism，” *American Economic Review* 100，no. 1（March 2010）；Kimberly Ann Elliott and Richard B. Freeman，“White Hats or Don Quixotes?：Human Rights Vigilantes in the Global Economy，” in Richard Freeman，Joni Hersch and Lawrence Mishel，eds.，*Emerging Labor Market Institutions for the Twenty-First Century*（Chicago：University of Chicago Press，2004）.

□ 扩大市场准入

我们说一项更为开放的贸易政策执行是否成功，其唯一的判断标准就是看是否存在一个国际市场可以允许发展中国家进行产品出口。世界上比较重要的市场大多在欧洲、日本和美国。通常来说，用世界标准来衡量，这些国家的贸易壁垒相对很低，平均的关税和进口配额也相对较低。但是从历史角度来讲，它们最大的贸易壁垒以及产业保护政策都是精确地针对某几个收入较低，同时又具有某些比较优势的发展中国家的：纺织业、服装加工业以及农业。一方面，世界上最富裕的国家都在宣扬自由市场，并不断劝告那些发展中国家大力推出开放性贸易政策。另一方面，它们又在不断建立贸易壁垒，阻止这一进程的发展。更深入地分析，我们会发现问题的关键在于当这些发达国家面对那些来自发展中国家的较强对手，例如中国、印度等时所作的反应究竟是采取保护主义策略还是放开市场，允许发展中国家更多的产品进入本国市场。

市场准入的限制反映在关税收入上。大部分年份，美国都对较贫困的国家征收比富有国家更高的关税。以美国从法国和孟加拉国进口的商品为例，孟加拉国向美国支付了5.63亿美元的关税，而法国仅贡献了孟加拉国的一半——2.85亿美元。这一关税制度是累退的，即穷国比富国支付了更多的关税。但是关税的间接税率更加让人吃惊。孟加拉国仅仅出口了37亿美元的产品，包括内衣和毛巾；法国的出口是孟加拉国的10倍，为340亿美元，包括红酒和飞机。法国产品的平均税率低于1%，而孟加拉国的平均税率超过15%。①

关税高峰（tariff peaks）是指在普遍较低水平下的相对较高的关税，对于工业化国家而言，超过15%的关税即被称为“关税高峰”，且经常对发展中国家的进出口征收。美国对孟加拉国出口的一种丙烯酸运动衫征收高达32%的关税，但对从法国进口的艺术品征收零关税。**关税升级**（tariff escalation）指对进口的原材料征收零关税或低关税，而对用原材料生产的制成品征收高关税。美国对可可豆并不征收任何关税，但却对制成的某些巧克力征收每磅25美分的关税，这一做法使得发展中国家的产品更难在美国市场上立足。这种重商主义的做法早在200多年前就遭到了亚当·斯密的批判，但是直到现在它仍然是发达国家贸易政策的特征之一。

工业化国家一贯都依靠关税和配额对纺织品与服装制品的进口进行极为严格的限

① Edward Gresser，“U. S. Trade Preference Programs：Options for Reform，” Senate Committee on Finance，March 9，2010.

制。配额方面，纺织品和服装制品在1995年前已经被限制了几十年。在1995年以前，各工业化国家通过了《多种纤维协定》(MFA)，该协定在1995年被《纺织品与服装协议》(ATC) 取代，后者的有效期一直到2005年。在这些框架下，工业化国家只能从各自的发展中贸易伙伴国进口一定数量的纺织品和服装制品。一些出口国，例如中国、印度尼西亚和泰国，很容易就达到了配额，无法再出口任何纺织品与服装制品。这有利于其他发展中国家，现在一些发达国家的投资者已经开始在诸如孟加拉国、莱索托、毛里求斯和斯里兰卡寻找合适的场所作为其投资建厂的地点，将生产出来的纺织品与服装制品出口到发达国家。① 但是，由于配额的存在，富裕国家所能进口的数量要远远少于其完全开放市场的条件下需要的进口量，这一做法的结果是抬高了国内纺织品和服装制品的价格，以牺牲发展中国家企业的利益为代价，保护了国内生产商与从业工人的利益。大部分多边贸易安排都在过去的几十年内失效，但是针对进口纺织品以及衣物的关税和非关税壁垒仍然存在，从而使许多发展中国家处于劣势地位。

农业是另一个重点保护的部门，无论是富国还是穷国，这一点引起了比其他部门的贸易保护更大的争议。美国、加拿大、欧盟和日本都为它们本国的农业生产商提供了相当程度的保护。保护手段有贸易壁垒和给生产商提供直接补贴。从表19-1可以看出，保护规模从美国20%的关税到日本80%的关税，保护力度相当之大。根据这一分析，加拿大、欧盟以及日本的农业贸易壁垒显著高于补贴，而美国则相反。

表19-1　　农业的总体保护（占关税等值的百分比，%）

保护类型	美国	加拿大	欧盟	日本
关税	8.8	30.4	32.6	76.4
补贴	10.2	16.8	10.4	3.2
总计	19.9	52.3	46.4	82.1

资料来源：William Cline, *Trade Policy and Global Poverty* (Washington, DC: Center for Global Development, 2004).

有相当广泛的商品都受到保护，包括棉花、奶制品、玉米、花生、大豆、糖类、大米和水稻以及其他产品。糖类产品是市场中价格扭曲最为严重的商品之一，工业化国家既对本国生产商提供生产补贴，也对进口商品实行非常严格的配额管理。在最近几年，美国消费者几乎支付了3倍于世界糖类价格的金钱来购买与糖相关的产品。由于美国对糖类产品实行配额制度，其他相关产品包括糖果、加工食品以及软饮料的价格都相应上升。并不仅仅是美国的消费者支持其国内的糖生产者，加勒比地区、中美洲以及其他地区的蔗糖生产者也对其向美国及其他发达国家的出口进行了限制，从而获得额外的收益。

这些补贴使得工业化国家的农民能够在市场竞争中相对于潜在竞争者具有很大的优势，同时也削弱了发展中国家生产产品的意愿。补贴同时刺激了工业化国家生产相应产

① 柬埔寨是另外一个从配额体系中受益的国家。但是因为其部分受到来自美国政府的强大压力，该国采取了特殊的构架。柬埔寨服装出口商同意采用严格的劳工权益标准以换取美国和其他发达国家的消费者为这些产品支付更多的货币，从而支持遵守非工资劳务标准的企业。在这一体系执行的末期，关于发达国家的消费者是否愿意为柬埔寨的产品支付更多的货币或者是简单地购买最低价格产品仍不可知。

品的积极性，增加了世界供应量，从而对世界价格产生了向下的压力。世界银行分析认为，补贴至少将世界大米的价格调低了33%～50%，对于糖类商品和奶制品而言，则调低了20%～40%。① 由此，发展中国家的农民只能接受较低的产品价格，意味着他们同时减少了产量和降低了商品价格，使得他们的总收入水平不断下降。

那些来自发达国家的大型农业企业主经常游说执政者维持补贴，但他们的游说很难成功，城市地区有着较大的政治权力，经常超出其在总人口中所占的份额。结果是，通过贸易壁垒和补贴对农产品进行保护会损害消费者和纳税人的利益。2016年，经合组织的一项研究表明，富国政府对农业保护的巨额花费都流入了大型农场主的腰包，相当于其农业收入的1/3。在一个经常被引用的分析计算中，日本平均每头牛都可以通过各种政府补贴和其他保护措施得到每天7美元的收入，欧洲这一数字则是每天2.2美元。② 而与此同时，世界上则有10亿多生活在发展中国家的人，每天只能依靠不到1美元度日。

工业国家的关税、配额以及补贴的组合影响十分巨大。研究表明，如果发达国家减少关税壁垒，可以给发展中国家的年均GDP增加1亿美元的收入，远远高于外国资本援助的水平。另外有两个研究表明，如果去除这些贸易壁垒，可以使至少3亿人摆脱贫困。③ 让发达国家自觉减少这些贸易壁垒是不太可能的，它们更愿意在贸易协定下作一些相关的调整。

□ 多边贸易协定与WTO

第一次世界大战结束后，一个全球化的时代也随着大萧条之后各个发达国家不得不纷纷建立贸易壁垒而告一段落。随着第二次世界大战的结束，这一模式发生了改变。发达国家率先降低了关税，并且不断地寻找途径来加速和巩固这一进程。这一结果促进了**多边贸易协定**（multilateral trade negotiations）的诞生，在该协定项下，相似的国家都针对降低关税进行谈判。建立这一协定的理念是，在国际社会的共同努力下，参与国都因为其他国家降低关税而不得不同样降低关税，由此单个国家便可以更好地克服阻碍贸易自由化的小集团狭隘思想。这一讨论的结果是支持在1984年建立国际贸易组织（International Trade Organization，ITO），作为IMF和世界银行的姊妹机构。虽然ITO本身从未建立起来，但是在随后的几十年，通过一种非正式机构——**关税与贸易总协定**（General Agreement on Tariffs and Trade，GATT），多边贸易谈判取得了很大的进展。在1947—1994年间，在GATT项下，八个回合的谈判正式开始，最初包括关税问题，之后将谈判内容扩展到配额、反倾销手段以及其他问题上。

最后一次GATT谈判，也即所谓的乌拉圭回合（因为最初的会议是于1986年9月在乌拉圭埃斯特角举行的），于1994年结束。它是迄今为止最大的一次贸易谈判，共有

① World Bank，*Global Economic Prospects and the Developing Countries 2002*.

② Nicholas Stern，"Dynamic Development：Innovation and Inclusion，" Munich Lectures in Economics，Center for Economic Studies，Ludwig Maximilian University，November 19，2002.

③ World Bank，*Global Economic Prospects and the Developing Countries 2002*；Cline，*Trade Policy and Global Poverty*.

123 个国家和地区参加，包括大量发展中国家。由于乌拉圭回合是第一次让众多低收入和中等收入国家参与，并且工业化国家首次同意将农业补贴问题加入谈判范围的大型谈判，所以许多发展中国家都对乌拉圭回合的结果抱有很大的期望。它们之间的讨论引出了之后富国与穷国之间的讨价还价。这一形式反映了现有模式很大程度上区别于原有的 GATT 互惠模式：原有的模式是各个国家在他国同意采取相同做法的基础上，同意放开某种商品的市场，而乌拉圭回合则以存在于发达国家与发展中国家之间相互给予便利的潜在互惠条件为特色，有些互惠条件已经远远超过了传统的国界壁垒。

工业化国家承诺以下几点：(1) 大规模削减制成品的关税；(2) 终止限制纺织品和服装制品贸易的《多种纤维协定》；(3) 减少农业补贴，并同意在下一回合谈判中有更大的减少。而发展中国家则承诺如下：(1) 较大程度地降低关税；(2) 通过了关于投资、服务和与贸易有关的知识产权（TRIPs）的新规定；(3) 支持新建立的**世界贸易组织**（World Trade Organization，WTO），来取代 GATT。1995 年 1 月成立的世界贸易组织，作为一个全球贸易谈判的中央机构，旨在建立一套公平、开放和不扭曲竞争的规则。它还被作为一个解决成员国之间争端的场所。

尽管发展中国家正在逐步地进入发达国家的市场，但还是有很多发展中国家对乌拉圭回合越来越感到失望。原因是有三个主要的分歧：首先，发达国家保证减少农业的补贴保护，但却普遍没有明确物化。其次，关于投资、服务的新规定，其复杂程度要远远高于减少关税和配额，由此需要耗费发展中国家大量的人力物力来建设新的机构和培训专业化人才。这些改变对于许多收入低，又严重缺乏高技术法律人才和管理专家的国家来说，无疑是一笔很大的经济负担。最后，TRIPs 协定导致发展中国家需要为已经取得专利的医疗和医药产品支付更高的价格。对许多产品和服务来说，保护研究与专利的所有权，使早期投资在研发阶段的资本得到必要的回报是非常合理的，但是支付高昂的价格、阻止产品大众化已经成为现在医药界争议颇大的问题，尤其是那些用于治愈艾滋病的产品更是备受争议。在第 9 章中，我们讨论了如何使这些医药产品变得可以被低收入国家承受的问题，这一问题直到 10 年之后才引起人们的普遍关注。

对于很多人来说，乌拉圭回合被视作“毫无用处的交易”而不是“超规模讨价还价”①，这些不愉快造成了在 1999 年西雅图 WTO 会议以及接下来的其他 WTO 会议中，不满民众的大规模示威游行活动。WTO 框架下新一轮的贸易谈判始于 2001 年，也被称为多哈回合，因为其第一次会议在卡塔尔的多哈举行。这次谈判旨在满足发展中国家的需要，因此也被称为“发展回合”。谈判伊始就十分艰难，尽管重启谈判的努力仍在进行，但其最终于 2008 年失败。

多哈回合的议程雄心勃勃，远超之前的贸易谈判。农业贸易保护及补贴再次被提上日程，但正是在这一点上的争论导致了谈判的破裂。讨论同时涉及开放国际服务贸易，包括会计、银行、运输等被高度管制但又与外企密切相关的领域。发达国家特别希望开放这些领域，因为它们在这些领域具有比较优势。非农市场准入（NAMA），包括制成品及一些初级产品，旨在解决“关税高峰”与“关税升级”的问题。发达国家想要更多

① Sylvia Ostry, “Why Has Globalization Become a Bad Word?,” the Alcoa-Intalco Works Distinguished Lecture, Western Washington University, October 25, 2001.

地讨论贸易便利化（本质上是提高海关通关效率），这一点易导致腐败，并且发展中国家的制度建设相对落后。讨论还进一步涉及政府决策过程中的透明度、竞争政策的新规定以及全球反垄断政策。

许多高规格的会议不仅在多哈举行，而且在坎昆、中国香港以及日内瓦（WTO的总部所在地）举行。会议的议题进一步简化，过程也相对固定。议题包括为廉价的遗传类药物颁发执照等内容。然而，许多会议无疾而终。2008年，谈判失败的原因与谈判伊始的一个重要议题——农业保护——密切相关。发展中国家之间也存在分歧，农业出口大国巴西与印度有着不同的利益，印度的大部分农业领域仍存在较为严重的保护。最后一根稻草是美国、中国与印度之间的争议，发展中国家抱怨发达国家为其本国农产品提供了大量的生产和出口补贴，而发展中国家，如中国、印度等国，对其农业设置了大量的贸易壁垒。WTO的规定允许发展中国家对农产品征收关税及保护本国农民，如进口蔗糖或农作物等。特别防卫机制的争论也没有得到很好的解决。美国想要主导触发这一机制的条件，建议将标准定得高一点，而中国和印度想将触发条件设得更低一点。多哈回合谈判失败的根本原因是，许多发展中国家认为是发达国家做出巨大让步的时候了，特别是在农业方面，但结果是贫穷国家所得甚少。对许多经济学家而言，这一结果让人失望，因为发展中国家已经从拆解贸易壁垒中得到了很多好处。

贸易回合谈判失败以后会再次重启，多哈回合谈判可能也是如此。与此同时，贸易谈判既然不复存在，许多国家也就不再寻求多边合作，而是转而寻求双边或者区域协定。在2001年，只有49个此类协定，但到2009年，这一数字达到了167个。这些协定的劣势是全球的比较优势无法发挥作用，一些效率低下的公司也可能受双边或区域协定的保护。这些协定形成了一个让人困惑的制度组合，而管理者要求企业必须遵守，因为国家与不同的贸易方签订了不同的贸易协定。这一做法分散了人们对政府落后的管理能力的注意力并阻碍了有生产效率的投资活动。双边及区域协定让政府必须对多边协定如多哈回合妥协的压力减轻。然而，值得表扬的是，区域贸易协定总比没有贸易协定好。尽管多哈回合谈判最终失败，但世界可能会步入一个更大的市场以及扩大的贸易，然而这一趋势是否会继续不得而知。

□ 短期移民：国际贸易的另一个视角

贸易服务总协定（GATS）是为WTO成员建立的贸易规则，涉及银行、电信以及旅游等。GATS的第四模式涉及人员跨国从事服务的短期移民，原则上包括演员、会计、建筑工人及其他。其坚持的原则是非歧视原则，即WTO成员之间不能限制以国家为基础的服务贸易的流动。第四模式的特别之处是其不仅涉及商品的流动，也涉及人员的流动。在控制移民方面，各国都呈现出极强的保护主义色彩。人员的跨境自由流动不在许多国家的议程之中，特别是发达国家。

协议中的第四模式高度受限，这就引发了一个重要问题：穷国与富国之间的移民对促进经济发展究竟起到什么作用？这一问题令人关注。想要提高穷人的生活水平的最好办法是允许他们移民到工资更高、就业机会更好的发达国家。把一个穷人移民到发达国家远比提高穷人居住国家的经济水平容易。

哈佛大学经济学家兰特·普里切特认为，在现有的经济发展工具箱中，没有比增加发展中国家与发达国家之间的移民数量更有效的减贫方式了。贸易自由化以及增加外援都无法像促进跨国人员流动那样行之有效。一项估计表明，完全的贸易自由化每年可为发展中国家增加约1亿美元的GDP。占OECD国家劳动力总量3%的短期移民每年可增加约1.7亿美元的GDP。普里切特提供了另外一组让人信服的计算结果，其比较了小微金融与短期移民的好处。孟加拉国的小微贷款每人年均约360美元，每个贷款者首次贷款的年龄为23周岁。如果假设贷款的回报率为18%，那么一生贷款的净现值为700美元。① 如果一个低技术的孟加拉国工人可以在美国工作，他可在四周内挣得这一数目，再想象一下如果他在美国工作数年，将会有多少汇款寄回国内。

移民的好处显而易见。穷国与富国之间的工资差距是巨大的，普里切特提供了一个保守的估计：42个中低收入国家的低技术工人如在美国工作，其年收入将平均增长1.3万美元（根据购买力平价理论计算）。他们将从事许多非法和合法移民经常从事的工作，如作为建筑工人、农民、餐厅的厨房人员、园丁、老年人日间护理工，以及其他本地人认为“脏、危、难”的工作。相对非熟练工人之间的国际劳动力流动的增加也将改变人才流失现象并对移民国家产生影响。②

允许更多人短期移民的好处显而易见，反对的理由也很充分。其缺点是短期移民增加而长期居民可能不会变化。短期移民可能并不想成为公民，这将限制许多经济行为。富国的公民担心移民将降低国民工资水平；与本国公民争夺工作机会；从事非法活动；成为纳税负担（税收贡献不大，但却占据学校、医院紧急病房、州级福利支出等）。这些现象确实存在，但是仔细分析就会发现，这些成本即使存在也微不足道，特别是与移民者本身福利状况的改善相比。非熟练移民可能会对本国的非熟练工人构成威胁，但比例较小且不会影响本国熟练工人的就业率。移民的犯罪率可能较低，因为成本较高，他们不仅面临牢狱之灾，而且可能遭到遣返。移民也纳税，不大可能成为净财政负担，尽管他们也生活在当地社区。全世界范围内，无论是穷国还是富国，人们对外国人都有一种敌意。克服这一反应，甚至从减少全球贫困的角度看，都是一个很大的挑战。

19.8 本章小结

● 可供选择的贸易政策存在一个区间，一端是封闭主义，另一端是自由贸易。实践中许多国家的选择都介于两者之间，既有内向型战略，也有外向型战略。

---

① 计算参见 Lant Pritchett, “The Cliff at the Border,” in R. Kanbur and M. Spence, eds., *Equity and Growth in a Globalizing World* (Washington, DC: World Bank, 2010)。普里切特对更多的国际劳动力流动提供了充分的经济和道德论点，参见 Pritchett, *Let Their People Come: Breaking the Deadlock in International Labor Mobility* (Washington, DC: Center for Global Development, 2006)。对短期移民潜在收益的估计，参见 World Bank, “Labor Mobility and the WTO: Liberalizing Temporary Movement,” in *Global Economic Prospects 2004: Realizing the Development Promise of the Doha Agenda* (Washington, DC: World Bank, 2004)。

② 人才流失本身就是一个富有争议的观点。迈克尔·克莱蒙斯（Michael Clemens）在一个关于西非国家健康工人的案例研究中讨论了人才流失问题，参见 Michael Clemens, “Do Visas Kill?: Health Effects of African Health Professional Emigration,” Center for Global Development Working Paper 114, Washington, DC, 2007。

● 几乎所有的国家在不同的时期都使用过进口替代战略。实施这一战略意味着使用贸易壁垒，包括关税、配额、货币高估。这些干预对经济是有害的。理论上，进口替代可以使国内的企业学习先进的生产技术，提高生产效率，最终在世界市场上展开竞争。不过也有一些例外，这一战略有时也会导致增长缓慢、效率低下和技术落后。

● 在20世纪80年代，许多发展中国家开始向更加外向的贸易政策转移。这一贸易政策促使国内企业更加专业化，拥有更大的国际市场，引进更高端的技术。许多国家刚开始从事劳动密集型的制造业和农业，它们实行这一政策寄希望于能够向更复杂的产品生产转移。一般而言，那些认为这种政策会导致“朝向最低的竞赛”结果的出现的观点并没有得到明显证据的证明。

● 外向型经济经常与支持出口相联系。其可能包括生产补贴、出口信贷便利、低估汇率以及出口保护区。中韩两国都实行了外向型战略保护其国内企业免受进口品的竞争，但想要取得出口成功是有条件的。

● 使用贸易以及产业政策促进经济发展的争论依然存在。一些经济上取得成功的经济体并没有实施完全的贸易自由化，许多实行贸易自由化的国家也没有取得预期的效果。与此同时，当政府选择支持某一企业或行业时，很容易判断其是否成功。公私合营模式需要减少其对经济增长的限制。

● 相关证据表明，在贸易、贸易政策以及经济增长之间存在着明显的正相关关系。但影响的方向不确定。当涉及贸易政策与增长时，这种影响更加模糊。部分原因是很难衡量贸易政策。一些人认为就对经济增长的解释而言，贸易和其他因素相比可能没有那么重要，如强有力的机构保证、支持投资的总体环境。但是很少有证据表明缺乏开放性会促进增长。

● 一个经济体的出口快速增长减贫效果明显，特别是劳动密集型产品的出口。但贸易自由化本身可能对穷人有不同的影响。随着进口价格的下降和出口价格的上升，一些贫困人口可能受到经济开放之害，因为他们从萎缩部门到扩张部门的流动受阻。

● 贸易的许多问题仍在讨论之中，一些人担心中印两个人口大国的出口会对其他经济体产生较大影响。但许多证据表明，对所有国家来说，全球经济仍有较大的空间。

● 工业化国家采取的保护主义措施，尤其是针对纺织品、服装制品和农业采取的措施都阻碍了发展中国家的出口发展。工业化国家是否会将这些保护措施都予以削减，或是等发展中国家出口商品的竞争愈来愈激烈之时再建立新的保护措施，抑或是进行多边谈判来引导各国减少贸易壁垒，以增加发展中国家的市场机会，都还要看日后的进展。

● 围绕着贸易议题的多边协商仍在继续，包括命运多舛的多哈回合以及旨在扩大市场准入的双边及区域协定。贸易协商所忽略的一个方面是提高人员的跨国流动。许多经济学家认为，穷国与富国之间的短期移民是减贫最有效的方式。

第 20 章

可持续发展

科技极大地促进了发达国家的经济发展，但是其能源、资源占用率较高，对环境的污染较大。发展中国家是否必须遵循同样的发展路径？发展与环境之间潜在的冲突是什么？根据科学家贾里德·戴蒙德（Jared Diamond）的研究，冲突的潜在影响包括社会崩溃。[①] 根据历史的和现实的经验，戴蒙德认为，无意的生态自杀是历史上许多文明终结的主要原因，包括玛雅、维京以及如今的索马里、卢旺达。戴蒙德进一步阐述：

> 以往社会通过破坏环境而自我毁灭的过程可以分为八类，其重要性各有不同：过度采伐导致居住地被破坏；土地问题（侵蚀、盐碱化、土地减产）；水资源管理问题；过度捕猎；过度捕鱼；新物种的引入；人口增长；个体对环境影响的增强……今天所面临的环境问题不仅包括以上八种，还包括四个新的影响：人类活动引起的气候变化；有毒化学物的积累；能源缺失；人类对地球光合作用的过度利用。[②]

对地球是否有足够的能力支持不断增长的人类发展的关注可以追溯到 18 世纪。1798 年，英国经济学家和人口学家托马斯·马尔萨斯在其巨著《人口论》中，认为不断增长的人口会给世界带来灾难。马尔萨斯的分析基于两点假设：第一，食品对人类的生存至关重要，马尔萨斯认为食品以算数级数增长。第二，两性间的吸引是不可或缺

① Jared Diamond, *Collapse: How Societies Choose to Fail or Survive* (London: Penguin Books, 2005). 戴蒙德将“毁灭”定义为“在一个很大地域范围内、一段持续时间内人口规模和/或政治、经济、社会复杂性的急剧下降。”(p. 3)

② 戴蒙德在“Collapse: How Societies Choose to Fail or Survive”一文中使用“光合作用能力”一词是为了说明超出地球能力来支持作物生长这一现象。截至 20 世纪 80 年代，他引用的数据表明，人类已经使用、浪费或者转化了地球一半的能力用于种植庄稼。

的，并且保持当前的状态。马尔萨斯认为人口以几何级数增长。① 因此，马尔萨斯总结认为，人口的力量远大于地球的力量，早夭或者其他形式的死亡必然降临到人类身上。

最近一些研究也支持了马尔萨斯的结论，1972 年，罗马俱乐部发布了报告《增长的极限》。该报告由麻省理工学院的分析团队完成。该研究认为，按照当今世界的人口、工业化、污染、食品产业的增幅，资源必将被耗尽，这个星球的增长极限将在未来 10 年内发生。该报告统计，按照当今的储量，世界的石油供给将于 1992 年耗尽。

许多类似的可怕的预测被证明是错误的，但问题是，发展中国家是否必然遵循发达国家的路径？增长会对环境造成巨大的影响。经济发展与增长的可持续性延伸至全球气候变暖。科学家指出：**温室气体**（greenhouse gases）如二氧化碳（CO_2）的积聚会通过分离大气中的辐射来提高全球地表温度。在本章的最后一部分将讨论全球变暖会对增长产生巨大的负面影响。预测认为，非洲的谷物最多将减产 50%，许多珍稀物种将灭绝，疾病将增加，将出现水资源紧张，冰川融雪将导致海平面上升，使成千上万沿海地区的人们举家搬迁。甚至有人担心，马尔代夫，印度洋上的一个包含 1 200 个珊瑚岛群的岛国，其 80%超过海平面不足 1 米的地区将会于 2100 年消失。

20.1 经济增长会挽救还是破坏环境?

经济增长与环境之间的关系是复杂多变的。一个重要的中间变量是科技。当马尔萨斯预测人类早夭的时候，他忽略了一种可能性，即农业部门科技水平的提高会增加产量，使食品供应超过人口增长。② 科技的变化同样影响我们利用资源的效率以及对环境的破坏程度。不断提高的汽车燃料使用效率以及电车的迅速发展是科技改变人类对环境影响的最好例证。我们认为，科技进步的步伐在决定经济增长对环境的影响是好还是坏方面十分重要。

污染水平与收入水平之间的关系一般遵守倒 U 形曲线，即在原始阶段，随着收入水平上升，污染会上升，但是当收入超过某一中间阶段时，污染水平开始下降。因为倒 U 形曲线与经济学家西蒙·库兹涅茨提出的不公平程度与居民收入之间的关系类似，因此，污染与居民收入之间的实证关系也被称为**“环境库兹涅茨曲线”**（environmental Kuznets curve，EKC）。图 20－1 描述了传统的 EKC。经济学家苏斯米诺·达斯古普塔（Susmita Dasgupta）与其同事描述了这一关系的潜在含义：

> 工业化的第一阶段，污染会上升，因为人们更关注他们的工作及收入，而非干净的空气和水。社区的居民太穷，以至于无法为环境受损支付更多的钱，环境管理也相对较弱。但在收入上升后，两者的平衡关系就会改变，先进的工业部门更加清洁，人们更加在意环境，管理机构更加有效率。③

---

① 算术级数是 1、2、3、4、5、6；而几何级数是 1、2、4、8、16、32。

② 罗马俱乐部《增长的极限》（New York：Universe Books，1972）一书研究了技术进步的潜在影响，但是其假设这一增长速率无法克服环境的限制。

③ Susmita Dasgupta，Benoit Laplante，Hua Wang，and David Wheeler，“Confronting the Environmental Kuznets Curve，” *Journal of Economic Perspectives* 16，no. 1（Winter 2002），147.

统计结果认为，在人均收入达到 5 000～8 000 美元时，污染达到峰值，但在人均收入超过这一阶段后，污染水平会下降。

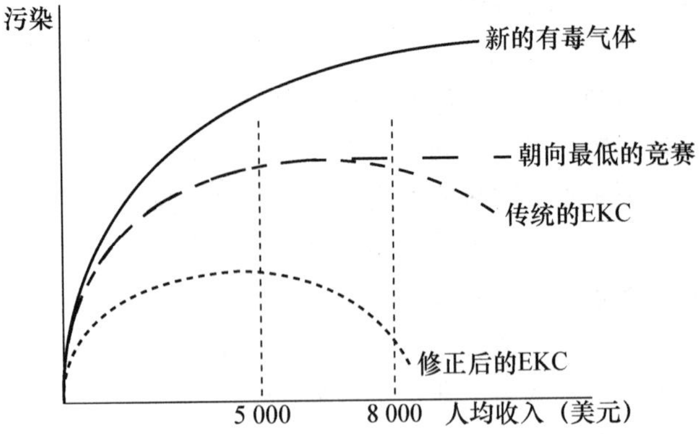

图 20－1　环境库兹涅茨曲线的潜在路径

资料来源："Confronting the Environmental Kuznets Curve," by Smita Dasgupta，Benoit Laplante，Hua Wang，and David Wheeler. *Journal of Economic Perspectives*，Vol. 16，No. 1，Winter 2002：147－168，p. 148. Reprinted by permission of the American Economic Association.

达斯古普塔认为，传统的 EKC 因忽略了动态的过程而受到批评。例如，如果自由贸易和全球化形成了"朝向最低的竞赛"的局面，随着国家争相降低环境标准，曲线可能变得更平坦（见图 20－1）。或者，如果收入增长和工业化仅造成了环境危害，EKC 有可能上升（新的危险路径）。相反地，达斯古普塔与其同事认为，如今越来越多的乐观证据表明，随着收入增长带来的污染越来越少以及拐点发生在不断降低的收入水平上，EKC 会一直下移。因此，鉴于当今许多发展中国家居民收入水平远低于拐点水平，污染与经济增长之间的关系仍有争论。

另外，我们不能简单地推出收入水平提高会使污染水平先上升后下降。倒 U 形曲线的解释包括，从清洁农业到污染工业再到清洁服务业的自然进程；发达经济体优良的机构发展以及更好的公共政策带来了良好影响和技术进步。也有人认为，富国可通过将高污染的生产活动转移至发展中国家而降低污染水平，如果这一点属实，随之而来的问题是：鉴于"朝向最低的竞赛"以及"新的危险路径"的存在，穷国是否有能力遵循倒 U 形曲线的路径？如果经济增长自动降低了污染，我们根本无须担心长期问题，政策制定者只需关注增长，显然这不是事实。事实是，早期环境灾难的预测太过可怕并不意味着未来环境灾难不会发生。

戴蒙德（和许多其他经济学家）怀疑环境库兹涅茨曲线，并明确提出以下选择：

> 因为我们正朝向一个不可持续的过程，世界环境问题最终会被后台以某种形式解决。问题是，我们能否以一种我们自己决定的满意或者不满意的方式来解决，例如，战争、大屠杀、饥荒、疾病以及社会崩溃？①

衡量经济可持续的第一步是定义什么是可持续发展，如何确定可持续性，以及如何

① Diamond，*Collapse*：*How Societies Choose to Fail or Survive*，p. 498.

可持续。

20.2 可持续发展的定义及衡量

在许多学术以及流行的可持续发展的定义中，被广泛引用的是世界环境与发展委员会（也被称为布伦兰特委员会，1987）的定义。其把可持续性发展定义为：既满足当代人的需要，又不损害后代人满足其需要的能力的一种发展方式。在重点关注跨际均衡的动机时，该定义仍是模糊不清的，特别是无法定义什么是“需求”。例如，需求可被解释为维持基本的生活需要，尽管很多人希望我们的下一代生活在一个更好的环境中。① 涉及什么是后代人满足其需要时，布伦兰特委员会的定义也是模糊的。这一定义仅意味着后代人的福利维持在最低水平以上（或以下）；后代人的福利等于当代人的福利；或者每一代人的福利都不低于当代人的福利。如今，经济学家关于可持续发展的定义仍与代际福利不下降相关。

后代人福利不下降的实际操作要求我们定义什么是福利以及如何衡量它。在第 2 章中，我们用幸福来衡量福利，而幸福与收入无关。实践中，经济学家经常使用收入作为发展的一个代理指标，为了衡量后代人的潜在福利水平，我们需要使用经济中的**财富**（wealth）概念来扩展上述定义。经济学家认为，代际福利不下降的唯一方式是人均财富不下降。不下降的人均财富要求财富的增长率超过人口的增长率②，但是什么是财富呢？

要理解可持续发展的定义，首先要弄清财富的定义。诺贝尔经济学奖获得者肯尼思·阿罗（Kenneth Arrow）与其同事把财富定义为“经济总产出的社会价值”，因为总产出包含了决定代际福利的许多要求，我们把财富定义为**综合财富**（comprehensive wealth）③（也被称为**总财富**（total wealth）），包括**生产资本**（produced capital）（建筑物、公路、机械与设备）、**自然资本**（natural capital）（矿产、矿物燃料、森林湿地及保护区）、**无形资本**（intangible capital）（包括人力、社会和制度资本）。④ 综合财富与我们熟悉的 GDP 的概念不一致：GDP 衡量的是国民收入中的商品和服务产品的资产总价值，而综合财富更关注可持续性。当智利和赞比亚开采及出口其铜矿时，自然资源的耗尽算作 GDP，但是这一过程可能是不可持续的，这类资源的使用消耗了综合财富。

① World Commission on Environment and Development, *Our Common Future* (Oxford: Oxford University Press, 1987), p. 43（也被称作《布伦兰特报告》）.

② 任何比率的增长率是指分子的增长率减去分母的增长率。人均财富是比率（财富与人口之比），因此人均财富的增长率是财富的增长率减去人口的增长率。如果人口的增长率超出财富的增长率，那么人均财富下降。

③ Kenneth J. Arrow, Partha Dasgupta, Lawrence H. Goulder, Kevin J. Mumford, and Kirsten Oleson, “Sustainability and the Measurement of Wealth,” National Bureau of Economic Research Working Paper 16599, Cambridge, MA: NBER, December 2010, p. 2.

④ 这一讨论参见 World Bank, *The Changing Wealth of Nations, Measuring Sustainable Development in the New Millennium* (Washington, DC: World Bank, 2011)。

衡量不同资本的类型是一项有挑战性的任务。每一类型资本的价值都是其价格的函数，但是我们关注的价格仅是可以在市场上交易的商品和服务的价格。问题是自然资源的价值无法在市场上衡量。水是重要的和有限的自然资源，是许多农业生产的重要投入。然而，却没有一个合适的市场为水的使用定价。水资源的耗尽确实是一个重大问题，无法为水资源定价反映了机会成本可能会加剧资源的消耗。空气和水污染引起的破坏，包括人类健康的损害，都很难充分衡量，从而许多生态系统的服务也缺乏市场价格，很难直接计入财富账户，如野生食品的供给、文化及娱乐使用和自然景观的美学价值。公共产品也是如此，如生物多样性以及碳存储。因为很难衡量，无形资本经常用一个余数来衡量，即总财富与生产资本和自然资本之间的差额。总财富通过可持续的未来消费的当期价值衡量。世界银行使用未来 25 年每年折旧率为 1.5%进行估计。总财富的计算与三种形式的资本价值无关，因此，无形资本才可通过余数来衡量。

表 20－1 提供了 1995 年和 2005 年不同国家组之间财富与人均财富的差异。这一时段，全球财富增长了 34%。而与此同时，人口增长了 17%。全球人均财富也增长了 17%。其中，人均财富增长最快的是高收入国家，但每一收入组都有所增长，表 20－1 同样也提供了总财富的构成和收入函数的构成的变化。在所有水平的收入以及两个年份之间，无形资本占据了财富的最大份额。然而，在总财富中变化比较清楚的一点是：低收入国家主要依靠自然资本，而高收入国家主要依靠无形资本，随着时间的推移，这一趋势变化更为明显，低收入国家增长的财富中，无形资本逐渐占据更大的份额。自然资本作为总财富的一部分会发生结构性变化，这一点已在第 16 章有所阐述。因此，世界银行的研究称："对许多国家而言，从依赖不可再生的自然资源过渡到依靠其他形式的财富是可持续发展的一个路径。"①

表 20－1　　按资本以及收入组分类的财富和人均财富分布，1995 年和 2005 年
(2005 年不变美元)

收入组	1995 年					2005 年				
	总财富(10 亿美元)	人均财富(美元)	无形资本(%)	生产资本(%)	自然资本(%)	总财富(10 亿美元)	人均财富(美元)	无形资本(%)	生产资本(%)	自然资本(%)
低收入	2447	5 290	48	12	41	3 597	6 138	57	13	30
中低收入	33 950	11 330	45	21	34	58 023	16 903	51	24	25
中高收入	36 794	73 540	68	17	15	47 183	81 354	69	16	15
高收入 OECD 成员	421 641	478 445	80	18	2	551 964	588 315	81	17	2
世界	504 548	103 311	76	18	6	673 593	120 475	77	18	5

OECD 指经济合作与发展组织。

资料来源：Table 1.1 from The International Bank for Reconstruction and Development. The World Bank：*The Changing Wealth of Nations*：*Measuring Sustainable Development in the New Millennium*，2011. Reprinted with permission.

许多发展中国家有幸拥有大量的自然资源禀赋，正是这一转型的失败威胁到了它们

① The World Bank，*The Changing Wealth of Nations*，p. 6.

可持续发展的路径。尼日利亚是一个很好的例子，自 20 世纪 50 年代发现大量的石油储备以后，石油占据了该国经济的主导地位，其石油出口收入占 GDP 的 1/3 以上。尼日利亚政府使用其石油收入为其许多活动融资，继续挖掘这种不可再生资源。然而，尼日利亚仍是贫穷的、未被充分开发的，因为其无法将自然资本转换为制造资本或无形资本（比如接受更高等教育的劳动力）。实际上，存在一个拇指法则（也称**哈特卫克规则**（Hartwick rule）），认为依赖不可再生资源的国家想要实现可持续发展，其资源租金必须持续地用于投资而不是消费掉。[①] 尼日利亚并不是唯一耗尽了其自然资源禀赋而没有得到充分发展的国家。除了许多石油出口国以外，类似的国家还有刚果民主共和国、赞比亚、津巴布韦等，它们都是没有充分利用其自然资源禀赋而实现发展的国家。[②] 与此相反，钻石大国博茨瓦纳一直都是世界上增长最快的国家之一。墨西哥和秘鲁也成功地将自然资本转化为生产资本。

当一些国家的自然资本禀赋建立在一些可再生资源如森林等之上时，资源发展的平衡变得更加复杂。在这些国家当中，产权以及其他一些支持机构等在实现可持续发展方面发挥了重要作用。亚马孙的过度砍伐是可再生自然资源过度开发的一个例子。在这些例子中，可再生资源的过度使用使资源价格被低估并因此面临威胁。依赖自然资本的低收入国家耗尽自然资本的风险是其可能导致生物多样性和其他生态系统服务功能的永久丧失。

□ 为可持续的未来储蓄

综合财富决定了当代人的福利并限定了后代人的福利。一个可持续发展的路径（每一代人的福利至少等于上一代人的福利）要求财富创造的速度至少等于人口增长的速度。财富创造源于储蓄和投资。从一期到下一期，综合财富的总价等于**调整后的净储蓄**（adjusted net saving，ANS），也被称为**真实储蓄**（genuine saving），被定义为根据各种形式资本年度变化调整的总国民储蓄。[③] 我们可从熟悉的总储蓄（S）的概念衡量一国的调整后的净储蓄，也即总收入减去总消费。保持财富要求储蓄足够弥补现有资产的贬值。在标准的国家账户中，这一思想是通过衡量净储蓄（net saving，NS）来实现的，净储蓄被定义为总储蓄减去后天资本的贬值（D_m）：

$$\mathrm{NS}=S-D_m \tag{20—1}$$

但是仅考虑后天资本损耗局限性太大，理论上，该概念还应加以扩展，将自然资本（D_n）包括在内，包括能源储备的耗费、矿产资源的开发以及空气污染的破坏。由此可得出调整后的净储蓄（ANS）：

$$\mathrm{ANS}=S-D_m-D_n \tag{20—2}$$

---

① 根据“拇指法则”，租金收入用于投资的部分相当于资本存量的贬值，随着资源被耗尽，这一比例会逐步上升至接近全部租金。

② 第 18 章讨论了一国贸易战略中与依赖自然资源出口相关的缺点。

③ The World Bank, *The Changing Wealth of Nations*, p. 37. 总财富的增加和调整后的净储蓄的增加之间的唯一理论区别在于前者包括资本收益（由资产的真实价格的变化引起）。

调整后的净储蓄概念表明，如果每年都能存够足以满足后天资本和自然资本消耗的储蓄，经济就可以实现其财富和消费水平的可持续发展。从理论上讲，该想法能够延伸至人力资本、知识、社会资产等其他资产。然而，由于衡量的难度以及数据缺乏，现实中做到这种延伸难度很大。因此，我们在此只限于对后天资本和自然资本的讨论。我们可以把调整后的净储蓄当作经济可持续发展的一个重要指标。如果 ANS 下降（特别是其持续数年下降），表明经济发展路径是不可持续的，且其耗尽了决定后代人福利状况水平的生产基础。因为一些类型的资本不可避免地被排除在 ANS 的计算之外，所以，对 ANS 的实际应用要谨慎地充分判断。经济学家苏珊娜・费雷拉、柯克・汉密尔顿和杰弗里・文森特（Susana Ferreira，Kirk Hamicton，and Jeffrey Vincent）的研究表明，ANS 并不能预测许多国家的未来经济表现，除非 ANS 对自然资源的消耗做出调整。①

图 20－2 描述了 1920 年以来不同地区的 ANS 趋势。从这一数据可看出一些明显的特征。东亚和南亚的 ANS 较高并且一直在上升，而拉美国家的这一数值较小但一直为正。撒哈拉以南非洲地区的 ANS 一直较低，并呈现出下降趋势，2005 年以后转为负值。这一不可持续状况反映了撒哈拉以南非洲地区几个大的石油国的相似问题：石油储备的耗尽刺激了经济，但却没有将自然资本转化为其他形式的资本。东亚和南亚的正向趋势主要由中国和印度的快速发展决定，两国的发展较少地依赖自然资源，更多地依靠物质资本以及人力资本存量的扩张。案例 20—1 扩展了 ANS 作为可持续指标的分析，加入了人口增长的影响，从而可用于解释加纳的情况：其 ANS 是正的，而人均 ANS 却是负的。

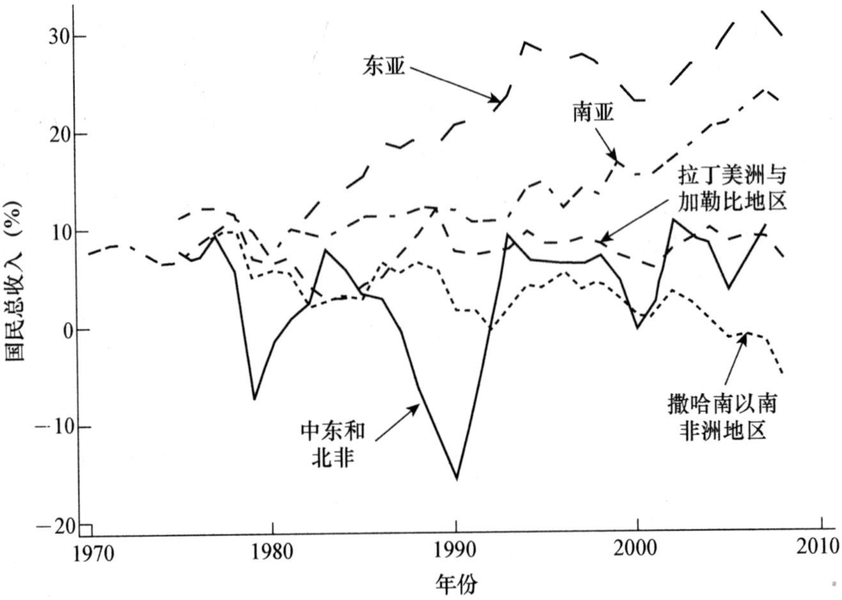

图 20－2　发展中地区调整后的净储蓄，1970—2008 年

数据不包括特殊的排放物破坏。
资料来源：World Bank，“World Development Indicators，” http://databank. worldbank. org.

① Susana Ferreira，Kirk Hamilton，and Jeffrey Vincent，“Comprehensive Wealth and Future Consumption：Accounting for Population Growth，” *World Bank Economic Review* 22，no. 2（2008），233-248.

综上所述，可持续发展的概念众多。而最流行的是布伦兰特委员会的定义，其表明当代人的消费需求得到满足时，还必须有足够的储备以使后代人的消费水平不下降。而是否满足这一标准需要严格的定义以及具体的尺度。经济学家衡量可持续发展的努力是关注净储蓄，其可表明当代人的资源使用是扩大了还是压缩了后代人财富创造的潜在空间。现有的经验是复杂的。一些国家和地区已经成功地扩大了后代人的潜在财富，而一些国家的消费超出其资源投资。显而易见，后者面临着不可持续发展的陷阱。在许多例子中，自然资源的不可持续以及污染导致的环境破坏是市场失灵的表现，后面将详细讨论这一概念。

▶ 案例 20—1　人口增长的马尔萨斯效应：以加纳调整后的净储蓄为例

调整后的净储蓄这一概念可用于衡量可持续性。正如正文所述，ANS 追踪了一国综合财富的动态变化。可持续性要求从一代人到下一代人的财富不下降。然而从福利的角度来看，财富必须用人均水平来衡量。如果人口增长，维持现有人均财富需要满足综合财富的增长率与人口增长率相同。从这一角度出发，如果综合财富上升，人均财富发展不可持续是十分有可能的，也即是说，ANS 的负增长不仅减少了总财富，也减少了人均财富。反之则不一定正确，正的 ANS 增长不一定意味着人均财富的上升。一些国家的总财富增加但并不能弥补人口的增长。为了考察 ANS 的增长率是否可增加人均财富，我们必须考虑人口增长因素并对其进行调整，这就要求从 ANS 中间去掉必须用于弥补人口增长的量，也就是所说的**“马尔萨斯余量”**（Malthusian term）。如果结果为正，人均财富增加；如果实际 ANS 与需要维持人均财富水平的 ANS 之间的差额为负，则人均财富下降。两者的差额为**调整后的净储蓄缺口**（adjusted net saving gap）。作为国民总收入的一部分，这种储蓄缺口可说明 ANS 增加多少才能将人均财富维持在某一水平。

加纳提供了一个综合财富绝对增长但人均财富下降的例子。衡量储蓄与人均财富需要对现有的会计框架进行修正。因为多数无形资本包含人力资本（也在人口本身中有所反映），我们必须从人均综合财富中剔除无形资本，以避免重复计算，因为人口已经直接计入公式。由于数据的缺失，我们也同样从 ΔANS 的计算中剔除了人均碳排放的价值。

下表显示了 2000 年加纳人均财富的变化，此时加纳的人口增长了 1.7%，左栏将有形财富划分为不同的小栏，右栏显示了调整后的净储蓄的构成，其剔除了固定资本消费以及总储蓄和教育支出的资源消耗。加纳的人均 ANS 为 16 美元。马尔萨斯余量为人口增长率乘以人均综合财富，即 0.017×2 022 美元，为 34 美元。尽管加纳的人均 ANS 为正，但该国的人均财富下降了 18（=16−34）美元，而加纳的总财富增长率为 16/2 022=0.8%，这一数值远低于 1.7%的人口增长率，这表明加纳发展的长期轨迹不可持续。

无形财富（人均美元）		调整后的净储蓄	
地下土资本	65	总国民储蓄	40
木材资源	290	教育支出	7

续前表

无形财富（人均美元）		调整后的净储蓄	
非木材森林资源	76	固定资本消费	19
保护区	7	能源消耗	0
耕地	855	矿产消耗	4
牧场	43	净森林消耗	8
生产资本	686		
总的无形财富	2022	调整后的净储蓄	16
人口增长率	1.7%	人均财富的变化	−18

资料来源：Table 5.1 from The International Bank for Reconstruction and Development. The World Bank：*Where is the Wealth of Nations? Measuring Capital for the 21st Century*，2006. Reprinted with permission.

20.3 市场失灵

市场失灵是当市场价格偏离了稀缺性物质的价值时，个人和公司会做出最大化自身利益而损害他人乃至社会利益的决定。本章的核心就是：在一个国家，纠正市场失灵并建立恰当的运营管理，那么有效市场就能够成为提高资源利用效率、减缓环境恶化、促进可持续发展的最有效、最强有力的机制。乍一看，这是一个出人意料的说法。然而问题就在于市场参与者通常不会充分考虑自身行为对环境的成本，因而造成环境恶化。例如，工厂的产品价格可能不包含空气污染对社会的成本。意在将这些成本加入市场决策的政策和干预有利于环境的改善、市场运行的改善以及社会福利的增加。

市场失灵影响资源最明显的是外部性——并非由个人生产者承担而是由总体承担的成本，以及有利于社会却无法被生产者获取的利益（见案例 5—1）。最典型的外部性是由过度开采资源、恶化环境造成的。如果开采资源的速度快于自身再生或者被人造资本替代的速度，那么不管是在国家范围还是在全球范围，该发展都将是不可持续的。如果市场在最基础的环节都失灵了，那么如何促进可持续发展呢？为了解决这一冲突，我们首先需要深入地分析市场无法有效配置自然资源的原因。

□ 外部性和公地

当英国 18 世纪工业革命开始时，奶牛仍旧在英国和其美国殖民地的公地上吃草。公地的本质在于其**公共进入性**（open access），即对任何村庄成员都是免费开放的。首先利用自由进入的好处的村民会有充足的牧草喂养牲畜；他们唯一的成本就是驱赶他们的牲畜到公地，让它们吃草和将它们赶回家所需花费的时间。但是，土地数量是固定的，牧草的数量受土壤肥沃程度和气候的限制，当更多的村民使用公地时，牧草就会变稀疏，则喂养牲畜的时间就更长了。如果是在开放地带，放牧者就会被迫走得更远去寻找饲料。结果每个人的费用都上升了。每个放牧者的平均费用不断上升会最终抑制在公地上的放牧。但是，没有一个后来者要为先来者上升的费用付款，并且放牧的数量多于符合全村利益时应有的数量。最终，由于没有人将全部成本纳入他们的决策，过度放牧就会把这种有用的饲养资源——公地给毁掉了。

但公地的困境是一个广泛存在的现象，适用于无限制使用数量有限的资源的情况。无论在美国西部还是在非洲的大草原，在开放地带放牧都会有同样的结果。在巴西、加纳、泰国和其他许多热带地区国家，自由进入林地或以远低于社会成本的费用来伐木造成的结果是过度砍伐和破坏原始森林。在北大西洋、太平洋的秘鲁水域和一些非洲的内陆湖，对渔场的开放捕捞已经以远远超过鱼类繁殖的速度耗尽了渔业资源。对河水的无偿使用使得上游最先使用水的农民得益，而这是以牺牲下游农民的利益为代价的，他们只能获得更少的水资源。甚至像曼谷、墨西哥城或纽约这样的大城市的交通堵塞也具有公地的特点：无偿使用的街道是公共资源；每一辆新加入的车都会使交通堵塞更严重，迫使所有先前的有车族将车开得更慢。

生命赖以生存的地球环境本身是由多种公共资源组成的：空气和大气层、淡水和海洋、地球的土壤和矿产，以及生活在这个生物圈中的各种各样的动植物。人们对环境的利用是无偿的。当工厂主和农民将他们的废弃物排入空气或水中，或者在地面上倾倒有毒垃圾时，他们给受影响的人们造成了健康问题，降低了被污染地区土地的价值，破坏了其再生能力，并通常会减少珍惜清洁环境的人们的福利。当木材公司砍伐一片热带雨林时，他们破坏了其他人珍视的动物和植物的栖息地。这些人包括可以从动植物获得收益的当地居民和仅仅想参观它们的生态旅游者。赤道地区的过度砍伐严重影响了生物多样性，也可能潜在减少制药以及工业产品的来源。木材公司的行为也可能会改变当地的气候，改变周围农民饮用水的状况和引起水土流失。如果我们将环境算作一种公共资源，则许多造成外部成本和市场失灵的私人活动就是很普遍的现象了。在一个更广的范围内，我们可把地球的整个生态系统看作受温室气体排放负外部性影响的公共产品，并进而导致全球气候变化。

外部成本和外部收益是公共资源问题的核心。一位新厂商造成先前出现的厂商的成本上升，或者所有的厂商将外部成本分摊到广大老百姓身上。上述情况中，由于缺乏管制、税收或关于环境质量的产权，外部成本不是由造成它们的厂商承担，它们的产品价格不反映生产的社会成本。因此这些消耗资源和造成污染的商品和服务就会被更多地制造出来和被消费。如果价格反映了外部成本，就不会有这么多的这类商品和服务。因此，社会造成的污染会多于在市场能反映社会成本时人们所愿意做的选择。

图 20-3 说明了这一过程。在一个充满竞争性厂商的市场上，供给曲线 S 代表个人边际成本。市场均衡在价格为 P_1、产量为 Q_1 的点上。但如果这是一个污染行业，外部成本就会造成更高的社会边际成本（SMC）。如果这些成本在市场中被反映出来，价格就会上升至 P_2，因而需求及产出就会降至 Q_2。由于造成不好结果的产品的产量变少了，环境恶化程度将会减轻。

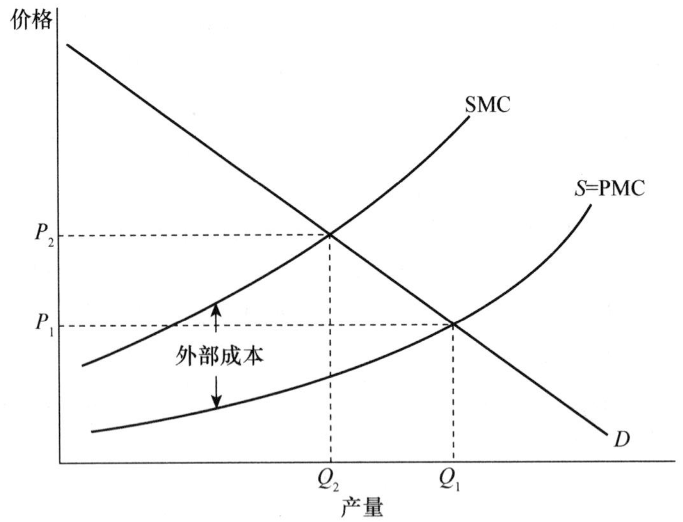

图 20-3 外部不经济

污染者的成本转移至外部。如果这些外部成本反映了公司的成本，社会边际成本曲线（SMC）向上倾斜，市场价格为 P_2，产量为 Q_2。但是，因为公司不能承担这部分成本，个人边际成本曲线（PMC）下降，所以产生更大污染的产量 Q_1 被生产和消费。

公共产品问题的处理需要我们深入理解什么是公共产品（也被称为**公共池塘资源**（common-pool resources，CPRs））。公共池塘资源有两个特征：非排他性，单个人占用资源不会降低其他人对资源的使用。此类问题的解决方式前文已有所涉及，即更多地靠公共池塘资源的产权属性。当产权被定义为公共的，即实际上没有产权时，公共池塘资源的许多问题会应运而生。然而，其他的公共池塘资源可以按照集体产权、个人（或公司）产权或者政府产权分类。此时，公地悲剧的情况可以避免。诺贝尔经济学奖获得者埃莉诺·奥斯特罗姆（Elinor Ostrom）的研究表明，许多公共池塘资源的管理机构可以拥有或者推进公共池塘资源，而不是简单地对外开放。尼泊尔的农管灌溉系统是为保护自然资源而自行制定规定的例子。奥斯特罗姆及同事发现，一些特殊的背景有利于改进公共池塘资源的规则。这些背景可以是资源退化尚不严重；使用者对他们赖以生存的自然资源或是对资源的可持续发展有着清晰的认识；政府部门成立一些当地组织，而不是以一个旁观者身份制定规则。①

20.4 政策解决方案

造成对自然资源过度开发的市场失灵源于不由厂商承担的外部成本。即使在一个运

① Elinor Ostrom，*Governing the Commons：The Evolution of Institutions for Collective Action*（New York：Cambridge University Press，1990）. 也可参见 Joanna Burger，Christopher B. Field，Richard B. Norgaard，Elinor Ostrom，and David Policansky，"Revisiting the Commons：Local Lessons，Global Challenges，" *Science* 284，no. 5412（April 1999），278。

作良好的市场经济中，外部性也要求政府干预以获得有效的市场产出。政府可以赋予私人使用者以产权，限制对公共资源的利用，征收反映外部成本的税赋，发放可交易的许可证。我们将依次讨论上述手段。

□ 产　权

由于没人拥有或控制开发公共财产的权利，因此它们会产生外部成本。对某些资源来说，一种简单的办法就是将其所有权赋予个人或企业，经济学家称之为**产权**(property right)。只要所有者是一个追求利润最大化者，并且在一个完全竞争的市场上出售产品，就可以获得社会最优产出，而无须政府的进一步干预。所有者也不必是资源最优使用的生产者。如果所有者将资源出租给那些原先能够免费使用公共财产的生产者，他们会通过收取租金来限制生产和使用，最优水平上的资源使用将使利润最大化。为了有效，产权必须是排他的和明晰界定的，不应该对所有者的所有权产生怀疑，也不应该使已经赋予归属的产权发生可能的争夺问题。产权应该有保障，通过法律诉讼或没收而损失财产的风险要降低，并可通过司法体系使产权得以实施。所有权必须在一段足够长的时间内是有效、有利的，这样，所有者才会关心资源的长期的和可持续的利用。长期性使资源转化为生产者的一种资产，他能从为提高和维持资源的生产率的投资中获得利益。产权还必须是可转让的，这样，所有者在任何时候都可以卖出财产，实现资源的利益。

1960 年，诺贝尔经济学奖获得者罗纳德·科斯提出清晰地界定产权有利于减少污染。**科斯定理**（Coase theorem）认为在一定的条件下（如零交易成本），清晰的产权界定会导致自由市场上的议价从而达到最优的外部性水平。重要的是科斯认为这一结果的基础是产权配置的独立性。① 科斯定理的一个典型例子是上游企业向河水里排放了大量的废水，废水流入下流，并破坏了渔业。如果这条河既不属于工厂也不属于渔民，那么负的外部性将持续存在。科斯定理认为，如果工厂或者渔民拥有这条河的产权，两方的讨价还价将会产生污染的最优水平。

□ 政府干预

作为确定私有产权的一种替代办法，政府自己可以作为公共资源的所有者，直接管理资源的使用。政府能够限制猎人的猎杀量、渔民的捕鱼量、伐木者的砍伐量、放牧者的牛群数或污染者的排放量。政府能够而且必须限制人们使用的工具：一些类型的渔网、渔船或航行设备已经被禁止；猎人使用的武器应受到限制；污染者应被要求安装能够净化废气排放或处理废水的设备。

数量限制会有两个问题。首先，管理者如何知道资源开发利用和产出的最佳水平？如果产权能被赋予，就可以通过市场获得有效的结果，而不需要政府干预。但是，如果政府干预取代了市场，管理者就必须去估计厂商使用一种公共资源的成本和消费者对这种公共资源产品的需求。为了对信息要求获得一些感性认识，我们可

---

① R. H. Coase, “The Problem of Social Cost,” *Journal of Law and Economics* 3 (1960), 1-44.

以考察空气污染管理的例子。污染的外部成本就是给别人造成的一系列福利损失：健康状况不佳、糟糕的环境、财产价值降低、娱乐的可能性下降而且费用上升、收入和生产率可能降低。如果这些成本可以衡量，则可以用图 20－4 中的 MEC 曲线描绘出来，MEC 曲线表示污染的边际外部成本（以横轴的变化来衡量）。污染的任何减少都意味着这种成本的减少，或者等于因减少污染而带来的边际外部收益的增加。

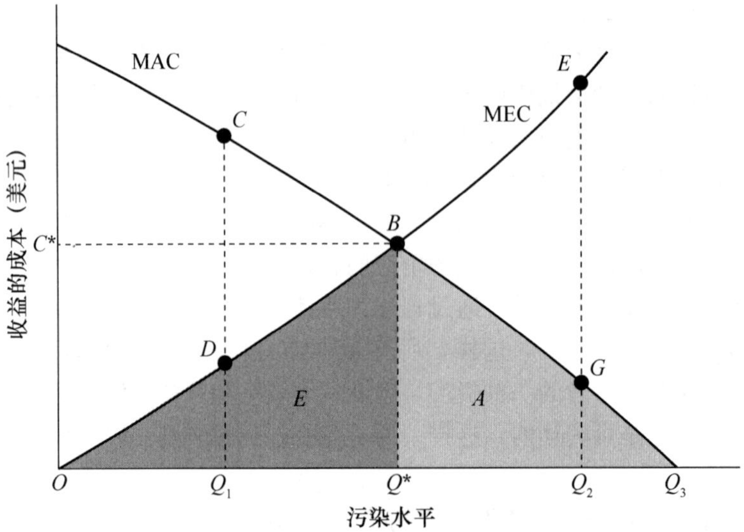

图 20－4　最优污染水平

由大众承担的污染物的边际外部成本由 MEC 曲线给出；由企业承担的边际成本是 MAC 曲线。社会的最小总成本（阴影区域 $E+A$）和最优污染水平在 Q^* 点处达到，此时 MEC＝MAC。

但是，消除污染要付出成本。一个污染企业，比如说一个石油化工厂，减少污染的途径有：改变生产工艺流程；安装诸如气体净化器、水处理装置等降污设备；或者减少产量。MAC 曲线表明的是随着污染程度变化的边际降污成本。在 MAC 曲线上的任意一点都表明采用的降污手段的成本是最低的。沿着 MAC 曲线从右（高水平污染）向左（较低水平污染）移动，边际降污成本上升。这是因为，随着降低污染水平的标准越来越严格，净化空气或水的费用就会越来越高。同时，也应该认识到，消除污染的这些成本虽然是由这家石油化工厂承担，但这同样也是社会的成本。因为这些成本意味着更少的钢材可供消费，或降低污染要花掉储蓄，而这些储蓄本可以用在人们想要的产品或服务方面的投资上。因此，这些降污成本与从消除污染方面获得的收益应具有相同的重要性。

社会（以及政府）的目标应是使污染的成本和降污的成本之和达到最小。这在图 20－4 中表现为 Q^*，此时 MEC＝MAC；Q_3-Q^* 的污染已经被消除（为了方便，假设 Q_3 是污染的最大数量），有 Q^* 的污染仍存在。因为 MAC 和 MCE 都是边际曲线，污染的全部外部成本是 MEC 曲线下从 O 到 Q^* 的阴影区域 E；消除污染的全部成本是 MAC 曲线下从 Q^* 到 Q_3 之间的阴影区域 A。在更低的污染水平处，如 Q_1，边际降污成本大于污染的边际外部成本。去污的总成本增加部分 Q_1Q^*BC 超过了从减少污染方面获得

的净收益 Q_1Q^*BD。如果污染允许大于 Q^*，如在 Q_2，则增加的外部成本 Q^*Q_2EB 超过了减少降污的成本 Q^*Q_2GB。

所以，社会在这种有污染的情况下承受着最小的成本，生活状况优于没有污染的情况，这与社会利用自然资源（甚至是不可再生资源）获益的道理是相同的。但是，对于想要获得这种最佳污染水平的管理者来说，如何才能知道具体的污染水平呢？要想找到 Q^*，他们必须知道所有污染的外部成本并将之作为空气、水和土壤污染的函数，在很多地区，这些成本相当大。世界银行对中东以及北非地区的环境恶化进行了一系列研究。① 表 20-2 对不同的国家、不同的资源进行分类，环境恶化的成本占 GDP 的比重为 3%～5%。中国的环境恶化及污染带来的成本大概相当于其 GDP 的 13%。然而由于许多限制（如数据缺失等），这一结果之间无法进行直接比较（因为使用的方法不同），这一结果仅提供了各小类数量的排序用于参考。

表 20-2　　中东及北非环境恶化的成本（占 GDP 的百分比，%）

	阿尔及利亚	埃及	黎巴嫩	摩洛哥	叙利亚	突尼斯
空气污染	1.0	2.1	1.0	1.0	1.3	0.6
缺乏安全的饮用水	0.8	1.0	1.1	1.2	0.9	0.6
土壤退化	1.2	1.2	0.6	0.4	1.0	0.5
海岸线减少	0.6	0.3	0.7	0.5	0.1	0.3
垃圾管理	0.1	0.2	0.1	0.5	0.1	0.1
小类总计	3.6	4.8	3.4	3.7	3.3	2.1
全球环境（CO_2 排放量）	1.2	0.6	0.5	0.9	1.3	0.6
总计	4.8	5.4	3.9	4.6	4.6	2.7

GPD，国内生产总值。

资料来源：Leila Croitoru and Maria Sarraf，eds.，*The Cost of Environmental Degradation：Case Studies from the Middle East and North Africa*（Washington，DC：World Bank，2010).

缺乏这方面知识的管理者，肯定会在只是对污染物的影响进行了研究估计以及臆测的气候变化的基础上制定随意的标准，这些估计研究包括污染物对人体健康、动物存活、森林退化（由于酸雨）和再生以及气候变化的影响。

□ 税收、补贴以及环境服务功能支付

在理论上，第三个选择就是政府也能够用征税来抑制生产者使用公共财产或制造污染性产品的积极性，以获得最优的资源使用率。①这种税可以以产量为税基，代表生产的外部成本，使私人的边际成本曲线向上移动到等于社会的边际成本曲线。② 采取的形式可以是对每一吨钢材或石油化工产品征税，税率按外部成本计算；或者对汽油征税，以弥补污染和交通堵塞的成本。如果是以产量或工作量为征税对象，征税产生的作用能够减少具有外部成本的产品的产量。如果能以外部性本身作为征税对象，还会刺激人们

① Leila Croitoru and Maria Sarraf，eds.，*The Cost of Environmental Degradation：Case Studies from the Middle East and North Africa*（Washington，DC：World Bank，2010).

② 在图 20-3 中，税收将使 PMC 曲线提高到与 SMC 曲线重合。

投资于能够减少外部成本的项目。例如，对石油化工厂的排污数量进行征税，会促使其减少污染，因为这样做会减少上交的税额。但是，对排放的污染物征税不一定总是行得通（与发展中国家和转型国家相比，高收入国家甚至更难实现）。监督很难施行（成本也过高），税率的设置又普遍过低，而且逃税比较容易。马来西亚于 20 世纪 70 年代开始对其污染征税，中国也实施了世界上最大规模的污染税收系统，尽管其效率仍存在争议。① 案例 20—2 描述了哥伦比亚水污染税的成果。

▶ **案例 20—2** **哥伦比亚的水污染税**

直至 20 世纪 90 年代中期，哥伦比亚的水污染控制措施仅仅依靠传统的行政命令的方式，即地区环境监管机构对污染排放发放许可证。这些许可证意限制污染排放的数量从而满足特定的排放标准。到 2002 年，这些地区监管机构（称作 CAR）发放了不足排放量 1/3 的许可量，并管理和执行排放标准。

自 1997 年开始，哥伦比亚尝试利用经济刺激来减少水污染排放，即对污染排放征税。901 号法案详细阐述了如何征税，CAR 为所有污水排放设备设定存量清单，并对其管辖权范围内的所有水域制定了 5 年期的减污目标。环保部设定了一个最低费用额度，根据这一额度制定不同的排放税率，然后定期监督排放量。

水污染税的实施遇到了许多问题，甚至 CAR 之间的执行都不尽相同。到 2003 年，哥伦比亚 33 个 CAR 中只有 9 个完成了既定目标。另外，只有不到一半的污染设备被征了税，1997—2002 年的征收率仅为 27%……市政污税机构不愿交税的行为引发了私企的抱怨。因为之前的行政命令的方式仍然存在，污染税的执行也发生了混乱。

尽管存在诸多障碍，但哥伦比亚许多水域依然实现了水污染排放的大幅减少，这一成就在多大程度上取决于排污费项目的运用尚无法衡量。在 1997 年以前，CAR 缺乏有效管理和实现任何污染排放目标的能力。一旦被赋予了评估排污设备存量以及发展监管系统的重大责任以后，CAR 执行原有排放标准的能力也得到提升。排污费系统比之前的方法更加透明，要求 CAR 出具定期报告。另外，新的费用系统创造了经济刺激（CAR 可以保留费用收入），从而提高了其管理水平。

资料来源：Allen Blackman, "Incentives to Control Water Pollution in Developing Countries, How Well Has Colombia's Wastewater Discharge Fee Program Worked and Why?" *Resources* (Spring 2006) [Resources for the Future, Washington, DC].

使外部成本内部化的税收具有两个优于管制的重要的优点。首先，它们允许厂商去选择减量使用公共资源的方式，这样租金就不会消失在由于管理者强制实施而产生的浪费性消耗里。有了这种灵活性，就会节省很大一笔成本。其次，税赋会为政府带来大量的收入。这些钱都可以用来成立环境项目基金或者以其他方式补偿居民污染和其他环境恶化造成的损害。

---

① Jeffrey R. Vincent and Rozali Mohamed Ali, *Managing Natural Wealth: Environment and Development in Malaysia* (Washington, DC: Resources for the Future, 2005).

问题的另外一面也同样引人关注，一些外部性是正的。当企业的活动带来社会福利时，正的外部性就会存在。例如新技术的发明会溢出到其他公司或者部门；工人健康条件改善，培训增多；蜂房里的蜜蜂对邻近果园授粉。因为这些利益是属于企业以外的，社会的边际福利大于私人的边际福利，而市场供给不足。在这些情况下，可以调整补贴（实际上是负的税收），用于鼓励正外部性的最优产出。然而，此类补贴活动也存在风险，因为一些不存在补贴的项目也可能这样做。

环境服务支付（PES）是补贴产生正外部性思想的一个延伸。经济学家斯文·旺德（Sven Wunder）把 PES 定义为一种自愿贸易，环境服务由符合条件的供给者提供，并由购买者购买。[①] 这种安排可以有效地创造出外部环境福利本已缺乏的市场。例如，森林保护对农户的直接利益较少，在其个人成本和收益之间，其可能更倾向于砍伐森林、扩大田地。然而，下游的人口可能会受森林砍伐的影响，如生物多样性以及碳储存量减少。PES 系统通过环境服务的受益者向环境服务的潜在提供者支付而创建市场。在这个例子中，PES 可使农户不再破坏森林，环境服务的购买者可能是这种服务的实际使用者。（如水力发电，生产者可以向上游的土地使用者付费以节约用水）。在另外一些情况下，政府（或国际金融组织如世界银行）可以作为服务的使用者为环境服务的提供者付款。[②] 使用者付款的 PES 项目有厄瓜多尔 Pimampiro 为其分水岭服务付款；玻利瓦尔的 Los Negns 为其生物多样性以及分水岭服务付款；厄瓜多尔为其碳汇付款。政府付款的 PES 项目有中国的坡地保护计划、墨西哥的水文环境服务系统、南非的水质工作项目。[③] PES 系统是科斯定理的一个实际运用，排污许可证也是如此。

□ 可交易的许可证

第四种干预是通过在不存在产权的地方发放**可交易的许可证**（marketable permits）来创造一种产权，赋予许可证持有者利用一定限额的某种公共资源的权利，或者给予生产者可以污染环境到一定程度的许可。尽管环境主义者有时会嘲笑污染环境或开发利用资源的“权利”的说法，但这一想法认可，考虑到实现零污染所付出的成本，零污染通常不是最优的。但这些许可证可能是减少污染和过度开采资源最有效的途径，该途径还是过去 10 年中主要的创新之举。美国的二氧化硫削减计划就凭借可交易权利；冰岛和新西兰通过在可持续水平上分配捕鱼许可、允许渔民自由交易配额来振兴渔业。

图 20－5 表明了污染许可是如何发挥作用的。[④] MAC 和 MEC 曲线与图 20－4 中的相同。假定政府知道了污染的最佳水平，并拍卖值为 Q^* 的排污许可量。任何没有许可

① 引自 Stefanie Engel，Stefano Pagiola，and Sven Wunder，“Designing Payments for Environmental Services in Theory and Practice：An Overview of the Issues，” *Ecological Economics* 65（2008），663-674。

② Engel et al.，*Designing Payments for Environmental Services in Theory and Practice*，p. 666.

③ 对这些项目的回顾参见 Sven Wunder，Stefanie Engel，and Stefano Pagiola，“Payments for Environmental Services in Developing and Developed Countries，” *Ecological Economics* ［Special ed.］ 65，no. 4（May 2008），663-852。

④ 这一图形选自 David W. Pearce and R. Kerry Turner，*Economics of Natural Resources and the Environment*（Baltimore：Johns Hopkings Press，1990），319-320。

证的企业如果造成污染，一旦被察觉，就会被罚款或关闭。（所以，许可证的办法与管制或税收具有相同的强制性效果。）如果MAC代表市场中所有企业的降污成本，企业会竞价，使许可证的价格上升至 P^* 。MAC曲线表明，企业能够以低于 P^* 的成本将污染从 Q_3 降至 Q^* 。但是，如果没有许可证，它们就必须以高于 P^* 的成本将污染减少到低于 Q^* 的水平。所以，MAC曲线是许可证的需求曲线。政府既可以发放一定数量的许可证并按照许可证的拍卖价格出售，也可以先设定一个价格，然后发放污染者需要的任何数量的许可证。

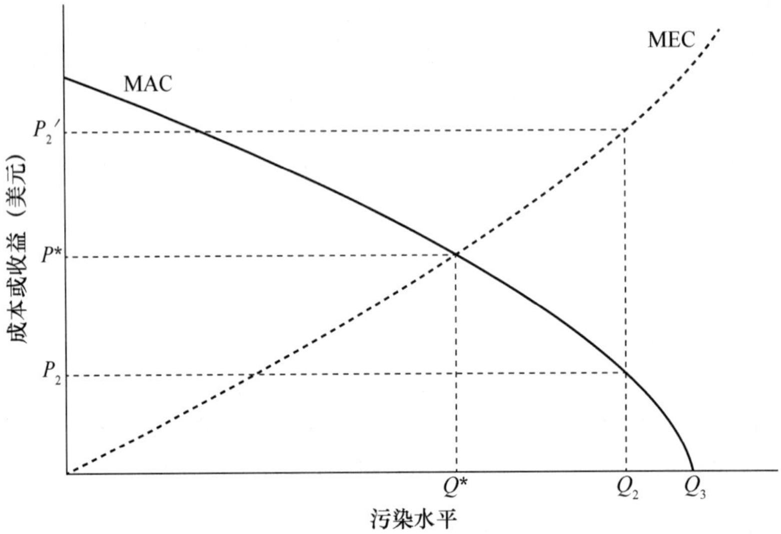

图 20－5　允许污染的可交易的许可证

MAC曲线表明了对污染权利的需求。如果污染权利发放达到 Q_2，对污染者的价格为 P_2，但公众会为减少污染将价格定为 $P_2{}'$。在此基础上，双方就会进行讨价还价，并最终将污染降至最优水平 Q^*。

在发展中国家和转轨国家中，政策依靠市场力量运作还是一件新生事物，几乎就没有尝试过可交易许可证。智利（始于1991年）和南非（始于1997年）实施的渔业可交换配额就是这样的例子。智利于1991年在其首都圣地亚哥实施了公交车许可证拍卖系统，在其后的一年里，圣地亚哥又建立了固定污染总悬浮颗粒物的可交易配额系统（以下简称TSP）。但TSP系统在执行中遇到了许多问题，从而限制了其成功。① 一个问题是，在所涉及公司之间分配许可证的法律模糊不清，同时这一项目过高地设定了排放目标，随后又逐渐降低。因为排放许可证的总额过高，效率受到了影响。效率受到影响的另一个方面是获得政府污染排放许可证耗时过长。这些技术和制度的因素阻碍了智利可交换许可证的实施，从而表明选择这些政策的国家仍面临许多挑战。

□ 非正式监管

污染的非正式监管并不依赖传统的政府管理。与正式监管不同，非正式监管依赖于

① Jessica Coria and Thomas Sterner，"Tradable Permits in Developing Countries：Evidence from Air Pollution in Chile，" *Journal of Environment & Development* 19，no. 2（2010），145－170.

企业或工厂针对其环境影响向当地利益相关者（比如生活在工厂附近的人或者企业的消费者）发布公共报告披露信息。非正式监管的好处是其低成本以及其不需依赖正式的监管机构，对于发展中国家而言，这些特征十分具有吸引力，因为其大都缺乏资金以及高质量的监管机构。公共信息的披露使社区向污染者施压，以促使其保护环境。这些压力的效果是其直接或者间接地影响企业，提高公众意识并呼吁政府的正式介入。在一些条件下，公开披露甚至可通过资本市场向企业施压并改变它们的行为。公开披露一般采取两种形式中的一种：工厂排放登记（而不评价其环境表现）；使用工厂排放数据评价其环境表现。① 智利和墨西哥在 20 个实施了企业污染登记的国家之中——中国、加纳、印度以及其他发展中国家——实行了绩效评价机制。

实际上，非正式监管中公开披露的有效性可能依赖于不同发展国家的特性。比如，在一个缺乏严厉的正式监管的国家中，非正式监管可能缺乏效力。另外，对于一些较少依赖外部投资者的小企业而言，资本市场的作用甚微。另外，信息不一定能在一国自由流动，尽管存在诸多的偶然因素，非正式监管仍然有效地降低了污染。尤其是当“首恶必惩”时，这一机制的效果更大。然而，时至今日，这一机制的成功经验仅来自印度尼西亚、菲律宾、越南、中国等几个国家。②

20.5 政策失灵

虽然一些政府干预措施对于纠正市场在自然资源方面的失灵是必需的，但是在世界范围内也存在一个事实，即政府的政策经常导致对资源的浪费性使用和自然环境的退化。太多的干预或错误类型的干预有时和几乎没有干预一样成本高昂。我们已经知道，当生产具有外部成本时，一种解决办法是通过对产量课税或赋予可买卖的产权来使这些成本内部化。但是，政府经常限制产品的价格或对其进行补贴，这些产品的生产却在导致自然资源退化，并且经常损害产权，而且助长了对资源的无限制的开发。这类事例不难找到。

林业政策（forestry policy）在许多热带雨林地区国家具有很大的破坏性。巴西对侵占亚马孙河热带雨林的牧场化运动和其他行为给予资助（见案例 20—3）。21 世纪的至少前 5 年里，巴西亚马孙地区过度砍伐的面积相当于新泽西州面积的大小，其中三分之二的面积减少是由于过度放牧，其余的三分之一主要是由于扩大农地。近些年来，农场商业化是巴西亚马孙地区过度砍伐的主要来源。税收政策也加剧了这一进程。巴西政策已经致力于税收以及其他制度的改革，以保护热带雨林。截至 2010 年底，巴西政府宣布亚马孙地区的过度砍伐率比 1995—2005 年的平均数低 67%。时间将会证明这一改善能否持续。案例 20—3 描述了印度尼西亚的政策失灵。

---

① 一个很好的总结，可参见 Allen Blackman, “Alternative Pollution Control Policies in Developing Countries,” *Review of Environmental Economics and Policy* 4, no. 2 (Summer 2010), 234-253。

② Blackman, “Alternative Pollution Control Policies in Developing Countries,” pp. 241-242.

▶ 案例 20—3　　政策失灵以及印度尼西亚的过度砍伐

20 世纪，印度尼西亚约 50%的森林面积遭到砍伐，主要归因于商业砍伐。2010 年 5 月，印度尼西亚政府引入了砍伐合同的延期支付。然而在 2010 年之前的数年间，印度尼西亚过度砍伐的迅速增长主要受政策因素的影响，具体来说，是受政策失灵的影响。政策失灵可以分为四类：政策支持导致了木材加工产业生产能力的提升；森林面积转为农业用地；林业部门无效率的租金征收；许多林区有效产权的缺失。

自 20 世纪 70 年代开始，印度尼西亚政府限制原木出口，支持木材加工产业的发展。这一措施压低了国内的木材价格，变相地补贴木材加工者，生产力过剩刺激了对原木的需求，并引发了非法砍伐。木材加工产业的政府补贴贷款加强了这一动机。

许多林区被清空，用于为大型油棕榈种植场创造空间。20 世纪 90 年代，这一进程加速，并造成了 1997—1998 年的几次洪水，另外，政府推动由人口稠密的爪哇岛向外部岛屿和清空的林地移民并解决移民的农业劳动。

在征收林业部门的租金方面，政府也是无效率的。根据法律，政府可根据林业面积成本和单位收成征收费用。这些费用被用于这些地区的再次种植，实际上，租金收入有限，据估计，1997—1998 年，总的经济租金征收率仅为 24%～30%，而从砍伐产业中得到的收入远远大于这一数量。

有效产权的缺乏使这些问题进一步恶化。根据法律，州政府控制了所有林业，这意味着这些土地的实际使用者很少有动机去支持这些资源的长期开发。砍伐森林的状况恶化只是这些问题的一个表现。

资料来源：Raymond Atje and Kurnya Roesad，“Who Should Own Indonesia's Forests? Exploring the Links between Economic Incentives，Property Rights and Sustainable Forest Management，” Economics Working Paper Series 76，Center for Strategic and International Studies，Jakarta，2004.

国际贸易政策也具有相当大的破坏性。例如，加纳、印度尼西亚和马来西亚将禁止原木出口作为促进木材深加工行业发展的一个手段。出口禁令降低了热带硬木的国内价格，这对于锯木厂和胶合板厂来说是有利可图的，它们购买原木，加工成半制成品然后出口。但是，这些企业缺乏效率，生产成本较高，消耗了资源租金。因为木材公司不能将热带硬木如乌檀木、桃花心木作为原木出口，这些珍贵的品种与低价值的木材一道被加工成便宜的产品，如制成胶合板，运到日本作为浇注混凝土的模板。禁止本国原木出口对热带雨林的破坏作用，对于那些想通过禁止进口这些木材来保护热带雨林的北方国家而言，应该是一种借鉴。①

能源定价（energy pricing）是另一种常见的政策失灵。在石油资源丰富的国家，如尼日利亚和委内瑞拉，为促进工业化和行业多样化，能源价格被控制得很便宜。印度尼西亚对煤油的补贴只是表面上有助于农村的穷人。这带来了许多负面效应。它助长了国

---

① 关于森林政策，参见 Robert Repetto and Malcolm Gillis，eds.，*Public Policies and the Misuse of Forest Resources*（Cambridge：Cambridge University Press，1998）；Jeffrey Vincent，“The Tropical Timber Trade and Sustainable Development，” *Science* 256（1992），1651-1655。

内的浪费性消费，减少了国家的石油和天然气的储量并降低了出口创汇的能力。它鼓励人们使用小轿车和小型公共汽车，结果加重了交通堵塞。在便宜的能源价格基础上滋长的工业，病态地依赖于国家的资源禀赋。企业和消费者几乎没有动力去采用节能型技术。因为石油燃烧是空气污染的一个重要源头，所有这些对能源的过度使用导致了环境的恶化。不是所有的石油输出国都在压低能源产品的价格。印度尼西亚现在将燃料价格定于世界价格水平，并且开始在国内石油定价时将对环境的外部性作为一个因素加以考虑。但是，一些石油进口国，如阿根廷、埃及和印度，对石油产品给予高达世界价格50%的补贴，由此助长的进口使它们已无法承受，企业无法在世界市场上竞争，并造成了本来通过市场定价可以抑制住的环境恶化。①

基础设施投资（investment in infrastructure）是第三个广泛存在政策失灵的领域。政府在为林业和能源定价时，通常压低价格，并且无法迫使私人生产者将外部成本考虑在内。在向基础设施投资时，政府经常会引起新的外部成本，并且在项目计划时没有将其计算在内。环境保护组织一直集中攻击水电站大坝、灌溉和防洪系统、公路和发电厂的投资建设，认为它们破坏了环境。大坝会淹没上游地区的人口居住地，被迁移的人口在新的居住地区很少能过得与过去一样好，并且破坏了自然环境。埃及巨大的阿斯旺大坝可以调节尼罗河的洪流。但就是这些洪流却有着有益的作用：不断肥沃土壤和带走无用的盐分，所以长期来看，大坝有可能已经在降低农业的产出率。这并不是说建设大坝一定是坏的，其全部损失可能无法衡量并以价格的形式反映出来。

公共池塘问题、外部性的政策响应以及政策失灵等因素对穷人来说是非常重要的。世界贫困人口不成比例地主要集中在环境脆弱的地区，他们的生计非常依赖自然资源（特别是公共资源及其他形式的公共产权资源）。贫穷与环境之间的关系是复杂的，但其对理解可持续发展十分重要。

□ 贫困与环境的联系

经济发展、减贫以及环境的可持续性是发展的三个要义。如图 20-6 所示，这些目标本质上互相关联。在描述“发展目标的重要三角”时，经济学家史蒂芬·沃斯蒂（Stephen Vosti）和托马斯·里尔登（Thornas Reardon）认为，从长期来看，三者之间高度兼容。很容易观察到的现象是，稳健的自然资源有利于促进农业生产率的提高，而农业生产对减贫以及经济发展至关重要。然而，从短期来看，一国可能面临多目标的艰难抉择。如果贫困人口的活动加剧了公共产品的退化，限制公共资源的使用以保护环境的努力可能会加剧贫困的程度。这种权衡关系可能会因不同的环境影响呈现出不同的特征，尽管制度失败以及外部性等之前讨论的问题会提供一个统一的范式。② 这一节我们将重点关注减贫和环境可持续之间的双向关系。

① Bjorn Larsen and Anwar Shah, “World Fossil Fuel Subsidies in Global Carbon Emissions,” Working Paper WPS 1002, World Bank, Washington, DC, October 1992, esp. chart 1.

② 达斯古普塔对机构失灵和外部性的关系作了深入的讨论，包括贫困人口中人口迅速增长的原因与结果，如同贫困与环境退化之间的联系一样。参见 Partha Dasgupta, “Population, Poverty, and the Natural Environment,” in Karl-Goran Mäler and Jeffrey Vincent, eds., *Handbook of Environmental Economics*, vol. 1 (Amsterdam: North Holland, 2003), chap. 5。

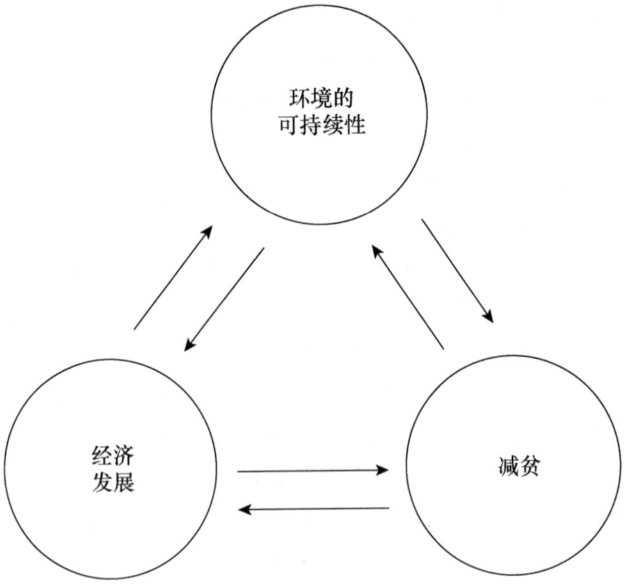

图 20－6　发展目标的重要三角

资料来源：Vosti，S. A. and T. Reardon，1997，*Sustainability*，*Growth*，*and Poverty Alleviation*：*A Policy And Agroecological Perspective*，Figure 1. 1. Washington，DC：International Food Policy Research Institute.

贫困与环境退化之间的复杂关系之所以引起关注是因为世界上的赤贫人口都分布在农村地区，这些地区的人口生计主要依靠自然资源，尤其是土地和水。贫困人口的自然资源依赖主要集中于农业，包括畜牧业、渔业以及林业资源。这些资源的退化将直接威胁许多贫困人口的生计。生态系统千年评估委员会在其于 2005 年发布的报告《生态系统与人类福利》中称："在过去的 50 年，人类改变生态系统的速度和深度都远超人类历史的任何时期，主要原因是人类对食品、清洁水、木材、纤维以及燃料的需求不断增加。这将对地球上的生命多样化构成无法挽回的损失。"报告进一步认为：

> 生态系统的改变为人类福利和经济发展带来了巨大的改进，但这种好处的取得是以生态系统服务功能的不断退化为代价的……以及一些团体的贫困程度加大为代价的。如果这一问题没有引起足够重视，其最终会影响后代从生态系统中获取利益的能力。在 21 世纪的前半期，生态系统的恶化会不断加剧并最终会阻碍千年发展目标的实现。①

自然资源退化的问题会威胁贫困人口，因为他们主要集中在环境脆弱的地区，这些地区更易退化。环境脆弱地区包括土壤覆盖较薄、更易腐蚀的区域和热带森林以及沿海河口等。尽管各地区贫困人口分布不均，但世界人口的四分之一生活在贫瘠的土地上，富有国家（OECD）人口的 11％生活在贫瘠地区，东南亚国家的这一比例为 25％，撒哈拉以南非洲地区以及中东的这一比例升至约 40％。当我们考察贫困地区的人口时，这一比例会上升得更快。世界农村地区贫困人口的 66％生活在贫瘠地区，而撒哈拉以

① Millennium Ecosystem Assessment，*Ecosystems and Humand Well-Being*：*Synthesis*（Washington，DC：Island Press，2005），p. 1.

南非洲地区、西亚以及北非地区的这一比例约为75%。①

许多例子都表明了环境的服务功能对贫困人口生计的巨大影响。环境服务包括许多功能，如水和食物的供给、碳吸收、庄稼授粉以及娱乐消遣。红树林、珊瑚礁、森林、林地积水区以及洪涝平原区是影响世界贫困人口生计的典型环境。沿海地区的红树林是林业和渔业产品的重要来源。经济学家索达敏尼·达斯（Saudamini Das）和杰弗里·文森特表明，红树林缓冲了1999年印度奥里萨邦的超级旋风。这一风暴造成了1万人死亡，而受红树林保护的村庄的死亡率却大幅下降。②

热带雨林的经济价值巨大，但其面积也不断减少。热带雨林所带来的好处众多，如碳吸收、降雨循环以及防洪。相反地，雨林面积的减少（尤其是亚马孙地区）会带来很多负外部性，如二氧化碳积累、烟雾增加以及降雨减少。有时一些影响甚至是全球性的。然而，热带雨林对当地贫困人口的影响更大。

木材砍伐有利于当地人，但问题众多。木材过度砍伐影响了未来的砍伐，合法以及非法的木材砍伐导致了环境的恶化，而农业的扩张会导致更大的环境退化（如巴西和印度尼西亚大型的农业商业化以及非洲和东南亚地区的小型农场主）。③ 这些行为无疑会降低当地雨林服务功能的价值。世界银行估计非木材砍伐的林业产品直接供养了将近4亿人口，间接供养了10亿人口。④ 非木材砍伐的林业产品包括食品、纤维、染料、矿物、乳胶以及每年价值9亿美元的国际贸易产品（其中还并不包括各种医疗产品，这些产品的价值将高达90亿美元左右）。木材作为燃料也是一项很重要的森林服务，特别是对穷人来说。尽管其仅提供了不足世界能源使用的7%，燃料木材却占撒哈拉以南非洲地区能源使用的40%（90%的木材使用发生在非洲）。⑤ 热带雨林有利于水域管理、防洪、清洁和过滤水、防止水土流失。热带雨林也是重要的旅游资源（生态旅游已经在许多发展中国家兴起），热带雨林也同样有利于保持生物多样化以及保留地球上一半以上的陆地生物。

环境的服务价值对世界上的穷人来说十分重要。经济学家认为，对农村地区来说，森林收入有三种不同的功能：（1）安全网，因为森林产品可用于补偿其他产品的下降；（2）提供食品、燃料等供当期消费；（3）提供收入增加的来源以及消除贫困的潜在路径。经济学家保罗·维德尔德（Paul Vedeld）及其同事在51个国家的案例分析中发现，有17个发展中国家的森林收入占其总收入的22%，总价值达每户678美元，而燃料木材和野生食品占据森林总收入的70%。⑥ 然而，依赖自然资源维持生计的能力

---

① Edward Barbier, "Poverty, Development, Environment," *Environment and Development Economics* 15 (2010), 635-660, tab. 1 (b).

② Saudamini Das and Jeffrey Vincent, "Mangroves Protected Villages and Reduced Death Toll during Indian Super Cyclong," *Proceedings of the National Academy of Science* 106, no. 18 (2009), 7357-7360.

③ Kenneth M. Chomitz et al., *At Loggerheads? Agricultural Expansion, Poverty Reduction, and Environment in the Tropical Forests* (Washington, DC: World Bank, 2007).

④ World Bank, *Sustaining Forests: A Development Strategy* (Washington, DC: World Bank, 2004).

⑤ Mandar Trevedi, Stavros Papageorgiou, and Dominic Moran, *What Are Rainforests Worth?* Forest Foresight Report Number 4, Global Canopy Program, Oxford, UK, 2008.

⑥ Paul Vedeld et al., "Forest Environmental Incomes and the Rural Poor," *Forest Policy and Economics* 9 (2007), 869-879.

需要依赖资源本身的质量。巴比尔（Barbier）发现，有证据表明，印度靠近优质森林的贫困人口的林业收入占其总收入的 40%，而靠近劣质森林的贫困人口的这一收入仅占 10%。[①]

许多证据和例子都表明贫困与环境资源之间存在广泛的联系，但挑战是，两者之间的影响机制是怎样的？早期的研究（如布伦兰特委员会）描述了一个恶性循环，即贫困人口被迫过度使用环境资源以维持日常生计，而资源的退化会加剧贫困，从而使他们的生计更加不稳定和困难。[②] 随后的研究提供的观点稍有差异。

里尔登和沃斯蒂（Reardon and Vosti）提供了一个解释农村地区的贫困与环境关系的有用框架。[③] 他们把这一框架制作成流程图（见图 20－7）。他们的方法涉及四组变量：农村贫困地区的资产类，如创收活动以及家庭和村庄层面的土地利用；自然资源类，包括土壤和水；控制因素类，如市场和价格等；在以上三者中起中间作用的基础设施建设（更具体一点说，即制度建设）。

在这一框架中，每一类资产都代表着贫困的一种潜在方式。资产大类包括自然资源（不管是私有的还是公有的，如土地、水、生物多样性等）、人力资源（健康、教育、劳动）、农场资源（有形的和金融的）、非农场资源（有形的和金融的）、社区拥有的资源（公路、平原）以及社会和政治资本（政治权力）。任何一类都可导致家庭贫困。里尔登和沃斯蒂强调资产贫困可通过许多方法溢出到环境方面，从而导致环境退化。比如，土地所有权可以用于获取信用，而缺少土地的家庭可能不能扩大其农业生产或者无法从农业中脱身，从而被迫依赖贫瘠的土地。尽管从传统的福利角度来看，一些家庭不算贫穷，但是其仍然缺乏足够的资源用于投资，以改善其资源基础。

里尔登和沃斯蒂的理论框架同样区分了环境资源的不同种类。土壤、水、生物多样性以及空气对家庭活动有利还是有害主要取决于这些资源对家庭的价值。然而潜在的问题是，这些资源对贫困家庭的价值与其对社会的价值之间的巨大差异。里尔登和沃斯蒂举了一个例子说明这一问题。对于社会来说，一棵大树可用于吸收二氧化碳，而对于贫困家庭来说，其只是可供出售的木材或提高土壤质量的灰烬。在许多负的环境外部性的例子中，关键问题是市场缺失。在这一例子中可能没有为大树吸收二氧化碳功能定价的市场。

图 20－7 展示了四组变量如何相互影响。家庭依其最初的资产存量追求食品保障和生活目标。他们追求这些目标的能力依赖于一系列控制变量，如市场的便利、价格、基础设施建设、可利用的科技以及人口压力。对于穷人来说，集体资产以及公共池塘资源的可得性可能发挥着重要作用。这些因素制约着家庭如何分配其资产。例如，家庭在农业以及非农活动（为别人的农地工作）之间的劳动分配可能依赖于农业产出以及当地工资水平之间的相对价格。他们的技术选择也受到限制，以维持生计为

① Barbier, "Poverty, Development, Environment," p. 645.

② World Commission on Environment and Development, *Our Common Future* (New York: Oxford University Press, 1987), p. 27 as cited by Barbier, "Poverty, Development, Environment."

③ Thomas Reardon and Stephen A. Vosti, "Poverty-Environment Links in Rural Areas of Developing Countries," in T. Reardon and S A. Vosti, eds., *Sustainability, Growth, and Poverty Alleviation, A Policy Perspective* (Baltimore: Johns Hopkins University Press, for the International Food Policy Research Institute, 1997).

目的的农民可能无法利用现代化的投入以提高产能，转而扩大种植面积以提高农业产出。每一种选择模式都有不同的环境影响。扩大种植面积可能需要砍伐树木；从事非农工作可能减少土地的压力，也可能将本来投入农地上的资金投向其他方面。农业活动的多样化（包括畜牧业）也会对环境产生影响，特别是公地放牧行为，过度放牧经常会导致土壤腐蚀和退化。然而这一过程的内在逻辑并不是穷人对环境退化的影响最大。里尔登和沃斯蒂注意到那些拥有许多牲口的富有家庭对环境的破坏更大。家庭的收入以及投资行为的总的环境影响会反过来决定家庭在未来可支配的自然资源以及资产基础。

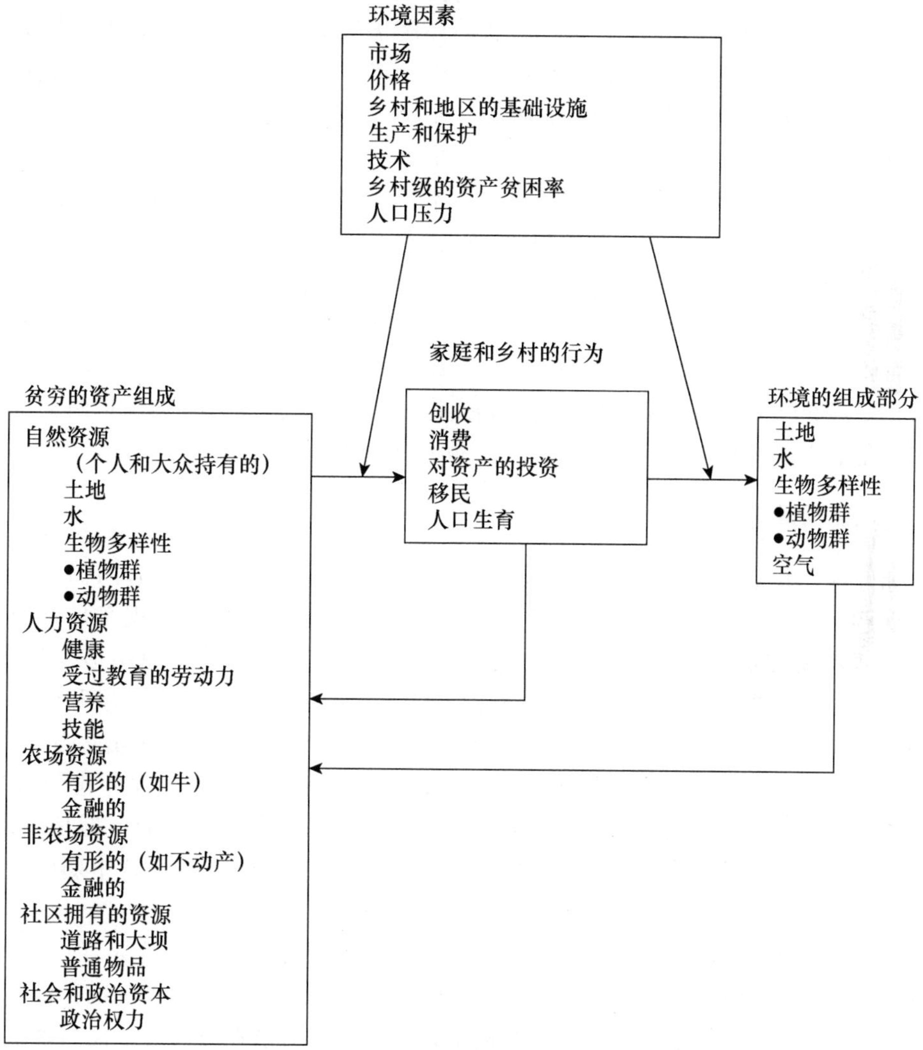

图 20－7　贫困—环境链接的理论框架

资料来源：Vosti，S. A. and T. Reardon. 1997. *Sustainability*，*Growth*，*and Poverty Alleviation*：*A Policy And Agroecological Perspective*，Figure 4. 1. Washington，DC：International Food Policy Research Institute.

里尔登和沃斯蒂提供了许多关于贫困和环境之间复杂关系的案例，并重点强调了每一类型的资产贫穷与特定环境条件之间的依赖关系。卢旺达是非洲人口最多的地区之一。许多贫穷的农户缺少土地和动物，他们的主要资产就是他们自己的劳力。由于缺乏资本和信用，他们经常无法投资于土地维护，也无法购买化肥以及其他现代化的投入以扩大其农业行为。在这一情况下，农民提高农业产出的主要策略可能仅是提高自己的劳动投入。然而，在补充性投入缺位的情况下，潜在产出增加有限，卢旺达贫困农户的土地资源也很可能被耗尽，结果可能是一个恶性循环，即受资源限制的农户别无他法，只能耗尽其拥有的土地，从而加剧了其贫困程度。里尔登和沃斯蒂还提供了巴西热带雨林的例子，这一地区富于生物多样性，但是土壤质量低下，资本和劳动力缺失。更大的问题是市场缺位，尤其是生物多样化的市场。这一地区的贫困农民无法砍伐树木以扩大田地，也不能焚烧树木为土壤增加肥力。农民必须用生物物理过程替代市场以满足他们的需要。打破这一怪圈需要农业技术的更新以提高现有农地的生产率、增加非农就业机会、为植被和生物多样性创造市场。里尔登和沃斯蒂注意到巴西亚马孙雨林不断退化不能归因于贫穷，而应归因于大型农场主的财政以及其他动机的影响。

贫穷和环境之间的联系严重依赖于给定的条件，特别是贫穷的本质、可利用自然资源的范围以及影响家庭选择和活动的制度、科技和市场条件。当贫穷导致资源的不可持续开发时，减贫就有可能保护环境。然而减贫也可以以其他方式造成环境恶化，如农业化学制品的过度使用。与此同时，环境改善可能会减少贫困，因为贫困人口严重依赖资源，然而环境改善也可能阻止穷人进入公共资源从而增加贫穷。本章所提供的制度性框架表明，理解资产贫穷的类型与本地的控制变量对同时实现减贫和环境保护两个目标至关重要。在全球气候变化的背景下，这些挑战显而易见。

□ 全球气候变化

全球气候变化对于可持续发展可能呈现出巨大的挑战。虽然它的起因仍是一个有争议的课题，对于其结果的预测也是不确定的，但是全球气候变化的现实是一种显著的共识。政府间气候变化专门委员会（IPCC）在第四次评估报告中总结道：“气候系统变暖是确定无疑的，从全球平均气温和海洋温度增高、广泛的冰雪消融和全球平均海平面的升高等观测指标上都可以得到清晰的结论。”① IPCC 的报告指出，自 1850 年开始（从全球表面温度开始系统记录以来），12 个最热年份中，有 11 个年份分布在 20 世纪末到 21 世纪初。海平面和冰层覆盖的改变与全球表面温度上升的证据是一致的。图 20－8 说明了全球平均表面气温的长期变化，强调了自 20 世纪 70 年代中期以来气温快速升高。

从自然系统观测指标的广泛变化可以看出，气候变化的当前效应是显而易见的。IPCC 报告了水文系统的主要影响，例如来自冰川融流和变暖的湖泊的增加的径流。他们也列举了气候变化对生物系统的影响，举例来说，春季提前来临对鸟类迁徙和繁殖的影响，地理（向极）转换对植物和动物分布的影响，以及水生生物系统的改变对鱼类迁移、

---

① IPCC，2007：Climate Change 2007：Synthesis Report. Contribution of Working Groups Ⅰ，Ⅱ and Ⅲ to the Fourth Assessment Report of the Intergovernmental Panel on Climate Change ［Core Writing Team，Pachauri，R. K and Reisinger，A.（eds.）］. IPCC，Geneva，Switzerland，p. 104.

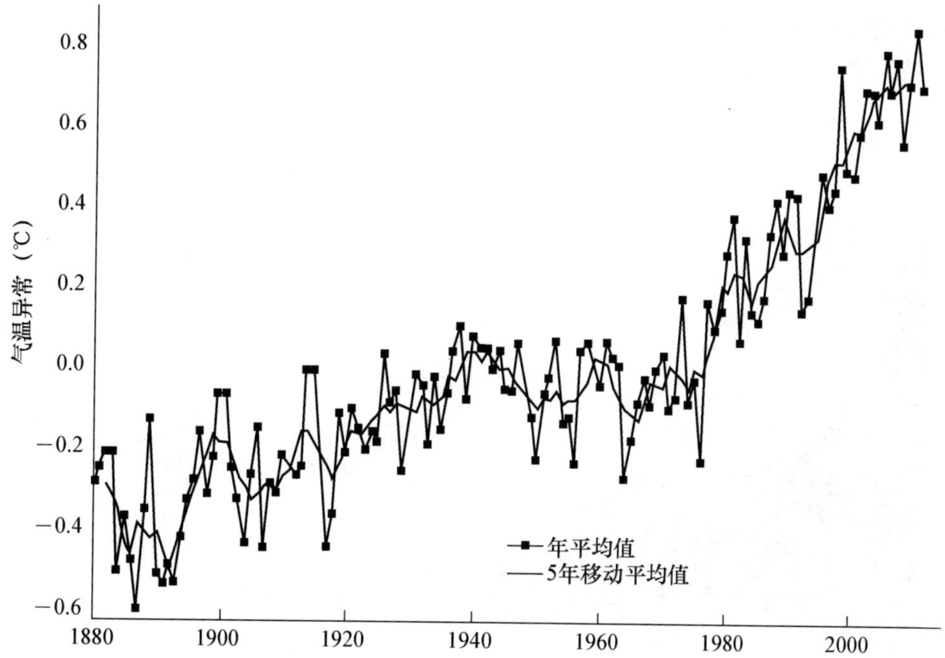

图 20－8　全球年度平均表面气温的变化

资料来源：National Aeronautics and Space Administration，Goddard Institute for Space Studies，available at http://data.giss.nasa.gov/gistemp/graphs_v3/Fig.A.gif.

水藻、浮游生物、鱼类丰度和珊瑚礁健康的影响。

全球气候变化的主要原因是地球大气中积聚热量而积累的温室气体（GHGs）。主要的温室气体有二氧化碳（CO_2）、甲烷（CH_4）、一氧化二氮（N_2O）和卤化氮。自 1750 年以来，全球温室气体浓度大幅增加，根据政府间气候变化专门委员会的结论，这是人类活动的结果。农业和化石燃料的使用成为主要贡献者。① 气候变化是可持续发展的一个核心问题，这是因为在温室气体排放过程中人类经济活动的作用及随后的物质和经济影响在地球自然资源基础上的潜在变化。

发达国家一直是温室气体排放的主要来源。发展中国家的人均碳排放量大约是发达国家的三分之一。图 20－9 是以人口规模衡量的人均二氧化碳排放量。在图 20－9 中，每个条块的高度表明人均排放量，宽度表明人口（因此每个国家的条块的面积表示总排放量）。前 10 个国家的二氧化碳排放量占全球总量的三分之二以上。有趣的是美国和中国的排放量的比较。截至 2006 年，中国超越美国，成为全球二氧化碳排放的主要来源，全球总量的占比略高于 22%，而来自美国的只有不到 20%。美国的人均排放量大约是中国的 4 倍，然而，中国可以通过人口超过美国的 4 倍来弥补这种差异。关于如何解决这个问题，国际争论经常从这种观察开始考量。没有简单的答案来回答如何采取努力来限制气候变化，这些努力包括在有大量碳排放的发达国家与为了成长和发展而创建并支付的贫穷国家之间改变生活方式，这些贫穷国家不要再重蹈发达国家碳依赖的发展路

① Intergovernmental Panel on Climate Change，*Climate Change 2007*，p. 37.

径。碳排放随着国民收入的增长而明显增加。而技术变革有可能减少这种联系，全世界收入的持续增长可能导致在全球排放趋势上的实质性动力。

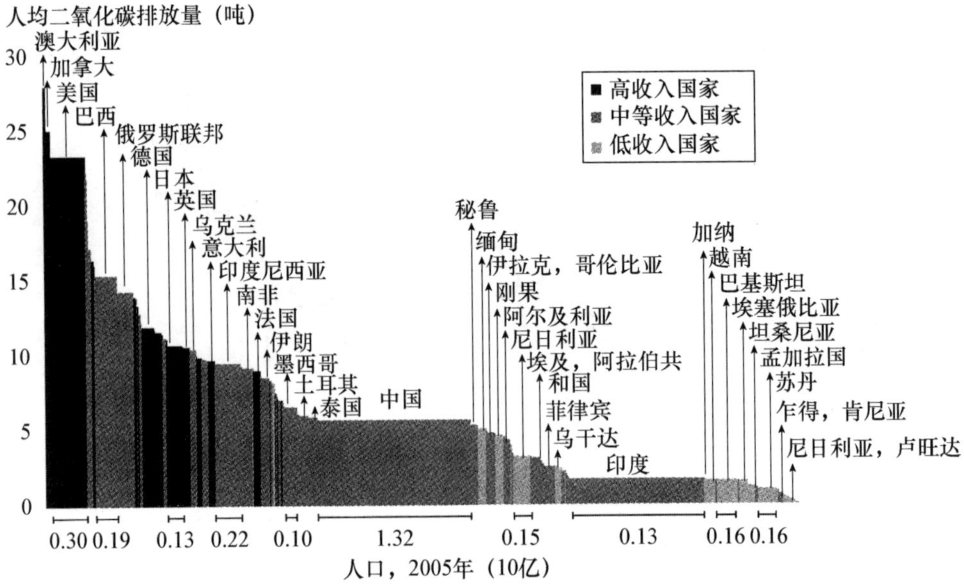

图 20－9　以人口规模衡量的人均二氧化碳排放量

每个条块的高度表明人均排放量，宽度表明人口，因此每个国家的条块的面积表示总排放量。卡塔尔、阿拉伯联合酋长国和巴林人均二氧化碳排放水平分别为 55.5 吨、38.8 吨和 25.4 吨，远超过 y 轴的高度，因此在图中没有显示。在大国之中，巴西、印度尼西亚、刚果共和国以及尼日利亚与能源相关的排放量较低。

资料来源：World Bank，*World Development Report 2010*：*Development and Climate Change*（Washington，DC：World Bank，2009），fig. 1.1.

尽管越来越多的证据表明，一些气候变化的负面影响已经发生，但大部分人关注全球气候变化及其发展的威胁，以及未来可能的气候变化对人类福祉的影响。① 不幸的是，就像运动员约吉·贝拉所指出的那样，“很难预测，尤其是对未来。”关于未来全球气候变化的预测及其对人类活动的影响具有高度不确定性，结果也相差很大。IPCC 本身对于温度变化提出了从 1.8 到 4.0（以摄氏度为单位，2090—2099 年相对于 1980—1999 年）的六个替代方案。

这些影响的严重程度在地区间以及地区内变化很大。一般来说，穷人是最脆弱的，他们的生活更多地暴露于自然，他们的生计更加依赖自然。尤其是非洲面临更大的风险。根据政府间气候变化专门委员会的数据，全球气温上升 1.5℃可以使高达 750 万～2.5 亿的非洲人面临缺水；上升 2.5℃可以增加 3.5 亿～6 亿非洲人面临水胁迫，并且减少 50%的农业产量。在非洲的影响不尽相同。例如，政府间气候变化专门委员会预测，到 2080 年，非洲干旱和半干旱土地将增加 5%～8%。在亚洲，IPCC 项目减少了

① 例如，证据表明，气候变化导致的温室气体排放和其他形式的空气污染显著降低了自 20 世纪 80 年代中期以来印度的大米收成的增长率。参见“From the Cover：Integrated Model Shows That Atmospheric Brown Clouds and Greenhouse Gases Have Reduced Rice Harvests in India，” *Proceedings of the National Academy of Sciences* 103（2006），19668-19672。

中部、南部、东部和东南部地区可用的淡水。在印度，平均气温上升 1.5℃可以使小麦和玉米产量降低 2%～5%，而在中国，平均气温上升 3℃可能使水稻产量减少 5%～12%。人口稠密的南亚、东亚和东南亚三角洲地区，预计将遭受洪水，从而提高水源性疾病的发病率和死亡率。在拉丁美洲，全球变暖超过 2.5℃可能增加 0.8 亿～1.8 亿人遭受水灾。拉丁美洲的热带地区面临重大的生物多样性的丧失。事实上，政府间气候变化专门委员会表明，全球变暖大约 4℃，可能会导致亚马孙树种灭绝 45%。据预测，温度的上升和土壤水分的减少将使东部亚马孙热带雨林地区转变成热带稀树草原。而随着全球变暖，拉丁美洲温带地区的大豆产量可能会增加，政府间气候变化专门委员会预测了粮食增加的不安全性和整个地区水资源可利用量的减少。① 全球气候变化对发展构成了直接和根本的挑战。这个挑战是复杂的，总体上需要减少贫困和饥饿，同时要避免以最终可能削弱持续发展本身的环境恶化为代价。

气候变化的势头强劲。即使未来立即停止排放，大气中温室气体排放的当前储备足以推动持续几十年的气候变化。根据世界银行的数据，

> 需要立即采取行动使气候变暖尽可能控制在 2℃。这个变暖的幅度虽然不可取，但它可能是我们可以做到的最好的结果。从发展的角度来看，气候变暖超过 2℃是不可取的。但稳定在 2℃需要转变生活方式、实现真正的能源革命，以及管理土地和森林的转换。②

从变化的量级来估计，毫无疑问，全球碳排放的大幅减少相对于基于往常商业需要的陡峭轨迹来说，需要将全球变暖限制在 2℃以下。

从经济角度看，温室气体排放到大气中是一个负的外部性的例子，“世界上最大的市场失败了”，用经济学家尼古拉斯·斯特恩的话来说。③ 问题的关键区别在于，在斯特恩看来，在更常见的外部性和温室气体排放之间，温室气体排放是全球性的，不管是在影响还是起源方面，一些影响可能在相当长的时期存在。全球变暖的科学认识的过程和它的长期未来的影响是不确定的，其潜在影响是巨大的、不可逆的。

即使在细节上没有达成一致，多数分析师认为，应对全球气候变化的潜在威胁，需要在**缓解**（mitigation）和**适应**（adaptation）这两个方面同步行动。缓解是指降低未来气候变化程度的行动，适应是指对于发生的环境变化而需要调整人类活动的行为。更大的减排支出往往会降低适应所需要的支出，反之亦然。权衡经济增长和环境保护之间的评估是一个复杂和高度有争议的运动。就缓解方面而言，解决问题包括当开始改变行为和经济活动以达到目标时，要选择一个表面温度升高的稳定目标，改变其行为和活动，缓解气候变化的成本，以及批判性地来看谁来支付这些成本。

① Auffhammer et al.，“From the Cover，” p. 50.

② World Bank，*World Development Report 2010：Development and Climate Change*（Washington，DC：World Bank，2009），p. 3.

③ Nicholas Stern，“The Economics of Climate Change［Richard T. Ely Lecture］，” *American Economic Review：Papers and Proceedings* 98，no. 2（2008），p. 1. 斯特恩也是关于气候变化的经济影响的国际研究的主要作者，参见 Stern，*The Economics of Climate Change：The Stern Review*（Cambridge：Cambridge University Press，2007）。

经济学家估计，权衡成本与大幅减缓气候变化的收益，会产生关于最优时机和缓解程度的重大影响结论。分析师对于各种必要的假设和选择的计算是敏感的。关键的参数是分析的时间范围，对于给定的二氧化碳浓度变化的损害的成本以及贴现率的选择（比较现在与未来成本或收益的重要性），全球气候敏感性增大。为了计算二氧化碳浓度的**最优目标**（optimal target），需要所有这些参数来做出强大的假设。在这种情况下的最理想状态是指会导致全球消费现值减少的最小浓度水平。

成本—收益分析在设计政策以应对全球气候变化的努力上是一个重要的工具，然而，仅仅靠成本—收益分析无法解决争论。即使所有的科学家都同意二氧化碳的变化带来全球气候敏感性的增加，所有的经济学家都同意减轻相关损害的成本，但成本—收益分析仍然受限于它不能为非市场环境商品和服务赋值。此外，选择合适的贴现率，对于成本—收益分析来说，是适用于未来的成本和收益的一个特别重要的组成部分。来自成本—收益分析的政策评估对于贴现率的选择是高度敏感的，然而，几乎没有达成一致的利率适用，甚至对如何选择其一也没有达成共识。未来与现在相比，贴现率越高，权重越低。气候变化减缓的成本—收益分析之所以对于贴现率的选择出现敏感性，是因为减缓成本在短期内产生，而好处却主要体现于长期。一个复杂因素是，如果收入随着时间的推移而增长，那么未来几代人将更有能力承受气候破坏的代价，可能证明今天关于较低贴现率的选择。讨论伦理问题更加复杂，因为本质上这是对当代人和后代人之间福利的权衡。不重视后代人的福利是正确的吗？相反，在伦理上，当好处是不确定的，而且是在遥远的未来时，那么应当分配给当前一代人什么水平的减排成本呢？

两个杰出的关于气候变化的经济学研究——关于减缓行动的最佳时机和程度——已经得出了相当不同的结论，在很大程度上是由于不同贴现率的选择。《斯特恩报告》假设了较低的贴现率（伴随二氧化碳排放导致气候变化的高灵敏度和低减排成本），认为采用大规模的和直接的干预措施来减缓气候变化是至关重要的。[①] 相比之下，经济学家威廉·诺德豪斯的研究假设了一个更高的贴现率（伴随二氧化碳排放导致气候变化的低敏感度和高减排成本），主张更多的有限的和逐步缓解气候变化的努力。[②] 针对未来全球气候变化的目标，我们可以解释这些不同的方法。对减缓全球气温平均上升 2℃这一目标所做的努力越积极，意味着接近增加 3℃这一目标的过程就越平缓。实现较低的增量成本目标（**气候保险**（climate insurance）的一种方式）估计只占全球国内生产总值的 0.5%。[③] 达到一个较低目标的增量成本并不大的部分原因是，与气候变化的较高限制相关的低减排成本，部分被需要适应解决来自未来气温上升的更大危害的更高未来成本抵消了。

这些争论的紧迫性和适当的缓解程度取决于分析师对贴现率的选择。批评人士抨击《斯特恩报告》有紧急的暗中策划和实质性缓解的低贴现率的选择。回顾这场辩论，经

---

① *The Stern Review*.

② William Nordhaus, *A Question of Balance: Waiting the Options on Global Warming Policies* (New Haven, CT: Yale University Press, 2008).

③ 根据世界银行《2010 年世界发展报告》(2010，第 8 页）的方法，这一差额衡量的是，在假设不存在气候变化的情况下，每一模型的全球 GDP 预期净现值与实际净现值之间的差额。

济学家马丁·威兹曼（Martin Weitzman）指出，《斯特恩报告》可能是“错误的原因下的正确结论”。对于威兹曼来说，支持更积极地减缓气候变化的主要论点，不仅仅是消费平滑和贴现率。他认为，我们对未来气候变化的影响的基本不确定性是至关重要的，即使大灾难是一个低概率的事件，减轻损失也提供了一种重要的保险形式。①

适应气候变化指的是以深思熟虑的行为来减少气候变化的影响。在第四次评估报告中，IPCC总结了部门的计划应对措施。为了应对预期水资源短缺造成的气候变化，潜在的应对措施包括扩大雨水收集、水储存和增强保护技术，以及海水淡化。这些类型适应性的主要约束是金融。农业系统可以通过调整种植日期适应气候变化，改变作物品种和进行混合作物生产，并通过种植更多的树木改善对土壤侵蚀的控制。这些变化需要对农民进行培训和提供技术支持。正如在第17章所讨论的，对农民以改善土地所有制安排形式的制度支持，对于创建改善土壤管理激励措施的实行可能是必要的。保护海平面上升对沿海地区的影响，是适应气候变化的另一个重要维度。海堤建设和风暴潮壁垒，建立湿地和以湿地作为沿海缓冲区，可能对于保护地势低洼的沿海地区的弱势群体至关重要。在这种情况下，土地可用性和融资可能是主要约束。额外的措施，比如提高能源效率和增加使用可再生能源，也是适应气候变化的重要形式。

本章由于某种程度上的不确定性，很难准确估计全球层面的适应成本和收益。两个维度的成本是显而易见的。适应能力在很大程度上取决于一个国家的发展水平。适应能力因而高度不均匀地分布在世界各地。同样清楚的是，在短期内可缓解的较小的努力将导致长期更高的适应成本。

广泛的假设（特别是关于全球气温上升的最高上限）需要估计缓解或适应产生广泛范围的结果的成本。2030年，年度减排成本的估计范围从1 390亿美元到1 750亿美元（以2005年美元计算）。② 因为前期高减排项目的资本成本，融资需求可能大幅提高，这是发展中国家参与的一个潜在的障碍。年度适应成本的估计范围是广泛的。估计短期内（2010—2015年）从40亿美元到超过1 000亿美元，估计到中期（2030年）从150亿美元到1 000亿美元不等。在高端，这个资金需求占世界GDP的不到0.2%，正如2010年，承诺的适应和缓解捐助资金总计只有90亿美元，远低于估计的要求。

在缓解和适应气候变化的努力上的全球进展需要国际合作。经济增长减少率和国家之间的公平问题，以及对如何分享大量的成本等因素的担忧阻碍了国际合作。自1992年以来，国际气候谈判中设定目标以稳定大气中温室气体的浓度，已经在《联合国气候变化框架公约》（UNFCCC）里出现。《京都议定书》于1997年采用，2005年实施，作为原来约定的补充。艰难的谈判未能获得美国的参与。后续的努力，如《巴黎行动计划》、2007年通过的《联合国气候变化框架公约》、2009年在哥本哈根举行的联合国气候变化会议（第15次缔约国会议《京都议定书》）、2010年在墨西哥坎昆举行的联合国气候变化大会、（第16次缔约国会议《京都议定书》），以及2011年在德国波恩举行的联合国气候变化会议，反映了在这个至关重要的领域，与组织相关的国际合作的持续

① Martin Weitzman, “The Sterm Review of the Economics of Climate Change [Review],” *Journal of Economic Literature* 45, no. 3 (2007), 703-724.

② 这些估计取自World Bank, *World Development Report 2010*, table 6.2。

困难。

在国际气候谈判中的议题以可持续发展为话题中心。本章是围绕提出“今天的发展中国家是否可以在选择遵循同样的能源和资源密集型发展道路之前，建立今天的富裕经济”这一问题展开的。这条道路是关于不可持续的争论，主要体现在其影响大气中温室气体的积累和气候的变化上。在全球气候谈判的背景下，应围绕具体问题来解决这个问题。具体地说，《京都议定书》制定了减少全球温室气体排放的目标。这些目标仅仅绑定在相对富裕的国家（《联合国气候变化框架公约》中所谓的附件Ⅰ中的国家）。不幸的是，《京都议定书》采用13年后（生效后5年），官方在坎昆会议上达成的减排承诺只有60%的减排，要求限制全球气温上升2℃。

发展中国家采取的立场是，它们应该继续减少排放的承诺。对发展中国家来说，这是一个公平的问题。毕竟，它们认为，发达国家在几十年的时间里制造了这个问题，而发展中国家是最危险和最没有能力来承受缓解和适应这种成本的。站在自己的一边，发达国家（特别是美国）继续退后，力争发展中国家也应该受减排目标约束。尽管克林顿总统已签署，但美国参议院没有批准《京都议定书》（美国加入该条约的法律要求）。这种拒绝批准是基于“对附件Ⅰ国家和发展中国家的不一致对待”，担心一个具有法律约束力的减少温室气体排放的承诺会破坏美国经济的国际竞争力。尤其是中国与美国的巨额贸易顺差，成为美国对《京都议定书》不满的焦点。从本质上讲，美国的立场取决于缺乏对中国降低其总排放量的要求，尽管美国有更大程度的人均排放量。最终，在发达国家和发展中国家，这些问题都被高度政治化了，这就带来了一个集中的和持续的气候变化国际谈判障碍。

20.6 本章小结

- 自然资源的约束和消极的环境外部性的累积效应，提高了当今发达经济体能源和资源密集型的发展道路可能不再适用于今天的发展中国家的可能性。长远的发展必须是可持续发展。
- 一个基于历史数据的共识是：经济增长往往从一个伴随着污染程度提高的较低起点开始，然而在超越某种中等收入水平后，经济增长伴随着污染水平的降低。这种倒U形模式被称为环境库兹涅茨曲线。（这种关联可能不是因果关系。）
- 可持续发展被定义为：“既满足现代人的需求，又不损害子孙后代满足他们自己需要的能力的发展”。
- 综合财富（不同于GDP）是结合自然资源和人力资本使用的一种会计方法。随着时间变化的综合财富用来衡量调整后的净储蓄。可持续性的经济指标之一是综合财富从一代到下一代不下降。这要求调整后的净储蓄比人口增长更快。
- 太多经济活动的负面环境影响由外部效应引起，社会成本不包括私人企业利润最大化的决策。这种外部性在设置公共财产资源方面尤为普遍。
- 负外部性问题的政策解决方案的类别，包括在以前没有产权的地方建立产权，政府干预，对污染活动征税，建立市场化的排污许可证，以及非正式的监管。

● 贫困和环境退化之间的关系是复杂的。生活在脆弱环境里的大多数人是穷人，穷人通常依赖环境为生。细致了解资产贫困类别和当地条件变量，对减少贫困和保护环境是必要的。

● 全球气候变化可能是可持续发展的最大挑战。我们可以把温室气体的积累看作一个负外部性，把地球大气看作全球共享。

● 尽管全球气候变化潜在后果的细节笼罩着不确定性，但是，如果未来经济的发展是可持续的，那么，国际社会一致努力缓解气候变化的紧迫性这一点是显而易见的。

译后记

奉献在广大读者面前的这本教科书，是在世界发展经济学园地当中久负盛名的由美国哈佛大学著名经济学教授德怀特·H. 波金斯等人撰写的《发展经济学（第七版）》的中文译本。

时光荏苒，从我们于 2013 年 1 月将这本书的第六版中文译本呈献给广大读者，5 年的时间飞驰而过，当第七版的中文译本付梓面世之时，整个世界尤其是中国正在发生着深刻的变化。2018 年是中国改革开放 40 周年，40 年来，中国坚持有中国特色的社会主义发展道路，取得了举世瞩目的伟大成就，不仅从根本上改变了古老的中国，更是深刻地影响了整个世界。我们仅以此译著向中国改革开放 40 周年致敬！

与前一版本相比较，第七版增添了一位新的作者：塔夫茨大学的斯蒂芬·A. 布洛克（Steven A. Block）教授，从而使这本教材的作者又恢复到四个人。现在，除了首席作者德怀特·H. 波金斯以外，其余三位都是从第六版才开始加入的新作者，这无疑给这本教科书注入了新鲜的活力并保证了作者队伍的可持续。

正如在本书前言中所阐明的那样：与以前的版本相比较，本版教科书最大的特点就是希望可以做到既通俗易懂又全面深入，通过通篇所做的根本修订，充分吸收过去十年发展经济学的研究成果。从内容上来看，本版的修订既是全面的，也是重大的，从第一章到最后一章，每一章节都进行了重要的修订。不仅是惯例上的数据与案例的补充和更新，更是在众多问题上总结反映了发展经济学理论的新发展、新变化、新成果。我们由衷地将这本历史悠久、颇具权威的发展经济学教科书的最新版本推荐给广大读者：开卷有益、如沐春风！

《发展经济学（第七版）》中文版的翻译工作是中国人民大学出版社委托中国人民大学发展中国家经济研究中心的教授和博士们共同负责承担的，研究中心主任彭刚教授直接负责全书的译校工作。

本书的翻译工作分工如下：

前言、第1、2、3、4、5、6、7、8、9章	彭忆欧
第10、11、12、13章	姜艳霞
第14章	刘一娇
第15、16章	李逸浩
第17章	赵　娜
第18、19、20章	陶　峰

彭刚教授对全部译稿进行了校对、修改、润色和最终定稿。

最后对中国人民大学出版社崔惠玲老师为本书的出版工作所做出的大量辛勤工作表示衷心的感谢！

中国人民大学发展中国家经济研究中心

2018年4月

经济科学译丛

序号	书名	作者	Author	单价	出版年份	ISBN
1	发展经济学(第七版)	德怀特・H. 波金斯等	Dwight H. Perkins	98.00	2018	978-7-300-25506-4
2	线性与非线性规划(第四版)	戴维・G. 卢恩伯格等	David G. Luenberger	79.80	2018	978-7-300-25391-6
3	产业组织理论	让・梯若尔	Jean Tirole	110.00	2018	978-7-300-25170-7
4	经济学精要(第六版)	巴德,帕金	Bade, Parkin	89.00	2018	978-7-300-24749-6
5	空间计量经济学——空间数据的分位数回归	丹尼尔・P. 麦克米伦	Daniel P. McMillen	30.00	2018	978-7-300-23949-1
6	高级宏观经济学基础(第二版)	本・J. 海德拉	Ben J. Heijdra	88.00	2018	978-7-300-25147-9
7	税收经济学(第二版)	伯纳德・萨拉尼耶	Bernard Salanié	42.00	2018	978-7-300-23866-1
8	国际宏观经济学(第三版)	罗伯特・C. 芬斯特拉	Robert C. Feenstra	79.00	2017	978-7-300-25326-8
9	公司治理(第五版)	罗伯特・A.G. 蒙克斯	Robert A. G. Monks	69.80	2017	978-7-300-24972-8
10	国际经济学(第15版)	罗伯特・J. 凯伯	Robert J. Carbaugh	78.00	2017	978-7-300-24844-8
11	经济理论和方法史(第五版)	小罗伯特・B. 埃克伦德等	Robert B. Ekelund. Jr.	88.00	2017	978-7-300-22497-8
12	经济地理学	威廉・P. 安德森	William P. Anderson	59.80	2017	978-7-300-24544-7
13	博弈与信息:博弈论概论(第四版)	艾里克・拉斯穆森	Eric Rasmusen	79.80	2017	978-7-300-24546-1
14	MBA宏观经济学	莫里斯・A. 戴维斯	Morris A. Davis	38.00	2017	978-7-300-24268-2
15	经济学基础(第十六版)	弗兰克・V. 马斯切纳	Frank V. Mastrianna	42.00	2017	978-7-300-22607-1
16	高级微观经济学:选择与竞争性市场	戴维・M. 克雷普斯	David M. Kreps	79.80	2017	978-7-300-23674-2
17	博弈论与机制设计	Y. 内拉哈里	Y. Narahari	69.80	2017	978-7-300-24209-5
18	宏观经济学精要:理解新闻中的经济学(第三版)	彼得・肯尼迪	Peter Kennedy	45.00	2017	978-7-300-21617-1
19	宏观经济学(第十二版)	鲁迪格・多恩布什等	Rudiger Dornbusch	69.00	2017	978-7-300-23772-5
20	国际金融与开放宏观经济学:理论、历史与政策	亨德里克・范登伯格	Hendrik Van den Berg	68.00	2016	978-7-300-23380-2
21	经济学(微观部分)	达龙・阿西莫格鲁等	Daron Acemoglu	59.00	2016	978-7-300-21786-4
22	经济学(宏观部分)	达龙・阿西莫格鲁等	Daron Acemoglu	45.00	2016	978-7-300-21886-1
23	发展经济学	热若尔・罗兰	Gérard Roland	79.00	2016	978-7-300-23379-6
24	中级微观经济学——直觉思维与数理方法(上下册)	托马斯・J・内契巴	Thomas J. Nechyba	128.00	2016	978-7-300-22363-6
25	环境与自然资源经济学(第十版)	汤姆・蒂坦伯格等	Tom Tietenberg	72.00	2016	978-7-300-22900-3
26	劳动经济学基础(第二版)	托马斯・海克拉克等	Thomas Hyclak	65.00	2016	978-7-300-23146-4
27	货币金融学(第十一版)	弗雷德里克・S・米什金	Frederic S. Mishkin	85.00	2016	978-7-300-23001-6
28	动态优化——经济学和管理学中的变分法和最优控制(第二版)	莫顿・I・凯曼等	Morton I. Kamien	48.00	2016	978-7-300-23167-9
29	用Excel学习中级微观经济学	温贝托・巴雷托	Humberto Barreto	65.00	2016	978-7-300-21628-7
30	宏观经济学(第九版)	N・格里高利・曼昆	N. Gregory Mankiw	72.00	2016	978-7-300-23038-2
31	国际经济学:理论与政策(第十版)	保罗・R・克鲁格曼等	Paul R. Krugman	89.00	2016	978-7-300-22710-8
32	国际金融(第十版)	保罗・R・克鲁格曼等	Paul R. Krugman	55.00	2016	978-7-300-22089-5
33	国际贸易(第十版)	保罗・R・克鲁格曼等	Paul R. Krugman	42.00	2016	978-7-300-22088-8
34	经济学精要(第3版)	斯坦利・L・布鲁伊等	Stanley L. Brue	58.00	2016	978-7-300-22301-8
35	经济分析史(第七版)	英格里德・H・里马	Ingrid H. Rima	72.00	2016	978-7-300-22294-3
36	投资学精要(第九版)	兹维・博迪等	Zvi Bodie	108.00	2016	978-7-300-22236-3
37	环境经济学(第二版)	查尔斯・D・科尔斯塔德	Charles D. Kolstad	68.00	2016	978-7-300-22255-4
38	MWG《微观经济理论》习题解答	原千晶等	Chiaki Hara	75.00	2016	978-7-300-22306-3
39	现代战略分析(第七版)	罗伯特・M・格兰特	Robert M. Grant	68.00	2016	978-7-300-17123-4
40	横截面与面板数据的计量经济分析(第二版)	杰弗里・M・伍德里奇	Jeffrey M. Wooldridge	128.00	2016	978-7-300-21938-7
41	宏观经济学(第十二版)	罗伯特・J・戈登	Robert J. Gordon	75.00	2016	978-7-300-21978-3
42	动态最优化基础	蒋中一	Alpha C. Chiang	42.00	2015	978-7-300-22068-0
43	城市经济学	布伦丹・奥弗莱厄蒂	Brendan O'Flaherty	69.80	2015	978-7-300-22067-3
44	管理经济学:理论、应用与案例(第八版)	布鲁斯・艾伦等	Bruce Allen	79.80	2015	978-7-300-21991-2
45	经济政策:理论与实践	阿格尼丝・贝纳西-奎里等	Agnès Bénassy-Quéré	79.80	2015	978-7-300-21921-9
46	微观经济分析(第三版)	哈尔・R・范里安	Hal R. Varian	68.00	2015	978-7-300-21536-5
47	财政学(第十版)	哈维・S・罗森等	Harvey S. Rosen	68.00	2015	978-7-300-21754-3
48	经济数学(第三版)	迈克尔・霍伊等	Michael Hoy	88.00	2015	978-7-300-21674-4
49	发展经济学(第九版)	A.P. 瑟尔沃	A. P. Thirlwall	69.80	2015	978-7-300-21193-0
50	宏观经济学(第五版)	斯蒂芬・D・威廉森	Stephen D. Williamson	69.00	2015	978-7-300-21169-5
51	资源经济学(第三版)	约翰・C・伯格斯特罗姆等	John C. Bergstrom	58.00	2015	978-7-300-20742-1
52	应用中级宏观经济学	凯文・D・胡佛	Kevin D. Hoover	78.00	2015	978-7-300-21000-1
53	计量经济学导论:现代观点(第五版)	杰弗里・M・伍德里奇	Jeffrey M. Wooldridge	99.00	2015	978-7-300-20815-2
54	现代时间序列分析导论(第二版)	约根・沃特斯等	Jürgen Wolters	39.80	2015	978-7-300-20625-7

经济科学译丛						
序号	书名	作者	Author	单价	出版年份	ISBN
55	空间计量经济学——从横截面数据到空间面板	J·保罗·埃尔霍斯特	J. Paul Elhorst	32.00	2015	978-7-300-21024-7
56	国际经济学原理	肯尼思·A·赖纳特	Kenneth A. Reinert	58.00	2015	978-7-300-20830-5
57	经济写作(第二版)	迪尔德丽·N·麦克洛斯基	Deirdre N. McCloskey	39.80	2015	978-7-300-20914-2
58	计量经济学方法与应用(第五版)	巴蒂·H·巴尔塔基	Badi H. Baltagi	58.00	2015	978-7-300-20584-7
59	战略经济学(第五版)	戴维·贝赞可等	David Besanko	78.00	2015	978-7-300-20679-0
60	博弈论导论	史蒂文·泰迪里斯	Steven Tadelis	58.00	2015	978-7-300-19993-1
61	社会问题经济学(第二十版)	安塞尔·M·夏普等	Ansel M. Sharp	49.00	2015	978-7-300-20279-2
62	博弈论:矛盾冲突分析	罗杰·B·迈尔森	Roger B. Myerson	58.00	2015	978-7-300-20212-9
63	时间序列分析	詹姆斯·D·汉密尔顿	James D. Hamilton	118.00	2015	978-7-300-20213-6
64	经济问题与政策(第五版)	杰奎琳·默里·布鲁克斯	Jacqueline Murray Brux	58.00	2014	978-7-300-17799-1
65	微观经济理论	安德鲁·马斯-克莱尔等	Andreu Mas-Collel	148.00	2014	978-7-300-19986-3
66	产业组织:理论与实践(第四版)	唐·E·瓦尔德曼等	Don E. Waldman	75.00	2014	978-7-300-19722-7
67	公司金融理论	让·梯若尔	Jean Tirole	128.00	2014	978-7-300-20178-8
68	经济学精要(第三版)	R·格伦·哈伯德等	R. Glenn Hubbard	85.00	2014	978-7-300-19362-5
69	公共部门经济学	理查德·W·特里西	Richard W. Tresch	49.00	2014	978-7-300-18442-5
70	计量经济学原理(第六版)	彼得·肯尼迪	Peter Kennedy	69.80	2014	978-7-300-19342-7
71	统计学:在经济中的应用	玛格丽特·刘易斯	Margaret Lewis	45.00	2014	978-7-300-19082-2
72	产业组织:现代理论与实践(第四版)	林恩·佩波尔等	Lynne Pepall	88.00	2014	978-7-300-19166-9
73	计量经济学导论(第三版)	詹姆斯·H·斯托克等	James H. Stock	69.00	2014	978-7-300-18467-8
74	发展经济学导论(第四版)	秋山裕	秋山裕	39.80	2014	978-7-300-19127-0
75	中级微观经济学(第六版)	杰弗里·M·佩罗夫	Jeffrey M. Perloff	89.00	2014	978-7-300-18441-8
76	平狄克《微观经济学》(第八版)学习指导	乔纳森·汉密尔顿等	Jonathan Hamilton	32.00	2014	978-7-300-18970-3
77	微观经济学(第八版)	罗伯特·S·平狄克等	Robert S. Pindyck	79.00	2013	978-7-300-17133-3
78	微观银行经济学(第二版)	哈维尔·弗雷克斯等	Xavier Freixas	48.00	2014	978-7-300-18940-6
79	施米托夫论出口贸易——国际贸易法律与实务(第11版)	克利夫·M·施米托夫等	Clive M. Schmitthoff	168.00	2014	978-7-300-18425-8
80	微观经济学思维	玛莎·L·奥尔尼	Martha L. Olney	29.80	2013	978-7-300-17280-4
81	宏观经济学思维	玛莎·L·奥尔尼	Martha L. Olney	39.80	2013	978-7-300-17279-8
82	计量经济学原理与实践	达摩达尔·N·古扎拉蒂	Damodar N. Gujarati	49.80	2013	978-7-300-18169-1
83	现代战略分析案例集	罗伯特·M·格兰特	Robert M. Grant	48.00	2013	978-7-300-16038-2
84	高级国际贸易:理论与实证	罗伯特·C·芬斯特拉	Robert C. Feenstra	59.00	2013	978-7-300-17157-9
85	经济学简史——处理沉闷科学的巧妙方法(第二版)	E·雷·坎特伯里	E. Ray Canterbery	58.00	2013	978-7-300-17571-3
86	管理经济学(第四版)	方博亮等	Ivan Png	80.00	2013	978-7-300-17000-8
87	微观经济学原理(第五版)	巴德、帕金	Bade,Parkin	65.00	2013	978-7-300-16930-9
88	宏观经济学原理(第五版)	巴德、帕金	Bade,Parkin	63.00	2013	978-7-300-16929-3
89	环境经济学	彼得·伯克等	Peter Berck	55.00	2013	978-7-300-16538-7
90	高级微观经济理论	杰弗里·杰里	Geoffrey A. Jehle	69.00	2012	978-7-300-16613-1
91	高级宏观经济学导论:增长与经济周期(第二版)	彼得·伯奇·索伦森等	Peter Birch Sørensen	95.00	2012	978-7-300-15871-6
92	宏观经济学:政策与实践	弗雷德里克·S·米什金	Frederic S. Mishkin	69.00	2012	978-7-300-16443-4
93	宏观经济学(第二版)	保罗·克鲁格曼	Paul Krugman	45.00	2012	978-7-300-15029-1
94	微观经济学(第二版)	保罗·克鲁格曼	Paul Krugman	69.80	2012	978-7-300-14835-9
95	克鲁格曼《微观经济学(第二版)》学习手册	伊丽莎白·索耶·凯利	Elizabeth Sawyer Kelly	58.00	2013	978-7-300-17002-2
96	克鲁格曼《宏观经济学(第二版)》学习手册	伊丽莎白·索耶·凯利	Elizabeth Sawyer Kelly	36.00	2013	978-7-300-17024-4
97	微观经济学(第十一版)	埃德温·曼斯费尔德	Edwin Mansfield	88.00	2012	978-7-300-15050-5
98	卫生经济学(第六版)	舍曼·富兰德等	Sherman Folland	79.00	2011	978-7-300-14645-4
99	宏观经济学(第七版)	安德鲁·B·亚伯等	Andrew B. Abel	78.00	2011	978-7-300-14223-4
100	现代劳动经济学:理论与公共政策(第十版)	罗纳德·G·伊兰伯格等	Ronald G. Ehrenberg	69.00	2011	978-7-300-14482-5
101	宏观经济学:理论与政策(第九版)	理查德·T·弗罗恩	Richard T. Froyen	55.00	2011	978-7-300-14108-4
102	经济学原理(第四版)	威廉·博伊斯等	William Boyes	59.00	2011	978-7-300-13518-2
103	计量经济学基础(第五版)(上下册)	达摩达尔·N·古扎拉蒂	Damodar N. Gujarati	99.00	2011	978-7-300-13693-6
104	《计量经济学基础》(第五版)学生习题解答手册	达摩达尔·N·古扎拉蒂等	Damodar N. Gujarati	23.00	2012	978-7-300-15080-8

经济科学译丛

序号	书名	作者	Author	单价	出版年份	ISBN
105	计量经济分析(第六版)(上下册)	威廉·H·格林	William H. Greene	128.00	2011	978-7-300-12779-8
106	国际贸易	罗伯特·C· 芬斯特拉等	Robert C. Feenstra	49.00	2011	978-7-300-13704-9
107	经济增长(第二版)	戴维·N·韦尔	David N. Weil	63.00	2011	978-7-300-12778-1
108	投资科学	戴维·G·卢恩伯格	David G. Luenberger	58.00	2011	978-7-300-14747-5
109	金融学(第二版)	兹维·博迪等	Zvi Bodie	59.00	2010	978-7-300-11134-6
110	博弈论	朱·弗登博格等	Drew Fudenberg	68.00	2010	978-7-300-11785-0

金融学译丛

序号	书名	作者	Author	单价	出版年份	ISBN
1	金融学原理(第八版)	阿瑟·J. 基翁等	Arthur J. Keown	79.00	2018	978-7-300-25638-2
2	财务管理基础(第七版)	劳伦斯·J. 吉特曼等	Lawrence J. Gitman	89.00	2018	978-7-300-25339-8
3	利率互换及其他衍生品	霍华德·科伯	Howard Corb	69.00	2018	978-7-300-25294-0
4	固定收益证券手册(第八版)	弗兰克·J. 法博齐	Frank J. Fabozzi	228.00	2017	978-7-300-24227-9
5	金融市场与金融机构(第8版)	弗雷德里克·S. 米什金等	Frederic S. Mishkin	86.00	2017	978-7-300-24731-1
6	兼并、收购和公司重组(第六版)	帕特里克·A. 高根	Patrick A. Gaughan	79.00	2017	978-7-300-24231-6
7	债券市场:分析与策略(第九版)	弗兰克·J·法博齐	Frank J. Fabozzi	98.00	2016	978-7-300-23495-3
8	财务报表分析(第四版)	马丁·弗里德森	Martin Fridson	46.00	2016	978-7-300-23037-5
9	国际金融学	约瑟夫·P·丹尼尔斯等	Joseph P. Daniels	65.00	2016	978-7-300-23037-1
10	国际金融	阿德里安·巴克利	Adrian Buckley	88.00	2016	978-7-300-22668-2
11	个人理财(第六版)	阿瑟·J·基翁	Arthur J. Keown	85.00	2016	978-7-300-22711-5
12	投资学基础(第三版)	戈登·J·亚历山大等	Gordon J. Alexander	79.00	2015	978-7-300-20274-7
13	金融风险管理(第二版)	彼德·F·克里斯托弗森	Peter F. Christoffersen	46.00	2015	978-7-300-21210-4
14	风险管理与保险管理(第十二版)	乔治·E·瑞达等	George E. Rejda	95.00	2015	978-7-300-21486-3
15	个人理财(第五版)	杰夫·马杜拉	Jeff Madura	69.00	2015	978-7-300-20583-0
16	企业价值评估	罗伯特·A·G·蒙克斯等	Robert A. G. Monks	58.00	2015	978-7-300-20582-3
17	基于Excel的金融学原理(第二版)	西蒙·本尼卡	Simon Benninga	79.00	2014	978-7-300-18899-7
18	金融工程学原理(第二版)	萨利赫·N·内夫特奇	Salih N. Neftci	88.00	2014	978-7-300-19348-9
19	投资学导论(第十版)	赫伯特·B·梅奥	Herbert B. Mayo	69.00	2014	978-7-300-18971-0
20	国际金融市场导论(第六版)	斯蒂芬·瓦尔德斯等	Stephen Valdez	59.80	2014	978-7-300-18896-6
21	金融数学:金融工程引论(第二版)	马雷克·凯宾斯基等	Marek Capinski	42.00	2014	978-7-300-17650-5
22	财务管理(第二版)	雷蒙德·布鲁克斯	Raymond Brooks	69.00	2014	978-7-300-19085-3
23	期货与期权市场导论(第七版)	约翰·C·赫尔	John C. Hull	69.00	2014	978-7-300-18994-2
24	国际金融:理论与实务	皮特·塞尔居	Piet Sercu	88.00	2014	978-7-300-18413-5
25	货币、银行和金融体系	R·格伦·哈伯德等	R. Glenn Hubbard	75.00	2013	978-7-300-17856-1
26	并购创造价值(第二版)	萨德·苏达斯纳	Sudi Sudarsanam	89.00	2013	978-7-300-17473-0
27	个人理财——理财技能培养方法(第三版)	杰克·R·卡普尔等	Jack R. Kapoor	66.00	2013	978-7-300-16687-2
28	国际财务管理	吉尔特·贝克特	Geert Bekaert	95.00	2012	978-7-300-16031-3
29	应用公司财务(第三版)	阿斯沃思·达摩达兰	Aswath Damodaran	88.00	2012	978-7-300-16034-4
30	资本市场:机构与工具(第四版)	弗兰克·J·法博齐	Frank J. Fabozzi	85.00	2011	978-7-300-13828-2
31	衍生品市场(第二版)	罗伯特·L·麦克唐纳	Robert L. McDonald	98.00	2011	978-7-300-13130-6
32	跨国金融原理(第三版)	迈克尔·H·莫菲特等	Michael H. Moffett	78.00	2011	978-7-300-12781-1
33	统计与金融	戴维·鲁珀特	David Ruppert	48.00	2010	978-7-300-11547-4
34	国际投资(第六版)	布鲁诺·索尔尼克等	Bruno Solnik	62.00	2010	978-7-300-11289-3

图书在版编目（CIP）数据

发展经济学：第七版/(美）德怀特·H. 波金斯，（美）斯蒂芬·拉德勒，（美）戴维·L. 林道尔，（美）斯蒂芬·A. 布洛克著；彭忆欧等译. —北京：中国人民大学出版社，2018.4
（经济科学译丛）
书名原文：Economics of Development（Seventh Edition）
ISBN 978-7-300-25506-4

Ⅰ.①发… Ⅱ.①德… ②斯… ③戴… ④斯… ⑤彭… Ⅲ.①发展经济学 Ⅳ.①F061.3

中国版本图书馆 CIP 数据核字（2018）第 026941 号

"十三五"国家重点出版物出版规划项目
经济科学译丛
发展经济学（第七版）

［美］德怀特·H. 波金斯
斯蒂芬·拉德勒
戴维·L. 林道尔
斯蒂芬·A. 布洛克 著

彭忆欧 等 译
彭 刚 校
Fazhan Jingjixue

出版发行	中国人民大学出版社		
社　　址	北京中关村大街 31 号	**邮政编码**	100080
电　　话	010－62511242（总编室）		010－62511770（质管部）
	010－82501766（邮购部）		010－62514148（门市部）
	010－62515195（发行公司）		010－62515275（盗版举报）
网　　址	http://www.crup.com.cn		
	http://www.ttrnet.com（人大教研网）		
经　　销	新华书店		
印　　刷	北京中印联印务有限公司		
规　　格	185mm×260mm 16 开本	**版　　次**	2018 年 4 月第 1 版
印　　张	39.5 插页 2	**印　　次**	2018 年 4 月第 1 次印刷
字　　数	915 000	**定　　价**	98.00 元